Oğlumuz Servete

25.12.2010
ANKARA

Ali Püsküllüoğlu

ÖZ TÜRKÇE SÖZLÜK

ALİ PÜSKÜLLÜOĞLU

ÖZ TÜRKÇE SÖZLÜK

Genişletilmiş 13. Baskı

arkadaş

arkadaş YAYINEVİ
Mithatpaşa Cad. 28/C Ankara
Tel.: (0312) 434 46 24 (4 hat)
Faks: (0312) 435 60 57
E-posta: arkadas@arkadas.com.tr
www.arkadas.com.tr

Genişletilmiş 13. Baskı

Ankara, 2002

ISBN: 975-509-051-7

Editör : M. Selim Tosun
Sayfa Düzeni : Özlem Çiçek Öksüz
Baskı : Özkan Matbaacılık

İÇİNDEKİLER

ÖNSÖZ*

Dilde özleşme akımının ne büyük bir hızla ilerlediğini anlamak için, değil 1932'den önceki, dört beş yıl önceki yazılarla bugünküleri karşılaştırmak yeter.

Bu akımla birlikte dil inceleme ve araştırmaları da büyük bir gelişme göstermiş; konu ile ilgili birçok değerli yapıtlar yayımlanmıştır.

Çalışma arkadaşım Ali Püsküllüoğlu'nun dört yıl önce birinci baskısı yapılan sözlüğü de işte bu süreç içinde gelişerek ikinci baskıya ulaşmıştır: Birinci baskıya 75 yazarın yapıtlarından örnekler alınmışken bu baskıda 156** yazarın yapıtlarından örnekler bulunmaktadır. Yeni taramalarla sözlüğün madde başı olan sözcükleri 1600 sayı artarak 4000'e yaklaşmıştır.**

Eski baskıda bulunmayan madde başlarından aldığım şu örnekler, yeni baskının niteliğini belirleyecektir:

Abartı, abartmacı, altyapı, basımcı, batılılaşmak, batılılaşmışlık, boşinan, çağcıl, çağcıllaşmak, çıkarcı, deneysel, depremölçer, depremyazar, emekçi, eril, erkin, eşanlamlı, eylemli, gelecekçi, genelleme, gerici, güvenli, içedönük, içgözlem, ikicilik, karşıtlaşma, kişiliksiz, kovumsama, kökteş, odaklama, olağanlaşmak, ortaklaşacı, örneklemek, örtmece, özgeci, paylaşım, püskürgeç, sarmal, somutlama, soyutçuluk, sömürgeleşmek, tasarımsız, taşıllaşmak, toplu sözleşme, toplumdışı, türümcülük, uydulaşmak, uyuşum, uzaysal, uzlaşmacılık, ülküsel, üstyapı, vergilemek, yapımcılık, yapısalcılık, yararcılık, yaratım, yayımcılık, yazgıcı, yazım, yenidendoğuş.....

Bu örnekler, Türkçemizin ne denli doğurgan olduğunu ve kavram ayrıntılarını belirtmek için ne geniş sözcük yaratma olanakları bulunduğunu da göstermektedir.

Birinci baskıya yazdığım önsözdeki kimi sayı ve oranları, dilimizin bugünkü durumuna ve yaptığım son incelemelere göre biraz değişmiş olarak burada yeniden vermek gerekmektedir.

1932'den önceki sözlüğümüzde bulunan 29.000 sözcüğün sadece 11.000'i yani % 38'i Türkçe idi. O zamanki yazı dilimizde % 35-40 oranında Türkçe sözcük kullanılıyordu.

Bugünkü sözlüğümüzde bulunan 28.000 sözcüğün ise 17.500'ü yani % 63'ü Türkçedir ve şimdi yazı dilimizde %75-80 oranında Türkçe kullanılmaktadır.

---

* İkinci baskının "Önsöz"üdür (1971).

** On üçüncü baskıda kendilerinden tanık tümceler alınan yazar sayısı 446 olmuş, madde başı sözcükler de 9900'e ulaşmıştır. -AP.

Bu karşılaştırmadan şu sonuçlar çıkmaktadır:

1) Genel kültür dilimiz, 1932'den sonra 6500 Türkçe sözcük kazanmıştır. Bu, sözlüğümüzdeki 28.000 sözcüğün %23'ü eder. Yani dil haznemiz, 36 yılda Türkçe sözcükler bakımından %23 oranında zenginleşmiştir. (Türkçeleştirilmiş terimlerin genel dilde de kullanılanları bunun içindedir.)

2) Eskiden kullanılmasında sakınca görülmeyen, hatta kullanılması yeğlenen yabancı sözcükler yerine artık, ileriden beri dilimizde bulunan Türkçelerinin kullanılması yeğlenmektedir.

*

Bu yapıt, Dil Devriminin getirdiği yeni sözcüklerin, belgelere dayanan bir dökümüdür. Birinci baskı için söylediğim gibi, eksikleri de bulunabilir; atılacakları da. Ancak, büyük çoğunluğuyla, yaşayan ve yaşamaya aday olan sözcükleri içine almış bulunmaktadır. Titiz bir çalışma verimidir.

Arkadaşımın başarısını övgü ile anarım.

Ankara, 18. 11. 1970

ÖMER ASIM AKSOY

BİRİNCİ BÖLÜM

DİL DEVRİMİNE BAKIŞ

DİL DEVRİMİ*

Giriş

Dilimizin bugün içinde bulunduğu evre, yakın geçmişe göre bile göz kamaştırıcı bir aşama sayılmalıdır. Yazarlarımız, ozanlarımız özenli bir dil sevgisiyle Türkçenin en güzel ürünlerini ortaya koymaktadırlar. Çevirmenlerimiz, batı dillerinin karşılanması en güç kavramlarını bile, birtakım güçlüklerle de olsa, Türkçenin kendi öz sözcükleriyle başarılı bir biçimde karşılamaktadırlar. Basınımızın, radyolarımızın dili kıvanç duyulacak bir düzeydedir. Yalnız yazı dili değil konuşma dili de özlediğimiz Türkçeye yönelmiştir. Genç kuşakların konuşmaları, özleşmeden yana olan aydınlarımızın konuşmaları buna en güzel örnektir. Yazı dili ile konuşma dili arasındaki küçük ayrım da bütün bütün kalktığı gün Türkçenin utkusu büyük olacaktır.

Dilimizin özleşmesi en çekinceli dönemini geçirmiştir. Bundan sonra Osmanlıca denilen üçlü dile dönmenin olanağı yoktur; çünkü özleşme akımı, Dil Devrimi toplumca, ulusça benimsenmiştir. Öylesine ki, Dil Devrimine karşı olanlar bile, ellerinde olmadan, bu akımın dilimize kazandırdığı sözcükleri kullanmaktadırlar.[1] Yazdıklarının anlaşılmasını isteyen için bundan başka çıkar yol yoktur. Yalnızca anlaşılmak değil geleceğe kalmak isteyenin de tutacağı yol budur. Yazarlarımız bunu çok iyi kavramıştır. Bu da Türkçenin geleceği için önemli bir güvencedir.

Dil Devrimi Türkçeye ulusal bir nitelik vermiştir, ona öz benliğini buldurmuştur. Dil Devriminden önce dilimizdeki yabancı sözcüklerin (Arap, Fars ve batı dillerinden giren sözcüklerin) yüzdesi, Türkçe sözcüklerden çoktu; dilimizde, yüzde 43 Türkçe sözcüğe karşılık yüzde 57 yabancı sözcük vardı. Bugün kullandığımız sözcüklerin ortalama yüzde 72'si Türkçedir.[2] Bu oran günden güne de Türkçeden yana gelişmektedir. Yeryüzünde hiçbir dilin yüzde yüz öz olmadığı bilinmektedir. Böyle olmakla birlikte, bir dilin olabildiğince öz olması, ardından koşulmaya değer bir ülküdür. Yüzde yüz özleşme olanaksızdır diye bu ülküden dönmek gerekmez. Dil, topluma bağlı bir varlıktır; ilerleyen, uygarlaşan bir toplumun dili de onun gidişine ayak uydurur. Türkçe, doğu uygarlığını bırakıp batı uygarlığına yönelen Türk ulusunun çağdaş anlatım gereksemelerini karşılayabilecek bir düzeye ulaşma yolundadır; bu da ancak Dil Devrimiyle olmuştur.

---

* İkinci baskı için gözden geçirilmiştir.

1 Bunu belgelemek ereğiyle bu sözlüğe aldığım tanık tümceleri Dil Devrimine karşı olanlardan da seçmeye özel bir özen gösterdim; "yazar adları kısaltmaları"na bakan okur, söz konusu adları ötekilerden kolayca ayıracaktır...

2 bkz. Ömer Asım Aksoy: *Dil Üzerine,* TDK yayını, Ankara, 1964, 2. basım, s 71-77.

Dil nedir?

Dil, sözlük anlamıyla, "insanların duyduklarını, düşündüklerini anlatmak için kullandıkları her türlü im ve özellikle ses imleri dizgesi"dir. Bu yalın tanımdan ötesi felsefenin ve söz cambazlığının alanına girer ve dilin ne olduğu konusunda ciltlerce kitap yazılır. Biz, dilin anlaşmaya yarayan bir araç olduğundan yola çıkarsak, dilde özleşmenin gerekli olduğunu daha iyi açıklayabileceğimiz kanısındayız.

Dil, anlaşmaya yarayan bir araçsa, öz olup olmaması önemli midir? diye düşünülebilir. İlk bakışta kişiyi yanıltabilecek olan bu görüşe karşı şunu söylemek gerekir: Dilde özlük, onun anlatım gücündeki özlükten ayrılmaz; bir dilin anlam gömüsü, yeteneği kendi öz sözcüklerinde saklıdır, sonradan aldığı yabancı sözcükler onun ayağına takılan ağırlıktır. Dil o ağırlıkları attıkça anlaşma aracı olarak işlevini daha iyi yapar. Dil ile düşüncenin iç içeliği, dilin, düşüncenin bir gerçekleşme ortamı olması öz olmasını gerektirir. Halkımız, söylenen bir şeyi anlamadı mı, "şunun Türkçesini söyle" der. Bu, anlaşmanın ancak öz bir dille olabileceğini gösteren güzel bir örnektir.

Dil sözcüklerden oluşur ama bir bakıma sözcük denince de dil anlaşılır; çünkü, sözcük bölünmez bir bütün olarak alınır. Dil özlüğünden de anlaşılan, genellikle, dildeki sözcüklerdir; ama sözcüklerle birlikte, sözdizimini, daha doğrusu dilin yapısını unutmamalıdır. Çünkü her dilin bir "ulusal biçimi" vardır.[3] Dil, kendini konuşan ulusun soluğunu yansıtır; onun "soluğunu" kuşaktan kuşağa aktarır ve bu aktarışla birlikte biçimlenir.

Dilin değişmesi

Dilde değişme, herkesçe bilinen, yadsınamayan bir oluştur. Dil de Herakleitos'un oluş ırmağının akışına uyar. Bir dilin sözcük gömüsü olduğu yerde kalmaz, dilde yeni yeni sözcükler oluşur, yeni sözcük biçimleri kurulur, yeni anlatım yolları belirir. Kendisini kullanan halkın ağzında yaşadığı sürece dilin sözcük gömüsü durmadan çoğalır. Sözcüklerin salt biçimleri değil anlamları da değişir. Sözdiziminde bile değişmeler olur. Kuşaktan kuşağa olduğu denli kişinin kendi yaş aşamalarında da dilin değişimi izlenebilir.[4] Dilin bu sürekli değişimine "evrim" diyorlar.

Dilde evrim ve devrim

Türkçenin özleşmesine karşı olanların ileri sürdükleri bir görüş, "dilin, yavaş evrim yasalarına göre geliştiği, bunun için de onu kendi akışına bırakmak, ona karışmamak gerektiği"dir. Böyle düşünenler, dili canlı bir varlık sayarlar; onlara göre dil, kendi başına bağımsız bir varlıktır;

3 bkz. Dr. Bedia Akarsu: *Wilhelm von Humbolt'da Dil-Kültür Bağlantısı,* İstanbul 1955, s.42-43.

4 bkz. Dr Bedia Akarsu: a. g. e., s. 21 ve 85-95.

doğar, yaşar ve ölür.

Bu görüş batıda da ileri sürülmüş ve tartışılmıştır. Bu görüşün yandaşları olduğu denli karşıcıları da vardır. Örneğin ünlü bilgin Jespersen "Dil için çok kere canlı bir varlıktır, denir; çok kere dilin yaşayışından, yeni dillerin doğumundan, eskilerin de ölümünden söz edilirken, dil bir hayvan ya da bitki gibi canlı bir yaratık sanılır. Oysa dil, bir köpek ya da bir ağaç gibi bağımsız bir varlık değildir; tam tersine, o sadece kişi oğullarının bir yapıtıdır."[5] demektedir. Fransız dilbilimcisi Brunot da şöyle demektedir: "Dili canlı yaratıklarla bir sayan eski bir kuram şimdi hükümsüz kalmıştır. Dil, toplumsal bir olaydır; belirir, gelişir, değişir ve olgunlaşır, ama her zaman bağlı olduğu toplumun hizmetindedir ve onun ortak düşünüşünü, üzerinde topluluk ve bireylerin bilinçli ve bilinçsiz olarak yaptıkları bütün incelikleri yansıtır."[6]

Demek oluyor ki, dil kendi doğal gelişimi dışında onu kullananların "bilinçli ya da bilinçsiz" etkilerine uğrar. Dile bilinçli etkide bulunma bir "devrim" olayıdır. Kaldı ki, "değişinim kuramı"na[7] göre evrim de bir "devrim" sayılmaktadır. Dili bir varlık olarak alırsak, onun birdenbire değişebileceğini "değişinim kuramı"na dayanarak ileri sürenlere de verecek karşılığımız kalmaz. Kaldı ki, Türkçenin bugünkü evresi bunu açıkça göstermektedir: Türkçede devrim, De Vries'nin kuramına uygun bir biçimde olmuştur. İsviçreli bilgin Ferdinand de Saussure "Bir dil uzun zaman az değiştiği halde bakarsınız birkaç yıl içinde büyük değişmeler geçirir" sözünü sanki Türkçe için söylemiştir.

Şurası var ki Türkçe, bu evreye birdenbire değişerek gelmiş de değildir. Onu geçmişinde değişmesi yolunda pek çok çaba harcanmıştır. Burada "değişmesi" derken "kendini bulması, özleşmesi" demek istendiği anlaşılmalıdır. Türkçenin "birdenbire değişmesi" evresi, beş on yıllık bir dönemini içine alır; bu dönem dışında onun gelişimine "yavaş evrim" demek daha uygun düşer.

Türkçede özleşmenin geçmişi[8]

Anadolu'da konuşulan en eski Türkçe, Selçuk Türkçesi olarak karşımıza çıkıyor.[9] Aynı çağda (XI-XIII. yüzyıllar) Osmanlı Türkçesi de oluşmaktadır, ki Selçuk Türkçesini de kapsamına alarak bu çağdaki

---

5 bkz. Yaşar Nabi: *Kılavuz Sözlük,* Varlık yayını, İstanbul 1961, s. 148.

6 bkz. Yaşar Nabi: a. g. e., s. 149.

7 Hollandalı bitkibilimci De Vries'nin kuramı. Bu kurama göre "evrim" bir ağır gelişme, değişme değil, birdenbire bir değişmedir; türler arasında bir sürme bağlantısı yoktur ve türler yepyeni yaratıklar oluşturmak için uzun süre beklemezler.

8 Bu konuda en geniş bilgi için bkz. Agâh Sırrı Levend: *Türk Dilinde Gelişme ve Sadeleşme Evreleri,* TDK yayını, Ankara 1960, 2. basım.

9 bkz. A. Dilâçar: *Türk Diline Genel Bir Bakış,* TDK yayını, Ankara 1964, s. 135.

Türkçeye "Eski Anadolu Türkçesi" demenin yerinde olacağı ileri sürülmektedir.[10] Anadolu'da Türkçe, Karamanoğlu Mehmet Bey'in ünlü buyrultusuyla devlet dili durumuna yükselmiştir. Bilindiği üzere, Karamanoğlu Mehmet Bey, 15 Mayıs 1277'de çıkardığı bu buyrultuda şöye demiştir: "Bugünden sonra divanda, dergâhta, barigâhta, mecliste ve meydanda Türkçeden başka dil kullanılmayacaktır." Karamanoğlu Mehmet Bey böyle buyurmuştur ama, yine de Selçuk ozanları, örneğin Mevlâna, yapıtlarını Farsça yaratmıştır. Çünkü, Türkçe bir edebiyat dili olarak işlenmeye değer bulunmamaktadır. O çağlarda, Arap ve Fars dilleri, işlenmiş, her şeyi anlatabilecek yetkinlikte birer dil olarak görülmekte, Türkçe yetersiz bulunmaktadır. Oysa Türkçenin yeterli bir dil olduğunu *Divanü Lûgat-it-Türk* adlı dil anıtıyla Kâşgarlı Mahmut daha XI. yüzyılda ileri sürmüştür. Ali Şîr Nevaî ise XV. yüzyılda, *Muhakemetü'l-lûgateyn*'le Türkçenin Farsçadan daha yetkin bir dil olduğunu örneklerle göstermiştir. Türkçenin yetkinliği konusunda böyle birtakım kişisel çabalar olmakla birlikte, Arap ve Fars dilleri onu bir ayrık otu gibi bürümektedir. Öyle ki sonunda, "Türk'e söylesen anlamaz, Arapa söylesen anlamaz, Acem'e söylesen anlamaz." diye alay edilebilecek olan ve adına "Osmanlıca" denilen karma bir dil doğmuştur.

"Türkçe, Arapça ve Farsçadan mürekkep bir lisan diye tanımlanan bu dile "Osmanlıca" adını Tanzimatçılar vermiştir. Dilciler Osmanlıcayı "Eski Osmanlıca", "Orta Osmanlıca" ve "Yeni Osmanlıca" olmak üzere üç bölümde ele almaktadırlar. Osmanlıcanın bu bölümlerinin hangisini incelerseniz inceleyin, gitgide Türkçenin bağımsızlığını yitirdiğini göreceksiniz. Ozanların, düzyazıcıların bütün ustalıkları, bu "yapma dil"e yönelmiştir ve bu yapma dil, hele devlet işlerinde, anlaşılması, içinden çıkılması olanaksız bir duruma gelmiştir. Halk dili ile yazı ve özellikle saray dili arasında uçurumlar açılmıştır. Bu korkunç uçurumun bilincine ancak Tanzimat aydınları varabilmiştir ve o zamana değin seyrek çabalardan öteye gidemeyen "dilde sadeleşme" bilinçli bir akım durumunu almıştır.

Tanzimatçılar dilde özleşmeyi "yazı dili ile konuşma dili arasındaki ayrımı kaldırma" olarak görmüşlerdir. Bunun için Arapça ve Farsça kurallarla Türkçesi bulunan Arapça ve Farsça sözcüklerin dilden atılmasını istemişlerdir. "Bir dil yabancı sözcüklerden ne denli arınırsa o denli zengin sayılır", görüşünü savunanlarla onlara karşı çıkanlar arasında uzun boylu tartışmalar olmuştur. Namık Kemal, Ali Suavi, Ziya Paşa, Ahmet Mithat, Şemseddin Sami gibi yazarlar "dilin sadeleşmesi" uğrunda çaba harcamışlardır. Dilin kurallarının saptanması, sözlüğünün yazılması, yazımının düzeltilmesi gibi sorunlar bu yazarların başlıca konuları olmuştur. Tanzimat'la birlikte batıya her yönden yönelmeye

10 bkz. A . Dilâçar: a. g. e., s 137.

başlayan toplumda dil de zamanla batı dillerinin etki alanına girmeye başlamıştır. Üçlü bir dil olan Osmanlıca bu kez büsbütün içinden çıkılmaz bir durum almıştır. Daha doğrusu, yeni bir uygarlığa yöneliş Osmanlıcanın, o yüzyıllarca işlenmiş Osmanlıcanın, yetersiz olduğunu göstermiştir. Çağdaş kavramlar bu dille anlatılamaz olmuştur; yazarlar, özellikle çevirmenler büyük bir dil sıkıntısına düşmüşlerdir. Hele gençler, doğu kültürünün oluşturduğu Osmanlıcayı beceremez olmuşlardır.

Bu dil kargaşasına karşı yeni girişimlerin en önemlisi 1911'de *Genç Kalemler* dergisiyle başlamıştır. "Yeni dil" üzerine tartışmalar yıllarca sürmüştür. O dönem yazarlarının özlediği dil ise bir türlü oluşmamıştır. Bundan da doğal bir şey olamazdı; çünkü:

1) Dilde özleşme isteği yöntemsiz, kişisel çalışmalardı,

2) Arap harfleriyle dil özleşmesi bağdaşacak bir iş değildi,

3) Türkçe yazı dili olarak işlenmediğinden sözcük gömüsü cılızdı.

Meşrutiyet ve onu izleyen dönemlerde zaman zaman dilin sadeleştiği olduysa da belirttiğimiz üç ana nokta olduğu yerde durdukça bundan bir sonuca ulaşılamayacağı açıktı. Abecesi, sözcükleri, dilbilgisi, yazımı, sözlüğü ile dili bir bütün olarak ele almak gerekliydi. Ancak ondan sonra özleşmede başarıya ulaşılabilirdi. Hele Osmanlıca gibi karma bir dilde köklü değişime gitmeden yetkin bir dile kavuşmak hemen hemen olanaksız denecek denli uzak bir olasılıktır. Bu Cumhuriyet'te bile hemen anlaşılmış değildir; Cumhuriyet kurulmuş, Osmanlı Devleti "Türkiye Cumhuriyeti" olmuştur ama okullarında Arapça, Farsça öğretimi sürüp gitmekte, Arap yazısı kullanılmaktadır; kısacası genç Türkiye'nin dili eskidir, Osmanlıcadır. Ama bu bir çelişme bile sayılmaz gerçekte, çünkü Cumhuriyet kurulmuştur bir kez, artık Türk toplumu yeni bir yoldadır; öteki alanlarda olduğu gibi dil alanında da güçlükler bir bir çözülecek, iyiye ve doğruya adım adım yaklaşılacaktır.

Nitekim de öyle olmuştur.

Atatürk Devrimleri

Türk toplumu III. Selim'den beri batılılaşma çabası içindeydi. Şu var ki, Tanzimat ve Meşrutiyet bile, toplumumuzu doğu uygarlığından bir parmakçık olsun uzaklaştırabilmiş değildi. Türk ulusunun çağdaş uygarlığa yönelişi "Atatürk devrimleri" adını verdiğimiz toplu yenileşmelerle olmuştur.

Büyük Atatürk, yurdun toprak bütünlüğünü sağlamak ve bağımsız bir ulus yaratmakla ve ona batılı bir siyasal düzen getirmekle işinin bitmediğini biliyordu. Toplumu her yönüyle karanlıktan aydınlığa çıkarmalıydı; bunun içindir ki, düşmanla olan savaş kazanılınca hemen çağdaş uygarlığa doğru yönelen bir yol gösterdi ulusuna. Bu yolu Türk ulusunun izleyeceğini çok iyi bildiği için, "Türk ulusunun eğilimi ve kesin kararı uygarlık yolunda, durmadan, yılmadan ilerlemektir. "[11] diyordu. Türk ulusunun uygarlık yolundaki kesin kararı, Atatürk'ün birbiri ardınca sıraladığı yenileşme atılımlarını benimsemekteki tutumunda belirmiştir. Atatürk, güvenle, "Türk ulusunun gelişmesini yüzyıllardan beri önleyen engelleri kaldırmak ve topluma çağdaş uygarlığın yasalarını ve araçlarını vermek için harcadığımız çabanın ulusun genel onayıyla karşılandığına kuşku yoktur."[12] demektedir.

Ünlü İngiliz tarihçisi Arnold J. Toynbee, "Mustafa Kemal'in siyasası, Türkiye'yi topluca batılılaşma yoluna koymak olmuştur. Bunda hiçbir biçimde en ufak bir ödün vermek istememiştir. 1920'lerde uygulamaya başladığı devrimci programı, belki de tarihte hiçbir ülke bu denli kısa bir zamanda, bu derecede azimli ve yöntemli bir biçimde gerçekleştirememiştir."[13] derken, ilk Türkiye Büyük Millet Meclisi, saltanatın ve halifeliğin kaldırılması, cumhuriyet, öğretim birliğinin sağlanması, giyinimde yenileşme, dinin dünya işlerinden ayrılması ve Türkçe ezan, medeni yasa, Latin rakam ve yazısı, Arapça ve Farsça öğretimine son verilmesi, dil özleşmesi, kadın hakları ve benzeri Atatürk devrimi atılımlarını bir sinema filmi gibi gözlerimizin önünden geçirivermektedir.[14] Biz bunlardan, konumuz olan "dil özleşmesi"ni inceleyeceğiz.

Dil Devrimi niçin gerekliydi?

Atatürk devrimi içinde Türkçenin özleşmesi akımının önemli bir yeri vardır. Dilimize çevrilmiş bulunan *Atatürk, Bir Ulusun Yeniden Doğuşu* adlı kitabında Lord Kinross, dil özleşmesi konusunda şöyle demektedir: "Bu reform Türklere Türklüklerini Gazi'nin öteki reformlarından daha çok sezdirdi." Bu, gerçekten böyledir. Atatürk'e değin Türkler, Türk olduklarının bilincine varamamışlardı; örneğin "vatan şairi" Namık Kemal, "Osmanlıyız biz" diyordu. Mehmet Emin Yurdakul'un "Ben bir Türküm" demesi, ulusal yazın ve ulusçuluk akımı, giderek Ziya Gökalp'ın Türkçülüğü bile Türk ulusuna Türklüğünü sezdirmiş sayılamaz. Ulus

---

11 *Atatürk'ün Söylev ve Demeçleri,* c. I, İstanbul 1945, s. 320 (Bugünkü dile çevrilmiştir.)

12 *Atatürk'ün Söylev ve Demeçleri,* c. I, İstanbul 1945, s. 331 (Bugünkü dile çevrilmiştir.)

13 Arnold J. Toynbee: Atatürk'ün Ülkesi Nasıl Batılılaştı? *Milliyet* gazetesi , 29 Ekim 1964. (Yazarın "Dünya ve Batı" adlı kitabının Türkiye ile ilgili bölümünden çevirme.)

14 Zamandizinsel sıra ve en geniş bilgi için bkz. Sami N. Özerdim: *Atatürk Devrimi Kronolojisi,* Varlık yayını, İstanbul 1966.

kavramının en önemli öğesi "dil"dir. Atatürk, ulusal birlikte dilin önemini çok iyi biliyordu. Osmanlıca ile yetişmiş ve koyu bir Osmanlıca kullanmış olmasına karşın, Osmanlıcanın Türk ulusunun dili olmadığını düşünüyordu. Türk toplumunun batılılaşabilmesi için gereken düşünce ortamı Osmanlıca ile doğamazdı. Ulus çoğunluğunun anlamadığı bir dil, ulusa kendi öz benliğini duyuramazdı. Üstelik Osmanlıca doğu uygarlığının ürünü idi, bu yönden de, batılılaşma çabamıza karşı büyük bir engel sayılmalıydı.

Burada demek istediğimiz şudur: Dil değişmeden düşünce ve dolayısıyla toplum değişemez. Şu da var: Toplum değişirken dil de değişir. Demek ki, dil ile toplumsal değişim birbirine sıkı sıkıya bağlıdır. Atatürk'ün toplumu değiştirirken dili de değiştirmesi bunun açık bir kanıtıdır.

Dil Devrimi'nin muştucusu: Yazı devrimi[15]

Türkler, yüzyıllarca Arap harflerini kullanmışlardır. Türkçenin işlenmeyip bir kıyıya atılmasında Arap yazısının etkisi büyük olmuştur. Çünkü, Türkçenin yapısı Arap harfleriyle bağdaşmıyordu. Ayrıca, Arap harflerini kullanmak, dilimize Arapça sözcüklerin kolayca girmesine yol açmıştı; Arap yazısı ile İslam kültürü el ele verince, Türkçe soluk alamaz olmuştu.

Türkçenin özleşebilmesi, her şeyden önce Arap harflerinin atılmasına, dilimizin yapısına daha uygun harfler bulunmasına bağlıydı. Atatürk, Arap harflerinin Türk ulusuna çok dokunca verdiğini biliyordu. Bunu, Arap harflerini atıp Latin kökenli abeceye geçme tasarısını açıkladığı gün olan 9 Ağustos 1928'de şöyle açığa vuruyordu: "Yüzyıllardan beri kafalarımızı demir çerçeve içinde bulunduran, anlaşılmayan ve anlamadığımız işaretlerden kendimizi kurtarmak gerekir; bu gerçeği anlamak zorundayız."[16]

"Bizim ahenkli, zengin dilimiz yeni Türk harfleriyle kendini gösterecektir." diyen Atatürk, böylece Latin kökenli Türk harflerinin Türk dilinin özleşmesine yarayacağını da duyurmuş oluyordu. Yıllarca sonra Nurullah Ataç, "Arap harfleriyle yazılan Türkçe ile Latin harfleriyle yazılan Türkçe bir değildir. Görmüyor musunuz? Latin harflerini kullanmaya başladığımızdan beri dilimiz ne kadar hızla değişti."[17] diyecektir.

---

15 Yazı devrimi ile ilgili geniş bilgi için bkz. 1. Sami N. Özerdim: *Harf Devriminin Öyküsü,* TDK yayını, Ankara 1962. 2. Agâh Sırrı Levend: *Türk Dilinde Gelişme ve Sadeleşme Evreleri,* TDK yayını, Ankara 1960., s. 392-405.

16 *Atatürk'ün Söylev ve Demeçleri,* c. II., İstanbul 1945., s. 254.

17 Nurullah Ataç: *Söyleşiler,* TDK yayını, Ankara 1964., s. 364.

Yazı devrimi, Türkçenin özleşmesinin ilk aşamasıdır. Bu devrim, Arap ve Fars dillerinin Türkçe üzerindeki baskısını kaldırmada önemli bir gelişimdir. Latin kökenli Türk harfleriyle Arapça ve Farsça sözcükleri yazmak birtakım güçlükler gösterdiği için, artık bu dillerden Türkçeye yeni sözcükler girmesi önlenmiş oluyordu. Yeni harfler Türkçe sözcüklerin yapısına uygundu ve kolay yazmayı sağlamıştı; ayrıca okunması da kolaydı. En önemlisi de batı uygarlığına uzanan bir köprüydü.

Yakup Kadri Karaosmanoğlu, "Alfabe devrimi ile Türk dilini köstekleyen büyük bir bağ ortadan kalktı."[18] diyor, ki yazı devriminin en önemli yönü de budur. Yazı devrimi Türkçenin bağımsızlığına kavuşması yolunda kesin bir adımdır.

Yazı devrimini izleyen üç dört yıl, dil sorunlarının enine boyuna tartışıldığı yıllar olmuştur. Türkçenin bir sözlüğünün yapılması, yabancı sözcüklere karşılıklar bulunması gibi istekler ortaya atılmıştır. Tanzimat'tan beri dilin özleşmesini isteyenler, istemeyenler, yarı buçuk özleşme isteyenler, bütün yabancı sözcüklerin dilden atılmasını isteyenler... tartışıp durmuşlardır. Bütün bu kişisel istekler, çabalar yöntemli bir biçime sokulmadıkça bir sonuca ulaşılamazdı elbette. Dil sorunlarını ele alacak ve salt bu işle uğraşacak bir örgüt gerekliydi: Türkçenin sözcük gömüsünü saptayacak, sözlüğünü yapacak, dilbilgisini ortaya koyacak, yazım sorunlarını çözecek... Atatürk, yazı devrimini izleyen yıllardaki tartışmaları yakından izlemiş, herkesi bu yolda düşünmeye ve çaba harcamaya itelemiştir. Yeni Türk abecesini düzenleyen "Dil Encümeni" 1931'de dağılınca, dil işleriyle uğraşan bir örgüte duyulan gerekseme büsbütün açığa çıkmış ve çok geçmeden "Türk Dili Tetkik Cemiyeti", bugünkü adıyla Türk Dil Kurumu doğmuştur. Böylece Türkçenin özleşmesi yolunda devrimci bilimsel çalışmalar ve "Dil Devrimi" başlamış oluyordu.[19]

Dil Devrimi'nin ereği

Arap harflerinin atılmasını okullardan Arapça ve Farsça öğretiminin kaldırılması izledi. Bu da Dil Devrimine yönelen ikinci adım sayılabilir.

---

18 *Atatürk ve Türk Dili,* TDK yayını, Ankara 1963, s. 104.

19 Türk Dil Kurumunun kuruluşu ve çalışmaları üzerine ayrıntılı bilgi için bkz. Ruşen Eşref Ünaydın: *Hâtıralar,* TDK yayını, Ankara 1943; Agâh Sırrı Levend: *Türk Dilinde Gelişme ve Sadeleşme Evreleri,* TDK yayını, Ankara 1960; *Dil Devrimi'nin 30 Yılı,* TDK yayını, Ankara 1962; Türk Dil Kurumu Çalışmaları, TDK yayını, Ankara 1966.

Denememizin "Dil Devrimi niçin gerekliydi?" bölümünde söylediklerimizi burada kısaca anmamız gerekiyor:

1. Osmanlıca, ulus çoğunluğunca anlaşılmayan yapay bir dildi.
2. Osmanlıca doğu uygarlığının diliydi, batılılaşmayı engelliyordu.
3. Osmanlıca, Türk ulusuna Türklüğünü duyuramıyordu.

Yazı devrimi ile bu üç nokta büsbütün su yüzüne çıkmıştı. Artık tek çıkar yolun Türkçeye dönmek olduğu iyice anlaşılmıştı. Bunun üzerine yabancı sözcükler bir bir dilden atılmaya, yerlerine Türkçeleri kullanılmaya başlandı. Dilde özleşme bir akım durumuna gelmişti. Türkçenin sözcük gömüsünün saptanması, bir sözlüğünün yazılması o günlerde artık büyük bir gerekseme olmuştu.

1930'da Atatürk şöyle diyordu:

"Ulusal duygu ile dil arasındaki bağ çok güçlüdür. Dilin ulusal ve zengin olması ulusal duygunun gelişiminde başlıca etkendir. Türk dili, dillerin en zenginlerinden biridir; yeter ki bu dil bilinçle işlensin."

Ve ardından şunları ekliyordu:

"Ülkesini, yüksek bağımsızlığını korumasını bilen Türk ulusu, dilini de yabancı diller boyunduruğundan kurtarmalıdır."

Harf devrimi ile başlatılan iş, bu sözlerle iyice pekiştiriliyordu. Türkçeyi bağımsızlığa kavuşturmak, çağdaş uygarlığın gerektirdiği bir düzeye çıkarmak akımı bugün bile tanıtını bu sözlerde bulmaktadır.

Atatürk'ün bu sözlerinden Dil Devriminin yönünü çıkarmak kolaydır:

1. Dil ile ulusallık arasında güçlü bir bağ vardır; dilimizin özleşmesi bunun için gereklidir.

2. Türk dili zengin bir dildir, bunu iyice ortaya çıkarmak için işlenmelidir.

3. Bağımsız bir ulusun bağımsız bir dili olur, o halde Türkçe yabancı dillerin boyunduruğundan kurtarılmalıdır.

Atatürk'ün Türkçenin özleşmesini bir ulusçuluk ve bağımsızlık sorunu olarak gördüğü denli bir uygarlık sorunu olarak da gördüğünü burada özellikle belirtmemiz gerekir.

Dil Devrimi ereğine ulaşmış mıdır?

Dil Devrimi başlangıçta çok hızlı bir özleşmeye yol açmıştı. Bu yüzden birtakım aşırılıklar olmuştur. Ama bu aşırılıkların Türk dilinin özleşmesine hiçbir dokuncası olmamıştır. Osmanlıcanın Türk dili üzerindeki baskısı ancak aşırı bir özleşme ile yıkılabilirdi; nitekim de öyle olmuştur. Dil bir ara kısırlaşıyormuş gibi görünmüştü ama gerçekte kısırlaşan Türkçe değil Osmanlıca idi; Türkçe ise yeni yeni soluk almaya başlıyordu. Hem, Dil Devrimi Türkçeye soluk aldırmak için yapılmıştı. "Dil Devriminin amacı, Türk dilinin kısırlaştırılması değil, genişletilmesidir."[20] diyordu Atatürk. Çağlar boyunca savsaklanan Türkçeyi ancak yöntemli bir çaba zenginleştirebilirdi: Bu yöntemli çaba da "Dil Devrimi" idi. Dil Devrimi, Türkçenin özleşmesine hız ve bilinç getirmişti.

Türkçe, o "kısırlaştı" sanıldığı dönemde bağımsızlığının ilk adımını atmıştır. O günden bu yana geçen sürede ise, değişen düşüncenin gereksediği bütün kavramları edinme yolunda büyük bir gelişme göstermiştir. Son yıllarda yabancı dillerden çok sayıda yapıt çevriliyor dilimize; bunda Türkçemizin, ana dilimizin yabancı dillerdeki kavramları karşılayabilme gücünün payını bilmeliyiz. Dilimizin yabancı dillerdeki sözcükleri, kavramları karşılar bir olgunluğa, yetkinliğe geldiğini bu çevirilerden daha iyi ne gösterebilir? Çünkü çeviri, eninde sonunda gelir dile, dilin yetkinliğine dayanır.

Yukarıdaki "Giriş" bölümünde söylediklerimizi burada yeniden söylemek gereğini duymadan, diyebiliriz ki, Dil Devrimi ilk ereğine ulaşmıştır: Türkçeyi yabancı diller boyunduruğundan çok büyük ölçüde kurtarmıştır. Doğu düşüncesinin dili olan Osmanlıca bir daha dirilmemek üzere ölmüştür. Kalan birkaç yüz ölümcül Osmanlıca sözcük bu gerçeği değiştiremez. Ancak batı uygarlığına yönelmemizle birlikte dilimize dolmaya başlayan batılı sözcükleri de dilimiz için önemli bir çekince olarak görmemiz gerekir. Şu var ki, Türkçenin özleşmesini benimseyen genç kuşaklar, bu çekinceyi önleyecek bir güvence olarak düşünülmelidir.

Dil Devrimi, batı uygarlığına yönelen toplumumuzun bir gereksemesinden doğduğu için, bugüne gelmiştir ve bundan sonra da Türk diline olan katkısını sürdürecektir. Başlarken de söylediğimiz gibi Türkçe, günümüz Türk yazarlarının elinde en güzel ürünlerini vermektedir. Pek az sayıda eskiye bağlılar dışında, Türkçenin bugünkü durumundan yakınan, eski dilin, bugünkünden daha yetkin olduğunu ileri süren yoktur. Dil Devrimi, bize bugünkü Türkçeyi kazandırdığı gibi, gelecekteki

---

20 M. Baydar: *Atatürk Diyor ki,* Varlık yayını, İstanbul 1951, s. 97

Türkçeyi de, gelecekteki daha yetkin, öz Türkçeyi de muştulamaktadır.

Dil Devrimi'nin sözlüğü

Biz, bu denemeye Dil Devrimiyle dilimize kazandırılmış sözcüklerin bir sözlüğünü ekliyoruz ve yukardan beri söylediklerimizi onunla belgeliyoruz. Dil Devrimiyle Türkçemize kazandırılan sözcüklerin yalnızca bunlar olmadığını da düşünmemiz gerekir: Çok bilinen ve bir başka Türkçe sözlükte bulunabilecek olanları sözlüğümüze almamaya çalıştık. Sonra, unutulanların da bulunabileceği açıktır. Sözlük, ilk sayfasından son sayfasına değin bir "deneme" olarak düşünülmelidir.

ALİ PÜSKÜLLÜOĞLU

İKİNCİ BÖLÜM

SÖZLÜK

AÇIKLAMALAR

Sözlüğün adı üzerine

Genel dile girmiş öz Türkçe sözcükler yanında pek çok bilim terimini de vermesi bakımından bu sözlüğe, ilk baskıda, *Öz Türkçe Sözcükler ve Terimler Sözlüğü* adını vermiştik. İkinci baskıdan başlayarak hem kapsamı hem de kısalığı yönünden, *Öz Türkçe Sözlük* demeyi yeğledik.

Sözlüğün ereği

Bu sözlüğün ereği Dil Devrimiyle dilimize kazandırılmış sözcükleri öğretmektir. Bunun için de Dil Devrimi ile Türkçeye kazandırılmış bütün sözcükleri kapsamaya çalışmıştır. Bu sözlükteki sözcüklerin pek çoğu başka hiçbir sözlükte yoktur ve ilk kez bu sözlükle "sözlüğe girmiş" olmaktadırlar. Ama yalnızca bu nitelikteki sözcüklerle yetinilmemiş, "acımak" gibi, "ırmak" gibi bilinen sözcüklere de yer verilmiştir ve bunda, "merhamet etmek", "nehir" gibi yabancı karşılıklarının kullanılmalarını önlemek, Türkçelerini anımsatmak ereği güdülmüştür. Ayrıca, sözlüklerde bulunmadığı için anlamları karıştırılan, yanlış kullanılan sözcükleri de göz önüne koymak, böylece onların yanlış kullanılışlarını önlemek de bu sözlüğün erekleri arasındadır.

Ancak, bu arada bir yöne değinmek gerekir. Son yıllarda, kökünün yabancılığı unutulmuş olmakla birlikte bu yabancı köklere getirilmiş Türkçe eklerle kurulan ya da yabancı bir sözcükle Türkçe bir sözcüğün bileşiminden oluşan bir bileşik sözcük, dilin kullanım alanında görülmektedir. Bu sözcükler, aşağı yukarı şunlardır:

anamal (sermaye, kapital), *anapara* (sermaye, kapital), *anamalcı* (sermayedar, kapitalist), *anamalcılık* (sermayecilik, kapitalizm), *canlıcılık* (animizm), *cankurtaran* (ambulans), *cinsel* (cinsi), *cinsellik* (cinsiyet), *dinsel* (dini), *eşcinsel* (homoseksüel), *eşcinsellik* (homoseksüellik), *halkbilim* (folklor), *hayvanbilim* (zooloji), *horgörü* (istihkar), *hoşgörü* (müsamaha, tolerans), *hoşgörülü* (müsamahakâr), *hoşgörüsüz* (müsahamasız), *hoşgörüsüzlük* (müsamahasızlık), *insanbiçimcilik* (antropomorfizm), *insanbilim* (antropoloji), *insancı* (hümanist), *insancıl* (hümanist), *insancılık* (hümanizm), *insaniçinci* (antroposantrist), *insaniçincilik* (antroposantrizm), *insanüstü, pay* (hisse), *paydaş* (hissedar), *paydaşlık* (hissedarlık), *paylaşım* (paylaşma), *rastlantı* (tesadüf), *rastlantısal* (tesadüfi), *ruhbilim* (psikoloji), *ruhbilimci* (psikolog), *ruhbilimsel* (psikolojik), *ruhçözümü* (psikanaliz), *ruhçözümsel* (psikanalitik), *ruhçözümcü* (psikanalist), *ruhsal* (ruhi), *siyasa* (siyaset, politika), *siyasacı* (siyasetçi, politikacı), *siyasacılık* (siyasetçilik, politikacılık), *siyasal* (siyasi, politik), *zorunlu* (mecburi), *zorunluluk* (mecburiyet) vb.

Bu sözcüklerin sözlüğe alınıp alınmaması üzerinde durulmuş, Dil Devriminden bu yana dilimize giren sözcükleri saptamayı erek edinen bir sözlükte, bu sözcüklerin de bulunmaları gerektiği kanısına varılmıştır.

İki sözlük bir arada

Sözlük incelenince görülecektir ki, bu sözlük bir değil iki sözlüktür: Biri tanımlı ve tanıklı bölüm, öteki yabancı sözcüklerin Türkçe karşılıklarını veren kılavuz bölüm. Kılavuz bölüm, yabancı sözcükleri kullanmaktan kaçınmak isteyenlere yararlı olacaktır. Söz konusu bölümde, yabancı sözcüklerin Türkçe karşılıklarını verirken, onların yanlış kullanımlarını önlemek için, hangi anlamlarda kullanılabilecekleri gösterilmiştir: Türkçe karşılıkların üzerine konulan küçük punto rakamlar "sözlük" bölümünde o sözcüklerin anlam numaralarıdır. Örneğin "adabımuaşeret"i kullanmak istemeyen, sözlüğün Karşılıklar Kılavuzu bölümünü açacak ve orada bunun Türkçe karşılığının "görgü"[1] olduğunu görecektir. "Görgü" sözcüğünün üstündeki küçük punto ile gösterilen rakam, sözcüğün ancak birinci anlamının "adabımuaşeret" yerine kullanılabileceğini belirtmektedir.

Tanıklı bir sözlük

Bu sözlüğün, "Dil Devriminin sözlüğü olmak", "hiçbir sözlükte bulunmayan öz Türkçe sözcükleri kapsamak" gibi özellikleri yanında onu öteki sözlüklerden ayıran önemli bir özelliği daha vardır: "Tanıklı bir sözlük" olmak.

Tanıklar, en yaşlısından en gencine değin pek çok Türk yazarının yazıları taranarak seçilmiştir.

Sözlüğü "tanıklı bir sözlük" olarak düzenlemekte iki erek güdülmüştür:

1) Sözcüklerin nasıl kullanıldığını göstermek, 2) ve özellikle, Dil Devriminin dilimize kazandırdığı sözcüklerin yaşlı, genç, ilerici, gerici herkesçe kullanıldığını belgelemek.

Ayrıca, tanıklı bir sözlüğün güvenilir bir sözlük olacağı da düşünülmüştür.

Sözcüklerin yazılışı

Sözcüklerin yazılışında Türk Dil Kurumu'nun Yeni Yazım Kılavuzu'na uyulmuştur.

Sözcükleri açıklamada uygulanan yöntem

Sözcüklerin dilbilgisinde hangi söz bölüğünden oldukları kısaltmalarla gösterilmiştir. Ancak, mastar durumundaki sözcüklerde buna gereklik görülmemiştir.

Terim niteliğindeki sözcüklerin hangi bilim terimi olduğu kısaltmalarla belirtilmiştir.

Sözcüklerin bütün anlamları göz önüne alınmakla birlikte kimi zaman az bilinen anlamları ya da yeni kazandıkları anlamlar verilmekle yetinilmiştir. Örneğin "kuşak" sözcüğünün "bele sarılan uzun ve enli kumaş", "sağlamlığını artırmak için, bir şeyin çevresine geçirilen bağ" gibi çok bilinen anlamları alınmamış, matematikte, coğrafya ve gökbilimde aldığı anlamlarla Arapça "nesil" sözcüğünü karşılayan anlamı verilmiştir. Bu yola, sözlüğün oylumunu artırmamak için başvurulmuştur.

Birden çok anlamları bulunan sözcüklerin her anlamı numaralanmıştır. Anlamlardaki küçük ayrımlar kimi zaman da noktalı virgülle ayrılmıştır.

Tanımlarda çokanlamlı sözcükler geçince hangi anlamın sözkonusu edildiği o sözcüğün üst yanına ufak punto rakamla numarası yazılarak belirtilmiştir. Örneğin, "**tepkili** *s.fiz* tepki^2 ile çalışan." gibi.

Birden çok sözcükten oluşan terimler kavramda temel olan sözcüğün bulunduğu maddeye alınmıştır. Örneğin "duyum ikiliği", "duyum yitimi" terimleri "duyum" maddesinde gösterilmiştir. Böyle birden çok sözcüklü terimler kimi zaman ilk sözcüğüne göre de sıralanmış ve o zaman "*bkz.*" denmiş, terimin bulunduğu madde gösterilmiştir. Örneğin, **örtülü ödenek** *bkz.* **ödenek**; **onut dokunulmazlığı** *bkz.* **dokunulmazlık** gibi. Onun için, böylesi durumlarda, terimleri her iki yerde de aramalıdır; o zaman birinden birinde bulunacaktır.

Dizgide tutulan yol

Madde başı sözcükler siyah, tanımları düz harflerle dizilmiştir. Yazarlardan seçilmiş tanık tümceler italik dizilmiş ve bunlar tanımdan ya da gönderme yapılan sözcükten sonra yer almıştır.

Sözcüklerin türlü anlamlarını sıralayan numaralar siyah, hangi söz bölüğünden olduklarını gösteren kısaltmalarla bilim adları kısaltmaları italik dizilmiştir.

Yazarlardan seçilen tanık tümceler, kimi zaman, yer tutmasın diye kısaltılmıştır. Böyle durumlarda, tanık tümcenin baş yanı alınmamışsa üç noktayla belirtilmiş, ortadan atlama yapılmışsa, yine üç nokta ile gösterilmiş, sondan atlanan sözcükler ise yazar adı kısaltmasından önce konulan üç nokta ile belirtilmiştir. Örneğin: ... *bölgesel denge...*—AI. gibi.

KISALTMALAR

1. Yazar adları kısaltmaları

AA.	Prof. Dr. Aydın Aybay
AAğ.	Adalet Ağaoğlu
AAl.	Ahmet Altan
AB.	Asım Bezirci
ABe.	Ataol Behramoğlu
ABK.	Arslan Başer Kafaoğlu
ABo.	Aydın Boysan
AC.	Ayhan Can
ACB.	A. Cengiz Büker
ACe.	Ahmet Cemal
AÇ.	Aziz Çalışlar
AD.	Atillâ Dorsay
AdB.	Adnan Binyazar
ADer.	Aykut Derman
ADi.	A. Dilâçar
AdO.	Adnan Onart
ADü.	Ali Dündar
AE.	Aydın Ersöz
AEr.	Azra Erhat
AfT.	Afşar Timuçin
AG.	Akşit Göktürk
AhÖ.	Ahmet Özer
AhÖz.	Ahsen Özsoy
AI.	Prof. Dr. Alpaslan Işıklı
Aİ.	Abdi İpekçi
Aİn.	Prof. Dr. Ahmet İnam
AK.	Prof. Dr. Abdullah Kızılırmak
AKa.	Ahmet Kabaklı

AKay.	Arslan Kaynardağ
AKı.	Prof. Dr. Ahmet Kılıçbay
AKo.	Prof. Dr. Ahmet Kocaman
AKö.	Ahmet Köklügiller
AKT.	Ahmet Kutsi Tecer
AKu.	Adnan Kurt
AlK.	Alpay Kabacalı
AlÖ.	Altan Öymen
AM.	Adli Moran
AMD.	Ahmet Muhip Dıranas
AMİ.	A. Mümtaz İdil
AN.	Aziz Nesin
AO.	Ahmet Oktay
AÖ.	Adnan Özyalçıner
AÖz.	Alâeddin Özdenören
AP.	Ali Püsküllüoğlu
ARE.	Ahmet Rahmi Ercan.
AS.	Attilâ Sarp
ASA.	Asaf Savaş Akat
ASG.	Prof. Dr. Ali S. Gitmez
ASi.	Ali Sirmen
AŞE.	Ahmet Şükrü Esmer
AT.	Adnan Turani
ATa.	Ahmet Tan
ATe.	Ahmet Telli
Atİ.	Atillâ İlhan
ATO.	A. Turan Oflazoğlu
AtÖ.	Atillâ Özkırımlı
AU.	Ayseli Usluata
AY.	Prof. Dr. Atalay Yörükoğlu
AyK.	Prof. Dr. Aydın Köksal
AYü.	Ali Yüce
BA.	Prof. Dr. Bedia Akarsu
BAr.	Burhan Arpad
BAy.	Behzat Ay

BB.	Barış Boğaç
BÇ.	Doç. Dr. Bedrettin Cömert
BE.	Bülent Ecevit
BF.	Burhan Felek
BFA.	Bedii Faik (Akın)
BG.	Prof. Dr. Bozkurt Güvenç
BGü.	Burhan Günel
BiA.	Dr. Bintuğ Aytek
BilA.	Bilgin Adalı
BM.	Prof. Berna Moran
BN.	Behçet Necatigil
BNE.	Prof. Dr. Bülent Nuri Esen
BK.	Bilge Karasu
BO.	Bertan Onaran
BOğ.	Burhan Oğuz
BS.	Prof. Bahri Savcı
BSŞ.	Prof. Dr. Bekir Sıtkı Şaylı
BT.	Prof. Dr. Bülent Tanör
BU.	Bülent Uyanıker
BV.	Prof. Dr. Berke Vardar

CA.	Cüneyt Arcayürek
CAK.	Ceyhun Atuf Kansu
CB.	Cihat Baban
CC.	Cumhur Canbazoğlu
CG.	Prof. Dr. Cevat Geray
CK.	Cahit Külebi
CKa.	Cafer Karatepe
CKır.	Coşkun Kırca
CKu.	Cevdet Kudret
CÖ.	Prof. Dr. Coşkun Özdemir
CM.	Prof. Dr. Cemal Mıhçıoğlu
COT.	Prof. Dr. Cavit Orhan Tütengil
CS.	Cemil Sena
CSı.	Cavit Sıdal

CSS.	Cemal Süreya (Seber)
CÜ.	Celâl Üster
CY.	Cemil Yener
ÇA.	Çetin Altan
ÇAÖ.	Çetin A. Özkırım
ÇÖ.	Prof. Dr. Çetin Özek
DA.	Doğan Avcıoğlu
DAk.	Prof. Dr. Doğan Aksan
DC.	Demirtaş Ceyhun
DğÖ.	Doğan Özgüden
DH.	Doğan Hızlan
DHa.	Doğan Hasol
DK.	Prof. Doğan Kuban
DN.	Doğan Nadi
DÖ.	Demir Özlü
DP.	Doğu Perinçek
DT.	Dinç Tayanç
DY.	Duran Yılmaz.
EA.	Dr. Erdoğan Aydoğan
EAk.	Prof. Dr. Ekrem Akurgal
EAt.	Erendiz Atasü
EAy.	Ece Ayhan
EB.	Enis Batur
EBe.	Erhan Bener
EC.	Edip Cansever
ECa.	Ege Cansen
EÇ.	Prof. Dr. Edip Çelik
EÇö.	Emin Çölaşan
EG.	Ecvet Güresin
EK.	Prof. Dr. Emre Kongar

EKo.	Esat Korkmaz
EmÖ.	Emin Özdemir
ENG.	Enver Naci Gökşen
EnÖ.	Engin Özdaş
EÖ.	Erdal Öz
EÖz.	Doç. Dr. Ertuğrul Özkök
ErA.	Dr. Erdal Atabek
ErB.	Ergun Balcı
ErG.	Ersoy Gürsoy
ES.	Erdoğan Sakman
ET.	Esen Tarım
ETE.	Emin Türk Eliçin
EÜ.	Engin Ünsal

F.	Füruzan
FA.	Feridun Akkor
FAl.	Füsun Akatlı (Altıok)
FAy.	Filiz Aydoğan
FB.	Fakir Baykurt
FÇ.	Faruk Çubukçu
FE.	Ferit Edgü
FEA.	Fatma Erkman Akerson
FH.	Feyza Hepçilingirler
FHD.	Fazıl Hüsnü Dağlarca
FK.	Feyyaz Kayacan
FKT.	Prof. Dr. Faruk K. Timurtaş
FO.	Fahir Onger
FOt.	Fikret Otyam
FRA.	Falih Rıfkı Atay
FT.	Dr. Fethi Tevetoğlu
FY.	Faruk Yener
FYa.	Prof. Fehmi Yavuz

GA.	Gülten Akın
GAy.	Gürkal Aylan

GÇ.	Yrd. Doç. Dr. Gül Çetinor
GD.	Güney Dinç
GDK.	Güngör Dilmen Kalyoncu
GE.	Gökhan Evliyaoğlu
GEm.	Gültekin Emre
GG.	Prof. Dr. Gencay Gürsoy
Gİ.	Gülten İncir
GK.	Güler Kaya
GŞ.	Gencay Şaylan
GT.	Güven Turan

HA.	Hulki Aktunç
HAs.	Hakan Arslan
HAt.	Hüseyin Atabaş
HB.	Halikarnas Balıkçısı
HBK.	Hasan Bülent Kahraman
HBa.	Doç. Dr. Hüseyin Başar
HC.	Hayrettin Cangız
HCe.	Hasan Cemal
HD.	Hikmet Dizdaroğlu
HDa.	Dr. Hayri Davas
HE.	Prof. Dr. Hasan Eren
HEA.	Halide Edip Adıvar
HF.	Prof. Dr. Hicri Fişek
HFA.	H. Fahir Alaçam
HH.	Hasan Hüseyin
HİD.	Hasan İzzettin Dinamo
HM.	Haldun Marlalı
HÖ.	Dr. Halis Özgü
HÖz.	Hilmi Özgen
HŞ.	Halûk Şahin
HT.	Haldun Taner
HU.	Hadi Uluengin
HVV.	Ord. Prof. Dr. Hıfzı. V. Velidedeoğlu
HY.	Hilmi Yavuz

HYa.	Prof. Dr. Hasan Yazıcı
Hz.	Doç. Dr. Hamza Zülfikar
HZÜ.	Prof. Dr. Hilmi Ziya Ülken
IHB.	Ismayıl Hakkı Baltacıoğlu
IK.	Işık Kansu
İA.	Prof. Dr. İlhan Arsel
İAk.	Yük. Zir. Müh. İbrahim Akyürek
İAr.	İlhan Artüz
İB.	İlhan Berk
İC.	İsmail Cem
İÇ.	Prof. Dr. İsmail Çifter
İE.	İclâl Ergenç
İG.	İlyas Gülmez
İH.	İsmail Haskara
İHD.	İsmail Hâmi Dânişmend
İK.	İsmet Kür
İKı.	Dr. İsmail Kılınç
İKu.	Dr. İbrahim Kutluk
İO.	İbrahim Olgun
İS.	İlhan Selçuk
İU.	İsmail Ulçugür
İZE.	İsmet Zeki Eyuboğlu
KA.	Kazak Abdal
KB.	Prof. Dr. Kenan Bulutoğlu
KBo.	Prof. Dr. Korkut Boratav
KE.	Kenan Esengin
KK.	Kadircan Kaflı
KÖ.	Kemal Özer
KT.	Kemal Tahir
KY.	Kâzım Yenice

LD.	Prof. Dr. Lütfi Duran
LSU.	Leylâ Subaşı Uzun
MA.	Prof. Dr. Muammer Aksoy
MAA.	Mehmet Ali Aybar
MAAl.	Prof. Dr. M. Ali Alpar
MAK.	Mehmet Ali Kılıçbay
MAl.	Meral Alpay
MAnd.	Metin And
MB.	Murat Belge
MBa.	Mehmet Barlas
MBaş.	Mehmet Başaran
MBu.	Muzaffer Buyrukçu
MCA.	Melih Cevdet Anday
MD.	Mehmet H. Doğan
ME.	Metin Eloğlu
MEk.	Mustafa Ekmekçi
MEL.	Mehmet Emin Lebe
MEnç.	Dr. Mithat Enç
MF.	Mehmet Fuat
MG.	Prof. Dr. Macit Gökberk
MGa.	Mustafa Gazalcı
MGü.	Mehmet Güler
MGül.	Prof. Dr. Mesut Gülmez
MH.	Muzaffer Hacıhasanoğlu
MHe.	Müşerref Hekimoğlu
Mİ.	Muzaffer İzgü
MİE.	Muzaffer İlhan Erdost
MK.	Doç. Dr. Mehmetcan Köksal
MKa.	Prof. Dr. Mehmet Kaplan
MKah.	Mehmet Kahraman
MKe.	Mehmed Kemal
MKı.	Mübeccel Kızıltan
MNÜ.	M. Naci Ünver
MM.	Mahmut Makal
MO.	Mesut Odabaşı
MR.	Mehmet Rifat

MRG.	Mahmut Ragıp Gazimihal
MRİ.	M. Rauf İnan
MS.	Mehmet Seyda
MSA.	M. Sunullah Arısoy
MŞE.	Memduh Şevket Esendal
MŞO.	Mustafa Şerif Onaran
MT.	Mete Tuncay
MTÖ.	Mahmut Tali Öngören
MTu.	Doç. Dr. Mertol Tulum
MTü.	Melih Tümer
MU.	Muzaffer Uyguner
MuA.	Doç. Dr. Muzaffer Altınkök
MuB.	Mustafa Balbay
MuS.	Muzaffer Sencer
MÜ.	Memduh Ün
MüS.	Mümtaz Soysal
MY.	Doç. Dr. Mehmet Yalçın
MYa.	Mahmut Yağmur
MYı.	Murat Yıldırımoğlu

NA.	Nurullah Ataç
NAk.	Prof. Necati Akder
NB.	Niyazi Berkes
NC.	Necati Cumalı
NE.	Prof. Nihat Erim
NeA.	Prof. Dr. Nermin Abadan
NG.	Nedim Gürsel
NGü.	Necati Güngör
NGür.	Nilgün Gürkan
NFK.	Necip Fazıl Kısakürek
NH.	Doç. Dr. Necmettin Hacıeminoğlu
NKZ.	Namık Kemal Zeybek
NN.	Nadir Nadi
NNT.	Nizamettin Nazif Tepedelenli
NÖ.	Nijat Özön
NP.	Nuri Pakdil

NS.	Necdet Sançar
NSB.	Nihad Sami Banarlı
NSe.	Nail Sertbaş
NŞK.	Prof. Dr. Nurettin Şazi Kösemihal
NT.	Nurettin Topçu
NTo.	Necati Tosuner
NU.	Prof. Dr. Nermi Uygur
OA.	Oktay Akbal
OAp.	Orhan Apaydın
OB.	Oya Baydar
OBa.	Osman Balcıgil
OBu.	Orhan Bursalı
OD.	Oğuz Demiralp
ODe.	Doç. Dr. Osman Demircan
ODu.	Orhan Duru
OE.	Oktay Ekşi
OG.	Oktay Gürsoy
OGö.	Okay Gönensin
OGü.	Doç. Dr. Osman Gürel
OH.	Orhan Hançerlioğlu
OK.	Osman Köksal
OKe.	Orhan Kemal
OR.	Oktay Rifat
OT.	Prof. Osman Turan
OU.	Osman Ulagay
ÖA.	Doç. Dr. Ömür Akyüz
ÖAA.	Ömer Asım Aksoy
ÖB.	Prof. Dr. Özcan Başkan
ÖÇ.	Özer Çiner
ÖD.	Dr. Ömer Demircan
ÖFT.	Ömer Faruk Toprak
Öİ.	Özdemir İnce

ÖK.	Ömer Kuleli
ÖN.	Prof. Dr. Özdemir Nutku
ÖS.	Doç. Dr. Önay Sözer
ÖŞ.	Önder Şenyapılı
ÖÜ.	Öner Ünalan
ÖY.	Öner Yağcı
PC.	Peride Celal
PNB.	Prof. Pertev Naili Boratav
PS.	Peyami Safa
RA.	Prof. Dr. Rasim Adasal
RCU.	Refi Cevat Ulunay
RE.	Refik Erduran
RH.	Reşit Hoşgör
RI.	Rıfat Ilgaz
Rİ.	Prof. Dr. Reşat İzbırak
RK.	Prof. Dr. Ruşen Keleş
RM.	Rauf Mutluay
RN.	Prof. Dr. Rauf Nasuhoğlu
RÖ.	Rasim Özdenören
RŞ.	Doç. Dr. Rüştü Şahin
RT.	Rauf Tamer
RÜ.	Prof. Dr. Ragıp Üner
SA.	Sina Akşin
SAk.	Doç. Dr. Sırrı Akıncı
SAl.	Selçuk Altan
SAy.	Sibel Aydın
SB.	Salâh Birsel

SBu.	Salâh Buhara
SBü.	Seçil Büker
SD.	Ord. Prof. Dr. Sulhi Dönmezer
SE.	Sabahattin Eyuboğlu
SEd.	Doç. Dr. Seyfullah Edis
SeK.	Prof. Dr. Seyfi Karabaş
SEr.	Selçuk Erez
SG.	Sait Güran
SGA.	S. Günay Akarsu
SGü.	Sami Gürtürk
SH.	Selâhattin Hilav
SI.	Prof. Dr. Sadi Irmak
SIr.	Sibel Irzık
Sİ.	Selim İleri
SK.	Doç. Dr. Sevinç Karol
SKA.	Sabattin Kudret Aksal
SKa.	Sami Karaören
SKab.	Sevinç Kabakçıoğlu
SKar.	Suat Karantay
SKB.	Sabit Kemal Bayıldıran
SKi.	Prof. Dr. Suna Kili
SKo.	Samim Kocagöz
SLM.	Prof. Dr. Seha L. Meray
SNÖ.	Sami N. Özerdim
SÖ.	Saydam Özel
SS.	Sevgi Soysal
SSe.	Sennur Sezer
SŞ.	Prof. Dr. Sevda Şener
SŞa.	Prof. Dr. Salih Şanver
ST.	Sezer Tansuğ
STe.	Serol Teber
STU.	Saadet Timur Ulçugür
STur.	Serdar Turgut
SVÖ.	Prof. Dr. Sedat Veyis Örnek
SY.	Selâhattin Yıldırım

ŞA.	Şahin Alpay
ŞH.	Araş. Gör. Şengül Hamlemitoğlu
ŞK.	Şükran Kurdakul
ŞM.	Şerif Mardin
ŞS.	Şazi Sirel
ŞSA.	Şevket Süreyya Aydemir
ŞSa.	Prof. Dr. Şârâ Sayın
ŞT.	Prof. Dr. Şinasi Tekin

TA.	Tahir Alangu
TAğ.	Tektaş Ağaoğlu
TAk.	Taha Akyol
TAp.	Talip Apaydın
TAy.	Dr. Temuçin Aygen
TB.	Tarık Buğra
TD.	Tevfik Dalgıç
TDK.	Tarık Dursun K.
Tİ.	Av. Turgut İnal
TNG.	Tahir Nejat Gencan
TÖ.	Turgut Özakman
TÖz.	Tanju Öztürk
TP.	Taha Parla
TS.	Tahsin Saraç
TU.	Turgut Uyar
TUç.	Tuncer Uçarol
TUy.	Tomris Uyar
TY.	Tahsin Yücel
TYa.	Prof. Dr. Tolga Yarman
TZT.	Prof. Dr. Tarık Zafer Tunaya

UG.	Ufuk Güldemir
UM.	Uğur Mumcu
UY.	Uğur Yalçıner
ÜO.	Ünsal Oskay

ÜZ.	Ümit Zileli
VB.	Vehbi Belgil
VBa.	Doç. Dr. Veysel Batmaz
VG.	Vedat Günyol
VH.	Prof. Dr. Vecihe Hatiboğlu
VÖ.	Veysel Öngören
VÖz.	Varlık Özmenek
VT.	Vecihi Timuroğlu
VY.	Dr. Vasfi Yener
YC.	Doç. Dr. Yurdakul Ceyhun
YÇ.	Yusuf Çotuksöken
YB.	Yavuz Baydar
YD.	Yalçın Doğan
Yİ.	Yaşar İlksavaş
YGÖ.	Yekta Güngör Özden
YK.	Yaşar Kemal
YKB.	Yahya Kemal Beyatlı
YKK.	Yakup Kadri Karaosmanoğlu
YKü.	Yalçın Küçük
YNN.	Yaşar Nabi Nayır
YP.	Yalçın Pekşen
YY.	Yankı Yazgan
YZ.	Prof. Dr. Yahya Zabunoğlu
ZK.	Ziya Kayla
ZKo.	Prof. Dr. Zeynep Korkmaz
ZVT.	Ord. Prof. Dr. Zeki Velidi Togan

II. Öteki Kısaltmalar

a.	ad
ask.	askerlik terimi
b.	bileşik sözcük
bağ.	bağlaç
be.	belirteç (zarf)
bitb.	bitkibilim (botanik) terimi
bkz.	bakınız
bud.	budunbilim (etnoloji) terimi
coğr.	coğrafya terimi
ç.	çoğul
dilb.	dilbilim ve dilbilgisi terimi
e.	edat
eğitb.	eğitbilim (pedagoji) terimi
fels.	felsefe terimi
fiz.	fizik terimi
foto.	fotoğrafçılık terimi
gökb.	gökbilim (astronomi) terimi
gövb.	gövdebilim (anatomi) terimi
ha.	halk ağzından
hayb.	hayvanbilim (zooloji) terimi
kim.	kimya terimi
mant.	mantık terimi
mat.	matematik terimi

mec.	mecaz olarak
mek.	mekanik terimi
meteor.	meteoroloji terimi
müz.	müzik terimi
ö.	özel
ruhb.	ruhbilim (psikoloji) terimi
s.	sıfat
sesb.	sesbilim terimi
sine.	sinema terimi
sp.	spor terimi
tar.	tarım terimi
tec.	tecim (ticaret) terimi
tıp.	tıp terimi
tiy.	tiyatro terimi
toplb.	toplumbilim (sosyoloji) terimi
töreb.	törebilim (ahlakbilim) terimi
tüze.	tüze (hukuk) terimi
ünl.	ünlem
vb.	ve benzeri, ve bunun gibi, ve başkaları
yapı.	yapıcılık terimi
yaşb.	yaşambilim (biyoloji) terimi
yaz.	yazın (edebiyat) terimi
yerb.	yerbilim (jeoloji) terimi

A

abartı *bkz.* **abartma.** *... yalın, en küçük bir abartısı olmayan bir kıvamda ...* – AD.

abartılı *bkz.* **abartmalı.** *Genellikle toplumun coşkusuna, abartılı düşlerine katılmaz yazar.* –AdB.

abartılma *a.* olduğundan daha büyük, daha çok gösterilme. *Yalnızca dramatik öğenin abartılması ... insanı tek yönlü görmek olurdu.*–BC.

abartılmak olduğundan daha çok, daha büyük gösterilmek. *Çağdaşları tarafından abartılmak yolu ile küçültülmüş bir şair.*–TU.

abartısız *s.* abartısı olmayan, kendisinde abartı bulunmayan, abartılmamış. *... şiirini, yumuşak, abartısız, fakat güçlü, pürüzsüz bir sesle, ezbere okudu.* –ABe.

abartma *a.* bir olayı, bir şeyi olduğundan daha çok, daha büyük gösterme. *Filmde gerçekleri acılaştıran tek bir abartma yok.*–İS.

abartmacı *s.* bir olayı bir şeyi olduğundan daha çok, daha büyük gösteren (kimse). *Kimi insan gürültücü, abartmacı olur...*– İS.

abartmacılık *a.* bir olayı, bir şeyi olduğundan daha büyük gösterme işi. *Abartmacılık, diz boyu.* –TDK.

abartmak bir olayı, bir şeyi olduğundan daha çok, daha büyük göstermek. *Abartmak her duyguyu köreltir, yönünden, amacından saptırır.* – Sİ.

abartmalı *s.* abartılmış; olduğundan daha büyük gösterilmiş. *Seksin ... abartmalı ve aşırı bir biçimde yer tuttuğu son yılların bu tür sinema anlayışı.* –AD.

abece *a.* bir dilin ses imlerinin (harflerin) belli bir düzene göre dizilmesinden oluşan dizge. *Arap harfleri kaldırılmış, yerine Türk abecesi olarak Latin harfleri alınmıştı.* –AN.

abecesel *s.* abece sırasına göre dizilmiş. *Genel dizin; sözlüğe alınan bütün ad, deyim ve kavramların abecesel sıralanmalarıdır.* – OH.

acıdaş *b. a.* özdeş acıya uğramış kimselerden her biri, acı ortağı.

acıdaşlık *b. a.* acıdaş olma durumu, acı ortaklığı.

acıma *a.* **1** başkasının uğradığı ya da uğrayacağı üzücü bir durumun önüne geçme isteğini duyma. **2** acımak eylemi. *İçim acıma duygusuyla doldu.* –İS.

acımak 1 başkasının uğradığı ya da uğrayacağı üzücü bir durumun önüne geçme isteğini duymak. *İnsanlara yalnızca acımak yetmiyor, bir şeyler de yapılmalı.*–AP. **2** acılı, ağrılı olmak. **3** başkasının zavallılığından ya da yıkımından dolayı acı duymak. *"Acıyorum sana" dedi, yürüdü.* –AP.

acımasız *s.* acımaz, katı yürekli. *İşte o zaman acımasız kral yumuşar.* – NU.

acımasızlaşma *a.* yüreğinde acıma duygusu kalmama. *Katı yüreklilik, acımasızlaşma ozanların harcı değildir.* –AP.

acımasızlaşmak yüreğinde acıma duygusu kalmamak, yüreği katılaşmak. *Herkesin içinde birikmiş tortular su yüzüne çıkıyor; insanlar acımasızlaşıyor.* –İS.

acımasızlık *a.* acımazca davranış, katı yüreklilik. *Buhara Cellâtları'nda sayfalar boyu anlatılan öldürme olayları tam bir Sade acımasızlığı içinde anlatılıyor.* –TDK.

acındırma *a.* başkasının acınmasını sağlama. *Tembel tembel oturur, bir de kendisine acındırma huyu vardır ki, sanırsın işi başından aşkın.* –AP.

acındırmak başkasının üzülmesini, acınmasını sağlamak. *Bari ... kendilerine acındırmak için ellerini açsalar, yalvarsalar.* –İS.

acınma *a.* yazıklanma, yerinme, başkası adına üzülme. *Acınmalardan, yerinmelerden yana pek zengindir ömrümüz.* –NU.

acınmak başkası adına üzülmek, yazıklanmak, yerinmek. *Çok kez, acınmak para etmez, iş işten geçmiştir.* –AP.

acun *a.* kaosa yani karmakarışık düşünülene karşıt olarak düzgün ve uyumlu düşünülen evren. *Sanırsınız ki yer gök yıkılmış, bütün ülke, bütün acun korkulu bir duruma düşmüş.* –NA.

acunbilim *b. a.* evrenin yapısını ve gelişimini inceleyen bilim.

acunbilimsel *bkz.* **evrenbilimsel**

acundoğum *bkz.* **evrendoğum**

acunsal *s.* **1** acuna, evrene değgin. *Oluntuların görevi de ... acunsal uzaklıklarla keyifle oynamak ...* –TY. **2** *a. gökb.* Güneş'in doğması ya da batması ile aynı zamana rastlayan yıldız doğması ya da batması (olayı).

açar *a.* iştahı açmak için ya da böyle düşünülerek, yemekten önce içilen, genellikle hafif alkollü içki.

açı *a.* **1** görüş; bakış noktası. *Müslümanlık açısından bu sözde kardeşlerimiz ...*–HVV. **2** *mat.* bir noktadan çıkan iki doğru arasındaki açıklık. *Kesişen iki doğru arasındaki düzlem parçasına açı denir.* – AK. **açı çekimi** *sine.* alışılmamış bir açıdan yapılan çekim.

açık oturum *bkz.* **oturum**

açıklama *a.* **1** bir sorunun ana noktalarını açıkça söyleyip belirtme. *Toplum yasalarını açıklamaya çalışan bilim adamları ...*–İS. **2** yanlış duyurulmuş bir bilginin doğrusunu bildirerek düzeltme. *Ne var ki, yalnızca böylesine bir açıklama, olayı anlamaya ve anlatmaya yetmiyor.*–ASi. **3** gizli bir bilgiyi açığa vurma. **4** *sine.* bir filmin görüntüleri üzerine bilgi verici konuşma. **5** *coğr.* bir olayı, ilgili bilimin kurallarına dayanarak ortaya koyma, çözme işi; örneğin, bir yerdeki sıra sıra kum tepelerinin oluş nedenlerini ortaya koyma bir açıklamadır. **açıklama yapmak** bir konuda bilgiler vermek ya da yanlış duyurulmuş bir bilginin doğrusunu vererek düzeltmek. *Olay öylesine büyüdü ki TV bir açıklama yapmak zorunda kaldı.* –İS.

açıklamak **1** bir sorunun ana noktalarını açıkça söyleyip belirtmek, iyice anlatmak. *Evliya Çelebi'nin* *çağını bugünün yöntemleri ile açıklamak zordur.* –MKe. **2** bilinmesi istenmeyen bir şeyi açığa vurmak ya da bilinir kılmak. ... *kaygı duydukları gelişmeleri açıklamaktan çekiniyorlar.*–OU. **3** bir sözün, bir yazının ne anlatmak istediğini belirtmek. *Sözcükleri açıklamak, dili öğretmenin bir yoludur.* –AP.

açıklanma *a.* açık ve anlaşılır bir duruma getirilme ya da açıkça ortaya konulma. *Bu bandın açıklanması ile Türk kamuoyu aydınlanmış olur.* –UM.

açıklanmak açık ve anlaşılır hale getirilmek, açıkça ortaya konulmak. *Ne olursa olsun, değerlendirilmek ve açıklanmak istenen yapıttır.* –TY.

açıklatma *a.* birinin, gizli kalmış bir şeyi açıklamasına yol açma; açıklamasını sağlama.

açıklatmak gizli kalmış ya da kalması gereken bir şeyin açıklanmasını sağlamak. ... *oy verme süresi tamamlanmadan kimi sandıklardan alınan sonuçları radyodan açıklatmış* ... –MTÖ.

açıklayıcı *s.* açıklayan, açık açık anlatan. ... *açıklayıcı, yorumlayıcı anlatımdan sürekli kaçınmak istedim.* – Sİ.

açıklıkölçer *b. a. fiz.* bir mikroskobun açıklığını ölçmeye yarayan araç.

açıköğretim *b. a.* yöntem olarak dersleri genellikle radyo, televizyon vb. aracılığıyla ilgililere iletilen, öğrencinin okula devam zorunluluğu bulunmayan öğretim.

açılama *a. sine.* güç bir sahnenin değişik açılardan saptanması (o sahnenin çevrilmesinde işi sağlama bağlamak ereğiyle baş vurulur).

açılım *a.* **1** açılma işi. *Nitekim dilimiz ... genç çevirmenlerin elinde yeni bir açılım ve gelişme içinde.* –EmÖ. **2** *gökb.* bir yıldızla gök ekvatoru arasındaki uzaklık, ki bu uzaklığın kuzeye doğru olanı artı, güneye doğru olanı da eksi imiyle ölçülür. Güneş'in bir yıldaki açılımı -23 derece 27 dakikadan +23 derece 27 dakikaya değin değişir.

açılma *a. sine.* çekimde karanlığın gitgide aydınlanmasıyla görüntünün ortaya çıkması. *Bir sonraki açılmayla başlayan filmi öncekinin devamı gibidir.* –SBü.

açımlama *a.* bir sorunu ya da konuyu ele alıp en ince noktalarına değin bütün ayrıntılarıyla gözden geçirme. *Bugün Marxçı felsefe... Marx'ın el yazmalarındaki düşünceleri açımlamaya girişecekse bütün bunları... çağdaş bilimden de yararlanarak yapmalıdır.* – CÜ.

açımlamak bir sorunu ya da konuyu ele alıp en ince noktalarına değin bütün ayrıntılarıyla gözden geçirerek anlatmak. *Yazar, Kenan tipiyle ... küçük burjuva insanını açımlamak amacındadır.* – Sİ.

açımlanma *a.* en ince noktalarına değin bütün ayrıntılarıyla gözden geçirilme. *Bu cümle, hikâyenin açımlanmasında çeşitli yaklaşımları deneyebilme olanağını sağlayabilir bize.* –NP.

açımlanmak bütün ayrıntılarıyla gözden geçirilmek, ortaya serilmek, en ince noktalarıyla göz önüne konulmak.

açımlayıcı *s.* ayrıntılarıyla gözden geçirerek, didikleyerek anlatan. ... *açımlayıcı bir tutum içindedir.* – Sİ.

açınım *a.* **1** *bkz.* **açınma.** *Tabiat, tanrıda tam bir birlik halinde birleşmiş* *olanın bir açınımı(explication), bir evrimidir.*– MG. **2** *mat.* bir yüzeyin bir düzlem üzerine serilmesi.

açınlama *a. fels.* Tanrıca verilen esin. *Açınlama da Tanrı'nın istem ve özünün bir dile gelmesi olduğu için, tek doğru olanıdır.* –MG.

açınma *a.* gelişme. *Tabiat... Tanrı'da tam bir birlik halinde birleşmiş olanın bir açınımı, evrimidir; tıpkı çizginin noktanın gelişmesi; gerçeğin, imkânın açınması olduğu gibi.* – MG.

açınmak *bkz.* **gelişmek**

açınsama *a. coğr.* bir yerin özelliklerini ortaya çıkarmak üzere araştırma ve inceleme yapma işi. *Rimbaud'nun Sarhoş Gemi'sidir ... İnsanı ... gerçek bir açınsama şiir bilimine geçirebilen gemidir.* –TY.

açınsamak *coğr.* bir yerin özelliklerini ortaya çıkarmak üzere orada araştırma ve inceleme yapmak.

açıortay *a. mat.* bir açıyı, birbirine komşu ve eşit iki açıya ayıran yarım doğru. **açıortay düzlemi** *mat.* iki düzlemli bir açının ayrıtından geçip onu eşit iki parçaya ayıran düzlem.

açısal *s.* açıca, açı ile ilgili. *Güneş'in görünür açısal çapı yarım derece kadardır.*–BU. **açısal ivme** *bkz.* **ivme**

açıt *a.* yapıda, kapı ve pencere olarak kullanılmak üzere duvarda bırakılan boşluk. *Bir açıt kemeri üzerine bezeme olarak yerleştirilen hafif üçgen duvar...* –DHa.

açkı *a.* **1** bir kilidi açıp kapamak için kullanılan aygıt. **2** demircilikte delik büyütmekte kullanılan aygıt. **3** her türlü açma aygıtı. *Belki de usta... sakladığını sandığı püf noktasının... elde tutulacak bir açkı olmadığını o zaman anlar.*–EB.

ad *a.* bir kişiyi, bir şeyi anlatmaya, usa getirmeye yarayan, varlıkları tanıtmak için verilmiş sözcük. *Kişilerin adlarıyla soyadları da özeldir.*–TNG. **özel ad** *dilb.* tek bir varlığa verilmiş olan ad. *Yeryüzünde Turgut, Yalçın, Sevim, Ahmet adlı birçok kişinin bulunması bu sözcükleri özel ad olmaktan çıkarmaz.* –TNG. **somut adı** (ya da **somut ad**) *dilb.* var oldukları duyu yolu ile saptanabilen varlıklara verilen ad. soyut adı, soyut ad dilb. özdek olmayan, ancak usta tasarlanan varlıklara verilen ad.

adak *a.* bir dileğin yerine gelmesine yardımı olsun diye kutsal ölüler, Tanrı vb. adına kurban kesme, mum yakma, aç doyurma gibi eylemler ya da adanılan şeyler. *Yalnız, tanrıları sayma, birtakım bencil motiflerden doğma manasız tapınmalar, adaklar adamak, sunular sunmak şeklinde olmamalı.*–MG.

adama *a.* adamak eylemi. *... son kitabı "İttihat ve Terakki"ye yaşamının çeyrek yüzyılını adaması kolay bir iş midir?* –İS.

adamak **1** bir dileğin yerine gelmesine yardımı olsun diye, kutsal ölüler, Tanrı vb. adına kurban kesme, mum yakma, aç doyurma gibi eylemlere niyetlenmek. *Yalnız, tanrıları sayma, birtakım bencil motiflerden doğma manasız tapınmalar, adaklar adamak, sunular sunmak şeklinde olmamalı.*–MG. **2** (bir işe, bir şeye) kendini vermek, bütün çalışmasını ona özgülemek. *Bu bakımdan ... şairlerin piri olan Homeros'a kendini adamakla uluslararası doğrultuda bir hümanist olma ad ve unvanına hak* *kazanmıştır.* – AE.

adanma *a.* adama işine konu olma, armağan olarak sunulma. *"İthaf edilme", yani adanma, yazında bir gelenektir.* –AP.

adanmak armağan olarak sunulmak, adama işine konu olmak. *Fakir Baykurt, bu dörtlüğün kendisine adandığı yıllarda, yılmayan bir aydın olarak gönlümüzde yer etmişti.* –AP.

aday *a.* **1** herhangi bir görev ya da iş için kendini ileri süren ya da başkalarınca ileri sürülen kimse. *... partilerden birinin adayı başkan olacaktı.* –TZT. **2** bir oruna, bir aşamaya, bir unvana hak kazanabilmek için yetişme ya da hazırlık dönemindeki kimse. **aday adayı** *tüze.* genel seçimlerde partinin adayı olmak için, parti içinde yapılan önseçimde adaylığını koyan kimse. **aday yoklaması** *tüze.* genel seçimlere katılacak parti adaylarını saptamak üzere parti içinde yapılan seçim, önseçim.

adaylık *a.* aday olarak kendini ileri sürme ya da sürülme. *... isteyenler, adaylıklarını koyarlar, seçmenler de bunların içinden beğendiklerini ... seçerlermiş.* –AN. **adaylık süresi** bir göreve atanma, bir mesleğe girme gibi durumlarda, adayın geçirmek zorunda olduğu yetişme ve denenme dönemi.

adbilim *b. a. dilb.* özel alanlarla ilgili sözcüklerin kaynaklarını ve biçim özelliklerini ele alan, kişi ve yer adlarının kökenlerini, yayılımlarını, anlamlarını, kavram ilişkilerini, biçim ve anlatım özelliklerini inceleyen dilbilim dalı. *Dildeki kavramlar ve anlatım yolları sorunu her ne kadar, daha çok adbilimin konusu ise de ...* –DAk.

adbilimsel *b. s.* adbilimle ilgili. *Kimi yönlerden adbilimsel yaklaşımı andıran... bir yaklaşım söz konusudur burada.* –BV.

adcı *s.* ve *a. fels.* adcılıktan yana olan kimse ya da görüş. *On sekizinci yüzyıl duyumcuları da adcıdırlar.* –OH.

adcılık *a. fels.* genel kavramların gerçekte var olmadığını, onların yalnızca birer ad olduklarını ileri süren öğreti. *Adcılığı on birinci yüzyılın sonlarına doğru Compiégne papazı Roscelin ileri sürdü.* –OH.

adçekme *b. a.* ad çekilerek yapılan ayırma işi. *... topraklar adçekme yöntemiyle belli bir süre için ve eşit olarak paylaşılıyordu.* –AfT.

adçekmek bir ayırma yapılacağı zaman her birinde bir tek ad yazılı kâğıtları bir araya getirip karıştırdıktan sonra içinden gelişigüzel birini çekerek istenileni saptamak.

addeğişimi *b. a. yaz.* benzetme ereği güdülmeden yapılan mecaz, ki örneğin "Ocağın içindeki odunları yak" diyecek yerde "Ocağı yak" demek, ad değişimidir. *Türkçede addeğişimi konuşma dilinde de yer alır.* –AP.

adıl *a. dilb.* "ben", "sen", "biz", "onlar", "kendim", "bu", "şunlar", "kim", "ne", "birisi", vb. gibi kişi, özlük, soru ve belirsizlik kavramı taşıyan, varlıkların yerini tutan, ad yerine kullanılabilen sözcük. *Bu yönden "birini" ve "öbürünü" gibi belgisiz adıllar "sanatkârlarımızın" sözüyle uyuşuyor ama ...* –EmÖ. **kişi adılı** *dilb.* konuşan, dinleyen, hakkında konuşulan kişilerin yerlerine kullanılan "ben", "sen", "o", "biz", "siz", "onlar" sözcükleri. *En* *açık söylensel öğe örneği kişi adılıdır.* –BV.

adımsayar *b. a.* yaya yürüyüşünde, ne kadar yol yüründüğü konusunda gerçek sonuç elde etmek için yürürken ayağa takılan sayaç.

adlama *a. yaz.* dizelerinin ilk harfleri yukarıdan aşağıya doğru okunduğu zaman ortaya bir söz (örneğin ozanın ya da dizelerin adandığı kimsenin adı) çıkacak biçimde yazılmış koşuk ya da koşuk bölümü.

adlandırılma *a.* kendisine ad verilme. *Bu yönetim biçiminin adlandırılmasında, ilginç bir olay ortaya çıkıyor...* –TY.

adlandırılmak kendisine ad verilmek. *...ve bu kavram da ayrı bir dilsel parça ile, bir sözbirim ile adlandırılmaktadır.* –ÖB.

adlandırım *bkz.* **adlandırma**. *Böyle bir adlandırım ve ayırımın geçerli olup olmadığını burada tartışacak değiliz.* –EmÖ.

adlandırma *a.* **1** ad verme. *Adlandırmanın sırrı, kelimelerle onların gösterdikleri şeyler arasındaki ilişkinin belli edilmesi ... demek olduğundan...* –DAk. **2** niteleme. *Bu adlandırma ile birden bir tutamak bulmuştur.* –BA. **3** belirtme.

adlandırmak **1** ad vermek, ad koymak. **2** nitelemek. ... *ordu etkenine ağırlık verenleri 'cuntacı' diye adlandırmak da kimsenin hakkı değildir.*–MüS. **3** anlatmak, belirtmek. *Genel olarak toplumsal gelişime karşıt düşünce ve eylemi adlandırmak için kullanılır bu terim.* –ÇÖ.

adlanma *a.* ad alma, nitelenme. ... *ateşin tütsülük buharlarla bir araya gelince her birinin konusuna göre adlanması gibi başkalaşıp değişir.* –OH.

adlanmak **1** ad almak. **2** nitelenmek.

adlaşma *a.* ad özelliği edinme, ad durumuna gelme.

adlaşmak ad durumuna gelmek. ... *çalışkan sözcüğü, aslında sıfat olmakla birlikte bu tümcede adlaşmıştır.* – TNG.

adlı *s.* adı olan, adı bulunan.

adsal *s.* ad ile ilgili, ad özelliğinde. .... *adlandırmanın ilk saptırma yöntemi olduğu ölçüde, söylen temelinden adsaldır.* –TY.

adsız *s.* adı bulunmayan, adı olmayan. *Bütün Fransa bu adsız düşüngü içinde yüzer ...* –TY.

adsızlaşma *a.* kişiliğini, niteliğini yitirip genelleşme, adsız bir duruma gelme.

adsızlaşmak kişiliğini, niteliğini, kendisini başka şeylerden ayıran özelliğini yitirerek genelleşmek.

adsızlaştırılma *a.* kendine özgülüğü yok edilerek genelleştirilme.

adsızlaştırılmak kendine özgülüğü ortadan kaldırılarak genelleştirilmek.

adsızlaştırma *a.* bir şeyi, kendine özgülüğünü yok ederek genelleştirme. ... *kenter sınıfı adını silivermiş ... koşulunu gerçek bir adsızlaştırma işlemine uğratıyor ...* – TY.

adsızlaştırmak kişiliğini, niteliğini, kendine özgülüğünü yok ederek genelleştirmek.

adsızlık *a.* adı olmama durumu. ... *kenter sınıfın bu adsızlığı daha da yoğunlaşır.* –TY.

ağaçsı *s. coğr.* **1** ağaçla ilgili. **2** ağaç türünden olan. .... *ince uzun yapraklı, sapları kalın, ağaçsı gövdeli, kokulu, o güzel otlardandır.* –İB.

ağaçsıl *bkz.* **ağaçsı**
ağan *bkz.* **akanyıldız**
ağanlar *a.* bir kimsenin dede ve ninesi, atalar.
ağartı *a.* yoğurt ve ayran gibi süt ürünleri.
ağı *a.* kana karışınca kimyasal etkisiyle dirimsel görevleri bozan, canlıyı öldürebilen özdek. *Ağılı bir yılan büyücü İsis'i sokar.*–NU.
ağıl *bkz.* **ayla**
ağılama *a.* ağılamak eylemi.
ağılamak **1** öldürmek ereği ile ağı vermek. **2** bir şeye ağı katmak. *Yahudiler çeşmeleri, kuyuları ağılamaktadır.* –KT.
ağılı *s.* ağısı olan, kendisinde ağı bulunan. *Ağılı bir yılan büyücü İsis'i sokar.* –NU.
ağırbaşlı *b. s.* kendisinde yeğnilik ve aşırılık bulunmayan. ... *bu ağırbaşlı ve güzel söylevin önemi.* – NN.
ağırbaşlılık *b. a.* ağırbaşlı olanın durumu ya da ağırbaşlıya yaraşan davranış. *Kendilerini günün heyecanına kaptırmazlar, ağırbaşlılık, olgunluk baş nitelikleridir.* –OA.
ağırküre *b. a. yerb.* yeryuvarlağını oluşturan katmanların yoğunluk ve katılığı en çok olan iç bölümü.
ağısız *s.* içinde ağı bulunmayan, ağısı olmayan.
ağış *a. fiz.* su buğunun ve başka gazların yerden havaya doğru çıkışı; yağış karşıtı.
ağıt *a.* **1** *yaz.* ölen bir kimsenin iyiliklerini ve onun ölümünden dolayı duyulan acıları sayıp dökmek üzere yazılan yazı ya da okunan ezgi. *Şeyh Galip bile ... dokunaklı bir ağıt yazmadan duramamış.*–CK. **2** ağlama. *Ve ince söğüt yaprağı bıçak/ Çağrışımıydı ağıtların.*–CAK.
ağıtsal *s.* ağıt niteliğinde. *Böyle insana ölüm yıldönümlerinde edebiyatın klasik öğelerinden ağıtsal söz, düzyazı, dizeler yöneltilemez.* –SAk.
ağızsal *s.* **1** ağızla ilgili, ağız yoluyla olan, ağızdan. ... *çocuk, gelişiminin daha erken bir devresinde, örneğin ağızsal devrede, takılıp kalmışsa...* – SKab. **2** *bkz.* **ağızsıl**.
ağızsıl *s.* **1** ağızla ilgili. **2** *dilb.* havanın ağız boşluğundan akmasıyla çıkan (sesbirim), örneğin *a, o, u* gibi.
ağlanç *s.* insanda ağlama duygusu uyandıran,çok acıklı. *Gülünçle acıklının, gülünçlü ile ağlancın böyle birbirine girmesi kafasını büsbütün karıştırıyordu.* –BK.
ağlatı *a. tiy.* konusunu efsanelerden ya da tarihsel olaylardan alan, yıkımlı sonuçlarla bağlanan çok acıklı tiyatro yapıtı, ki insanoğlunun tutkularını ve kaygılarını gösterir. *Euripides'i epeyce okudum. Severim onun ağlatılarını.* –NA.
ağlatısal *s.***1** ağlatı ile ilgili. **2** çok acıklı.
ağrıkesici *s.* alındığında, uyuşturduğu için ağrı duyusunu ortadan kaldıran (ilaç). *Ağrıkesiciler bile işe yaramıyordu artık.* –AP.
ağsı *s. gövb.* ağ görünüşünde olan, ağ gibi örülmüş nesne.
ağu *bkz.* **ağı.** *Gülbahar bunu düşündükçe yüreğine ağu gibi bir acı doluyordu.* – YK.
ağulu *bkz.* **ağılı.** *damarları mavi ve kalın/gizlice ağuludur.* – Atİ.
ağyatak *b. a.* iki ağaç ya da direk arasına asılarak içine yatılan ve sallanılabilen, ağdan ya da sağlam bezden yapılmış yatak.
akaç *a.* bir yerde birikip kalan sıvı-

ları dışarıya akıtmada kullanılan boru, oluk ya da buna benzer araç.

akaçlama *a.* **1** bir yerde birikmiş suyu akaç yoluyla akıtma. **2** yeraltı sularını toplayan döşem.

akaçlamak 1 *coğr.* akaçlar açarak bataklık kurutmak ya da bir yerde birikmiş suları dışarı akıtmak. **2** *yaşb.* kanı ya da irini akıtmak için yaranın içine boru sokmak.

akak *a. ha.* su gibi akışkan şeylerin geçip gitmesine yarayan akımlık. *Gitgide soğuyan yüzey suları damar damar, oluk oluk akaklar bularak... kuytulara sızacak.* –BK.

akanyıldız *b. a. gökb.* ve *coğr.* geceleri gökte ara sıra görülen, hızla geçip giden ışıklı nokta, ki bunlar göktaşlarıdır ve yeryüzüne düştükleri de olur.

akarca *a. yaşb.* **1** sonradan açılıp boyuna işleyen irin ya da salgı yolu. **2** *coğr.* küçük akarsu.

akaryakıt *b. a.* benzin, mazot gibi sıvı yakacak. *Petrol gibi akaryakıtla tezek gibi kokaryakıt aynı zamanda kullanılırdı.* – AN.

akçalama *a. tec.* bir girişime, bir işletmeye işleyebilmesi, gelişebilmesi için gereken parayı ve krediyi sağlamak işi.... *finansman sözcüğü için akçalama karşılığını ... türettim.* –CM.

akçalamak *tec.* bir girişimi, bir işletmeyi para koyarak, kredi vererek desteklemek, para ve kredi yoluyla işlemesini, gelişmesini sağlamak....*finansman için akçalama, finanse etmek eylemi için akçalamak karşılıkları verilmiştir.* –CM.

akçalanma *a. tec.* (bir girişim, bir işletme) işleyebilmesi, gelişebilmesi için gereken para ve kredi sağlanma.

akçalanmak *tec.* (bir girişim, bir işletme). Para konularak, kredi verilerek desteklenmek, para ve kredi yoluyla işlemesi, gelişmesi sağlanmak.

akı *a. fiz.* herhangi bir güç alanında belli bir düzlemin bir bölümünden geçtiği varsayılan güç çizgileri. *Yayımlanan ışınım akısının harcanan güce oranı.* –ŞS.

akım *a.* **1** hava, su gibi akışkan özdeklerin ya da elektrik gibi bir gücün herhangi bir yöne doğru akışı. **2** gidiş. *...bu değişiklik ... yöntem araştırması akımını önleme amacını gütmektedir.* – ÇA. **3** *coğr.* bir akarsuyun yatağından akıp geçen su tutarının metre saniye olarak değeri. **dalgalı akım** *fiz.* akış yönü sürekli değişen akım. **dalgalı akım üreteci** *fiz.* dalgalı elektrik akımı veren üreteç.

akımtoplar *b. a.* elektrik gücünü, gerektikçe akım durumunda kullanmak için toplamaya yarayan aygıt.

akıncı *a. sp.* görevi karşı takım alanına doğru top sürmek ve böylece sayı yapmaya çalışmak olan, sürekli yeri ön sırada bulunan oyuncu.

akıntı *a.* **1** *yaşb.* sayrılık nedeniyle bedenin herhangi bir yerinden sulu özdek akması. **2** *coğr.* havanın ya da suyun herhangi bir yöne doğru yer değiştirmesi.

akıölçer *b. a. fiz.* magnetik endüksiyon akısındaki bir değişmeyi ölçmeye yarayan aygıt.

akışkan *s. fiz.* kendine özgü bir biçimi olmayıp içinde bulunduğu kabın biçimini alan ve yığın durumuna gelmeyen, sıvı ya da gaz durumunda bulunan (özdek). *Sürgünlerden meydana gelen yeni toplum açık ve akışkan bir toplumdur.* – CÜ.

akışkan *a.* asfalt ve benzeri katı özdekleri akışkan duruma getirmede kullanılan özdek.

akışkanlaştırılma *a.* akışkan bir duruma gelmesi sağlanma.

akışkanlaştırılmak akışkan bir duruma gelmesi sağlanmak, akışkan bir duruma getirilmek.

akışkanlaştırma *a.* akışkan bir duruma gelmesini sağlama, akışkanlaştırmak eylemi.

akışkanlaştırmak asfalt ve benzeri özdekleri sıvı hale geçirmek.

akışkanlık *a.* kendine özgü bir biçimi olmayıp içinde bulunduğu kabın biçimini alan ve yığın durumuna gelmeyen, sıvı ya da gaz durumunda bulunan özdeklerin ortak niteliği. *...koronerlerde kan akışkanlığı düzenli olmalıdır.* –İS.

akkan *b. a. yaşb.* tek çekirdekli, küçük, renksiz kan gözelerinden ve sıvıdan oluşan ve akkan damarlarında dolaşan ve içinde akyuvarlar bulunan renksiz sıvı. **akkan yangısı** lenf düğümlerinde oluşan yangı.

akkor *b. s. kim.* ve *fiz.* akkorluk durumunda bulunan. ... *bunlar büyük bir hızla fırlatıldıkları için kızıp akkor haline gelmişler.* –MG.

akkorlaşma *b. a.* akkor durumuna gelme.

akkorlaşmak akkor durumuna gelmek.

akkorlaştırılma *b. a.* akkor durumuna getirilme, akkorlaşması sağlanma.

akkorlaştırılmak akkor durumuna getirilmek, akkorlaşması sağlanmak.

akkorlaştırma *b. a.* akkor durumuna getirme.

akkorlaştırmak akkor durumuna getirmek.

akkorluk *b. a. kim.* ve *fiz.* kırmızıak derece denen ve yaklaşık olarak 1800 santigrat ısı derecesinde ısıtıldığı halde ergimeyen özdeğin bu sıcaklıktaki durumu.

aklama *a.* **1** birinin bir işten dolayı sorumluluğu olmadığını kabul etme. ... *sürekli saldırılar karşısında, kendimizi aklamaya çalışıyoruz.* –İS. **2** *tüze.* derneklerde ve ortaklıklarda görevli kurulları o çalışma dönemi için sorumluluktan kurtarma. ... *suçlayanlara karşı kendini aklamaya çalışır.* –SB.

aklamak **1** birinin bir işten dolayı sorumluluğu olmadığını kabul etmek, suçsuz ya da borçsuz olduğu yargısına varmak. ... *yayımlanan belgedeki savlarda adı geçenleri aklayacak ... girişimler yapıldığı açıklanmıyor.* – CA. **2** *tüze.* derneklerde ve ortaklıklarda görevli kurulları o çalışma dönemi için sorumluluktan kurtarmak.

aklan *a. coğr.* **1** bir ülkenin denize doğru genel eğimi, ki aklan denince, bir ülkenin herhangi bir bölümündeki suların denize döküldüğü alan göz önüne gelir, örneğin Anadolu'nun Akdeniz aklanı, Ege aklanı gibi. **2** bir dağın şu ya da bu yana alçalıp giden yanlarından her biri. **3** yağmur sularının indiği doğrultuyu gösteren ana eğim.

aklanma *a.* bir işte sorumluluğu olmadığı kabul edilme. *Kemal Tahir ille de aklanmalıdır diye tutturmak.* –

TY.

aklanmak bir işte sorumluluğu olmadığı kabul edilmek. .... *Kapamacıyan ile İstanbulyan, Hamza Osman'dan yana tanıklık edince, duruşma aklanmakla sonuçlanır.* – SB.

aksoylu *bkz.* **soylu**. *Bütün aksoylular gibi yalnızlığı sever.* – İB.

aksoyluluk *bkz.* **soyluluk.** *Haline bakmadan da bir varsıllık, bir aksoyluluk taslamaya çalışır.* –İB.

akşar *bkz.* **akşın**

akşın *s. yaşb.* derisinde, kıllarında ve gözlerinde doğuştan boya özdeği bulunmadığı için her yanı ak olan (insan).

aktarım *a.* **1** *müz.* bir parçanın yazılı bulunduğu dizinin indirilmesi ya da yükseltilmesi, ki bir sesin durumu ya da sazın genişliği birtakım perdeleri çıkarmaya yetmeyince bu işleme başvurulur. **2** aktarma. *Simgeleştirmeleri, anlam aktarımlarını açıklayarak dış dünyayı algılayışını bütün boyutlarıyla aydınlatıyor.* – EmÖ.

aktarma *a.* bir yazıdan başka bir yazıya parça alma ya da bir yerde yayımlanmış bir yazıyı oradan olduğu gibi alarak başka bir yerde yeniden yayımlama.

aktarmacı *a.* ve *s.* aktarmacılık yöntemiyle düşünen.

aktarmacılık *a. fels.* türlü öğretilerden seçilmiş düşünüleri benimseyip o yolda düşünme yöntemi. *Bizi aktarmacılık, hem de kötü aktarmacılıkla suçlarken ... daha bir kendiniz oluyorsunuz.* –VG.

aktarmak **1** bir yazıdan başka bir yazıya parça almak ya da bir yerde yayımlanmış bir yazıyı oradan olduğu gibi alarak başka bir yerde yeniden yayımlamak. **2** geçirmek. *Bu renkleri tabloya aktarmakla derinlik duygusu kolayca verilebilirdi.* – SB. **3** *müz.* bir parçayı yazılı olduğu diziden başka bir dizide yazmak ya da çalmak.

aktöre *b. a. töreb., toplb.* ve *fels.* bir toplum içinde kişilerin uymak zorunda bulundukları davranış kuralları. *O, estetiğe ve aktöreye dayanan bir uygarlığın kurulmasını özlüyordu.* – OA.

aktöreli *b. s.* aktöreye uygun davranan. *Alığın da, bilisizin de aktörelisi, iyisi, arı yüreklisi olabileceğini sanmayın.* –NA.

aktöresel *b. s.* aktöreye uygun. *Ama ister aktöresel sosyalizmin ister Tanrıbilimin... bir görüşü olsun.* –CÜ.

akyuvar *b. a. gövb.* kan ve akkan gibi gövde sıvılarında bulunan çekirdekli yuvarlak göze. *Bu, birtakım durumlarda akyuvar kanseri, kanser gibi hastalıklara... yol açar.* –AG.

alabık *s. ha.* **ikiyüzlü**

alalama *a.* alalamak eylemi.

alalamak beneklerle, çizgilerle ya da renklerle bezeyerek bir şeyin görünüşünü değiştirmek.

alaltı *bkz.* **kızılötesi.** *Vietnam Savaşı'nda dağ, tepe arkasındaki birlikler "alaltı" ışınlarla saptanıyordu.* –VB.

alan *a.* **1** açık ve geniş düz yer. *Sessizleşirdi alan ve şehrin bütün sokakları.* –AÖ. **2** *sine.* bir alıcı merceğinin, seçik bir görüntü elde edebildiği derinlik ve genişliğin tümü. **3** *mec.* bir konu ya da çalışma çevresi. ... *birbirinden başka doğrultularda gelişen araştırma alanlarına başvurmayı ...* –NU. **alan araştırması**

toplb. toplumsal vb. olguları dizgesel bir biçimde yerinde inceleme, gözlemleme ve saptama işi. *Ayrıca anket, mülakat, rehber kullanma gibi araştırma teknikleri alan araştırmasını bütünlemektedir.* –SVÖ. **alan korkusu** *ruhb.* geniş boşluklardan, alanlardan korkuya kapılma biçiminde kendini gösteren bir ruh sayrılığı.

alantopu *b. a. sp.* bir ağ ile ortasından ikiye bölünmüş bir alanda karşılıklı iki ya da iki çift oyuncunun, raketle top çelmeleri ve birbirlerinin alanına düşürerek sayı kazanmaları üzerine kurulmuş, belli kuralları olan bir oyun.

alaşık *s. bkz.* **bağdaşık**

alaşım *a. kim.* madenlerin ergime yoluyla birleşmesi sonucu ortaya çıkan metal özelliğindeki özdek. *... ikisini birleştirip yeni bir alaşım ortaya çıkarma girişimine ...* – BO.

albay *a. ask.* yarbaydan büyük tuğgeneralden küçük ve görevi alay komutanlığı olan üstsubay. *Bir orduda binbaşıdan çok albay, yüzbaşıdan çok yarbay bulundu mu hastalık var demektir.* –İS.

albaylık *a. ask.* orduda yarbaylıkla tuğgenerallik arası bir aşama. *Suat Bey de, kurmay albaylıktan istifa ediyor.* –AN.

albeni *a.* gönül çeken güzellik, alım, çekicilik. *...taşıdığı elbiseyi gösteren bir albenisi var.* –İS.

albenili *s.* gözü gönlü çeken, çekici, albenisi olan. *Aşırı süslenir ... albenili olmakla topluluğundaki üç kızı bastırmaya çalışırdı.* –AN.

albenililik *a.* gözü gönlü çekme durumu, çekicilik, alımlılık, alım.

albenisiz *s.* çekici olmayan. *Zorla büyütülmüş cılız ağaçları, albenisiz çiçekleri yokladı.*– GA.

albenisizlik *a.* hiçbir çekiciliği olmama durumu.

alçakgönüllü *b. s.* kendi değerini olduğundan az gösteren, kendi düzeyinde olmayan kişileri bile kendiyle eşit gören (kimse).

alçakgönüllülük *b. a.* alçakgönüllü olma durumu. *Pir Sultan, alçakgönüllülüğü, suskunluğu, saygılılığı, içliliği ile Doğu'nun tinsel gücünü temsil eder.* –SŞ.

alçaltı *a.* aşağılanma ya da aşağılama, küçük düşme ya da düşürülme, hor görme ya da görülme. *Bu dengeyi, o dönem Avrupa'sında yeri göğü saran, uğrunda gürül gürül insan kanı akmış olan sosyal adalet duygusundan, kavramından henüz uzaklarda, bir sadaka alçaltısının acımalı cömertliğinde arıyor ...* –VG.

aldangaç *s. ha.* kolayca aldatılabilen kimse.

aldanı *s.* olmuş, varmış gibi düşünerek avunma işi. *...bir nesne ile karşı karşıya bulunduğumuz aldanısına bırakıyoruz kendimizi.* – MCA.

aldatı *a.* yok olan bir şeyi varmış gibi gösterme. *Sinemanın özel aldatılarını teknik olanaklarla bir tutmada sakınca görmüyorum.*– GAy.

algı *a.* **1** *fels.* anlama yeteneği. **2** anlayış, seziş. **3** duyum. *Bu müşahhas algılardan saf algı nasıl elde ediliyor?* –NT. **4** bir duyumdan edinilen yalın bilinç. *Duyu organları aracılığıyla başarılan bir algıdan başka bir şey değildir.*– NU. **5** *tec.* satın alma.

algıcı *s.* ve *a. fels.* algılıcılık öğretisi yanlısı, o öğretiyi ileri süren kimse, görüş. *Spencer, Bergson bu anlamda* *algıcıdırlar.* –OH.

algıcılık *a. fels.* algılamada anlığın, bir dış gerçeği olduğu gibi, dolaysız ve doğru olarak kavradığını ve bunun bilincine vardığını ileri süren öğreti. *Bu savların tersine algıcılık öğretisi, nesnelerin nesnel gerçekliklerini tanır ...* –OH.

algılama *a. fels.* bir nesnenin varlığını ya da bir olayı duyum yoluyla yalın bir biçimde bilinç alanına alma, anlama, sezme. *... derine kök salmış ayrıntıda bir algılama öğesi bulunmaktadır.* –NÖ.

algılamak 1 *fels.* bir nesnenin varlığını ya da bir olayı duyum yoluyla yalın bir biçimde bilinç alanına almak. **2** anlamak, sezmek. *... bütün vücudu, belirmiş bir hacim olarak algılamak olanaklı.* –BC.

algılanabilirlik *a. fels.* duyular yoluyla varlığı anlaşılabilirlik.

algılanma *a. fels.* duyular aracılığıyla varlığı anlaşılma. *Tarihin algılanma tarzı değiştikçe, edebiyatın da algılanma tarzı değişir.* – HY.

algılanmak *fels.* duyular aracılığıyla varlığı anlaşılmak. *Cevher hiçbir şekilde algılanamaz, ancak düşünülebilir.* –MG.

algılatma *a.* bir olayı ya da bir nesnenin varlığını duyum yoluyla yalın bir biçimde (birinin) algılamasını, bilinç alanına almasını sağlama. *Amelia ile... ayyaş Pipo'nun bir gecelik karşılaşmaları... hem onlara, hem Fellini'ye hem de seyirciye dünyanın ne denli değişmiş olduğunu algılatacaktır.* –AD.

algılatmak bir olayı ya da bir nesnenin varlığını duyum yoluyla yalın bir biçimde (birinin) bilinç alanına almasını sağlamak. *Bu, kulluğun bilincine varmak için, başkalarına da o dünyayı algılatmak için, sürekli olarak yapılması gereken uyarıdır.* –NP.

algısal *s.* algı ile ilgili, algı niteliğinde, anlayış, sezişle ilgili. *Özellikle görme, işitme ve dokunma duyuları insanın bilincine... algısal gereçler taşırlar.* –OH.

alıcı *a.* **1** *fiz.* bir elektrik akımını alıp başka bir güce çeviren aygıt, ki bir radyo yayınını alıp sese çeviren aygıt ya da telefonun konuşmayı alan parçası birer alıcıdır. *... telefon çaldı... kalkıp alıcıyı (ahizeyi) elime aldım.* –HVV. **2** *sine.* sinema filmi çevirmekte kullanılan aygıt. Alıcı meydana kaydığında kırmızı gömlekli bir çocuk görünür.–SBü. **3** *tec.* satın almak isteyen. *Neticede alıcı her lira için daha az mal alacak.* – AKı. **4** kendisine bir şey gönderilen kimse. **alıcı yönetmeni** *a. sine.* alıcıyı² çalıştıran ve yöneten kimse. *Lang'ın alıcı yönetmeni alıcıyı denize çevirir.* –SBü.

alık *s.* beceriksiz ve şaşkın.

alıklık *a.* alık olana yakışır davranış, alık olma durumu.

alım *a.* **1** satın alma işi. *Çeşitli kamu kuruluşları, bankalar, sigortalar, sosyal tesisler kurmak için alımlara giriştiler.* –EG. **2** gözü gönlü çeken güzellik, çekicilik, albeni.

alımlama *a.* algılama yoluyla edinme, bilme, anlama. *... ancak bireysel alımlama olayıyla ilintisi burada açıkça ortadadır.* – AÇ.

alımlamak algılama yoluyla anlamak, bilir olmak.

alımlanma *a.* algı yoluyla anlaşılır olma. *Bu bağlamda okumanın amacı iletinin alımlanması, anlaşılmasıdır.* –EmÖ.

alımlanmak algı yoluyla bilince alınarak anlaşılır olmak. *Edebiyat, alımlanmak için üretilir, üretildiği için de alımlanır.* –AÇ.

alımlayıcı *s.* alımlama işini yapan, alımlayan. *Her alımlayıcıyı aynı yere göndermese bile anlam olarak üst üste çakışmaktadır.* –Öİ.

alımlı *s.* gözü gönlü çekecek bir güzelliği olan, albenisi olan, çekici. *... kalıcılığı öne sürülen bir eserin ... alımlı olması gerekir.* – AB.

alımlılık *a.* çekicilik, gözü gönlü çekecek bir güzelliği olma durumu. *Zaman, bütün alımlılığıyla yürüdü gene Bergama'ya.* –İZE.

alımsız *s.* çekiciliği olmayan.

alımsızlık *a.* çekiciliği olmama durumu.

alındı *a.* para ya da başka bir şeyin teslim alındığını gösteren belge. *Şunu imzala/Bir mektup, bir telgraf alındısı değil/ Unutulmuş bir sevdadır kapını çalan.* –EC. *Avukat, yazılarımla birlikte, para kâğıdının alındısını da vermişti.* –BO.

alındılı *s.* **1** alındı karşılığı verilmesi gereken. **2** postaya, alındı karşılığında verilen (gönderi).

alıntı *a.* bir yazıya bir başka yazıdan aktarılan küçük parça. *Ancak, yazımızın okunurluğunu güçleştirmemek için, alıntıların sayfa ve satırlarını göstermedik.* –EmÖ. **alıntı yapmak** bir yazıdan başka bir yazıya birkaç tümcelik parçalar almak.

alıntılama *a.* bir yazıdan başka bir yazıya birkaç tümcelik parça alma işi, alıntı yapma. *Alıntılama, alıntı sözcüğünün bir türevidir.* – EmÖ.

alıntılamak bir yazıdan başka bir yazıya birkaç tümcelik parçalar almak, alıntı yapmak. *Atatürk'ün bu konularla ilgili iki sözünü alıntılayalım buraya ...* –AdB.

alıntılanma *a.* bir yazı ya da kitaptan bir başka yazı ya da kitaba parça ya da tümce olarak alınma.

alıntılanmak bir yazı ya da kitaptan başka bir yazı ya da kitaba parça ya da tümceleri aktarılmak. *(Yargıçlara Övgü) kitabından alıntılanmış olan şu sözlerini yazdırdım.* –HVV.

alınyazısı *a.* kişinin başına gelmesi pek çok önceden Tanrıca kararlaştırılmış olduğuna inanılan bütün durumlar. *Enver Paşa'nın alınyazısı da ters gitti ...* –FO.

alırlık *a. fels.* algılama yeteneği.

alışkı *a.* yapmaya alışılan ve bir kural gibi uyulan şey. *... gençlerimizde okuma bir türlü alışkı olamıyor ...* –NA.

alıştırma *a.* bir işi iyi bir biçimde yapabilmek için önceden yapılan ya da yaptırılan çalışma. *Müzik öğretmeni bir parça üzerinde mandolin alıştırması yaptırıyormuş.* –ADü.

alkım *a. meteor.* düşmekte olan yağmur damlalarında güneş ışınlarının kırılıp yansımasıyla gökyüzünde ortaya çıkan yedi renkli bir kuşak biçimindeki görüntü, ki buna gökkuşağı, ebemkuşağı, yağmur kuşağı da denmektedir.

almaç *bkz.* **alıcı.**[1] *Telefon almacını kaldırdı.* –FB.

almaş *a. mant.* birinin doğruluğu ötekinin yanlışlığını gerektiren iki önermeden oluşan dizge.

almaşık *s.* **1** birbirine geçmiş. *Bilimsel eleştiri, almaşık açıklamaların mantık kurallarıyla karşılıklı olarak sınanmasıdır.* –ADe. **2** değişik sıralanışta.

almaşıklık *a.* almaş biçiminde olma durumu. *Anlam biçim için... bir tür hızlı almaşıklık içinde geri çağrılıp* *uzaklaştırılabilen, boyun eğmiş bir zenginlik gibi olacaktır ...* –TY.

almaşım *bkz.* **almaşma**. ... *ama bu almaşım bağıntısı değişmez...* –TY.

almaşma *a.* almaş oluşturma, (iki önermeden) birinin doğruluğu ötekinin yanlışlığını gerektirme.

almaşmak (iki önermeden) birinin doğruluğu ötekinin yanlışlığını gerektirmek, çelişmek. ... *elbette aşmak gerekecek bu çelişkiyi, ama almaşan yönlerden ne birini ne de öbürünü reddetmeden.* – AfT.

alnaç *a.* **1** yüze karşı gelen yan, karşı. **2** bir yapının başlıca yüzü, önyüz.

altbilinç *bkz.* **bilinçaltı**

altderi *b. a. tıp.* üstderinin altında bulunan ikinci tabaka.

altezgi *b. a.* bir sahne yapıtı oynanırken ya da bir filmde gerektikçe kullanılan ezgi.

altıgen *a.* ve *s. mat.* ardışık ve kapalı olarak uç uca eklenmiş altı kenardan oluşturulabilen türlü biçimler. ... *bu villayla konak karışımı altıgen binayı, Cumhuriyetin ilk yıllarında bir tüccar yaptırmış ...* –AAl.

altık *a. mant.* tümel bir önermeye yalnız nicelik bakımından karşı gelen tikel önerme, ki örneğin "kimi kişiler ölümlüdür" önermesi, "bütün kişiler ölümlüdür" önermesinin altığıdır. *Altık önermeler, nitelikçe karşı olumlu önermelerdir.* – OH.

altıklık *a. mant.* tümel bir önermeye altık olma durumu. *Tümel olumlu önerme ile tikel olumlu önerme arasında altıklık ilişkisi vardır.* –MG.

altkarşıt *b. a. mant.* birbirine yalnız nitelik bakımından karşı gelen tikel önerme, ki örneğin "kimi kişiler bilgindirler" ile "kimi kişiler bilgin değildirler" gibi. *Altkarşıt önermelerdeki karşıtlık, sadece tikel önermelerdeki olumluluk –yadsılılık karşıtlığıdır.* –OH.

altkurul *b. a.* belli bir ya da birkaç konuyu ele almak üzere, bir kurul içinden birkaç kişi seçilerek oluşturulan kurul. *Altkurullar başlıyor partilerde çalışmaya...* –OA.

altulaşım *b. a.* **1** büyük kentlerde, yerin altında yapılmış, semtler arasında yolcu taşıyan yeraltı demiryolu. **2** bu yolla sağlanan ulaşım.

altyapı *b. a. toplb.* insanın üretime yönelmiş çabası ve bilgisi, üretimde kullanılan araçlar, üretim yöntemleri ve ilişkilerini içine alan ekonomik temel için kullanılan genel kavram. *İyi ama, üstyapı kurumlarındaki bu hareketi yaratan altyapı düzeyinde neler oldu?* – BO.

altyapısal *b. s.* altyapı ile ilgili, altyapıda olan.

altyazı *b. a. sine.* yabancı dildeki bir filmin konuşmalarının çevirisini görüntünün alt yanında veren yazı. *Ve Türkiye'de büyük kentlerde filmler, bilindiği üzere, altyazıyla gösteriliyor.* –AD.

alyuvar *b. a. gövb.* kana al rengini veren çekirdeksiz, yuvarlak küçük göze, ki kanın her milimetre küpünde yaklaşık olarak beş milyondur. *Hekimin dediğine göre kandaki alyuvarlar ve hemoglobin 22 günde çoğalırmış.* –HVV.

amaç *a.* erek, erişilmek istenilen sonuç. *Bu inanca göre, tarih Tanrı'nın amaçlarının bir açınlaması (revelation) sayılacağı için ...* –CÜ.

amaçlama *a.* erek olarak alıp ulaşmak isteme. ... *bir arıtıcıyı tanıtmayı amaçlayan bir reklam yazısı.* –EmÖ.

amaçlamak amaç olarak almak. *Anna Frank, bir zaman içinde, zamanın aydınlattığı yaşam parçalarını, düşleri, duyguları saptamayı amaçlar.* –AdB.

amaçlanma *a.* erek olarak alınma. *"Türk lirasına dönüş"ün dövizdeki karaborsa fiyatı çözmesi amaçlanıyor.* –YD.

amaçlanmak ulaşılacak bir erek olarak alınmak. *... daha da güçlendirilmesi amaçlanmaktadır.*– ASi.

amaçlı *s.* amacı olan, ulaşmak istediği bir sonuç bulunan. *Ama amaçlı ve eksik haberleriniz hiçbir zaman belleklerden silinmeyecek.* –MTÖ.

amaçlılık *a.* ulaşılmak istenilen bir amacı, ereği olma durumu. *Davranışı ... amaçlılık özelliği taşıyan bir etkinlik olarak ele alıp inceleyen ...* – MEnç.

amaçsal *s.* amaç niteliği taşıyan, amaç yönünden. *... ve yaşantılara dayanan amaçsal tasarımların.* – AÇ.

amaçsız *s.* amacı olmayan, ulaşmak istediği bir sonuç olmayan, ereksiz. *.... bunun amaçsız içeriksiz bir değerler kargaşalığından başka bir şey olmadığı anlaşılmıştır.* – AKö.

amaçsızlık *a.* ulaşmak istenilen bir ereği olmama durumu.

an *a. ruhb.* insanda bilinçli durumun tümü; bilincin istem ve çoşkunun karışmadığı, algılama ve düşünme bölümü. *İnanç ansal bir işlemdir.* – OH.

anadüşünce *b. a.* bir konuşmada, bir yazıda işlenen temel düşünce. *Anadüşünce tümcesi varsa, diğer tümceler bununla ilişkilendirilerek paragraf bütünlüğü sağlanır.* – HBa. *Konuyla anadüşünceyi karıştırmamak gerekir.* –EmÖ.

anaerki *b. a. toplb.* soyda asal olan anadır diyen ve ailede çocukları ana oymağına mal eden ilkel bir toplum durumu.

anaerkil *b. s. toplb.* anaerki düzenini temel alan. *Anaerkil aile tipinde de yönetim ananın elindedir.* – OH.

anaerkillik *b. a.* anaerkini, yani "soyda asal olan anadır" diyen ve ailede çocukları ana oymağına mal eden düzeni temel alma durumu. *Doğulu... anaerkilliği de aşağılık bir düzen sayarak, Doğuluya mal eder böbürlene böbürlene ...* –HB.

anakara *b. a. coğr.* yeryüzündeki beş kara parçasından her biri. *Avrupa–Asya anakarasında türlü toplulukların kullandığı uygarlık sözcük ve terimlerinin ...* –ADi.

anakent *b. a.* bir bölgenin en büyük, en önemli kenti; nüfus yoğunluğu, kentleşme durumu, tecim ve sanayi toplaşımı bakımından önemi olan büyük kent. *Cemal Süreya sokakları her gün yeniden keşfedilecek bir kozmopolit anakenttir.* –Öİ.

anakonu *b. a.* bir sanat yapıtında işlenen, geliştirilen ana düşünce, görüş, temel konu. *Böylece Pavese'nin sonraki tüm üretimine de egemen olacak iki temel anakonu daha şimdiden yeterince belirginleşiyor...* – BC.

anakonusal *b. s.* anakonuyla ilgili.

anamal *b. a.* kazanç ereğiyle kurulan tecimsel bir işe yatırılan para ya da paraya çevrilebilir nitelikte mal. *Artıkdeğerin anamala eklenmesi anamal birikimini sağlamıştır.* –OH.

anamal birikimi *toplb.* artıkdeğerin bir bölümünün anamala eklenmesi, artıkdeğerin anamala dönüşmesi. *Anamalcı bir düzendeki ana-*

mal birikimi, değişmeyen anamalı değişen anamala göre büyük bir hızla çoğaltır. –OH.

anamalcı *b. s. toplb.* **1** kazanç ereğiyle kurulan bir tecimsel işe para ya da paraya çevrilebilir nitelikte mal yatıran kimse. **2** anamalcılık yanlısı kimse ya da görüş. *Tarihsel özdekçiliğe göre anamalcı üretim biçiminde artıkdeğer anamala eklenerek anamalcılığı geliştirir.* – OH.

anamalcılık *b. a. toplb.* özel girişime öncelik tanıyan, üretim araçlarının özel ellerde bulunması ilkesine dayanan ekonomik ve siyasal düzen. *Anamalcılığın kaçınılmaz ve uyuşturulmaz çelişkisi, işverenişçi çelişkisidir.* –OH.

anaokulu *b. a.* henüz ilköğrenim çağına gelmemiş, iki ile altı yaş arasındaki çocukları okul düzenine hazırlayan eğitim kurumu. *Okulları, anaokulu, eksiksiz bir hastanesi, bir de turizm bürosu var.* – TUy.

anapara *b. a.* kazanç ereğiyle kurulan tecimsel bir işe yatırılan para.

anaparacı *b. a.* **1** bir ortaklığa anapara koyan kimse. **2** *bkz.* **anamalcı**. *Anaparacı ülkelerde, ... hiçbir nesne, hatta canlı, kendini tecim kurallarının dışında tutamaz.* –GA.

anaparasal *b. s.* anaparayla ilgili, anapara özelliği taşıyan. *Anaparasal üretim ilişkileri çerçevesinde...* –GA.

anasal *s.* ana ile ilgili, anaya bağlı. *Ulusal duygu, saplanıp kalmış anasal bağın en derinlerine kök salan aile bağının dolaysız uzantısıdır.* – BO.

anasoy *b. a.* **1** soy. **2** kalıtımsal özyapıları bir olan bireylerin oluşturduğu doğal topluluk. *Anasoy ayrımı nedir diye hiç düşünmeden ...* –TS.

anasoycu *b. s.* kendi anasoyunu doğuştan üstün sayarak öteki anasoyları aşağı gören, ulusal birlik yerine anasoyu temel alan (kimse, topluluk, görüş).

anasoyculuk *b. a.* kendi anasoyunu üstün sayma ve siyasal tutumunu buna dayandırma eğilimi.

anayasa *b. a. tüze.* örgütlenmiş bir toplumda devletin biçimini belirten, yasama, yürütme, yargılama erklerinin nasıl kullanılacağını gösteren, yurttaşların hak ve ödevlerini ve özgürlüklerini düzenleyen ve saptayan, yasa sıralamasında en önde gelen baş yasa. *Laik devletin kurallarına gelince: Bunlar en başta anayasa olmak üzere, türlü alanlarda konulan ... kurallardır.* –HVV.

anayasacı *b. s.* **1** anayasadan yana, anayasa yanlısı. *Mustafa Fazıl belki gerçekte anayasacı idi.* – NB. **2** anayasa dersi okutan, anayasa konusunda yetkili.

anayasacılık *b. a.* **1** ülkenin bir anayasaya dayanılarak yönetilmesi gerektiğini ileri sürme, buna yandaş olma durumu. *Şinasi'nin önemi, sözünü ettiğimiz bilimcilik, halkçılık, anayasacılık eğilimlerinin içinde de etkili bir aracılık... rolünü oynamasındadır.* –NB. **2** var olan anayasanın yanında olma, onun gerektiği gibi uygulanmasını isteme, var olan anayasayı savunma durumu. *Anayasal geleneklerle ... oynama yetkisini kendilerinde gören ... lerin ise, anayasacılık konusunda aynı fütursuzluğu sürdürmeleri doğaldır.* –BT.

anayasal *b. s.* anayasaya uygun, anayasayla ilgili. *... tarihin koşulları, Türkiye'ye ... aramaya aranmaya elverişli anayasal kural ve kurullar getirmiştir.* –BS.

anayasalaşma *b. a.* anayasa olarak benimsenme, anayasa olma, anayasa olarak kabul edilme. *Demek ki dindevlet ayrımı, uluslaşma, anayasalaşma ve batılılaşma çizgilerinde gidecek olan yollar bu dönemde açılmıştır.* –NB.

anayasalaşmak anayasa olarak kabul edilmek.

anayasallaşma *b. a.* var olan anayasaya uygun bir duruma gelme.

anayasallaşmak var olan anayasaya uygun bir duruma gelmek.

anayasallaştırılma *b. a.* var olan anayasaya uygun bir duruma getirilme.

anayasallaştırılmak var olan anayasaya uygun bir duruma getirilmek. *1982 Anayasası'nın bilinen hükümlerine getirilen eklemeler ile... bir bakıma anayasallaştırılmış ve sureta bir dokunulmazlık getirilmek istenmiştir.* –YZ.

anayasallaştırma *b. a.* var olan anayasaya uygun bir duruma getirme.

anayasallaştırmak var olan anayasaya uygun bir duruma getirmek.

anayol *b. a.* trafiği çok yoğun olan yol.

anayön *b. a. coğr.* kuzey, güney, doğu ve batı yönlerinden her biri.

anayurt *b. a.* yurt edinilmiş olan ilk toprak ya da artık iyice yurt edinilmiş yeryüzü parçası. *Hepsi kaçarak gelmişler anayurda, coşkuyla, umutla.* –OA.

andaç *a.* bir kimseyi ya da bir olayı ansıttığı için saklanan ya da ansıtsın diye verilen şey. *... bir andaçtır bize ondan.* –İZE.

andırı *a.* **1** bir şeyi usa getirmek ereğiyle yazılmış kısa not. **2** bir iş için birine yazılan kısa yazı.

andırışma *a.* benzerlik. *... kaynak incelemesi yazarın okuduklarıyla yazdıkları arasında andırışmalar bulmak olmamalıdır.* –TY.

andırışmak (bir şey başka bir şeyi) andırmak, benzeşmek.

andiçme *b. a.* andiçmek eylemi.

andiçmek bir şeyi yapmaya ya da yapmamaya ant ile söz vermek.

angı *bkz.* **anı**

anı *a.* yaşanmış olgulardan belleğin sakladığı her türlü iz. *Ataç'ın anısına sunulan bu kitapta...* – AP. *Demirperde'ye inat, o parti, bir anıyı yaşatmalı...* –RT.

anıcı *a. yaz.* anı yazarı. *Anıcıların görüş açıları, dünya görüşleri de önemli yer tutar kitaplarda.* –SB.

anık *s.*doğuştan yetenekli.

anıklık *a.* doğuştan yeteneklilik, doğal yetenek. *Anıklık terimi, Uygurca hazır, tamam, yetkin anlamlarına gelen anığ kökünden türetilmiştir.* – OH.

anılaşma *a.* yaşanmış olayların zamanla anı durumuna gelmesi. *Yaşananların anılaşması için kaç takvim yaprağının düşmesi gerekli?* –İS.

anılaşmak anı durumuna gelmek. *Belleğinde gözlemleriyle anılaşacak denli yer eden olay ve kişiler yazı aracıdır.*– SKo.

anılık *a.* içine anıların yazıldığı defter.

anımsama *a.* öğrenilmiş ya da olmuş bir şeyi bellekte yeniden oluşturma, anma. *Bu yüzdendi bu kopuk kopuk anımsamalar bu korku.* –OR.

anımsama kuramı *fels.* bütün temel matematik oranlar bilgisinin, duyuncun bütün verilerinin insanda doğuştan var olduğunu, bunları tanımak için insan ruhunun yapacağı tek şeyin, dışardan gelecek her türlü öğretimden bağımsız olarak, kendi üzerine katlanması olduğunu ileri süren, Sokrates'in, daha sonra da Eflatun'un ortaya attığı kuram.

anımsamak öğrenilmiş ya da olmuş bir şeyi bellekte yeniden anmak. *Az önce, zarfa koyduğum notta ne yazmış olduğumu anımsamak istememiştim.* –AAğ.

anımsanma *a.* anımsanmak eylemi.

anımsanmak akla gelmek, usta uyanmak, anlıkta tutulmak.

anımsatıcı *s.* anımsatan anımsamaya yarayan, anımsamaya yol açan. *Bu kısa not... anımsatıcı olur belki.* –BilA.

anımsatılma *a.* anımsanması sağlanma. *Ayrıca anımsatılması gereken bir iki nokta daha var ...* – OGö.

anımsatılmak anımsanması sağlanmak, anımsanmasına yol açılmak. ... *izleyici gerçek dünyadadır, çünkü ona ... gerçek karşısında olduğu sürekli olarak anımsatılmaktadır.* –SBü.

anımsatma *a.* anımsamasına yol açma, usuna getirme, düşündürme, anmasını sağlama. *Ancak, bundan önce ... birkaç anımsatma daha yapmak istiyorum.* – AP.

anımsatmak usuna getirmek, usa getirmek, anımsamasına yol açmak, anımsamasını sağlamak. *Kaddafi'nin benimsediği yol ilk bakışta ... Nâsır'ın hareketini anımsatmaktadır.* –ASi.

anısal *s.* anı özelliği taşıyan, anı niteliğinde. *Yıllardan beri onun, hem belgesel, hem anısal, yurt ve ulus gerçeklerine sağduyulu yaklaşımlarını okuduk bu sütunlarda ...* –OA.

anısızlaşma *a.* kendisinde anı bulunmama durumu. *Benim de İstanbul'un gitgide anısızlaşmasından üzüntüye kapıldığım olmuyor değil.* –MCA.

anısızlaşmak kendisinde anı kalmamış olmak.

anıştırılma *a.* açıkça söylenmeyip üstü örtülü olarak anlatılma.

anıştırılmak açıkça söylenmeyip üstü örtülü olarak anlatılmak. ... *"elindeki asâ" sözüyle de Hazreti Musa'nın yere attığında yılan olan...asâ anıştırılmak isteniyor.* – EmÖ.

anıştırma *a.* bir şeyi açıkça söylemeyip üstü örtülüce anlatma. *Eliot, bir çok eserlere anıştırmalar yapıyor.* –MB.

anıştırmacı *s.* bir şeyi açıkça değil de üstü örtülü olarak söyleyen. *Kitaba bu yüzden, anıştırmacı güncel şiirlere iyi örnek şiirler demek, daha doğru görünüyor.* – TUç.

anıştırmak bir şeyi açıkça söylemeyip üstü örtülü anlatmak. ... *belki Mansholt'un düşünüyor gözüktüğünden de ötesini anıştırmaktadır...* –BO.

anıt *a.* bir olayı ya da bir kişiyi anımsatmak için dikilmiş, göze çarpacak büyüklükte heykel, sütun, mezar vb. simge niteliğindeki yapı. ... *bir Osmanlı-İslâm anıtı olarak...* – FRA.

anıtgömüt *a.* tarihe geçmiş kişilerin gömütü olarak yapılan, anıtsal değer taşıyan görkemli yapı. ... *devlet töreni düzenlenip, gömütlerinin anıtgömüte taşınması olayıyla ilgili olarak* ... –MEk. ... *Arapça kökenli "kabir"i de Türkçeleştirerek "anıtgömüt" demenin yerinde olacağını düşündüm.* – CM.

anıtlaşma *a.* anıt değeri kazanma, tarih boyunca, her zaman anılacak bir değer olarak benimsenme, anıt durumuna gelme. *Olayı.... onların "anıtlaşması gereken niteliklerini nihayet kabul etme" gibi takdim etmek yanlıştır.* –OE.

anıtlaşmak anıt durumuna gelmek.

anıtlaştırma *a.* tarih boyunca anılacak değerde görerek (bir şeyi) anıt durumuna getirme. *Ölen çocukların ardından ağıt yakar, bir siyasal savaşın kahramanını anıtlaştırır.* – DH.

anıtlaştırmak anıt durumuna getirmek. *Araplarda olmayan kadın sultan türbeleri Türklerde var... bu kadının anısını anıtlaştırmak demek.* – DK.

anıtsal *s.* **1** anıtla ilgili. **2** çok büyük. **3** ululuğu, sağlamlığı ve güzelliğiyle gözü çeken. *İnsanın kendi kendine çizdiği anıtsal portreleri* ... –CÜ. **4** ulu. **5** önemli. ... *Kâşgarlı Mahmud'un Divanü Lügati't-Türk adlı anıtsal sözlüğünü bize kazandı-ran Ali Emiri Efendi Diyarbakırlıdır.* –HE.

anıtsallık *a.* ululuğu, güzelliği ile gözü gönlü çekme durumu; anıt gibilik, anıt gibi olma durumu. *Türkiye'miz, şüphesiz, mimarlık yapıtlarının güzelliği, anıtsallığı ve özgünlüğü bakımından dünyanın en önde gelen ülkelerinden biridir.* –EAk.

anlak *a. ruhb.* anlama erki ya da işi. *Bir yaratıcı için anlakça enezdir diyemeyiz.* –NA.

anlakalır *b. s. fels.* ve *ruhb.* anlağın kavrayabileceği nitelikte. *Anlakalmaz terimi anlakalır'ın karşıtıdır...* – OH.

anlakalmaz *b. s.* ve *fels. ruhb.* anlağın kavrayabileceği nitelikte olmayan. *Anlakalmaz terimi anlakalır'ın karşıtıdır...* –OH.

anlaklı *s.* yüksek anlak gücü gösteren, anlağı ve anlığı güçlü olan.

anlaksal *s.* anlakla ilgili, anlakta olan.

anlam *a.* bir sözcükten, bir sözden, bir devinim ya da olgudan anlaşılan şey; bunların bize ansıttığı düşünü ya da nesne. ... *başka anlam taşımaz.* – EG.

anlambilim *b. a.* sözcükleri, anlam bakımından karşılaştırmalı olarak ve bu anlamların zaman içindeki gelişim ve değişimlerini göz önünde tutarak inceleyen bilim. *Jacobson'un dilbilgisi görüşü hem sistematiktir, hem de anlambilimin özüne yaklaşan bir niteliktedir.* – CSS.

anlambilimci *b. a.* uğraş alanı anlambilim olan dilbilimci.

anlambilimsel *b. s.* anlambilimle ilgili.

anlambirim *b. a. dilb.* dilde anlamlı en küçük öğe. *Sinemada anlambirime de karşılık olabilecek bir şey yoktur.* –SBü.

anlambirimsel *s.* anlambirim özelliği taşıyan. ... *yazar sessel ve anlambirimsel değerleri...göz önünde tutmuş.* –EmÖ.

anlamdaş *s.* anlamları eş olan sözcüklerden her biri. *Örneğin mukayese etmek, kıyaslamak, karşılaştırmak gibi anlamdaş sözcükler yan yana kullanılıyor.* –EmÖ.

anlamdaşlık *a.* anlamda eş olma durumu, özelliği.

anlamlama *a.* bir anlamın anlıkta üretilip kavranması olayı, anlam aktarma ve anlam verme. *Bu tür bir* *iletişim sürecinin anlamlama ile ilgisi yoktur.* –SBü.

anlamlamak anlamı anlıkta üretip kavrama yoluyla anlam vermek.

anlamlandırılma *a.* anlamlı duruma getirilme, anlam kazandırılma. *Anlatıdaki gelişen, oluşan olay ve serüvenlerin belirtip anlamlandırılmasıdır bu.* –EmÖ.

anlamlandırılmak anlamlı bir duruma getirilmek, anlam verilmek.

anlamlandırma *a.* anlam verme, yorumlama. *... ki bu davranış, yanlış anlamlandırmalara yol açmıştır.* –AP.

anlamlandırmak anlam vermek, yorumlamak. *Gerçekten, nesnel toplumsal olayları incelerken bu hareketleri, eylemleri, davranışları anlamlandırmak ... gerekir.* –NŞK.

anlamlı *s.* anlamı olan. *Böylece, Anadolu insanının duygusal yapısı ve yokluk karşısındaki anlamlı direnişi daha iyi anlaşılacaktır.* –AdB.

anlamlılık *a.* anlamı olma durumu. *Freud'un bütün yapıtlarında bu tür iki anlamlılık vardır.* –BO.

anlamsal *s.* anlamla ilgili, anlam niteliğinde. *Tanım, kültür kavramı ile bütünlük kavramı arasında anlamsal bir ilişki ve özdeşlik kurmaktadır ...* –BG.

anlamsız *s.* anlamı olmayan, anlam verilmeyen, kendisinden hiçbir anlam çıkmayan. *... önündeki boş kağıdın üstüne anlamsız biçimler çizdi.* –AN.

anlamsızlaşma *a.* anlamdan yoksunlaşma ya da saçma sapan bir anlam edinme. *O anlam dediğimiz bazan anlamsızlaşsa bile!* – OA.

anlamsızlaşmak anlamdan yoksunlaşmak. *Kavramlar bulanık kaldıkça, o konuda söylenenler anlamsızlaşır.* –AKay.

anlamsızlaştırılma *a.* taşıdığı anlam yok edilerek saçma sapan bir duruma getirilme.

anlamsızlaştırılmak anlamı yok edilerek saçma sapan bir duruma getirilmek.

anlamsızlaştırma *a.* içerikten, anlamdan yoksun bir duruma getirme.

anlamsızlaştırmak anlam yönünden bomboş duruma getirmek, hiçbir anlamını bırakmamak. *.... özür dilemelerini, hatadan dönmelerini anlamsızlaştırıyordu.* –TB.

anlamsızlık *a.* anlamsız olma durumu. *Bütün anlamlar anlamsızlıklar! Hepsi sözcüklerin elinde!* –OA.

anlaşım *a.* karşılıklı olarak birbirini anlama işi, anlaşma. *Bunlar dar anlamlı olmakla birlikte en yaygın ve en genel anlaşım yoludur.* –TNG.

anlaşma *a.* **1** düşünce ya da erek bakımından birleşme. **2** iki ya da daha çok yanın yapmış olduğu düşünü ya da erek birliği. *... 1954 anlaşmasına aykırı...* –AŞE.

anlaşmak düşünce ya da erek yönünden birleşmek.

anlaşmazlık *a.* iki ya da daha çok ya-nın karşılaşan düşünü ve erekleri arasında ayrılıktan doğan anlaşamama. *... ve plancılar arasında ortaya çıkan anlaşmazlık ...* –İS.

anlatı *a. yaz.* **1** anlatma ya da yapma yolu. *... özel ve kişisel anlatıyla dile getirir.*–AB. **2** gerçek ya da tasarlanmış olayları kişinin ilgisini çekecek biçimde anlatan, romandan kısa düzyazı türü. *Roman değil, bir anlatı, yazar ... gerçekten olanları anlatıyor.* –NA.

anlatıbilim *bkz.* **deyişbilim**

anlatım *a.* bellekte tasarlanan bir konuyu söz ya da yazı ile bildirme. *Sanatı duyguların bir anlatımı ... sayarlar sadece.* – SKA.

anlatımcı *a.***1** *bkz.* **dışavurumcu**. *Anlatımcılar bu çeşit yazarlara zanaatçı diyorlar.* –BM. **2** *s. yaz.* yalnızca öykülemeye ağırlık veren (yapıt). **3** yapıtlarında öykülemeye ağırlık veren (yazar). *Mehmet Emin Yurdakul'la karşılaştırdığımızda Cemal Süreya'nın "anlatmasına" karşın anlatımcı olmadığı açıkça ortaya çıkar.* – GT.

anlatımcılık *a.* **1** *bkz.* **dışavurumculuk**. *Sanat eserinin ne olduğu sorusuna cevap vermeye çalışan bir diğer kuram da anlatımcılıktır.* –BM. **2** öykülemede anlatıma ağırlık veren tutum. ... *ama yazarın kendi anlatımcılığı ve dilinin boyutları romanı ayrıca (kendine) özgüleştirmektedir.* –MU.

anlatımsal *s.***1** anlatımla ilgili, anlatım yönünden. **2** *dilb.* anlatımı olan, anlamı olan, anlamlı. ... *ve tümcelerin anlatımsal yanı üstünde duruyor.* –AB.

anlatımsallık *a.* anlatımsal olma durumu. *Sinemada anlatımsallık doğal dünyadan kaynaklanır.* – SBü.

anlatısal *s.* anlatıyla ilgili. *Alıntılamada da görüldüğü gibi, şiirin anlatısal dokusunda betimleyici öğeler ağır basıyor.* – EmÖ.

anlayış *a.* **1** anlama biçimi, yolu. *Bu kelimeleri birisi veya birileri için birtakım tutum, davranış, anlayış, yorumlayış için kullanırken Batılı olduğunuza inanır da bundan gurur duyar mısınız?* –TB. **2** anlama yeteneği. **3** görüş ve inanış öğelerinin etkisi altında beliren düşünme yolu. ... *politikada yeni bir anlayışla olayların üstüne yürümek...* –İS. **4** halden anlama. *Etrafını ezen gurur silinmiş, içlerinde yeni bir anlayış, bir teslimiyet hasıl olmuştur.* –HEA. **5** *ruhb.* ayırıcı bir nitelik olmak yönünden bellek.

anlayışlı *s.* anlayışı olan, halden anlayan, anlayış gösteren. *Anlayışlıyı anlayışsızdan, muhterisi devlet*

anlayışlılık *a.* halden anlama, anlayış gösterme, incelik.

anlayışsız *a.* anlama yeteneği olmayan, halden anlamayan, anlayış göstermeyen. *Anlayışlıyı anlayışsızdan, muhterisi devlet adamından, zekiyi demagogtan ayıran bir kültür aleti.*–CB.

anlayışsızlık *a.* anlayış yönünden zayıflık, anlayış kıtlığı, halden anlamama. *İçerden ve dışardan gelen zorluklara, anlayışsızlığa, ilgisizliğe ... katlanmasını bilmiş, ama saygısızlığa hayır demiştir her zaman.* –SE.

anlık *a. ruhb.* ve *fels.* bilme yetisi, usa vurma, yargılama, anlama erki. *Çünkü, konunun genişçe bir incelenmesi için, yönetmenin anlığına gelen sayısız bağımsız değişkenler duruk hale getirildi.*–NÖ. **edimsel anlık** *fels.* bilgiyi düzenleyip biçimlendiren anlık. *Edimsel anlık ya da eşanlamda us karşılığında kullanılır.* –OH. **edilgin anlık** *bkz.* **edimsel anlık**.

anlıkçı *s.* ve *a. fels.* "varlık düşüncedir" diyen, anlığın duyu ve istençten üstün olduğunu ileri süren (kimse ya da görüş). *Hegel gibi birçok düşünürün sistemleri anlıkçıdır.*–OH.

anlıkçılık *a. fels.* varlığın düşünceden doğduğunu ileri süren, anlığın üstünlüğünü savunan öğreti.

anlıksal *s.* anlıkla ilgili, anlıkta olan. *Bütün varlıkları anlıksal temele in-*

dirgeyen öğretilere... – OH.

ansal *s.* anla ilgili. *Kişinin gövde bağıntıları ile ilgili anlayışına dayanan, ansal alanda işi başarma ...* –MEnç.

ansıma *bkz.* **anımsama**. *... ne yaptığını ansıması imkânsız.*– BK. **ansıma kuramı** *bkz.* **anımsama**

ansımak *bkz.* **anımsamak**. *... bundan yirmi yıl önce duyduğum bir sözü ansıdım.*–NA.

ansıtmak *bkz.* **anımsatmak**. *Peki bunu yazara, kişioğluna, başına kakar gibi, durmadan ansıtmak mı gerek?* – NA.

ant *a.***1** söz verme. *Ayaklarıyla içiyor andını vura vura.*–CAK. **2** kutsal bilinen şeyleri tanık göstererek yapılan onama ya da söz verme. *... törenle içtiği anttan sonra ...* –NN.

antlaşık *bkz.* **bağlaşık**. *Bu pazarlığı duyan ... güçlü dostumuz ve antlaşığımız Almanya'nın yaman elçisi, küplere bindi.*– ETE.

antlaşma *a.* **1** antlaşmak eylemi. **2** *tüze.* iki ya da daha çok yanın aralarında kararlaşan ilkelere uygun olarak davranmayı kabul etmeleri, ki tüzel sonuçlar elde etmek ereğiyle devletler arasında yapılır ve görüşme, imza, onaylama olmak üzere üç dönemden geçer ve ancak yetkili organların onaylamasıyla yürürlüğe girer. *... antlaşmanın değiştirilmesi için...*–AŞE.

antlaşmak antlaşma yapmak.

arabalık *bkz.* **taşıtlık**

araç *a.***1** bir sonuca varmaya yarayan şey. *Para bir araçtır yalnızca.*–GDK. **2** kişiler ya da şeyler arasında bağlantı görevinde olan şey. *... yaşamak, yazmak için araç oluyor.* –ÇA. **3** taşıma işine yarayan nesne. *Bu arada işin içine bugünkü harbin tank, uçak gibi araçları da karışacak.*–NA.

araççı *a. fels.* araççılık görüşü ve bu görüşü benimseyen kimse.

araççılık *a. fels.* bilimsel yasa ve kuramların birer araç olduğunu, bilimin belli davranışın araştırılmasından başka hiçbir nesnel gerçekliği bulunmadığını ileri süren görüş. *Kimi çevirilerde pragmacı düşünür Dewey'in âletçilik öğretisi araççılık deyimiyle dile getirilmektedir.* – OH.

araçlı *s.* araçla yapılan. *Araçlı bilgi, bir başka bilgiyi gerektirir ve o başka bilgiden ürer.* –OH.

araçlık *a.* araç olma durumu. *Geçen yazımızda ... devletin ... eylem ve görevlere araçlık ettiğini belirtmiştik.* –MK.

araçsal *s.* araç gibi, araç niteliğinde, araç özelliği taşıyan. *... elin beyne hizmet etmesi biçiminde araçsal, yani komut almaya vermeye dayanan bir ilişki ...* –HC.

araçsallaşma *a.* araç özelliği kazanma, araçsal nitelik edinme. *Akıl araçsallaşmaya başlamıştır.* –ÜO.

araçsallaşmak araç niteliği edinmek, araçsal bir duruma gelmek, araç özelliği kazanmak.

araçsallaştırılma *a.* araçsal bir özellik kazandırılma, araç durumuna getirilme.

araçsallaştırılmak araç durumuna getirilmek, araçsal bir nitelik kazandırılmak. *Müzik de ... toplumdaki yeni egemen insan/bağımlı insan ilişkisinin isterlerine göre araçsallaştırılmıştı.* –ÜO.

araçsallık *a.* araçsal olma durumu. *... çağdaş el sanatlarımızda bulduğumuz araçsallığın yüceltilmesi eğilimine daha çok uymuş...* –TY.

araçsız *s.* bir araç kullanmadan,

doğrudan doğruya. *Araçsız bilgi, kendiliğinden bir bilgidir.*–OH.

araçsızlık *a.* aracı olmama durumu.

arakesit *b. a. mat.* çizgi ya da yüzeylerin kendi aralarında ya da birbirleriyle kesişmesiyle ortaya çıkan nokta ya da çizgi. *Bir dik koninin tepesinden geçmeyen bir düzlemile arakesiti bir koniktir.* – AK.

aral *a. coğr.* birbirine yakın adalar topluluğu, takımada.

araştırı *bkz.* **araştırma**. *Onun yaptığı kendi işinin bir yolunu bularak yücelmesi değil, önemli bir araştırı temeli teşkil etmesidir.* –ST.

araştırılma *a.* gerçekliği ortaya çıkarılmak üzere incelenme. *Bu konunun Meclis'te araştırılması ve soruşturulmasının önleneceği anlaşılmıştır.*–UM.

araştırılmak gerçekliği ortaya çıkarılmak ereğiyle incelenmek. *Batının çeşitli bilim kuruluşlarında ... gittikçe artan bir oranda araştırılmaktadır.* –SKi.

araştırma *a.***1** bir gerçeği ortaya çıkarmak ereğiyle yapılan arama işi. *Kuşku yok, bu yolda yapılan araştırmalar bize çok dar ama son derece sağlam, kesin bilgiler vermektedir.* –NŞK. **2** bilimsel inceleme. *Türk şiirini inceleyen bir araştırma neşretmiştik.*–MKa.

araştırmacı *a.* bilim ve sanat alanlarında araştırma yapan kimse. *Bu eleştiriler ... araştırmacılar tarafından yapılmaktadır.* –ErA.

araştırmacılık *a.* araştırma yapma işi; araştırmaya önem verme. *Sainte Beuve'ün derinleşmesi gerçektir, bununla birlikte araştırmacılıktan sakınır ...* –TY.

araştırmak bir gerçeği ortaya çıkarmak ereğiyle aramalar yapmak. *Bunları araştırmak, soruşturmak, gerçekleri inanılır biçimde ortaya çıkarmak gerek.* – OA.

araştırman *a.* bilim, yazın, sanat alanlarında araştırma yapan kimse, araştırmacı. *İyi bir okuldan geçseydi, iyi bir işe girseydi, mühendis olsaydı, araştırman olsaydı ... neler neler yaratırdı, nasıl güldürürdü kendisine umut bağlayanların yüzlerini!* – FB.

ardıl *a.* **1** birinden boşalan yere geçen ya da geçecek olan. *Büyük Selçukluların ardılları olan bu devletlerde...* –MuS. **2** *müz.* dizin, art arda geliş. **3** *dilb.* sonradan oluşan. *Türkiye Türkçesinde kullanılan ardıl durumundaki kimi biçimbirimlerin eski evrelerde öncül olduğu bilinmektedir.* – İE. **ardıl görüntü** *bkz.* **ardışık görüntü**

ardıllaşma *a. dilb.* ardıl durumuna gelme. *"İ–" eylemi "idi, imiş, ise, iken" biçimlerinde öncülken, ardıllaşma sürecinde kaybolmuştur.* –İE.

ardıllaşmak *dilb.* sonradan oluşmak, ardıl durumuna gelmek. *"İle" öncülü de aynı biçimde ardıllaşmıştır.* –İE.

ardışık *s.* birbiri ardından gelen, üst üste gelen, art arda gelen. *Bir vakitler ardışık olmayan, geçmiş ve geleceği içeren belirli bir şimdi'nin kaynağı olan bir zaman vardı.* –CÜ. **ardışık görüntü** *ruhb.* **1** bir duyumun yitmesinden sonraki görüntü. **2** daha önce seçilen nesnenin görüntüsünü tamamlayan bir rengin görüntüsü.

ardışıklık *a.* birbiri ardından gelme, üst üste gelme. *Türkçe Sözlük'te zaman şöyle tanımlanmıştır: Olayların ardışıklığını görerek aklımızda yarat-*

tığımız ... başı ve sonu olmayan soyut kavram. –TNG.

ardışma *a.* art arda gelme. *Dikkatimizi yalnız bir biçim üzerinde toplarsak ... onların ... jeolojik ardışmalarının doğal özelliğinden çıkarılan değerli kanıtlardan yoksun kalırız.* –ÖÜ.

ardışmak art arda, birbiri ardınca gelmek.

argın *s.* gücü tükenmiş, bitkin.

argınlık *a.* gücü tükenmişlik, argın olma durumu.

arı *s.* temiz, katışıksız. *İzlenimciler ... renkleri arı olarak kullanırlar.* –SB.

arık *s.* cılız, enez, güçsüz. *İki ... arık beygir, bir çürük yaylıyı sürüklüyorlar.* –MŞE.

arıklaşma *a.* güçsüzleşme, cılızlaşma, enezleşme.

arıklaşmak güçsüzleşmek, cılızlaşmak, enezleşmek.

arıklık *a.* cılızlık, enezlik, güçsüzlük.

arılaşma *a.* arı bir duruma gelme. *İlk baskısı elimizde olmamasına karşın, dildeki arılaşmaya koşut, kimi sözcüklerin Türkçeleştirildiği belli oluyor.* –DH.

arılaşmak katışıksız bir duruma gelmek.

arılaştırılma *bkz.* **arındırılma**. *Dilin arılaştırılmasında herkesin emeği geçmiştir.* –MEk.

arılaştırılmak *bkz.* **arındırılmak**

arılaştırma *a.* katışıksız bir duruma getirme.

arılaştırmak katışıksız bir duruma getirmek, süzmek.

arılık *a.* **1** katışıksızlık. *Irkının arılığını koruyamayan bir kavim gizil olarak ölümsüzdür.*–NŞK. **2** *yaz.* anlatımda duruluk, yabancı sözcüklerden arınmış ve süssüz olma durumu. ... *şiirin havası bir Yunus Emre arılığında, bir Necatigil çağdaşlığındadır.* – DH. *"Kurban"ın övülecek bir çok yanı var: Dilinin arılığı, ustalığı ...* – RM.

arındırılma *a.* katışıksız ya da kirden arınmış bir duruma getirilme, arınması sağlanma. *Bloomington'un büyük kısmı, hep karaderililerden arındırılmış, huzur bölgeleri sayılıyor.* –TUy.

arındırılmak arı bir duruma getirilmek, katışıklıklarından kurtarılmak. *Atatürkçü dünya görüşünün çağdaş batı düşüncesinden arındırılarak ... ABD'lileştirilmesi, küçük burjuva oyunlarıdır.* – VT.

arındırma *a.* arı bir duruma getirme. *Bu kanadın kendini arındırdığı söylenebilir.* –OB.

arındırmak arı bir duruma getirmek. *Trajedinin görevi, uyandırdığı korku ve acıma duygusuyla insanların ruhunu arındırmaktır?* –AfT.

arınma *a.* kendi kendini arılaştırma; arı bir duruma gelme. ... *sonsuz ana madde içinde yeniden arınmalarına ...*–MG.

arınmak arı bir duruma gelmek, arılaşmak. *Arınmak istiyordu cinsellikten, yaşamından soyutlamalıydı bunu.* – Sİ.

arıtıcı *a.* kirlileri temizlemede kullanılan, arıtma özelliği bulunan, toz, sıvı ya da krem durumunda olabilen kimyasal özdek. *Bir arıtıcıyı tanıtmayı amaçlayan reklam yazısı.*–EmÖ.

arıtılma *a.* arıtılmak eylemi. *Bu değişimin doğru yorumu, kalabalığın arıtılmasıdır.* –ABo.

arıtılmak katışıklıktan kurtarılmak, arı, katışıksız bir duruma getirilmek, arındırılmak.

arıtım *a.* arılaştırma, özleştirme.

arıtımevi *a.* petrol, tuz, şeker gibi özdeklerin arıtıldığı yer.

arıtlama *a.* birinin doğru, işbilir, güvenli olduğuna tanıklık ederek işe alınsın diye başkasına salık verme ya da iyi diye tanıtma.

arıtlamak birinin doğru, işbilir, güvenilir olduğuna tanıklık ederek başkasına işe alınsın diye salık vermek ya da iyi diye tanıtmak.

arıtma *a.***1** kirden arı kılma. **2** katışıksız duruma getirme. *Bu arıtma işinin uygulamadaki adı da öz Türkçedir işte.* –EmÖ.

arıtmak 1 kirden arı kılmak, temizlemek. *Boyuna arıtmak, durmaksızın kirlinin yerine temizini koymak ... gerek.* –RM. **2** katışıksız duruma getirmek. *Türkçenin kaynağını tıkayan yabancı öğeleri arıtmak gerekir.*–EmÖ.

armağan *a.***1** birini sevindirmek ya da saymış olmak için karşılıksız verilen şey. *Sandığında, büyükanasının ona armağan eylediği altın, yakut bir Kafkas gerdanlığı vardı.*–YK. **2** bilim, sanat ve yazında ve başka alanlarda açılan yarışmalarda özenli bir incelemeden sonra değerlendirmede kazananlara verilen değerli şey. *Armağan kazanan bir yazıdan ...*–ÖAA.

armağanlama *a.* armağan vererek onurlandırma.

armağanlamak armağan vermek. *Paşa, beyleri divana topladı, her birisini teker teker armağanladı.*–YK.

arpağ *a.* eski Türklerde din ulularının sayrıları iyileştirmek, birtakım kötülükleri savuşturmak vb. ereğiyle yaptıkları büyü ya da ettikleri dua.

artağan *s.* alışılagelenden ya da beklenenden daha çok verimi olan.

artağanlık *s.* alışılandan ve beklenilenden daha çok ürün verme durumu.

artam *a.* yararlı olan ya da beğenilen üstünlük. ... *ne türlü nitelikler, artamlar arıyorsunuz? diye bir soruşturma açmak.*–NA.

artanoranlı *b. s.* gelir büyüdükçe oranı artan (vergi). *Artanoranlı bir gelir vergisi de, yine köylünün çoğunluğu tarafından desteklenecektir.*–MT.

artanoranlılık *b. a.* oranı gittikçe artma durumu.

artbeslenme *b. a.* elde edilen bir verimin bir bölümünün, kendini yaratan dizgenin kaynağına döndürülme yoluyla dizgenin işlerliğine katkısının sağlanması. *Bu duyarlık bir tür artbeslenmeyle şiirden yeni ve taze tatlar almamızı sağlıyor.* –GT.

artçı *a. ask.* çekilmekte olan bir asker birliğinin güvenliğini sağlamak için arkadan gelmek üzere bırakılan güvenlik kıtası. *Yorgun artçılarla Sivrihisar'dan geçerken.*–CAK.

artı *a. mat.* aritmetikte + biçimindeki imle gösterilen toplama iminin adı. ... *hem artıyım hem eksiyim.* –Atİ.

artı sonsuz *mat.* her sonlu sayıdan daha büyük kalan, varsayımsal nicelik. *Eksi sonsuzla artı sonsuza, elektronlarla galaksilere doğru uzanan bir akıl gözlemiyle.* –ÇA.

artıdeğer *bkz.* **artıkdeğer.** *...ve ilkel "artıdeğer" sömürüsünün örnekleridir bunlar.*–UM.

artık *a.* bir şeyin kullanıldıktan sonra geriye kalan bölüğü. ... *ulusal artık sistemini kaldırarak ...* –CB.

artıkdeğer *b. a. toplb.* işgücünün, karşılığı ödenmiş değerlerden fazla olarak ortaya koyduğu değer, anamal geliri. *Artıkdeğeri meydana* *getiren tek mal, insandır.*–OH.

artıkgün *b. a.* artıkyıllarda şubat aylarına eklenen gün.

artıklama *a. yaz.* anlatılana bir şey katmayan gereksiz, çok sayıda ya da eşanlamlı sözcüklerle, eşanlama gelen tümcelerle, düşünülerle yazıyı ya da sözü uzatma. *Artıklama aynı anlama gelen sözcükleri ... art arda kullanmaktan doğar.*–EmÖ.

artıkyıl *b. a.* şubat ayının yirmi dokuz gün çektiği 366 günlük yıl, ki dört yılda bir gelir.

artımlama *a. yaz.* tümceyi, aynı anlama gelecek ya da aynı anlamı bildirecek sözcüklerle yüklü bulundurma, ki anlatıma akıcılık vermek için baş vurulur; örneğin, "Bunu söyledim size, bunu söyledim diyorum, söylemek ne demekse öylesine söyledim" tümcesi bir artımlamadır.

artırım *a.***1** bir şeyi tutumlu harcayarak bir bölüğünü artırma işi. ... *halkın artırımlarının gerekli kanallara yöneltilmesi ...*–NB. **2** *müz.* bir yarım dizi yükseltme, ki bir büyük aralık üst notası çıkıcı değişimle bir yarım ses yükseltilerek yapılan işlem. Kalın notası inici değişimle bir yarım ses indirilmek yoluyla da bu işlem yapılabilir.

artırma *a.* alıcılar arasında yarışmaya dayanan ve artıra artıra en yüksek fiyatı verene malın verilmesiyle biten bir çeşit satış yolu, ki devlet satışları genel olarak bu yolla yapılır.

artırmak 1 tutumlu davranıp biriktirmek. **2** daha yüksek fiyat vermek, daha yüksek fiyat öne sürmek.

artıuç *b. a. kim.* elektrikle yapılan çözümlemede, sıvıya batırılıp akımın geçmesini sağlayan metal uçlardan artı yüklü olanı.

artsüremli *bkz.* **artzamanlı**. *Öyleyse söylenler üzerine artsüremli bir inceleme tasarlanabilir.*–TY.

artsüremlilik *bkz.* **artzamanlılık**

artyetişim *b. a.* kişinin, yetişme ve kültürel oluşumunu sağlayan, aile, okul ve çevreye bağlı edinimlerin tümü.

artzamanlı *b. s. dilb.* artzamanlılığı konu olarak alan, artzamanlılıkla ilgili. *Artzamanlı yöntemle ele alınmakta olan bu anlam olayları.* –DAk.

artzamanlılık *b. a. dilb.* zaman içindeki evrimleri açısından incelenen dil olaylarının özelliği. ... *artzamanlılık yönteminin uygulanması gerekliydi.* –DAk.

as– "ast" sıfatının kısaltılmışı olan bu önek "t" ünsüzüyle başlayan sözcüklerin başına getirilir, eklendiği sözcüğün daha alt derecelisini anlatan yeni sözcükler yapmaya yarar: asteğmen, üsteğmen gibi.

asal *s.* ana ve temel niteliğinde olan. *Asal çemberde bulunan noktalardan asal eksene çizilen dikmelerin...*–AK. **asal eksen** *bkz.* **eksen**. **asal sayı** *bkz.* **sayı**

asalak *s.***1** *hayb.* başka bir hayvan ya da bitki üstünde, onun dokuncasına ama kendi yararına yaşayan hayvan ya da bitki. **2** *mec.* başkasının sırtından geçinen kimse. *Eşit haklar savunucuları, ev kadınını ... bir asalak görünümünden kurtarmak da istiyorlar.* –TUy.

asalakbilim *b. a.* asalak bitki ve hayvanları inceleyen bilim.

asalakbilimci *b. a.* asalakbilim alanında çalışmalar yapan uzman.

asalaklık *a. mec.* başkasının sırtından geçinme işi. *Asalaklık, üstünün yanlışlarını, suça kadar giden haksız yürütmelerini önlemek, onu uyarmak gücünü astınlarda bırakmadığından.*–MRİ.

ası *a.***1** başka bir kimseden ya da bir şeyden birine ya da bir şeye gelebilecek yarar. *... kendine birtakım asılar sağlamak için öyle söylüyordur.* – NA. **2** herkesin görebileceği yere asılan, resimli ya da resimsiz büyük boy duyuru. *Çöpçüler, yollara dökülmüş belediye başkan adaylarının afişlerini, Türkçesiyle "ası"larını topluyorlar.* – MEk.

asıcıl *s.* kendi asısına düşkün, çıkarına bakan.

asılak *bkz.* **asalak**

asılanma *a.* bir şeyden ası elde etme.

asılanmak bir şeyden ası elde etmek. *... yarınki Türkçenin ... Latince köklerden asılanması gerektiğine inanıyorum.* –NA.

asıltı *a. kim.* bir maddenin çözünemeyen parçacıklarının bir sıvı ortamda dibe çökmeden kalmış durumu ya da böyle bir sıvı karışımı.

askat *b. a. mat.* bir sayının her bölenine verilen ad, bir başka sayıda tam sayı kez bulunan sayı. *Göreli ... genel olarak da birçokluğun askatlarıyla ve aşırının yanlışla ilişkisine denir.* –AfT.

askılık *a.* otel, lokanta gibi birçok kişinin girip çıktığı yerlerde ya da evlerde palto, pardösü, şapka, şemsiye gibi eşyanın bırakıldığı yer.

ast *s.***1** alt, daha aşağı derece. **2** birinin buyruğu altında olan kimse. *bkz.* **as–**

astasım *b. a. mant.* öncüllerinden biri bir önceki tasımın vargısı olan bir ek tasım.

astbaşkan *b. a.* ikinci başkan.

asteğmen *b. a. ask.* asıl görevi takım komutanlığı olan, orduda en küçük aşamalı subay. *Toprak siperlerde asteğmen olur kalırım.* –CAK.

astın *bkz.* **ast**

astsubay *b. a. ask.* orduda, onbaşıdan büyük asteğmenden küçük aşamalardaki askerlere verilen genel ad. *Çamaşırcı Hasibe Hanım'ın, sonradan astsubay olan oğlu ...*–AN.

astsubaylık *b. a.* assubay olma durumu, assubayın bulunduğu aşama. *On dört yaşında olduğu için alaya gönderilenler... eğitimden geçirilip ... astsubaylığa yükseltiliyordu.* –AN.

asyön *b. a. coğr.* iki anayönün ortasına düşen yön; örneğin güney ile doğu yönlerinin ortasına düşen güneydoğu bir asyöndür.

aşağılık duygusu *a. ruhb.* kaynağı kişinin çocukluk dönemine çıkan kendine güvenemeyiş, güçsüzlük duygusu, ki kırıcılık, güçlülük biçiminde de belirdiği görülür. *... bu son savaşta uğradığı akıl almaz yenilginin ona verdiği bir aşağılık duygusundan geliyor olmalı.* –Atİ.

aşağılık karmaşığı *bkz.* **karmaşık**

aşağısama *a.* bir kimseyi ya da bir şeyi aşağı ve değersiz görme.

aşağısamak bir kimseyi ya da bir şeyi aşağı ve değersiz görmek.

aşağısanma *a.* aşağısanmak eylemi.

aşağısanmak aşağı görülmek. *... tarihin ereği ya da insanın geleceği gibi sorunlar saçma bulunmuş, aşağısanmıştır.* –CÜ.

aşama *a.***1** önem ya da değer bakımından gitgide yükselen bir sıra basamakların her biri. *Edebiyatın genel bir yasasıdır bu: Bunlar arasında bir aşama sıralaması yapılamaz.* –AÇ. **2** bir şeyde ulaşılan nokta. *Kıbrıs davasının bugün vardığı aşama yüreklerimizi burktu.* –NN. **3** *müz.* kerte kerte çıkma ya da inme, kertelenme, kerteleniş.

aşamalanma *a.* önem ve değer yönlerinden giderek yükselen basamaklar oluşturma. *Bireyin ya da öbeğin toplumsal aşamalanma ile, siyasal, ekonomik, kurumsal örgenlikteki yerini belirleyen göstergeler...* –MY.

aşamalanmak önem ve değer bakımından giderek yükselen basamaklar oluşturmak, aşama sırasına göre biçimlenmek.

aşamalı *s.* evre evre gerçekleşen, aşamalarla ortaya çıkan ya da olan. *Örneğin Kıbrıs ve Ege'de bugüne değin kimsenin veremediği ödünlere aşamalı olarak yönelebilir mi?* –HCe.

aşamalılık *a.* evre evre gerçekleşme durumu, aşamalarla oluşma. *Ama geleneksel iki aşamalılık, bu seçimde de sürüyor.* –ASi.

aşevi *b. a.* para ile yemek yenilebilen yer, aşçı dükkânı. *Benzin istasyonlarının da, çayevlerinin de, aşevlerinin de çoğu kapanmıştı.* –BE.

aşım *a. müz.* iki ezgi parçasının birbirini aşması, yani aralarında çaprazlanış ve aykırı düşerlikle kesişmeleri.

aşınım *a.* toprağın, su, yel gibi doğal güçlerce aşındırılması, yıpratılması, bir yerden bir yere taşınması olayı. *Koruma, toprağın yerinde tutulması ya da bilinen, yaygın anlamıyla, aşınımın önlenmesi diye tanımlanabilir.*–İAk.

aşınma *a.* **1** sürtüşe sürtüşe incelme. **2** *yerb.* havanın etkileriyle yeryuvarlağının kabuğunda ortaya çıkan yıpranma.

aşınmak sürtüşe sürtüşe incelmek.

aşırıbellem *b. a. ruhb.* bellemin, belleme yetisinin aşırı derecede gelişme durumu.

aşırıbesi *b. a. yaşb.* aşırı derecede yeme ya da yedirme.

aşırıdoyma *bkz.* **doyma**

aşırıduyu *b. a. ruhb.* duyma yetisinin aşırı derecede çoğalması.

aşırıergime *b. a. fiz.* bir sıvının ergime noktasından daha aşağı bir ısı derecesine düştüğü halde bile katılaşmaması durumu.

aşırtı *s.* kendisine görevi gereği bırakılmış parayı çalma.

aşıt *bkz.* **kuruköprü**

aşkın *a. fels.* deneyüstü; deney yoluyla saptanmasına olanak bulunmayan, duyulur dünyayı aşan. ... *olumlu bilimler ... ne bu aşkın sorunları ne de bunlar üzerinde düşünülecek bir disiplini yokumsamışlardır.* –NŞK.

aşkıncılık *a. fels.* deneyüstücülük. ... *Emerson'un mistik panteizmine de aşkıncılık adı verilmiştir.* –OH.

aşkınlaşma *a.* aşkınlaşmak eylemi.

aşkınlaşmak duyulur dünyayı aşmak. *Ya da Seçil'in intiharında bireysel sarsıntılar aşkınlaşmıyor.*–Sİ.

aşkınlaştırılma *a.* aşkın bir duruma getirilme, aşkınlaşması sağlanma. *Teknoloji, ufuk açıyor göründüğü düzeyde bile ... verili olanın aşkınlaştırılmasına yol açar.* –AO.

aşkınlaştırılmak aşkın bir duruma getirilmek, aşkınlaşması sağlanmak.

aşkınlaştırma *a.* aşkınlaştırmak eylemi.

aşkınlaştırmak aşkınlaşmasını sağlamak, deneyüstü bir duruma getirmek, duyulur dünyanın dışına çıkarmak. *Zola, anlatımında bile, karşı durulmaz bir akış izlenimi vermek için ânı aşkınlaştırmak istiyorsa...* –TY.

aşkınlık *a.* aşkın olma, deneyüstülük. *Doğaüstü niteliğini, aşkınlık gücünü kaybetmiş bir ahlak neye yarar?* –NŞK.

aşnı *s.* eski zamanda olan ya da eski zamandan kalan, eskil.

aşnılama *a. sine.* dekora eskilik görünüşü vermek için tozlandırma, sıvasını dökme vb. gibi türlü işlemlere başvurma işi.

aşnılık *bkz.* **eskillik**

atacılık *a. yaşb.* ve *toplb.* canlı varlıklarda, atalarında bulunan bir özelliğin kendilerinde yeniden baş göstermesi, soyaçekme, atalara çekme ve benzeme. *Atacılık, soyaçekimle eşanlamda kullanılır.* –OH.

ataç *s.* atalardan gelen.

ataerki *b. a. toplb.* soyda asal olan babadır diyen ve ailede çocukları baba soyuna mal eden topluluk durumu. *Aile kurumunda baba egemenliğine ataerki denir.* –OH.

ataerkil *b. s. toplb.* ataerki düzenini temel alan. *İşte ataerkil ailede, aile malı bir kuşaktan ötekine ... geçtiğinden, mal dağılmaz, gelenek bozulmaz.* –NŞK.

ataerkillik *b. a.* ataerkini, yani "soyda asal olan babadır" diyen ve ailede çocukları baba soyuna mal eden düzeni temel alma durumu, ataerki. *Doğulu, ataerkilliği salt kendinin bir özelliği sayar.* –HB.

atama *a.* atamak işi, bir görev verme. *Bunların yerine atamalar yapılmıştır.* –CG.

atamak birini bir işe, bir göreve vermek. *İl olmanın ilk koşulu yönetime bir vali atamaktır.* –ATa.

atanma *a.* atanmaya konu olma, bir işe, bir göreve verilme. *Onun karşısındaki sözümona profesör atanmayla post kapmış bir kişiydi.* –SAk.

atanmak bir işe verilmek. ... *yeni atanacak bakanların* ... –Aİ.

atasal *s.* atalarla ilgili. *Büyük evlilik (aristokrat ya da kenter evliliği) düğünün atasal ve uzakçıl işlevini karşılar...* –TY.

Atatürkçü *b. s.* Atatürk'ün açtığı devrim ve kalkınma yolunun yurt ve ulus için gerekli olduğuna inanan ve bu yolda yürüyen (kimse), Atatürkçülük yanlısı. *Atatürkçü öğretmenlerin ... haklarını almak için pasif direnmeye geçmesi* ... –HVV.

Atatürkçülük *b. ö. a.* **1** Atatürk'ün açtığı devrim ve kalkınma akımı ve yolu. **2** bu yolda yürümenin yurt ve ulus için gerekli olduğuna inanış. Sanırım Atatürkçülük üzerinde durduk. –MKe.

ateşkes *b. a.* savaşta, iki yanın karşılıklı olarak ateşi keserek savaşı durdurması, bırakışma. *Ateşkes dönemi hainlerinin ellerinde bir oyuncak olan bu zavallı, susmaktan başka bir şey yapamamıştı.* –SAk.

atık *s.* genellikle sanayide, kullanım dışı kalmış her türlü özdek. ... *yeraltı sularının tükenmeye yüz tutması üzerine atık sular yeraltı mağaralarında toplanıp temizlendikten sonra kentin su şebekesine verilecek.* –VB. **atık su** kullanıldıktan sonra atılmış olan kirli su.

atılım *a.* ileriye doğru atılma. *Yüzde yüz arı bir dil olamayacağına göre böyle atılımlardan kaçınmak gerek.* –MB.

atılımcı *s.* içinde bulunduğu durumla yetinmeyerek daha ileriye, daha iyiye gitmek için birtakım atılımlar yapmak isteyen, atılım yapan. *Baro yönetimlerinde devrimci, atılımcı, çağdaş aydınlar ağırlıklarını duyuruyorlar.* –OA.

atılımcılık *a.* içinde bulunduğu durumla yetinmeyerek daha iyiye gitmek için çaba harcama, atılımlar yapma isteği, atılımcı olma durumu. *... yerinde sayış ilericiliğin, atılımcılığın önüne geçti.* –OA.

atılımsız *s. mec.* yenilik yapamayan, yeni atılımları gerçekleştiremeyen.

atılımsızlık *a.* yeni atılımlar gerçekleştirememe, yenilikler yapamama durumu. *Hemen yüz yıldır aydınlarımız, toplumca yaşanan durgunluğu, atılımsızlığı hep aynı sözlerle anlatmış ...* – RM.

atışbilim *b. a. ask.* ateşli silahlarda, merminin barut gazının basıncıyla fırlayıp hedefe ulaşıncaya kadar olan devinimini inceleyen bilim.

atışbilimsel *s.* basınçla fırlatılan nesneyle ilgili, atışbilimle ilgili.

atmık *a. yaşb.* canlıların tohumu, bel suyu.

avunç *a.* acının yeğnileşmesi ya da unutulması. *Bu acımıza avunç bulacak bir limana mı vardık?* –MAnd

avuntu *a.* insanı avutan şey. *... duyduğu büyük umutsuzluk ile üzüntü içinde bu sandığı bulmak... bir avuntu olmuştur.* –AG.

ayakçak *a.* bir yere çıkmaya ya da bir yerden inmeye yarayan basamaklar dizisi. *Mahire Hanım'la kocası da işyerinin ayakçaklarını tırmanıyorlardı ivecen adımlarla.* –NGü.

ayaklanmacı *s.* devletin yasa ve buyruklarına karşı gelen (kimse), başkaldırıcı. *Kürt ayaklanmacılar İran'dan destek sağlıyor.* –UM.

ayaktopu *b. a.* on birer kişilik iki takım arasında oynanan, topu ayak vuruşuyla karşı kaleye sokarak sayı yapmak kuralına dayanan bir top oyunu, futbol. *... biz de bunu ayaktopu oyununda bir hüner sanıp alkışlardık.* –AN. **ayaktopu oyuncusu** *sp.* ayaktopu oynayan sporcu.

ayartı *a.* baştan çıkarma, doğru yoldan saptırma.

ayartıcı *s.* baştan çıkaran, doğru yoldan saptıran. *Hep o eski oynak, gönül ayartıcı ve neşeli Samiye idi.* – YKK.

ayartıcılık *a.* baştan çıkarıcılık, doğru yoldan saptırıcılık.

ayça *a.* gökteki ayın ilk günlerde aldığı yay biçimi, yarımay. *O zamanlar... ceket yakasının altına ayça biçiminde, sarı madenden bir levha takarlardı.* –AN.

aydın *a.* ve *s.* genellikle öğrenim görmüş, çok okumuş, kültürlü, açık düşünceli, kendisi aydınlanmış olduğu için çevresini da aydınlatabilecek nitelikte olan, bilgili, görgülü kimse. *Bugünkü dünya sanat anlayışını bir aydın olarak izlemiyor musunuz?* –BF.

aydınlanma *a.* **1** *fiz.* bir yüzeyin, karşısına konulan eşit ışık kaynaklarının sayısı ile orantılı olarak aydınlık hale gelmesi. **2** *sine.* filmi çekilecek nesne ya da duyarkat üzerine bir ya da daha çok kaynaktan ışık gelmesi. **3** *mec.* bir konuda açık seçik bir fikir edinme. *Öğrenme, aydınlanma, bilgi ve beceri kazanma amacıyla okuyacağımız yazı.* –EmÖ. **4** bilim ve sanatta gelişerek, toplumda usun ve bilimin egemen olması durumu, uygarlaşma. *Daha* *açık bir deyişle Türkiye'de "aydınlanma" bir politika değil, uygarlık gereğidir.* –İS. *bkz.* **aydınlanma çağı**.

aydınlanma çağı Avrupa'da Yenidendoğuş'tan sonra gelen, usun ve bilimin egemen olduğu yüzyıl. *Evet biz aydınlanma çağını da zamanında doğru dürüst kavrayamamıştık.* – ASi.

aydınlanmacı *a.* toplumsal yaşamda usun ve bilimin egemen olmasını isteyen görüş ve bu görüşte olan kimse. *Bunlara karşın, Tunus ve Cezayir'de Fransa'dan gelen güçlü bir aydınlanmacı düşün ... akımı vardı.* –NB.

aydınlanmacılık *a.* toplum yaşamında usun, bilim ve sanatın egemen olmasını isteyen uygarlık yolu ve yandaşlığı, aydınlanma[4] isteği ve çabası. *Aydınlanmacılık, tıpkı otomobil, telefon, elektrik... bilgisayar gibi yayılacak, insanlıkla yapılaşacaktır.* – İS.

aydınlanmak 1 aydınlık duruma gelmek. *Her yan elektrikle aydınlanmıştı.* –F. **2** *mec.* bir konuda açık seçik bir fikir edinmek. *Bu bandın açıklanması ile belki de Türk kamuoyu ... aydınlanmış olur.* –UM.

aydınlaşma *a.* aydınlaşmak eylemi.

aydınlaşmak aydın niteliğini kazanmak. ... *toplumumuza yabancılaşan aydınlar, aydınlaşmak olanağını yitirirler.* –İS.

aydınlatıcı *s.* **1** aydınlık veren, aydınlık duruma getiren. **2** *mec.* bir konuda gereken bilgileri veren (açıklama). ... *çok aydınlatıcı ve genellikle çok inandırıcıdır.* –TY.

aydınlatılma *a.* aydınlık bir duruma getirilme; açık, anlaşılır kılınma, bilgi verilme yoluyla aydınlanması sağlanma. *Bu yüzden, halen yanıtsız birçok sorunun aydınlatılması gerekmektedir.* –HCe.

aydınlatılmak 1 bir ışık kaynağından ışık verilerek aydınlık duruma getirilmek. **2** *mec.* bilgi verilmesi yoluyla aydınlanması sağlanmak.

aydınlatma *a.* **1** bir yere ışık vererek o yerdeki nesneleri görünür hale getirme. **2** *sine.* alıcı önünde yer alan nesnenin ya da sahnenin ışıklandırılması. **3** *mec.* bir konuda açık seçik bir fikir verme, bir sorunu, anlaşılmasını kolaylaştıracak derecede açıklama.

aydınlatmak 1 bir yere ışık vererek o yerdeki nesneleri görünür duruma getirmek. **2** *mec.* bir konuda açık seçik bir fikir vermek, bir sorunu, anlaşılmasını kolaylaştıracak derecede açıklamak. ... *gençlerin psikolojisini aydınlatmak bakımından incelenmeye değer.* –MKa.

aydınlık *a. mec.* öğrenim görme yoluyla bilgiler edinme ve bu bilgisini aydınlatma yolunda kullanabilme durumu, aydın olma durumu. *Uzmanlıkla aydınlık arasında bir özdeşlik yoktur.* –İS.

aydınlıkçı *bkz.* **aydınlanmacı.** *Bu etki, aydınlıkçı düşüncenin bir yaşam biçimi olarak benimsenmesi niteliği ile bizde cumhuriyet döneminde derinliğine algılanmıştır.* –MCA.

aydırılma *a.* aydırılmak eylemi.

aydırılmak ayması sağlanmak.

aydırma *a.* kendine getirme, dalgınlıktan kurtarma.

aydırmak kendine getirmek, dalgınlıktan kurtarmak. *Böylece onları aydırmak, düştükleri çıkmazdan kurtarmak.* –EmÖ.

aygıt *a.* birçok parçalardan yapılmış

araç. ... *hani ses alma aygıtınız?*–AÖ.

ayıraç *a.* **1** bir şeyin değerini, karışıksızlığını anlamada ölçek olarak kullanılan araç. ... *çevirinin doğruluk ayıracı.* –NU. **2** *kim.* cisimleri bileşime ya da ayrışıma uğratarak niteliklerini belirtmede kullanılan özdek. *Bu etajerin üzerinde de, henüz bilinmeyen bir cismin çözümlemesini yapmaya yarayacak ayıraçlar bulunan üzeri etiketli şişeler var.* – NŞK.

ayıran *s. fiz.* ışığı asal öğelerine ayırma özelliği olan.

ayırga *a.* birbirine kötülük etmeye değin ilerleyen sürekli anlaşmazlık.

ayırım *a.* **1** ayırmak işi. **2** nitelik değişikliğini anlama. *Bu ayırımı yapamayan bir Türkiye.* –İS. **3** iki ya da daha çok kişi arasındaki uzlaşmayı bozma.

ayırmaç *a.* bir şeyi benzerlerinden ayırt etmeye yarayan hal ya da öğe.

ayırt *a.* bir nesnenin niteliğini oluşturan hallerden her biri. *Lideri, kasaba politikacılarından ve sokak demagoglarından ayırt edici özellik, liderlerin ileriyi görebilme yetenekleridir.* –UM.

ayırtaç *a.* tecimsel ürünleri tanıtmaya, benzerlerinden ayırtmaya yarayan, o ürünün simgesi olan, resim ya da harften oluşan özel simge.

ayırtı *a.* benzer nesneler arasındaki ince ayrım. *Cezanne öteki tablolarında gördüğü her ayırtıyı tuvale geçirmek için fırçasını üst üste vuruyordu.* – SB.

ayırtım *bkz.* **yerayırtım**

ayırtman *a.* bir sınavda, öğrencinin bilgisini yoklayan, tüm işlemlerde hazır bulunan, görevli. *Sözlüde de yabancı ayırtmanlar hayran kalırlar.* –MM.

ayırtmanlık *a.* ayırtmanın yaptığı iş, ayırtman olma durumu, ayırtmanın görevi.

ayla *a.* Ay'ın ve birtakım yıldızların dolayındaki ışık çemberi. ... *bunlar, dışında mı bu kitabın, çevresinde parıldayan bir çeşit ayla mı?*–TY.

ayma *a.* kendine gelme, çevresinde olup bitenin ayrımına varma. *Ama kişi bir kez çıkmaza düşmeye, bir saplantıya kapılmaya görsün; ayması, gerçekleri görmesi güç oluyor.* – EmÖ.

aymak kendine gelmek, dalgınlıktan kurtulmak, ayılmak. ... *sürdürülen kampanyalardan sonra, kimileri aymış ve sınırımızdaki olayları daha yakından denetlemek gereğini duymuştur.* –ASi.

aymaz *s.* çevresinde ne olup bittiğinin ayrımına varmayan. ... *bilmeyecek kadar aymaz mıydı?*–ASi.

aymazlaşma *a.* aymaz bir duruma gelme.

aymazlaşmak çevresinde olup bitenin ayrımına varamaz olmak.

aymazlık *a.* çevresinde ne olup bittiğinin ayırımına varmama. *Ayıp kadar bir aymazlıkla her belgeye imza atmış yöneticilerimiz.* –FB.

ayraç *a.* bir tümce içinde geçen herhangi bir sözü metin dışı tutmak için o sözün başına ve sonuna konulan eğmeç ( ) biçimindeki im. *Bir tümcede okunmasa da olur sözler ayraç arasına alınır.* –NA.

ayral *s.* ayrı tutulan, kuraldışı. *Buna bakarak, "keskin"i ayral sayabiliriz.* – TNG.

ayrallık *s.* kuraldışılık. *Türkçede ayrallık, kurala aykırılık yok gibidir.* –TNG.

ayrı *s.* **1** ötekilerden uzak ve bir başına. **2** kuraldışı. *Dili arıtmada ke-*

sin kuralların olmadığını; olsa bile bunların ayrılarla dolup taştığını ... unut-mamalı. –NU.

ayrıbasım *b. a.* bir bilimsel dergide, bir yıllık'ta ya da birkaç yazarın yazısının yer aldığı bir kitapta çıkan bilimsel bir yazının, basıldığı yerdeki durumuyla ayrıca yapılan basımı, ki üzerinde, nerden ayrıbasım olduğunu belirten bir not bulunur. *Bir formalık ayrıbasımlar eser diye gösterilmese...* –HT.

ayrıcalık *a.* üstünlük; ötekilerden ayrı ve üstün tutulma durumu; bir kimseye başkalarından ayrı, ona üstünlük veren özel bir işlemde bulunma. *Önce bu ayrıcalığa son vermeden ...* –İS.

ayrıcalıklı *s.* kendisinde ayrıcalık bulunan, kendisine ayrıcalık verilmiş olan. *Çünkü üstün anlam, ayrıcalıklı anlam diye bir şey yoktur.* – TY.

ayrıcalıksız *s.* kendinde ayrıcalık bulunmayan, kendine ayrıcalık tanınmayan.

ayrıcalıksızlık *a.* kendine ayrıcalık tanınmamış olma durumu, ayrıcalığı olmama durumu. *Sabır, neşe, içtenlik, demokratik davranım ve ayrıcalıksızlık ilke edinilmeli.* –BAy.

ayrık *s. mant.* almaş anlatan, özellikle birbirini dışındalayan almaşları olan (önerme). *Ayrık, daima bir almaşı anlatır.* – OH.

ayrıklık *a.* kuraldışılık. *Öyleyse kanun bir ayrıklık ile karşılaşmıştır.* –MG.

ayrıksı *s.* benzerlerinden ayrı olan, genel kuraldan ayrılan, kuraldışı. *Öylesine tek, eşsiz, ayrıksı bir yaratıktır.* –AB.

ayrıksın *s.* kimseye benzemeyişinden dolayı anlaşılmaz bulunan, yabansı ve uygunsuz görülen.

ayrılanma *a. fiz.* ve *kim.* bütünden ayrılıp bir yerde toplanma.

ayrılanmak *kim.* tekleşmek, tek kalmak üzere ayrılmış olmak.

ayrılaşım *bkz.* **ayrımlaşma**. *Yalnız mesleklerde değil bu ayrılaşım.* –ACB.

ayrılıkçı *s.* içinde yaşadığı ülke ve ulustan ayrılarak bir başka ulusla birleşmeyi ya da bağımsız bir ulus olmayı isteyen ve bu yolda çaba gösteren (kimse, görüş). *Demeye getiriyorlar ki... adaylığa yarışan yüze yakın kişi ... ayrılıkçıdır.* –İS.

ayrılıkçılık *a.* içinde yaşadığı ülke ve ulustan ayrılarak bir başka ulusla birleşmeyi ya da yeni bir ulus olarak örgütlenmeyi amaçlayan siyasal akım. *Bu ayrılıkçılık çağımızda geçerliyse ...* –İS.

ayrılma *a. fiz.* bir biçmeden geçen ak ışığın türlü renklerde görünmesinde olduğu gibi, ışığın yalınç renklere ayrılması olayı.

ayrım *a.* **1** iki şeyin, biçim ya da herhangi bir nitelikçe ayrı olmaları durumu. *Bu ayrımı göz önünde tutmakta fayda vardır.* –Aİ. **2** *sine.* bir ya da daha çok sahne içinde geliştirilmiş olup olaylar dizisinin bütünlenmiş bir parçasını veren film bölüğü.

ayrımcı *s.* toplumda, kişiler, topluluklar arasında ayrım gözeten (görüş, kimse). *Laik değil, İslamcı da değil, daha ayrımcı biri; mezhepçilik yapıyor.* –İS. *Bu saçma ayrımcı öğretinin bir özelliği de şudur...* –AA.

ayrımcık *a.* benzer nesneler arasındaki ince ayrım, ayırtı. *Yalanla ne kadar içli dışlı olduğumuz, ayrımcıkları üstüne ince ince düşünmemizden belli değil mi?* –Tuy.

ayrımcılık *a.* toplumda, kişiler, topluluklar arasında ayrım gözeten tutum. *Ülkemizde zaten kökenlerinden dolayı insanlara siyasal, toplumsal ve ekonomik açılardan ayrımcılık yapılmıyor.* –HCe.

ayrımlama *a.* birçok şeyler arasında birbirine daha çok benzeyenleri bir araya getirme, bölümleme. *Çünkü inanmıyorum, özellikle romanın böylesi bir mekânsal ayrımlamayla gruplandırmasına ...* –DC.

ayrımlaşma *a.* birbirinden ayrı niteliklerle ve ayrı bir biçimde gelişme. *Birbirinden gittikçe ayrımlaşan bilimlerin ...* – MG.

ayrımlaşmak *yaşb.* birbirinden ayrı niteliklerle ve ayrı bir biçimde gelişmek. *Bu savaşlarda da anababalarından ayrımlaşmaları birer üstünlük olabilen bireyler en çok hayatta kalabilmek şansını elde ederler.* –MG.

ayrımlaştırma *a.* ayrımlı bir duruma getirme.

ayrımlaştırmak ayrım kazanmasını sağlamak, ayrımlı bir duruma getirmek. *Adlandırılan olguları kavramlaştırarak ayrımlaştıran çeşitli bakış açıları...* –BV.

ayrımlı *s.* kendinde ayrım bulunan, ayrımı olan, değişik. *Bir işyerinde aynı işi yapan fakat birbirinden ayrımlı makine kullanılıyorsa ...* –Gİ.

ayrımlılaşma *a.* ayrımlılaşmak eylemi.

ayrımlılaşmak ayrımlı duruma gelmek, ayrım edinmek.

ayrımlılık *a.* ayrımı olma durumu, değişiklik, değişik olma. ... *çağdaş felsefe, ortaçağ felsefesinden ... büyük bir ayrımlılık gösterir.* –MCA.

ayrımsal *s.* ayrım özelliğinde, ayrım yönünden, ayrıma ilişkin. *Peki, dil salt ayrımsal nitelikliyse, nasıl olur da ayrı olmayan ... öğeler içerebilir?* –BV.

ayrımsallık *a.* ayrımsal olma durumu. *Dilin biçimselleştirilmesi ve sözün toplumsallaştırılmasıyla ... tüm ayrımsallık dile aktarılmış olur.* –BV.

ayrımsama *a.* ne olup bittiğini anlama. *Belki de çoğumuz, ayrımsamada güçlük çektiğimiz bir dönüşümün oyuncularıyız.* –İS.

ayrımsamak ayrımına varmak, ayrı ayrı şeyler olduğunu anlamak; ne olup bittiğini anlamak. *Bugünkü romancılarımızın hemen hepsi toplumsallıkla, bireyselliğin iç içeliğini ayrımsamakta, yapıtlarında nitelik açısından zenginlikler taşımaktadır.* –Sİ.

ayrımsanma *a.* varlığı konusunda bilgili olunma, varlığının ayrımına varılma. *Anlatım ve tümce bozukluklarının düzeltilebilmesi ise bunların ayrımsanmasına bağlıdır.* –AP.

ayrımsanmak varlığının ayrımına varılmak. *Türkiye'nin Amerikan güdümü altında girdiği birdenbire ayrımsanmıştır.* –İS.

ayrımsız *s.* ayrımı olmayan, benzer. *İktidara gelmenin halka ayrımsız hizmet diye bilinen klasik tanımlamasını aşıyor sözleri.* –CA.

ayrımsızlık *a.* ayrımı olmama durumu, benzerlik. ... *ayrımsızlıklar biraz da açıklamalarda kalmıştır.* –TUç.

ayrıntı *a.* bir şeyin ayrı olmakla birlikte kendisini bütünleyen parçası. *Meselenin ayrıntılarını daha önceki yazımızda incelemiştik.* –İS. **ayrıntı çekimi** *sine.* herhangi bir nesnenin çok yakından alınmış büyük görüntüsünü veren çekim.

ayrıntıcı *s.* bir olayı ayrıntılarına değin inerek anlatmayı seven. *Balzac ayrıntıcıdır.* –Sİ.

ayrıntıcılık *a.* ayrıntıya önem verme durumu, anlatımda ayrıntıyı önde tutan sanat tutumu.

ayrıntılandırılma *a.* ayrıntıları öne çıkarma, ayrıntılarına inilme. *Bu nedenle ... gelişmeler, bir önceki dönemde olduğu gibi ayrıntılandırılmadı.* –ASG.

ayrıntılandırılmak ayrıntıları öne çıkarılmak, ayrıntılarına inilmek. *Bu terimler, çok iyi bilinen bir karşılıklı ilişkiler dizisiyle ayrıntılandırılır ...* –AhÖz.

ayrıntılandırma *a.* ayrıntılı bir duruma getirme.

ayrıntılandırmak ayrıntılı bir duruma getirmek. *Tabloyu daha da ayrıntılandırabiliriz.* –ASi.

ayrıntılı *s.* içinde ayrıntı bulunan, daha geniş bir kapsamı olan. *Ayrıntılı ve yakın çekimi ... kullanan Chaplin, pandomim anlatımını bozmamak için kesmeye başvurmaz.* –SBü.

ayrıntısal *s.* ayrıntı özelliği taşıyan, ayrıntı ile ilgili. *Dış görünüşlü, seyirciye şu ya da bu ayrıntısal kusuru unutturabilir.* –BO.

ayrıntısız *s.* derine ve ayrıntıya inmeyen. *Bu olguyu Ali Püsküllüoğlu'nun hazırladığı Türk Halk Şiiri Antolojisi adlı yapıttan ayrıntısız bir taramayla örneklendirelim.* –EmÖ.

ayrışık *s.* **1** kendini bileştiren öğelerin birbirinden ayrılmasıyla bileşik durumu bozulmuş, ayrışmış. **2** ayrı türden, çeşit çeşit. *Bir sistem dıştan görece bir kapalılık gösteren kendi içinde ayrışık bir bütünlüğü oluşturur.* –AÇ.

ayrışım *a.* bir nesnede kendini bileştiren öğelerin birbirinden ayrılmasıyla bileşik durumun bozulması.

ayrışma *a.* bileşimin kendini oluşturan öğelere ayrılması olayı. *... siyasal ayrışmayı bile hoşgörüyle karşılamayan ...* – HY.

ayrışmak *kim.* (bir nesne) kendini bileştiren öğelerin birbirinden ayrılması sonucu bileşik durumdan bozulmak. *Ama, hep daha çok işleyen ve ayrışan deneyimler gibi.* –AÇ.

ayrıştırıcı *s.* bir şeyin ayrışmasına yol açan, ayrıştıran. *... bu bakış açısının hazsever, ayrıştırıcı ve benci yanları üzerinde duracağız.* –TY.

ayrıştırıcılık *a.* bir şeyin ayrışmasına yol açma özelliği.

ayrıştırılma *a.* ayrıştırılmak eylemi.

ayrıştırılmak (birleşik bir özdek) kendisini oluşturan öğelere ayrılması sağlanmak. *Çok dağınık, çok savruk örgü, dikkat edildiğinde, köklerine ayrıştırılmış bir bileşimi andırıyor.* –Sİ.

ayrıştırma *a. kim.* bileşik bir özdeği öğelerine ayırma. *Onun ayrıştırma yöntemini tanıtacağını sandığım bu tanımlardan bazılarını burada anacağım.* –AfT.

ayrıştırmak bileşik bir özdeği kendisini oluşturan öğelere ayırmak. *Çözümleyici olmak, iç çatışmaları toplumsal gözlerine ayrıştırmak istiyordum.*– Sİ.

ayrıt *a. mat.* bir düzlemin arakesiti. *Karşısındaki kayaların, fundaların bütün çizgileri, ayrıtları, titreşen sıcak havanın içinde büsbütün titrek görünüyor.* –BK.

aytışma *a.* bir konu üzerinde, belli kural ve yöntemlere uyularak yapılan tartışma, tartışı. *... güzel konuşmaya okul sıralarından beri meraklıydı; aytışmalara (münazaralara) katılır, başarılı olurdu.* –MEk.

aytışmak karşılıklı görüşler ileri sürerek tartışmak.

azgelişmiş *b. s. toplb.* kalkınmış ülkelere göre geri kalmış, kalkınamamış ama kalkınmakta olan (ülke). *Azgelişmiş ülkelerle ilgili sorunlar içinde en önemli konulardan biri...* –ÇÖ.

azgelişmişlik *b. a. toplb.* kalkınamamışlık, azgelişmiş olma durumu. *Bugünün deyimiyle, azgelişmişlikten kurtuluşun yolu, "medenileşmek" olarak saptanmıştır.* –ÇÖ.

azık *a. ha.* yolculukta yemek üzere hazırlanan yiyecek. *Sandala bir şey olmamıştır herhalde. Azığını alıyor için-den; ayakkabılarını, ipini, bıçağını, iki gün önce çarşıdan aldığı çekicini, keskisini, baltasını, peynir tulumunu, un torbasını, balını.* –BK.

azımsama *a.* az bulma, az olduğu yargısına varma, umulduğundan az görme. *Böyle bir olayın anlamını laik cumhuriyet ilkesi açısından azımsama, bize çok ters gelen bir tutumdur.* –HCe.

azımsamak az bulmak, az olduğu yargısına varmak, umulduğundan az görmek. *Başbakan, her halde muhaliflerini azımsamış, hafife almış sayılamaz.* –NN.

azımsanma *a.* azımsanmak eylemi.

azımsanmak az görülerek beğenilmemek ya da küçük görülerek önem verilmemek.

azın *a.* verilen bir durum için elde edilebilecek en küçük değer.

azınlık *a.* **1** *toplb.* bir ülkede, o ülkenin sayıca baskın öğesi olan halktan sayıları az olan, o ülkede oturmak ve o ülkenin yurttaşı olmakla birlikte kendisini ayrı ulustan sayan topluluk. *Türkiye'deki azınlık çocukları ...* –NSB. **2** bir toplulukta herhangi bir nitelik bakımından ayrı ve ötekilerden sayıca az olanlar. *Stendhal'in Kızıl ile Kara'sını mutlu azınlığa sunduğunu söylemiştim ...* –NA. **mutlu azınlık** gönenç içinde yaşayan az sayıdaki kişiler. *Stendhal'in Kızıl ile Kara'sını mutlu azınlığa sunduğunu söylemiştim ...* –NA.

azış *a.* yeğinlik, kızışıklık.

azışık *s.* azışmış, baskın.

azışma *a.* gittikçe azma, gittikçe baskınlaşma.

azışmak gittikçe baskınlaşmak.

azıştırma *a.* azışmasına neden olma, azışmasına yol açma.

azıştırmak azışmasına neden olmak, azışmasına yol açmak, azışmasını sağlamak.

azrak *s.* seyrek bulunan. *Bunlar pek azrak olduğu için, varlıklarına kimse inanmazmış.* –BK.

azraklık *a.* çok az, çok seyrek bulunma durumu.

B

bağdaşık *s.* birbiriyle geçinebilecek durumda olanlardan her biri, bağdaşan, uyuşan, alaşık. *Bilimin gelişmemiş olması, dinin geleneksel baskısı ve devlet düzeniyle bağdaşık durumu, düşünceyi maddeden çözer.* –EC.

bağdaşık toplum *toplb.* kökeni ve gelenekleri bir olan ve aralarında pek az toplumsal ayrım bulunan insanların oluşturduğu toplum. ... *Kemalizmin en belirgin özelliği budur, her türlü sosyal bölüntüden uzak, sınıfsız, bağdaşık toplum düzeni yaratmak gerekir.* –ETE.

bağdaşıklık *a.* her yönden birbiriyle uyuşma durumu. *Mişima ... erotizmle ölüm arasında tam bir bağdaşıklık olduğu kanısındadır.* –CSS.

bağdaşım *a.* benzer şeyler arasında birbirini tutma durumu, uygunluk.

bağdaşma *a.* her yönden birbirine uyma, uyuşma, kaynaşma. *Diğer mühim nokta Budizm'in Komünizm'le bağdaşması imkânlarıdır.* –ZVT.

bağdaşmak 1 iyi anlaşmak. **2** her yönden birbiriyle uyuşmak, kaynaşmak. *Bu çatışmayı bağdaştıracak bir formül ...* –Aİ.

bağdaşmazlık *a.* uyuşmama durumu, uyuşmazlık. *Atatürkçü öğretmenlerin ... haklarını almak için pasif direnmeye geçmesi, gerçek hukuk kurallarıyla bağdaşmazlık halinde olamaz.* – HVV.

bağdaştırılma *a.* her yönüyle uyuşması sağlanma. ... *sonuçların demokrasi kavramıyla bağdaştırılması olanaksızdır.* – İS.

bağdaştırılmak her yönüyle uyuşması ve kaynaşması sağlanmak. ... *içinde yaşanan toplumsal yapıyla bağdaştırılmış biçimiyle benimser...* –İS.

bağdaştırım *bkz.* **bağdaştırma**. *Eleştirmen "bağdaştırım" görevinin bilincine varmakla kendisi Yaratıcı olmasa bile, hiç değilse Yaratım'a katılmış olur.* – TY.

bağdaştırma *a.* bağdaşmasını sağlama, iki ya da daha çok şeyi birbiriyle uyuşturma, uyuşur hale getirme. *Manet... beyazları, siyahları, grileri çok ustalıkla bağdaştırmasının... umursanmadığını görüyordu.* –SB.

bağdaştırmacı *s.* aralarında bağdaşım bulunmayan şeyler arasında kaynaşmayı, uyuşmayı sağlayan ya da sağlamak isteyen (görüş, kimse), uzlaşmacı.

bağdaştırmacılık *a,* aralarında bağdaşım bulunmayan şeyleri kaynaştırmaya çalışma tutum ve davranışı. *Bağdaştırmacılığın Kilise'nin en büyük özümleme tekniklerinden biri olduğunu biliriz.* –TY.

bağdaştırmak uyuşma durumuna getirmek, uyuşmasını sağlamak. ... *özel sektör faaliyetlerini Kalkınma Planı ile bağdaştırmak ödevi ile yükümlü bir Teşvik ve Uygulama Dairesi vardır.* –AKı.

bağdoku *b. a. bitb.* ve *hayb.* göze sayısı az olmakla birlikte göze arası özdeği çok olan, genel olarak öteki dokuları birbirine bağlayarak destek işlevi gören doku.

bağeylem *bkz.* **ulaç**

bağıl *s.***1** *bkz.* **görece.** *Bağıl olarak ciddi sorunlar meydana getirmektedir.* –TYa. **2** *fiz.* devinen bir nesneye göre başka bir nesnenin görünüşteki deviniminin niteliği.

bağıllık *bkz.* **görecelik**

bağım *a.* bir şeyin ya da bir kimsenin istenç ve yönetimi altında bulunma.

bağımlanma *a.***1** *bkz.* **bağımlılaşma. 2** *bkz.* **bağlanım, bağlanma.** *Yazarların bağımlanmaya bunca karşı olmalarını hiç anlayamamışımdır zaten.* –TUy.

bağımlanmak *bkz.* **bağımlılaşmak.** *Yaranmak için bağımlanmak olurdu bu da.* –SE.

bağımlaşma *a. bkz.* **bağımlılaşma.** *O politikasını yürüttükçe toplum uydulaşma ve bağımlaşma yolunda adım adım ilerleyecektir.* – İS.

bağımlaşmak *bkz.* **bağımlılaşmak**

bağımlı *s.* **1** yaptıklarında ettiklerinde bir başına olmayan, başka birinin yardımına güvenen. **2** başka bir şeyce denetlenen, belirlenen, yönetilen. ... *bağımlı bir varlıktır birey* ... –AB.

bağımlılaşma *a.* yaptıklarında ettiklerinde özgür olamama, eylemi bir başkasınca denetlenir duruma gelme. *Bir yandan ekonomik bağımlılaşma, bir yandan toplumu ikiye bölen cepheleşmeyle Türkiye gittikçe yozlaşmaktadır.* –İS.

bağımlılaşmak eylemlerinde özgür olamamak, eylemleri başkalarınca denetlenmek. ... *savunmadan ekonomiye kadar her alanda bağımlılaştı.* –İS.

bağımlılaştırılma *a.* bağımlı duruma getirilme. ... *"Dèsse" çeyrek saat içinde bağımlılaştırılıveriyor.* –TY.

bağımlılaştırılmak bağımlılaşması sağlanmak, bağımlı duruma getirilmek. ... *bu eğitim biçimiyle yetenekli gençlerin çoğunluğu, aileleri avutulmakta, ulusal kurumlar bağımlılaştırılmaktadır.* –ÖD.

bağımlılaştırma *a.* başkalarınca denetlenir duruma getirme.

bağımlılaştırmak başkalarına bağlı kılmak, bağımlı hale getirmek, eylemleri başkalarınca denetlenir duruma getirmek. *Zaten ülkemizdeki tutucu güçlerin benimsedikleri kapitalizm, dış kapitalizme bağlanmakta ve ülkeyi bağımlılaştırmaktadır.* –İS.

bağımlılık *a.* **1** yaptıklarında ettiklerinde kendi başına davranamama. *Yarışçı doğada canlı bir ortam bulur, onunla beslenme ve bağımlılık ilişkisine girer.* –TY. **2** başka bir şeyce denetlenme ya da yönetilme. *Aynı kavram Radcliffe Brown tarafından da yaşayan bir organizmanın çeşitli öğeleri arasındaki karşılıklı bağımlılık anlamında kullanılmıştır.* –EK.

bağımsız *s.***1** bağımlı olmayan. *Özgür düşünce ve bağımsız millet kavramları birbirine sıkı sıkıya bağlı ...* –SE. **2** yaptıklarında ettiklerinde kendi başına buyruk olan. **3** başka bir şeyce belirlenmeyen, denetlenmeyen ya da yönetilmeyen. **4** bir partiye, bir topluluğa bağlı olmayan siyasa kişisi.

bağımsızlaşma *a.* eylemlerinde özgür duruma gelme. *Bu siyasal tutum, içeri dönük yüzünde özgürleşmeyi, dışa dönük yüzünde bağımsızlaşmayı öngörür.* –İS.

bağımsızlaşmak eylemlerinde özgürleşmek, başkalarının denetiminden kurtulmak. *Düşünceler bir kez formüllendi mi, dilden bağımsızlaşır* ... –BA.

bağımsızlaştırılma *a.* bağımsızlaşması sağlanma, bağımsız duruma getirilme.

bağımsızlaştırılmak bağımsız duruma getirilmek, bağımsızlaşması sağlanmak.

bağımsızlaştırma *a.* bağımsız duruma getirme, bağımsızlığını kazandırma.

bağımsızlaştırmak bağımsız bir duruma gelmesini sağlamak, bağımsızlığını kazandırmak; başkasının denetiminden kurtarmak. *İki Almanya ... zaten bütünleşmiş, aklı inançtan, bilimi dinden bağımsızlaştırmış bir toplum.* –İS.

bağımsızlık *a.* **1** bağımsız olma durumu ya da niteliği. *Bağımsızlık da özgürlük gibi bir bilinç sorunudur* ... –İS. **2** özgür oluş; başka bir şeyce belirlenmeme, denetlenmeme ya da yönetilmeme. ... *sömürgeler bağımsızlıklarına kavuşmuşlar ve...* –AŞE. **3** *tüze.* yargı organlarının yasama ve yürütme organlarının etkilerinden uzak iş görmeleri.

bağımsızlıkçı *s.* ve *a.* bağımsızlık yanlısı, bağımsızlığı savunan (görüş, kimse). *Ne halkçı, ne bağımsızlıkçı, ne sosyal ne de ilerici olabilir bu akım.* –AKa.

bağımsızlıkçılık *a.* ülkenin yabancılara bağımlı olmamasını savunan akım.

bağıntı *a.* **1** iki ya da daha çok şeyler arasındaki ilişki. ... *enflasyon ile kalkınma arasında olumlu bir bağıntı kurmak olanaksızdır.* –KB. **2** bir ya da birkaç şeyin öteki bir ya da birkaç şeye karşı olan durumu. ... *üçgenlerin kenarları ile açıları arasındaki bağıntıların bilinmesi gerekir.* –AK. **3** *mat.* iki ya da birkaç nitelik arasında matematik işlemleri yardımı ile kurulan bağlılık ya da eşitlik. ... *arasında diyalektik bir bağıntı vardır.* –AÇ.

bağıntıcı *a.* ve *s. fels.* bağıntıcılık öğretilerinden herhangi birini benimseyen.

bağıntıcılık *a. fels.* bilgi'nin bağıntılılığını ileri süren felsefe öğretilerinin genel adı. *Bu bağıntıcılık, göreli gerçekle saltık gerçek arasındaki bağıntıyı da somut bir bütün olarak ele alır ve açıklar.* –OH.

bağıntılama *a.* iki ya da daha çok şey arasında birbiriyle ilişkilendirme. ... *birinde gözlem ... ötekinde düşünme, bağıntılama ilişkileri öne çıkar.* –EmÖ.

bağıntılamak birbirine ilişkilendirmek.

bağıntılı *s. fels.* varlığı başka bir şeyin varlığına bağlı bulunan, saltık olmayan. ... *ancak bu görelilik saltıkla bağıntılı ve ilişkili bir göreliliktir.* –OH.

bağıntılılık *a. fels.* varlığı bir başka şeyin varlığına bağlı olma durumu. *Görecilik, gerçek anlamda, hem şüpheciliğin, hem inakçılığın karşıtı olarak bilginin bağıntılılığını savunan* *bir bağıntıcılıktır.* –OH.

bağıntısal *s.* bağıntı özelliği taşıyan, bağıntı ile ilgili. *Bağıntısal anlamlar bu düzlemde yer alır.* –BV.

bağış *a.* kendinin olan bir şeyi başkasına yardım ya da iyilik olsun diye verme eylemi ya da bu eylemle verilen şey. ... *dört bir yandan yağacak olan bağışları karşılamak üzere* ...–NU.

bağışık *s.***1** *yaşb.* dirimsel varlığı herhangi bir bulaşıcı sayrılığa karşı dirençli olan; aşı ya da başka bir direnç gücüyle örgenliği bulaşıcı sayrılıklara tutulmayacak biçimde hazırlıklı bulunan. **2** herhangi bir ödevin ya da yükümün dışında kalan.

bağışıklık *a.***1** bağışık olma durumu. **2** *yaşb.* dirimsel varlığın mikroplara karşı doğal ya da aşı yoluyla kazanılmış direnci. *Bütün bu korunmalara karşın, topluluğun dağılmaya karşı bir bağışıklığı yoktur.* –CÜ.

bağışıklıkbilim *b. a. tıp.* hekimliğin, bağışıklığın ortaya çıkma koşullarını, işleyişini, bağışıklık için alınabilecek önlemleri ve yapılabilecek sağaltımı araştıran dalı.

bağışlama *a.***1** kendinin olan bir şeyi başkasına yardım olsun diye ya da iyilik olsun diye karşılıksız verme. *Belçika'da yayımlanan bir yasa, ölen Belçikalılara, bütün organlarını bağışlama zorunluluğu getirdi.* –VB. **2** herhangi bir kötü davranışı ya da suçu olmamış sayarak ceza vermekten cayma ya da verilen cezayı kaldırma. *Yalnızlık hem bir ceza, hem bir bağışlama; hem bir sürgün yargısı, hem de sürgünlüğümüzün sona ereceğine değgin verilmiş bir sözdür.* –CÜ.

bağışlamak **1** kendinin olan bir şeyi başkasına yardım olsun diye ya da iyilik etmek ereğiyle karşılıksız vermek. *Tanrılar artık yapacakları bir şey kalmadığı için Ut-Napiştim'le karısına ölmezlik bağışlarlar.* –OH. **2** herhangi bir kötü davranışı ya da bir suçu olmamış sayarak ceza vermekten caymak ya da verilen cezayı kaldırmak. *Kusura bakma Ahmet, dedi. Bilmiyordum. Beni bağışla.* –YK. ... *bağışlamanızı rica ederim.* –BF.

bağışlamazlık *a.* bağışlamak² ya da hoş görmekten uzak olma durumu. *Fakat bağışlamazlık çok kötü bir şey.* –VG.

bağışlanma *a.* herhangi bir kötü davranışından dolayı verilecek cezadan kurtulma. ... *bu büyük yanılgıdan ötürü bağışlanmamızı dilerim.* –OA.

bağışlanmak herhangi bir kötü davranışından dolayı verilecek cezadan kurtulmak. ... *Tarih Baba'nın yargılamasında da "uygarlık" ve "aydınlık"tan habersiz olmak, bağışlanmak için bir neden değildir.* –İS.

bağışlatma *a.* herhangi bir kötü davranışından dolayı bağışlanmayı sağlama. *Suçluluk, yalnızlık ve kendini bağışlatma duyguları...* –CÜ.

bağışlatmak bağışlanmayı sağlamak. *Öyle görkemli bir adama senin gibi bir ağayı bağışlatmak kolay.* –YK.

bağışlayıcı *s.* hoş gören, bağışlayan. *Aynı insan, ertesi günü, yumuşak, bağışlayıcı ... izlenimi verir.* –CA.

bağışlayıcılık *a.* hoş görülü, bağışlayıcı olma tutum ve davranışı. ... *ve bütün insani duygularımıza, bağışlayıcılığımıza rağmen bu fotoğraflar karşısında üzüntü duymadık.* –EÖz.

bağıt *a. tüze.* bağımsız istençleri olan iki ya da daha çok yanın, bir nokta üzerinde anlaşarak karşılıklı borç ve üstlenim altına girmeleri, ki bu yolla yapılan bir anlaşma kimi zaman geçici, kimi zaman sürekli haklar doğrur. *Genç yargıç akit yerine bağıt'ı kullanırken...* –ÖAA.

bağıtlama *a.* bağıta bağlama, bağıtla sonuçlandırma.

bağıtlamak bağıta bağlamak. *Sendikaların en önemli işlevi, toplu iş sözleşmesi bağıtlamaktır.* –IK.

bağıtlanma *a.* bağıt altına alınma, bağıta bağlanma.

bağıtlanmak bağıta bağlanmak. *Her şeyden önce, tüm bu metinlerde yer almayan konularda toplusözleşme bağıtlanabilir.* –MGül.

bağıtlaşma *a.* bağıtlaşmak eylemi.

bağıtlaşmak aralarında bağıt yapmak, sözleşmek, birbirlerine bağıtla bağlanmak.

bağlaç *a. dilb.* iki sözcük ya da iki tümcenin arasındaki ortaklık, ikirciklik, karşıtlık vb. gibi ilgileri göstererek onları birbirine bağlayan ilgeç. *Anlamca ilgili tümceleri, ya da görevdeş öğeleri bağlamaya yarayan sözcüklere bağlaç denir.* –TNG.

bağlam *a.* **1** türleri benzer ya da birbirine yakın olan nesnelerin bir araya getirilip bağlanışı. **2** *fels.* bir düşüncenin kendinden önceki ve sonraki düşünceye uygunluğu, o düşüncelere bağlı olarak anlamının belirmesi. *Güç mü güç düşünce bağlamlarına ... başvurmayı gerektiriyor.* –NU. **3** *dilb.* bir dilsel birimin konuşan kişice üretilmesi ve dinleyen kimsece algılanmasını belirleyen toplumsal, ruhsal ve kültürel koşulların tümü. **4** *dilb.* belli bir dil biriminin ve onunla ilgili, bağlantılı anlam ve işlevin belirlenmesini sağlayan birimlerin bütününden oluşan birlik.

bağlamsal *s.* bağlamla ilgili. *Günümüzün kültürel koşulları ... yerleşmiş anlam kategorilerinin ve bağlamsal geçmişlerin bir yana atılması gerektiğini düşündürür.* –AhÖz.

bağlanım *a.* bir dünya görüşüne bağlanarak o doğrultuda siyasal ve toplumsal savaşıma katılma, bağlanma. *Ama bağlanım, bağımlılığa dönüşmemeli düşüncede.* –FAl.

bağlanımlı *s.* bir dünya görüşüne bağlanarak o doğrultuda siyasal ve toplumsal savaşıma katılan (kimse). *Sartre'a göre her edebiyatçı, ister istemez, bağlanımlıdır ...* –HY.

bağlanımlılık *a.* bağlanımlı olma durumu.

bağlanımsız *s.* kendini belli bir dünya görüşüne bağlamayan. *... bir insan eğer bağlanımsızsa özgür değildir.* – HY.

bağlanımsızlık *a.* hiçbir dünya görüşüne bağlanmama durumu. Bağlanımsızlık, yalancı bir özgürlüktür... –HY.

bağlanma *bkz.* **bağlanım**. *... anladığımıza göre İsveç'te şimdilerde bağlanma sorunları tartışılıyor.* –CSS.

bağlanmak (siyasal anlamda) bir dünya görüşüne bağlanarak o doğrultuda siyasal ve toplumsal savaşıma katılmak. *Sanatçının yalnızlığı olumlaması, bağlanmaktan kaçınmanın bir yoludur.* –BO.

bağlantı *a.***1** iki ya da daha çok şeyin birbiriyle ilişik ya da ilgili bulunması durumu. *Bu konuşmalar ister istemez siyasal ve ekonomik çoğulculuk arasındaki bağlantıyı ön plana çıkardı.*

–HCe. **2** *fels.* karşılıklı bağımlılık; usa uygun sonuç ya da nedensellik gibi belli durumlara dayanan bağıntı. **3** *tüze.* anlaşma, üstlenme. ... *işadamlarının ... daha önce yapmış bulundukları ödeme bağlantılarını yerine getirememelerine ...* –KB. **4** *hayb.* belirli kalıtsal ıraların birkaç döl boyunca bağlı kalma eğilimi.

bağlantılı *s.* aralarında bağlantı bulunan, bağlantısı olan. *Ama bununla bağlantılı bir başka soru daha akla geliyor...* – HCe.

bağlantısız *s.* öğreti ve siyasal düzen bakımından doğu ve batı diye iki kanada ayrılan ülke topluluklarından hiçbirine bağlı olmayan (ülke), ki bağlantısızlara üçüncü dünya ülkeleri de denmektedir. *Örneğin Cezayir bağlantısız ülkeler arasında büyük etkinliğe sahiptir.* –DA.

bağlantısızlık *a.***1** doğu ve batı olarak iki kanada ayrılan ülke topluluklarından hiçbirine bağlı olmama durumu, yansızlık. *Bağımsızlık ve bağlantısızlık yanlısı ...* –ASi. **2** aralarında bağlantı bulunmama durumu. *Kiralık Konak'taki kahramanların ortak özelliklerinden biri de düşündükleri... dünya ile gerçek yaşamları arasındaki bağlantısızlıktır.* –DH.

bağlaşık *s.* bağlanmış bulunan; bir şey yapmak ereğiyle birbirine antlaşma ya da sözleşme ile bağlanmış bulunanlardan her biri. *Atatürk'ün etkisizleştirmeye çalıştığı o çağdışı kurumlar ... kendilerine ... bağlaşıklar da bularak ... toplumumuzu yeniden etkileri altına almaya başlamışlardır.* –MRİ.

bağlaşıklık *a.* bir şey yapmak ereğiyle birbirine antlaşma ya da sözleşmeyle bağlanma, uyuşma, bağlaşma. *Caudwell... bu sanatçıların üç olası rol oynayabileceğini söyler: Emekçi güçlerin karşısında yer alma, onlarla bağlaşıklık kurma, onlarla benzeşmeye çalışma.* –MD.

bağlaşım *a.* karşılıklı olarak birbiriyle ilişkili olma durumu. ... *karşıtlar arasında bir bağlaşım karşısında bulunduğumuzu düşünürsek.* –TY.

bağlaşma *a.***1** bir şey yapmak ereğiyle birbirine antlaşma ya da sözleşme ile bağlanma. *Emperyalizme karşı Anadolu'da oluşan iç bağlaşma, düşman orduları... denize döküldükten sonra çözülecekti.* –İS. **2** *tüze.* iki ya da daha çok devletin, yanlardan biri saldırıya uğradığı zaman birbirine askerlikle ilgili ve başka alanlarda yardım etmeyi yükümlendikleri anlaşmalar, ki bunlar savunma anlaşmaları olduğu gibi hem savunma hem saldırma anlaşmaları biçiminde de olabilir. *Önemlilik, yazarın savunduğu kişisel dünya görüşüyle bu evrenin bağlaşmasından doğar.* –Sİ.

bağlaşmak bir şey yapmak ereğiyle birbirine antlaşma ya da sözleşme ile bağlanmak.

bağlılaşım *a.* **1** *fels.* biri olmadan öteki düşünülemeyen iki şey arasındaki ilişki. **2** *yaşb.* organizmanın değişik özellik ve yapılarında, değişik olaylarında görülen karşılıklı ilişki.

bağlılaşma *a. fels.* karşılıklı bağıntı durumu. ... *bunu, Elealıların bilgi ile varlık arasında bir bağlılaşma (correlation) olduğunu ileri süren tezlerine öyle bağlar ki ...* – MG.

bağlılaşmak karşılıklı bağıntı durumunda olmak.

bağnaz *s.* bir düşünüye, bir inanışa körükörüne bağlanıp ondan başkasını düşünmeyen (kimse); dar kafalı. *Laklakla geçinen çıkarcı bağnazı yüzyıldır Şinasi kadar gerçekçi gözle görüp başarıyla anlatan çıkmadı.* –OA.

bağnazlaşma *a.* bir düşünüye, bir inanca körükörüne bağlanarak ondan başkasını düşünemez olma. *Bu duygular ... partizanca bir bağnazlaşmayı beraberinde getirmekteydi.* –ÜO.

bağnazlaşmak bir inanca, bir düşünceye körükörüne bağlanarak ondan başkasını düşünemez olmak. *Ne var ki, tarihsel kalıtımla bağnazlaşmak ve katılaşmak başka şeydir.* –İS.

bağnazlaştırılma *a.* bağnaz bir duruma getirilme. *Terör de bu bağnazlaştırılmaya çalışılan toplumumuzdaki gerçek bilim adamlarımıza... rahatça kıyabilsin ...* –MTÖ.

bağnazlaştırılmak bağnazlaşması sağlanmak, bağnaz bir duruma getirilmek.

bağnazlık *a.* bir düşünüye, bir inanca körükörüne bağlanıp ondan başkasını düşünememe; bağnazca davranış. *Geçmiş olayları yerine göre ölçüp biçemezsek, kaba bağnazlık çerçevesinden çıkamayız.* –İS.

bakaç *a. sine.* belirli bir merceğe göre sahnenin nasıl göründüğünü anlamaya yarayan değişir odaklı bir mercek dizgesi, ki alıcıya bağlı ya da alıcıdan ayrı olarak da kullanılabilir.

bakan *a.* yürütme erkini elinde tutan kurulun üyesi, ki bizde, yurdun genel işlerinden birini yönetmek üzere başbakanca TBMM üyeleri arasından ya da dışardan seçilerek cumhurbaşkanının onayı ile iş başına gelir. *Bir başka bakan ... "takviyelere gerek görülmediğini" bildiriyordu.* –CA. **bakanlar kurulu** bütün bakanlardan oluşan yürütme örgeni, hükümet. *Bu bakımlardan bugün yapılacak İsrail Bakanlar Kurulu toplantısı... barış görüşmelerinin kaderini etkileyeceğe benzemektedir.* –MBa.

bakanlık *a.* **1** bakan olanın durumu; bakan olanın yaptığı görev. *"Tam konuşmayı öğreniyordum ki bakanlıktan alındım" diyor.* –CA. **2** bakanın buyruğundaki örgütlerin bütünü; bu örgütlerin bulunduğu yapı, yer. *Yoksa ... böylesine duyarlı bir bakanlıkta bakanlık yapması gün geçtikçe güçleşir.* –UM.

bakı *a.***1** el ayası, oyun kâğıdı, kahve telvesi, su gibi şeylere bakıp ya da baktırıp sözde geleceği okumak, bilmek işi. *Bir bakı ... özel bir durumda bakıcıya başvuran birisinin o bakıcıdan beklediği yanıtların tümüdür.* –MY. **2** *coğr.* bir yüzeyin hangi yöne baktığı; yöneliş.

bakıcı *a.* **1** bakma işi ile uğraşan kimse. **2** el ayası, kahve telvesi, oyun kâğıdı, su gibi şeylere bakarak, sözde gelecekten, görünmezden, yitikten, bilinmezden bilgiler veren kimse. *Kreon ... silik bir gölge gibi kalır kenarda, iki bakıcıyla işbirliği yapıp düzenler hazırlayarak iktidar amacına ulaşmıştır.* –RM.

bakıcılık *a.* bakıcı[2] olma durumu, bakıcının yaptığı iş. *Kâhinlik sanatları, bakıcılık ve tanrılarla, dünya ötesiyle, yazgıyla iletişim kurma yollarına ilişkin sanatlardır.* –MY.

bakımevi *b. a.* sayrılara ayakta bakılan ve gerekli sağaltımları yapılan yer, dispanser. *Bakımevinin yöneticisi hanım hiç değilse ayaklarımdaki ampulleri geçirecek bir şey yapar belki* ... –BO.

bakımlık *a.* birini geçindirmek için verilen para. *Boşanan babalardan ücretlerinin yarısı bakımlık olarak kesildi.* –AY.

bakımyurdu *b. a.* kimsesiz ve yoksul yaşlı ve sakatların barındırıldıkları, bakıldıkları yer.

bakışık *bkz.* **bakışımlı**. *Yunanlılar ... yalnız en bakışık varsayımları benimsiyorlardı.* –AG.

bakışıklık *bkz.* **bakışım**. *Bakışıklıktan bu hafif kaçış, bütün kompozisyonun dikkat ve önem merkezi olan ortasına, ilk devinimi veriyor.* – BC.

bakışım *a.***1** *mat.* eksen olarak alınan bir doğrudan, benzeş noktaları karşılıklı olarak eşit uzaklıkta bulunan iki benzer parçanın birbirlerine göre durumu. *Dünyada/ Bakışımlıydı, çocuktu bedenlerimiz...* –CSS. **2** *hayb.* benzer yarımlara bölünebilme durumu; bir eksenin iki bölgesinin yapı ve biçim benzerliği.

bakışımlı *s. mat.* parçaları arasında bakışım bulunan, bakışan. ... *saçma söyleninin ters ama bakışımlı durumu* ... –TY.

bakışımsız *s. mat.* aralarında bakışım bulunmayan ya da iki yanı arasında bakışım olmayan. ... *kırmızı kiremitli, kahverengi oymalı, çatıları bakışımsız, cephesi genişlemesine çitli, güzel bir ak köşk görürsün...* –TY.

bakışımsızlık *a. mat.* (iki şey) aralarında bakışım bulunmama; (bir şey) iki yanı arasında bakışım olmama.

baltalama *a.* başkasının işini ya da bir işi bile bile bozacak ya da yıkacak davranışlarda bulunma. ... *baltalama varken sabotaj denmesi.* –NU.

baltalamak başkasının işini ya da bir işi bile bile bozacak ya da yıkacak davranışlarda bulunmak. *Bu iki kuruluşu baltalamak için uğraşan nüfuzlu ithalatçıların...* – HÖz.

barış *a.***1** savaştan ya da dargınlıktan sonraki uzlaşma. ... *ve "yeni bir demokrasi" fikirlerini benimsemeli, bunların "barış ve birlik" içinde gerçekleşmesi için gerekli koşulları hazırlamalıdır.* –OE. **2** *tüze.* uluslararası hukukta devletler arasında ilişkilerin sürmesi ya da herhangi bir nedenle kesilmiş olan ilişkilerin yeniden kurulması ya da savaş durumundan çıkılması; medeni hukukta, karşılıklı anlaşmaya dayanan bağıt, ki var olan bir anlaşmazlığı ortadan kaldırır ya da olası bir anlaşmazlığın önüne geçer. ... *dünya barışı bakımından* ... –İS.

barışçı *s.* barışsever, barıştan yana olan. ... *polisin barışçı gösterileri tertip edenleri kovuşturup mahkemeye vermesi.* –AA.

barışçıl *s.* barışçı, barışsever, barıştan yana olan. ... *son derece güçlü olan topluluk içgüdüsü insanı barışçıl kılmıştır.* –NŞK.

barışçılık *a.* barışseverlik, barışçı olma durumu. *Bunların yerini kararsız bir barışçılık, kozmopolitlik, küçük burjuva ideolojisi tutar.* –NŞK.

barışsever *b. s.* barıştan yana olan, savaşa karşı olan. *Böylece barışsever önderler mahkemeye sevk edilmekten kurtulmuş oldular.* –AA.

barışseverlik *b. a.* barışsever olma

durumu, barışçılık, savaşa karşı olma durumu.

bası *bkz.* **basım**. *Bası der, alışırsak dilimiz bir sözcük daha kazanır, hem de doğrusunu.* –MKe.

basıcı *bkz.* **yayımcı**

basıla *a.* basımevinde dizilmiş, düzeltmeleri yapılmış ve artık basılabilecek duruma gelmiş bir yazının provası üzerine düzeltmence yazılan buyruk, ki "yazıda hiçbir dizgi yanlışı kalmamıştır, basılabilir" anlamına gelir.

basılı *s.* (kâğıt, kitap vb. için) basılmış. *Çünkü... değer dizgeleri daha çok basılı söze dayanmaktadır.* –EmÖ.

basım *a.* **1** klişe, dökme harf ya da taş kalıp kullanarak makine ya da başka araçlar yardımı ile kâğıt, bez ve benzeri şeylere yazı ya da resim çıkarma işi. **2** bir kitabın basılıp yayımlanması ve bitince yeniden basılıp yayımlanması ve bu işin her bir kezi, ki o kitabın kaç kez basıldığını gösterir; basılış. **3** *sine.* bir basım aygıtında boş filmi karşısına koyup kopyasını çıkarma işi.

basımcı *a.* dergi, kitap gibi şeyleri bastıran kimse, yayımcı. ... bir basımcı nasıl bir yapıtı basarsa... –TS.

basımcılık *a.* basımcının yaptığı iş.

basımevi *b. a.* basım işinin yapıldığı yer. *Basımevine verilmeden önce, metnin kaç punto harfle dizileceği ... işaret edilmelidir.* –AP.

basın *a.* gazete, dergi gibi belirli zamanlarda çıkan süreli yayınların ve bunları çıkaranlarla bunlarda çalışanların hepsi, ki basının toplumda çok önemli işlevi vardır ve ondan dördüncü güç olarak söz edilir. *Babıâli basınında adı üstada çıkmış ... kişiler ...* –İS. **basın özgürlüğü** basına her türlü haberi yayabilme, düşünceyi açığa vurabilme olanağı veren, sıkıdenetimi ortadan kaldıran anayasal kural. *1980'ler Türkiye'sinde basın özgürlüğü yok edilmişti.* –İS.

basınç *a. fiz.* herhangi bir gücün kendisine engel olan bir yüzey üzerine yaptığı zorlama; örneğin, sert nesneler, üzerine konuldukları düzeylere, yere doğru yönelen bir basınç yaparlar; sıvıların basıncı, içinde bulundukları kabın dibine ve yanlarına doğru olur; gazların ise, içinde kapalı kaldıkları kabın her yönüne yönelen basınçları vardır. *Sıcaklık ve basınç indirgemesi için...* –AK. *Burada Basra Körfezi'nden gelen alçak basınç ile Kafkaslar'dan gelen yüksek basınç çarpıştı... havalar ısınacak... deniyor, öyle de oluyor.* – BF.

basınçlı *s.* basıncı bulunan, basınç yapan. *O basınçlı su, bilseniz o kadar acı veriyor ki insana.* –MEk.

basınçölçer *b. a. fiz.* hava basıncını ölçmeye yarayan araç, ki dolayısıyla bir yerin yüksekliğini ölçmeye ve havanın nasıl olacağını anlamaya da yarar. *Ve denizin gişesinde oturan kısa boylu saat kulesi/Yakasının içine kaydırmış hafifçe basınçölçerini.* –CSS.

basıölçer *b. a. fiz.* buğunun ya da herhangi bir gazın içinde kapalı bulunduğu kap üzerine yaptığı basıncı ölçmeye yarayan araç.

baskı *a.* **1** *bkz.* **basım**[2]. *İlk baskı elimizde olmamasına karşın, dildeki anlaşmaya koşut, kimi sözcüklerin Türkçeleştirildiği belli oluyor.* –DH. **2** güç ve zor altında bulundurma eylemi ya da güç ve zor altında bulunma durumu. ... *tecimenlerden gelen baskı yeniden enflasyoncu poli-*

tikaya dönülmesi yolunda olmuştur. –KB. **3** *toplb.* özgürlüklerin, özellikle söz, düşünü, basın ve yolculuk özgürlüklerinin yönetici erkçe yasalara aykırı olarak kısılması ya da ortadan kaldırılması. *Bu mücadele uzun zaman sömürüye, ezgiye, baskıya, horlanmaya insiyaki bir tepki şeklini almıştır.* –MAA. **eleştirili** (ya da **eleştirel**) **baskı** bir yapıtın, daha önceki baskıları gözden geçirilerek, üzerine yazılmış yazı ve eleştirilere değinilerek, notlanarak yapılan bilimsel nitelikli baskısı. *Benim gibi, bu romanı daha 1938'lerde okumuş bir kişi bile böyle eleştirili baskılardan yararlanırsa, bugünün gençleri çok daha fazla yararlanacaktır.* –OA.

baskıcı *a.* baskı yönetimi uygulayan kimse ya da düzen. *Önce, baskıcı yönetimlerin yasal baskıları var.* –AN. *Dönemin baskıcı düzeninden derin huzursuzluklar duymaktadır.* –Sİ.

baskıcılık *a.* baskı yönetimi uygulama durumu ve tutumu. ... *onlar da zorbalıkla, baskıcılıkla ulusun yazgısını sürgit ellerinde tutmaya kalkışmışlarsa!* –OA.

baskılama *a.* baskı[3] altına alma. *Bu baskılama, 141 ve 142'nin varlığından kaynaklanıyor.* –MİE.

baskılamak baskı altına almak.

baskılanma *a.* baskı altına alınma. *Gazetecilerin açlık grevi... demokratik olmayan... bir baskılanmayı, yeni bir boyutta dile getiriyor.* –MİE.

baskılanmak baskı altına alınmak.

başarı *a.* bir işte elde edilen güzel, yararlı ve iyi sonuç. ... *üstün bir başarı göstermiştir.* –NSB. *Toplantımıza katılacaklara şimdiden başarılar dileriz.* –FKT.

başarılı *s.* **1** bir işi güzel, yararlı ve iyi bir sonuçla bitiren (kimse). **2** güzel, yararlı ve iyi bir sonuçla biten (iş). *Bunlar arasında başarılı olanlar da var...* –MB.

başarılılık *a.* başarılı olma durumu. *Bir barışın devamlılığı ve başarılılığı isteniyorsa ...* –FA.

başarılma *a.* istenilen biçimde sonuçlandırılma, başarıya ulaştırılma. *Bu açıdan, önce cumhuriyetin kurulması, sonra demokrasiye geçişin başarılması... önemli kilometre taşları olmuştur.* –HCe.

başarılmak istenilen biçimde sonuçlandırılmak, başarıya ulaştırılmak. *Ne var ki bu tip yararlanmalarla neyin başarılmak istendiği ... sorulabilir.* –DH.

başarım *a.* **1** bir şeyin üstün niteliklerinin ortaya koyduğu başarma durumu. ... *inanılması çok güç bir başarıma erdi.* –MCA. **2** elde edilen iyi sonuç. **3** *sp.* bir sporcunun elde edebileceği en iyi derece, bir sporcunun güç sınırı.... *performans sözcüğüne başarım karşılığını 1977 yılında türettim.* –CM.

başarısız *s.* başarıya ulaşamamış. ... *başarılı olanlar da var, başarısızlar da.* –MB.

başarısızlık *a.* başarıya ulaşamayış. *Sonuç başarısızlık olsa bile...* –BO.

başarma *a.* bir işi istenilen biçimde yapma ve sonuçlandırma. *Ama bilincin bunu başarması belleğe bağlıdır.* –SBü.

başarmak bir işi istenildiğince, yararlı, güzel ve iyi bir sonuçla bitirmek. ... *bunu başarmak için...* –AdB.

başat *s.* benzerleri arasında üstünlüğü olan ve onlara söz geçiren ya da en başta olan; benzer şeyler arasında çoğunlukta bulunan. *Gitgide* *usun başat olduğu şiirler yazmaya başlamıştır.* –CSS.

başatlık *a.* benzerleri arasında üstünlüğü olma durumu. *Davranış eğilimleri arasındaki sürekli ve dayanıklı başatlık, uysallık ilişkilerinin oluşturduğu...* –MEnç. **başatlık yasası** *yaşb.* ırk karışmasında, bireylerdeki güçlü ıraların güçsüz ıralara üstün gelerek onları ortadan çekilmek zorunda bırakması biçiminde yürüyen yaşambilim yasası.

başbakan *b. a.* bakanlar kurulunun başı, hükümet başkanı. *Başbakanın "üç kâğıt fabrikası açacağız" sözü böyle çağrışımlar yaptı bende.* –OA.

başbakanlık *b. a.***1** başbakanın yaptığı iş, başbakanın görevi. *Hatırlarsınız ya, daha başbakanlığının ilk günlerinde "patates fabrikası"ndan söz açmıştı.* –OA. **2** başbakanın içinde görev yaptığı yapı, başbakanın makamı. *Başbakanlığın iki adım ötesinde neler yapıldı?* –İS.

başdanışman *b. a.* bir yerdeki danışmanların başı. *Eski başdanışman dersini aldı.* –CA.

başdanışmanlık *b. a.* başdanışman olma durumu, başdanışmanın görevi.

başdenetmen *b. a.* bir yerdeki denetim görevlilerinin başı. *Başdenetmen yazıyı okumuş.* –Mİ.

başkalaşım *bkz.* **başkalaşma**. *Bu başkalaşım, aynı olan'ın, kendi karşıtı durumuna geçmesinden başka şey değildir.* –SH.

başkalaşma *a.* **1** *hayb.* bir hayvanın, en ilkel evresinden ergin olana değin geçirdiği biçim ve yapı değişmeleri. **2** *yerb.* ve *coğr.* sıcaklık, basınç ya da bileşim nedeniyle bir taş topağının özünün, yapısının, dokusunun değişmesi.

başkalaşmak 1 başka türlü olmak; bir halden bir başka hale geçmek. **2** biçim değiştirmek.

başkaldırı *b. a.* ayaklanma, karşı gelme. *Başka bir deyimle, iskolastiğe bir başkaldırı, ortaçağın tüm "toplumsal hareket ve düşüncelerine" bir başkaldırıdır.* –TS.

başkaldırıcı *b. a.* karşı çıkan, ayaklanan kimse. *... ve başkaldırıcıların görüşlerini yansıtır.* –SB.

başkaldırma *b. a.* **1** yasal güçlere karşı çıkma, ayaklanma. *Şeyh Sait'i petrol bölgesinde başkaldırmaya kışkırtmış.* –Atİ. **2** karşı gelme. *Garip üçlüsünün alışılmışa başkaldırma duygusu onda da vardır.* –DH.

başkaldırmak ayaklanmak; yasalara, yasal güçlere ve buyruklara karşı çıkmak; karşı gelmek. *Bu yüzden 1876'da Türkmenler başkaldırdı, Osmanlı ile savaştı ama yenildi.* –BM.

başkan *a.* bir topluluğun, bir toplantının ya da bir derneğin başı, ki genellikle seçilerek ya da atanarak bu göreve gelir. *... partilerden birinin adayı başkan olacaktı.* –TZT. **genel başkan** birden çok şubesi ve dolayısıyla başkanı bulunan derneklerde, genel merkez başkanlığı görevinde bulunan kişi, genel yönetim kurulu başkanı. *Bu teklifin her iki genel başkanı da bütünüyle red veya kabule götürmediği... anlaşılıyor.* –AKa.

başkanlık *a.* **1** bir topluluğun, bir derneğin ya da bir toplantının başkanı olarak yapılan görevin adı. *Siyasi iktidarın... Üniversiteler için, Başbakanın başkanlığında özel organlar düşündüğünü açıklamış bulundu-*

ğu bir sırada... –SLM. **2** başkanın makamı ya da başkan olma durumu. **genel başkanlık** birden çok şubesi ve dolayısıyla başkanı bulunan derneklerde genel merkez başkanlığı görevi. *... genel başkanlığına adaylığını şimdiden ilan etmiş...* –HCe.

başkent *b. a.* bir devletin yönetim merkezi olan kent, ki devlet merkezidir, yasama ve yürütme organları o kentte iş görür. *Yanılmıyorsam, başkentin güzelliğinden ilk söz açan ...* –SB.

başkişi *b. a.* bir sanat yapıtında ya da bir olayda önemli yeri olan, yapıtı ya da olayı götüren kişi. *O, başkişisinin bilinçlenmesi gibi... bir dönemin... hesabını yapmayı yeğler.* –AD.

başkomutan *b. a. ask.* savaşta ordunun bütün örgütlerini komutası altında tutan en büyük komutan. *Cumhurbaşkanı sıfatıyla komutanlara neden başkomutan olmasın?* –İS.

başkomutanlık *b. a.* **1** başkomutanın işi, görevi. *30 Ağustos Başkomutanlık Meydan Savaşı, Türk tarihinde yeni bir çağ açmış ve yeniden doğuşun büyük bir zaferi olmuştur.* –KE. **2** başkomutanın makamı.

başman *a.* bir topluluğun ileri gelenlerinden her biri.

başoyuncu *b. a. sine.* ve *tiy.* bir filmde, bir oyunda baş rolü oynayan oyuncu. *Üstelik de... başoyuncusu olmadığı iktidar oyununu... o hale sokmuştur ki...* –ASi.

başöğretmen *b. a.* ilkokullarda yönetimsel işlere bakan öğretmen.

başöğretmenlik *a.* başöğretmen olma durumu. *... gezici başöğretmenlik yapmış.* –TUç.

başsağı *b. a.* baş sağlığı dileği.

başsavcı *b. a.* bir yerdeki cumhuriyet savcılarının başı olan savcı. *Başsavcı ayrıca, tanıkların ifadelerinin çelişkili olduklarını bildirdi.* –MEk.

başsavcılık *b. a.* başsavcının görevi ya da orunu. *Askeri Yargıtay Başsavcısı... verdiği başsavcılık bildirisinde, sanıklara yüklenen kışkırtıcılık suçunun oluşmadığını ... belirtti.* –MEk.

başsızcılık *bkz.* **kargaşacılık**

başucu *b. a. gökb.* yeryüzündeki bir gözlem noktasından geçen düşey doğrultusunun gökyüzünü deldiği iki noktadan gözün üstünde olanı. *Ay bizim için hiçbir zaman başucu noktasına kadar yükselmez.* –BU.

başülke *b. a. coğr.* sömürge imparatorluklarında, sömürgelere göre egemen ülke; örneğin bir zamanlar İngiltere, sömürgelerine göre başülkeydi.

başvurma *b. a.* bir işin olması için birinin aracılığını isteme.

başvurmak bir iş için birinin aracılığını istemek. *Ama olumlu yol kapanınca olumsuz yola başvurmak zo runda kaldı.* –OH.

başvuru *b. a.* bir işin yapılması için birinin aracılığını isteme ya da birinden bir işin yapılmasını isteme. *Roosevelt öldüğünde, Bohr'un başvurusu, zarfı bile açılmamış olarak, masasında duruyordu.* –AG.

başvurucu *b. a.* bir konu, bir iş için başvuran kimse.

başvurulma *b. a.* bir işin olması için (birinden) aracılığı istenme ya da (bir şeye) el atılma. *Önlemlerin sürdürülmesi ya da yeni önlemlere başvurulması ... sorun da yaratabilir.* –UM.

başvurulmak bir işin olması için (birinden) aracılığı istenmek ya da (bir şeye) el atılmak. ... *birçok yazınsal üründe alegoriye başvurulmuştur.* –EmÖ.

başyapıt *b. a.* üstün yapıt, usta işi yapıt. *İran edebiyatının en önemli başyapıtı olan ve ona ulusal niteliğini kazanmada yol gösteren Şehname'nin* ... –AtÖ.

başyazar *b. a.* bir gazete ya da derginin başyazılarını yazan kimse. *Tercüman gazetesi başyazarı* ... –YKK.

başyazarlık *b. a.* bir süreli yayında başyazıları yazma görevi, başyazar olma durumu. *İlk üç sayısında Muallim Naci'nin de başyazarlık ettiği Mirsad'da Fikret'in her şiiri... yayımlanıyordu.* –MF.

başyazı *b. a.* gazete ve dergilerde ilk sütuna ya da baş sayfaya konulan önemli yazı. *Ulus'ta dün yayımlanan başyazıda buna benzer görüşler ileri sürülmüş, anlaşmanın Meclis'ten geçirilmemesi eleştirilmiştir.* –Aİ.

başyazman *b. a.* bir yerdeki yazmanların başı. *İşin özünü bilmeyenler bu kurumu... mahkeme başyazmanı yetiştirmek için açılmış sıradan bir okul sanırlar.* –HVV.

başyazmanlık *b. a.* başyazmanın işi, görevi.

batakçıl *s. bitb.* bataklıklarda yaşayan, bataklıklarda yetişen; bataklıkla ilgisi olan (bitki).

bataksal *bkz.* **batakçıl**

batı *a.* **1** *coğr.* dört anayönden biri, ki Güne'şin battığı yön. **2** bu yönde bulunan ülkeler; genellikle Avrupa. *Şimdi batı'da saçları omuzlara dek uzatanlar mı istersiniz* ... –İS. **3** *gökb.* Güneş'in 20 Martta battığı nokta.

batıcı *a.* Avrupa uygarlığı yanlısı. *Hem de Atatürkçü batıcılara* ... *Atatürk'ün verdiği anahtar yöntem* ... –Atİ.

batıcılık *a.* Türk toplumunun Avrupa uygarlığını benimseme yoluyla kalkınacağı görüşü, Avrupa uygarlığı yandaşlığı. *Sultan Mahmut'tan Cumhuriyet dönemine kadar olan batıcılık akımı, Mustafa Kemal'ce de eleştirilmiştir.* –ÇÖ.

batılı *a.* batı ülkeleri halkından olan ya da batı uygarlığını benimsemiş (kimse, görüş). *Ne var ki, batılılar işi inada bindirmişler.* –İS.

batılıca *s.* Avrupalıların yaşam biçimi ve alışkanlıklarına uygun.

batılıcalık *a.* batılıca olma durumu.

batılılaşma *a.* her bakımından batı ülkelerinin yaşamını benimsemiş olma. *Şom ağızlılar ne derlerse desinler, biz batılılaşma yolunda çok yol aldık, çok yol.* –İS.

batılılaşmacı *s.* batılılaşma yandaşı (görüş, kimse). *Batılılaşmacı ilk aydınlarımız da bu devletin "enderun" yetiştirmesi resmi aydınları olmuştur.* –ÜO.

batılılaşmacılık *a.* batılılaşma yandaşlığı.

batılılaşmak batı ülkelerini örnek olarak almak ve onların düşünce, dünya görüşü, davranış ve anlayışta izledikleri ilkeleri benimsemiş olmak. *Bu, yazarın batılılaşmış yanıyla Osmanlı yanının bilinçaltı çatışması şeklinde yorumlanabilir.* –MB. *1980'lerde batılılaşmak için ne yapıyoruz?* –İS.

batılılaşmışlık *a.* batılılaşmış olma durumu. *Batılılaşmışlığı, yüzeyde kaldığı için bilinçli amacına karşın, zayıf.* –MB.

batılılaştırılma *a.* Avrupa ülkeleri

düzeyine çıkarılma.

batılılaştırılmak Avrupa ülkeleri düzeyine çıkarılmak.

batılılaştırma *a.* ülkeyi batı ülkeleri, özellikle Batı Avrupa ülkeleri düzeyine çıkarma.

batılılaştırmak ülkeyi Avrupa ülkeleri düzeyine çıkarmak. *II. Mahmut bizim hafızamızda ... batılılaştırıcı bir çağdaşlaşma dönemi açmış kişi olarak kaldığı için ...* –NB.

batısal *s.* Avrupa ülkelerine özgü. *Çünkü sağduyulu ve batısal anlamda eleştirmenler çıkıyordu.* –AM.

batkı *bkz.* **batkınlık**. *Bütün insan ilişkileri batkıya uğramıştı.* –Sİ.

batkın *a. tüze.* günü gelmiş borçlarını ödeyememe durumuna düşmüş ve durumunun böyle olduğu mahkemece saptanıp karara bağlanmış kimse.

batkınlık *a. tüze.* günü gelmiş borçları ödeyememe durumu, ki mahkeme kararı ile saptanır ve yasalara göre yalnızca tecimle uğraşanlara bu işlem uygulanır ve bu durumdaki tecimene batkın denir; batkınlığın en önemli sonucu, batkının el konulabileceği yasaca uygun bütün mallarına el konur, batkınlık kararından sonra, batkın artık bu mallar üzerinde kullanımda bulunamaz.

bay *s.* **1** (eski) parası ve malı çok olan. **2** (yeni) *a.* erkek adlarının ya da soyadlarının başına getirilen sözcük, bey. **3** erkekler için ad yerine de kullanılır. *Bol köpük bayanlar körkütük baylar.* –BN. **4** saygılı konuşmada "efendi" yerine geçer. *Haklısınız, bayım, dedi.* –SB.

bayan *a.* kadın adlarının ya da soyadlarının başına getirilen sözcük, ki yazıda kısaltması Bn.'dir. *Bol köpük bayanlar körkütük baylar.* –BN.

bayındır *s.* bakılıp güzelleştirilmiş (yer). *... zaten türbelerin de bayındır görünümlerinden sıyrılmak zorunda kaldığı...* –Sİ.

bayındırlaştırma *a.* bir yeri bayındır duruma getirme.

bayındırlaştırmak bir yeri bayındır duruma getirmek. *... kasabamızı biraz bayındırlaştıralım, sokaklarımızı, yollarımızı tozdan, çamurdan kurtaralım diyoruz.* – FB.

bayındırlık *a.* **1** her bakımdan bakılmış ve güzelleştirilmiş olma durumu. *... bütün o bahçeler bakımsızlıklarıyla, artık bayındırlıktan uzak görünümleriyle ... zamanın ele geçirilemeyeceğini ... çoktan söylemişlerdir.* –Sİ. **2** bayındırlaştırma işi. *... devletin etkili yardım ve bayındırlık girişimlerinin... Doğunun en uzak köşelerine kadar uzanması gerekir.* –HVV. **bayındırlık bakanlığı** ülkenin bayındırlık işlerini yürü ten bakanlık.

beceri *a.* el yatkınlığı, yatkınlık; ustalık; iş görme yeteneği. *... ve yazarlık becerisiyle onu aynı zamanda bir insan olarak inceliyor.* –FB.

beğence *a. yaz.* bir yapıtın ilk sayfalarına konulan ve ünlü birince yazılmış tanıtıcı, övücü yazı. *Çakırpençe hekimler tarafından en eski bahnamelere düşülmüş bir beğence gibidir.* – CSS.

beğeni *a.* kişiye bir şey için güzel ya da çirkin yargısını verdiren duygu; güzeli güzel olmayandan ayırabilme yetisi. *Aydının bir ödevi vardır toplum içinde; o toplumun düşünce bakımından, beğeni bakımından yükselmesine çalışmak.* –NA.

beğenili *s.* iyi ve güzel şeyleri seçme

yeteneği olan. *Yani hep üstün beğenili, yazınsever kişi çıkar karşımıza ...* –TY.

beğenililik *a.* beğenili olma durumu.

beğenisiz *s.* beğenisi olmayan ya da beğenilmeyecek şeyleri beğenen. *Niteliksiz, beğenisiz... görüntülerin de TRT'nin dilini bozduğunu bilmek zorundayız.* –MTÖ.

beğenisizlik *a.* beğenisi olmama durumu, beğeni yoksunluğu. *... aynı kişiye üç kez kavun diye seslenme beğenisizliği ...* –RM.

beklenti *a.* umulan şey, umut; istekler, beklenilen şeyler; bir olgu sonucunda beklenen şey. *Yaşamdan beklentileri de yeteneklerine uygun olur.* –ARE.

bekletim *a.* bekletme işi.

belge *a.* **1** bir olguyu gösteren ya da savın doğru olduğuna apaçık inanç veren şey. *... ilerde belgeleriyle yayımlayacağım.* –ÇA. **2** bir kimsenin niteliğini ya da bir şey üzerinde hakkını ya da kendisine verilen hakkı bildiren resmi kâğıt.

belgeci *s.* konusunu işlerken belgeselliğe yaslanan sanat yapıtı ya da kimse. *"Mississipi Yanıyor", kuşkusuz Amerikan tarihçileri ve belgecilerince gereği gibi eleştirilecektir.* –AD.

belgecilik *a.* konuyu işlerken belgeci bir tutum gösterme. *Ama böyle bir belgecilik ancak bir temeldir onun için.* –TY.

belgeleme *a.* bir olayın, bir savın doğru olduğunu belge ile kanıtlama. *... maden alım işi ile ilgisi var mıdır, yok mudur, bunu belgeleyelim.* –UM.

belgelemek bir olgunun ya da bir savın doğru olduğunu belge ile göstermek. *... kimi alanlarda bu işlevin bulunduğunu belgelemek oldukça güç.* –AdO.

belgelendirilme *a.* doğruluğu, gerçekliği belge ile ortaya konulma. *... ancak bunun belgelendirilmesi gerektiğini söylemiş.* –BOğ.

belgelendirilmek doğruluğu, gerçekliği belgelere dayanılarak ortaya konulmak.

belgelendirme *a.* (bir şeyin, bir olayın) doğruluğunu, gerçekliğini belgelerle ortaya koyma, belgeleme. *Yazarlığını belgelendirme yollarının güçlüğünü acı bir gülüşle anlatan Sait Faik...* –RM.

belgelendirmek (bir şeyin, bir olayın) doğruluğunu, gerçekliğini belgelerle ortaya koymak, belgelemek. *Düşüncelerimizi birkaç örnekle belgelendirmek yararlı olacaktır.* –HD.

belgelenme *a.* doğru olduğu belge ile kanıtlanma. *Çağdaş hukuk devleti... insan hakları kavramının neredeyse somutlaştırılıp belgelenmesiyle birlikte doğdu.* –HVV.

belgelenmek belge ile kanıtlanmak.

belgeli *s.* **1** üst üste sınıfta kalmış olması nedeniyle öğrenimini sürdürme hakkını yitirmiş ve kendisine belge verilmiş (öğrenci). **2** belgesi bulunan. *Belgeli olaylar ile geniş tartışmalara yol açan ...* –CA.

belgelik *a.* belgelerin saklandığı, korunduğu yer. *Çevirileriyle birlikte belgeliklerimde, sayıları milyonlara varan belgelerimi teker teker ortaya çıkaracak büyük bir araştırma merkezi istiyorum.* –ŞT.

belgesel *s.* belge niteliğinde olan. *Sinema, bir yandan belgesel biçimde dünya yüzünde meydana gelen önemli* *olayları yerinde tespit etmekte...* –AD.

belgeselci *a.* belgesel filmleri çeken kimse. *Griffith olayları bir belgeselci gibi vermeye başlar.* –SBü.

belgeselcilik *a.* özellikle sinema sanatında olayı kendi doğal çevresi ve akışı içinde verme durumu. *... ikincisi ise "salt" belgeselcilik ile sanatsal belgeselcilik arasındaki ayrımdır.* –AÇ.

belgesellik *a.* belge niteliğinde olma. *Godard'ın filmlerinde... kavramsal anlam, resimsel güzellik ve belgesellik birlikte olduğu için ...* –SBü.

belgesiz *s.* belgesi, kanıtı bulunmayan. *... gazetemizde kanıtsız, belgesiz hiçbir yazı yayımlanmayacağını bilmeniz gerekirdi.* –YP.

belgesizlik *a.* kanıtı olmama durumu ya da belgeye dayanmama ya da belgesi bulunmama.

belgi *a.* bir şeyi benzerlerinden ayıran, onu belli kılan özellik. *... liderlerin ağzından da... belgiler, parolalar ortaya atılıyordu.* –ETE.

belgin *s. fels.* kesin olarak belirlenmiş olan.

belginleştirme *a.* belgin duruma getirme.

belginleştirmek belgin duruma getirmek. *Bu dar ve sınırlı tanımı biraz açmak, belginleştirmek için öncelikle kültür kavramı ve Atatürk'ün ondan ne anladığını tanımamız gerekir.* –EmÖ.

belginlik *a.***1** tam ve kesin olarak belirlenmiş olma durumu. **2** *yaz.* söylenmek istenilenin, konunun, düşününün çok özenli bir bütünlükle anlatılması, açıklık. *Bu yönden bir yazının anlatımsal değeri onun belginliğiyle ölçülür.* –EmÖ.

belgisiz *s. dilb.* belgin olmayan, belli kılınmamış olan. *Bu yönden "birini" ve "öbürünü" gibi belgisiz adıllar "sanatkârlarımızın" sözüyle uyuşmuyor.* –EmÖ.

belgisizlik *a.* belgisiz olma durumu, belli kılınmamış olma. *Bu deyim sayı sıfatlarına ... belgisizlik katar.* –TNG.

belgit *a.***1** *tüze.* bir kimsenin başka birine karşı ödemeye ya da yapmaya borçlu olduğu şeyi göstermek üzere imza edip verdiği belge, ki yasal kanıt olarak kullanılır. **2** *mant.* bir önermeyi kanıtlamak için öne sürülen ve daha önce doğruluğu, gerçekliği kabul edilmiş olan önerme.

belgitleme *a.***1** belgitle belgeleme. **2** *mant.* doğru kabul edilen başka bir önermeyi belge olarak gösterme yoluyla bir önermeyi tanıtlama. *Örneğin, matematiksel tanıtlama, mantıksal ve doğru anlamda bir belgitleme'dir.* –OH.

belgitlemek belgitle belgelemek. *... bu tavır bile tek başına onun getirdiklerini belgitler.* –DH.

belirgi *a. tıp.* özel bir bozukluğu gösteren ve bir arada görülen, tanıyı kolaylaştıran belirtilerin ve bulguların tümü. *... bu arada birkaç da tıp sözlüğü karıştırdıktan sonra belirgi karşığını türettim.* –CM.

belirgin *s.* açık, göze çarpan, besbelli, görünürde. *Bu üç belirgin yönüne oldukça saflığı da eklenince ...* –AP.

belirginleşme *a.* açıkça ortaya çıkma, görünür olma, göze çarpar duruma gelme. *.... tasarıların gün geçtikçe daha da belirginleşmesi ...* –İS.

belirginleşmek göze çarpar duruma gelmek, açıkça ortaya çıkmak. *Bu sentez ki, ne bir rastlantı sonucu belirginleşmekte, ne de siyasal iktidarın* *dışında iradeyle ortaya çıkmaktadır.* –YD.

belirginleştirilme *a.* açık, belirgin bir duruma getirilme.

belirginleştirilmek belirgin bir duruma getirilmek, göze görünür kılınmak, açıklaştırılmak. *Sonradan ... bu hükümler daha belirginleştirildi.* –VB.

belirginleştirme *a.* göze görünür bir duruma gelmesini sağlama, açıkça ortaya çıkarma, belirgin kılma.

belirginleştirmek belirgin hale getirmek, gözle görülür duruma getirmek, açıklaştırmak. *Geçmişin gölgeli çağlarında, insanlar, bazen inançlarını belirginleştirmek için, bazen tanrıların lanetinden korunmak için keserlerdi kurbanlarını ...* – İS.

belirginlik *a.* açıklık, belirgin kılınmışlık. *Bu etkinliği somutlaştıran siyasallığın bütün bu değişkenlerde bir belirginlikle ortaya çıkışıdır.* – MK.

belirim *bkz.* **belirme.** *Bu ünlü sözlük, pek çok sözcüğün anlamını ve ilk belirim tarihini, bu kitabı kaynak göstererek verir.* –TY.

belirleme *a.* **1** bir şeyi, başka bir şeyle karıştırılmasına olanak kalmayacak bir biçimde kesin olarak sınırlama, belli kılma. **2** *mat.* bir kavramı, özünü oluşturan öğeleri söyleyerek tanımlama; bir ayrım öğesi ekleme yoluyla bir kavramı sınırlayıp genişliğini kısma. *Bütün bu belirlemeler, insanın bir kesiminin yüceltildiğini, bir başka kesiminin hayvana yaklaştırıldığını duyurur.* –AfT.

belirlemek **1** bir şeyi, başka bir şeyle karıştırılmasına olanak kalmayacak bir biçimde kesin olarak sınırlamak. ... *ödevinin niteliğini ve sınırlarını belirleyen ...* –NN. **2** *mant.* bir kavramı, özünü oluşturan öğeleri söyleyerek tanımlamak; bir ayrım öğesi ekleme yoluyla bir kavramı sınırlayıp genişliğini kısmak. *Kısaca belirlemek gerekirse ...* –EmÖ.

belirlenim *a. mant.* bir kavramın içeriğinin, anlamının, kapsamının kesin olarak saptanması, belirleme, belli kılma; bir ayrım öğesi ekleyerek bir kavramı sınırlayıp genişliğini kısma. *Bütün bu söylediklerim birtakım belirlenimlere iteliyor beni.* –NU.

belirlenimci *bkz.* **gerekirci**

belirlenimcilik *bkz.* **gerekircilik.** *Reklam afişine gelince... ilk bakışta göründüğünden çok daha sıkı bir belirlenimciliğe uyar gibidir.* –MY.

belirlenme *a.* başka bir şeyle karıştırılmasına olanak kalmayacak biçimde ortaya çıkarılma. ... *aralarındaki temel ayrımların belirlenmesinde bu olgunun önemli payı vardır.* –EmÖ.

belirlenmek başka bir şeyle karıştırılmasına olanak kalmayacak biçimde ortaya çıkarılıp kesinleştirilmek. *Bugün... bütün ülkelerde halkın katıldığı seçimlerle belirlenmektedir.* –İS.

belirlenmezci *bkz.* **yadgerekirci**

belirlenmezcilik *bkz.* **yadgerekircilik**

belirlenmişlik *a.* belirgin kılınmışlık, kesinleştirilmişlik. *Göstergelerle onların karşıladığı nesnelerin anlamlarında tam bir belirlenmişlik yok.* –EmÖ.

belirleyici *s.* belirli kılıcı, sınırlayıcı. *Ben içeriğin belirleyici olduğu bir şiirden yanayım.* –KÖ.

belirleyicilik *a.* belirli kılıcılık, sınırlayıcılık. *Belirleyicilikte birinden birinin öne çıkması ise dünya görüşümüzle ilgilidir.* –KÖ.

belirleyim *bkz.* **belirleme**. *Bu belirleyim onun doğrultusunu seçen bir derginin edebiyat anlayışına yön veriyorsa ...* –EmÖ.

belirli *s.* başka bir şeyle karıştırılmasına olanak kalmayacak bir biçimde kesin olarak sınırlanmış, kararlaştırılmış ya da belirlenmiş olan. *Yunan emperyalizminin kaynakları bu kadar belirli ve bu kadar açık iken ...* –İS.

belirlilik *a.* başka bir şeyle karıştırılmasına olanak kalmayacak bir biçimde kesin olarak sınırlanmış, kararlaştırılmış ve belirlenmiş olma durumu. *Bunların bile 1. türlerinde belirlilik ayırtısı daha canlı olur.* – TNG.

belirme *a.* ilkin belirgin değilken yavaş yavaş açığa çıkma, iyice görünür ya da anlaşılır bir durum alma. *... ve anlayışla yaklaşma eğilimi zaman zaman yetersiz de olsa belirmeye başlamış bulunuyor.* –ASi.

belirmek 1 (bir şey) ilkin belli değilken ya da ortada yokken açığa çıkmak. *Sabahattin Eyuboğlu'ya göre bu nitelik Sait Faik'te yer yer kusur olarak belirmektedir.* –CSS. **2** (bir düşünü ya da durum) kesin bir biçim almak, belli olmak, açıklığa kavuşmak. **3** iyice görünür ve anlaşılır bir durum almak. *Şeyh Said isyanının dinsel görünüşü içinde gerçek neden ve etkenleri henüz bütün kesinliğiyle belirmiş değildir.* –ÇÖ.

belirsiz *s.***1** (bir şey) başka bir şeyle karıştırılmasına olanak kalmayacak bir biçimde kesin olarak sınırlanmamış, belirlenmemiş olan, belirli olmayan. **2** niteliği üzerinde açık ve anlaşılır bir bilgi edinilemeyen. *Buna karşılık en belirsiz kelimeler bile tümüyle belirsiz değildir.* – SGü.

belirsizleşme *a.* niteliği üzerinde açık ve anlaşılır bir bilgi edinilemez olma, bulanıklaşma. *Bu iç içelik, özellikle romandaki zaman öğesinin belirsizleşmesine yol açıyor.* –AtÖ.

belirsizleşmek belirsiz duruma gelmek. *... ama bu kez fotoğraftaki nesneler iyice belirsizleşir.* –SBü.

belirsizleştirme *a.* bulanıklaştırma, açık seçikliğini yok etme, belirsiz duruma getirme.

belirsizleştirmek açık seçikliğini yok etmek, bulanıklaştırmak, belirsiz duruma getirmek. *Yalnız ışık yaşanıyordu; yapıları örtmüş, kucaklamış, kendi varlığında belirsizleştirmişti.* –Sİ.

belirsizlik *a.* belirsiz olma, belgisizlik. *Ele aldığımız oyunda başka belirsizlikler de vardır.* –MB.

belirteç *a.***1** *dilb.* bir eylemin, bir sıfatın ya da başka bir belirtecin anlamını yer, zaman, nicelik, nitelik, ölçü, soru kavramları yönünden etkileyen sözcük; örneğin, "erken gidince yer bulabilirsiniz" tümcesinde "erken" sözcüğü belirteçtir. **2** yapımcıların ürünlerini başkalarından ayırmak için kullandıkları belirtici ad ya da simge. *Devletçe istendiği zaman belirteç kullanmak gereklidir.* – MAl.

belirten *a. dilb.* ad ya da sıfat takımlarında birinci öğe; örneğin "okulun yolu" ad takımında birinci öğe olan "okul" bir belirtendir.

belirtge *bkz.* **belirtke**, **gösterge**, **im**. *Gösterge sözcük olur, ulaşım belirtgesi olur, töre olur.* –BV.

belirti *a.* bir olayın ya da durumun anlaşılmasına yardım eden hal. *İngiltere ve Amerika'nın parmakları olduğunu anlatan belirtiler vardır.* –AŞE.

belirtibilim *b. a.* hekimliğin sayrılık belirtilerini inceleyen dalı.

belirtik *s. fels.* açıkça belirtilmiş. *Bilinçaltını eşelemekten, bilinçliliğe varamamış içtepileri, örtük duyguları belirtiğe geçirmekten korkuyordu.* –Sİ.

belirtilen *a. dilb.* ad ya da sıfat takımlarında ikinci öğe, örneğin "okulun yolu" ad takımında ikinci öğe olan "yol" belirtilendir. ... *ellinci sıfatının belirtileni ...* – ÖAA.

belirtili *s.* **1** belirtilme yoluyla belirli kılınan. *Bu özelliklerin... belirtili ya da belirtisiz olmasına göre alandaki her terim, komşu terimlerden ayrılır.* –VB. **2** belirtisi olan.

belirtilme *a.* açıkça ortaya çıkarılma. *Bu alanda görülen hareketsizliğin... ilgili çevrelerde düş kırıklığı tohumları ektiği bu arada belirtilmelidir.* –HCe.

belirtilmek açıkça dile getirilmek, açıkça ortaya çıkarılmak. ... *burada belirtilmek istenen, gerçekçi yazar ... gerçeği bilinçli olarak etkileyen, bu tutumla yazan yazardır.* –ACe.

belirtisel *s.* bir olayın ya da durumun anlaşılmasına yardım edici nitelikte olan. ... *bir otorite gereksiniminin belirtisel (symptomatic) bir yanı olup olmadığı da sorulabilir.* –AO.

belirtisiz *s.* **1** belirtisi olmayan. **2** belirtilmemiş olan. *Önce, önceleri, ilkönce... sözcükleri eylemin belirtisiz bir geçmişte yapıldığını ... göstermeye yarar.* –TNG.

belirtisizlik *a.* belirli olmama, belirtisiz olma durumu. *Zaman adları, bu zarflardaki belirtisizliği giderir.* –TNG.

belirtke *a.* soyut bir şeyin, bir kavramın simgesi olan çizim, gösterge, işaret, biçim.

belirtme *a.* belirleme, belirli kılma, başka bir şeyle karıştırılmasına olanak kalmayacak bir biçimde kesin olarak sınırlama. *Çok kaba çizgileriyle belirtmeye çalıştığım bu gerçek...* –HVV. **belirtme durumu** *dilb.* bir tümcede "-i" ekini almış ad, eylemden etkilenen varlığı bildiren ad, -i hali. *Buna dilbilgisinde belirtme durumu deniyor.* –AP.

belirtmek belirli kılmak, başka bir şeyle karıştırılmasına olanak kalmayacak bir biçimde kesin olarak sınırlamak, belirlemek. ... *gazeteciler de tablonun kötülüğünü belirtmek için birbirleriyle yarış ediyorlardı.* –SB.

belit *a. mant.* ve *mat.* kendiliğinden belli olan, apaçık, gerçek; gerçek olduğu, doğru olduğu kendiliğinden apaçık göründüğü için tanıtlanması gerekmeyen; örneğin "Güneş doğudan doğar" ya da "iki kez iki dört eder" sözleri birer belittir. *Saptamayı gerekli bulmuyoruz, apaçık bir doğru, bir belit diye bakıyoruz.* –NA.

belitsel *s.* belit niteliğinde. ... *ve değişik belitsel dizgelerin kurulmasıyla iyice artmış ...* –AdO.

belkili *s.* **1** *fels.* olabilir olan ve olabilirliği kabul edilen ama bu niteliği tanıtlanmamış olan. *Son örnekte görüldüğü gibi, belkili sorunun hemen tanıtlanması da mümkündür.* –OH. **2** *mant.* olabilirlik gösteren, olması zorunlu olmayan ama olabilir de olan. *Felsefe belkili sorunlarla gelişmiştir.* –OH.

bellek *a.* **1** *ruhb.* ansıma ve usta tutmayı sağlayan güç, öğrenilmiş ya da olmuş, baştan geçmiş bir şeyi anlakta tutma yetisi. ... *çıplak ayaklı bir çulsuz örneği, belleğimin oradan oraya atılışı* ... –MS. *Hatıra orada kesilir; kendi kendine dönmek için bir bellek cehdi içinde çırpınır.* –PS. **2** (bilgisayarda) bilgi ve işlem dizilerinin, komutların saklandığı aygıt ya da ortam. *Bellek terimi daha çok bilgisayarın ana belleğini göstermek için kullanılır...* –FÇ. **bellek güçsüzlüğü** *fels.* yaşlılık, sayrılık gibi nedenlerle belleğin gücünü yitirmesi olayı, bellek yetersizliği. *Bellek güçsüzlüğü'nde bellek vardır, ama güçsüzdür...* –OH. **bellek karışıklığı** *fels.* gerçekte yeni olan bir algıyı belleğin daha önce geçmiş bir algı sanması olayı. **bellek yitimi** *fels.* belleğin tümünün ya da bir bölümünün yitmesiyle ortaya çıkan sayrılık. ... *bellek yitimi'ndeyse belleğin bütünü ya da bir parçası yok olmuştur.* –OH.

bellekli *s.* belleği olan.

belleklilik *a.* belleği olma durumu.

belleksel *s.* bellek gibi, bellekle ilgili ya da bellek özelliği taşıyan. *Çağrışımsal bağıntı ise aynı anda birlikte olmayan öğeleri gücül bir belleksel dizide birbirine bağlar.* –SBü.

belleksiz *s.* belleğinde hiçbir şeyi tutmayan. *Kültürel birikimi hiçimse yen belleksiz ülkelerde edebiyat barınabilir mi?* – HT.

belleksizleşme *a.* belleksizleşmek eylemi. *Bu gelişmenin doğal sonucu olarak belleksizleşme ve tarihsizleşme.* – AO.

belleksizleşmek belleksiz bir duruma gelmek.

belleksizlik *a.* belleğinde hiçbir şey tutamama durumu. *Yokyoğun bir çiğnem delikanlılık / Belleksizliğin yunduğu yalak.* –ME.

bellem *a. ruhb.* öğrendiğini usda tutabilme yetisi, ki ruhbilimde, bunun olağanüstü gelişmiş olmasına aşırıbellem denir. *Bu öğelerin bellemsel değerleri anlamınkinden üstündür.* –NA.

bellemsel *s.* bellemle ilgili. *Bu öğelerin bellemsel değerleri anlamınkinden üstündür.* –NA.

belleten *a.* bilimsel dergi, bilim kurumlarının çalışma konularıyla ilgili yazı ve duyuruların yayımlandığı dergi. *Ve birtakım belletenlerde adları geçer.* –CSS.

bellik *a.* bir nesneyi başka nesnelerden ayırıcı damga ya da im. ... *yazarın bıraktığı iz, bellik, tinsel yaşamının tanıklığı olarak gören, ağırbaşlı okurdan başka bir şey değildir.* –TY.

bencil *s.* yalnız kendini ve kendi çıkarını düşünen. *Yaşarken yaşamayı kendisiyle başlatıp kendisiyle bitiren kimseye bencil derler.* –İS.

bencilik *a.* **1** *fels.* bütün bilgi öğelerini ve bunların bağıntılarını "ben"de bulan görüş. **2** *ruhb.* kendi çıkarını düşünmenin bütün bilinçli eylemlerin ana güdüsü olduğunu ileri süren görüş. *Ruhbilime göre bencilik, korunma içgüdüsünden doğar.* –OH. **3** *töreb.* kendi çıkarını düşünmeyi bütün eylemlerin haklı ve doğru ereği olarak kabul eden öğreti. *Bencilik bireyin, özgecilik toplumun ürünüdür.* –OH.

bencilleşme *a.* yalnız kendini düşünme, kendi çıkarını herkesinkinden üstün tutma eylemi. ... *bizim gibi yurttaşları gittikçe bencilleşmiş ülkeler için hâlâ ışıyıp duran bir umut.* –Sİ.

bencilleşmek yalnız kendini ve

kendi çıkarını düşünür bir duruma gelmek. ... *ondaki ironi taşkınlığı, bencilleşerek, kendi yarattığı yapmacıklar içinde dönmeye başlar.* –CSS.

bencillik *a.* yalnız kendini ve kendi çıkarını düşünme durumu. *İnsanlar, bencillik duyguları uyandırılarak da ahlak bakımından körleştirilebilir.* –BA

bengi *s.* sonsuz sürece kalacak olan, ölmez. *Ozan otursun da bengi olan ... nenleri söylesin.* –NA.

bengilik *a.* **1** ölmezlik, ölümsüzlük, bitimsizlik. *Hiçbir şeyin büsbütün ölmediği... hulyanın bengiliğine erdiği...* –NA. **2** sonsuz ve ölçülemez zaman.

bengisu *b. a.* içene ölmezlik, sonsuz yaşam verdiği söylenen ve efsanelerde sözü edilen su. *Simya taşında, bengisuda bulunduğu söylenen birtakım garip güçlere inanılıyordu.* – AG.

beniçinci *b. a.* **1** *ruhb.* başkalarının gereksinim ve çıkarlarına ilgisiz, duygusuz kalıp yalnızca kendi çıkarını düşünen kişi, kendini her şeyin odağı sayan kimse, görüş. *Beniçinci deyimi benci deyimiyle karıştırılmamalıdır.* –OH. **2** *fels.* beniçincilik felsefesini benimseyen kimse ya da görüş.

beniçincilik *b. a. fels.* her şeyi "ben"de, bireyin kendi "ben"inde gören, dünyada bireyin benliğini odak sayan felsefe görüşü, bencilik. *Beniçinciliği, bir insanın kendisini değil de, insan denilen varlığı evrenin merkezi sayması anlamında kullanılan insaniçincilikle karıştırmamalıdır.* –OH.

benimseme *a.* bir şeye ısınma, onu kendine mal etme. ... *bu durumu kolayca içlerine sindirip benimsemeleri beklenemez.* –HCe.

benimsemek bir şeye ısınmak, onu kendine mal etmek. *Genellikle yapılan şey, antik çağın düşünce dünyasını benimsemek olmuştur.* –MG.

benimsenme *a.* ısınılma, mal edilme. *Bu yeni biçimlerin bilim çevrelerince kolaylıkla benimsenmesi doğaldır.* –HE.

benimsenmek ısınılmak, mal edilmek. ... *çünkü uzlaşmaların bazıları özgürce benimsenmiş, bazıları benimsetilmiştir.* –AfT. *Yargıtay kararlarında, bu maddelerde "şiddet öğesi"nin var olduğu görüşü benimsenmektedir.* – UM.

benimsetilme *a.* etki altında bırakılarak benimsemesi sağlanma. ... *çünkü uzlaşmaların bazıları özgürce benimsenmiş, bazıları benimsetilmiştir.* –AfT.

benimsetilmek başkalarınca benimsenmesi sağlanmak. ... *düşünürler, ağır suçlamalarla eleştirirken ... Gazali benimsetilmektedir.* –VT.

benimsetme *a.* birini bir şeye ısındırma, benimsemesini sağlama. ... *gerçek yazarlarımızı benimsetmeyi ... başarmalıyız.* –SKa.

benimsetmek birini bir şeye ısındırmak, benimsemesini sağlamak. *Değerlerini topluma benimsetmek, sanat güçlerini kamuya onaylatmak için* ... –AN.

benlik *a.* kişinin öz varlığı, özü, kişiliği. *Özünü, benliğini, bilincini, kişiliğini günden güne yitiriyor.* –AB.

benlikçilik *a. fels.* kendi benliğinin gelişimini, bütün davranışlarının ilkesi yapan kişinin niteliği.

benlik dürtüsü *ruhb.* kişiliğin korunması için gereken etkinlikleri sağlayan güdülerin tümü. **benlik düzeyi** *ruhb.* kişinin istek düzeyi yanında gerçekten ulaşabildiği kişilik düzeyi. **benlik gelişimi** *ruhb.* çocuğun kişiliğinin gelişmesi. **benlik gücü** *ruhb.* güç durumlara karşı dayanma yeterliği. **benlik içgüdüsü** *ruhb.* kişinin varlığını korumasına yarayan bütün içtepilerin genel adı. **benlik işlevi** *ruhb.* benliğin üstlendiği herhangi bir işlev. **benlik kaygısı** *ruhb.* kişinin, benliğini korumaya yönelen tepkisi.

benözekçil *bkz.* **beniçinci**

benözekçilik *bkz.* **beniçincilik**

benzek *a. yaz.* başka bir şiirin konusuyla ilgili olarak benzer ölçü ve uyak düzeniyle yazılan şiir, ki genellikle ünlü bir ozanın ünlü bir şiirine benzetilerek yazılır ve çoğu kez yermek, alay etmek ya da o ozanın beğeni ve sanatını anımsatmış olmak gibi ereklerle yapılır.

benzerlik *a.* birbirine benzeyiş, benzer olma durumu, şu ya da bu nitelik yönünden birbirine eş olma durumu. *Bu benzerlik yüzünden...* –MG.

benzersiz *s.* benzeri olmayan.

benzersizlik *a.* benzeri olmama durumu. *İlk kez ilk gençlik çağında farkına varırız benzersizliğimizin.* –CÜ.

benzeş *s.* şu ya da bu niteliği yüzünden başkası ile bir tutulabilen, başkasına benzetilebilen. *Demek etik değerlerle estetik değerler benzeştirler.* –MCA.

benzeşik *s.* benzeş olan.

benzeşim *a.* **1** benzerlik. *Denkleşim, bir yapısal benzeşimdir.* –MY. **2** *mat.* iki geometrik biçimin, kıyılarının uzunlukları arasındaki oran değişmemekle birlikte, karşılıklı açılarının eşit bulunması durumu, ki kıyıların arasındaki orana benzeşim oranı ve böyle benzeşen biçimlere de benzeş biçimler denir. *Buysa, sanat yapıtının içeriğinin yapısı ile gerçekliğin içeriğinin yapısı arasındaki benzeşimden ortaya çıkar.* –AÇ.

benzeşimsel *s.* benzeşimle ilgili, benzeşime dayanan. *Örneğin halk dilinde insanı hayvana benzeten geniş dizge hem denkleşimsel hem de benzeşimseldir.* –MY.

benzeşlik *a.* şu ya da bu niteliği dolayısı ile başkasıyla bir tutulabilme, başkasına benzetilebilme. *Üretme ile alımlama arasındaki benzeşliğe daha önce de değinmiştik.* –AÇ.

benzeşmezlik *a. dilb.* bir sözcükte bulunan özdeş ya da benzer seslerden birinin değişikliğe uğraması; örneğin "aşçı" sözcüğündeki "ş" sesinin "ahçı"da "h" olması olayı.

benzeştirme *a.* birbirine benzer duruma getirme, benzeş kılma. *Düzgü, bilinmeyenden bilinene doğru bir benzeştirmedir.* –MY.

benzeştirmek birbirine benzer duruma getirmek, benzeş kılmak.

benzeti *a. yaz.* bir şeyin bir niteliğini herhangi bir bakımdan canlandırmak için onu başka bir şeye benzetme işi, ki benzetme ilgeçlerinden birine baş vurularak ya da ilgeçsiz olarak bir sözcükle yapılır: "Buz gibi soğuk bir su"; "pamuk eller" gibi. *Bir benzetiyle anlatmak gerekirse ...* –AP.

benzetili *s.* benzetisi olan. *Benzetili bir söyleyişle, yazıları çingene çorbasını andırır.* –EmÖ.

benzetim *a.* benzetme. *Ergin Çokergin odasını, gerçeklerin öğütüldüğü bir değirmene benzetti. Bu benzetimi olağanüstü beğendi.* –FK.

benzetme *bkz.* **benzeti**. ... *çok kullanılan bir benzetme ile söylersek ...* – HVV. *Benzetme (teşbih) çekicidir.* –İS.

berkitim *a.* sağlamlaştırma; pekiştirme; saldırıya karşı koyabilecek duruma sokmak için yapılan hendek vb. *O zamanlar Boğaz'ın berkitimi şöyle idi ...* –NSe.

berkitme *a.* pekiştirme, sağlamlaştırma.

berkitmek (bir şeyi) sağlamlaştırmak, pekiştirmek.

besi *a.* yaşatmak ve geliştirmek için gereken besinleri yedirip içirme işi.

besibilim *b. a.* yiyeceklerin besin değerlerini, kötü ve yetersiz beslenmenin yol açtığı sayrılıkları konu alan, yiyecek düzenini sayrının gereksinimine göre düzenleyen sağlıkbilgisi dalı. ... *diyetetik için "besibilim" karşılığını türetip ...*-CM.

besibilimci *b. a.* besibilim uzmanı. *"Besidüzen, besibilim, besibilimci" sözcükleri ... Özleştirme Kılavuzu'unda yer aldı.* –CM.

besibilimsel *b. s.* besibilimle ilgili. *Sözcüğün sıfat olarak kullanımına karşılık olarak da besibilimsel önerilmektedir.* –CM.

besidoku *b. a. bitb.* tohumun içinde oğulcuğu çevreleyen bölüm.

besidüzen *b. a.* sağlığı korumak ya da düzenlemek ereğiyle uygulanan beslenme düzeni. *Ancak bu kez ... "sıkıbesi"yi "besidüzen" olarak değiştirdim.* –CM.

besin *a.* canlı bir varlığın yaşaması, çalışması ve gelişmesi için özümlemeye, kendi içinde biriktirip yakmaya gereksemeli bulunduğu her türlü özdek. ... *karın doyuran bir besin ...* –NU.

besinsel *s.* besinle ilgili. *Taze meyveler sadece besinsel değerleriyle değil, bağırsak düzenli çalışmasına yardımcı oluşlarıyla da ... unutulmamalıdır.* –ErA.

besinsiz *s.* yeterince besin almamış ya da besini olmayan.

besinsizlik *s.* besin alamamış olma durumu. *Belli ki besinsizlikten incelmiş, armudun çöpü gibi kalmış boynu.* –İS

besiörü *b. a. bitb.* tohum çimlenirken yeni çıkan bitkiyi beslemeye yarayan ve oğulcuğun çevresinde yayılmış bulunan besleyici özdeklerin topu.

besisuyu *bkz.* **özsu**

beslenim *a.* yaşamak için gereken besin alımı işi, beslenme. ... *beslenim, yaşamın bütün dekorlarında yer alır.* – TY.

beşgen *a. mat.* ardışık ve kapalı olarak uç uca eklenmiş beş kıyının oluşturabileceği türlü biçimlerden her biri, ki beş köşelidir. *Bu beşgenin bir kenarı üzerinde ...* –AK.

beti *a.* resim ve yontu sanatlarında varlıkların biçimi. *Dış yüzeyi çok güzel betilerle süslenmiştir.* –AP.

betili *s.* içinde beti bulunan (resim, yontu).

betik *a.* mektup, kitap gibi yazılı şey. *Kanılarımız, rengimiz, görüşümüz betikte belirecek.* –HT.

betim *a.***1** betimleme; bir şeyi, söz ya da yazı ile, göz önünde canlanacak biçimde anlatma. ... *bu tür köylerin çokluğunu, önemsizliğini, yitikliğini esinleyerek anlatıya bir başka betim öğesi katar.* –TY. **2** bir şeyi, bir kişiyi, bir olay ya da duyguyu betimleyen söz ya da yazı. **3** *fels.* bir şeyin tasarımını söz ya da yazı ile yapma, betimleme eylemi, betimleme.

betimge *a.* resim ve yontu sanatlarında varlıkların biçimi, beti. ... *doğal dilde göstergeler üreten beti'yi daha değişik anlamlama alanlarında betimgeler üreten birim olarak kavrayabiliriz.* –MY.

betimgeleme *a.* betilerle, betimgelerle ortaya koyma. *Sanatlar, gerçekliği betimgeleme yöntemleridir ...* –MY.

betimgelemek betilerle, betimgelerle ortaya koymak.

betimci *bkz.* **betimleyici**

betimcilik *bkz.* **betimleyicilik**

betimleme *a.* **1** bir şeyi, söz ya da yazı ile, göz önünde canlanacak biçimde anlatma. *Birinci görüş sıradan bir betimleme düzeyini geçmez.* –BO. **2** *fels.* bir şeyin tasarımını söz ya da yazı ile yapma. *Ama, sanımca, bunlar betimlemeleri de bir yana itiyorlar.* –SB.

betimlemek 1 bir şeyi, söz ya da yazı ile, göz önünde canlanacak biçimde anlatmak. *Öyle fırtınaları Chateaubriand iyi betimlermiş.* –NA. **2** *fels.* bir şeyin tasarımını söz ya da yazı ile yapmak. ... *ve şiddete baş vuran bir önder olarak betimlemekle yanılgıya düşmüştür.* –FO.

betimlenme *a.* betim yoluyla anlatılma. ... *romanın içinde yer alan, 1920'ler İstanbul'unun betimlenmesiyle ilgili bölümleri ayrı bir dikkatle okuduğumu ansıyorum ...* –DÖ.

betimlenmek betim yoluyla anlatılmak, söz ya da yazı ile, göz önünde canlanacak biçimde tasarımlanmak. *İster bizi çevreleyen gerçek evren ... olsun, ister betimlenmiş ya da düşleşmiş öyküsel evren.* –TY. *Bu dizelerde sözcükler betimlenmek istenen varlığa yeni boyutlar getiriyor.* –EmÖ.

betimleyici *s.* ayrıntıya önem vererek anlatan. *Ayrıca romanın bütününde betimleyici anlatımı salt atmosfer çiziminde kullandım ...* –Sİ.

betimleyicilik *a.* yazında, olayları, kişileri, nesneleri ayrıntılarına değin anlatma yönsemesi.

betimsel *s.* betim niteliğinde, betimle ilgili.

betisiz *s.* içinde beti bulunmayan (resim, yontu).

beysoylu *bkz.* **soylu**

beysoyluluk *bkz.* **soyluerki**

bezek *a.* bir şeyin daha güzel, daha göz alıcı görünmesini sağlayan şey, süs. ... *bir süs, bir bezek durumuna düşer.* –NA.

bezem *a. tiy.* sahneye konan yapıtın gerektirdiği eşya ve öteki nesnelerin tümü. ... *bu erkeklerin bezemin bir parçası olmasını, görünümün bir köşesini doldurmasını istedim.* –BO.

bezemci *a. tiy.* sahne için bezem hazırlayan sanatçı.

bezemcilik *a.* bezemcinin yaptığı iş, bezemcinin uğraşı, mesleği.

bezeme *a.* (bir şeyi) daha güzel, daha göz alıcı göstermek ereğiyle birtakım katmalar yapma işi, süsleme, donatma. ... *burada yorum, orada bezeme önde gelir.* –AO.

bezemek (bir şeyi) daha güzel, daha gözalıcı göstermek ereğiyle birtakım katmalar yapmak, süslemek, donatmak.

bezemleme *a.* bezemlemek eylemi, bezemle donatma.

bezemlemek bir yere bezem uygulayarak düzen vermek.

bezemsel *s.* süslemeye yarayan, bezemeyle ilgili.

bıçkıevi *a.* tahta ve kereste biçme işinin yapıldığı yer. *O bıçkıevi de, ta aşağıda kalmıştı.* –Sİ.

bıldır *be. ha.* geçen yıl. ... *bıldır epey yankı uyandıran* ... –AB.

bırakım *a.* ayrılıp gitme işi; bir alışkanlıktan ya da bir işten vazgeçme. *Sadece üç hafta sürdü bu bırakım.* –FB.

bırakınızcılık *bkz.* **erkincilik**

bırakışma *a. tüze.* savaşta, savaşan yanların karşılıklı bir çalışma ile çarpışmaları durdurmaları, ki bu da genel ya da yerel olabilir; genel bırakışma, bütün savaşılan bölgelerde karşılıklı ateş kesimidir; yerel bırakışma ise belli bir yerde çarpışmaların durdurulmasıdır. ... *ama o öğrenci İsmet Efendi ise, Mudanya Bırakışması konuşmalarında onun Kurtuluş Ordusunu temsil etmesi artık bir rastlantı değildir.* –MCA.

bırakıt *a. tüze.* ölen bir kimsenin bıraktığı taşınır ve taşınmaz mallar. *Bunu bir tür öğrence* ... *kendisinden sonraki ozanlara bir bırakıt, bir izlek gibi görmüştür.* –EmÖ.

biçem *a. yaz.* sanatçının anlatma ya da yapma yolu, anlatma özelliği; bir kişinin, bir çağın kendine özgü anlatış biçimi, deyiş, anlatı. *Belli dışından, Alman yapı biçemini taşıyor.* –CAK.

biçemci *s. yaz.* anlatımda biçeme önem veren ya da biçemi kendine özgü olan.

biçemcilik *a. yaz.* anlatımda biçeme önem verme durumu.

biçemleşme *a.* biçem durumuna gelme.

biçemleşmek biçem durumuna gelmek. *Bu biçemleşmiş kişilik hiçbir ulusun, hiç bir partinin değildir* ... –TY.

biçemli *s.* bir biçemi olan. ... *aynı yolun iki ayrı biçemli yolcusu* ... –ASi.

biçemsel *s.* biçem özelliği taşıyan, biçemle ilgili. *Alıntıladığımız dizelerde kullanılan sözcükler* ... *atmosferin biçemsel düzeyde kurulmasını sağlıyor.* –AO.

biçemsiz *s.* herhangi bir biçemi olmayan.

biçerbağlar *b. a. tar.* ekini hem biçen hem de bağlam durumuna koyan orak makinesi.

biçerdöver *b. a. tar.* ekini hem biçen hem de biçerken bir yandan da tohumu saptan ayıklayan makine. *Yanda yönde deste çekenler, ekin biçen orak makineleri, biçerdöverler var.* –YK.

biçim *a.* **1** bir şeyin dış çizgileri bakımından niteliği. **2** *yaz.* yakışık alan, değişik ve özel anlatım. *O sözlerin uyumlu biçimlere konulmuş olmasını ... istiyorum.* –NA. **3** dikilecek kumaşı ölçüye ve örneğe uygun olarak makasla kesme işi, eylemi. **4** (güzel sanatlarda) bir sanat türünün ya da bir sanat döneminin özel yolu: Gotik biçimi gibi. **biçim bilgisi** *bkz.* **biçimbilgisi**. **biçim bilimi** *bkz.* **biçimbilim**.

biçimbilgisi *b. a. dilb.* dilbilgisinin, sözcüklerin yapısını, türeme ve bileşme yollarını, anlam bakımından çeşitlerini ve çekim biçimlerini inceleyen bölümü. *Kâşgarlı'nın biçimbilgisi üzerine yazdıklarını şu noktalarda toplayabiliriz.* –ZKo.

biçimbilim *b. a. yaşb.* yaşambilimin bitkilerde ve bütün canlılarda türlü örgenlerin yapılarını, biçimlerini ve biçimleriyle görevleri arasındaki ilişkileri inceleyen kolu, ki geniş anlamda yapıbilim, dokubilim ve gözebilim dallarını içine alır. *Destansal doğayı tanımlayan şu biçimbilim ve aktöre karmasıyla bireyselleşmişlerdir.* –TY.

biçimbilimsel *b. s.* biçimbilimle ilgili. *İki dilin öğeleri karşılaştırıldığında ... biçimbilimsel açıdan uzlaşıma dayanan bir gösterge olduğu görülür.* –SBü.

biçimbozum *b. a.* (bir şeyin) biçimini bozma. *Üvercinka'daki şiirlerin dilde biçimbozum örnekleriyle dolu olduğunu biliyoruz.* –AP.

biçimci *a.* **1** yol yordama sıkı sıkıya bağlı kimse. **2** *fels.* biçimcilik öğretisinden yana olan kimse ya da görüş. *Böyle bir tutum giderek salt biçimci bir sanat anlayışına yol açabilir.* –MB.

biçimcilik *a.* **1** yol yordama bağlılık. *Filmin... belli bir biçimcilik kaygısı taşıdığı ... gibi bir izlenim edinmek de mümkün.* –AD. **2** *fels.* varlığı "biçim" sayan ve gerçeğin ancak biçim bakımından kavranabileceğine inanan öğreti. *Kısası, biçimci okul, ya biçimcilik ilkelerine sadık kalarak kanun ve hukuk kuramlarının bir çeşidi olmaya; ya da biçimciliğini bir yana bırakarak, şiddetle eleştirdikleri ansiklopedik sosyolojinin bir bölümü olmaya mahkûmdur.* –NŞK.

biçimlendirilme *a.* biçim verilme, biçimli bir duruma getirilme. *Çünkü bu insanlar, gerçekten alınan öğelerin kurgusal bir kişilikte yeniden biçimlendirilmesiyle oluşturulmuştur.* –EmÖ.

biçimlendirilmek biçimli bir duruma getirilmek, biçim verilmek. *O günün insanının davranış şekli nasıl biçimlendirilecekti?* –Sİ.

biçimlendirim *bkz.* **biçimlendirme**. *Bu biçimlendirimin temel aracı dildir.* –EmÖ.

biçimlendirme *a.* biçim kazanmasını sağlama, bir şeye biçim verme. *1977 seçimleri, kitlelerin kendi yararları doğrultusunda toplumsal yapıyı biçimlendirme gücünü artırabilecektir.* –İC.

biçimlendirmek bir şeye biçim vermek, bir şeyin biçim almasını sağlamak. *Halk yığınlarını demokratik direnme yolunda biçimlendirmek, partinin kendi varlığını korumasıyla eşdeğerlidir.* –İS.

biçimlenme *a.* oluşma, ortaya çıkma. *Dilin yapısı ulusu ayakta tutabilecek durumda ise ... ulusun geçirdiği bütün biçimlenmeleri ... yaratabilmesi gerekir.* –BA.

biçimlenmek oluşmak, biçim kazanmak. *Bunların hepsi ... konulan teşhis ve bu teşhise dayalı tedavi önerileri tarafından belirlenmekte ve biçimlenmektedir.* –Al.

biçimsel *s.* biçimle ilgili, biçime değgin. *Parlamento çalışmalarını böylesine biçimsel kalıplar üzerine oturtmak.* –NN.

biçimselleşme *a.* biçimle ilgili olma, biçime değginleşme. *Ama bu biçimselleşme batının sanat anlayışına henüz ulaşmış değil.* –MY.

biçimselleşmek biçimle ilgili olmak, biçime değginleşmek.

biçimselleştirilme *a.* biçimsel bir duruma getirilme. *Dilin biçimselleştirilmesi ve sözün toplumsallaştırılmasıyla ... tüm ayrımsallık dile aktarılmış olur.* –BV.

beçimselleştirilmek biçimsel bir duruma getirilmek.

biçimselleştirme *a.* biçimsel kılma, biçimselleşmesini sağlama, biçimsel duruma getirme. ... *göstergebilimin ... yoğun bir biçimselleştirme çabasından en kişisel ... yaklaşımlara değin uzanan geniş bir eksen üstüne oturması ...* –BV.

biçimselleştirmek biçimsel kılmak, biçimselleşmesini sağlamak, biçimsel duruma getirmek. ... *yaptığı değişiklik önemsiz değildir: Dil kavramını (taslak adı altında) kökten biçimselleştirir ...* –BV.

biçimsellik *a.* biçime uygun olma durumu. *Bu biçimsellik içinde dahi, ilk çıkış noktasının, hiç değilse ilk yıllarda, etkili olduğunu kabul etmek gerekir.* –ÇÖ.

biçme *a. mat.* alt ve üst tabanları birbirine koşut ve eşit iki çokgenden, yanal ayrıtları da eşit ve koşut doğrulardan ibaret çokdüzlemli nesne. **dik biçme** *mat.* ekseni tabanına dikey olan biçme. **eğik biçme** *mat.* ekseni tabanına dikey olmayan biçme.

bildirge *a.***1** bir kimsenin, resmi bir kuruluşa herhangi bir durumu bildirmek için yazıp verdiği yazı ya da doldurup verdiği çizelge. **2** *tüze.* vergi yükümlülerinin belli zamanlarda bağlı oldukları vergi dairelerine verdikleri gelir bildirme belgesi. **3** siyasal partilerin genel seçimler dolayısıyla yayımladığı bir tür izlence. ... *seçim bildirgesindeki dış politika ilkelerini hatırlamak ...* –MBa.

bildiri *a.***1** resmi bir kuruluş ya da herhangi bir işi, bir durumu kamuoyuna bildirmek ereğiyle yayımlanan yazı. *Şu halde bildiri, uydurulmuş değildir.* –NSB. **2** bilimsel bir konu üzerine yazılan ve genellikle bilimsel toplantılarda okunan ve tartışılan bilimsel yazı. *Daha önceki kurultaylarda ... bilimsel bildirilere de yer verilirdi.* –AP. **3** *yaz.* bir yapıtın taşıdığı ve ulaştırmak istediği düşünü, ileti. ... *o şiirlerin ne gibi bildiri getirdiği ...* –MCA.

bildirileşme *a.* bildiri durumuna gelme, bildiri özelliği kazanma.

bildirileşmek bildiri özelliği kazanmak, bildiri durumuna gelmek.

bildirileştirme *a.* bildiri durumuna getirme, bildiri özelliği kazandırma.

bildirileştirmek bildiri durumuna getirmek, bildiri özelliği ve niteliği kazandırmak. *İnsanların eşitliğini 18'inci yüzyıldan bu yana bildirileştiren belgenin altında devletimizin imzası vardır.* –İS.

bildirim *a.* bildirme işi. ... *iletişim ... karşılıklı olarak bildirimde bulunma eylemidir.* –EmÖ.

bildirimlik *a.* bir durumu bildiren açıklamanın bulunduğu resmi kâğıt.

bildirimsel *s.* bildirimle ilgili. *Tümceler bildirimsel saptayımcı bir nitelik taşımaz.* –EmÖ.

bildirisiz *s.* kendisinde bildiri[3] bulunmayan, bir ileti taşımayan. *Bu tür slogancı sanatı savunanlar giderek "bildirisiz sanat olmaz" diyorlar.* –MD.

bildirisizlik *a.* içinde bildiri[3] bulunmama durumu. ... *slogancı sanatın bildirisizlik demek olmadığını unutuyorlar.* –MD.

bildirişim *a.* karşılıklı bildirme, bildirişme. *Böylece, iletişim ve bildirişimi sağlayan dil dizgesi içinde bir boşluk ortaya çıkmaz.* –EmÖ.

bildirişme *bkz.* **bildirişim**. *Söz sürekli olarak bildirişme süreci içinde var olur.* –Aİn.

bildirişmek karşılıklı olarak bil-

dirmek.
bildirmen *a.* haber veren, haber ulaştıran kimse, ki özellikle gazetelerde, haber ajanslarında çalışır. *1918'de Star gazetesinin Avrupa bildirmeni idi.* –AP.
bilecen *a.* yerli yersiz söze karışarak bilgisini göstermek isteyen.
bilecenlik *a.* yerli yersiz söze karışarak bilgisini göstermek isteme işi, bilgiçlik taslama durumu. *... bir sevecenlik ya da bilecenlik taslanmamış.* –FAl.
bileşen *a.* **1** *fiz.* bir bileşke oluşturan getiren güçlerin her biri. *İnsan veya kişilik... kontrol eden veya... edilen bir bileşendir.* –BG. **2** *dilb.* bileşik bir sözcüğün her bir öğesi; örneğin hanımeli sözcüğündeki hanım ve el sözcükleri birer bileşendir ve bileşenler kendi sözlük anlamlarını artık düşündürmezler. *Bileşen sözcükler, kendi sözcük anlamlarını artık düşündürmezler.* –TNG.
bileşik *a.* **1** birkaç öğeden oluşmuş. *Bileşik nesneleri kurucu parçalarına ayırabilir ve böylece açıklayabiliriz.* –BA. **2** birkaç öğeden oluşturulmuş. **3** *kim.* birbirinden ayrı ıradaki öğelerin birer ya da daha çok moleküllerinin kaynaşmasıyla oluşan yeni özdek; örneğin su iki oylum hidrojenle bir oylum oksijen molekülünden oluşmuş bir bileşiktir. **4** *dilb.* bileşim yoluyla ortaya çıkmış sözcük, ki iki sözcüğün bir araya gelip kaynaşması, kalıplaşması sonucu ortaya çıkan başka anlamda bir sözcüktür; örneğin, beşiktaş bir bileşiktir. *Demek ki imambayıldı bileşiğinde sözcüklerin ikisi de öz anlamlarından sıyrılarak ... başka anlamda bir sözcük olmuştur.* –TNG.
bileşikleşme *a.* bileşik hale gelme.
bileşikleşmek bileşik bir duruma gelmek. *Ses aşınması yüzünden bileşikleşen sözcükler de var.* –TNG.
bileşikleştirme *bkz.* **bileştirme**
bileşikleştirmek *bkz.* **bileştirmek**
bileşiklik *a.* bileşik olma durumu. *... -me'den önce görülen bu e, a hem şekilce bileşikliği, hem de anlamdaki yeterlik kavramını göstermeye yarar.* –TNG.
bileşim *a.* **1** *kim.* iki ya da daha çok öğenin bir araya gelerek yeni bir öğe oluşturması eylemi sonucu; örneğin bir bileşik olan suyun bileşiminde hidrojen ile oksijen vardır. **2** *mant.* ve *ruhb.* ayrı ayrı düşünü ve duyum öğelerinin birleşip bir bütün oluşturması eylemi. *Eleştirmen ... bir bileşime ermeye çalışır.* –NA. **3** *dilb.* iki sözcüğün, bileşik denilen yeni bir sözcük oluşturmak üzere anlam, kuruluş, vurgu vb. yönlerinden az çok değişikliğe uğrayarak bir araya gelmeleri.
bileşimsel *s.* bileşime değgin. *Portrenin bileşimsel birliğini bulabilmek için, ozan sevgisinden, duygudaşlık yeteneğinden de yararlanması gerekir.* –TY.
bileşke *a.* *fiz.* bir nesneye uygulanan birkaç gücün etki olarak toplamını gösteren güç, elde edilen sonuç. *... çeşitli kuvvetlerin bir yöne çektikleri araba, bunların bileşkesi olan tek kuvvetle çekilircesine o yönde yol alır.* –ÖAA.
bileşme *a.* *fiz., kim., dilb.* (iki ya da daha çok öğe) bir araya gelip yeni bir öğe oluşturma. *Dilimizin de zenginlik kaynaklarından biri olan bileşmeye ve bileşik sözcüklere pek çok örnekler göreceğiz.* –TNG.
bileşmek *fiz., kim. ve dilb.* (iki ya da

daha çok öğe) bir araya gelip yeni bir öğe oluşturmak. *Yardımcı eylemlerin ... görevleri ad soylu sözcüklerle bileşmek, onları eylemleştirmektir.* –TNG.

bileştirici *s.* bileşmesini sağlayan. *Her şeye hem ayrıştırıcı, hem bileştirici ... gözle bakan felsefe bile zaman zaman gülümser.* –AfT.

bileştirilme *a.* iki ya da daha çok öğeden oluşturulma, bileşmesi sağlanma. *Önermelerin bileştirilmesi; yani tümcelerin önermeler biçimine sokulması sözün kısalmasını ... sağlar.* –TNG.

bileştirilmek iki ya da daha çok öğeden oluşturulmak, bileşmesi sağlanmak.

bileştirme *a.* bileşmesini sağlama, bileştirerek oluşturma. ... *yeni sözcük yaratmanın en önemli; en zengin yollarından birisi de bileştirmedir.* –TNG.

bileştirmeci *s.* bileştirme yoluyla yapan.

bileştirmecilik *a.* bileştirme yolunu yeğleyen tutum. *Bu bileştirmecilik ülküsü, kimi zaman bir profesör, kimi zaman da bir dergi ... eleştirmeni olan yazarın her iki yönünde de... belli eder kendini.* –TY.

bileştirmek bileşmesini sağlamak, iki ya da daha çok öğeden yeni bir öğe oluşturmak.

bilge *a.* her şeyi bilen, bildiği şeyleri iyi ve sağlam bilen ve bilgilerini kendisi ve başkaları için en yararlı bir biçimde kullanabilen kimse. ... *konuyu bilginlerle bilgelere bırakarak ...* –İS.

bilgeleşme *a.* bilge olma, bilgelik edinme.

bilgeleşmek bilgelik edinmek, bilge olmak. *Yalnız bilgisi artmakla kalmamış, bilgeleşmişti.* –HŞ.

bilgeleştirme *a.* bilge niteliği kazandırma.

bilgeleştirmek bilgelik edinmesini sağlamak, bilge durumuna getirmek. *Öz Türkçeye karşı olanlar... Osmanlıcayı yanlış konuşmanın onları bilgeleştirdiğini sanacak denli bilinçsizdirler.* –AdB..

bilgelik *a.* bilge kimsenin taşıdığı nitelik; bilge olma durumu. *Delinin söz kargaşasında bilgelik arayan boşuna zaman yitirir.* –NU.

bilgi *a.* **1** bir konu ya da iş konusunda bilinen şey; bir konu ya da iş konusunda öğrenilen ya da öğretilen şey. ... *eski Lord ailelerinin servetleri hakkında bir bilgi edinilemiyormuş...* –NNT. **2** *fels.* genel olarak ve ilksezi durumunda anlakça kavranmış temel düşünüler. ... *duyumcular genel adı altında toplananlar bilginin ancak duyularımızla elde edilebileceğini savunurlar.* –OH. **3** *fels.* bir yargılama yapabilmek ve bir yargıya varabilmek için gereken öğelerin her biri. *Bu soru bilginin özü, kaynakları ve sınırı sorunlarını kapsar.* – OH. **4** bir şeyi bilme durumu. *Doğrudan doğruya bilgi olgusuyla bilme olayını inceleyen ...* –OH. **bilimsel bilgi** bilime dayanan bilgi, bilim yoluyla elde edilmiş bilgi, bilim verilerinin ortaya koyduğu bilgi. *Kemal Tahir'de ise, romanla bilimsel bilgi arasındaki ilişki, basit ve dolaysız bir bilgi aktarımı değildir.* –HY. **deneysel bilgi** deneyle elde edilen bilgi. ... *kesin deneysel bilginin kıtlığı yüzünden böyle temel sorunlardan kaçınmak daha güçtür.* –AG. **nesnel bilgi** özne karışmaksızın elde edilen bilgi.

Çünkü o zaman nesnel bilgi dıştan bilgi değil, bir içtenliğin sezgisidir. –TY.

bilgibilim *b. a. fels.* bilginin dayanağını ve yöntemini inceleyen felsefe kuramı, bilgikuram, epistemoloji. *Törebilim, insan bilimlerini inceleyen bilgibilim yenilenmesine öncülük etmektedir.* –BO.

bilgibilimci *b. a. fels.* bilgibilim çalışmaları yapan felsefeci, epistemolog. *... ve ağırkanlı bilgibilimcilerimizin dışında herkes örneksemenin çevikliklerinden yararlanır.* – BO.

bilgibilimsel *b. s.* bilgibilimle ilgili. *Kuşkusuz böyle bir gelişme bilgibilimsel bir kopmayla gerçekleşmiyor.* –HBK.

bilgici *a. fels.* bilgicilik akımına bağlı kişi ya da görüş. *Bilgiciler, şüphe ve eleştirinin gereği saydıkları tartışma yöntemiyle çalışmışlardır.* –OH.

bilgicilik *a. fels.* "bilgi"'nin duyu algısı ve bundan doğan sanı olduğunu ileri süren, bilgiyi kuramsal bir bilseme değil işe yarar bir ası olarak gören felsefe akımı, ki antikçağ Yunan felsefesinde bir akımdır; söz söyleme sanatına önem veren bu akım, karşıcılarınca "safsatacılık" olarak görülmüştür. *Bilgicilik terimi, bilgeliği yeğleyen öğreti, sonradan bilgi öğretmeni, Protagoras'a göre önce siyasette yararlı olma sanatı, daha sonra söz söyleme sanatı (retorik) anlamlarını kapsar.* –OH.

bilgiişlem *b. a.* bilgisayarların çalıştırılmasıyla ilgili bilgi ve yöntemlerin tümü. *Türkiye'de bilgiişlem ve bilişim çalışmalarının verimini artırarak* ... –AyK.

bilgikuram *b. a. fels.* bilginin dayanağını ve yöntemini inceleyen felsefe kuramı. *Çağdaş bilgikuramına göre bilgi, nesnel gerçeğin insan beynindeki yansımasıdır.* – OH.

bilgikuramsal *b. s.* bilgikuramla ilgili. ... *ve bilgikuramsal açıdan ... bir senteze varılmaya çalışılmaktadır.* – BG.

bilgilendirici *s.* bilgilenmeyi sağlayan, bilgili kılan, bilgi verici.

bilgilendiricilik *a.* bilgi vericilik, bilgilendirici olma durumu. *Her biri alanında değer olan konuşmacılar bilgilendiriciliği ölçüsünde kişiyi düşünmeye "kışkırtan" açıklamalarıyla dinleyenleri .... etkilediler.* – EAt.

bilgilendirilme *a.* bilgili kılınma, bilgi verilerek bilgili durumuna getirilme. *Kamuoyunun bilgilendirilmesi ... temenni edilir.* –HCe.

bilgilendirilmek bilgiler verilerek bilgili duruma getirilmek, bilgili kılınmak.

bilgilendirim *bkz.* **bilgilendirme**. *Sözgelimi birinci okuma bilgilendirimci* ... –EmÖ.

bilgilendirimsel *s.* bilgi vericilikle ilgili. ... *bilgilendirimsel okuma biçimlerini okuyacağımız kitabın içeriğine ... göre uygulayabiliriz.* –EmÖ.

bilgilendirme *a.* bilgi sahibi kılma. *Bugünkü uygulamada edebiyat dersi, bilgi dersi olarak görülmekte, öğretim yöntemi de bilgilendirme ilkesine dayandırılmaktadır.* –EmÖ.

bilgilendirmek bilgiler vermek yoluyla bilgili kılmak. ... *okurlarını günün ve geleceğin sorunlarıyla yüz yüze getirmek, onları bilgilendirmek ve karar verme güçlerini artırmak amacıyla...* –AO.

bilgilenim *bkz.* **bilgilenme**. *Bilgilenimci okuma içine giren bu üç tür okuma her türlü metin için geçerli değildir.* – EmÖ.

bilgilenimsel *s.* bilgi edinmeyle ilgili. *Sonra bilgilenimsel okuma da ... iletişimsel bir etkinliktir.* –EmÖ.

bilgilenme *a.* bilgi sahibi olma. *"Bilgilenme" açısından tabii.* –AlK.

bilgilenmek bilgili duruma gelmek. *Daha önce de belirtiğim gibi, eleştirel açıdan bakarak bilgilenmek başka şey.* –AlK.

bilgileşme *a.* bilgi özelliği kazanma, bilgi durumuna gelme.

bilgileşmek bilgi özelliği kazanmak, bilgi durumuna gelmek. *Çünkü anı, duygudan soyutlanarak bilgileşmiştir.* –İS.

bilgili *s.* ilgili olduğu konularda yeterli bilgisi olan. *Hatta Halide Edip diye çok bilgili bir kadınımız, üstelik roman da yazdığı halde cephede yaralarımızı sarmış.* –AAğ.

bilgilik *a.* belli yöntemlerle hazırlanan ve bilim, sanat ve benzeri alanlardaki bilgileri yöntemli olarak veren yapıt.

bilgilikçi *a.* bilgilik hazırlayan kimse.

bilgiliksel s. bilgilikle ilgili.

bilgililik *a.* bilgili olma durumu, bilme durumu. *Bu bilgililiğine Ali'nin kendi de şaştı.* –AAğ.

bilgin *a.* çok bilgili kimse, bilimi olan kimse, bilim adamı; bir ya da birçok alanda derin bilgi ve deneyimi olan kimse. ... *konuyu bilginlerle bilgelere bırakarak* ... –İS.

bilginlik *a.* çok bilgili olma durumu; bilim adamlığı; derin bilgi ve deneyimi olma durumu. *Aristotelizm hep bir bilginliğe yönelmelidir.* –MG. *Size bu ülkede bilginlik yasak ... demiş.* –AN.

bilgisayar *b. a.* önceden işlenmiş aynı izlenceye göre komuta edilen değişik sayıda özel ünitelerden (verilerin giriş ünitesi, bellek, hesap örgeni, sonuçların çıkış ünitesi) oluşan ve çalışması sırasında insana gerekseme göstermeksizin yönetimsel, saymanlıkla ya da bilimsel konularla ilgili karmaşık mantık ve matematik işlemlerini yapan makine. *Bir bilgisayarın yönetim aracı olarak etkenlikle kullanılabilmesi için, örgütte bir yöneylem araştırması grubunun bulunması gerektiğine değinen* ... –AyK. **kişisel bilgisayar** evlerde kişilerin kullanımına sunulan boyutça küçültülmüş bilgisayar. *Kişisel bilgisayarlar kâğıdı da, kalemi de, cetveli de daha şimdiden ortadan kaldırdı.* –VB.

bilgisayarcı *b. a.* bilgisayarla uğraşan kimse, bilgisayar konusunda bilgili ya da uzman olan kimse. *Profesör mü, işadamı mı, politikacı mı, bürokrat mı, uzman mı, bilgisayarcı mı, yoksa bir başka iş mi tutuyor, hiç fark etmez.* –İS.

bilgisayarcılık *b. a.* bilgisayar konusunda bakım, onarım, işletim gibi bilgileri olma durumu ve uğraşı. ... *tarım aracı ve oto onarımı gibi işler ön düzeye çıkıyordu, tabii şimdi bilgisayarcılık* ... –VB.

bilgisayarlaşma *b. a.* her işte, her alanda bilgisayar kullanımına geçme. *Sanayileşmiş ülkeler, bilgisayarlaşma sürecine de girdiler.* –İS.

bilgisayarlaşmak her işte, her alanda bilgisayar kullanıyor olmak. *Bu tür problemlerin doğma ihtimali ... bizim bilgisayarlaşmaktan vazgeçmemiz anlamına gelmez.* –NKZ.

bilgisayarlaştırılma *b. a.* bilgisayar aracılığıyla yapılır duruma getirilme.

bilgisayarlaştırılmak bilgisayar

aracılığıyla yapılır duruma getirilmek.

bilgisayarlaştırma *b. a.* bilgisayar aracılığıyla yapılır duruma getirme.

bilgisayarlaştırmak bilgisayar aracılığıyla yapılır duruma getirmek. *Bilgisayar sisteminde ilk amaç, muhasebe işlemlerini bilgisayarlaştırmak olmaktadır.* (Cumhuriyet Bilgisayar Eki)

bilgisayarlı *b. s.* bilgisayarı olan ya da bilgisayarla yapılan. *Şeftalinin olgununu hamından nasıl ayıracak bilgisayarlı araç?* –AP.

bilgisayım *bkz.* **bilişim**

bilgisel *s.* bilgi ile ilgili. *... değerlendirmenin bilgisel açıdan ne gibi önkoşullara dayandığı sorusuna da değinmek gerekir.* –AÇ.

bilgisiz *s.* bilgisi olmayan. *Birtakım bilgisiz ve yetkisiz kimselerin uydurduğu kelimeler Türk dilini bozmakta.* –FKT.

bilgisizlik *a.* bilgisiz olma durumu. *Bu buyruklara uymamızın bilgisizlikle ilgisi yoktur.* –NŞK.

bilgiyazar *a.* bilgisayarda bulunan bilgileri gerektiğinde kâğıda geçirmekte kullanılan aygıt, yazıcı. *Bu nedenle bilgisayarlar genellikle bir bilgiyazarla birlikte kullanılır.* –FÇ.

bili *a. fels.* bir şeyi bilme durumu.

bilici *bkz.* **önbilici**. *... demek, gidişi rastlantıya bırakmayan bir bilici vardı.* –MCA.

bilicilik *bkz.* **önbilicilik**

bilim *a.* evrenin, evrendeki olguların ve olayların bir bölümünü ele alıp birtakım yöntem ve deney yolları kullanarak ve gerçeğe, gerçekliğe dayanarak yasalara ulaşmaya çalışan ve birtakım yasalara, birtakım bilgilere ulaşan bilgi yolu; bilginlerin uğraş alanı. *Bilim dile beşikten sine dek.* –NA. *... bilimin değişmez gerçekleri ...* –Aİ.

bilimci *s.* bilimle uğraşan, bilim kişisi. *Bu kentte bir çok ileri ulusların... bilgilerinden ve bilimcilerinden bir kurul yıllarca inceleme ve araştırmalarda bulundu.* –AN.

bilimcilik *a.* bilime önem verme durumu. *Noktayla virgüle aşırı düşkünlük ise, yönetimle yönetilenleri, bilimciliğin yanıltıcı hayaliyle uzlaştırır.* –HC.

bilimdışı *b. s.* bilime uymayan, bilime aykırı olan, bilimsel olmayan.

bilimdışılık *b. a.* bilimdışı olma durumu.

bilimeri *b. a.* ve *s.* bilimle uğraşan, bilim kişisi, bilimci. *Tıpkı bir bilimeri, bir bulgucu, giderek bir kamu yöneticisi, bir siyasacı gibisine ...* –ME.

bilimkurgu *b. a.* çağdaş bilimin verilerinden yararlanarak, bilimin düş gücüyle birleşmesiyle oluşan yazınsal ya da sinemasal yapıt. *... bu kelimeye karşılık olarak bilimkurgu diye bir kelime uydurdular ama, gözüm pek tutmuyor.* –Atİ.

bilimkurgucu *b. a.* bilimkurgusal yapıtlar ortaya koyan kimse. *Sorunun fanteziler içerek incelenmesini bilimkurguculara bırakalım.* –ASi.

bilimkurgusal *b. s.* bilim kurguyla ilgili. *Tıpkı "Yaratık – Alien" gibi ... bilimkurgusal bir konuyla korku filmi özelliklerini birleştiren.* –AD.

bilimleştirme *a.* bilim durumuna getirme.

bilimleştirmek bilim niteliği kazandırmak, bilim durumuna getirmek. *Ona göre, Hıristiyan dininin doğruları, skolastiğin bilimleştirmiş olduğu dogmalarda değil, inanan gönüllerin* *derinliklerinde yatar.* – MG.

bilimsel *s.* **1** bilimle ilgili, bilime değgin. **2** bilime uygun. *Doğru ve bilimsel yolu birlikte aramalıyız.* –ÇA. **bilimsel bilgi** *bkz.* **bilgi**

bilimselleşme *a.* bilimsel bir nitelik edinme. ... *tarihin bilimselleşmesinde insanlık açısından sayısız yararlar vardır.* –İS.

bilimselleşmek bilimsel bir nitelik edinmek. *Bağırsak demek iğrenç bir şey sayılır, ama "em'a" deyince o iğrençlik kibarlaşıverir ve bilimselleşirdi.* – AN.

bilimselleştirilme *a.* bilimsel bir nitelik verilme. *YÖK neye yarıyor, bağnazlığın bilimselleştirilmesine mi?*– MTÖ.

bilimselleştirilmek bilimsel bir nitelik verilmek.

bilimselleştirme *a.* bilim özelliği kazandırma.

bilimselleştirmek bilim özelliği kazandırmak, bilimle ilgili bir nitelik edindirmek. *Bu öğretim üyesinin görevi konunun dinselliğini bilimselleştirmek.* –MTÖ.

bilimsellik *a.* bilimle ilgililik, bilime uygunluk, bilimsel olma durumu. ... *medeniyet terimi geniş ölçüde bilimi ve bilimselliği ifade etmektedir.* –ÇÖ.

bilimsever *b. s.* bilimi ve bilimle uğraşmayı seven kimse. ... *bilimsever bir kişi olarak buna çok üzüldük.* – SAk.

bilimseverlik *b. a.* bilimi yüceltme işi, bilimi her şeyden üstün tutma durumu, bilim yandaşlığı. *Sözleriyle bilimseverliğin yüce örneğini göstermiş, isteği de yerine getirilmişti.* –SAk.

bilimsözü *b. a.* bilim ve sanat kavramlarından birini anlatan sözcük, terim.

bilinç *a.* **1** *ruhb.* bir bakımdan, duyum, coşku, düşünme ya da başka bir ruh etkinliği ile nitelenen hal; başka bir bakımdan, ben'in kendi etkinliğinin ve duygulanımlarının ayrımına varış, en geniş anlamda anlak. **2** *toplb.* bir topluluğun ruh etkinliğinin ya da ruh durumunun topu. *Ulusal Kurtuluş Savaşı yıllarındaki bilinç kafamızda ışımazsa...* –İS. **bilinç yitimi** bilincin yitikleştiği durum, bilinçsizleşme durumu, bilincin yok oluşu. *Lytton Strachey, Kraliçe Viktorya'nın ölüm döşeğindeki bilinç yitimi durumunu... anlatmaya kalkar.* – HY.

bilinçaltı *b. a. ruhb.* **1** kişide bilince inmeyen olayların geçtiği varsayılan varsayımsal iç. **2** bilinçte hiç yer almayan anlak etkinliği. ... *bu ilk izlenimin bilinçaltı etkisinden ...* –HT.

bilinçdışı *b. s.* ve *a. ruhb.* **1** bilinçte olmayan. *Ama altta gene, bilinçdışı bir tavır tutarlılığı yatmaktadır.* –MB. **2** insanın ruhunun baskılanmış istekler ve bunlarla ilgili düşünülerin bulunduğu bölümü. *Hareketlerdeki güven, bilincin heyecan ve bilinçdışına egemenliği hep toplum sayesindedir.* – NŞK.

bilinçlendirici *s.* bilinç verici, bilinçlenme sağlayıcı. *İlginçtir ki, bu tür en iyi yapıtlar hep ... bilinçlendirici bir işlev taşımıştır.* –AÇ.

bilinçlendiricilik *a.* bilinç vericilik, bilinçlenme sağlayıcılık, bilinçlenmeye yol açıcılık.

bilinçlendirilme *a.* bilinçli duruma getirilme, bilinçli kılınma. ... *bu sapmaların siyasal mücadelenin bilinçlendirilmesindeki ve ideolojik değerler kazanmasındaki engelleyiciliği de unutulmamalıdır.* –MK.

bilinçlendirilmek bilinçli duruma getirilmek, bilinçli kılınmak. *Onun dışındaki romanın kahramanları, roman kahramanı olacakları için o anda bilinçlendirilmiş yaratıklardır.* –DH.

bilinçlendirme *a.* bilinç verme, bilinçli duruma getirme, bilinçli kılma. *... örgütlendirme ve bilinçlendirme çabalarının rahatlıkla yürütülebilmesi için ...* –MüS.

bilinçlendirmek bilinç vermek, bilinçli duruma getirmek, bilinçli kılmak. *... emekçi halkımızı bu doğrultuda bilinçlendirmekten ve örgütleyip bir politik güç durumuna getirmekten başka çare yoktur.* –MAA.

bilinçlenme *a.* kendi etkinliğinin ayrımında olma, bilinçli duruma gelme. *Bilinçlenme ve ekonomik sıkıntının, halkı gerçek halk hareketine yöneltmesi her zaman beklenebilirdi.* –ÇÖ.

bilinçlenmek kendi etkinliğinin ayrımına varmak, bilinçli duruma gelmek.

bilinçli *s.* yapıp ettiğinin ayrımında olan, kendi etkinliğini bilen, bilinci olan. *Bu belki de bilinçli bir planlamanın, nedeni kendilerince bilinen ertelemenin sonucudur.* –TA.

bilinçlilik *a.* yapıp ettiğinin ayrımında olma durumu, bilinçli olma durumu, kendi etkinliğini bilme durumu. *Bu yolda tam bir bilinçlilikle ilerlerse...* –CÜ.

bilinçsel *s.* bilinç özelliği taşıyan, bilinçle ilgili. *Herakleitos bu yasanın doğasal, insansal, bilinçsel olan her şeyde bulunduğunu ileri sürmüştür.* –OH.

bilinçsiz *s.* **1** bilinci olmayan, bilinçli etkinlik durumunda bulunmayan. **2** yapıp ettiğinin ayrımında olmayan, kendi etkinliğini gerekli biçimde sezmeyen. *Dinsel itelemelerle bilinçsiz yığınlar da bu yolda "vurucu güç" olarak kullanılmaktadır.* –ÇÖ. *Bilinçsizce bu çizgileri çizerken bir yandan da bir konu düşünüyordu.* –AN.

bilinçsizleşme *a.* herhangi bir etkiyle bilinçsiz duruma gelme.

bilinçsizleşmek herhangi bir etkiyle bilinçsiz duruma gelmek. *Gören de esrik oldukları için değil de sinirleri uyuşturulmuş olduğu için bilinçsizleştiklerini sanırdı.* –SÖ.

bilinçsizlik *a.* bilincinde olmama, bilinçsiz olma durumu. *Gümüşpala ... politika rüzgârlarına bilinçsizliğin yelkenini açmıştı.* –İS.

bilinçüstü *b. a.* kişide bilinç özelliği, bilinçte var olan şey. *Peri masallarının dinleyenlerin zihninde uyandırdığı bilinçüstü ve bilinçaltı çağrışımlar, dinleyicinin genel bilgi çerçevesi ve kişisel zihin uğraşlarına bağlıdır.* –MKı.

bilinemez *a. fels.* aslı anlaşılıp bilinemeyen şey. *Olguculuk, bilimci geçindiği halde, gerçeği bilinemez saymakla, bilime karşı çıkmaktadır.* – OH.

bilinemezci *a. fels.* **1** "bilgi"nin görece olduğunu, görece oluşu dolayısıyla da kesin olmadığını söyleyen kimse. **2** Tanrı'nın var olduğunun, niteliğinin, ne olduğunun ve evrenin nereden türediğinin bilinmediğini, üstelik de bilinemeyeceğini ileri süren öğretiden yana olan kimse. *Olguculuk, bilimciliği savunduğu halde bilinemezcidir.* –OH.

bilinemezcilik *a. fels.* **1** "bilgi"nin görece olduğuna, görece oluşu dolayısıyla da kesin olmadığına inanan öğreti. **2** Tanrı'nın var olduğunun, niteliğinin, ne olduğunun ve evrenin nereden türediğinin bilinmediğini, üstelik de bilinemeyeceğini ileri süren öğreti. *Bilinemezciliğin tersine, tam anlamıyla kavradığımız bu dünya, enerjinin üç ana biçiminden meydana gelmiştir.* – NŞK.

bilinen *a. mat.* bilinen, değeri belli olan nicelik, ki cebirde abecenin ilk harfleri ile gösterilir. *İki terim toplamı veya farkının bilinen bir üsse göre açık ifadesine denir ...* –ES.

bilinirci *a. fels.* bilinircilik yandaşı. *Dilimizde bilinirciler adıyla anılan gnostikler ... dinleri saltık bilginin sağlanmasında yetersiz bulurlar.* –OH.

bilinircilik *a. fels.* Tanrı'nın, Tanrısal olan, saltık olan bilginin bilinebileceğini öne süren öğretilerin genel adı. *Kimi din ve felsefe tarihçileri Mandeizm, Hermetizm vb. gibi gizemsel inanç ve öğretileri de bilinircilik olarak nitelerler ...* –OH.

bilinmeyen *a. mat.* değeri belli olmayan nicelik, ki cebirde bilinmeyen nicelikler başlıca x, y, z gibi harflerle gösterilir. *İçinde birinci dereceden en az iki bilinmeyen bulunan ...* –ES.

bilinmez *s.* ne olduğu belli olmayan, bilinmeyen. *Uzak, bilinmez bir dünyanın ateşine alıp götüren bir tadı vardı duruşunun.* –YK.

bilinmezlik *a.* bilinmez olma durumu. *Ölümün bu görünüşü ruhta bir bilinmezlik ve melankoli duygusu uyandırır.* –AfT.

bilirkişi *b. a. tüze.* belirli bir işten iyi anlayan kimse ya da kimseler, ki bir konuda sahip oldukları bilgi ve uzmanlıklarıyla yargıca yardım ederler; bilirkişi iki yanın anlaşmasıyla seçilir, anlaşma olmadığı durumlarda bilirkişiyi yargıç seçer. *... verilmiş bilirkişi raporlarını ...* –İS.

bilirkişilik *b. a.* bilirkişinin yaptığı iş. *Bu tanışıklıklar mimar amcaya yeni yeni üyelikler, yeni yeni bilirkişilikler... sağlamaktadır.* – AAğ.

bilisel *s.* biliyle ilgili. *... bilisel düzeyi de işin içine katarsak.* –TY.

bilisiz *s.* bilgisiz; çok az şey bilen; yaşamı ve dünyayı az buçuk anlayabilecek bilgileri bile edinememiş olan. *Günümüz sanatçısına bilisiz olduğunu söyleseniz...* –MCA.

bilisizlik *a.* bilisiz olma, yaşamı ve dünyayı az buçuk anlayabilecek bilgileri bile edinememiş olma durumu, niteliği. *... sizin yalnız bilisizliğinize değil, saygısızlığınıza da ...* –NA.

bilişim *a.* bilme ve iletişimin temeli olan bilginin ussal ve özdevimsel bir biçimde işlenmesini konu olarak alan, bilginin dönüşümü için kullanılan yöntemleri ve bu dönüşümleri gerçekleştirmek ereğiyle kullanılan düzenekleri inceleyen bilim dalı. *Türkiye'de bilgiişlem ve bilişim çalışmalarının verimini artırarak ...* –AyK.

bilişimci *s.* bilgiişlem ve bilgisayar alanında uzmanlığı olan kimse. *Bu kişilerin şirketteki görevleri, kullanıcılar ile bilişimciler arasında köprü oluşturmak...* –OBu.

bilsemci *s.* gizli olana karşı öğrenme isteğiyle yanıp tutuşan. *Dili ve ortadaki Türkçeyi iyi bilsem diye yanıp tutuşan bilsemci bir Türk'ü bu yabancı sözcüklerin tedirgin etmesi gerek.* – TUç.

bilseme *a.* görme, anlama ve bilme isteği; bilinmeyene, gizliye karşı duyulan bilme, öğrenme, anlama gereksemesi, isteği. *Onların öğretil-*

mesi bilsemeyi uyandırmak, işlemek, geliştirmek içindir. –NA.

binbaşı *b. a. ask.* yüzbaşıdan büyük yarbaydan küçük üstsubay. *Bir orduda binbaşıdan çok albay, yüzbaşıdan çok yarbay bulundu mu, hastalık var demektir.* –İS.

binbaşılık *b. a.* binbaşı aşaması (rütbesi) ya da binbaşının görevi. ... *yaşamda amacının bir emekli binbaşılık olduğunu söylemişti.*–AN.

bingi *a.* kemerler üzerine oturtulmuş kubbeyle kemerlerin arasını kapatan üçgen biçimindeki kubbe parçalarından her biri.

binyıl *b. a.* bin yıllık zaman dilimi.

birci *a. fels.* evrenin, bütün varlıkların temelini ruh ya da özdek gibi tek bir öğede bulan ve öbürlerini bu tek öğeden çıkmış olarak düşünen ve ileri süren kimse ya da görüş. *Roberty, her şeyi tek etmenle anlatmaya çalışan birci sosyologlar zümresine bağlı değildir.* –NŞK.

bircilik *a. fels.* evrenin, bütün varlıkların temelini ruh ya da özdek gibi tek bir öğede bulan ve öbürlerini bundan çıkmış olarak düşünen, ileri süren görüş. *Bütün dünya olaylarını böyle bir tek varlıkla, maddeyle anlatmak isteyen bu görüşe, bilindiği gibi, maddeci bircilik denir.* –NŞK.

birçenekliler *ç. b. a. bitb.* oğulcuğu bir tek çenek olan çiçekli bitkiler sınıfı.

birçenetli *b. s. bitb.* kapsüllü yemişlerin tek parçalı olanları.

bireşim *bkz.* **bileşim**. *Bireşim sav ile karşı sav arasındaki karşıtlıktan doğar.* –SBü.

bireşimsel *bkz.* **bileşimsel**. *Hiç kuşkusuz, bireşimsel bir "ırk" düşüncesi çok değerlidir ...* –TY.

birevcikli *b. s. bitb.* erkek ve dişi örgenleri ayrı çiçeklerde ama aynı kök üzerinde bulunan bitkiler; örneğin mısır, ceviz, fındık birevcikli bitkilerdendir.

birey *a.* **1** toplumu oluşturan üyelerden her biri; topluluk arasında bağımsız bir varlığı olan, tek olarak var olan kimse ya da canlı varlık. *Bütün hakları birey dediğimiz ferde veren ve ...* –FRA. **2** doğabilimde en son bölüm olan türü oluşturan tek varlıklardan her biri. **3** *hayb.* tür oluşturan ve aralarında çiftleşebilen organizmaların her biri.

bireyci *s.* toplum içinde, topluluğu bırakıp bireyi öne alan ve ona büyük önem veren (kimse ya da görüş). *Bireyci dünya görüşü, metafizik dünya görüşünün yanında ve eytişimsel özdekçi dünya görüşünün karşısında yer alan, üç dünya görüşünden biridir.* –OH.

bireycilik *a.* **1** *toplb.* toplum içinde, topluluğu bırakıp bireyi öne alan ve ona büyük önem veren öğreti. **2** *tüze.* bireysel mülkiyeti tüze düzeninin temeli olarak ele alan görüş, ki toplum ve tüze düzenini sarsmadıkça bireylerin çalışma alanlarının sınırlanmamasını savunur. **3** ekonomi alanında özel girişime en geniş olanakların tanınmasını savunan ve bireyin girişimlerini ve çıkarlarını hükümet ve toplum denetlemesi dışında bırakmak isteyen öğreti. **4** *töreb.* bütün değerlerin, hakların ve ödevlerin bireyden çıktığına inanan görüş. *Bireycilik toplumu düşünmemek, yadsımak demek değildir, toplum için çalışacağız diye kendimizi unutmamak demektir.* –NA.

bireyleşme *a.* birey durumuna gelme, birey olma. *Gerektiğinde saldırgan ve protestocu olan ve bireyleşme hakkına kuvvetle sığınan sanatçı bilinci seramikçide yer almaz.* –ST.

bireyleşmek birey durumuna gelmek, birey olmak.

bireyleştirilme *a.* birey durumuna getirilme, bireyleşmesi sağlanma. *... yapıt kişilerinin bireyleştirilmeleri ... bir nitelik belirtisidir.* –AÇ.

bireyleştirilmek bireylik kazanması sağlanmak, birey durumuna getirilmek.

bireyleştirme *a.* birey durumuna getirme. *... ikisinin temsilci özelliğine de çok iyi uyan güzel bir bireyleştirme yoluyla vermeyi başarmışsınız.* –MB.

bireyleştirmek birey durumuna getirmek. *Her iki çevrenin de kişileri, sizin bireyleştirmekteki eski ustalığınızla çizilmiş.* –MB.

bireylik *a.* **1** bir kişiyi ya da şeyi başkalarından ayırarak onu seçik kılan nitelik. *Bireyliği ve tikelliği ortadan kaldıran ...* –AO. **2** ayrı ve seçik varlık. *Tek tek uluslar da artık... tek bir insan gibi, bir bireylik olmak yolundadır.* –MG. **3** birey olma durumu.

bireyoluş *b. a. yaşb.* yumurtanın döllenmesinden bireyin yetkin duruma gelmesine değin geçirdiği gelişim evrelerinin topu.

bireysel *s.* bireyle ilgili, bireyin malı olan, bireyden çıkan ya da bireyce kullanılan. *Bireycilik ... somut bütünü bireysele indirgemek için soyutlar ve bireysel olarak inceler.* –OH.

bireyselleşme *a.* bireye değgin duruma gelme. *... kapitalist üretim ilişkisine geçiş dönemi olan Tanzimat, kişinin bireyselleşmesine ortam hazırlayacaktır.* – SKB.

bireyselleşmek birey özelliği kazanmak, bireye değgin duruma gelmek. *... böyle karmakarışık, bireyselleşmek istemesi inanılacak şey değildir.* – Sİ.

bireyselleştirilme *a.* bireyselleştirilmek eylemi.

bireyselleştirilmek bireysel olması sağlanmak, bireyle ilgili kılınmak. *Ölüm, bu öykülerde, doğal ve evrensel gerçek değildir; bireyselleştirilmiş bir olgudur.* –HBK.

bireyselleştirme *a.* bireysel duruma getirme.

bireyselleştirmek bireyselleşmesini sağlamak, bireysel duruma getirmek. *Bir'den ... bütün varlıklar türer: Zekâ, ruh, akıl, maddenin çoğalttığı ve bireyselleştirdiği bireysel ruhlar.* –AfT.

bireysellik *a.* **1** ayrı bir varlık olarak var olmak durumu. *Eluard'da eski şiir serüveninden kalma öyle bir bireysellik vardır ki toplumcu dönem şiirlerinde düşünceyi yumuşatır, insancıl kılar, onu günlük yaşamın içine indirir.* –CSS. **2** *ruhb.* bir canlıyı ötekilerden ayıran özellik.

bireyüstü *b. s.* bireyin üstünde olan, bireyi aşan. *Toplum, devlet, bütün bireyüstü kurumlar üstün birer varlık olmayıp sırf bireyin mutluluğunu sağlamak için olan araçlardır.* –MG.

bireyüstülük *b. a.* bireyüstü olma durumu.

birgözeli *b. s. yaşb.* bir tek gözeden oluşan ve baş özelliği bu olan hayvan ya da bitki, gövdenin bölünmesi ya da tomurcuklanması yoluyla çoğalır ve genel olarak göz ile görülmeyecek denli küçüktür, tatlı su ve denizlerde yaşar.

birikim *a.* toplanıp yığılma, nicelik olarak birikme. *1950'lerde görülen enflasyon, kamu kesiminde sermaye birikiminde vergi gelirleri yerine ...* – KB.

birikimlik *a.* bir şeyin, özellikle bir sıvının toplandığı, biriktiği yer.

birikişme *a.* sıvı bir ortamda asılı duran kan gözelerinin ya da bakterilerin birbirine yapışarak yığınlar oluşturması.

biriktiri *a.* boş zamanlarını değerlendirme, yarar sağlama ve öğrenme ereğiyle toplanan türdeş ya da benzer nesnelerin tümü, koleksiyon. ... *orada, içki salonunun duvarlarında zengin bir dağ keçisi boynuzu biriktirisi bulunan şirin bir han vardı.* –SÖ.

biriktirim *a.* biriktirme yoluyla oluşan ya da oluşturulan şey; biriktirmenin sonucu, harcamayıp artırma. *Borçlanarak ve belli bir ölçüde peşin para yatırarak konut edinebilmek, ancak belirli bir gelir düzeyindeki, biriktirim olanakları bulunan toplulukların yararlanabileceği bir yoldur.* – ÖŞ.

biriktirmen *a.* biriktiri yapan kimse, koleksiyoncu.

biriktirmenlik *a.* biriktiri yapma işi, koleksiyonculuk.

birim *a. mat., fiz.* ve *kim.* bir niceliği ölçmek için kendi cinsinden örnek seçilen değişmez parça; örneğin ölçü birimi metre, para birimi liradır. ... *eserin değerlendirilmesi için, sağlam bir birim ... olamıyor.* –AB.

birimler bölüğü *mat.* 1'den 999'a değin olan sayılar bölüğü.

birimsel *s.* birim niteliğinde, birim özelliği taşıyan, birime değgin.

birimsellik *a.* birim niteliğinde olma durumu. *Tasarım bakımından özenilecek bir birimsellik olanak kazanmış.* –AyK.

birincil *s.* en ilk. *Birinci tek, birincil'se birinciye bağlı olarak çoktur.* –OH.

birleşen *s. mat.* birbiriyle bir noktada kesişen, birbirini kesen (çizgi, doğru, vb.).

birleşim *a.* bir meclisin, bir kurultayın ya da bir kurulun bir gün içinde yaptığı toplantı, yani bir günlük çalışma süresi, ki bir birleşimin dinlenmeyle ayrılan parçalarına oturum denir ve bir birleşimde birden çok oturum yapılabilir. ... *sonraki birleşimde görülmesi ...* – Aİ.

birleşke *a.* **1** ortaklarının her türlü gereksinimlerini uygun koşullarla elde etmelerini sağlamak için kurulan, kâr amacı gütmeyen kurum. **2** üreticilerin, aracıları aradan çıkararak, ürünlerini daha iyi koşullarla pazarlamak için kurdukları ortaklık.

birliktelik *a.* bir arada olma durum. *"Salmakis komünü" bambaşka bir birliktelikti.* –Sİ.

birlikteş *s.* bir birliğin üyesi olan, bir birliğe bağlı olan (devlet, dernek vb.).

birörnek *bkz.* **tektür**. *Devletin, insanları sıradan, birörnek nesnelere dönüştürdüğü bir düzenden kaçarken özgürlüğe ulaşacağını sanıyor.* – AtÖ.

birörnekleştirme *b. a.* özellik ve nitelikleri yönünden bir ürünü, bir şeyi birbirinin benzeri bir duruma getirmek. *Her duyguyu birörnekleştirme ve yavanlaştırma.* –TUy.

birörnekleştirmek bir şeyi nitelikler yönünden benzerleştirmek.

birtakım *b. s.* bir bölüm, kimi. *Öyle bir hastalık ki, ülkedeki insanların bir-*

takımı zayıflamaya, küçülmeye, birtakımları da şişmanlamaya, irileşmeye başlamış. –AN.

birtürden *bkz.* **türdeş**

birtürdenlik *bkz.* **türdeşlik**. *Bektaşiliğin ayırıcı niteliği yedi yüzyıl boyunca birtürdenliğini korumuş ve kendisinden hiçbir kol ayrılmamış olmasıdır.* –OH.

bitek *s.* bol ve iyi tahıl yetiştiren, verimli (toprak). *Bırakılmış bitek toprakta ...* –AÖ.

bitelge *a. bitb.* toprağın bitki yetiştirme gücü.

bitey *a. bitb.* bir bölgede yetişen bitkilerin topu.

bitişken *s. dilb.* kökleri değişmeyen, türeme ve çekimleri eklerle olan (dil); örneğin Türkçe, bitişken bir dil sayılmaktadır. *Bunu göz önünde tutanlar, Türkçenin bitişken dillerden olduğunu ileri sürerler.* –TNG.

bitişkenlik *a. dilb.* bitişken olma durumu.

bitkel *bkz.* **bitek**. *Bahçenin toprağı çok bitkeldi.* –AN.

bitki *a. bitb.* dikildiği ya da bittiği yere kökleriyle tutunan ve orada gelişip döl veren ve yaşama süresi dolduktan sonra kuruyarak varlığı sona eren yosun, ot, ağaç gibi varlıkların genel adı. *Bitkilerin içinde en sevdiğiniz nedir?* –BF.

bitkibilim *b. a.* doğa bilimlerinin, bitkileri inceleyen dalı. *Bitkibilim dersinin kitabı olmadığından, o derse daha çok dikkat etmek, öğretmenin her dediğini yazmak zorundaydık.* –AN.

bitkibilimci *b. s.* bitkibilim bilgini, bitkibilim uzmanı. *Onun bildiği çiçek adlarını bir bitkibilimci bile kolay kolay bilemezmiş.* –SB.

bitkicil *s. hayb.* bitki yiyerek beslenen (hayvan).

bitkisel *s.* **1** bitki ile ilgili, bitki cinsinden olan. *Doğadaki bitkisel yumuşaklık, taşlaşmaya dönüşmüştür.* –DH. **2** bitki gibi, bitkiye benzer. *... bitkisel yaşayışın...* –AÖ. **3** bitkilerden yapılmış. *Ak, bitkisel bir sıvı çıkıyordu bu böceklerden, ezilince.* –OR. **bitkisel örtü** *coğr.* bir yeri örten bitkilerin topu. **bitkisel yaşam** genellikle bir kaza geçirme sonucu ya da sayrılıkla, bilincini ve devinimlerini yitiren kişinin yaşamı.

bitkisellik *a.* bitkiye benzerlik, bitki gibilik. *Ruhun başlıca işlevi, Aristoteles'e göre, bitkiselllik işlevi, duyum işlevi ve düşünme işlevidir.* –AfT.

boğak *a. ha.* bademciklerde yerleşen ya da boğazın her yanına dağılan yangıların genel adı.

boğazlak *a.* boyundaki kalkanbezinin aşırı ölçüde büyümesi biçimindeki sayrılık.

boğunç *a.* çok sıkıntılı bir ruhsal durum. *Sonra içinde bir sıkışıklık, bir boğunç vardı.* –Sİ.

boruyolu *b. a.* petrolü bir yerden başka bir yere akıtmak için yapılan ve kullanılan boru döşemi.

boşalım 1 *a. yaşb.* cinsel uyarılmanın en yüksek noktası, ki erkekte atmık fışkırmasıyla birlikte olur. *Cinsel içgüdüyü kışkırtan, boşalımı kolaylaştıran, sevişmeye renk katan, iştah körükleyen kitaplar.* –TUy. **2** *a.* ruhb. bastırılmış duyguların bilince çıkarılması yoluyla ulaşılan rahatlama, boşalma.

boşaltaç *a. fiz.* bir kabın içindeki havayı boşaltmaya yarayan tulumba.

boşaltıcı *a.* fosseptik çukurunda biriken pissuları çekmeye yarayan makine. *Fransızcada pislik boşaltma* *arabalarının adı olan vidanjör sözcüğüne boşaltıcı karşılığını ... türettim.* –CM.

boşaltım *a. yaşb.* sindirimden sonra organizmada kalan işe yaramaz özdeklerin dışarı atılması. **boşaltım aygıtı** *yaşb.* örgenlikten dışarı atılması gereken işe yaramaz özdekleri toplayıp dışarı atan örgen.

boşinan *b. a.* usa aykırı, usun almadığı şeylere, doğa yasalarına aykırı olan şeylere inanış. ... *ilkel kavimler üzerinde yapılan incelemeler göstermiştir ki, bu kavimlerde dinsel fikirler, boşinanlar, töre, tabu kuralları... hiç olmazsa ekonomi etmenleri kadar eskidir.* –NŞK.

boşinanç *bkz.* **boşinan**. ... *bütün halkların boşinançlarında ve büyüsel işlemlerinde önemli rol oynayan...* – SVÖ.

boşluk *a. fiz.* içinde hiçbir cisim bulunmayan uzay. *Boşluk olmasaydı özdeksel öğeler kımıldayacak yer bulamazlar ve hareket edemezlerdi.* –OH.

boşsözcü *b. a.* öze değil söze önem veren.

boşsözcülük *b. a.* özü değil sözü, sözcüğü amaçlaştırma durumu ve tutumu. ... *birer araç olan sözcükleri amaçlaştıran ve onlarla uslamlama yapan düşünce biçimine boşsözcülük denir.* –OH.

boy *a.* **1** *toplb.* özellikle ilkel ve göçebe insanlarda, aynı soydan sayılan ve bir başın yönetimindeki topluluk. **2** birtakım aile ve soyları ve bunlara bağlı köle vb. gibi yabancıları da içine alan öbek. *Gel zaman git zaman, içlerinden bir yiğitler yiğidi çıkıp bu göçebelikten kurtulmak, kendi boyunu bir yere temelli kondurmak tasasına düşmüş.* –AN.

boydaş *s.* boyları özdeş olanlardan her biri.

boydaşlık *a.* boydaş olma durumu.

boylam *a. gökb.* ve *coğr.* yeryüzündeki herhangi bir noktanın meridyen dairesiyle, başlangıç olarak kabul edilen İngiltere'deki Greenwich gözlemevinin meridyen dairesi arasındaki açı değeri, ki derece ile ölçülür ve bu değer Greenwich'ten başlayarak doğuya doğru 180 derece ve batıya doğru da 180 derecedir. ... *boylam farklarından ileri gelen hatalara ait.* – AK. *Bir gemide isen, hangi enlem ve boylamın kesiştiği noktada olduğunu söylemek zorundasın.* –İS.

boyuneğme *b. a.* söz dinleme, isteyerek ya da istemeyerek uyma. ... *kadınlar bilinçaltına itilmiş cinsel başkaldırıya dayalı bir boyuneğme geliştirirken, oğullar... kendilerini tam anlamıyla babaya benzetirler ...* –BO.

boyut *a. mat.* nesnelerin ölçülmesinde ele alınan üç doğrultudan yani uzunluk, genişlik ve derinlikten her biri, ki bir başka deyişle, en, boy ve yükseklikten her biri. ... *halılar döşeli masada boyutlarıyla büyüdü.* – CAK.

boyutlandırma *a.* boyut kazanması sağlanma.

boyutlandırmak boyut kazanmasını sağlamak. *Bir dil serüveni yaşanırken, serüveni boyutlandırmak, zenginleştirmek ... onu biçimlendirmektir yaşantıyı belirleyen.* –FAl.

boyutlanma *a.* boyut kazanma. *Kimi olaylar olur ... boyutlanmalar sürerse askerlerin müdahale edebileceği olasılığı söylenir.* –CA.

boyutlanmak boyut kazanmak. *Sonra sorulamalara dönüşerek, açık kar-*

şıtlıklarla gelişip boyutlanıyor şiir. –EmÖ.

boyutlu *s.* boyutu bulunan. *Türkiye'ye artık ... tek boyutlu olmaktan çoktan çıkmış bir ülkedir.* –HCe.

boyutluluk *a.* boyutu olma durumu. *Resim sanatında üç boyutluluk aracılığıyla derinlik duygusunun tuvale yansıması Batı'da gerçekleşmiştir.* –İS.

boyutsal *s.* boyut gibi, boyut özelliği taşıyan. *Örneğin canlı resme bir gerçekdışı havası veren boyutsal çatışma ...* –NÖ.

boyutsuz *s.* boyutu olmayan.

boyutsuzluk *a.* boyutu olmama durumu. *Önce ... arkadaşlarının dünyaya bakışlarının boyutsuzluğunu fark eder.* –AD.

bozulgu *a.* bir olayın yol açtığı bozulup dökülme, zarar.

bozundurulma *a.* bozunması sağlanma, bozunuma uğratılma.

bozundurulmak bozunuma uğratılmak, bozunması sağlanmak.

bozundurma *a.* bozunuma uğratma, bozunmasını sağlama. *Örneğin alkolü bozundurmaya uğraşırken kloroformu buldu.* –ÖK.

bozundurmak bozunuma uğratmak, bozunmasını sağlamak.

bozunma *a.* **1** *kim.* bir özdeğin, daha yalın bileşenlere tek yönlü olarak ayrılması. **2** *fiz.* bir ışınetkin çekirdeğin ışınım salarak değişikliğe uğraması olayı. *... mesela plütonyum 239, 24400 yıllık bir bozunma yarı ömrüne sahiptir.* –TYa.

bozunmak *fiz.* ışınım salarak değişikliğe uğramak. *Bir çekirdek, negatif yüklü elektron atarak "bozunmak"ta ya da bildiğimiz bir deyişle rahatlamaktadır.* –TYa.

bozunum *bkz.* **bozunma**. *Saniyede meydana gelen bozunum sayısına "bekerel" diyoruz.* –TYa.

böcekbilim *b. a. hayb.* böcekleri yapı, yaşayış ve sayrılık yapıcı nitelikleri yönünden inceleyen bilim dalı.

böcekbilimci *b. a.* böcekbilim uzmanı. *Onun için her sabah bir böcekbilimci gibi uyanır: Yeryüzü yazılacaktır.* –İB.

böcekbilimsel *b. s.* böcekbilimle ilgili. *Camlar ... madensel olmaktan çok böcekbilimsel bir tözün sert inceliğini taşıyor.* –TY.

böcekçil *s. hayb.* ve *bitb.* böcek yiyen, böcekle beslenen (hayvan ya da bitki).

böceksavar *b. a.* böcek öldürücü ilaç.

böle *a.* bilgilik ve benzeri büyük kitapların ayrı kapaklar içinde yayımlanan birkaç formalık her bölümü.

bölek *a.* çıkar topluluğu, çıkarları için anlaşıp birleşenlerin oluşturduğu topluluk. *Nitekim, faşizmi hâlâ küçük bir gerici böleğin buyurganlığı saymak hepimizin hoşuna gitmekte.* –BO.

bölekçi *s.* kendi böleğinin çıkarlarını düşünen; toplulukta bölek oluşturan (kimse).

bölekçilik *a.* bir toplulukta ya da örgütte, bölek oluşturma ya da kendi böleğini öne çıkarma eğilimi.

bölekleşme *a.* bölekleşmek eylemi.

bölekleşmek (bir örgüt içinde) böleşlere ayrılmak, bölekler oluşturmak.

bölen *a. mat.* bir bölme işleminde bölünenin kaç eşit parçaya ayrıldığını gösteren sayı. *İşadamları ise... çağrılarını insanlığın en küçük ortak bölenine göre yapmışlardır.* –NÖ.

bölge *a.***1** *coğr.* herhangi bir nitelik bakımından bir sayılmış yer ya da toprak parçası, sınırları belirtilmiş toprak parçası. *Kao Ki yönetiminin hâkim olduğu bölgelerdeki halk da...* –İS. **2** *yaşb.* gövdenin yüzeyinde sınırları belirli herhangi bir bölüm, örneğin sırt, koltuk altı gibi yerler.

bölgeci *s.* bölgecilik yandaşı (görüş, kimse). *Sosyal demokratların talip olduğu bölgeci ve mezhepçi oylar, herhalde bu saydığımız 8-10 cins oy'un içindedir.* –RT.

bölgecilik *a. toplb.* yurtta belli bölgelere özel işlem yapılmasını, ayrıcalık tanınmasını isteyen, ulus ve yurt bütünlüğünü bozucu akım. *O devirde bölgecilik yapılamazdı.* –FKT.

bölgesel *s.* bölge ile ilgili ya da bir bölgeye özgü. ... *bölgesel denge ...* –Aİ.

bölgesellik *a.* bölge ile ilgililik ya da bir bölgeye özgülük. *Öte yandan, bu sözlere şimdilik Yaşar Kemal'de rastlanır olmasıyla da bölgesellik yürürlüktedir.* – AP.

bölme *a. mat.* bir niceliği iki ya da daha çok eşit parçaya ayırma işlemi. *Seçim aritmetiğindeki bu bölme, çarpma, toplama ve çıkarma sonucunda bir formül ortaya çıkar.* –UM.

bölmek *mat.* bir niceliği iki ya da daha çok eşit parçaya ayırmak. *Bir sayıyı 10 ile bölmek için ...* – ES.

bölü *a. mat.* bölme işleminde kullanılan im, bölme imi.

bölücü *s.* bir birliği ya da topluluğu parçalama, bölme ereğini güden (kimse). *Güneydoğuda bölücü eşkiyanın son cinayetleri artık gözümüzü açmalıdır.* –UM.

bölücülük *a.* bir topluluğu, birliği parçalamak, bölmek ereğinde olma durumu. *9 kitap ... bölücülük ve milli duyguları zayıflatıcılıktan ... "müsadere" edilmiş.* –MCA.

bölüm *a.***1** parça, bölük, takım. ... *nüfusun önemli bir bölümünü gecekondu halkı teşkil etmektedir.* –Aİ. **2** *mat.* bölme işlemi sonunda elde edilen sayı, örneğin 10'u 5'e bölünce elde edilen 2 sayısı. *Bu sıfırlar bölüm yerine de yazılır...* –ES.

bölümce *a.***1** yazıda bir satırbaşından öteki satırbaşına değin olan tümceler topluluğu. **2** yasa maddelerinin kendi içlerinde satırbaşlarıyla ayrıldıkları küçük bölümlerden her biri. *Bu bölümce sayıları bundan önceki bölümde Atatürk'ten yapılan alıntıların bölümce sayılarıdır.* – NÖ.

bölümleme *a.* bölümlere ayırma, birbirine daha çok benzeyenleri bir araya getirme. *Üzerinde durmak istediğim, yukardaki bölümlemeye karşı olan bir tutum ayrımıdır.* –MCA.

bölümlemek bölümlere ayırmak; birçok şey arasında birbirine daha çok benzeyenleri bir araya getirmek; ayırmak, kümelendirmek.

bölünç *bkz.* **bölüt**

bölünen *a. mat.* bir bölme işleminde eşit bölümlere ayrılması gereken sayı, örneğin 10'u 5'e bölmek istersek 10'a bölünen deriz. *Bölüm simgesi, bölünen ve bölenin işaretlerine göre bölüme verilmesi gereken işarettir.* –ES.

bölüngü *a.* bir siyasal akım ya da partinin içinde, partinin izlediği ana siyasal çizgiye karşı savaşım veren küçük topluluk. ... *sık kullanılan fraksiyon sözcüğü için bölüngü karşılığını ... türettim.* –CM.

bölüngücü *s.* bölüngücülüğü olan

(kimse, görüş).

bölüngücülük *a.* bölüngücü olma durumu.

bölünme *a. yaşb.* gözelerin, belli bir büyüklüğe erince eşit bölümlere ayrılıp çoğalması.

bölüşüm *a.* bölüşme işi. *Reşidüd-din'in "et payı" adını verdiği bu bölüşüm ... kabile örgütünde önemli bir rolü olan ilkelerdendir.* –MuS. **bölüşüm ilişkileri** emek ürünlerinin, ulusal gelirin üleşilmesine değgin ilişkiler. *Demek ki bölüşüm ilişkilerini değiştirmek devletin elindedir.* –YD. **bölüşüm kuramı** üretilen bir malın gelirinin, üretime katkıda bulunanlara katkıları oranında üleştirilmesi gerektiğini söyleyen ekonomi kuramı.

bölüt *a.* **1** *hayb.* döllenmiş yumurtanın bölünmesinden sonra oğulcukta meydana gelen ve az çok birbirine benzeyen parçaların her biri. **2** bir borcun belli zamanlarda ödenmesi gereken parçalarından her biri.

bucak *a.* yönetimsel bölümün üçüncüsü ve en küçüğü, ki bucak müdürü eliyle yönetilir, ilçeden küçük ama köyden büyük yer. ... *bizim 43. alayın merkezi ise bu bucağa bağlı Lefeci köyü idi.* –HVV.

budun *a. toplb.* siyasal durumları ne olursa olsun, töre, dil ve kültür nitelikleri bir olan, boy ve soy olarak da birbirine bağlı bulunan insan topluluğu. *Budun kolay kolay geçmez alıştıklarından ...* –NA.

budunbetim *b. a.* türlü budunların tinsel ve özdeksel ekin (kültür) öğelerini bilimsel olarak inceleyen ve betimleyen budunbilim dalı; betimsel budunbilim de denir. ... *Levi-Strauss'a göre budunbetim salt betimleyici bir çalışma, daha çok gözlemlerle, bunların derlenmesine dayanıyor.* –AdO.

budunbetimci *b. a.* budun betimle uğraşan kimse, budunbetim uzmanı.

budunbetimsel *b. s.* budunbetimle ilgili. *Budunbilimci, budunbetimsel veriler arasında bir birliği nasıl bulacak.* –AdO.

budunbilim *b. a.* insan cinsinin ırklara ayrılışını, bu ırkların nereden çıktığını, oluşumunu, yeryüzüne yayılışını, aralarındaki bağıntıları ve onları belirleyen nitelikleri inceleyen, karşılaştıran ve bölümleyen bilim. *Bilindiği gibi, kültür sorunu çok boyutlu bir konudur. İnsanbilimden toplumbilime, ruhbilimden budunbilime değin birçok bilim dallarının sınırları içine girer.* –EmÖ. **betimsel budunbilim** *bkz.* **budunbetim**. **bölgesel budunbilim** uygar bir ulusun ya da uygar bir ulusun bir bölümünün yaşamını ve kültürünü inceleyen budunbilim dalı.

budunbilimci *b. a.* budunbilimle uğraşan kimse. *Budunbilimci, budunbetimsel veriler arasında bir birliği nasıl bulacak?* –AdO.

budunbilimcilik *b. a.* budunbilim uzmanının uğraşı, budunbilimi uğraş alanı seçme işi. *Budunbilimcilik uğraşım ... hiçbir toplumun akılsal saydamlığa erişemeyeceğini göstermiştir.* –BO.

budunbilimsel *b. s.* budunbilimle ilgili. ... *ortak terimlere de sözlükte yer verilmiş, ancak ... budunbilimselliğe öncelik tanınmıştır.* –SVÖ.

budunbilimsellik *b. a.* budunbilimle ilgililik. ... *ancak bunların seçimlerinde ve tanımlanmalarında budunbilimselliğe öncelik tanınmıştır.* –SVÖ.

budunsal *s.* budun niteliğinde, budunla ilgili, budunsu. *Kültür değerlerinin budunsal azınlıkların, toplumsal öbeklerin bir bütüne alınışı...* –SVÖ.

budunsu *a. toplb.* örgütlenmemiş ilkel insan topluluğu, ki toplumbilimde, toplumların geçmişinden söz edilirken geçer.

buğu *a. fiz., kim.* ve *coğr.* ısı etkisiyle sıvıların ve birtakım katıların geçtikleri gaz durumu. ... *kirli bezle camın buğusunu sildi.* –EÖ.

buğulu *s.* buğulanmış olan, buğusu bulunan. *buğulu aynasıdır eski ümitlerin* –Atİ.

bulgu *a.* o zamana değin varlığı bilinmeyen bir şeyi ortaya çıkarma işi ya da bulunan, bulgulanan şey. ... *uzmanlık alanının en son verilerini, bulgularını izlemeden ...* –MS.

bulgucu *a.* o zamana değin bulunmamış ya da bilinmeyen bir şeyi ortaya çıkaran kimse, bulucu. *Tıpkı bir bilimeri, bir bulgucu, giderek kamu yöneticisi, bir siyasacı gibi.* –ME.

bulgulama *a.* o zamana değin varlığı bilinmeyen bir şeyi ortaya çıkarma. *Bundan dolayı sosyalist insan ... yeni doğrular bulgulama yeteneklerini körleştiren saplantılara karşıdır.* –MAA.

bulgulamak o zamana değin varlığı bilinmeyen bir şeyi ortaya çıkarmak. *Nice bilginler vardır, doğa'nın türlü yasalarını bulgulamışlardır.* –NA.

bulgulanma *a.* (varlığı bilinmeyen bir şey) bulunarak ortaya çıkarılma. *Yazarın ... göstermeye çalıştığı karşıtlıklar ... bulgulanmaya çalışılıyor.* –EmÖ.

bulgulanmak (varlığı bilinmeyen bir şey) bulunup ortaya çıkarılmak. ... *yeniden bulgulanmasına yol açarlar.* –AÇ.

bulgulatma *a.* bulmasını sağlama, bulmasına yol açma. *Çünkü bilgilenimsel okuma düşünsel örgüsünü bulgulatmaya götürür.* –EmÖ.

bulgulatmak (varlığı bilinmeyen bir şeyi) bulmasına yol açmak, bulmasını sağlamak.

bulgusal *s.* bulgu özelliği taşıyan, bulguya değgin, bulguyla ilgili.

bulman *a.* var olan ama o zamana değin varlığı bilinmeyen bir şeyi bulan kimse. *Bir İngiliz bulmanı, çölde tam altı hafta süreyle yalnız karpuz yiyerek susuzluğunu köreltttiğini yazar.* –İB.

bulucu *a.***1** o zamana değin yapılmamış bir araç, aygıt yapan ya da bir yöntem ortaya koyan kimse. ... *saç suyu bulucusunun dul ve yaşlı karısı...* –AP. **2** *fiz.* ses dalgalarını ayırt etmeye yarayan lamba.

buluculuk *a.* bulucu olma durumu. *İnsanın yaratıcılık ve buluculuk vasıflarıyla durmadan örgütleri ve verimleri gelişen organı beynidir.* –RA.

bulunak *a.* kişinin, arandığında ya da kendisine bir şey gönderilmesi gerektiğinde bulunabileceği yer.

bulunç *bkz.* **duyunç**. *Demek aktöre buyrukları, yasalardan da üstün olan bulunç, yazarı işçi ile bir tutmamıza ...* –NA.

buluntu *a.* kazılarda ortaya çıkan tarihsel nesne. *Arkeolojinin buluntularında ise yalanı aramak boşuna olur.* – MCA.

buluş *a.***1** o zamana değin varlığı

bilinmeyen (şey) ya da yeni bulunan (şey). ... *kimya savaşının son buluşlarını* ... –İS. **2** herkesin kolay kolay bulamayacağı bir düşünü. ... *üstün sağduyusunun örnek buluşlarıdır.* –ÖAA.

buluşbelgesi *b. a.* bilimsel ya da teknik bir buluşun kime ait olduğunu ya da böyle bir buluşu uygulama alanında kullanma hakkının kimde bulunduğunu gösteren resmi belge.

buluşçu *bkz.* **bulucu**[1]. *Böyle durumları ortadan kaldırmak için buluşçu okullarında bir kural uygulanıyor.* – VB.

buluşçuluk *a.* o zamana değin yapılmamış bir araç, aygıt ya da bir yöntem ortaya koyma işi, buluculuk. ... *bu yazı buluşçuluk yöntemlerinin nasıl başarı ile uygulandığını açıkça gösteriyor.* –VB.

buluşmaevi *b. a.* içinde fuhuş yapılan ve bu erekle işletilen gizli ev. *Ardından gizli bir buluşmaevinde, lüks fahişelerle sevişen başka ülkeseverleri tanırız.* – Sİ.

buluşum *a.* iki ya da daha çok kimse arasında önceden kararlaştırılan, belli bir saatte ve belli bir yerde buluşma söz verisi.

buluşumevi *bkz.* **buluşmaevi**

bulutsu *a. gökb.* yıldızlar arasında görünen ve bulutu andıran lekelerden her biri, ki bunların yıldız kümeleri olduğu bilinmektedir. ... *ama yayılma halindeki evrende bulutsuların hızı için durum değişiktir.* – AfT.

bun *bkz.* **bunaltı**. *İnsan insanın bununa yetişmeli.* –GA.

bunalım *a.* herhangi bir durumun doğal gidişi sırasında ortaya çıkan ve doğal olmayan bunaltılı ve çekinceli dönem. ... *toplumumuzun geçirdiği bunalım* ... –AB.

bunalımlı *s.* sıkıntı veren, gerginliği olan, kaygı veren. *Demek ki, böyle gerilimli ve uluslararası bunalımlı durumlarda çok ihtiyatlı davranmak ... gerekiyor.* –HVV.

bunalımsız *s.* bunaltmayan, gerginliği olmayan. *Her öğesiyle ... stressiz, bunalımsız bir yaşam istiyoruz.* –CA.

bunaltı *a.* kişinin duygularını inciten hallerin verdiği geçici tedirginlik, sıkıntı. *Alışkanlığın bunaltısı uydurmalarla giderilir en çok.* –NU.

bungun *s.* sıkıntılı, bunaltıcı. *Kavurucu güneş, nemli, bungun sıcaklar geçmişte kalmış şimdilik.* –AAğ.

bungunluk *a.* bunalım, bunaltı, bun. *Aramış ve yorulmuş karıncanın bungunluğu.* –MCA.

bungunlaşma *a.* bunaltı içine düşme, bunalma.

bungunlaşmak bunaltı içine düşmek, bunalmak. ... *adamın ne yapacağı belli olmaz: TT bungunlaştı* ... – İS.

bunluk *bkz.* **bunalım**

burağan *a. coğr.* kısa süren yeğin yel.

burgaç *a. coğr.* karşılıklı iki akıntı ya da esintinin çarpıştığı yerde oluşan çevrinti, ki hava burgacı yeğin olduğu zaman ağaçları söker, yapıları yıkar ve o zaman kasırga adını alır; su burgacı, su içinde hızla dönen huni biçiminde bir eğrimdir. ... *hızla akıp giden suların yeşilden çok sarıya çaldığını, burgaçlarda kuru yaprakların, kırık dalların ... dönüp durduğunu görüyor.* –BK.

burgaçlama *a. mec.* burgaç gibi kıvırma. ... *üst üste içtiğim kahvelerle bir paket sigaranın burgaçladığı mi-*

deme bir domatesle biraz peynir gönderiyorum. –AAğ.

burgaçlamak *mec.* burgaç gibi kıvırmak.

burgaçlanma *a.* burgaç burgaç kıvrılma, burgaç durumuna gelme.

burgaçlanmak burgaç durumuna gelmek. *Koç fırladı ortaya; kapkaraydı başı, boynuzları burgaçlanan su gibi katmerli çift helezonlardı başının iki yanında.* –HB.

buyruk *a.* yapılsın ya da yapılmasın diye buyrulan şey. *Tanrı'nın önceden bildirilmiş buyruklarını ...* –AB.

buyrukçu *s.* buyruk veren, buyuran. *İtalya'nın edebiyat buyrukçusu ...* –NA.

buyrukçuluk *a.* buyrukçu olma durumu.

buyrultu *a.* (eskiden) padişahça ya da resmi orunlarca yazılan buyruk. ... *buyruklar, buyrultular ...* –NU.

buyrum *bkz.* **buyurma**. ... *örneğin yazma sözcüğü birinci hecesi vurgulu söylendiğinde buyrum kipidir.* –SBü.

buyuran *s.* buyruk veren. *Bir toplumda buyuranlar ve buyurulanlar oldukça bu sorunların olumlu sonuçlara bağlanması kolay gerçekleşemez.* –MCA.

buyurgan *a.* bir ülkede bütün siyasal yetkileri elinde toplayan, buyruğu yasa olan kimse. *Tarih gösterir ki, buyurganlar, zorbalar, başbuğlar, firavunlar, bütün o derisine sığmayanlar, çevrelerini dolduran kişiler üzerinde yüzde yüz yanlış kanılara varırlar.* –SB.

buyurganlaşma *a.* buyurganlaşmak eylemi.

buyurganlaşmak buyurgan durumuna gelmek, buyurgan olmak. *Amerikanofillerin buyurganlaştığı bir Türkiye'de demokrasinin erdemleri silinir.* –İS.

buyurganlık *a.* **1** buyurgan olma durumu. ... *toplumsal dengeler yerli yerindeyse, buyurganlık heveslisinin iktidarı tek başına ele geçirmesi güçtür.* –İS. **2** erkin bir tek kişide bulunduğu siyasal düzen. ... *en çok buyurganlardan, buyurganlıktan tiksiniyor.* –OA.

buyurma *a.* bir şeyin yapılmasını ya da yapılmamasını kesin bir biçimde söyleme. *Buyurma kipinin üçüncü kişisi dilek, umut, yalvarma anlamlarında kullanılır.* –TNG.

buyurmak bir şeyin yapılmasını ya da yapılmamasını kesin bir biçimde söylemek. *Tek sözcük tek anlam ilkesi buyuruyor bunu.* –NU.

buyurman *a.* bir işte buyurma yetkisi olan görevli.

buyuru *bkz.* **buyruk, buyurma**. *Peygamberin herkesin bilgi sahibi olması hakkındaki buyurusu.* –BS.

buyurucu *s.* buyurma işini yapan. ... *resim yazıdan daha buyurucudur, anlamı birdenbire ... sunuverir.* –TY.

buyuruculuk *a.* buyurucu olma durumu. *Görülüyor ki ... bu konu da kural koymamakla kullanışa buyuruculuk etmek istememiş ...* –MTu.

buyurulan *s.* kendisine buyruk verilen. *Bir toplumda buyuranlar ve buyrulanlar oldukça bu sorunların olumlu sonuçlara bağlanması kolay gerçekleşemez.* –MCA.

buzçözer *b. a.* buzlanmayı önleyen, buzu çözen aygıt. ... *İngilizce kökenli defroster karşılığı olarak buzçözer sözcüğünü ... türettim.* –CM.

buzdağı *b. a. coğr.* ve *yerb.* donmuş denizlerden ya da kutup buzullarından koparak denizlerde yüzen büyük buz parçası. *Dünya bir buzdağı! Suyun altındaki bölümleri yok sayıp suyun üstündeki görüntüyle oyalanıyoruz.* –İS.

buzdolabı *b. a.* yiyeceklerin bir süre bozulmadan saklanmasına yarayan, içecekleri soğutan dolap, soğutucu. ... *mali şubeden mezun olup buzdolabı, çamaşır makinesi, daktilo şeridi imal eden şirketlere geçenlerin ...* – ÜO.

buzkıran *b. a.* deniz, göl ya da ırmaklar donduğu zaman buralara işleyen gemilere yol açmak için buzları kırmada kullanılan gemi.

buzlağan *a. ha.* üzerinde kar eksik olmayan dağ doruğu.

buzluk *a.* buzdolabının buz yapan bölmesi.

buzul *a. coğr.* yüce dağ başlarında birikip yaz kış erimeyen büyük kar ve buz kümesi. *Düzlük dağın buzullarının başladığı yerdeydi.* –YK. **buzul kaynağı** buzulun eriyip altına inen suyunu dışarıya veren kaynak. **buzul seli** eriyen buzulun seli. **deniz buzulu** deniz suyunun donmasıyla kıyılarda oluşan buz yığını.

buzulbilim *b. a. coğr.* fiziksel coğrafyanın buzulları ve onun yeryüzündeki işlevini araştıran bölümü.

buzulbilimci *b. a.* buzulbilim uzmanı.

buzulkar *b. a. coğr.* bir buzulun oluşmasında ilk öğe olan katılaşmış kar kümesi.

buzullaşma *a.* buzul durumuna gelme. *Yeryüzündeki doğa olaylarının (deprem, rüzgâr, hortum, akıntı, buzullaşma ...) aynı anda dünyamızın birçok yerinde gözlenmesi ihtiyacı daha 1957'de duyulmuştu ...* –VB.

buzullaşmak buzul durumuna gelmek. *Sevgiyi yitirmiş, buzullaşmış yüreklerin ... karşısında bir alıcı kuş gibi salmak istiyor şiirini.* –EmÖ.

buzullu *s.*buzulu olan.

buzultaş *b. a. coğr.* ve *yerb.* bir buzulun yöresindeki kayalardan, don ya da aşındırma etkisiyle kopup buzulun üstüne düşen ya da buzulun altındaki kayalardan koparak sürüklenen taş topağı.

büğeme *a. ha.* bir akarsu önüne büğet yaparak toplama.

büğemek *ha.* bir akarsuyu tutmak için büğet yapmak

büğet *a. ha.* bir akarsuyu tutmak için yapılan engel.

bükün *a. dilb.* sözcüklerin tümce içindeki ilişki durumlarına göre biçimce uğradıkları değişiklik, ki büküngen dillerde, örneğin Arapçada olduğu gibi, sözcük iç yapısının değişimi ile olur.

bükümgen *s. dilb.* sözcük biçimleri bükün yoluyla yapılan (dil).

bükünlü *bkz.* **bükümgen**. ... *bilginler, Türkçeyi bükünlü dillerden saymaya eğilim göstermişlerdir.* –TNG.

bürün *a.* bir koşuk bestesinde, hece vurgularının müziğin vurgu ve yükselişleriyle iyice uyuşmuş olması ve bu yoldaki kuralların tümü. *Fonetik bakımdan vurgu heceye özgü bir büründür.* –ÖD.

bürünsel *s.* bürünle ilgili, bürün özelliğinde. *Anadili öğrenirken ilk öğrenilen o dilin bürünsel özellikleri ... olup en zor unutulan da bunlardır.* –ÖD.

bütüncü *s.* "bütün" kavramına önem veren kimse ya da görüş. *Gerçekten Pareto, etmenler kuramıyla ... bütüncü görüşe ne kadar yaklaştığını ortaya koymuştur.* –NŞK.

bütüncül *s.* bütün yetkileri elinde toplayan (hükümet, yönetim).

bütüncülük *a.* kavramları bütünlüğü içinde ele alıp incelemek gerektiğini ileri süren ve "bütün" kavramına önem veren görüş. *Yazar, bu olguyu, bir "indirgeyicilik" sorunu olmaktan çok bir "bütüncülük" sorunu olarak görmek ve incelemek eğilimindedir.* –BG.

bütünleme *a.***1** ilk ve ortaöğretimde, doğrudan sınıf geçemeyen öğrencilerin kaldıkları derslerden yeniden sınava girmeleri. *Yürüyoruz bütünlemeye kalmış bir sessizlikte.* –CSS. **2** bütünlemeye kalanların girdiği bu sınav. *Ortaöğretimde bütünleme, bekleme ve belge kurtarma sınavları başladı, neredeyse bitecek.* –CKa.

bütünlemeli *s.* bütünleme sınavına girmesi gereken (öğrenci). *Bir buçuk milyon öğrenciden bir milyon iki yüz elli bini bütünlemeli.* –CKa.

bütünleşik *bkz.* **tümleşik**. *BDY, metin ve grafik hazırlanmasından sayfa düzenlenmesine ... kadarki süreci, bütünleşik bilgisayar uygulamaları ile desteklemeyi hedefler.* –AE.

bütünsel *s.* bütünle ilgili. *Bütünsel bir konuyu tümüyle incelemek isteyen bir bilim adamı.* –BG.

bütünsellik *a.* bütünle ilgililik. *Biçim ruhbilimine göre de, ruhsal edimler bir bütünsellik, bir yapı oluşturur.* –AdO.

büyü *a. toplb.* doğaüstü varlıkların yardımı ile ya da doğada bulunan gizli güçlere söz geçirmek yoluyla birtakım işler gördüğünü ileri süren ya da gördüğüne inanılan, boş eylem ve boş inanç. ... *tutkusunun büyüsü içinde ...* –SKA.

büyücü *a.* doğaüstü varlıkların yardımı ile ya da doğada bulunan gizli güçlere söz geçirmek yoluyla birtakım işler yaptığını ileri süren ya da yaptığına inanılan kimse, ki gerçekte yaptığı birtakım gülünç ve boş eylemlerdir. *Ağılı yılan ünlü büyücü İsis'i sokar ...* –NU.

büyücülük *a.* büyücünün yaptığı iş, büyü yapma. ... *aralarında büyücülükle geçinen insanlar vardır.* –NŞK.

Büyükayı *ö. b. a. gökb.* Kuzey Kutbunun gök bölgesinde bulunan ve yedi yıldızdan oluşmuş ve biçimi aşağı yukarı bir tencereye benzeyen takımyıldız.

büyükelçi *b. a.* bir ülkeyi yabancı ülkelerde temsil eden, yüksek aşamalı elçi. *Büyükelçidir, mebustur, ününün doğruğuna erişmiş bir şairdir.* –Sİ.

büyükelçilik *b. a.* büyükelçinin görevi ya da orunu. ... *bir Avrupa ülkesinde büyükelçilik görevini sürdüren bu dostu anmanın nedeni.* –ASi.

büyüksemek *bkz.* **büyümsemek**

büyüleme *a.***1** güzellik ya da başka bir çekicilikle üzerinde büyük bir etki yaparak birini kendine çekip bağlama. *Ama müziği hepimizi büyüledi.* –YK. **2** büyü ile etki altına alma.

büyülemek 1 güzellik ya da başka bir çekicilikle üzerinde büyük bir etki yaparak birini kendine çekip bağlamak. *Homeros yalnızca Ege kentlerini büyülemekle kalmamış, bütün insanlığa şiirin güçlü yanını tanıtmıştır.* –MCA. **2** (birini) büyü ile etki altına almak.

büyülenme *a.***1** büyü yoluyla etki altına alınma. **2** bir şeyin çekiciliğine kapılma.

büyülenmek 1 büyü yoluyla etki altına alınmak. **2** bir şeyin çekiciliğine kapılmak. *Öylesine kendini kaptırır ki büyülenmiş gibidir.* –EmÖ.

büyüleyici *s.* çekiciliği olan, büyüleyen. *Eski Mısır rahiplerinin o büyüleyici ve etkileyici güçleri, böylesine bir yoğrulma sonunda elde edilmiştir.* –OH.

büyüleyicilik *a.* çekicilik, albeni. *İnsanlığın en güzel gelişmesine eriştiği, toplumsal çocukluğu ... niçin sonsuz bir büyüleyiciliğe sahip olmasın?* –MB.

büyülteç *a. foto.* fotoğraf büyültme aygıtı, ki bir negatiften istenilen büyüklükte fotoğraf basmada kullanılır.

büyültme *a. foto.* **1** negatiften büyülteç adı verilen büyültme aygıtı ile ya da küçük bir resimden el ile büyültülmüş fotoğraf ya da resim. **2** büyültme işi.

büyülü *s.* **1** kendisine büyü yapılmış (kimse). **2** kendisinde büyü gücü olan (şey), çekici (şey). ... *(retorik) başarıya ulaşmayı sağlayan büyülü bir sanattır.* –MG.

büyümseme *a.* olduğundan büyük görme, önem verme. *Uzayın karanlık bir noktasından geliyormuş gibi olan sezgiyi büyümser.* –CSS.

büyümsemek olduğundan büyük görmek. *Bir incelemede küçümsemek büyümsemek diye bir şey yoktur.* –ÇA.

büyüsel *s.* büyüyle ilgili. ... *bu inançla ilgili olarak tabiatı büyüsel olarak açıklamak ve tabiata büyü ile egemen olmak eğilimi doğmuştur.* –MG.

büyüteç *a. fiz.* odak boyutu birkaç santimetre olan yaklaştırıcı mercek, ki küçük nesneleri incelerken yararlanılır; büyüteç küçük nesneleri büyük gösterir. *En iri harfli yazıları bile gözleri seçemediği için yazıları büyüteçle okurdu.* –AN.

büzgen *a. gövb.* kasılmasıyla herhangi bir deliği büzüp kapamaya yarayan, çember biçimindeki kasların genel adı.

C

cankurtaran *b. a.* ağır sayrı ya da yaralıları hastaneye yetiştirme işinde kullanılan taşıt. *Bir yaralıya yetişen cankurtaranda iki şey vardır: Kan ve oksijen.* –İS.

canlıcılık *a. fels.* her nesnede bir can (ruh) bulunduğunu, nesneleri ve genel olarak doğayı bu canın yönettiğini ileri süren görüş. *Bu anlamdaki canlıcılık, genel ruhçuluğun özel bir biçimidir.* –OH.

caydırıcı *s.* (birinin) verdiği karardan dönmesini sağlayan. *Üslerin ... "caydırıcı" etkisi olacaktı.* –HCe.

caydırıcılık *s.* (birinin) verdiği karardan dönmesini sağlama durumu, caydırma durumu. *... sistemin caydırıcılığını sürdürmek için başka çare olmadığı düşünülmektedir.* –HCe.

caydırma *a.* (birini) kararından döndürme. NATO'nun amacı "caydırma" ve "savunma" ilkelerine dayanır. –UM.

caydırmak (birini) verdiği karardan döndürmek, (birinin) caymasını sağlamak. *Ben bu işe kararımı verdikten sonra, beni bu işten caydırmak için neler yapmadı ki ...* –Mİ.

cayma *a.* kararından dönme. *Bana caymamı söyleyenler oldu ama caymadım.* –AP.

caymak *ha.* (biri) kararından dönmek. *... delikanlı ... caydım gitmeyeceğim, demiş ...* – SKA.

cinsel *s.* bireye üreme işinde ayrı bir görev veren ve erkekle dişiyi ayırt ettiren özel yaradışla ilgili, cinsle ilgili. *... polis ... seyircilerin gözü önünde cinsel birleşme yaptıkları gerekçesiyle oyunculardan bazılarını tutukladı.* – GAy. **cinsel bunalım** *ruhb.* cinsel isteğin doyurulmamasından doğan ruhsal sayrılık. **cinsel güçsüzlük** *yaşb.* cinsel birleşmeyi gereğince başaramama durumu. **cinsel içgüdü** *ruhb.* kişinin karşı cinse duyduğu cinsel yönseme. *Avusturyalı Dr. Freud'a göre insanı cinsel içgüdü yönetir.* –OH. **cinsel özellik** cinse özgü nitelikler.

cinselbilim *b. a.* cinsellikle ilgili sorunları inceleyen bilim, cinslikbilim. *Kendini önce cinselbilime, daha sonraysa ruh çözümlemesine adadı.* – BO.

cinselbilimci *b. a.* cinselbilim uzmanı. *... ahlakçı cinselbilimcilerin görüşlerine karşın, karıkoca dışı ilişkiler günden güne kılgısal olarak kabul edilmekte ...* –BO.

cinsellik *a.* iki cinsten (erkek ile dişi) her birinin ötekini araması, kendine çekmesi, birleşimdeki özel rolleri, yavrularla ilgili davranışları ve her birinin yaşamdaki ruh durumları gibi, cinsel özelliklerin topu. *Tiyatroda cinsellik akımı süredursun, aynı salgın operaya da sıçramış bulunuyor.* –GAy.

cinsil *s.* cinse değgin, türle ilgili, türe değgin. *Böyle bir cinsil yozlaşma olmadıkça ... insan dediğimiz soylu varlık ... saygınlığını sürdürecektir.* –CK.

cinslikbilim *bkz.* **cinselbilim**

coşku *a.* duyguların tepi halinde dışarı vurması, duyguların olağanüstü hali. *... sevdiğiyle buluşmanın coşkusuyla ...* –SKA. **coşku denetimi** *ruhb.* kişinin, coşkusunu ayarlayabilme gücü. **coşku dengesizliği** *ruhb.* kişinin coşkusal tepkilerindeki bozukluk. **coşku gelişimi** *ruhb.* duygusal yönden olgunlaşma. **coşku uyumu** *ruhb.* coşku verici durumlarda uygun ve yeterli tepki gösterebilme durumu. **coşku vurgusu** *dilb.* "yaşa", "varol" gibi coşkulu söyleyişte, anlamı coşku yönünden güçlendiren vurgu.

coşkulandırılma *a.* coşku duymasına yol açılma, coşkulanması sağlanma. *Gençlerin coşkulandırılması zor değildir.* –AP.

coşkulandırılmak coşku duymasına yol açılmak, coşkulanmasına neden olmak, coşkulanması sağlanmak. *Genç insan coşkulandırılırsa eylemi farklı olur.* –AP.

coşkulandırma *a.* duygusal yönden etkileyerek coşku duymasına yol açma, coşkulanmasını sağlama, coşku verme. *Şiir beni her zaman coşkulandırmıştır.* –AP.

coşkulandırmak coşku duymasına yol açmak, coşkulanmasını sağlamak, coşku vermek. *... yeni bir ülkenin ayaktopunda da olsa öne çıkışı herkesi coşkulandırıyor.* –MTÖ.

coşkulanma *a.* duyguca olağanüstü bir değişim gösterme, coşku duyma. *Sevgiyi yüceleştirme, sevgili karşısında tapınç düzeyindeki coşkulanma, hep bu hüzünle beslenir.* –AdB.

coşkulanmak duyguca olağanüstü bir değişim göstermek, coşku duymak. *Acıma, sevinme, başkalarının acılarına katılma, güzellik karşısında coşkulanarak yitip gitme ... gibi duygusal oluşumlar, duyarlılıklarının bilincine varmış kişilerde belirebilir ancak.* –AdB.

coşkulu *s.* duyguca olağanüstü bir değişim gösteren; coşkusu olan ya da coşku veren. *Mustafa Kemal'in ... dilinde, tüm sözcüklere ateşli, coşkulu bir anlam katan niteleme sıfatı "milli" sıfatıdır.* –CAK.

coşkululuk *a.* duyguca olağanüstü olma durumu.

coşkusal *s.* coşku ile ilgili, coşku özelliği gösteren. *Bu yüzden coşku, toplumsal bir biçim içinde gerçekleşmemiş bir özel kişisel yaşantıdan geliyorsa şiirin bu coşkusal anlam yüküyle yüklü olması yetmez.* – MD.

coşkusallık *a.* coşku özelliği gösterme durumu. *Bir yapıt karşısında takınılan coşkusallık, bu açıdan açıklanabilir.* –AÇ.

coşkusuz *s.* coşkusu olmayan, duyguca bir değişim göstermeyen, isteksizce davranan. *Murat denize yalnız gidiyordu, Tarık'la konuşurken de coşkusuzdu ...* –Sİ.

coşkusuzluk *a.* isteksizlik, duyguca pek bir değişim göstermeme durumu. *Çünkü ... yetersizlik, inançsızlık ... coşkusuzluk ağır bastı mı, olacağı budur.* –İS.

coşu *a.* herhangi bir nedenle, özellikle duygusal ve anlıksal bir olgu ile, kendinden geçme, esrime. ... *eros doğru olarak yöneltilirse insanda felsefi bir coşu uyandırır.* –MG. *Kısası, büyücü ... meczup insandır ... eylemlerindeki etkinliğin ayrılmaz koşulu da kollektif coşudur.* –NŞK.

coşumcu *s.* **1** duygu, coşku, imge ve düşleme ağırlık veren. ... *Bachofen'in "coşumcu ve sezgisel" araştırması işte bu yüzden elin tersiyle itilmiştir.* –BO. **2** coşumculukla ilgili. *Tıpkı bir portrenin biçimine göre coşumcu, gerçekçi, gerçeküstücü, kübist gibi değişik yorumlara yöneltilmesi gibi.* –MY. **3** *a.* coşumculuğu senimsemiş, coşumculuk çığırından olan yazar. *Geothe coşumcu bilinir.* –AP.

coşumculuk *a.* XVIII. yüzyıl sonuyla XIX. yüzyıl başında Avrupa'da ortaya çıkan sanat, yazın, düşünü ve siyasa çığrı, ki içtenlik ve bireyin yaratıcı gücü adına bütün kuralları yadsır, duyguyu, coşkuyu, imgeyi ve düşlemi yüceltir. *Büyük Alman coşumculuğu, gökyüzünün ışıklı tanrıları üstüne çöken, renkleri gittikçe koyulaşan tülleri bir ululama titreşimi içerisinde hissetmekte ...* –BO.

cumhurbaşkanı *b. a.* yönetim biçimi cumhuriyet olan bir ülkede devlet başkanı. *Cumhurbaşkanı'na elden yolladığı bir mektupla ...* –UM.

cumhurbaşkanlığı *b. a.* **1** cumhurbaşkanı olma durumu, cumhurbaşkanının görev adı. *Kendisini cumhurbaşkanlığına layık görüyorsa ne denir?* –HVV. **2** cumhurbaşkanının görev yaptığı orun, yer. *Cumhurbaşkanlığı, raporun "resmi" nitelik taşımadığını ileri sürüyor.* –UM.

Ç

çaba *a.* **1** herhangi bir işi yapmak için harcanan güç. *Bu çaba niye sanki?* –BK. **2** herhangi bir işi yapmak için güç harcama. ... *hiç çaba harcanmamış gibi geldi bana.* –AP.

çabacı *a.* gereksiz çaba gösteren. *İnsanları çabacılar güç duruma düşürür.* –AP.

çabacılık *a.* gereksiz çaba gösterme işi. ... *belli bir sav niteliğine bürünmeye çalışan böyle bir sözde gerçekçi bildiri, aşırı bir çabacılıkla ele alınmış bir yoz yorumdan öteye hiçbir değer taşımasa gerek.* –ÖB.

çabalama *a.* herhangi bir işi yapmak için güç harcama işi. ... *böyle çırpınışı, direnişi, çabalaması da bir o kadar boş değil mi?* –BK.

çabalamak herhangi bir işi yapmak için güç harcamak. *Heyecanlı ve ateşli gençliğin eylemlerini istedikleri yönlere çekerek sonuçtan yararlanmaya çabalamaktadırlar.* –İS.

çabasız *s.* hiç çaba göstermeyen. *Burada alıcı, tam bir beleşçidir artık, çabasız ele geçirmiştir sanatı.* –MCA.

çabasızlık *a.* hiç çaba göstermeme durumu. *Ben çabasızlığımızdan yakınıyorum.* –YK.

çağ *a.* **1** başı ve sonu belli olup bir özellik taşıyan zaman parçası. *Emperyalizm çağının artık yeryüzünde kapandığı inancı ...* – NN. **2** tarihte türlü olayların belirmesi ya da sona ermesi göz önüne alınarak saptanmış büyük zaman bölümlerinden her biri, ki bu büyük zaman bölümleri **ilkçağ, ortaçağ, yeniçağ** ve **sonçağ**dır. **3** bir şeyin olgunluk, yetkinlik ve verim zamanı. **4** yaşamın çocukluk, gençlik, yaşlılık gibi bölümlerinden her biri, yaş. ... *bizim çocukluk ve gençlik çağımız Türkiyesinde ...* –NSB.

çağaşım *b. a.* **1** bir olayın tarihi ya da çağıyla ilgili karıştırım, değişik olayları ve çağları birbirine karıştırma. **2** *yaz.* artık kullanılmaz olmuş eski sözcükleri, deyimleri ya da eski sözdizimine özgü biçimleri anlatımda kullanma eğilimi. **3** kullanıldığı çağdan daha eski bir çağa özgü bir biçimin, bir yapının ayırıcı özelliği. *Anakronizm karşılığı olan çağaşım sözcüğünü 1975 yılında türettim.* –CM.

çağaşımsal *b. s.* çağaşımla ilgili, çağaşım özelliği taşıyan, dönemi geçmiş, eski. *"Çağaşım, çağaşımsal" sözcüklerine ... yer verilmişti.* –CM.

çağcıl *s.* zamanının yeniliklerine uyan, çağa uygun. ... *milli gelirimiz istediği kadar artsın, ne batılı olabiliriz, ne de çağcıl.* –İS.

çağcıllaşma *a.* yenileşme, çağın yeniliklerivle donanma, çağın yeniliklerini benimseme.

çağcıllaşmak yenileşmek, çağın yeniliklerini benimsemek, çağın yenilikleriyle donanmak.

çağcıllık *a.* çağa uygunluk, çağcıl olma durumu.

çağdaş *s.* **1** yaşadığımız çağa ilişkin, yaşadığımız çağda olan, çağımızda olan. *Atatürk'e göre batıcılık ... çağdaş medeniyet seviyesine erişmek demektir.* –FKT. **2** bir çağda olanlardan her biri, aynı çağdakilerden her biri. *Tükçesi, çağdaş insan yaşayışı ...* –TB.

çağdaşlaşma *a.* uygarlık, bilim, düşünce vb. de çağdaş duruma gelme, çağın tutumuna uyma, çağın ileri uluslarına erişme. *... çağdaşlaşmanın önce millet özgürlüğüyle başladığını ... unutturmaya çalışmaktadırlar.* –İS.

çağdaşlaşmak uygarlık, bilim ve teknik, düşünce vb. de çağdaş duruma gelmek, çağın tutumuna uymak, çağın ileri uluslarına erişmek. *Özellikle toplumların çağdaşlaşmak çabaları içinde gerçekleştirdikleri atılımlara ... karşı çıkan akımları ... görmüşüzdür.* –ÇÖ.

çağdaşlaştırıcı *s.* çağdaşlaşmaya yol açıcı, çağdaşlaşmayı sağlayıcı. *... öz bakımından olmasa bile biçim bakımından yapılacak bir değişiklik bile çağdaşlaştırıcı bir nitelik kazanır.* –NB.

çağdaşlaştırılma *a.* çağdaş bir duruma getirilme, çağdaşlaşması sağlanma. *Tanzimat dönemi eğitimin çağdaşlaştırılması yolunda ... en az başarıyı ilk eğitim alanında göstermiştir.* –NB.

çağdaşlaştırılmak çağdaş bir duruma getirilmek, çağdaşlaşması sağlanmak. *Eğitim çağdaşlatırılmadıkça ilerleme olmaz.* –AP.

çağdaşlaştırma *a.* yaşadığımız çağın isterlerine uygun bir duruma getirme. *Bugün bizim mücadelemiz İslamı çağdaşlaştırma mücadelesidir...* – AÖz.

çağdaşlaştırmak yaşadığımız çağın isterlerine uygun duruma getirmek, çağdaşlaşmasını sağlamak. *Ülkesini çağdaşlaştırmak amacıyla ...* – Atİ.

çağdaşlık *a.* çağdaş olma durumu. *Yazarın çağdaşlığı, çağının düşüncesini yansıtması, bunu bir yorumla topluma ulaştırmasıdır.* –AdB.

çağdışı *b. s.* çağın dışında kalmış, çağın gerisinde kalmış. *Toprak ağalığı çağdışı bir kurumdur.* –İS.

çağdışılık *b. a.* çağın dışında, gerisinde kalmışlık. *Bu olaydaki çağdışılık yürekleri burkacak denli açıktır.* –AP.

çağrı *a.* birinin bir yere gelmesini isteme. *Bu da kendince bir çağrı cümlesi olsa gerekti.* –AÖ.

çağrılama *a.* birini bir yere çağırma.

çağrılamak birini bir yere çağırmak. *Sıkıntılar demokrasiyi çağrıladı.* –AfT.

çağrılı *s.* bir toplantıya bir yere çağrılmış olan kimse. *Serginin açılışına çağrılı bulunanlar, limonata içiyor ve kuru pasta yiyorlar.* –AAğ.

çağrılık *a.* bir yere, bir toplantıya çağrılanlara gönderilen yazılı kâğıt. *İşte para ödemeden biletsiz, çağrılıksız, elini kolunu sallayarak girebileceği tek yer cennetin kapısıydı.* –AN.

çağrım *a. tec.* bir anonim ortaklıkta, paydaşları ortaklığa koymayı üstlendikleri anaparanın taksitlerini ödemeye çağırma.

çağrısal *s.* çağrı özelliği taşıyan, çağrı niteliği bulunan. *Bütünüyle çağrısal olan aşk iletişiminde durum budur.* –MY.

çağrısız *s.* çağrılmadan gelen, çağrılmamış olan. ... *bin bir bela içinde yüzerken çıka gelen çağrısız konuğu kabul etse bir türlü, etmese başka türlü.* – CA.

çağrışım *a. fels.* düşünülerin birbirini uyandırması olayı; örneğin görülen bir buzdan usun karlı bir kış gününe gitmesi, karlı kış gününün daha başka düşüncelere yol açması gibi, birtakım benzerlikler ya da karşıtlıkların ansıttığı düşünüden düşünüye geçiş. *Dil devrimi de eski sözcüklerin çağrışım zenginlikleri, görüntü değerlerini silip süpürünce.* – CSS.

çağrışımcı *a. fels.* çağrışımcılık öğretisi yanlısı kimse ya da görüş. *Çağrışımcılar, genel bilginin oluşmasında, düşüncelerin birbirlerini çağırmasını tek kaynak olarak görürler.* –OH.

çağrışımcılık *a. fels.* zihnin bütün işlemlerini, usun bütün ilkelerini düşünülerin çağrışımı ile açıklamak isteyen felsefe yolu. *Çağrışımcılık düşüncesi, antikçağın Yunan düşünürü Aristoteles'le başlamıştır.* – OH.

çağrışımlı *s.* çağrışım uyandıran, çağrışımsal. *Çünkü bir yandan faşizmin SS'lerine çağrışımlı bir gönderme yaparken* ... –İS. *Hiç duyulmamış, kendi başına buyruk ve sonsuz çağrışımlı adıyla Vienna* ... –AD.

çağrışımsal *s.* çağrışımla ilgili, çağrışım özelliği taşıyan; birtakım benzerlikler ya da karşıtlıkların anımsattığı düşünüden düşünüye geçişe olanak veren. *Çağrışımsal yönü ağır basan imgelerle iç, sözcükler ve dizeler arasında kurulan ses benzerlikleriyle de dış örgensellik iyi kurulmuş.* – EmÖ.

çağrışımsallık *a.* çağrışımsal olma durumu.

çağrıştırma *a.* çağrışım yoluyla usa getirme, usta uyandırma. *Örneğin daha ilk dizede karşımıza çıkan "dağ köyü", "yükseklik", "uzaklık", "yoksulluk" kavramlarını çağrıştırması yanında köklü bir karşıtlık içerir.* –TY.

çağrıştırmak (bir şey bir şeyi) usa getirmek, usda uyandırmak. ... *parıldayan yıldızlar çağrıştırmış olmalıydı* ... –AÖ. *Zaten markizleri, kontesleri çağrıştırmaktadır.* –Sİ.

çağsal *s.* çağ ile ilgili. ... *karışık olayların sonucu olmayıp, çağsal bir dönüm noktasıdır.* –AÇ.

çağsama *a.* geçmiş ya da gelecekteki bir çağa sevgi ya da özlem duyma, nostalji. *Buralara hep laterna kaynaklı bir çağsama ile gelirdi. 2050'de yazar daha çok kazanacak. Belki de özlem, belki bir çağsama.* –HA.

çağsamak geçmiş bir çağa ya da düşlenen bir çağa özlem duymak.

çağüstü *b. s.* yenilikçe çağı aşan.

çakım *a.* kıvılcım, şimşek. ... *Cemal Süreya'nın olağanüstü yeteneğindeki ateşle barutun birlikteliğinden doğan çakımlar.* –FAl.

çakışık *s. mat.* çakışmış, üst üste konulunca birbirine uymuş iki şekilden her biri. *Tepe tepeye gelmiş, eksenleri çakışık eşit iki koni düşünülürse* ... –AK.

çakışma *a.* çakışmak eylemi.

çakışmak *mat.* (iki şekil) üst üste konulunca birbirine tastamam gelmek. *Tam kutuplarda ufuk, ekvator ile çakışır* ... –AK.

çalgıç *a.* kimi telli sazları çalmaya yarayan, kemikten, boynuzdan, plastikten vb. yapılan çalma aracı.

çalışım *a.* bir sporcunun kendi alanında ölçülü bir biçimde çalışması ve kendini hazırlaması işi.

çalıştırıcı *bkz.* **çalıştırman**

çalıştırıcılık *bkz.* **çalıştırmanlık**

çalıştırman *a. sp.* bir sporcuyu ya da sporcuları, bir spor takımını yarışma ya da karşılaşmaya hazırlayan kimse.

çalıştırmanlık *a. sp.* çalıştırmanın yaptığı iş, çalıştırmanın görevi.

çap *a.* **1** *mat.* bir çemberin merkezinden geçerek iki noktasını birleştiren doğru. *Verilen bir çemberin çaplarından biri çizildiğinde ...* –ES. **2** oylum ölçü. *... getirdiği yeniliğin çapı...* –RE. **3** bir taşınmazın geometrik biçimini gösteren ve genel kadastro planından çıkarılan tek plan.

çarpan *a. mat.* bir çarpmada çarpılanın kaç kez çarpılacağını gösteren sayı, ki örneğin 5 x 3 = 15 işleminde 3 sayısı 5'in çarpanıdır. *x2 – a2'yi (x + a) (x – a) çarpanlarına ayırmaktan başka bir sonuç çıkıp çıkmadığını incelemek daha uygun olur ...* – ÖÜ.

çarpı *a.* çarpma işleminin imi; örneğin 5 x 3 =15 işlemindeki (x) imi ya da (a.b)'deki (.) çarpıdır. *Ama sıfır çarpı yalnızlık/Toplasalar hepimizi.* –BN.

çarpılan *a. mat.* bir çarpmada kaç kez çarpılacağı gösterilen sayı; örneğin 5 x 3 = 15 işleminde 5 sayısı çarpılan durumundadır.

çarpım *a. mat.* çarpma işleminin sonucu olan sayı; örneğin 5x3= 15 işleminde çarpım 15'tir. *... ile yarıçapın çarpımına eşittir.* –AK. *Toplum, kuvvetlerin toplam ya da çarpımı; savaş ve toplumsal çatışma, kuvvetlerin çıkarmasıdır.* –NŞK.

çarpınç *a.* birçok kimsede yaratılan güçlü heyecan ya da birçok kimseyi ilgilendiren, etkileyen heyecan verici olay.

çarpınçlı *s.* büyük ilgi çeken, heyecan yaratan, çarpıcı (olay).

çarpma *a. mat.* dört işlemden biri, ki bir sayıyı başka bir sayıda bulunan birler kadar tekrarlayıp toplama. *İlkokul aritmetiği ölçeğinde çıkarma, toplama, çarpma işlemleri gırla gidiyor.* –CA.

çarpmak *mat.* bir sayıyı başka bir sayıda bulunan birler kadar tekrarlayıp toplamak. *Bir sayıyı 11 ile çarpmak için ...* –ES.

çaşıt *a.* bir devletin ya da bir kimsenin gizlerini başka bir devlet ya da başka bir kimseye bildirmek ereğiyle öğrenmeyi yükümlenen kişi. *Yoksa öteden beri çaşıt olarak mı bulunuyordu kurumda?* – CSS.

çaşıtlamak birinin bir eylemini başkasına gizlice duyurmak.

çaşıtlık *a.* çaşıtın yaptığı iş ya da çaşıt olma hali. *Bir Fransız gibi Fransızca bir Alman gibi Almanca konuşmak yalnız çaşıtlık edecek kimseler için bir üstünlüktür.* – NA.

çatalağız *b. a. coğr.* bir akarsuyun denize ulaştığı yerde, sürüklediği lığları çökertmesi nedeniyle oluşan düzlük yer. *Açtı baktı sözlüğe, delta ... Delta, çatalağız/ Bir ırmağın kavuşması denize/ Çatal çatal bir özlemle.* –CAK.

çatı *a. dilb.* özne ve nesne bakımından bir eylemin niteliği, yani bir eylemin geçişli, geçişsiz, etken, edilgen ya da dönüşlü olması ya da işteşlik anlatması durumu. *Özneyi ilgilendiren bu değişikliğe de çatı denir.* –TNG.

çatışık *s.* birbirini tutmayan, birbirini çelen, birbirine uymayan, çelişik. *Mahmut hakkında çağdaş Avrupa gözlemcilerinin çatışık yargılar vermesinde ...* –NB.

çatışıklaşma *a.* çatışık bir durum alma.

çatışıklaşmak çatışık bir durum almak. *... böyle karışık bir cemiyetin ideolojisinin ne olabileceği konusu, Türk ve yabancı yazarların fikirlerinin en karıştığı, en çatışıklaştığı bir konu olmuştur.* –NB.

çatışıklık *a.* çatışık olma durumu. *Bu olayların başında kurnazlığı ... ile ün kazanmış kişilerin bulunuşu ilk dönemle ikinci dönem arasındaki diyalektik çatışıklığı derinleştiren etkenler olmuştur.* –NB.

çatışkı *a. fels.* birbiriyle çelişmekle birlikte ikisi de eş güçte kanıtlara dayanan ve birine sav, ötekine karşısav denilen iki önermenin topu. *Gurvitch'e göre kuramsal ahlakta görülen bu çatışkı belki de ahlak özerkliğinin aslına, içyüzüne ulaşamamaktan doğmaktadır.* –NŞK.

çatışkılaşmak çatışkı görünümü almak. *Yaşam çelişkileri barındırır, çatışkılaşmış ya da çatışkılaşmamış çelişkiler.* –AfT.

çatışkılı *s.* özünde çatışkı bulunan. *Eğer işin derinine inilseydi, sıradan işçinin ... iç dünyasının çatışkılı olduğu saptanacaktı...* – BO.

çatışkılılık *a.* özünde çatışkı bulunma durumu.

çatışkısal *s.* çatışkı özelliği taşıyan. *Bunların pek çoğu ... toplumun, "telafi edici güçlerin" bileşik işleyişi içinde çatışkısal bir dengeye kavuşması zorunluluğunu kabul ederler.* –HC.

çatışma *a.* **1** dövüşme. **2** birbirine çatma. *Böyle bir çatışmadan ... öldürücü yaralar almadan kurtulamaz.* –ÇA. **3** (söz ya da sav) birbirini tutmama, çelişme. **4** *coğr.* türlü yönlerden uzanan dağ sıralarının bir yerde dar bir açı ile birbirine yaklaşıp kaynaşması.

çatışmak 1 birbirine çatmak. **2** dövüşmek. *Böyle bir çatışmadan sayın Bozbeyli öldürücü yaralar almadan kurtulamaz.* –ÇA. **3** (söz ya da savlar) birbirini tutmamak, birbirini çelmek, çelişmek.

çavlan *a. coğr.* akarsulardaki çağlayanların büyüklerine verilen ad, ki çağlayandan ayrımı daha çok akımlı oluşudur. *İncecik, sızan bir çeşme/ çavlan/yüzlerce/gün ışığı.*–AP.

çayevi *b. a.* çay, ıhlamur, kahve gibi içecekler içilen, tavla ve benzeri oyunlar oynanan yer. *Benzin istasyonlarının da, çayevlerinin de, aşevlerinin de çoğu kapanmıştı.* –BE.

çekici *s. mec.* güzelliği, alımı ya da başka bir yönüyle kendisine eğilim uyandıran, çeken. *... çekici bir iş ...* –AP.

çekicileşme *a.* gözü gönlü çeker bir duruma gelme, alımlılaşma, albenili bir özellik kazanma, güzelleşme.

çekicileşmek alımlı bir duruma gelmek, gözü gönlü çekecek bir duruma gelmek, çekicilik kazanmak, güzelleşmek.

çekicileştirme *a.* gözalıcı bir biçime sokma, alımlı bir duruma getirme, çekici kılma.

çekicileştirmek çekici kılmak,

cekici bir duruma sokmak. ... *bence polis romanını çekicileştiren asıl etmen ... şüphe öğesidir.* –MB.

çekicilik *a.* gözü gönlü çeken güzellik, alım, albeni. ... *onların nesnel direnç ve çekicilik kazanmasını kolaylaştıran ...* –NU.

çekilme *a.* **1** çekilmek eylemi. **2** bir işten, bir görevden kendi isteğiyle ayrılma. *Cumhurbaşkanı seçimini gerektiren halleri sadece ölüm ve çekilmeye bağlamamıştır.* –Aİ. **3** *yerb.* basınç ya da gerilmeler yüzünden yerkabuğunda çatlamalar, yarılmalar doğuran olay. **4** *coğr.* deniz sularının yükselme durumundan alçalma durumuna geçmesi, her gün düzenli olarak alçalması. **5** *ask.* savaşta bir ordunun ya da birliğin düşmandan ayrılmak için yaptığı devinim.

çekim *a.* **1** *fiz.* herhangi bir özdeğin başka bir özdeği kendine doğru çekebilmesi gücü. *Toplumsal içgüdünün, fizikteki çekimin bir çeşidi olduğu belki de doğrudur.* –NŞK. **2** dilb. adların ad hallerine, eylemlerin de türlü zaman, kişi ve kiplere göre uğradıkları değişiklikler; örneğin ev adının evi, eve, evde, evden biçimlerinde aldığı durumlar. *Adların tümcelerdeki görevleri çekimlerine bağlıdır.* –TNG. **3** *sine.* alıcının sürekli olarak bir kez çalıştırılmasıyla elde edilen görüntülü film parçası. *Bu tahtada filmin adı, çekim sayısı, çekimin kaçıncı kez çevrildiği ... gibi bilgiler yer alır.* –NÖ. **çekim eki** *dilb.* ad, ya da eylem kök ya da gövdelerine gelerek kişilik kavramı oluşturan ek. *Türkçede iki türlü ek vardır. Biri yapım eki, diğeri de çekim ekidir.* –NH. **çekim yasası** *fiz.* nesnelerin birbirlerini çekişiyle ilgili Newton yasası. *Kepler'in yasaları, genel çekim yasasının tersine, yalnız betimleyicidirler.* –AG. **evrensel çekim** *fiz.* Güneş'in gezegenler üzerindeki etkisi. **genel çekim** *sine.* insanları geniş bir dekor ortasında veren çekim çeşidi. *Genel çekimdeki bir gülümseme, yakın çekimde yapmacık bir gülümseme olduğunu belli edebilir.* –SBü. **kaydırmalı çekim** *sine.* alıcının herhangi bir araç üzerinde çeşitli yönlere devindirilmesiyle elde edilen çekim. *Bu kaydırmalı çekim filmin yüzeysel görünüşünün altında yatan izlekleri verir.* –SBü. **yakın çekim** *sine.* bir insanın omuzundan yukarısının verildiği çekim. *Yakın çekim, sesbiriminin karşılığı değildir.* –SBü.

çekimci *a. sine.* sinema ve televizyonda, alıcıyı çalıştıran ve yöneten, böylece, görüntülerin film üzerine saptanmasını ya da yayımını sağlayan kimse, alıcı yönetmeni. *Bir TRT çekimcisi de ortalıkta dolaşıyordu, ama yayımlanmak üzere değil, arşiv için ... çekim yaptığı belliydi.* –BE.

çekimleme *a. dilb.* bir eylemin türlü zaman ve kişilere ya da bir adın ad durumlarına göre aldığı biçimleri yolunca söyleme ya da yazma. *Adları çekimlemeye yarayan durum ekleri.* –TNG.

çekimlemek *dilb.* bir eylemin türlü zaman ve kişilere ya da bir adın ad durumlarına göre aldığı biçimleri yolunca söylemek ya da yazmak. *Tümleçler, den, e, de durum takılarıyla çekimlenmiş adlardır...* –TNG.

çekimlenme *a.* çekim[2] işlemine uğrama.

çekimlenmek çekim[2] işlemine

konu olmak. *Örneğin, Türkçede aynı cümlede tekil birinci kişi özneyle (ben) çoğul birinci kişi çekimlenmiş yüklem kullanamayız.* –FEA.

çekimli *s.* çekim[1] gücü olan, çeken. *Çekimsiz (yahut en az çekimli) bir bölgeye geldiğinizde.* –VB.

çekimölçer *b. a. fiz.* çekim gücünü ölçmeye yarayan aygıt.

çekimseme *bkz.* **çekimsenme**

çekimsemek *bkz.* **çekimsenmek**

çekimsenme *a.* bir şeyi yapmaktan geri durma.

çekimsenmek bir şeyi yapmaktan geri durmak.

çekimser *s.* bir şeyi yapmaktan geri duran (kimse), herhangi bir oylamada oyunu evet ya da hayır anlamlarından birine gelecek yolda kullanmayan, kullanmaktan kaçınan (kimse). ... *beni çekimser kılan* ... – NU.

çekimserlik *a.* bir şeyi yapmaktan geri durmadurumu. *Hoşgörü diyoruz, nedir hoşgörü? İşi çekimserliğe vurmak mı?* –CSS.

çekimsiz *s.* çekimi[2] olmayan, çekmeyen. *Çekimsiz (yahut en az çekimli) bir bölgeye geldiğinizde bardaktaki su da çekimsizleşiyor ve bardağın kenarlarında yükselmeye ... başlıyor.* –VB.

çekimsizleşme *a.* çekim[1] gücünü yitirme.

çekimsizleşmek çekim[1] gücünü yitirmek. *Çekimsiz ... bir bölgeye geldiğinizde bardaktaki su da çekimsizleşiyor ve bardağın kenarında yükselmeye ... başlıyor.* –VB.

çekimsizlik *a. fiz.* nesnelerin etkisinde kaldıkları çekim gücünden kurtulduklarını sandıran durum, ağırlıksızlık. ... *uzaydaki çekimsizliğin yapay yerçekimi ile giderilebileceğini anlatmıştır.* –VB.

çekince *a.* çekinmeyi gerektiren neden, ölüm ya da büyük dokunca olasılığı. *Sahne, tiyatroya bir kolaylık getirmiş olmakla birlikte önemli bir çekince de getirmiştir.* –IHB.

çekinceli *s.* kendisinde çekince bulunan. ... *ve kendi dar dünyası dışındaki her şeyi çekinceli ve tehdit edici bulma eğilimindedir.* –ÖŞ.

çekincesiz *s.* yapılmasında hiçbir çekince bulunmayan. *Somut, örneklenmesinde çekincesiz davranabilecek bu tür olgular karşısında sus-muşsa ...* – Sİ.

çekincesizlik *a.* kendisinde çekince bulunmama durumu.

çekinik *s. yaşb.* soyda var olan ama aradaki kuşaklarda gizli kalmış bulunan, ancak birkaç kuşak sonra ortaya çıkan (soyaçekim özellikleri).

çekirdeksel *s. fiz.* atom çekirdeğiyle ilgili, nükleer. ... *taş baltalar, barutlar, çekirdeksel silahlar yürüdü önümüzde.* –HH.

çekmek *bkz.* **çekimlemek**

çekmen *a. hayb.* ve *bitb.* yapışmaya, çekip emmeye yarayan organ, ki türlü hayvanlarda yer değiştirme, kendini bir yere bağlama, yutma aracı olarak iş görür; örneğin sülük, çekmeniyle yapışarak kan emer; asalak bitkilerin, üzerinde yaşadıkları bitkiyi emecek çekmenleri vardır.

çektiri *a.* verilen aşırı güçlük ve sıkıntı, üzgü. *Bizler uzaktakilere çok iyiyizdir/Çektirimiz yakınlara.* –BN.

çelişik *s. mant.* çelişme durumunda olan, içinde çelişme bulunan (düşünü ya da şey). *Hem bir bilimde yer almayan hem de bilimsel olan bir bilgi çelişik bir şey bence.* – NU.

çelişiklik *a.* çelişme durumu. ... *ve bu durumun Anayasa'nın 36. maddesiyle olan çelişikliğini belirterek* ... –EG.

çelişken *bkz.* **çelişik**

çelişki *bkz.* **çelişme**

çelişkili *bkz.* **çelişik**. ... *insanın kültür tarihi boyunca elde ettiği değişkenliğin çelişkili gelişimini düşünmeden* ... – ÖN.

çelişkililik *bkz.* **çelişiklik**. *Çelişkililik, özne-yüklem ilişkisini ortaya koyar.* –AfT.

çelişkin *bkz.* **çelişik**. *Gerçekten de, iki yanın birbirine yönelttiği çelişkin bir sürü yargı bir yana* ... –TY.

çelişkisiz *s.* çelişmeyen, içinde çelişki bulunmayan, çelişkisi olmayan, tutarlı olan. *İster kişi olarak, ister düşün akımı olarak düşün alanında tüm tutarlı, çelişkisiz olanına rastlamayacağız.* – NB.

çelişkisizlik *a.* içinde çelişki bulunmama durumu.

çelişme *a. mant.* birinin doğruluğu ötekinin yanlış olmasını gerektiren iki halin içinde bulunduğu durum; bir şeyi hem olumlama hem yoksama durumu. ... *gitgide bir çelişmeler ülkesi haline gelmekte olan* ... –RE. **çelişme ilkesi** (ya da **çelişme yasası**) *fels.* doğada ve toplumda her gelişmenin çelişmeye dayandığını ileri süren ilke.

çelişmek (iki şey) çelişme durumunda bulunmak. *Her şey her şeyle çelişmek'te ve savaşmaktadır.* –OH.

çelişmezlik *a. fels.* çelişmeme durumu. *Kavram ve önermeler de, çelişmezlikle değil, ancak çelişmeyle gelişebilirler.* –OH. **çelişmezlik ilkesi** *fels.* "bir şey aynı zamanda hem var hem yok olamaz" diyen varlık yasası. *Wolf için bu en yüksek ilke, çelişmezlik ilkesidir (principium contradictionis).* –MG. **çelişmezlik önermesi** *fels.* varlık yasası olarak, "bir şey aynı zamanda hem var hem yok olamaz" ve düşünce yasası olarak da "hiçbir şeye aynı zamande hem evet hem hayır diyemeyiz" biçiminde söylenen önerme. *Düşünce ve varlığın öteki kanunları da çelişmezlik önermesine bağlılar, ama yine de doğrudan doğruya kesinler...* –MG.

çenek *a. bitb.* tohumda cücüğü kaplayan etli bölüm.

çenet *a. bitb.* meyve kabuklarının, çatlama sırasında ayrıldıkları parçalardan her biri.

çeper *a. yaşb.* ve *fiz.* bir boşluk meydana getiren yanlardan her biri.

çevirge *a.* çevresini sarma, kuşatma; bir yerin dışarı ile olan bağlantısını zor kullanarak kesme. *Tam bir çevirge içinde kalmıştık.* –TAp.

çevirgeç *a. fiz.* bir devredeki elektrik akımını ters yöne çevirmek için kullanılan araç.

çeviri *a.* **1** bir dilden başka dile çevirme işi. **2** bu işin sonucu. *Tercüme yerine çeviri ... gibi bir söz bulsak* ... – NA.

çeviribilim *b. a.* çeviriyi bir uzmanlık alanı olarak, dilbilimsel süreçleriyle inceleyen, çevirinin öğretim yöntemlerini saptayan bilim dalı. *Çeviribilim açısından kanıtlanmış olan bu durum, çeviri uğraşının kendisi için de geçerlidir.* –ACe.

çeviribilimci *b. a.* çeviribilim alanında çalışan uzman. ... *çok başarılı bir çevirmen ve çeviribilimci ... görev bilinci çok üstün bir yöneticiydi.* – BV.

çevirim *a. sine.* sinema filmi yapmak üzere alıcının çalıştırılmasına bağlı olarak yapılan işlerin topu. *Birkaç çevirim arasından hangisinin seçildiği bu sayıyla belirtilir.* – NÖ.

çevirme *a.* çevirmek eylemi.

çevirmek bir dilden başka dile aktarmak. ... *bir kitabı dilimize çevirmek.* – İS.

çevirmen *a.* bir yazılı şeyi bir dilden başka bir dile çeviren kimse. *Nitekim dilimiz ... genç çevirmenlerin elinde yeni bir açılım ve gelişme içinde.* – EmÖ.

çevirmenlik *a.* çeviri yapma işi; çevirmenin uğraşı. *Çevirmenlik bir meslek haline gelmiş değildir.* –CSS.

çevirti *a.* söylenmiş bir söze tepkiyi görüp, o sözü bilinen anlamından başka bir anlamla yorumlama; sözü çevirme. *Büyük Atatürk'ün sunmuş olduğu ilkeleri, türlü yorum ve çevirtilerle bozmaya kalkışmadan, onun anladığı gibi uygulamaktan korkanlar ...* – CS.

çevre *a.* **1** *mec.* aynı konu ile ilgili bulunan kimselerin topu. *Çok dar bir çevre içinde olsa bile ...* – SKA. **2** *coğr.* doğal, toplumsal ve ekinsel etmenlerin birlikteki işlemleriyle belirmiş bir alan, bir yer. **3** bir şeyi kuşatan yakın yerler. ... *ve sözün en geniş anlamında çevresini duyup yaşamasında ...* – NU. **4** bir şeyin kıyılarının meydana getirdiği kapalı çizgi, örneğin "bu kentin çevresi on kilometredir" deyince anlaşılan şey. *Böyle bir görünü, Müslüman hacıların Kâbe çevresindeki "tavaf"larına benzetilmez olur mu?* –MCA. **çevre kuramı** *toplb.* bir toplumun ekincini bulunduğu coğrafya ve yer koşullarının oluşturduğunu öne süren kuram. **çevreye uyum** *yaşb.* canlıların, bulundukları ortamın rengini ve biçimini almaları biçiminde beliren çevreye benzeme durumu.

çevrebilim *b. a.* canlıları içinde bulundukları doğal ortamla olan ilişkileri yönünden inceleyen bilim. *Çünkü çevrebilim ... saldırgan bir bilim dalıdır.* –BO. **toplumsal çevrebilim** insanların dağılışını toplumsal yönden inceleyen çevrebilim dalı. ... *ecologie sociale deyimi toplumsal çevrebilim deyimiyle özleştirilebilir.* –OH.

çevrebilimci *b. a.* çevrebilimle uğraşan kimse, canlıları çevreleriyle olan ilişkileri yönünden inceleyen uzman. *Çevrebilimciler, çevrebilim akımları, birkaçı ayrık tutulursa, tutulacak yollar konusunda tek laf etmiyorlar.* –BO.

çevrebilimsel *b. s.* çevrebilimle ilgili. *Kimi büyük işverenlerin çevrebilimsel bilincinin ... kâr etme mantığına dayanmayan bir topluma geçilebileceğini gösterdiğine inanmıyorum.* –BO.

çevreci *s.* çevredeki doğal güzellikleri ve özellikle yeşillikleri korumak için uğraş veren. *Türkiye'de çevreci kamuoyunun ağırlığını duyurmasının zamanı gelmiştir.* – OGö.

çevrecilik *a.* doğal güzellikleri ve özellikle yeşilliği korumak için uğraş verme işi. *Bu sözlerden çıkarılacak ilginç bir sonuç da çevreciliğin barışsever akımlarla ... çakıştığıdır.* – MCA.

çevreleme *a.* sınırlarını çizme; içine alma, çevresini çevirme, kuşatma. *Gerisiyse ... anıtlar koleksiyonunu çevrelemeye yönelik, hoş bir roman dekoru oluştururlar.* –TY.

çevrelemek 1 içine almak, kuşatmak. *İster bizi çevreleyen gerçek evren*

... *olsun, ister betimlenmiş ya da düşlenmiş öyküsel evren.* –TY. **2** bir konunun sınırlarını çizmek. *Reonir, renkleri de, onları çevreleyen ortamın etkisine göre boyar.*– SB.

çevrelenme *a.* sınır içine alınma, çevresi sınırlanma.

çevrelenmek sınır içine alınmak. ... *ve arabamız garaj, işlik, mutfak ve konut yapıları ile çevrelenmiş olan bir avluya girdi.* –MCA.

çevren *a. gökb.* ve *coğr.* yeryüzündeki herhangi bir noktanın çekülüne dik bulunan sonsuz düzlem, yani engin denizde, geniş bir ovada ya da bir dağın doruğunda bulunan bir kimsenin çevresine baktığı zaman gördüğü, gök ile yerin uzaklarda birleşir gibi görünen çemberimsi bölümü, gözerimi. ... *bezginlik vermekle kalmadı, çevreni daralttı.* –NA. *Güneş çevren altına düşmeden kapılar kapanmış olmalıdır diye buyruk verilmiştir kendisine.* –BK. ... *çünkü bir sanatın olgunlaşması, anlayışı genişletir genişletmez çevreni de genişletir.* –NÖ.

çevresel *s.* çevre ile ilgili. *Bu bilinç kişisel ya da çevresel olabilir.* –EA.

çevreyolu *b. a.* büyük kentlerin içine girmeden, çevresinden geçen karayolu. ... *bu sütunlarda çıkan yazıda bu korkunç olayı anlatmış, Çorum çevreyolunun yapılması zorunluğu üzerinde durmuştum.* –HVV.

çevri *bkz.* **çevrinti, burgaç**

çevrim *a.* **1** bir şeyin, düzenli bir biçimde, uğradığı değişmeler takımı. ... *istemeye istemeye emeklilik süremi dolduruyor, çevrime yeniden gireceğimiz güne hazırlanıyorum* ... – BO. **2** *fiz.* üzerinden bir elektrik akımı geçmekte olan iletken yolun bütünü. ... *bunun işlevini yerine getirebilmesi için direnç, sığa gibi bir sürü başka birleşenlerden oluşan çevrim öğeleri tasarlamak* ... *gerekirdi.* –AyK.

çevrimsel *s.* çevrim biçiminde olan. *Örneğin ilkbahar, yaz, sonbahar, kış ve sonra yeniden ilkbaharla başlayan aynı çevrimsel devim sonsuzca tekrarlanmaktadır.* –OH.

çevrimsellik *a.* çevrimsel olma durumu. *Bunlardan ikisi çevrimsellik, ikisi de binişme durumudur.* –BV.

çevrinme *a. sine.* alıcının, dikey ekseni çevresinde 360 derecelik bir dönüş yapması. *Hızlı ya da yavaş çevrinme değişik anlamlar oluşturuyor.* – SBü.

çevrinmek *sine.* (alıcı[2]) kendi ekseni çevresinde 360 derecelik bir dönüş yapmak. ... *alıcı denize çevrinir, yalnızca mavi denizi görürüz.* –SBü.

çevrinti *bkz.* **burgaç**. ... *kimi zaman kendi söylencesini aşırılıkla üstlenerek yosma yaşamının çevrintisine gömülür* ... – TY.

çevriyazı *b. a.* **1** *dilb.* bir metni, yazılmış olduğu yazıdan, okunuşunu belirterek, başka bir yazıya çevirme işi. **2** bu yöntemle çevrilmiş yazı. *Dilimizde nalın diye kullanılan sözcüğün Arapça aslı çevriyazı ile* ... *verilmiştir.* –ÖAA. *Doğrusu, "velhasıl" daki "hasıl"ın çevriyazısıdır, değil mi?* –MTu.

çıkak *a.* çıkış yeri, kaynak, köken. ... *bu akımların çıkakları aynı olmasına karşın* ... –AB.

çıkar *a.* gizliden gizliye gözetilen ya da dolayısıyla elde edilen yarar. *Demokrasi, yabancı çıkarlarla işbirliği etmiş kara bir kuvvetin baskısı altına sokulmaktaydı.* –ÇA.

çıkarcı *a.* yalnız kendi çıkarını düşünen kimse. ... *bu çıkarcı çabaların ... başarıya ulaştığını gördük.* –YNN.

çıkarcıl *s.* çıkarına düşkün, çıkarsever. ... *çıkarcıl politikacıların elinde devrimin nasıl kepaze edildiğini ... gördük.* –YNN.

çıkarcılık *a.* yalnız kendi çıkarını düşünme durumu, çıkar düşkünlüğü. *27 Mayıs'ın geriCiliğe, çıkarcılığa düşman bütün aydınlara getirdiği umutlar uzun sürmedi.* –YNN.

çıkardaş *s.* çıkarları aynı olanlardan her biri. *Sadrazam fermanı okuyunca çıkardaşlarını toplayıp tartışmışlar* ... –NB.

çıkardaşlık *a.* çıkardaş olma durumu.

çıkarım *a.* dolayısıyla sonuç çıkarma işi. *Bunun için de yorumu dayancasız bir çıkarım olarak kalıyor.* –EmÖ.

çıkarımsal *s.* çıkarımla ilgili, çıkarım özelliği taşıyan. *Suzanne K. Langer sanatı çıkarımsal ve çıkarımsal olmayan diye ikiye ayırır.* –SBü.

çıkarlanma *a.* çıkar elde etme, çıkar sağlama.

çıkarlanmak çıkar elde etmek, çıkar sağlamak. ... *bundan da ödünç alanlar, yani müteşebbisler çıkarlanmaktadırlar.* –KB.

çıkarma *a.* **1** *mat.* üçüncü bir sayı elde etmek üzere belli bir sayıdan, başka bir sayıdaki birimler kadar birim eksiltme. *Toplum, kuvvetlerin toplamı ya da çarpımı; savaş ve toplumsal çatışma, kuvvetlerin çıkarmasıdır.* –NŞK. **2** *ask.* düşman kıyılarına asker çıkarma işi, ki denizden ve genellikle gizlice yapılır. *İsmet Paşa hükümeti Kıbrıs'a Türk ordusunun çıkarma yapmasına karar verdi.* –İS.

çıkarmak *mat.* üçüncü bir sayı elde etmek üzere belli bir sayıdan, başka bir sayıdaki birimler kadar birim eksiltmek. *Ondalık sayıları çıkarmak için ondalık kısımlarındaki basamak sayısı eşit olmalıdır.* –ES.

çıkarsal *s.* çıkara dayalı, çıkarla ilgili. *Çıkarsal düzenin sadık bekçileri oldukları için, istedikleri imar ruhsatını çıkarır, istedikleri yalıyı yakar bunlar ...* –İS.

çıkarsama *a. fels.* bir önermeden, sonuç olarak yeni bir önerme çıkarma işi. *Pek tezelden çıkarsamaya alışkın olanları yanıltmayayım yine.* –NU.

çıkarsamak bir önermeden sonuç çıkararak başka bir önermeye geçmek. *Onun belleksiz ilişkiler ağı ile kuşatıldığını çıkarsamak mümkün.* –ATe.

çıkarsever *bkz.* **çıkarcıl**

çıkarseverlik *bkz.* **çıkarcılık**

çıkartı *a.* boşaltım ile vücuttan atılan özdek.

çıkış *a.* **1** (bilgisayarcılıkta) bilgisayardaki işlemin, verinin, bilgiyazar aracılığıyla kâğıda dökülmesi. **2** *sp.* verilen bir işaretle yarışa başlama.

çıkma *a.* bir yazı sayfasının yan boşluklarından birine ya da alt boşluğuna metinle ilgili olarak yazılan ek. *Eskiden kitaplarda çıkmalar, notlar, sayfanın altına konurdu, kolayca okurdun.* –NA. **çıkma durumu** *dilb.* adlarla ad soylu sözcüklerde, genellikle kaynak, ayrılma, uzaklaşma, çıkış gösteren durum. (Türkçede çıkma durumu *-den* ekiyle gösterilir: ev*den*, yol*dan*, okul*dan*, sokak*tan* ... gibi.)

çıktı *a.* **1** bir fabrikanın ürettiği mal. *Verimlilikteki değişmenin ölçülebilmesi önce çıktıdaki değişme oranının saptan-*

masını gerektirir. –RH.**2** (bilgisayarcılıkta) çıkış.

çıldırı *a.* delirme, aklını kaçırma. *Çıldırının eşiğine gelmiş ya da çıldırıyı yaşayan kişiler, toplumun genel gerçeği içinde anlam kazanamazlar.* – Sİ.

çiçeklik *a.* koparılmış çiçekleri koymak için kullanılan, cam, toprak gibi türlü maddelerden yapılan, türlü boyut ve biçimde olabilen kap.

çiçeksime *a. tıp.* çiçeksimek eylemi ya da sonucu.

çiçeksimek *tıp.* (birtakım sayrılıklarda) deride leke, sivilce, çiçek gibi döküntüler çıkarmak.

çivileme *a. sp.* sepettopunda topu potaya elle sert bir biçimde bastırma, uçantopta topu ağ hizasında karşı alana yukarıdan aşağıya sert bir biçimde vurma işi, sert ve karşılanması çok güç vuruş. *...çivileme sözcüğünü ilgililere anımsatmanın yararlı olcağını düşünmüştüm.* –CM.

çivilemeci *a. sp.* başarılı çivileme uygulayan oyuncu.

çizelge *a.* çizgilerle büyüklü küçüklü kare ya da diktörtgenlere bölünmüş kâğıt.

çizem *a.* herhangi bir biçimin, bir aracın, bir aygıtın ana çizgilerini gösteren çizim.

çizemsel *s.* bir nesnenin genel düzenini gösteren ya da ana çizgilerine indirgenmiş olan.

çizenek *a.* belirli bir ölçeğe göre bir çokluğu ya da iki değişken arasındaki bağıntıyı göstermek üzere çizilmiş çizge. ... *akış çizenekleri bilgisayar programcılığında çokça kullanılmaktadır.* – UY.

çizer *a.* karikatür yapan sanatçı. *Türk çizerleri yurt dışında da ödüller kazanıyor.* –AP.

çizerlik *a.* çizerin yaptığı iş, çizerin sanatı, çizerin uğraşı. *Uzun çizerlik yaşamı durağan geçmedi.* –İS.

çizge *a.* bir olayın yürüyüşünü göstermeye ya da birkaç şey arasında karşılaştırma yapmaya yarayan türlü çizgilerden oluşmuş biçim. *Bu otuz yılın çizgesi, ana yönü ileri olan zikzaklarla doludur...* – ÖAA.

çizgi *a.* **1** bir şey başka bir şeye dokunarak geçerken o şeyde bıraktığı uzun ve ince iz ya da buna benzer şey. *Şehir uzaklarda ... ışıktan bir çizgi gibi gözükmekteydi.* – OKe. **2** *mat.* bir noktanın devinimiyle ortaya çıkan biçim, ki çizginin tek boyutu vardır ve o da uzunluktur. *... nokta hareket ederek çizgi olur, çizgi de hareket ederek yüzeyi meydana getirir.* –OH. **3** bir şeyin, bir kimsenin, bir olayın alaylı, insanı güldürecek ve güldürürken de düşündürecek bir biçimde çizilmiş resmi, karikatür. *Önce çizgisini tanıdım ... sonra kendisini* . –İS.

çizgisel *s.* çizgi ile gösterilen, ana çizgileriyle ortaya konulan. *İktidar ile muhalefet arasında geçen olayların çizgisel özeti ... yazdığımız biçimde belirtilmiştir.* –FO.

çizgisellik *a.* çizgisel olma durumu. *Sözlü dilin çizgisellik özelliği iki öğeyi birden söylememizi engeller.* –SBü.

çizim *a. mat.* belli bir kurala göre ve genellikle cetvel ve pergel yardımıyla, bir biçimin çizilmesi. *Parabolik yörünge çiziminde bazı kolaylıklar göz önüne alınmalıdır.* –AK.

çizimsel *s.* çizimle ilgili, çizim yoluyla. ... *söylediklerimizi ... çizimsel olarak şöylece gösterebiliriz.* –AÇ.

çobanıl *s. yaz.* kır yaşantısını, özellikle de çobanların sevi ve yaşayışlarını veren yazın türü. *Ancak Schiller, gerek ağıtsal, gerek çobanıl şiirde artık tehlikeyi görmüş ... söylemiştir.* –AÇ.

çobanlama *bkz.* **çobanıl**

çocukbilim *b. a.* çocuğu ruhsal ve bedensel yönden inceleyen bilim dalı.

çocukbilimci *b. a.* çocukbilim uzmanı.

çocukevi *b. a.* bebeklerin ve küçük çocukların gündüzleri bakılmak için bırakıldıkları yer, çocuk yuvası, yuva.

çoğaltım *a.* çoğaltma; bir şeyin tıpkısını ortaya koyma.

çoğaltmacı *s. yaz.* bir örneği, örüntüyü ya da birimi değiştirmeksizin sürekli olarak yineleyen (kişi, yapıt). *Şiirin bütününü göz önünde bulundurmayıp ... Cemal Süreya'nın çoğaltmacı bir şair olduğu, şiirini yığmalarla tükettiği yargısına varabildik.* –GT.

çoğaltmacılık *a.* bir örneği, örüntüyü ya da birimi değiştirmeksizin yineleme ve ortaya boyuna benzer şeyler koyma işi. *Şemacılıkla, çoğaltmacılıkla, slogancılık arasında pek yakın ilişkiler var zaten.* –DÖ.

çoğu *s.* çok, çok kez. *Çoğu zaman da suçsuzun kellesinde patlar kabak...* –İS.

çoğul *s. dilb.* bir'den çoğu gösteren, **tekil** karşıtı, ki kimi dillerde eş türden olmak üzere, birden, kimi dillerde ise ikiden çok varlık göstermek için adların ve adlara bağlı eylemlerin ve başka sözcüklerin aldıkları biçim; örneğin *ev* sözcüğü tekil; *evler* sözcüğü çoğuldur. ... *isimlerin ne zaman tekil, ne zaman çoğul olacağı ...* –SB. **çoğul eki** *dilb.* sözcüklere gelerek çoğul kavramı veren, *–ler, –imiz, –k, –iniz, –uz, –lim* gibi belirli ekler. *Görüldüğü gibi terim ayrı yazılmış ve çoğul eki ata sözcüğü üzerine getirilmiştir.* –ÖAA. **çoğul kavramı** *fels.* çok sayıda şeyi içeren kavram. *Örneğin toplum kavramı bir çoğul kavramıdır, çünkü birden çok bireyi dile getirir.* –OH.

çoğulcu *s.* "bir"den çok seçeneğin bulunduğu düzen; **birci** karşıtı; evrenin, birbirine çevrilemeyen birçok varlıklardan oluştuğunu ve bunlarda birlik aramanın bir anlak eğilimi olduğunu ileri süren kimse ya da görüş. *Çoğulcu demokrasilerde, halkın oyundan başka güç kaynağı yoktur.* –İC.

çoğulculuk *a.* çokçuluk; evrenin, birbirine çevrilemeyen birçok varlıklardan oluştuğunu, bunlarda birlik aramanın yalnızca bir anlak eğilimi olduğunu ileri süren, çeşitliliği, ayrımlılığı savunan görüş; felsefe, din ve siyasada; bir tek ilke ya da gerçek bulunmadığını, birçok ilke ve gerçek olduğunu, bunların bir arada bulunması gerektiğini söyleyen görüş. *Çünkü bu tür denemeler, gözlemci ve gözlemlerin çoğulculuğu ile kültürel bütünlük kavramı arasındaki uyuşmazlığı azaltmadığı gibi...* –BG.

çoğullama *a.* çoğul duruma getirme.

çoğullamak çoğul duruma getirmek, çoğaltmak. *Bu sayıda Metin Eloğlu dört şiiriyle kendini çoğulluyor.* –AIK.

çoğullaşma *a.* çoğul hale gelme, çoklaşma. *Türk romanında çoğullaşmamış bir başarıdır, bu.* –Sİ.

çoğullaşmak çoğul duruma gelmek, çoklaşmak. *Tekil olarak anlatılanlar zamansızlık dizgesi içinde çoğullaşırlar.* – DH.

çoğullaşma *a.* çoğul bir duruma getirilme. *Hakikat kavramının çoğullaştırılması ... bir eğilim olarak görülür.* –AÇ.

çoğullaştırılmak bir sözcüğe, çoğul kavramı veren belirli ekler getirilerek çoğullaşması sağlanmak. *Türkçemizde tekil olarak kullanılan bu çoğul sözcük Fars kurallarına uyularak abdâlân biçiminde çoğullaştırılmıştır.* – OH.

çoğullaştırma *a.* çoğul bir duruma getirme. ... *kanlı bir sevdayı çoğullaştırır, karanlık kirpikleri.* – Atİ.

çoğullaştırmak çoğul bir duruma getirmek. *Efendim, herhalde beni çoğullaştırmak için söylemediniz bunu.* –MEk.

çoğulluk *a.* çoğul olma durumu. *Çoğulluk, tekillik yönünden, kişi yönünden de anlam kaymaları olur ...* – TNG.

çoğun *be.* çok kez, çoğu kez, çoğu zaman. *Bunlar çoğun çeviricinin ...* – NU.

çoğunluk *a.* **1** sayı üstünlüğü, **azınlık** karşıtı. **2** *tüze.* bir meclis, bir kurultay ya da bir toplantıda, toplantının açılabilmesi için gerekli sayı, ki genellikle yarıdan bir artık. *Aile meclisinin salt çoğunluğu ile yetinebilirdi.* –UM. **3** böyle bir toplantıda toplantıya katılanların bir artığının aynı düşünüde birleşmesi, yani yapılan oylamada oylarını aynı yönde kullanmaları. *Çoğunluk olmadığı için oturumu kapatan Meclis Başkanı Vekili'ne ...* –ÇA. **mutsuz çoğunluk** gönence ulaşamamış halk yığını. ... *nüfusumuzun beşte birini teşkil eden mutlu azınlık ulusal gelirin üçte ikisini paylaşmakta, mutsuz çoğunluk ise artakalan üçte birle yetinmektedir.* –NN. **salt çoğunluk** *bkz.* **salt**. *Aile meclisinin salt çoğunluğu ile yetinebilirdi.* –UM.

çokanlamlı *b. s. dilb.* "bir"den çok anlamı olan (sözcük). *Ayrıca çokanlamlı sözcükleri, çokanlamlılığın sergilediği kapalılığı belirtmeliyiz* –EmÖ.

çokanlamlılık *b. a. dilb.* "bir"den çok anlamı olma durumu. *Çalışmamızda çokanlamlılık, eşadlılık, eşanlamlılığın sınırlarını çizerek ... belirtmeye çalıştık.* –DAk.

çokçu *bkz.* **çoğulcu**. *Göreceğiz ki, bu öğretilerin üçü de ... çokçudur ...* –MG.

çokçuluk *bkz.* **çoğulculuk**. ... *mikrososyoloji, toplumsal hayatın en hareketli, en canlı yanı, çokçuluğun ve indéterminisme'in en fazla egemen olduğu bir alandır.* – NŞK.

çokdilli *b. s. dilb.* **1** ikiden çok dil bilen ve konuşan (kimse). **2** ikiden çok dil konuşulan (ülke, toplum). *İsviçre ise çokdilli bir toplum olup burada Almanca, İtalyanca ve Fransızca resmi dillerdir.* –İH.

çokdillilik *b. a. dilb.* bir bireyin ikiden çok dil bilmesi ya da bir ülkede, bir toplumda günlük yaşamda ikiden çok dilin kullanılıyor olması durumu. *Çokdillilik ise bir bireyin veya toplumun üç veya daha fazla dil bilmesi için kullanılan bir terimdir.* –İH.

çokdüzlemli *b. s. mat.* birkaç düzlemin birbirini kesmesiyle ortaya çıkan (açı).

çokeşli *b. s. bud.* "bir"den çok karısı ya da kocası olan. ... *üreme organı hastalıkları son derece önemli olduğundan, bütün çokeşli ilişkiler alabildiğine tehlikelidir.* –BO.

çokeşlilik *b. a. bud.* "bir"den çok karısı ya da kocası olma durumu. *Ve bu insanların tekeşliliği çokeşlilik içtepilerinin bastırılmasından ya da ahlaki kaygılarından gelmez...* –BO.

çokgen *b. a. mat.* her yandan doğru çizgilerle çevrilmiş düzlem parçası. *... bu on dört değişkenden on ikisi, düzgün bir on iki köşeli çokgenin köşelerine yerleştirilmiştir.* –BG.

çokgerçekçilik *b. a. fels.* doğaötesel gerçek, matematik gerçek, mantıksal gerçek, törel gerçek gibi, aralarında ortak bir bağlantı bulunmayan birçok gerçeğin varlığını ileri süren öğreti.

çokgözeli *b. s. bitb.* ve *hayb.* yapısında birden çok göze bulunan bitki ya da hayvan; ki çok gözeli hayvanların doku ve örgenleri değişmiş gözelerden yapılmıştır ve özel gözelerden yapılmış bir sindirim kanalları bulunur, ilkel yapılı ve suda yaşayan türler dışında, çok gözeli hayvanlar her zaman eşeyli olarak çoğalırlar.

çokkarılı *b. s. bud.* çokkarılılık düzenini uygulayan (kımse, toplum).

çokkarılılık *b. a. bud.* bir erkeğin yasal olarak aynı zamanda iki ya da daha çok sayıda kadınla evli olabildiği evlilik biçimi.

çokkatlı *b. s.* kat sayısı üçten çok olan (yapı vb.)

çokkocalı *b. s. bud.* çokkocalılık düzenini uygulayan (kimse, toplum).

çokkocalılık *b. a. bud.* bir kadının yasal olarak aynı zamanda iki ya da daha çok sayıda kocasının olabildiği evlilik biçimi.

çokoluşçuluk *b. a. fels.* canlıların bir tek atadan değil birçok atadan oluştuğunu öne süren öğreti. *Çokoluşçuluğa göre türler, çeşitli köklerden birliğe doğru gidilerek meydana gelmiştir.* –OH.

çoksatar *b. a.* ve *s.* en çok satılan (kitap). *"Kertenkele" bir "çoksatar" dır, yani bestseller.* –OA. *Alain Peyrefitte'in "Çin Uyanınca"sı dünyada "çoksatar" bir kitap oldu kısa zamanda.* –OA.

çoksesli *b. s.* **1** *müz.* müziğe uygun olarak birçok sesten oluşmuş olan. *Türkiye'de çoksesli müziği önemseyen kim?*–MTÖ. **2** *dilb.* birçok sesi bildiren (harf). **3** değişik görüşleri içinde barındıran. *Ulusal birliğimizi demokrasi potasında pekiştirebilmek ve ona çoksesli bir demokratik içerik kazandırmak.* –HCe.

çokseslilik *b. a.* **1** çoksesli olma durumu. **2** *müz.* birçok sesin müziğe uygun olarak düzenlenmesi sanatı. *... değişik ses grafikleri içeren, çoksesliliği oluşturmuş bir uyumdur bu.* – SKA.

çoktanrıcı *b. a. fels.* birden çok Tanrı'nın varlığını kabul eden. *... çoktanrıcı dinlere ve ...* –CS.

çoktanrıcılık *b. a. fels.* "bir"den çok Tanrı'nın varlığını kabul eden inanç. *Bu dönem ayrıca, çoktanrıcılığın, aşıldığı sıralar da.* –MG.

çoktanrılı *b. s.* "bir"den çok Tanrı'sı olan. *Homeros, elbet çoktanrılı dünyanın ozanı olacaktı.* –İS.

çoktanrılılık *b. a.* "bir"den çok Tanrılı olma durumu.

çoktasım *b. a. mant.* birinin vargısı ötekine öncül olmaya yaramak yoluyla birbirine bağlı bulunan birçok tasımdan oluşmuş kanıt.

çoktürden *bkz.* **çoktürlü**. *Dilin dizgesini ... hep altında yatan bir çoktürdenliğe açarak ... saldırganlık içgüdüsünü bulduk.* –OD.

çoktürdenlik *bkz.* **çoktürlülük**

çoktürlü *b. s.* ayrı ayrı türlerden oluşan, öğeleri arasında türsel ya da niteliksel ayrılıklar bulunan.

çoktürlülük *b. a.* ayrı ayrı türlerden oluşma durumu; içinde ayrı ayrı türler bulunan oluşumun niteliği; birden çok türden oluşmuş olmakla içinde uyuşum taşımama durumu. *Köylüler çoktürlülüğün güçlükler yaratmasından ...* –MT.

çokuluslu *b. s.* çok sayıda ülkenin işleyim ve anamal ortaklıklarınca oluşturulan ya da pay belgitleri satın alınarak, anamal katılarak daha büyümesi sağlanmış olan ve uluslararası ölçüde etkinlik gösteren (dev ortaklık). *İran Şahı, çokuluslu ortaklıklarla işbirliğine gitmektedir.* –MTü.

çokyüzlü *b. a. mat.* her yandan düzlem parçalarıyla çevrilmiş kapalı biçim.

çökel *bkz.* **çökelti**. *... bu ailenin bilinen ilk fosillerine, Eosen yaşlı çökellerde rastlanmıştır ...* –EKo.

çökelme *a. kim.* (bir sıvının içinde erimiş bulunan katı bir özdek) bir ayıracın yardımıyla sıvının dibine çökme. *... ve bunun sonucunda da bir miktar C_aCO^3 çökelmeye maruz kalır.* –TAy.

çökelmek *kim.* bir ayıracın yardımı ile sıvının dibine çökmek.

çökelti *a. kim.* ve *yaşb.* bir çökelme sonunda bir sıvının dibine çöken şey. *Pico'nun incelediği, bir dünya görüşünden ... çok, bir insanın bu dünya ve bu toplumla yaşadığı ilişkinin çökeltisidir.* –TY.

çökeltme *a. kim.* çökelmeye uğratma, çökelmesini sağlama.

çökeltmek çökelmeye uğratmak, çökelmesini sağlamak.

çökerti *a. coğr.* akarsularda yüzer halde bulunan parçacıkların ya da erimiş özdeklerin dibe çöküp orada tortulanması olayı. *Bu arada içerilerinde erimiş madenlerin bulunduğu sular, taşların çatlaklarında çökertiler bırakır.* –Rİ.

çökme *a. yerb.* deniz düzeyine göre yerkabuğunun bir bölümünün düzey değişikliğine uğraması, yani yerin alttan yıkılarak alçalması, ki çökme ya kırılmalar yüzünden ya da yerkabuğunun yaylanması yüzünden olur.

çözelti *a. kim.* çözünme sonucu ortaya çıkan özdek. *... H. Taube, anorganik çözeltilerin redoks kimyası ... çalışmalarıyla tanınmıştır.* –OGü.

çözgü *a. mat.* yanıtının bilimsel yöntemlerle bulunması, çözülmesi gereken soru.

çözme *a.* **1** *mat.* bir problemde aranan sonucu ortaya çıkarma. **2** *mec.* bir sorunun güç yanını bulup onu açıklayarak anlaşılır kılma.

çözmek **1** *mat.* bir problemde aranan sonucu ortaya çıkarmak. **2** *mec.* bir sorunun güç yanını bulup onu açıklayarak anlaşılmaz olmaktan kurtarmak, anlaşılır kılmak. *Yönetim, sorun çözmek için vardır.* –ErA.

çözülüm *ruhb. bkz.* **dağılım**

çözüm *a.* **1** bir sorunun çözülmesinden alınan sonuç. *... bu soruya olumlu çözüm bulunmasını...* –TZT. **2** *mat.* bir denklemde bilinmeyenlerin yerine konulunca o denklemi gerçekleştiren sayı ya da sayılar. *Bir denklemin çözümü olarak bulunabilen sayılara denir.* –ES. **3** *yaz.* bir yapıtın düğüm noktasının çözülmesini sağlayan son bölüm. *Belirli bir* *düğüm, buna bağlı olarak da çözüm söz konusu değil.* –EmÖ. **çözüm yolu** bir sorunun karanlık, güç yanını bulup onu açıklayarak anlaşılmaz olmaktan kurtarmak için tutulacak yol ya da bir sorunu çözme biçimi. ... *kendi sorunlarına kendisinin çözüm yolu bulmak zorunda olduğunu anlamış, tercihlerini ona göre yapmıştır...* –DğÖ.

çözümbilim *bkz.* **güdümbilim**. *"Çözümbilim" diye adlandırılmasını önerdiğim sibernetik, canlıların çözüm bulma yöntemlerini inceler.* –VB.

çözümleme *a.* **1** *kim.* bir özdeğin bileşimindeki yalın nesnelerin niteliğini ya da niceliğini anlamak için yapılan işlem. *Bu etajerin üzerinde de, henüz bilinmeyen bir cismin çözümlemesini yapmaya yarayacak ayıraçlar bulunan üzeri etiketli şişeler var.* –NŞK. **2** *dilb.* bir tümceyi meydana getiren sözcüklerin çeşidini ve tümcedeki işlevlerini belirtme işi, yani bir tümcedeki sözcükleri, söz bölüğü, biçim, durum yönünden incelemek ya da özne, tümleç, yüklem durumlarından hangisinde bulunduklarını belirtmek işi. *Tümcenin öğelerini ve her birinin tümcedeki görevini incelemeye; yani tümceleri çözümlemeye alışmakta türlü faydalar var.* –TNG. **3** *fels.* bir bütünü oluşturan parçaları birbirinden ayırmak işi; ki çözümleme, kimyada özdek üzerinde yapıldığı gibi anlakta da düşünüler üzerinde yapılır; soyutlamanın ve genel düşünüler kurmanın ilk koşulu olan anlaksal çözümleme dikkatin ayrı ayrı birtakım çabalarıyla bir şeyin ana öğelerini ve ıralarını ayırt etmek eylemidir. *Ne şimdiki durumu yeterince değerlendirebiliyor ne de tarihsel çözümlemeleri yerli yerine oturtabiliyoruz.* –MB.

çözümlemeci *a.* çözümlemeyi bir yöntem olarak kullanan uzman. *Birçok çözümlemeci, aşkın ussallaştırılmasını böyle değerlendirmeyi reddedecektir.* –FAy.

çözümlemek bir şeyi çözümleme yöntemiyle incelemek. *Tümceleri çözümlemekle bileşik, girişik ve en çapraşık tümcelerin içinden çıkılır...* –TNG.

çözümlemeli *s.* çözümleme ile ilgili, çözümleme yöntemiyle işleyen. *Ama Comte'un sisteminde ... dinsel düşünceye gösterilen önem, çözümlemeli ya da bilimsel düşünceye pek o kadar gösterilmemiştir.* –NŞK.

çözümlenme *a.* **1** çözümleme yoluyla incelenme, yalın öğelerine ayrılma. *Fiş yöntemi bir yerde de yapıtın eleştirel bir çözümlenmesi olmuyor mu?* –CSS. **2** (bir sorun) anlaşılır kılındıktan, açıklandıktan sonra bir sonuca bağlanma. ... *"ikna" yöntemleri kullanılır, yumuşaklıkla sorunlar çözümlenmeye çalışılır.* –İS.

çözümlenmek 1 çözümleme yoluyla incelenmek, yalın öğelerine ayrılmak. **2** açıklandıktan, anlaşılır kılındıktan sonra bir sonuca bağlanmak. ... *sorun kökten çözümlenmek isteniyorsa, çağdaş bir devlet düzeni kurulmalıdır.* –İS.

çözümleyici *s.* çözümleyen, çözümleme yöntemiyle iş gören. *Çözümleyici olmak, iç çatışmaları toplumsal gizlerine ayrıştırmak istiyordum.* –Sİ.

çözümleyicilik *a.* çözümleme yöntemini benimseme ve kullanma işi. *Üçüncü kişi ağzından anlatımsa, benim için, çözümleyiciliğe en uzak anla-*

tım biçimiydi. –Sİ.

çözümsel *bkz.* **çözümlemeli**. *Sonuç olarak, çözümsel nesneyi anlatırken bir çeşit mekanizma krampına tutulmaktadır.* –BO.

çözümsüz *s.* hiçbir çözümü olmayan. *... tek çareyi baskı ve sindirme tedbirlerinde görmeye kalkışırsak ... daha çözümsüz ve daha üzücü sonuçları da şimdiden hazırlamış oluruz.* –SLM.

çözümsüzleşme *a.* artık çözüm bulunamaz duruma gelme. *Özdeki çözülmenin dışa uzantıları olan güncel sorunlar, basitlikten çıkarak çözümsüzleşmeye başlarlar.* –HMa.

çözümsüzleşmek artık hiçbir çözüm bulunamaz duruma gelmek.

çözümsüzlük *a.* hiçbir çözümü olmama durumu. *... gençliğin ortaya attığı sorular ... yöneticilerin ... baskı ve lekeleme yollarını seçmeleriyle, gitgide bir çözümsüzlük bataklığına saplanır olmuştur.* –SLM.

çözünme *a.* bir şeyi oluşturan öğelerin dağılması, erime. *Zaten bir tür sanatın başka bir tür sanata dönüşmesi de bir çözünme alameti değil mi?* –SB.

çözünmek *kim.* (bir nesneyi oluşturan öğeler) birbirinden ayrılmak.

çözüşme *bkz.* **çözünme**

çözüşmek *bkz.* **çözünmek**

çukurbaskı *b. a.* sayfa kalıpları bakırdan olan, renkli baskıya elverişli bir baskı tekniği. *... bu baskı yöntemine uygulamada "çukurbaskı" denmekte olduğunu söylemesi üzerine...* –CM.

çürükçe *a.* vücudun bir yerinde dokunun tümüyle ölmesi. *Kangren için çürükçe karşılığını ... 1977 yılında türettim.* –CM.

çürükçeleşme *a.* çürükçeleşmek eylemi.

çürükçeleşmek vücudun bir yerindeki dokular tümüyle ölmek.

çürükçül *a.* **1** *yaşb.* çürümekte olan özdeklerin üzerinde üreyen mikrop. **2** *bitb.* doğal olarak bitki kalıntılarının üzerinde yaşayan, onlarla beslenen ve onların çürümesine yol açan (bitki).

D

dağcı *a. sp.* dağa tırmanma sporuyla uğraşan kimse.

dağcılık *a. sp.* dağa tırmanma sporculuğu.

dağılım *a.* **1** bir arada iken ayrılıp yayılma. ... *vergi ve gelir dağılımı adaletinden söz edersiniz* ... –NN. **2** *ruhb.* sinir merkezleri arasındaki işbirliğinin ve uyumunun bozulup kesilmesi.

dağılımcılık *a.* söz zincirini oluşturan öğeleri işlevlerine göre değil de konularına, dağılımlarına göre belirlemek ereğiyle biçimsel kesitleme işlemine yönelen, Amerikan yapısalcılığı da denilen dilbilimsel çözümleme yöntemi, dağılımsal dilbilim.

dağıntı *a.* oraya buraya gelişigüzel atılmış öteberi. *Dört yörede dağıntı olduğu gibi duruyordu.* –F.

dağıtım *a.* bir şeyi ya da şeyleri ayrı ayrı yerlere ya da kimselere vermek işi. *İşte Solvay ... üretimi, tüketimi, dağıtımı ve daha birçok olayları hep bu biçimde anlatmaya çalışır.* –NŞK.

dağıtımcı *a.* dağıtım yapan kimse. *Dağıtımcı ki sadece "aracı"dır.* –FB.

dağıtımcılık *a.* dağıtım yapma işi.

dağıtımevi *b. a.* dağıtma işinin yapıldığı yer. *Nurer Uğurlu'nun dağıtımevinde otururken Orhan Kemal de çıkageldi.* –BAy.

dağoluş *b. a. yerb.* yerkabuğu biçimlerinin oluştuğu evre. **dağoluş kuramları** *yerb.* ve *coğr.* dağların nasıl oluştuklarını, yüksekliklerine nasıl eriştiklerini, uzanışlarının nedenlerini, yerkabuğunun gelişmesini açıklamaya çalışan kuramlar.

dalgakıran *b. a.* kıyıyı, kıyıdaki yapıları ve limandaki tekneleri dalgaların yıpratıcı etkisinden korumak ereğiyle liman ya da iskele önlerinde (deniz içinde) yapılan set. *Küçük bir dalgakıran, dalgakıran denebilirse buna, el kadar bir iç deniz yapmış burada.* –OR.

dalgı *bkz.* aymazlık

dalınç *a.* güzel bir görünüm ya da düşünü karşısında kendinden geçme. *Bizdeki eski karşılığı "istiğrak" idi meditasyon'un; yeni karşılığı "dalınç"; bir düşünce ile kendinden geçip sessiz bir coşkuya dalma demek.* –MCA.

damaksıl *s. sesb.* çıkağı damakta bulunan ses çeşidi, ki örneğin "k" sesi damaksıldır.

damıtık *s. kim.* damıtma yoluyla elde edilmiş, imbikten geçirilmiş (sıvı). *Uykunun çiçekli perdesi duvara vurmuştu ama, o sabırsız, damıtık, büyü bilmez ışık, imgelemin bütün haritasını parça parça ediyordu.* –MCA.

damıtılma *a.* kendisine damıtma işlemi uygulanma, imbikten geçirilme. *Ne var ki ... halk şiirinin damıtılmış söyleyiş biçimini de özgün kişilik kalıbı içinde kullanıyor.* –DH.

damıtılmak kendisine damıtma işlemi uygulanmak, imbikten geçirilmek. *Çünkü desen ... beyinsel olduğu için ... damıtılmak, kendi mantığı içinde yaratılmak ister.* –ASi.

damıtma *a. kim.* bir sıvıyı, ısıtarak gaz haline getirdikten sonra soğutup içinde bulunan yabancı özdeklerden arınmış olarak yeniden elde etme, imbikten geçirme. ... *bitip tükenmez damıtma ve imbik hikâyelerinden usandım.* –MB.

damıtmak 1 *kim.* bir sıvıyı, ısıtarak gaz haline getirdikten sonra soğutarak içinde bulunan yabancı özdeklerden arınmış olarak yeniden elde etmek, yani imbikten geçirmek. *Boyuna arıtmak, durmaksızın kirlinin yerine temizini koymak ... bazen damıtmak da gerek.* –RM. **2** *mec.* yalın, öz, arı hale getirmek. ... *böylece şiir, nerdeyse damıtılmış olarak okura sunulur.* –MCA.

danışılma *a.* bir iş için görüşüne, bilgisine başvurulma.

danışılmak bir konuda görüşüne, bilgisine başvurulmak. *Ama bereket, yayınevinin bir başka editörüne ... danışılmış.* –HY.

danışım *a.* bir iş, bir konu üzerinde yol göstericilik isteme, akıl sorma, danışma.

danışma *a.* **1** bir iş, bir konu üzerinde yol göstericilik isteme, akıl sorma. ... *antlaşmanın değiştirilmesi için danışma kapısını da açmayı...*–AŞE. **2** kimi kuruluşlarda, o kuruluşların işlerine ilişkin sorulara karşılıklar vermek için kurulmuş kol. *Danışmadaki memur "şimdilik" diyerek bir oda buldu.* –TUy.

danışmak bir iş, bir konu üzerinde yol göstericilik istemek, akıl sormak. *Bir danıştay kurup "Bu işin içyüzü ne ola?" diye, bilginlere, bilgelere danışmışlar.* –AN.

danışman *a.* bir iş, bir konu üzerinde düşünüsüne başvurulan, kendisine danışılan uzman kimse. ... *müneccimbaşılar, kimi padişahların, en çok güvendikleri, sözünden çıkamadıkları danışmanlar arasında yer alırlardı.* –NN.

danışmanlık *a.* danışmanın görevi. *Editörlükle danışmanlık arasındaki çizgide önemli adları sıralamak her zaman mümkündür ...* – DH.

Danıştay *a.* hükümetçe hazırlanan yasa tasarılarını, ayrıcalık sözleşmelerini, resmi tüzük ve yönetmelikleri vb. şeyleri inceleyip görüşlerini bildirmek gibi görevleri bulunan, devletin en yüksek danışma kurulu. *Bir danıştay kurup "Bu işin içyüzü ne ola?" diye, bilginlere, bilgelere danışmışlar.* – AN.

davranış *a.* **1** birine ya da bir şeye karşı alınan durum. ... *ve Yunanistan'ın tutum ve davranışları...* – AŞE. **2** birinin genel yaşamdaki, toplum içindeki durum ve eylemleri. *Davranış terimini bir geniş, bir de dar anlamıyla ele almak olanaklıdır.* –NŞK.

davranışbilim *b. a.* canlıdaki davranışı inceleyen bilim. *Davranışbilim de, davranışlarımızın, göstergelere koşullanmış birer tepki olduğunu ortaya koyuyor.* –MY.

davranışçı *a. fels.* ve *ruhb.* davranışçılık yanlısı. *Davranışçılara göre,* *bir refleksin doğuştan ya da kazanılmış olup olmadığını anlamak için salt nesnel verilere dayanmak yeter.* –NŞK.

davranışçılık *a. fels.* ve *ruhb.* davranışın bireyin ruhsal yaşamını belirlediğini, ruhsal yaşamın, canlıların dış etkilere karşı gösterdiği tepkilerin bütünüyle bir olduğunu ileri süren görüş. *Davranışçılık, canlıların ... ruhsal hayatlarını kurma biçimlerini inceler.* –OH.

davranışsal *s.* davranışla ilgili, davranışa bağlı, davranışa değgin. *Araştırma farklılık nedenlerini üç kümede toplamaktadır: Ekonomik, davranışsal ve kurumsal nedenler.* –MO.

dayanak *a. fels.* bir düşününün ya da bir öğretinin ilk ve ana öğesi olan düşünü. *... dayanaksız yargılarla dolu söylevler ...* – NA.

dayanca *a.* **1** dayanılan şey, dayanak. *Bunun için de yorumu dayancasız bir çıkarım olarak kalıyor.* –EmÖ. **2** dayanma, katlanma; güç koşullara dayanabilme gücü. *Bir noktadan sonra zarara dayancası kalmıyor.* –FB.

dayanç *a.* acı, yoksulluk, haksızlık gibi kişiyi üzücü durumlara ses çıkarmadan katlanma, onların geçmesini bekleme erdemi. *Türkiye'nin toplumsal yapısındaki büyük devrim de aynı adamın, aklın önderliğindeki yürekli savaşımı, bilinçli tutumu ve dayancı ile gerçekleşmiştir.* – HVV.

dayançlı *s.* dayancı olan. *Söylev ... Atatürk'ü en iyi anlatan kitaptır; çünkü Atatürk'ün istençli, dayançlı ... kişiliği bu yapıtın her sayfasında yansımaktadır.* –HVV.

dayançsız *s.* dayancı olmayan.

dayançsızlık *a.* dayancı olmama durumu, niteliği.

dayanga *a.* savaşta, arkasında yer alınarak düşmana kurşun atılan toprak yığını. *... düşman dayangalarını ...* –CAK.

dayanım *bkz.* **dayanca**[2]. *Onu takındı mıydı, onun çekiciliğine ve büyüsüne dayanım olmazmış.* – HB.

dayanışık *s.* bireyleri arasında dayanışma bulunan (topluluk). *Her biri ötekilere bağlı olan ve her biri ötekilerle ilişkisi sayesinde varolabilen dayanışık olayların oluşturduğu bütün.* –SY.

dayanışma *a. toplb.* kişilerin duygu ve düşünü birliğiyle birbirlerine karşılıklı bağlanmaları ve her konuda birbirlerine destek olmaları. *... ve dayanışmanın bozulmuş olması ...* –AŞE.

dayanışmacılık *a. toplb.* bir topluluğun bütün bireyleri arasında dayanışma bulunmasını o topluluk yaşamının gerçeklerinden sayan ve bireycilik ile ortaklaşacılık arasında yer alan öğreti.

dayanışmak birbirini kollamak, birbirine yardım etmek. *Böyle dese de, yorulmadı yurduyla dayanışmaktan.* –AP.

dayanışmalı *s.* aralarında dayanışma bulunan, dayanışma içinde olan, dayanışık. *Bu yüzden Tanzimat hükümetleri sürekli, dayanışmalı ve tutarlı hükümetler olamamışlardır.* – NB.

değerdüşürümü *b. a.* paranın yabancı paralara göre değerinin düşürülmesi.

değer kuramı *a. fels.* **1** töresel değerleri önemlerine göre sıralayan ve bu arada "en yüksek değer"i araştıran felsefe kuramı. **2** değerin insan emeğinden doğduğunu ileri süren kuram. ... *metafizik değer kuramlarına göre değer, Tanrı'nın bağışıdır...* –OH. **değer yargısı** bir şeyin önemini, özünü, nitelik ve niceliğini saptamaya yönelik yargı. *Her çağ kendi değer yargısını oluşturur.* –EmÖ.

değerlendirim *a.* bir şeyin önemini, özünü, nitelik ve niceliğini saptama işi. ... *dilsel düzey yönünden de metnin değerlendirimi yapılır.* –EmÖ.

değersel *s.* değerle ilgili, değer niteliğinde, değer yönünden. *Türkiye'de Atatürkçülüğün getirdiği değersel değişme 1920 - 1938 arasında olmuştur.* –ŞM.

değgin *s.* (bir şeyle) ilgili, (bir şeye) ilişkin, ilişiği olan, üzerine. ... *kendi gerçek özüne değgin olmayan her şeyin üstüne çıkması.* –BA.

değginlik *a.* değgin olma durumu, ilişkinlik.

değilleme *bkz.* **yadsıma**. *Denemeler, sorgulamalar, değillemeler, başkaldırmalar, hepsi boşuna yapılmıştır.* –OD.

değin *e.* bir işin ya da bir durumun sona erdiği zamanı gösteren ilgeç. ... *bugüne değin. –NN. Türkiye'nin, son yıllara değin, komünizme karşı bir kale olduğu kanaatı bütün dünyada yaygın ve bizde hâkim idi.* – OT.

değini *bkz.* **değinim**, **değinme**. ... *belli belirsiz de olsa bir değini göze çarpmaktadır.* –AÇ.

değinilme *a.* (konu olarak) ele alınma, sözü edilme. *İlk olarak değinilmesi gereken şudur ...* – AU.

değinilmek (konu olarak) ele alınmak, sözü edilmek. *Danıştay kararında ... değinilmek gereği de duyulmuştur.* –AA.

değinim *a.* değme, dokunma; (iki şey) birbirine değme. ... *dil yapıtları arasındaki değinim* ... –NU. ... *nüfus sıklığı çeşitli ırktan, sınıftan, aileden insanlar arasındaki değinimi arttırır.* –NŞK.

değinme *a.* değinim, değme, dokunma; değinmek işi. ... *Üniversite gençliğinin, ancak onlarla yakın değinmesi olan ... anlayışlı, hoşgörülü öğretim üyelerince ...* –SA.

değinmek (bir şeye) dokunmak, ilişmek, (bir şeyi) ele almak, (bir şeyden) söz etmek. *Ancak şuna değinmek gerekir ki...* –EmÖ.

değirmi *s.* **1** çember biçiminde olan, çember. **2** yuvarlak.

değişim *a.* **1** başkalaşma. **2** *mat.* bir niceliğin birbirinden değişik değerler alması. **3** *hayb.* asal tipe göre belirli ıralarda görülen ayrılık. *Darwin'den sonra biyolojinin temelini, özellikle örgenlik, soyaçekim, ayıklama, değişim, uyma, içgüdü ... gibi sorunlar meydana getirir.* –NŞK. **4** *yerb.* ve *coğr.* dış güçlerin etkisiyle koparılarak sürüklenmiş ve sonra bir yere yığılmış olan taş parçalarının, türlü nedenler sonucu birbirine yapışarak, bitişerek taş özelliği alması olayı. **5** değişiklik. ... *genç şairler, Orhan Veliler gibi kökten bir değişime gitmek istemiyorlar.* –EC. **6** birbirinden ayrı ama değeri aynı olan iki malın karşılıklı alınıp verilmesi işi; karşılıklı alıp verme. *Üreticilerin fazla kullanma değerlerini paraya çevirmeleri ve devleti temsil eden sınıfın tüketim harcamaları değişim değeri için mal üretimini de uyandırmışsa da ...* –MuS.

değişimcilik *bkz.* **değişinimcilik**. *Değişimcilik, özellikle, doğada, sıçrama* *olmayacağını ileri süren Leibniz'le türlerin ağır ve sürekli bir dönüşmeyle değiştiğini ileri süren Lamarck ve Darwin'e karşı Hollandalı bilgin De Vries tarafından ortaya atılmıştır.* –OH.

değişinim *a. yaşb.* bir ıranın birdenbire ve kalıtsal olarak değişmesi; bu ırayı oluşturan gendeki değişiklik. *Bu değişinimin en gözle görülür belirtisi, hızlı ve korkunç bir nüfus artışıdır.* –SY.

değişinimcilik *a. yaşb.* genlerin kimi özel hallerinin yitmesi, yeniden ortaya çıkması ya da değişmesi yüzünden canlılardaki soyaçekimin atlama biçiminde değişebileceğini ve bu değişimlerin, türlerin oluşmasında doğal yasa olduğunu ileri süren görüş ve kuram.

değişke *a.* **1** *bkz.* **çeşitleme**. ... *tanımı gereği, gücül bir nitelik taşır sözlü yapıt, ancak bir değişke biçiminde varolabilir.* –TY. **2** *yaşb.* herhangi bir canlıda, dış etkilerle ortaya çıkabilen, soyaçekimsel olmayan değişiklik.

değişken *s.* **1** *mat.* değişik değerler alabilen (nicelik). **2** her zaman değşebilecek olan. ... *alabildiğine değişken koşulların işe karıştığını unutmamalıyız.* –NU. *Bu arada sözcüğün sayımlamadaki anlamı için evrendeğer, genel dildeki anlamı için değişken ... sözcüklerini uygun gördüm.* –CM.

değişkenlik *a.* durumdan duruma geçebilme özelliği, değişme, değişken olma durumu. ... *insanın kültür tarihi boyunca elde ettiği değişkenliğin çelişkili gelişimini düşünmeden ...* –ÖN.

değişmece *a. dilb.* bir göstergenin kendi gerçek anlamı dışında, bir başka anlamda kullanılması. *Büyük ustanın yarattığı melez dil üç değişmeceye dayanır.* –SBü.

değişmeceli *s.* değişmece olarak kullanılabilen (söz), değişmece özelliği taşıyan. *Sözcüklerin bu türden kullanım yoluyla kazandıkları anlamlara ... değişmeceli anlam adını veriyoruz.* –EmÖ.

değişmecesel *bkz.* **değişmeceli**

değiştirge *a.* bir değişiklik yapılmasını isteyen önerge.

değiştirgeç *a. fiz.* bir nesnenin ya da bir gücün biçimini değiştirmeye yarayan araç.

değiştirilebilir *s. tec.* yabancı paralarla kolaylıkla değiştirilebilen (para).

değiştirilebilirlik *a. tec.* (para için) yabancı paralarla kolaylıkla değiştirilebilir olma özelliği.

değiştiri *a.* elverişsiz bir hale gelen bir şeyi işe yarar bir duruma sokmak için üzerinde yapılan değiştirme, değişiklik. *Değiştiri, TSK' nin özellikle teknik dallarda olmak üzere, bazı meslek mensubu elemanlara ... öncelik ve ayrıcalık tanımıştır.* –SG.

değiştirim *a.* bir şeyin biçimini bozma, değiştirme işi. ... *kendini özün getirmediği karıştırmalara, değiştirimlere, biçim oyunlarına vermişti.* –AB.

değiştirmece *a. sp.* bir spor takımının, karşılaşmayı karşı takımın kentinde yapması.

değşincilik *bkz.* **değişinimcilik**

değşinim *bkz.* **değişinim**

dek *e.* bir işin sona erdiği noktayı bildiren ilgeç. ... *durumun en az 5 hazirana dek sürmesi gerektiğini ...* –NN.

delgi *a.* sert şeylerde delik açmaya yarayan araç.

delilerevi *b. a.* ruh sağlığı bozulanların sağaltımlarının yapıldığı yer. *Bağlı olduğum değerleri cahilce çiğnemekte öylesine azıttılar ki, kendimi delilerevinde sanıyorum.* –MCA.

demeç *a.* önemli bir kimsenin herhangi bir sorun üzerine söyledikleri. *Sayın Başbakan'ın demecini dinleyenler...* –CB.

demirkapan *b. a.* demiri ve kimi başka metalleri çeken demir oksit ya da sonradan bu özelliği kazanan her türlü madde.

denek *a. ruhb.* üzerinde deney yapılan kimse ya da şey. *Deneğin amaca yönelmesini kısaltan ve kolaylaştıran tepkileri...* –MEnç.

denekleşme *a.* denek durumuna gelme.

denekleşmek denek durumuna gelmek. *Ama zavallı denek... kendi istencinin dışında denekleşmiştir.* –İS.

deneklik *a.* denek olma durumu. *Günter Wallraff'ın kitabından anladığıma göre, denekliğe razı olan çaresizlerin başında Türkler geliyor.* –MCA.

denektaşı *b. a.* **1** altın, gümüş gibi madenlerin ayarını anlamak için sürtüldükleri bir tür taş. **2** *mec.* bir kimsenin ya da bir şeyin değerini anlamaya yarayan olay, tepki ya da durum.

deneme *a.* **1** bir nesnenin ya da bir kimsenin herhangi bir özelliğini ya da bir işin sonucunu anlamak için başvurulan yol, yani o nesneyi kullanma, işletme, o işi yapma ya da o kimseye o özelliğini ortaya koyacak durumlar yaratma. *Öyleyse, dedi, bir deneme yapmak istiyorum.* –AN. *Rönesanstan beri sanatçılar doğayı, gerçeğe uygun olarak tuvale geçirmek için kimi denemeler yapmışlardı.* –SB. **2** *yaz.* özgürce seçilen bir konuda, kesin bir sonuca varma çabası gütmeden gelişen, orta uzunlukta düzyazı; denemede yazar, bizim önümüze kendi beğenilerini, kendi ilgilerini, duygu ve düşünülerini açık yüreklilikle, bir çeşit iç dökme olarak ortaya koyar, yani okuru düşünmeden kendisiyle konuşur gibi yazar. ... *okunur cinsinden bir deneme eseri...*–OA. *Demek ki, deneme; bir düzyazı biçimidir...* –TDK.

denemeci *a. yaz.* deneme türünde yazı yazan kimse, deneme yazarı. *Gerçek bir değeri olan bütün hikâyeciler, şairler, romancılar, denemeciler Atatürkçü çizgide yer almışlardır.* –OA.

denemecilik *a.* deneme yazarlığı, deneme yazma işi. ... *denemeyle denemeciliğin başlangıç noktasını Montaigne'den saymak, sanmam ki yanlış olsun!* –TDK.

denemek bir nesnenin, bir kimsenin herhangi bir özelliğini anlamak ya da bir işin ne sonuç vereceğini görmek için o işi yapmak, o nesneyi kullanmak ya da işletmek, o kimseye o özelliğini ortaya koyacak olanaklar vermek. *Nasıl olsa, bu türlü yargıları tartışmak ve denemek bir alışkanlık durumuna gelmemiş.* –TY.

denemesel *s.* deneme niteliğinde. *Ayrıca okunurluğu kolaylaştırmak amacıyla anlatımda denemesel bir söylem biçimi seçilmiştir.* –EmÖ.

denence *bkz.* **varsayım**. *İstatistik yöntemler bugüne kadar görevsel denencelerin nedensel yönünü belirtememişlerdir.* –BG.

denenme *a.* gerekli niteliği taşıyıp taşımadığının anlaşılması için kullanılma, niteliği sınanma. *Bunu tiyatronun klasik değerlerinin yeniden denenmesi olarak görüyorum.* –SKA.

denenmek gerekli niteliği taşıyıp taşımadığının anlaşılması için kullanılmak. *Bilim politikasının etkili bir araç olarak kullanılması yöntemi bugün birçok kalkınmış ülkede ... denenmektedir.* –VB.

denet *a.* denetim, denetleme. *Atom enerjisinin uluslararası bir denet altına alınması yolunda bir istek duyulmuştu.* –AG.

denetçi *a.* denetimle görevli kimse. *Ülkemizde danışman ile denetçi için hukuka uygun kurallar koyabilmiş değiliz.* –SŞa.

denetçilik *a.* bir işin gerektiği yolda yapılıp yapılmadığını anlamak ve işi o yolda yürütmek için yapılan görev, denetçi olma durumu. *Sermaye piyasası denetçiliğinin vergi konularında yetkisi yoktur.* –SŞa.

denetim *a.* **1** bir işin gerektiği yolda yapılıp yapılmadığını anlamak ve işi yapılması gerektiği yolda yürütmek için yapılan iş. ... *ancak yargı denetimi ile sağlanabilir.* –MA. **2** radyo ve televizyonda izlenceleri yayımdan önce denetleme işi. *Ama TRT'nin dünkü ve bugünkü program denetim politikasında bir değişiklik görülmüyor.* –MTÖ.

denetimci *a.* radyo ve televizyon izlencelerini yayımdan önce denetleyen kimse. ... *üstelik dünkü denetimciler de aynı kişiler.* –MTÖ.

denetimli *s.* denetim[1] altına alınmış. ... *yoğun ve denetimli bir kararlılık görüyoruz.* –BC.

denetimsiz *s.* başıboş, denetlemeden uzak. *Ateşli duyguları, onları sabırsızlıklara itiyor, sert ve denetimsiz eylemlere savuruyor.* –İS.

denetimsizlik *a.* denetim noksanlığı, başıboşluk; denetlemeden uzak oluş. *Devletin her türlü işlemi yargıya açık tutulmalıdır. Böylece idarenin işlemleri denetimsizlikten kurtulmalıdır.* –İS.

denetleme *a.* bir işin olması gerektiği yolda yapılıp yapılmadığını anlamak ya da bir işi yapılması gerektiği yolda yürütmek için bakıp gözetme. *Türkiye Hükümetinin, kendisine verilen bilgilerin doğruluğunu araştırmak amacıyla Boğazlardan geçmesi sözkonusu savaş gemileri üzerinde denetleme yapma yetkisi yoktur.* –EÇ.

denetlemek bir işin olması gerektiği yolda yapılıp yapılmadığını anlamak ya da bir işi yapılması gerektiği yolda yürütmek için gözetip bakmak. ... *gelirgiderini denetlemek yetkisi...* –PS.

denetlenme *a.* (başkasınca) denetimi yapılma. ... *her iktidar odağı gibi basının iktidarının da denetlenmesi gerektiğini düşünüyor.* –OGö.

denetlenmek denetimi yapılmak. *Çevremizdeki evcilleşmiş hayvanların üremesi, beslenme kaynaklarının insanlarca denetlenmekte olması.* –BK.

denetleyici *s.* denetleme işini yapan, denetleyen. ... *ortaya çıkan başka bir sonuç ... büyük devletler temsilcilerinin Tanzimat maddelerinin uygulanmalarının denetleyicileri durumuna gelmeleri olmuştur.* –NB.

denetmen *a.* bir kuruluşta, işlerin yasa ve tüzüklere göre yürütülüp yürütülmediğini inceleyen, denetleyen kimse. *Hoppala, adama bak, bir denetmen, bir müdür gibi sorguluyordu.*–Mİ. *Denetmenler olayına buncağız değindim.* – MEk.

deney *a. fiz.* ve *kim.* bilimsel bir gerçeği göstermek için yapılan deneme. *Kolombiya deneyi olumsuz bir örnek sayılamaz.*–TZT. **deney öncesi** *bkz.* **önsel**. *Bu formlar deney öncesidir ve tüm öznelerde bulunur.* – SBü.

deneyci *a.* **1** doğrulara ulaşmak için deneyi kullanan. *Bilim her zaman deneycidir.* –AG. **2** deneyen, araştıran; yeni yollar denemekten korkmayan. *Büyük bir deneyciydi Ezra Pound...* –CSS.

deneycilik *a.* deney yandaşlığı. ... *sınırlı bir ölçüde deneycilik de vardır...* –AG.

deneydışı *b. s.* deneye gelmeyen. *Efesli Herakleitos deneydışı felsefenin en büyük düşünürüdür.* – OH.

deneyim *a. fels.* belirli bir erekle ve belirli yöntem ve kurallara uygun olarak yapılan deney. *Çünkü, deneyimler göstermiştir ki, bundan sonra bu fırsat kapıları kapanacak, yazar kim bilir daha nice zaman susturulacaktır.* –AN.

deneyimci *s.* deneyime dayanan, deneyimi öne alan. *Kısaca söylemek gerekirse, görgücü ve deneyimci bir yaklaşımın temelleri atılıyordu.* –MCA.

deneyimli *s.* deneyimi bulunan, birçok deneyden geçmiş, ustalaşmış olan. *Deneyimli bir politikacı... hiç bu fırsatı kaçırır mı?* –CA.

deneyimlilik *a.* deneyimi bulunma durumu, deneylerden geçerek ustalaşmış olma.

deneyimsiz *s.* deneyimi bulunmayan, toy. ... *ve Julia Roberts gibi deneyimsiz bir oyuncu, nasıl böylesine Vivian olabilir?* –AD.

deneyimsizlik *a.* hiçbir deneyi, deneyimi olmama durumu. ... *bankerler konusundaki deneyimsizlik ve bu deneyimsizliğin yol açtığı şaşkınlık ...* *şimdi de radyasyon konusunda ortaya çıktı.* –UM.

deneyleme *a. toplb.* ve *fels.* bir konuda deneyle iş görme yöntemi. *Ona göre bilgiye vardıran yol, deney ve deneyleme olmalıdır.* –MG. *Ama bu olayların incelenmesinde sadece gözlem yöntemi kullanılmıştır, deneyleme yöntemi değil.* –NŞK.

deneylemek bir varsayımı deneyleme yoluyla doğrulamak. ... *bilimsel olarak deneylemekle doğrulanır.* – OH.

deneylemeli *s. toplb.* ve *fels.* deneylemeyle ilgili. ... *toplumbilimciler, bir yandan toplumsal olaylara doğa bilimlerinin deneylemeli yöntemini bütün incelikleriyle uygulayarak toplumsal olgular arasındaki ilişkileri araştırırken* ... –NŞK.

deneyli *s.* deneye dayanan, deneysel. *Deneyli bilgi, yöntemli ya da yalın deneyleri ayırt etmeksizin, hem görgül hem deneysel bilgiyi kapsar.* –OH. **deneyli bilim** söyledikleri deneyle tanıtlanmış bilim, ki fizik, kimya, tıp vb. bilim dallarını içeren genel kavram. ... *bir deneyli bilim statüsüne filmin incelenmesiyle karşılaştırılamayacak kadar yaklaşmış olan ekonomi* ... – NÖ.

deneylik *a.* bilimsel ve teknik araştırmalar için araç ve gereçleri bulunan yer.

deneysel *s.* deneye dayanan, deney yolu ile olan, deneyle ilgili, deneylemeli, deneyli. *Gerçekten deneysel incelemeler ırklar arasındaki bu farkın pek o kadar çok olmadığını ortaya koymuştur.* –NŞK. **deneysel bilim** *bkz.* **deneyli bilim**. *İşte gerçek felsefe o zaman başlayacaktır, çünkü böyle bir dünyada deneysel bilimin üstesinden* *gelemeyeceği bir uslamlama alanı ortaya çıkacaktır.* –CÜ.

deneyselci *a. fels.* deneyselcilik yandaşı kimse ya da görüş. *Deneyselciler de, görgücüler gibi, usçuluğa karşıdırlar.* –OH.

deneyselcilik *a. fels.* gerçek bilginin ancak deneye dayanarak elde edilebileceğine inanan öğreti. *Deneyselcilik (eksperimantalizm), bilginin ancak deneylerle elde edilebileceğini ileri süren bütün öğretileri kapsar.* –OH.

deneyselleşme *a.* deneye dayanır olma.

deneyselleşmek deneye dayanır olmak. *Bilim soyuttu, biçimseldi, somutlaştı, deneyselleşti.* –İS.

deneysellik *a.* deneysel olma özelliği ya da durumu. *Ancak bu deneysellik, fizik, kimya ve biyolojideki deneysellikten oldukça farklı.* –VB.

deneysiz *s.* deneyi olmayan, toy, çalıştığı alanda henüz deney sahibi olmamış. *Bu konularda uzmanlığı nedeniyle göreve çağırılan üniversite öğretim üyesi deneysizdi.* –UM.

deneysizlik *a.* deneyi olmama durumu. ... *enflasyonun getirdiği sorunlar karşısında deneysizliğin acısını çok çektik.* –UM.

deneyüstü *b. a. fels.* deney yolu ile ulaşılan bilginin sınırını aşan. *Dinsel alan deneyüstü bir alandır.* –OH.

deneyüstücü *b. a. fels.* deneyüstücülüğü benimseyen kimse, görüş. *Metafizik öğretilerin tümü deneyüstücüdürler.* –OH.

deneyüstücülük *b. a. fels.* deneyüstü alanla ilgilenen felsefe öğretilerini içeren genel kavram. *Amerikan ozan ve düşünürü Ralp Waldo Emerson'un mistik panteizmine de, özel olarak deneyüstücülük adı verilmektedir.* –OH.

denge *a.* **1** karşıt iki gücün denk gelmesi durumu. ... *bir felsefe çizgisine tutunarak bir denge sağlıyor...* –CSS. **2** *fiz.* durmakta olan yani devinimsiz bir nesne üzerine etki yapan güçlerin o nesnede bir devinim yaratmamaları ya da devinmekte olan bir nesneyi etkileyen güçlerin o nesnenin hızını ve yörüngesini değiştirmemeleri durumu. *Nasıl ki thermodynamique'te iki farklı gücün dengeye, eşitleşmeye doğru akışı, ısı kudreti yüksek olan cisimden az olana doğru olursa...* –NŞK. **denge kuramı** *toplb.* doğada ve toplumda dengenin doğal ve saltık, devinim ve gelişmeninse geçici olduğunu öne süren kuram.

dengelem *a.* bir tecimevinin, bir kuruluşun belli bir dönem sonunda alacak verecek durumunu gösteren çizelge.

dengeleme *a. fiz.* ve *kim.* denge durumuna getirme. ... *geleceğe yönelik bir dengeleme öğesidir.* – MuS.

dengelemek *fiz.* ve *kim.* denge durumuna getirmek. *Komprador saltanatının saray paşaları, kafalarının hafifliğini taşıdıkları madalyaların ağırlığıyla dengelemek yolunda göğüslerini nişanlarla doldurmuşlardı.* –İS.

dengelenme *a.* dengeli kılınma, denge durumuna getirilme, dengesini bulma. *Çocuğun ikinci yaş içindeki inatçılığı ... üçüncü yaşa girerken, yatışmaya, dengelenmeye başlar.* –ASG.

dengelenmek denge durumuna getirilmek, dengeli kılınmak, dengesini bulmak. *Devrimler sırasında sürçmeler ... gereksiz atlamalar olmuştur elbet; bunlar yine şiirin kendi içinde* *dengelenmektedir, dengelenecektir.* –CSS.

dengeli *s.* denge durumunda olan. *... uzay başarılarının gururu ile ilerleyen Âdemoğlu, neden aynı zamanda bununla dengeli olarak gerçekten bir manevi medeniyet kurmasın?* –RA.

dengelilik *a.* dengeli olma durumu. *Bu ilkeleri kabul eden kişiler için normal ve ideal toplum, düzeni dengelilik içinde tutan toplumdur.* –NB.

dengesiz *s.* denge durumunda olmayan. *... vasıtalı vergiler yönünde dengesiz bir kayma olmuştur.* –AK.

dengesizleştirilme *a.* dengesiz bir duruma getirilme.

dengesizleştirilmek dengesiz bir duruma getirilmek.

dengesizleştirme *a.* dengesini yok etme, dengesini bozma, dengesiz bir duruma getirme. *Ülkede "istikrarsızlaştırma" ya da "dengesizleştirme" denilen eylemler tezgâhlanıyor.* –İS.

dengesizleştirmek dengesini bozmak, dengesini yok etmek, dengesiz bir duruma getirmek.

dengesizlik *a.* dengesi olmama durumu. *... iş ve emek kıymetlerindeki eşitsizlik ve dengesizlik diye bir tasaya düşmemişler ...* –NFK.

denizaltı *b. a. ask.* denizin altında yol alabilen gemi. *Hidrojen bombası taşımaya elverişli hangi denizaltıların yapıldığını bulgulamak da güç bir iş olamaz.* –AG.

denizaşırı *b. s.* denizlerin ötesinde bulunan (ülke ya da ülkeler). *Emperyalizmin denizaşırı yerlere doğru genişleme olanakları... boldu.* –NB.

denizbilim *b. a.* okyanusları ve denizleri inceleyen bilim dalı.

denizbilimci *b. a.* denizbilim alanında çalışan uzman kimse. *Bizim denizbilimcilerimiz yok.* –ÇA.

denizkulağı *b. a. coğr.* bir kıyı diliyle önü kapanmış, küçük bir ayakla denize bağlı kalsa da artık bir göl durumuna gelmiş eski koy ya da körfez.

denk *s.* **1** ağırlık ya da başka nitelikleri yönünden eşit... *... denk olmayan güçler arasındaki çatışmada kazanan Amerika'dır.* –İS. **2** *fiz.* destekleri koşut, yönleri aynı ve yeğinlikleri eşit bulunan (güçler).

denklem *a. mat.* iki cebir niceliği arasında kurulmuş olan eşitlik durumunun anlatımı. *Şüphesiz ki fizik, kimya, astronomi ... gibi denklem ve simgeleri anlaşılmadan, taşıdıkları hakikatlerin kavranılması imkânsızdır.* –CS. **denklemler dizgesi** *mat.* hepsinin birlikte ortak çözümü istenen iki ya da daha çok denklemin ortaya getirdiği takım.

denklemsel *s.* denklemle ilgili. *Genel olarak, dünyanın bu denklemsel indirgeni-yayılımcı bir evreyi hazırlıyor ...* –TY.

denkleşik *s.* birbirine denk olan, denkteş. *... işkembe ile mide karşılıklı olarak bir benzeşim bağıntısı sunarlar ve her iki bütün denkleşiktir.* –MY.

denkleşim *a.* birbirine denk olma durumu. *Bu durumda iki terim arasında denkleşim vardır.* –MY.

denklik *a.* denk olma durumu. *Örneğin bu durumdaki kimya dilinde gösterenle gösterilenlerin yapıları arasında tam bir denklik vardır.* –MY.

denkserlik *a. fels.* insanları, yasaların dışında kalan hakları sağlamaya zorlayan doğal tüze duygusu. *Kimi insanlarda denkserlik pek güçlüdür.* –OH.

denkteş *s.* birbirine denk olan (şeyler).

denkteşlik *a.* denkteş olma durumu.

denli *e.* **1** (eskiden) gibi. **2** (şimdi) Arapça "kadar" sözcüğünün yerine kullanılan ilgeç. *Kendimizi ne denli tenkit edersek edelim...* –NN.

deprem *a. yerb.* ve *coğr.* yerin derinliklerinden gelen, yeryüzünde sarsıntılar, titreşmeler biçiminde kendini gösteren doğal olay, ki yer kabuğunun derin katmanlarının kırılarak yer değiştirmesi ya da yanardağların püskürme durumuna geçmesi nedeniyle olur. *Örneğin, Platon, deprem, tufan gibi büyük coğrafya olayları birçok uygarlıkları yıkmıştır, der.* –NŞK. **deprem alanı** *coğr.* depremin araçsız olarak duyulabileceği yerler. **deprem bölgesi** *coğr.* depremlerin sık olduğu bölge, ki deprem bölgeleri, en yeni dönemlerde yerinden oynamalara uğramış yerlerdir. **deprem odağı** *coğr.* deprem dalgalarının başladığı yer, depremin ocağı.

deprembilim *b. a. coğr.* depremlerin oluşlarını ve etkilerini kendine konu alan bilim.

deprembilimci *b. a.* deprembilim uzmanı olan bilim adamı.

depremçizer *bkz.* **depremyazar**. *Yersarsıntılarını on bin km. öteden saptayan bir depremçizerdir.* –SB

depremölçer *b. a.* depremin yeğinliğini ölçen aygıt.

depremsel *s.* depremle ilgili.

depremsiz *a.* deprem olayı görülmeyen.

depremyazar *b. a.* deprem dalgalarını çizgi halinde yazan aygıt.

dergi *a.* içindeki yazılar, sayfa sayısı, düzeni ve biçimi bakımından gazeteden ayrı özellikler taşıyan ve genellikle haftalık, on beş günlük, aylık zaman aralarıyla yayımlanan süreli yayın. *Türkiye'de çıkan gazeteler, dergiler ve kitaplar ...* –AKa.

dergici *a.* dergi çıkaran kimse. *... bir dergici şiir istiyor.* –MKe.

dergicilik *a.* dergi çıkarma, yayma gibi dergi ile uğraşma işi. *... ama edebiyatı seven, dergicilikten anlayan bir tek yakını yoktu.* –OA.

derimevi *b. a.* göçebe yaşamında üstü keçe ve kilimle kaplı, toplantı çadırı. *O gece derimevinde hep atı konuştular.* –YK.

derindondurucu *b. a.* yiyecekleri, bozulmamaları için, çok düşük ısıda dondurarak uzun süre korumaya, saklamaya yarayan bir tür buzdolabı, donduraç.

derinlik *a. fiz.* ve *mat.* bir nesnenin çekül doğrultusunda yukardan aşağıya doğru olan boyu ya da bulunduğu yatay düzlemden aşağıya doğru olan uzaklık.

derişik *s.* bir nokta dolayında toplanmış olan (şey).

derişme *a.* derişmek işi.

derişmek **1** bir nokta dolayında toplanmak. **2** *kim.* (sıvı) içindeki su azalarak koyulaşmak, yoğunlaşmak.

derleme *a.* **1** derlemek eylemi. *İşte söz derleme çalışmalarına katılan "derleyici", bu adı bengutaş diye okumuş...* –HE. **2** derlenmiş şey. *... ve yeni derlemelerle bu otuz bin kelimenin bir o kadar daha artacağı tahmin edilmektedir.* –ÖAA.

derlemeci *a.* derleme yapan kimse, derleyici.

derlemecilik *a.* derleme yapma işi. *.. eski "dilci"nin derlemecilik yapması* *doğaldır.* – HE.

derlemek seçip toplamak, bir araya getirmek. ... *halk ağzında kullanıldığı halde kitaplara geçmemiş Türkçe kelimelerimiz derlenmiştir.* –ÖAA. *O konuşmada, nimetlerini derlemek için bilinmez uzaklıklara dağılmada korkusuz davranan* ... – RM.

derlenme *a.* bir araya getirilme, toplanma. *Bu asker derlenmesi maddesine oybirliği ile karar verildiğinden* ... –NB.

derlenmek bir araya getirilmek, toplanmak. ... *halk ağzında kullanıldığı halde kitaplara geçmemiş Türkçe kelimelerimiz derlenmiştir.* –ÖAA.

derleyici *bkz.* **derlemeci**

derme *a.* **1** dermek eylemi. **2** aynı türden bir araya getirilmiş şeylerin tümü. *Hüseyin Rahmi'ninTürk edebiyatı ve kendi çağdaşları üstüne yargılarını kırk yıl önceki gazete dermelerini karıştırırken buldum.* –CSS.

dermek *bkz.* **derlemek**

dernek *a. tüze.* para kazanma ereği dışında olmak üzere belirli bir erek ile, yediden çok kimsenin bir araya gelerek kurdukları topluluk; ki dernekler, yasalara uygun olarak gerekli işlemlerden sonra tüzelkişilik edinir, her türlü işleri tüzüğüne göre yönetilir; yasa yollarına göre açıkça kurulmayan dernekler gizli sayılır ve yasa karşısında o türlü işlem görür. ... *x adını taşıyan dernek* .... –PS.

dernekçi *a.* dernek kurarak örgütlenmeden yana olan kimse.

dernekçilik *a.* dernek kurma ve örgütlenmeden yana olma durumu. *Derneğin, dernekçiliğin önemini başı derde girmeyen bilmez.* –MEk.

dernekevi *b. a.* bir kuruluşun, bir derneğin üyelerinin buluşma, yiyip içme, eğlenme gibi kişisel ve toplumsal gereksinimlerini karşılamak üzere ayrılmış yer.

dernekleşme *a.* dernek kurarak örgütlenme. *Öğrenciler için yeniden dernekleşme tasarıları getiriliyor.* –MKe.

dernekleşmek dernek kurma yoluyla örgütlenmek. ... *her türlü "ideal amacı" dernekleşmek için yeter mi sayacağız?* –AA.

derneksel *s.* dernekle ilgili. *1961 Anayasası ... derneksel örgütlenmelerin yanı sıra yasama ve yürütmenin denetimine yer vermiş çağdaş ve devrimci bir anayasa idi.* –HVV.

derslik *a.* okullarda derslerin yapıldığı oda, dershane. *Çünkü bu yapıtların yüceliği, bizlere dersliklerde aşılanmıştır.* –İS.

destek *a.* **1** üzerine bir şey oturtmaya, tutturmaya, koymaya yarayan şey. **2** *fiz.* bir vektörü taşıyan sonsuz doğru. **3** dayanılacak şey, dayanak. **4** *mec.* yardım, koruma, arka çıkma. ... *devletin yapısı içinde maddi ve manevi destekle güçlendirmeye çalışırsa* ... –İS.

destekçi *s.* yardım eden, destek veren, destek olan. ... *feodallerle din adamları onların destekçisi olmuştur.* –HVV.

destekçilik *s.* destek verme, destek olma, yardım etme durumu, yardımcılık.

destekdoku *b. a. yaşb.* özel bir işlevi olmayan, ancak başka dokuları desteklemeye yarayan doku.

destekleme *a.* **1** altına destek koyarak bir şeyin devrilmesini önleme. **2** birini bir işte yüreklendirme. *1974'te destekleme alımlarıyla üreticiye yapılan ödemeler bir yıl önceye göre yüzde 114 artmıştı.* –BE.

desteklemek 1 altına destek koyarak bir şeyin devrilmesini önlemek. **2** söz ve davranışla birinin yanında olduğunu göstermek. *Onlar da ... hiç değilse bir seçim için desteklemek gerekliliğine inanıyorlar.* –OA.

desteklenme *a.* **1** altına destek konulma. **2** yüreklendirilme. *Barış için atılan her adımın iki ülke halkınca desteklenmesi gerekir.* –UM.

desteklenmek 1 altına destek konulmak **2** yüreklendirilmek. *Gorbaçov bu dileğin temsilcisi olarak desteklenmektedir.* –MCA.

destekli *s.* desteği olan, desteklenen. *Ama unutmamak gerekir ki böylesine donanımlı ve destekli parlamento üyelerinin ...* –ASi.

desteksiz *s.* desteği olmayan, desteklenmeyen. *Nasrettin Hoca'nın yukarıdaki öyküsünde olduğu gibi desteksiz savlar ileri sürüyor.* –ASi.

devim *bkz.* **devinim**. *Devimi sezen ve ilk savunan düşünür Herakleitos oldu.* –OH.

devimbilim *b. a.* mekaniğin devinimleri inceleyen kolu.

devimduyum *b. a. ruhb.* devinmeden ve özellikle kasların kasılmasından edinilen duyum.

devimli *bkz.* **devimsel, devingen, devinimli**

devimlilik *bkz.* **devinimlilik, devimsellik, devingenlik.** *Bilgi süreci nesnel gerçeklikle bağımlı olarak geliştikçe özdeğin sınırsız devimlilik ve çeşitliliğinden daha pek çok ulamlar gün ışığına çıkacaktır.* –OH.

devimsel *s.* hep devinim durumunda olan. *Yeni gerçekçilik ise, devimseldir.* –AB. **devimsel erke** *fiz.* bir nesnenin devinim dolayısıyla taşıdığı erke.

devimselci *s. fels.* devimselcilik öğretini benimseyen.

devimselcilik *a. fels.* özdeğin özünde devinim ve gelişim olduğunu ileri süren öğretilerin genel adı, gürecilik. ... *kimi yazarlarımızca devimselcilik deyimiyle de dile getirilmektedir ...* –OH.

devimselleşme *a.* hep devinim durumunda olma.

devimselleşmek hep devinim durumunda olmak. *Bu durumda konu uzamda değil, ruhbilim alanında devimselleşiyor.* –SBü.

devimsellik *a.* devimsel olma durumu. ... *devimselliğin diyalektik tözüyse "çatışma" düşüncesindedir.* –SBü.

devimsiz *s.* devinim durumunda olmayan. **devimsiz devitken** *fels.* kendisi devinmeyen devindirici. ... *ve metafizikçiler bir devimsiz devitken tasarlamakla ...* –OH.

devimsizlik *a.* devimsiz olma durumu, devinimsizlik. *Bir nesne böyle bir şeydir hem, özdeğin tarihinde durağanlığın, devimsizliğin adamı olarak, sonluluğa karşı koymak, kişiliğini korumak ...* –İB.

devindirici *s.* devinime yol açan. *Kendinden başka bir şeyle devindirilmiş ve devindiriciyle son arasında aracı olan her şey için durum budur...* –AfT.

devindiricilik *a.* devinime yol açma özelliği.

devindirilme *a.* devinmesi sağlanma, devinime geçirilme. ... *alıcı yavaş yavaş devindirilerek izleyicinin renkleri daha iyi algılaması sağlanabilir.* –SBü.

devindirilmek devinime geçirilmek, hareket ettirilmek. *Kendinden başka bir şey ile devindirilmiş ...* –AfT.

devindirme *a.* devinim durumuna sokma, devinmesini sağlama. *Kafasını küçük, kesin hareketlerle devindirmesi Ergin Çokergin'in gücüne gitti.* –FK.

devindirmek devinim durumuna sokmak, devinmesini sağlamak. ... *yönetmenler alıcıyı devindirmekten kaçınıyorlardı.* –SBü.

devingen *s. fiz.* işler durumda olan, işleyen, devinen. *Ama, devingen, açık toplumlarda ise söz dizgesi bir donmuşluk, bir kapalılık göstermez.* –EmÖ. *Eylemci tiyatro özgürdür, devingendir.* –AN.

devingenleşme *a.* işler halde olma, devinime geçme. *Toplumlar dalgalanmaya ... devingenleşmeye başlayınca, kimileri kendilerini tarihsel olayların içinde bulur.* –İS.

devingenleşmek işlerleşmek, işler durumda olmak, devinime geçmek.

devingenlik *a.* işler durumda olmaklık, devingen olma durumu. *Olanaksızlıkların eylemci tiyatroya kazandırdığı olanaklardan biri de devingenliktir.* –AN. *Yoksa durgunluk ile devingenliğin ... karşıt olmadıkları o doğuştan önceki hayatı yeniden yaşamak mıdır?* –CÜ.

devini *bkz.* **devinme, devinim.** ... *altındaki toprağın derinliklerinde ... bir tanımsız devinidir sürüp gidiyordu.* –TY.

devinim *a. fiz.* durağan bir noktaya göre devinmekte olan nesnenin durumu, eylemi. *Toplum kendi varlığının karşı durulmaz devinimiyle bu ikilemi yenmeye ... kalkar.* –CÜ.

devinimlendirme *bkz.* **devindirme**

devinimlendirmek *bkz.* **devindirmek**. *"Magic Box"ın ... yayıncılık anlayışı ... TRT'yi de devinimlendirdi.* –MTÖ.

devinimli *s.* devinebilen, devinen. *İki ayrı devinimsiz görüntünün bindirilmesinden doğan devinimli görüntüye Potemkin'den bir örnek verilebilir.* –SBü.

devinimlilik *a.* devinebilme durumu; devinebilenin niteliği; devingenlik.

devinimsiz *s.* devinmeyen, kımıldamayan, duran, durgun. ... *kırmızı giysinin doldurduğu bölümü, solda, devinimsiz, sabırlı atın ağır kütlesi dengeliyor.* –BC.

devinimsizlik *a.* eylemsizlik; devinmeyenin özelliği; durağanlık. *Dış durgunluk devinimsizlik demek değildir.* –HM.

devinme *bkz.* **devinim**. ... *yürür, devinmenin olduğunu saptarsınız.* –NA.

devinmek (bir şey) durağan bir noktaya göre yeri ya da durumu değişmek. *Görülüyor ki, bilim de, felsefe de, müzik de ... neredeyse saltık diyebileceğimiz bir alanda devinmektedirler.* –SKA.

devitken *s. fels.* herhangi bir devinimi yaptıran. *Mekanik devim anlayışına göre Tanrı'dan başka her varlık devimli devitkendir.* –OH. **devimli devitken** *fels.* başkasınca devindirildiği halde kendisi de bir başkasını devindiren. *Mekanik devim anlayışına göre Tanrı'dan başka her varlık devimli devitkendir.* –OH.

devitkenlik *a.* devitken olma durumu.

devitmek *bkz.* **devindirmek**

devrik *s.* **1** bir devrimle devrilmiş (iktidar kişisi). ... *devrik liderlerin ...* –AŞE. **2** *dilb.* başı sona, sonu başa gelmiş (tümce). *Ataç, Mercimek Ahmed'in Kabusname çevirisinde gördüğü devrik cümlelerin kendisini büyülediğini ... söylemiştir.* –ÖAA.

devrik tümce *dilb.* yüklemle başlayan yüklemi öteki öğelerden, sözcüklerden önce gelen tümce. *Ataç ... devrik tümce kullanımının yaygınlaşmasına yol açmıştır.* –ÖAA.

devrikleme *a.* "git oraya!", "var mı bir diyeceğin?" örneklerinde olduğu gibi, sözcüklerin tümce içinde olağan, doğal sıralanış biçimine uymayan kullanımı. *Devrikleme, anlatıma çalım katma... gibi etkenlerle yapılır.* –EmÖ.

devriklik *a.* devrik olma durumu. *Şu örnekte devriklik anlatıma değişik bir hava katmış gibidir ...* –TNG.

devrim *a.* kökten ve önemli değişiklik; bir toplumun yaşamında önemli işlevi olan kurumların kökten değiştirilmesi ya da yenileştirilmesi. *Biz, devrim deyince, toplumun yaşayışında, düşünüsünde bir değişiklik demek istiyoruz.* –NA.

devrimci *s.* devrim yapan ya da devrime bağlı olan (kimse). *Öyle bir devrimci ...* –FRA.

devrimcileşme *a.* devrimci hale gelme.

devrimcileşmek eskiye bağlılığı, tutuculuğu bırakıp yeniliklere açık hale gelmek, devrimci hale gelmek. *Üretimin durmadan devrimcileşmesi ... burjuva evresini ötekilerden ayırır.* –MB.

devrimcileştirme *a.* devrimci hale getirme. *Burjuvazi üretim araçlarını, dolayısıyla da toplumun bütün ilişkilerini sürekli devrimcileştirmeden var olamaz.* –MB.

devrimcileştirmek eskiye bağlılıktan kurtarıp yeniye açık, devrimci hale getirmek.

devrimcilik *a.* genel anlamda, toplumun devrimlerle yükseleceğini ve çağdaş uygarlık düzeyine ulaşacağını savunan görüş, öğreti; özel anlamda, Atatürk devrimlerine bağlılık, onların korunması ve Atatürk'ün gösterdiği yönlerde yeni devrimler yapılmasını savunma. ... *devrimcilik aslında iyi bir şeydir.* –FKT. *bkz.* **Atatürkçülük**

devrimleşme *a.* devrim haline gelme, devrim özelliği kazanma. *XVII. yüzyılda başlayıp XIX. yüzyılda en üst noktasına erişen toplumsal yaşamdaki kaynaşmanın, devrimleşmenin sanattaki yansısıdır romantizm.* –MD.

devrimleşmek devrim özelliği kazanmak. *Tarih ... kimi zaman hızlanır, dönüşüm devrimleşir.* –İS.

devrimsel *s.* devrimle ilgili. *Ne ki, toplumumuz devrimsel bir dönüşüm geçirmektedir.* –EmÖ.

devrimsellik *a.* devrimle ilgili olma hali.

deyi *a.* insanın, demek istediğini sözle anlatmak için baş vurduğu araç; dil, söz, us, anlam, düşünce gibi kavramların tümü. *Her nesne ancak kendisine uyan deyi ile adlandırılmalıdır.* –BA.

deyim *a.* genellikle kendi öz anlamından ayrı bir anlamı bulunan kalıplaşmış söz; en az iki sözcükle kurulur ve sözdizimi değiştirilemez, kısa ve özlü anlatım aracıdır; örneğin, "dil dökmek", "tut kelin perçeminden", "Halep oradaysa arşın burada" sözleri birer deyimdir. ... *birtakım terim ve deyimlere Türkçe karşılıklar bulmaya çalışıyor.* –AB.

deyimbilim *b. a.* deyimleri konu alan dilbilim dalı. *Özellikle, Türkçenin sözvarlığı içinde önemli yer tuttuğunu gördüğümüz deyim yapımları, dilbilim içinde deyimbilim alanında incelenmektedir.* –FEA.

deyiş *a. yaz.* **1** halk şiiri. **2** deme biçimi.

deyişbilim *b. a.* dilde sözcük ve sözdizimi ile deyiş, anlatım arasındaki ilişkiler üzerinde duran bilim, anlatıbilim. *Deyişbilim açısından yapılacak ayrıntılı bir değerlendirmede...* –EmÖ.

dışadönük *b. s. ruhb.* kendi duygu ve düşünceleri yerine, ilgisini kendi dışındaki nesnel ve toplumsal çevreye yönelten (kimse), **içedönük** karşıtı.

dışadönüklük *b. a. ruhb.* kişide, ilginin, kendi iç evrenine değil, kendi dışındaki nesnel ve toplumsal çevreye yönelmesi durumu, **içedönüklük** karşıtı.

dışalım *b. a.* dış ülkelerden mal satın alma ve bunları yurda sokma işi. *Dış ticaret açığımızı, dışalımı kısma yoluyla kapama çabalarına girişmemiz gerekir.* –NN.

dışalımcı *b. a.* dışalımla uğraşan tecimen. *Yani, malı getirip kullanan dışalımcı mı yoksa hazineye vergi veren ... halk mı kur farkını ödeyecek?* –YD.

dışalımcılık *b. a.* dışalımla uğraşma işi.

dışaverimcilik *bkz.* **dışavurumculuk**

dışavurma *b. a.* iç gerçeği dışa vermek eylemi, dışavurum. *Her dil, özdeki bu değişmez yapıyı dışavurmanın bir başka yoluydu ...* –FEA.

dışavurmak içsel gerçeği dışa vermek. *Yaptığı iş, dili bir araç gibi kullanarak ... bir bireyselliği dışavurmak, ortaya dökmektir.* –CSS.

dışavurulma *b. a.* içte iken dışa yansıtılma, dışa verilme. ... *dört ayrı kavramın aynı biçimle aktarılması, dışavurulması rastlantısal bir ses benzerliğidir.* –FEA.

dışavurulmak içte iken dışa yansıtılmak, dışa verilmek.

dışavurum *b. a.* iç gerçeğin dışa verilmesi işi. *Güzellik, mutlak düşüncenin duygusal bir dışavurumu olduğuna göre, her dönemde düşünsel öz ile imgesel biçimlenme arasında bir uygunluk olması gereklidir.* –MD.

dışavurumcu *b. a.* dışavurumculuk akımını benimseyen ve izleyen kimse. *Bu yönden dışavurumcular için dış dünyanın nesneleri birer yansıtma konusu olmayıp yalnız iç dünya için bir gereçti.* –EmÖ.

dışavurumculuk *b. a.* iç dünyayı, insanın ruhsal durumlarını anlatmaya çalışan, yani dış dünyadan, dış görünüşlerden çok yaşamın iç gerçeğini vermek isteyen, nesneyi bütün somut ilişkilerden ayırıp bireysel, soyut ilişkileriyle değerlendirmeyi yeğleyen, kısacası iç gerçeği dışa vuran sanat akımı. *Sinemadaki dışavurumculuğun başlıca özellikleri şunlardır.* –NÖ.

dışbükey *b. s. fiz.* ve *mat.* yüzeyi tümsek, çıkkın ve şişkin olan (nesne). *Bunun tersi dışbükeydir.* –Rİ.

dışderi *b. a. yaşb.* sinir sistemini ve duyu organlarını oluşturan embriyonun dış yüzünü örten tabaka.

dışevlilik *b. a. bud.* kendi boyu ve soyu dışından bir kimseyle evlenme ilkesine dayalı, kendi topluluğu içinden evlenmeyi yasaklayan evlilik düzeni.

dışık *a.* **1** *kim.* ergimekteki madenlerin yüzeyinde toplanan camsı özdek. **2** *coğr.* ve *yerb.* yanardağlardan fırlatılmış ya da akan lavların üstünde, dibinde oluşmuş bulunan, yüzü delik deşik, tırtıklı pürtüklü taş.

dışıl *s.* dışla, dışarıyla ilgili olan, dıştan olan.

dışındalama *a. fels.* dışta bırakma, dışlama. *Göstergelerin birbirleriyle dışındalama, içindeleme ya da kesişme bağıntılarına göre, üç tür düzgü vardır.* –MY.

dışındalamak dışta bırakmak. *Sayı ya çift ya da tektir. Çiftse teki, tekse çifti dışındalar.* –OH.

dışınlı *s. fels.* bir düşününün kendi gerçeğinde olmayıp onun dışında olan. *Örneğin yüz liralık bir banknotun ... dışınlı değeriyse ona özünün dışında verilmiş olan yüz lira değeridir.* –OH.

dışişleri *b. a.* bir devletin öteki devletlerle ilgili işleri. *Dışişleri ile araştırmacılar... belgeleriyle birlikte tartışmaya açmalıdır.* –UM. **dışişleri bakanı** bir devletin öteki devletlerle ilgili işlerini yürüten bakan. *Atatürk'ün dışişleri bakanıydı.*–UM. **dışişleri bakanlığı** bir devletin öteki devletlerle ilgili işlerini yürüten bakanlık. ... *hükümette yeni diplomatik ilişkileri yürütecek bir dışişleri bakanlığı mekanizması kurulmamıştı.* –NB.

dışkı *a. yaşb.* anüs yoluyla dışarı atılan besin posası. *Çünkü acar balık, gerisinden pıt diye dışkısını bırakınca uyuşuk balık hap diye bunu kapar, yutardı.* –AN.

dışkılama *a.* yenilen besin posasını anüs yoluyla dışarı atma. *Bu hastalıkta ... hastanın dışkılamaya karşın rahatlayamaması gibi belirtiler, bulgular vardır.* –ErA.

dışkılamak yenilen besinlerin posasını anüs yoluyla dışarı atmak.

dışkılık *a. yaşb.* kuşlarda ve sürüngenlerde, kalın bağırsağın sonu.

dışlak *s. fels.* özde değil ilinekte bulunan; bir şeyin içinde olmayıp dışıyla ilgili olan.

dışlama *a.* dışta bırakma, içine almama. *Hele çocukları "cinayete azmettiren"lerin hedefe vurduktan sonra çoğunun dışlaması yok mu?* –İS.

dışlamak *fels.* dışta bırakmak. ... *gerçekte Türkiye'yi dışlamak istediklerini söyleyebiliriz.* –HCe.

dışlanma *a.* dışta bırakılma. *Ne yazık ki bu gençler kullanıldılar ve dışlandılar.* –İS.

dışlanmak yok sayılmak, dışta bırakılmak. ... *aslında özenle dışlanmak istenen muhalefetin sesi boğulmalı.* –CA.

dışlaşma *a.* açığa çıkma, belirme; dışa vurma. *Dünya, Fikir'in bir dışlaşmasıdır.* –AfT.

dışlaşmak açığa çıkmak, dışa vurmak, belirmek. *Bir fikir, Eckhart'ın Tanrı'sı gibi kendinde bir salt belirsizlikten başka bir şey değildir: Ancak doğada dışlaşarak kendini belirler.* –AfT.

dışlaştırılma *a.* açığa vurulma. *Bu ideolojik içeriğin dışlaştırılması değildir.* –HY.

dışlaştırılmak açığa vurulmak, açığa çıkarılmak. *Ötekiler dışlaş-*

tırılmıştır. –SY.

dışlaştırma *a.* dışa çıkarma, açığa çıkarma. *Hegel'in dışlaştıracağı tezi ve antitezi burada buluruz...* –AfT.

dışlaştırmak dışa çıkarmak, açığa çıkarmak.

dışrak *s. fels.* içrek olmayan, yani açıkta ve herkesin önünde olan. *Dışrak deyimi, içrek karşıtı olarak, herhangi bir özelliğin dışındaki genelliği dile getirmek için kullanılır.* –OH.

dışsal *s.* dışla ilgili. *Yapıttaki kişilerin hiçbiri dışsal özellikleriyle yansıtılmamış dedim.* –Sİ.

dışsatım *b. a.* bir ülkeden dış ülkelere mal satma işi. *Toplum kalkınmasını amaç edinen hükümetler elbette kemer sıkma politikasına yönelecekler ... dışsatım olanaklarını genişletecekler, böylece ... yurdun kalkınmasını sağlamaya çalışacaklardır.* –NN.

dışsatımcı *b. a.* dışsatımla uğraşan tecimen. *... anamalcı düzeyde dışsatımcıya dışsatım pirimi verilir...* –OH.

dışsatımcılık *b. a.* dışsatımla uğraşma işi.

dışsatımlama *b. a.* dışsatımlamak eylemi.

dışsatımlamak ülke içinde üretilmiş bir malı yabancı ülkelere satmak.

dıştalama *a.* dışta bırakma. *Oğlunuzun içeri alınmasıyla çevrenizde yakınlarınızda bir uzaklaşma, sizi dıştalama durumları oldu mu?* –AAğ.

dıştalamak *a.* dışta bırakmak. *O zaman tarihi dıştalamak yanılgısından kurtulur, onu elimize geçirmiş oluruz.* –MCA.

dıştalanma *a.* dışta bırakılma, dışlanma. *Çünkü ... birleşmeden yana tavır almanın, partiden dıştalanmaya, hatta atılmaya dek vardığını gösteren örnekler vardır.* –HCe.

dıştalanmak dışta bırakılmak, dışlanmak. *Onun şiirinde ... biçim ve biçem kaygısı, insansal sorunların dıştalanmasını öngören bir formalizm olarak anlaşılmamalıdır.* –AO.

dışyarıçap *b. a. mat.* düzgün bir çokgenin köşelerinden geçen dairenin yarıçapı.

didişim *a. fels.* mantık oyunlarıyla sürdürülen çekişmeli tartışma yöntemi, didişimcilik.

didişimci *s. fels.* didişimcilik yöntemini benimsemiş olan.

didişimcilik *a. fels.* konuşma ve tartışmayı araç değil bir erek olarak gören felsefe yöntemi. *Megara okulu, gerçekte bilgicilerin yöntemi olan didişimciliği bir hayli geliştirmiştir.* –OH.

dikdörtgen *b. a. mat.* açıları dik ve karşılıklı kıyıları koşut olan dörtgen. *Aşınmış dikdörtgen taşlarının arasından çıkan otlar.* –OR.

dikeç *a.* **1** yapılarda kullanılan, taştan betondan yapılmış, genellikle silindir biçiminde taşıyıcı direk. **2** gazete, dergi gibi yazılı şeylerde, sayfanın yukarıdan aşağıya doğru ayrılmış olduğu bölümlerden her biri. *Yazara göre ... dördüncü ile üçüncü dikeç (kolon) arasındaki bağıntı, birinci ve ikinci dikeç arasındaki bağıntının aynıdır.* –MY.

dikey *s. mat.* başka bir doğru üzerine gelerek onunla birlikte eşit ve komşu iki açı ortaya çıkaran (doğru çizgi). *Gerçekte ... tablo ... bir dikeyler uyumu içindeydi.* –SB.

dikeyleşme *a.* dikey duruma gelme. *Sürü düzeninde yaşayan dört ayaklı yaratığın yatay durumundan kurtularak dikeyleşmesi, ellerinin özgürleşmesi* *sonucunu doğurdu.* –İS.

dikeyleşmek dikey bir duruma gelmek.

dikeylik *a.* dikey olma durumu. *Kompozisyonun köşegeni olan duvarın eğimi ... soldaki figürlerin dikeyliğini vurguluyor.* –BC.

dikgen *s. mat.* birbirleriyle ya da kesiştikleri noktadaki teğetleriyle dik açı yapacak biçimde kesişen.

dikilitaş *b. a.* önemli bir olayın ya da yenginin gelecekteki kuşaklara anımsatılması için dikilmiş, dört köşeli bir taban üzerinde incelerek yükselen ve en yüksek noktasında piramit biçimini alan, tek parça düzgün taş.

dikit *a. yerb.* mağaraların tabanında, yukardan damlayan kireçli suların oluşturduğu dikmelerden her biri. *Bu şekilde mağara tavanından aşağıya doğru uzanan sarkıtlar ve mağara zemininden yükselen dikitler meydana gelir.* –TAy.

dikme *a. mat.* ikey doğru ya da düzlem. ... *asal eksene çizilen dikmelerin elipsi kestiği noktalar...* –AK.

dil *a. dilb.* insanların duyduklarını, düşündüklerini anlatmak için kullandıkları her türlü im ve özellikle ses imleri dizgesi. *Her dili konuşurlar.* –BF.

dilbilgisel *b. s.* dilbilgisiyle ilgili. ... *dilbilgisel açıdan birer ön gerçek gibi verildiği için* ... –TY.

dilbilgisi *b. a. dilb.* bir dilin ses, sözcük yapısı, sözcük gömüsü, anlam değişmeleri, tümce kuruluşu gibi öğelerini inceleyip kurallara bağlayan bilim. *Dili kavrayış ve anlatış bakımından dilbilgisi ile dilbilimin tutumları birbirinden ayrıdır.* –TNG.

dilbilim *b. a.* insanın konuşma yetisini ya da yeryüzündeki dilleri ses, biçim, anlam ve sözdizimi yönünden genel ya da karşılaştırmalı olarak inceleyen bilim. *Dilbilim verilerine uyulmadan* ... –HD. **dağılımsal dilbilim** *bkz.* **dağılımcılık**. **dönüşümsel dilbilim** değişik tümce türleri arasındaki özdeşlikleri, eşdeğerlilikleri, tümcelerin birbirine dönüşme yasalarını saptamaya yönelen dilbilim. **üretimsel (üretici) dilbilim** bir dildeki dilbilgisi kurallarına uygun sonsuz sayıda tümce üretmeyi sağlayan sonlu sayıda işlemler olduğunu ileri süren dilbilim.

dilbilimci *b. a.* dilbilimle uğraşan kimse. *Dilbilimcinin birinci amacı, anlam birimlerini, kavramları ve bu birimlerle kavramlar arasına sindirilen duygu ve imge değerlerini gözlem altına almaktır.* –TNG.

dilbilimsel *b. s. dilb.* dilbilime uygun ya da dilbilimle ilgili. *Bunu ... dilbilimsel çözümlemeyle gösterelim.* – AB.

dildaş *b. a.* dilleri özdeş olanlardan her biri. ... *değerli bir yazarımız ... bir yazısında ... dildaş biçimini kullanmıştı.* –HE.

dildaşlık *b. a.* dilleri özdeş olma durumu, dil birlikteliği, dil özdeşliği. *Bu türeve –lık ekini getirerek dildaşlık biçimi de kullanılabilir.* –HE.

dilegetirim *b. a.* anlatma, anlatım. ... *kendisine göre "modern"in en yüksek dilegetirimi olan* ... –MB.

dilekçe *a.* bir dileği bildirmek üzere resmi yerlere sunulan yazı, ki dilekçenin imzasını ve açık adresini taşır ve dilekçeye, sunulan yer belli bir süre içinde karşılık verir. *Biz eski adlarımızı isteriz, diye dilekçe* *vermişler.* –FRA.

dilekçeci *a.* başkalarının dilekçesini yazan kimse. *Giritli dilekçeci de sandalyesini, masasını toplayıp bir yana koydu.* –AN.

dilekçecilik *a.* dilekçenin yaptığı iş, başkalarının dilekçelerini yazma işi. *Sirkeci rıhtımı üstündeki sonradan yıkılan adliye binasında dilekçecilik yapardı.* –AN.

dilekçi *a.* dilekçe veren kimse.

dilinim *a. yerb.* şist, kayağantaş gibi kütlelerde, sıkışmadan ileri gelen yalancı katmanlaşma görünüşü.

dilmaç *a.* bir dilden bir başka dile sözlü çeviri yapan kimse. *Asur ve Bâbil krallarının sarayında pek saygı görürdü dilmaçlar ...* –NU.

dilmaçlık *a.* dilmacın yaptığı iş. *... ben yalnız dilmaçlık, uşaklık edeceğim ona.* –BO.

dilsel *s.* dille ilgili. *Böylece, dilsel ve toplumsal bir olgu olarak Türkçenin söz dokusu değişime uğruyor.* –EmÖ.

dinbilim *bkz.* **Tanrıbilim**. *Descartes felsefeyi dinbilimden nasıl ayırmışsa ...* –SY.

dinbilimci *bkz.* **Tanrıbilimci**. *Dinbilimci Maverdi, kaynağı murdar olan iktidarı "Kedi Hadisi"ne başvurarak meşrulaştırmıştı.* –SY.

dinerkçi *b. a.* dinerkçilik yandaşı kimse, görüş.

dinerkçilik *b. a.* yönetimde dinin ve din adamlarının egemenliğini isteyen siyasal akım.

dinerki *b. a.* din adamlarının egemenliğine dayanan yönetim biçimi, teokrasi. *Toplum dinerkine dayalı olmaktan çıkıp ...* – AfT.

dinerkil *b. s.* dinin görüşüne dayanan, teokratik. *Topluma dinerkil bir düşünce egemen olduğunda, dil ve onun ürünü olan tüm yazın da bu özyapıyı kazanır.* –AfT.

dingin *s.* durgun ve sessiz durumda olan, devinim durumunda olmayan. *Üşütücü, dingin bir sabah ...* –AÖ.

dinginleşme *a.* durgunlaşma, sessizleşme, yatışma, devinimsizleşme.

dinginleşmek durgunlaşmak, sessizleşmek, yatışmak, devinimsizleşmek.

dinginleştirici *s.* dinginlik verici, dinginleşme sağlayıcı. *Ama ben içimde filizlenen tohumun doğrusunda gitmeyi daha dinginleştirici buldum.* – MİE.

dinginleştirilme *a.* durgun, sessiz ve kımıltısız bir duruma sokulma, yatıştırılma.

dinginleştirilmek durgun, sessiz, kımıltısız bir duruma sokulmak, yatıştırılmak.

dinginleştirme *a.* dingin bir duruma getirme, devinimsizleştirme, durgunlaştırma, yatıştırma.

dinginleştirmek dingin bir duruma getirmek, sessiz ve devinimsiz bir duruma getirmek, durgunlaştırmak, yatıştırmak. *Dinginleştirdi bu düşlemler onu.* –MNÜ.

dinginlik *a.* dingin olma durumu. *Onun için mutluluk ruhun dinginliğidir.* –MG.

dinlence *a.* dinlenmek için ayrılan zaman, dinlenmeyle geçen süre. *Salâh Birsel uzunca bir yaz dinlencesinden dönmüş.* –AP.

dinlenek *a.* dinlenme yeri. *... gerçekte kazı alanının dört bir yanından eski taşlar toplayıp çağdaş mı çağdaş çimentolarıyla zarif bir sesotris dinleneği çıkaran ... kazıbilimcilerin yaptıkları yapıldı.* –TY.

dinleti *a. müz.* bir müzik yapıtının bir salonda dinleyicilere çalınması ya da söylenmesi. *Kim radyoda çoksesli müzik dinletilerinin uygulanması için buyruk verdi?* –MTÖ.

dinletim *bkz.* **dinleti**. ... *özel dersler alan öğrencilere hazırlık mahiyetinde verdikleri icralara da çoğu zaman dinletim deniliyor* ... –MRG.

dinsel *s.* din üzerine olan, dinle ilgili. *İnsanların dinsel amaçla, topladıkları yer.* –OH. **dinsel tören** dinin buyruğuyla ya da dinsel amaçla ve belli kurallara göre yapılan toplantı. *Çeşitli dinsel törenler vardır.* –OH.

dinselleşme *a.* dinsel bir nitelik edinme. ... *çağdaşlaşma sözcüğünün özü... toplumu, bu dinselleşme hummasından kurtarma imiş gibi gözüküyor.* –NB.

dinselleşmek dinsel bir nitelik kazanmak. *Dinselleşmek, çağdaşlaşmaya karşı ... bir korunma çabasıdır.* –NB.

dinselleştirilme *a.* dinsel bir nitelik verilme, dinselleşmesi sağlanma, din ile ilgili kılınma. *Daha açık bir ifade ile dinsel akımın giderek devleti ele geçirmesi ve devletin dinselleştirilmesi gündeme gelmiş gözükmektedir.* –GŞ.

dinselleştirilmek dinsel bir nitelik verilmek, dinselleşmesi sağlanmak, din ile ilgili kılınmak.

dinsellik *a.* dinle ilgililik, din ile ilgili olma niteliği. *İşte bu dogmalar ... Musevi hekimlerin dinsellikle koşullanmış ... kafalarına çok yatkın gelecek ...* – SAk.

dipyüzey *b. a.* **1** dekorasyonda, üzerine başka şeyler eklenen, üzerine başka şeyler tutturulan bölüm. **2** *tiy.* ve *sine.* sahne üzerindeki oyuncuların arkasındaki resim, fotoğraf ve benzeri plastik öğelerden oluşan görüntü.

direnç *a. fiz.* bir gücün etkisine karşı koyan güç. ... bir süre daha direncini ayakta tutar. –AÖ.

dirençli *s.* direnci bulunan. ... *bu noktada fazlaca dirençli görünmek ... resmini "bağlamak" dokuncasını içinde taşır.* –MCA.

dirençlilik *a.* direnci olma durumu. ... *ve gerçekten bir yeniden yapılanmaya gitmekte dirençliliğini görü-yorlar.* – ASi.

dirençsiz *s.* direnci olmayan.

dirençsizlik *a.* direnci olmama durumu.

direngen *s.* herhangi bir düşünüde, bir tutumda, bir istekte, bir durumda saplanıp kalan, direnen (kimse ya da şey). ... *gökbilimin karşısına dikilen daha direngen tanrıbilimsel önyargılarla savaşmak zorunda kalmıştır.* –AG.

direngenlik *a.* herhangi bir düşünüde, bir tutumda, bir istekte, bir durumda saplanıp kalma. *Aristotalescilerin topu... büyük bir direngenlikle de Jüpiter'in uydularının kuruntudan başka bir şey olmadığını savundular.* –AG.

direngi *a. fels.* bir şeyi yapmama isteği.

direnim *a.* herhangi bir düşünüde, bir istekte, bir durumda saplanıp kalış. *Deniz, kişioğlunun kimi şeyi anlamamakta gösterdiği direnimi bilirdi ...* –BK.

direniş *a.* **1** karşı koyma, dayanma. **2** *toplb.* bir hakkı elde etmek için, toplumsal bir kümenin bir başka toplumsal kümeye ya da bireye karşı topluca karşı koyması. *Polis* *görevlileri direnişe geçiyor.* –OA.

direnişçi *s.* karşı koyan, direnen, özellikle de yurdunu düşmandan kurtarmak için örgütlenen (kimse). *SS'lerle işbirliği yapmış Fransızların direnişçiler tarafından yargılanışı.* –AAğ.

direnme *a.* **1** karşı koyma. ... *savaş sırasındaki direnme şairlerinden beri Fransızcada eşine rastlayamadığım şiirler bunlar.* –Atİ. **2** ayak direme. ... *kendi gerçeklerimize uygun bir bilinçlenmeye, verdikleri tavize rağmen, gizliden gizliye direnmeleri* ... –ST.

direnmek **1** karşı koymak. *Millet direnmektedir amma, bu her halde pek uzun süremez.* –NH. **2** herhangi bir düşünüde, bir tutumda, bir istekte, bir durumda saplanıp kalmak. *Sen gene o sözde direniyorsun Keziban.* – NA.

direnti *bkz.* **direnme**. *Nitekim bunca direntiye, engellenmeye karşın öz Türkçe akımının sallantısızca yürümesi bununla açıklanabilir.* –EmÖ.

direşim *a.* bir işe, bir isteğe yılmadan ve sonuna değin bağlı kalma, direşme.

direşken *s.* bir işi yılmadan sonuna değin götüren, direşen.

direşmek bir işi, bir isteği, bir tutumu yılmadan sonuna değin götürmek.

direy *bkz.* **doğay**

dirik *s.* canlı, yaşayan. *Üçüncü uydurum diriktir, söyleni yapısının amacına göre tüketir* ... –TY.

diriksel *s. yaşb.* diri ile ilgili, canlı varlıklar üzerine olan. **diriksel ısı** hayvanların vücut sıcaklığı.

dirim *a.* **1** bitki ya da hayvan örgenlerinin işler durumunda bulunuşu, ki ereği gelişme, korunma ve üremeyi sağlamaktır. ... *bizde gerçek bir düşünce diriminin kurulmasını* ... – NA. **2** dirilik, yaşarlık. *Dıranas'ın gün günden yenileşen, diriminden hiçbir şey yitirmeyen nice şiirleri vardır ki...* – EC.

dirimbilim *bkz.* **yaşambilim**. ... *kimilerine göre fizik, kimya, ruhbilim, dirimbilimde de yapısalcı bir yönelim ağır basıyor gitgide.* –AdO.

dirimbilimci *bkz.* **yaşambilimci**. ... *insanbilimcilerin ve dirimbilimcilerin dilinde* ... – BA.

dirimbilimsel *bkz.* **yaşambilimsel**

dirimkıran *b. a. tıp.* penisilin, streptomisin, tetraksilin, eritromisin gibi adlar taşıyan özdeklerin ortak adı, antibiyotik. *Derken, küçük bir görevli, veremlilerin dirimkıranlarla tedavi edildiklerini, ilaçların doğal yolu izledikten sonra lağım çukurlarına geldiklerini, çukurlardaki devinimi sağlayan bakterileri öldürdüklerini fark etti.* –BO.

dirimkurgu *b. a.* canlıların dünyasını ve özellikle de beynin çalışmasını taklit eden elektronik aygıtlardan yararlanmayı konu edinen bilim dalı. *Biyonik sözcüğü için dirimkurgu, dirimkurgusal karşılıklarını 1977 yılında* ... *türettim.* –CM.

dirimkurgusal *b. s.* dirimkurguyla ilgili. *"Dirimkurgu, dirimkurgusal" sözcükleri* ... *yer aldı.* –CM.

dirimli *s.* **1** doğup yaşayan ve üreyip ölen (varlık). **2** dirimi olan. ... *bütün sevecenliğine, dirimli bir yaşam ve doğa tutkusuna karşın* ... –EC.

dirimlilik *a.* dirimi olma durumu. *Böyle olunca çocuğun dirimliliği* ... *yalının görkemli günlerine çekip götürür bizi.* –EmÖ.

dirimsel *s.* dirimle ilgili ya da dirimin bağlı olduğu; canlı, yaşayan, etkinliği olan. ... *dirimsel bir şiir anlayışını* ...–EC.

dirimselci *a.* dirimselciliği benimseyen kimse. *Dirimselciler çoğu ne olduğunu kendilerinin de bilmedikleri bağımsız bir dirim gücü önerirler.* –OH.

dirimselcilik *a. yaşb.* bütün canlı varlıkların kendi özel yaşama yasalarına bağlı olduklarını, bu yasalara göre doğup geliştiklerini öne süren görüş. *Dirimselcilikse canlılığın, kendine özgü bir canlılık özünden oluştuğunu savunur.* –OH.

dirimsellik *a.* canlılık, etkinliği olma durumu. *Şiir ve düşünce tarihimizin temel taşlarından biridir Yunus Emre. Bugüne değin dirimselliğini yitirmeden gelmiş soylu bir ozan.* –EmÖ.

dirimsiz *s.* dirimi olmayan.

dirimsizlik *s.* dirimsiz olma durumu.

dirimyuvar *b. a.* yeryüzünün üzerinde yaşam bulunan bölgelerine verilen ad. *Sözcüğün doğal karşılığı olan "dirimyuvar"ı ... türettim.* –CM.

dişil *s. dilb.* kimi dillerde dişi sayılan (sözcük). *Arapçada hemen bütün sözcükler ... ikiye ayrılır: Eril sözcükler, dişil sözcükler.* –TNG.

dişilleştirme *a. dilb.* (kimi dillerde) bir sözcüğü dişil durumuna getirme. ... *-e ya da -a, sonlarına geldikleri adları dişilleştirirler.* –TNG.

dişilleştirmek *dilb.* (kimi dillerde) bir sözcüğü dişil durumuna getirmek.

dişillik *a. dilb.* (kimi dillerde) sözcüklerin dişil olma durumu. *Türkçede erillik, dişillik yoktur.* –TNG.

dişisel *s.* dişiyle ilgili, dişiye değgin. *İşler yine karışıyor. Mehlika Sultan gittikçe daha bir sıyrılıyor dünyasal ve dişisel özelliklerinden.* –BC.

dişsel *s. sesb.* çıkağı dişlerde bulunan ünsüz çeşidi.

diyesim *bağ.* doğrusu, sözün kısası, şu demek ki. *Sadece üzülmekle kalmaz bu büyücü ozan, Eurydike'yi diriltmek, diyesim (yani) yeryüzüne getirmek için ölüler ülkesine gider.* –MCA.

dize *a. yaz.* şiirin bir satırına verilen ad. *Bir dizeyi kurduğunda ozan* ... –SKA.

dizeci *s.* şiirde dizenin önem taşıdığını ileri süren (kimse, anlayış); şiirde dizeye ağırlık veren (ozan) *Onun 1941 yılında Garip'in önsözünde bile dizeci anlayışa karşı çıktığı görülür.* –SB.

dizecilik *a.* şiirde dizeye önem veren anlayış.

dizek *a.* bir sayfa üzerine yanlamasına sıralanmış sözcükler dizisi. *Bu öfkeli, bu abartmalı dizekler beni neden etkilemişti?* –CAK.

dizeleşme *a.* dizeleşmek eylemi.

dizeleşmek dize olarak belirmek, dize durumuna gelmek. *Sözcükler dizeleşirken ... seslem ve ses değerleri yönünden bir ölçüden geçirilir.* –EmÖ.

dizeleştirme *a.* dizelerle ortaya koyma, şiirleştirme. *Yalnızca dil değişimleri gibi gözüken dizeleştirme sanatının arkasında çok sağlam bir şiir evreni kendini belli eder.* –DH.

dizeleştirmek dize durumuna getirmek, şiirleştirmek. *Gördüğünü, duyumsadığını, acısını, çektiğini dizeleştirmekte sakınca görmez.* –Sİ.

dizelge *a.* alt alta yazılmış şeylerin tümü. ... *yapıtta geçen anahtar kavramları, özel adları, kimi terimleri abe-*

cesel bir düzenle veren ya da gösteren dizelge. –EmÖ.

dizelgeleme *a.* alt alta yazma.

dizelgelemek alt alta yazmak.

dizelgelenme *a.* alt alta yazılma, sıralanma. *... seçilmiş kitap adları dizelgelenerek okunması amacıyla sunuluyor.* –EmÖ.

dizelgelenmek alt alta yazılmak. *Kitaplar dizelgelenirken salt adları ve yazarları belirtilmiştir.* –EmÖ.

dizer *bkz.* **dizgici, dizmen.** *Hepsiyle dosttu, yazarından çizerine, muhabirinden telefoncusuna, dizerinden şoförüne kadar.* –OA.

dizge *a.* bir bütün yapacak biçimde karşılıklı olarak birbirine bağlı öğelerin topu. *Asla bir dizge değildir.* –AB. *Böylece iletişim ve bildirişimi sağlayan dil dizgesi içinde bir boşluk ortaya çıkmaz.* –EmÖ.

dizgeci *a.* ve *s.* dizge oluşturan ya da dizgeyi asal sayan, önde tutan kimse. *Bununla birlikte, soyutlamaya tutkun bir ülkücüden ... kuramcı ve dizgeci bir kişiden öte bir şey olamamıştır...* –TY.

dizgecilik *a.* dizge oluşturma ya da dizgeyi önde tutma işi. *Dizgecilik anlayışının yanında, düşünce kavgalarının yol açtığı kızgınlıklar da arı eleştiriye zarar verir.* –TY.

dizgeleşme *a.* dizge durumuna gelme. *Ama son zamanlarda, yazın araştırmalarında ağırlığını gittikçe daha çok duyuran dizgeleşme eğilimi sonucu, çekiciliğinden çok şeyler yitirdi.* –TY.

dizgeleşmek dizge niteliği kazanmak, dizge durumuna gelmek.

dizgeleştirilme *a.* bir dizge oluşturacak duruma sokulma, dizge durumuna getirilme.

dizgeleştirilmek dizge durumuna getirilmek. *... olayların özdekçi gelenekçe tümlük adı altında dizgeleştirilmiş bağımlılığını tasarlayamaması ...* –TY.

dizgeleştirme *a.* belli ilkelere ve kurallara uyar hale getirme, dizge haline getirme. *"Anlatımcı" yöntemle yazılmış tarih biraz masala benzer, dizgeleştirmeden yoksundur.* –SAk.

dizgeleştirmek belli ilkelere ve kurallara uyar duruma getirmek, dizge durumuna getirmek. *... benzer bir yoldan yeni bir halkçılık anlayışı dizgeleştirmek hevesi uyandı.* –MCA.

dizgeli *s.* **1** dizge durumuna getirilmiş belli kuralları olan, dizgesi olan. *Göstergebilimciler anlamlama biçimlerini dizgeli ve dizgesiz diye ikiye ayırırlar ...* –MY. **2** *bkz.* **dizgesel**. *Türlü halkların özdeksel ve tinsel kültür öğelerini, kurumlarını dizgeli bir biçimde betimleyen budunbilim dalı.* –SVÖ.

dizgesel *s.* bir dizgeye göre düzenlenmiş bulunan, belli ilkelere, kurallara uyan, dizgeli, dizge ile ilgili. *Dizgesel gelişimi içinde ele alındığında felsefe, kamunun tutmadığı bir şeydir ...* –BO.

dizgesellik *a.* belli ilkelere, belli kurallara uyma durumu. *... adı geçen kuramın dizgeselliğinde dinsel düşüncenin yetişimi şu aşamalardan geçmektedir ...* –SAk.

dizgesiz *s.* belli ilkelere, belli kurallara göre olmayan, dizgesi olmayan. *Göstergebilimciler anlamlama biçimlerini dizgeli ve dizgesiz diye ikiye ayırırlar ...* –MY.

dizgi *a.* dizmenin yaptığı iş, yani basımevinde, bir yazıyı basılmak üzere harfleri yan yana getirerek dizme işi. *Yazık ki burada yapılan bir dizgi yanlışı anlamı büsbütün değiştirmiş.* –HVV.

dizgici *bkz.* **dizmen**. *Televizyon onarımcısı, bakır ustası, basımevinde dizgici olabilir.* –TUy.

dizgicilik *a.* basımevinde, yazıyı dizme işi. *Ama ilkin terziliği bırakıp dizgiciliğe başlama kararı alır.* – SB.

dizgiyeri *b. a.* dizgi işlerinin yapıldığı işyeri.

dizi *a.* **1** herhangi bir bakıma göre sıraya konulan şeylerin bu sıra içinde meydana getirdikleri bütün. ... *diziden sadece üç roman ...* – COT. **2** art arda duran şeylerin oluşturdukları bütün. **3** *mat.* değerleri artarak ya da eksilerek art arda gelen terimler takımı. **4** *müz.* bir oktavın içinde sıralanan sekiz sesin topu, yani yedi müzik notası olan *do, re, mi, fa, sol, la, si* perdeleri ile diziyi bütünleyen ve yenidenlenen *do'*-nun oluşturduğu doğal ardıllığa uygun biçimde işitilen yanaşık notalar. *Ton ile dizi esasta aynı şeyi ifade ederlerse de ...* –MRG.

dizibilim *b. a. dilb.* konuşucunun, söz zincirinin her noktasında dil birimlerini seçme eylemini inceleyen dilbilim dalı.

dizici *bkz.* **dizgici, dizmen**

dizicilik *bkz.* **dizgicilik, dizmenlik**

dizileme *a. sine.* kurgunun başında, çekimlerin çevirim senaryosunun gösterdiği sıraya göre birbirlerine eklenmesi işi.

dizim *a.* **1** dizgi yapma ya da dizgisi yapılma işi. **2** *dilb.* tümcede birbirini izleyen ve belli bir birim oluşturan öğeler birleşimi. *Sesbirim, dizi ve dizim kavramlarını bildirişim açısından betimledi.* –FEA.

dizimbilim *b. a. dilb.* dil birimlerini, söz zircidinde sirbirini izleme yönlerinden inceleyen dilbilim dalı.

dizimsel *s.* dizimle ilgili. *Sıralanma ve dizimsel yapı birlikte sözdizimsel işlevi oluştururlar.* –FEA.

dizin *a.* bir kitabın içindekilerin belli bir ereğe göre ve abece sırasıyla yapılmış listesi. *Bilimsel bir yapıt dizinsiz olamaz ...* – OH.

dizinleme *a.* dizinlemek eylemi.

dizinlemek dizinini yapmak.

dizmen *a.* basımevinde, yazıyı dizen ya da satır, sütun ya da sayfa biçimine sokan kimse. *Yazdıklarının doğru dizilmesini istiyorsa Latin yazısıyla yazsın, sonradan suçu dizmenlere yüklemesin...* –NA.

dizmenlik *bkz.* **dizgicilik**

dizüstü bilgisayar *a.* dizlerin üzerinde kullanılabilecek denli küçük boyutlu, taşınabilir, kişisel bilgisayar.

doğa *a.* **1** kendiliğinden var olan şeylerin bütünü ve bu bütünü düzenleyen yasaların topu. *Yazarlardan çoğu gözlerini doğadan yana çevirmeye alışmış değillerdir.* –SB. **2** bir şeyin, dışardan gelen etkilere karşı gösterdiği tepkiyi belirleyen iç niteliği. *Doğa deyimi, yanlış olarak, insanın doğası deyiminde olduğu gibi, insanın doğuşundan beri var olan özellikleri anlamında da kullanılmaktadır.* –OH. **doğa bilimleri** *bkz.* **doğal bilimler**. *Kültür tarihi araştırmalarına doğa bilimlerine özgü görüş ve yöntemleri uygulayarak ...* –SVÖ. **doğa olayları** yağış, sis, deprem gibi doğal biçimde ortaya çıkan, doğada yer alan olaylar. *"Doğa olay-*

ları" doğada yer alan olaylar demek olacağına göre ... –TYa. **doğa yasası** doğa olaylarının bağlı olduğu yasa.

doğabilgisi *b. a. bkz.* **doğabilim**. *Benim yaptığım şey yazınsal doğabilgisidir.* –TY.

doğabilim *b. a.* canlı ve cansız doğayı konu edinen bilgi dalı. *Doğrusu Cenap, Türklerin fizik, tıp, doğabilim, dirimbilim ve sanayi alanlarında hiçbir şey yapmadıklarına inanır.* –SB.

doğabilimci *b. a.* doğabilim alanında çalışan kimse. *İleri sürdüğünün tersine, tinlerin doğabilimcisi de olamamıştır...* –TY.

doğacı *s.* **1** doğayı yakından izleyen (sanat ya da şey). **2** *fels.* doğayı tutan (kimse ya da şey). *Doğacı bilgeler adını alan Thales, Herakleitos, Anaksimenes gibilerin ...* –İZE.

doğacılık *a.* **1** güzel sanatlarda, doğayı olduğu gibi gösterme çığırı. *Sanatta doğacılık dışçılık, akılcılık demektir.* –İHB. **2** *toplb.* (ilkel topluluklarda) doğaya tapma. *Kimi incelemecilere göre doğacılık, dinin kaynağıdır.* –OH. **3** *fels.* toplumun her haliyle doğaya dönmesini isteyen ve savunan öğreti. *Doğalcılığın doğacılıktan ayırıcı niteliği, özellikle metafiziğe karşıt oluşudur.* –OH.

doğaç *a.* uzun boylu düşünmeksizin doğan güzel düşünü ya da böyle düşünüleri doğuran doğal yetenek. *Hamamizade adına Yahya Kemal'in doğaçtan, sırası gelince birdenbire söyleyiverdiği bir dizesinde rastladım...* –MKe.

doğaçlama *a.* birdenbire ve içine doğduğu gibi söyleme. *Televizyon ... canlı yayın olarak verdi; başyapıt doğaçlamayla ortaya çıktı.* –İS.

doğadışı *b. s.* doğal olmayan, doğanın dışında olan, doğaya aykırı olan. *Doğada doğadışı bir nesne yoktur.* –İZE.

doğadışılık *b. a.* doğaya aykırılık, doğaya aykırı olma durumu.

doğal *s.* **1** doğanın düzenine, yasalarına ve gereklerine uygun. **2** yapma değil, yani kendiliğinden. *Bu sevginiz doğal mıdır?* –BF. **3** olağanüstü olmayan, olağan. *Her günkü doğal bir olay diye...* –AP. **doğal anıt** *coğr.* görülmeye değer biçimdeki mağaralar, kayalar, orman, ağaçlar vb. doğa varlıkları. doğal **ayıklama** (ya da **ayıklanma**) *yaşb.* doğal koşullara en iyi uyabilen bireylerin üreyip kalması, enez bireylerin yok olup gitmesi. *Darwin'e göre, yaşam kavgası bir doğal ayıklamayla sürüp gider...* – OH. **doğal bilimler** hayvanbilim, yaşambilim, fizik, kimya, bitkibilim, yerbilim gibi bilim dallarını içine alan ve doğadaki hayvan, bitki, yer ile uğraşan bilim dalları topluluğu. **doğal kaynaklar** orman, su, petrol, kömür, madenler gibi doğada bulunan zenginlikler. *Doğal kaynakların en iyi biçimde kullanılması ... bunlar arasındadır...* –BO. **doğal seçme** *bkz.* **doğal ayıklama**. **doğal yöre** *coğr.* insanların yaşamaya pek yanaşmadıkları çöl, kutup bölgeleri, yüksek dağ gibi el değmemiş yerler.

doğalaşma *a.* doğa durumuna gelme.

doğalaşmak doğa gibi olmak, doğa durumuna edinmek. *Doğalaşan bilge bir kaya parçasının mutluluğu içindedir.* –OH.

doğalaştırılma *a.* doğa durumuna

getirilme.

doğalaştırılmak doğa durumuna getirilmek, doğa yerine konulmak. *Öğeler ve alanlar kişileştirilmiştir ... böylece insan doğalaştırılmış, doğa insanlaştırılmıştır.* –TY.

doğalaştırma *a.* doğa durumuna getirme, doğa durumuna sokma.

doğalaştırmak doğa durumuna getirmek, doğalık kazandırmak. *... kastlar doğru bir kültürü yanlış olarak doğalaştırır, totemsel topluluklarsa yanlış bir doğayı gerçekten kültürleştirir.* –TY.

doğalcı *s.* doğalcılıktan yana olan. *Çünkü doğalcı, gerçekten doğalcıysa, tüm davranışları arasında tam bir tutarlık vardır.* –NU.

doğalcılık *a.* **1** güzel sanatlarda doğayı ve gerçekliği olduğu gibi anlatmayı sanatın asıl ödevi sayan öğreti ve çığır. **2** *yaz.* olayları kişileri bilimsel bir gözle inceleyen, yaşamın en çirkin, en iğrenç yanlarını bile anlatmaktan çekinmeyen, insanın davranışlarını anlatabilmek için kişinin soyunu, içinde yaşadığı çevreyi ele alan, en belirgin özelliği deneye dayanan bir gözlemcilik olan, kısacası, yaşama bilimsel bir nesnelikle eğilen ve sanatın, doğanın bir kopyası olması gerektiğini ileri süren ve savunan akım. *Doğalcılığın kurallarına uygun yapıtlar verebilmek amacıyla İkinci İmparatorluk döneminde bir aile çevresini ele almış ... 20 ciltlik bir roman dizisi yazmıştır.* –EmÖ. **3**. *töreb.* aktörenin, yaşamak isteğinden doğmuş içgüdülerin anlatımı olduğunu ileri süren öğreti. **4** *fels.* gelip geçen olaylar zincirine bağlanmayacak, doğa dışında kalabilecek hiçbir şeyin var olmadığına inanan öğreti. *Doğalcılık insanoğlunun benimsemiş olduğu en eski dünya görüşlerinden birinin adıdır.* –NU.

doğalgaz *b. a.* başlıca bileşeni metan olan hidrokarbon gazlarından oluşmuş, genellikle petrol yataklarında ham petrolle birlikte bulunan, üretilerek yakıt olarak kullanılan gaz.

doğallaşma *a.* doğal bir duruma gelme, her zaman olma, olağanlaşma. *Avanta rejimi doğallaşmaya başladı.* –MKe.

doğallaşmak olağanlaşmak, olağan ve doğal bir duruma gelmek. *Bu tür işlemler gittikçe doğallaşıyor; onlara alışıldı artık.* –AP.

doğallaştırılma *a.* doğal olması sağlanma; doğal, olağan bir duruma getirilme, olağanlaştırılma. *Yapılacak iş, bir an önce seçime gidilmesi, siyasal yaşamın doğallaştırılması ... değil midir?* –İS.

doğallaştırılmak doğal bir nitelik kazanması sağlanmak; doğal, olağan bir duruma getirilmek, olağanlaştırılmak.

doğallaştırma *a.* doğal bir duruma getirme, olağanlaştırma. *Bu sayı ... düşündürüyor ama arkadan gelen açıklamalar durumu doğallaştırıyor.* –YP.

doğallaştırmak doğal bir duruma getirmek, doğallaşmasını sağlamak, olağanlaştırmak. *... baskı yönetimini doğallaştırmak, yasallaştırmak isteyenler yanılmaktadırlar.* –MCA.

doğallık *a.* **1** doğanın düzenine yasalarına ve gereklerine uygunluk. *İkisi de bunun doğallığına alışmışlardı.* –YK. **2** olağanüstü olmama durumu, kendiliğindenlik. *İnsanın* *doğallığıdır sevgi, insanın insan oluşunun bir tanıtıdır.* –CÜ. **3** yapaylık karşıtı, yapay olmama durumu. *İlk kez böylesine içtenlik ve doğallıkla perdeye aktarılmış ...* –AD. **4** olağanlık.

doğaötesel *b. s.* duyularla kavranamaz olan, metafizik. ... *yapıtları dünyayı tartışma konusu eden, doğaötesel bir deney ya da varoluşsal bir seçim içeren birer eylem olarak kavramaları hepsinin ortak yanıdır.* –TY.

doğaötesi *b. a.* **1** *fels.* duyular ile kavranamayan varlıklarla uğraşan felsefe. **2** *s.* duyularla kavranamaz olan; bu felsefeyle ilgili olan. ... *doğaötesi bir toplum kavrayışı ...* –AB.

doğasal *s.* doğa ile ilgili. ... *bu yüzden de doğasal düzenin Tanrısal düzene oranı eylemin güce oranı gibidir.* –OH. *Teknik gelişim, üretime çokça katkıda bulunur, doğasal kısırlıkları önler.* – ME.

doğasallık *a.* doğa ile ilgililik.

doğasever *b. s.* doğayı seven, onu koruyan (kimse). ... *yağmurlarla solgun renkler canlanır ... etkiler doğaseverleri.* –GEm.

doğaseverlik *b. a.* doğayı sevme işi, doğasever olma durumu.

doğatanrıcı *b. a.* doğatanrıcılık öğretise bağlı kimse.

doğatanrıcılık *b. a.* doğa ile, evren ile Tanrı'nın özdeş olduğunu ileri süren öğreti, kamulculuk, kamutanrıcılık. *Çoktanrıcılık, felsefe açısından doğatanrıcılık temeline dayanır.* – OH.

doğaüstü *b. a. fels.* doğanın dışında, üstünde olan; doğa yasalarının dışında kalan. *Teolojik çağda insan zihni ... olayların nedenlerini doğaüstü birtakım varlıklarda görür.* –NŞK.

doğaüstücü *b. a.* ve *s.* doğaüstücülük görüşünü taşıyan.

doğaüstücülük *b. a.* doğaüstüne inanış. *Doğacılığa karşıt bir anlayış olan doğaüstücülük, doğanın ötesinde başka bir gücü var sayar.* –OH.

doğay *a. hayb.* bir ülkeye, bir bölgeye ya da bir döneme özgü hayvanlar topluluğu.

doğmaca *a. tiy.* elde yazılı bir metin olmamakla birlikte taslağı bulunan ve yerine, durumuna, zamanına göre oyuncularca sahnede oynanış sırasında yakıştırılan sözlerle bütünlenen oyun. *Doğmaca oyun ise, uyarlanmanın bir gereğidir.* –AN. ... *metinli tiyatrodan önce, aşağı yukarı her yerde oynanabilen, doğmacaya dayanan bir metinsiz tiyatromuz vardı.* – ÖN.

doğru *a. mat.* iki nokta arasında çekilebilen en kısa çizgi. *Köşegen denilen bu doğrunun denklemi ...* – AK.

doğrulama *a.* bir görüşün, bir söylentinin, bir haberin doğru olduğunu bildirme. *Doğrulama terimi, bir araştırma işlemini içerir; tanıtlamadan farkı budur.* –OH.

doğrulamak bir görüşün, bir söylentinin, bir haberin doğru olduğunu bildirmek. ... *bu inancımızı doğrulayan örnekler ...* *–Aİ.* ... *bu gerçeği doğrulamak için ...* – MK.

doğrultmaç *a. mat.* iki yönlü dalgalı akımı bir yönlü doğru akıma çevirmeye yarayan araç.

doğrultman *a.* **1** *mat.* bir çizgi meydana getiren bir noktanın ya da bir yüzey oluşturan bir çizginin tutması gereken doğrultu. ... *parabolün bir doğrultmanı vardır.* –AK. **2** *fiz.* bir nokta ya da çizginin devinimine az çok yön vererek bu devinimi yönelten şey.

doğrultu *a. mat.* koşut olmayan iki sonsuz doğruyu birbirinden ayırt ettiren ya da belli bir sonsuz doğrunun belirttiği tek yol, örneğin, düz gittiği varsayılan bir okun uzaydaki izi okun doğrultusunu gösterir. *Bu doğruya m doğrultusunun eşlenik köşegeni de denir.* –AK.

doğrulum *bkz.* **yönelim**

doğu *a. coğr.* **1** dört anayönden biri, ki Güneş'in doğduğu yön, gündoğusu. **2** Güneş'in doğduğu yöndeki ülkeler. *Ama İslami toplum yani Doğu'nun geleneksel etkilerini de taşıyan yakındoğu imparatorlukları diye adlandırabileceğimiz siyasi organizasyonlar kurulup yerleşince ... felsefi düşünce sona ermiştir.* –SH. **3** *gökb.* Güneş'in 20 Martta ve 23 Eylülde doğduğu nokta.

doğubilim *b. a.* doğu uluslarının dilleri, tarihleri, töreleri gibi konuları kendine konu edinen bilim. *İslam hukuku bilginleri ve batılı doğubilimleri uzmanları, İslamlığın kutsal kitabı Kuran'da en çok aile hukukuna ilişkin buyruk ve yasaklar yer almıştır da ondan diyorlar.* –HVV.

doğubilimci *b. a.* doğu uluslarının dillerini, tarihlerini, törelerini araştıran, inceleyen bilgin. *Yine o günlerde UNESCO'nun dergisi Görüş'te Fransız doğubilimcisi Jaques Boilot'nun bir yazısını okumuştum.* –İS. *İslamlığı anlayış yönünden batılı doğubilimcileri iyice hırpalamış ve oradakileri etkisi altına almıştı.* –İO.

doğulu *a.* doğu ülkeleri halkından olan ya da doğu uygarlığını benimsemiş kimse. *Ama Namık Kemal'in doğulu kültüründe de vardı aynı ya da benzer değerler.* –MB.

doğuluca *bkz.* **doğulu**

doğulucalık *bkz.* **doğululuk**

doğululaşma *a.* yaşama biçimi, davranış, düşünme yolu vb. bakımlarından doğu insanına benzeme. *Bizde batılılaşma, doğululaşma ile sonuçlanıyor.* –NB.

doğululaşmak yaşama biçimi, davranış, düşünme yolu vb. bakımından doğu insanına benzemek.

doğululuk *a.* yaşama biçimi, düşünce yolu, davranış vb. bakımından doğu insanına özgülük, doğulu olma durumu.

doğumevi *b. a.* gebe kadınların doğuma yakın yattıkları ya da başvurdukları, doğum yapılan sağlık kuruluşu. *Bir doğumevi odasında kucağına verilen, bumburuşuk kurabiye yüzlü bir bebek.* –ÇA.

doğumsal *s.* doğumla ilgili, doğum olayına bağlı. *Albinizm doğumsal bir karakterdir.* –BSŞ.

doğusal *s.* doğu ile ilgili.

doğuştancı *a. fels.* doğuştancılık öğretisini benimseyen kimse, görüş. ... *örneğin Sokrates doğuştancıdır, çünkü erdemin insan denilen varlıkta doğuştan beri saklı bulunduğunu ve ancak eğitimle meydana çıkarılabileceğini savunur.* –OH.

doğuştancılık *a. fels.* ıra, duygu, düşünü gibi her türlü ruh etkinliklerinin doğuştanlığını ileri süren öğreti. *Doğuştancılık, doğuştan bilgi yoktur diyen örneğin John Locke öğretisine karşıt bir öğretidir.* –OH.

doku *a. yaşb.* bitki, hayvan, insan gibi canlılarda gövdenin ya da örgenlerin yapı öğelerinden birini oluşturan benzer göze topluluğu; dokular, örtü dokusu, bağ dokusu, kas dokusu ve sinir dokusu olmak üzere dört büyük tipte toplanır. *Denizden çıkarılan mercanın poliplerinin oluşturdukları canlı dokular, doğal olarak bozuşmaya ... neden olur.* –İAr.

dokubilim *b. a. yaşb.* yaşambilimin, dokuları geniş bir biçimde inceleyen dalı. ... *organların ince yapılışlarını öğreten dokubilimin bağımsızlık kazanması gibi bilimsel, teknik ilerlemeler oldukça birikim yaratmıştı.* – SAk.

dokulaşma *a.* doku özelliği kazanma. *Cumhuriyet devrimleri ise bütün dünyada değişik biçim, renk ve dokulaşma sürecinde yaşanan evrensel evrimin hızlı uygulamalarından oluşmaktadır.* –İS.

dokulaşmak doku özelliği kazanmak. *Toplumların gelişmesi karmaşık bir örgüyle dokulaşıyor.* –İS.

dokunaç *a. yaşb.* yumuşakçalar gibi birçok omurgasız hayvanların başında bulunan devingen uzantı, ki tutmaya, duyu almaya yarar.

dokunca *a.* bir çıkarın bozulması ya da yitmesi. *Bir dokuncası yoktur öyle çarpışmaların ...* –NA.

dokuncalı *s.* dokunca veren, kendisinde dokunca bulunan. *"Bitkilerin büyümesi benim için dokuncalıdır" der her ilkyazda.* –SB.

dokuncasız *s.* hiç dokuncası bulunmayan, kendisinde dokunca bulunmayan, dokunca vermeyen. *Oğlunu yitirdikten sonra dokuncasız bir deliliğin içine düşmüş olan yaşlı bir adamcağızı anlatıyordu.* –SNÖ.

dokundurma *a.* bir şeyi üstü kapalı olarak anlatma, anıştırma. *İnce dokundurmayla "Tam konuşmayı öğreniyordum ki bakanlıktan alındım" diyor.* –CA.

dokundurmak *mec.* bir şeyi üstü kapalı olarak anlatmak, anıştırmak.

dokunsal *s. yaşb.* dokunumla ilgili. *Örneğin doku etkinliğine dokunsal izlenimler denir.* –OH.

dokunulmazlık *a.* genel anlamda, dokunulmaz, ilişilmez, karışılmaz olma durumu ve hakkı; dar anlamda, birtakım kimselerin suç işledikleri halde kovuşturmaya uğramamaları durumu ve hakkı; örneğin milletvekillerinin, senatörlerin, diplomatların dokunulmazlıkları vardır ve bunların işlediği suçlarda kovuşturma yolu olağan yurttaşlarınkinden ayrıdır. ... *dokunulmazlık zırhının arkasına saklanarak* ... –EG. **kişi dokunulmazlığı** *tüze.* kişinin dokunulmaz olma hakkı ki, Anayasa'ya göre herkes yaşama, tensel ve tinsel varlığını geliştirme haklarına ve kişi özgürlüğüne sahiptir; kişi dokunulmazlığı ve özgürlüğü, yasanın açıkça gösterdiği durumlarda, yolunda verilmiş yargıç kararı olmadıkça kayıtlanamaz. **konut dokunulmazlığı** *tüze.* konutun dokunulmaz olma hakkı, ki yasanın açıkça gösterdiği durumlarda, yolunca verilmiş yargıç kararı olmadan arama yapılamaz ve buradaki eşyaya el konulamaz. **yasama dokunulmazlığı** *tüze.* yasama meclisleri üyelerinin, meclis çalışmalarındaki oy ve sözlerinden, mecliste ileri sürdükleri düşünülerden ve bunları meclis dışında da söylemekten ve açığa vurmaktan sorumlu tutulmamaları hakkı. Örneğin bir suç işlediği ileri sürülen meclis üyesi, kendi meclisinin kararı olmadıkça tutuklanamaz, sorguya çekilemez ve yargılanamaz.

dokunum *a. yaşb.* derinin, nesneye dokununca sıcaklık, soğukluk, sertlik, yumuşaklık gibi özelliklerden duygulanması yeteneği. *Çeşitli örgenlerle dokunmak çeşitli duyular verdiği gibi her dokunum da çeşitli duyuları kapsar.* –OH.

dokunumsal *s.* dokunumla ilgili. *Görsel, dokunumsal imgeler ağırlıktadır.* –EmÖ.

dokusal *s.* dokuya benzer, doku ile ilgili. *Dokusal kuruluşu ön plana çıkaran bu çalışma tarzı...* –SB.

dokusallık *a.* dokuya benzerlik, doku ile ilgililik.

dolam *a.* ok atılan yay ve benzeri eğri şeylerin biçimi, eğmeç. *... Hititler, bu Kızılırmak dolamının içindeki Anadolu parçasını Hitit İmparatorluğunun göbeği saydılar.* –HB.

dolamlama *a. yaz.* açıkça olmayıp dolaylı olarak anlatma yolu, ki bir tür dolaylamadır. *Dolamlamanın ürünüdür bu sözcük öbekleri.* –EmÖ.

dolamlı *s.* dolamı olan, eğmeçli. *Ağaçda yuvarlak ya da dolamlı kesilemiyor, düz kesiliyordu.* –HB.

dolangaç *a.* **1** çıkış yeri çok zor bulunabilecek biçimde karışık geçenekleri olan yapı. **2** *mec.* içinden çıkılması çok güç durum, çözümü zor sorun.

dolantı *a.* **1** *tiy.* bir sahne yapıtının düğümünü oluşturan türlü olaylar. *Oyunun dolantısı, seyircinin ilgisini çekecek düzeyde değildir.* –AP. **2** *yaz.* bir romanda, okuru, çözümün nasıl olacağı, sonucun nereye varacağı konusunda duraksatan olaylar karışıklığı.

dolaşım *a.* **1** dolaşmak eylemi. *... paranın dolaşım hızındaki yavaşlamanın...* –KB. **2** *yaşb.* yüreğin çalışmasıyla kanın ve akkanın damarlar içinde boyuna yer değiştirmesi yani dolaşması. *Evet, yazarla tiyatro yönetimi arasında bir kan dolaşımı, bir el ve işbirliği olmalıdır.* –TÖ. **3** *coğr.* havanın ya da suyun yer değiştirmesi biçiminde beliren doğal olay.

dolay *a.* **1** bir yeri saran başka yerlerin topu, çevre. *İsteyen uzaklara gitsin, gitmeyen de dolayındaki insanlara çevirsin gözünü.* –NU. **2** büyük kentlerin çevresinde bulunan ve buralara günlük işler için bağlı olan yerler. *Kimi zaman da Paris dolaylarında çalışmakta ...* –SB.

dolaylama *a. yaz.* belli bir düşünce, duygu ya da kavramı doğrudan doğruya anlatacak yerde, onu süslü, bezekli sözcüklerle anlatma yolu. *Görüldüğü gibi, dolaylama tek sözcükle anlatılacak bir kavramı birden çok sözcükle anlatmak esasına dayanıyor.* –EmÖ.

dolaylı *s.* doğrudan doğruya değil dolayısıyla olan. *Ancak, bu zorunluk dolaylı bir zorunluktur...* –BA. **dolaylı tümleç** *dilb.* eylemin ne gibi koşullar altında geçtiğini göstermeye yarayan tümleç, yani nerede olduğunu, nereden başlayıp uzaklaştığını, nereye yaklaştığını gösteren tümleç; *-e, -de, -den* durum takılarıyla çekimlenen tümleç, ki tümcede söylenmese de eylemin anlamı eksilmez; örneğin, "mektubu arkadaşıma postayla gönderdim" cümlesinde "postayla" dolaylı tümleçtir.

dolaylılık *a.* dolaylı olma durumu. *... film tekniği ile kişisel konunun düşümdeşmesi yine bu dolaylılıkla ilişkisi yönünden ortaya konmalıdır...* –NÖ.

dolaysız *s.* doğrudan doğruya olan, araçsız. *Dolaylı dolaysız etkileri üzerinde uzun uzadıya durulmadığından* ... –AK.

dolaysızlık *a.* dolaysız olma durumu doğrudan doğruyalık. *Doğa-insan ve insan-toplum ilişkilerindeki bu dolaysızlık, doğal olarak sanatlarına da yansıyacaktır.* –MGü.

dolmuş *a.* teker teker yolcu alan ve dolunca yola çıkan taşıt. *En iyisi ... bir dolmuşa binip eve gideyim.* –ÇA.

dolmuşçu *a.* dolmuş işleten kimse.

dolmuşçuluk *a.* dolmuş işletmeciliği, dolmuşçunun uğraşı, işi. *Dolmuşçuluk o sırada gündeme geldi.* –OA.

dolunay *a.* ayın on dördü diye anılan Ay evresinin değirmi olarak tümüyle görünmesi, yani Ay'ın yeryuvarlağına karşı gelen yüzünün tümüyle aydınlık görünmesi durumu. *Ay'ın en parlak olduğu dolunay durumunda bile gökyüzünde yıldızlar görülebilir.* –AK.

donanım *a.* **1** donatmaya yarayan nesneler, donatı. *Zırhlı araçlar, hava savunma sistemi, cephane üretimi, ordunun elektronik donanımı gibi dört büyük konu hemen ihaleye çıkacak.* –CA. **2** bir bilgisayarın elektronik ve mekanik birimlerinden oluşan (terminaller, disk sürücüleri, yedekleme ve iletişim üniteleri, yazıcıları vb.) öğelerin tümü. *Aynı hızda küçülen bilgisayar teknolojisinin, donanım ve yazılım olarak, mikromotorlarla nasıl ve ne zaman "kucaklaşacağını" ... bilemeyiz.* –OBu.

donanımlı *s.* donanımı[1] bulunan. *Ortaokul binaları bile daha donanımlı, buraya göre daha "konforlu"dur.* –AIK.

donanma *a.* **1** giyinip kuşanıp süslenme. **2** gerekli olan gereçleri edinme. *Donanım, donanma, donanmak, donatı, donatılmak ... boşuna; hiçbirinin gücü, o zavallı donun... ayıplığını gidermeye yetmemiş.* –RM.

donanmak **1** giyinip kuşanıp süslenmek. *Donansın donansın daneler.* –MCA. **2** gerekli olan gereçleri edinmek. *Donanım, donanma, donanmak, donatı, donatılmak ... boşuna; hiçbirinin gücü, o zavallı donun... ayıplığını gidermeye yetmemiş.* –RM.

donatı *a.* donatmaya yarayan nesneler. *Donanım, donanma, donanmak, donatı, donatılmak ... boşuna; hiçbirinin gücü, o zavallı donun... ayıplığını gidermeye yetmemiş.* –RM.

donatılma *a.* **1** gösterişli bir biçime sokulma, gözalıcı kılınma. **2** gerekli gereçleri sağlanma. *Oysa ... başkanlık sistemi ... dengeli yetkilerle donatılmasıyla ... başkancı sistemden ayrılır.* –ASi.

donatılmak **1** süslenerek gözalıcı bir duruma sokulmak. ... *Balkonu çiçek saksılarıyla ... donatılmış evi gösterdi.* –MBu. **2** gerekli gereçleri sağlanmak. ... *bu kadar büyük ve iyi donatılmış bir orduya ne ihtiyacı vardı?* –ASi.

donatım *a.* **1** gereçler sağlama işi. ... *ama Amerika'nın ... devlet politikasına dönüşmüş bir tutumu var: Türk ordusunu, silah, araç gereç donatımında kısıtlı bırakmak.* –İS. **2** gözalıcı şeyler kullanarak gösterişli bir duruma sokma işi. **3** *ask.* birliklere gerekli olan silah ve makine gibi gereçleri sağlama işi. *Silahlanma, donatım, askeri sosyoloji barışı ters yönden etkilediğinden...* –FA.

donatımlı *s.* donatılmış olan. *Fakat devletin militer gücünü, modern eğitimli ve donatımlı bir orduya dayandırma amacı ile ...* – NB.

donatımlık *a.* kadın giyiminde tamamlayıcı öğe olarak kulanılan çanta, şapka, eldiven, takılar gibi şeyler.

donatımsız *s.* iyi donatılmamış olan, donatımı olmayan. ... *ama azıksız ve donatımsız bir orduyu yolsuz belsiz dağlık bölgelerden geçirip ...* – ETE.

donatımsızlık *a.* donatımsız olma durumu. ... *gitgide artan nüfusuyla hem donatımsızlığı hem üretimsizliği büsbütün ortaya çıkan bir köylü kalabalığı ...* –ÇA.

donatma *a.* **1** süsleme, gösterişli bir duruma sokma, gözalıcı kılma. **2** gerekli nesnelerini, gereçlerini sağlama.

donatmak 1 (bir şeyi) gözalıcı şeyler kullanarak gösterişli duruma sokmak. *Bir eseri özüne ve biçimine aykırı eklerle donatmak ona yarar değil, zarar sağlar.* –SŞ. **2** bir şeyin iş görebilmesi için gereken nesneleri ona eklemek. *Onun için tarımı teknik araçlarla donatmak, geleneksel üretim usullerini değiştirmek gereği bile anlaşılmamıştı.* –ETE.

donduraç *bkz.* **derindondurucu**. *...bizim öneri uzun bulunarak "donduraç" karşılığına ne diyeceğimiz sorulmuştu.* –CM.

donmaönler *b. a.* motorda donmayı önlemek için kullanılan, donma derecesi çok düşük bir sıvı.

doruk *a.* **1** *coğr.* dağ, sıradağlar, ulu ağaç gibi büyük şeylerin en yüce yeri. *Doruk kelimesi dilimizde bir ağacın, bir çatının en yüce yeri için de kullanılır.* –Rİ. **2** *mec.* en yüksek düzey, en yüce aşama. *Atatürk'ün ağzında etkileme gücünün doruğuna çıkar sözcükler.* –NU. **3** *tiy.* bir oyunun geriliminin en can alıcı noktası. **4** en yetkili, en yüksek düzeyde kişilerin katıldığı toplantı. *Bush-Gorbaçov doruğunda bu konunun konuşulmasına hiç şaşırmayın.* –UM. **doruk çizgisi** *coğr.* sıradağların en üst bölümünden geçtiği varsayılan çizgi.

doruklaşma *a.* doruk durumuna gelme, yücelme, en yüce duruma gelme. ... *zorlu bir doruklaşmaya doğru gidişi de yansıtmaktadır.* –AÇ.

doruklaşmak yücelmek, doruk durumuna gelmek. *Kişiler, kurgu, anlatı, doruklaşmış.* –İB.

doygun *s.* her türlü gereksemesini gidermiş olan.

doygunluk *a.* her türlü gereksemesini gidermiş olma durumu. *Düşmanı öldürürken hasıl olan ruhsal doygunluk ve rahatlama, nevroz ortaya çıkınca suçluluk duygusu biçimine girmektedir.* –EA.

doyma *a. fiz.* **1** bir gazın, belli bir sıcaklıkta, o sıcaklığa özgü olan en büyük basınç altında bulunması. **2** bir sıvının içinde belli bir nesneden eriyebilecek en çok niceliğin erimiş bulunması. **3** yeğinliği gittikçe artırılan bir manyetik alanın içindeki bir çelik çubuğun alabileceği en yüksek manyetizmayı almış olması. **aşırı doyma** *fiz.* belli bir sıcaklık derecesindeki bir sıvı içinde, eriyebildiğince eriyen bir özdek, sıcaklık derecesi düştüğü halde bir sınıra değin erimiş olarak kalır ki bu durumdaki sıvı aşırı doyma durumunda diye nitelendirilir.

doyum *a. mec.* eldekinden hoşnut olma, yetinme, gönül kanışı edinme, gönülce doyma. *Kişisel bir doyum yaratır ancak.* –AdB.

doyumsuz *s.* doyuma ulaşamamış olan. ... *bir erkekle ayıpsız günahsız flört etmek isteyen doyumsuz aile kadınları...* –TUy.

doyumsuzluk *a.* doymamış, kanmamış olma durumu, doyuma ulaşamamışlık. *Doyumsuzluk kuraldır bu evlerde.* –OR.

doyuran *s. fiz.* **1** bir sıvının içinde eriyerek onu doygun duruma getiren (özdek). **2** *a.* bir çelik çubuğu doygun duruma getiren indükleyici manyetik alan.

doyurucu *s. mec.* kandırıcı, kanış verici, inandırıcı, doyum verici. ... *isteyen, aklının takıldığı sorunlar üzerinde geniş bilgi alır. Bunları doyurucu bulmazsa Kurultay'da çıkıp düşüncelerini söyler.* –ÖAA.

döker *a.* bir şasinin üzerine takılmış inip kalkabilen bir kasası olan yük boşatma düzeneği. ... *İngilizce kökenli damper karşılığı döker sözcüğünü ... türettim.* –CM.

dökerli *s.* döker düzeneği olan (kamyon vb.).

döküm *bkz.* **dökümleme**. ... *iyi ve kötü yanlarının dökümü yapılsa acaba ortaya ne çıkar?* –ASi.

dökümleme *a.* bir şeyi ayrıntılı olarak ortaya koyma. *Bu düzgülerin tümünü burada dökümlemeye olanak yoktur.* –MY.

dökümlemek bir şeyi ayrıntılarıyla ortaya koymak.

dökümlenme *a.* ayrıntılı olarak ortaya konulma.

dökümlenmek ayrıntılı olarak ortaya konulmak.

döl *a. yaşb.* **1** oğul birey; soyların birbiri arkasından gelen basamakları; insan, hayvan ve bitki üremesinde yeni birey ya da yeni bireylerin topu. **2** atmık.

döllenme *a. yaşb.* dişi ve erkek eşeylik gözelerinin ve dolayısıyla çekirdeklerinin birleşmesi, ki yumurtacığın oğulcuk durumuna gelmesi için gerekli bir olaydır.

dölüt *a. yaşb.* oğulcuğun, bütün örgenleri belirdikten sonraki adı. *Kalem büyük bir yapıtın dölütüyle birlikte yere düştü.* –FK. *Dölüt (feotus) kendi çevresiyle tam bir uygunluk içindedir; kendinin bilincinde olmayan katkısız yabancıl hayattır dölüt.* –CÜ.

dölütlük *a.* dölüt olma durumu. ... *insanın bedeninde dölütlük döneminden arta kalmış hücreler bilginlerce sorumlu tutuldu.* –SAk.

dölütsel *s.* dölüt özelliğinde.

döneç *a. fiz.* dalgalı akımlı elektrik motor ya da dinamolarında devinimli bölüme, devinimli parçaya verilen ad. *Müller'in elektrostatik motorunun döneçleri (rotorları) kırmızı kan hücrelerinin boyuna yakın.* –OBu.

dönel *s. mat.* kendi ekseni çevresinde dönmek biçiminde olan (devinim).

dönem *a.* **1** başı ve sonu belli ve bir özellik taşıyan zaman parçası içinde birbiri ardınca gelen ve nitelikleri ayrı olan sürelerin her biri. *Meclisin geçen döneminde iş başında bulunan ...* –Aİ. **2** bir meclisin iki seçilişi arasındaki zaman bölümü. *Dört seçim dönemini kapsayan...* –TZT. **3** *yerb.* ve *coğr.* yerkabuğunun gelişmesi sırasında bir bölüğün oluşması için geçen zaman.

dönemli *s. bkz.* **dönemsel**.

dönemlilik *a. bkz.* **dönemsellik**

dönemsel *s.* dönemli, dönem dönem olan, dönemle ilgili. *Onun için ilke olarak askerlik eğitimi dönemsel olmak gerekir.* –SI.

dönemselleşme *a.* dönemselleşmek eylemi.

dönemselleşmek dönem dönem olmaya başlamak.

dönemselleştirilme *a.* dönemselleştirilmek eylemi.

dönemselleştirilmek dönem dönem olması sağlanmak, dönemsel bir duruma getirilmek.

dönemselleştirme *a.* dönemselleştirmek eylemi.

dönemselleştirmek dönemsel duruma getirmek, dönem dönem olmasını sağlamak.

dönemsellik *a.* dönemlilik, dönem dönem olma durumu, dönemle ilgililik. *Shaw, iklim ile buğday ürününün dönemselliği arasındaki … ilişkiyi göstermiştir.* –NŞK.

dönence *a. coğr.* gök ekvatorunun 23 derece 27 dakika kuzeyinde ve güneyinde bulunan koşut çemberler, ki geri dönme noktası. *Bu çemberlerden her biri bir dönencedir.* –Rİ.

dönenme *a.* dönenmek eylemi. *Bir toplum leş kokmaya başladı mı akbabalar havada dönenmeye koyulur.* –İS.

dönenmek aranıp durmak. … *şaşkın kalabalığın bu yarı bilinçsiz dönenişi en çok yarım saat sürdü.* –AÖ.

dönerbasar *b. a.* büyük bir hızla dönerek işleyen ve saatte binlerce gazete, forma vb. basan basım makinesi.

döngü *a.* **1** *mant.* bir önermeyi ikinci bir önerme ile, bunu da birincisiyle tanıtlamaya kalkışma yolu. *Bir döngü ile karşı karşıyayız böylece.* –NU. **2** *coğr.* bir alçak basınç alanına doğru çevreden olan yatay ve çemberimsi dönmeler biçimindeki hava devinimi. … *dönercesine olan bir hava hareketi düzenine döngü denir.* –Rİ. **3** sıra ile olma, sıralanış. *Bu döngü her yıl böylece tekrarlanır.* –OH.

döngüsel *s.* eşit zaman aralıklarıyla ardışık olarak yenidenlenen, dönem dönem olan, değişe değişe ortaya çıkan, çevrim biçiminde olan, çevrimsel. *Yaşam, böylesine döngüsel bir bütündür.* –OH.

dönü *a. tiy.* bir tiyatro mevsiminde, bir oyunun yerini bir başka oyuna bırakıncaya değin geçen süre. … *özel tiyatroların ilk dönü oyunları* … –AP.

dönüşlü *s. dilb.* öznesi ile nesnesi bir olan (eylem), ki böylesi eylemler, öznenin, eylemi kendi üzerinde ya da kendisi için yaptığını anlatmaya yarar. … *korunma (kendini koruma) gibi dönüşlü olarak…* –ÖAA. *Dönüşlü fiiller, öznenin eylemi kendi üzerinde veya kendisi için yaptığını anlatmaya yarar.* –TNG.

dönüşlülük *a. dilb.* eylemlerde, öznenin eylemi kendi üzerinde ya da kendi için yapması durumu. *Fiillere dönüşlülük anlamı -(i)n ekiyle katıldığı gibi, kendini, kendine, kendi kendini… zamirleriyle de katılabilir* … –TNG.

dönüşme *a.* bir biçimden başka bir biçime ya da bir halden başka bir hale girme. … *edebiyat eleştirisinin, özellikle eğitim alanında, edebiyat tarihçiliğine dönüşmesinden yakınıyordu.* –MB.

dönüşmek bir biçimden başka bir biçime ya da bir halden başka bir hale girmek. *Dönüşümcülüğe göre türler, birbirlerine dönüşmek yoluyla oluşmaktadırlar.* –OH.

dönüştürme *a.* bir biçimden başka bir biçime ya da bir halden başka bir hale geçmesini sağlama. ... *çok partili rejimi batılı demokrasilere dönüştürme çabaları, çeyrek yüzyıl sonra güncel önem taşımaktadır.* –İS.

dönüştürmek bir biçimden başka bir biçime ya da bir halden başka bir hale geçmesini sağlamak. ... *biz insanlar "Tarihi Kadim" den bu yana geleceğimizi öğrenmek, elden geldiğince onu daha iyiye dönüştürmek tutkusundan bir türlü yakamızı kurtaramıyoruz.* –NN.

dönüştürücü *s.* dönüşmeyi sağlayıcı. ... *ve dünya ölçüsündeki dönüştürücü rollerini sanatsal olarak yansılayabilmek için...* –AÇ.

dönüştürücülük *a.* dönüşmeyi sağlayıcılık, biçimden biçime geçiricilik.

dönüştürülme *a.* biçimden biçime geçmesi sağlanma. *İmdi bütün iş, bu karmaşık algının dile dönüştürülmesinde düğümlenmektedir.* –MCA.

dönüştürülmek biçimden biçime geçirilmek, kendi biçiminden bir başka biçime geçmesi sağlanmak. *Sendikalar ... hiç de çekici, yararlı olmayan kuruluşlara dönüştürülmüştür.* –OA. *Laikliğe indirilen darbelerle, cumhuriyet içi boş bir kavrama dönüştürülmek isteniyor.* –HCe.

dönüştürüm *bkz.* **dönüştürme**. *İlkin birleştirim yolu ile elde edilen tümceler, bu kez dönüştürüm işlemi ile sonsuz sayıda yeni karışımları üretebilmektedirler.* –ÖB.

dönüşüm *bkz.* **dönüşme**. ... *köklü dönüşümler karşısında* ... – DA.

dönüşümcü *a.* dönüşümcülük kuramını benimseyen kimse ya da görüş. ... *sadece başkalaşma yoluyla değişmeyi savunan dönüşümcü Diderot* ... –OH.

dönüşümcülük *a. yaşb.* Lamarck'ın ortaya attığı ve Darwin'in geliştirdiği yaşambilim kuramı, ki dirimli varlıkların değişen ve birbirine dönüşebilen şeyler olduğunu ileri sürer. *Dönüşümcülüğe göre türler, birbirlerine dönüşmek yoluyla oluşmaktadırlar.* –OH.

dönüşümlü *s.* değişerek, sıra ile olan. *Şimdi baktığımda da, bu öğelerin sarmal ve dönüşümlü gelgitlerinde buluyorum Süreya'nın şiir bireşimini.* –FAl.

dönüşümsel *s.* dönüşümle ilgili.

dönüşümsellik *a.* dönüşmeye yatkınlık, dönüşebilme özelliği ve durumu. *Doğal dilden kalkılarak gerçekleştirilen dönüşümselliği açıklıyor örneklerle.* –EmÖ.

dördül *a. mat.* kıyıları ve açıları birbirine eşit olan dörtgen.

dördültaş *b. a.* betondan yapılmış, dört köşe döşeme taşı.

dördün *a. gökb.* Ay ve öteki gökcisimlerinin yeryuvarlağına karşı gelen yüzlerinin yarısının aydınlık olması durumu.

dörtgen *a. mat.* dört kıyısı olan çokgen. *İç içe yuvarlaklar, üçgenler, dörtgenler yaptı.* –AN.

dörtlük *a.* **1** *yaz.* dört dizelik şiir bölümü. *Alfabetik dizilmiş ... binden fazla dörtlük, Dağlarca kaynağının şimdiye dek gizli kalmış bir derin düdeni gibi birden çıktı ortaya.* –RM. **2** *müz.* birlik notanın dörtte biri uzunluğunda nota.

döşem *a.* belli bir iş için gerekli araçların uygun yerlere döşenmesi ya da döşenen bu araçların topu. ... *tecimsel bilgisayar döşemlerinin çoğu, ya delikli kâğıt şerit ya da delikli kart kullanır.* –AU.

döşemci *a.* ve *s.* döşem işi yapan.

döşemcilik *a.* döşem yapma işi. *Döşemcilik yurdumuzda yeni bir meslek sayılır.* –CSı.

dudaksıl *s. sesb.* çıkağı dudaklarda bulunan ses çeşidi, ki örneğin *p* dudaksıldır.

dudaksıllaşma *a. sesb.* kimi sözcüklerde türlü nedenlerle düz ünlülerin yuvarlaklaşması ya da kimi ünsüzlerin dudak ünsüzlerine dönüşmesi.

durağan *s.* yerini değiştirmeyen (şey). *İç çatışmalardan yoksun, durağan bir hareket, hayatiyetini kaybetmiş, ölüme mahkum olmuş demektir.* –DğÖ.

durağanlaşma *a.* durağan bir duruma gelme, olduğu gibi kalma, yerini hiç değiştirmeme.

durağanlaşmak yerini hiç değiştirmemek, durağan duruma gelmek. *Çünkü kalkınmanın sıfırlandığı, üretimin durağanlaştığı ortamda ... enflasyon yüzde yüzlere fırlayıverir.* –İS.

durağanlaştırma *a.* bir şeyi durağan bir duruma sokma.

durağanlaştırmak (bir şeyi) durağan bir duruma getirmek, hiç devinmez duruma koymak. *İngiltere gibi ülkelerde enflasyonu durdurmak için işçi ücretlerini durağanlaştırmak bir değer taşıyabilir.* –İS.

durağanlık *a.* yer değiştirmeme durumu, devinimsizlik, yerleşiklik. *Yerleşik tiyatronun, kendi özünden gelen ister istemez bir durağanlığı vardır.* –AN.

durak *a.* **1** taşıtların yolcu indirmek ve bindirmek üzere durmak zorunda olduğu ya da durabileceği yer. **2** *yaz.* kulakta uyumlu bir izlenim sağlamak için bir dizenin orta yerine doğru belli bir yerde bulunan ses aralığı, ki çoğu arka arkaya gelen iki anlam öbeğini de ayırmaya yarar. *Mısra, vezin dediğimiz hazır ritim kalıplarının ... temel birimidir; ya hecelerinin sayısı ve durakları, ya açıklığı ve kapalılığı ile ...* –Atİ.

duraksama *a.* ikircim, kararsızlık. ... *kamuoyuna hakim olan kaygı ve duraksama havası henüz yatışmış olmaktan uzaktır.* –NN.

duraksamak ne yapmak ya da ne demek gerektiğini kestiremeyerek duraklamak. *Duraksamadım...* –AÖ. ... *öğrenci, duraksayarak öğretmenine sorar...* –İS.

duraksamalı *s.* ne yapıp edeceğini bilemeyen, çekingen, kararsız, ikircilikli. *Avrupa ikircikli; Amerika duraksamalı, Sovyetler de kendine göre olaya bakıyor.* –İS.

duraksamasız *s.* yapıp edeceğine hemen karar verebilen, hiç duraksamayan, kararlı, ikirciksiz.

dural *s.* hiç değişmeden hep bir halde kalan (şey). *Evrende durallık yoktur ki başlangıçta bir duralın nasıl devinmeye başladığı bir sorun olarak ortaya çıksın.* –OH.

durallık *a.* hiç değişmeden hep aynı durumda kalma durumu. *Felsefenin kurgusal durallığının, insanın dünyayı değiştirme doğrultusundaki etkinliğine yön veremeyeceğini ilk kez ortaya koyan Marx oldu.* –HY.

durduraç *a.* bir makinenin, otomobil, otobüs gibi bir taşıtın hızını kesmeye ya da gerektiği zaman onu durdurmaya yarayan düzenek.

durgu *a.* **1** yolunca gitmekte olan bir şeyin birdenbire durarak kesilmesi. *Kestirme yolu yeğlersek, çocukların tensel ve tinsel gelişmeleri durguya (sekteye) uğrar.* –MYa. **2** okumada, anlamın sözcükler arasında gerektirdiği duraklama.

duruk *a.* **1** devinimsiz, canlılık göstermeyen, durgun. *Bir duruk toplum geleneğidir o gelenek.* –NA. **2** *fiz.* dalgalı akımlı elektrik motor ya da dinamolarında devinimsiz parçaya yani indüklece verilen ad.

duruklaşma *a.* etkinliğini yitirme, devinimsiz bir duruma gelme, olduğu gibi kalma. *Söz simyacısı Yunus "Her dem yeni doğarız bizden kim usanası" diyebiliyorsa, duruklaşmasına göz yumulmayan etkin bir simgesel yaşam sayesindedir.* – ATO.

duruklaşmak canlılığını, etkinliğini yitirmek, devinimsiz bir duruma gelmek.

duruklaştırılma *a.* olduğu gibi kalmasına yol açılma, canlılığını, etkinliğini yitirmesi sağlanma. *... ama bu yapılırken, insan ilişkilerinin duruklaştırılması ... tehlikesi vardır.* –MY.

duruklaştırılmak olduğu gibi kalmasına yol açılmak, canlılığını, etkinliğini yitirmesi sağlanmak, duruk[1] bir duruma sokulmak.

duruklaştırma *a.* duruk[1] bir duruma getirme. *Anlam aramada bir saptama, bir duruklaştırma isteği vardır.* –GA.

duruklaştırmak duruk[1] bir duruma getirmek, duruklaşmasını sağlamak.

durukluk *a.* devinimsizlik, canlılık göstermeme durumu. *Ama bir durukluk değildir hiçbir zaman.* –İB.

durulgüç *bkz.* **gizilgüç**. *Batı uygarlığında ... "bilimsel ve teknolojik" devrim dünyayı değiştirecek durulgücü yapısında saklıyor.* –İS.

durum *a.* **1** bir şeyin içinde bulunduğu koşulların topu. *... yüzde biri kullanılabilir durumda olan.* –NSB. **2** *tiy.* oyunda seyirciyi etkileyen görünüş.

durumculuk *a. fels.* insanı, her an karşılaşılan durumların belirlediğini öne süren anlayış.

duruşma *a. türe.* davalı ile davacı ya da sanık ile savcının hazır bulunduğu, açık ve sözlü yargılama evresi. *Bununla duruşmanın sessizliğini, yüceliğini, düzen bağını sağlamış oluyoruz.* –MS.

duyar *s.* duygusu olan, duygan.

duyarga *a. hayb.* türlü eklembacaklı hayvanların başlarında bulunan duyu alma örgeni. *Kişi dünyayı algılarken duyargalarını sonuna kadar açmak istiyorsa, sonuçlardan yakınmaya hakkı yok.* –TUy. *... görünmez dev böceklerdir sanki büyülü duyargaları.* –Atİ.

duyarlı *s. ruhb.* duyabilme yeteneği olan. *Bedreddin'i Bedreddin yapan da ... o insanla bu acıyı paylaşacak ölçüde duyarlı oluşuydu.* –TS.

duyarlık *a. ruhb.* ve *hayb.* duygu alabilme ve uyartılara karşılık verebilme yeteneği. *Besinsizlik duyarlık ve heyecanlar alanında ilkin iştiha biçiminde belirir...* –NŞK.

duyarlılaşma *a.* (bir şeye karşı) duyarlı bir duruma gelme. *Koknitif psikolojinin ölçümlere dayanması, enerji ve zaman ölçüm tekniklerinin duyarlılaşmasıyla birlikte, verilerini* *güvenli kıldı.* –YY.

duyarlılaşmak (bir şeye karşı) duyarlı duruma gelmek.

duyarlılaştırılma *a.* duyarlı duruma getirilme. *Titreşimlerin ve yankılanmaların fenomelojik eşilinin işte bu noktada duyarlılaştırılması gerekir.* –ADer.

duyarlılaştırılmak duyarlı duruma getirilmek.

duyarlılaştırmak (bir şeyi) duygan duruma getirmek.

duyarlılık *a.* duyabilme yeteneği olma durumu. ... *kapalı ve uzak şiir hayatının bazı ortak ve yaygın duyarlılık örneklerine yarattığı ihtiyaç.* –RM.

duyarsız *s.* duyabilme yeteneği olmayan, etkilere tepki göstermeyen. *Günümüzde siyasal iktidar, bu konularda duyarsız davranıyor.* –HCe.

duyarsızlaşma *a.* duyarsızlaşmak eylemi.

duyarsızlaşmak (bir şeye karşı) tepki göstermez olmak; etkilere karşılık vermez duruma gelmek. *İnsanlar çevresine duyarsızlaşıyor.* –AP.

duyarsızlaştırılma *a.* duyarsızlaştırılmak eylemi.

duyarsızlaştırılmak duyarsız duruma getirilmek, duyarsızlaşması sağlanmak. *Gençler kimi insansal durumlara duyarsızlaştırılmıştı* –AP.

duyarsızlaştırma *a.* duyarsızlaştırmak eylemi.

duyarsızlaştırmak (bir şeyi) etkilere karşılık veremez duruma getirmek; duyganlığını yok etmek. *Böyle yıkımların üst üste gelmesi insanları duyarsızlaştırır elbette.* –AP.

duyarsızlık *a.* duyabilme yeteneği olmama durumu, etkilere tepki göstermeme. ... *ölüm gerçeğinin dışında kalan çocuğun haklı duyarsızlığının yansıtılması* ... –AdB.

duygan *s.* dış etkiye karşılık verebilen. *Bu süreç, nesneden yansıyan ışın demetlerinin bir mercekler sistemiyle toplanarak, kimyasal değişimlere yol açacakları duygan bir yüzeye yöneltildikleri fotoğrafçılıktan ayrıdır.* –AG.

duyganlık *a.* duygan olabilme özelliği ya da duygan olma durumu. *Biri dış tabakayı aşırı duyganlıkla abartıp ifadenin hızla içini bayarken öbürü bu yönde fazlaca tutuk kalıyor.* –ST.

duygu *a.* **1** duyabilme; gönülde uyanan yankı ya da tepki. *Biz bu duyguyla çalışırken* ... –NSB. ... *bu milli duygu ve görüşle* ... –OT. **2** *yaşb.* organlar aracılığı ile bir şeyin varlığını bilir olma; dış dünyadan organların aracılığı ile alınan uyartı.

duygucu *s.* duyguları önde tutan (kimse, görüş). *Afişçilik, resim sanatında görülen çığırlara göre çeşitlenmiş, gerçekçi, duygucu, simgeci vb. duyurular yapılmıştır.* –MAI.

duyguculuk *a.* duyguya ağırlık veren tutum. *Giotto, bu yolla, Francesco geleneğini, gizemci duyguculuğundan, dinsel sınırlılığından arıtarak, soylu ve bütünsel bir anlayışa oturtmuştur.* –BC.

duygudaş *s.* başkası ile duyguları birleşen. ... *yazarlara iletişim kurabilecekleri kişilerle, yani duygudaş yazarlarla karşılaşma olanağı tanımalı önce.* –TUy.

duygudaşlık *a. ruhb.* kişideki, başkalarının sevinç ve acılarına katılma isteği ya da hali, yani insanları birbirine çeken duygu. *Zaman zaman duygularını paylaşırız, ama az sonra bu duygudaşlığı ellerinin tersiyle iter, bizi yine kendilerine düşman eder-*

ler. –BO.

duygulandırma *a.* duygulanmasına yol açma, duygusunu uyandırma. *Hayır, şairin ... işi duygulanma değil, duygulandırmadır.* –MCA.

duygulandırmak duygulanmasına yol açmak, duygusunu uyandırmak. ... *yazısı beni ta baştan duygulandırdı.* –MCA.

duygulanım *a. ruhb.* sevinç, acı gibi duygular karşısında kişinin durumu, duygu alma, duygusu uyanma. *Haz bir duygulanımdır, duygulanımlar ise insanda aşağı olan, insanı köleleştiren, yenilmesi gereken şeylerdir.* –BA.

duygulanımcılık *a.* kendini duygularına kaptırma yönsemesi. *Hakkı Celis'i yaşamdan, gerçeklikten koparan da bu duygulanımcılıktır.* –Sİ.

duygulanma *a.* güzel ve iyi şeylerden, duygu verici davranışlardan etkilenme ve onlardan iyi duygular edinme, duygusu uyanma. *Bana kalırsa, içki bir uyarı görevi yapar ... yeni duygulanmalar yaratır.* –OA.

duygulanmak güzel ve iyi şeylerden, duygu verici davranışlardan etkilenmek ve onlardan iyi duyuşlar edinmek. *Yalnız olduğu için, dinlemekten de duygulanmaktan da çekinmiyordu.* –OR.

duygulu *s.* **1** *ruhb.* etkilere tepki gösteren, yani duyarlığı olan. *Gerçekten de bir süredir duygulu, duygusal gibi sözcükler ... tutulmuyor.* –ASi. **2** duygusu çok olan. *Ahmet Kerim, gerçi, hayatta bundan başka daha birçok mutluluk kaynakları bulunduğunu bilecek kadar duygulu, genç ve sanatkârdır.* –YKK.

duygululuk *a.* duygulu olma durumu. ... *kim bilir ne zamandan kalma bir popülist duygululukla köyden şehre göçenlerin acıklı serüveni işleniyor.* –MD.

duygusal *s.* duygu ile ilgili. ... *onların serinkanlı değerlendirmelerden çok, duygusal tepkiler içinde bulundukları.* –Aİ.

duygusallaşma *a.* duygularıyla davranabilecek bir ruh durumuna girme, duygularının güdümünde olma.

duygusallaşmak duygularının güdümüne girmek, duygularıyla davranabilecek bir ruh durumuna girmek. *Öykünün kişisi duygusallaşıyor, duygularıyla davranmaya başlıyor.* –AP.

duygusallık *a.* duygusal olma durumu, duygularına kapılma özelliği, duygularının etkisi altında kalma. ... *bizce bu durum bütün kanatlarda duygusallığın aşılmaya başladığının da bir işareti olabilir.* –OB. *Sempatinin de duygusallıkla hiçbir ilgisi yoktur.* –NŞK.

duygusuz *s.* duygudan yoksun. *Prometheus ... budala ve duygusuz bencillere karşı ... insanları gözyaşlarıyla sulandırdığı topraktan yaratmıştır.* –OH.

duygusuzlaşma *a.* duygudan yoksunlaşma, duyabilme yeteneğini yitirme.

duygusuzlaşmak duyguca yoksunlaşmak, duyumsama yeteneğini yitirmek, etkilere tepkisiz kalmak, aldırmazlaşmak. ... *en aşağı sağın kodamanları kadar duygusuzlaşmak ... gerekmiyor mu?* –İS.

duygusuzluk *a.* duygudan yoksunluk. *Duygusuzluğu ile övünür.* –SŞ.

duysal *s. ruhb.* dokunma yoluyla edinilen (duyum). *Duysal ve duygun* *terimlerine karşılık olarak kullanılır.* –OH.

duyu *a. ruhb.* (insanda ve hayvanda) dış dünyanın etkilerini duyma yeteneği. ... *duyu dışındakini duyuca alma...* –NU. **aşırı duyu** duyma yeteneğinin olağanüstü bir çoğalmaya uğraması.

duyuk *bkz.* **salık**

duyulur *s. ruhb.* ve *fels.* duyularla algılanabilen. ... *bunlardan biri duyulur niteliktedir ki sıcaklık, soğukluk, ağırlık, renkler, sesler, kokular bu sınıfa girer.* –OH.

duyulurüstü *b. s. fels.* duyularla algılanabilme alanının dışında kalan. *Platon, oluş içinde bulunan duyu dünyasının (tabiatın) temel formlarını aramış, bu temelleri yine duyulurüstü dünyada, yani idealar dünyasında bulmuştur.* –MG.

duyum *a.* **1** (ses, tat, koku vb.) varlığından bilgi edinme işi. **2** nesneye dokunmakla onun sıcaklık, soğukluk, sertlik, yumuşaklık, ağırlık, yeğnilik, devinim gibi fizik durumlarından bilgi edinme işi. ... *duyum ve algıları birbirine karıştıran biri ...* –AB. **3** söylenti, haber. *İlaç sanayiinde hayali faturalarla hammadde ithalatı yapıldığı konusunda yoğun duyumlar vardır.* –EÇö. **duyum almak** bilgi edinmek, öğrenmek, (kendisine) bildirilmek. *Bu konuda birçok duyum almıştık; ancak, elimizde belge yoktu.* –UM. **duyum ikiliği** bir duyumun başka nitelikte bir duyum uyandırması, örneğin bir sesin bir renk duygusu vermesi. **duyum yitimi** *ruhb.* duyu sinirlerinin ya da beyindeki duyu odaklarının herhangi bir etki altında kalarak duyum alamaması durumu.

duyumcu *a. ruhb.* ve *fels.* duyumculuk öğretisinden yana kimse, görüş. *Duyumcu şüphecilik, duyularımızın algıladığından da kuşkulanmayı gerektirir.* –OH.

duyumculuk *a. ruhb.* ve *fels.* bütün bilgilerin anasının duyumlar olduğunu söyleyen ve savunan öğreti. *Duyumculuğu, deney alanında güçlendiren Fransız düşünürü Condillac olmuştur.* –OH.

duyumlama *a. fels.* dış dünyanın etkilerini alarak duyuma çevirme işi. *Duyumlama, duyu dışındakini duyuca alma, duyumlara çevirmedir...* –NU.

duyumlamak *fels.* dış dünyanın etkilerini alarak duyuma çevirmek. ... *kulağımız işittiğini, elimiz dokunduğunu aslında nasılsalar öylece mi duyumlar?* –NU.

duyumölçer *b. a.* dokunma duyusunun keskinliğini ölçen aygıt. *Duyumölçer, insan cildinin çeşitli yerlerine dokundurularak deneğe bir mi, iki mi, sivri uç duyduğu sorulur.* –OH.

duyumsal *s. ruhb.* duyumla ilgili; göz, kulak, burun ve dille alınan (duyum). *Örneğin tatma, duyumsal bir görevdir.* –OH.

duyumsallık *a.* duyumsal olma durumu. ... *her biçimin soyutlamaya yönelmesi gerekir, bu da, biliriz, duyumsallığa ters düşen bir şeydir.* –TY.

duyumsama *a.* duyumlar yoluyla algılama. *Her kuşak ... bir boşlukta duyumsar kendini.* –EmÖ.

duyumsamak dokunma, koklama vb. duygularla algılamak; nesneye dokunmakla sıcaklık, soğukluk, sertlik, yumuşaklık, ağırlık, devinim gibi durumlardan bilgi edinmek; sezmek. *Evlerin de bir yaşamı olduğunu duyumsarım.* –MŞO.

duyumsamazlık *a. ruhb.* dış etkilere karşı tepkisizlik, duymazlık. *Duyumsamazlık, bir anlamda tam bir vurdumduymazlıktır...*–OH.

duyumsanma *a.* olacağı sezgi yoluyla bilinme, sezinlenme. *O cıvıl cıvıllığın içeriğindeki kahredici güvensizliğin duyumsanması uzaktan olanaksızdır.* –İS.

duyumsanmak olacağı sezgi yoluyla bilinmek, sezinlenmek. *Bütün soruların yanıtları önceden duyumsanmıştır.* –FHD.

duyumsatılma *a.* duyumsanması sağlanma, sezdirilme.

duyumsatılmak duyumsanması sağlanmak, sezdirilmek. *Özellikle büyüyen dış sorunlarda ... muhalefetle diyalog arayışı içinde olduğu duyumsatılıyor.* –CA.

duyumsatma *a.* duyumlar aracılığıyla algılatma, duyurma. *Salt alt köşede, eşeğin yarım resmedilmiş olması, aşağı inen ışığın daha da devam ettiğini duyumsatıyor.* –BC.

duyumsatmak duyumlar yoluyla algılamasını sağlamak. *Çünkü Halikarnas Balıkçısı'nın büyük düşlemi, böylesine bir özlemi okura da duyumsatmaktadır.* –Sİ.

duyumsuzlaştırma *a.* duyu sinirlerinin ya da beyindeki duyu odaklarının duyum alamaz duruma getirilmesi.

duyumsuzlaştırmak duyu sinirlerinin ya da beyindeki duyu odaklarının herhangi bir etkiyle duyum alamaz duruma gelmesini sağlamak.

duyunç *a. töreb.* kişinin, kendi niyetlerini ve eylemlerini aktöre yönünden iyi ya da kötü bulması ve bununla birlikte, doğruyu ve iyiyi yapma yükümünü de tanıması; bu işleri koğuşturan iç evren. *Türkçe yalnız bilinç dünyasını değil, hem de duyunç dünyasını da anlatmak için yaratılmıştır.* –IHB.

duyunçlu *s.* duyuncu olan.

duyunçluluk *a.* duyuncu olma durumu.

duyunçsal *s.* duyunçla ilgili. *Türk adaletini temsil eden yargıçların ... davayı ... olabildiğince çabuk karara bağlamaları ... duyunçsal bir yükümlülüktür.* –HVV.

duyunçsuz *s.* duyuncu olmayan, duyunçtan yoksun.

duyunçsuzluk *s.* duyunçtan yoksunluk.

duyuru *a.* herhangi bir olguyu, bir işi, bir durumu, bir şeyi kamuya, herkese duyurmak için duvara asılan ya da gazetede yayımlanan yazı. *Mısır filmlerinin duyurularına benzeyen sözlerin ...* –AB.

duyurum *a.* duyurma işi, haber verme. *Başbakan ... yeni duyurumlar yapıyor.* –CA.

duyurumluk *a.* gösterilerde taşınan, üzerinde gösterinin ereğiyle ilgili çarpıcı söz bulunan karton ya da bez.

duyusal *s.* duyu ili ilgili. *Ruhun idealara yönelmiş olan, güdücü, akıllı bir kısmı (logistikon) ile iki tane de isteyen, duyusal yönü vardır.* –MG.

duyuş *a.* **1** duyma biçimi. **2** bir olgunun insanın ruhunda bıraktığı iz.

düden *a. coğr.* alçıtaşı, kireçtaşı gibi suda eriyebilen taşların geniş yer tuttuğu bölgelerde oluşan derin kuyu, ki genellikle yeraltı sularınca açılır ve türlü biçimde, değişik büyüklükte olabilir. *Düdene benzer birtakım çukurluklara yurdumuzda obruk adı da verilir.* –Rİ.

düğüm *a.* **1** *yaz.* bir yazın yapıtında, anlatılan ya da gösterilen çapraşık olguların toplanıp birleştikleri, düğümlenir gibi oldukları nokta; örneğin bir oyunda, oyunun bellibaşlı olguları ortaya çıktıktan, geliştikten sonra olayın gidişinde durumlar birbirine girer, karışır, işte bu nokta düğümdür. **2** *fiz.* bir dalgalı devinimde uzanımı sıfır olan noktalardan her biri.

dürtü *a. ruhb.* kişiyi bir şeyi yapmaya iteleyen ve kaynağı us olmayıp duygulanım olan iç güç. ... *içsel dürtülerin boşaltılabileceği geniş bir kanaldı bu roman.* –MS.

dürtüsel *s.* dürtü özelliği taşıyan, dürtü ile ilgili. *Bu konudaki dürtüsel davranışlar yerine, bilinçli bir tutumu kültürümüzün içine katabilmeliyiz.* –ErA.

düş *a.* **1** kişinin, uykuda gördüğü şeyler, yani uyurken bellekte beliren görüntüler ve düşünülerin topu. *Gördüğü düşü hayıra, yoranın da anasını...* –KA. **2** olmuş ya da varmışçasına bellekte tasarlanan şey. ... *eve para girecek düşü içinde ...* –AP. **düş kırıklığı** çok istenilen ya da umulan bir şey olmayınca duyulan üzüntü. ... *kişi kimi zaman düş kırıklığına uğrar ...* –AP. *Çekoslovakya'nın ... işgal edilivermesi, büyük bir düş kırıklığı yaratarak yeni bir karamsarlık dalgası estirmişti dünyamızın üstünde...* –YNN.

düşbilim *b. a.* düşleri, düşlerin kaynağını, düş görme nedenlerini, düşün ruhbilimsel ve kişisel durumlarını araştıran bilim yönelimi. *Denilebilir ki Jung, düşbilime yeni çaplar, sınırlar kazandırmıştır.* –SB.

düşçü *a.* bir şeyi gerçekmiş gibi anlığında tasarlayan kimse; düş kurmayı seven (kimse), düşsever, hayalci. *İster gerçekçi ol, ister düşçü!...* –OA.

düşçülük *a.* düşseverlik, kendini düşlere kaptırma durumu. *Emine, İstanbul'a gitmenin düşçülüğüne bin bir olasılıkla kattığı heyecanlarla doluydu.* –F.

düşey *s. mat.* yerçekimi doğrultusunda olan, çekül doğrultusu, yani yukardan aşağıya olan, düşen doğrultu. ... *düşey daire ve gözlem yerinin dairesi.* –AK.

düşeylik *a.* düşey durumda bulunan bir nesnenin özelliği ya da düşey olma durumu. *Bilim eğitimi, bu düşeylik ve yataylık arasında kalmış, bocalıyor.* –BG.

düşgücü *bkz.* **imgelem**. *Oysa Robinson Crusoe... yaşadığı ortamla pek uyuşmayan düşgücü zengin bir yazarın... yazdığı bir öyküdür.* –AG.

düşkurucu *bkz.* **düşçü, düşsever**

düşkü *a.* **1** gücü bir işe yetmez olanın içinde bulunduğu durum. *Onun düşkü içinde olduğunu anlayınca, ileri sürdüğüm düşünüden caydım.* –AP. **2** kişinin asıl uğraşı dışında, dinlendirici bir iş olarak yaptığı, oyalayıcı şey.

düşkünlerevi *a.* yaşlılık dolayısıyla çalışamaz durumda olan yoksul kimselerin barındığı yer. *Düşkünlerevi Panayırı'nı yazmak için üç ay yetmiştir.* –SB.

düşlem *a.* düşgücünün özgür işlemesiyle ortaya çıkan düşünü ya da düş kurma yetisi. *Bu kuşaktan şair-*

lerin bir bölüğü ise ölümü bir düşlem olarak görüyor. –CSS.

düşlemci *a.* düşlem yoluyla iş gören. *Şinasi ... geçmişin gerçekçi ve düşlemci bir tasvirini dile getirir.* –Sİ.

düşleme *a.* varmış gibi düşünme, bellekte tasarlama. *Düşlemeyi sürdürürler topluluk içinde, o insanı insan yapan şeyi.* –MCA.

düşlemek bir şeyi olmuş gibi ya da varmış gibi bellekte tasarlamak, canlandırmak. ... *düşlemek, sezmek gibi* ... –AB.

düşlemsel *s.* düşlem özelliği taşıyan. *Göz yavaş yavaş uzaklaşır kitaptan, yukarıya yönelir, düşlemsel düzleme.* –OD.

düşlemsellik *a.* düşlem özelliği taşıma durumu. *Öznenin serüveninin düşlemselliği ve ben'in hep ikinci varlık oluşu, üstben ile yıkıcılığın işbirliğini getirir.* –OD.

düşlenme *a.* düşte oluşturulma. ... *günümüz, geleceğin düşlenmesinden başka bir şey değildir.* –MCA.

düşlenmek düşte oluşturulmak, düş yoluyla tasarlanmak. *İster bizi çevreleyen gerçek evren... olsun, ister betimlenmiş ya da düşlenmiş öyküsel evren.* –TY.

düşletme *a.* düşlemesine yol açma.

düşletmek düşlemesine yol açmak.

düşsel *s. ruhb.* düşe değgin, düş ile ilgili; düş niteliğinde olan. *Hiçbir ressam dış dünyayı, düşsel bir dünyanın içine yerleştirmek için onun kadar başarı sağlamamıştır.* –SB.

düşselik *a.* düş özelliği taşıma durumu, düşe değginlik, düş ile ilgililik, düş gibilik. *Lafın olsa olsa düşler kurmaya yettiği; düşselliğinse gerçeklik bağlamında yeri olan iş bakımından en küçük bir önem taşımadığı, hatta gülünç durumda kaldığı söylenmek isteniyor.* –NU.

düşsever *b. a.* düş kurmayı seven, düşçü. *Aşağı tabaka, düşsever Markstlerin sandığı gibi yarının dünyasını kuramayacaktır.* –Sİ.

düşseverlik *b. a.* düş kurmayı sevme durumu, düşseverin niteliği, düşçülük.

düşülke *b. a.* yasalar, yönetim, toplumsal koşullar ve ilişkiler, gönenç vb. yönünden bir benzeri bulunmayan, ancak düşlerde var olan yer. *Ütopya sözcüğü için yıllar önce düşülke karşılığını türetip ... kullanmıştım.* –CM.

düşülkü *b. a.* uygulanma olanağı bulunmayan, ancak bir ülkü olarak düşte var olan toplumsal düzenleme. *Oysa düşülkü düşülkenin yerini almamış, onun ikinci anlamını karşılamak için türetilmişti.* –CM.

düşülküsel *b. s.* düşülkü niteliğinde olan. *"Düşülküsel" sözcüğü ise kentbilimsel bir bağlamda .. yer almıştı ...* –CM.

düşüm *a.* yerçekiminin etkisiyle boşlukta, yukarıdan aşağıya inme, düşme. *Uçakla uçmak nasıl doğadaki düşüm yasasını yok etmek değilse ...* –ETE.

düşümdeşlik *a. fels.* birkaç olayın aynı zamanda geçmesi, olması durumu.

düşümdeşme *a.* düşümdeşmek eylemi. ... *film tekniği ile kişisel konunun düşümdeşmesi yine bu dolaylılıkla ilişkisi yönünden ortaya konmalıdır* ... –NÖ.

düşümdeşmek aynı zamana düşmek, özdeş zamanda olmak.

düşün *a.* inceleme, karşılaştırma ve birtakım belleksel işlemler yoluyla varılan yargı; bir iş için düşünülen çare. ... *uygarlık sözünün insan kafasının düşün ve sanat alanındaki yaratıcılığına yaraşır bir terim olduğuna inandığından* ... –HVV. **düşün özgürlüğü** *tüze.* kişinin, düşündüklerini, inançlarını, kanılarını özgürce yayabilmesi, açıklayabilmesi hakkı ve olanağı. *Birinci nokta koalisyon hükümetinin düşün özgürlüğü konusunda tutacağı yoldur.* –NN.

düşünbilim *b. a.* var olanın ilk kaynağını ve ilkelerini araştıran, ön ve temel bilim, felsefe. *Yazından uygulayımbilime, düşünbilimden töre ve geleneklere değin toplum yapısını kuran her şey, dille ayrılmaz bir bütünleşme gösterir.* –EmÖ.

düşünbilimci *b. a.* düşünbilim alanında çalışan kimse, felsefeci. *Toplumbilimci ya da düşünbilimci olmadığı için eleştirmen sıfatına sarınıp çıkar ortalığa bir sürü yazarcık.* –OD.

düşünce *a.* **1** görüş, bir iş için düşünülen şey. *Varlık ve sanatı insan düşüncesi aydınlatır.* –MKa. **2** düşün. **3** bir şey için duyulan üzüntü, tasa. **düşünce özgürlüğü** *bkz.* **düşün özgürlüğü.** *Düşünce özgürlüğü insanı kulluktan kurtardığı ölçüde tedirgin de eder.* –SE.

düşünceci *s. fels.* her şeyi düşünceyle açıklayan (kimse, görüş). *Gizemcilik ve yeniplatonculuk, Tanrı'nın doğada içkinliğini ileri sürmekle, düşünceci bir yapıdadır.* –OH.

düşüncecilik *a. fels.* varlığı düşünceye indirgeyen öğretilerin genel adı. *Bu anlamdaki ülkücülüğün, felsefe alanındaki düşüncecilikle hiçbir ilgisi yoktur.* –OH.

düşüncel *s. fels.* düşünce sorunlarıyla ilgili olan.

düşünceli *s.* **1** düşüncesi olan, her işi ölçüp tartarak ona göre davranmayı bilen. *Ama o zaman bile daha düşünceli olanlar, öbür yanı görebiliyorlardı.* –AG. **2** üzüntülü. **3** inceliği olan, ince davranışlı (kimse).

düşüncelilik *a.* **1** düşünceli olma durumu. **2** üzüntülülük. **3** incelik.

düşüncesiz *s.* **1** düşünüp taşınmadan, ölçüp biçmeden iş gören. **2** tasasız.

düşüncesizlik *a.* **1** düşünüp taşınmadan, ölçüp biçmeden iş görme durumu. *Böyle bir sav ilkin hem kuramsal hem de edimsel yönden düşüncesizliktir...* –AG. **2** tasasızlık.

düşündeş *s.* aynı düşünü çevresinde toplanan, aynı düşünüde olan kimselerden her biri. *Bayan Halide Edip Adıvar ile düşündeşleri* ... –NA.

düşüngü *a.* toplumsal ya da siyasal bir öğreti oluşturan, ülkü olarak da benimsenebilen, kişi ve kurumların davranışlarına yön veren düşünüler bütünü.

düşüngübilim *bkz.* **düşüngü**. *Söylenbilim... tarihsel bilim olarak düşüngübilimin alanına girer* ... –TY.

düşüngücü *a.* bir siyasal, toplumsal ya da felsefi öğretiye bağlanarak onun dizgesine katkılar getiren kimse.

düşüngücülük *a.* düşüngücü olma durumu. *Bu dışındalamanın şimdiden bir adı var: Düşüngücülük dedikleri şey.* –TY.

düşüngüleştirme *a.* düşüngü niteliği verme, düşüngü durumuna koyma.

düşüngüleştirmek düşüngü niteliği kazandırmak, düşüngü durumuna koymak. ... *olanaklı olan tek* *bir seçim var ... tarihe tümüyle açık bir gerçek önerip onu düşüngüleştirmek.* –TY.

düşüngüsel *s.* düşüngü özelliği taşıyan, düşüngü ile ilgili. *... Kenter Devrimi'nin ilk düşüngüsel ilkesinin bu olduğu da bilinir.* –TY.

düşünme *a.* **1** *fels.* usun kendi kendini bilgi konusu yaparak belleğin çalışmalarını ve olaylarını incelemesi. *Ne var ki kimi ülkelerde bizzat düşünme ... sınırlandırılmaktadır.* –OH. **2** düşünmek eylemi. *Düşünme, yapısı gereği özgürdür ...* –OH.

düşünsel *s.* **1** düşünle ilgili. *... bu çabaların düşünsel özü... yeniden değer kazanmıştır.* –MCA. **2** ancak düşün ve tasarımda bulunan. *Böylece romanın düşünsel yapısı o kadar karışık bir hale gelmiştir ki...* –FO.

düşünsellik *a.* düşünsel olma durumu. *Erkek ise sağduyuyu, düşünselliği, bağımsızlığı ... temsil eder.* –SŞ.

düşünü *bkz.* **düşün**. *... yayın bolluğu... genç kuşaklara bir düşünü ve eylem hızı kazandırmaktadır.* –NN.

düşünür *a.* düşünme yeteneği çok ileri olan kimse, düşünüyü iş edinen kimse, düşünü kişisi. *Daha dün akşam bir nüktedan dostumun hangi düşünüre atfederek söylediğini hatırlayamadığım bir güzel sözü tekrarlayayım.* –BF.

düşünürlük *a.* düşünür olma niteliği, durumu. *Yazarlık savı yok, düşünürlük savı yok, ama ülkücülük, o var işte, inanç o da var!* –OA.

düşünüsel *bkz.* **düşünsel**

düşürüm *a.* **1** tecimsel bir malı elden çıkarmak için ederini büyük ölçüde düşürerek satma işi. **2** yeğin biçimde çarpışma, vuruş. **3** *mec.* bir kimseyi kötü duruma düşüren olay. **4** *mec.* hükümeti zor yoluyla devirme eylemi.

düşüt *a. yaşb.* yaşayabilecek gelişime ermeden doğan yavru.

düşyıkımı *b. a.* umulan bir şeyin olmamasından duyulan acı, düş kırıklığı.

düzanlam *b. a. dilb.* bir sözcüğün kendi gerçek anlamı, değişmez nesnel anlamı. *"Katil" sözcüğü birini öldüren bir kişiyi gösterir, bu onun düzanlamıdır.* –SBü.

düzanlamlı *b. s.* yalnızca nesnel, gerçek anlamıyla kullanılmış olan (sözcük). *Dil iki düzanlamlı somut nesnenin birleşmesinden yeni bir kavramın doğmasına olanak veriyor.* –SBü.

düzanlatım *bkz.* **düzyazı**. *Seçilen betikler birer düzanlatım ya da koşuklu şiirlerdir ...* –MY.

düzbaskı *b. a.* kalıp izlerini ilkin kauçuğa, ondan da kâğıda geçirmeye dayanan çift kopyalı baskı yöntemi. *... ofsete "çıkartma-baskı" denemeyeceğini, doğrusunun "düzbaskı" olduğunu söyledi.* –CM.

düzçizer *b. a.* düzgün çizgi çizmek için kullanılan, ağaçtan ya da metalden yapılmış araç.

düzdeğişmece *b. a. dilb.* ve *yaz.* benzetme amacı güdülmeksizin, bir sözcüğün türlü ilişkilerle bir başka sözcük yerine kullanılması sanatı. *Oysa "Sobayı yaktım" ... dendiğinde düzdeğişmece yaratılır.* –SBü.

düzdeğişmeceli *b. s.* içinde düzdeğişmece bulunan (anlatım), düzdeğişmece özelliği taşıyan (söz). *... bitişkenlik yoluyla geçerek düzdeğişmeceli bir sinema dili yaratırlar.* –SBü.

düze *a.* **1** *kim.* bir özdeğin bir karışıma, bir bileşime giren ya da girmesi gereken belli miktarı. **2** *mec.* ölçü.

düzeç *a.* **1** *fiz.* bir yüzeyin yatay olup olmadığını anlamaya yarayan araç. **2** pürüzlü bir yüzeyi düz duruma getirmede kullanılan araç.

düzeleme *a.* **1** *kim.* bir özdeğin bir karışıma, bir bileşime girmesi gereken miktarını ayarlama **2** *mec.* ölçü, oran. *Üstelik radyonun bu heyecanlı süreci kara kutudan damla damla sunması, düzeleme (dosage) bakımından yanlış olmuştur, kısacası açlığı artırmıştır.* –MCA.

düzelemek *kim.* herhangi bir bileşimi ya da karışımı istenilen orana göre ayarlamak, düzesini ayarlamak.

düzelti *a.* basımevinde basılmakta olan bir yazıyı dizgi yanlışlarından kurtarmak eylemi ya da bu eylemin sonucu, yani düzeltilen şey. *Emeğim boşa gitmesin diye kitabın düzeltisini üstlendim ...* –TUy.

düzelticilik *bkz.* **düzeltmenlik**

düzeltim *a.* düzeltme, iyileştirme, yeniden biçimlendirme. *Eğitimde düzeltim her bakımdan yadsınamaz.* –İKu.

düzeltimci *s.* düzeltim yanlısı, düzeltim yapan. ... *devrimcilerle toplumsal düzeltimciler arasındaki ayrılık, temel ereklerde değil, tutulacak yollar ... konusundadır.* –BO.

düzeltimcilik *a.* toplumsal adaletin, devrime baş vurmadan, var olan kurumları yeniden biçimlendirerek, tüzel düzeltimlerle sağlanabileceğini ileri süren siyasal görüş.

düzeltme *a.* **1** düzgün duruma getirme ya da bozukluğunu giderme ya da doğru duruma sokma, yanlışlıktan kurtarma işi. ... *ama biz yukarıki düzeltmede esaslı birtakım yanlışlar bulunduğunu söylemeden edemeyeceğiz.* –NN. **2** *tüze.* tüzel bir işlemdeki ya da resmi sicil kayıtlarındaki bir yanlışlığın ilgililerce düzeltilmesi işi.

düzeltmen *a.* basımevinde basılmakta olan bir yazının, basılmadan önce dizgi yanlışlarını düzelterek onun yanlışsız basılmasını sağlayan kimse. *Bizde dizmenler de düzeltmenler de dikkat etmiyorlar.* –NA.

düzeltmenlik *a.* düzeltmenin yaptığı iş, düzeltmenin görevi. *Basılmakta olan kitapların provalarını okurdum, görevim buydu, bir çeşit düzeltmenlik ...* –OA.

düzem *bkz.* **düze**

düzen *a.* **1** birtakım şeylere işe yarar, uygun ve beğeniyi okşayan biçim verme. *Bir kitabın kapak düzeni, bir derginin sayfa düzeni, özüne uygun olmalıdır.* –AP. **2** işlerin yolunda gitmesinden doğan duruluk. *Evde bir hasta oldu mu o evde düzen bozuldu demektir.* –AP. **3** toplumun siyasa, ekonomi, yönetim, yerleşim, gelenek, görenek gibi yaşamıyla ilgili şeyler yönünden içinde bulunduğu, alıştığı ve pek gerekmedikçe değişmesini istemediği koşulların topu. ... *ve sonra toplum ... kendine ... yeni bir düzen kurmaya çalışacaktır.* –NN. **4** *müz.* sazların perdelerini belirli bir uyuma uygun duruma getirme işi, ses ayarı. *Düzen, en az üçü bir düşen ... seslerin... birlikte çıkarılmalarıdır.* –MRG.

düzenbağı *bkz.* **sıkıdüzen**. *Bununla duruşmanın sessizliğini, yüceliğini, düzenbağını sağlamış oluyoruz.* –MS.

düzence *bkz.* **düzenbağı, sıkı-**

düzen. *Dize kümelenişleri yaratıcısının kendisine koyduğu bir düzenceye bağlıysa, şairin... başarıya ulaştığı apaçık ortadadır.* –RM.

düzenceli *s.* yasa, kural ve düzene bağlı ya da işin gereklerine uyan. *Ama sonra onların da nice düzenceli biçimlerde güzellik aradıklarını gördük.* –RM.

düzencesiz *s.* hiçbir düzene, yasa ve kurala bağlı olmayan ya da işin gereklerine uymayan.

düzendeş *s.* düzen yönünden eş olanlardan her biri, eş düzenli. *Onun için –ip yapılı ulaçlar, kendilerinden sonra gelen yüklemlerle düzendeştirler.* –TNG.

düzendeşlik *a.* düzendeş olma hali, düzen yönünden eşlik. *Deyimleşmiş öbeklerde de bu düzendeşlik vardır* ... –TNG.

düzenek *a.* **1** bir iş, bir düşünce sırasını gösteren yazı ya da bir iş için düşünülen tasarı. ... *Yunanlı dostlarımızın Kıbrıs'ta yaptıkları askeri yığınağı ve askeri düzeneği bile görmezlikten gelmiştir Türkiye.* –ADü. **2** oluş ve işleyiş düzeni; bir makinenin işlemesiyle ilgili parçalar ve düzen. *Bu bakımdan, insanoğlunun anlığı gösterge üreten bir düzenek, göstergeler de anlam aktaran araçlardır.* –BV.

düzengeç *a. fiz.* bir makinenin görevini istenilen ayarda tutmaya yarayan araç. *Işık düzengeciyle çekim açılırken alıcı yatağa düşey çevrinir.* –SBü.

düzenleme *a.* **1** düzenli duruma koyma, düzen verme. *İlkel bir derinlik düzenlemesi, yalnızca olayın ruhsal yönden en önemli noktasını vurguluyor.* –BC. **2** *müz.* bir müzik parçasını sese ve çalgılara göre yeniden uyarlama, düzenleme işi.

düzenlemek (bir şeye) uygun biçim vermek, düzen vermek, (bir şeyi) düzgün duruma koymak. ... *yeniden düzenlemek için* ... –Aİ.

düzenlenme *a.* düzenli bir duruma getirilme, hazırlanma. ... *yeni anayasanın düzenlenmesinde, onaylanmasında sesini çıkarmadı.* –OA.

düzenlenmek düzenli bir duruma getirilmek, hazırlanmak. *Uluslararası sinema festivali düzenlenmekte, fakat yerli ve yabancı filmler yasaklanmakta, sansür edilmektedir.* –HCe.

düzenleşik *s.* düzenli duruma getirilmiş olan. *Bir şiir felsefesinin temelini, genel olarak, düzenleşik olan da oluşturmaz.* –ADer.

düzenletme *a.* düzenlemesini sağlama. ... *ve kişileri suçlayıcı belgeler düzenletmesi* ... *kuruluş yasasına aykırıdır.* –UM.

düzenletmek düzenlenmesini sağlamak, hazırlatmak. ... *dergi* ... *eleştirmenlerden bir kurul oluşturarak düzenletmiş bu seçmeyi.* –EmÖ.

düzenleyici *s.* düzen oluşturucu, düzene koyucu, düzene sokan. ... *Adliye de* ... *düzenleyici kurallar getirme anlamına gelir.* –NB.

düzenleyicilik *a.* düzenleyici olma durumu. *Çünkü aksi halde* ... *anayasanın kişiler, kurullar, hatta kanunlar üstü düzenleyicilik* ... *niteliği kalmaz.* –NB.

düzenleyim *a.* **1** düzen verme, düzenleme işi. **2** ormanda, kesilmesi gereken ağaçların, doğal denge göz önüne alınarak düzenlenmesi işi.

düzenli *s.* düzeni olan, her şeyi yerli yerinde olan. *Demek ki, deneme; bir* *düzyazı biçimidir, düzenli bir düzensizlik içindedir...* –TDK.

düzenlik *a.* iyi düzen durumu.

düzenlilik *a.* düzenli olma durumu, her şeyi yerli yerindelik. *Her hukuk sistemi içinde eğilim halindeki düzenlilikleri araştırmak ...* –NŞK.

düzensiz *s.* düzeni olmayan ya da düzeni bozuk olan. *Düzensizdi sofra ve çocuklar bu konuda herhangi bir eğitimden geçmemişlerdi.* –OR.

düzensizlik *a.* düzeni olmama hali, karışıklık. *... bütün milli sanatlarımız da aşağı yukarı aynı düzensizlik içinde sayılır.* –NH.

düzenteker *b. a.* bir motordan gelen devinimi bir düzeneğe aktaran ya da makinelerdedevinim hızını düzgün tutmaya yarayan tekerlek.

düzey *a.* **1** bir şeyin başka şeye ya da şeylere göre olan yükseklik kertesi. *... ve çağımızdaki insan yaşantısının çok altında bir düzeyde ...* –ÇA. **2** *fiz.* bir yüzeyin ya da bir noktanın, yükseliş bakımından belirttiği yatay sınır.

düzeylendirme *a.* düzeyinin niteliğini saptama, hangi düzeyde olduğunu belirleme, düzeyini ölçerek derecelendirme. *Düzeylendirme konusunu önemsemediği için öğretimi karmaşık hale getirmiştir.* –AKo.

düzeylendirmek düzeyinin niteliğini saptamak, düzeyini ölçerek derecelendirmek, düzeyini belirlemek.

düzeyli *s.* belli bir düzeye gelmiş olan, düzeyi yüksek olan, nitelikli. *... sinemamızda yapılmış en düzeyli güldürülerden ...* –AD.

düzeylilik *a.* belli bir düzeye gelmiş olma durumu, niteliklilik.

düzeysiz *s.* düzeyi düşük, bayağı. *... televizyonun düzeysiz eğlence izlencelerine çıkarılan dans topluluklarını ...* –MTÖ.

düzeysizleştirme *a.* düzeyini düşürme, bayağılaştırma.

düzeysizleştirmek düzeyini düşürmek, bayağılaştırmak. *Sadece o makamı değil, ondan sonra gelen makamları da düzeysizleştirmişlerdir.* –AN.

düzeysizlik *a.* düzeyce düşüklük. *Bu düzeysizlikleri görüp dinleyince, Ruhi Su ve yaptığı iş, daha bir heybet kazanıyor insanın gözünde.* –HH.

düzgü *a.* **1** *fels.* kural, olabilecek nitelikte ilke ya da önerme. *... kuramsal görüşün, pratik görüşten, yani her türlü ereklerden, düzgülerden kurtulması gerektiğini belirtmeye çalışmıştık.* –NŞK. **2** bir bilgiyi gösteren, bir ileti oluşturan gösterge, kural ya da simgeler bütünü. *Dizge belirli bir metne özgüdür, ama düzgü pek çok metinde yer alabilir.* –SBü.

düzgüleme *a.* düzgü^2 yoluyla gösterme, düzgülerle ortaya koyma. *... birliktelik (ve işbirliği), dikkatin dağılması ilkesine dayanır; o nedenle de çatışkısal düzgüleme dizgeleri arasında yer alır.* –MY.

düzgülemek düzgü^2 yoluyla göstermek, düzgülerle ortaya koymak.

düzgülenme a. düzgü^2 ile gösterilme. *Çünkü görüntüde anlıksal çağrışım sonucu oluşan uzlaşımların düzgülenmesi söz konusu değildir.* –SBü.

düzgülenmek düzgü^2 ile gösterilmek, düzgüler^2 aracılığıyla oluşturulmak. *Bu kitapta medyumların ... düzgüleniş biçimi yer alacak.* –MY.

düzgüleşme *a.* düzgü^2 durumuna gelme, düzgü oluşturma. *Sonuç ola-*

rak değişik düzgülerle bu düzgülerin biçim ve düzgüleşme kerteleri arasında bir uyum vardır. –MY.

düzgüleşmek düzgü[2] oluşturmak düzgü[2] durumuna gelmek. *Bu dizgelerin kimileri ... düzgüleşmekte olan eski düzgülerdir.* –MY.

düzgüleştirilme *a.* düzgü[2] durumuna getirilme, düzgü[2] olarak kullanılma.

düzgüleştirilmek düzgü[2] durumuna getirilmek, düzgü[2] olarak kullanılmak.

düzgüleştirme *a.* düzgü[2] durumuna getirme, düzgü[2] olarak kullanma. *Gerçekte düzgüleştirme, gösteren ile gösterilen arasındaki bağıntıyı bilen... kullanıcılar arasındaki bir sözleşmedir.* –MY.

düzgüleştirmek düzgü[2] durumuna getirmek, düzgü[2] olarak kullanmak.

düzgülü *s.* düzgüye uygun, düzgüsü olan. *Örneğin düzgülü bir doğaları olan bütün insanlar aynı nesnelerden aynı duyumları alırlar ...* –OH.

düzgülülük *a.* belli yasa, ölçü, kurallara uygunluk. ... *normalite deyimi karşılığında düzgülülük deyimi önerilmiştir.* –OH.

düzgüsel *s. fels.* düzgü ile, yani yasalarla ve kurallarla ilgili. *Wundt'a göre mantık, törebilim, estetik gibi bilimler düzgüsel bilimlerdir.* –OH.

düzgüsüz *s.* düzgüsü olmayan, belli ilke, yasa ya da kurala, ölçüye uymayan. *Örneğin bir ahmak düzgüsüz olduğu kadar bir deha da düzgüsüzdür.* –OH.

düzgüsüzlük *a.* düzgüsü olmama, belli ilke, yasa, kural ve ölçüye uymama durumu.

düzlem *a. mat.* üzerine bir doğrunun iki noktası değdirilince o doğrunun öteki her noktasının da değmesi gereken yüzey. ... *düşüncesine uymayan bir düzlemde ...* –AB. *Eksen düzlemi, kıvrımı simetrik olarak böldüğü düşünülen düzlemdir.* –Rİ.

düzlemsel *s.* düzlem özelliği taşıyan, düzlem niteliğinde. *Bu tanımdan şekil 4. 1. 1.'deki çizginin düzlemsel olduğu anlaşılır.* –YC.

düzlemsellik *a.* düzlem özelliği taşıma durumu. *Düzlemsellik ile ilgili özelliklerde bir genelleme yapabilmek için, önce kökteşlik kavramını açıklayalım.* –YC.

düzme *bkz.* **düzmece**

düzmece *s.* gerçek olmayıp özgününe benzetilerek uydurulan, gerçek sanısı veren. *Sanattan anlamak, bir yapıtın gerçeğiyle düzmecesini ayırabilmek yetisidir.* –SKA.

düzmecelik *a.* düzmece olma durumu. ... *tanık polislerin düzmeceliği sırıtan ifadeler...* –AA.

düzmeci *s.* düzme işler yapan.

düzmecilik *a.* düzme işler yapma, düzme işlerle uğraşma. ... *ortaya ... toplumun düzmeciliklerine başkaldıran ... bir dünya çıkar.* –CÜ.

düzün *a.* olayların düzenli aralıklarla yinelenmesi niteliği, düzenlilik. *Söz dizimi ile düzün (rythme) arasındaki bağlantılara çok önem veriyor.* –CSS.

düzünsel *s.* düzünle ilgili, düzünlü.

düzyazı *b. a. yaz.* genel olarak, ölçü ve uyakla ilintisi bulunmayan deyiş kılığı, koşuk olmayan yazı. *Şiirden, düzyazıdan beklenen gibi bir anlam mı bekleniyor?* –CSS.

düzyazıcı *b. a.* düzyazı alanında yapıtlar vermiş kimse. *Ozanın işiyse, düzyazıcının işinden çok daha zor.* –

SKa.

düzyazısal *s.* düzyazı özelliğinde, düzyazı ile ilgili. *Şenlikname'deki şiirler düzyazısal metinlikten kurtuldularsa bu yöntemle olmuştur.* –İB.

E

eder *a.* bir nesnenin alım ya da satımda para olarak değeri. ... *iki cins pastırma vardı vitrinde, birinin ederi şu, birinin ederi bu, ama ikisinin ederi de benim keseme uygun değildi.* –Mİ. *Belirli konulardaki inatlaşmanın ederini ise iki ülkenin de zaman zaman ödemiş olduğu da söylenebilir.* –ASi.

edilgen *s. dilb.* öznesi işin etkisine uğrayan (eylem), yani anlattığı işten, oluş ve kılıştan öznesi etkilenen (eylem); örneğin "okunmak, yazılmak, kırılmak" birer edilgen eylemdir. *Birbirine bağlı iki cümleden birincisinin fiili etken, ikincisinin fiili edilgen olamaz.* –ÖAA.

edilgenlik *a. dilb.* edilgen olma hali. ... *-il, edilgenlik ekidir.* –TNG.

edilgi *a. fels.* dıştan gelip bir şeyde belli bir değişiklik yapan iş ya da bu işle ortaya çıkan durum. *Descartes ve Spinoza edilgi terimini duygulanım anlamında kullanmışlardır.* –OH.

edilgin *s. fels.* ve *yaşb.* etkiye uğrayan, **etkin** karşıtı. *Etki yapanla edilgin olan genel olarak birbirinin karşısında bulunur.* –BA.

edilginleşme *a.* edilgin bir duruma gelme. *Şiirin... "modernist" farkındalığı bir umutsuzluk, bir yılgınlık, bir edilginleşme değil ... bir silkinmedir.* –ÜO.

edilginleşmek edilgin bir duruma gelmek.

edilginleştirme *a.* edilgin bir duruma getirme. *Siyasetsizleştirme ya da edilginleştirme çabalarının ...* –AfT.

edilginleştirmek az çok etkinken edilgin bir duruma getirmek.

edilginlik *a.* edilgin olma durumu. ... *duyum da bir edilginliktir.* –MG.

edim *a.* **1** olup bitmiş iş. ... *kişi edimleriyle kendini gerçekleştirecektir.* –AB. **2** *tüze.* yerine getirme, yani iş olup bittikten sonraki edimsel ödeme, borç. *Para ile ifade edilen bütün sözleşmelere, edimlerin fiyatlar genel seviyesindeki değişme ile paralel olarak ayarlanacağı şartı konur.* –KB. **3** *fels.* varlıkta yetkinlik. **4** *müz.* bir müzik yapıtını çalma ya da çalgı ve sesle birlikte yürütme işi.

edimleşme *a.* edim olarak belirme, gerçekleşme.

edimleşmek edim olarak belirmek, gerçekleşmek. *Yani edimleşmekte olan göstergeler, biçimlenmekte olan bağıntı anlatımları ...* –MY.

edimsel *s. fels.* edim niteliği olan; gerçek olarak var olan. *Bununla birlikte, bu gerçeğin edimsel önemi pek azdır.* –AG.

edimselci *a.* edimselcilik yandaşı

(kimse, görüş). *Özellikle Gentile gerçeğin, ruhun yaratıcı ediminde içkin bulunduğunu ileri sürmekle tipik bir edimselcidir.* –OH.

edimselcilik *a. fels.* geçmiş edimlerden örnek alınarak bugünkü edimlerin düzenlenebileceğini ileri süren öğreti. *Dilimizde edimselcilik deyimiyle dilegetirilmesi gereken aktüalizm deyimi ...* –OH.

edimsellik *a.* edimsel olma durumu. *Şiirin özündeki edimselliği, özündeki ruhsal yeniliği devinimsiz kılar.* –ADer.

edindirme *a.* edinmesini sağlama. *... ne var ki yabancı dil öğretimi yalnızca kültür edindirmeyi amaçlamaz.* –ÖD.

edindirmek edinmesine yol açmak, edinmesini sağlamak.

edinilme *a.* elde edilme, sağlanma. *Yaşar Kemal, büyük bir özenle, ödülün niteliği üzerine sağlam bilgiler edinilmesine yardımcı oluyordu.* –DH.

edinilmek elde edilmek, sağlanmak.

edinim *a.* edinme işi, kendine mal etme, sağlama. *Bu yüzden kabile topluluğu, toprağın ortaklaşa (geçici) edinim ve kullanımının sonucu değil, ön koşuludur.* –MuS.

edinme *a.* (bir şeyi) alma, kendine bir şeyi sağlama. *Bir başka açıdan da anlak, bir edinme gücüdür.* –OH.

edinmecilik *a. fels.* kimi canlıların, besinleri ya da türlü nesneleri edinmek, bunların istifçiliğini yapmak için gösterdikleri çaba.

edinmek kendine bir şeyi sağlamak, kendini bir şeye sahip kılmak. *Bir din edin kendine.* –GA. *Onu sırf kitaplarda okuyarak edinmek mümkün değildir.* –OE.

edinti *a.* edinilen, kazanılan şeyler. *Kişilere dönük gözlem ve edintilerin birikimi ile, yazarın güçlü romanlar verebileceğine inanıyoruz.* –MU.

egemen *s.* **1** buyruğunu yürüten, güçlü, başkasına boyun eğdiren. *... beyaz azınlığın zenci çoğunluğa egemen olduğu ...* –İS. **2** *fels.* kendisinden daha ulu ve daha yüce bir şey tasarlanamayan.

egemenleşme *a.* egemen bir duruma gelme. *Bilim bizi belirsizlikten kurtarıyor, rahatlatıyor; doğaüstü güçlerin yaşamımızda egemenleşmesini engelliyor.* –İS.

egemenleşmek egemen bir duruma gelmek. *Bilim alanlarında irtica egemenleşirse, insan hayatıyla oynamaya başlarız.* –İS.

egemenleştirme *a.* egemen bir duruma getirme, egemenleşmesini sağlama.

egemenleştirmek egemen bir duruma gelmesini sağlamak. *... din dogmaları yerine bilimi egemenleştiren ...* –İS.

egemenlik *a.* **1** egemen olma hali, yani buyruğunu yürütme, boyun eğdirme. *Antalya'nın Roma egemenliği altında olduğunu unutturacaktır ve ...* –FRA. **2** örgütlenmiş ve bağımsız bir toplumda, yasama, yürütüme, yargılama gibi erklerin kullanılması hakkı. *Böylece devlet egemenliği kısıtlanmış ... vesayet altına alınmıştı.* –İS.

eğik *s.* **1** eğilmiş. **2** *mat.* dik olmayan.

eğilim *a.* **1** bir yana eğilme, yatma. *Eğilim deyimi fizik dilinde.. cisimlerin eğilmesini dilegetirir.* –OH. **2** bir şeyi sevmeye, istemeye ya da yapmaya içten yönelme. *... paranın dolaşım* *hızını artıran bu eğilimin ...* –KB. **3** *ruhb.* ruhu birtakım şeylere yönelten içtepi. *Bununla beraber eğilim deyimi konuşma dilimizde de duygusal yönelme anlamında yerleşmiştir.* –OH.

eğilimli *s.* eğilimi olan, istekli. *Bilindiği gibi bilinç olayları... dışlaşmaya, nesnelleşmeye, daha doğrusu maddeye taşmaya eğilimlidir.* –NŞK.

eğim *a.* **1** eğilmiş olma durumu. **2** bir yüzeyin, az çok eğilmiş olması, yani yatay olmayıp düşeye doğru bir durum almış bulunması. **3** *coğr.* belirli bir yatay uzaklıkta bulunan iki nokta arasındaki yükseklik farkı. *Eğimi incelikle ölçmek için nivelman araçlarından faydalanılır.* –Rİ. **eğim eğrisi** *coğr.* bir ırmağın, yatağını aşındırması süresince gelişen ve kaynağı ile ağzı arasındaki yatak boyunca çizilen eğri. *Dilimizde bu eğriyi belirtmek üzere bugün denge yanayı, denk eğri, eğim eğrisi terimleri kullanılmakta ise de ...* –Rİ. **eğim kesikliği** *coğr.* akarsu boyunda yer yer görülen dik yerler, ki akarsular böyle yerleri kemirip gidermeye uğraşır. *Akarsular böyle yerleri kemirir ve eğim kesikliğini gidermeye çalışırlar.* –Rİ.

eğimlenme *a.* eğimlenmek eylemi.

eğimlenmek eğim oluşturmak. *... sedirimsi bir kanapenin bir kuğu başıyla eğimlenen kenarına dayanarak...* –Sİ.

eğimölçer *b. a. coğr.* yatay duruşlu bozulmuş tabakaların dalışını ölçmeye yarayan araç. *Tabakanın dalışı, yani eğimi, jeolog pusulasının içindeki eğimölçer ile ölçülür.* –Rİ.

eğinim *a. fels.* kişinin bedensel ve ruhsal tüm isteklerinin genel adı. *Eğinimlerden hiçbirinin ötekilerden üstün olmaması ...* –OH.

eğitbilim *b. a.* eğitim ve öğretimi kurallara bağlayan bilim kolu. *Üstelik sayıca sonuçlandırma, çağdaş eğitbilim ilkeleri açısından büyük bir anlam taşımaz.* –FB.

eğitbilimci *b. a.* eğitimci, eğitim bilgini. *Eğitbilimci profesörün "20 yıl zorunlu hizmet" dediği, laf kıtlığında asmalar budamaktan başka bir şey değildi.* –MEk.

eğitbilimsel *b. s.* eğitbilimle ilgili. *Söz konusu yapının birtakım toplumsal ve eğitbilimsel yanılgıların sonucu olması etkilerini değiştirmez.* –BO.

eğitici *a.* çocuk ya da hayvan eğitimiyle uğraşan kimse. *Ertuğrul Bey'in hayvan eğiticisidir.* –KT.

eğiticilik *a.* eğiticinin yaptığı iş.

eğitilme *a.* duygu, davranış, görgü, bilgice istenilene, güdülen ereğe göre yetiştirilme, biçimlendirilme. *Mustafa Kemal Paşa/ Geldi çıktı kürsüye/ Söz etti halkın eğitilmesinden.* –CAK.

eğitilmek duygu, davranış, görgü, bilgice istenilene, güdülen ereğe göre yetiştirilmek, biçimlendirilmek. *Demirli sirklerde eğitilen hayvanlar.* –BN. *Eğitilmiş çiçekler evlerde.* –BN.

eğitim *a.* bir kimseyi ya da bir hayvanı duyguca, davranışça, görgüce istenilene, yani güdülen ereğe göre biçimlendirme işi. *Eğitim ve öğretimin eksik olduğu bir yerde ...* –BA. **eğitim araçları** eğitim ve öğretim işinde kullanılarak eğitici özelliklerinden, sorunların çözülmesinde ve bir bilginin kazanılmasında varlıklarından yararlanılan her şey. **eğitim kurumları** öğrencilerin eğitildikleri okulların tümü. eğitim yöntemleri eğitimde kullanılan yolların tümü. **karma eğitim** kız ve erkek çocukların bir arada öğrenim görmeleri. **okul eğitimi** yetişme çağındaki kişilerin eğitim sağlayan kurumlarda yetiştirilmesi. **okulöncesi eğitim** 3 ile 7 yaş arasında çocukların ilköğretim öncesi eğitimi.

eğitimbilim *bkz.* **eğitbilim**. *L'Express'te ruhbilim, eğitimbilim bilinmez değil.* –TY.

eğitimbilimci *bkz.* eğitbilimci. *Tartışmalara nedense hep yabancı dil öğretim elemanları taraf olmakta, eğitimbilimciler genellikle buna seyirci kalmaktadır.* –ÖD.

eğitimci *a.* **1** öğretim ve eğitim alanında çalışan kimse, eğitbilimle uğraşan kimse. *Bunun nedenlerini değerli eğitimci şöyle açıklıyordu.* –MKe. **2** *fels.* eğitimciliği benimseyen kimse. *Örneğin Helvetius ve Condorcet'nin öğretileri eğitimcidir ...* –OH.

eğitimcilik *a.* **1** eğitimle uğraşma, eğitme işi, eğitimcinin gördüğü iş. *... edebiyat eğitimciliği açısından özsel bir önem taşır.* –AÇ. **2** *fels.* eğitimin kişiye istenilen yönü verebileceğini ileri süren öğreti.

eğitimli *s.* eğitilmiş. *... eğitimli personel, sosyeteden güzeller, ünlü işadamlarıyla... dillere, destanlaşır.* –İS.

eğitimlilik *a.* eğitimli olma durumu, eğitilmişlik.

eğitimsel *s.* eğitimle ilgili. *Laiklik, Batı'da gelişen burjuva sınıfının, kilisenin ekonomik ve eğitimsel baskısını yıkışıyla doğmuş ...* –ÇÖ.

eğitimsellik *a.* eğitimle ilgililik.

eğitimsiz *s.* eğitim görmemiş, eğitilmemiş. *İşin kötüsü, toplumdaki okumasız yazmasız, eğitimsiz öğrenimsiz kitlenin ... bunların ağızlarına bakmasıdır.* –AG.

eğitimsizlik *a.* eğitim görmemişlik, eğitilmemişlik. *... personelin eğitimsizliğinin doğurduğu sakıncalara kadar her şey söylendi, yazıldı.* –ASi.

eğitlence *b. a eğitb.* (*"eğit[im]" ve "[eğ]lence"den*) eğlendirerek eğiten her türlü eğitim aracı.

eğitme *a.* bir kimseyi ya da bir hayvanı duyguca, davranışça, görgüce istenilene yani güdülen ereğe göre biçimlendirme.

eğitmek bir kimseyi ya da bir hayvanı duyguca, davranışça, görgüce istenilene yani güdülen ereğe göre biçimlendirmek. *... eline teslim ettiğimiz körpe insan malzemesini eğitmek ...* –NN.

eğitmen *a.* **1** eğitmek işini yapan kimse, eğiten kimse. *... eğitmen olarak Vietnam'a gönderilen...* –NN. **2** eskiden, öğretmen okulunu bitirmediği halde, bir yasa ile köyde öğretmenlik yapan kimse. *Bugün eğitmenler eliyle canlanmış köyler ve ilk dersini eğitmenden almış öğretmenler, hatta doktorlar çoktur.* –FB.

eğitmenlik *a.* **1** eğitmenin işi. **2** (eskiden) köy öğretmenliği. *Oğlan Saray köyünde eğitmenlik ediyordu.* –AAğ.

eğitsel *s.* eğitici niteliği olan, eğitimsel, eğitimle ilgili. *Bu alışkanlıkları da edebiyat, eğitsel nitelikleriyle kazandırır kişiye.* –AdB. *... bizce boykotun anlamı üzerinde durmak ve ondan gerekli eğitsel sonuçları çıkarmak daha yararlıdır.* –FB.

eğitsellik *a.* eğitsel olma durumu.

eğleni *a.* gerçeğin güldürücü yanını ortaya koyan söz ya da yazı türü, gülmece. *Ezra Pound'un şiirinde ...*

karşılıklı konuşma havasına yatkın bir eğleni ve yergi ağırlığı görülmekteydi. –CSS. **kara eğleni** buruk bir dille, kimi zaman da umutsuzlukla dünyanın saçmalığını belirten eğleni. *Hayatındaki bu tavra, yapıtlarında ayrıca ağır bir başkaldırı, bir kara eğleni, iğneleyici bir yergi havası da eklenir.* –CSS.

eğretileme *a. yaz.* bir gerçek anlamı ona benzerliği olan başka bir anlam ile anlatma, yani bir şeyi anlatmak için, ona benzetilen başka bir şeyin adını eğreti olarak kullanma. Örneğin, "Bu kişi bir tilkidir" denildiği zaman bir eğretileme yapılmış olur ve bu eğretileme ile o kişinin kurnazlığı belirtilmek istenmiştir. *Her eğretilemede benzetmenin ana öğelerinden birisi düşmüştür.* –TNG.

eğretilemeli *s.* kendisinde eğretileme bulunan. *Bu eğretilemeli anlatım... bir akarsuyu getiriyor imgelemimize.* –MCA.

eğri *s.* **1** *mat.* doğru olmayan. *Eğriye sonsuzda teğet olan doğruların...* –AK. **2** *fels.* gelenek ve göreneğe, tüzeye ve töreye aykırı olan.

eğrilik *a. mat.* bir yayın bir noktasındaki teğetin, gittikçe bu noktaya yaklaşmak üzere çıkan başka bir teğetle ortaya çıkardığı açının bu iki teğet noktası arasındaki yay uzunluğuna oranı.

eğrim *bkz.* **eğrilik**

eğsinim *a. ruhb.* sürükleyici eğilim. *Eğsinim deyimi konuşma dilimizde bir şeyin üstüne aşırı düşme anlamında düşkünlük deyimini dilegetirir.* –OH.

ek *a.* **1** bir şeyin eksiğini gidererek bütünlemek için ona katılan parça. *Bilimsel yapıtlarda ve sözlüklerde, hazırlık sırasında unutulan ya da yeniden elde edilen konular eklenen bir Ek'le tamamlanır.* –OH. **2** *dilb.* bir sözcüğe eklenerek ona yeni bir değer, yeni bir görev veren öğe, ki sözcük türetmek ya da çekim için köklere ya da sözcüklere ulanır; örneğin -li, -yor birer ektir ve eklerin kendi başlarına anlamları bulunmaz. ... *türetme ekleri... iki büyük bölüme ayrılır.* –FKT. *Biz sözleri eklerle yaratır, yok ederiz / Türer yeni yeni sözler eklerden.*–BN. **çekim eki** *bkz.* **çekim**. **yapım eki** *bkz.* **yapım**

ekenek *a.* ekime elverişli toprak. *Geniş ekenekleri için Ukrayna'nın/Alman gençliğinin akıttığı kan ne?* –CAK.

ekim *a.* **1** toprağa yolunca tohum atma işi. **2** yılın onuncu ayının adı.

ekin *a.* **1** tahılın, tohum olarak tarlaya atıldığı andan harman oluncaya değinki durumu. **2** *mec.* bir topluluğun tinsel özelliğini, duyuş ve düşünüş birliğini oluşturan ve yapan, gelenek durumundaki her türlü yaşayış, düşünü ve sanat var-lıklarının topu, ekinç. ... *ekinleri birbirinden ayrı olan toplumlar ya da toplumsal kümeler arasında ...* –OH.

ekinç *bkz.* **ekin**². *Geçmişin değerlerinden ve ulusal ekinç birikiminden yararlanma yazınımızın ana sorunlarından biridir.* –EmÖ.

ekinçsever *b. a.* ve *s.* ekince ilgi duyan, ekinci koruyan ve yaşatan. *Ne ki, buna karşılık... geniş görüşlü ve ekinçsever kimseler de vardır.* –ENG.

ekinli *s.* gerekli bilgileri edinerek uslamlama, beğeni ve eleştirme yeteneklerini geliştirmiş (kimse), ... *gerçekten ekinli kişilerimiz yok...* –NA.

ekinlilik *a.* gerekli bilgileri edinerek uslamlama, beğeni ve eleştirme yetenekleri yönünden yetişmişlik.

ekinsel *s.* ekin[2] ile ilgili. *Bunun yanı sıra ekinsel sorunlara değgin yazılara da yer verilmektedir.* –EmÖ.

ekinsiz *s.* ekin[2] yönünden yetersiz olan, ekince yetişmemiş olan.

ekinsizlik *a.* ekin[2] yönünden yetersizlik, ekince yetişmemişlik. *Genç, yaşlı birçok yazarlarımızın kendilerini beğenmeleri, böbürlenmeleri, okumaları, ekinsizlikleri yüzünden değil mi?*–NA.

eklem *a. gövb.* insan ya da hayvanda, gövde kemiklerinin birleştiği yer. *Uzun bir oyunu bir nefeste inceleme olanaksızlığını gidermek için onu gizli eklem yerlerinden böleceğiz ...* –SŞ.

ekleme *a.* bir şeye ek yapma. *Kadını, sonradan ekleme alçak damlı yapıya soktular.* –GA.

eklemek bir şeyi ek katarak bütünlemek ya da büyütmek; birleştirmek birbirine katmak. *Şunu eklemekte yarar var...* –MCA. *Şunu da eklemek gerekir: Dil öğrenmek, ezber işi, cümle kalıpları öğrenme işidir.* –VB.

eklemlenme *a.* **1** eklemle birleşme. **2** uç uca ve yerli yerine gelerek bir dizge oluşturma. *... çünkü ses ile eklemlenme birbirinden bağımsızdır.* –MY.

eklemlenmek 1 eklemle birleşmek. **2** uç uca ve yerli yerine gelerek bir dizge oluşturmak. *... halkın uygarlaşması, tarihsel süreçlerin aşamalarıyla eklemlenir.* –İS.

eklemleşme *a.* bitişerek eklem durumuna gelme. *... ihtiyaçlarınsa ürettikleri ürünlerle eklemleşmelerinden başka bir şey değildir.* –HC.

eklemleşmek bitişerek eklem durumuna gelmek. *Nesnel ve özsel çıkarlar ... eklemleşir.* –AÇ.

eklemli *s.* **1** eklemi olan. *Yağmur eklemlidir.* –MCA. **2** eklemlenme yoluyla oluşmuş. *Eklemli olma durumu.* –MY.

eklemlilik *a.* eklemlenme yoluyla oluşma durumu. *Dilin eklemliliği başta gelen ıralarından biridir.* –MY.

eklenme *a.* bir şeye bitişip ek durumuna gelme, bitişme. *Çekimlerin birbirine eklenmesinden değer doğar.* –SBü.

eklenmek bir şeye bitişip ek durumuna gelmek, bitişmek. *Çünkü Üvercinka yıkıcı olduğu kadar yapıcıdır, yol açıcıdır, eklemlidir (yani eklenmiş ve ekletmiştir.)* –Öİ.

eklenti *a.* bir şeye eklenmiş olan (şey), ek durumunda bulunan nesne. *Basımevi ve eklentileri...* –Anayasa.

ekleşme *a.* ek durumuna gelme.

ekleşmek *dilb.* bir sözcüğe eklenerek ona yeni bir değer, yeni bir görev veren öğe durumuna gelmek. *Türkçede, ekleşen sözcüklerin, biçim, kavram ve kullanılış bakımından özellikleri olduğu da dikkate alınmalıdır.* –VH.

ekletme *a.* bir şeye ek yaptırma.

ekletmek bir şeye ek yaptırmak. *Çünkü Üvercinka yıkıcı olduğu kadar yapıcıdır, yol açıcıdır, eklemlidir (yani eklenmiş ve ekletmiştir).* –Öİ.

eksen *a.* **1** durduğu yerde dönmekte olan bir şeyin, dolayında döndüğü varsayılan doğru çizgi; bir at arabası tekerinin ortasından geçen ve onun dönmesi sırasında bir yana yatmamasını sağlayan parça bir eksendir. **2** *coğr.* tabakaların kıvrılmış olduğu yerlerde kıvrım yanlarının ortasından geçtiği düşünülen çizgi. *Eksen düzlemi, kıvrı-*

mı simetrik olarak böldüğü düşünülen düzlemdir. –Rİ. **3** *mat.* üzerinde bir (+) artı yön varsayılan sonsuz doğru. **4** *mec.* bir şeyin ağırlık noktası ya da merkezi. *Biçim, belli bir eksenin çevresinde yeni, küçük olanaklar kazanıyor.* –CSS. ... *bu roman kişilerinin ekseni, odak noktası benim* ...–MS. **asal eksen** *mat.* bir koninin odağından ya da odaklarından geçen eksen.

eksi *a.* **1** *mat.* aritmetikte (–) biçiminde gösterilen çıkarma iminin adı. **2** *meteor.* (ısı derecesi için) sıfır altı. **3** *fiz.* **artı** karşıtı. ... *ölüm ya da uyku üstüne bir bildirim olup olmadığını tartışmak, artı ve eksi yüklü temel parçacıklar arasındaki ilişkileri tartışma anlamına gelir.* –AÇ. **4** *tıp.* bulaşıcı sayrılıklarda, mikroskopla yapılan araştırmada mikrop bulunamaması ya da aşı öncesi deneyde gövdenin mikrop almamış olmasının anlaşılması. **eksi sonsuz** her sonsuz sayıdan daha küçük kalan varsayımsal nicelik. *Eksi sonsuzla artı sonsuz, elektronik galaksilere doğru uzanan bir akıl gözlemiyle.* –ÇA.

eksilen *a. mat* çıkarma işlemindeki ilk sayı: Örneğin, 10–5=5 çıkarma işleminde, 10 sayısı eksilendir, yani kendisinden sayı çıkarılan sayıdır.

eksin *s.***1** vücutça sakat (kimse). **2** *a. kim.* negatif elektrikle yüklü iyon.

eksinlik *a.* eksin olma durumu.

eksiuç *b. a fiz.* eksi yüklü elektrot.

ekti *bkz.* **asalak**

elcil *s. töreb.* başkalarının iyiliği uğruna çalışan, başkalarını düşünen (kimse), **bencil** karşıtı, özgecil. ... *sonraki başkacıl dedi, daha sonra daha güzelini buldu, elcil dedi.* –MF.

elcillik *a.* elseverlik, başkalarının iyiliği uğruna çalışma, başkalarını düşünme durumu. ... *insanın toplu halde yaşaması, telkin, taklit, elcillik, bağnazlık, yalnızlık korkusu ... vb. gibi toplumsal olaylar gene hep sürü içgüdüsüyle anlatılır.* –NŞK.

elçi *a.* **1** *tüze.* başka bir devlet katında kendi devletini temsil eden kimse. ... *eski elçinin seçilmesine katkıda bulunan bu holdingin amacı ne?* –İS. **2** *mec.* bir sorunun çözümü için birinin başka birine gönderdiği aracı. ... *sevginin elçisi, sevdanın şövalyesi, tutkunun has çocuğuyum ben ...* –BGü.

elçievi *b. a.* elçinin oturduğu konut. *Bükreş'teki elçievimizde konuştukça açıldı, konuştukça açıldı.* –HCe.

elçilik *a.* **1** elçinin görevi. *Biz şairler şimdiye değin aşk elçiliğinden başka ne yapmışızdır ki?* –İB. ... *elçiliği süresince Suudi Arabistan'da büyük iş yapmış.* –İS. **2** elçinin orunu. **3** elçinin içinde görevini yaptığı yapı. *O akşam ... elçilikteki akşam yemeğine gittik.* –MCA.

elerki *b. a. toplb.* ulus erk ve egemenliğine dayanan yönetim biçimi. *Elerki deyimi ... demokrasi deyimi karşılığında önerilmiş, ama kullanılmamıştı.* –OH.

elerkil *b. s.* elerkine dayanan, elerki ile ilgili.

eleştirel *s.* eleştiriyle ilgili, eleştiriye değgin, eleştiri üzerine olan. ... *eleştirel bir ölçüt olamıyor.*–AB. *Eleştirel tutum yokluğundan ötürüdür bu da.* –MB.

eleştiri *a. yaz.* ereği, bir yazın ya da sanat yapıtını her yönüyle inceleyip açıklamak, anlaşılmasını sağlamak ve değerlendirmek olan yazı türü. *Belki de kaç eleştirmen varsa o kadar eleştiri anlayışı var.* –NU. *bkz.* **eleştirme**. **nesnel eleştiri** duygu ve izlenime dayalı olmayan, nesnel ölçülere, sanatın gereklerine dayanan eleştiri. **öznel eleştiri** duygu ve izlenime dayalı eleştiri. *İki ayrı dünyanın edebiyatından sergilediği ürünleri, öznel eleştirinin imbiğinden geçirir, "beğeni"de noktalardı.* –DH.

eleştirici *s.* eleştiren (kimse, görüş). *Eleştirici bir gözle bakıldığında, düzendeki aksaklıklar görülecektir.* –AP.

eleştiricilik *a.* eleştiri yapma işi ya da eleştiren bir tutum alma durumu. *Burda, ağırlığın hemen basitinden eleştiricilik işlevinden olumlayıcılık işlevine kayamayacağı açıktır.* –AÇ.

eleştirilme *a.* eleştirmeye konu olma. *... raporunda tepki duyulması, eleştirilmesi gereken yanlar olduğu gibi, insan hakları açısından doğrular da vardır.* –HCe.

eleştirilmek eleştiriye konu olmak, eleştiri işi kendisine yapılmak. *... bu konuda yüzüne karşı olmasa bile, kulislerde açık açık eleştirilmektedir.* –HCe.

eleştirimcilik *a. fels.* **1** bir felsefe kurarken insan bilgisinin yeteneğini bir eleştiriden geçirmeyi ilk koşul olarak ele alan görüş. **2** düşünür Kant'ın koyduğu bilgi kuramı, ki görgücülüğe karşı usun ve düşününün, usçuluğa karşı da algı ve deneyin yanındadır.

eleştirisel *bkz.* **eleştirel**

eleştirme *a.* **1** bir düşününün, bir yargının, bir tutum ya da davranışın doğruluk ya da yanlışlığını ortaya çıkararak gerçek değerini belirtmek, saptamak için onu inceleme işi. **2** bir edebiyat ya da sanat yapıtını yargılama, işi yani yapıtı her yönüyle inceleyip açıklama, anlaşılmasını sağlama ve değerlendirme. *Görülüyor ki eleştirel yoksulluğumuz karşısında şairler eleştirme görevini kendileri yüklenmek durumuna giriyorlar.* –MB.

eleştirmeci *bkz.* **eleştirmen**

eleştirmecilik *a.* eleştirmenin yaptığı iş. *... kaldı ki, eleştirmecilik ile yaratıcılık çok kez, birbirinden ne kadar ayrı düşerse o kadar iyi gelişir.* –NÖ.

eleştirmek **1** bir düşününün, bir yargının, bir tutum ya da davranışın doğruluk ya da yanlışlığını ortaya çıkararak gerçek değerini belirtmek için onu incelemek. **2** bir edebiyat ya da sanat yapıtını yargılamak, yani yapıtı her yönüyle inceleyip değerlendirmek. *Eleştiri sözcüğüyse, eleştirmek fiilinin türevlerindendir.* –EmÖ.

eleştirmen *a.* eleştiren, eleştiri yapan, eleştiri yazıları yazan kimse. *Eski şiiri savunan eleştirmenlerin yetersizlikleri ...* –CSS. *Bu yüzden, diyorum, özellikle eleştirmen tarihle içli dışlı olmalı.* –MB.

eleştirmenlik *a.* eleştirmen olma durumu, eleştirmenin görevi, yaptığı iş. *... birkaç kavram ve terimi yarım yamalık belleyip papağanca tekrarlamakla eleştirmenlik onurunu kazanmaz kişi.* –EmÖ.

eleveren *b. s.* haber ulaştıran, haber ulaştırarak yakalatan. *"Kurtuluş Savaşı"nın içinde doğrudan doğruya yer alan "düşman", "işbirlikçi", "savaşçı", "eleveren", "örgüt" gibi olumlu olumsuz kavramları ... bugün de geçerli olacak biçimde, somutladım.* –KÖ.

elezim *b. a.* başkalarına acı çektirme yoluyla doyum sağlama biçiminde kendini gösteren bir tür ruhsal sayrılık. *"Özezim" çok güzel ama "dışezim" yerine "elezim" denilse daha uygun olurdu.* –SAl.

elezimci *b. s.* başkalarına acı çektirmekten zevk alan (kimse). *Bundan böyle ... örneğin kendilerine oy veren geniş kesimlere eziyet etmekten hoşlananlara "elezimci" diyeceğiz.* –SAI.

elezimcilik *bkz.* **elezim**

eliaçık *b. s.* elinde ne varsa vermekten çekinmeyen (kimse).

eliaçıklık *b. a.* eliaçık olma özelliği.

elindelik *a. fels.* istemin istediği biçimde belirebilme gücü. *Elindelik öğretisine göre Tanrılık tümel irade, iyilik ve kötülüğü ayırt edebilmeleri için insanlara tikel bir irade bağışlamıştır* ... –OH.

elsever *s.* kendinin değil başkalarının yararını düşünen, yardım etmeyi çok seven, elcil, özgecil.

elseverlik *a.* kendinin değil başkalarının yararını düşünme tutumu, elcillik, özgecillik.

eltopu *b. a. sp.* yedişer ya da on birer kişilik iki takım arasında ve yalnızca el ile oynanan, topu karşı takım kalesine atarak sayı yapmaya dayanan top oyunu.

embilim *b. a.* ilaçlar konusunda bilimsel araştırmalar yapan, ilaçların etkisini ve kullanılışlarını konu alan bilim dalı.

embilimci *b. a.* embilimle uğraşan bilim adamı, embilim uzmanı.

emeç *a. bitb.* mantarların gelişim örgeni.

emekçi *a.* beden ya da kafa gücünü satarak geçimini sağlayan kimse, işçi. *Emekçi halk yığınları ... Siyasal haklarına kıskançlıkla sahip çıkmıştır.* –MAA. *Ve sonra kürsüye çıkıp emekçi kelimesini proleter kelimesi yerine kullandığını açıklamış.* –İS.

emekçilik *a.* emekçi olma durumu. ... *kırk yıl karikatür sanatının emekçiliğini yapmış bir insanı yitirdik.* –İS.

emekli *s.* ve *a.* belirli bir süre görev yaptıktan sonra yaşlılık ya da buna benzer bir yasal nedenle işi ile ilgisi kesilerek kendisine aylık bağlanmış olan (görevli). *Emekli öğretmen olan baba* ... –AP.

emeklilik *a.* emekli olma durumu. ... *bu kimselere emeklilik aylığı bağlanmasının* ... –CKır.

emilim *a.* sıvının herhangi bir nesnece emilmesi olayı, emilme. *Besinlerin bağırsaklarda emiliminin tam olmadığı durumlarda, kalın bağırsaklarda besin artığı bulunur.* –ErA.

emmeç *a.* herhangi bir sıvı, gaz, hava vb. içindeki parçacıkları, tozları, kokuyu vb. yok etmeye yarayan araç.

enez *s.* **1** sıska, cılız, arık, güçsüz. *Niye enez bu zambak diye sordular mıydı?* –ME. **2** *mec.* yeterli olmayan, güçsüz, yeteneksiz, güçlü olmayan. *Bence birçok yönüyle enez bir şairdir o.* –CSS.

enezleşme *a.* **1** besinsizlik, sayrılık gibi nedenlerle şişmanlığın azalması. **2** *mec.* gücünü yitirme, güçsüzleşme.

enezleşmek **1** besinsizlik, sayrılık gibi nedenlerle enez duruma gelmek. **2** *mec.* gücünü yitirmek, güçsüzleşmek. ... *o günlerin şiiri de öyle yozlaşmış, enezleşmiş, gelişme çizgisini tamamlamaktan vazgeçmiş bir şiirdi.* –CSS.

enezlik *bkz.* **arıklık**, **güçsüzlük**.

Çağdaş edebiyat eleştirisi .... çoğaltmaları genellikle hoş karşılamamakta, bunu şairin enezliğine vermekte ... bu tür kullanımlara kuşkuyla bakmaktadır. –GT.

engebe *a.* **1** *coğr.* yeryüzünün dümdüz olmasını önleyen her türlü iniş, yokuş, çukur ve tepelerin ortak adı. *Coğrafya kitabında konu :/ Yeryüzünün şimdiki hali/Ülkelerin yüzölçümü/ Engebeler, dağ, orman, vadi ...* –BN. **2** *mec.* karşılaşılan ufak tefek güçlükler. *... bin bir yaşama engebesinde insanın kendisini ve sözün en geniş anlamında çevresini duyup yaşamasında ...* –NU.

engebeli *s. coğr.* inişli yokuşlu. *Dağlık yer terimi ... engebeli terimini karşılar.* –Rİ.

engel *a.* bir işi yapılamaz duruma sokan şey. *Yanılmaya, aldanmaya bazen engel olunamıyorsa da ...* –NU. **engel olmak** önleyici bir neden olarak ortaya çıkmak, engellemek, önlemek.

engelleme *a.* bir işin yapılmasına engel olma. *Muhalefetin engelleme taktiği ...* –Aİ.

engellemek bir şeyin yapılmasına engel olmak, yapılmasını önlemek. *Engellemek için "olmaz–hayır" fikirleri direnişin karşısına insafsızca çıkarlar.* –EA.

engellenme *a.* önüne bir engel konularak önlenme. *Bu batışta elbet, insan gelişiminin engellenmesi büyük rol oynar ...* –MCA.

engellenmek önüne bir engel konularak önlenmek. *Bir Muzır Yasası çıktı, bir şey engellenmek bir yana kördüğüm oldu.* –OGö.

engelleyici *s.* engel olan, önleyen. *Ama bununla birlikte, yüzde 60'larda-ki enflasyonun çok fazla aşağı çekilmesini engelleyici yapısal nedenler de varlığını korumaktadır.* –HCe.

engelleyicilik *a.* engel olma durumu, önleyicilik.

engelleyim *a.* bir geminin bulunduğu limandan ayrılması, bir nesnenin başka bir yere götürülmesi, kimi nesnenin başka ülkeye satılması, verilmesi gibi eylemleri engelleme işi.

engelli *s.* engeli olan.

engelsiz *s.* engeli olmayan. *Fransa'nın çeşitli yerlerinden gelen insanlar birbirlerini engelsiz görmek istemişti.* –ÜO.

enlem *a. gökb.* ve *coğr.* yeryüzündeki herhangi bir noktanın çekül doğrultusu ile ekvator düzlemi arasındaki açı, ki bu açı ekvatorla o nokta arasındaki meridyen yayı üzerinde ölçülür. *... kuzey enlemlerde bulunan bir gözlemci ...* –AK.

erbaş *a. ask.* subay ve astsubay dışında kalan rütbeli asker.

erdem *a.* törenin övdüğü iyilikçilik, acıma, alçakgönüllülük, yiğitlik, doğruluk gibi niteliklerin genel adı. *... bir kimse icin erdem sayılacak ...* –CSS.

erdemli *s.* kendisinde erdem bulunan, erdemi olan. *Erdemli, yetenekli, yetkin sanatçı ...* –ME. *... halkı erdemli, yazarları görkemli bir ülke vardı.* –AN.

erdemlilik *a.* erdemce yücelik, erdemi olma durumu. *... rejisör de bu tipi akla durgunluk veren bir erdemlilik, bir soyluluk anıtı olarak kişileştirmiş.* –Atİ.

erdemsiz *s.* erdemi olmayan. *Bir davranışta erdemli, başka bir davranışta erdemsiz olunamaz.* –OH.

erdemsizlik *a.* erdemi olmama durumu. *Yok, uydurma demokrasi adına konuşmak erdemsizlikten başka bir şey değildir.* –İS.

erden *s.* (insan) erkekle cinsel ilişkide bulunmamış (dişi).

erdenlik *a.* erden olma durumu, erden olmayı sağlayan hal. *Birbirinden farklıysa erdenlik bile ...* –CK.

erdişi *b. s. yaşb.* dişi ve erkek üreme örgenlerini birlikte taşıyan (birey). *Ama, gerçekte, bütün erdişiler rastgele çaprazlanıyorsa, bunlarla tekeşeyli türler arasındaki fark ... çok küçüktür.* –ÖÜ.

erdişilik *b. a.* **1** *yaşb.* dişi ve erkek üreme örgenlerinin aynı bireyde bir arada bulunması durumu. *İnsanlarda gerçek erdişilik yoktur.* –OH. **2** *bitb.* aynı çiçeklikte erkek ve dişi çiçeklerin bir arada bulunması durumu.

erek *a.* ardından koşulan, erişilmek istenen sonuç; bir iş yapılırken varılmak istenilen son. *Erekleri salt şiir okumak, şiirle alışverişte bulunmaktır.* –SKA.

erekbilim *b. a. fels.* ereksel nedenleri inceleyen felsefe kolu. *Ben, bu kavram yardımıyla, hem erekbilime, hem de mekaniğe giren, ruhsal olgunun çözümsel iki anlamlılığını aşmaya... çalıştım.* –BO.

erekbilimsel *b. s.* erekbilime değgin, erekbilimle ilgili. *Ereği nedenleştiren anlayışlar erekbilimseldir.* –OH.

erekçi *a. fels.* erekçiliğe ilişkin ya da erekçilik yandaşı. *Erekçi öğretiler neden'in erek olduğunu savunurlar.* –OH.

erekçilik *a. fels.* her şeyde bir erek bulunduğunu, her şeyin bir ereğe yöneldiğini söyleyen ve savunan öğreti. *Demek oluyor ki evrimcilik erekçilik ile de, mekanikçilik ile de anlaşamaz.* –IHB.

ereklemek kendisine bir erek olarak almak, erek edinmek; yönelmek; amaçlamak. *Bu şiir, yavaş sesle konuşmayı ereklemiş bir şiirdir.* –MCA.

erekli *s.* ereği olan. *Ama insan gidişi ve tarih oluşumları toplumsal olay, yani bilinçli, erekli olaylar biçimini aldı mı o zaman başlıca biçimlerinden biriyle belirlenebilir.* –NŞK.

ereklik *a. fels.* bir işte ereğin, o işin nedeni olması durumu. *Aristoteles felsefesinin, kendisinden önceki felsefelerden başlıca ayrılığı da, ereklik kavramını esas olarak almasıdır.* –MG.

ereklilik *a.* ereği olma durumu. *Ama aynı terimi ereklilik diye de yorumlayabiliriz ...* –BO.

ereksel *s.* erek niteliğinde olan. *Kurşunlar bir ereksel nedenle atılsaydı, her kurşunun hedefini bulması gerekirdi.* –OH. **ereksel neden** *fels.* bir işin olmasının ereği olan neden; örneğin, saatin ereksel nedeni vakti göstermesidir. *Aristoteles tabiat öğretisinde ereksel nedenler ile mekanik nedenleri birbirinden ayırır.* –MG.

ereksellik *a.* ereksel olma durumu. *Oysa bu öznel metafizik erekselliğin karşısında, nesnel ve bilimsel bir ereksellik de vardır.* –OH.

ereksiz *s.* ereği olmayan.

ereksizlik *a.* ereği olmama durumu.

ergi *a.* **1** erişme, ulaşma, erme durumu, erişilen güzel, iyi şey. *Aslında Türk toplumu ... düşünce denilen insansal ergiyi ... unutmuş gibidir.* –CK. **2** yararlanılan olanak. *Bütün dünya ergileri sizlerin olsun!* –CK. **3** iyi yaşamak için gerekli her şey.

ergime *a. fiz.* ve *kim.* (katı bir özdek) ısının etkisiyle sıvı durumuna geçme.

ergimek *fiz.* ve *kim.* (katı bir özdek) ısının etkisiyle sıvı durumuna geçmek.

ergin *s.* **1** olmuş, olgunlaşmış, yetişmiş. *Bu yüzden onu olduğundan daha ergin, daha ileri yaşta düşünmüşümdür.* –CSS. **2** *tüze.* iyi ile kötüyü ayırabilecek yaşa gelmiş olan; ki bir kimse on sekiz yaşını doldurunca ergin olur ve medeni yasanın kişiye verdiği hakları kullanmaya hak kazanır. *Sezgin olan erginin eylem yeteneği vardır.* –HVV.

erginleşme *a.* ergin duruma gelme.

erginleşmek ergin duruma gelmek.

erginlik *a.* **1** ergin olma durumu. *Ergenlik ve erginlik çağı yaşantılarının kişilik üzerinde hiç mi etkisi yoktur?* –BG. **2** *tüze.* iyi ile kötüyü ayırabilme erki, ki yasaya göre on sekiz yaşını doldurmakla kazanılır. *Erginlik, on sekiz yaşın doldurulmasıyla başlar.* –HVV.

ergitme *a. fiz.* ve *kim.* ergimesini sağlama.

ergitmek *fiz.* ve *kim.* ergimesini sağlamak.

eril *s. dilb.* (kimi dillerde) erkek cinsten sayılan (sözcük). *Bu dillerin çoğunda eril adlarla dişil adlar birbirinden eklerle ayrılır.* –TNG.

erillik *a. dilb.* eril olma durumu. *Arapça, Fransızca gibi birçok dillerde adlar, hatta sözcüklerin birçoğu, erillik, dişillik bakımından ikiye ayrılır.* –TNG.

erim *a.* bir şeyin erebileceği uzaklık. *Metro uzun erimde kendini öder.* –MKe.

erin *s. eğitb.* döl verme yetkinliğine gelmiş.

erinç *a.* hiçbir eksiği, hiçbir üzüntüsü, acısı, tasası olmama durumu. *Deniz de o erinci veriyor bana ...* –AÖ.

erinçli *s.* gönlü rahat olan, erinç içinde bulunan. *... çevirmenim şimdi daha erinçli, daha mağrur, başı dimdik, bu yeni ismi söylerdi.* –Sİ.

erinçlilik *a.* erinçli olma durumu.

erinçsiz *s.* gönül rahatlığı, baş dinçliği olmayan. *Şimdi ise bırakıldığı ilk gecede, erinçsiz olduğunu anlıyordu.* –F.

erinçsizlik *a.* gönül rahatlığı bulunmama, baş dinçliği, erinci olmama durumu. *Adadaki Türkler için de geçmişte bir etkin sorun yoktur, erinçsizlik yoktur.* –ADü.

erinleşme *a.* döl verecek yetkinliğe gelme, yetkinleşme, olgunlaşma. *Öğrenim yaşamının en zor uyarlanma dilimi ... erinleşmenin en bunalımlı düğümüne rastlar.* –RM.

erinleşmek döl verecek yetkinliğe erişmek, yetkinleşmek, olgunlaşmak.

erinlik *a. eğitb.* döl verme yetkinliğine erme durumu. *... erinliği izleyen ve iskelet gelişiminin sonuçlandığı iki üç yılık süreye ...* –OH.

erişim *a.* **1** erişmek eylemi. **2** belli iki yer arasında, örneğin iki köy arasında gidip gelebilme. *Bu taşıyıcılar, erişim için kimseye ayrıcalık tanıyamazlar.* –VBa.

erişkin *s.* **1** olgunlaşmış, yetişkin. *Yumurtalardan, erişkin görünümlü küçük yavrular çıkar.* –MEk. **2** *yaşb.* gövdesi eşeysel olgunluğa erişmiş olan, yani eşeylik organında eşeylik gözelerinin olgunlaşarak çalışmaya başlayacak duruma gelmiş olan.

Erişkin deyimi de buna uygun olarak yetişkin ve olgun deyimleriyle eşanlamlıdır. –OH.

erişkinlik *a.* yetişkinlik. *Bir başka bedensel değişiklik de ... erişkinlik ve būluğ dönemlerinin erken başlamasıdır.* –SY.

eriten *s. fiz.* bir katıyı eritebilen ya da içinde bir katı eriyebilen (sıvı).

eriyik *a. fiz.* ve *kim.* içinde bir katı erimiş olan sıvı. *İşte asit sülfirik, işte asit azotik ve daha bir sürü asitler, sonra amonyak, çeşitli tuzlar, her türlü eriyikler.* –NŞK.

erk *a.* bir şeyi yapabilme gücü, yapabilmeklik. ... *ve yüzlerce yıl sömürüle sömürüle erkten, güçten düşmüş ülkelere davranıp toparlanmak hamlesini O vermiştir.* –YKK.

erke *a. fiz.* bir özdekteki iş çıkarmaya yarayan güç. *Erke, maddenin devimsel dönüşüm özelliğidir.* –OH. **edimsel erke** işe dönüşen erke. **gizil erke** işe dönüşmemiş erke.

erkecilik *a. fels.* evrenin ana tözünün özdeksiz erke olduğunu öne süren öğreti.

erkesel *s.* erke özelliği taşıyan, erke ile ilgili. *Böylece düşüncenin kendisi de erkesel bir madde... gibi yansıtılıyor.* –TY.

erkil *s.* kendisine karşı gelinmesine dayanamayan (kimse). *Batı toplumlarındaki sert ve erkil baba rolü ile Hıristiyan ve Yahudi tanrıları arasında kurduğu ilişkide bulunduğunu söylüyordu ...* –BG.

erkin *s.* hiçbir koşula bağlı olmayan, istediği biçimde davranabilen. *Tek tek uluslar savaş ya da barış dışındaki her türlü etkinliklerinde erkin kalacaklardır.* –AG.

erkinci *bkz.* **erkinlikçi**

erkincilik *bkz.* **erkinlikçilik**

erkinlik *a.* hiçbir koşula bağlı olmama, istediği biçimde davranma hali, özgürlük. *Halk erkinliğini, özgürlüğünü kazanır.* –NŞK.

erkinlikçi *s.* serbestlikten yana olan, yani erkinlikçilik öğretisini benimseyen, özel girişimci.

erkinlikçilik *a. toplb.* "bırakınız yapsın, bırakınız geçsin" ilkesiyle özetlenebilecek bir görüş, ki siyasal alanda halka, hükümet yönetimi karşısında olabildiğince özgürlük vermeyi doğru bulur ve bütün siyasal görüşlerin parlamentoda temsil edilebilme olanağının verilmesini ister; ekonomik alanda özel bireysel girişimi temel alır ve bu alanda devlete yalnızca gözetimci olarak bir görev tanır, yani devletin ekonomik girişimlere girişmesini, ekonomiye karışmasını istemez.

erksiz *s.* erki olmayan, *güçsüz ... kapitalistler, böyle bir durumda kendilerini ekonomik yönden erksiz bırakılmış hissedecekler ...* –MT.

erksizlik *a.* erki olmama durumu, güçsüzlük. ... *devrimci hükümet de aynı zamanda onları erksizliğe mahkûm etmiş olacaktır.* –MT.

erselik *bkz.* **erdişi**. *Çiçeklerin çoğu ve bazı omurgasız hayvanlar erseliktir.* –Öİ.

erte *a.* içinde bulunulan günden sonraki gün ya da günler.

erteleme *a.* **1** ertelemek eylemi. *Yetmişli yılların biriken sorunları erteleme alışkanlığının ... sonucunda ortaya çıktı.* –ASi. **2** *tüze.* bir kimse için verilen cezanın yerine getirilmesinin belli bir süre için koşullu olarak geri bırakılması. Cezası ertelenmiş olan kimse, erteleme süresi içinde yeni bir suç işlerse geri bırakılan ceza yeni suçun cezasına eklenir; yeni bir suç işlenmediği sürece, ertelenen ceza yokmuş gibi işlem yapılır. ... *hükümetin erteleme kararına rağmen ...* –EG.

ertelemek başka zamana bırakmak. ... *kuruluş ve işleyişini ilerde yapılacak yönetmeliklere ertelemektedir.* –SLM.

ertelenme *a.* yerine getirilmesi başka bir zamana bırakılma. ... *dış borçların ertelenmesinin yeni bir takvime bağlanmasını isteyebilir mi?* –HCe.

ertelenmek yerine getirilmesi başka bir zamana bırakılmak. *Yine biliyoruz ki İstanbul'un sorunları ... çözülmek yerine sadece ertelenmiştir.* –ASi.

erteletme *a.* yerine getirilmesini başka zamana bıraktırma.

erteletmek yerine getirilmesini başka bir zamana bıraktırmak. *Olsa, olsa, siyasal bakış açısı, edebiyattaki bu hakkımızı erteletmektedir.* –DH.

esen *s.* sağlık içinde olan (kimse).

esenlenme *a.* esenlenmek eylemi.

esenlenmek sağlığına kavuşmak. ... *Dağdeviren, mor çiçekli, yaban yoncasının acımsı kokusunu ciğerlerine doldurunca esenlenmiş.* –VT.

esenleştirme *a.* bir kimsenin iş yapmaya engel olan sakatlığını ya da sayrılığını, onu iş yapabilecek duruma getirmek için uygulanan sağaltım, bakım ve eğitim.

esenlik *a.* sağlık içinde olma durumu. *Aç idim ama içim esenlikle doluydu.* –EÖ.

esin *a.* içe, gönüle doğan şey; herhangi bir nedenle içe doğan güzel duygu ya da düşünü; yaratıcı içe doğuş. *Esine inanmaktan bir türlü kurtulamadık.* –NA. **esin almak** bir şeyden esinlenmek. **esin vermek** birinde esin uyandırmak.

esincilik *a. fels.* gerçeğin yalnızca esinle bilineceğini öne süren öğreti. *Fransız düşünürü Bergson'un sezgiciliği de bir çeşit esincilik'tir.* –OH.

esinleme *a.* esinlenmesini sağlama, esin verme, esin uyandırma. ... *bu tür köylerin çokluğunu, önemsizliğini, yitikliğini esinleyerek anlatıya bir başka betimleme öğesi katar.* –TY.

esinlemek esin vermek, esin uyandırmak. ... *(mekanist okul) Toplumsal olayların gerekirciliğe bağlı olabileceği, nicel kanunlarla anlatılabileceği fikrini esinlemiştir.* –NŞK. *Esinlemek ise, çok ama çok büyük bir şeydir.* –İB.

esinlenilme *a.* (kendisinden) esin alınma. *Atatürk devrimi sürecinde kalkınmış batıdan büyük ölçüde esinlenilmiştir.* –SKi.

esinlenilmek (kendisinden) esin alınmak. *Hangi taşın altında ne var, kimden esinlenildi bilinmiyor.* –MKe.

esinlenim *a.* esin almak işi, esinlenme. *Dinsel esinlenimler ... bilim alanının dışında kalan yaşantılardır...* –AG.

esinlenme *a.* bir şeyden esin alma. *Bir anlık bir aydınlanma, bir esinlenme, neredeyse bir esrimedir bu.* –MCA.

esinlenmek bir şeyden esin almak. *Sanatçılar da bu akımdan esinlenmeğe başlıyor...* –AdO.

esinleyici *s.* esin verici. *Onun gibi abartmadan düşünceye, tuhaflıktan esinleyici bir konuma geçiveriyor sık sık.* –CSS. *Baudelaire'in kadın için söylediği gibi kaçınılmazcasına esinleyici nesneler var mıdır?* –TY.

esirgemez *s.* bir şey uğrunda değerli bir şeyinden vazgeçebilen, esirgemeyen.

esirgemezlik *a.* bir şey uğrunda değerli bir şeyinden vazgeçiş. *Admetos, kendi yerine ölmeye razı olan karısının esirgemezliğini kabul etmiştir.* –RM.

eskiçağ *b. a.* yazının bulunuşuna değin geçen tarihsel zaman. *Birçok ünlü eskiçağ heykellerinin onun tarafından yapıldığına inanılır.* –OH.

eskil *s.* eski zamanda olan ya da eski zamandan kalan, aşnı. *... bütün bir tarihi, eskil çağları doğa açısından tamamlamaya, yorumlamaya çalışan ...* –Sİ.

eskilleşme *a.* eskil bir duruma gelme, eski zamanlarda kalmış gibi olma.

eskilleşmek eski zamanlardan kalmış gibi olmak, eskil bir duruma gelmek, geçerliliğini yitirip başka bir çağa özgü nitelikler edinmek. *... köhneleşmiş geleneklerden, eskilleşmiş bütün sosyokültürel kurumlardan.* –BS.

eskillik *a.* **1** geçerliğini yitirmiş, başka bir çağa özgü şeylerin niteliği. *Feodal bir toprak rejimini düzelterek ... eskillikte sürüp gelen bölgeleri, sosyal ve ekonomik açılardan arıtlayarak yeni bir düzen aramaya ...* –BS. **2** *dilb.* kullanıldığı çağdan daha önceki çağa ya da çağlara ilişkin bir biçim, bir yazı, bir sözcük vb.'nin ayırıcı özelliği, aşnılık.

esnek *s.* bir dış gücün etkisi altında uzamak, kısalmak, eğrilmek, doğrulmak, kıvrılmak gibi biçim değişikliklerine uğradıktan sonra dış etkinin kalkması ile eski biçimini alabilmek özelliğinde olan (şey).

esnekleşme *a.* esnek bir özellik edinme, esneme.

esnekleşmek esnek bir özellik edinmek, esnemek.

esnekleştirme *a.* esnek bir duruma getirme. *Ankara'nın yaklaşımını belirli ölçülerde esnekleştirmesine karşılık ... çizgilerini değiştirmeye yanaşmamışlardır.* –HCe.

esnekleştirmek esneklik kazanmasını sağlamak, esnek bir duruma getirmek. *Bu arada ... su konusunda tutumumuzu esnekleştirebiliriz.* –HCe.

esneklik *a.* bir dış gücün etkisi altında uzamak, kısalmak, eğilmek, doğrulmak, kıvrılmak gibi biçim değişikliklerine uğradıktan sonra dış etkinin kalkması ile eski biçimini alabilmek özelliği. *Onda, iyiye ve kötüye kendiliğinden dönen bir esneklik var ...* –MG.

esneme *bkz.* **esnekleşme**

esnemek *bkz.* **esnekleşmek**

esnetme *bkz.* **esnekleştirme**

esnetmek *bkz.* **esnekleştirmek**

esrik *s.* alkollü içki ile ya da herhangi bir nedenle kendini yitirmiş. *Ey şiir arayıcısı ey esrik kişi.* –CSS.

esrikleşme *bkz.* **esrime**. *... ve kadın güzelliği karşısında yaşama coşkusu veren bir esrikleşme ile yakından ilintili olduğu hiç de abartma değil.* –ÜO.

esrikleşmek *bkz.* **esrimek**. *Kahveyi içince esrikleşti, kahveyi ilk içtiği günkü gibi oldu.* –YK.

esriklik *a.* alkollü içki ile ya da herhangi bir nedenle kendini yitirme. *Onun için, bizler, bir yerde, yurtsever rakının üzüncü ve esrikliğiyle dopdolu aydınlarız ...* –CAK. *... güneşin ılık dokunuşlarının esrikliğiyle başları* *döndüğünden...* –AÖ.

esrime *a.* **1** herhangi bir nedenle kendinden geçme. *Kişi esrimeyi aşkta tatmalı ilkin.* –ME. **2** sarhoş olma. **3** *fels.* coşup kendinden geçme, coşu. *İnsanı kendinden geçiren, kendi dışına çıkaran esrime durumunda, bir an için Tanrısal Bir'in varlığımızı kapladığını yaşarız.* –MG.

esrimek herhangi bir nedenle kendini yitirmek. *Türler esridi kimse yok mu orada?* –CSS.

esritme *a.* esrimesine yol açma, esrimesini sağlama.

esritmek esrimesine yol açmak, esrimesini sağlamak.

eşadlı *b. s. dilb.* anlamları ayrı olmakla birlikte yazımları özdeş olan (sözcük), eşsesli, sesteş.

eşadlılık *b. a. dilb.* eşadlı olma durumu, sesteşlik, eşseslilik. *Türkçe "yüz" sözcüğü tipik bir eşadlılık örneğidir.* –FEA.

eşanlam *b. a.* özdeş anlam. *Yukarda Antik felsefe ile Yunan felsefesi deyimlerini, yer yer eşanlamda kullandık.* –MG. *Din ve büyünün ikisi de, Mana'nın eşanlamı olan "kutsal"dan yani aynı kökten çıktıkları halde.* –NŞK.

eşanlamlı *b. s. dilb.* anlamca özdeş olan sözcüklerden her biri, anlamdaş. *İşte böylece anlam yönünden birbirine eşit olan; yani aynı şeyi anlatmaya yarayan sözcüklere anlamdaş ya da eşanlamlı denir.* –TNG.

eşbasınçeş *b. a. coğr.* üzerindeki hava basınçları eşit olan yeryüzü noktaları. **basınç eğrisi** *coğr.* basıncın yeryüzündeki ya da belli bir yerdeki dağılışını göstermek için düzenlenen haritalarda, eşit basınçtaki yerleri birleştiren iç içe eğrilerden her biri.

eşbaskı *b. a.* bir sanatçının yaptığı resmin aslına uygun bir biçimde yapılmış baskısı.

eşbiçim *b. a. kim.* ve *yerb.* başka bir şeyin biçimce ya da yapıca aynısı olan şey.

eşbiçimli *s.* biçimce ya da yapıca birbirinin aynısı olan (iki şeyden her biri).

eşbiçimcilik *b. a. ruhb.* beyindeki uyaran alanının bilinçte beliren görüntülerle noktası noktasına benzerlik gösterdiğini öne süren görüş.

eşbiçimlilik *b. a.* **1** *kim.* ve *yerb.* benzer yapıda olan maddeler arasındaki billurlaşma benzerliği. **2** *mat.* matematiksel iki küme arasındaki benzerlik ilişkisi. **3** *hayb.* organizmadaki çeşitli soylardan doğan benzerlik.

eşcinsel *b. s.* kendi cinsinden kimselerle cinsel ilişkide bulunan (kimse). *Eşcinsel örgütler birçok ülkede çoğalmış, eşcinseller seslerini korkusuzca duyurmaya ve toplum tarafından aşağılanmamak için hakkını istemeğe başlamıştır.* –AD.

eşcinsellik *b. a.* kendi cinsinden kimselerle cinsel ilişkide bulunma yönsemesi ve durumu. *Aynı sözlükte eşcinsellik deyimi de şöyle tanımlanmaktadır ...* –OH.

eşçekim *b. a.* bir yazı ya da biçimin fotoğraf yoluyla kopyasını çıkarma yöntemi ve bu yöntemle elde edilen kopya. *Önceleri tehdit mektupları da gelirdi, onların eşçekimlerini aldırıp asıllarını yetkili makamlara verirdim.* –HVV.

eşdeğer *b. a.* ve *s.* değerce birbirine eşit olan (nesne ya da nicelik), eşdeğerli. *Sadece çevirmedi, tarihin, dünyanın, düşüncenin, tutkuların ve güzelliğin ülkemizdeki eşdeğerlerini, karşılıklarını aradı.* –CSS.

eşdeğerli *b. s.* eşit değer taşıyan iki şeyden her biri. *Pahalılık ve ucuzluk kavramı, aynı gelir düzeyine sahip kişiler için eşdeğerli kavramlardır.* –İS.

eşdeğerlilik *b. a.* eşdeğerli olma durumu. *Eşdeğerlilik özellikle fizik ve ekonomide önemli yasalara temel olmuştur.* –OH.

eşdeş *b. s.* cinsleri eş olan, aynı cinsten.

eşdeşçi *b. s. bkz.* **eşcinsel**. *Böylece erkek eşdeşçi sayrılığı olarak bilinen AIDS'in ... gerçeği daha iyi anlaşılmaktadır.* –CM.

eşey *a. yaşb.* erkek ile dişiyi ayırt ettiren özel yapı; bireye, üreme işinde görev veren özel yaradılış, yani bireyin erkek ya da dişi olarak sınıflanmasını sağlayan görev, yapı ve özyapı özelliklerinin topu.

eşeyli *s. yaşb.* erkek ya da dişi eşeyden birine sahip olan. **ara eşeyli** *yaşb.* gelişimine asıl eşeyi ile başlayan, sonunda karşıt eşeyle ortaya çıkan (varlık). **ara eşeylilik** *yaşb.* erkek durumu ile dişi durumu arasındaki ara durumda olma ya da bir eşeyden öteki eşeye geçme durumu.

eşeysel *s.* eşey ile ilgili, eşey değgin. *Eşeysel seçme... her zaman yenenin üremesine izin vererek ...* –ÖÜ.

eşeysiz *s.* eşeyi olmayan, cinsliksiz.

eşgüdüm *b. a.* birtakım işler arasında uyum ve düzen sağlama. *... kuruluşlar arasında eşgüdüm sağlamak ... böyle bir örgütün amaçları olmalıdır.* –AyK.

eşgüdümcü *b. a.* eşgüdümü sağlamakla görevli kimse. *Güneydoğudaki sağlık hizmetlerinin genel eşgüdümcüsü... dini bütün bir kişiydi.* –MEk.

eşgüdümcülük *b. a.* eşgüdüm sağlama işi, eşgüdümcünün görevi. *"Eşgüdümcü valilik", bölgeyi oluşturan valilerden birinin ilindeki valilik görevini bırakmaksızın eşgüdümcülük işlevini yüklenmesidir.* –CG.

eşgüdümleme *b. a.* bir işte ya da işlerde, birimler arasında uyumu, düzeni, iş akışını sağlama.

eşgüdümlemek bir işte ya da işlerde, birimler arasında işlerliği, uyumu ve düzeni, iş akışını sağlamak.

eşgüdümlenme *b. a.* (iş için) eşgüdümü sağlanma. *Çok değişkenli, ama değişkenleri her işin öncesinde hesaplanıp eşgüdümlenen bir toplum hayatına geçilmediği için ...* –ÜO.

eşgüdümlenmek (iş) eşgüdümü sağlanmak

eşgüdümlü *b. s.* aralarında koşutluk, uyum ve düzen bulunan. *Oysa reklam diğer pazarlama araçlarından daha önemli değildir; önemi diğer pazarlama araçlarıyla birlikte dengeli ve eşgüdümlü bir biçimde kullanıldığında artar.* –TÖz.

eşgüdümlülük *b. a.* eşgüdümlü olma durumu.

eşgüdümsel *bkz.* **eşgüdümlü**

eşgüdümsüz *b. s.* aralarında koşutluk, uyum ve düzen bulunmayan. *Ülkenin toplumsal bilgiler ve ekonomik bilgiler alanında; içinde bulunduğu eşgüdümsüz ve plansız durumuna bir son verme adımıdır.* –TD.

eşgüdümsüzlük *b. a.* aralarında uyum, düzen ve koşutluk bulunmama durumu. *... çok büyük bir eşgüdüm isteyen konuda, daha baştan* *eşgüdümsüzlük gözlenmiştir.* –ASi.

eşil *s.* bir dilde, kökü bir olan iki sözcükten her biri. *Titreşimlerin ve yankılanmaların fenomenolojik eşilinin işte bu noktada duyarlılaştırılması gerekir.* –ADer.

eşit *s.* **1** nitelik ve nicelikçe birbirine denk olan (iki ya da daha çok şey). *... insanların hakikatleri kavramaktaki kabiliyetleri eşit değildir.* –CS. **2** birbirinden ne artık ne eksik olmayan (iki ya da daha çok şey). *... eşit olarak paylaşılmıştı.* –AŞE.

eşitçi *bkz.* **eşitlikçi**

eşitçilik *bkz.* **eşitlikçilik**. *Tüm eşitlikçi akımlar gibi feminizmin de aşırılığa, mutlak eşitçiliğe dönüşme tehlikesini taşıdığına kuşku yok.* –ŞA.

eşitleme *a.* iki niceliği eşit duruma getirme, eşit kılma. *Ancak ... "termodinamiğin ikinci ilkesi" denilen doğa yasası ... daima ortalama enerjileri eşitleme yönündedir.* –ÖA.

eşitlemek *mat.* iki niceliği eşit kılmak, eşit duruma getirmek. *Fiyatlar yoluyla belli miktarda malı bir diğer mala eşitlemek mümkündür.* –RH.

eşitlenme *a.* eşit duruma getirilme ya da gelme.

eşitlenmek eşit duruma getirilmek ya da gelmek. *Çünkü sıfıra eşitlenmiş nicelikler...* –ÖÜ. *... dış sermayenin saldırısı karşısında bütün gazeteler eşitleniyor.* –İS.

eşitleşme *a.* birbiriyle eşit duruma gelme. *Nasıl ki thermodynamique'te iki farklı gücün dengeye, eşitleşmeye doğru akışı, ısı kudreti yüksek olan cisimden az olana doğru olursa ...* –NŞK.

eşitleşmek birbiriyle eşit hale gelmek. *Hele kadının özgürleşip eşitleşerek kurtulması.* –BS.

eşitleştirme *a.* birbiriyle eşit duruma getirme. *Dünyanın tarihi, bu ilişkiyi eşitleştirme çabalarından oluşmaktadır ...* –İS.

eşitleştirmek birbiriyle eşit duruma getirmek.

eşitlik *a.* iki ya da daha çok şeyin birbirine eşit olması durumu. *... devletler arasında varolması gereken eşitlik ve özgürlük içinde ...* –MAA.

eşitlikçi *s. toplb.* siyasal ve toplumsal eşitlik yanlısı. *... hürriyete en geniş ve en eşitlikçi anlamda yer vermek ...* –NeA.

eşitlikçilik *a. toplb.* kişilerin eşit olduğunu ileri süren, toplumsal ve siyasal eşitliği savunan görüş.

eşitsiz *s.* eşit olmayan. *Özellikle anamalcı toplumda bu eşitsiz gelişme iç çelişkinin son aşamasına varır.* –OH.

eşitsizlik *a.* eşit olmama durumu *... gördüğü haksızlıklar ve adaletsizlikler ve eşitsizlikler sebebiyle o da ... Isparta'ya sığınmıştı.* –İA. *... iş ve emek kıymetlerindeki eşitsizlik ve dengesizlik diye bir tasaya düşmemişler ...* –NFK.

eşlek *a.* yeryuvarlağının eksenine dik olarak geçtiği ve onu eşit iki parçaya böldüğü varsayılan en büyük çember. *Eşleğin altında ulaşabileceği en uzak konum eşlekle yaklaşık 23 derece yapar.* –BU.

eşlem *a.* bir yazının, metnin aslından alınan örneği, eşi ya da bir sanat yapıtının aslına bakılarak yapılan örneği.

eşleme *a.* (sine. ve tv.'de) görüntü ile ses kuşakları arasında uyum sağlama. *Ses kaydından sonra eşleme çalışmalarına geçilir.* –ÖÇ.

eşlenik *s. mat.* herhangi bir biçimde birbiriyle oranlı bulunan sayı (çizgi). *Sağ yanın pay ve paydası,* *paydanın eşleniği ile çarpılır ve ...* –AK.

eşonarım *b. a.* bir yapı kalıntısını ya da eski bir yapıyı onararak ilk biçimine uygun duruma getirme. *"Eşonarım" sözcüğünü ise dilimizde karşılığı bulunmayan ikinci anlamı için türettim.* –CM.

eşölçer *b. a. mat.* noktalar arasındaki uzaklığı olduğu gibi koruyan noktasal dönüşüm.

eşölçülü *s. mat.* ölçüleri eşit olan.

eşsesli *b. s. dilb.* yazılış ve söylenişleri bir olduğu halde anlamları ayrı olan (sözcük). *Kimi yazarlar da eşsesli deyimini ikircil deyimi yerinde kullanmaktadırlar.* –OH.

eşseslilik *b. a. dilb.* sesçe benzeşme durumu. *Eşseslilik mantıkta bir mantık yanılgısı sayılır, çünkü özdeşlik yasasına aykırıdır.* –OH.

eşsıcaklık *b. a. coğr.* sıcaklığı eşit olan (yeryüzü noktalarından her biri). **eşsıcaklık eğrisi** *coğr.* sıcaklığın yeryüzündeki ya da belli bir yerdeki dağılışını göstermek için düzenlenen haritalarda, eşit sıcaklıktaki yerleri birleştiren iç içe eğrilerden her biri.

eşsürem *bkz.* **eşzaman**

eşsüremli *bkz.* **eşzamanlı**. *Burada çağdaş söylenlerin eşsüremli bir taslağıyla yetiniyorsam, bunun nesnel bir nedeni var...* –TY.

eşsüremlilik *bkz.* **eşzamanlılık** *... bu amaçla da eşsüremlilik ve yapı gibi kavramların ortaya atıldığını özellikle vurguladı.* –MR.

eştür *bkz.* **türdeş**. *Çevresindeki eştürleri Pitekantropus Erektus'a kim bilir nasıl bir şaşkınlıkla başkaldırmışlardı?* –İS.

eşyükselti *b. a. coğr.* yükseltileri birbirine eşit olan (yerler). **eşyükselti eğrisi** *coğr.* yeryüzü biçimlerini göstermek için çizilen haritalarda, deniz düzeyinden yükseklikleri eşit olan yerleri birleştiren iç içe eğrilerden her biri.

eşzaman *b. s.* özdeş zaman içinde olan. *Yapıtın ikinci dildeki eşzamanını bulmak... için böyle bir çalışmayı zorunlu görüyor.* –CSS.

eşzamanlı *b. s.* aynı zamanda oluşan, aynı zamanda ortaya çıkan. *İç içe geçirilmiş halkalar biçiminde eşzamanlı bir var ve yok çemberidir bu boşluk ...* –HMa. **eşzamanlı dilbilim** bir dilin zaman içindeki evrimi sırasında, belirli bir dönemde ortaya çıkan olgularını inceleyen dilbilim.

eşzamanlılık *b. a.* **1** *dilb.* zaman içindeki evrimleri göz önüne alınmadan belli bir evrede gözlemlenen dil olgularının niteliği. *Bu bölümün ikinci yarısında eşzamanlılık yöntemini uygulayarak Türkiye Türkçesindeki durumu ... göstermek istedik.* –DAk. **2** eşzamanlı olanın durumu. *Eşzamanlılık, kesenkes söz konusu edilmiyordu.* –MCA.

etçil *bkz.* **etobur**. *Bataklık alanlarda sürüler halinde yaşayan pembe flamingoların ... beslenmeleri etçildir.* –EKo.

eten *a.* **1** *hayb.* hayvanlarda, ana ile dölüt arasında kan alıp verme ve dolayısıyla besin ve oksijen değişimi işini sağlayan süngerimsi yapı, ki döl yatağına yapışıktır ve yavru doğunca o da düşer. **2** *bitb.* bitkilerde, çiçekte yumurtacıkların yumurtalığa yapışık bulundukları doku.

etken *s.* **1** etki yapan şey. *Ancak iki önemli etken planı çelmelemiştir.* –KB. **2** *a. fels.* etki yapan her şey. *İngiliz* *düşünürü David Hume, etken terimini neden anlamında da kullanmıştır.* –OH. **3** *s. kim.* bir özdek üzerinde belli bir değişiklik meydana getiren. **4** *dilb.* öznesi, işi yapan (eylem), yani öznesi anlattığı işi, oluşu, kılışı yapan (eylem); örneğin görmek, gülmek, kırmak birer etken eylemdir. *Birbirine bağlı iki cümleden birincisinin fiili etken, ikincisinin fiili edilgen olamaz.* –ÖAA.

etkenlik *a.* etken olma durumu. *-gin ekiyle türemiş sıfatlar, edilgenlik ve etkenlik bakımından ki ekiyle türe mişlere benzer.* –TNG. *Demokratik Devrimci kanadın etkenlik kazanmasının nedeni ...* – OB.

etki *a.* bir şeyin başka bir şey üzerinde bıraktığı iz, bir şeyin başka bir şey üzerinde herhangi bir bakımdan yön ve eğilim değiştirici eylemi. *Türkçenin Arap ve Fars dilleri etkisinden kurtulması ...* –NS. **etki yapmak** etkilemek. *İnsanın bu iki varlığı ... bu evrenden etkilenmekte, bu evren üzerine etkiler de yapmaktadır.* –IHB.

etkileme *a.* bir şey üzerinde şöyle ya da böyle bir değişiklik yapacak bir işlemde bulunma, yani bir şeyi etkiye uğratma. *... ordunun yabancı çıkarlara alet edilmesini ... önlemek için etkileme çabalarına girişenlerin bu uğraşmalarını küçümsemek ...* –MüS.

etkilemek bir şey üzerinde şöyle ya da böyle bir değişiklik yapacak bir işlemde bulunmak, yani bir şeyi etkiye uğratmak. *Eğitmenler nüfusu az olan köylerin çocuklarına üçüncü sınıfa kadar ders veriyorlar, kalan zamanlarında köy halkını etkilemek için çalışıyorlardı.* –FB.

etkilenilme *a.* kendisinden etki alınma, etkisinde kalınma.

etkilenilmek kendisinden etki alınmak, etkisinde kalınmak. *... ve olayların "şimdiye kadarki cereyan tarzından gereğinden fazla etkilenildiği"nden söz etsin, gerçek değişmiyor.* –ASi.

etkilenme *a.* etkiye uğrama. *Gerçekte etki... bu karşıtlığı içermektedir, etkileme açısından neden ve etkilenme açısından sonuçtur ...* –OH.

etkilenmek etkiye uğramak. *İnsanın bu iki varlığı ... bu evrenden etkilenmekte, bu evren üzerine etkiler de yapmaktadır.* –IHB.

etkileşim *a.* karşılıklı olarak birbirini etkileme işi. *Devrimsel atılımlarla dil arasındaki bu doğrudan etkileşim dilimizin söz dağarcığında kendini göstermiştir daha çok.* –EmÖ.

etkileşimsel *s.* etkileşimle ilgili, etkileşmeyle olan. *Ama sadece 1950'li yıllardan sonrasını ele alsak bile hangi öykülerin birbirlerini etkilediğini, hangi öyküler arasında ne tür, etkileşimsel ya da zıt etkileşimsel ilişkiler olduğu konusu üzerinde fazlaca durulmamıştır.* –DÖ.

etkileşme *a.* karşılıklı olarak birbirini etkileme. *Bunlardan ilki, onun doğa ile ve insanlık ile karşılıklı etkileşmesinden kaynaklanır.* –MCA.

etkileşmek karşılıklı olarak birbirini etkilemek. *Birincil kurumlarda etkileşen kişilik yapısı, tepkisini ikincil kurumlarda dışavurur.* –BG.

etkileyici *a.* kendisinde etkileme gücü bulunan, etkileyen. *Eski Mısır rahiplerinin o büyüleyici ve etkileyici güçleri, böylesine bir yoğrulma sonunda elde edilmiştir.* –OH.

etkileyicilik *a.* etkileme gücü bulunma durumu. *Sanatın da ... güçlü bir etkileyiciliği var.* –MD.

etkileyim *a.* etkileme. *Genç şairler üzerinde inanılmaz bir etkileyim gücü vardır.* –MD.
etkili *s.* etkileme gücü olan. *Ama o geceden en etkili izlenimi ... bir türlü anlaşamamalarıdır.* –AAğ.
etkililik *a.* etkili olma durumu, niteliği. *Kuşkusuz, yazarın etkililiğini, çevresel koşullar da tamamlar ayrıca.* –AdB.
etkime *a.* etkileyerek bir tepki doğurma olayı. *Laboratuvarda uygun yüksek bir arılıkta, Castrop cevheri üstünde etkimede bulunan şey ...* –AÇ.
etkimek *kim.* bir şeye etkide bulunmak. *bkz.* **etkilemek**
etkin *s.* işler, çalışır durumda olan (şey).
etkinci *s. fels.* etkincilik yanlısı.
etkincilik *a.* **1** *fels.* gerçeği bir anlıksal etkinlikten çok bir yaşama ve eylem işi sayan, gerçeği eylemde bulan öğreti. *Bu açıdan bakınca birbirlerine en karşıt felsefe sistemleri etkincilikte birleşmektedirler.* –OH. **2** *ruhb.* öğrenmenin etkinlikle elde edilebileceğini öne süren öğreti.
etkinleşme *a.* etkileyici bir güce erişme, etkin olma.
etkinleşmek etkileyici bir güce erişmek, etkili bir duruma gelmek. *... yakınların iktidarda etkinleştiği süreçte, ailenin elinin altında hazine bulunmasına da gerek mi duyuldu?* –İS.
etkinleştirme *a.* etkili olacak duruma getirme. *Atatürk'ün bu harekete en büyük katkısı, o birbirinden kopuk davranışları birleştirerek etkinleştirmesi ve belli bir amaca yöneltmesidir.* –BE.
etkinleştirmek etkili olacak duruma getirmek. *Bunun için bir aminoasitin karboksil grubunu etkinleştirmek yetmez ...* –OGü.
etkinlik *a.* **1** etkililik; çalışırlık; devinim durumunda olmaklık; işlerlik. *... ama herhalde bu durumda kendi düşünce etkinliği durdurulmuş, kötürüm edilmiştir.* –BA. **2** *toplb.* kişinin, çevresiyle arasındaki ilişkileri düzenleyen her türlü eylemi. *Etkinlik gerçekte özneyle nesne arasındaki etkileşimde öznenin görevini dilegetirir...* –OH.
etkisiz *s.* etki gücü olmayan. *Karşı anlamı etkisiz terimiyle dile getirilir.* –OH.
etkisizleşme *a.* etkileme gücünü yitirme. *Bölünme suçlamayı, suçlama etkisizleşmeyi getirecek böylece.* –AtÖ.
etkisizleşmek etkileme gücünü yitirmek, hiçbir etkisi kalmamak, etki yapamaz duruma gelmek. *Kimi zaman gitgide etkisizleştiğinden yakındığı oluyordu.* –HCe.
etkisizleştirilme *a.* etki yapamayacak bir duruma getirilme. *Bu yüzden de ... bölge liderlerinin zamanında müdahale ile etkisizleştirilmesinin kaçınılmaz olduğu kanısını taşıyorlar.* –UG.
etkisizleştirilmek etki yapamayacak bir duruma getirilmek. *Bu tür girişimlere ... teşebbüs edenler olsa bile, bunlar daha başlangıçta etkisizleştirilmektedir.* –ASi.
etkisizleştirme *a.* etkisiz duruma getirme, etki yapamaz duruma koyma. *Atatürk'ün etkisizleştirmeye giriştiği o çağdışı kurumlar ...* –MRİ.
etkisizleştirmek etkililiğini ortadan kaldırmak, etki yapamaz duruma getirmek. *... sanatçıları susturmak, onları etkisizleştirmek isteyenlerin yapamadığını biz bize yaptık sonunda.* –AtÖ.

etkisizlik *a.* etki gücü olmama durumu. *Bazı büyü törenlerindeki etkisizlik onun güçsüzlüğünü, zayıflığını, başarısızlığını ortaya koymuş, böylece ... dinin doğmasına neden olmuştur.* –NŞK.

etmen *a.* **1** bir sonucun ortaya çıkmasına yardım eden şey. *... kendisini oluşturan etmenlerden biri de ...* –NU. **2** *yaşb.* bir olgu doğuran, bir sonucun yaratılmasına katılan, etkileyen öğelerden her biri. *Biz bu 22 etmen üzerinde ayrı ayrı duracak değiliz.* –MCA.

etobur *b. s.* etle beslenen (hayvan), etçil. *... tüyü pembeye çalar renkli, dişleriyle kemirgen, pençeleriyle etobur hayvanı kuşağının altında taşıdığını gören yoktur daha.* –BK.

etoburlar *ç. b. a. hayb.* memelilerin, keskin ve paralayıcı diş ve tırnakları olan takımı, ki aslan, kaplan, kedi, köpek gibi türleri içine alır.

etoburluk *b. a.* etle beslenme durumu, et yiyicilik.

ettirgen *s. dilb.* başkasının aracılığı ile yapılan geçişli bir eylemi anlatan (eylem). *Bunlara ettirgen fiiller denir.* –TNG. **ettirgen eylem** *dilb.* eylemin kök ve gövdesine bir ek getirilerek, eylemin belirttiği işin başkasına yaptırıldığını gösteren eylem, ettirgen çatılı eylem; örneğin "giy-dir-mek", "dinle-t-mek" gibi.

ettirgenlik *a. dilb.* (eylemlerde) ettirgen olma özelliği, durumu.

etyemez *s.* et yemeyen, yalnızca sebze vb. ile beslenen (kimse).

etyemezlik *a.* etin ve hayvansal besinlerin yer almadığı beslenme, sebze vb. ile yetinilen beslenme biçimi.

evcil *s.* eve ve insana alışmış (hayvan). *Hele bir tavuğumuz çok evcil, çok sevimliydi.* –AN.

evcilleşme *a.* (hayvan) eve ve insana alışma.

evcilleşmek (hayvan) eve ve insana alışmak. *Tavuklardan biri öyle evcilleşmişti ki... pencere camını gagasıyla tık tık vurarak bizi çağırırdı.* –AN.

evcilleştirilme *a.* (hayvan) evcil duruma getirilme. *Oysa ekim, hayvanların evcilleştirilmesi ... neolitik çağalarda gelişmiştir.* –NŞK.

evcilleştirilmek (hayvan) evcil duruma getirilmek. *Daha doğrusu evcilleştirilmiştir.* –BilA.

evcilleştirme *a.* (hayvanı) eve ve insana alıştırma, evcil duruma getirme. *... evcilleştirme, sadece hayvanlara özgü değil, insan ve bitkileri de kapsayan bir anlam taşır.* –OH.

evcilleştirmek (hayvanı) eve ve insana alıştırmak, evcil duruma getirmek. *... ya bir hayvanı evcilleştirmiştir, ya göklere ulaşmak için kule yapımına girişmiştir...* –MCA.

evcillik *a.* evcil olma durumu. *Deli evcilliğimi neyle körüklemeli?* –ME.

evecen *bkz.* **ivecen**

evecenlik *bkz.* **ivecenlik**. *Yalnız, bunları düşünürken nasıl garip bir evecenlik, bir geç kalmama duygusu içinde yüzdüğünü hatırlıyor.* –BK.

evedi *bkz.* **ivedi**

evedilik *bkz.* **ivedilik**

evetlemek doğrulamak, onaylamak, onamak, öyle olduğunu kabul etmek. *"Her" ya da "herhangi bir" arasında bir seçme, saçmayı evetlemektir.* –HDa.

evirme *a. mant.* bir önermenin konusunu yüklem, yüklemini de konu durumuna getirerek yargısı doğru olan yeni bir önerme çıkarma; örneğin, "hiçbir kuş ölümsüz değildir" önermesinden, evirme yolu ile "hiçbir ölümsüz kuş değildir" önermesi çıkarılabilir ve bu yeni önermenin yargısı da doğrudur. *Böyle bir evirmeye basit evirme denir, çünkü evirme yoluyla çıkarılan önermenin niceliği esas önermenin niceliğine eşittir.* –MG.

evirmek altüst etmek.

evirtik *s. kim.* evirtilmiş, evirtime uğramış. ... *bu ters önermeye de evirtik denilmesi önerilmiştir.* –OH.

evirtim *a. kim.* (bir şeyi bir şeye) çevirmek işi. Örneğin, sakarozun glikoza çevrilmesi bir evirtimdir. *Mantıkta, araçsız bir geçişle verilmiş bir önermenin tersini çıkarma işlemine evirtim ... denilmesi önerilmiştir.* –OH.

evirtmek 1 *fiz.* bir nesnenin görüntüsünü bakışımlı bir biçimde ve ters çevirerek yansıtmak. **2** *kim.* dönüştürmek, örneğin sakarozu glikoza çevirmek.

evre *a.* bir olayda birbiri ardınca görülen, bir işte birbiri ardınca beliren, gelişen değişik durumların her biri. *1940'tan sonra şiirimizin girdiği evreleri ... yadsıyan tutucuları anlayamıyorum.* –CSS.

evren *a.* var olan şeylerin bütünü ve özellikle gök varlıklarının topu. *Evrenden geçtim, kişioğlu gözlerini, hiç değilse hayvanlar acununa çevirsin.* –SB.

evrenbilim *b. a.* evreni yöneten genel yasaları inceleyen bilim. *Evrenbilim, büyük felsefe sistemlerinin temelidir.* –OH.

evrenbilimci *b. a.* uğraş alanı evrenbilim olan bilim adamı. *Bu alanda matematikçilerin, fizikçilerin, evrenbilimcilerin kuramları ... giderek karmaşık bilimsel denklemler biçiminde ortaya konur olmuştur.* –EBe.

evrenbilimsel *b. s.* evrenbilimle ilgili.

evrendeğer *b. a.* yeryüzünün her yerinde geçerli ölçüyü oluşturan değer. *Bu arada sözcüğün sayımlamadaki anlamı için evrendeğer, genel dildeki anlamı için değişken ... sözcüklerini uygun gördüm.* –CM.

evrendeş *a.* ve *s.* değişik uluslardan, ırklardan olan kimseleri bir araya getiren, barındıran, kapsayan.

evrendeşçilik *a.* kendilerini evrenin yurttaşı sayanların görüşü, evren yurttaşlığı.

evrendeşlik *a.* evren yurttaşlığı.

evrendoğum *b. a. fels.* evrenin nasıl oluştuğunu, onu oluşturan ilk nedenin ne olduğunu anlatan kuramların genel adı. *Gerçek şudur ki evrendoğum, henüz gelişmiş ve kesin sonuçlara varmış bir bilim değildir.* –OH.

evrendoğumsal *b. s. fels.* evrendoğumla ilgili.

evrensel *s.* **1** evrenle ilgili. **2** her şeyi içine alan. *Özeldeki evrenseli göremiyorlar ...* –AB **3** evren ölçüsünde, olan, evrence yaygın olan, (dar anlamda) dünya ölçüsünde olan. *Altında imzamız bulunan İnsan Hakları Evrensel Beyannamesi'nin 15. ve 19. maddeleri, gerek vatandaşlık, gerek fikir ve ifade özgürlüğünü bütün insanlara eşit olarak tanımış değil midir?* –NN

evrenselci *s. fels.* evrenselcilik yandaşı (kimse, görüş). ... *ve bütünlüğü savunan eytişimsel özdekçilik evrenselcidir.* –OH.

evrenselcilik *a. fels.* doğal ve törel

yasaların evrensel olduğunu öne süren öğretilerin genel adı. ... *insanların sonunda tümüyle kurtulacaklarını ve Tanrı'nın bağışına kavuşacaklarını ileri süren bir Hıristiyan inancına da evrenselcilik denir.* –OH.

evrenselleşme *a.* yeryüzünün her yanına yayılarak oralarda da bilinme. *Çok yerel gibi görünen bir temanın onda evrenselleşmesi bu yönden de açıklanabilir.* –DH.

evrenselleşmek yeryüzünün her yanına yayılarak oralarda da bilinir olmak. *Çağımızda sevgi, ancak bu niteliğiyle yoğunlaşabilir, evrenselleşebilir.* –İS.

evrenselleştirme *a.* evrensel bir duruma getirme. *Evrenselleştirme deneyi içinde sahip olunan bilgiler yeni bir edilginlik evresinde zihne yerleşirler.* –AfT.

evrenselleştirmek evrensel bir duruma gelmesini sağlamak. *Ozan ise sevgisini söylemek, sevgisinin kişisel kaynağını evrenselleştirmek, başkalarını bu yolla etkilemek, insanları sevginin orman ateşinde birleştirmek için kullanır dili.* –CAK.

evrensellik *a.* evrensel olma durumu. *Biz toprağımızın değerlerini evrenselliğin çağdaş fırtınası karşısında siper etmek için ileri sürmüyoruz.* –ST.

evrik *s.* **1** *mant.* başka bir önermeye göre özne ve yükleminin yeri değişik olan. ... *bu önerme doğru ise bunun evriği de ... doğrudur.* –MG. **2** bir doğrultuya, bir düzene göre ters doğrultuda, ters düzende olan.

evrilir *s. fels.* konusuyla yüklemi yer değiştirdiği zaman doğruluğu bozulmayan, evrilebilen. *Örneğin, "Bütün insanlar akıllıdır" önermesi evrilir...* –OH.

evrilme *a.* bir biçimden başka bir biçime doğal olarak dönme. ... *günümüz dünyası o yıllara göre baş döndürücü bir evrilmenin ivmesine kapılmıştır.* –İS.

evrilmek bir biçimden başka bir biçime doğal olarak dönmek. ... *ama değişmek ve evrilmek başka, dönmek ve alçaklaşmak başka.* –İS.

evrilmez *s.* konusuyla yüklemi yer değiştirdiği zaman doğruluğu bozulan, evrilemeyen. *Örneğin "Bütün insanlar canlıdır" önermesi evrilmez, çünkü evrilince "Bütün canlılar insandır" önermesi elde edilir ki bu doğru değildir.* –OH.

evrim *a.* **1** art arda biçim değiştirmeler dizisi, evre evre oluşan dönüşüm, ağır ağır kendiliğinden olan değişim. *Siyasal düşüncenin tarihsel evrim çizgisi ...* –AO. **2** *hayb.* bir canlıyı ötekilerden ayırt eden biçimsel ve yapısal karakterlerin gelişmesi yolunda geçirilen bir dizi değişme olayları. *Sonunda, canlıların evrimi ... bilimsel olarak açıklanmıştır.* –OH. **evrim kuramı** *yaşb.* birbirini izleyen döller boyunca geçirdiği değişimler sonucu ortaya çıkan ayrımlarla oluşmuş türlü hayvan ve bitkilerin, köklerini daha önce yaşamış tiplerden almış olduklarını ve sade yapılı bireylerden daha yüksek yapılı bireylere doğru bir evrim olduğunu ileri süren kuram. ... *ve bu vesile ile evrim kuramlarının tohumlarını atmaya ...* –CS.

evrimci *a.* ve *s.* evre evre değişimden yana ya da evrimciliği benimsemiş olan (kimse, görüş). *Bu model, evrimci modelden farklı olarak toplumları belli bir zaman aralığı içerisinde statik olarak görür.* –EK. *Evrimci bi-*

yolojik ahlakın kurucusu olan Spencer ... –NŞK.

evrimcilik *a. fels.* evrim görüşüne dayanan bir felsefe ya da bilim öğretisi, ki evrimcilik, bitki ve hayvan gibi dirimli varlıklar konusunda olunca buna dönüşümcülük de denmektedir. *Demek oluyor ki evrimcilik erekçilik ile de, mekanikçilik ile de anlaşamaz.* –İHB. *bkz.* **dönüşümcülük**

evrimleşmek *bkz.* **evrilmek**. *Değişim kimi zaman evrimleşerek, kimi zaman devrimleşerek sürüp gidecekti.* –İS.

evrimsel *s.* evre evre olan, evrimle ilgili. *Çağdaş bilim yaratımcılığa karşı, evrimsel dönüşümcülüğü doğrulamaktadır.* –OH.

eylem *a.* **1** eylemek işi, eylemin (fiilin)anlattığı iş. **2** bir değişiklik getirebilecek, etkileyici davranış. ... *yayın bolluğu ... genç kuşaklara bir düşün ve eylem hızı kazandırmaktadır.* –NN. ... *şairlerden bir kısmı, şiiri açık bir şekilde ... eylemin emrine vermişlerdir.* –MKa. **3** *tiy.* bir oyunda, arka arkaya dizilmiş durumlar ve olaylar ve bunların oluşturduğu devingenlik. **4** *dilb.* eylemlerin kök ya da gövde anlamı, yani eylemlerin iş, devinim, oluş, kılış ve yargı olan temel anlamlarının genel adı. *Fiil, eylem bildiren; yani varlıkların yaptıkları işleri ... anlatan sözcüktür.* –TNG.

eylemce *a. ask.* bir asker birliğine çarpışma, çevirme, kovalama gibi belli bir amaçla yaptırılan eylemlerin genel adı.

eylemci *s.* **1** kuramı değil eylemi yeğleyen ya da düşüncesini eylemi ile pekiştiren (kimse). ... *bu tür tiyatroya eylemci tiyatro adını vermemizin nedeni, bu türün, tiyatronun gezici ve vurucu oluşundan ve ağırlığının politik eylemci olmasındandır.* –AN. ... *bizler... ozanlarız, yazarlarız, eylemcileriz, kuramcılarız ...* –CAK. **2** var olan düzene karşı eylemli olarak savaşım veren (kimse). ... *bu türün, tiyatronun gezici ve vurucu oluşundan ve ağırlığının politik eylemci olmasındandır.* –AN.

eylemcilik *a.* kuramı değil eylemi yeğleme durumu. ... *karşılığı elde edilemeyen bir eylemcilik uçurumuna itilen kimselerin ...* –MK. *Çünkü bu, Atatürk eylemciliğine aykırıdır.* –AdB.

eylemleşme *a.* eylem olarak belirme. *Cinsel dürtünün gerilip eylemleşmesi için dıştan uyarı gelmesi gerekmez.* –MCA.

eylemleşmek eylem olarak belirmek. *Dürtü kavramı, uyarı olmadan da belirmek ... eylemleşmek özelliğini kapsar.* –MCA.

eylemleştirme *a.* eylem durumuna getirme.

eylemleştirmek eylem durumuna getirmek, eyleme koymak. *Abdülhamit II bu inanışı eylemleştirmiştir.* –MCA.

eylemli *s.* eylem durumunda olan. *Bu durum bize ... tüm iktidar tarafından eylemli biçimde desteklenmesinin zorunlu olduğunu gösteriyor.* –ASi.

eylemlik *a. dilb.* ad eylem de denilen, eylemlerin zaman ve kişi bildirmeyen, ancak olumlu ve olumsuz biçimleri bulunan -mek (-mak) eki almış ad durumu. *Dilbilgisine göre edilgen bir eylemliktir.* –ÖAA.

eylemsel *s.* eylemle ilgili eylem durumunda olan. *Özellikle eylemsel anlatının şiirle verilmesi bana çok anor-*

mal geliyor. –AN.

eylemsellik *a.* eylem halinde olma durumu, etkileyici bir davranışta olma durumu. *Bu anlamda, sanatın dünyagörüşüne bağlı toplumsal eylemsellikle... bağlantısı açıkça görülmektedir.* –AÇ.

eylemsiz *s.* hiçbir eylem göstermeyen. *Böyle, yaradılışlarından getirdikleri ... diyorum ya, toplumla eylemsiz bir değinmeden edindikleri beğeni ile demek daha doğru olur.* –NA.

eylemsizlik *a.* hiçbir eylemde bulunmama, eylemsiz olma durumu. *Oysa, Bernardoni'nin kolunu tutan gencin tam arkasındaki figür ... aptalca bir eylemsizlik içinde.* –BC.

eytişim *a.* **1** eytişmek eylemi. **2** usu, yöntemli ve doğru bir yolda kullanma, tartışmayı, uslamlamayı doğru bir biçimde yürütme sanatı; ki sav, karşısav ve bileşim olmak üzere üç öğe ile özetlenebilir. *Sokrates'e göre eytişim, bir doğurtma yöntemiydi.* – OH. **3** *fels.* filozof Hegel'in, kavramları karşıtları ile birlikte düşünerek gerçeğe ulaşmak ereğini güden felsefesi. *Hem eytişimi içine alır, hem de ona karşı çıkar.* –AB.

eytişimci *a.* ve *s.* eytişim yöntemini kulanan. ... *ve bu bakımdan bütün bilgiciler eytişimci sayılmıştı.* –OH.

eytişimsel *s.* eytişimle ilgili. ... *eytişimsel ve tarihsel özdekçiliğin saptadığı ve ...* –AO. **eytişimsel önerme** *bkz.* **önerme**

eytişme *a.* (eski) eytişmek eylemi.

eytişmek karşılıklı konuşmak, söyleşmek. *Türkçemizdeki eytişim terimi, sorukarşılık yöntemiyle tartışma anlamına gelen eytişmek kökünden türetilmiştir.* –OH.

ezgi *a. müz.* belli bir kurala göre yaratılan ve çıkarılan, kulağa hoş gelen ses dizisi. *Bir ezgi dinler; bir bülbülün ötmesini dinler...* –NA. ... *ve o ses bu telin üstünde bir kemanın yayı gibi bayıltıcı bir direnme ile hep aynı ezgiyi tekrar ederek gidip geliyordu.* – YKK.

ezgil *bkz.* **ezgili, ezgisel**. *Halk şiirini ezgil olmaya iten neden daha başkadır.* –CSS.

ezgileme *a. dilb.* söylemede sese özel bir titrem verme, ötüm. *Sözlü dile göre, gerek ezgileme eksikliğinden, gerekse dildışı bağlamı yokluğundan dolayı "yazma" kendine özgü bir anlatımdır.* –ÖD.

ezgilemek söylemede sese özel bir titrem vermek.

ezgileşme *a.* kulağa hoş gelecek ses durumuna gelme.

ezgileşmek kulağa hoş gelecek ses durumuna gelmek. *Bahçede ağaca bağlanmış bir koyunun acı acı melemeleriyle Cumhuriyet marşları canlı ve yürekle ezgileşen dünyalardır!* –BAr.

ezgileştirme *a.* (ses) kulağa hoş gelecek bir duruma getirme. *Madonna kavgayı ezgileştirdi.* –MİE.

ezgileştirmek (ses) kulağa hoş gelecek bir duruma getirmek. *Derken, yaşadığımız yüzyılın başında, bu kitlenin acılarını ezgileştiren sokak sanatçıları ... ortalıkta görülmeye başladı.* –İS.

ezgili *s.* ezgisi olan. ... *Tosca'dan aria'lar okunmuş... ezgili sesler şırıltılarla, kimileyin de çağlayanlarla, taşkınlarla kaynaşmış.* –Sİ.

ezgisel *s.* ezgi ile ilgili, ezgi özelliği taşıyan. *Bir yeni düzende, ezgisel bir ritmde müzik tatlı takıp gider.* –BC.

ezgisellik *a.* ezgisel olma durumu. *Sözün önemi, uyumdan ve ezgisellik-*

ten çok daha ağırlık taşır. –ABe.

ezinç *a.***1** çok yeğin acı ve bunaltı. *Birçoğu, belki de, yapamamanın verdiği ezinçle, ne olursa olsun yapılması gerekene doğru başkalarının gücünü uyartmaya yöneliyordur.* –NU. **2** erklinin yasaya ya da duyunca aykırı olarak başkasını uğrattığı acıklı durum. *Bir kural koyalım mı kendi kendimize: Ezinç gören ezer ezinci!* –CAK.

F

"F" ile başlayan öz Türkçe sözcük yoktur.

G

gecekondu *b. a.* büyük kentlerin ve kasabaların dolaylarında, yapı izni alınmaksızın bir gecede çatılıveren, genellikle bir ya da iki odalı yapı. *Bütün o cilt cilt kitaplar o küçük gecekonduda yazılmıştır.* –ÇA.

gecekonducu *b. a.* **1** gecekonduda oturan. *Gecekonducular getirmiştir köylerindeki güzel geleneklerini belki de.* –MEk. **2** gecekondu yapıp satmayı ya da kiralamayı bir tecim durumuna getirmiş kimse.

gecekonduculuk *a.* **1** gecekonduda oturma durumui. *Gecekonduculuk, 1940'lı yılların ortasında başladı.* –BAr. **2** derme çatma yapılan iş. **3** gecekondu yapıp satma ya da kiraya verme işi. *Bu güpegündüz gecekonduculuk etmektir.* –FK. *Gecekonduculuk bugün şehre göç eden insanın kendi emeğiyle ... mesken yapmasından çıkmış hukuk dışı bir endüstri halini almıştır.* –EG.

gecekondulaşma *b. a.* gecekondulardan oluşan bir yerleşim yeri durumuna gelme. *Büyük kentlerimizin hızla gecekondulaşmasını önlemek için ... dar gelirli ailenin barınacağı konutları üretmenin yolları geliştirilmelidir.* –CG.

gecekondulaşmak gecekondulardan oluşan bir yerleşim yeri durumuna gelmek. ... *köylü yığınlarıyla gecekondulaşan kentler.* –İS.

gecekondulu *b. s.* ve *a.* gecekonduda oturan (kimse), gecekonducu. *Gecekondulunun gelir düzeyi yükselmedikçe gecekondulaşma sürüp gidecektir.* –ÖŞ.

geciktirim *a. sine.* sinema ve tiyatroda bir anlatım türü, ki herhangi bir olayın geçeceğini seyirciye önceden sezdirmek, ama bunu durmadan geciktirerek sürekli bir bekleme, gerilim durumu yaratmak ve böylece seyircinin ilgisini uyanık tutmak, heyecanlandırmak biçiminde kendini gösterir.

geçenek *a.* odadan odaya geçmeye yarayan yol. *Bir okul geçeneğinin değişmez kurşun rengi ikindisinde, taa ötede duran orta yaşa gelmiş bir adamın tutkun bakışını ellemişçe duyan bir kadındı o.* –F.

geçerdeğer *b. a.* bir malın alım satım değeri.

geçerli *s.* yürürlükte olan; uygulanabilme niteliği olan. *Aynı ters olasılıkların bugün de geçerli olduğunu bir an akıldan çıkarmamalıyız.* –NN.

geçerlilik *a.* yürürlükte olma durumu. *Şiir, geçerliliği tartışmalı bir alana taşınamaz.* –AP.

geçersiz *a.* yürürlükten kaldırılmış, yürürlüğü kalmamış. *Ama Anayasa Mahkemesi yasayı geçersiz saysa ne olur?* –NN.

geçersizleşme *a.* yürürlüğü kalmamış olma, yürürlükten kaldırılmış olma, artık geçmez olma. *Yaşın şaire etkisi ... bazı anıların geçersizleşmesiyledir.* –CSS.

geçersizleşmek yürürlükten kaldırılmış olmak, artık geçmez olmak, geçerliliğini yitirmek. *Yalnızca eskimekte, geçersizleşmekteydiler.* –ÜO.

geçersizleştirilme *a.* geçersiz kılınma, yürürlükten kaldırılma.

geçersizleştirilmek geçer olmaktan çıkarılmak, geçersiz kılınmak, yürürlükten kaldırılmak.

geçersizleştirme *a.* geçersiz kılma, yürürlükten kaldırma.

geçersizleştirmek geçer olmaktan çıkarmak, geçersiz kılmak, yürürlükten kaldırmak. ... *teknolojik gelişmeler kimi meslekleri geçersizleştiriyor.* –VB.

geçersizlik *a.* yürürlükten kalkma durumu; geçerliliğini yitirme. *Bu düzenin değer yargılarını savunanlar, bu yargıların geçersizliğinin ya da sahteliğinin bilincinde olmayan saf-dillerdir.* –SŞ.

geçimlik *a. tüze.* bir kimsenin geçindirmekle yükümlü bulunduğu kimseye mahkeme kararıyla verdiği aylık.

geçinmelik *bkz.* **geçimlik**

geçirgen *s. fiz.* gaz, sıvı, akı gibi şeyleri içinden kolaylıkla geçiren.

geçirgenlik *a. fiz.* gaz, sıvı, akı gibi şeyleri içinden kolaylıkla geçirme özelliği. *Yapı, geçirgenlik gibi fiziksel özellikler uygunlaşır.* –İAk.

geçirimsiz *s.* sıvıyı geçirmeyen.

geçişim *a.* birbirine karışma durumu. ... *bilgilenimsel okuma ile yazınsal okuma arasındaki yer yer geçişimler vardır.* –EmÖ.

geçişli *s. dilb.* öznesinin yaptığı iş başkasına da geçen, yani nesne alan (eylem), nesneli (eylem), bakmak, açmak, düşünmek birer geçişli eylemdir. *Bu fiilin geçişli olup olmadığını ...* –TNG.

geçişlilik *a.* geçişli olanın özelliği. *Bu durumda, imgenin bu öznel geçişliliğinin, özünde, alışılageldiği gibi yalnızca nesnel göndermelerle anlaşılamayacağı belli oluyordu.* –ADer.

geçişme *a. kim.* sızdırıcı bir perde ile birbirinden ayrılmış iki sıvının bu perdeden geçerek birbirine karışmaları olayı, geçişim.

geçişsiz *s. dilb.* öznesinin yaptığı iş başkasına geçmeyen, yani nesne almayan (eylem), nesnesiz (eylem). Örneğin, uyumak, koşmak, kalkmak birer geçişsiz eylemdir. *Aslında geçişsiz olan bu fiillerin ...* –TNG.

geçişsizlik *a.* geçişsiz olma durumu, geçişsiz olanın özelliği.

gelecekbilim *b. a.* bugünkü toplumsal, ekonomik ve teknik verilere dayanarak, bir toplumun ya da toplumların gelecekteki belli bir zaman dilimi içinde ulaşacakları düzeyi bilimsel olarak açıklamaya çalışan bilim dalı. *Son günlerde dünyamızın geleceği hakkında çok şey söyleniyor. Bunları gelecekbilim (fütüroloji) deyimi altında topluyorlar.* –FYa.

gelecekbilimci *b. a.* gelecekbilim uzmanı. ... *gelecekbilimciler, bilgisayarlarla birtakım sevimli hayaller kurdukları zaman ...* –BO.

gelecekçi *a.* gelecekçiliği benimseyen ve izleyen kimse. *Daha geriye gitmek gerekliyse Rus gelecekçileri ve Fransız kübistleri yapısalcı tutuma akraba bir eğilimde.* –AdO.

gelecekçilik *a.* eskimiş yöntemlere karşı çıkıp, geçmişi, şimdiyi ve geleceği kapsayan duyumları yeni biçimlerde veren sanat, yazın ve düşünce çığırı. *Gelecekçilik, bu anlamda, bir süre düşünce alanını da etkilemiştir.* –OH.

gelenek *a.* **1** alışkanlıklar. *Kelle aramak geleneği Osmanlılıktan miras kalmış bir tutumdur.* –İS. **2** öteden beri yapılagelen şeyler; örneğin yaşça büyük olanların elini öpmek gibi. **3** geçmişle olan bağlantı. *Aslında her sanat yapıtının bir gelenek bağı taşıması gereklidir.* –CSS. **4** *toplb.* eski çağlardan beri yerleşmiş olup kuşaktan kuşağa geçerek gelen ve topluluğun üyeleri arasında ortak bir ruh ve dolayısıyla sağlam bir bağ yaratan her türlü alışkı. *Böyle folkloru, geleneği ve bir karakteristiği olan şehirlerde ...* –BF.

gelenekçi *s.* **1** geleneğe bağlı. *Buna karşılık, Halk Fırkasının saltanat, cumhuriyet ve hilâfet konusundaki tutumunun, gelenekçi yapı içinde şartlanmış halkta tepki yarattığı gerçektir.* –ÇÖ. **2** *a. toplb.* gelenekçilikten yana olan kimse ya da düşünü. *Genel olarak Hesiodos''tan Rousseau'ya kadar geçmişi özleyen ve öven bütün öğretiler gelenekçidirler.* –OH.

gelenekçilik *a.* **1** geleneğe bağlılık. **2** *toplb.* bir toplumu ayakta tutan içsel gücün gelenekler olduğunu ve geleneklere bağlanmak gerektiğini ileri süren görüş. ... *gelenekçilikle gelenek bağı kavramından ben başka başka şeyler anlıyorum.* –CSS.

gelenekleşme *a.* gelenek durumuna gelme. *Yayımladığımız kılavuz ... yazımda gelenekleşmeye yol açmıyor ...* –MTu.

gelenekleşmek gelenek durumuna gelmek. *Böylece oralarda sivil yönetim gelenekleşti.* –HVV.

gelenekleştirme *a.* gelenekleştirmek eylemi.

gelenekleştirmek gelenek olarak yapılmasını sağlamak, gelenek durumuna getirmek. *Oysa siyaseti sağduyu ile gelenekleştirmek isteyen etkili siyaset çevrelerine göre ...* –CA.

geleneksel *s.* **1** gelenekle ilgili, geleneğe değgin. ... *geleneksel Türk şiiriyle ...* –AP. **2** gelenek niteliğinde olan. ... *tüm delegeler için düzenlenen geleneksel baloda.* –YD.

gelenekselleşme *bkz.* **gelenekleşme**. *Ancak sevincin ... gelenekselleşmiş rahavetimize bir kez daha dönüşmemesi de zorunlu.* –ASi.

gelenekselleşmek *bkz.* **gelenekleşmek**. *Haşim'le başlayan bir renk gelenekselleşmiş ise, bunda şiirimiz ka-*

zançlı çıkmış demektir. –MCA.

geleneksellęştirilme *a.* geleneksel olarak yapılır duruma getirilme, geleneksellik kazandırılma.

geleneksellęştirilmek geleneksellik kazandırılmak, geleneksel olarak yapılır duruma getirilmek. *... yazı yarışması, semt kitaplıkları projesi, geleneksellęştirilmek istenen "edebiyat günleri" ... bu çalışmaların ... bir bölümünü oluşturmaktadır.* –HAt.

geleneksellik *a.* geleneksel olma durumu. *... bu değerlendirmede geleneksellik konusunu işin içine katmadım.* –MAnd.

geleneksiz *s.* geleneği olmayan.

geleneksizlik *a.* geleneği olmama durumu. *Geleneksizlik bu dönemde öyle bir sınır duruma gelmiştir ki her şiirin geleneği nerdeyse biraz önce yazılmış başka bir şiirin dil değerinden ibaret olmuştur.* –CSS.

gelgit *a. coğr.* Ay'ın ve Güneş'in çekimi ile, denizin yükselip yeniden alçalması biçiminde beliren devinimi. *Gelgit deniz sularının kabarması ve alçalmasıdır ve gündelik, olagelen bir olaydır. Gelgit olayının oluşunu, gidişini karada durup gözleyen bir kimse ...* –Rİ.

gelir *a.* belli zamanlarda belli yerlerden gelen ya da elde edilen para. *Le Play, bu ailelerin gelir ve giderlerini ortaya koyunca, onlar hakkında tam bir fikir edinebileceğini sanmıştır.* –NŞK. **gelir dağılımı** ulusal gelirin ulus bireylerine dağılma biçimi. *Eğitim yetersizliği, sosyal ve ekonomik düzen bozuklukları, gelir dağılımındaki adaletsizlikler bir kısım insanları suç işlemeye sürükleyen dış etkenlerdir.* –NN. **gelir düzeyi** bireyin üretimi, çalışması ve her türlü etkinliğiyle ulaşabildiği yaşama düzeyi. *... çeşitli etkinlikler yoluyla sağlanan yaşama düzeyine ... gelir düzeyi denilmesi önerilmiştir.* –OH. **gelir vergisi** kişilerin gelirlerinden devlete vermekle yükümlü oldukları yasal vergi. **dar gelirli** gelir dağılımında payına düşen tutar az olan, bu yüzden de tüketim harcamalarında belli bir düzeyin üstüne çıkamayan (kişi). *Dar gelirlilerin maaş ve ücretlerinde yapılan artırmalar, devede kulak gibi kalıyor bu hayat pahalılığı karşısında.* –NN. **ulusal gelir** bir ülkenin bir yıllık üretiminden, üretim araçları için harcananların düşülmesinden sonra kalan bölümü. *... emeğin sahipleri, ulusal gelirin ... paylaşılmasına katılırlar.* –İS.

gelişim *a.* **1** *yaşb.* serpilip büyüme, yetişme. *Bir bitkinin gelişimi ile bir hayvanın gelişimi arasında birtakım ayrımlar vardır.* –AP. **2** (bir iş, bir olay, bir durum vb.) açılıp ilerleme. *Türk tiyatrosu ... altın çağını yaşıyor. Bu durumun yarattığı nitelik sorunları, gelişimle birlikte gelen sancılar ayrı bir inceleme konusu.* –TÖ. **3** *tiy.* bir oyunun sonuca doğru gidişinin en derli toplu belirdiği bölüm. *Gelişim sırasında geçmişe dair bilgi de verilir.* –SŞ.

gelişimbilim *b. a.* çağdaş dünyanın gelişimini konu alan, gelişimi hızlandıran bilimsel ve uygulayımsal, tutumbilimsel ve toplumsal nedenlerle bunların yaptığı etkilerden doğabilecek durumları inceleyen, bugünkü durumdan yola çıkarak geleceği tasarlamaya çalışan bilim dalı.

gelişimsel *s.* gelişim özelliği taşıyan, gelişimle ilgili. *Özdek bu karşıtlığı içerdiği içindir ki, devimsel ve gelişimseldir.* –OH.
gelişme *a.* gelişmek eylemi. *Gelişme özdekseldir ve tüm doğanın gelişmesi insan bilincine kadar sürüp gelmiştir.* –OH.
gelişmek 1 *yaşb.* yetişmek, serpilmek, büyümek. **2** (bir iş, bir olay, bir durum vb.) açılıp ilerlemek.
geliştirilme *a.* olgunlaştırılma, gelişmesi sağlanma. *... fonlar gazetelerin içeriğinin geliştirilmesine harcanacak ...* –OGö.
geliştirilmek gelişmesi sağlanmak, olgunlaştırılmak. *Ülkemizde geliştirilmek istenen ...* –İS.
geliştirme *a.* gelişmesini sağlama. *Geliştirme deyimi, genellikle, oluşturma anlamında kullanılır ...* –OH.
geliştirmek gelişmesini sağlamak. *Durkheim ve Simmel'in kendi tutumlarına göre geliştirdikleri kuramlar ...* –NŞK.
gen *s.* **1** geniş. **2** *mat.* üçgen, dörtgen gibi geometri terimlerinde "kenarlı" anlamına gelir.
genel *s.* bir kişiye ya da bir şeye özgü olmayıp onun bütün benzerlerini içine alan, **özel** karşıtı. *Türk öğretmeni, genel olarak Atatürk ilkelerinin uyanık bekçisi olduğunu bugüne kadarki davranışları ile ispatlamıştır.* –NN. **genel kurul** kurultay. **genel yazman** *bkz.* **yazman. genel yazmanlık** *bkz.* **yazmanlık**. *Genel yazmanlıkta 14 yıl kalmıştı.* –HE. **genel başkan** *bkz.* **başkan**.
geneleme *a. mant.* bir düşüncenin başka başka sözlerle yinelenerek anlatılması. *Kimi bilgisizler ve gelişmemiş beyinliler zorunlu olarak genelemelerle konuşurlar.* –OH.
genelev *b. a.* para karşılığı, erkeklerle cinsel ilişkide bulunan kadınların bulunduğu ev. *... bunca serüvenden, genelevlerde ya da burjuva kadınların evlerinde geçmiş bunca aşk gecesinden sonra ...* –DÖ.
genelge *a.* yasa ve yönetmeliklerin uygulanmasında yol göstermek, herhangi bir konuda ya da konularda aydınlatmak, dikkat çekmek gibi ereklerle bütün ilgililere gönderilen yazı. *Gerekirse genelgelerle daha da ...* –NU.
genelgeçer *b. s.* her yer, zaman ve durumda ve her kimse için geçer olan. *Görülüyor ki bu dayanaklar nesnel ve esere ilişkin olmakla birlikte genelgeçer ölçütler sayılmıyorlar.* –BM.
genelgeçerlik *b. a.* her yer, zaman ve durumda ve her kimse için geçer olma durumu. *Burada bir genelgeçerlikten, daha bir üstünlükten söz etmek yerinde değil.* –AdO.
genelgelemek bir şeyi genelge ile duyurmak.
genelkurmay *b. a.* orduyu barışta yurt savunmasına hazırlayan, savaşta yurt savunmasıyla ilgili bütün çalışmaları ve ordunun yönetim ve yürütümünü düzenleyen orun. *İsyancılar ... bir binbaşının tutuklanmasından vazgeçilmesini ve genelkurmay başkanının istifasını istiyorlardı.* –HCe. **genelkurmay başkanı** *ask.* barışta ve savaşta orduların başkomutanı olan, genelkurmayın bütün işlerini yürüten asker kişi. *... bir genelkurmay başkanı bu derece ağır gerekçelerle görevinden ayrıldıktan sonra suskun kalamaz.* –UM. **genelkurmay başkanlığı** *bkz.* **genelkurmay**.

genelleme *a.* **1** genel kılma işi, genelleştirme. *Bir genellemeye gidersek, yazarın, yaşam gerçeği ile öykü gerçeği arasında ustaca bir denge kurduğunu söyleyebiliriz.* –EmÖ. **2** *mant.* özelden genele geçiş ya da anlığın genel düşünüler oluşturması işlemi. *Bu türlü kuramların genellemeleri tam değildir ...* –NŞK. *... bir soyutlama ile genellemeye varmalıyız.* –AN.

genellemek genel kılmak. *Erkek, olayları genellemekten kaçınır.* –SŞ.

genelleşme *a.* genel duruma gelme. *Zamana ve koşullarına uygun olmalı, yayılıp genelleşmeli, benimsenip izlenmelidir.* –RM.

genelleşmek genel duruma gelmek. *... oysa atom adı altında hepsinde ortak olan bir temelde genelleşmiştir.* –OH.

genelleştirme *a.* genel duruma getirme. *... genelleme ya da anlamdaş olarak kullanılan genelleştirme, bilgi sürecinin vazgeçilmez bir önkoşuludur.* –OH.

genelleştirmek genel hale getirmek. *Comte, özel bir hali genelleştirmek yanlışına düşmüştür.* –NŞK.

genellik *a.* genel olma durumu, yani bir kişiye ya da bir şeye özgü olmayıp onun bütün benzerlerini içine alma durumu. *İkincide bellilik yok, genellik var.* –TNG.

genellikle *be.* genel olarak. *Maddi menfaat kaygusu insanları genellikle uysal, hesaplı ... yapar.* –MKa.

genleşme *a. fiz.* ısının etkisiyle bir özdeğin oylumca büyümesi. *... Güneş çıkar çıkmaz genleşmeye başladıklarını ...* –AÖ.

genleşmek (nesne) ısı etkisiyle oylumca büyümek.

genleşmeölçer *b. a. fiz.* ısınan cisimlerin görünür genleşme katsayılarını ölçen aygıt.

genlik *a.* **1** *fiz.* titreşimli bir noktanın titreşim merkezine olan en büyük uzaklığının iki katı. **2** *coğr.* suların kabarma ve çekilme zamanları arasındaki yükseklik farkı. *Böyle yerlerde gelgit genliği 8–10 metreyi geçer, 20 metreyi bulur.* –Rİ. **3** gönenç, bolluk. *Seferlerin getirdiği ganimet malları sultan saraylarıyla paşa ve bey konaklarının lüksüne gidiyor, reayanın genlik ve esenliği için zırnık harcanmıyordu.* –ETE.

gensoru *b. a.* bir sorunun açığa, aydınlığa çıkması ereğiyle başbakana, bakanlardan birine ya da toptan hükümete milletvekillerince sorulan ve sonunda soruşturma yapılması istenilebilen soru. *Gensoru görüşmeleri sırasında verilecek güvensizlik önergesi, üye tam sayısının salt çoğunluğunca desteklenirse hükümet düşer.* –Aİ.

genyol *b. a.* kent içinde, iki yanı ağaçlıklı, geniş anayol.

gerçek *s.* **1** yalan olmayıp doğru olan. *Halk, olayların gerçek nedenlerini bilmekten uzakta ...* – İS. **2** bir durum, bir nesne ya da bir nitelik olarak var olan. *Kişinin gerçek değeri eylemle ortaya çıkar.* –AP. **3** uydurmalığı, yakıştırmalığı, düzmeceliği ya da yalanı olmayan. *Düzmece değil gerçek bilginlerden söz ediyoruz.* –AP. **4** olmuş ya da yaşanmış olan. *Size anlattığım olay bir gerçektir.* –AP. **5** deneyle, gözlemle ya da başka yollarla varlığı saptanmış ve kabul edilmiş olan; örneğin, yeryuvarlağının Güneş çevresinde döndüğü gerçeği böyle bir gerçektir. *Gerçek, somut ve nesnel olarak var bulunandır.*

–OH.

gerçekçi *s.* **1** düşçü olmayan, yani gerçeği göz önüne alıp ona göre davranan (kimse). **2** felsefede, yazında ve sanatta gerçekten ve gerçekçilikten yana olan (kimse ya da sanat). *Oysa asıl gerçekçi olanlar adcı ve kavramcı olanlardı.* –OH. **yeni gerçekçi** yeni gerçekçilikle ilgili, yeni gerçekçilik yandaşı (görüş, kimse.) *Yeni gerçekçi alıcı yönetmeni alışılmış algılamanın dışına çıkarken...* –SBü. **toplumcu gerçekçi** toplumcu gerçekçilik akımını benimsemiş olan, (sanatçı, sanat ya da yapıt). *Gerçekten toplumcu gerçekçi şiirde klişeleşme sorununu kendi şiir dünyalarında bir özeleştiri süzgecinden geçirsinler ...* –DH. **eleştirel gerçekçi** eleştirel gerçekçilik akımını benimsemiş olan (sanatçı, sanat ya da yapıt).

gerçekçilik *a.* **1** gerçeğe bağlılık. **2** güzel sanatlarda, doğayı göründüğü ve olduğu gibi yansıtan, yani gerçekte nasılsa öyle, bayağı ve çirkin yanlarını bile gösteren; yazında, yaşamın oluşlarını gerçek çizgileriyle ve nedenleriyle ele alan, kişileri, durumları, olayları olduğu gibi veren akım. *Gerçekçilik akımı bir burjuva akımıdır.* –MS. **eleştirel gerçekçilik** insanı toplumsal ilişkileri içinde ele alan, toplumsal gerçekleri eleştirel bir yaklaşımla veren sanat akımı. *Eleştirel gerçekçilik anlayışı, geleneksel gerçekçiliğin toprağında yeşermiştir.* –EmÖ. **toplumcu gerçekçilik** gerçeği toplumculuk açısından veren sanat yolu. ... *sert bir toplumcu gerçekçiliğe bağlanan bu hikâyelerinde ...* –TA. **yeni gerçekçilik 1** *fels.* bilgide nesnenin, dış ilişkiler bakımından özne ile karşılaştırılabileceğini, bu yüzden, nesnelerin doğaötesi yapısında her türlü yan tutuştan bağımsız olarak bilmek eyleminin varlığını ortaya koymakla yetinmek gerektiğini söyleyen düşünürlerin ortak yönelimi. **2** *yaz.* Morovia, Vittorini, Pavese gibi çağdaş İtalyan yazarlarından kaynaklanan ve çağdaş toplumun gerçeklerini ele alan, faşizme karşı çıkan bir yazın akımı. *On dokuzuncu yüzyıldan bu yana kaç çeşit gerçekçilikten geçtik: Gerçekçilik, yeni gerçekçilik, toplumsal, gerçekçilik; doğaya, insana, topluma dönük gerçekçilikler, tümü nesneye ve olguya, yani dışa dönük gerçekçiliktir.* –DK.

gerçekdışı *b. s.* gerçeğin dışında kalan. *Masalın başında giriş olarak kullanılan bu çeşit formüller, dinleyiciyi ... bir başka dünyanın gerçekdışı havasına götürür ...* –TA.

gerçekdışılık *b. a.* gerçeğin dışında olma durumu. ... *onların ... şu üç nokta üzerinde yoğunlaştıklarını göz önünde tutacağız: evrenin bütünlüğü, kötülüğün bir kuruntu oluşu, zamanın gerçekdışılığı.* –AG.

gerçekleşme *a.* (bir şey) kendini var etme, gerçek durumuna gelme, olma, yapılma. ... *ve öngörülerde gerçekleşme payı artan varsayımcılık ...* –MK.

gerçekleşmek (bir şey) kendini var etmek, gerçek durumuna gelmek, olmak, yapılmak. *Tarihsel zorunluk gereğince, bütün azgelişmiş ülkelerde olduğu gibi ülkemizde de, halkların bilinçlenmesi gerçekleşmektedir.* –ÇÖ.

gerçekleştirilme *a.* gerçekleşmesi sağlanma. *Bu tanıma uygun devletin* *gerçekleştirilmesi ise pek kolay olmamıştır.* –MCA.

gerçekleştirilmek yerine getirilmek, gerçek durumuna getirilmek. *Bu yıkıcı teşebbüs ... yüz binlerin okuduğu neşriyat vasıtasıyla gerçekleştirilmek yolundadır.* –NH.

gerçekleştirme *a.* (bir şeyi) gerçek durumuna getirme, (bir şeyin) gerçekleşmesini sağlama. *İnsanın doğası ... kendini hep bir başkasında gerçekleştirme özlemindedir.* –CÜ.

gerçekleştirmek (bir şeyi) gerçek durumuna getirmek, yapmak, (bir şeyin) gerçekleşmesini sağlamak. *Aşk, kendini gerçekleştirmek için, dünyamızın yasalarına karşı koymak zorundadır.* –CÜ.

gerçeklik *a.* gerçek, gerçek şey, durum ya da hal. *İlkin değerlerin başlıbaşına bir varlık kurduğuna inanılabilir olsa olsa, ama bir gerçekliği olmadığı için tanıtlanamaz.* –BA.

gerçekten *be.* gerçek olarak.

gerçeküstü *b. a.* gerçeğin üstünde kalan, gerçeği aşan, üst gerçek. *İngiliz Richard Lester ise ... bir avuç insanın öyküsünü gerçeküstü bir dille anlattığı ... filminde ...* –AD.

gerçeküstücü *b. s.* gerçeküstücülükten yana olan sanatçı ya da sanat. *Ama bu gerçeküstücü şiirlerin kaynağını ...* –SB.

gerçeküstücülük *b. a.* usun, geleneklerin, alışkanlıkların denetiminden uzak bilinçaltı gerçeklerini yansıtan, yani bilinen gerçekle bağını kesip kendince bir gerçek, bir üst gerçek yaratmak ereğini güden sanat akımı. *Gerçeküstücülük devrimci bir hareket olarak, başlangıçta kendisine çizmiş olduğu amaçlara varmamış olsa da ...* –SH.

gereç *a.* bir şey yapmak için kullanılması gereken nesne (ya da nesneler.). ... *türlü işlere yatkın bir gereç* ... –NU. *Dükkânda kâğıt ve resim gereçleri de satılırdı.* –SB.

gereğince *be.* **1** uyarınca. **2** gerektiği gibi, yeterince. ... *devşirme memurların yürüttüğü vergisel üretim tarzlarının niteliğini gereğince ölçebilmişler miydi?* –MCA.

gerek *s.* herhangi bir şeyin yapılabilmesinin koşulu olan yani işin olmasının onun olmasına bağlı bulunduğu (şey). ... *inmeye başlaması gerek.* –BK.

gerekçe *a.* **1** bir şeyin dayandığı neden, gerektirici neden ya da nedenler. ... *ve bazı milliyetçi eserleri okudukları gerekçesi ile ...* –AKa. **2** *mant.* bir önermenin kendiliğinden var kıldığı gereklik.

gerekçeleme *a.* kanıt olarak ileri sürme, gerektirici neden olarak gösterme. *Başbakan ... bu durumu büyüme-enflasyon ikilemiyle gerekçeleme çabasındadır.* –HCe.

gerekçelemek kanıt olarak ileri sürmek, gerektirici neden olarak göstermek. *12 Eylül askeri yönetimini gerekçelemektedir konuşmasında.* –HCe.

gerekçelendirme *bkz.* **gerekçeleme**

gerekçelendirmek *bkz.* **gerekçelemek**. *Türkiye'de eleştiri var tabii ... Yargı söylüyor, neden söylemiyor, gerekçelendirmiyor.* –FB.

gerekçeli *s.* gerekçeye bağlanmış, gerekçesi olan. *Gerekçeli yazılarıyla bu alanda kamuoyuna uyarmalarda bulunan hukukçuların fikirleri itibar görmüş ...* –İS.

gerekçesiz *s.* gerekçeye bağlanmayan, gerekçesi olmayan. *Çünkü övgü, köksüz ve gerekçesiz de olsa eleştiri yerine konulabilirse de ... eleştiri olarak görülmez.* –BC.

gerekim *a.* gerek olma durumu, gereklik. ... *bazı okuyucularınsa, nesnel gerekimlerden ötürü, kitaba belli açılardan yaklaşmasını kolaylaştırmakla, önemli yararlar sağlayacağı apaçık ortadadır.* –NU.

gerekirci *a.* ve *s.* *fels.* gerekircilik öğretisine bağlı olan kimse ya da görüş, düşünü. *Büyüyü gerekirci ve zihinci bir temele bağlayan kuramlar ...* –NŞK.

gerekircilik *a.* *fels.* her olayın başka bir olaydan doğduğunu, yani olayların tensel ve tinsel birtakım nedenlerin kaçınılmaz sonucu olduğunu savlayan öğreti. *Bilime, evrime, gerekirciliğe sırt çevirir.* –AB.

gerekli *s.* herhangi bir şeyin yapılabilmesi için varlığı zorunlu olan, gereken, gerek olan. ... *bizce boykotun anlamı üzerinde durmak ve ondan gerekli eğitsel sonuçları çıkarmak daha yararlıdır.* –FB.

gereklik *a.* **1** gerek olma durumu, gereklilik. *O halde devrim çabasına gereklik var mıdır?* –FB. **2** *dilb.* eylemin yapılması gerektiğini belirten isteme kipi, ki Türkçede bu kip –meli ekiyle kurulur: Gitmeliyim, gitmelisin, gitmeli, vb.

gereklilik *a.* gerekli olma durumu, gereklik. *Tenkid değil intikad demenin gerekliliği üzerinde durulmuştur.* –EmÖ.

gerekme *a.* gerek olma.

gerekmek gerek olmak. ... *ve bu tedbirleri yürütecek ortamı hazırlamış olmamız gerekir.* –İS.

gerekseme *bkz.* **gereksinme**. ... *ayrıca, dünya görüşlerinin sayıca çok olduğu ve her birinin bir gereksemeden doğduğu ortadadır.* –NU.

gereksemek *bkz.* **gereksinmek**. *Eleştiri, "edebi" değil, en genel anlamında eleştiri, bugün belki en çok gereksediğimiz şey.* –MB.

gereksinilme *a.* kendisine gereksinim duyulma. *Daha şimdiden ... yeni araç ve gereçlere gereksinildiğinden ... söz eden demeçler izleniyor.* –CA.

gereksinilmek kendisine gereksinim duyulmak. ... *Çevik Kuvvet'e gerek-sinildiğini açık seçik anlatamıyordu.* –CA.

gereksinim *bkz.* **gereksinme**. ... *radikal düzenlemelere girecek bir siyasal kadroya her zamankinden çok daha fazla gereksinim vardır.* –YD.

gereksinme *a.* bir şeye duyulan gereklik, gerekseme. *Federal Almanya'nın teknolojisi insan gücüne gereksinme duyuyordu.* –TDK.

gereksinmek kendisine bir şeyin gerekli olduğunu duyumsamak, gereksemek. *Ağır sorunlar içinde bocalayan Türkiye, güçlü bir hükümete gereksiniyor mu, evet!* –CA.

gereksiz *s.* gerekmeyen, gereği olmayan, gerekseme duyulmayan, işe yaramayan. *İnsan sanır ki eskiden okuduğu bu yazıları bir daha okumak gereksizdir, yararsızdır.* –OA.

gereksizleşme *a.* gereksiz duruma gelme, gereği kalmama.

gereksizleşmek gereksiz duruma gelmek, gereği kalmamak.

gereksizleştirme *a.* gereksiz bir duruma getirme, gereksiz kılma.

gereksizleştirmek gereksiz bir duruma getirmek, gereksiz kılmak. ... *önsözü bu ilginç kitabı daha da ilginç kılarken, yapıt hakkında daha faz-*

la yazı yazılmasını da gereksizleştiriyor. –ASi.

gereksizlik *a.* gereksiz olma durumu. ... *özellikle Türkiye'de koşuk oyunun gereği, gereksizliği, gerekliyse nasıl, ne biçimde olması gerektiği üzerinde, hiç değilse kendimizce bir sonuca varabiliriz.* –AN.

gerektirim *a. fels.* **1** birinin olması ötekinin de olmasını gerektiren iki şey arasındaki ilişki. **2** her olayın belli bir nedeni olması ve her nedenin aynı koşullar altında aynı sonucu doğurması.

gerektirme *a.* gerekli kılma. *Tarihsel süreçte ilkin aile yoktu, koşulların gerektirmesiyle varlaştı.* –OH.

gerektirmek gerekli duruma getirmek, gerekli kılmak. ... *ironi, temelde sağlam bir bilinci gerektirmektedir.* –CSS.

gerici *s.* eski düzeni özleyen ve ona dönülmesini isteyen, **ilerici** karşıtı. *Karşıdevrimci, gerici akımlar, düzenin kökten değişimine karşı çıkmaktadırlar.* –ÇÖ.

gericilik *s.* eski düzeni özleme ve ona dönülmesini isteme durumu ve eylemi. *Gericilik terimi, yerli yersiz, değişik çevrelerce çok kullanılan bir terimdir.* –ÇÖ.

gerilek *s. fels.* yetkinlikte gerileyen, daha az yetkin bir duruma dönen. ... *felsefe terimi olarak gerilek sözcüğü önerilmiştir.* –OH.

gerilim *a.* **1** gerginlik. *Bu gerilimler, ilişkiler böylesine sürdükçe, daha da artacaktır.* –TZT. **2** *fiz.* iki ucundan birer güçle çekilen bir telin her noktasında o iki güce karşı koyan güç. **3** *fiz.* iki nokta arasındaki elektrik akımını sağlayan neden. **4** *tiy.* bir tiyatro yapıtında, olay, durum ve eylemlerdeki çatışma ve dolayısıyla ortaya çıkan gergin hava. ... *oyun olarak düşünülünce, tekdüze, yavaş, gerilimden yoksun ...* –AP. **5** *ruhb.* gereksinmelerin yerine getirilmediği zaman ya da ereğe yönelmiş davranışların engellenmesi nedeniyle ortaya çıkan, gergin, coşkusal durum.

gerilimli *s.* gerilimi olan. *Türkiye'nin gerilimli günlerinde yaşıyoruz.* –SGA.

gerilimölçer *b. a.* ayrışma, buhar, sıvı yüzeyleri ve benzeri şeylere ilişkin gerilimleri ölçen aygıt.

gerilimölçüm *b. a.* **1** sıvılardaki yüzey gerilimlerini ölçme işi. **2** mekanik gerilim niceliğini, kimi ölçü araçlarından yararlanarak belirleme.

gerilimsiz *s.* gerilimi olmayan. ... *dış politikada gerilimsiz bir ortam aramasının temelinde, Türkiye'nin bir bakıma dış kaynak ihtiyacı yatmaktadır.* –HCe.

gerilimsizlik *a.* gerilimi olmama durumu.

geritepi *bkz.* **tepki**. *Eğer 31 Mart geritepisi olmasaydı, Abdülhamit tahtını belki sonuna dek koruyacaktı.* –ETE.

getiri *a.* bir işte elde edilen yarar, tecimsel bir işte mal oluş ederiyle satış ederi arasındaki fark. *Koruma oranları üzerindeki beklentilerin belirsizliği, yatırım projelerine ilişkin getiri beklentilerinin de belirsizliği anlamına gelir.* –KBo.

gezdirici *bkz.* **konukçu**[1]. *Gezdiricimiz, büyük romancı üstüne doktora tezi hazırlayan bir Rus genci ...* –MCA.

gezegen *a. gökb.* bir odağı Güneş olan bir elips üzerinde dolaşan gök varlıklarından her biri. *Gerçekte*

Güneş'in çevresinde dolandıkları için bunlara gezegen denilmiştir. –AK.

gezegensel *s.* gezegenle ilgili. *Emperyalizmi ... yalnız Ortadoğu'da aramak da gezegensel bilince ters düşecektir.* –İS.

gezerçalar *b. a.* yürürken, taşıtta giderken vb. kimseyi rahatsız etmeden müzik dinlemeye yarayan, pille çalışan, radyolu da olabilen, kulaklıklı, çok küçük kasetçalar.

gezgin *a.* kendi kentinden ya da ülkesinden kalkıp gezmek için başka kentlere ya da ülkelere giden kimse. *Daha bitmeden, her kara parçasından akın akın koşan gezginlerle dolup taşar belki de.* –NU.

gezginlik *a.* gezgin olma durumu. *O zaman bu gezginlik, bir düş, bir hayal gezginliği olacaktı.* –GA.

gezi *a.* bir yerden bir yere yapılan uzunca yolculuk. ... *ve Amerika'ya yaptığı gezilerde düş kırıklığına uğraması ...* –OA.

gezici *s.* gezerek iş gören. ... *kent kent dolaşan, çalıp çığırarak öyküler anlatan gezici ozanların yerini kitaplar almıştır.* –EmÖ.

gezimcilik *a. fels.* Aristoteles felsefesinin ortaçağdaki adı. *Gezimcilik, Aristoteles'i Hıristiyan eklemlerinden temizleyen Rönesans Aristoculuğundan ayrı bir nitelik taşır.* –OH.

gezinek *a.* bir gösteri ya da toplantı binasında, temsil ya da toplantı aralarında sigara içmek vb. için kullanılan dinlenme ve gezinme yeri. ... *Kaymakam ... gezinekteki resim sergisini açtı.* –SB. *Fuaye için gezinek karşılığını ... türettim.* –CM.

gezmen *a.* dinlenmek, görmek, özellikle başka ülkeleri görmek ve tanımak ereğiyle geziye çıkan kimse, gezgin. *Keçiler boyunlarını gezmenler gibi döndürerek çevrelerine bakınıyorlardı.* –SÖ.

gider *a.* bir işe harcanan paranın topu. ... *gelirle giderini dengelemiş ülkelerde dahi tüketim hızlanmaları fiyatları aynı oranda artırıyor.* –EG.

giderek *be.* **1** gittikçe, yavaş yavaş. *Kendisini toplumdan soyutlayıp mutluluk aramaya çıkanların giderek mutsuzlaşacağı bir evrene doğru gidiyoruz.* –İS. **2** *bağ.* ve *be.* ayrıca, hem de, bile, üstelik. *Zarar yok, olay sanıldığınca yıkıcı değildir, giderek (hatta) üstüne düştüğü düşünceyi güçlendirir de.* –MCA.

giderilme *a.* ortadan kaldırılma, yok edilme. *İşte, Malatya'nın sanayi çarşısındaki tandır ekmeği imalathanesinin varlık nedeni de bir özlemin giderilmesine yönelik bir olay olmaktan öte bir şey değildi.* –NGü.

giderilmek ortadan kaldırılmak, yok edilmek.

giderim *a.* bir dokuncaya karşılık olarak verilen para, mal vb. gibi şey. *"Herkes bile bile ya da dikkatsizlikle başkasına verdiği zarar için giderim ödemek zorundadır" biçimindeki bir kural, soyut yöntemli bir kuraldır.* –HVV.

giderme *a.* ortadan kaldırma, yok etme. *Tersine, dost dostun güçsüzlüğünü gidermeye ... çalışan kişidir.* –OH.

gidermek ortadan kaldırmak, yok etmek. *Uzun bir oyunu bir nefeste inceleme olanaksızlığını gidermek için onu gizli eklem yerlerinden böleceğiz ...* –SŞ.

gidim *a. coğr.* gelgit sırasında deniz sularının alçalarak kıyıdan çekilmesi durumu, inme.

gidimli *s. mant.* bir önermeden başka bir önerme çıkaran ve böylece birtakım düşünülerden geçerek ilkeden sonuca ulaşan (düşünüş). *Parmenides'in varlık kavramından gidimli olarak çıkardığı tezleri, çömezi Zenon ... saçmayla kanıtlama yoluyla savunmaya kalktı.* –AfT.

gidişgeliş *b. a.* ulaşım yollarının her türlü taşıtlarca ve yayalarca kullanılması.

girdi *a.* bir malı üretmek için kullanılan hamözdek, işçilik, durağan yıpranma payı, sigorta, ürem, onarım, vergiler, yakıt vb. şeyler. *Kapasite büyüyünce maliyetlerinde düşme kaydedilen girdiler şunlardır ...* –OG.

girişim *a.* **1** bir işe başlamak üzere hazırlık yapma ya da bir iş yapmak üzere ele alma işi. *Girişimler, XX. yüzyılın başlarında kendini gösterdi.* –AB. **2** *fiz.* iki titreşim deviniminin birbirini yok etmesi olayı; örneğin, iki mekanik titreşim, girişim yolu ile durgunluk doğurabilir. *Yakın çiftlerin açısal uzaklığını, yıldızların çapını girişim yoluyla ölçen optik araç.* –AK. **özel girişim** kamu kesimi dışında kalan iş alanı. *İktidar sözcüleri özel girişim kârının sınırlanması gerektiğini, devletin ithalat yapabileceğini söylemektedirler.* –BE.

girişimci *s.* bir işi yapmak üzere ele alan, bir işe girişen kimse. *Bir süre sonra girişimci öğrenciler, okul yönetimine başvurarak, yetkili makamın kendilerine dernek izni vermediğini ... söylediler.* –AA. **özel girişimci** özel girişimcilik yanlısı kimse ya da görüş. *... kişisel başarı dürtüsü ile buna cevap veren özel girişimci ...* –BG. **özgür girişimci** *bkz.* **özel girişimci.** *Bugünkü durumun başlıca sorumlusu, maddeci ve özgür girişimci iktisadi dizgemizdir.* –BO.

girişimcilik *a.* girişimci olma durumu. **özel girişimcilik** ekonomik alanda özel ve bireysel girişimi yeğleme. *... bir Anadolu ticaret ve sanayi burjuvası yaratmaya yönelmiş bir ekonomik özel girişimcilik yaratmak ister.* –BS. **özgür girişimcilik** *bkz.* **özel girişimcilik**.

girişimölçer *b. a. fiz.* ışık girişim saçaklarını uzaktan ölçmeye yarayan aygıt..

girişimölçme *b. a. fiz. bkz.* **girişimölçüm**

girişimölçüm *b. a. fiz.* girişim saçaklarını ölçme yöntemi.

giyinim *a.* bir kimsenin giyinişi ya da giysi yönünden dış görünüşü. *Latin alfabesinin kabulü, giyinim değişikliği ... devrimciliğin özü sanılmıştır.* –ÇÖ.

giysi *a.* çamaşırın üstüne giyilen her türlü şey. *... yumuşacık camdan ... giysiler giyerlermiş.* –NU. **giysi gösterisi** giysileri ve modayı tanıtmak ereğiyle mankenler aracılığıyla yapılan gösteri

giysilik *a.* genellikle üst giysilerinin konulduğu giysi dolabı.

giz *a.* **1** varlığı ya da olduğu açığa vurulmak istenmeyen, gizli tutulan şey. *... bir giz olarak ...* –FE. **2** usun erişemediği, açıklanamayan ya da çözülemeyen şey. *Bu gizi çözecek anahtar ...* –SKA.

gizbilim *b. a.* simya, astroloji, manyetizma gibi uğraş alanlarının genel adı. *Dünyayı aşırı yorumlama çılgınlığına ilişkin bu romanda gizbilimler bir araç olarak kullanılıyor.* –YB.

gizbilimci *b. a.* gizbilimle uğraşan kimse. *Kır saçlı ... eğitmen bile kusur-*

suz biçimde gizbilimciyi canlandırıyor. –TY.

gizbilimcilik *b. a.* gizbilimcinin yaptığı iş.

gizci *bkz.* **çaşıt, gizmen**

gizdaş *a.* gizleri bir olan, birbirine gizini açabilen, birbirinin gizini saklayan kimselerden her biri. ... *kodeste gizdaşıydım, neden gidip ele vereceğim şimdi onu?* –BO.

gizdüzen *b. a.* topluca ve gizlice yürütülen herhangi bir iş, plan; bir kimseyi ya da bir kuruluşu güç durumda bırakacak, topluca alınan gizli karar.

gizdüzenci *b. s.* gizdüzen hazırlayan (kimse).

gizem *a. fels.* giz². *İsa'nın söz aldıktan sonra Onikilere açtığı bir gizemi ...* –NU.

gizemci *a. fels.* gizemcilik öğretisini benimseyen kimse ya da gizemcilik düşünceleri taşıyan kimse, düşünü. *Bu bir hayli gizemci aşk anlayışının romantik batı edebiyatında olduğunu söyledim.* –MB.

gizemcilik *a. fels.* usun yetmediği alanlarda ve özellikle Tanrı kavramında, gerçeğe gönül yolu ile ya da istem zorlayışı ile erişilebileceğini söyleyen öğreti. *Bu kanıda olmak, kişiyi ... bir toplum gizemciliğine götürmez mi?* –NA.

gizemli *s.* gizlerle örtülü, içinde gizem bulunan, giz dolu. ... *ilkel animist görüş bütün olayları aslı bilinemez gizemli birtakım güçlerle anlatır.* –NŞK.

gizemlileşme *a.* gizemlilik edinme, gizemlileşmek eylemi.

gizemlileşmek gizlerle örtülü bir durum edinmek.

gizemlileştirilme *a.* gizemlileştirilmek eylemi.

gizemlileştirilmek gizemli bir duruma getirilmek. *Oysa bugün bu ilişkiler, sistemin kendisi tarafından gizemlileştirilmekte, çeşitli düzenlemelerle süreğen kılınmaktadır.* –FAy.

gizemlilik *a.* gizemli olma durumu. ... *Moravia'nın romanlarında, insanlık sorunuyla ilgili gerçek bir gizemlilik vardır ...* –CÜ.

gizemsel *s.* gizemle ilgili. *Perseus mitindeki gizemsel öğeler yüzeyde ve açık seçik değildir...* –CÜ.

gizil *s.* **1** *fels.* ve *fiz.* iş durumunda olmayan ya da içinde bulunduğu nesnenin durumu değişince ortaya çıkan. *Büyücüler sadece gizil halde var olan Mana'yı eylem haline getirirler.* –NŞK. **2** *ruhb.* kişide gelişip ortaya çıkmamış olan (özellik). ... *gizil deyimiyle birçok ruhbilim terimleri önerilmiştir.* –OH.

giziletim *b. a.* birinin gizli kalması gereken eylemini yetkililere, yöneticilere bildiren, onu ele veren, kötüleme yazısı ya da sözü.

giziletimci *b. a.* birinin gizli kalması gereken eylemini yetkililere, yöneticilere bildiren kimse. *Ama bu giziletimciler ...* –TS.

giziletimcilik *b. a.* giziletimcinin yaptığı iş.

giziletimleme *b. a.* birinin gizli kalması gereken eylemini yetkililere, yöneticilere bildirerek onu kötü duruma düşürme.

giziletimlemek birinin gizli kalması gereken eylemini yetkililere, yöneticilere yazılı ya da sözlü olarak iletmek. *Adamlar bizim ... dinsizliğimize fetva çıkarıp bakanlığa giziletimlemişler.* –TS.

gizilgüç *b. a. fiz.* **1** bir nesnede bulunup herhangi bir engel nedeniyle gizli kalmış olan ama engelin kalkışıyla birlikte iş durumuna geçebilen güç. *Örneğin Aristoteles'e göre bir meşe ağacı bir palamutta gizilgüç olarak vardır.* –OH. **2** bir iletkenin herhangi iki noktası arasında bir elektrik akımı oluşmasına yol açan güç. *Bu gelişim toplumsal akışım asitliğinde, belki de o ara dönemde yazanların sınırlı yetilerinden dolayı, gizilgücü yüksek bir birikim getirebilmiş değildir şimdiye.* –Aİn.

gizlem *a.* giz². *Bu gizlemi hiç mi hiç ilgiye değmez kılan şey de ...* –TY.

gizlici *a. fels.* gizlicilik öğretisi yandaşı. *Ortaçağ gizlicilerinin de çoğu hekimdir.* –OH.

gizlicilik *a. fels.* kişinin, gerekli yeteneği kazanarak bilinmeyen, gizli güçlerle bağ kurabileceğini öne süren öğretilerin genel adı. *Gizemsel yapılı olan ve teosofiyle de bağlantısı bulunan gizlicilik, esrarlı formüller ve işlemlerle doğaya egemen olunabileceği inancını güder.* –OH.

gizli oturum *bkz.* **oturum**

gizmen *a.* bir devletin, bir kuruluşun gizli amaçları için çalışan kimse.

giztutar *b. s.* giz saklamayı bilen, sıkı ağızlı (kimse).

gizyazı *b. a.* gizli haberleşmeye yarayan, anlamları ancak onu kullananlarca bilinen imlerin, sözlerin vb. tümü.

gizyazılama *b. a.* gizyazılamak eylemi.

gizyazılamak bir metni gizyazıyla oluşturmak.

gizyazılı *b. s.* gizyazıyla oluşturulmuş olan.

göç *a.* **1** evi barkı ile birlikte yer değiştirme işi. *Ulusça yapılan ülke değiştirme göçlerine toptan göç denir.* –OH. **2** bir yerden bir yere taşınmakta olan ev eşyası.

göçebe *s.* bir yerde sürekli olarak oturmayıp mevsime göre ya da başka nedenlerle yer, yurt değiştiren (kimse ya da topluluk); ki böylesi topluluklar daha çok hayvancılıkla ya da sürekli olmayan başka işlerle geçinirler. *En yıkıcı, en sürekli savaşlar hep, yerleşiklerle göçebeler arasında geçmiştir.* –MCA.

göçebeleşme *a. mec.* ikide bir yer değiştirme.

göçebeleşmek *mec.* ikide bir yer değiştirir olmak.

göçebelik *a.* **1** göçebe olma durumu. *... içlerinden bir yiğitler yiğidi çıkıp, bu göçebelikten kurtulmak... tasasına düşmüş.* –AN. **2** *mec.* ikide bir yer değiştirme durumu. *Hayvan sürüleri ardında göçebelik mi egemen olacaktı?* –MCA.

göçer *bkz.* **göçebe**. *Asya'dan kopan göçer Türkler, önce Anadolu'ya yönelik bir baskı odağına dönüşüyorlar.* –İS.

göçerlik *bkz.* **göçebelik**. *Asya'dan kopup gelen atalarımızın, göçerliğinden esinlenen bir dünya görüşü mü devlete egemen olmuştu?* –İS.

göçmek **1** evi barkıyla birlikte yer değiştirmek. **2** çökmek. **3** *mec.* ölmek.

göçmen *a.* **1** yerleşmek üzere başka ülkeden gelen ya da başka ülkeye giden kimse. *İnegöl göçmenlerinin kurdukları Dönmezköy görünür, doruktan ...* –KT. **2** mevsime göre yer değiştiren kuşlar için de kullanılır; örneğin leylek göçmen bir kuştur. *Kuşlar göçmen, bulutlar gri.* –BN.

göçmenlik *a.* göçmen olma durumu. *Böylece, verilen törel özellikler göçmenlik, yabancılık, ve yalnızlık duygusunu daha da güçlendiriyor.* –GT.

göçüm *a. yaşb.* kimi kimyasal özdeklerin ya da ışık, ısı, elektrik gibi güçlerin etkisiyle protoplazmanın yanaşma ya da uzaklaşma biçiminde kendini gösteren yer değiştirmesi.

göçüşme *a. dilb.* bir sözcük içinde birbirini izleyen iki sesbirimin yer değiştirmesi.

gök *a. coğr.* yeryüzünün üzerine mavi bir kubbe gibi kapanan boşluk. *Aristoteles, merkez yeryüzü olmak üzere çeşitli gökler sıralar ...* –OH.

gökada *b. a. gökb.* milyonlarca yıldızdan, yıldız kümelerinden, bulutsulardan ve gaz bulutlarından oluşmuş, Samanyolu gibi bağımsız uzay adası.

gökbilim *b. a.* gökcisimlerinin konumlarını, devinimlerini, birbirine olan uzaklıklarının ölçülmesini ve bunların yapılarını inceleyen bilim. *Gökbilim dediniz mi Kandilli Rasathanesinin eski şöhreti Fatin Hoca gelir akla.* –İS.

gökbilimci *b. a.* gökbilimle uğraşan kimse. *Yeryuvarlağının döndüğünü söyleyen ilk gökbilimcinin ... Sisamlı Aristarkhos olduğu kesinlikle bilinmektedir.* –AG.

gökbilimsel *b. s.* gökbilimle ilgili. *Din ile bilim arasındaki ... en önemli kavga, bugün Güneş sistemi adını verdiğimiz düzenin merkezinin Güneş mi yoksa yeryuvarlağı mı olduğu konusundaki gökbilimsel tartışmadır.* –AG.

gökçebilim *b. a.* güzeli, güzelliği ve bunların kişi duygularındaki etkilerini konu edinen bilgi ve felsefe kolu, güzelduyu.

gökçebilimsel *b. s.* gökçebilimle ilgili. *Osmanlı dönemi siyasal, sosyal açıdan yüceltilince, demek onun şiiri de kendiliğinden gökçebilimsel değer kazanıyordu.* –MCA.

gökçeyazın *bkz.* **yazın**. *Bir eleştirmen, gökçeyazın yapıtlarını nesnel yargıladığını mı söylüyor?* –NA.

gökdelen *b. a.* yirmi, otuz ya da daha çok sayıda katı bulunan yapı. *Babil kulesi yirminci yüzyılın gökdelenleri yanında nedir?* –NU.

gökevi *b. a. gökb.* yıldızların, Güneş, Ay ve gezegenlerin konumlarını, devinimlerini, gök olaylarını küresel bir kubbe içinde çeşitli aygıtlarla gösteren yapı.

gökkuşağı *bkz.* **alkım**. *... destur bre gökkuşağı, hangi devin kılıcısın?* –Atİ.

gökmen *s.* mavi gözlü sarışın.

gökolaybilim *b. a.* havayuvarı içinde yer alan, gerçekleşen sıcaklık değişmelerini, yel, yıldırım, yağmur, dolu gibi olayları konu alan fizik kolu, havabilim. *"Gökolaybilim" sözcüğünü ilk kez ... kullandım.* - CM.

gökolaybilimci *b. a.* gökolaybilim uzmanı, havabilimci.

gökolaybilimsel *b. s.* gökolaybilimle ilgili.

gökölçüm *b. a.* gökcisimlerinin durumlarını ve devinimlerini inceleyen gökbilim dalı.

göksel *s.* gökle ilgili. *Her topluluk, benimsediği göksel varlığı kendinden sayma eğilimi içindedir.* –İZE.

göktaşı *b. a. gökb.* gezegenlerin arasında dolaşan, tümüyle gaz durumuna geçmeden yeryüzüne ulaşan katı cisim. *Bunlar göktaşı sürüleri ya da göktaşı yağmurlarıdır.* –BU. *O, göktaşının yeryüzüne değiş anını söylemek için uyaklandırılmıştır.* –FHD.

gökyüzü *b. a. coğr.* göğün görünen yüzü. ... *gökyüzünün bilimsel bir tablosunu çizen bir teori* ... –MG.

gölcül *s.* gölde ya da göl kıyısında yetişen (bitki), yaşayan (hayvan).

gölgecil *s.* gölgede yetişen ya da gölgeyi seven (bitki, hayvan).

gölgeolay *b. a. fels.* başka bir olayca yaratılarak ona bağlı kalan ya da bir olaya katılan ama ona hiçbir etki yapmayan olay. ... *bir adamın gölgesi o adamın yürüyüşünü nasıl yavaşlatıp hızlandıramazsa bir gölgeolay olan bilinç de katıldığı olayları öylece etkileyemez.* –OH.

gölgeolaycılık *b. a. fels.* bilinci bir gölgeolay sayan ve ruh etkinliğinin bilinçli olmadan da var olabileceğini ileri süren öğreti. *Davranışçılık bir gölgeolaycılıktır.* –OH.

gömü *a.* **1** saklamak ereğiyle toprak altına gömülmüş para, altın vb. değerli nesnelerin topu. *Kazdı kazdı. Toprağı didik didik etti. Ama sağlam yapı taşlarından, uçsuz mermer yataklarından başka bir gömü bulamadı.* –AÖ. **2** her türlü değerli nesne. *Hiç umulmadık yerde yönelmelerini, davranışlarını ilk dilindeki anlam gömüsü belirleyecektir.* –NU. **3** her türlü değerli şeyin, özellikle para, altın ve mücevherlerin saklandığı yer.

gömüt *a.* ölü gömülen yer. *İçten içe bir gömütü gizler duvarlarım.* –GA.

gömütçü *a.* ölüler için gömüt kazan kimse. *Gömütçü gömüt kazdı / Kömür oldu kazması küreği.* –AYü.

gömütlük *a.* ölülerin gömüldüğü, yani gömütlerin bulunduğu alan. *Ben ki bir gömütlükte yaşarım, gene de/ Dalgalanırım gömütlüklerden ötede.* –SKA.

gönderge *bkz.* **gönderme.** ... *ve bu ilişkilerin göndergeleri somut gerçekte değil ... sözde gerçek'te yapılanır.* –AO.

göndergesel *s.* gönderge özeliği taşıyan. ... *bu nitelikler göndergesel anlamın temelinde yer alır.* –BV.

gönderi *a.* bir yerden bir yere gönderilen, özellikle posta ile gönderilen paket, telgraf, mektup gibi nesne. *Yalnızca ABD'de, her iş günü 400 milyon gönderi postalanıyor.* –EB.

gönderim *a.* **1** *bkz.* **gönderge, gönderme.** ... *bildirimdeki beklenti özelliğine de gönderimde bulunmaya hiç gerek yoktur.* –AÇ. **2** banka, postane vb. aracılığıyla gönderilen para.

gönderme *a.* bir konu işlenirken, ilgisi dolayısıyla bir başka konuya yollama, özellikle sözlükçülükte "ilgili maddeye bakınız" deme. ... *ve ayrıca belirtik bir biçimde işlenmekle birlikte, ona yapılan göndermelerin çerçevesi çok daha geniştir.* –MB.

gönence *a.* günlük yaşamı kolaylaştıran maddi rahatlık, gönenç.

gönenceli *s.*gönencesi olan, gönençli.

gönenç *a.* **1** geçim genişliği, kolaylıkla iyi yaşama. **2** sevinç. *Sonra doğum, dirim gibi olaylar da gönençli bir şey taşımıyordu* ... –Sİ.

gönençli *s.* geçim genişliği içinde yaşayan, varlık içinde, iyi koşullarda yaşayan. *Bireyleri mutlu ve gönençli kılan her şey, toplumu da mutlu ve gönençli kılar.* –RK. *Sonra doğum, dirim gibi olaylar da gönençli bir şey taşımıyordu* ... –Sİ.

gönendirici *s.* mutlu edici, sevindiren, sevinç verici. ... *hüznün bu denli canlandırıcı* ... *ve gönendirici olduğunu bilmezdim.* –BGü.

gönendirme *a.* mutlu etme, sevindirme.

gönendirmek mutlu etmek, sevindirmek. ... *bir halkı gönendirmek için de altyapı gerekiyor.* –İS.

gönenme *a.* gönenç içinde yaşama, mutlu olma, sevinme.

gönenmek sevinmek, sevinç duymak. *İnanmam ki göneneyim ...* –NA.

görece *s. fels.* (bir şeye) göre olan, varlığı başka bir şeyin varlığına bağlı olan, kesin olmayıp kişiden kişiye değişebilen. *Bir şiirin iyiliği, güzelliği görecedir, kişiden kişiye değişen bir yargıdır.* –NA.

görececi *a. fels.* görececilik öğretisini benimseyen kimse.

görececilik *a. fels.* bilginin görece olduğunu ileri süren öğreti.

göreceleşme *a.* görece bir duruma gelme, kişiden kişiye değişme.

göreceleşmek kişiden kişiye değişmek, kişiye göre olmak, görece bir duruma gelmek.

göreceleştirilme *a.* görece bir duruma gelmesi sağlanma.

göreceleştirilmek görece bir duruma gelmesi sağlanmak. *Böylece ... sanatsal üretimin yasaları sonsuzca göreceleştirilmiş olur.* –AÇ.

göreceleştirme *a.* görece bir duruma getirme, kişiye göre bir duruma gelmesini sağlama. ... *bir göreceleştirmeye de karşı çıkma durumundadır.* –AÇ.

göreceleştirmek kişiye göre bir duruma gelmesi sağlamak.

görecelik *a. fels.* var olabilmek ya da belirlenebilmek için bir başka şeye bağlı olma durumu. *Öte yandan, öznelliği mutlak bir göreceliğe ya da kişiselliğe indirgemek de doğru değildir.* –AB.

görecilik *bkz.* **görececilik**

göreli *bkz.* **görece**

görelilik *bkz.* **görecelik**

görenek *a.* bir şeyi, öncellerin yaptığı gibi yapma alışkısı, yani başka türlüsünü, daha kolay ya da işe yararını, yararlısını düşünmeksizin dededen, atadan görülegeldiği gibi yapma alışkısı. ... *halk yığınlarını gelenek ve göreneklerine mıhlamıştır.* –FRA.

görenekçi *s.* göreneğe bağlı. *Eşref, tutucu ve görenekçiydi.* –İS.

görenekçilik *a.* göreneğe bağlılık. *Birtakım eski emlerden iyilik beklemek gelenekçilik değildir, olsa olsa görenekçiliktir.* –NA.

görenekleşme *a.* görenek durumuna gelme.

görenekleşmek görenek durumuna gelmek. *İkinci Abdülhamit'le birlikte padişahın, saltanat arabasıyla cumaya gitmesi görenekleşti.* –İS.

görenekleştirme *a.* görenek durumuna getirme.

görenekleştirmek görenek durumuna getirmek. *Koltuktan düştükten sonra da tersini söyleyerek siyaset yapmayı görenekleştirmiştir.* –İS.

göreneksel *s.* görenek özelliği taşıyan, görenekle ilgili. *Ama Namık Kemal için Şefika'nın ölümü yalnız göreneksel trajik son değil ...* – MB.

görev *a.* bir kimsenin ya da bir şeyin göregeldiği iş ya da kendisinden beklenen eylem. ... *kendine düşen görevi yapmamış.* –Aİ.

görevci *s.* bir iş gören, işlevi olan, görev üstlenen. *Bu bakımdan eylemci tiyatronun bir niteliği de bu tür tiyatroda görevci öğenin daha da öne geçmesidir.* –AN.

görevcilik *a.* **1** göreve bağlılık, görevseverlik. **2** işlevi olma durumu. *Böylece biçim, özün süssüzlüğünü, gerçekçiliğini, yalınlığını, görevciliğini yansıtabilmektir.* –SŞ.

görevdeş *s.* **1** görevleri bir olan iki ya da daha çok şeyden her biri. *Anlamca ilgili tümceleri ya da görevdeş öğeleri bağlamaya yarayan sözcüklere bağlaç denir.* –TNG. **2** *yaşb.* ve *fels.* bir işlevin, görevin yerine getirilmesinde birlikte çalışan.

görevdeşlik *a.* **1** görevdeş olma durumu. **2** *fels.* bir görevin yerine getirilmesinde birkaç örgenin birlikte çalışması durumuya da bir sonucun sağlanmasında birkaç görevin iş ortaklığı.

görevlendirilme *a.* kendisine görev verilme, bir işi yapmakla görevli kılınma. *Öğretim Birliği Yasası'nın özü... imam ve hatip olarak yetiştirilenlerin başka alanlarda görevlendirilmelerine de engeldir.* –UM.

görevlendirilmek kendisine görev verilmek, bir işi yapmakla görevli kılınmak. *Zırhlı araç ve gereç alımlarında ... kançılarya memuru... görevlendirilmişti.* –UM. *Görevlendirilmek istenenlerin öyle kazanmak için filan bir hırsları yoktu elbette..* –MEk.

görevlendirme *a.* (birini) bir işi yapmakla görevli kılma, (birine) görev verme. *Sadece bu işler için ... yönetim, denetleme ve disiplin kurulları gibi çeşitli organları seçmeye ve görevlendirmeye de hiç gerek yoktur.* –Tİ.

görevlendirmek (birine) görev vermek. *Kokteyl saati yaklaşırken yardımcılarını görevlendiriyor.* –YD. *Devlet kavramından tabuları temizlemenin tek yolu, onu birey özgürlüklerinin korumacılığı ile görevlendirmektir.* –MCA.

görevlenme *a.* bir işi yapmayı üstüne alma, o işi yapmayı kendine görev bilme.

görevlenmek bir şeyi yapmayı üstlenmek, üstüne bir görev almak.

görevli *s.* **1** görevlendirilmiş, görevi olan (kimse ya da şey). ... *ve kısa süreli planlar hazırlanmakla görevli ...* –SLM. **2** bir işe, bir göreve bakan kimse. *Başarılı her görevli kendisini en yüksek yetkili kadar güvenli ve kişilikli görsün ...* –MRİ.

görevlilik *a.* görevli olma durumu. *Dilin çok görevliliği yukarda işaret edilen çeşitli görevleri oluşu değil herhangi söz ya da sözcüğün birden çok görevde kullanılmasıdır.* –SGü.

görevsel *s.* görevi olan, görevle ilgili. ... *yedek subayı ordunun arızi değil, görevsel bir organı haline getirmek bir zorunluluktur.* –SI.

görevselci *a.* görevselcilik yandaşı kimse ya da görüş. *Radcliffe–Brow ... Durkheimcı olduğu için görevselcidir.* –BC.

görevselcilik *a. bud.* kültürle türlü kurumlar arasındaki görevsel ilişkiler üzerinde duran, bir kültür öğesinin tüm kültür içindeki görevini araştıran budunbilim okulu. *Bottomore'a göre sosyal-kültürel kurum ve ilişkileri kişilerin değer ve amaçlarına göre yorumlama görevselciliktir.* –BG.

görevsever *b. s.* görevine bağlı, verilen görevi kesinlikle yerine getiren (kimse). *Polis memurunun ruhu, görevsever ve tam anlamıyla görevini yapmış bir polis memurunun ruhu olduğu için, nasıl olsa cennete gideceğine güvenliydi ...* –AN.

görevseverlik *b. a.* görevine bağlılık, görevine düşkünlük. ... *korun-*

ma içgüdüsünün sonucu olan görevseverlikten gelen din ve töre statiktir. –OH.

görevsiz *s.* görevi olmayan, iş görmeyen, bir görevde bulunmayan. *İş mahkemeleri bu konuda görevsizdirler.* –UM.

görevsizlik *a.* **1** görevsiz olma durumu. **2** görevi sınırını aştığı için bir işe bakamama durumu. *Bu bir görevsizlik kararıdır.* –AAğ.

görgü *a.* **1** bir toplum içinde uyulan saygı ve incelik kuralları. **2** görmüş olma durumu. *... tek görgü şahidinin ifadesine göre ...* –RCU. **3** bir kimsenin anlayış, seziş ve bilgisini artıracak nitelikte olarak karşılaştığı olgu. **görgü tanığı** *tüze.* olayı gören ve tanıklığı buna dayanan tanık.

görgücü *a. fels.* bilginin ancak görgü ve denemelerden çıktığını ileri süren kimse, görüş. *Görgücüler, ... az ya da çok, duyumcudurlar.* –OH.

görgücülük *a. fels.* bilgi'nin ancak görgü ve denemelerden çıktığını ileri süren felsefe görüşü. *... bunlardan herhangi birinin üzerinde durmak ... kaba görgücülük suçlamasına yol açar.* –NÖ.

görgül *s. fels.* duyulara, algılara ve duyu deneylerine dayanan, bunlarla ilintili olan, bunlardan gelen. *Deneyli bilgi, yöntemli ya da yalın deneyleri ayırt etmeksizin, hem görgül hem de deneysel bilgiyi kapsar.* –OH. **görgül ruhbilim** *bkz.* **ruhbilim**.

görgülcülük *bkz.* **görgücülük**. *Bağlılık övgüsüyle görgülcülüğün zorunlulukları arasında seçim yapmasını bilmeyen ...* –TY.

görkem *a.* gözalıcı ve gösterişli olma durumu. *Kendi eliyle kendini direğe çeken bir bayrağın görkemiyle, insanlar üzerinde varlığını dalgalandırdı.* –FK.

görkemli *s.* gözalıcı ve gösterişli. *Bu görkemli bildiriyi okuyunca ...* –AB. *Böylece ortaya görkemli ve yoğun bir gereç çıkıyordu.* –SB.

görkemlilik *a.* gösterişlilik, gözalıcılık, çok büyüklük, göz kamaştırıcılık. *Çin ikonografisi ... gücü, dengeyi ve görkemliliği yalnızca önden, bakışık çekimlerle verir.* –SBü. *bkz.* **görkem**.

görmegözesi *b. a. hayb.* petekgözü oluşturan çok sayıda gözeden her biri.

görsel *s.* görme ile ilgili. *... bu sözcüğün kullanılışı ... son çözümlemede etkinin doğduğu görsel ve işitsel birimlerin kavuşmasına genişletilebilir.* –NÖ. **görsel işitsel** hem görme hem de işitme duygularıyla ilgili olan.

görselleşme *a.* göze seslenecek bir durum edinme, görsel olma.

görselleşmek gözle izlenecek bir duruma gelmek, resim, yontu, sinema filmi gibi görsel olmak. *... Fitzgerald'ın başarıyla kullandığı simgeler filmde görselleşince daha da güç kazanır.* –SKar.

görselleştirme *a.* görme ile ilgili bir duruma getirme, gözle izlenecek bir biçime sokma. *Kendi oluşturduğu senaryoyla, Parker, anlaşılan romanı alabildiğine görselleştirmeye ... çalışmış.* –AD.

görselleştirmek görme ile ilgili bir duruma getirmek, gözle izlenecek bir biçime sokmak. *Sabuncu'nun sineması, sonuç olarak bize hikâyeyi çok iyi ... görselleştiriyor gibi geldi.* –AD.

görsellik *a.* görme ile ilgililik. *Söz-*

cüklerle ve cümlelerle yazılan, düşünülen sanatların da görsel yanları var: Biçim olarak, anlam ve öykünün yarattığı imgesel görsellik olarak. –Öİ.

görü *a.* görme yetisi. ... *bu anlatılamaz bir görüdür (intuitio), bizim kendimizde Tanrı'yı görmemizdir* ... –MG.

görüm *a.* **1** *yaşb.* ışığı ve renkleri alan duyum, yani görme yetisi. *Beş duyudan biri olan görüm'ün kapsadığı duyumlar* ... –OH. **2** (tanrıbilim terimi olarak) ermişlerin, gizli şeyleri gönül gözü ile ya da kendi gözleriyle görmeleri. *Dinlerin mistik görüm ve dogmaları ise* ... –CS.

görünge *a.* uzaklık ya da derinlik duygusu veren görünüş. *Dünyayı bir görüngeden değerlendirmiyordu şimdi.* –Sİ.

görüngü *a. fels.* doğa olgusu, gözlenebilen olay. *Bir görüngü şu anlama gelebilir, ama onun tersi de aynı anlama gelebilir.* –BO.

görüngübilim *bkz.* **olaybilim**. *D.S.de yeni bir takma görüngübilim başlangıcı var* ... –TY.

görüntü *a.* **1** gerçekte var olmadığı halde varmış gibi göze görünen ya da kafada yer alan şey. ... *bir belirli hedefe doğru gidişin yan görüntüleri* ... –EG. **2** *fiz.* bir nesnenin, yansıma yolu ile bir optik aygıtında görünen biçimi. **3** *sine.* filmin alıcıda kullanılması sırasında oluşan resim ve bunun beyaz perdeye yansıtılmış biçimi. *Sinemacılıkta çok kez, ses öğelerine karşı görüntü bölümünü belirtmek için kullanılan bir terimdir.* –NÖ. **ardışık görüntü** *ruhb.* **1** bir duyumun yitmesinden sonra arda kalan görüntü. **2** daha önce seçilen nesnenin görüntüsünü tamamlayan bir rengin görüntüsü ki, nesne mor ise görüntü sarı, nesne yeşil ise görüntü kırmızı olur. **görüntü yönetmeni** *sine.* görüntülerin film yönetmeninin isteklerine uygun bir biçimde sağlanmasından sorumlu ve alıcı takımını yöneten kimse. *Bu üç filmi birbirine* ... *görüntü yönetmeni Erdoğan Engin* ...*ve başka şeyler de bağlıyor kuşkusuz* ... –AD.

görüntücü *a. fels.* görüntücülük yandaşı. *Antikçağ felsefesinde Demokritos ilk görüntücü sayılır* ... –OH.

görüntücülük *a. fels.* algının gerçeğin kendisi olmayıp ancak bir görüntüsü olduğunu öne süren öğreti.

görüntüleme *a.* bir konuyu filme alma, görüntü olarak ortaya koyma. *Aslında ileri bir erotizmin sinemasal görüntülemesini yapan bu sahne, Pasolini'nin sanatında öylesine arı bir güzellikle veriliyordu ki* ... –AD.

görüntülemek bir konuyu görüntü durumunda ortaya çıkarmak. *Bu şiiri beyazperdede görüntülemek olanak dışı bence.* –MÜ.

görüntülenme *a.* görüntüsü filme aktarılma ya da alıcı[2] ile saptanma ya da yayımlanma. *Verilerin ekranda görüntülenmesi, tasarlanmasının resim sentezini gerektireceği* ... *belirtiliyor.* –OBu. *Olayın, yani ayaktopu karşılaşmasının görüntülenmesini engellemişler.* –MTÖ.

görüntülenmek görüntüsü filme aktarılmak, alıcı[2] ile saptanmak ya da yayımlanmak. ... *o gün de art arda TRT haberlerinde görüntüleniyordu.* –KY.

görüntüleşme *a.* görüntü özelliği kazanma, görüntü durumuna gelme.

görüntüleşmek görüntü özelliği

kazanmak, görüntü durumunu almak. *Fakat bu düşünceler, hayal gücünün yaratıcı potasında görüntüleşerek, ete kemiğe bürünmüşlerdir, diri birer varlık olmuşlardır.* –BC.

görüntülü *s.* görüntüsü olan. *Görüntülü telefondan data hatlarına, bilgi bankalarından fiber optik kablolarına dek birçok teknolojik gelişme ...* –HCe.

görüntülük *a.* televizyon aygıtında görüntünün oluştuğu cam, ekran. *Salt mikrofonu tutan bir el yer alıyor görüntülükte.* –MTÖ.

görüntüsel *s.* görüntü ile ilgili. *Geçiş evreni olarak, Garbo'nun yüzü iki görüntüsel çağı uzlaştırır, yıldırıdan çekiciliğe geçisi sağlar.* –TY.

görüntüsellik *a.* görüntüsel olma durumu. ... *"görüntüsellik" bakımından silahlı kuvvetlerin fazla sempati duyacağı bir politikacı değil.* –ATa.

görünü *bkz.* **görünüm**. *Eskiden bir görünü resmi ... bize doğayı yansıttığı için ... sevilirdi.* –MCA.

görünüm *a.* bakılınca bir şeyin görünüşü ya da bir yerden bakınca uzaklarda birtakım şeylerin görülebilmesi ve bu görünen şeyler. *Ne çeşitten olursa olsun varlığın bütün görünümleri doğaca belirlenmiştir.* –NU.

görüş *a.* **1** olaylara, düşünülere ya da şeylere biçilen değer, onlar üzerine varılan yargı. *... ve bu görüş yüzyılımızın koşullarına uygundur.* –NN. *... bu milli duygu ve görüşle ...* –OT. **2** tutukluların yakınlarıyla görüşmeleri. *Görüş penceresinin açılmasıyla kapanması, görüşün başlamasıyla bitmesi bir oluyor.* –SS. **görüş günü** tutukluların ya da yargılıların yakınlarıyla görüşmelerine izin verilen gün. *Görüş günüydü o gün.* –SS.

görüşçü *a.* tutukevine düşmüş biri ni görmeye giden kimse. *Görüşçülerin arasından bakıp Kör Tahir'i benzetti.* –FB.

görüşü *a.* bir kimseyle birtakım konularda yapılan görüşme. *Hani yazarlarla görüşüyorlar, birtakım sorular sorup aldıkları yanıtları yazıyorlar, işte o görüşüler ...* –NA.

görüşücü *a.* tanınmış kimselerle görüşüler yapan kimse. *Söylenecek önemli bir sözü varsa bir yazarın, görüşücünün gelmesini bekleyecek değil ya, oturur kendi yazar.* –NA.

görüşme *a.* **1** bir kimseyle herhangi bir konuda ya da konularda yapılan konuşma. *Başbakan Demirel bu satırların yazarı ile yaptığı bir görüşmede planlama konusundaki görüşünü ...* –Aİ. **2** herhangi bir kurulda, herhangi bir konuda bir karara varmadan önceki konuşmalar. *Bütçe görüşmelerinin son gününde ...* –Aİ.

görüşmeci *a.* **1** *bkz.* **görüşçü**. **2** görüşme[1] yapan kimse.

görüşmecilik *a.* herhangi bir konuyu görüşme[1] yoluyla çözüme kavuşturma işi. *Dillere destan, görüşmecilikteki ustalığınızla.* –ASi.

görüşüm *a.* ünlü bir kimseyle görüşülerek oluşturulan yazı.

görüt *a.* imge. *Tilcik "salt" görütü yakalamak için bir araçtır demek ...* –EAy.

gösteren *a. dilb.* gösterilenle birleşerek göstergeyi oluşturan sesler bütünü, göstergenin işitim imgesi. *Oysa simgede gösterenle gösterilen arasındaki ilişki nedenlidir.* –SBü.

gösterenlik *a.* gösteren olma durumu. *Değişik dillerde değişik ses dizilerinin aynı kavrama gösterenlik yapabilmesine toplumsal uzlaşım yol açar.* –SBü.

gösterge *a.* **1** *fiz.* bir aygıtın işlemesiyle ilgili birtakım ölçümlerin sonucunu kendiliğinden gösteren araç. *Keşke tansiyon aleti gibi bir şey olsa... anlamak için göstergeye baksak.* –İS. **2** bir durumu gösteren şey. *İşçiler, ücretlerinin genel bir fiyat göstergesine bağlı olarak arttırılmasını isterler.* –KB. **3** *dilb.* dilde, bir gösterenle bir gösterilenin oluşturduğu birim. *Eğer sözcükler birer gösterge olarak ele alınırsa ...* –ÖB.

göstergebilim *b. a.* **1** dilsel ya da dil dışı gösterge dizgelerini, bu dizgelerin iletişimsel işlevlerini toplumsal açıdan inceleyen bilim dalı, imbilim. *Tanıtmaya çalıştığım yapısalcılık ... bu genel göstergebilim tasarısını da gerçekleştirmeye çalışan bir devinimdir.* –AdO. **2** tanılamaya ve sonucu kestirmeye yarayacak yargılara varmak ereğiyle, sayrılıkların belirtileriyle uğraşan tıp dalı. **3** toplumsal yaşamda duygu ve coşkuların bütün anlatım biçimlerini inceleyen toplumsal ruhbilim dalı.

göstergebilimci *b. a.* göstergebilim alanında çalışan kimse. *Bir göstergebilimciyi, André Helbo'yu izlersek ...* –AO.

göstergebilimsel *b. s.* göstergebilimle ilgili. *Onları konuya çekecek kapı ... göstergebilimsel uygulamalar, şiir incelemeleridir.* –MCA.

göstergeleştirme *a.* gösterge[3] durumuna getirme, gösterge[3] özelliği kazandırma. *Tüm etkinliklerin değişken görünüşleri ardında genel bir göstergeleştirme düzlemi vardır.* –BV.

gösteri *a.* **1** birinin ya da bir topluluğun kendi duygusunu gösteren davranışı, ki genellikle bir şeye karşı ya da bir şeyden yana olduğunu göstermek için başvurulur. ... *bir sessiz gösteri hem çok daha etkili olur, hem de ...* –Aİ. **2** *tiy.* sahne oyunları. *Türk tiyatrosuna, kendi gösteri geleneklerinden yararlanarak mı, yoksa batı örneklerine özenerek mi varılır?* –HT. **3** *tiy.* bir tiyatro yapıtının seyirci önünde canlandırılışı, bir oyunun seyirci önünde oynanması. ... *bale tedrisatında yetişen talebesinin muvaffak bir gösterisi olarak ...* –RCU. **4** dikkati, ilgiyi çekmek üzere bir topluluk önünde gösterilen ustalık ya da oyun.

gösterici *s.* gösteri yapan. *İşte bu gösteriler nedeniyle polisle göstericiler arasında ... çatışmalar oldu.* –AA.

gösterilen *a. dilb.* gösterenle birleşerek göstergeyi oluşturan içerik. *Öte yandan göstereni gösterilenle birleştiren bağ ... saymacadır.* –BV.

gösterim *a.* sinema, tiyatro, konser gibi sanat dallarında verilen gösterilerin her biri; sinemada, bir filmin seyirciye sunulmaya, gösterilmeye başlaması. *1973 yılında yeni bir film gösterime girdi.* –MTÖ.

gösterisel *s.* gösteri[2,3], özelliği taşıyan, gösteriyle ilgili. ... *burada izleyici ... sinema izleyicileri gibi dövüşün gösterisel doğasına kendiliğinden uyar.* –TY.

gövdebilim *b. a.* örgensel varlıkların yapılarıyla biçimlerini ve bu yapıyı oluşturan türlü örgenler arasındaki ilişkileri inceleyen bilim. *Ama ölümsüzlük inancı, ruhbilim ile gövdebilimin bugünkü durumunda bilimsel bir destek bulamıyor artık ...* –

AG. **betimsel gövdebilim** örgenlerin durum, biçim, ağırlık, yön, oylum gibi yönlerini, bunların ilişkilerini ele alan gövdebilim dalı. **genel gövdebilim** birbirine benzeyen gövde bölümlerini bir araya toplayıp "dizge" denilen doğal kümeler oluşturan ve bu dizgeleri biçim, yapı ve gelişmeleri içinde inceleyen bilim.

gövdebilimci *b. a.* gövdebilimle uğraşan kimse. *Okunduğunda, bu ürkekliğin ilk gövdebilimcilerde ne denli büyük olduğunu anlamak olasıdır.* –ACe.

gövdebilimsel *b. s.* gövdebilimle ilgili.

gövdeleşme *a.* Hıristiyan inancına göre İsa'nın Tanrı benliğiyle insan gövdesine girişi. *İnsan bütün yaratıkların en önemlisi olmasaydı, gövdeleşme ile adanma öğretileri pek yersiz düşecekti.* –AG.

gövdesel *s.* gövde ile ilgili. ... *ama insanda gövdesel hareketlerin istemden doğabileceğini düşündü yine de.* –AG.

gözaltı *b. a.* güvenlik güçlerince, belli bir süre bir yerde alıkonulma. *Polisin yakaladığı ve gözaltında tuttuğu sırada kişinin, avukatı ile görüşebilme hakkını önleyecek hiçbir yasa hükmü ... yoktur.* –OAp.

gözbağcı *b. a.* gözbağcılık yapan kimse. *Büyücülerin eylemleri ... (onların) birtakım gözbağcılar olmadıklarını ortaya koymaktadır.* –NŞK.

gözbağcılık *b. a.* el çabukluğu ve ustalıkla gerçekte olmayan bir şeyi oluyormuş gibi gösterme işi. ... *komünizm fare ile fil kılı arasındaki aynıyeti, fare ile filin aynı şey olduğu gözbağcılığına kadar götürür.* –NFK.

gözbilim *b. a. tıp.* gözün yapısını, çalışmasını, işlevini ve sayrılıklarını konu alan hekimlik dalı.

göze *a. yaşb.* bitki ve hayvanlarda dokuları oluşturan öğelerden her biri, ki genel olarak gözle görülemeyecek denli küçük olup yarı geçirici bir ince zarla çevrili protoplazma ve çekirdekten oluşur. ... *bir göze zarı ile çevrili.* –SK. **göze dokusu** *yaşb.* vücutta bütün örgenlerin arasında bulunan ve bunları birbirinden ayıran, deri ile deri altındaki örgenler arasında yer alan ve birbirine dolanarak boşluklar oluşturan ince tel doku. **göze kuramı** *yaşb.* hayvansal ve bitkisel her türlü yaşamın ana canlılık birimi olan ve ancak mikroskopla görülebilen gözeyi açıklayan kuram. **göze özsuyu** *bitb.* bitkilerin özünü oluşturan su. **duyu gözesi** *yaşb.* dokunma uyartılarına karşı duyarlı üstderi gözesi. **odunsu göze** *bitb.* çeperleri odunözlü zarla kaplı canlı göze. **taş göze** *bitb.* çeperleri odunözü ile kaplı ölü göze. **salgı gözesi** *bitb.* tanen, esans gibi türlü özdekleri yapan ve biriktiren göze. **su gözesi** *bitb.* su depo edebilen göze.

gözebilim *b. a.* gözeyi, biçim, yapı, fiziksel ve kimyasal vb. nitelikleriyle inceleyen bilim dalı.

gözenek *a.* **1** *bitb.* bitkilerin yaprakları ile saplarında bulunan ve bunların solunumuyla terlemesini kolaylaştıran birtakım küçük örgenlerin adı. *Gözeneklerinden sızmalı karanlık / bütün deliklerinden içine dolmalı.* –Atİ. **2** *yaşb.* hayvan dokularından kiminde bulunan ve göçmen gözelerin geçmesine yarayan aralıkların adı. ... *dokular eskimekte, gözenekler kurumakta, saçlar ve tırnaklar uzamaktadır.* –İS. **3** *gökb.* Güneş'in yüzeyinde görülen küçük, yuvarlak, kara lekelerden her biri.

gözerimi *bkz.* **çevren**

gözesel *s.* göze gibi olan, gözeyle ilgili olan. *Yaşlılığı gençliğe oranla niteliksiz gözeleri, bozulmuş gözesel işlevlerin bir sonucu saymak yerindedir.* –SAk. **gözesel doku** *yerb.* perdahlı, yuvarlak, birçok oyuğu bulunan kaya dokusu. **gözesel toprak** *yerb.* buzullar çağında oluşmuş toprak.

gözetçi *a.* gözetim işini yapan kimse. ... *ama ilgililer, hasta mahkûmu sağlam gözetçisiyle kelepçelemeyi akıllarına daha uygun bulurlar.* – FB.

gözetim *a.* gözetme işi, bakım. *Edinilmiş anamla babamın pis kokusundan, gözetiminden, kaygılı işkencesinden uzakta ikili rol oynamaktan kurtulacaktım ...* –BO.

gözetimci *s.* gözetim işini yapan. *Kıbrıs konusundaki ikili görüşmelerde BM Genel Sekreteri'nin sıfatı gözetimci olmasıdır.* –ASi.

gözetimevi *b. a.* gözaltına alınanların konuldukları yer. *Yıldırım' daki gözetimevinde de böyleydi.* –FB.

gözeyutarlığı *b. a. yaşb.* vücuda giren mikropların yutargözelerce yutulup yok edilmesi olayı.

gözgü *a.* bakınca insanın kendisini gördüğü ve genellikle camdan yapılmış nesne. *Gözgüyü tutar yüzüne ...* –NA.

gözkorkutum *b. a.* herhangi bir çıkar için, genel olarak da para sağlamak ereğiyle bir kimseyi, kendisiyle ilgili gözden düşürücü, lekeleyici bir bilgiyi herkese yayma tehdidiyle korkutma. *Şantaj, Türkçesi "karabaskı", "gözkorkutum" yani.* – MEk.

gözkorkutumcu *b. a.* gözkorkutumu uğraş edinmiş kimse.

gözkorkutumculuk *b. a.* gözkorkutumcu olma durumu, gözkorkutumcunun yaptığı iş.

gözlem *a.* **1** *fels.* dış evrende bulunan bir şeyi anlamak için onun kendiliğinden ortaya çıkan türlü belirtilerini izlemek ve gözden geçirmek işi. ... *ve gözlemleri tespit etmek bakımından ...* –TZT. **2** *gökb.* ve *meteor.* neler olduğunu, neler olacağını öğrenmek için özel araçlarla yapılan inceleme. *Özellikle astronomi ve tarih gibi ... bilimler gözlem'den yararlanırlar.* –OH.

gözlemci *a.* **1** bir yerde olup bitenleri görüp izlemekle görevli kimse. ... *siyasal gözlemcilere göre ...* –AŞE. **2** *gökb.* ve *meteor.* gözlem² işiyle uğraşan kimse.

gözlemcilik *a.* gözlem yapma işi. *Bunun yararı, sadece gözlemciliğimizin ve yaptığımız gözlemlerin sınırlarında bitmez.* –MK.

gözlemevi *b. a. gökb.* içinde gökbilim araçları bulunan ve gözlem² işleriyle uğraşılan yer. *Uluğ Bey bu gözlemevindeki çalışmalarıyla büyük bir yıldız kataloğu hazırlamıştır.* – ODe.

gözlemleme *a.* gözlem yoluyla izleme.

gözlemlemek *fels.* dış evrendeki bir şeyi iyi bilmek için dikkati onun üzerinde tutmak. *Doğayı gözlemlemek izlenimcilere gölge bölgelerinin ışıktan bütün bütüne yoksun olmadığını ... öğretmiştir.* –SB.

gözlemlenme *a.* gözlem yoluyla

saptanma. *Onda göz çok keskindir, insan düşkünlüklerinin gözlemlenmesi çok zekicedir.* –CÜ.

gözlemlenmek durumu, gidişi gözlem yoluyla saptanmak. *Bugün bizim şiirimizde gözlemlenen şu üç nitelik Fransız şiirinden geçmiştir ...* –CSS.

gözlemsel *s.* gözleme dayalı. *Harun el Reşid zamanında başlayan gözlemsel astronomi ... destek görmüştü.* –ODe.

gücem *a.* zorunda bırakma, zorlama.

gücül *s.* olmaması ya da başka türlü olması olanaksız olan, zorunlu. *... bu ilişki gücül durumdaki varlıkların ilişkisidir ...* –AfT.

gücüllük *a.* olmaması ya da başka türlü olması olanaksız olma durumu, zorunluluk. *Etkinle edilgin arasındaki ilişki, etkin gücüllükle edilgin gücüllük arasındaki ilişkidir ...* –AfT.

güç *a. fiz.* dingilliği devinime ya da devinimi dinginliğe çevirebilen etken, direnci kıran ya da direnç doğuran özellik. *Buna karşı güç deyimi erk deyimiyle de dilegetirilemez ...* –OH. **gücün eşitleşme yasası** *fiz.* farklı güçler arasındaki akış, aralarındaki güç farkını gitgide azaltarak bu farklı güçleri eşit güçler durumuna getirir, diyen termodinamik yasası. Bu yasaya göre, iki farklı gücün dengeye, eşitleşmeye doğru akışı, ısı gücü yüksek olan nesneden, az olana doğru olur. **gücün sakımı yasası** *fiz.* doğada hiçbir güç yitmez, ancak başka bir güce dönüşür, diyen fizik yasası. *(Becheterefff'e) ... göre, fizikteki güç sakımı yasası toplumsal olaylar alanında "her birey güç biriktirici bir varlıktır" ... biçiminde söylenebilir.* –NŞK.

güçlendirici *s.* güç verici, güçlenmeyi sağlayıcı. *Bunlara ... adale yapıcı ve güçlendirici ilaçlar eklendi.* –VB.

güçlendiricilik *a.* güç verici olma durumu, güçlenmeyi sağlayıcılık.

güçlendirilme *a.* güçlü duruma getirilme, güç kazanması sağlanma. *Ancak, güçlendirilmesi gereken kuruluşların ...* –ASi.

güçlendirilmek güçlü bir duruma getirilmek, güç kazanması sağlanmak. *... her ay bir fon oluşturulmuş, olanlar da güçlendirilmiş.* –İS.

güçlendirme *a.* güçlenmesini sağlama, güçlü kılma, güç kazanmasını sağlama. *Gazeteci olmak istiyorsanız, genel kültürünüzü hep güçlendirmelisiniz.* –OGö.

güçlendirmek güçlenmesini sağlamak. *Erkek, kadın'ı güçlendirmek ister.* –SŞ.

güçlenme *a.* güçlü bir duruma gelme, her şeye gücü yetecek denli gelişme, güç kazanma. *Ayrıca ... devşirme kapıkulu, devletin güçlenmesi için elinden geleni yapmakta kusur etmiyordu.* –MCA.

güçlenmek her şeye gücü yetecek duruma gelmek. *Erkeğin çelişkisi güçlenmek için, kendi iç benliğini yadsımasıdır.* –SŞ.

güçlü *s.* kendisinde güç bulunan, gücü olan. *Sezgisi güçlü bir adamdır. ... ama tenkidçi sayılamaz.* –NA.

güçlülük *a.* gücü olma durumu, niteliği. *Bu uslamlamanın sadeliğine ve güçlülüğüne şaşmamak elde değildir.* –MCA.

güçölçer *b. a. fiz.* yayların esnekliğinden yararlanılarak yapılan ve fiziksel güçleri ölçmeye yarayan araç.

güçsüz *s.* gücü olmayan, gücü yetmeyen, enez. *Yokuşun üstündeki düzlükte kendisini ... büsbütün güçsüz, büsbütün onuru kırılmış buldu.* –KT.

güçsüzleşme *a.* gücünü yitirme, gücü kalmama, enezleşme. *Devlet işlerine karıştıkları çok olduysa da bu karışma ... devletin ya isteği ya da güçsüzleşmesi yüzünden olmuştur.* –NB.

güçsüzleşmek gücü kalmamak, enezleşmek. *Eşitlik bozulmuş, insanların kimi güçlenirken kimi güçsüzleşmiştir.* –OH.

güçsüzleştirilme *a.* gücünü yitirmesi sağlanma, güçsüz bir duruma getirilmek. *Sıkıyönetim ilanı ... parlamentodaki muhalefetin daha da güçsüzleştirilmesine yardımcı olabilir.* –ASi.

güçsüzleştirilmek güçsüz bir duruma getirilmek, gücünü yitirmesi sağlanmak. *Sendikalar güçsüzleştirilmiş, hiç de çekici, yararlı olmayan kuruluşlara dönüştürülmüştür.* –OA.

güçsüzleştirme *a.* güçsüz bir duruma getirme, gücünü yitirmesine yol açma. ... *Nermin ... erkekleri âşık edip, onları kendi aşkları içinde güçsüzleştirmeye çalışıyordu farkında olmadan.* –AAl.

güçsüzleştirmek *a.* güçsüz bir duruma getirmek, güçsüz bırakmak, güçsüzleşmesine yol açmak. ... *işçi hareketini de bölerek güçsüzleştirmek için türlü oyunlar çevrilmektedir.* –BE.

güçsüzlük *a.* gücü olmama durumu. ... *bir yandan da güçsüzlüğümüzü gösterir.* –NA.

güdü *a. fels.* kaynağı us olan neden. *Yoksa kişisel güdüleriyle mi yapıyordu bunu?* –ÇA.

güdüleme *a. ruhb.* insan ya da hayvanlardaki belli güdüleri devinime geçirerek canlıyı eyleme itme işi. *Güdüleme kavramı, yönetimde karşılaşılan eksikler sonucu ortaya çıkmıştır.* –İG.

güdülemek (insan ya da hayvanlardaki belli güdüleri devinime geçirerek) canlıyı eyleme itmek. *İzlenimleri çok sınırlı olan bu yavruya neleri güdülemek istemezler ki?* –ARE.

güdülendirme *bkz.* **güdüleme**

güdülendirmek *bkz.* **güdülemek**. *Bu duyarlılıklar, yalnızca çocuğu dışa güdülendiren ... geçici "itici güçler" dir.* –ASG.

güdülenim *bkz.* **güdülenme**. ... *öznenin aslında cinsel bir güdülenim içinde olduğunu görünür kılmaktadır.* –OD.

güdülenme *a. ruhb.* canlıda eyleme ya da öğrenmeye geçme yönsemesi. ... *hem de bir tutumlar, güdülenmeler ve içtepiler tipolojisi kurabilmek için* ... –SY.

güdüleyici *a.* ve *s.* eyleme geçirici, yönlendirici. *Ama para her zaman önemli güdüleyici değildir.* –İG.

güdüm *a.* gütmek işi. ... *ve bir yabancı devletin güdümünü kabul etmek* ... –İS. *Gerçek söz söyleme sanatı da ruhun sözlerle güdümüdür.* –MG.

güdümbilim *b. a.* yönetimde, makinenin insan yerine geçebileceği görüşünden yola çıkarak, özdevimsel bir makinenin, çağdaş tekniğin olanakları çerçevesinde bir işi yönetmesini ya da bir ereğe ulaşmasını sağlamaya uğraşan bilim. *Daha iyi bir ad gereksendiğinde güdümbilim devrimi diyebileceğim gerçek bir devrime adım atıyoruz.* –AU.

güdümbilimci *b. a.* güdümbilim alanında çalışan uzman.

güdümbilimsel *b. s.* güdümbilimle ilgili. ... *yalnızca güdümbilimsel karmaşıklığıyla ...* –TY.

güdümcü *a.* güdümcülük yanlısı kimse. *Solcu ve güdümcülerin nasıl marazî bir ruh haleti içinde bulunduklarına ... dair tipik hadiselerden biri de, şüphesiz, Bursa nutku safsatalarıdır.* –OT.

güdümcülük *a.* **1** her işte güdümü öne alan görüş. **2** devletin, önceden saptanan kurallara göre, ekonomiye yön verme tutumu. *Ekonomiciler çağdaş güdümcülüğü, "genelleştirilmiş ve sistemleştirilmiş bir müdahalecilik" sayarlar.* –OH.

güdümleme *a.* güdüm altına alma. ... *herkes TRT'yi belli önyargılarla ... izlediği için ... yanlış güdümlemelerin sonuçları sınırlı kalıyor.* –AI.

güdümlemek güdüm altına almak. ... *evrensel boyutta insanı çevreleyen ve güdümleyen olgular...* –MY.

güdümlendirilme *a.* belli bir ereğe göre yönlendirilme.

güdümlendirilmek belli bir ereğe göre yönlendirilmek. *Burada bir sözlüğün, bir dilbilgisinin politik olarak nasıl güdümlendirildiğini kısaca göstermek istiyorum.* –TY.

güdümlü *s.* belli bir ereğe göre yürütülen. ... *güdümlü edebiyata karşı ne söylenebilirse bunlara karşı da söylenebilir ...* –CSS.

güdümlülük *a.* güdümlü olma durumu.

güdüsel *s.* güdü özelliği taşıyan, güdü özelliğinde, güdüyle ilgili. *Duygu tek başına ele alındığında güdüseldir.* –BC.

güldürmen *a. tiy.* güldürü oyuncusu.

güldürü *a. tiy.* kişilerin olayların ve toplumun gülünç yanlarını gösteren oyun. *Bir güldürü için son derece elverişli olan hikâyeyi Kramer, Amerikan komedi geleneğinin mirasından yararlanarak destekliyor.* –AD.

gülecen *s.* her zaman gülümseyen, güler yüzlü, güleç. *Balıkesir'den ... atlamış arabaya beni görmeye gelmiş, sevecen, gülecen bir kişiliği var.* –MHe.

gülmece *a.* gerçeğin güldürücü yanını ortaya koyan söz ya da yazı türü, eğleni. *Shakespeare de büyük bir gülmece yazarıdır.* –MCA.

gülmececi *a.* gülmece yazarı. *Tarihte, yergileri, alayları yüzünden öldürülmüş gülmececiler pek çoktur.* – AN.

gülmececilik *a.* gülmece yazarlığı ya da gülmececi niteliği. *Görüşüme göre alaycılık, gülmececilik insanda bir eksiğini kapama ... bir kendini savunmadır.* –AN.

gülünçleme *a. tiy.* ciddi bir tiyatro yapıtının bir bölümünü ya da tümünü, aradaki koşutluğu koruyarak alaya alan, biçimini bozmadan ona bambaşka bir içerik vererek, içerikle biçim arasındaki bu karşıtlıktan gülünç ve eleştirel etki yaratan oyun biçimi.

gülüm *a.* gülümseme. *Çocuğun yüzündeki gülümler bir an bile sönmüyor.* –BK.

gülüt *a.* **1** *sine.* ve *tiy.* beklenmedik gülünç durum. *Gülüt gerçek olan bir eğretileme ya da eğretileme olmuş bir gerçektir.* –SBü. **2** Nasrettin Hoca, Bektaşi, Bekri Mustafa gibi kişilerle ilgili ya da herhangi bir konuda güldürücü öykücük. *Oğuz'un Metin Eloğlu ile birlikte Bektaşi gülütlerini şiirleştirmesi vardır.* –FB.

günaydın *ünl.* iyi dilek bildiren ve gündüzün ve genellikle öğleden önce söylenen esenleme sözü. ... *arkadaşlara esenlik yüklü birkaç günaydın savurdum.* –EÖ.

günberi *b. a. gökb.* Yer'in Güneşe en yakın bulunduğu nokta. ... *başka bir deyişle, yörünge üzerinde büyük eksen uçlarından Güneşe yakın olanına günberi noktası denir.* –Rİ.

günberisel *b. s. gökb.* günberiyle ilgili. *Merkür'ün günberisel hareketi konusunda şöyle yazmıştık* ... –ÖÜ.

günce *a.* **1** genellikle her gün çıkan ve baş ereği geniş topluluklara haber ulaştırmak olan büyük boyutlu basılı kâğıt. ... *günce okuyucularına* ... –NA. **2** *bkz.* **günlük**.

güncel *s.* günün konusu olan; şimdiki, bugünkü (haber, olay vb.). *Yer yer en güncel toplumsal ve siyasal sorunların sözcülüğünü de yaparak.* –RM.

güncelci *a.* ve *s.* güncel olaylardan yola çıkan. *Belki birçok "tam güncelci ozan" da, artık "anıştırmacı güncelci"lerden oldu.* –TUç.

güncelcilik *a.* güncel olaylara ağırlık verme tutumu. *Kimisi* ... *"sürekli güncel"i veriyorum diyerek gerçekte gizli bir güncelcilik yapmış* ... –TUç.

güncelleşme *a.* günün konusu durumuna gelme. *Provokasyon sözcüğü güncelleşmeye başladı.* –CA.

güncelleşmek günün konusu durumuna gelmek. ... *bu sorular, geçen pazar gününden beri daha güncelleşmiştir.* –HCe.

güncelleştirilme *a.* güncel bir duruma getirilme, güncelliği sağlanma.

güncelleştirilmek **1** güncel bir duruma getirilmek, güncelliği sağlanmak. ... *birtakım yayınlar çeşitli yazarlar tarafından* ... *zaman içinde tekrar tekrar güncelleştirilmektedir.* –AE. **2** içerdiği eskimiş bilgiler yeni bilgilerle değiştirilerek geçerli duruma getirilmek.

güncelleştirme *a.* **1** günün konusu durumuna getirme. **2** içerdiği eskimiş bilgileri yenileme.

güncelleştirmek **1** günün konusu durumuna getirmek. ... *araştırmaların erişemeyeceği bir sahicilikle tarihi yenilemek güncelleştirmek.* –TUy. **2** içerdiği eskimiş bilgileri yeni bilgilerle geçerli duruma getirmek.

güncellik *a.* güncel olma durumu. *Güncelliği yitip gitmiş onların.* –OA. ... *zamanın durağan bir güncellik olarak düşünülmesi* ... *çok daha eskidir.* –CÜ.

güncül *bkz.* **güncel**

gündem *a.* **1** bir toplantıda görüşülecek konuların topu. **2** bunların sırasını gösteren kâğıt. ... *önergelerin gündeme alınıp alınamayacağının* ... –Aİ.

gündeş *s.* aynı günlerde yaşayanlardan, aynı günlerde olanlardan her biri. *Oysa gündeş ozanlarımızın çoğu, yöresel, yersel, somut bir okur yığını seçememişlerdir* ... –ME.

gündeşlik *a.* gündeş olma durumu.

günedoğrulum *b. a. bitb.* bitkilerde, Güneş ışığının etkisiyle ortaya çıkan göçüm, güneyönelim. *bkz.* **göçüm, yönelim**.

güney *a. coğr.* dört ana yönden biri, ki solumuza doğuyu, sağımıza batıyı alırsak güney karşımıza düşer.

güneybatı *b. a. coğr.* güney ile batı arasındaki ara yön. *Bunun gibi güneydoğu, kuzeybatı, güneybatı yönleri birer ara yöndür.* –Rİ.

güneydoğu *b. a. coğr.* güney ile doğu

arasındaki arayön. *Bunun gibi güneydoğu, kuzeybatı, güneybatı yönleri birer ara yöndür.* –Rİ.

güneyli *s.* güney bölgelerinden olan (kimse).

güneysel *s. coğr.* güneye düşen; güneyle ilgili. *Batı kaynaklarında güneysel karşılığı olarak.* –Rİ.

günlük *a. yaz.* uzunluğu kısalığı söz konusu olmaksızın, günü gü nüne yazılan ve tarih atılan, yayımlanması düşünülmediği için içten olan, anıya yakın olmakla birlikte, anının yaşadıktan sonra yazılmasına karşılık, günü gününe ve düzenli olarak yazılmış olmasıyla ondan ayrılan yazı türü. *Oysa günlük de bir tür, önemli güçlü bir yazı türü.* –MF.

günlükçü *a. yaz.* günlük yazarı. *Günlükçü, saptadığı olayları yazarken kendi kişiliğini gizlemeye yanaşmaz.* –EmÖ.

günoğlu *b. s.* zor durumlarda, davranışlarını törel ilkelere göre değil, kendi kişisel çıkarlarına göre ayarlayan (kimse). *Avukattırlar / Günoğludurlar / Nilüferleri kararta kararta/Kalırlar orda.* –CSS.

günoğluculuk *b. a.* zor durumlarda, davranışlarını törel ilkelere göre değil, kendi kişisel çıkarlarına uygun düşecek biçimde ayarlamayı yeğleyen tutum.

günöte *b. a. gökb.* ve *coğr.* Yer'in Güneş'e en uzak bulunduğu nokta. ... *yörünge üzerinde büyük eksenin uçlarından Güneş'e uzak olanına günöte noktası adı verilir.* –Rİ.

güre *a.* **erke, güç**.

güreci *a. fels.* gürecilik yanlısı kimse, görüş. *Antikçağ Yunan felsefesinde Herakleitos, Aristoteles ... güreciydiler.* –OH.

gürecilik *a. fels.* özdeğin kendiliğinden etkin olduğunu, gelişmesini sağlayan gücün kendisinde bulunduğunu ileri süren öğreti. *Güreciliğe göre her varlık nedenini kendinde taşır.* –OH.

gürel *s. fels.* oluş ve dönüşüm durumunda bulunan, dural karşıtı. *Gürel ve gürellik deyimleri ... otuz beş yıldır kullanılmaktadır.* –OH.

güreli *s.* erkeli, erkesi olan. *Metafizik gürecilik, varlık deyiminden Tanrı'yı anlar ve varlık bizzat etken ve gürelidir.* –OH.

gürellik *a.* oluş ve dönüşüm halinde bulunma. *Gürel ve gürellik deyimleri 1942 yılında Türk Dil Kurumunca saptanmıştır ve otuz beş yıldır kullanılmaktadır.* –OH.

güven *a.* bir şeyden umulan, beklenilen niteliğe inanıp ona göre davranma. ... *gençliğe özgü güven duygusuna ...* –EC.

güvence *a.* bir şeyin sağlamlık, doğruluk ve buna benzer niteliklerini güvene bağlama, bir işin olacağını, bir sözün yerine geleceğini vb. üstüne alma işi ya da bunları sağlayan şey. ... *bir güvence yerine geçer.* –BE. **güvence vermek 1** bir anlaşmada taraflardan biriyle ilgili olarak sorumluluğu yüklenmek. **2** bir konuda, doğruluk, yerine geliş vb. gibi niteliksel yönde güven vermek. *Verdiği güvence/ Sürer gider bir süre.* –BN. **3** bir sorumluluğu üstlenerek karşılığında para vb. ortaya koymak.

güvenceci *a.* ve *s.* bir konuda güvence veren ve bunun gerçekleşmesini sağlayan, gözeten (kimse, kuruluş ya da devlet). ... *sık kullanılmakta olan garantör sözcüğü için* *güvenceci karşılığını ... türettim.* -CM.

güvencecilik *a.* güvencecinin görevi, güvenceci olma durumu.

güvenceleme *a.* bir şeyin sağlamlık, doğruluk vb. niteliklerini güvene bağlama.

güvencelemek bir şeyin sağlamlık, doğruluk vb. niteliklerini güvene bağlamak. *Gerçekten bu işin başlaması, tamamlanmasını güvenceleyecektir.* –MT.

güvenceli *s.* güvence veren, güvence sağlayan, güvencesi olan. *Abdülhamit döneminde yapılan sansürün bir de güvenceli yanı vardı.* –UM.

güvencesiz *s.* güvencesi olmayan. *.. bu tür çalışmalar kimin emekten yana olduğunu, kimin çalışanları güvencesiz bırakma yolunda çaba gösterdiğini onlara anlatmaya yardımcı olacaktır.* –EÜ.

güvencesizlik *a.* hiçbir güvencesi olmama durumu. *... kızını, kocasının öldürdüğü adamın ailesine vererek "kanını bağışlatan" kadın, bu güvencesizliği simgeler.* –HY.

güvenç *a.* güvenme, güven, güvenilecek şey. *Güvençsizlikten ve spekülasyondan gelen toprağa hücum sahilleri de içine alır.* –EG.

güvenek *bkz.* **güvence**. *... bu belâya karşı ordumuzun sağduyusundan başka güveneklerimiz, örgütlerimiz olmalıydı.* –SE.

güvenilir *s.* güven veren, güvenli, güven duygusu veren, inandırıcı. *Türkiye'de 1990 yılı için güvenilir tahminler yapılabileceğini söyleyen bir babayiğit varsa beri gelsin.* –OU.

güvenilirlik *a.* güvenilir olma durumu. *"Güvenilirliğin de koşuludur ilkeli olmak."* –MNU.

güvenirlik *a.* güvenilme durumu, güvenilir olma. *... olasılıkta o aranan güvenirlik, sağlamlık yok ...* –MG.

güvenli *s.* güven verici. *... insanları daha sağlam, daha güvenli, daha özgür ... bulundurmak için ... ruh sağlığı ve korunması gereklidir.* –RA.

güvenlik *a.* güven içinde bulunma hali. *Başka bir deyimle din inançları; kaygıya, korkuya, huzursuzluğa karşı alınan birtakım güvenlik önlemleridir.* –NŞK.

güvenoylaması *b. a.* göreve yeni başlayan ya da görevde iken herhangi bir nedenle güvenilir olup olmadığı saptanmak istenilen bir hükümet için mecliste yapılan oylama. *Hemen arkasından, kendi eliyle kendisi hakkında güvenoylamasına dönüştürdüğü yerel seçimlerde olağanüstü bir yenilgi alsın ...* –HCe.

güvenoyu *b. a.* işbaşındaki hükümetin tutumu ile ilgili olarak, güven bildirmek üzere verilen oy. *İnönü, bu oylamayı bir güvenoyu sayacağını açıklamış, böylelikle bir çeşit güvenoyu isteminde bulunmuştu.* –Aİ.

güvensiz *s.* güveni olmayan. *Ama bu tartışma olmasaydı da İstanbul kendisi için güvensiz bir yer olacaktı.* –AAl.

güvensizleşme *a.* güven vericiliğini yitirme.

güvensizleşmek güven vericiliğini yitirmek. *Doğal afetlerin içinde, sanırım en korkuncu depremdir; neden derseniz insanın bastığı yer güvensizleşir depremde.* –MCA.

güvensizlik *a.* güvenmeme, güveni olmama. *... biçimsel devrimcilerin halkta yarattıkları aydına güvensizlik ...* –ÇÖ. **güvensizlik oyu** işbaşındaki hükümete güvenilmediğini bildirmek için verilen oy. *Demirel hükümeti Meclis'ten güvensiz-*

lik oyu almış sayılacak ve düşmesi gerekecektir. –Aİ. **güvensizlik önergesi** işbaşındaki hükümete güvenilmediğini bildiren ve bu konuda oylama isteyen önerge. *Gensoru görüşmeleri sırasında verilecek güvensizlik önergesi, üye tamsa yısının salt çoğunluğunca desteklenirse hükümet düşer.* –Aİ.

güzelduyu *b. a.* sanatsal yaratının genel yasalarıyla, sanatta ve yaşamda güzelliği konu alan bilim, güzelduyubilim.

güzelduyubilim *bkz.* **güzelduyu**

güzelduyucu *b. a.* güzelduyubilimle uğraşan kimse.

güzelduyuculuk *b. a.* gerçeklik ve yarar kaygılarını bir yana bırakarak, bir sanat ya da felsefe konusunu salt güzellik duygusu yönünden ele alma tutumu ve kuramı.

güzelduyusal *b. s.* güzellik duygusu ile ilgili, güzellik duygusuna uygun olan. *Yazınbilimcilerin adına güzelduyusal tat dedikleri bir duyguyla ısıtır içimizi.* –EmÖ.

H

halkavcılığı *b. a.* halkavcısının yaptığı iş, halkavcısının tutumu. *Günoğluculuk gibi halkavcılığı da yeni türetilmiş bir bileşik sözcüktür, "demagoji" karşılığı önerilmiştir.* –AP. **halkavcılığı yapmak** bir kimsenin ya da topluluğun hoşuna gidecek gerçekdışı sözler söyleyerek onu ya da onları kazanmaya çalışmak.

halkavcısı *b. s.* bir kimsenin ya da topluluğun duygularını kamçılayan gerçekdışı sözler söyleyerek onları kazanmaya çalışan (kimse). *Devrimleri kıyısından köşesinden tırtıklamaya başlamışlardı bu halkavcıları.* –TS.

halkbilim *b. a.* bir ülke halkının geleneklerini, törelerini, inançlarını, söylence, masal, ağıt, türkü gibi sözlü yazın ve müziğini, oyunlarını, geleneksel tiyatrosunu, halk hekimliğini, araçgereç ve konut yapımını ve bunlara benzer kültür ürünlerini inceleyen bilim. *İnsanbilim, toplumbilim, halkbilim gibi budunbilime birinci dereceden yardımcı olan komşu bilim dallarındaki ortak terimlere de sözlükte yer verilmiş ...* – SVÖ.

halkbilimci *b. a.* halkbilimle uğraşan kimse, halkbilim uzmanı. *Geleceğin ... halkbilimcilerine ... yararlı olabilirse ... mutluluk duyacaktır.* – PNB.

halkbilimsel *b. s.* halkbilimle ilgili. *... bu bildiride ilginç sosyolojik ve halkbilimsel görüşler ileri sürülüyor.* –AIK.

halkoylaması *b. a.* halkın siyasal ve toplumsal sorunlar karşısındaki tutum ve davranışı, düşünüşü. *Önceki gün, bir Ortadoğu ülkesinde, içeriği ve sonuçları bakımından oldukça ilginç bir halkoylaması daha yapıldı.* – ASi.

halkoyu *b. a.* herhangi bir konuda halkın düşünüsü. *Halkoyu bu durumda doğrudan yasamanın yerini aldığı için ...* –ASi.

havabilim *b. a.* hava olaylarını konu alan bilim. *Zamanla havabilim ilerledi ... artık havanın nasıl olacağı bilimsel raporlarla saptanıyor.* –İS.

havabilimci *b. a.* havabilim uzmanı, havabilim alanında çalışan kimse.

havaölçer *b. a.* havanın yoğunluğunu ölçmede yararlanılan araç.

haykırı *a.* bağırma, haykırma, çığlık. *Camdan bir kahkaha kulakta parçalanır, / Sıçrar kısık bir haykırı korkuda.* –BN.

hayvanbilim *b. a.* doğal bilimlerin hayvanları inceleyen dalı. *Başka bir* *güçlük de hayvanbilimin gelişmesiyle elde edilen, hayvan türlerinin sayısından doğdu.* –AG.

hayvanbilimci *b. a.* hayvanbilimle uğraşan kimse, hayvanbilim uzmanı. *Sonradan İsviçreli bitkibilimci Nageli, Alman hayvanbilimci (zoologist) Siebold ... buluş üzerinde çalışmalarını sürdürdüler ...* –VB.

hayvanbilimsel *b. s.* hayvanbilimle ilgili. *... Elle dergisine bakılırsa, kadın yazar dikkate değer bir hayvanbilimsel tür oluşturur.* –TY.

hayvansal *s.* hayvanla ilgili; hayvan özelliği taşıyan ya da hayvandan yapılan. *Beslenmede hayvansal besinler önem taşır.* –AP.

hayvansallık *a.* hayvan özelliği taşıma durumu, hayvanla ilgililik. *Batılı insan, özellikle tarihin son dört yüzyılında, insansallıkla hayvansallığı birbirinden kesinlikle ayırmayı bir hak olarak benimsemekte.* –TY.

hızölçer *b. a.* bir devinimin ivmesini ölçen aygıt. *Artık ağır taşıtlara hızölçer takma zorunluluğu varmış, sürücü öyle söylüyordu.* –AP.

hızyolu *b. a.* kentlerarası hızlı bir gidişgelişi sağlamak için yapılan, yerleşim yerlerinin dışından geçen, az dönemeçli, başka yollarla kesişmeyen, ortası ayrılmış çift yönlü, her yönde üç ya da daha çok şeritli, özel kaplamalı karayolu. *Kentlerarası hızyolu yapımı hızlanacakmış.* –AP.

hiççi *s. fels.* hiççilik öğretisini benimseyen.

hiççilik *a. fels.* var olan bütün varlıkları, değerleri ve gerçekleri yadsıyan, bunların gerçek bir temeli bulunmadığını öne süren aşırı bireyci öğreti.

hiçleme *a.* hiç yokmuş sayma, hiçe sayma, önem vermeme. *Ertesi gün üsteğmenle Seçil'de de çevreyi hiçleme vardı.* –F.

hiçlemek önem vermemek, hiç yokmuş saymak, hiçe saymak. *Ancak bu geçmişi yadsımak, tümüyle hiçlemek anlamına da gelmez.* –EmÖ.

hiçlenme *a.* değer verilmeme, hiç yokmuş sayılma, hiçe sayılma. *Gerçekte, sanatçının böyle sömürülme, ekonomik planda hiçlenme durumu yurdumuzda çok yaygındır.* –CSS.

hiçlenmek değer verilmemek, değersiz sayılmak, hiçe sayılmak. *... sadece üretici sayılmamakla kalmıyor, aynı zamanda aşağılanmış, hiçlenmiş de oluyor.* –CSS.

horgörü *b. a.* değer vermeme, değersiz sayma, hor görme. *Soğuktan donan ellerimi yamalı köhne paltomun cebine daldırdım da devrimci bir horgörüyle seyrettim o gün insanları.* –TAğ.

hoşgörü *b. a.* bir şeyi anlayışla karşılayarak olabildiğince hoş görme. *Yaşça ve başça benden ileride olan meslektaşlarımın hoşgörüsüne güvenerek bir derdimizi daha söylemeye çalışacağım.* –FB.

hoşgörülü *b. s.* hoşgörüsü olan, hoşgörü ile davranan. *... üniversite gençliğinin, ancak onlara yakın değinmesi olan ... anlayışlı, hoşgörülü öğretim üyelerince ...* –SA.

hoşgörür *b. s.* hoşgörülü, hoşgörücü.

hoşgörürlük *b. a.* hoş görme durumu. *Bugün toplumlarda intihara kötü gözle bakılmamaktadır. Bu hoşgörürlük pek doğal sayılmaz.* –NŞK.

hoşgörüsüz *b. s.* bir şeyi anlayışla karşılama yetisinden yoksun olan, hoş görmeyen, hoşgörüsü olmayan. *... bu soruları çoğaltmak, yanıtlamaya kalkışmak yalnızca hoşgörüsüz eleştirmenlik afratafrasından öteye gitmez kanısındayım.* –Yİ.

hoşgörüsüzlük *b. a.* hoş görmezlik, bir şeyi anlayışla karşılayamama, hoş görmeme durumu. *Birtakım çözümler getirmeyen bir sinema bile ... tutuculuğu, hoşgörüsüzlüğü, sefaleti ... teşhir etmek suretiyle önemli bir iş yapmış olmaktadır.* –AD.

I

ılgım *a. coğr.* çölde ya da asfalt yolda uzaktan su gibi görünen ışık yanıltmacı, ki yere yakın hava katlarının değişen yoğunluğu, değişen kırma gücü yüzünden Güneş ışınlarının eğilmesiyle ilgili, gözü yanıltan bir doğa olayıdır. ... *kurgunun bir ılgım olduğunu söylemek, sinemaya özgü bir düzenleme yöntemi olmadığını savunmaktır ...* –NÖ.

ılım *a. ruhb.* ölçülülük; istek ve tutkularda ölçülü davranma erdemi. *... kişi, davranışlarında ılımı elden bırakmamalı, diye düşünüyorum.* –AP.

ılımlı *s.* ölçülü; hiçbir şeyde aşırılığa kaçmayan. ... *karma ekonomi meselesinde ... başladığı noktadan daha ılımlı noktaya doğru kaymakta ...* –EG.

ılımlılaşma *a.* ılımlı, ölçülü bir duruma gelme.

ılımlılaşmak ölçülü bir duruma gelmek, aşırı yönleri törpülenerek ılımlı bir durum, özellik edinmek. *... bu dramatik öğe incelik kazanarak yumuşamış ve ılımlılaşmıştır.* –BC.

ılımlılaştırma *a.* ılımlı bir duruma getirme.

ılımlılaştırmak ılımlı bir duruma gelmesini sağlamak. *Ugolino'ya göre, Francesco'ya bir yandan yardım etmek, öte yandan da onu denetlemek ve ılımlaştırmak gerekiyordu.* –BC.

ılımlılık *a.* hiçbir şeyde aşırılığa kaçmama durumu, ölçülülük. *Ataç ılımlılık denen şeyi kötülüyor ...* –OA.

ıra *a.* bir şeyi benzerlerinden ayırt etmeye yarayan özellik, özyapı. *Böylece tilki sözcüğü somut varlığı anlatmaktan kayarak o varlığın en belirgin ırasını anlatmakla soyutlaşır.* –TNG.

ırabilim *b. a. fels.* bireylerde ıranın gelişim ve ayrımlarını araştıran bilim kolu.

ırak *s.* uzak.

ırakgörür *b. a. gökb.* görüntüyü büyülten ve böylece uzaktaki nesnelerin, uzaydaki gökcisimlerinin daha açık görünmesini sağlayan büyük dürbün. *Böylece büyük ırakgörür bu süre içinde göğün aynı doğrultusunda kalmış olur.* –AK.

ıraksak *s. fiz.* ve *mat.* birbirinden gittikçe uzaklaşarak uzanan (ışınlar, çizgiler.) *Iraksak kelimesinin bu anlamda türlü yerlerde kullanılmasının yanında ...* –Rİ.

ıraksama *a.* ıraksamak eylemi.

ıraksamak bir şeyin olmasını uzak görmek ya da bir yeri gidilemeyecek denli uzak saymak.

ıraksıl *s.* yabancı ve uzak ülkelerle ilgili, ırak ülkelerden getirilmiş. ... *budunbilimcilerimiz, biçimsel olarak ıraksıl, gerçekteyse Batı'ya ... benzeyen* *bir Doğu varsaymakta hiç güçlük çekmeyeceklerdir.* –TY.

ıraksılcı *s.* ıraksıllıktan hoşlanan (kimse) ya da yapıtında ıraksıl öğelere yer veren (kimse).

ıraksılcılık *a.* ıraksıllığı öne çıkaran tutum. *Bir film, Yitik Kıta, günümüzün ıraksılcılık söylenini çok güzel aydınlatıyor.* –TY.

ıraksıllık *a.* bir yapıtta, yabancı, ırak ülkelerle ilgili kişi ve olayları, o ülke rengini yansıtma tutumu, ıraksılcılık. *Iraksıllık bunların başında gelir ...* –TY.

ıralama *a.* ıralamak eylemi.

ıralamak *fels.* bir ıra özelliği ile belirtmek.

ırasal *s.* ıra ile ilgili, özyapısal. *... birbirinden uzak bölgelerde ya da kıtalarda bulunan özdeksel kültür öğeleri arasındaki ırasal biçim benzerliklerini saptamak amacıyla ...* –SVÖ.

ırmak *a.* akarsuların en büyüğü. *Irmaklar bol yağışlı bölgelerde ... gelişmiştir.* –Rİ.

ısı *a.* **1** *fiz.* sıcaklığın nedeni olan erke. *Isı ile sıcaklık birbirinden ayrıdır.* –Rİ. **2** canlı varlıkların bedenindeki sıcaklık derecesi. *Giyinip soyunarak vücut ısımızın ... düzeyini kontrol ederiz.* –ÖA. **3** fiziksel bir olaya dayanarak belirli bir ölçü üzerine kurulmuş olan sıcaklık ve soğukluk derecesi. *Isı, bir cismin içine dışarıdan verilen veya o cisimden alınan enerjidir.* –ÖA.

ısıalan *b. s. kim.* oluşurken çevresinden ısı çeken (bileşme).

ısıdenetir *b. a.* bir nesnenin ya da bir yerin ısısını kendiliğinden düzenleyen, sürekli olarak aynı derecede olmasını sağlayan aygıt.

ısıl *s. fiz.* **1** ısıdan ileri gelen (olay). *Bu da dünyanın ısıl sonu demektir.* –OH. **2** ısınan ve ısıyı ileten (nesne).

ısın *a.* doğal atmosfer basıncında, ısınma ısısı 15 santigrat derecelik suyunkine eşit olan bir cismin bir gramının sıcaklığını 1 santigrat derece yükseltmek için gereken ısı miktarına eşit ısı birimi.

ısınma *a.* sıcak duruma gelme. **ısınma ısısı** *fiz.* bir cismin bir gramının sıcaklığını bir santigrat derecesi yükselten ısı miktarı.

ısınölçer *bkz.* **ısıölçer**

ısıölçer *b. a. fiz.* cisimlerin ısınma ısısını ölçmeye yarayan araç.

ısısavar *b. a.* bağlı bulunduğu motordaki ısı derecesinin yükselmesini önleyen soğutucu. *"Ona da ısısavar deyin" karşılığını verdim.* –CM.

ısıtaç *a.* depo durumunda olan bir kazandan çıkan sıcak suyu, buğuyu ya da havayı borular içinde dolaştırmak yoluyla bir yapının her yanını ısıtan araç.

ısıtır *a.* genellikle kauçuktan yapılmış sıcak su kabı. *Termofor için ısıtır karşılığını ... önerdim.* –CM.

ısıtmaç *a.* elektrikle ya da gazla çalışan, şebeke suyununa bağlı ve içinden geçen suyu çok kısa bir sürede ısıtarak sıcak su sağlayan araç.

ısıveren *b. s. kim.* oluşurken çevresine ısı veren (bileşme).

ısıyayar *b. a.* bir akaryakıtın, gazın yanmasından ya da sıcak bir akışkandan aldığı ısıyı dışarı ileten dökme demir, çelik ya da alüminyumdan yapılmış dilimli borulardan oluşan ısıtma aracı. *... Fransızca kökenli radyatör sözcüğü için ısıyayar karşılığını 1978ı yılında türettim.* –CM.

ısıyayım *b. a. fiz.* ve *kim.* devinen nesnelerde belli nitelikte ısının taşınması, iletimi olayı.

ışığadoğrulum *bkz.* **ışığayönelim**

ışığayönelim *b. a. bitb.* bitkilerde, ışık etkisiyle meydana gelen göçüm.

ışıkgöçüm *b. a. bitb.* bitkilerde protoplazmanın ışığa karşı gösterdiği tepki.

ışıkkesen *b. a.* ışığın doğrudan doğruya gözlere vurmasını engellemekte kullanılan lamba siperi. ... *tiksinç bir ışıkkesenin hüzne boğduğu tavan ışığının* ... –BO.

ışıkölçer *b. a. fiz.* bir ışık kaynağının belli bir uzaklıktaki aydınlığını ölçmeye yarayan araç.

ışıkölçüm *b. a. fiz.* fizik biliminin, cisimlerin ışığı iletme, yansıtma, dağıtma gibi özelliklerini konu alan dalı.

ışıkyuvarı *b. a. gökb.* Güneş'in dışarıya ışık veren katmanı.

ışıldak *a.* karanlıkta uzağı aydınlatmak için kullanılan ve hortum biçiminde dar ve uzun bir ışın demeti çıkaran ışık kaynağı. ... *kaba gerçekçilik, yalnız tek yöne ışık gönderen bir ışıldak gibidir.* –ATO.

ışıma *a. fiz.* bir cisme geçmiş bulunan herhangi bir erkenin ışık biçiminde çevreye yayılması.

ışın *a.* **1** *fiz.* bir ışık kaynağından çıkıp giden ışık çizgisi. ... *bir ışık ışınının normal doğrultusu* ... –AK. **2** *mat.* bir noktadan çıkıp sonsuza giden yarım doğrulardan her biri.

ışınbilim *b. a.* X ışınlarını, bu ışınların üretilmesinde ve kullanılmasında yararlanılan gereçleri ve bunların uygulanma alanlarını inceleyen fizik dalı. *Bütün bilim alanlarında olduğu gibi ışınbilim dalında da çözümlenmesi gereken bir terim sorunu vardır.* –MuA.

ışınbilimci *b. a.* ışınbilim uzmanı.

ışınetkin *b. s.* fizyolojik değişikliklere yol açan ışınımlar yayan. *Fisyon ürünleri, "radyoaktif" ya da "ışınetkin" olmaktadır.* –TYa.

ışınetkinlik *b. a.* uranyum, radyum gibi kimi elementlerin, gazları iyotlaştıran, fizyolojik değişikliklere yol açan ışınımlar yayma özelliği. *İnsan bedeninin dayanabileceği ışınetkinlik oranı sanıldığından çok daha düşüktür.* –BO.

ışınım *a. fiz.* bir erkenin ışık demeti durumunda yayılması. ... *birinci yıldız çok sıcak ve parlaktır, ikincisi Güneş'in altı yüz katı ışınım gücüne sahip kırmızı devdir.* –AK.

ışınımlı *s.* kendisinde ışınım bulunan ya da ışınım yayan, ışınetkin. *Yüksek ışınımlı çayın sürekli içilmesinde sağlığa zararlı olduğu saptanmıştı.* –MKe.

ışınımlılık *bkz.* **ışınetkinlik**

ışınımölçer *b. a.* bir ışınım kaynağının bütün dalga boylarındaki toplam ışınımını ölçen aygıt.

ışınlama *a.* **1** ışın verme, ışına tutma. ... *40 bin kişi bu ışınlama sonucu hastalanarak öldü.* –VY. **2** (bilimkurguda) bir varlığı, ışın gücüyle yok etme ve onu bir başka yerde yeniden yaratma ya da ışın gücüyle bir yerden bir yere gönderme. *Buna "ışınlama" deniyor.* –UM. **3** *mec.* bir yerden bir yere hızla gönderme.

ışınlamak **1** ışına tutmak, ışın vermek. **2** (bilimkurgu filmlerinde) ışın aracılığıyla bir yerden bir yere göndermek. **3** *mec.* (bilimkurgu filmlerindeki gibi) bir yerden bir yere ya da başka zamanlara göndermek. *Yalnız, kendimizi 20 Haziran 1861 Perşembe gününe ışınlayalım ...* –SB.

ışınlanma *a.* **1** sağaltım ereğiyle ışına tutulma, ışın verilme. **2** (bilimkurguda) ışın gücüyle, bir yerden bir yere gönderilme. **3** *mec.* bir yerden bir yere hızla gönderilme; apar topar gönderilme.

ışınlanmak **1** sağaltım ereğiyle ışına tutulmak, ışın verilmek. **2** (bilimkurguda) ışın gücüyle yok edilip bir başka yerde yeniden yaratılmak; ışın gücüyle bir yerden bir yere gönderilmek. **3** *mec.* bir yerden bir yere hızla gönderilmek; apar topar gönderilmek. *Amerika'dan ışınlanmış bir siyaset olmadığı için mi saldırıları üstüne çekti?* –İS.

ışınlayıcı *s. fiz.* yapısında bir ışıma kaynağı bulunan, ışınlamaya yarayan (aygıt).

ışınlılar *ç. a. hayb.* birgözeli hayvanların, devinim ve duyu örgeni olarak, protoplazmalarından yıldız ışınları gibi yalancı ayak salanlar takımı.

ışınölçer *b. a.* ışınların güce dönüşmesini gösteren aygıt.

ışıtaç *a.* ışık veren, aydınlatmada kullanılan araç.

İ

içbaşkalaşım *b. a. yerb.* püskürük magmaların, soğurdukları kültelerin etkisiyle, bileşimlerindeki değişme.
içbölge *b. a. coğr.* bir limanı iç ve dış ticaret yönlerinden besleyen, ona çeşitli ulaşım yollarıyla bağlı bölge.
içbükey *b. s. mat.* yüzeyi, içe doğru bükülmüş olan, yüzeyi, bir tasın içi gibi düzgün ve içe doğru çukurlaşmış olan. *İçbükey kelimesi, yer biçimlerinin türlü yerleri için kullanılır.* –Rİ.
içbükeylik *b. a.* içbükey olma durumu ya da özelliği. ... *Rimbaud'nun Sarhoş Gemi'sidir, "ben" diye konuşan ve içbükeyliğinden sıyrılmış olarak, insanı ... gerçek bir açınsama şiirbilimine geçirebilen gemidir.* –TY.
içderi *b. a. yaşb.* sindirim ve solunum kanallarının iç yüzeylerini, karaciğerin, pankreasın ve benzeri bezlerin içini örten tabaka.
içebakış *b. a. ruhb.* kişinin, düşünme yoluyla kendi kendini gözlemlemesi. *Oysa içgüdüler bireyin içinde var olan ve içebakışla kavranması olanaklı olan birtakım bilinç olaylarıdır.* –NŞK.
içebakışçı *b. a. toplb.* içebakışçılık kuramını benimseyen kimse, görüş. ... *psişik olaylar iki yönlüdür. Bir yönüyle içimizde geçen bilinç halleridir ki bunu içebakışçı yöntemle kavrarız.* –NŞK.
içebakışçılık *b. a. toplb.* nesnel, toplumsal ve tarihsel olayları, düşünceler, istekler, duygular, coşkular vb. gibi ruhsal ve öznel olaylarla anlatan görüş.
içedönük *b. s. ruhb.* içekapanış durumunda olan. *Nazarî düşünceler ise ... içedönük bir tavır yaratır.* –MKa.
içedönüklük *b. a. ruhb.* kişinin, çevresiyle ilgisini keserek kendi iç evrenine kapanmasıdurumu. *Bu değersizlik duygusunun yarattığı içedönüklük, sıkıntılar, huzursuzluklar, ruhî reaksiyona sürükleyicidir.* –EA.
içedönüş *b.* a. *ruhb.* içekapanış.
içekapanış *b. a. ruhb.* kişinin, çevresiyle ilgisini keserek kendi iç evrenine kapanması. ... *autisme karşılığı olarak içekapanış terimi önerilmiş ...* –OH.
içerik *a.* **1** bir düşününün, bir eylemin vb. içinde taşıdığı anlam. ... *gerçeklik kavramlarını somut içeriğinden sıyırır, soyutlaştırır.* –AB. **2** *s. mant.* bir deyide ya da yargıda açıkça söylenmemekle birlikte varlığı anlaşılabilen. *Demek ki, içerik, daima, kendisine uygun biçimini oluşturur.* –OH.

içerikçi *a.* içeriğe önem veren, içeriği öne alan. *Yazarın içerikçi tutumundan büsbütün kopmadığı açıktır.* –Sİ.

içerikçilik *a.* biçimden çok öze, içeriğe önem verme durumu. *Türk romanı sonradan, genel sanat anlayışımıza koşut olarak, içerikçiliğin egemenliği altına girer.* –Sİ.

içerikli *s.* içeriği olan. ... *sosyal devlet ise daha çok ekonomik içeriklidir.* –HVV.

içeriksel *s.* içerikle ilgili. ... *tüketim mal ve hizmetlerinin gerek biçimsel, gerek içeriksel düzeyi* ... –ÖŞ.

içeriksiz *s.* içeriği olmayan. ... *bunun amaçsız, içeriksiz, bir değerler kargaşalığından başka bir şey olmadığı anlaşılmıştır.* –AKö.

içeriksizlik *a.* içeriksiz olma durumu, boşluk.

içerilme *a.* içine alınma, içerik[2] olarak bulunma.

içerilmek içerik[2] olarak bulunmak, içine alınmak. *Dolayısıyla şairane şiire içerilmiştir.* –AO.

içerim *bkz.* **içerme**. *Kuşkusuz, gösterilen ve gösterge arasında öyle sıkı işlevsel içerimler vardır* ... –TY.

içerme *a. mant.* bir şeyde başka bir şeyin varlığını gerektirme işi, yani biri ötekini ister istemez düşündürme. ... *barışla dilbirliği arasındaki sözümona içerme bağı* ... –NU.

içermek *mant.* bir şeyi içine almak, bir şeyde başka bir şeyin varlığını gerektirmek, biri ötekini ister istemez düşündürmek; örneğin, güzel ile çirkin birbirini içeren iki kavramdır. *Gelenek bağı kavramı birbiri ardı sıra akmış birçok gelenek dönemlerini içermektedir* ... –CSS.

içetek *b. a.* kadınların giysi altına giydikleri etek.

içevlilik *b. a. bud.* kendi boyundan biriyle evlenme ilkesine dayanan, başka topluluktan olanlarla evlenmeyi yasaklayan evlilik biçimi.

içgörü *b. a.* kişinin, içindekini, ruhsal dünyasındakini görme yetisi. ... *dışdünyayı içdünyaya çeviren, Tanrı'yı bir içgörüde kavrayan bu anlayış, Alman mistisizminin ana özelliğidir.* –MG.

içgözlem *b. a. ruhb.* anlığın kendi kendini gözlemesi. ... *içgüdüler ise bireyin içinde yaşayan birtakım duygular olduklarına göre hiç olmazsa içgözlem ile kavranmaları olanaklı olan birtakım bilinç olaylarıdır.* –NŞK.

içgözlemsel *b. s.* içgözlemle ilgili. *Bir şeyi ancak görür, sonra hemen ardından onu gördüğümüzü düşünürsek, içgözlemsel görünen bu düşünce, birdenbire gelen bir anımsayıştır.* –AG.

içgücü *b. a.* kişinin ruhsal durumuna destek olan, onu ayakta tutan güç, yürek gücü. *Scott çoğu zaman ondan kaçıp kurtulmak, bir gemiye tayfa yazılarak içgücü kazanmak bile istemiştir.* –SB.

içgüdü *b. a. ruhb.* canlıları, araya us ve düşünce girmeksizin, kendilerine yararlı ya da gerekli birtakım işlere yönelten duygu. *Bu doğal davranış, felsefe yapmak içgüdüsünden başka bir şey değildir.* –SKA.

içgüdüsel *b. s.* içgüdüyle ilgili, içgüdünün etkisiyle yapılan. *Doğal kendimizin yenilgisi karşısında içgüdüsel tepkilerle karşılaşırız.* –HÖ.

içindeleme *a.* içine alma, kapsama. *Göstergelerin birbirleriyle dışındalama, içindeleme ya da kesişme bağıntılarına göre, üç tür düzgü vardır.* –MY.

içişleri *b. a.* bir ülkenin içerdeki

işleri. *Körfez bunalımının başından beri ... bu ülkenin içişlerine karışmamaya özen göstereceğini söylemişti.* –ASi. **içişleri bakanı** bir ülkenin güvenlik ve yönetim vb. gibi işlerinden sorumlu bakan. *Devlet sistemi laçka olduktan sonra bir içişleri bakanının istifasıyla derde nasıl çare bulacağız?* –CA. **içişleri bakanlığı** bir ülkenin içişlerini yürüten bakanlık.

içitim *a. tıp.* bedenin herhangi bir boşluğuna ya da dokuları arasına, araçla sıvı sokma işi yani iğne vurma.

içitmek *tıp.* bedenin herhangi bir boşluğuna ya da dokuları arasına, bir araçla sıvı sokmak, yani iğne yapmak.

içkievi *b. a.* içki içilen genel yer. *Mezarlıktan dönüşte bir içkievinde rahmetlinin anısına içilir, iş tatlıya bağlanır.* –TUy.

içkin *s. fels.* **1** yaratığın kendi içinde bulunan. *... bu tür ürünlerin içkin söylencesi, özdeğin şiddetli, kazıyıcı bir değişimi düşüncesine dayanır ...* –TY. **2** kendisinde kalan, başkasına geçmeyen. *... çünkü temel kavramlar ... nesne ile ilişkileri bakımından içkinler; aşırı realizmde ise aşkındırlar.* –MG.

içkinci *a. fels.* içkincilik yandaşı. *Din duygusunun insanda içkin bulunduğunu ileri sürenlere de içkinci denmiştir ...* – OH.

içkincilik *a. fels.* Tanrı'nın insanda içkin olduğunu öne süren öğretilerin genel adı.

içkinlik *a. fels.* içkin olma durumu. *İçine girdiği varlıklarla dostluk eden Mana'nın içkinliği; insanın bireysel ve kollektif davranışlarında, buyuran bir efendinin ... durumu gibidir.* –NŞK.

içlem *a. mant.* bir kavramın ansıttığı niteliklerin ya da taşıdığı imlerin bütünü; örneğin, yılan sözcüğü bize canlı, yerde sürünen, kıvrılabilen bir varlık anlatır: demek ki canlılık, yerde sürünme ve kıvrılabilme yılan kavramının içlemine giren niteliklerdir. *... bu tablodaki hayvan teriminin içlem ve kapsamını şöyle saptarız ...* –OH.

içlemci *s.* içleme öncelik tanıyan. *Hiç kuşkusuz içlemci ve toplumsal bir sanat tutumu ...* –Atİ.

içlemcilik *a.* içleme öncelik verme durumu.

içlemsiz *s.* içlemi olmayan. *Üstelik ozanın tüm savlarına karşı söylediği şiirler içlemsiz beyitler sergisinden öteye geçemiyor.* –AC.

içlemsizlik *a.* içlemi olmama durumu.

içrek *s. fels.* içte kalan, saklı, dışrak karşıtı. *Ben bu resimlerden ... anatomiyi içrek olarak benimsediği kanısına vardım.* –MCA.

içrekçi *a.* dinsel gerçeklerin onları anlayabilecek bilgi ve yetenekte olanlara bildirilebileceğini ileri süren kimse. *Genel olarak bu anlayışta olanlar hangi din ve mezhepten olurlarsa olsunlar içrekçi adıyla anılırlar.* –OH.

içrekçilik *a.* **1** Kuran'ın iç anlamlarına erenler için dış anlamlarının gereksiz olduğunu ileri süren ve İslamlığı usçu bir açıdan yorumlamak isteyenlerin yolu. *İslam içrekçiliğinin doğuşu üstüne ileri sürülen İslamsal varsayım ...* –OH. **2** dinsel gerçeklerin onları anlayabilecek bilgi ve yetenekte olanlara bildirilebileceğini ileri süren görüş. *Özellikle Hıristiyan ve İslam gizemci-*

liğinde içrekçilik, dinsel dogmalarla çelişen ve onları yadsıyan bir görüşü dile getirir. –OH.

içsalgı *b. a. gövb.* salgıbezlerinin doğruca kana karışacak biçimde çıkardıkları salgı. ... *Türkçe Sözlük'ün bir önceki baskısında "içsalgı" bulunmadığına göre ...* –CM.

içsalgıbezi *b. a. gövb.* çıkardığı salgı doğrudan doğruya kana karışan bez.

içsalgıbilim *b. a.* içsalgıbezlerini ve onların sayrılıklarını konu alan hekimlik dalı. *Endokrinoloji için içsalgıbilim karşılığını 1976 yılının başlarında türettim.* –CM.

içsel *s.* **1** içle ilgili, içe değgin, içteki. ... *içsel dürtülerin boşaltılabileceği geniş bir kanaldı bu roman.* –MS. **2** özdekle, nesneyle ilgili nitelikleri olmayan. ... *ve sonsuzluğa çevrilmiş olan bütün içsel kuvvetlerdir.* –NT. **3** *ruhb.* açlık, susuzluk, ağrı gibi, çıkağı içerde olan (duyum).

içselleşme a. içsel bir özellik edinme, içsel duruma gelme. *Ancak yasağın içselleşmesi, psişikleşmesi, toplum için gerekli bireysel durduruyu (inhibition) sağlayabilirdi.* –MB.

içselleşmek içsel bir duruma gelmek, nesneyle ilgili niteliklerden arınmak. ... *dizelerinde anlamla sesi, sözcüğün kendine içselleşmiş büyüsünü birbirinden ayırmak sanıldığı kadar kolay değildir.* –AO.

içselleştirici *s.* içselleşme sağlayan, içsel kılan. ... *sığlıkları, geriye yönsemeci, içselleştirici edilginlikleri göz önünde tutulacak olursa...* –ÜO.

içselleştirilme *a.* özdekle, nesneyle ilgili niteliklerinden soyularak içle ilgili nitelikler edindirilme, içsel duruma getirilme. *İkinci çelişkiye gelince ... iktidarın bir yandan layikleşmesinin diğer yandan da toplum tarafından içselleştirilmesinin ... eseridir.* –HC.

içselleştirilmek nesneyle ilgili niteliklerinden arındırılarak içe değginleştirilmek. ... *kavramların en titiz ve içselleştirilmiş biçimde çözümlemesi* ... –AhÖz.

içselleştirme *a.* içsel bir duruma getirme, nesneyle ilgili özelliklerinden arındırma, içe değginleştirme. *Öğretmen ve Zebercet'in cinselliği de büyük ölçüde içselleştirdikleri söylenmelidir.* –AO.

içselleştirmek içle ilgili bir duruma getirmek, nesneyle ilgili niteliklerinden arındırmak, içe değginleştirmek. *İzleyici ... onları o denli içselleştirir ki, onların kültür ürünleri olduklarını düşünmez bile.* –SBü.

içsellik *a.* içsel olma durumu. *İçselliğin de dış göstergeler yararına boşalması... klasik sanatın ta kendisidir.* –TY.

içten *s.* gönülden, yürekten, candan. *Bu çok sevdiğim efsanede doğru yön insanoğlundaki en içten özlemlerden birini açığa çıkarmasıdır.* –NU.

içtenleşme *a.* açık yüreklilikle davranma, içinden geldiği gibi olma, yürekten, candan bir tutum ve davranış içine girme.

içtenleşmek açık yüreklilikle davranmak, içinden geldiği gibi olmak, yürekten, candan bir tutum ve davranış içine girmek. *Türk olduğumu öğrenince daha da içtenleşti.* –NB.

içtenlik *a.* yürekten davranış, içten olma durumu. *Sayın senatörü içtenliğinden ötürü kutlamak gerekir.* –NN.

içtenlikli *bkz.* **içten**. *İçtenlikli bir dilek*

bu, hepsi o kadar!. –HCe.

içtenliksiz *s.* içtenliği olmayan. *İçtenliksiz bir toplum mu olduk?* –OA.

içtenliksizlik *a.* içten davranmama durumu.

içtepi *b. a. ruhb.* bir iş yapmak için duyulan güçlü, karşı gelinemez ve önüne geçilemez istek. *... içgüdü ve içtepi gibi terimler.* –PS.

içtüzük *b. a.* bir kurumun iç işlerini düzenleyen tüzük. *Anayasa'nın 121. maddesi, bu kararnamenin TBMM'de onanmasına ilişkin süre ve yöntemin içtüzükte belirleneceğini öngörüyor.* –UM.

içtüzüksel *b. s.* içtüzükle ilgili. *Yukarda yazdığım tedbirlerin hem anayasal, içtüzüksel alanda gerçekleşmesi, hem de uygulanmaları için ...* –NE.

içyapı *mec.* bir şeyin oluşumundan doğan yapı, özellik.

iğretileme *bkz.* **eğretileme**

ikici *a.* ve *fels.* ikicilik yanlısı. *İlk ikici Antikçağ Yunan düşünürlerinden Anaksagoras'tır.* –OH.

ikicilik *a. fels.* her şeyde ruh ve özdek, iyilik ve kötülük gibi iki karşıt ilkenin bulunduğunu ileri süren görüş. *Anaksagoras'ın bu ikiciliği Descartes'ta da devam etmektedir.* –OH.

ikidilli *b. s. dilb.* **1** ikidil bilen. **2** günlük yaşamında ikidil kullanan (kişi, toplum). *Bu ülkelere ikidilli ve çokdilli toplumlar diyebiliriz.* –İH.

ikidillilik *b. a. dilb.* bir bireyin iki dil bilmesi ya da bir toplumda günlük yaşamda iki ayrı dil kullanılması durumu. *İkidillilik ve çokdillilik farklı boyutlarda ele alınmaktadır.* –İH.

ikieşlilik *b. a. toplb.* bir erkeğin iki kadınla ya da bir kadının iki erkekle birlikte yaşadığı evlilik biçimi.

ikikatlı *b. s.* kendi iç merdiveniyle birbirine bağlanmış iki ayrı kattan oluşan (daire, ev ya da taşıt).

ikil *s.* birbirini anımsatan iki varlığı belirten. *... ve böylece değişen öğe (ikil belirtisi ve çoğul belirtisi) belirlenip saptanmış olur.* –BV.

ikilem *a. mant.* iki yolu bulunan ve her iki yolun vargısı aynı olan tasım; örneğin, Fatih Sultan Mehmet'in, babası II. Murat'a gönderdiği, "Padişah sen isen, ordunun başına geç; yok, padişah ben isem, sana emrediyorum, ordunun başına geç", haberi, bir ikilemdir. *Bu ikilem karşısında biz çok zayıf kaldık.* –İS.

ikileştirme *a. mant.* bir kavramı iki kavrama bölerek açıklama yöntemi. *Bu, ikileştirme kanıtıdır; "Akhilleus kanıtı" bu kanıtın açıklanmasından başka bir şey değildir ...* –AfT.

ikilik *a. yaz.* iki dizeden oluşan şiir birimi. *O çağın büyük bir ozanı, Şeyhülislam Yahya Efendi bir ikiliğinde şöyle der ...* –SB.

ikincil *s. kim* ve *fels.* ikinci dereceden olan. *... ancak varlık kavramının yanında ikincil görünürler ...* –CÜ.

ikincilleşme *a.* ikincilleşmek eylemi.

ikincilleşmek ikincil bir duruma gelmek, geri planda kalmak.

ikincilleştirme *a.* ikincilleştirmek eylemi.

ikincilleştirmek ikincil bir duruma getirmek, ikincil olmasına yol açmak. *Kadın hareketi, cinsellik sorununu ikincilleştiremezse, kısırdöngüden kurtulamayacak.* –AO.

ikincilleştirilme *a.* ikincilleştirilmek eylemi.

ikincilleştirilmek ikincil duruma

gelmesine yol açılmak.

ikircik *bkz.* **ikircim**. *Emine şaşırıp, ilgi ile ürküntü arası bir ikirciğe düşüvermişti.* –F.

ikirciklendirme *a.* ikirciğe düşürme, ikircik verme, ikirciklenmesine yol açma. *Onları ikirciklendirmeye, içindeki sevince gölge düşürmeye ... çalışıyor.* –MİE.

ikirciklendirmek ikirciğe düşürmek, ikircik vermek, ikirciklenmesine yol açmak.

ikirciklenme *a.* kararsız durumda kalma, duraksama.

ikirciklenmek kararsızlaşmak, duraksamak, ne yapacağını, ne söyleyeceğini kestirememek. *Yazık ki bu kadar açık, kesin ... "alternatif" varken bile... ikirclkleniyor, yılgınlaşıyor.* – S. *Acaba kötü bir haber geldi de, başına mı bağlayacak, diye ikirciklendi.* –YK.

ikircikli *s.* içinde ikircim bulunan, duraksamalı, kararsız. *Kadının gözlerinde önce ikircikli bir bulut uçuşur.* –İS.

ikircil *s.* iki anlamı olan ya da kendinde almaş bulunan (sözcük). *Örneğin Mısır hem bir ülke, hem de bir bitki adıdır, bu bakımdan ikircil bir sözcüktür.* –OH.

ikircillik *a.* ikiz anlamlılık. *Mantıkta bir önermenin ikircilliğine ikiz anlam ... denir.* –OH.

ikircim *a.* duraksama, kararsızlık. *... ama Epiktetos'un başından geçen bu olay ikircime yer bırakmıyor.* –MCA.

ikircimli *s.* duraksamalı, kararsız, ikircikli. *... biçimindeki tamlamalar ikircimli anlam taşır.* –ÖAA.

il *a.* **1** ülke, yurt, el. *İlden ile, beğden beğe ozan gezer.* –Dedekorkut. **2** bir ülkede, yönetim bakımından bölümlemede birinci derecede gelen bölüm, ki ilde en büyük yönetim buyurmanı validir. *Her ilin birkaç ilçesi vardır.* –Rİ.

ilçe *a.* yönetim bakımından yurt bölümlenmesinde ilden sonra gelen bölüm, ki il'e bağlıdır ve en büyük yönetim buyurmanı kaymakamdır. *Bir akşam üzeri bir ilçenin içinden geçerken ...* –AN.

ildeş *a.* özdeş ilden olanlardan her biri.

ildeşlik *a.* ildeş olma durumu.

ilenç a. **1** ilenmek eylemi. **2** ilenmek ereğiyle söylenen söz. *... bir ilenç olduğu ...* –NA. *Yaşlı kadının ilenci tuttu.* –AN.

ilençli *s.* ilenilmiş, ilençlenmiş. *Geçmiş Zaman yazarı ilençli zamanına ilişkin bütün ipuçlarını sanki bu başlıklarla yine söylemektedir ...* –Sİ.

ilenme *a.* birinin kötü bir duruma düşmesi dileğini gönlünden geçirme ya da bunu açıkça söyleme, kötü dilekte bulunma. *Çıkışı olmayan bir dünyayı yansıtan bir ilenmedir ...* –CÜ.

ilenmek birinin kötü bir duruma düşmesi dileğini gönlünden geçirmek ya da bunu açıkça söylemek, kötü dilekte bulunmak. *Çok umarsızdım. İlenmekten başka yapacak bir şeyim yoktu.* –AN.

ilerici *s.* düzen değişikliğinden yana olan, gerici karşıtı. *... gerçek devrimciliğe karşı çıkanlar ise sırf biçimsel değişimlere uydukları için ilerici sayılmışlardır.* –ÇÖ.

ilericilik *a.* her türlü değişimi benimseme ve savunma, özellikle düzen değişikliğini gütme durumu ve tutumu. *... ilericilik doğrultusunda tek bir adım bile atamayacağını olaylar* *doğrulamıştır.* –FO.

ilerlemeci *a.* ve *s.* çağdaşlaşma, kalkınma, ilerleme yandaşı. *İmdi Atatürk, Türk toplumunun ilerlemeci çağdaş uygarlık içindeki yerini alması üzerinde dirençle dururken, işte bu seçimi yapmış oluyordu.* –MCA.

ilerlemecilik *a.* çağdaşlaşma, uygarlaşma, kalkınma, ilerleme yandaşlığı. *Yenidendoğuş'la başlayan ilerlemecilik anlayışının burada bir izini olsun bulamayız artık.* –MCA.

ileti *a.* **1** söz ya da yazı ile verilen, gönderilen ve belli bir anlamı olan haber. *Bildirim ya da iletinin kavranması, alımlanması etkinliğidir her ikisi de.* –EmÖ. **2** *yaz.* bir yapıtın taşıdığı ve ulaştırmak istediği düşünü, bildiri[3]. *Bundan sonra yazacakları ... yeni bir öz, yeni bir biçim, yeni bir ileti getiremez.* –DY. **3** bir devlet büyüğünün ya da sorumlunun, belirli bir durum dolayısıyla, ilgililere ya da kamuoyuna gönderdiği haber.

iletim *a.* **1** iletmek işi. *Bu amaç halk yığınlarına yönelmek, onları eğitmek olduğuna göre, kendi düşüncelerinin iletimiydi önemli olan.* –AtÖ. **2** *hayb.* alınan uyartıların ulaştırılması, taşınması işi, ki sinir sisteminin ana görevidir.

iletilebilirlik *a.* kolaylıkla iletilme olanağı bulunma durumu. *Özgün bir imgenin iletilebilirliği, varlıbilim açısından büyük bir anlam taşıyan bir olgudur.* -ADer.

iletişim *a.* **1** kişiler arasında, duygu, düşünce, bilgi haber vb. bakımından karşılıklı alışveriş *Böylece, iletişim ve bildirişimi sağlayan dil dizgesi içinde bir boşluk ortaya çıkmaz.* –EmÖ. *Yaratılana yaratma gücüyle yaklaşan insan yaşar düşünceyi, duyarlığı, gerçek anlamdaki beyinsel iletişimi.* –AdB. **2** radyo, televizyon, telefon gibi aygıtlardan yararlanılarak yapılan bildirişim, bilgi alışverişi.

iletişimbilim *b. a.* iletişimi konu alan bilim dalı. *İletişimbilim, tarihi doğru yorumlamanın yeni kanıtlarını getiriyor.* –MCA.

iletişimbilimci *b. a.* iletişimbilimle uğraşan kimse, iletişimbilim uzmanı, iletişimci[1]. *Birçok iletişimbilimci, kamusal taşıyıcı kavramının, liberal demokratik bir toplum için temel kavram olduğunda birleşiyorlar.* –VBa.

iletişimci *a.* **1** iletişimbilim uzmanı, iletişimbilimle uğraşan kimse. *Ben bir iletişimciyim, ama edebiyattan gelme iletişimci.* –HŞ. **2** *s.* dilin toplumsal boyutuna ağırlık veren, dil öğretiminin öncelikle iletişim[1] amaçlı olduğunu ileri süren (görüş, kimse). *Yabancı dil öğretmenleri iletişimci yaklaşıma göre yetiştirilmemişlerdir.* –AKo.

iletişimsel *s.* iletişimle ilgili. *Sanat ancak yansılama olarak kavrandığında iletişimsel olarak kavranabilir.* –AÇ. *İletişimsel her etkinlik gibi, okuma da kimi bilgi ve beceriler gerektirir.* –EmÖ.

iletişimsiz *s.* iletişim kuramayan. *Birbiriyle en az düzeyde konuşan, giderek hiç konuşmayan, iletişimsiz kişiler ...* –AD.

iletişimsizlik *a.* iletişim kuramama durumu. *Horoz döğüşü sahnesinin ölüm ve gösteri öğelerini içermesi, Zebercet'in içine yuvarlandığı iletişimsizliğin boyutunu hayli genişletmektedir.* –AO.

iletken *s.* **1** iletici. ... *çeviriye dıştan edilgen, olanı düpedüz yansıtan, sırf* *alıcı bir iletken gözüyle bakamayız.* –NU. **2** *fiz.* elektrik akımını ya da ısıyı kendi üzerinden geçiren (nesne). *Telin bir ucu kendi yüreklerine, bir ucu halkın ezik yüreğine bağlı iletkendir.* –FB. *Bozkır toprağı iyi bir iletkendir.* –YK.

iletkenlik *a.* ileticilik, geçiricilik, iletken olma özelliği. *... ve bunların iletken olma durumlarına da iletkenlik denir.* –OH.

iletki *a. mat.* bir açıyı ölçmeye ve ölçülen bu açıyı bir başka yerde olduğu gibi çizmeye yarayan araç, ki yarım ya da tam çember biçimindedir ve üzeri derecelenmiştir.

ilgeç *a. dilb.* bir sözcükten sonra gelerek o sözcük ile öteki söz öğeleri arasında ilgi kuran sözcük. *Türkçede ilgeçler, kendilerinden önce gelen ad ve adıllarla sık sık tamlama biçiminde kullanılırlar.* –BV.

ilgi *a.* iki şey arasındaki bağlılık. *Panama, Amerika ile ilgisini kesti.* –DN.

ilgi çekici ilginç. *Eser... bu ilgi çekici denemeyi yapmaktadır...* –MG.

ilgilendirme *a.* ilgili kılma, ilgilenmesini sağlama. *Bana kalırsa, uzay ve uzay teknolojisi sorunlarıyla Türk halkını ilgilendirmenin zamanı gelmiş de geçmiştir.* –Atİ.

ilgilendirmek ilgisini çekmek ya da ilgilenmesini sağlamak. *Bizi asıl ilgilendiren ise normal konuşma ve yazı dilidir.* –NH.

ilgilenilme *a.* yakınlık gösterilme, ilgi çekici bulunma, ilgiye değer bulunarak ele alınma. *Bu dönemin bir başka özelliği de, eski yazın metinleriyle ilgilenilmesidir.* –FEA.

ilgilenilmek ilgiye değer bulunularak yakınlık gösterilmek.

ilgilenme *a.* bir şeye karşı eğilim gösterme, ilgi duyma. *Hani gençlerin politika ile ilgilenmeleri yasaktı?* –YD.

ilgilenmek bir şeye karşı ilgi duymak ya da ilgi göstermek. *... onun fikirleriyle ilgilenmek zorundayız.* –İS.

ilgili *s.* ilgisi bulunan. *Kongreye ayrıca ilgili kültür teşekkülleri davet edilmiştir.* –FKT.

ilgililik *a.* ilgisi olma durumu.

ilginç *s.* ilgiye değer olan, ilgi çekici, kendisinde ilgilenilecek şey bulunan. *... rastladığımız pek ilginç satırları birlikte okuyalım.* –İS.

ilginçleşme *a.* ilgi çekici bir duruma gelme.

ilginçleşmek ilgi çekici bir özellik edinmek, ilgi çekici bir duruma gelmek. *Yalnız Türkiye'de değil, dünya boyutlarında ilginçleşen bir girişimdi.* –İS.

ilginçleştirme *a.* ilgi çekici bir duruma getirme.

ilginçleştirmek ilgi çekici bir duruma getirmek. *Yönetmen Losey bu kalıplaşmış sahneleri görüntü hileleriyle ilginçleştirmek ister.* –MTÖ.

ilginçlik *a.* ilgi çekicilik. *Bir yazıyı kadınları da okutulabilecek ilginçlikte yazabildin mi sırtın kolay kolay yere gelmez.* –ÇA.

ilgisel *s.* ilgiye değgin, ilgi özelliği taşıyan. *Çocuğu geliştiren, onun ilgisel ve duygusal gereksemelerini karşılayan, kişiliğine yeni değerler katan çocuklar.* –ARE.

ilgisiz *s.* **1** ilgisi bulunmayan. *Birbiriyle ilgisiz ekin yığını ...* –OH. **2** ilgi göstermeyen, aldırmaz. *... büyük yığınlar ortaya çıkan ürünlere karşı ilgisiz, yabancı kaldılar.* –ÖŞ.

ilgisizleşme *a.* ilgi göstermez olma, aldırmazlaşma, ilgisini yitirme.

ilgisizleşmek ilgi göstermez olmak, ilgisini yitirmek, aldırmazlaşmak.

ilgisizleştirmek aldırmaz bir duruma getirmek, vurdumduymazlaştırmak. ... *ve amaç ... sinemaya el koyma eylemi karşısında harekete geçebilecek olan çevreleri şimdiden nötralize etmek, sinemamıza karşı ilgisizleştirmekti.* –AD.

ilgisizlik *a.* **1** aldırmazlık; sorum ve ilgi duymama durumu. ... *geçmiş asırlarda Türkçeye karşı gösterilen ihmal ve ilgisizlik, bugün sanıldığı gibi geniş muhitlere yayılmış bir davranış değildi.* –NH. **2** *fels.* gönlün, sevgi ya da tiksinti gibi duygulardan soyutlanmış olması.

ilinek *a. fels.* kendi başına bir varlığı olmayan ve var olmak için bir başka töze gereksemesi olan şey: örneğin, sertlik, yumuşaklık, devinim birer ilinektir, çünkü bunların hiçbiri başlı başına bir varlık değildir ve varolabilmek için başka şeylere gerekseme duymaktadırlar. ... *ortamından koparılan, bütün kullanış ilineklerinden soyutlanan bir sözcük ne anlamlı ne de anlamsızdır ...* –NU.

ilinekçi *a. fels.* ilinekçilik yandaşı.

ilinekçilik *a. fels.* evrende rastlantıların egemen olduğunu ileri süren öğretilerin genel adı. ... *Tychism öğretisi, ilinekçiliğin en belli örneklerinden biridir.* –OH.

ilineksel *s.* ilinek niteliğinde, ilineğe değgin. *Nesnel gerçekçilik denilen şey, ilineksel görünüşlerden ibarettir.* –OH.

ilinti *a.* bir şeyin, başka bir şeyle olan bağlantısı. *Buradaki problem, inan ile bilgi ya da inan ile felsefe arasındaki ilintiler problemidir.* –MG.

ilintilendirilme *a.* ilintili bir duruma getirilme.

ilintilendirilmek ilintili bir duruma getirilmek, bağlantısı sağlanmak. *Kısımların birbirleriyle nasıl ilintilendirildiğini ayrıntılı görelim.* –SeK.

ilintilenmdirme *a.* ilintili bir duruma getirme.

ilintilendirmek ilintili bir duruma getirmek.

ilintili *s.* ilintisi bulunan, ilintisi olan. *Labirent miti de bu inançlarla ilintilidir.* –CÜ.

ilintililik *a.* ilintisi olma durumu. *Bu kısımların içeriklerinin birbirinden kopuk olmalarına karşın, anlatanın dedikleriyle kısımlar özenle birbirine bağlanarak güçlü bir sözdizimsel ilintililik izlenimi yaratılıyor.* -SeK.

ilişik *a.* **1** bir şeye iliştirilmiş olan şey, örneğin bir dilekçeye bağlı belgeler vb. **2** ilgi, bağlılık, bağlantı. *Tek tek yapıp etmelerle olan ilişiği ...* –NU. **3** ilişkin, değgin.

ilişki *a.* iki şey arasındaki karşılıklı ilgi. *Yunanistan'la ilişkilerimizi anlamak isteyen herkesin ...* –İS.

ilişkilendirilme *a.* ilişkili bir duruma getirilme, ilişkilenmesi sağlanma.

ilişkilendirilmek ilişkili bir duruma getirilmek, ilişkisi sağlanmak. *Anadüşünce tümcesi varsa, diğer tümceler bununla ilişkilendirilerek paragraf bütünlüğü sağlanır.* –HBa.

ilişkilendirme *a.* ilişkili bir duruma getirme. ... *yazınsal okuma ... metin içi öğeleri işlevlerine göre birbirleriyle bağıntılama, ilişkilendirmedir.* –EmÖ.

ilişkilendirmek ilişkin duruma getirmek, birbiriyle ilgilendirmek. *Problemin bilinen yönleri ile bilinmeyen yönlerini birbiriyle ilişkilendiren ... gerekli özellikler ...* –ES.

ilişkili *a.* ilişkisi olan, bağlantılı. *... gerici akımlar ... gelişime karşıt olmak yönünden birbiriyle ilişkilidir ...* –ÇÖ.

ilişkin *s.* ilgili, ilgisi ve ilişiği olan, değgin. *... allerjik bir konuya ilişkin bir kanun ...* –SD.

ilişkinlik *a.* ilgili olma, ilgisi ve ilişiği olma durumu. *... bu bölümlerin meydana getirdiği bütünün, sanat yapıtına asıl değerini veren dolaylı ve örtülü bir ilişkinliği vardır.* –NÖ.

ilişkisiz *s.* ilişkisi olmayan. *Yemliha, "İlişkisiz sözler söylüyorsun" diye yanıtladı fırıncıyı.* –VT.

ilişkisizlik *a.* karşılıklı ilgisizlik. *Gerçi ortak bildiri ... bağımsızlığın ilişkisizlik gibi yorumlanmaması gerektiğini hatırlatırsa da ...* –BG.

ilkay *b. a.* Ay'ın ilk günkü durumu, ayça, yeniay. *Denize, ilkay biçimindeki kıyının öbür ucuna bakıyordu şimdi.* –Sİ.

ilkçağ *b. a.* tarihte en eski zamanlardan başlayarak İS (İsa'nın doğumundan sonra) 395 yılına değin süren çağ, ki o yıl Roma İmparatorluğu doğu ve batı olmak üzere ikiye bölünmüş ve bu bölünüş tarihte ilkçağın sona erişi ve ortaçağın başlangıcı sayılmıştır. *İlkçağ kavramı, bilindiği gibi, geniştir.* –MG.

ilkdördün *b. a. gökb.* Ay'ın gökyüzünde, yeniay evresinden bir hafta sonra yarım daire biçiminde göründüğü evre. *Uydumuz Ay, 5 Aralıkta ilkdördün, 12 Aralıkta dolunay, 19 Aralıkta sondördün ve 28 Aralıkta yeniay evrelerinde olacak.* –BU.

ilke *a.* **1** *fels.* ilk öğe. *İlke'yi teklikten dörde çıkaran ilk düşünür Empedokles'tir ...* –OH. **2** baş kural; ana düşünce ve inanış; her türlü tartışmanın dışında sayılan. *... demokrasinin temel ilkeleriyle ilgilidir.* –Aİ. **3** *töreb.* uyulması gerekli davranış kuralı. *İlke terimi, törebilimde davranış kuralı, mantıkta sonucun zorunlu olarak kendisinde çıktığı öncül ... anlamlarını dile getirir.* –OH.

ilkel *s.* **1** ilk durumunda kalmış olan, yani çağın gelişimiyle birlikte gelişememiş, ona ayak uyduramamış olan. *İlkel bir ortaçağ trampasının sergisi ...* –ÇA. **2** *fels.* zaman bakımından en eski olan. *İlkel topluma özgü özellikler, insanların doğa karşısındaki güçsüzlüğüyle belirlenmiştir.* –OH. **3** ilk durumunda kalmış, aşağı, kaba, bayağı (kimse).

ilkelcilik *a.* **1** ilkel olanı değerli bulan düşünce akımlarının ortak adı. **2** sanatın geçirdiği gelişimlerden uzak görünen, ilkel ulusların kaba, saf, yalın biçimli sanatını benimseyen, onlara öykünen sanat tutumu. *Öğrendiğini unutmak deyince aklıma, resimde ilkelcilik'in (primitivizm) öncüsü ve büyük ustası Gauguin geliyor.* –GA.

ilkeleşme *a.* ilke durumuna gelme.

ilkeleşmek ilke durumuna gelmek.

ilkeleştirme *a.* ilke durumuna getirme. *... çünkü halkın halka saygı göstermesini ilkeleştirmenin gereksizliği açıktır.* –MCA.

ilkeleştirmek ilke durumuna getirmek. *Adnan Menderes, komprador kapitalizminin gelişmesini çok güzel bir cümle ile ilkeleştirmişti ...* –İS.

ilkeli *s.* ilkesi olan, ilkelerine bağlı (kimse). *"Güvenilirliğin de koşuludur ilkeli olmak."* –MNÜ.

ilkelilik *a.* ilkesi olma durumu, ilkelerine bağlılık.

ilkelleşme *a.* ilk durumundaki biçime dönme, ilkel bir durum edinme. *Çünkü ilkelleşmenin bedelini çoluk çocuğumuzla hepimiz öderiz.* –İS.

ilkelleşmek ilkel duruma gelmek. *Böyle ise bunun olanağı yoktur, ilkelleşmek anlamına gelir bu.* –MCA.

ilkelleştirme *a.* ilkel bir duruma gelmesini sağlama, ilkel bir duruma getirme.

ilkelleştirmek ilkel duruma getirmek. ... *yarı sömürge bir ülkenin işbirlikçi yöneticileri, üniversite reformunu ilkelleştirmek çabasındadırlar.* –AS.

ilkellik *a.* ilkel olma durumu. ... *birtakım ırklar binlerce yıldan beri var oldukları halde hâlâ ilkellikten kurtulamamışlardır.* –NŞK.

ilkesel *s.* ilke özelliği taşıyan, ilke niteliğinde, ilke ile ilgili. *Çünkü bu girişim, "ilkesel" yani temelden, özden değişikliği içeriyor* ... –BS.

ilkesiz *s.* hiçbir ilkesi olmayan. *Yanlışlıklar zincirinin bir halkası da ... ilkesiz turizm şirketlerinden kaynaklanıyor.* –ASi.

ilkesizlik *a.* hiçbir ilkesi olmama durumu. ... *titizlik boşluğuyla, ilkesizlik boşluğuyla, zart zurt boşluğuyla dolduruldu.* –ASi.

ilkokul *b. a.* eskiden ilköğretimin yapıldığı, öğrenim süresi beş yıl olan okul. *Kar yağınca ... ilkokul ve ortaokul öğrencileriyle ... kar topu savaşına girecekler.* –AN.

ilköğrenim *b. a.* ilköğretim sırasında edinilen öğrenim.

ilköğretim *b. a.* öğretimin okumayı, yazmayı, aritmetiği, yurttaşlığı öğreten, gerekli bilgi ve becerileri kazandıran ilk basamağı. *İlköğretimden yükseköğretime bütün izlencelerin amaca yönelmesi gerekir.* –AG. **ilköğretim okulu** zorunlu öğrenim çağındaki kız ve erkek çocukların temel eğitimini ve öğretimini sağlayan, onları ortaöğretime hazırlayan sekiz yıllık okul.

ilkörnek *b. a.* **1** *fels.* her şeyin ona bakılarak yapıldığı varsayılan, örneklik eden biçim, nesne. *Daha ileride, yeni bir şiirsel imge ile bilinçaltının derinliklerinde uyuyan bir ilkörnek arasındaki bağıntıya gönderme yapmamız gerektiğinde* ... –ADer. **2** *ruhb.* evrimleşmede, sonrakilerin kendisiyle karşılaştırıldığı, kullanış alanına ilk çıkan şey.

ilksezi *b. a. fels.* bir şeyden edinilen ilk ve yalın bilgi. *Kant da ilksezi terimini ... dışsal öğelerin algılanması anlamında kullanılmıştır* ... –OH.

ilkyaz *b. a.* süremin mart, nisan, mayıs aylarını içine alan bölümü. *1961 yılında bir ilkyaz gecesi* ... –OA.

im *a.* anlamlı çizgi, iz ya da davranış; örneğin a harfi bir ses imidir, şu im +, "artı" adını taşıyan bir matematik imidir; yüzde beliren bir devinim ya da herhangi bir davranışımız da anlatmak istediğimizi imler. *Birtakım imleri neye yaradığını ... düşünmeden kullanıyorlar.* –NA.

imbilim *bkz.* **göstergebilim**[1]. *Dilbilim, imbilimin özel bir koludur.* –OH.

imbilimsel *b. s.* imbilimle ilgili. *Beri yandan, bu hızlı kayıt ve yayımlama, imbilimsel ve ruhbilimsel açıdan baktığımızda, insan belleğinin çok sık olmasa da başvurduğu bir yöntem.* –ÖS.

imge *a.* **1** *ruhb.* sinirlerin merkezcil uyarımı işe karışmaksızın kafada kendiliğinden canlanan duyumsal biçim. ... *bazen bir imgeye dayandığını* ... –MS. **2** gerçekleşmesine olanak bulunmayan ya da gerçekleşmesi pek güç olan düşünü. ... *soyutlama işlemi imgelerle yapılmaktadır.* –SKA.

3 *yaz.* yazınsal ürünlerde, özellikle de şiirde anlatılmak istenileni daha canlı, daha etkili, daha duyumsanabilir, göz önüne getirilebilir biçimde anlatabilmek için, onunla başka şeyler arasında bağlantı kurularak anlıkta canlandırılan yeni biçim. **imge kuramı** *fels.* bilginin, insan bilincinin dışında var olan nesnel gerçeklikten duyumlar aracılığıyla yansıyan imgelerle oluştuğunu öne süren kuram.

imgebilim *b. a.* imgeyi, oluşumunu, anlamını vb. konu alan dal.

imgebilimci *b. a.* imgebilim alanında çalışmaları olan uzman.

imgebilimsel *b. s.* imgebilimle ilgili.

imgeci *s. yaz.* imgeyi öne alan, imgecilik akımına bağlı. *Robert Frost'u ortaya çıkaran, imgeci okulu kuran da Ezra Pound'dur.* –CSS.

imgecilik *a. yaz.* imgeyi öne alan, imgeye dayanan sanat görüşü.

imgelem *a. ruhb.* imge yaratabilen yeti, imgeleri, yani nesnenin anlıktaki biçimlerini oluşturan yeti. *Büyük bir imgelem gücüyle beslenen soyut bir doğa yaratır bu şiirlerde.* –EC.

imgeleme *a. ruhb.* bir şeyi anlıkta canlandırma, onu imge durumuna getirme. *Dillerin doğuşu konusunda bir kanıya varabilmek için imgeleme ve tasarlama yoluyla en eski çağlara, ilk insanlara dek ilerlemek gerekir.* –TNG.

imgelemek *ruhb.* bir şeyi anlıkta canlandırmak, onu imge durumuna getirmek.

imgelemsel *s.* imgelemle ilgili. *Ama kendiliğinden gelişen bu bulma ve öğrenme süreci eğitbilimsel amaçlı olmadığından daha özgür ve imgelemseldir.* – AO.

imgeleşme *a.* imge özelliği edinme. *Burada "esas" ... şairin bireysel psikolojisine yansımış ... duygu, düşünce ve sorunların, önce imgeleşmesi, dil aracılığıyla sonra ... somutlaştırılmasıdır.* –AtI.

imgeleşmek imge özelliği edinmek, imge durumuna gelmek. ... *ve tutkular onda imgeleşir, başka bir deyişle, soyut sözcükler olmaktan çıkar, imgenin sağladığı bir somutluğa varır.* –MCA.

imgeleştirme *a.* bir şeyi anlıkta canlandırma, imge durumuna getirme. *Görüldüğü gibi Pavese, gerçekçi öncüllerinden, gerçekçi imgeleştirme, betimleme ereklerinden yola çıktığı halde, nice uzaklara kayıyor.* –BC.

imgeleştirmek imge durumuna getirmek.

imgesel *s.* imge ile ilgili, imgece, imge olarak. ... *çağdaş yaşayışın yansısının, onun imgesel karşılığının, dışta ve kaotik bir düzeyde oluşamayacağını bilmeleri gerekiyor.* –EC.

imgesellik *a.* imge ile ilgililik, imgesel olma durumu. ... *din ile felsefenin yanı sıra, imgesellikte kendi özelliğini bulan sanatın ...* –AÇ.

imleç *a. fiz.* bir olayı kendi kendine çizerek ya da imleyerek gösteren aygıt. *Metin imlecin bulunduğu yerden doğrudan taranır, okunur.* –İKı.

imleme *a.* **1** im koyma. **2** imle gösterme. *Sanatçıların resimleri, sözsel anlatıma bir de görsel dilin imlemelerini katıyor kitapta.* –GT.

imlemek **1** im koymak. *Çoğunlukla sayfa kenarlarını da imler miydim?* –NP. **2** im ile göstermek. ... *giderek, yaşama biçimlerindeki çarpıklığı imliyor.* –Sİ.

imrenti *a.* beğenilen, hoşa giden bir

şeyi edinme ya da beğenilen bir kimseye ya da şeye benzeme isteği duyma, imrenme. *Din adamlarını yetiştiren medreselere ise Arap ve İran imrentisi egemendi.* –CY.

imsel *s.* imle ilgili, imle anlatılan, im özelliğinde olan. *Devingenliği ister fırlamak ediminin çerçevesinde olsun, ister göstermek ediminin imsel karşılığı olsun, bu öğenin romanın kuruluşunda bir dönemeç oluşturacağı kesindir.* –EB.

imsöz *b. a.* gizli bir anlamı olan söz.

inak *a. fels.* her türlü inceleme ve eleştirmenin üstünde tutulan, yani gözü kapalı inanılan düşünü. *İnakın inandan farkı, inanın asla tanıtlanamayacak olanı kabul etmesine karşılık, inakın herhangi bir yetkeye bağlanan bir veriyi tanıtlanmış olarak kabul etmesidir.* –OH.

inakçı s. *fels.* inakçılıktan yana olan (düşünü ya da kimse). *Metafizik öğretilerin tümü inakçı öğretilerdir.* –OH.

inakçılık *a. fels.* birtakım inaklara bağlanıp kalmak ve düşünülerine kanıt olarak "filanca böyle demiştir" gibi sözleri ileri sürmek yolu. *İnakçılık, suçlu olmayanın ateşe atılsa bile yanmayacağı inancına kadar varmıştır.* –OH.

inaksal *s. fels.* inaklarla ilgili. *Bu tümcede inaksal terimi, tarihsel terimine karşılık olarak kullanılmıştır.* –OH.

inan *a.* bir şeyin doğruluğuna, büyüklüğüne ve gücüne sarsılmaz bir biçimde inanma. *İnan, asla tanıtlanamayacak olanın kabul edilmesidir.* –OH.

inanca *bkz.* **güvence**. *... çok güzel bir yol bulmuştur Verne: Uzamı zamanın inancası altına almak ...* –TY.

inancı *a.* inandan ve inancılıktan yana olan. *Olguculuk, yeni Tomacılık ... gibi idealist öğretiler inancı özellikler taşırlar.* –OH.

inancılık *a. fels.* usu yetersiz bulan ve onun inanla desteklenmesini, bütünlenmesini ileri süren felsefe. *İnancılık, Tanrı'ya inanç yoluyla bağlanan ve deney alanının dışında kalan bütün metafizik öğretileri kapsar.* – OH.

inanç *a.* **1** kendisine bağlanılan düşünü. *Bizde bir yanlış inanç yerleşmiş.* –BF. **2** bir düşünüye, bir kanışa bağlı bulunma. *Kendi düşünce ve inançlarına karşıt bulunan düşünce ve inançlara katlanma.* –OH. **kör inanç** *bkz.* **boşinan**. *İnsan gövdesi ile hastalıkları üzerinde yapılan bilimsel incelemeler, bir sürü kör inançla çekişmeyi zorunlu kıldı ...* – AG.

inançlı *s.* inanmış, inancı bulunan, inanan. *İnançlı ve inandırılmış kadrolar, böylece, yönetimde söz sahibi olmaya başladı.* –BG.

inançlılık *a.* inançlı olma durumu, inanmışlık.

inançsal *s.* inançla ilgili. *Laik olmamak ve kişinin inançsal düşüncelerini açıklamak temel hakkıdır.* –İE.

inançsız *s.* inancı olmayan, inanmayan. *Bunun tam karşısında, Cumhuriyet tarihimiz, inançsız pohpohçuların elinde kalmış.* –VB. *bkz.* **inansız**.

inançsızlık inanmama durumu, inancı olmama durumu. *Kimsenin giyimi kuşamıyla, inancıyla inançsızlığıyla uğraşmak bizim anlayışımıza sığmaz.* –HCe. *bkz.* **inansızlık**.

inanlı *s.* inanı olan. *Tanrı'sına bağlanan bir inanlı, yalnız bir innansızın* *ulaşamadığı hakikatları bilmekle kalmaz, kendini ondan çok daha güçlü de duyar.* –NŞK.

inanlılık *a.* inanı olma durumu.

inansız *s.* inanı olmayan. *Tanrı'sına bağlanan bir inanlı, yalnız bir inansızın, ulaşamadığı hakikatları bilmekle kalmaz, kendini ondan çok daha güçlü de duyar.* –NŞK.

inansızlık *a.* inanı olmama durumu

inceleme *a.* **1** incelemek işi. *... gereken incelemeyi ve çözümlemeyi yapmadığından ...* –AB. **2** incelemek eylemi sonucu ortaya konulan şey. *... bir romanı bilimsel bir inceleme gibi okumaya kalktık mı bir şey anlayamayız ...* –TY.

incelemeci *a.* bir konuyu derinlemesine araştırıp inceleyen ve bunu ortaya koyan kimse. *Kimi incelemecilere göre Mezopotamya'da iki ırmak vadisinin güneyinde gerçekten yaşamış ve hüküm sürmüştür.* –OH.

incelemek bir işi ya da bir şeyi ele alıp inceden inceye gözden geçirmek, ayrıntılarını ve özelliklerini derinlemesine anlamaya çalışmak. *Bir eğitim sorununu incelemek dileğinde değilim ...* –RM.

incelenme *a.* incelemeye konu olma. *Bilmiyorum, parça aldılar, incelenmeye gitti.* –İS.

incelenmek incelemeye konu olmak. *... bir uzay gemisi dönüşte Mars topraklarından örnekler getirecek. Dünyada incelenmek için.* –VB.

inceletme *a.* incelenmesini sağlama ya da inceleme işini yaptırma. *Yapılması gereken iş ... emir vererek, olayı inceletmeydi.* –UM.

inceletmek inceleme işini yaptırmak. *Aslında bu gezi ... Türk doktorlar yerine Amerikalı uzmanlara incelemek için düzenlendi.* –CA.

inceleyici *a.* araştırıcı. *İnceleyiciler bu amacı daha başlıkta özetlemişlerdi.* –MCA. *bkz.* **incelemeci**.

indirgeç *a. kim.* indirgeme işini yapan özdek.

indirgeme *a.* **1** *kim.* bir oksidin oksijenini alarak madeni serbest bırakma işi. **2** *mat.* bir ifadeyi daha kısa, daha yalın bir biçime sokma. *İndirgeme hesapları denilen bu işlemler ...* –AK. **3** *fels.* bir şeyi bir başka şeyle özdeşleştirmek için onun durumuna indirme. *... indirgeme, tümdengelimle eytişimsel bir birlik meydana getirir ...* –OH.

indirgemeci *s.* bir şeyi yalınç duruma getiren, bir şeyi başka bir şey düzeyine indiren (kimse, görüş, tutum). *... "toplumsal" sözcüğünün indirgemeci modelinin ...* –ET.

ingirgemecilik *a.* bir şeyi başka bir şey düzeyine indiren tutum ya da bir şeyi yalınçlaştırma durumu. *İdealist indirgemecilik "toplumsal" sözcüğünü ... hazır bir ürün olarak ele alır.* –ET.

indirgemek **1** *kim.* bir oksidin oksijenini alarak madeni serbest bırakmak. **2** *mat.* bir ifadeyi daha kısa, daha yalın bir biçime sokmak. **3** *fels.* bir şeyi başka şeyin durumuna indirmek. *Niye hiçe indirgemek Odysseus'u, köyümüzde yontusu bulunan Aphrodite'yi ulusal saymamak niye?* –Sİ. *Kaba özdekçilerin büyük yanılgısı, insansal olayları ... özdeksel olaylara indirgemek olmuştur.* –OH.

indirgen *s. kim.* nesnelerin oksijenini alma özelliğinde olan (özdek).

indirgenebilir *s. kim.* daha düşük bir oksitleme düzeyine indirilebilen (özdek).

indirgenlik *a.* indirgen olma durumu, indirgeyicilik.

indirgenme *a.* daha yalın bir biçime sokulma. ... *bu sorunların "kendi olağan boyutları"na indirgenmesinden yana olmuştur.* –HCe.

indirgenmek daha yalın bir biçime sokulmak. *Marksçı sanat anlayışı, altyapının edilgin bir şekilde yansıtılmasına, bir taklidine indirgenmek istenmiştir.* –MD.

indirgeyici *s. kim.* bir özdeğin oksijenini alarak onun oksit özelliğini yok eden (özdek), indirgen. *Bu üç indirgeyici, tek yanlı tutum, tek bir ortak noktada buluşur.* –AÇ.

indirgeyicilik *a.* indirgen olma durumu, indirgenlik.

indirim *a.* **1** bir şeyin fiyatında yapılan indirme. ... *herhangi bir indirim* ... –Aİ. **2** indirme, azaltma, aşağı düşürme, çıkarma.. ... *en az geçim indiriminin ertelenmesi* ... –NN. **3** *müz.* sesin yüksekliğini bir miktarcık düşürüş ya da parçayı ilk tonundan birkaç derece aşağı alış.

indirimli *s.* indirim yapılmış, fiyatı indirilmiş. ... *ve teksirlerin fakültelerce basılmasını ve öğrencilere indirimli satılmasını öngörmektedir.* –SLM.

indirimsiz *s.* indirim yapılmamış, fiyatında indirim olmayan.

inerçıkar *b. a.* elektrikle işleyen, çelik halatlarla çekilen, genellikle dik raylar arasında hareket eden, yapılarda insanları, yükleri yukarı çıkarmada, aşağıya indirmede yararlanılan araç.

inginlik *bkz.* **paradarlığı**

inme *a.* **1** *coğr.* gelgit sırasında deniz sularının alçalarak kıyıdan çekilmesi durumu. **2** *tıp.* insan vücudunun bir yerinde, bir bölümünde duyumun ve devinimin yok olması. İyi gelir sayrılıklara/*İnme, hummalar, bayılma, gasyan, hatta ölüme.* – CSS.

insanbiçimci *b. a.* insanbiçimcilik yandaşı. ... *kimi bilimlerde gittikçe temizlenmekle beraber insanbiçimci öğeler vardır.* –OH.

insanbiçimcilik *b. a. fels.* Tanrı'yı ve benzeri kavramları, insan olmayan bütün varlıkları insan biçiminde düşünen öğreti. *XVII. yüzyıl düşünürleri ... insanbiçimciliği ... bırakmışlardır.* –NŞK.

insanbilim *b. a.* insanın yapısını ırk ve tarih öncesi yönünden inceleyen bilim, insan bilgisi bilimi. *Genel olarak insan fenomenini incelemek insanbilimin konusudur.* –OH.

insanbilimci *b. a.* insanbilimle uğraşan kimse, insanbilim uzmanı. *İnsanbilimciler, en ilkel topluluklarda bile büyü ile din arasında bir ayrım bulunduğunu söylemektedirler...* –AG.

insanbilimsel *b. s.* insanbilimle ilgili. ... *insan kökeninin tarihini inceleyen ve araştıran insanbilimsel dal.* – SVÖ.

insancı *s.* insanseven, insana değer veren, insancılığı benimseyen. *İnsancı ülkü ... birçok gerçekleri sergilemiş bulunmaktadır.* –OH.

insancıl *s.* **1** insana sokulan (hayvan). **2** insana değer veren (insan). ... *şiirinin o sade, yalın, insancıl, sıcak sesinin yeni bir birikimi oldu böylece* ... –RM.

insancılık *a. fels.* insan ve insanlık sevgisini en yüce amaç sayan öğreti. *İnsancılık akımı Rönesansla başlamıştır.* –OH.

insancıllaşma *a.* insancıl bir duruma gelme. *Uygar toplumların insan-*

cıllaşması demektir ... –MCA.

insancıllaşmak insancıl olmak, insancıl bir duruma gelmek. *Bülent Ecevit'in şiiri somutlaştıkça insancılla-şıyor.* –CSS.

insancıllaştırılma *a.* insancıl olması sağlanma.

insancıllaştırılmak insancıl olması sağlanmak.

insancıllaştırma *a.* insancıl bir duruma getirme.

insancıllaştırmak insancıl bir duruma getirmek. *Yerinde ayrıntılarla ... neredeyse insancıllaştırmak soğuk yüzlü tarihi.* –TUy.

insancıllık *a.* insana değer verme durumu, insanseverlik. *Karamsar, tedirgin bir insanın insancıllığı ilgi çekicidir* ... –DH.

insaniçinci *b. a. fels.* insaniçinciliği benimseyen kimse ya da görüş. *Özellikle metafizik öğretilerin çoğu insaniçinci öğretilerdir.* –OH.

insaniçincilik *b. a. fels.* evrenin odağının insan olduğunu, her şeyin salt insan için yaratıldığını, evrenin ereksel nedeninin salt insan olduğunu söyleyen öğreti. *İnsaniçincilik tutumu, giderek, Mill'in faydacılığını ve James'in pragmacılığını doğurmuştur.* –OH.

insansal *s.* insana değgin, insanla ilgili. *Herakleitos bu yasanın doğasal, insansal her şeyde bulunduğunu ileri sürmüştür.* –OH.

insansallaşma *a.* insana değginleşme, insanla ilgili bir duruma gelme, insansal olma.

insansallaşmak insana değginleşmek, insanla ilgili bir duruma gelmek, insansal olmak.

insansallaştırılma *a.* insansal olması sağlanma.

insansallaştırılmak insansal olması sağlanmak. *Demek ki, insansallaştırılmış bir sanat söz konusu* ... –TY.

insansallık *a.* insanla ilgililik, insana değginlik. *Batılı insan, özellikle tarihin son dört yüzyılında, insansallıkla hayvansallığı birbirinden kesinlikle ayırmayı bir hak olarak benimsemekte.* –TY.

insanüstü *b. s.* insan gücünü aşan. *Hızlı gitmek için insanüstü çabalıyordu.* –KT.

irdeleme *a.* bir sorunun ele alınabilen bütün durumlarını bir bir inceleme işi. ... *yaptığımız irdelemelerin sonuçlarından* ... –AK.

irdelemek bir sorunun ele alınabilen bütün durumlarını birer birer incelemek. ... *incelemekten, irdelemekten kaçınmamalıdır.* –MS.

irdelenme *a.* (bir sorun) ele alınabilen bütün durumları birer birer incelenme, ayrıntılarıyla ele alınma. *Bunların irdelenmesi yapılmadan tshirt'e "tegömlek" demek fazla kestirme yoldan gitme olmuyor mu?* –CSS.

irdelenmek (bir sorun) ele alınabilen bütün durumları birer birer incelenmek, ayrıntılarıyla ele alınmak, derinlemesine incelenmek. *TÖ'nün ve siyasal iktidar ilişkilerinin ordu içinde nasıl değerlendirildiği irdelenmektedir.* –CA.

istem *a.* **1** istemek işi, istek. *Güven istemi, ancak üye tamsayısının salt çoğunluğuyla reddedilebilir.* –Anayasa. **2** *ruhb.* bir şeyi yapmayı ya da yapmamayı belirten iç güç, istemek yetisi. ... *istemli, özgür bir varlık* ... –NA. **istem yitimi** *ruhb.* karar verme, dikkat, istemli kımıldama gibi kafa ve beden etkinliğiyle ilgili işleri yapmamak biçiminde kendini gösteren ve sinir argınlığında ortaya çıkan bir belirti. **istem bildirimi** *tüze.* tüzel bir sonuca yönelmiş istem açıklaması. **özgür istem** hiçbir şeye bağlı olmayan istem. *Gerekirciliğin ve özgür istemin tarihi üzerine hayli şey söylenmiştir.* –AG. **ulusal istem** ulusun isteğini, yeğlemesini ortaya koyan kararı. *bkz.* **istenç**.

istemdışı *b. s.* istence bağlı olmadan, elde olmadan. *Sonra iki kaşım birden kalkıp indi istemdışı, yemin ederim ki istemdışı.* –Mİ.

istemli *s.* **1** isteğe bağlı, istemle yapılan. *... nihayet insan herhangi istemli bir eylemi yapamaz hale gelir.* –NŞK. **2** yapılıp yapılmaması kişinin kendi isteğine bağlı olan.

istemsiz *s. yaşb.* istemdışı yapılan, istem işe karışmaksızın olan (kas, vb. devimi).

istemsizlik *a.* istemi olmama durumu. *Gerçi oyunda da bir çeşit kafa çalışması, bir çabalama var, ama aldanmayın, yalnız görünüşte o, gerçekte ise istemsizlikten başka bir şey değil.* –NA.

istenç *a. ruhb.* bir şeyi yapmayı ya da yapmamayı belirten iç güç, eylemi düşünceye uygun olarak gerçekleştirebilme yetkisi, istem². *... insan istencinin çevreden bağımsız olduğunu ...* –OH. **istenç yitimi** *tıp.* kişinin, istencini kullanaması durumu. **ulusal istenç** *toplb.* ulusun oyu ile ortaya koyduğu istek, ulusun verdiği karar. *Üstelik ulusal istenç (milli irade) kavramı Misak-ı Milli ile kabul edildiği andan itibaren laiklik yolunda en büyük adım atılmıştı.* –ASi.

istenççi *a. fels.* istençcilik yandaşı.

istenççilik *a. fels.* akla ve bilmeye değil istence üstünlük tanıyan, bilgi sürecinin ve ruhsal olayların temelinde istenci gören öğreti.

istençdışı *bkz.* **istemdışı**

istençli *bkz.* **istemli**. *Ama metalaşmıştır Bayram, insanî özünü yalnızca bilinç akışında algılar, istençli bir davranışa yönelemez.* –Sİ.

istençsiz *bkz.* **istemsiz**

ister *a.* gerek, bir işin gerektirdiği şey. *Tiyatro yazarı, hikâyeciyi, sanatlarının yapısının isterleri daha da ileriye götürmektedir.* –CK.

işadamı *b. a.* ticaret ya da sanayi alanında kazanç elde etmek ereğiyle para yatıran, bu alanlarda iş kuran kişi.

işbırakımı *b. a.* işverene isteklerini kabul ettirmek ereğiyle işçilerin, işlerini hep birlikte bırakması. *Grev değil işbırakımı ...* –FHD. **genel işbırakımı** tüm işyerlerinde ve işkollarında aynı zamanda yapılan işi bırakma eylemi.

işbıraktırımı *b. a.* bir işyerinde toplu işçi çıkarma. *Lokavt, Türkçesi işbıraktırımı.* –OA.

işbilim *b. a.* insanın, bir işyerinde işe uyum sağlamasını, işin ereğine göre çalışmasını düzenlemeye yönelik araştırma ve incelemelerin tümüne verilen ad. *... bu sözcüğe Türkçe işbilim karşılığını önerdim.* –CM.

işbirliği *b. a.* erekleri ve çıkarları bir olanların bu yolda çalışmalarını birleştirmeleri hali. *Bu işbirliğinin başarılı olup olmadığının tanığı siz olacaksınız.* –RI.

işbirlikçi *a. b.* yabancılarla, ülkesi çıkarlarına karşı olarak, işbirliği yapan kimse. *Sözgelimi, işbirlikçi sözcüğü dilimizde var mıydı düne* *değin?* –EmÖ. ... *yarı sömürge bir ülkenin işbirlikçi yöneticileri, üniversite reformunu ilkelleştirmek çabasındadır.* –AS.

işbirlikçilik *b. a.* yabancılarla ülkesi çıkarlarına karşı olarak işbirliği yapma hali. *Yabancı kapitalizmle işbirlikçilik içinde bulunan, yabancı kumpanyaların vatan topraklarında aleti olan komprador burjuvası ...* –İS. *... küçük bir kusuru var Bayan Kao Ky'nin: Amerikan saldırganlarıyla işbirlikçilikle yurduna ihanet etmiştir.* –İS.

işbölümü *b. a.* her bireyin belli bir işte ustalık kazanması için işleri ayırma ya da herkese yetkili olduğu işi verme. *(Carey) ... Durkheim'ın toplumsal işbölümü kuramının temellerini ortaya koymuştur.* –NŞK.

işgören *b. a.* bir yapımevi, işletme, kuruluş ve bunlar gibi bir yerde çalışan kişi. *Bu nedenle, yönetici ve işgörenlerin işletme amaçlarına faydalı olmaları, onların teşvikine bağlıdır.* –BiA.

işgücü *b. a.* belli bir süre içinde bir şey yapmak için harcanan güç.

işgüder *b. a.* bir devletin dışişleri bakanından bir başka devletin dışişleri bakanına gönderilen siyasal temsilci, ki atanma durumlarına göre sürekli ya da geçici olarak iş görürler.

işgünü *b. a.* yasayla saptanmış olan çalışma günlerinden her biri. ... *işgünü, yirmi dört saatten daha az bir süredir.* –OH.

işitim *a. yaşb.* işitme duyusu, işitme yetisi. *Gösterge terimi ... bir gösteren ... ile bir gösterilen ya da işitim imgesi arasındaki bileşimden doğan öğeyi belirtmek için kullanılır.* –BV.

işitimbilim *b. a.* işitmeyi konu alan ve işitme güçlüğü çeken insanları sağaltmayı amaçlayan hekimlik dalı. *Odiyoloji sözcüğünü ... duyup işitimbilim karşılığını türettim.* –CM.

işitimbilimci *b. a.* işitimbilim uzmanı hekim.

işitimsel *s.* işitimle ilgili, işitsel. *Bilmediğimiz bir yabancı dilin işitimsel imgeleri bizde bu tansığı yaratamaz.* –MCA.

işitsel *s.* işitimle ilgili. *Görmeişitme yoluyla eğitimde kullanılan araçların işitsel olanları.* –NÖ.

işkadını *b. a.* ticaret ya da sanayi alanında kazanç elde etmek ereğiyle para yatıran, bu alanlarda iş kuran kadın.

işkil *a.* hoş olmayan bir şeye uğramak sanısı.

işkillendirme *a.* kuşkulanmasına, işkillenmesine yol açma.

işkillendirmek işkillenmesine, kuşkulanmasına yol açmak.

işkillenme *a.* hoş olmayan bir şeye uğrayacağı sanısına kapılma, işkil içinde bulunma.

işkillenmek hoş olmayan bir şeye uğrayacağı sanısına kapılmak, işkil içinde bulunmak. *Demek bir şeyden işkillenmişler.* –ErB.

işkilli *s.* işkil içinde bulunan (kimse).

işkillilik *a.* işkil içinde bulunma durumu.

işkilsiz *s.* işkil içinde bulunmayan (kimse).

işkilsizlik *a.* işkil içinde bulunmama durumu.

işkolu *a. b.* sendikalar yasasında belirtilen çalışma kollarından her biri ki, aynı ya da pek benzer nitelikteki işlerin oluşturduğuu daldır. *Ör-*

neğin maden işçiliği, otobüs şoförlüğü, terzihane işçiliği, marangoz işçiliği, vb. aynı işletme içinde olsalar bile ayrı birer işkoludurlar. –OH.

işlem *a.* **1** bir işi sonuçlandırma yolunda yapılan işler; bir işi sonuçlandırmak için gereken evrelerden geçirme. *... yapılacak en basit işlem ...* –KK. **2** *mat.* sayıları belli birtakım kurallar ve yöntemlere uygun olarak birbiri üzerine etkilendirme işi; örneğin çarpma, çıkarma, toplama, bölme birer işlemdir. *En basitinden dört işlemi bilen üreticinin ilk yapacağı iş, yarattığı değerin karşılığını alıp alamadığını araştırmak olacaktır.* –FB. **3** belli bir erekle belli bir yöntem kullanılarak yapılan iş. *Örneğin, 30 Martta Senato'da ad çekme işlemi yapılacak.* –NN. **dört işlem** *mat.* toplama, çıkarma, çarpma ve bölme olmak üzere, matematiğin dört ana işlemi. *En basitinden dört işlemi bilen üreticinin ilk yapacağı iş, yarattığı değerin karşılığını alıp alamadığını araştırmak olacaktır.* –FB.

işlemce *a.* operatör tarafından sayrının bir yerini kesme, yarma ve dikme yoluyla yapılan sağaltım. *Körbağırsak işlemcesi yapan bir sağaltman da ... belirli bir yöntemi kullanacaktır.* –CM.

işlemci *a.* bilgisayarın temel işlem birimini oluşturan, belirli mantık ve matematik işlemlerini elektronik olarak yapabilecek biçimde, yongalardan oluşmuş tümleşik devre. *Sistem kaynaklarına her işlemci kolayca ulaşabilir.* –MYı.

işlemsel *s.* işlemle ilgili ... *ikincil dillerin ... dilbilimcilerce oluşturulan işlemsel kavramlarla açıklanabileceği anlaşılınca ...* –BV.

islendirme *a.* islendirmek eylemi. *Arapça kökenli istihdam karsiligi olarak islendirme sözcügünü ... türettim.* –CM.

islendirmek bir kimseyi bir iste, bir görevde çalistirmak, (bir kimseye) is vermek.

işletme *a.* kazanç ya da başka yararlar için kurulan ve bağımsız bir bütçe ile çevrilen iş ve bu işin yönetimi. *Devlet işletmelerinin durmadan zarar ettiğini söyleriz.* –İS

işletmeci *a.* işletmesi olan, işletme çalıştıran ya da yöneten kimse. *Bu kurumu kurana işletmeci denir.* –OH.

işletmecilik *a.* işletme yönetimi işi; işletmeyle ilgili bilgilerin topu; işletmecinin yaptığı iş. *... ve işletmecilik alışkanlıklarının daha az gelişkin olması dolayısıyla ...* –AI.

işletmen *a.* bir makineyi, özellikle elektronik bir makineyi çalıştıran, işleten kimse. *Bakım mühendisleri için, bilgisayar işletmenlerinden, programcılarından ... ayrı bir eğitim gerekir.* –AyK.

işletmenlik *a.* işletmenin görevi ya da işletmenin yaptığı iş. *Bilgisayar işletmenliği yapacakların uzun bir eğitimden geçmesi gerekmez.* –AyK.

işlev *a.* bir nesnenin gördüğü iş; iş görme yetisi; (nesnede) görev. *Daha organlardan başlayıp canlıdaki pek çok işlevin bir şeyi başka bir şeye çevirme olduğu ...* – NU. **işlev yitimi** *ruhb.* kişide, devinimle ilgili görevlerin yitişi.

işlevci *s.* işleve önem veren.

işlevcilik *a.* **1** (genel anlamda) biçimi koşullayan görevler arasında, yararlılık ve sağlamlığın yanı sıra ruhbilimsel değerlere yer veren görüş. *İşlevcilikte tarihsel incelemeler* *bırakılıyor; buna karşılık belli bir tarih kesiti içinde, bir toplumun kurumlarının işlevleri araştırılıyor.* –AdO. **2** (özel anlamda) mimarlık ve mobilyacılıkta, biçimin her zaman belirli bir görevi karşılamasını isteyen görüş.

işlevdeş *s.* özdeş işlevi olanlardan her biri.

işlevdeşlik *a.* işlevdeş olma durumu. *Sonuç olarak ... bir işlevdeşlik ... yaratmak söz konusudur.* –BV.

işlevsel *s.* işlev yönünden, işlevle ilgili. *Toplumcu tiyatronun işlevsel estetiğini saptarken, üzerinde en önce durulması gereken halktır.* –ÖN. *İşlevsel yönden edebiyat, gerçekten bir eğitim aracıdır.* –AdB.

işlevselci *bkz.* **görevselci**. *Dildeki öğeleri bildirişim işlevine göre kümeleme A. Martinet'nin işlevselci okulunun yöntemi olmakla birlikte ...* –FEA.

işlevselcilik *bkz.* **işlevcilik, görevselcilik**

işlevselleşme *a.* işlevsel bir nitelik edinme, işlevi olma. *Var olabilmek için ... bu ikinci işlevselleşme, ilk işlevselleşmenin hiç de aynı değildir.* –BV.

işlevselleşmek işlevsel bir nitelik edinmek, işlevi olmak.

işlevselleştirme *a.* işlev yapar bir duruma getirme.

işlevselleştirmek işlev yapar bir duruma getirmek. *Ama gösterge bir kez oluştuktan sonra, toplum onu yeniden pekâlâ işlevselleştirebilir.* –BV.

işlevsellik *a.* işlevi olma durumu. *Şiirin işlevselliğini büyütüp güncelleştirirler.* –EC.

işlevsiz *s.* hiçbir işlevi olmayan. *Ancak bunlar ... bir güdü durumuna dönüşmedikçe işlevsiz kalır.* –EmÖ.

işlevsizleştirilme *a.* işlevsiz bir duruma getirilme, işlev yapamaz kılınma.

işlevsizleştirilmek işlevsiz bir duruma getirilmek, işlev yapamaz kılınmak. *"Cumhuriyet Kızı" baskıcı yönetimce dışlanan, işlevsizleştirilen aydının dramıdır bir bakıma.* –EAt.

işlevsizleştirme *a.* işlevsiz kılma, işlev yapamaz bir duruma getirme.

işlevsizleştirmek işlevsiz kılmak, işlev yapamaz bir duruma getirmek.

işlevsizleşme *a.* işlev yapamaz bir duruma gelme.

işlevsizleşmek işlev yapamaz bir duruma gelmek.

işlevsizlik *a.* işlevsiz olma durumu. *Ayrıca, değişen değer yargılarını ... beğenilmiş filmlerin ve kitapların günümüzdeki işlevsizliklerinden de anlama fırsatı buluyoruz.* –Sİ.

işleyim *a.* hamözdekleri işlenmiş duruma getirmek için uygulanan eylemlerle bu eylemleri uygulamada kullanılan araçların topu. *İş çevreleri deyince, bu kavramın kapsamına basın işleyimi de girmekte.* –ÖŞ.

işleyimleşme *a.* işleyim alanında ilerleme. *Kentleşen dünyada, işleyimleşme, bilimsel ve uygulayımsal buluşlar...* –ÖŞ.

işleyimleşmek (bir ülke) işleyim alanında çok ilerlemek.

işleyimsel *s.* işleyimle ilgili. *Para kazanmak amacı ise, ... az sayıda işleyimsel bütünlerin basın üstünde de egemenlik kurmalarına olanak vermiştir.* –ÖŞ.

işlik *a.* terzi, marangoz, demirci gibi el işleriyle uğraşanların ya da ressam, yontucu gibi sanatçıların işlerini yaptıkları yer. *Mustafa Kemal'in*

... *tarihsel bir devrimin devrimci işliğinde, ulus kavramından dövdüğü ilk halk çeliği işte budur* ... –CAK.

işteş *s.* işlevi özdeş olanlardan, aynı işi görenlerden, işte ortak olanlardan her biri. *Bu örneklerde işteş fiiller geçişli tabanlardan türemiştir.* –TNG.

işteşlik *a. dilb.* bir işin birden çok öznece bir arada, ortaklaşa yapıldığını anlatan eylemin özelliği, ki "kucaklaşmak", "ağlaşmak", "gülüşmek" gibi eylemler işteşlik eylemleridir. *le'den sonra gelen "ş" işteşlik ekidir.* –TNG. **işteşlik eki** *dilb.* eylemlerde işteşliği belirten ek, ki eylemin tabanlarının sonu ünlü olan eylemlere "ş", ünsüz olanlara "-iş" getirilerek işteşlik belirtilir: "kucakla-ş-mak", "sev-iş-mek" gibi. *Hemen belirtelim ki eleştirmek fiilinin türetilişi "ş" işteşlik ekiyle yapılmamıştır.* –EmÖ.

işveren *b. a.* ücretle işçi çalıştıran kimse (ya da tüzel kişi). ... *işçinin korunması, işçi ve işveren ilişkilerinin düzenlenmesi buralarda yapılırdı.* –RÜ.

işyar *b. a.* görevli[2]; bir işle görevli kimse. ... *çamuru teriyle karan işçiler, işyarlar ve kahraman erler...* –AMD.

işyeri *b. a.* bir işin yapıldığı yer, işçinin işini yaptığı yer. ... *otellerin, işyerlerinin, dükkânların, sinemaların başıboş yalnızlığı* ... –CÜ.

iti *a. ruhb.* itici neden, itki. *Güdüsel ve lirik itilerle entellektüel düşünce arasında bir denge kurmaya çalışıyorum.* –CSS.

itilim *a. ruhb.* ruhun, kendine ağır, iğrenç, ayıp ya da ulaşılamaz görünen düşünceleri bilinçaltına sürmesi. *Hangisinde ahlak itilimi daha üstün bir şekilde ortaya çıkıyorsa* ... –BA.

itilme *bkz.* **itilim**

itki *a. ruhb.* itici neden; güdü. *Kynikler de itkiler ve isteklerle sırf savaşmak için savaşmazlar elbette.*–BA.

ivdirmek ivmesini sağlamak, çabuklaştırmak.

ivecen *s.* tez canlı; hep ivedi ile iş görmeye alışmış olan; çabuk sabırsızlanan; çabuk davranma huyunda olan. *Mahire Hanım'la kocası da işyerinin ayakçaklarını tırmanıyorlardı ivecen adımlarla.* –NGü.

ivecenlik *a.* ivecen olma durumu, özelliği; tez canlılık. *Bilisizin değişmesi, değişir gibi gözükmesi, ivecenliğindendir* ... –NA.

ivedi *a.* **1** çabuk davranma zoru. *Geçen Meclis döneminde ivedi olarak çıkarılan kimi yasaların getirdiği tedbirler reform niteliğinden uzaktır.* –HVV. **2** *s.* tez elden yapılması gereken. ... *ivedi olmayan hallerde* ... –Anayasa. **ivedi ivedi** *be.* büyük bir çabuklukla, hızlı olarak, ivedi ile. *Nereye böyle ivedi ivedi?* –HVV.

ivedilenme *a.* tez canlılık etme.

ivedilenmek tez canlılık etmek.

ivedileşme *a.* ivedi yapılması gerekme, ivedi duruma gelme.

ivedileşmek ivedi duruma gelmek.

ivedileştirilme *a.* ivedi bir duruma getirilme, ivedilik kazandırılma.

ivedileştirilmek ivedi bir duruma getirilmek, ivedilik kazandırılmak.

ivedileştirme *a.* ivedi bir duruma getirme, ivedilik kazandırma.

ivedileştirmek ivedilik kazandırmak, ivedi bir duruma getirmek.

ivedilik *a.* bir işi hiç vakit geçirmeden yapmak isteğinde ya da zorunlu olma durumu; gecikmezlik. ... *bu süre üç ayı geçemez ve ivedilik hal-*

lerinde on beş günden ... –Anayasa. *En uzak köydeki Mehmet'in okulsuzluğu bizim için ivedilikle görülmesi gereken bir dava idi.* –İS.

ivedilikle *be.* hiç zaman geçirmeden, hemen, gecikmeksizin. *En uzak köydeki Mehmet'in okulsuzluğu bizim için ivedilikle görülmesi gereken bir dava idi.* –İS.

ivegen *s. tıp.* çabuk ilerleyen ya da ilerlemis (sayrilik).

ivme *a. fiz.* devinim durumunda bulunan bir şeyin, sonsuz küçük bir zaman içinde, hızında meydana gelen artışın bu zamana oranı. *... hız ve ivmelerini geometrik olarak değerlendirmeye ...* –AK. *Çünkü bu saatin zembereği kurulup da çalışmaya başladı mı soygun hızlanıyor, sömürünün ivmesi artıyor.* –İS. **açısal ivme 1** *mek.* durağan bir eksen çevresinde dönen bir yarı doğrunun ya da devinen bir noktanın açısal hızındaki değişmeyi gösteren sayı. **2** *fiz.* açısal hızın birim zamandaki değişimini belirten nicelik.

ivmek ivedi ile iş görmek, çabuk davranmak. *Pek de ivmeyelim yargılamakta.* –NA.

ivmeölçer *b. a.* bir devinimin ivmesini saptayan, bir taşıtın hızlanmasından doğan sarsıntıları, titremeleri belirleyen aygıt.

ivmeyazar *b. a.* bir devinimin ivmesini çizerek saptayan aygıt.

iye *a. tüze.* bir şey üzerinde iyeliği olan kimse. *Birkaç kişi bir nesneye paydaş olarak iye olur ve payları eylemli olarak bölünmemiş bulunursa, onların bu iyeliği paylı iyeliktir.* –HVV.

iyelenme *a.* **1** (bir şey için) kendinin olduğunu ileri sürme. **2** ilgilenip gözetme, koruyucu olma, koruma.

iyelenmek 1 (bir şey için) kendinin olduğunu ileri sürmek. **2** ilgilenip gözetmek, koruyucu olmak, korumak. *Dikili şenliklerini benimsemiş, korumuş, iyelenmişti.* –MEk.

iyelik *a.* iye olma durumu; kendisinin olan bir şeyi yasanın çerçevesi içinde, dilediği gibi kullanabilme hakkını taşıma. *Birinci ve ikinci kişilere değgin iyelik ... takısının tekilini almış hısımlık adlarına...* –TNG. **iyelik eki** *dilb.* ad soylu sözcüğü kişi kavramına bağlayan ek. *Belirtisiz tamlamalarda sona gelen iyelik eki canlı kaldığı sürece ...* –HZ. **bireysel iyelik** kişinin malı olma durumu. *Hükümetin kararı... hepsini... bireysel iyeliğe geçirmek doğrultusunda.* –RK. **kamusal iyelik** kamunun malı olma durumu. *Hükümetin kararı, bu toprakların ... hepsini kamusal iyelikten bireysel iyeliğe geçirmek doğrultusunda.* –RK.

iyicil *s.* iyilik etmeyi seven. *Kimileri iyicil, kimileri de kötücüldür.* –OH.

iyiletim *bkz.* **sağaltım**. *Bu yazıda hastalığın tam iyiletimi için yapılan çalışmalar hakkında bilgi vermek istiyoruz.* –VB.

iyiliksever *b.s.* hiçbir karşılık beklemeksizin iyilik eden (kimse).

iyiylikseverlik *b. a.* iyiylik yapmayı sevme işi.

iyimseme *a.* iyi sayma,iyimser düşünme.

iyimsemek iyi olarak kabul etmek, iyi görmek,iyi saymak, iyimser düşünmek. *ör. Yurtdışını iyimseyenlere inanmayın...* -AdB.

iyimser *s.* işlerin ya da bir işin iyi yanlarını gören; işlerin ya da belli bir işin sonunu iyi gören, kötümser karşıtı. ... *iyimser olmak gerekir.* –AŞE.

iyimserlik *a.* iyimser olma durumu, özelliği; her şeyin iyi yanlarını görme, iyimser davranma. *Bu kötümser tablo içinde iyimserlik veren öğeler de yok değildir.* –COT.

izdeş *a.* izleyici, izinden giden, ardından, yolundan giden, izleyen.

izdaş *bkz.* **izdeş**. *İsa'nın ... havarileri adı verilen izdaşlarıyla birlikte bu kutlama yemeğini yediğine ... inanırlar.* –OH.

izdüşüm *bkz.* **izdüşümü**. *T tepe noktası izdüşüm merkezi olarak göz önüne alınırsa ...* –AK. **izdüşüm kuramı** *fels.* duyumların önce anlıkta belirdiğini öne süren kuram. *Beyinde izdüşüm merkezleri ve algıcılığa karşı ileri sürülen izdüşüm kuramı dolayısıyla felsefeyi ilgilendirir.* –OH.

izdüşümü *b. a.* **1** *fiz.* bir ışık kaynağından çıkan ışınlarla bir ekran üzerinde bir görüntü oluşturma işi ya da böyle bir yolla oluşturulmuş görüntü. **2** *mat.* izdüşüm düzlemi denilen bir düzlem üzerinde, birtakım geometri kurallarına uyularak, bir cismin gösterilmesi. **3** *mec.* görüntü. *Mistisizmle saltanat karışımı bir duygululuğun heybetli bir izdüşümü mü?* –EC.

izlek *a.* bir sanat yapıtında işlenen, geliştirilen anadüşünce, ana görüş, asal konu, anakonu. ... *değişik görünüşler altında aynı izleklerin yinelenip durması bakımından, Butor'un her yapıtının ...* –TY.

izlekli *s.* izleği olan, izleksel. *Jules Verne'in ... yapıtı bir yapı eleştirisi için iyi bir konu olabilir; izlekli bir yapıttır.* –TY.

izleksel *s.* izlekle ilgili, anakonusal. *Vigny'nin bütün yapıtı izleksel bir Saat'e bağlıdır ...* –TY.

izlem *a.* **1** izlemek[3] işi. **2** izlenim. ... *bu akım, özellikle natüralizmin ... dış izlem bağlılığına karşı bir tepkidir.* –EmÖ.

izleme *a.* **1** (birinin) gittiği yere gitme, arkasından yürüme. *Sizi izleme görevini aldım.* –Mİ. **2** eğlenmek, öğrenmek, görmek için bakma. *Seyircilere ne büyük bir TV izleme külfeti.* –MTÖ. **3** bir şeyin bütün evrelerini gözleme, bir olayın bütün gelişimini gözden geçirme. **4** herhangi bir olayla ilgilenme; ilgilenme.

izlemek **1** (bir şeyin, birinin) gittiği yere gitmek, arkasından yürümek, izinden yürümek. **2** eğlenmek, öğrenmek, görmek için bakmak. **3** bir şeyin bütün evrelerini gözlemek, bir olayın bütün gelişimini gözden geçirmek. ... *bir aydın olarak izlemiyor musunuz?* –BF. **4** herhangi bir olayla ilgilenmek. ... *yayımlanan yapıtları etkisizce izlemek mi, yoksa belirli yapıt ya da yazarları mı seçmek?* –EmÖ.

izlence *a.* **1** yapılacak bir işin bölümlerini, bölümlerin sıra ve zamanını gösteren tasarı. *İlköğretimden yükseköğretime bütün izlencelerin amaca yönelmesi ... gerekir.* –AG. **2** radyo ve televizyonda, belli bir biçim ve süre içinde sunulan müzik, konuşma, oyun gibi şeyler ve bunların sıra ve zamanını gösteren basılı kâğıt. *Birkaç hafta önce televizyonun "Bir Sorun Bir Konuk" adlı izlencesinde ... dinledik.* –EmÖ. **3** okullarda, haftanın belli günlerinde, belli saatlerde okutulacak dersleri gösteren cetvel. **4** bir tören, temsil, gezi vb.

gibi şeylerin ayrıntılarını saptayan ve bunları tanıtmak ereğini güden basılı kâğıt.

izlenceci *a.* radyo ve televizyon için izlence hazırlayan kimse. *TRT yapımcılarının ve izlencecilerinin bu gibi ortamlar yaratılmasına çanak tutmaya hakları yoktur.* –MTÖ.

izlencecilik *a.* izlenceci olma niteliği. *"5 Dakika"cıların izlencecilik ile ilgili olarak üzerinde durmaları gereken daha başka noktalar da var.* –MTÖ.

izlenim *a.* **1** bir şeyden edinilen duygular, düşünüler vb. duyumsal şeyler. **2** *ruhb.* bir nesnenin, duyular yolu ile insanın üzerinde bıraktığı etki. ... *okuduğu eserlerle ilgili duygularını, izlenimlerini kısaca söylemekle yetiniyor.* –AB.

izlenimci *s.* **1** izlenimcilikten yana sanat ya da sanatçı. ... *doğa'nın sanat alanında, az çok boy gösterişi 1870 yılından sonra Fransa'da ünlerini, otağlarını kuran izlenimcilerin yapıtlarına dayanır* ... –SB. **2** kesin bir doğruluğu olmayıp duyumlara, izlenime dayanan. ... *öznel ve izlenimci yargılarla iş bitecek sanıyor.* –AB.

izlenimcilik *a.* doğayı, gerçekte olduğu gibi bütün ayrıntılarına bağlı kalarak değil, ancak ondan edinilen izlenimin ölçüsüne göre anlatan, yani doğrudan doğruya gerçeği, nesneyi değil de onun sanatçıda uyandırdığı duyumları vermeyi yeğleyen sanat çığırı. ... *izlenimcilik, sonraları sadece biçim değişikliği açısından ele alınmış.* –SB.

izlenimsel *s.* izlenim özelliği taşıyan, izlenim niteliğinde, izlenime değgin. *Ama bir şiirin güzelliğini ortaya koyan eleştiri, ister istemez izlenimsel olmak zorundadır.* –MCA.

izlenme *a.* izlemek eylemine konu olma, izleme işi yapılma. *Bu konuda izlenmesi gereken yol neydi?* –UM.

izlenmek izlemek eylemine konu olmak. *İzlenmek, pusuya düşürülmek, öldürülmek korkusu.* –TUy.

izletilme *a.* izlenmesi sağlanma. *Yasa koyucu ... muhalefet partilerinin izletilmesini önlemek amacıyla maddeye bu yasağı koymuştur.* –UM.

izletilmek izlenmesi sağlanmak.

izletme *a.* izlemesini sağlama. *İktidardaki partilerin muhalefet partilerini ... izletmesi ... kuruluş yasasına açıkça aykırıdır.* –UM.

izletmek izlemesini ya da izlenmesini sağlamak.

izleyici *a.* **1** izleyen, ardından giden. **2** bir gösteriyi izleyen kimse, seyirci. *İzleyicinin sayısı arttıkça ... ilkelerini uygulamak güçleşiyordu.* –BC.

izleyicilik *a.* izleyici olma durumu.

J

"J" ile başlayan öz Türkçe sözcük yoktur. Bu ses Türk ABC'sinde gösterilmekle birlikte yalnızca yabancı sözcüklerde geçer.

K

kabarma *a.* **1** *coğr.* denizin her gün düzenli olarak belli zamanlarda yükselmesi olayı, ki genellikle, Ay'ın çekim etkisiyle ortaya çıkan bu olay on iki saat yirmi beş dakika ara ile olur. ... *deniz yüzünün kabarması sırasında* ... –RI. **2** *sine.* bir filmin, gereğinden çok sıcağa ya da gerilmeye uğraması nedeniyle üzerinde beliren çıkıntı ve çukurluklar.

kaçınık *s.* etliye sütlüye karışmayan; köşesine çekilmiş. *Tespihböceği gibi kaçınık yaşamak.* –BN.

kaçınılma *a.* herhangi bir iş ya da bir şey yapmaktan, özverili davranmaktan geri durulma. *"Geleceğe dönük" politikada başlıca hedef, artık kaçınılması olanaksız erken seçim üzerinden partinin hangi girişimler yapılabileceğini saptamak.* –CA.

kaçınılmak herhangi bir iş ya da bir şey yapmaktan, özverili davranmaktan geri durulmak.

kaçınılmaz *s.* istek ve istençdışı olan.

kaçınılmazlaşma *a.* istek ve istençdışı olarak yer alma, gerçekleşme.

kaçınılmazlaşmak istek ve istençdışı olarak yer almak, gerçekleşmek. *Ne yazık ki ... tıkanıklıkları açmak için insanların yaşamlarını harcamaları kaçınılmazlaşıyor.* –İS.

kaçınma *a.* özverili davranmaktan, herhagi bir şey ya da bir iş yapmaktan geri durma. ... *ülkemizde hoşgörü kavramı uzun süre yanlış anlaşılmıştır, bir kaçınma anlamı taşımıştır.* –CSS.

kaçınmak herhangi bir iş ya da bir şey yapmaktan geri durmak. ... *beklenen yararın sağlanabilmesi için üniversite-küçük kent çelişkisi yaratmaktan kaçınmak ... gerekir.* –OB.

kalan *a. mat.* bir çıkarma işleminde kendisinden sayı çıkarılan sayıdan artan sayı ya da bir bölme işleminde bölünenden artan sayı. *Çıkarılan ve çıkan kalanları toplamı, fark için aynı işlemler yapıldığında bulunan kalana eşit ise ...* –ES.

kaldıraç *a. fiz.* küçük bir güç ile büyük bir direnci yenmeyi sağlayan araç, ki bir dayanma noktası üzerinde oynayabilen bir çubuktur. *... türlü işlere yatkın bir gereç, bir kaldıraçtır sanki.* –NU.

kaldırmaç *b. a.* yapımevlerinde, yükleri kaldırmada kullanılan, alttan çatal kollu, önde kaldırma düzeneği bulunan araç. *"Kaldırmaç" sözcüğüne ... yer verildi.* –CM.

kalık *s.* elde kalmış olan, kötü nitelikli (mal vb.).

kalım *a.* **1** yok olmayıp var olarak kalma durumu. **2** *yaşb.* doğal seçimden sonra organizmaların yaşamaya devam etmesi. *Gerçi kalım kavgası ve uyma kuramları Darwin'den çok önce ileri sürülmüştü ama ...* –NŞK.

kalımlı *s.* yok olmayan, ölümsüz.

kalımlılık *a.* kalımlı olma durumu, ölümsüzlük.

kalımsız *s.* gün gelince yitip gidecek olan, ölümlü.

kalımsızlık *a.* kalımsız olma durumu, ölümlülük.

kalıntı *a.* artıp kalan şey. *Kazınca bazı kalıntılar bulunsa da ...* –NU.

kalıt *a.* **1** *yaşb.* kalıtım yoluyla edinilen şey. **2** *tüze.* bir kimseden, kendisinin ölümü ile, kalıtçılarına kalabilecek mal, hak, borç vb. şeyler. *... ve düşünce kalıtları için de doğru.* –AB.

kalıtçı *a. tüze.* kendisine kalıt[2] düşen kimse. *Onun ilkelerine göre insan Âdem'in soyundandır. Onun her bakımından kalıtçısıdır.* –SAK.

kalıtım *a.* **1** *yaşb.* ana ve babada bulunan yapısal ve ruhsal ıraların kalıt yoluyla oğul döllere geçmesi. *... anne babası yahut akrabalarında bulunup bulunmaması haline göre hastalığın kalıtım şekli özellik arz eder.* –BSŞ. *bkz.* **soyaçekim**. **2** *tüze.* birine, ölen bir yakınından mal kalması. *... engin bir yönetim gücüne ve yüksek bir kültür kalıtımına konmuş Türk milleti ...* –MRİ.

kalıtımbilim *b. a.* canlılardaki soyaçekim olaylarını inceleyen yaşambilim dalı. *Denilebilir ki genetik veya kalıtımbilim ilk insanın çocuğu olduğu zaman başlamıştır.* –BSŞ.

kalıtımcı *bkz.* **kalıtçı**. *... gençler yeni düşünler getirmemişler, eskilerin kalıtımcıları olmuşlardır.* –MCA.

kalıtımcılık *a. ruhb.* davranışın nedenlerini kalıtım ve kalıtsal etkilere bağlayan görüş.

kalıtımsal *s.* kalıtımla ilgili. *Kalıtımsal nedenlerle saç, deri, iris ve göz akının doğuştan renksiz olma durumu.* –MEnç.

kalıtsal *s.* soydan kalma, soydan geçme. *Herhangi bir çiftin kalıtsal hastalıklarla musap çocukları olabilir.* –BSŞ.

kalıtyazı *b. a.* bir kimsenin, ölümünden sonra yapılmasını istediği şeyleri yazmış olduğu belge. *Atatürk'ün kalıtyazısının çiğnenmesi kamuoyunda yeniden tartışılmaya başladı.* –OA.

kalkındırma *a.* kalkınmasını sağlama.

kalkındırmak kalkınmasını sağlamak.

kalkınma *a.* ekonomik bakımdan gelişme. *Ulusal kalkınma çabası içinde bulunan bir iktidar, şüphesiz her şeyden önce halkın fedakârlığına dayanacaktır.* –NN.

kalkınmacı *a.* toplumsal yapıyı tutumsal (ekonomik) yönden geliştirmek için çaba harcayan kimse. ... *"Biz kalkınmacıyız, siz statükocusunuz" demesi bununla ilgili.* –YKü.

kalkınmacılık *a.* toplumsal yapıyı tutumsal (ekonomik) yönden geliştirme çabası, kalkınma yandaşlığı. *Sistemini veri alarak demokratik haklardan yana olmakla sanayiin hızında somutlaşan kalkınmacılık arasındaki çelişkiyi sömürmek istiyor.* –YKü.

kalkınmak ekonomik bakımdan gelişmek.

kamu *s.* **1** (eskiden) hep, bütün. **2** *a.* (bugün) bir ülkedeki halkın bütünü. *Yoksa kamu kimi beğenip kimi beğenmeyeceğini bilmez.* –NA. **3** *a.* tüzelkişi olarak devlet. **kamu kesimi** *bkz.* **kesim**.

kamulaştırılma *a.* kamu[3] malı durumuna getirilme, kamuya mal edilme. ... *bir kaynağın ... kamulaştırılması istenebilir.* –HVV.

kamulaştırılmak kamu[3] malı durumuna getirilmek. *Kamulaştırılan mal, değeri ödenerek bu kuruluşların olur.* –OH.

kamulaştırma *a.* özel bir taşınmazı, kamu yararı için, değerini iyesine ödeyerek kamu[3] malı durumuna getirme. *Kamulaştırma, kamu yararı amacıyla, özel mülkiyet al tında olana devletçe ... el konulması demekir.* –OH.

kamulaştırmak özel bir taşınmazı kamu yararı için, değerini iyesine ödeyerek kamu[3] malı durumuna getirmek. *Doğayı korumanın biricik yolu, onu kamulaştırmaktır.* –BO.

kamuoyu *b. a.* bir sorun konusunda halkın düşünüsü, bir sorun üzerine halkın taşıdığı kanı. ... *son zamanlarda kamuoyunda belirdiği hissedilen güvensizliğin* ... –Aİ.

kamusal *s.* **1** kamu ile ilgili ... *yapılan harcamaların verimliliği bilinmedikçe, kamusal hizmetleri bir düzene sokmak mümkün değildir.* –ERA. **2** kamunun malı. ... *ortaklaşa ve bireylerüstü bir alana ulaşır. Kamusallaşır.* –AB.

kamusallaşma *a.* kamunun malı olma. *Ne var ki, bu kamusallaşma da mutlak değildir.* –AB.

kamusallaşmak kamunun malı olmak.

kamutanrıcı *b. a.* ve *s. fels.* kamutanrıcılık öğretisini benimseyen. *Doğa gizemciliğinin vahdeti vücut anlayışı, kamutanrıcı ya da doğatanrıcıdır.* –OH.

kamutanrıcılık *b. a. fels.* evren ile Tanrı'nın özdeş olduğunu ileri süren öğreti. *Kamutanrıcılığa göre Tanrı, maddedir ve evrenin yaratıcısı ya da yapıcısı değil, evrenin bizzat kendisidir.* –OH.

kanaktarım *b. a. tıp.* yaralıya ya da hastaya, kendi kan grubundan olan bir kanı damar yoluyla verme.

kanbilim *b. a. tıp.* **1** kanın dokusal kimyasal ve doğal özelliklerini inceleyen bilim dalı. **2** kan sayrılıklarıyla ilgilenen hekimlik dalı ve hastanelerde kan sayrılıklarının bakıldığı bölüm. *Fransız kanbilim uzmanı* ... –OA.

kanbilimci *b. a. tıp.* kanbilim uzmanı hekim.

kandoku *b. a. gövb.* plazması ve taşıdığı yuvarlar yönünden bir doku görünüşünde olan kanın dokubilimdeki adı.

kanı *a.* kişinin düşünerek vardığı ve inandığı sonuç, ... *dini siyasete araç ettiği kanısında birleşmektedirler.* –Aİ.

kanık *s.* az şeyle, elinde olanla yetinmesini bilen, yetingen (kimse).

kanıt *a.* **1** bir şeyin doğruluğu, gerçekliği konusunda kanı verici belge. *Bir bakanın kimliğini saptamak için belgeler ve kanıtlara dayanan ... soruşturmanın yürütülmesi gerekiyor.* –İS. **2**. *mant.* sonuca ulaşan bir uslamlamanın dayandığı gerçek. **3** *türe.* kanı verici öğe, yani anlaşmazlık konusu olan şeyde yargıcın kanılarını oluşturan şey. *Elde sağlam bir kanıt olmadan ...* –İS. *bkz.* **tanıt**.

kanıtlama *a.* kanıtlamak eylemi.. ... *konuşmalarımızda iki kere ikinin dört ettiğini tekrar tekrar kanıtlamaya çalıştık.* –MA.

kanıtlamak ileri sürülen bir savın doğruluğunu ve gerçekliğini yadsınamayacak biçimde açık bir kesinlikle göstermek. *Uyuyorum diyen birisi nasıl uyumadığını kanıtlamış olursa.* –NU.

kanıtlanma *a.* doğruluğu belgelere dayanarak ortaya konulma. ... *bir araştırmayla bu yargıların kanıtlanması yolunu seçmeyi niye yeğlemiyor?* –CA.

kanıtlanmak doğruluğu belgelere dayanılarak ortaya konulmak. ... *öne sürülen savların hiçbirinin tersi kanıtlanmamış, ciddi raporlara bağlanmamışken.* –CA. ... *raporda şirketlerinde birçok yolsuzluk yapıldığı kanıtlanmaktadır.* –UM.

kanıtlı *s.* kanıtla gösterilmiş, tanıtlı. ... *bu denemeleriyle yalnız sağlam kanıtlı bir denemeci olduğunu ortaya koymuyor, kendi romanlarının da ... yöntemini sergiliyor.* –DH.

kanıtsız *s.* belgesi bulunmayan, belgesiz. ... *üstelik de aklınca kurnaz bir taktikle, kanıtsız suçlamalarda bulunuyor.* –ASi.

kapaç *a.* **1** bir yayla gergin tutulan ve yatağının düzleminde gidip gelerek bir akışkanın geçişini düzenlemeye yarayan kapak. **2** *fiz.* bir devreye yerleştirildiğinde, belirli koşullar altında, akımın yalnız bir yönde geçmesini sağlayan ve böylece dalgalı akımları doğrultmaya yarayan düzenek.

kapanduygu *b. a. tıp.* herhangi bir syrilikli duruma bagli olmaksizin kendi basina ilerleyen sayrilik, bagimsiz sayrilik.

kapılgı *a.* değişken, geçici, düşüncesizce ve huysuzca istek ya da davranış.

kapılgan *s.* kapılgı huyu olan (kimse).

kapsam *a.* **1** *mant.* bir kavramın kapsadığı bireylerin ya da imlerin topu. *Gerçekte kapsam deyimi, bir kavramın ya da bir yargının kapsama sınırlarını belirtir.* –OH. **2** sınır; kapsama. *Senato da nisbi sistemin kapsamına alındı ...* –Aİ.

kapsama *a.* (bir şeyi) sınırlarının içine alma.

kapsamak (bir şeyi) sınırlarının içine almak *Dört seçim dönemini kapsayan ...* –TZT.

kapsamlı *s.* kapsamı geniş olan, çok şeyi kapsayan. *"Osmanlı kimliği" gibi çok kapsamlı bir adın ...* –MCA.

kapsamlılık *a.* çok şeyi kapsama durumu, kapsayıcılık. ... *kitabın geniş kapsamlılığının, varsıllığının sayısal göstergesidir.* –NÖ.

kapsayıcı *s.* kapsayan, içine alan, çok şeyi içeren.

kapsayıcılık *a.* olabildiğince çok şeyi içerme durumu. *Ulaşılan kap-*

sayıcılık, şiiri yeni anlatım olanakları aramaya yöneltiyor ister istemez. –MF.

kaptıkaçtı *b. a.* motorlu küçük taşıt, otomobil.

karabasan *b. a.* **1** çok sıkıntılı, boğulma duygusu ile karışık korkulu düş[1]. *En korkunç karabasan yalandır.* –NA. **2** sıkıntılı ruh durumu. *Ama bu uyanık düşünceler ... bir karabasanın içinden çıkılmaz yollarına sokmuştur bizi* –CÜ.

karabasanlaşma *b. a.* korkulu bir düş durumunu alma, sıkıntılı bir duruma gelme.

karabasanlaşmak sıkıntılı bir duruma gelmek, korkulu bir düş durumunu almak. *Ödenmemiş borç karabasanlaşır, ardı ardına içtiği sigaralarla tutmazdı uyku.* –SS.

karabaskı *bkz.* **gözkorkutum**. *Bu karabaskı, bu gözkorkutum İstanbul'da nasıl işleyecek ki?* –MEk.

karabaskıcı *bkz.* **gözkorkutumcu**

karabaskıcılık *bkz. gözkorkutumculuk*

karabili *bkz.* **bilisizlik**. *Parmak izi ... bizde karabiliyi simgeler.* –FB.

karabulut *b. a meteor.* büyük ve koyu esmer renkte yağmur bulutu.

karacı *s.* kara çalan, yani birine, işlemediği bir suçu ya da kendisinde bulunmayan bir ayıbı yükleyen (kimse).

karacılık *a.* karacının eylemi, kara sürme huyu, kara çalma huyu.

karadelik *b. a.* **1** uzayın derinliklerinde bulunan ve olağanüstü çekim gücüyle çekim alanına giren her şeyi kendine çekip yok eden, herhangi bir biçimi olmayan, varsayımsal gökcismi. **2** *mec.* ne kadar ek para vb. koysan da açığı kapanmayan iş.

karaduygu *b. a. ruhb.* derin üzünç, insanlardan kaçınma, kendi isteklerini savsaklama gibi belirtilerle kendini gösteren duygu.

karaduygulu *b. s.* karaduyguya tutulan.

karaduyguluIuk *b. a.* karaduygulu olma durumu, özelliği. *Herkes aynı yerde aynı şekilde ölecekmiş gibi gelen bir duygu ve temelsiz bir karaduygululuk (melankoli) içine düşebilir.* –EA.

karadüş *bkz.* **karabasan**. *Boşlukta bir karadüş içinde gezer gibi yaşamak beni bir insan olarak çok küçültüyor.* –HİD.

karaeğleni *bkz.* **eğleni**

karakaygı *bkz.* **karaduygu**

karakaygılı *bkz.* **karaduygulu**

karamsar. *s.* gelecekten umudunu kesen, her şeyi kapkara gören. *Cocteau'nun o karamsar açıklaması ...* –SKA. *bkz.* **kötümser**.

karamsarlık *a.* gelecekten umudunu keserek her şeyi kapkara görme hali. *Yalnızca karamsarlığın var olabileceğini göstermeye savaştım.* –EC.

kararma *a.* **1** kararmak eylemi. **2** *sine.* görüntülerin yavaş yavaş kararıp görünmez olması biçiminde kendini gösteren bir noktalama türü. *Kararma ve onu izleyen açılma romanlardaki duraklara benzer.* –SBü.

karasal *s.* kara ile ilgili. **karasal kumul** *coğr.* deniz kıyısından uzakta, çöllerde oluşan kumul. **karasal oluşuk** *coğr.* yerkabuğunun kara bölümündeki katmanlarında meydana gelen oluşuk.

karasuları *ç. b. a. coğr.* bir ülkeyi çeviren denizlerde o ülkeye düşen türlü genişlikteki deniz bölümü, ki o ülkenin egemenliği altındadır. *Yunanistan tartışmalı sularda faali-*

yete geçerse Hora da karasularımızın dışına çıkacaktır. –HCe.

karayazılı *b. s.* alınyazısı kötü (kimse).

karayıkım *bkz.* **yıkım, yıkınç**

kargaşa *a.* karışıklık; başsızlık; düzensizlik; yönetime ve yasaya saygısızlık; toplumda düzen bozukluğu. *Türkiye yavaş yavaş ... bugünkü kargaşanın içine girmiştir.* –EG.

kargaşacı *a.* kargaşa çıkaran, kargaşa seven, kargaşa yanlısı.

kargaşacılık *a.* **1** kargaşacı olma hali. **2** *toplb.* "insan aslında iyidir, onu toplum ve toplumun ortaya koyup uyduğu kurallar kötü yapar" görüşünden yola çıkan, her türlü biçimleriyle hükümeti yok etmeyi kendine erek edinen, toplumda hiçbir kural tanımayan, başsızlığı en iyi düzen sayan siyasal akım, ki kökleri eski Yunan'a değin uzanan bir dünya görüşüdür. *Dün olduğu gibi, bu gün de kargaşacılık hiçbir yere götürmez insanı.* –BO.

kargaşalık *a.* altüst oluş, allak bullak oluş, karışıklık. ... *tam bir kargaşalık içinde ...* –AÖ.

kargımak *bkz.* **kargışlamak**

kargış *a.* **1** biri için. "Tanrı canını alsın", "kahrolsun", "gebersin", "yerin dibine girsin" gibi kötü dilekte bulunma. *Kınarlar, düşer önünde kargılar, kargışlar.* –BN. **2** kötü dilekte bulunma ereğiyle söylenmiş sözler. *Âdem ile Havva'nın uğradıkları kargış ...* –NA. *Üzüldü bunlara, bu kargışlara da gönlünü almak için yapılan çağrılara da.* –İZE.

kargışlama *a.* kargışta bulunma.

kargışlamak kargışta bulunmak; birinin, Tanrı'nın ve insanların sevgi ve ilgisinden yoksun kalmasını dilemek. *İşte on bir taze başak dizdik bir sapa / Kargışla bizi!* –CSS.

kargışlanma *a.* kargışlanmak eylemi.

kargışlanmak üzerine kargış çekmek, kargışa uğramak. *Uzun bir süre susmuştu kargışlanmış hayvan ...* –İZE.

karışım *a. kim.* birleşmeksizin birbirine karışmış olan nesnelere verilen ad. *Bu teknik, sonraları optik karışım adı altında izlenimcilerin başlıca sorunlarından biri olacaktır.* –SB..

karmacılık *a.* iş alanında özel kesim ile kamu kesiminin el ele yürümesini isteyen ve bir ülkenin ancak bu yolla kalkınabileceğini ileri süren görüş ve dizge. *Ekonomik sistem anlayışında karmacılığın intikal devresinin uygulanması değil, ihtiyaçlara göre esneklik verilecek bir yol olduğu inancındadırlar.* –EG.

karmaç *a.* **1** unla su, yumurta, süt, meyve suları gibi türlü besin özdeklerini karıştırmaya, çırpmaya yarayan elektrikli araç. **2** çimentoya kum, çakıl ve belli ölçüde su karıştırıp kararak beton durumuna getiren makine.

karmaşa *a.* **1** çözülmesi güç olan iş. *Bütün bu karmaşa ...* –AÖ. **2** karmaşık olma durumu. **3** *ruhb.* birçok etkiler altında oluşan ruh durumu. *Bilinç karmaşaları hastalık doğururlar.* –OH.

karmaşık *s.* **1** birçok parçadan oluşmuş, yapılmış. *Toplum ... karmaşık bir bileşimdir.* –AB. **2** anlaması ya da açıklaması güç. *Çok karmaşık bir düşünü ...* –AP. **aşağılık karmaşığı** *ruhb.* baskı altına alınmış değer eksikliği ve yetersizliği duygusu. *Aldanmayın o böbürlenmelere, onların* *altında bir küçüklük duygusu, bir aşağılık karmaşığı var.* –NA.

karmaşıklaşma *a.* karmaşık duruma gelme. *Çevre karmaşıklaştıkça insanın çözümleme ve ayırma yetisi de o oranla gelişmelidir.* –NŞK.

karmaşıklaşmak karmaşık duruma gelmek. *Hatta vatandaşın gittikçe karmaşıklaşan bu sayılardan rahatsız olduğu bile söylenmişti.* –EÖz.

karmaşıklaştırma *a.* karmaşık bir duruma gelmesini sağlama.

karmaşıklaştırmak karmaşık bir duruma gelmesini sağlamak. ... *kaostan medet ummak sorunları çözmeyecek, çok daha fazla karmaşıklaştıracak* ... –ASi.

karmaşıklık *a.* **1** birçok parçadan oluşmuşluk. **2** anlaşılması, açıklanması güç olma durumu. *Sözgelimi bu karmaşıklığı belirtmek için* ... –FO.

karşıcı *s.* karşı düşüncede olan. *Karşıcılar, göremiyorlar bu gerçeği.* –EmÖ.

karşıcılık *a.* karşı düşüncede olma durumu, tutumu. *Karşıcılık çok kolaydır.* –AP.

karşıdevrim *b. a.* devrime karşı olan gerici akım, ki bir devrimin getirdiklerini ortadan kaldırmayı amaçlar. *Ne var ki, devrim ve karşıdevrim elli yıldan beri denizin met ve cezirleri gibi gelip gidiyor.* –İS.

karşıdevrimci *b. a.* bir devrimin getirdiklerini ortadan kaldırma ereğini güden kimse. *Atatürk'ün devrimlerini ikinci plana iterek karşıdevrimcilerin yanında yer almakta ... devrimcileri harcamaktadır.* –İS.

karşıdevrimcilik *b. a.* bir devrimin getirdiklerini ortadan kaldırma ereğini güden akım. ...*ümmetçiliğin ve karşıdevrimciliğin bizi daldırmak istediği ortaçağ uykusuna yeniden yatmayalım!* –HVV.

karşıdöngü *b. a. coğr.* bir yüksek basınç alanından çevreye doğru yatay hava döngüsü. *Karşıdöngü, bir yerel hava dönüşüdür.* –Rİ.

kaşılaşma *a. sp.* iki takım ya da iki sporcu arasında, yenmek ereğiyle yapılan yarışma. *Ayaktopu karşılaşmalarında takımları desteklemek için asılan yazılar da böyle* ... –MTÖ.

karşılaştırılma *a.* ayrımları ortaya çıkarılmak ereğiyle iki ya da daha çok şey yan yana getirilerek incelenme. *Konumuz dillerin karşılaştırılması olduğuna göre* ... –FEA.

karşılaştırılmak ayrımları ortaya çıkarılmak ereğiyle iki ya da daha çok şey yan yana getirilerek incelenmek. ... *"cebirsel faklılaştırma" diye nitelediği yöntemle karşılaştırılmak gerektiğini tasarladı* ... –ÖÜ.

karşılaştırma *a.* ayrımlarını ortaya çıkarmak üzere birkaç şeyi yan yana getirip incelemek eylemi. *Bu karşılaştırma, kazancımızın genişlik ülçüsünü açık açık göstermektedir.* –ÖAA.

karşılaştırmak karşılaştırma yapmak, yani ayrımlarını ortaya çıkarmak ereğiyle birkaç şeyi yan yana getirip incelemek *Örneğin mukayese etmek, kıyaslamak karşılaştırmak gibi anlamdaş sözcükler yan yana kullanılıyor.* –EmÖ.

karşılaştırmalı *s.* karşılaştırma yoluyla oluşturulan. ... *ilerde karşılaştırmalı çalışmaları mümkün kılacak* ... –TA.

karşılık *a.* **1** yanıt. *Şimdiye değin çeşitli karşılıklar verilmiş bir sorundur bu.* –AB. **2** karşı. *Buna karşılık son on yılın şiiri ise* ... –AP. **3** bir şeyin anlamca ya da başka niteliklerce benzeri. *Felsefe terimlerinin Türkçe karşılıklarını bulmak için ...* –NŞK. **4** ödenek. **5** karşı davranış. **6** satın alınan bir şeye ödenen para.

karşılıklı *s.* iki yanın birbiri için yaptığı. *... insanı ele alarak, onun ... toplumun yapısına ve öteki öğelerine olan karşılıklı etkilerini ... anlatmaya çalışacağız.* –NŞK.

karşılıklılık *a.* karşılıklı olma durumu. *Dostlukta karşılıklılık söz konusudur.* –AP.

karşılıksız *s.* karşılığı olmayan, karşılık verilmeyen. *Bakanlar kurulu üyelerine dönük yakınlaşma çabalarının karşılıksız kaldığını görmektedir.* –HCe.

karşılıksızlık *a.* karşılığı olmama durumu. *Karşılıksızlığı, karşılıksız emeği, karşılıksız aşkı, bölüşmeyi büyütür.* –DP.

karşın *e.* gerekli olan duruma karşıt olarak. *... bütün güçlüklere karşın ...* –AP

karşınözdek *b. a. yaşb.* sayrılık etkenlerini dokuncasız duruma getirmek için vücudun çıkardığı özdek. *"Atropil" denen antikor (karşınözdek) oluşturan madde yoktu.* –MEk.

karşısav *b. a. fels.* bir sav karşısında ileri sürülen ve o savla çelişik olmakla birlikte eşit güçteki kanıta dayanan sav. *... sav ile karşısav ...* –NA. *Bundan dolayı sahne, pek yerinde olarak, kesin karşısavdan çok, akıcılığı kullanır ...* –NÖ.

karşıt *s.* **1** ana niteliklerinde ak ile kara arasındaki denli uzaklık ve aykırılık bulunan. *Birbirine büsbütün karşıt iki savın ikisinde de ...* –NA. **2** aynı düşünüde, aynı yolda, aynı tutumda, aynı savda olmayan, yani karşı olan. *Söylediklerimden dilin yalnızca dış dünyada varolanların çevirisi olduğunu da çıkartmaya karşıtım ben.* –NU. **karşıt anlamlı** *dilb.* anlamları birbirine karşıt olan (iki sözcükten birine göre öteki). *Örneğin gece-gündüz ve sıcak-soğuk gibi sözcükler karşıt anlamlı sözcüklerdir.* –OH.

karşıtçı *s.* karşı çıkan, karşıt olan.

karşıtçılık *a.* karşıt olmayı alışkanlık durumuna getirme durumu.

karşıtduygu *b. a.* bir kimseye ya da bir şeye karşı duyulan, içgüdüsel ve güçlü sevmezlik duygusu.

karşıtlam *a.* kökleşmiş inançlara aykırı olan düşünce. *Nedir bu karşıtlamı engelleyecek olan?* –EB.

karşıtlama *a.* karşıtını oluşturma, bir sava karşı bir başka sav öne sürme. *Bütün bunlar karşıtlama yoluyla günlük yaşamın belli bir ülküselliği üzerinde bilgi sağlıyor bize ...* –TY.

karşıtlamak karşıtını oluşturmak, bir sava karşı bir başka sav öne sürmek.

karşıtlaşma *a.* karşıt duruma gelme, birbirine karşıt olma. *... yani düşünmesi de, başkalarıyla karşıtlaşması da ne olduğunu belirlemesi için yeterli değildir.* –TA.

karşıtlaşmak karşıt duruma gelmek, birbirine karşıt olmak. *Sait Faik'in ideolojik konumu, burjuva düşüncesiyle ne tam anlamıyla karşıtlaşan, ne tam anlamıyla ... uyuşan bir sorunsallığa dayanır.* –HY.

karşıtlaştırma *a.* karşıt bir duruma getirme.

karşıtlaştırmak karşıt bir duruma gelmesini sağlamak. *Öyleyse bunları yalnızca dışevlilik ve içevlilik açısından karşıtlaştırmak yüzeysel bir görüşe bağ-*

lamak olur. –TY.

karşıtlık *a.* **1** (iki şey) ana niteliklerinde ak ile kara arasındaki denli uzaklık ve aykırılık. *... canlı ile cansız arasındaki karşıtlığı ortadan kaldırıp...* –MG. **2** aynı düşünüde, aynı yolda, aynı tutumda, aynı savda olmama durumu, karşıt olma. *Karşıtlık, birbirine karşı olup birbirlerini dışındalayan iki nesnel olgu ya da düşüncenin ilişkisidir.* –OH.

kas *a. yaşb.* kasılarak bedenin devinimlerini sağlamaya yarayan örgenlerden her biri ve bu örgenlerin telsi dokusu. *Birçok kas telciklerinden yapılmış olan ...* –SK.

kasdoku *b. a. gövb.* kasları oluşturan doku türü.

kasıl *s. yaşb.* kasa benzer ya da kasla ilgili bulunan. **kasıl duyumlar** *ruhb.* kasların istemli kasılmasıyla kendini gösteren ve devinimlerimizi düzenleştirmeye yardım eden duyumlar.

kasılım *a. yaşb.* kasılma, büzülüp kısalma, çekilip toplanma.

kasınç *a.* kaslarda ansızın beliren ağrılı kasılma.

kassal *s.* kas özelliği taşıyan, kas ile ilgili. *Music–hall'ün bütün bu kassal büyüsü özüyle kentseldir ...* –TY.

katılgandoku *b. a. gövb.* örgenlerin asıl dokularının aralarını dolduran doku.

katılım *a.* iletişim ya da ortak eylemde bulunma yoluyla belirli bir toplumsal duruma girme, bir düşünceyi, bir duyguyu benimseme, ona ortak olma. *Çağdaş anlatı izleyicilerinin katılımını bekler.* –SBü.

katılımcı *s.* bütün bireylerin katılmasını isteyen, geniş yığınların oyuna yer veren. *Çoğulcu, özgürlükçü ve katılımcı bir demokrasinin mi?* –UM.

katılımcılık *a.* katılım yandaşlığı; katılımcı olma durumu. *Katılımcılığın her türlüsünün engellendiği bir dönemde ...* –ASi.

katkı *a.* (bir şeye) değer katan ek, ulama. *Bu kitap, Türkiye'de gerçek saygısına bir katkıdır.* –İS.

katman *a.* **1** *coğr.* tortulanmalar yüzünden oluşmuş, ince uzun ve düz biçimli taş, ki kat kat görünüşü yüzünden bu adı almıştır. *... katmanların türlü kalınlıkları olur.* –Rİ. **2** birbiri üzerine bindirilmiş yassıca özdeklerin her biri. *Örneğin Dr. Parsons'un İngiliz halkı üzerinde yaptığı incelemeler göstermiştir ki, yüksek katmana bağlı olanların kafatasları aşağı katmana bağlı suçluların kafataslarından hiç de daha uzun değildir.* –NŞK.

katmanbilim *b. a. coğr.* ve *yerb.* yerkabuğunu oluşturan katmanların yapılarını inceleyen yerbilim dalı. *Bu sözcük için katmanbilim karşılığını ... türettim.* –CM.

katmanbulut *b. a.* sise benzeyen ama yere kadar inmeyen, kurşuni bulut tabakası.

katmanlaşma *a. yerb.* ve *coğr.* katman durumuna gelme, üst üste katmanlar durumunda yerleşme. *Buna göreyse, düşünsel katmanlaşmanın aşağı yukarı toplumsal-iktisadi katmanlaşmayla aynı olması gerekirdi.* –BO. **aykırı katmanlaşma** *yerb.* ve *coğr.* katmanları düzgün ve düzenli bir biçimde olmayan katmanlaşma. **uygun katmanlaşma** *yerb.* ve *coğr.* bir katman yapan tortuların dümdüz ve birbirine koşut olarak yığılması.

katmanlaşmak *yerb.* ve *coğr.* katman haline gelmek; üst üste gelmiş katmanlar halinde yerleşmek. ... *selin de ardında katmanlaşmış tortular kalmıştı.* –AG.

katmanlı *s.* kat kat olan, katmanları olan, katmanlardan oluşmuş bulunan.

katsayı *b. a. mat.* bir matematik ifadesinde, bir niceliğin kaç katı alındığını gösteren sayı; örneğin 7a ifadesinde 7 sayısı a'nın katsayısıdır ve a niceliğinin 7 katı alındığını belirtir. *Bu çevrilmede elde edilen yararlı gücün katsayısı ne kadar fazla olursa kültürün gelişmesi de o kadar fazla olur.* –NŞK.

katyuvarı *b. a. gökb.* Yer gazyuvarının 10 ile 60 kilometre yükseklikleri arasında kalan katmanı.

kavram *a.* **1** anlam; bir şeyin taşıdığı anlam yükü. *Fakat genellikle baykuş ile sevgi kavramı yan yana gelmez.* –MKa. **2** *fels.* bir şey, özellikle o şeyin nitelikleri ya da imleri üzerine taşıdığımız genel düşünü. ... *gelenekçilikle gelenek bağı kavramından ben başka başka şeyler anlıyorum.* –CSS.

kavrama *a.* **1** *mec.* her yönüyle anlama. *Kuşkusuz yalnızca Fransa'nın bu önemli gerçeği kavraması yetmez.* –ASi. **2** otomobilde motorla vites kutusunu birbirine bağlayıp ayıran, moturun oluşturduğu devinimi öteki aktarma parçalarına ileten düzenek. **3** otomobilde bu düzeneği işleten ayaklık.

kavramak *mec.* her yönüyle anlamak. *Bu ayrıntıları kavramak için tabloyu inceden inceye gözden geçirmek gerekir.* –SB.

kavramcı *a. fels.* kavramcılık yandaşı kimse ya da görüş.

kavramcılık *a. fels.* tümellerin ya da genel adların taşıdığı kavramların nesnede var olan nitelikleri anlatmakla birlikte, bunların birer kavram olmaları dolayısıyla, düşünenin de anlığında gerçek birer varlık yarattıklarını ileri süren öğreti. *Ortaçağın aydın bilgini Petrus Abaelardus, kavramcılığı ortaya atarak her iki düşünceyi uzlaştırmaya çalıştı.* –OH.

kavramlaşma *a.* kavram özelliği kazanma. *Bu bilimsel gözlemlere göre, çevredeki bilginin bireyde kavramlaşması, üç "temsil" aşamasından geçer.* –ASG.

kavramlaşmak kavram özelliği kazanmak. *İlk kitabı ... sözcük yığını yerine kavramlaşmış sözcükler kullanılan bir şiir kitabıdır.* –DH.

kavramlaştırılma *a.* kavram özelliği kazandırılma, kavram durumuna getirilme. *Ancak ... sorunsal ... bu denemenin sınırları içinde kavramlaştırılmasını gerektiriyordu.* –HA.

kavramlaştırılmak kavram özelliği kazandırılmak, kavram durumuna getirilmek.

kavramlaştırma *a.* kavram durumuna getirme, kavram özelliği kazandırma. *Bu kavramlar salt sözcük anlamlarıyla kullanılmayacağı gibi, kimi kavramlaştırma denemeleri ... benim bir yazar olarak argo ile ilişkilerimden ... doğmuştur.* –HA.

kavramlaştırmak kavram durumuna getirmek, kavram özelliği kazandırmak. *Acaba bu yeni meslek isimlerini kavramlaştırabilecek, biçimlendirebilecek misiniz?* –OBu.

kavramsal *s.* kavram niteliğinde, kavramla ilgili, kavram yönünden. *Bu yüzden ... dilimiz kavramsal bir* *kısırlığa uğramıştır.* –EmÖ.

kavranılma *bkz.* **kavranma**. ... *bu türlü dili incelemelerinin toplumsal ve siyasal olguların kavranılmasında ne denli yararlı olabileceğini ... kanıtlamış olur.* –TY.

kavranılmak *bkz.* **kavranmak**

kavranma *a.* her yönüyle anlaşılma. *Konuşma yoluyla gönderilen bir bildirinin alımlanıp kavranmasıdır dinleme.* –EmÖ.

kavranmak her yönüyle iyice anlaşılmak. ... *birinde insan özne olarak bireyler üstü, öbüründe ise birey olarak kavranmaktadır.* –AÇ.

kavratılma *a.* kavratılmak eylemi.

kavratılmak kavramasını ya da kavranmasını sağlamak.

kavratma *a.* her yönüyle anlamasını sağlama. *Konuşmada, bilgin kişi... "dinleyici"ye sanatta hakikat ile hakikatle benzerlik arasındaki ayrımı derinden kavratmaya çalışmaktadır.* –AÇ.

kavratmak her yönüyle anlamasını sağlamak. *Bunu bizim yöneticilere kavratmak hâlâ zordur nedense.* –FB.

kavrayış *a. fels.* kavrama yetisi. *Siyasayı sezgilerle kavrayışın doruğuna tırmanan liderlere "deha" diyorlar.* –İS.

kavrayışlı *s.* kolayca kavrayan, kolayca anlayan.

kavrayışlılık *a.* kavrayışlı olma durumu, özelliği.

kavrayışsız *s.* kavrayışı kıt olan.

kavrayışsızlık *a.* kavrayışsız olma durumu, özelliği.

kavuşum *a gökb.* Yer'in, Güneş'in ve gezegenlerden herhangi birinin, yeryuvarlağı bir uçta olmak üzere, bir doğru üzerine gelmeleri. **alçak kavuşum** *gökb.* gezegenin Güneş'le Yer arasında bulunduğu kavuşum. **yüksek kavuşum** *gökb.* Güneş'in Yer ile gezegen arasında bulunduğu kavuşum.

kayaç *a. yerb.* doğada çok geniş bir yer tutan, yerkabuğunun yapı gereci olan, bir ya da birkaç mineraldan oluşan kütle. ... *kalker ve dolomi gibi tortul kayaçların menşei, kimyasal ve biyokimyasal olup, genellikle eski denizlerde çökelmeyle meydana gelmişlerdir.* –TAy.

kayaçbilim *b. a.* kayaçların doğal tarihini, bileşimlerini ve özelliklerini, değişme ve çürüme olaylarını inceleyen bilim.

kayakçа *a.* **1** buz üstünde kaymakta kullanılan, genellikle tabanında dar ve uzun bir çelik bulunan bir tür ayakkabı. **2** bu ayakkabının, toprak üstünde, düz yerlerde kullanılan, tekerlekli türü.

kaygı *a.* kötü bir sonuca varılacak diye duyulan üzüntü. ... *olaylar zincirinin doğurduğu savunma kaygılarına dayanır.* –NN.

kaygılandırma *a.* kaygı içine düşürme, kaygılanmasına yol açma. *Büyüklerini kaygılandırmasını bildi.* –TY.

kaygılandırmak kaygıya düşürmek, kaygılanmasına yol açmak. ... *ve bu durumun iç ve dış yansımalarının sonuçları, parti yöneticilerini de kaygılandırmaktaydı.* –ASi.

kaygılanma *a.* kaygıya düşme, kaygı duyma, kaygı içinde olma. ... *bu kez de onun yaşamı için kaygılanmaya başlar.* –SBü.

kaygılanmak kaygı içinde olmak, kaygıya düşmek. *Oysa, bu gelişmelerin yol açtığı baş döndürücü aşırılıklardan kaygılanmak gerekirdi daha* *çok.* –TS.

kaygılı *s.* kaygıya düşen, kaygısı olan, kaygılanan, kaygı taşıyan. *Bu kaygılı soru sadece iyi niyetin yeteceğine inananların davranış ve tutumları ile karşılaşıyor hâlâ.* –MCA.

kaygılılık *a.* kaygılı olma durumu, özelliği

kaygısız *s.* kaygılanmayan, kaygısı olmayan, yüreğini kaygıdan uzak tutan. ... *ama biraz kaygısız davranışlarından doğan* ... –BC.

kaygısızlık *a.* yüreğini kaygıdan uzak tutma durumu. *Bu kaygısızlık nereden geliyor?* –NŞK.

kaygu (eski) *bkz.* **kaygı**. *Rasin'de gözbebeklerinin çokluğu, hiç de rastlantı ya da biçim, yapı kaygusundan doğma sayılmamalıdır.* –MCA.

kaynaç *a. yerb.* volkanik yerlerde, belli aralıklarla sıcak su ve buhar fışkırtan kaynak..

kaynaçtaşı *a. yerb.* kaynaçlarda oluşan silisli çökelti.

kaynakça *a.* bir yapıtın hazırlanmasında yararlanılan kaynakları gösteren ya da belli bir konudaki yayınları sıralayan kılavuz. ... *ve zengin bir kaynakça ile kitap* ... *okuru aydınlatıyor.* –MAnd.

kaynakçasal *s.* kaynakça niteliğinde, kaynakça ile ilgili.

kaynaklandırma *a.* kaynaklandırmak eylemi.

kaynaklandırmak bir şeyin çıkağını onda bulmak. *Radikal bir tutumla siyasal soruna yaklaşan İslamcı gençler çözümlerini iman ile kaynaklandırmış gözükmektedirler.* –GŞ.

kaynaklanma *a.* çıkağı (herhangi bir şey) olma. *Ama yoklar; özellikle SHP'den kaynaklanmaya yüz tutan muhalefet boşluğu belirginleşmekte.* –HCe.

kaynaklanmak çıkağı (herhangi bir şey) olmak, çıkağını (herhangi bir şeyde) bulmak. *Bu durum* ... *ciddiyet boyutunun belirli ölçülerdeki yetersizliğinden kaynaklanmaktadır.* –HCe.

kayra *a.* yüksek tutulan, saygı duyulan birinden gelen iyilik. *İnsanın ancak Tanrı kayrasıyla kurtulabileceğini ileri süren* ... –OH.

kayracı *a. fels.* kayracılığı benimseyen kimse. *Metafizik öğretilerin çoğu kayracıdır.* –OH.

kayracılık *a. fels.* evrendeki bütün olayların Tanrı isteği ve kayrası ile olduğunu savlayan felsefe akımı. *Bağış açısından Jansenizm kayracılıktır.* –OH.

kayran *a.* orman içinde genişçe çıplak alan. *Yaban ormanın derinliğindeki bu geniş kayranda, yarı belini aşan otlar hışırdıyor, hışırdıyor rüzgârda.* –GDK.

kazandırım *a.* kazanmasını sağlama. *Yazınsal ürünlerin bu kazandırımı doğrudan değil, dolaylıdır.* –EmÖ.

kazanım *a.* kişinin, geçmişte elde ettiği hak, nitelik vb. şeyler. *Bu olay* ... *büyük bir kazanım sayılmalıdır.* –İS.

kazaratar *b. a.* toprağı kazma işinde kullanılan, eklemli bir kol üzerinde devinebilen kepçesi bulunan, bu kepçeyle toprağı kazıp dışarı atabilen araç, kazıcı[2].

kazartaşır *b. a.* yapı işlerinde kullanılan, toprağı kazan ve taşıyan makine.

kazı *a.* **1** toprağı kazma işi. *Kazının yapılması gereken düzey* ... –AO *Bir gününü gürültüsüz patırtısız geçirmeyi düşleyenlerin kafasını kazı araçla-*

rının tekdüze gürültüsü oyuyor. –CA. **2** toprağın kazıldığı yer. ... *Turfan kazılarında ele geçirilen Uygurca metin parçaları* ... –RM. **3** bir şey bulmak ereğiyle toprağı kazmak eylemi, ki genellikle, geçmişteki yerleşme yerlerini, geçmişin yapılarını, anıtlarını aramak için başvurulur. *Arkeologlar kitapta yazılı enlem, boylam üstünde kazılara, araştırmalara başladılar.* –AN.

kazıbilim *b. a.* tarih öncesi ve eski çağlardan kalmış anıtları, özellikle tarih ve sanat bakımından inceleyen bilim. *Son kazıbilim çalışmaları ile ortaya çıkan bu gerçeği, Anaximander'in çağdaşları bilemezlerdi tabii.* –VB.

kazıbilimci *b. a.* kazıbilim bilgini. *Bu bakımdan, ilerde büyük kazıbilimciler arasında anılacak adı* ... –CSS.

kazıbilimsel *s.* kazıbilimle ilgili, kazıbilimin araştırma alanına giren. *Kazıbilimsel bulguların yaşlarını belirlemeye yarayan ... yöntem.* –SVÖ.

kazıcı *a.* **1** kazı yapan kimse. *Bir kazıcı gibi, insanda, toplumumuzda, edebiyat tarihimizde örtülü güzellikleri bulup çıkardı.* –DH. **2** kazı[1] yapan araç, kazaratar.

kazım *a.* toprak kazma işi.

kemikdoku *b. a. gövb.* omurgalı hayvanlarda iskeleti oluşturan bir bağ dokusu tipi, ki kemik gözeleri ile bunların arasında bulunan kireç tuzuyla sertleşmiş bir özdekten oluşmuştur.

kemirgen *s. hayb.* kesicidişleri iyice gelişmiş olan (hayvan). ... *tüyü pembeye çalar renkli, dişleriyle kemirgen, pençeleriyle etobur hayvanı kuşağının altında taşıdığını gören yoktur daha.* –BK.

kemirgenler *a. hayb.* tavşan, sıçan, kunduz, kirpi, kobay gibi, köpekdişleri olmayan ve kesicidişleri çok gelişmiş bulunan memeliler takımı.

kendibeslek *b. s. bitb.* klorofil yardımıyla, Güneş ışığında, havadan aldığı karbonik asit ile su buğunu kendine besin yapan (bitki).

kendibiter *b. s.* doğada kendi kendine yetişen. *Çok eskiden bir yerde okumuştum, buğdayı insanoğlu kendibiter durumda Habeş topraklarında bulmuş ilk* ... –MCA.

kendiliğinden *be.* kendi dışından herhangi bir şeyin etkisi olmaksızın ortaya çıkan. *Dilimizde genellikle kendiliğinden deyimiyle dilegetirilmektedir.* –OH.

kendiliğindenlik *a.* kendi dışından herhangi bir şeyin etkisi olmaksızın ortaya çıkma durumu, kendiliğinden olan şeyin özelliği. *Duygulara ancak bu şekilde, bu tazelik ve kendiliğindenlik özelliğiyle ... seslenebilir...* –MD.

kendince *s.* başkalarınca kabul edilecek bir temele yaslanmadan yalnız bir kişinin kendi kanışına dayanan.

kendincelik *a.* başkalarınca kabul edilecek bir temele yaslanmadan yalnız bir kişinin kendi kişisel kanışına dayanma durumu. *Sosyal fizikçiler, toplumsal dünyadan, doğaüstü olan kendinceliğe dayanan her şeyi atmış bulunuyor.* –NŞK.

kent *a.* (eskiden) köyden büyük yer; (şimdi) ilçeden büyük yer. ... *ve tiyatrosu bulunan öteki kentlerde* ... –AP.

kentbilim *b. a.* kentlerin kurulmasın da, düzenlenmesinde, güzelleştirilmesi ve geliştirilmesinde kullanılacak yöntemleri, kentlerle ilgili toplumsal ve tutumsal sorunları konu edinen bilim dalı, kentçilik. *... şehircilik yerine kentbilim gibi yeni bir sözcüğü de önermiş olduk.* –RK.

kentbilimci *b. a.* kentbilim uzmanı. *Bir kentbilimci ... tarafından kaleme alınan bir çalışma ...* –ŞA.

kentçilik *bkz.* **kentbilim**. *Atatürk, Ankara'yı yeniden kurarken, o yılların en ünlü yabancı kentçilik uzmanlarına güzel planlar düzenlettirmişti.* –CK.

kentleşme *a.* kent durumuna gelme. *Evlat sevgisi, babalık duygusu gibi içine çıkar karışmamış duyguların ortaya çıkması için kentleşmeyi beklemek gerekecektir ...* –MCA.

kentleşmek kent haline gelmek. *Kentleşmekte olan Tebhe kasabasında yapılan toplantıda ... yeni bir aşamaya girilmiştir.* –ASi.

kenter *bkz.* **kentsoylu**. *... hem de kenter sınıfımızın yazarlarımıza ilişkin görüşü konusunda ... bilgi veriyor bize.* –TY.

kenterleşme *bkz.* **kentsoylulaşma**. *Oyuncağın kenterleşmesi tümüyle işlevsel olan biçimlerinden belli ... olur.* –TY.

kenterleşmek *bkz.* **kentsoylulaşmak**. *... striptease burada salonla bütünleşiyor, içli dışlı oluyor, kenterleşiyor.* –TY.

kenterlik *bkz.* **kentsoyluluk**

kentlerarası *b. s.* iki ya da daha çok kent arasında ulaşım, erişim ya da iletişim sağlayan. *Ya kentlerarası yollarda birden alıyor sürücüler canınızı ya da İstanbul'da her gün yollarda gıdım gıdım törpüleniyor ömrünüz.* –ASi.

kentli *s.* kentte yerleşmiş olan. *Kentliler böyle candan arkadaşlığa ... arkadaşlık der.* –AN.

kentlileşme *a.* kente yerleşip onun yaşama biçimine uyar duruma gelme. *Ekonomik gelişme ve kentlileşme o yapıyı yıktıkça ... çökmeye hazır bir toplum doğacaktır.* –MüS.

kentlileşmek kente yerleşip onun yaşam biçimine uyar duruma gelmek. *... pek çok alanda arabeskleşme bütün hızıyla sürmekte, kentlileşemeyen köylülerin yarattığı köyleşen kentler büyük bir hızla artmakta.* –GÇ.

kentlileştirilme *a.* kentlileşmesi sağlanma.

kentlileştirilmek kentlileşmesi sağlanmak.

kentlileştirme *a.* kentlileşmesini sağlama, kentli bir duruma getirme. *... programı, köylüyü yerinden yurdundan etmeksizin sanayileştirmeyi ve kentlileştirmeyi amaçlamaktadır.* –BE.

kentlileştirmek kentlileşmesini sağlamak, kentli bir duruma getirmek.

kentsel *s.* kent özellikleri taşıyan, kent niteliğinde, kentle ilgili. *... kentsel nüfusun kendi arasında gelir dağılımı ...* –ABK.

kentsoylu *b. a.* kentlerde yaşayan ve kendi başına üretim ve kazanç yollarında çalışarak kendine oldukça geniş bir geçim sağlayan kimse. *Belli, durumu iyi kentsoylu çocukları bunlar.* –AO. **kentsoylu sınıfı** kentlerde yaşayan ve kendi başına üretim ve kazanç yollarında çalışarak kendine oldukça geniş bir geçim, gönenç sağlayan sınıf ve çıkar ve yaşayışı yönünden bu sınıfa bağlı bulunanlar takımı.

kentsoylulaşma *b. a.* yaşam biçimi olarak kentsoyluların yolunu izleme. *Seçil, zaman içinde zengin bir avukatla evlenir ve ailesinin başladığı kentsoylulaşma sürecini tamamlar ...* –MU.

kentsoylulaşmak yaşam biçimi olarak kentsoyluların yolunu izlemek. *İskandinavya, Almanya gibi ülkelerdeki işçi dünyası yavaş yavaş kentsoylulaşmıştır.* –BO.

kentsoyluluk *b. a.* kentsoyluca yaşama biçimi; kentsoylu olma durumu. *Ankara romanında o, üç kesim işler; Ulusal Kurtuluş Savaşı Ankara'sı (gerçek), devrimin kanatları altında gelişen uydurma kentsoyluluk (özeleştiri ve toplumsal yergi), düşsel bir Ankara: Bir devrim düşü, Kemalist devrimin Ankara'sı.* – CAK.

kesen *a. mat.* bir şeklin üzerinden geçen doğru.

kesenek *a.* Emekli Sandığı için devlet görevlilerinin aylıklarından her ay belli oranda kesilen para. Bu duruma düşen *Emekli Sandığı'nı ne %8 oranına çıkarılan kesenekler ve ne de % 14 oranında devletçe ödenen karşılıklar kurtaramayacaktır.* –HÖz.

kesik *a.* gazete, dergi gibi bir yayından kesilerek, herhangi bir araştırmada kullanılmak üzere ayrılmış yazı. *Eleştirmenler konularıyla ilgili kesiklerden sıkça yararlanır.* –AP.

kesim *a.* **1** *coğr.* bölge. *Romanya'nın Karadeniz'e yakın bir kesiminde ...* –AKa. **2** evre, çağ. ... *hayatın her kesiminde ...* –İS. **3** bölüm. ... *1950'lerde görülen enflasyon kamu kesiminde sermaye birikiminde ...* –KB. **4** *coğr.* bir akarsuyun yolu boyunca uzanan üç bölümünden her biri, ki bir akarsuyun "yukarı kesim", "orta kesim", ve "aşağı kesim" olmak üzere üç kesimi vardır. *Bir akarsuyun üç kesimi vardır.* –Rİ. **5** *sine.* bir filmin kaba kurgusuna hazırlık olmak üzere kesilmesi. **kamu kesimi** kalkınmayı sağlamak üzere, devletçe kurulan ekonomik, tecimsel vb. tüzel kişiliklerin ve girişimlerin oluşturduğu kesim. **özel kesim** özel girişimcilerin oluşturduğu kesim. *Ve kamulaştırılmış fabrikaların da çevreyi en az özel kesim fabrikaları kadar kirlettiği unutuluyor.* –BO.

kesimevi *b. a.* kasaplık hayvanların kesilip yüzüldükleri yer. ... *kesimevindeki sığırlara uyuşturucu iğne yapılması ...* –TUy.

kesimleme *a.* birçok bölümlere ayırma. ... *programın bilgisayar belleğinde çok yer tutmasını önlemek için, işlemlere göre, yoğun bir kesimleme yapılmıştır.* –ErG.

kesimlemek birçok bölüme ayırmak, kesim kesim ayırmak. *Kesimleme öncesi 46K bellek gerektiren gerçek zamanlı dolaşım programının, kesimlendikten sonra 15K yöresine düşmesi sağlanmıştır.* –ErG.

kesin *s.* **1** kuşku ve duraksamaya yer bırakmayan. ... *kesin olarak ...* –ZVT. **2** değişmeyen. ... *doğrusu bu arayışımda kesin bilgilere vardığımı sanmıyorum.* –NU. **3** geri dönülmeyen. ... *fikir özgürlüğü kesin bir açıklıkla kabul edilse ...* –ÇA. **kesin bilgi 1** *fels.* kendini herhangi bir konuda gerçeğe ermiş bilen zihnin durumu. ... *bu arayışımda kesin bilgilere vardığımı sanmıyorum.* –NU. **2** bir şey üzerine edinilen ve karanlık bir yanı kalmayan bilgi, kuşku karşıtı. *Kuşku yok, bu yolda yapılan araştırmalar bize çok dar ama son derece sağlam, kesin bilgiler vermektedir.* –NŞK.

kesinleme *a.* bir şey için kesin konuşma, yani "bu böyledir", "şu şöyledir" gibi kesin yargı verme. *Bu yüzden kesinlemelere gitmekten çekinmez.* –EmÖ.

kesinlemek bir şey için kesin konuşmak, kesin yargıya varmak. *Böyle bir yanıt ... kesinlemek anlamına gelmez kuşkusuz ...* –TY.

kesinleşme *a.* değişmeyecek bir duruma gelme, kesinlik kazanma.

kesinleşmek değişmeyecek bir duruma gelmek, kesin bir durum almak. *Buna benzer biçimde, dil sözcüklerinin de ... kesinleşmiş bulunmaları düşünülebilir.* –ÖB.

kesinleştirilme *a.* kesin, değişmez bir duruma getirilme.

kesinleştirilmek kesin, değişmez bir duruma getirilmek.

kesinleştirme *a.* kesinlik kazandırma, kesin bir duruma sokma, kesinleşmesini sağlama. ... *partinin programını ve genel ilkelerini önceden ve belli doğrultuda kesinleştirmesi olanaksızdı.* –HBK.

kesinleştirmek kesin bir duruma sokmak, artık değişmeyecek bir biçim ya da durum vermek. *Eylemlerdeki olumsuzluk anlamını ... kesinleştirmek için kullanılır.* –TNG.

kesinlik *a.* **1** kesin olma durumu. *... bir şeyin iki yanını anlatmaktan çok, söylediğinin bir kesinlik, bir aydınlık ... kazanmasını istiyor.* –DH. **2** kesin davranış. ... *kesinlikle ne olduğunu bilmedikleri ...* –İS. **3** değişmezlik. *Toplumsal olayları belirten coğrafya etmenlerinde hiçbir zaman kesinlik yoktur.* –NŞK.

kesinlikle *be.* kesin bir biçimde, kesin olarak. ... *kesinlikle ne olduğunu bilmedikleri ...* –İS.

kesişen *s. mat.* bir noktada birbirini kesen (çizgiler ya da yüzeyler).

kesişmek *mat.* bir nokta ya da çizgi üzerinde birleşmek, birbirine kavuşmak.

kesit *a. mat.* bir nesne düz kesilince ortaya çıkan düzlemin adı; örneğin, bir elma düzlemesine kesilince ortaya iki düzlem çıkar ki bunlar elmanın kesitidir. ... *bu en büyük kesitinde ...* –NU. ... *ve Fortune and Men's Eyes gibi piyesler, doğrudan doğruya eşcinsel yaşamlardan kesitler vermeye başlamışlardı.* –AD.

kesitleme *a.* kesitlere ayırma. ... *ve özellikle okuma birimlerini saptamada, daha doğrusu kesitleme işinde kılavuzluk yapar bu öğeler.* –EmÖ.

kesitlemek kesitlere ayırmak.

kestirilme *a.* aşağı yukarı da olsa bilinme. *Buralardaki gelişmelerin varabileceği noktalar kestirilmeye çalışılıyor.* –HCe.

kestirilmek aşağı yukarı da olsa bilinmek.

kestirim *a.* olacağı önceden, şöyle böyle de olsa, bilme işi. *Teknik ... birçok başarılı buluşlarla kestirimlere temel olan bir kuram, bir iki buluş getirmiş olandan daha önemlidir.* –AG.

kestirme *a.* şöyle böyle de olsa bilme.

kestirmek şöyle böyle de olsa bilmek. *Bu davete katılanların sayısı fazla olacak mıdır? Şimdiden kestirmek imkânsız ve zamansız.* –EG.

keşik *a. ha.* sıra, nöbet.

keşikleme *a. ha.* iki ya da daha çok şeyin sıra ile değiştirilerek kullanılması ya da kendiliğinden değişerek çalışması.

keşikleşme *a.* keşikleşmek eylemi.

keşikleşmek *ha.* keşikle çalışmak, sıra ile çalışmak.

kez *a.* aynı tür oluş ya da kılışların her birini anlatır. *Bir kez bu isteğini gerçekleştirdi mi* ... –NN.

kılcal *s.* **1** *fiz.* kıl gibi ince boru. **2** *yaşb.* bedendeki kıl gibi ince damarlardan her birini niteleyen sözcük. *Çünkü atardamarlar, kılcal damarlar pek çok karaciğerde.* –VB. **3** *mec.* ince, çok ince. *Karşılaştığı her şeyi kılcal bir süzgeçten geçiren bu gözler, en küçük ayrıntıyı bile kaçırmayan bir güce sahip.* –YB. **kılcal damarlar** *yaşb.* bedenin her yanında, kan ve akkan damarları ile karaciğerde safra kanallarını birbirine bağlayan ince çeperli çok ince damarlar. *Onu daha fazla yormak gelmedi içimden, kılcal damarlar sürecek gücü kalmadığını biliyordum.* –TUy.

kılcallık *a. fiz.* sıvıların kılcal borular içine girebilme özelliği, yüzey gerilimi nedeniyle sıvının kılcal boruda yükselmesi olayı. *Bitkilerin kökleri ile su almaları, yeraltı suları ile kılcallık arasında ilgi vardır.* –Rİ.

kılgı *a. fels.* kuramı yapılmış olan bir şeyi düşünü alanından eylem alanına geçirip gerçekleştirmek işi. *Kılgı, insanca bir eylemdir* ... –OH *bkz.* **uygulama**.

kılgıcılık *a. fels.* kuramı yadsıyan, her şeyde kılgıyı önde tutan görüş. *Kılgıcılık deyimi dilimizde pragmacılık deyiminin çevirisi olarak da kullanılmaktadır* ... –OH.

kılgılı *bkz.* **kılgısal**

kılgın *s. fels.* kılgı durumuna geçirilebilen, uygulanabilen. ... *Kant'a göre özgürlüğün alanında gerçekleşen her şey kılgın'dır.* –OH.

kılgısal *s. fels.* düşünü durumunda kalmayıp eylem, iş durumuna geçen; **kuramsal** karşıtı. *Bunu derken, anlamayla kavramayı birbirinden ayırıyorum: Kılgısal bir tutumu kavrayabilir, bir tutkuyu ise yalnız anlayabilirsiniz.* –BO.

kılmak "etmek" anlamına kullanılan yardımcı eylem.

kınama *a.* yapılan bir işin, bulunulan bir davranışın kötü görüldüğünü bildirir söz söyleme ... *bir kınama, bir suçlama tümcesiyle geçiştirilmiştir.* –FO.

kınamak yapılan bir işin, bulunulan bir davranışın kötü görüldüğünü bildirir söz söylemek. *Ama dünya görüşü eleştirilerini sırf bundan ötürü kınayamayız.* –NU. ... *ve paşalar bu hareketi kınamakta birleşmişlerdi.* –FO.

kınanma *a.* (bir iş, bir eylem vb.) kötü, yakışıksız olduğu söz ya da yazı ile belirtilme. *Bütün bunlar kınanması gereken durumlar.* –OA.

kınanmak (bir iş, bir eylem vb.) kötü, yakışıksız olduğu söz ya da yazı ile belirtilmek.

kırım *a.* kendini savunacak gücü ve olanağı bulunmayan insanların yığın halinde öldürülmesi.

kırınım *a. fiz.* pek küçük bir delikten geçen ışığın, bu küçük delik sanki bir ışık kaynağı imiş gibi, demet biçiminde yayılması olayı. *Bundan kırk yıl önce, en basit proteinin x ışınları kırınım fotoğraflarının çözümlenmesi çok zor bir işlemdi.* –OGü.

kırmataş *b. a.* demiryollarında, şoselerde toprak üzerine döşenen taş kırıkları.

kırsal *s.* kır özelliğinde, kırla ilgili, kıra ve köye değgin. *Aslında Türki-*

ye'nin en önemli sorunları ... kırsal ve kentsel nüfus arasındaki gelir dağılımı uçurumudur. –ABK. **kırsal kesim** kır özelliğindeki yerleşim yerleri. ... *tırmanışın özellikle kırsal kesimde meydana geldiği belirtiliyor.* –HCe.

kısakafalı *b. s. gövb.* kafatasının ön-art ekseni yan eksenine göre daha kısa olan (kimse).

kısırdöngü *bkz.* **döngü**[1]. *Yoksa, bu konudaki tartışma bir kısırdöngü içine sokulmuş olur.* –UM.

kısıt *a. tüze.* bir kimsenin akıl hastalığı, aşırı esriklik, çirkin yaşama vb. gibi durumları dolayısıyla, medeni haklarını kullanma yetkisinin mahkemece kaldırılması. *Akıl hastalığı veya akıl zayıflığı nedeniyle kısıt kararı ancak bilirkişi raporu üzerine verilebilir ...* –HVV.

kısıtlama *a.* **1** *tüze.* kısıt altına alma. *Kısıtlama nedeni ortadan kalkınca asliye mahkemesi, kısıtı kaldırmakla görevlidir.* –HVV. **2** daraltma, sınırlama. ... *kişinin dokunulmaz, vazgeçilmez ... hak ve özgürlüklerinin "özüne dokunan ve tümüyle kullanılmaz hale getiren kısıtlamalar" ile ortadan kaldırılamayacağını ... belirtiyor ...* –UM.

kısıtlamak 1 *tüze.* (birini) kısıt altına almak. **2** daraltmak, sınırlamak. *Teröre karşı ... daha ileri yöntemlerle savaşımı kısıtlayan nelerdir?* –HCe.

kısıtlı *s. tüze.* kısıtlanmış, kısıt altına alınmış. *Türkçe okuyup yazma bilmeyenler, kısıtlılar ... seçilemezler.* –Anayasa. *Kısıtlı ve her ilgili, kısıtın kaldırılmasını isteyebilir.* –HVV.

kıstak *a. coğr.* bir yarımadayı karaya bağlayan ince uzun kara parçası.

kışkırtı *a.* kışkırtmak işi. *Siyasal bir düşünce adına kışkırtıyla görevlendirilenleri dile getirir.* –OH.

kışkırtıcı *s.* kışkırtmak işini yapan, kışkırtan. *Düşüncelerini saldırısız, yasal olarak açıklamaya olanak tanımak istemeyen cephe iktidarının kışkırtıcılarının da oyununa gelmemek gerekti.* –MEk.

kışkırtıcılık *a.* kışkırtı yapıcılık. *Buna şu zamanlardaki siyasi kışkırtıcılığı da ilave edersek Türkiye'nin bir yabancı devletle anlaşma yapması bile düpedüz hıyanet sayılır.* –BF.

kışkırtılma *a.* kötü bir eylem için yönlendirilme. ... *azınlıkların kışkırtılması ... olamaz.* –UM.

kışkırtılmak kötü bir eylem için yönlendirilip yüreklendirilmek. ... *ve iki ülkedeki ayrılıkçı güçler de dış çevreler tarafından bir ölçüde kışkırtılmakta, istismar edilmektedir.* ErB.

kışkırtma *a.* birini kötü bir eyleme yöneltme, yeltendirme. ... *her türlü kışkırtmayı etkisiz kılacak ...* –Aİ.

kışkırtmacılık *bkz.* **kışkırtıcılık**. *Yoksa bu yurtlar da öteki yurtlara benzetilip kışkırtmacılık tırmanmasının yeni basamaklarına mı çıkılacak ...* –AlÖ.

kışkırtmak birini kötü bir eyleme yöneltmek, sürüklemek, yeltendirmek. ... *bazı çevrelerin masum vatandaşları gençlik aleyhine kışkırtmak ve gençliği sağ-sol çatışmasına sürüklemek istemelerine rağmen ...* –EG.

kışkırtman *bkz.* **kışkırtıcı**

kıvanç *a.* sevinç; kıvanma, hoşlanma. ... *yan yan olduğumuzu görmek hepimize kıvanç verir.* –ÇA.

kıvandırma *a.* kıvanç duymasına yol açma, sevindirme.

kıvandırmak kıvanç duymasına yol açmak, sevindirmek. *Bu, beni çok onurlandırdı ve kıvandırdı.* –VG.

kıvanma *a.* kıvanç duyma, sevinme.

kıvanmak kıvanç duymak, sevinmek. *Onun sağlığa kavuşması elbette kıvanacağımız bir olaydır.* –AP.

kıya *a.* adam öldürme ya da böylesine ağır bir suç işleme. ... *kıyalar birbirini kovalamakta* ... –AP.

kıyabilim *b. a.* kıyaları, nedenlerini, türlerini, yollarını araştıran, ağır suçluları, kıyacıları inceleyen bilim.

kıyabilimci *b. a.* kıyabilim uzmanı. *Kıyabilimci Cesare Lombroso ise büyük fatih, politikacı ve sanatçıların çokluk kısa boylu olduklarına işaret eder.* –SB.

kıyıcı *s.* acıma duygusu olmayan, başkalarına kıyasıyla kötülük eden. ... *gayetle de kıyıcı olduklarından çapul toprağının adamı yılar bundan.* –KT. *İlk Romalılar çok kıyıcı, çok acımasız insanlardı.* –NŞK.

kıyıcılık *a.* acıma duygusu olmama hali.

kıyım *a.* **1** acımayıp öldürmek işi. *Hitler'in kamplarını, kıyımlarını anlayabilirim* ... –FE. *bkz.* **kırım**. **2** *mec.* ezmek, sindirmek vb. ereğiyle, haksız yere görevinden alma, daha aşağı bir göreve getirme, sürgün etme vb. gibi işlem. *Haydi ayıp olmasın diye sürülme, haydi ayıp olmasın diye kıyım demeyeyim de, kibarlık olsun diye "atama" diyeyim* ... –FOt.

kıyın *a.* acımasızca davranış.

kıyıncı *s.* hiç acıması olmayan, acımasızca davranan.

kıyıncılık *a.* kıyıncı olma durumu, acımasızlık.

kızılaltı *bkz.* **kızılötesi**. *Ama atmosferdeki karbon dioksit ve su buharı kızılaltı radyasyona pek geçirgen değil* ... –MAAl.

kızılötesi *b. a. fiz.* ışık tayfında kırmızı bölümünün ötesindeki alanda yayılmış olup ısı ışını olan ve gözle görülemeyen ışınım, ki buna **kızılaltı** da denmektedir. *Örneğin* ... *kuma gömülü bir Irak tankını gündüz güneşte ısınmış namlusunun çıkardığı kızılötesi ışınlardan saptayıp imha ediyorlardı.* –ErB.

kimi *s.* birtakım, bir bölüm. ... *kimi kişiler bunları Türkçeleştirmek istiyorlar.* –ÖAA.

kimlik *a.* **1** bir kimsenin kim olduğu. *Bir bakanın kimliğini saptamak için...* –İS. **2** bir kimsenin kişiliğine ilişkin özelliklerin topu. ... *örgüte sokulacak öteki uzmanların kimliği* ... –Aİ. **3** (kimi zaman) kimlik belgesi. *Senin kimlik kartın sahte değil.* –Mİ. ... *aynı gün aynı saatte benimle birlikte başka kimlik alanlar da oldu.* –Mİ.

kimliksiz *s.* kimliği bilinmeyen, kimliği belirgin olmayan, kim olduğu, ne olduğu bilinmeyen. ... *ve yalnız "bir dağ köyü" sözleriyle belirtilen, kimliksiz bir "uzam" söz konusudur daha.* –TY.

kimliksizleşme *a.* kişiliğini, niteliğini, kimliğini yitirme. *Kimliksizleşme, kişiliksizleşme, toplumsal rollerin içinde erime öylesine yoğun ki, Bedran sık sık kendi gövdesini bile kendisine ait göremez.* –EAt.

kimliksizleşmek kişiliğini, niteliğini, kimliğini yitirmek. *Aşklar kimliksizleşti: süslü zamanlar!* – HY.

kimliksizlik *a.* kişiliğini, niteliğini, kimliğini yitirme durumu. *Modeldeki bu belirsizlik, hem kaotik bir ortam hem de kimliksizlik yaratıyor.* –DÖ.

kirsöken *b. a.* petrol türevlerinden yapılan, arıtma, temizleme özelliği olan, sıvı, toz ya da krem durumunda kimyasal özdek, arıtıcı. *Deterjan karşılığı olarak kirsöken sözcüğünü de ... 1975 yılında türettim.* –CM.

kişi *a.* **1** kimse. *Skolastikler ... kişiyi, ussal varlığın tözü saymışlardır ...* –OH **2** *tiy.* bir oyunda yer alan ve oyuncularca oynanan kimselerden her biri, ki hepsi birden oyunun kişileri diye anılırlar. **kişi dokunulmazlığı** *bkz.* **dokunulmazlık**.

kişileştirilme *a.* kişileştirme işlemi uygulanma, insanlaştırılma. *Kaldı ki çoktanrıcılık da bu düşüncenin gelişmesi sonucu olarak doğa güçlerinin kişileştirilmesidir.* –OH.

kişileştirilmek kişileştirme işlemi uygulanmak, insanlaştırılmak. *Öğeler ve alanlar kişileştirilmiştir ... doğa insanlaştırılmıştır.* –TY.

kişileştirim *bkz.* **kişileştirme**. *En güçlü kişileştirime uğrayan "etap" Ventoux dağı "etap" ıdır.* –TY.

kişileştirme *a. yaz.* kişiye, insana özgü nitelikleri olmayan cansız varlıkları, hayvanları ya da imgesel yaratıkları kişiye, insana özgü nitelikleri varmış gibi davrandırma, düşündürme, konuşturma, insanlaştırma sanatı. *Kapalı istiareler de yine kişileştirme ilkesine göre oluşturulur.* –EmÖ.

kişileştirmek kişiye, insana özgü nitelikleri olmayan cansız varlıkları ya da hayvanları, imgesel yaratıkları kişiler, insanlar gibi davrandırmak, düşündürmek, konuşturmak vb., insanlaştırmak. ... *Tur burada insanın ... Doğa'yı fazlasıyla kişileştirdiği şu bulanık anı canlandırırdı.* –TY.

kişilik *a.* kişinin kendine göre bir ayrılığı olması durumu, kişi özelliği, kişiye bağlı özelliklerin oluşturduğu bütün. *Şu kısa öykü Duhamel'in kişiliğini yansıtır.* –OA.

kişilikli *s.* kendine göre bir ayrılığı, özelliği olan, kişiliği olan. ... *bu dilin türlü kaynaklardan kalkarak, nasıl kişilikli bir varlığa ulaştığını hayranlıkla gözledim.* –MCA.

kişiliksiz *s.* kişiliği olmayan. *Kişiliksizdi, ölgündü, Kerem'e de tutulmuştu galiba, gözlerini ayıramıyordu.* –Sİ.

kişiliksizleşme *a.* kişiliksizleşmek eylemi. *Kimliksizleşme, kişiliksizleşme, toplumsal rollerin içinde erime öylesine yoğun ki, Bedran sık sık kendi gövdesini bile kendisine ait göremez.* –EAt.

kişiliksizleşmek var olan kişiliğini yitirmek, var olan kişiliğini ortaya koyamamak.

kişiliksizleştirme *a.* kendine göre olan durumunu, özelliğini ortadan kaldırıp kişiliğini ortaya koyamayacak bir duruma getirme.

kişiliksizleştirmek birini, kişilikten yoksunduruma getirmek, kişiliğini ortaya koyamayacak denli koşullandırmak. *İlkokul öncesi yaşlarda görülen taklitçilik eğilimini böylesine sürdürerek çocuğu kişiliksizleştirmek niye?* –AlK.

kişiliksizlik *a.* kişiliği olmama durumu. ... *neredeyse kişiliksizliğiyle özdeşleştiğim bir kentin bilmediğim bir noktasına asılmışım duygusu içindeyim duygusu içindeyim.* –AAğ.

kişisel *s.* kişinin kendiyle ilgili, özlük, kişiye ilişkin, kişinin kendi malı (şey). ... *İnsanların kişisel duygularının üstüne çıkabilmelerine ...* –RE.

kişiselleştirilme *a.* nesnelliğinden sıyırıp kişinin kendisiyle ilgili bir duruma getirilme.

kişiselleştirilmek (bir olguyu) nesnelliğinden sıyrılıp kişinin kendisiyle ilgili bir duruma sokulmak.

kişiselleştirme *a.* nesnel yönlerinden koparıp kişinin kendisiyle ilgili bir duruma sokma. ... *ve bazı çevrelerin konuyu öbür gelişmelerden soyutlama, öte yandan bir kişiselleştirme çabası içinde oldukları dikkati çekiyor.* –ASi.

kişiselleştirmek bir olguyu nesnelliğinden sıyırıp kişinin kendisiyle ilgili bir duruma getirmek. *Sınıfları kişiselleştirmek soyut çözümlerden biraz daha güçtür.* –UM.

kişisellik *a.* kişisel olma durumu, kişinin kendine özgülük. ... *niyeti insanı değiştirmek, insanı geliştirmek de olsa bencillikten, kişisellikten kurtulamaz yazar.* –RÖ.

kokusavar *b. a.* hoş olmayan kokuları gideren, önleyen sprey. ... *deodoran sözcüğü için türettiğim kokusavar karşılığını ...* -CM.

komut *a. ask.* askere herhangi bir davranış yapması için verilen buyruk. ... *çavuş dediğimiz mümessil, – Dikkat! diye komut verir, hepimiz ayağa kalkarız.* –AN.

komuta *a. ask.* askerlikle ilgili işleri ve davranışları yönetme görevi. ... *en yüksek komuta yerine yükselmiş bir eski askerdir.* –NN.

komutan *a. ask.* **1** bir asker topluluğunu yöneten kimse, topluluğun başı. ... *cumhurbaşkanı sıfatıyla komutanlara neden başkomutan olmasın.* –İS. **2** yüksek rütbeli subay. ... *sadece bilgeler kral, komutan olabilir.* –BA.

komutanlık *a. ask.* **1** komutanın görevi. *O'nun büyük komutanlık yeteneğini övdü.* –HVV. **2** komutanın görev yaptığı yer. **3** komutanın orunu. *Bütün büyük adamlıkları, generallikleri, komutanlıkları ... kapışacaklar, bana bir şey kalmayacaktı.* –AN.

kondu *a.* gecekondu sözcüğünün kısa söylenen biçimi. *Bu kondu mahallesi bir meydan muharebesine çevrilmiştir.* –MKe.

kondulaşma *bkz.* **gecekondulaşma**. *Kondulaşmayla kentleşme kavramları bir bakıma özdeş gibi görünse de değildir ...* –İS.

kondulaşmak *bkz.* **gecekondulaşmak**

kondulu *a.* ve *s.* gecekonduda oturan. ... *bugün devlet ... yapay yaratıklara şaşkın şaşkın bakar gibi konduluyu seyrediyor.* –İS.

konu *a.* **1** bir konuşmada, bir yazıda, bir yapıtta ele alınıp işlenilen olay, düşünü, durum. **2** üzerinde çalışılan şey. *Bu konuda daha ileri gitmek tasfiyeciliktir.* –FKT. **3** herhangi bir işleme uğrayan şey. *Siyasi konularda cevap vermem.* –BF.

konuk *a.* geçici bir süre kalmak üzere bir yere ya da birinin evine gelen kimse. *Diyarbakır'da bir generalin evine konuk olmakta bir sakınca görmezse ...* –BFA.

konukçu *a.* **1** yabancı konukl'arın yanına verilen ve onları ülke içinde ağırlayıp gezdiren kılavuz. *Konukçumuz Bayan Vera Feonova'yı izliyorduk.* –ÖFT. **2** taşıtlarda yolcuları ağırlayan kadın (ya da erkek).

konukçuluk *a.* konukçunun yaptığı iş. *Bana konukçuluk yapanlardan ...* –ŞK.

konukevi *b. a.* **1** konukların ağırlandığı yer. *Üç yapı yaptırıp yönetim, yurt, kitaplık, konukevi, spor ve tiyatro salonu gibi bölümleri bu yapılara yerleştirecek.* –FB. **2** yolculara para ile yatacak ve yiyecek sağlanan ev.

Ankara'da ilk götürülmek istendiği konukevi ... –HİD.

konukluk *a.* konuk olma durumu. *Gül de dünyadaki şu üç günlük konukluğumu olsun rahat geçireyim.* –AN.

konuksever *b. s.* kendisine konuk gelmesinden hoşlanan ve konuklarını iyi ağırlayan. *Eliaçık, gönlü gani, konuksever, düşkünlere yardım eder bir adammış.* –AN.

konukseverlik *b. a.* kendisine konuk gelmesinden hoşlanma ve konuklarını iyi ağırlama durumu. *Yabancılara aşırı konukseverlik göstermekte ... benzerleri yoktur.* –RÜ.

konulu *s.* konusu olan. *Geçenlerde içki konulu bir panele katıldım.* –ABo.

konululuk *a.* konulu olma durumu.

konum *a.* **1** bir şeyin, özdek bakımından durumu. *Düzlemin çeşitli konumlarına göre ...* –AK. *Bu küp önümdeki masada duruyorsa, biçimini doğru düzgün görüp görememem, konumuna bağlıdır.* –AG. **2** *coğr.* yeryüzünde bir yerin enlem ve boylamların yardımıyla bulunan yeri.

konumlandırılma *a.* konumu belirgin kılınma. *İlkbahar noktasının diğer bir önemi de cisimlerin konumlandırılması ve yıldız zamanı kavramında kullanılmasıdır.* –BU.

konumlandırılmak konumu belirgin kılınmak. ... *"fantastik", "garip" ile "harikulade" arasında konumlandırılır.* –HY.

konumlandırma *a.* konumlanmasını sağlama.

konumlandırmak konumlanmasını sağlamak.

konumlanma *a.* konumunu bulma, yerleşme. *Bu konumlanma süreci içinde ...* –HA.

konumlanmak konumunu bulmak, yerleşmek. *Çeviri ... etkin dil karşısında, her keviriyle birlikte yeniden konumlanır.* –HA.

konumluk *a. ask.* gerekli birliklerin, her türlü araç ve gerecin toplandığı bölge.

konusal *s.* konuyla ilgili. *Halikarnas Balıkçısı'nın öykücülüğünü konusal açıdan özetleyelim şimdi.* –Sİ.

konusuz *s.* konusu olmayan. *Şiir konusuz olamaz mı?* –AP.

konusuzluk *a.* konusu olmama durumu. *Ya konusuzluktan ya da zaman kazanma gereksiniminden olacak ... muhalefetin seçimden kaçtığını yineleyip duruyor.* –CA.

konuş *a. ask.* bütün durum ve olasılıklar göz önünde tutularak asker birliklerinin ve her türlü silahların yerleştirilme biçimi.

konuşlandırılma *a.* (asker ve savaş araçları) bütün durum ve olasılıklar göz önünde tutularak bir yere yerleştirilme. *Nitekim Alman Genelkurmayı'nın Konya için hazırladığı 250 sayfalık tasnifli raporda "Konya'da Alman Askeri Gücünün Konuşlandırılması" (Stationing of German Forces in Konya) adını taşıyor.* –UG.

konuşlandırılmak (asker ve savaş araçları) bütün durum ve olasılıklar göz önünde tutularak bir yere yerleştirilmek. *Türkiye'de konuşlandırılan Alman askeri personeli... bağışıklığa sahip olacak mı?* –UG.

konuşlandırma *a.* (asker, savaş araçlarını) bütün durum ve olasılıkları göz önünde tutarak bir yere yerleştirme. *Sovyetler'e dönük silah konuşlandırmasında ek nükleer güçleri gündeme kim getirmek istiyor?* –İS.

konuşlandırmak (asker, savaş

araçlarını) bütün durum ve olasılıkları göz önünde tutarak bir yere yerleştirmek. *Sadece Konya'ya tahsisli filo konuşlandırmak ve temel eğitim dışında tecrübeli pilot bulundurmak arzumuz bulunduğuna göre?* –UG.

konuşlanma *a.* (asker, savaş araçları için) bütün durum ve olasılıkları göz önünde tutarak bir yere yerleşme. *ABD'nin ... yaptığı askeri yığınaktan sonra kuzey cephesinde konuşlanması "ikinci cephe"ye yönelmesi değil mi?* –İS.

konuşlanmak (asker, savaş araçları için) bütün durum ve olasılıkları göz önünde tutarak bir yere yerleşmek. *Örneğin Konya'da konuşlanacak Alman askeri personeli için ...* –UG.

konuşma *a.* **1** konuşmak eylemi. **2** bir kimsenin, belli bir konuda dinleyicilere karşı söylediği sözler ya da bu eylem. **3** (radyoda) söz izlencesi.

konuşmacı *a.* **1** topluluk karşısında söz söyleyen kimse. *... bir konuşmacının sırf ifade ettiği sözlerden ...* –Aİ. **2** radyoda ve TV'de konuşma yapan kimse.

konuşman *bkz.* **konuşucu**. *... spiker sözcüğü için ... konuşman karşılığını türettim.* –CM.

konuşmanlık *bkz.* **konuşuculuk**. *Ya sesli yayın konuşmanlığı?* –ACB.

konuşu *bkz.* **konuşma**[2]. *... ne istediğimi ... konuşularımda söyledim ...* –NA.

konuşucu *a.* görevi, radyo ve televizyonda izlenceleri okumak olan kimse. *... o zaman da gerçek TV konuşucusunu bir kenara koyun ...* –MTÖ.

konuşuculuk *a.* konuşucu olma durumu, konuşucunun yaptığı iş. *Konuşuculuk ve sunuculuk TRT'de her dönemde yeterince ele alınmayan ... konular arasındadır.* –MTÖ.

konut *a.* **1** bir kimsenin yatıp kalktığı, iş zamanı dışında eğleştiği, genellikle de içinde aile olarak oturduğu ev, apartman gibi yer. *... kendine bir konut yaptırdı ...* –NA. *Üstelik bizim evimiz az buçuk oturulabilecek bir konuttu.* –İS. **2** *tüze.* bir kimsenin sürekli olarak oturduğu yer, ki yasaya göre bir kimsenin ancak bir konutu olabilir. **3** *tüze.* tüzel kişiliği bulunan bir kuruluşun bulunduğu ve işlemlerinin yapıldığı, yönetildiği yer. **4** *mant.* bir tanıtlamada kabul edilmesi gereken ön gerçek. *Örneğin Eukleides geometrisi "bir noktadan bir doğruya ancak bir koşut çizilebilir" konutuna dayanır.* –OH. **konut dokunulmazlığı** *bkz.* **dokunulmazlık**.

korugan *a. ask.* ateş etmeye elverişli biçimde hazırlanmış delik ve mazgalları bulunan yer. *Irak uçakları, hep beton koruganlarda saklandığından, bunları bulmakta güçlük çekiliyor.* –MEk.

koruman *a. tüze.* bir yetimin ya da akılca zayıf bir kimsenin malını, mülkünü yöneten kimse.

korumanlık *a. tüze.* koruman olma durumu, korumanın görevi.

korun *a. gövb.* üst deride dış tabakaya verilen ad.

korunak *a.* korunmak için sığınılan yer. *... bir köşede çabucak hazırladığı korunağın altına sığınacak bir kimse kurtulabilir.* –AG.

koruncak *a.* öteberinin, genellikle malların, özellikle de tecimsel malların konulduğu, korunduğu yer.

korunç *a.* **1** bir elektrik devresinde,

akım çok güçlü olduğu zaman eriyerek yangın çıkmasını, kazayı önleyen, güvenliği sağlayan nesne ya da düzen. **2** önceden ödenen aylık vb. ödenti karşılığında, bir kimsenin ya da bir şeyin ilerde herhangi bir yönden karşılaşabileceği zararı giderme. *Sigorta karşılığı olarak korunç sözcüğünü ... önermişti.* –CM.

korunççu *a.* korunç alanında iş gören kimse ya da ortaklık.

korunççuluk *a.* korunççunun işi.

korunçlama *a.* korunçlamak eylemi.

korunçlamak korunç sözleşmesine bağlamak.

korunçlu *s.* korunç sözleşmesi bulunan.

korundokusu *b. a. gövb.* korunu ve bunlardan çıkan, tırnak, boynuz gibi şeyleri oluşturan doku.

korunum *a.* korunma işi. *Toprak korunumu sağlanırsa su korunumu da çözüme girmiş demektir.* –İAk.

koşa *s. fels.* temel olarak alınan bir şeyle birlikte, aynı zamanda olan (başka bir şey). *Koşa, İngiliz düşünürü Stuart Mill'in dört deneysel yönteminden biridir.* –OH.

koşaç *a. dilb.* yüklemi özneye yükleyen sözcük. *Ekfiilin bileşik zamanlı biçimleri ise, koşaç halinde olunca* ... –HD.

koşuk *a. yaz.* ölçülü uyaklı söz biçimi. *Divan şiirimizde koşuk biçimleri* ... –AB. **özgür koşuk** *yaz.* ölçü, uyak gibi bağlardan sıyrılmış ama kendine özgü bir ölçülülüğü bulunan şiir. *Hem özgür koşukla hem de ölçülü uyaklı yazan şairlerde bir de şuna dikkat ettim* ... – CSS.

koşukça *a.* ölçülü uyaklı yazılmış söz yığını. ... *"Tık tık, tık / Saatim vuruyor" koşukçası, vatan şairi Namık Kemal'in oğlu Ekrem Bey'in imiş.* – HVV.

koşul *a.* başka bir şey olursa ya da yerine gelirse olması gereken şey, yani bir işin olabilmesi için eldeki olanaklara koşulan gereklik; örneğin, "size gelirim, ama sen de bana o sevdiğim plağı dinleteceksin" tümcesinde ileri sürülen şey bir koşuldur. ... *ve bu görüş yüzyılımız koşullarına uygundur.* –NN. **koşul bildirimliği** resmi bir kuruluşça satın alma, satma, kiralama, yaptırma gibi işlerle ilgili koşulları, özellikleri gösteren bir tür sözleşme taslağı.

koşullandırıcı *s.* koşullanmaya yönelten, koşullanmayı sağlayan, alıştırıcı. *Tek yönlü ve koşullandırıcı haber ve bilgi akışına iletişim mi denir?* –Öİ.

koşullandırılma *a.* alıştırılma, koşullu duruma getirilme. ... *seyirci de, kendisini çevreleyen gerçeği, koşullandırılmış olduğu gerçeği değiştirebileceği inanç ve coşkusuyla tiyatrodan çıkıp gidecektir.* –TS.

koşullandırılmak koşullanması sağlanmak, koşullu duruma getirilmek, bir şeye alıştırılmak ve ondan başka bir şeye yönelemez duruma getirilmek. *"Baba", değişim şokuyla koşullandırılmış, hiç değilse bundan dolayı "o dünya"yla çelişkili gördüğü ... gidişini durdurmalı, bir son vermelidir bu gidişe.* –NP.

koşullandırma *a.* kendi koşuluna alıştırma yoluyla bağlama. *Üretim koşulları ilk ve en önemli etmenlerdir, bütün diğer toplumsal olayları koşullandırırlar.* –NŞK.

koşullandırmak kendi koşuluna

alıştırma yoluyla bağlamak. *Onların isteklerine koşullandırmışlardır yaptıklarını.* –AdB.

koşullanma *a.* koşullu duruma gelme, alışma yoluyla bağlanmak, alışma yoluyla bağlanma. *Birtakım baskılar altında, doğrudur birtakım koşullanmalar gölgesinde oy veren halk ...* –CAK.

koşullanmak koşullu duruma gelmek, alışma yoluyla bağlanmak, alışmak. *Erotizmimiz ... korku ve çekicilikle koşullanmıştır.* –CÜ.

koşullanmışlık *a.* koşullanmış olma durumu. *Ancak ideolojik bağımlılığı, koşullanmışlığı da belirgin bir sinemadır bu.* –AD.

koşullu *s.* **1** koşula bağlanmış (iş, durum, vb.). *Ona göre bir buyruk, yani bir törebilimsel kural, ya kesin olur ya da koşullu.* –OH. **2** belli birtakım koşullara alışıp bağlanmış (kimse, düşünü, vb). *Koşul ve koşullu, zannımca ve zorunlu olarak da birbirine bağlı olan iki etkendir.* –MG. **koşullu olgu** *fels.* Kant sisteminde ana koşullar olarak kabul edilmiş olgulardan doğan olgu. **koşullu tasım** *mant.* büyük önermesi koşullu olan tasım, ki örneğin, "Tanrı var olmasaydı kusurlu olacaktı. Tanrı yetkindir. Öyleyse Tanrı vardır" bir koşullu tasımdır.

koşulluluk *a.* koşula bağlanmışlık, belli birtakım koşullara alışıp bağlanma durumu. ... *değerlendirmenin tarihsel koşulluluğu ve değişkenliğiyle ilgili tartışma.* –AÇ.

koşulsuz *s.* hiçbir koşulu olmayan, hiçbir koşula bağlı olmayan. *Mantık terimi olarak koşulsuz anlamını dile getirir.* –OH. **bağsız koşulsuz** hiçbir koşula bağlı olmayarak. *Hem Türkiye'nin bağsız koşulsuz bağımsızlığını isteyen gerçek milliyetçi, Atatürkçü ...* – HVV.

koşulsuzluk *a.* hiçbir koşula bağlı olmama durumu. ... *çünkü bu buyruk sadece koşulsuzluğu değil ayrık olmamak vb. gibi daha birçok nitelikleri kapsar.* –OH.

koşut *s.* aralarındaki uzaklık her noktada eşit olan ve yan yana giden şeylerin niteliği. *Bu gelişim batılılaşma hareketine koşut olarak yürür.* – AtÖ.

koşutçuluk *a.* kişide, ruhsal olaylarla bedensel olaylar arasında koşutluk bulunduğunu ileri süren görüş. ... *örneğin, koşutçuluk denen öğretiler her ruhsal olayın bir bedensel olayı ya doğrudan ya da ters yönden karşıladığını ileri sürmüştür.* –İÇ.

koşutlaştırma *a.* birbirine koşut duruma getirme. ... *her şeyden önce "ırkın zehirlenmesi" ile "kanın zehirlenmesi" arasındaki dizgeli koşutlaştırma dikkatimizi çeker.* –BO.

koşutlaştırmak birbirine koşut duruma getirmek. *Sonra da onu, sanayi devrimlerinin getirdiği büyük burjuvalaşmacılıkla koşutlaştırmak vardır.* –BS.

koşutluk *a.* **1** koşut olma durumu. *Geometri dilinde iki çizginin koşut olması koşutluk'tur.* –OH. **2** *fels.* iki olaydaki gelişmelerde eşzamanlık ve andırış bulunması. *Bu koşutluk, sadece insanlarda değil, bütün canlılarda gerçekleşir.* –OH.

koşutsuzluk *a.* koşut olmayış durumu. Bu akım ... *ideolojik eksikliği dolayısıyla, gerçek gelişim istemlerine koşutsuzluğu dolayısıyla iktidarını sürdüremez de.* –BS.

kovumsama *a.* dolaylı olarak kovma.

Hiç yakışık alır mıydı, konukseverliğe sığar mıydı bu kovumsama? –İK.

kovuşturma *a.* **1** kovuşturmak eylemi. **2** *tüze.* işlenmiş bir suçtan dolayı bir kimse hakında yasa uyarınca yapılan soruşturma ve araştırma. *... adalet makamları kovuşturma açacaklarmış.* –İS.

kovuşturmak 1 (bir şeyin) arkasına düşmek, (bir şeyi) kovalamak. **2** *tüze.* işlenmiş bir suçla ilgili yasal soruşturma ve araştırma yapmak.

koyak *a. coğr.* iki dağ ya da tepe arasında kalan çukur yer ya da dere boyu. *Şuracıkta, şu tepeyi döndük mü, alt yanı. Şu koyağın içinde.* –AP.

koyut *a. mant.* bir tanıtlamada kabul edilmesi gereken öngerçek, konut[4]. *"Atom, maddenin bölünemez en küçük parçasıdır" koyutu ya da beliti tutmuş, herkesi inandırmış iken ...* –MCA.

köğ *bkz.* **ölçü**[1]

köğük *bkz.* **dize**

kökbilgisi *bkz.* **kökbilim**

kökbilim *b. a.* bir dildeki sözcüklerin kökenlerini inceleyen, bir sözcüğün biçim ve anlam bakımından geçirdiği evreleri araştıran bilim, kökbilgisi. *"Dışarı" gibi bazı sözcüklerde geçen "arı" eki ve benzerleri kökbilimi bakımından konu dışında tutulmuştur.* –VH.

kökbilimci *b. a.* kökbilim alanında araştırmalar yapan dilbilimci.

köken *a.* **1** bir şeyin geçmişe doğru gidip dayandığı son hal, biçim, neden ya da yer, kaynak, asıl çıkış yeri. *İnsanın kökenini, maymundan gelişini hatırlamışlar da ...* –AB. **2** *dilb.* kök görevi gördüğü halde daha yalın bir öğeye, yani gerçe köke doğru yalınlaştırılabilen sözcük bölümü. *... sözcüklerin kökenlerini ve yapılarını ...* –HD.

kökenbilim *bkz.* **kökbilim**. *Örneğin "fallik" sözcüğünün "fallus"tan geldiğini belirtmek, bir tür kökenbilime yönelmek bu sözlüğün ereği dışındaydı.* –AP.

kökenbilimci *bkz.* **kökbilimci**. *Dahası, Greimas, göstergebilimci olmasının öncesinden başlayarak, aynı zamanda bir sözcükbilimci ve bir kökenbilimcidir.* –MY.

köksel *s.* köke değgin.

kökten *s.* köke değin dayanan; kesin; ayrıntılarda kalmayarak asıl konuyu da içine alan, temelden. *... genç şairler, Orhan Veliler gibi kökten bir değişime gitmek istemiyorlar.* –EC.

köktenci *a.* köktencilik yanlısı. *Marx, o güne değin en köktenci burjuva demokratik ideolojiyi bile içinde barındırabilen burjuva toplumunun sınırlarını yırtmıştı.* –CÜ.

köktencilik *a.* **1** toplum yaşamında, özellikle de bilimde, dinde, siyasada kökten yenilikler yapma eğilimi. *Köktenciliğin, aşırılığın çağrısına kapılmamak elde değil.* –NG. **2** *fels.* özgürlükçülük, bireycilik, insan usuna inanış, törel yarar gibi temellere dayanan tutum ve siyasa yolu, ki birtakım İngiliz filozof ve yazarlarınca ortaya atılmıştır. *Özellikle İngiliz düşünürleri Bentham, James Mill ve John Stuart Mill'in birbirlerini tamamlayan öğretileri köktencilik adıyla anılır.* –OH.

köktendinci *b. a.* ve *s.* köktendincilik yandaşı, dinsel kuralları siyasal yol olarak gören (kimse).

köktendincilik *b. a.* dinsel kuralları temel alan, toplumsal yaşamı ve düzeni dinsel kurallara uydurmak için savaşan, Tanrısal kurallar dışında hiçbir şeye yaşam hakkı tanımayan çağdışı öğreti.

kökteş *s. dilb.* eş köklü, kökleri eş olan, aynı kökten türemiş olan. *Kökteş olmayan; ayrı birer kök olan housteş sözcükler de vardır.* –TNG.

kökteşlik *a.* kökteş olma durumu. *Kökteşliği böylesine genel bir biçimde tanıtladıktan sonra...* –YC.

körgüdü *b. a.* kaynağı us olmayan güdü. *Kişi, belki o topoğrafyadan habersiz bir bencilliğe ve bencilliğin körgüdüsüne yüreğini sardırmıştır.* –İS.

körinanç *b. a.* usa aykırı, usun almadığı şeylere, doğa yasalarına aykırı olan şeylere inanış, boşinan, boşinanç. *... demek tarih, körinançtan aklın egemenliğine doğru yükselen bir gelişim çizgisi izlemiştir.* –MCA.

kösnü *a.* erkek ile dişinin birbirlerine karşı duydukları cinsel istek. *Kösnü'yle ilgili olanı dile getiren ...* –OH.

kösnücül *s.* cinsel isteklerine tutsak, kösnüye düşkün (kimse).

kösnük *s.* kösnüme zamanı gelmiş (hayvan). *Kösnük bir hayvan gibi kıvranıyordu toprak.* –MŞO.

kösnül *s.* kösnüyle ilgili, kösnüye değgin. *... kösnül sayrılık deyimleri önerilmiş ve tanımlanmıştır.* –OH.

kösnüllük *a.* cinsel isteğin olağanüstü bir durum göstermesi. *Aşırı gelişmiş ağız kösnüllüğü gösterenler...* –MEnç.

kösnümek (hayvan için) çiftleşme zamanı gelmek.

kötücül *s.* **1** kötülük seven. *Türkiye'mizi eski çürümüş görüşlere... sürüklemek isteyen birtakım kötücüllerin toplum içinde zaman zaman türemesi ...* –HVV. **2** başkalarının kötülüğünü isteyen. *Ama yine de, yazar olmak, ozan olmak güzel şey Türkiye'de, bütün kötücüllere inat.* –AP. **3** kötülük eden, dokunca veren. *Sonra bu kötücül duygular sona erecektir.* –Sİ.

kötücülleşme *a.* dokunca verecek duruma gelme, başkalarının kötülüğünü isteme, kötülük yapmayı sever duruma gelme.

kötücülleşmek kötülük yapmayı sever duruma gelmek, başkalarının kötülüğünü istemek. *Şeytan kötücülleşmiş bir üstben'dir.* –OD.

kötücüllük *a.* kötücül olma durumu. *Yarımadalarda başkalarının düşmanlığı, kötücüllüğü artar.* –Sİ.

kötül *s.* çok kötü, öldürücü. *Kötül kansızlık adı verilen bu anemi, önemli bir kan hastalığıdır.* –ErA.

kötümsemek dünyada, yaşamda iyi şeylerden çok kötü şeyler olduğunu düşünmek, her şeyi yanlarıyla ele almak, kötü görmek.

kötümser *s.* dünyada iyi şeylerden çok kötü şeyler olduğuna inanan, gelecekten umudunu kesen, her şeyin sonunu ya da belli bir işin sonunu kötü gören (kimse), **iyimser** karşıtı. *Bu kötümser tablo içinde iyimserlik veren öğeler de yok değildir.* –COT.

kötümserlik *a.* dünyada iyi şeylerden çok kötü şeyler olduğuna inanma durumu, kötümser olma durumu. *Ruhbilim açısından bir ruh hastalığı olan kötümserlik, Alman düşünürü Schopenhauer'de felsefi bir öğretidir.* –OH.

kötüye kullanım *bkz.* **kullanım**

kullanıcı *a.* herhangi bir şeyi, özellikle bilgisayar ve onunla ilgili şeyleri kullanan kimse. *Kullanıcı doğru olanı sonradan düzeltir.* –İKı.

kullanım *a.* **1** kullanma işi. *Örneğin, "Erzurum ve dolaylarında yaşayanlara dadaş denir" cümlesinde hiçbir retorik kullanım yoktur.* –SGü. **2** kendinin olsun olmasın bir şeyi kullanma, ondan yararlanma işi. *Bu yüzden kabile topluluğu, toprağın ortaklaşa (geçici) edinim ve kullanımının sonucu değil, önkoşuldur.* –MuS. **kötüye kullanım** (ya da **kötüye kullanma**) kendi çıkarına kullanma.

kumcul *s. bitb.* kumlu toprakta, çöllerde, kumullar üstünde yetişen (bitki). *Kumcul bitkiler, yel üfürmesi yüzünden kumların durmadan savrulmasına, şuraya buraya yığılmalarına dayanacak şekilde bir yapı gösterirler.* –Rİ.

kumul *a. yerb.* ve *coğr.* yellerin savurup yığdığı kum tepesi, ki çöllerde ve deniz kıyıları boyunca uzanan kumsallarda çok görülür. *Buna göre kumul denince tepe biçimi göz önüne gelir.* –Rİ.

kurakçıl *s. bitb.* kurak yerde yetişen, kurak yerden hoşlanan (bitki).

kural *a.* **1** bir işlemin doğru sonuç vermesi için uygulanması gereken belli yöntem, tutulacak belli yol. *Bu değişmeler kendi kurallarına uygun tarihsel zorunluklardı.* –ÇA. **2** *dilb.* bir dilin aynı türden olaylarında görülen birlikten çıkarılmış yargı. *Her kural, Türkçemizin kendi yapısından, öz benliğinden doğmuştur.* –TNG.

kuralcı *s.* **1** kurala çok bağlı, kurallara uyulmasını isteyen. *Alanın dışına çıkınca, kuralcı koç olsa olsa boksa ya da judoya götürür ...* –TY. **2** kural koyan. *Bu kuralcı bilgi dalının dili kendisi için incelemek gibi bilimsel bir kaygısı olamaz.* –AdO.

kuralcılık *a.* kurallara bağlılık. *Yazınsal sorunlara yaklaşırken, kalıpçılığı, kuralcılığı yeğlemek aklın, sağduyunun kabul edebileceği bir görüş değil.* –Sİ.

kuraldışı *b. s.* kurala uymayan, kuralın dışında kalan. *Dillerdeki kuraldışı biçimleri bir yana bırakalım.* –EmÖ.

kuraldışılık *b. a.* ayrı olma durumu, kurala uymama, kuralın dışında kalma. *... ya da belli sayıda kuraldışılık genel kuralı bozmuyor.* –AdO. *... kuralsızı değil de, bazı kuraldışılıkları denemek istemiştir.* –CSS.

kurallaşma *a.* kural durumuna gelme.

kurallaşmak kural durumuna gelmek. *... ve kendiliğinden beliren yargılar kurallaşacak.* –TNG.

kurallaştırılma *a.* ilke, yasa, kural durumuna getirilme.

kurallaştırılmak ilke, yasa, kural durumuna getirilmek.

kurallaştırma *a.* ilke, yasa, kural durumuna getirme. *Burda ... bir edebiyatı kurallaştırma durumu vardır.* –AÇ.

kurallaştırmak kural durumuna getirmek. *Bu, bir ceza kanunu değil, kamu görevlilerinin eylemlerini kurallaştıran bir idare hukuku kanunudur.* –NB.

kurallı *s.* **1** kuralı olan, kurala uyan. **2** *dilb.* belli bir kural uyarınca yapılabilen, belli bir kurala göre yapılmış. *Kurallı bileşik fiiller ...* –TNG.

kurallılık *a.* **1** kurala uygunluk durumu. *... ancak dilbilim tümcelerarası boyutta bir kurallılık belirleyememiştir.* –MY. **2** *dilb.* kurallı oluş durumu. *Bu bağlantıların gösterdiği kurallılık, yasalılıkla da dil tam bir düzen, bir dizge oluşturuyor.* –AdO.

kuralsız *s.* **1** kuralı olmayan, kurala uymayan. ... *kuralsızı değil de, bazı kuraldışılıkları denemek istemiştir.* –CSS. **2** *dilb.* belli bir kural uyarınca yapılmış olmayan.

kuralsızlık *a.* kuralı olmama durumu. ... *anomie deyimi karşılığında kuralsızlık deyimi önerilmiştir.* –OH.

kuram *a.* **1** bir bilim ya da sanatla ilgili ya da herhangi bir sorunu ilgilendiren ve uygulamadıkça gerçekleşip gerçekleşemeyeceği, doğru olup olmadığı bilinemeyen düşünülerin, ilkelerin topu. *Darwin kuramını kurarken sayısız deneyler ve gözlemler yapmıştır.* –OH. **2** gözleme dayanan sanı. **3** *fels.* düşünü alanında kalan bilgi, bu bilginin temel ve kuralları. *Ortaya bir kuramın, bir görüşün savunucusu gibi çıkan ...* –SKA.

kuramcı *a.* kuram geliştiren, kuram ortaya atan kimse. *Hangi kuramcı, olmasa da olurdu diyebilir onun için.?* –SE.

kuramcılık *a.* uygulamaya değil kurama önem verme durumu, kurama bağlılık. *Böylece, yalnızca bunlardan herhangi birinin üzerinde durmak ... akademik kuramcılık suçlamasına yol açar.* –NÖ.

kuramlaştırma *a.* kuram durumuna getirme.

kuramlaştırmak kuram olarak ortaya koymak, kuram durumuna getirmek. ... *dünyada olan biteni anlamak, değerlendirmek, kuramlaştırmak için neden bu kadar telaş ve acele?* –İS.

kuramsal *s.* kuramla ilgili, kuram durumunda bulunan, kuram niteliğinde olan, kılgısal olmayan. *Sonra Sayın Okyar'ın kuramsal görüşünü bir de yurt gerçekleri ile karşılaştıralım ...* –NN.

kuramsallaştırma *a.* kuramsal bir duruma getirme. *Üstelik şiirsel kuramsallaştırmanın hangi biçimde Popper'in kullandığı anlamda "çarpıtılabileceğini" belirten de yok.* –TY.

kuramsallaştırmak kuramsal bir duruma getirmek.

kuramsallık *a.* kuramsal olma durumu. *Yaşamın içinden gelen Eloğlu, kuramsallıkla her zaman "dalga" geçmiştir.* –DH.

kuramsız *s.* kuramı olmayan. *Başlangıçta "doğal tarih" yöntemiyle çalışıp, kuramsız antropoloji yapmak yolunu seçen Boas ...* –BG.

kuramsızlık *a.* kuramı olmama durumu, bir kuram ortaya koyamamışlık. *Boas ve öğrencileri ... kuramsızlığın boşluğuna uzun boylu dayanamamış ve kuramlar yelpazesinde "örüntü" okulunun kurucuları olarak yer almışlardır.* –BG.

kurgu *a.* **1** *fels.* eylem alanına geçmeyip salt bilmek ve açıklamak ereğini güden düşünü. ... *şiir de, bu mantık kurgusunun dışında kalamaz ...* –EC. **2** *sine.* bir filmin çevrilişi sırasında elde edilen çekimleri uyumlu bir yolda birleştirmek sanatı. ... *fakat kurgu teriminin kendisi kadar karanlık olan bu terimler ...* –NÖ. **3** düşte oluşturma. *Erimcilik bir veri midir ... yoksa aklın bir kurgusu mudur?* –MCA.

kurgucu *a. sine.* bir filmin çevrilmesinden sonra, elde edilen çekimleri seçip belirli bir ereğe göre birleştiren, filmde uyum sağlayarak gösterime hazır duruma getiren kimse. ... *TV yapım merkezinin bulunduğu Ankara'daki tesislerinde ancak* *iki negatif film kurgucusunu çalıştırmakta ve renkli film yapımı için ne eleman yetiştirmekte ve ne de tesis kurmayı düşünmektedir.* –MTÖ.

kurguculuk *a. sine.* bir filmin çevrilişi sırasında elde edilen çekimleri uyumlu bir yolda birleştirme işi. *Önce sinemada kurguculuk ve senaryoculuk yaptı.* –MTÖ.

kurgulama *a.* kurgu yoluyla oluşturma. *Bu soruları okuma ediminin sonunda düşünme ... kitabı yeniden kurgulamayı gerektirir.* –EmÖ.

kurgulamak kurgu yoluyla ya da düşte oluşturmak. *Ama Reşat'ın kendimce kurguladığım yaşantısından ayrılamadım.* –AN.

kurgusal *s. fels.* kurgu[1] ile ilgili, kurgu özelliğinde olan. *İçgüdüleri kökünden yokumsayan kuramlar baştan aşağı kurgusaldır.* –NŞK. ... *uyanık bilinçte kurgusal düşüncenin doğuşu.* –DÖ.

kurgusallık *a.* kurgusal olma durumu. *Felsefe ... sığ bir kurgusallık düzleminde ... işlevsiz kalıyor.* –HY.

kurmaca *s.* gerçekte olmadığı halde varmış gibi tasarımlanan, düşünülen, yapıntısal, düşsel. *Meğer o dünya bir kurmaca dünya değil, yazarın sadece kendisi imiş.* –MCA.

kurmacasal *s.* kurmaca özelliği taşıyan, kurmaca ile ilgili. *Kurmacasal metinlerde okuyucunun çıkaracağı anlam tam bir kesinlik taşımaz.* –EmÖ.

kurmay *a. ask.* ordunun savaş için yetiştirilmesinden ve savaş sırasında birliklerin yönetimi, yürütümü işlerinde komutanlara yardımda bulunmak üzere türlü bilgilerle yetiştirilmiş subay ya da subay kurulu. *Atatürk'ün sağ kalmış en ünlü kurmayını bir yok edelim ...* –SE.

kurmaylık *a.* kurmayın görevi. *Kurmaylık sanatı, her olasılığı ve olanağı düşünmek yeteneğinde doruğuna ulaşabilir.* –İS.

kurtakçı *bkz.* **yaptakçı**

kurtakçılık *bkz.* **yaptakçılık**

kurtbilim *b. a. tıp.* solucanların yapılarını, yaşayışlarını, yaptıkları sayrılıkları ve bu sayrılıklara karşı savaşımı konu alan asalakbilim dalı.

kurtçuk *a. hayb.* kimi hayvanların, özellikle de böceklerin yumurtadan çıktıktan sonra krizalit ya da ergin yapılarını kazanmadan önceki evresi.

kurtulmalık *a.* haydutların eline düşmüş birinin kurtulmak için verdiği para; böyle bir iş için verilen para. *Önceleri bunu kurtulmalık için biriktiriyor sanmış, doğru bulmuştu.* –KT.

kurtuluş *a.* (bir şeyden, özellikle tehlikeden) kurtulma; kurtulmuş olma durumu. *Metafizikte dinsel anlamda kullanılan kurtuluş sözcüğü toplumculuk dilinde bağımsızlıkla anlamdaştır.* –OH.

kurucu *s.* bir kurumun, bir işin kurulmasına önayak olan (kimse). *Bu devletin kurucusu ...* –CB.

kuruköprü *b. a.* bir akarsuyun, genellikle de bir koyağın üstünden bir karayolunun ya da bir demiryolunun geçişisini sağlayan, ayaklar üzerine oturtulmuş, yüksek ve uzun köprü, aşıt.

kurul *a.* seçimle ya da atanma yoluyla işbaşına gelmiş, belli sayıda kişiden kurulu topluluk. *Geniş görüşlü kişilerden bir kurul yapılır ...* –NA.
genel kurul *bkz.* **kurultay**. ... *yapılacak genel kurulun hazırlıkları*

gözden geçirilecek. –OGö. **yürütme kurulu** *bkz.* **yürütme.** *Genel Yayın Müdürümüzün de yürütme kurulu üyesi olarak katıldığı toplantıda ...* –OGö.

kurultay *a.* **1** bir derneğin, bir kurumun bütün üyelerini içine alan en yetkili örgeni, genel kurulu. *Kurultay, genel kurul demektir.* –ÖAA. **2** bu kurulun belli zamanlarda ya da gerektikçe yaptığı toplantı. *Türk Dil Kurumu'nun XI. Kurultayı cuma günü başlıyor.* –Gazeteler. ... *aklının takıldığı sorunlar üzerine geniş bilgi alır. Bunları doyurucu bulmazsa Kurultayda çıkıp düşüncelerini söyler.* –ÖAA.

kuruluş *a.* toplumsal bir görevle kurulan her örgüt.

kurum *a.* **1** kuruluş; toplumsal bir görevle kurulan her örgüt. *Türk Dil Kurumu'nun yanı başında olmak ...* –AP. **2** *toplb.* toplumun din, dil, aile gibi içsel varlıklarından her biri. ... *bu filozoflar kölelik kurumunu bütün bütün de ortadan kalkmasını isteyecek kadar kötülemiyorlar.* –BA.

kurumlaşma *a.* kurum² durumuna gelme. *Kurumlaşma yolunda açıkça bir uğraş veren faşizm gerçeği karşısında ...* –EÜ.

kurumlaşmak kurum² durumuna gelmek. *Yine bu 20 yılda ... militarizm kurumlaşmış ... yerleşmiştir.* –HVV.

kurumlaştırılma *a.* kurum² olması sağlanma kurum² durumuna getirilme. *Kurumlaştırılmaya çalışılan ... "tüketim kültürü" dür.* –ÖY.

kurumlaştırılmak kurum² durumuna getirilmek, kurum² olması sağlanmak. *Radikal İslamcılar ... değişik isimler altında kurumlaştırılan faizin tartışmasına girmekten kaçınmaktadırlar.* –GŞ.

kurumlaştırma *a.* kurum² durumuna getirme. *Umarım ki bu kişiler, örneklerini verdiğim işkence yöntemlerini kurumlaştırmayı düşünmüyorlar.* –HVV.

kurumlaştırmak kurum² durumuna getirmek. *Daha önce Grisbi ... bu ilgisizlik devrimselliğini kurumlaştırmıştı.* –TY.

kurumsal *s.* kurum² ile ilgili, kurum² özelliğinde. *Kapsam eksikliklerini tamamlamak ve kurumsal konu ve sorunları sınırlamak.* –BG.

kurumsallık *a.* kurumsal olma özelliği. *Osmanlı tarihinde bol bol dalkavukluk vardır da, soytarılığa ilişkin kurumsallık oluşmamıştır.* –İS.

kuruntu *a.* **1** birtakım kötü olasılıkları düşünerek üzülme. **2** olmayacak bir şeyin olacağı sanısına kapılma, olacağını sanma. *Erdemi sırf kendisi için istemek boş bir kuruntudur Epikuros'a göre.* –BA.

kuruntucu *a.* birtakım kötü olasılıkları düşünerek üzülen kimse, kuruntuya kapılan kimse.

kuruntuculuk *a.* olmayan birtakım kötülükleri var sanarak dertlenme durumu. *Dilimize kuruntuculuk olarak çevrilmekle beraber ...* –OH.

kuşak *a.* **1** aynı zamanda doğan bütün kişiler. *Eski kuşağın kötü alışkanlığı diyeceksiniz. Belki doğrudur; ama bu yalnız yaşlı kuşakta görülmüyor ki.* –BF. **2** atalar ya da torunlar zincirinde halka. ... *ırk bakımından yedi kuşak Türk oldukları sabit olsa bile ...* –HVV. **3** *mat.* bir küre yüzeyi koşut iki düzlemle kesildiğinde iki eşitin arasında kalan bölüm. **4** *coğr.* yeryüzünün beş geniş bölgesinden her biri, ki bu bölgeler, güney ve kuzey kutup kuşakları, kuzey ve güney orta kuşaklar ve ısı kuşak adlarını taşır. ... *yer yuvarlağını sürekli bir kuşak gibi saran yerler ...* –Rİ. **5** *gökb.* gökyüzünün yeryüzü kuşaklarına karşılık olan bölgelerinden her biri.

kuşaktaş *s.* aynı kuşaktan. *Emin Eliçin, bütün kuşaktaşları gibi bu yönde eline geçen hiçbir fırsatı kaçırmadı.* –AN.

kuşaktaşlık *a.* aynı kuşaktan olma durumu.

kuşatılma *a.* çevresi sarılma.

kuşatılmak çevresi sarılmak. *Onun belleksiz ilişkiler ağı ile kuşatılmışlığını çıkarsamak mümkün.* –ATe.

kuşatma *a.* **1** çevresini sarma. *Akçasaz'ın kuşatmasına o yöreden o kadar çok insan geldi ki ...* –YK. **2** *ask.* ele geçirmek ereğiyle bir yerin çevresini sarma. ... *olağan bir spor karşılaşmasını, niçin Osmanlıların Viyana kuşatması ile ölçüştürmeye kalktık günlerce?* –MCA.

kuşatmak çevresini sarmak. *Hava, sonsuz bir hava denizi olarak evreni kuşatır ...* –MG.

kuşbilim *b. a.* kuşları, doğal ortamlarını vb. inceleyen bilim.

kuşbilimci *b. a.* kuşbilimle uğraşan uzman.

kuşbilimsel *b. s.* kuşbilimle ilgili.

kuşku *a.* **1** zihnin, bir şey için var ya da yok demeyip duraksaması. ... *böyle bir bilgi sağlamada kuşkuya düşen dünya görüşü, kendi kendisiyle çelişmeye düşmüştür.* –NU. **2** işkilden doğan uyanıklık. *Deli mi bu adam gibi bir kuşku geçer içlerinden.* –ÇA. **kuşku duymak** *bkz.* **kuşkulanmak**. **kuşkuya düşmek** *bkz.* **kuşkulanmak**.

kuşkucu *s.* **1** her şeyden kuşkulanan (kimse). *Biraz kuşkucu olmak bizim mesleğimizin gereği.* –OE. **2** *fels.* hiçbir şeyde olumlu ya da olumsuz bir yargıya varamayan. ... *ama azıcık daha dikkatli ve özellikle kuşkucu olanlar ...* –MS.

kuşkuculuk *a. fels.* olumlu ya da olumsuz hiçbir kesin yargıya varamayan ve hep kuşku içinde olmayı bilgi için gerekli bulan öğreti. ... *şüphecilik özleştirmesi olarak kuşkuculuk da deniyor.* –OH.

kuşkulandırıcı *s.* kuşku veren, kuşku uyandıran, kuşkuya düşüren. *Ancak bildiğimiz bir şey varsa, oluşturulan bazı senaryoların kişiyi kuşkulandırıcı nitelikte olduğu ...* –ErB.

kuşkulandırılma *a.* kuşkulanmasına yol açılma.

kuşkulandırılmak kuşkulanmasına yol açılmak.

kuşkulandırma *a.* kuşkuya düşürme, kuşkulanmasına yol açma.

kuşkulandırmak kuşkuya düşürmek, kuşkulanmasına yol açmak. *Ece Ayhan 1950 kuşağı içinde okuyucuyu kendinden ve okuduklarından kuşkulandıran ilk addır.* –DH.

kuşkulanma *a.* kuşkuya düşme, kuşku duyma. *Kısaca, sergiyi görmeye gelen ... kendisinin bir imge olduğundan kuşkulanmaya başlamıştır.* –MCA.

kuşkulanmak hoş olmayan bir şeye uğrayacağı sanısına kapılmak, kuşku duymak, kuşkuya düşmek. ... *bu eski şiir havarilerinin gerçek gelenekçiliklerinden rahatça kuşkulanabiliriz.* –CSS.

kuşkulu *s.* **1** inanmayan ya da bir kötülük sezinleyen. *İhracat gelirleri-*

nin artması ümidinin gerçekleşmesinden kuşkulu olduğumuz için ... –HÖz. **2** olup olmayacağı kuşku konusu olan, olmayacağı daha çok sanılan. *... sabaha çıkmasının bile kuşkulu olmasına karşın ...* –TY. **3** üzerinde kuşku bulunan. *İpekçi cinayeti, ardında kuşkulu sorular bırakarak kapandı.* –UM. **4** kuşkucu.

kuşkululuk *a.* kuşkulu olma durumu, huyu, özelliği. *Çocuksuz bir evlilikten ... dul kalmak; dillenmiş bir kuşkululukla izlenmek ...* –RM.

kuşkusuz *s.* **1** kuşkusu olmayan. **2** kesinlikle bilinen, kuşku konusu olmayan. **3** *be.* kesin olarak. *Kuşkusuz, büyük zeka isteyen bir iş!* –MCA.

kuşkusuzluk *a.* kuşkusuz olma durumu.

kut *a.* iyilik getiren şeyin durumu, uğur.

kutlama *a.* herhangi bir mutlu olgudan dolayı duyulan sevinci birine söz, yazı, davranış ya da armağanla anlatma. *Hele dost sofralarında, güzel kutlamalarda, buluşmalarda ...* –OA. **kutlama töreni** mutlu bir olgu dolayısıyla yapılan tören.

kutlamak herhangi bir mutlu olgudan dolayı duyulan sevinci birine söz, yazı, davranış ya da armağanla anlatmak. *Sayın senatörü içtenliğinden ve cesaretinden dolayı kutlamak gerekir.* –NN.

kutlanma *a.* bir olgu dolayısıyla başkalarının kutlamalarına konu olma. *Anneler Günü'nün kutlanmaya başlandığı o yıllarda ...* –NTo.

kutlanmak bir olgu dolayısıyla başkalarının kutlamalarına konu olmak. *Onun, arabadan ötürü değil, asıl bu sevdasından ötürü nasıl kutlanmak ve kutsanmak istediğini gördüm.* –AAğ.

kutlayıcı *s.* bir olgu dolayısıyla kutlama işini yapan, kutlayan. *Kutlayıcılara kurşun sıkılmasını buyuranlar şimdi ne düşünüyorlar?* –MKe.

kutlu *s.* kendisinde kut bulunan, uğurlu. *... milletin, geçmişteki güçlü ve kutlu çağa duyduğu büyük özlemi ...* –NS.

kutlulamak *bkz.* **kutlamak**

kutsal *s.* kutlu bilinen, tapacak ya da uğrunda can verecek denli sevilen. *... kutsal ödevleri birer birer çiğnediler.* –NT.

kutsalcı *s.* kutsal bilinen şeyleri koruma yanlısı. *Bilindiği gibi ... istifasını ... kutsalcı kanada karşı liberallerin bir "ültimatomu" olarak sunmuştu.* –ATa.

kutsalcılık *a.* kutsal şeylere aşırı bağlılıkta kendini gösteren karşıdevrimci dünya görüşü. *Milliyetçilik, Türkçülük, kutsalcılık adına en kötü işler yapılırken liderler susuyorlar, ya da suçları başkasının sırtına atmakta yarışıyorlar.* –OA.

kutsallaşma *a.* kutsallık edinme, kutsallık kazanma, kutsal duruma gelme. *Birtakım temalar kutsallaştı ve öne geçti.* –CSS.

kutsallaşmak kutsallık kazanmak, kutsal duruma gelmek. *Ama din inançları tarafından anlam kazanan, kutsallaşan bu taş ya da tahta parçaları artık fizik dünyasının malı olmaktan çıkmış, toplumsal alanın konusu olmuştur.* –NŞK.

kutsallaştırılma *a.* kutsal duruma getirilme. *... kitaplarının kutsallaştırılması, akla, bilime ... ters düşen bir aymazlıktır.* –İS.

kutsallaştırılmak kutsal duruma

getirilmek. *İşte o zaman, bu eserler, Atina'da kutsallaştırıldı ...* –HB.

kutsallaştırma *a.* kutsallık kazandırma, kutsal hale getirme, kutsal sayma. *Bu dönemin ekinsel ürünleri arasında yavaş yavaş kutsallaştırmaya yönelmenin başlangıç belirtileri görülür.* –İZE.

kutsallaştırmak kutsallık kazandırmak, kutsal duruma getirmek, kutsal bilmek. *Comte ... sevdiği kadını ... kutsallaştırmak için elinden geleni yaptı ...* –NŞK.

kutsallık *a.* kutsal olma durumu. *Kutsallık düşkünleri ne derse desin ...* –NU.

kutsama *a.* kutlu olmasını dileme, kutsal bilme, kutsal sayma, kutsallaştırma. *Bu başkalaşmalar bir ceza olabildiği gibi, bir armağan, bir kutsama da olabilir.* –OH.

kutsamak kutsal bilmek, kutsal tanımak. ... *kervanların çıngıraklarıyla kutsanan gecede ...* –AÖ.

kutsanma *a.* kutsamaya konu olma, kutsal bilinme, kutsal sayılma, kutsallaştırılma. *Sevincim benim, kutsanmış sevincim.* –MCA.

kutsanmak kutsamaya konu olmak, başkalarınca kutsal sayılmak. *Onun, arabadan ötürü değil, asıl bu sevdasından ötürü ... kutsanmak istediğini gördüm.* –AAğ.

kuttören *b. a.* **1** bir mezhebin kendine özgü töreni, dinsel tören. **2** tekkelerde, belli günlerde ve genellikle müzik eşliğinde yapılan dinsel tören. **3** *bud.* din, Tanrı'ya ya da tanrılara tapınma, büyü yapma ya da kişinin erginlik ve geçiş dönemleriyle ilgili olarak yapılan dinsel, geleneksel tören. *Birçok kuttörenin herhangi bir nedenle bir araya gelmesi sonucu ...* – SVÖ.

kuttörensel *b. s.* kuttören niteliğinde, kuttörenle ilgili. ... *özellikle şamanlarda işin içine kuttörensel etmenlerin de karıştığı ...* –SVÖ.

kutucuk *a.* içinde seslerin ya da görüntüyle birlikte seslerin kaydedilmiş bulunduğu bir manyetik şerit bulunan küçük kutu. ... *kaset sözcüğü için kutucuk ... karşılığını ... önerdik.* –CM.

kuz *s.* az güneş alan, kuytu (yer, yan). *Kuz yönün bitki yetişmesinde önemli yeri vardır.* –Rİ.

kuzey *a. coğr.* dört anayönden biri ki sağı doğu, solu batı olan kimsenin tam karşısına düşer. ... *karlı kuzey ormanlarının kuytularında ...* –AÖ.

kuzeybatı *b. a. coğr.* anayönlerden kuzey ile batı arasındaki arayön. *Sözgelişi kuzey ile doğu arasındaki yön için kuzeydoğu denir. Bunun gibi güneydoğu, kuzeybatı, güneybatı yönleri birer ara yöndür ...* –Rİ.

kuzeydoğu *b. a. coğr.* anayönlerden kuzey ile doğu arasındaki ara yön. *Sözgelişi kuzey ile doğu arasındaki yön için kuzeydoğu denir.* –Rİ.

kuzeyli *s.* kuzey ülkeleri halkından ya da kuzeyden olan (kimse).

kuzeysel *s. coğr.* kuzeye düşen; kuzeyle ilgili. *Batı kaynaklarında kuzeysel karşılığı olarak ...* –Rİ.

Küçükayı *ö. b. a. gökb.* gökyüzünün kuzey kutup bölgesinde bulunan ve saplı bir tencereye benzeyen takımyıldız, ki yedi yıldızdan oluşmuştur ve sapın ucunda bulunan yıldız Kutupyıldızı'dır.

küçüksemek *bkz.* **küçümsemek**

küçümseme *a.* küçümsemek eylemi. *Ona yönelen sözler küçümseme,* *alay doluydu.* –F.

küçümsemek küçük görmek, değersiz saymak, değer vermemek. *Bir incelemede küçümsemek büyümsemek diye bir şey yoktur.* –ÇA.

küçümsenme *a.* küçük görülme, önemsenmeme, aşağılanma. *Ama yığınlar... ahlak değerlerinin küçüksenmesine evet dememişlerdir.* –SB.

küçümsenmek küçük görülmek, önem verilmemek, aşağılanmak.

küçümsetme *a.* küçük görmesini sağlama.

küçümsetmek küçük görmesini sağlamak. ... *liberal-ittifakçı çekişmesini küçümsetmek için elinden geleni yapıyor.* –CA.

küçümseyici *s.* küçümseyen, aşağı gören, hor gören. ... *yazdığı Önsöz'de bile bu küçümseyici tavır hissedilir ...* –ET.

küçümseyicilik *a.* küçümseme tutum ve davranışı, küçümseyici olma durumu.

kümebulut *b. a.* üst bölümleri kar gibi ak ve küme durumunda, tabanı da genellikle yatay ve esmer olan bulut.

kümeleşim *yaşb.* bir sayrılık geçirmiş ya da bir sayrılığa karşı aşılanmış olan bir canlının kanında bulunan özdeğin, sayrılığın mikroplarını küme durumuna getirmesi olayı.

küşüm *bkz.* **kuşku**. ... *aşırı övgülerin ... küşümlü saygıların ortaya çıktığını görünüz.* –NU. **küşüme düşmek** *bkz.* **kuşkulanmak**. *Anlatılanlardan çoğunun yalan olduğunu ... anlar, görürüken, nedense köyün varlığından bir an bile küşüme düşmemişti.* –BK.

küşümcülük *bkz.* **kuşkuculuk**. *Gel gör ki ... usa yansır fiziksel olayların bile nerdeyse küşümle, hem de eski küşümcülük okulu filozoflarını bile şaşırtacak denli küşümle karşılanması gerekeceği anlayışına dek varıyor.* –MCA.

küşümlenmek *bkz.* **kuşkulanmak**

L

"L" ile başlayan öz Türkçe sözcük yoktur.

M

mercek *a. fiz.* içinden geçen koşut ışınları düzenli bir biçimde birbirine yaklaştıran ya da birbirinden uzaklaştıran saydam nesne. *Ressam fırçasına, şair kalemine nasıl buyurursa fotoğrafçıda merceğe öylece buyurur.* –NA.

morötesi *b. a.* Güneş tayfında bulunan, yapay olarak da elde edilebilen bir ışınım. *Sözgelişi, Samanyolu ... ve benzeri ışık kümelerinden gelen morötesi ışınlarda radyasyon arıyorlar.* –Atİ.

muştu *a.* mutluluk verici, sevindirici haber. *... yeni bir Rönesans'ın muştusunu taşıyor.* –AO. *Uyan muştu muştu melekler geldi./Gönle türlü türlü dilekler geldi.* –AKT.

muştucu *a.* sevindirici haber getiren, sevindirici haber veren, muştulayan. *Yergisi belki bir çözümün muştucusu, örgütlendirilmiş bir düşünce akımı değildir.* –DH.

muştulama *a.* mutlu edici, sevindirici haber verme. *... halka güzel günleri muştulamayı da sanatçının işlevi bellemişti.* –DH.

muştulamak sevindirici haber vermek. *Jongkind'in suluboyaları, izlenimciliği muştulayan resimler olarak tanınır.* –SB.

muştulanma *a.* mutluluk verici, sevindirici bir haber olarak verilme.

muştulanmak mutluluk verici, sevindirici bir haber olarak verilmek.

muştulu *s.* muştu taşıyan, sevindiren, sevindirici (haber).

muştuluk *a.* sevindirici haber getirene verilen armağan. *Ona bir muştuluk verecekti.* –AP.

mut *a. fels.* kişinin bütün istek ve özlemlerinin eksiksiz olarak ve sürekli bir yolda yerine gelmesinden duyduğu kıvanç. *... mut sözcüğü bütün isteklerin yerine getirilmesi anlamlarını verir.* –OH.

mutçu *s.* mutçuluk öğretisini benimseyen (kimse, görüş).

mutçuluk *a. fels.* insan eylemlerinin son ereği olarak mut'u, mutluluğu gösteren felsefe yolu. *Bazen bu mutçuluk hazırcılık biçimine giriyor.* –BA.

mutlandırılma *a.* mutlu edilme, mutlu olması sağlanma.

mutlandırılmak mutlu olması sağlanmak, mutlu edilmek, sevindirilmek.

mutlandırma *a.* mutlu olmasını sağlama, mutlu etme.

mutlandırmak mutlu olmasını sağlamak, mutlu etmek. *Çocukları mutlandıran, onlara çığlık attıran ... saklandıkları yer görüldükten sonra, orada bulunmuş olmaktır.* –ASG.

mutlanma *a.* mutlu olma.

mutlanmak mutlu olmak. *Avcı Pirim, bundan sonra çok yıllar ... yaşamış ve mutlanmış.* –VT.

mutlu *s.* mutu olan, yani bütün istek ve özlemleri eksiksiz olarak ve sürekli bir yolda yerine gelmiş (kimse). *Fakat bu mutlu sonuca kadar benim de gittikçe zayıflayan bir umutla hayli beklemem lazım gelecekti.* –YKK.
mutlu azınlık *bkz.* **azınlık**. ... *nüfusumuzun beşte birini teşkil eden mutlu azınlık ulusal gelirin üçte ikisini paylaşmakta ...* –NN.

mutluluk *a.* mut; mutlu olma durumu. *Türk halkının mutluluğundan yanayız.* –ÇA.

mutsuz *s.* karayazgılı, mutlu olmayan. ... *bilge her mutsuz olanın yardımına koşacak ...* – BA. **mutsuz çoğunluk** *bkz.* **çoğunluk**. ... *nüfusumuzun beşte birini teşkil eden mutlu azınlık ulusal gelirin üçte ikisini paylaşmakta, mutsuz çoğunluk ise artakalan üçte birle yetinmektedir.* –NN.

mutsuzlaşma *a.* istek ve özlemlerinin gerçekleşmemesi nedeniyle umutsuzluğa düşüp iyi olmayan bir ruh durumu içinde bulunma, karamsarlaşma. *Sen de değişeceksin güzelim, sakın yadırgama, mutsuzlaşma, canına kıymaya kalkma.* –İS.

mutsuzlaşmak mutsuz duruma gelmek. *Kendisini toplumdan soyutlayıp mutluluk aramaya çıkanların giderek mutsuzlaşacağı bir evrene doğru gidiyoruz.* –İS.

mutsuzluk *a.* mutsuz olma durumu. *Brutus işte bu bağlılıktan ötürü Caesar'ı hançerlemek mutsuzluğuna uğradı.* –NU.

N

neden *a.* **1** bir olay ya da durumu gerektiren, doğuran başka bir olay ya da durum. *Ben bu işin nedenlerinin incelenmesini Devletler Hukuku ve dış ilişkiler uzmanlarına bırakarak ...* –HVV. **2** *fels.* bir varlığı ya da olayı doğuran şey. *Mekanik anlayış aralarındaki bağımlılığı gözetmeksizin her sonucu bir neden'le açıklar.* –OH.

nedenbilim *b. a. fels.* olaylarda, olgularda vb. nedenleri araştıran bilim kolu. *Örneğin tıp, tarih ve biyoloji olaylarının nedenlerini nedenbilim araştırır.* –OH.

nedence *a.* bir neden olarak öne sürülen, gerçek neden olmadığı halde nedenmiş gibi gösterilen. *Kanunun, ikide bir tartışma gündemine girmesinin gerçek nedencesi bu olsa gerek ...* –EmÖ.

nedenli *bkz.* **nedensel**. *Söylensel anlamlandırmaysa ... her zaman bir ölçüde nedenlidir.* –TY.

nedenlilik *bkz.* **nedensellik**. *Peirce'a göre nesnesi ile arasında nedenlilik ilişkisi olan gösterge ikondur.* –SBü.

nedensel *s.* nedene değgin, nedenle ilgili, neden niteliğinde olan. *Herhangi bir alanda bir olgu ele alındığında bunu belirleyenin ne olduğu ancak nedensel bir yöntemle açıklanabilir.* –OH.

nedensellik *a. fels.* nedeni sonuca bağlayan ilişki. *Bu şartlar ve düzeyler arasındaki ilişki, onların da arasında bir bağlılığın ve nedenselliğin varlığını açıklar.* –MK. **nedensellik ilkesi** *fels.* her şeyin bir nedeni olduğu yolundaki felsefe ilkesi. *Felsefe tarihi boyunca, nedensellik ilkesinin kesinliği üzerinde tartışılmış ve eleştirmeler yapılmıştır.* –SH.

nedensiz *s.* hiçbir nedene dayanmayan. *Örneğin metafizik törebilim anlayışı nedensiz edim'lerin bulunduğunu ileri sürer ...* –OH.

nedensizlik *a.* hiçbir nedene dayanmama durumu. *Bilim açısından nedensizlik olanaksızdır ...* – OH.

nelik *a.* bir şeyin ne olduğu.

nen *a.* (eski) şey. *Ozan otursun da bengi olan ... nenleri söylesin.* –NA.

nesne *a.* **1** insanı aradan çıkardıktan sonra geride kalan ve bir ağırlığı ile kütlesi olan her türlü varlık. *Bizde, gazete dedikleri, tirajı bir buçuk milyona yaklaşan nesne ...* –NFK. **2** *fels.* öznenin dışında kalan her şey. *Nesne, genel olarak, bir insanın özvarlığının dışındaki varlıkları anlatır.* –OH. **3** *dilb.* tümcede, özneden ayrı olup öznenin eyleminin konusunu gösteren tümleç, ki buna **düz tümleç** de denir. *Nesnenin tümcede* *asıl görevi geçişli yüklemlerin pek geniş olan etki alanını sınırlamaktır ...* –TNG.

nesnel *s.* **1** nesne ile ilgili, nesneye değgin. *Demek ki nesnel kavramı bir nesneye bağlı olarak insandan bağımsızlığı ... dile getirir.* –OH. **2** *fels.* duygular işe karışmadan ortaya çıkan ya da çıkarılan, yani öznenin düşünü ve duygusuna değil nesnelerin gerçeğine dayanan, **öznel** karşıtı. *Aynı şeyi söyleyen çevirileri belirleyip değerlendirirken nesnel bir dayanaktan çok öznel diyebileceğimiz... koşulların işe karıştığını unutmamalıyız.* –NU.

nesnelci *s. fels.* nesnelciliği benimseyen, nesnelcilik yandaşı, nesnel olana önem veren. *Nesnelcilere göre durum böyledir.* –BM.

nesnelcilik *a. fels.* öznel olmayan, yani herkes için geçer olan, öznenin değil nesnenin gerçeğine dayanan bilgileri arayan us yolu. *Türk dilinde bulduğumuz gerçekçilik ile ülkücülük, nesnelcilik ile öznelcilik kaynaşmalarını onun bütün plastik sanatlarında da buluruz.* –IHB.

nesneleşme *a. fels.* **1** bir duyumun algı durumuna geçmesi. **2** sanrıda ve yanılsamada olduğu gibi, bir imgenin gerçek bir nesne sanılması. *Yeni şiirin nesneleşmesinde, kıvamında aranmalıdır cinsellik.* –EC.

nesneleşmek nesne durumuna gelmek. *Bu kuruma göre insan kendisine yabancılaşarak nesneleşmektedir ...* –OH.

nesneleştirilme *a.* nesne durumuna getirilme. *Dolayısıyla insan özünün nesneleştirilmesi ... insanın duyularını da insanileştirmeyi gerektirir.* –MB.

nesneleştirilmek nesne durumuna getirilmek. *... bilimkurgu romanlarında üstinsanlarda her zaman nesneleştirilmiş bir şeyler bulunduğu bilinir.* –TY.

nesneleştirme *a.* bir duyumu nesne durumuna getirme. *Yunan'da, Roma'da, sonra Hıristiyanlık'ta tanrıların insan biçimli oluşu, onları nesneleştirme isteğinin bir sonucu olmalı.* –DK.

nesneleştirmek nesne gibi görmek, nesne durumuna getirmek. *Çevrelerine de, kendilerine de yabancılaşmak, Kadın'ı, çocuğu nesneleştirmeğe dek götürmüştür.* –SŞ.

nesnelleşme *a.* nesnel duruma gelme, öznellikten arınıp yansızlaşarak nesnellik edinme. *Görebilme, ayırabilme gücü daha da nesnelleşmiştir de ondan.* –AdB. *Dış dünya yitip gitmesini önler bu konuşmanın, giderek nesnelleşmesini sağlar.* –EC.

nesnelleşmek nesnel duruma gelmek, öznellikten arınıp yansızlaşarak nesnellik edinmek.

nesnelleştirme *a.* nesneye değgin bir duruma getirme. *Nesnelleştirme'yle insan öznel bir biçimi nesnel bir biçime dönüştürür.* –OH.

nesnelleştirmek nesneye değgin bir duruma getirmek. *Mısır şahini ruhunu nesnelleştirmek için yaşamıştı.* –MCA.

nesnellik *a.* nesnel olma, yani nesnelerin gerçeğine dayanma durumu. *Konuşma dilinde nesnellik; kişisel duygu, düşünce ve beğenilerin karıştırılmadığı herhangi bir gözlemi anlatır.* –OH.

netekim *bkz.* **nitekim**

nicel *s.* nicelik yönünden, nicelikle ilgili. *(Carver) ... bu olayların ayrıntılı, bazen de nicel bir çözümlemesini* *yapar.* –NŞK.

niceleme *a.* bir şeyi sayıca, ölçülebilen durumuyla bildirme, nicelik yükleme.

nicelemek bir şeyi sayılabilir, ölçülebilir durumuyla bildirmek, nicelik yüklemek.

niceleyici *s.* niceleyen, niceleme niteliği olan.

nicelik *a.* bir şeyin sayılabilen, ölçülebilen, azalıp çoğalabilen özelliği, durumu. ... *eski şiiri sürdürmek isteyenler nitelik bakımından da nicelik bakımından da azınlıkta kalmışlardır.* –CSS.

niceliksel *bkz.* **nicel**. *50–60 yılları arasındaki niceliksel üstyapı birikimlerinin niteliksel bir dönüşüme uğraması sonucu ...* –MD.

nicelleşme *a.* nicel durum alma.

nicelleşmek nicel duruml almak, nicel olmak. *Gerçekte çukur kazmaktan ya da taş yığmaktan daha nicelleşmiş ... olamayacağı da bilinir.* –TY.

nicelleştirilme *a.* nicel duruma getirilme. ... *kenter tiyatro sanatı etkilerin tümüyle nicelleştirilmesine dayanır.* –TY.

nicelleştirilmek nicel duruma getirilmek.

nicellik *a.* nicel olma durumu. *Nicelliğin sağlıklı sınırlarının dışına çıkılınca ... gözden düşer.* –TY.

nicesel *bkz.* **nicel**. *Çünkü nicesel değişmeler nitesel değişmeleri meydana getirdikleri gibi ...* –OH.

nite *be.* (eski) nasıl. *Onun nuru karanlığı/Sürer gönül hücresinden/Karanlık ile aydınlık/Bir hücreye nite sığar?* –Yunus Emre.

nitekim *bağ.* nasıl ki. ...*nitekim gerçek anlaşılınca ...* –AP.

nitel *s. fels.* nitelik yönünden, nitelikle ilgili. ... *bütün endüstri toplumları nitel, yani insansal faklılıkları nicel bir tekdüzeliğe dönüştürmeye çalışır.* –CÜ.

niteleme *a.* bir şeye nitelik verme. ... *niteleme sıfatları ...* –TNG.

nitelemek nitelik vermek. *Mantıkta bir önermeyi nitelemek, onu olumlu ya da olumsuz hale koymaktır.* –OH.

nitelendirilme *bkz.* **nitelenme**. *"Banyo" adlı romanın kimi eleştirmenlerce "bir tür modern Oblomov" diye nitelendirilmesi, bence bunun yeni bir örneğidir.* –MCA.

nitelendirilmek *bkz.* **nitelenmek**. *Bu otantik söyleyiş nedeniyle halk ozanlarının son örneği diye nitelendirilmektedir.* –DH.

nitelendirim *bkz.* **niteleme, nitelendirme**. *Ne var ki bu nitelendirim, halk şiirinden ... yararlanma anlamına gelmez.* –EmÖ.

nitelendirme *bkz.* **niteleme**. ... *içmesini bilmek, Fransız'ı nitelendirmeye ... yarayan ulusal bir tekniktir.* –TY.

nitelendirmek *bkz.* **nitelemek**. *Anayasayı değiştirmek planının ilk adımı olarak nitelendirmişlerdir.* –Aİ.

nitelenme *a.* ne olduğu, nasıllığı, niteliği belirtilme, nitelendirilme. *Güneydoğuda yaşanan olaylar nasıl nitelenmelidir?* –UM.

nitelenmek ne olduğu, nasıllığı, niteliği belirtilmek, nitelendirilmek.

nitelik *a.* varlıklar arasında nicelikle ilgisi olmayan ayrımları şu ya da bu bakıma göre oluşturandurum, yani bir şeyin nasıl olduğunu belirten özellik, **nicelik** karşıtı. ... *kültürden kültüre nicelik ve nitelikçe kılık değiştiren ...* –NU.

nitelikli *s.* nitelik yönünden üstünlüğü olan. *Bunun, bir başka deyimle söylenişi de ... daha değişken nitelikli oluşudur.* –MK.

niteliklilik *a.* üstün nitelikte olma hali, nitelik yönünden üstünlük.

niteliksel *bkz.* **nitel**. ... *niceliksel üstyapı birikimlerinin niteliksel bir dönüşüme uğramasının sonucu ...* –MD.

niteliksiz *s.* nitelik yönünden kusuru olan. *Bunlar ... az gelişmiş ülkelerin ... niteliksiz işçileri idi.* –TDK.

niteliksizlik *a.* nitelik yönünden kusurluluk. ... *eğitimin düşen düzeyinin eskisiyle kıyaslanamayacak ölçüdeki niteliksizliğinin de her alanı olduğu gibi kaçınılmaz olarak yargıyı da etkilemesini sayabiliriz.* –ASi.

nitem *a.* bir kimsenin görev ya da ödev bakımından özelliği; bir adla ilgili niteleme. *Bu nitemi ile romancı, kendi inandığı düşüncelerle karşıtlarını ... ortaya koyabilmelidir.* –MCA.

nitesel *bkz.* **nitel**. *Çünkü nicesel değişmeler nitesel değişmeleri meydana getirdikleri gibi ...* –OH.

nüfusbilim *b. a.* insan nüfusunu, büyüklüğü, yapısı, gelişmesi yönlerinden ele alan bilim dalı. ... *ve nüfusbilim, toplumbilim dalları arasında günden güne ilgi merkezi olmaya başlamıştır.* –HF.

nüfusbilimci *b. a.* nüfusbilimle uğraşan kimse, nüfusbilim uzmanı.

O

obartı *bkz.* **abartı**

obartma *bkz.* **abartma**. *Kâşgarlı, renk sıfatlarındaki obartma ile ilgili kuraldışılığı ayrıca belirtmiştir.* –ZKo.

obartmak *bkz.* **abartmak**

obruk *s.* **1** *bkz.* **içbükey**. **2** *bkz.* **düden**. *Obruk eski bir Türkçe kelimedir; çukur, oyuk, kutu, derin yer anlamına gelir.* –Rİ.

odak *a.* **1** *fiz.* dışbükey bir merceğe koşut olarak gelen ışınların yansıdıktan sonra toplandıkları nokta. *Kesen düzleme ve koniğe teğet olan küre ya da küreler düşünülürse, bu kürelerin kesen düzleme değdiği nokta ya da noktalara, odak ya da odaklar denir.* –AK. **2** merkez. *Ömer Seyfettin'in bu şerefli millet hizmetini birtakım meseleler odağında toplamak mümkündür.* –NS. **deprem odağı** *bkz.* **deprem**.

odaklandırmak *bkz.* **odaklaştırmak**. *... savaşımı kendi direnci ve istenciyle varlığı arasında odaklandırmak yerine ...* –ASi.

odaklama *a.* **1** *sine.* görüntüyü tam odak noktasına düşürme. *Belirli bir uzaklıkta bulunan cismin üzerine odaklama yapıldığı zaman ...* –NÖ. **2** *sesb.* konuşan kimsenin, bildirim işlemi sırasında dinleyicinin dikkatini çekmek istediği bilgi ya da bilgi öbekleri üzerinde yaptığı vurgulama, ton değişikliği. *Ezginin önemli işlevlerinden biri, odaklamadır.* –İE.

odaklanma **1** *bkz.* **odaklaşma**. *İnsanlık tarihinin görmediği boyutlarda bir sermaye odaklanması kapitalizmin doruklarında gerçekleştirilir ...* –İS. **2** *sesb.* odaklama yapılma, vurgulanma. *Sözünü ettiğimiz anlamsal odaklanma işlemini diğer bileşiklere de uyguladığımızda ...* –İE.

odaklanmak **1** *bkz.* **odaklaşmak**. *... önemi de işte bu noktada odaklanmaktadır.* –İS. **2** *sesb.* odaklama yapılmak, vurgulanmak. *... "dalkurutan" bileşiğinde anlam açısından odaklanan bölüm kurutmak eylemidir.* –İE.

odaklaşma *a.* odak durumuna gelme. *... dağınık parçaları bütünleştirebilen odaklaşma ortak güç yaratır ve amaca daha çabuk götürür.* –İS.

odaklaşmak (bir şeyin) odağı durumuna gelmek. *... verilecek yanıtlar ne denli değişik olursa olsun, yaklaşımlar ... gelip bir yerde odaklaşacaktır: Dilde..* –EmÖ.

odaklaştırma *a.* odak durumuna getirme.

odaklaştırmak odaklaşmasını sağlamak. *Özellikle azgelişmişlik sorunu ile karşı karşıya olan ülkeler ... dikkatlerini daha yoğun olarak toplumsal değişme üzerinde odaklaştırmak duru-*

mundadırlar. –EK.

odaksal *s.* odak özelliği taşıyan. *Ayrıca özellikle alt yüzeyde daha belirli olmak üzere çok sayıda odaksal nodüllerin varlığı görülür.* –SAk.

oğulcuk *a.* **1** *hayb.* döllenmiş yumurtacığın gelişmeye başladığı andan kan dolaşımı başlayıncaya değin geçen süredeki adı. *Biyoloji, tıpkı öbür memelilerde oğulcuğun dölyatağında gelişmesi sırasında olduğu üzere, insan hayatının ilk yılının büyümenin çok önemli bir evresi olduğunu tanıtlamıştır.* –CÜ. **2** *bitb.* bitki tohumlarında bir kökçük ile bir filizcikten oluşan asal parça, ki tohum çimlenince bununla o bitkinin türünden yeni bir bitki gelişmeye başlar.

okul *a.* **1** okuyup yazma ve bir bilim, sanat ya da bilime değgin öğrenimin herhangi bir derecesinin sağlandığı yer. *Ali henüz okula gitmiyor.* –SS. **2** bir bilim, sanat ya da felsefe kolunda özel ve belirgin çığır, yol öğreti. *Bu yüzden Sokrates'in, başka felsefe okulları anlamında, bir okulu olmamıştır.* –BA.

okullaşma *a.* okul durumuna gelme. *Özellikle yükseköğrenimde okullaşma çok düşüktür.* –YD.

okullaşmak **1** (ülke için) yeterli sayıda okulu olmak. **2**okul[2] durumuna gelmek. *Aristoteles'in lise'siyle Platon'un akademi'si geniş çapta okullaşmış iki büyük öğretidir.* –OH.

okullu *a.* ve *s.* **1** okul öğrencisi. *Okullu bir kız olduğum için benden çekiniyormuş gibi bir halin vardı.* –AAğ. **2** okulda yetişmiş olan.

okulöncesi *b. a. eğitb.* **1** çocuğun okul çağına girmesinden önceki çağı. **2** *s.* çocuğun okul çağına girmesinden önceki çağı ile ilgili ya da sözkonusu çağa özgü. *Okulöncesi çağda çocuklar için yazılmış kitaplara şöyle bir göz atmakla, ülkemizde çocuk eğitiminin önemli bir aksaklığını saptayabiliriz.* –AY.

okulsonrası *b. a. eğitb.* **1** okul çağından sonraki çağ. **2** *s.* okul çağından sonraki çağ ile ilgili ya da sözkonusu çağa özgü.

okunabilirlik *bkz.* **okunurluk**. ... *bu tür yayınların kolay okunabilirliklerinden gelmektedir.* –EmÖ.

okunurluk *a.* okuma çekiciliği olma durumu. *Bu okunurluk, arı, duru bir Türkçeyle ... sağlanmaktadır.* –AdB.

okur *a.* süreli yayın, kitap gibi herkesin okuması için yayımlanmış şeyleri okuyan kimse, okuyucu[1]. ... bilimin ilerlemesi, barışın sağlanması, yazarın okura açık olması ... –NU.

okurluk *a.* 1 gazete, dergi, kitap gibi yayınları sürekli olarak izleme, okuma durumu. ... *yazısında okur ve okurluk için şunları söylüyor.* –EmÖ. **2** okumayı biliyor olma durumu.

okuryazar *b. s.* okuması yazması olan (kimse). *Oğlu okuryazar olduğundan bu yana* ... –AAğ.

okuryazarlık *b. a.* okuması yazması olma durumu. *Dolayısıyla okuryazarlık ... yüzyılımızda bir toplumsal çağdaşlaşma sorunu sayılmış* ... –AG.

okutman *a.* üniversiteye dışardan alınmış ve öğretmenlikle görevlendirilmiş uzman kimse. ... *daha kimler vardı, birçok yürekli okutman ve öğretmen.* –MKe. *Karadeniz Teknik Üniversitesi'nde Almanca okutmanı* ... –UM.

okutmanlık *a.* okutmanın yaptığı iş, okutman olanın görevi. ... *yazın öğretmenleri, okutmanlık yapmıştır.* –BV.

okuyucu *a.* **1** okur. *Şu 1945 Yılları, okuyucuya çalkantılı bir dönemi çağrıştırmaktadır.* –DH. **2** şarkı söyleyen şarkıcı.

olabilir *s. fels.* olmamasından olması daha güçlü olan, olmasını önleyecek güçlü bir engeli olmayan, olanaklı. *Olabilir ve olanaklı terimleri karşılığında kullanılır ...* – OH.

olabilirlik *a. fels.* olmamasından olması daha güçlü olma durumu, olmasını önleyecek güçlü bir engeli olmama, olanak. *Bütün olabilirliği kendisinde toplamış olan anamadde sürekli bir akış içindedir.* –MG.

olağan *s.* **1** sık sık olan, olagelen. *... nitekim Fransa'da, İtalya'da komünist partisine bağlı sendikaların zaman zaman partilerinden aldıkları direktifle genel grev teşebbüslerinde bulundukları olağandır.* –OB. **2** her zaman olduğu için oluşuna alışılan, doğal bulunan. *... bunun olağan sayılması gerektiğini ...* –Aİ.

olağandışı *b. s.* olağanın dışında kalan, olağanüstünün de üstünde pek olağanüstü. *Biz olağanüstü usullerle bu olağandışı politikanın yurdumuzda uzun süre uygulanabileceğine inanmayanlardanız.* –NN.

olağandışılık *b. a.* olağandışı olma durumu. *Fantazmalar, kollektif olağandışılık sayesinde özgürleşecek.* –HU.

olağanlaşma *a.* olağan duruma gelme. *Bunun yanında ... değerli kurumlarımızın yıkıldığını görmek olağanlaşmıştır.* –MRİ.

olağanlaşmak sık sık olmaya başlamak, doğal, olağan duruma gelmek. *O günlerde Adana'da gece yarıları evlerin basılıp insanların bir yerlere götürülmesi belediye hizmetleri gibi olağanlaşmıştı.* –SS.

olağanlaştırılma *a.* doğal, olağan duruma getirilme.

olağanlaştırılmak doğal, olağan duruma getirilmek. *Bu "olağanlaştırılmış" biçimler ... pek dikkati çekmez.* –TY.

olağanlaştırma *a.* doğal, olağan, yadırganmaz bir duruma getirme.

olağanlaştırmak doğal, olağan, yadırganmaz bir duruma getirmek.

olağanlık *a.* olağan olma durumu. *Bir de olağanlıkta olağanüstüyü denemeli.* –EC.

olağanüstü *b. s.* **1** olagelenden ayrılan, yani olağan olmayan. *Olağanüstü kongrede alınacak kararlar ...* – AŞE. **2** doğal olmayan, duyulmadık, görülmedik. *Ayda 5.000 lira demek, yılda 60.000 lira demektir ki, bu kadar "fazla mesai" olağanüstüdür.* –İS. **3** pek çok, çok güzel. *Yıldırım Önal'ın olağanüstü oyunu ...* –AP.

olağanüstülük *b. a.* olağanüstü olma durumu. *... bunda hiçbir olağanüstülük görmezlermiş.* –AN.

olanak *a.* olabilirlik; olmasını önleyecek hiçbir engeli bulunmama durumu. *... şiiri aralıksız inceltmek, biçim bakımından ona yeni olanaklar sağlamak, artık edebiyatımızda güçlü bir şair olmaya yetmeyecektir.* –EC.

olanaklı *s.* olanağı olan; olabilen, olabilir; olmasını önleyecek hiçbir engeli bulunmayan. *Gerçi bir bilgenin de alınyazısı ile, katlanamayacağı bir duruma düşürülmesini Stoalılar genel olarak olanaklı görürler.* –BA.

olanaklılık *a.* olmasını önleyecek hiçbir engeli bulunmama durumu, olabilir olma durumu. *Eylem tam anlamsal konumuna güçlükle ve ancak gelecek düzleminde, olanaklılık ve* *amaç düzleminde ... erişir.* –TY.

olanaksız *s.* olanağı olmayan; olmasını önleyecek engeli bulunan. *Coğrafya bakımından olanaksız görülen bir olayın meydana gelmesi pekâlâ olanaklı oluyor.* –NŞK.

olanaksızlaşma *a.* olanaksız duruma gelme, gerçekleşmesi olasılığı kalmama. ... *uygulamaya geçmesi olanaksızlaşacak.* –CA.

olanaksızlaşmak olabilirlik yolları ortadan kalkmak. *Sanığın kendisini avukatsız savunması gün geçtikçe güçleşmekte, olanaksızlaşmaktadır.* –İS.

olanaksızlaştırma *a.* olamaz duruma getirme, gerçekleşme olanağını ortadan kaldırma.

olanaksızlaştırmak olabilirlik yollarını ortadan kaldırmak. *Ağzının iki yanındaki çizgiler iyice derinleşmiş, kara bıyıklarının ağırlığıyla bütün gülmeleri olanaksızlaştırmış.* –SS.

olanaksızlık *a.* olanaksız olma durumu, olmasını önceleyecek engeli bulunma. *Yaşamın hangi alanında olursa olsun, olanaksızlıklar insanoğluna yeni yeni olanaklar kazandırmıştır.* –AN.

olası *s.* görünüşe göre olacağı sanılan. ... *daha olası buluyor.* –NA. *Bize doğruluğu olası görünen bir tasavvuru ...* –MG.

olasıcılık *a. fels.* bilgide kesin doğruluk olamayacağını, ancak olasılığı daha baskın görünen sanılar bulunabileceğini ileri süren öğreti. *Olasıcılık düşüncesi kaynağını antikçağ Yunan sofistlerinde bulur.* –OH.

olasılık *a.* **1** olabilir olma durumu; bir şeyin olabileceği inancını doğuran görünüş. *Akla yakın görünen bir olasılık varsa, o da sözünü ettiğim kaynağın tek değil çift olduğudur.* –NU. **2** *mat.* ve *mant.* bir olayın olabilirlik derecesinin kesirle gösterilmiş biçimi. *Çünkü sıfır ile bir arasında yer alan bir olasılık değeri gerçekten yön belirtmez.* –BG. **olasılık yasası** *mat.* rastlantı olaylarında, sayılar büyüdükçe rastlantı olasılığının artacağını ortaya koyan yasa. *Kuvantum kuramının tek atomlar konusunda söyledikleri de bir olasılık yasasıdır ...* –AG.

olay *a.* **1** olan şey; bir olgu olarak yer alan ve geçen şey. ... *olaylar zincirinin doğurduğu savunma kaygılarına ...* –NN. **2** *fels.* ele alınıp incelenen, üzerinde çalışılan, düşünülen olgu. **olaylar dizisi** *tiy.* bir oyunda yer alan olguların tümü. **örnek olay** *bkz.* **örnek**. ... *bu davaların açılmasıyla siyaset ve basın tarihimizde bir örnek olay olarak yer alacaktır.* –OGö.

olaybilim *b. a.* görüngülerin ve olayların özüne varmaya uğraşan yöntem, görüngübilim. *Husserl'in olaybilim yöntemine göre bir fenomenin öz bilgisine varabilmek için önce bütün verilmiş bilgileri ... bir paranteze alıp ortadan kaldırmak gerekir.* –OH.

olaybilimci *b. a.* olaybilim yöntemiyle çalışan bilim kişisi. *Olaybilim yöntemiyle çalışanlara da olaybilimci denir.* –OH.

olaybilimsel *b. s.* olaybilimle ilgili. *Olaybilimsel varlıkbilim araştırması insanı dönüp dolaşıp kendisine götürmektedir...* –OH.

olaycı *a.* olaycılık öğretisi yandaşı. ... *Comte izdaşları olan yeni olgucular da olaycıdırlar.* –OH.

olaycılık *a. fels.* her şeyin gerçeğini olaylara dayayan, olaylardan başka hiçbir gerçeği var saymayan, özdeğin de birtakım olayların katışması olduğunu savlayan öğreti. *Olaycılık anlayışına göre kendilik şey (chose en soi) sadece bir sözcüktür ve hiçbir gerçekliği yoktur ...* –OH.

olaylı *s.* içinde olay yer almış olan (zaman, toplantı, durum vb.).

olaysız *s.* içinde olay yer almamış olan (zaman, toplantı, durum vb.). *Sonra uykuya daldı, bir ara kapıda bir tıkırtı duyar gibi olduysa da gece olaysız geçti.* –AAl.

olaysızlık *a.* içinde hiçbir olay geçmeme durumu. *Dünyanın dört bir yanı sarsıcı gelişmelere sahne olurken olaysızlığın dayanılmaz hafifliğini yaşayan isveç, şimdi bu konu üzerinde kafa patlatıyor.* –YB.

oldurgan *s. dilb.* geçişli değilken bir ek ile geçişli hale gelen (eylem). *Bunlara oldurgan fiiller denir.* –TNG.

olgu *a. fels.* **1** olan şey, yapılan iş; yer alan şey; deneyin sağladığı gerçek veri; varlığı deneyle tanıtlanmış olan şey. *... yerleşme bir coğrafya olgusudur.* –Rİ. *Olgu, hayalî-olana ya da sadece mümkün-olana karşıttır; çünkü gerçektir ve gerçekleşmiştir ...* –SH. **2** *sine.* ve *tiy.* olaylar dizisi. *Bir tiyatroda oyunun perdesi nasıl sahnelerden meydana geliyorsa, film çekimleri olan parçalar da sadece gelişen olgunun zaman sırasına göre birleştiriliyor, ondan sonra seyirciye film sunuluyordu.* –NÖ.

olgucu *a.* gerçeğe ancak olgulara, deney ve gözleme dayanılarak ve olumlu bilimlerin yardımıyla ulaşılabileceğini ileri süren kimse. *... bunun içindir ki bir olgucu estetikten ... söz edilmektedir.* –MD.

olguculuk *a. fels.* gerçeğe ancak olgulara, deney ve gözleme dayanılarak ve tanıtlı bilimlerin yardımıyla ulaşılabileceğini ileri süren öğreti. *Olguculuk, olguları, Condillac'tan gelen duyumculuğa uygun olarak duyumlara indirger.* –OH.

olgusal *s.* olgu ile ilgili, görünen ve deneyle belirlenebilenle ilgili. *Hemen belirtelim ki olgusal tartışmaları sonuçlandırmak mümkün olduğu halde sözel tartışmalar bazen yıllarca sürebilir.* –SGü.

olu *a. fels.* bir durumdan başka bir duruma geçme. *Eytişimsel özdekçilik dilinde olu, bütün, nesne ve olayların varlık biçimidir...* –OH.

olumlama *a. mant.* olumlu bir önerme ileri sürme, terimleri arasında olumlu bağıntı bulunan bir önerme ileri sürme. *Mesela, bütün insanlar ölümlüdür, dersek; insan ile ölümlü arasında bir ilinti bulunduğunu ... ileri süreriz. Bu, olumlamadır.* –SH.

olumlamak *fels.* eytişimsel mantıkla bir düşünce ya da varlığı ortaya koymak. *Eşdeşiyle çelişme, son çözümlemede, olumlamak yönündedir.* –OH.

olumlanma *a.* olumlanmak eylemi.

olumlanmak eytişimsel mantıkla varlığı ortaya konulmak. *Olumsuz ütopyalar, bizden uzaklaşmakta olduğunu düşündüğümüz bu çağda olumlandılar ...* –AO.

olumlu *s.* **1** özdeksel yarar getiren. *... enflasyon ile kalkınma arasında olumlu bir bağıntı kurmak imkânsızdır.* –KB. **2** istenildiği gibi olan, işe yarar. *... gerçekte tek olumlu kişi olan ...* –AP. **3** *dilb.* -me, -ma ara eki bulunmayan (eylem) ya da bu eylemlerle, var, -dir koşaçlarıyla kurulan (tümce). **4** *mant.* -me, -ma ara eki bulunmayan eylemlerle ya da var,

-dir koşaçlı tümcelerle anlatılan (önerme); örneğin "Yalnız erdem iyidir" bir olumlu önermedir. **olumlu bilim** fizik, kimya, matematik tıp, vb. gibi olgulara dayanan bilimlerin genel özelliği ve bu bilimlerin topu. *Olumlu bilimler kurulurken, kendinden önceki kurgul sorunları oldukları gibi kendilerine mal etmişler midir?* –NŞK.

olumlulaşma *a.* olumlu duruma gelme.

olumlulaşmak olumlu duruma gelmek.

olumluluk *a.* olumlu olma durumu. *Olumluluk; bir şeyi başka bir şeye yükleyen beyandır.* –HZÜ.

olumsal *s. fels.* olması da olmaması da olanak içinde olan. *Olumsal, zorunluğun karşıtı olarak, hiçbir şeyle belirlenmeksizin her türlü olabilirliği kapsar.* –OH.

olumsallık *a. fels.* olması da olmaması da olanak içinde olma durumu. *Olumsallık, zorunluğun ve mümkün olmayanın karşıtıdır.* –SH.

olumsuz *s.* **1** istenildiği gibi olmayan, istenilen sonuç alınmayan durumlar için kullanılır: Olumsuz bir davranış; olumsuz bir iş. *Olumsuz ütopyalar, bizden uzaklaşmakta olduğunu düşündüğümüz bu çağda olumlandılar ...* –AO. **2** olumlu olmayan, işe yaramayan, karşı çıkılması gereken şeyler için kullanılır: Olumsuz bir öneri. *Ataç'ta da öznel eleştiri tutumunun getirdiği bu olumsuz sonuçlardan bazılarıyla karşılaşıyoruz.* –AB. **3** yadsıcı, her şeye karşı olan kişiler için kullanılır. **4** *dilb.* -me, -ma ara eki getirilen (eylem) ya da bu eylemlerle ya da yok, değil koşaçlarıyla kurulan (tümce). **5** *mant.* olumsuz tümce ile anlatılan (önerme); örneğin, "Yalnız erdem iyidir demedim" olumsuz bir önermedir.

olumsuzlama *a.* olumsuz kılma; yadsıma. *Tanımlamaların ve ayrılıkların, ilişkilerin ve olumsuzlamaların her birinin kendi tarihleri vardır, yüzyıllar boyu durmadan süren bir çalışmanın sonucudurlar.* –MD.

olumsuzlamak olumsuz kılmak; yadsımak. *Böyle bir son, romanı olumsuzlamak olurdu.* –OD.

olumsuzlaşma *a.* olumsuz duruma gelme. *Bu iki türlü olumsuzlaşma arasında ayırtı vardır.* –TNG.

olumsuzlaşmak olumsuz duruma gelmek. *Yeterlik fiillerinde gövdeyi kuranlardan birinci fiiller de olumsuzlaşır.* –TNG.

olumsuzluk *a.* olumsuz olma durumu. *Ayrıca, emekle kazanılan parayı da küçümseyerek olumsuzluğunun doruğuna varıyor.* –MB.

oluntu *a.* **1** olmuş bir iş, gerçekleşmiş olan şey. **2** *yaz.* bir romanda, bir oyunda, bir öyküde vb. asıl olaya karışan ikincil olay. ... *meraklıları ... bir roman oluntusu gibi tadını çıkarırlar bunun.* –TY.

oluntusal *s.* oluntu özelliği taşıyan, oluntu ile ilgili. *Kasik hızın kahramanı, hızı ... oluntusal bir edim olarak gördüğü ölçüde bir "uygar adam" olarak kalabiliyordu.* –TY.

oluş *a.* **1** olmak yolu. ... *öte yandan oluş da inkâr edilemeyecek bir olgudur.* –MG. **2** oluşum. **3** olup biten şeyler *Toplumdaki oluşlara bu kadar sırt çevirmek ...* –ÇA.

oluşma *bkz.* **oluşum**. *Gerek kişilerin hayatında, gerekse toplumsal düzeyde, böyle bir enkazın oluşmasını hikâye et-*

mekte Halit Ziya. –MB.

oluşmak varlık kazanmak, biçimlenmek, biçimlenip ortaya çıkmak. *Onda okuduğunu anlamak gücü oluşmamış ...* –NA.

oluşturma *a.* oluşmasını sağlama. *İnsan kişiliğinde çelişkilerin belirmesi ve çeşitli dalgalanmlalarla ruhsal bunalımları oluşturması doğaldır.* –İS.

oluşturmak oluşmasını sağlamak. *Augustinus'a göre felsefenin ana ödevi, Kilise öğretisini bilimsel bir sistem olarak oluşturmak ... geliştirmektir.* –MG.

oluşturucu *s.* oluşmayı sağlayan, oluşturan. *Bu türün oluşturucu odağını, kurucu öğelerini düzenleyen ... felsefedir.* –İZE.

oluşturulma *a.* oluşması sağlanma. *Bu eylemler tutucu siyasal iktidara baskı rejimi için gerekli ortamın oluşturulmasına yaramaktadır.* –İŞ.

oluşturulmak oluşması sağlanmak, oluşmasına yol açılmak. *Hatta temsilde oluşturulmak üzere esnekçe bırakılması.* –SŞ.

oluşuk *a. yerb.* bir jeoloji dönemi içinde oluşmuş bulunan katmanlar dizisi, külte ve katmanların genel adı. *Bunların birleşmesinden oluşuk grupları meydana gelir...* –Rİ.

oluşum *a.* **1** oluşmak eylemi; oluşma. *Bunlar tabii oluşum anlayışına dayanan görüşlerdir.* –EG. **2** *yerb.* külte ya da katmanların zamanla biçimlenip ortaya çıkması.

olut *a. fels.* olmuş bir iş, gerçekleşmiş olan şey. *Bu sözcük, yani olut, bir ara vaka yerine kullanılmıştı.* –AP.

omur *a. gövb.* omurgayı oluşturan kemiklerin ortak adı. *Dikil omurunun iki ayağı üstüne.* –İS.

omurga *a. gövb.* belkemiği. *... bütün yazılar bir omurganın eklemlerini oluşturuyorlar.* –İS.

omurgalaşma *a. mec.* omurga durumuna gelme.

omurgalaşmak *mec.* omurga durumuna gelmek, bir şeyin belkemiğini oluşturmak. *Yazarın gerçekleştirdiği zoom, sözcüklerde eklemleşip, tümcelerde omurgalaşarak satır satır kâğıda dökülüverdi.* –İS.

omurgalı *s.* kendisine omurga bulunan. *Omurgalıdır, yumurtlayandır, akciğerlidir vb.* –OH.

omurgalılar *ç. a. gövb.* memelileri, kuşları, sürüngenleri, balıkları, amfibyumları ve yuvarlakağızlıları içine alan hayvan bölümü. *Örneğin omurgalılar kavramı ... hayvanlar kavramına göre bir tür kavramıdır.* –OH.

omurgasız *s.* **1** omurgasızlar sınıfından olan (hayvan). **2** *mec.* kendisinde omurga bulunmayan, omurgası olmayan, belkemiği bulunmayan. *Omurgasız bir toplum nasıl ayağa kalkar, nasıl yürür ...* –İS.

omurgasızlar *ç. a. gövb.* belkemiği bulunmayan çokgözeli hayvanlar bölümü. *Omurgasızlardan değil omurgalılardan dimdik!* –İS.

omurgasızlık *a. mec.* her biçimi alabilme durumu. *... fır döndü bir değişkenlik, omurgasızlık ürkütüyor beni.* –AG.

omurilik *b. a. gövb.* belkemiğinin ortasından geçen sinirsel bir örgen, ki bir yandan da gövdenin her yanına dal budak salan sinirler verir. *Ete gömülüyordu urgan, beyin kansız kalıyor, omurilik açılıveriyor, bilinç yok oluyordu bir anda.* –EÖ.

onama *a.* onamak eylemi; uygun bulma. *Bakanlar Kurulu, süresi bir* *ayı aşmamak üzere ... sıkıyönetim ilan edebilir ve bunu hemen Türkiye Büyük Millet Meclisi'nin onamasına sunar.* –Anayasa. *Evet, onamada pekiştirici olur.* –TNG.

onamak bir işi doğru ve uygun bulmak.

onanma *a.* doğru ve uygun bulunma, onaylanma. *Bu komisyonda ... sıkıyönetim mahkemesinin verdiği kararın onanmasını isteyen ... de bulundu.* –UM.

onanmak doğru ve uygun bulunmak.

onarılma *a.* bozukluğu giderilme, işler, görev yapar duruma getirilme. *Savaş bir yıkımdır ... ve onarılması mümkün olmayan yaralar açar.* –EÇö.

onarılmak işler, görev yapar bir duruma getirilmek, bozukluğu giderilmek. *Sanki çok eskiden yazılmış bir rübai var da, o sürekli olarak yeniden yeniden ele alınıyor, onarılmak, restore edilmek isteniyor.* –CSS.

onarım *a.* bozuk bir şeyi işler duruma getirme. *... belediye bu gibi onarım işleri için ödenek ayırmıştı.* –HVV.

onarımcı *a.* onarım yapan kimse. *Televizyon onarımcısı, bakır ustası, basımevinde dizgici olabilir.* –TUy.

onarımcılık *a.* bozulmuş olan nesneleri onarıp yararlı bir duruma getirme işi. *Onarımcılık, kaynakçılık bilir biraz, yapmaz, yapamaz.* –FB.

onarımevi *b. a.* bozuk nesnelerin, araçların onarıldığı işlik. *"En iyisi siz Ali Cengiz Bey'in onarımevine dek gidin, onlar bunu çekip götürürler", dedi.* –Mİ.

onarma *bkz.* **onarım**. *... bugün ve yarın neden olacağı yıkıntıyı biraz olsun onarmaya çalışmıştır.* –ASi.

onarmak bozulmuş olan bir şeyi işler duruma getirmek. *O sıralar ... nice nice şeyleri onaracak güçte olduğuna, onarmak değil, yakıp yıkacak güçte olduğuna inandığını şimdi düşünmek istemiyor.* –SS.

onartma *a.* onarılmasını sağlama. *Bizans surlarının, İstanbul'a ilk girişindeki yeri ve yöresini onartmayı önerenler bile vardı.* –HVV.

onartmak onarılma işini yaptırmak, onarılmasını sağlamak. *Foça'nın genç belediye başkanı ... bu yeri onartmış, güzelleştirmiş.* –OA.

onay *a.* onaylamak işi. *Cumhurbaşkanının onayını gerektirmektedir ...* –Aİ.

onaylama *a.* onay; onaylamak eylemi. *... mantık dilinde olumlama ve hukuk dilinde onaylama anlamlarında kullanılır.* –OH.

onaylamak yapılan bir işi doğru ve yerinde bularak bunu eylemle belirtmek, onamak. *... İlhan Selçuk bu kararı onaylamak ve alkışlamak zorunda değildir.* –İS.

onaylanma *a.* doğru ve yerinde bulunarak olur verilme. *"Plebisit", bir siyasetçinin izlediği siyasetin halk tarafından onaylanması için yapılan halkoylamasıdır.* –UM.

onaylanmak doğru ve yerinde bulunarak olur verilmek. *Onu dinledikten sonra ... onaylanmış olan bu bakanlar kurulu kararnamesi üzerinde artık yazı yazmak gereksiz oldu.* –HVV.

onaylatılma *a.* onaylanması sağlanma. *Bunların başında yeni bir anayasanın hazırlanıp onaylatılması gelir.* –OA.

onaylatılmak onaylanması sağlanmak.

onaylatma *a.* (birinin) onaylamasını sağlama, (bir şeyin) onaylanmasını sağlama. ... *yapılmasını halka onaylatma yöntemini uygulandığını söylerken* ... –CA.

onaylatmak onaylanmasını ya da onaylamasını sağlamak. ... *sanat güçlerini kamuya onaylatmak için* ... –AN.

onaylı *s.* onanmış, onaylanmış olan.

onaysız *s.* onaylanmamış.

onbaşı *b. a. ask.* orduda erden sonra gelen ilk aşamada bulunan kimse.

ondalık *s. mat.* temel olarak on sayısını alan. *Bu vergi, gelirlerinin onda biri oranında alındığı için ondalık adıyla alınır.* –OH.

ongun *s.* **1** onmuş, erince ermiş (kimse). *Eski Türkler ... kutlu anlamına da gelen ongun deyimini kullanırlardı.* –OH. **2** uğur getirdiğine inanılan, uğurlu, kutlu. *Eski Türkler ... kutlu anlamına da gelen ongun deyimini kullanırlardı.* –OH. **3** *a. toplb.* ilkel toplumlarda kutsal sayılan nesne, tapıncak. *Ongun dizgeleri oluşum ilkelerinde* ... –MY.

onguncu *bkz.* **tapıncakçı**

onguncuIuk *bkz.* **tapıncakçılık**

ongunluk *a.* ongun olma durumu. *Unutmuştu tadını ... ongunluğunu, baskısız, stressiz bir havayı solumanın* ... –MNÜ.

onma *a.* onmak eylemine konu olma.

onmak 1 sayrılıktan, dertten kurtulmak; daha iyi bir duruma girmek. **2** eksiği kalmayıp gönül erincine ermek, mutlu olmak. ... *beni onulmaz korkulara atıyordu.* –EÖ.

onulma *a.* onmak eylemine konu olma, iyileşme. *Bir gün, onulma diye bir şey kalmayacak.* –VT.

onulmak onmak eylemine konu olmak, iyileşmek. *Binlerce yılın hüznünü taşıyan bir ses, "Onulmayacak yara yoktur oğul!" diye kesti türkümü.* – VT

onulmaz *s.* düzelmez, iyileşmez, onarılmaz. ... *mavi gözlerinde kederlerin en acısını, en onulmazını taşıyordu.* –YK. . ... *beni onulmaz korkulara atıyordu.* –EÖ.

onulmazlık *a.* onulmaz olma durumu.

onur *a.* **1** değer, saygınlık, özsaygısı. *Beş paralık etti onurumuzu.* –YK. **2** özlük değer, iç değer. *Fırdöndü Mehmet'in onur, kişilik ... anlayışı ne yapalım ki dövize endekslidir.* –UM. **onur konuğu** bir yere, bir toplantıya gelmesi oraya onur veren, orada özel saygı gösterilen kişi. *Bir Amerikan şirketinin ticari kampanyasına bir ülkenin cumhurbaşkanı onur konuğu olur mu?* –ATa. **onur konukluğu** onur konuğu olma durumu. ... *bu onur konukluğunu sorgulama gerekmez mi?* –ATa. **onur üyesi** üyeliği bir derneğe onur vereceği düşünülerek seçilen kimse. **onur kurulu** bir derneğin üyelerinin dernek tüzüğüne aykırı davranışlarını inceleyip karara bağlayan kurul. **onur vermek 1** kendisiyle övünülmeye hak kazandırmak. **2** bir yere özel bir değer vererek gelmek, gitmek. **onur yeri** bir toplantıda, özel saygı gösterilen kişi için ayrılmış olan yer.

onurlandırıcı *s.* onur verici. *Zamanla Gurka sözcüğü onurlandırıcı değil, aşağılayıcı anlamda kullanılır oldu.* – İS.

onurlandırılma *a.* onurlanması sağlanma, onur kazandırılma, onur verilme. *Onurlandırılmanın sevinci* *içinde gidip yanındaki iskemleye ilişiyorsun ...* –PC.

onurlandırılmak onurlanması sağlanmak, onur kazandırılmak, onur verilmek. *Fakat ... azledilmek bir çeşit onurlandırılmak, onurlanmak!* –CA.

onurlandırma *a.* onurunu artırma, onur kazandırma, onur verme. *Ama benim için, özendirme değil, olsa olsa bir onurlandırma söz konusu olur ...* –VG.

onurlandırmak onur kazandırmak, onurunu artırmak. *Siz Talu'yu onurlandırmak mı istiyorsunuz ...* –MEk.

onurlanma *a.* onuru artma, onur kazanma.

onurlanmak onuru artmak, onur kazanmak. *Kimi ülkeler ... adlarının başına "sosyalist" sözcüğünü yerleştirmekle onurlanırlar.* –İS.

onurlu *s.* onuruna düşkün, onurunu koruyan, onuru olan. *Kimi ilişkiler dengeli ve onurlu, kimi ilişkiler dengesiz ve onursuz nitelikte süregelir.* –İS.

onurluluk *a.* onuru olma durumu. *... belirli ölçüde bir onurluluğu içinde taşısa da ...* –HY.

onursal *s.* saygı için verilen ya da öğünç için kabul edilen (başkanlık, üyelik, prof.luk gibi san). *Kongrenin onursal başkanı ...* –SAk.

onursuz *s.* onura ya da onuruna aykırı davranışlarda bulunan, onuru olmayan. *Onursuz bir insandı.* –Sİ.

onursuzluk *a.* onura ya da onuruna aykırı davranışlarda bulunma hali, onuru olmama hali. *Başkanlarının yaptıklarıyla övünmek gibi bir onursuzluğu da seçmiştir.* –AdB.

oran *a.* **1** büyüklük, nicelik ya da aşama yönünden iki şey arasında ya da parça ile bütün arasında bulunan bağıntı. *Azgelişmiş ülke, fakir olduğu oranda kararsız ve yalnızdır.* –TZT. **2** iki şeyin birbirini tutması, karşılıklı uygunluk. *Bu çizgilerde hiç oran gözetilmemiş gibi.* –AP. **3** *mat.* bir değerin aynı cinsten başka bir değere bölümü. *Örneğin anaparanın yüzde şu kadarı oranında faiz verir, buna faiz oranı denir.* –OH.

oranlama *a.* us yordamıyla gerçeğe yakın olduğuna inanılarak verilen yargı. *Oranlamalarım pek de yanlış çıkmıyordu ...* –NU.

oranlamak **1** hesaplamak, hesap etmek. **2** us yordamıyla, gerçeğe yakın olduğuna inanılarak yargı vermek.

oranlanma *a.* büyüklük, nicelik vb. yönlerinden orana vurulma.

oranlanmak büyüklük, nicelik vb. yönlerinden orana vurulmak. *Bunlar aldıkları ücret ve sözde gördükleri eğitime oranlandığı zaman yaptıkları iş açısından ...* –ASi.

oranlı *s.* kendisinde oran bulunan. *Aristoteles'e göre oranlı ya da göreli olan, varlığı başka bir varlığa bağlı olandır.* –OH.

oranlılık *a.* kendisinde oran bulunma durumu.

oransal *s.* oranla ilgili. *Basının toplam reklam geliri gerçek ve oransal olarak ... gerilemektedir.* –OGö. *bkz.* **orantılı**.

oransız *s.* kendisinde oran bulunmayan. *Francesco, aslında çirkin denecek kadar oransız bir gençmiş.* –BC.

oransızlık *a.* kendisinde oran bulunmama durumu. *... sonlu sayıda kuraldan oluşan dil ile ... sonsuz sayıda olan "sözler" arasında çok büyük bir oransızlık vardır.* –BV.

orantı *a.* **1** bir şey oluşturan parçaların kendi aralarında bulunan uygunluk ve oran. ... *uyarlık ve orantıdan uzaklaşıyor.* –AB. **2** *mat.* iki oranın eşit olması.

orantılı *s.* **1** aralarında orantı bulunan; uygun. ... *olayın önemi ile orantılı bir çalışmayı ortaya koyabilirse ...* –İS. **2** *mat.* bir niceliğin iki, üç, dört... kez çoğalması ya da azalması başka bir niceliğin de aynı biçimde çoğalmasını ya da azalmasını gerektirirse bu iki nicelik birbiriyle orantılıdır denir. *Ama orantılı ya da göreli ücret gene de düşebilir.* –OH.

orantısallık *a.* orantı ile ilgililik, orantılı olma durumu, orantılılık. ... *ve hiçbir orantısallık yoktur burda.* –AÇ.

orantısız *s.* kendisinde orantı bulunmayan. *Ama dediğim gibi konunun kapsamıyla orantısızdır bu yaklaşımlar.* –BV.

orducu *a.* orduculuk yandaşı.

orduculuk *a. toplb.* bütün yurt sorunlarının yalnız ordu gücüyle çözülebileceğini savunan siyasa.

orduevi *b. a.* subay ve astsubaylar için ayrı ayrı olmak üzere özgülenmiş, konuklama da içinde olmak üzere her türlü sosyal gereksinimi karşılayabilecek biçimde düzenlenmiş yapı. *Cumhurbaşkanı ... il başkanlığı seçimini orduevindeki odasından izledi ...* –UM.

ortaç *a. dilb.* varlıkları nitelediği ya da belirttiği için sıfat; özne, nesne, tümleç olarak yan önerme kurabildiği için de eylem sayılan sözcük ki buna sıfatfiil de denir. Örneğin "Akacak kan damarda durmaz" tümcesinde "akacak" sözcüğü ortaçtır. *Ortaçlar, türlü eklerle fiil tabanlarından türemişlerdir.* –TNG.

ortaçağ *b. a.* İsa'nın doğumundan sonra 395'inci yıldan, yani Roma İmparatorluğu'nun Doğu ve Batı Roma İmparatorluğu olarak ikiye ayrılışından Fatih Sultan Mehmet'in İstanbul'u ele geçirdiği 1453 yılına değin süren çağ. *Üniversite özerkliğinin aslında ortaçağdan kalma zümre düzeninin değerlerini temsil ettiği ...* –NeA.

Ortadoğu *ö. b. a. coğr.* Türkiye, Kıbrıs, İsrail, Ürdün, Suriye, Mısır, Irak, İran gibi ülkelerin bulunduğu coğrafya bölgesi ve bu ülkeleri toplu olarak içeren kavram. *Amerika Ortadoğu'da başına yeni bir bela açmıştır ...* –YNN.

ortaklaşa *a.* **1** aynı zamanda birden çok kimseyi ya da nesneyi ilgilendiren, onların malı olan, onların katılmasıyla oluşan; ortak. *Pek benimsenen bir yorum uyarınca bütün bu adların ortaklaşa yönü ...* –NU. **2** *be.* ortak olarak. *Ortaklaşa dayandıkları ...* –NN. **3** *s. fels.* tek tek bireylerde bulunmayan, ama bunların oluşturduğu toplulukta olan. *Burada her şey ortaklaşadır ...* –MG.

ortaklaşacı *a.* ortaklaşacılığı benimsemiş kimse ya da görüş. *Ortaklaşacılara göre devletçilik, aşırı merkeziyetçilik anlamına gelmez ...* –OH.

ortaklaşacılık *a. toplb.* üretim araçlarında kişi iyeliğini kaldırıp, onları topluma mal edip, toplum yararına üretime geçirmeyi savunan öğreti. *Ortaklaşacılığa göre toplumcu döneme hızlı bir geçiş mümkün ve gerekli değildir.* –OH.

ortaklık *a.* **1** ortak olma durumu. ... *burada da tam bir ortaklık uygulanır...* –MG. **2** iki ya da ikiden çok kimsenin iş yapmak için emek ve anamal birleştirmeleri durumu. ... *bir de ortaklık kurmuşlardı.* –SB.

ortakyapım *b. a. sine.* iki ya da daha çok ülke yapımcılarının işbirliğiyle gerçekleştirilen yapım (film).

ortakyaşama *b. a. hayb.* ve *bitb.* iki hayvan, iki bitki ya da bir hayvan ile bir bitki arasındaki karşılıklı yararlanmaya dayanan birlikte yaşama durumu. *Ortakyaşama gösteren bireylerden her biri ...* –SK.

ortakyaşar *b. s. hayb.* ve *bitb.* ortak yaşama yolu ile yaşayan bireylerden her biri. *Sorun anlaşılan bu iki olgunun bir ölçüde ortakyaşar olmasından kaynaklanıyor ...* –EB.

ortakyaşarlık *b. a.* ortakyaşar olma durumu. *R. L. Delevoy, bu resmin bir ortakyaşarlık'ı imlediğini vurgular.* –AO.

ortalama *s.* iki ya da ikiden çok nicelik toplamının, bu niceliklerin sayısına bölünmesiyle bulunan (sayı). *Bu yıl ilk hafta ortalama günde beş bin satmışlar.* –OGö.

ortalaşım *a. müz.* "oktav ortalaması" ya da "temperatur" da denilen düzen denkleştirimi. *Ortalaşım sistemini ve ortalamalı düzeni benimseyen aletlere mutlak doğruluk sazları denir ...* –MRG.

ortam *a.* **1** bir eylemin yapılabilmesi için gerekli koşullar. ... *ve bu tedbirleri yürütecek ortamı hazırlamış olmamız gerekir ...* –İS. **2** içinde bulunulan özdeksel ve içsel koşulların tümü. *Bu anlamda ortam, canlı bir varlık için dış koşullar ... demektir.* –OH.

ortambilim *b. a.* organizmaların içinde bulundukları ortamda etkileşimlerini inceleyen bilim dalı.

ortaokul *b. a.* eskiden ilkokul ile lise arasında üç yıllık öğrenim sağlayan okul. ... *ilkokul ve ortaokul öğrencileriyle ...* –AN.

ortaöğrenim *b. a.* ortaöğretim sırasında edinilen öğrenim. *Ortaöğrenim yıllarında tatillerimi büyük bir kasabada geçirirdim.* –CSS.

ortaöğretim *b. a.* ilköğretimden sonraki öğretim, lise ve dengi okulları içine alan, ilköğretimden sonra daha geniş bir bilgi ve beceri sağlayan ve yükseköğretime hazırlayan öğretim. *Buna göre ilk ve ortaöğretimde din dersleri zorunludur.* –İS.

ortayuvar *b. a. gökb.* Yer'in havayuvarında, katyuvarının üzerinde, yaklaşık 60 ile 80 km. arasında bulunan, sıcaklığın azaldığı katman.

orun *a.* (eski) büyük bir görevlinin görevini yaptığı yer. *Bütün toplumun saygıyla baktığı ... orunlar vardır ...* –NA

otağ *a.* (eski) büyük ve süslü çadır. **otağ kurmak** *mec.* kendini kabul ettirmek, yer etmek, yerleşmek. *Fransa'da ünlerini, otağlarını kuran izlenimcilerin yaptıkları ...* –SB. *O ürküntü hemen hemen herkesin içinde otağ kurmuş.* –NU.

otçul *bkz.* **otobur**

otçulluk *bkz.* **otoburluk**

otobur *b. s. hayb.* otla beslenen (hayvan). ... *otoburlardan daha coşkulu bir istekle haşır haşır yenilen Yedikule marulları ...* –STU.

otoburluk *b. a.* otla beslenme durumu, ot yiyicilik.

otsul *s. bitb.* ot gibi olan, gövdesi odunlaşmayan, kısa ömürlü olup yemiş verince kuruyan (bitki).

oturum *a.* **1** bir meclisin, bir kurultayın ya da bir kurulun ara vermeden yaptığı toplantı, yani bir birleşimin dinlenmeyle ayrılan parçası. *Çoğunluk olmadığı için oturumu kapatan Meclis Başkan Vekili'ne ...* –ÇA. **2** *tüze.* duruşma'nın her bir evresi, yani mahkemede görülmekte olan bir davada ilgililerin bulunmasıyla yapılan toplantılardan herbiri. **açık oturum** herkese açık olan oturum; bir sorunun tartışıldığı ve isteyenlerin katılabileceği oturum. *... son zamanlardaki açık oturumlarda ...* –CB. **gizli oturum** bir mecliste, bir kurulda herkesin bilmesinde bir sakınca bulunan sorunlar görüşülürken yapılan oturum. *Dışişleri Bakanı Senatoda gizli oturumda bilgi verir.* –EG.

oy *a.* **1** bir konuda, bir sorunda tutulacak yol üzerine ileri sürülen görüş. **2** bu görüşü belirten kâğıt ya da el kaldırma. *... bir kısım seçmenler oy kullanamazken bir kısmının birkaç yerde oy kullandığı...* –NN. **oya koymak** .(bir işin) sonucunu saptamak üzere oy verilmesini istemek, oya sunmak, oylamak.

oyçokluğu *b. a.* bir oylamada oyların yarıdan çoğunun aynı yönde birleşmesi durumu. *Mahkeme oyçokluğu ile aldığı kararla ek maddeyi Anayasa'ya aykırı bularak iptal etti.* –UM.

oybirliği *b. a.* bir oylamada bütün oyların aynı yönde birleşmesi durumu. *... yine üzerinde oybirliği ile durdukları ...* –Aİ.

oydaş *s.* aynı görüşte olanların herbiri. *Benimle oydaş olmayan başka gazeteci ...* –FRA.

oydaşma *a.* bir oyda, bir düşüncede birleşme; çoğunluk oyunun birleşmesi. *Bu oydaşma sağlanmadan yapılacak bir halkoylamasının ... bir anlam taşımayacağını bilirler.* –AA.

oylama *a.* oylamak eylemi. *İlk iki oylamada bu çoğunluk sağlanamazsa ...* –Anayasa. *Bunlardan 30 kadarının kırmızı oy vermesi ya da oylamaya katılmaması halinde ...* –Aİ.

oylamak oya sunmak ya da oya koymak. *Bakanlar Kurulu'nun güven isteği, bir tam gün geçtikten sonra oylanır.* –Anayasa.

oylanma *a.* sonucunun saptanması için oya başvurulma, oylamak işlemi yapılma. *Bu görüşün de ... oluşacak bir kurul tarafından oylanması uygun olur.* –UM.

oylanmak sonucunun saptanması için oya başvurulmak, oylamak işlemi yapılmak.

oylatma *a.* oylanmasını sağlama. *... konuyu bir de seçkin gazetecilerden oluşan kurula oylatması ... sivil demokrasiye verdiği önemi göstermektedir.* –UM.

oylatmak oylanmasını sağlamak. *Başkan ... yasayı oylatmıyor.* –CA.

oylum *a.* **1** bir nesnenin bütün boyutlarıyla birlikte bir kap içinde ya da uzayda doldurduğu yer, boşluk. *Klasik ressamlar oylum ve uzay duygusunu modelleri üzerine eğilmekle değil, öğrenmiş oldukları kısır kuralları uygulamakla elde ediyorlardı.* –SB. **2** yoğunluk. *... iş oylumunu genişletmeyi tasarlayan tüccar ...* –NU.

oylumlama *a.* yontu ve resimde konuya oylum ya da oylum duygusu verme.

oylumlamak yontu ve resimde konuya (objeye) oylum ya da oylum duygusu vermek.

oylumlandırma *a.* oylum edinmesini sağlama.

oylumlandırmak oylum edinmesini sağlamak. ... *işlek ve keskin bir zekânın çakımlarıyla şiiri oylumlandıran bir dil ...* –FAl.

oylumlanma *a.* oylumlu hale gelme, boşlukta yer doldurma, üç boyutlulaşma. *Renklerden ve oylumlanmadan söz ettiğime göre, demek biraz da resimdir bu şiir.* –FAl.

oyumlanmak boşlukta yer doldurmak, üç boyutlu hale gelmek. *Böylece açık ve koyu gölgelenen resim oylumlanırdı.* –AN.

oylumlaşmak *bkz.* **oylumlanmak**. *Özellikle gülen kadın yanaklarını resimde öyle gölgelerdi ki oylumlaşan yüz, üç boyutluymuş, canlıymış gibi görünürdü.* –AN.

oylumlu *s.* uzayda yer dolduran, oylumu olan; oylumu büyük olan. *Bu zorunluk, yanılmıyorsam, insan teklerini aşan bir yaygınlıkla... pek çok oylumlu toplum yaşamasının yüzeyinden derinine dal budak salmaktadır.* –NU.

oylumluluk *a.* oylumlu olma durumu. *Sol omuzdan sarkan açık mavi pelerin ise, onun bu oylumluluğunu arkaya ileterek, tek figür olarak ağırlığını hafifletiyor.* –BC.

oylumsuz *s.* oylumu olmayan. *Judoda ... atılımda bile, tam ama oylumsuz bir çizgiyle çizilmiş ... kısa devinimler söz konusudur.* –TY.

oymak *a.* **1** *toplb.* boy denilen topluluğun ayrıldığı kollara verilen ad. **2** *bitb.* familyadan sonra gelen bölüm.

oysa *bağ.* (o ise); aralarında karşıtlık, aykırılık bulunan iki tümceyi birbirine bağlar ve "halbuki" anlamında kullanılır. ... *oysa gençler, daha çok şiirin teknik yönüyle ilgileniyorlar.* –EC.

oyun *a.* **1** *tiy.* sahnede oynanmak için yazılmış tiyatro yapıtı. ... bir yazar iyi bir oyun yazacak olsa... –SB. **2** *tiy.* tiyatro gösterisi. ... *oyuncular güçlü bir oyun çıkartıyorlar.* –AP. **3** vakit geçirmek için yapılan eğlencenin her türlüsü. **4** *sine.* senaryodaki belli bir kişiyi filmde canlandırmak durumu ve bu işin yapılış biçimi.

oyuncu *a.* **1** *tiy.* bir oyunda rol alan kimse (erkek ya da kadın). *O gösteride oynayan oyunculardan ikisi ...* –AP. **2** *sine.* bir filmde oynayan kimse (erkek ya da kadın). *Sofrada ... tutulan bir televizyon oyuncusu vardı.* –TUy.

oyunculuk *a. sine.* ve *tiy.* **1** oyuncunun yaptığı eylem; oyuncu olma durumu. *Oyunculuğu seviyorum ...* –BO. **2** oynamadaki başarı, rol yapma. ... *bu topluluğun İhtilal Var uygulamasında nispeten daha iyi olan taraf oyunculuk.* –ÖN.

oyunevi *b. a.* oyunların sahnelendiği yer. ... *gericilerin oyunevini bastığını ve oyunu kaldırtmak için nasıl çalıştıklarını ... anlattım.* –AN.

ozan *a. yaz.* (eskiden) saz eşliğinde şiir söyleyen kimse; (bugün) şiir yazan kimse. ... *ozandı, gözde bir ozan değildi ama ozandı.* –NU.

ozanlık *a.* ozan olma niteliği, durumu; ozanın uğraşı. *Doğuştan bir ozanlık, yazarlık gücü getirdiklerini sananları, bu güçle yetinenleri sevmem.* –NA.

ozansı *s.* ozanların kullana kullana eskittiği duyarlığı taşıyan.

ozansılık *a.* ozansı olma durumu. *Ama şiirimi süsten, sıfattan ve ozansılıktan uzak tutmayı bugüne dek sürdürmüşümdür.* –SB.

Ö

ödence *a.* verilen bir dokuncaya karşılık olmak üzere yapılan ödeme. *... belediyeye karşı dava açıp nesnel ve tinsel ödence istediğini gazetede okuyunca ...* –HVV.

ödenceleme *a.* ödence ile karşılama, ödence verme.

ödencelemek ödence ile karşılamak, ödence vermek.

ödencelenme *a.* ödence ile karşılanma, ödence yoluyla giderilme.

ödencelenmek ödence ile karşılanmak, ödence yoluyla giderilmek. *Tutsaklığın içkin derdi dinin, yurdun ... vb. aşkın iyiliğiyle ödencelenmiştir.* –TY.

ödenek *a.* **1** (genel anlamda) bir iş için ayrılan para. **2** (özel anlamda) kamu işlerinin herhangi birinin görülebilmesi için önceden hesaplanarak bütçeye konulan para. *Bakan, okul yapımı için ayrılan ödeneğin yetersiz olduğunu söylemişi.* –Aİ. **3** (dar anlamda) cumhurbaşkanı, bakan, milletvekili gibi sürekli devlet görevlisi sayılmayanlara ödenen bir çeşit aylık. *Türkiye Büyük Millet Meclisi üyelerinin ödenek ve yollukları kanunla düzenlenir.* –Anayasa. **4** (dar anlamda) birtakım kamu görevlilerine, yaptığı görevin özelliğinden dolayı, aylığı dışında ayrıca ödenen para. *... usulsüz ödeneklerin kesilmesi...* –İS. **örtülü ödenek** ulusal güvenlik nedeniyle gizli tutulan işlerde harcanmak üzere başbakanlık buyruğuna verilen para. *Harbiye örtülü ödeneğinden Abdülhak Hâmid'e ... kuruş verilmiş.* –İS.

ödenekli *s. tiy.* "devlet ya da belediye bütçesinden ayrılan ödenekle çalışan tiyatro" anlamına gelen **ödenekli tiyatro** sözünde geçer. *... her türde oyunlarla uğraştım; ödenekli, ödeneksiz, büyük, küçük ... çeşit çeşit toplulukların kulisini gördüm.* –RE.

ödeneksiz *s.* ödeneği bulunmayan, ödenek ayrılmamış. *Ödenekli, ödeneksiz, büyük, küçük ... çeşit çeşit toplulukların kulisini gördüm.* –RE.

ödeneksizlik *a.* kullanılmak üzere ayrılmış ödeneği bulunmama durumu. *Ödeneksizlikten bekleyen ...* –UM.

ödenti *a.* dernek üyelerinin, üyelikleri dolayısıyla, belli zamanlarda, genellikle aydan aya derneğe ödedikleri para. *Kooperatifin ödentisi zamanla artar.* –OA.

ödev *a.* yapılması, yerine getirilmesi insanlık ve töre bakımından gerekli olan şey; doğru düşünüşe dayanan usa uygun eylem; yerine getirilmesi kişinin duyuncundan doğan şey. *Ödevini yerine getirmek erdemli eylemlerde bulunmakla olur.* –BA.

ödevbilim *b. a.* yerine getirilmesi gereken ödevleri konu olarak alan bilim dalı. *Sözcük, özellikle hekimlik ödevbilimi anlamında kullanılmaktadır.* –OH.

ödevsever *b. a.* ödevine bağlı. *Aman bu adamlar ne ödevsever kişilerdi.* –AN.

ödevseverlik *b. a.* ödevine bağlılık. *Bu ödevseverlik, törenin ve dinin birinci kaynağıdır.* –OH.

ödül *a.* **1** güreşte yenene verilen para, koç vb. şeyler. **2** yaptığı bir işten, davranıştan dolayı, birine verilen armağan. ... *üzerine atılan çamurları döktüğü alın terinin ödülü diye sineye çeken Türk öğretmeni* ... –NN. **3** armağan². *1918'de Goncourt ödülünü kazandı.* –OA. **ödül almak** yaptığı bir işte başarılı bulunarak ödül ile değerlendirilmek, ödüllendirilmek. **ödül vermek** birinin, başarılı bir işini, eylemini ödül ile değerlendirmek, ödüllendirmek.

ödüllendirici *s.* doğru, iyi, yerinde bularak ödül yoluyla özendirici. *Ülkede beraberliği sağlayan dili öğrenmenin, özendirici, ödüllendirici bir yaklaşımla gönüllü hale getirilmesi ... gerçekçi olacaktır.* –EÖz.

ödüllendirilme *a.* başarılı bir eylemi dolayısıyla kendisine ödül verilme, ödül verilerek değerlendirilme. *Batan bir bankanın müdürünün ödüllendirilmesi nerede görülmüştür?* –İS.

ödüllendirilmek başarılı bir eylemi dolayısıyla kendisine ödül verilmek, ödül ile değerlendirilmek. ... *kredi dağıtımında ödüllendirilmiş sözde iş adamları paraların üstüne oturmuşlardır.* –İS.

ödüllendirme *a.* birinin, başarılı bir eylemini ödül ile değerlendirme. *Ödül verilmesi ve alınmasına ödüllendirme ve ödüllenme denir.* –OH.

ödüllendirmek birinin, başarılı bir eylemini ödül ile değerlendirmek. *İmparator umut kırıklığına uğramıştı ama gene de ödüllendirmek istedi onu* ... –TY.

ödüllenme *a.* ödül alma. *Ödül verilmesine ve alınmasına ödüllendirme ve ödüllenme denir.* –OH.

ödüllenmek ödül almak.

ödüllü *s.* **1** ödül kazanmış, ödül almış olan. *Ödüllü davranışlara ... psikolojik tepkilerini araştırmıyor, anlayamıyor.* –CA. **2** ödül verilecek olan (yarışma vb).

ödün *a.* yiten, eksilen bir şeyin yerini dolduran şey, yani bir şeyin elden gitmesine karşılık alınan, bir şeyin alınmasına karşılık verilen şey. Örneğin, bir konuda anlaşmak isteyen iki yan, ayrı ayrı şeyler istedikleri için anlaşamazlarsa, anlaşabilmek için birbirlerine ödün vermek durumunda kalabilirler, birinin bir isteğine karşılık ötekinin de bir isteğinin yerine gelmesi ile anlaşma doğabilir; işte bu durumda yerine gelen bu istekler o konuda birer ödün sayılır. ...*eşdeyişle ödün yerine ödünleme de denmektedir.* –OH. **ödün vermek** karşılık olarak birtakım esirgemezliklerde bulunmak. *Bütün olanaklar zorlanarak, parti olarak ödün vermekten kaçınmalı, halka açık ve kesin düşünceler verilmelidir.* –GA.

ödüncü *s.* ödün vererek uzlaşımı sağlamak isteyen, ödün veren. *Eleş-*

tirilerinde hiç ödüncü olmamıştır. –ÖAA.

ödüncülük *a.* ödün vererek uzlaşmayı sağlama işi. *Yararsız, sonuçsuz bir yöntemdir ödüncülük.* –OA.

ödünçleme *s. dilb.* başka bir dilden alınmış ve henüz özümsenmemiş (sözcük). *Ödünçleme yabancı sözcüklerin bilinen anlamlarına yeni anlamlar yüklenerek ... yaratılmıştır.* –NÖ.

ödünleme *a.* **1** *fels.* ödünle dengeyi sağlama. **2** ödünle sağlanan denge. *... eşdeyişle ödün yerine ödünleme de denmektedir* –OH. **3** *ruhb.* kişide, engellenen isteklerinin verdiği tedirginliği, onların yerine başka şeyler koyarak giderme. *Böylece, her hasta birey ... yetilerine güvenini yeniden kazanırsa, aşağılık duygusunu ödünlemesine yardım eden kişilik çizgileri de silinir gider ...* –BO.

ödünlemek ödün vererek karşılamak. *Ödünlemek eylemi ve ödünle sağlanan denge durumunu dile getiren ödünleme deyimiyle anlamdaştır.* –OH.

ödünlü *s. fels.* **1** ödün niteliğinde olan. **2** ödünle dengelenen. **3** *mant.* her türlü terim düzeni değişikliğine karşın sonucu aynı kalan. *Bu işlemlerden birincisinde ödünlü, ikincisinde üleştirimli bir tüze uygulanır.* –OH.

ödünsüz *s.* ödün vermeksizin yapılan; ödün vermeyen (kimse). *Arada Emine'ye yöneltilen sorular olunca yalın kararlılığıyla bağışlanma isteği sayılabilecek hiçbir aşırılık taşımadan söyleyeceklerini ödünsüz sıralıyor.* –F.

ödünsüzlük *a.* ödün vermeme durumu. *... böylece partinin eğitim politikasında ... kendisine özgü ödünsüzlüğün bulunduğu açıklanmaktadır.* –HBK.

öğe *a.* **1** bir bileşiği oluşturan yalınç şeylerden her biri. *... iki öğeden birinin ötekinden önemli olduğu ...* –NA. **2** bir bütünün parçalarından her biri. Örneğin dize, şiirin öğelerinden biridir. **3** *dilb.* yüklem, özne, tümleç gibi tümceyi oluşturan şeylerden her biri. *Tümcenin öğelerini ve her birinin tümcedeki görevini incelemeye ...* –TNG. **4** *mant.* bir sınıfın ya da bir topluluğun bireylerinden her biri.

öğmek *bkz.* **övmek**

öğrence *a.* öğretmenin belli bir konuda öğrencilere verdiği bilgiler. *Biz çocuklarımıza okulların gökçeyazın öğrencelerinde, okuyamayacakları yazarlar üzerinde birtakım beylik yargılar bellettikçe ...* –NA.

öğrenci *a.* okula giden kimse; öğretmenden ders alan kimse. *Aydınlar gibi öğrenciler de bilimsel açıdan bir sınıf niteliği taşımazlar ...* –OH.

öğrencilik *a.* öğrenci olma durumu. *Ben bunun bir örneğini ... Berlin'deki öğrencilik hayatımda yaşadım.* –HVV.

öğrenek *a.* insanın görüp öğrence aldığı ya da insanın gözünü açan olgu. *... Seyirci tiyatrodan ne arınmış, gönlü açık ayrılacak ne de öğrenek bulacaktır.* –MAnd.

öğreni *bkz.* **öğrence**. *Örneğin, söylemin taşıdığı öğreni payı arttıkça, bu söylemin anlaşılması ... güçleşecektir.* –BK.

öğrenim *a.* öğrenmek işi, herhangi bir meslek için gereken bilgileri edinme işi. *Japonya'da öğrenim belki de hiçbir millette görülmeyecek kadar ...* –NS. **öğrenim belgesi** bir kursa ya da seminere katılıp bitirenlere verilen belge.

öğrenimli *s.* öğrenim görmüş (kişi). *Galatasaray öğrenimli, Fransız şiir beğenili ... bu alafranga sanatçı ... yitirdiğimiz bir dünyanın yakınışını yaşar.* –RM.

öğrenimlik *bkz.* **öğrenmelik**

öğrenimlilik *a.* öğrenim görmüşlük.

öğrenimsiz *s.* öğrenim görmemiş. *Özellikle bilgisiz, öğrenimsiz kişiler gördüklerini bile gereği gibi anlatamazlar.* –AO.

öğrenimsizlik *a.* öğrenim yoksunluğu, öğrenim görmemişlik. *Okur-yazar olmamanın çağrıştırdığı anlamlar ise genellikle bilgisizlik, öğrenimsizlik, görgüsüzlük türünden niteliklerdir.* –AG.

öğrenmelik *a.* bir kimseye öğrenimini bitirinceye değin herhangi bir kuruluşça ödenen aylık. *Fethi Naci liseyi o yıl bitirmiş ve Sümerbank'tan bir öğrenmelik sağlayarak İktisat Fakültesine yazılmıştı.* –SB.

öğreti *a. fels.* bir felsefe, yazın ya da bilim okulunun, bir partinin ya da dinin ilke ve inaklarının tümü. *... bir öğretiye saplanır... kişi oğlunun yarattıklarını da anlayamaz olursunuz.* –NA.

öğretim *a.* öğretmek işi, belli bir erek için gereken bilgileri verme işi. *Eğitim ve öğretimin eksik olduğu bir yerde erdem de rastlantının işi olur.* –BA. **öğretim görevlisi** yüksek okulda ya da üniversitede ders vermekle görevlendirilmiş uzman, okutman. *1967 yılında ... öğretim görevlisi olmuştu.* –MKe. **öğretim üyesi** üniversitede yardımcı doçent, doçent, profesör aşamasına ulaşmış kimse. *... bu iki üniversite öğretim üyesine burada teşekkürü bir borç bilirim.* –SGü.

öğretimevi *b. a.* öğrencileri derslerinde yetiştirmek ereğiyle açılmış özel derslik.

öğretimsel *s.* öğretimle ilgili. *Okulda Divan Şiiri'nden nefret etmek için bütün öğretimsel önlemler alınmıştı.* – MCA.

öğretisel *s.* öğretiye değgin, öğreti niteliğinde. *... bir ikisiyle tartışmaya girdim, konuyu öğretisel inançlara sürüklediler.* –MCA.

öğretmelik *a.* bir okulda okunması gereken dersleri ve ders konularını belirleyen izlence.

öğretmen *a.* okulda öğrencilere ders veren, öğreten kimse. *Azgelişmiş bir ülkenin ülkücü öğretmeni ayrıca bu kocamış çevreleri de eğitmek, eğitemiyorsa onlarla savaşmak zorundadır.* –NN.

öğretmenevi *b. a.* öğretmenlerin toplumsal gereksinimlerine özgülenmiş yapı. *Aylıklarından kesilerek yapılan İlksan gibi sandıkları, öğretmenevlerini ... kendisi yönetmelidir.* – MGa.

öğretmenlik *a.* öğretmenin görevi. *... öğretmenlik kutsal bir meslektir.* –TNG.

öğünç *bkz.* **övünç**

öğüt *a.* bir kimseye, doğru, uygun bir yol göstermek ya da kötü davranışlardan sakındırmak için söylenen söz. *Bu öğütler etrafında birleşilirse ...* –EG.

öğütçü *a.* öğüt veren kimse. *Bu öğütçülerden ikincisi aynı yüzyılda Hindistan'da yaşayan Gotama Buda'dır.* –OH.

öğütçülük *a.* öğütçü olma durumu.

öğütleme *a.* salık; salık verme; onu

da özendirmek ereğiyle birine bir şeyi uygun, işe yarar diye tanıtma.

öğütlemek onu da özendirmek ereğiyle birine bir şeyi uygun, işe yarar diye tanıtmak, salık vermek. *Anglo–Sakson sözcüklerini kullanmayı öğütleyen bir çağrı ...* –NU. *Size güzel bir öyküler derlemesini öğütlemek isterim.* –OA.

öğütlenme *a.* öğüt olarak söylenme, salık verilme.

öğütlenmek öğüt olarak söylenmek, salık verilmek. *Bir daha böyle şey yapmaması öğütlenmişti.* –MEk.

öke *a.* yetenekleri, olağanüstü işler başaracak, pek önemli ve şaşılacak şeyler yaratacak denli üstün olan kimse. *Büyük adam ve önemli kişi deyimlerindeki yeteneklerden daha üstün taşıyana öke denir.* –OH.

ökelik *a.* ökeye yaraşır nitelik, öke olma durumu ya da niteliği. *Bir ulusun şiiri demek ondaki ökeliğin en doğru, en arı görünümü demektir.* –CSS.

ölçek *a.* **1** ölçmek işine yarayan araç, ölçüt. *Ahlak alanında, elimizde iyice tartıp biçmeyi sağlayacak bir ölçek yok.* –BA. **2** tahıl ölçmede kullanılan kap. **3** *coğr.* ve *mat.* bir harita, resim ya da biçimde görülen uzunluklarla bunların imlediği gerçek uzunluklar arasındaki oran. *... üstelik haritaların da çeşitleri vardır: Siyasal, doğal, bölgesel, küçük ölçekli, büyük ölçekli, yeraltı haritaları.* –İS.

ölçer *a.* kişilerin çeşitli konulardaki bilgi, yetenek ve becerilerini ölçmek ereğiyle yapılmış araç ya da oluşturulmuş yöntem. *Aynı kişiye uygulanan bu ölçerlerin sonuçları ayrı ayrı belirtilebildiği gibi ...* –OH.

ölçü *a.* **1** *yaz.* koşukta, sözcüklerin durgusu, hece uzunluğu, hece sayısı, ya da vurgusu gibi özelliklere dayanan düzen. *... şiirimizin böyle bir aşamaya gelmesi, ölçünün, uyağın şiirden atılması gibi göze batıcı bir şekilde olmamıştır.* –EC. **2** *müz.* parçanın bölünmüş olduğu eşit bölüntülerden her biri, ki iki ölçü çizgisinin arası bir ölçü sayılır. *Her ölçü içinde zaman denilen eşit kümecikler vardır.* –MRG.

ölçübilim *b. a.* söz ile müziğin uyumunu sağlama sanatı. *... eski ve yeni şiir için ortak nitelik ölçübilim (prosodie)dir.* –MCA. *... onun ne tür bir ölçübilime uyduğunu görebilmek ilk bakışta kolay değildir.* –MCA.

ölçülü *s. yaz.* belli bir ölçüye göre düzenlenmiş olan ölçüsü olan, ölçüye dayanan (şiir, koşuk). *Oysa ölçülü uyaklı şiirlerde daha yeni, daha taze anlamlar, çağrışımlar yakalıyor.* –CSS.

ölçüm *a.* **1** ölçmek eylemi, ölçme. *Ah bir ölçüm aleti olsaydı ...* –İS. **2** ölçerek elde edilen sonuç. *Bu şekilde fiziksel bir ölçüm yapılabilirse de bu ölçüm her zaman geçerli olmayabilir.* –Gİ.

ölçümleme *a.* ölçerek ölçüp biçerek sonuca varma, ölçüm yoluyla sonuca ulaşma. *Çok yalın bir ölçümlemeyle yerli otomobillerimizin fiyatlarındaki artışın ... oransal anlatımı.. "inanılması güç" düzeylerdedir.* –DT.

ölçümlemek ölçüp biçerek, düşünerek, ölçüm yoluyla sonuca ulaşmak. *İstanbul şiirlerinin niteliğini ölçümlemek için İstanbul konusunda yazmış bilcümle şairleri gözden geçirmek iyi olur.* –DH.

ölçümlenme *a.* ölçüm uygulanma, ölçümlemeyle bulunma.

ölçümlenmek ölçüm uygulanmak, ölçümleme yoluyla bulunmak. ...

benzin giderleri, amortismanlar, çeşitli yedek parçaların giderleri ölçümlendiğinde ... bir otomobilin bile yıllık maliyetinin ... bir kişinin yıllık gelirini aştığı görülür. –DT.

ölçün *a.* bir işi, bir ürünü, bir çalışma yöntemini vb. belirlemek için konulmuş kural.

ölçünleme *a.* ölçünlemek eylemi.

ölçünlemek ölçünlü duruma getirmek.

ölçünleştirilme *bkz.* **ölçünlüleştirilme**. *Örneklendirmek gerekirse: Terimlerin Türkçeleştirilmesi ve ölçünleştirilmesi konusunda çok önemli çalışmalar yapılmış...*-YÇ.

ölçünleştirilmek *bkz.* **ölçünlüleştirilmek**

ölçünlü *s.* (ölçülebilir şeyler için) belirli boyutlarda, belirli bir tipe uygun olarak yapılmış ya da ayrılmış olan, belirli ölçülere, yasaya, kurala uygun olan. *Geniş, düz bir öndil ünlüsü olan /e/ sesinin ölçünlü Türkçede üç türü vardır.* –İE.

ölçünlüleştirilme *a.* ölçünlü bir duruma getirilme.

ölçünlüleştirilmek ölçün kazanması sağlanmak, ölçünlü bir duruma getirilmek.

ölçünlüleştirme *a.* ölçünlü bir duruma getirme.

ölçünlüleştirmek ölçün kazanmasını sağlamak, ölçünlü bir duruma getirmek.

ölçüştürme *a.* ölçüştürmek işi. ... *olağan bir spor karşılaşmasını, niçin Osmanlıların Viyana kuşatması ile ölçüştürmeye kalktık günlerce?*–MCA.

ölçüştürmek aradaki ayrımı bulmak üzere iki şeyi yan yana getirmek, karşılaştırmak. ... *yani bu dizinin aynı zaman içinde çeşitli hızları olacaktır, hareketini duran ya da ters doğrultuda ilerleyen dizi ile ölçüştürdüğümüze göre* ... –MG.

ölçüt *a. fels.* bir şeyin ölçülmesine yarayan belirti, ölçek[1]. ... *değerlendirmeden geçer ölçüt olamaz.* –AB.

öldürmen *a.* bir mahkemece verilmiş ölüm yargısını uygulayan kimse. *Unutuyorsunuz ki ipi çeken kişi, öldürmen, sizin adınıza, içinde sizin de bulunduğunuz toplumun adına yapıyor o işi.* –NA.

öldürmenlik *a.* öldürmenin gördüğü iş, öldürmenin uğraşı.

öldürü *bkz.* **kıya**

öldürüm *a.* adam öldürme, öldürü. *"Öldürüm" hiçbir sorunu çözümleyemez.* –İS.

ölmezlik *bkz.* **ölümsüzlük**. *Tanrılar ... ölmezlik bağışlarlar.* –OH.

ölüdoğa *b. a.* konusu, koparılmış çiçek, yemiş, avlanmış hayvan, vazo, kitap gibi şeyler olan resim. *Aynen bir ölüdoğa için ele aldığımız elma, armut ... gibi şeyler nasıl resim değerlerine sahip değilse* ... –AT.

ölüdoğacı *b. a.* ölüdoğa resimleriyle ünlü sanatçı.

ölümcül *s.* **1** sonu ölümle biten, öldürücü. *Nice ölümcül hastalığın çaresi bulunmuştur.* –İS. **2** ölmek üzere olan, can çekişen, eninde sonunda ölecek olan. *Kalan birkaç yüz ölümcül Osmanlıca sözcük bu gerçeği değiştiremez.* –AP.

ölümcüllük *a.* ölümcül olma durumu. *Bizim eski dilimiz ... söze bile gereksemesi olmayan ölümcüllük anlayışını ... anlatım aracı durumuna getirmiş bir dildir.* –MCA.

ölümlü *s.* bengi olmayan, kalımsız. *Ölümlü olan ölümsüz.* –AMD.

ölümlülük *a.* bengi olmama durumu, kalımsızlık. ... *ölümsüzlük inancı, karşıtı olan ölümlülük'ü de bir inanç konusu haline getirmiştir.* –OH.

ölümsek *s.* pek çok zayıf, ölmek üzere olan (hayvan ya da kimse).

ölümseklik *a.* ölümsek olma durumu.

ölümsüz *s.* hiçbir zaman ölmeyecek olan, sonsuz sürece kalacak olan. *Ölümlü olan ölümsüz.* –AMD.

ölümsüzleşme *a.* ölümsüzlük kazanma, ölümsüz bir duruma gelme.

ölümsüzleşmek sonsuza değin yaşayacak bir nitelik edinmek . ... *sanat yapıtları nasıl ölümsüzleşebilir?* – İS.

ölümsüzleştirilme *a.* ölümsüz duruma getirilme, ölümsüz kılınma.

ölümsüzleştirilmek ölümsüz duruma getirilmek, ölümsüz kılınmak, ölümsüzleşmesi sağlanmak. *Çünkü ölümsüzleştirilmek bahanesiyle içine kapatıldıkları doğa yalnızca bir alışkıdır.* –TY.

ölümsüzleştirme *a.* sonsuza dek yaşayacak bir nitelik verme, bengileştirme. *Tanrılaştırma, bu açıdan aynı zamanda ölümsüzleştirme anlamındadır.* –OH.

ölümsüzleştirmek ölümsüzlüğünü sağlamak, ölümsüz bir duruma getirmek, sonsuza değin yaşayacak bir nitelik vermek, bengileştirmek. *Onu ölümsüzleştirir dizelerinde, herkesin malı yapar ...* –OA.

ölümsüzlük *a.* ölümsüz olma durumu, bengilik, sonsuzluk, sonrasızlık. ... *bu fani âlemde insanın baş meselesi ... ölümsüzlük çabası diye gösterilebilir.* –NFK. ... *ölümsüzlük inancı, karşıtı olan ölümlülük'ü de bir inanç konusu haline getirmiştir.* –OH.

ölüsevici *b. a.* ve *s.* ölü sevme, ölüyle cinsel ilişki kurma sapkınlığı bulunan (kimse).

ölüsevicilik *b. a.* ölü sevme, ölüyle cinsel ilişki kurma biçiminde kendini gösteren sapkınlık

önad *b. a. dilb.* bir adı nitelik, nicelik, yer, sıra vb. yönünden belirten, niteleyen sözcük, nitem. *Onun için bu önad bütün doğu hükümdarları için kullanıldı.* –MCA.

önbelirti *b. a.* bir şeyin olacağını sezdiren şey. ... *halk inanışlarında ve masallarda türlü durumlar için önbelirti olarak yorumlanan ...* –SVÖ.

önbilgi *b. a.* bir işi öğrenmeye başlarken edinilmesi gereken birtakım bilgiler. ... *idealist resmin yürütücüleri olan ressamlar tuvale, nesne üzerindeki önbilgilerini geçirirlerdi.* – SB.

önbilici *b. a.* gelecekle ilgili olarak görünmez evrenden haber vermek savında olan kimse. *Füruzan'ı bulup çıkarırken bir önbilici değildi Küflü, onun yazın dünyamızı nasıl etkileyeceğini biliyordu.* –MŞO.

önbilicilik *b. a.* bir olayı, olacağı doğrudan doğruya ya da birtakım belirtilere dayanarak önceden sezme, haber verme işi. *Ve Cemal Süreya, önbiliciliğini şöyle tamamlar : "Ölüyorum Tanrı'm / Bu da oldu işte. "* –AP.

öncebilim *b. a. fels.* Tanrı'nın gelecekteki her şeyi önceden bilmesi.

öncel *a.* önce gelen, bir görevde sonra gelenden önce bulunmuş olan kimse, **ardıl** karşıtı. *Öncel belirlemeyle insanın özgürlüğünün nasıl uyuşturulabileceği yolunda ...* –OH.

öncel düzen *fels.* bütün olan bitenleri Tanrı'nın önceden düzenlemiş olduğunu, her şeyin önceden belirlenmiş olan bu düzende uyum içinde bulunduğunu ileri süren öğreti, ki Alman düşünürü Leibniz'ce ortaya atılmıştır. ... *öncel düzen varsayımı çıkmazın çözümü için tek çıkar yol olarak ele alınmıştır.* –OH.

önceleme *a.* öncelemek eylemi. *Büyük, zengin toplum ütopyası, çılgın ve hazırlıksız önceleme, birkaç yılda bir şimdiki zaman kararsızlığına dönüşmüş.* –CSS.

öncelemek önce olmak, önce geçmek. *Her değişen toplum, bağrında kendisini önceleyen aşamadan bazı ilişki ve ideolojiler barındırır.* –MuS.

öncelik *a.* bir şeyin ötekinden önce olması hali; önce gelme. ... *bu tarzın öz değerlendirilmesinden çok teknik incelemesine öncelik tanımasıdır.* –MB.

öncelikli *s.* ötekine göre daha önce olması gerekli olan, önceliği bulunan. ... *devletçi ve öncelikli ekonomik planlama uygulamasına girişmek.* –İS. ... *çağdaşlığa giden yolda öncelikli bir adım olacaktır.* –HCe.

öncesiz *s.* öncesi yani başlangıcı olmayan. ... *madde de, Tanrı'nın kendisi gibi, öncesizdir ...* –MG.

öncesizlik *a.* öncesiz olma durumu. *Öncesizlik ve sonrasızlık içinde bilincin bilinçle kavranması insanla başlıyor.* –OH.

öncü *a.* **1** önden gidip haber ulaştıran kimse. **2** güzel sanatlarda, zamanını aşan, geleceğin sanatı durumunda olan, alışılmışın dışına çıkarak yeniden de yeni bir özellik gösteren sanat çığırı ya da çığır açan kimse . ... *kısa bir süre içinde şiirimizin kendi kendini iki kez yenilemeye kalkışmasıyla güçlü şairlerin çoğu öncüleri desteklemişlerdir.* –CSS. **3** *ask.* yürüyüşte kolun ilerisinde giden topluluk. **4** (bir şeyde) önde giden. *Ataç, temizleme akımının öncüleri arasında yoktu.* –ÖAA.

öncül *a.* **1** *mant.* bir tasımda, vargıya ulaştıran iki önermeden her biri, ki biri büyük önerme, öteki küçük önerme'dir ve her ikisine birden öncüller denir. *Klasik felsefe, ahlakı bütün öteki öncüllerden çıkarıyor ...* –AO. **2** *dilb.* önceden var olan, sonradan oluşmamış bulunan. *Türkiye Türkçesinde ardıl durumundaki kimi biçimbirimlerin eski evrelerde öncül olduğu bilinmektedir.* –İE.

öncülük *a.* öncü olma durumu, öncünün görevi. *Bu konuda bizim öncülüğümüz bugün de yadsınmakta.* –CSS.

öndelik *a.* **1** ileride alacağına sayılmak ya da ısmarlanan bir işin karşılığından indirilmek üzere önceden verilen para. *Ama öte yandan köylüler, son yiyeceklerini tarlalarına ektikten sonra, bankadan bekledikleri öndelikleri alamayınca, yeniden Mestan'a yalvarmaya giderler.* –FO. **2** *tec.* hesabı daha sonra görülmek üzere, bir borçtan dolayı borçlunun alacaklıya yaptığı miktarı az ödeme.

önder *a.* bir işte, bir topluluk davasında ön ayak olan, kendine uyanları yöneten kimse, baş. *Her şey tamammış da bir önder, bir şef eksikmiş.* –NT.

önderleşme *a.* önderleşmek eylemi.

önderleşmek önder durumuna elmek.

önderlik *a.* önder olma niteliği, önderin gördüğü iş. *Atatürk'ün önderliği altında ...* –NN.

öndeyiş *b. a.* **1** *yaz.* bir yapıtta, ana bölümlerden önce gelen ve konuyu az çok belli eden giriş. *Şimdi öndeyiş yerine ... aldığı o vurucu metin parçasının ışığında ...* –RM. **2** *tiy.* oyundan önceki bölüm, ki oyunun konusundan önce geçenleri özetler ya da oyunun anlamı üzerinde bilgi verir.

önduyu *bkz.* **önsezi**. *Önduyum bir önkaranlık şimdi uzar gider.* –FHD.

önek *b. a. dilb.* kimi dillerde, bir sözcüğün başına gelen ek; Türkçede pek az bulunan bu ekle yapılmış iki sözcük: astbaşkan, asteğmen. *Dil, yalnız adlar değil önekler, sonekler, çekim takıları gibi dilde ne varsa her şey anlamlardan, anlam bütünlerinden kurulur.* –NU.

önel *a.* iş sözleşmesine göre işçinin işten çıkarılması durumunda tanınan süre. *Öyle ki, bugün bile, teknik elemanların çalıştırılmasına Borçlar Kanunu'nun 340. maddesindeki önellere uyularak son verilmektedir.* –SEd.

önem *a.* değer; nitelik ve nicelikçe değer olma durumu. *Gerçeğin derinine ve somut varlığına inildiğinde özdeşlikten daha önemli bir ilkenin ... önem kazandığı görülür.* –SH.

önemli *s.* önemi olan, değerli, önemsenen, önem verilen. *Önemli olan, bir büyük adamın sözünü nerede, hangi amaçla söylediğidir.* –İS.

önemlilik *a.* önemli olanın niteliği, önemli olma durumu. *Önemlilik, yazarın savunduğu, kişisel dünya görüşüyle bu evrenin bağlaşmasından doğar.* –Sİ.

önemseme *a.* önemli sayma, değer verme, hesaba katılmaya değer bulma. *Galiba dünyada saygı görmek ... isteyenlerin ilk yapması gereken şey, kendi insanlarını ... önemsemeleri oluyor.* –ASi.

önemsemek önem vermek, önemli saymak, değer vermek, göz önüne alınmaya ya da hesaba katılmaya değer bulmak. *Anlatımındaki savrukluk, Türkçeyi önemsemeyiş biraz da bundan geliyor.* –EmÖ.

önemsenme *a.* hesaba katılmaya, göz önüne alınmaya değer bulunma, önemli görülme. *... dramatik yapı önemsenmiş, ama hiç kullanılmamış, gösteriş uğruna koca bir öykü harcanmış.* –MTÖ.

önemsenmek hesaba katılmaya, göz önüne alınmaya değer görülmek, önemli bulunmak, önem verilmek. *Galiba dünyada saygı görmek, önemsenmek ve ciddiye alınmak isteyenlerin ilk yapmaları gereken şey.* –ASi.

önemsetme *a.* önemli olduğunu kavratma, önemsenmesini sağlama. *Bunu önemsetmeyi beceremedik.* –AP.

önemsetmek önemsenmesini sağlamak, önemli olduğunu kavratmak. *... resim öğretmenimiz verdiği dersi bize önemsetmek için sert davranmak zorunda kalıyordu.* –AN.

önemsiz *s.* önemli olmayan, değersiz, önemsenmeyen, önem verilmeyen. *Peki, bu önemsiz olayı niçin unutmadık?* –AN.

önemsizleşme *a.* önemi olmayan bir duruma gelme, önemi kalmama, önem verilmez olma.

önemsizleşmek önem verilmeyecek bir duruma gelmek. *... IV. yüzyılda giderek sertleşen ve önemsizleşen çatışmalarda yitip gitti.* –AfT.

önemsizleştirilme *a.* önemsiz duruma getirilme.

önemsizleştirilmek önemsiz duruma getirilmek.

önemsizleştirme *a.* önemini ortadan kaldırma, önemsiz duruma getirme.

önemsizleştirmek önemini ortadan kaldırmak, önemsiz duruma getirmek. *Ona göre Marksist eleştiri Orhan Veli'yi geriye itmekte ... önemsizleştirmektedir.* –CSS.

önemsizlik *a.* önem verilmeme durumu. *...(i) nti ekiyle türemiş sözcüklerin çoğunda önemsizlik, sevimsizlik vardır.* –TNG.

önerge *a.* meclis, kurultay vb. gibi düzenli toplantılarda herhangi bir öneride bulunmak isteyen üyenin (ya da üyelerin) bu önerisini yazıp imzalayarak gereği için başkanlığa verdiği kâğıt. *Diyelim, sayınlardan biri, yahut birkaçı, kürsüye bir önerge vermiş.* –DN.

öneri *a.* kabul edilsin diye öne sürülen düşünü. *Bu öneriyi yabana atmayın.* –RT.

önerilme *a.* kabul edilmesi dileğiyle öne sürülme.

önerilmek kabul edilmesi dileğiyle öne sürülmek. *Gerçekte ... bu okuma izlencesi, okuma uzmanlarınca da değişik biçimlerde önerilmektedir.* – EmÖ.

önerme *a. mant.* doğru da olsa yanlış da olsa bir yargı anlatan her söz. *Stoa'nın ahlak ilkesi kısaca şu önermede dile gelir: Yalnız erdem iyidir, mutluluk da sadece erdemde bulunur.* –BA. **büyük önerme** *mant.* büyük terimi taşıyan öncül; örneğin, "Bütün insanlar ölümlüdür, Sokrates bir insandır, şu halde Sokrates ölümlüdür" uslamlamasında "Bütün insanlar ölümlüdür" önermesi büyük önermedir. *Büyük önerme, zümre fertlerinin sayılmasıdır.* –HZÜ. **eytişimsel önerme** *mant.* sorunu çelişmeleriyle birlikte ortaya koyan önerme. **küçük önerme** *mant.* küçük terimi taşıyan öncül; yukarıdaki uslamlamadaki "Sokrates bir insandır" önermesi küçük önermedir. *Zarurî öncül küçük önerme olunca, sonuç beyanîdir.* –HZÜ. **tikel önerme** *mant.* bir tasımda, tikel yüklemli önerme. *Bir kıyas en az üç önermeden kurulursa bunlara, tümel önerme, tikel önerme, üçüncüye de netice denir.* –HZÜ. **tümel önerme** *mant.* bir tasımda, tümel yüklemli önerme. *Tümel önerme: Yüklem bütün şeyde veya hiçbir şeyde olduğu zaman olumlu tümel veya olumsuz tümel olur.* –HZÜ. **yalın önerme** *mant.* zorunluluk düşünüsüyle ilişki kurulmaksızın olumluluğun ve olumsuzluğun doğru olarak kabul edildiği yargı, ki "İnsan akıllı varlıktır" tümcesi bir yalın önermedir.

önermek kabul edilsin diye bir düşünü, bir şey öne sürmek. *Sinema ... çeşitli sorunları ortaya atarak ... bunlara çözümler önermektedir.* –AD.

önermeleştirme *a.* önerme durumuna getirme, önerme olarak ele alma ve sunma. *Hatta el atılan her konuyu önermeleştirme eğilimi ideolojilerin her yerine sinmiştir.* –NU.

önermesel *s.* önermeye değgin, önerme ile ilişkisi olan. *Her hakikati böyle önermesel anlamda kullanıyorsak, edebiyatın hakikati bildirmesi için gerçek olguları tasvir eden cümlelerden kurulması lazımdır.* –BM. **önermesel işlemler** varsayımları yalnız doğruluk ya da yanlışlık açısından ele alan düşünce işlemleri.

önerti *a. mant.* koşullu bir önermenin koşulu anlatan ön parçası; örneğin "Ağaçlar sallanıyorsa, dışarda rüzgâr vardır" önermesinde "ağaçlar sallanıyorsa" koşulu bir önertidir. Bunlara önerti -koşul önermesi- denir. –TNG. *Bir önertiyi salt zaman yönünden önde geldiği için bir başka şeyin nedeni saymak biçimindeki mantık yanılgısı.* –NÖ.

önertme *a.* önermesini ya da önerilmesini sağlama. *İçlerinden birine göre vi kabul etmediğini söyletip kendine uygun gelen bir başkasını yüksek kurula önertmeye zorlayabilirdi.* –CA.

önertmek önermesini ya da önerilmesini sağlamak. ... *zekâsı, ona yeni sözcükler bile önertir.* –AP.

önesürüm *bkz.* **sav**. ... *ama yapının sayılan özelliklerinden yola çıkılarak, gerçekliğin çok geniş bir alanına ilişkin önesürümler yapılır ...* –AdO.

öngerçek *b. a.* gerçek diye kabul edilen ama değişmesi olasılığı bulunan gerçek.

öngörme *b. a.* ilerisi için düşünme, önceden koymuş olma, ilerde olması gerekeni gösterme, olmasını gerekli görme. *Ancak yansılama ile canlandırma arasında çok uzak bir ilişkinin oluşu, fantastik öğelerin varlığını öngörmeyi akla getirmemelidir.* –AÇ.

öngörmek ilerisi için düşünmek, önceden koymuş olmak, ilerde olması gerekeni göstermek. *İki parti esasını öngören yerlerde seçim kanunları...* –Aİ. *Kanunun taksitle ödemeyi öngördüğü hallerde, ödeme süresi on yılı aşamaz.* –Anayasa.

öngörü *b. a.* bir işin ilerde ne durum alacağını kestirme, önceden anlayabilme. *Tanrıca öngörüden mi ileri geliyor* ... –NU. *Belli bir ussal öngörünün sınırları içinde* ... –CSS.

öngörülme *b. a.* yapılması gerektiği önceden belirtilme. *Devlet ve toplum düzeni için laik anlayışın öngörülmesi* ... –HCe.

öngörülmek yapılması gerektiği belirtilmek. ... *ulusal sınıflar arasında bir uzlaşma öngörülmektedir.* –İS.

öngörülü *b. s.* bir işin geleceğini önceden kestirebilen, öngörüsü olan. *Önemli siyasal olaylara katılmamızda ise, o olayların tarihsel niteliğini anlamış, öngörülü büyük adamların etkisi açıktır.* –MCA.

öngörüsüz *b. s.* öngörüsü olmayan.

öngörüsüzlük *b. a.* olacağı önceden kestirememe, anlayamama durumu. *Bulgaristan göçmenlerinin durumunu ... izledikçe bugünkü yönetimimizdeki plansızlığın, öngörüsüzlüğün ... örneklerini görerek ... şaşıp kalıyorum.* –HVV.

öngün *b. a.* belli bir günden bir önceki gün. *Elbet dinsel bayramların özgünlerinden bahsediyorum.* –CSS.

önkoşul *b. a.* bir işin, bir sorunun çözümlenmesinde ilk önce yerine getirilmesi gereken koşul. *Ecevit ilk denemesine vazgeçilmez önkoşullarla girişmişti.* –Aİ.

önleç *a.* bir yerden bir yere geçmeyi engellemek için kullanılan engel parmaklığı.

önlem *a.* bir şeyi sağlayacak ya da önleyecek yol. *Kemal Tahir'e göre bu ilkeler, Osmanlı İmparatorluğu'nu kurtarmak için önceden düşünülmüş önlemlerdir.* –EmÖ. **önlem almak** bir şeyi sağlayacak ya da önleyecek yolu önceden düşünmek. *Önlem almak, hep, adam öldürmek, kurşun sıkmak ve cop sallamak üzerine midir?* –

UM.

önleme *a.* engel olma, önüne geçme. *Bunu önlemeye çalışmak ... iş değildir.* –OGö.

önlemek önleyici bir neden olarak ortaya çıkmak, engel olmak, engellemek, önüne geçmek. *Düşünce ile savaşmak, zararlı sanılan düşünce ve eylemleri önlemek, kurşunla veya hançerle olmaz.* –HVV.

önlemli *s.* her işinde gereken önlemleri zamanında alan.

önlemlilik *a.* her işinde gereken önlemleri zamanında alma durumu, huyu.

önlemsiz *s.* önlem almayı savsaklayan. *Beden direncini azaltan en önemli koşulsa, sıcaktan soğuğa önlemsiz çıkma.* –ErA.

önlemsizlik *a.* önlem almayı savsaklama huyu, durumu.

önlenme *a.* önüne geçilme, engellenme. ... *kişilik hakları saldırıya uğrayan kimse, mahkemeden, bu saldırının önlenmesini isteyeceği gibi.* –UM.

önlenmek önüne geçilmek, engellenmek. *Böylece bu toprakların babadan oğula geçerek özel mülke dönüşmesi önlenmiş oluyordu.* –MCA. ... *müfettişlerin hayali ihracat konularını araştırmaları önlenmek istenmiştir.* –UM.

önoda *b. a. gövb.* gözde saydam tabakayla iris arasında bulunan boşluk.

önoluş *bkz.* **önoluşum**

önoluşum *b. a. yaşb.* varlığın yokluktan oluşmadığını, son derece küçük ve tam olarak, tohum durumunda önceden var olduğunu ve sonradan büyüyüp geliştiğini öne süren kuram.

önödeme *b. a.***1** bir üstlenme sırasında yatırılan bağlantı parası, öndelik. **2** *tec.* bir alışveriş ya da hizmet için önceden verilen bir miktar para.

önödemeli *s. tec.* önceden belli bir miktarı ödenmesi gereken (satış).

önödemesiz *s. tec.* önceden herhangi bir ödeme yapılmaksızın gerçekleşen (satış).

önödence *b. a. bkz.* **önödeme**

önörgü *b. a.* **1** *yaz.* sanatçının, yapıtı oluşturmak için önceden kurduğu çatı. **2** *tiy.* oyunun ana çizgisi ya da doğmaca tiyatroda oyunun taslağı. *Cevdet Kudret'in yayımladığı oyunlar filanca oyun önörgülerinin, filanca Karagözcü eliyle ancak bir kezlik dondurulmuş biçimidir.* –MAnd.

önseçici *b. a.* ve. *s.* ön elemeyi yapan (kimse, kurul).

önseçim *b. a.* genel seçimden bir süre önce, partilerin, kendi adaylarını ve bunların birleşik oy pusulasındaki yerlerini saptamak için yaptıkları seçim. *Gerçekten önseçim sonuçları kimlerin milletvekili seçildiklerini aşağı yukarı belli etmiştir.* –Aİ. *Önseçimlerde adaylık için başvurdu.* –EG.

önseçmen *b. a.* partilerde, adayları saptayan seçmen. *Evet, pazar günü oy kullanacak önseçmenlerin sorumluluğu büyük.* –OA.

önseçmenlik *b. a.* önseçmenin yaptığı iş. *Önseçmenlik güç bir görevdir.* –OA.

önsel *s.* ve *be. fels.* hiçbir deneye dayanmadan ve salt us yordamıyla. *Estetik kuram, özel estetik yargılar üzerine kurulan ve bunları ahenkleştiren tutarlı bir yapıdır; yoksa bu yargıların mantıkla çıkarılabileceği önsel bir şema değildir.* –NÖ.

önselci *a. fels.* önselcilik yanlısı. ...

salt ustan elde edilen bilgilere dayanarak ileri sürüşlerde bulunan öğretiler önselci öğretilerdir. –OH.

önselcilik *a. fels.* gözlem ve deney dışında, anlıksal ve ussal ilkelere dayanarak gerçeğe ulaşmaya çalışan öğretilerin genel adı. *Önselcilik, idealist usçuluğun özel bir biçimidir.* –OH.

önsellik *a.* önsel olma durumu. *Her türlü özgürlük sonunda hep belirli bir tutarlılığa döner, bu da belirli bir önsellikten başka bir şey değildir.* –TY.

önsezi *b. a.* hiçbir belirti yok iken bir şeyin olacağını bilme, önceden sezme, içe doğuş. *Oysa kadın önsezisi, şefkati ve iyilik etme gücü ... gibi üstün vasıflarıyla ...* –EA.

önsöz *b. a.* **1** bir kitabın başında bulunan ve kitabın niçin, nasıl yazıldığını, özelliklerini vb. anlatan sözler bölümü, ki genellikle "önsöz" başlığını taşır ve asıl metinden sayılmaz. *Önsöz, yapıtın amacını belirtir ...* –OH. **2** bir konuşmada giriş niteliğindeki söz. *Hayır şiiri, tek başına Necatigil için önsöz olabilir.* –DH.

öntakı *bkz.* **önek**. *Dia öntakısı burada da bir karşılıklılık fikrini, bir alışveriş fikrini ortaya koyuyor.* –AfT.

öntasar *bkz.* **öntasarı**

öntasarı *b. a* bir tasarının, daha sonra geliştirilmesi gereken, ön biçimi, ilk biçimi. *Bu öntasarı kılavuzum oldu.* –TNG.

öntasım *b. a. mant.* vargısı başka bir tasımda küçük ya da büyük önerme durumunda olan tasım.

önüretim *b. a.* önceden belli bir plana göre hazırlanmış ev, gemi vb.yle ilgili yapı elemanlarının, yapının konulacağı ya da kurulacağı yere taşınıp bir bütün olarak birleştirilmesi yöntemine dayanan yapı tekniği..

önüretimli *b. s.* parçaları önceden hazırlanarak konulacağı yere götürülüp takılan, kurulan (yapı vb.).

önyargı *b. a.* bir şey için önceden verilmiş yargı. *... bir bakıma bir önyargıyı söyler gibi söyledim bu sözü ...* –SKA.

önyargılı *b. s.* önyargısı olan, önyargı ile karar veren. *Amerika'nın yalanını yalayıp yutmak için ya çok saf, ya çok önyargılı olmak gerekir.* –İS.

önyargılılık *b. a.* önyargılı olma durumu.

önyargısız *b. s.* bir şeyle ilgili olarak önceden verilmiş bir yargısı olmayan. *... ki Gülsün hanım kadar önyargısız bir kadın bütün bunları hemen alkışlayacaktır ...* –SS.

önyargısızlık *b. a.* bir şey için önceden verilmiş olumlu ya da olumsuz bir yargısı olmama hali. *Buna bir de birbirine karşı önyargısızlık, iyi niyet ve ortak çalışma duygusu eklenebilirse ...* –AlÖ.

önyüz *b. a.* bir yapının, bir şeyin öne bakan yanı, ön durumundaki yüzü. *Adını koydular önyüzüne.* –FB.

ören *a.* eski yapı ya da kent kalıntısı, yıkı. *Ören yerler bu bayramdan pek üşür ...* –Karacaoğlan.

örenleşme *a.* ören, yıkı durumuna gelme; yıkılıp toz toprak içinde kalma. *Ama, yukarda da söylediğimiz gibi, eski Anadolu uygarlıklarına boş veren anlayış, yazık ki, yakın tarihimizin yapıtlarını da örenleşmeye bırakmaktadır.* –MCA.

örenleşmek bakımsızlıktan ören durumana gelmek.

örge *a.* **1** yan yana gelerek bir süs

oluşturan ve kendi başlarına birer birlik olan öğelerden her biri. **2** bir süsleme işinde yinelenen resim ve biçimlerden her biri. **3** bir yapıtın anadüşüncesi. **4** anadüşünce. *Küçük yüreğinde, yalnız "kaçmak, kurtulmak" örgesi gelişiyordu.* –VT.

örgen *a.* **1** *gövb.* ve *yaşb.* örgenlik içinde özel görevi olan her parça, gövdenin her bir aygıtı. *Seslerin çıkmasına ve çeşitlenmesine yarayan örgenler de şunlardır : Göğüs boşluğu, akciğerler, gırtlak, kirişler, küçük dil, dil, damak, diş etleri, dişler, dudaklar, geniz, burun.* –TNG. **2** *fels.* belli bir işi yapan parça. *Örgen, hiç kuşkusuz, üstün bir birliktir.* –NÖ.

örgenci *s.* ve *a. fels.* örgenciliği benimseyen ve savunan.

örgencilik *a. fels.* yaşamın örgenlere dayanan bir oluşum sonucundan başka bir şey olmadığına inanan öğreti,ki örgencilik, yaşam görevlerinde tinin etkisini yadsır. ... *örgencilik, toplum da bir örgen olduğundan biyoloji yasalarının topluma da uygulanabileceğini ileri sürer.* –OH.

örgenleşme *a. yaşb.* örgenleşmek eylemi. *Yaşamı örgenleşmenin sonucu sayan öğreti ...* –OH.

örgenleşmek *yaşb.* türlü görevleri olan türlü örgenler ortaya çıkarmak ya da örgen durumuna gelmek. *Anılarla oluşan, onlarla örgenleşen öykülerdir.* –AdB.

örgenleştirilme *a.* örgenleşmesi sağlanma, örgen durumuna getirilme. *Bilim ya da bilgi, doğal dünyanın örgenleştirilmesi ve anlamlandırılmasıdır.* –MY.

örgenleştirilmek örgenleşmesi sağlanmak, örgen durumuna getirilmek.

örgenleştirme *a.* örgenleşmesini sağlama, örgenlik kazandırma.

örgenleştirmek örgenleşmesini sağlamak, örgenlik kazandırmak. *İnsan toplumunu yıldızlar dizgesine göre örgenleştirmek ve adlandırmak çok elverişli bir yoldur ...* –MY.

örgenlik *a.* **1** *yaşb* ve *fels.* ayrı ayrı görevleri olan örgenlerce yaşamsal olaylarını sürdürebilen, yani kendi başına ayrı bir bütünlüğü olan canlı varlık. *Örgenlik, bütünsel canlı bir örgüttür.* –OH. **2** *yaşb.* ve *fels.* bu varlığın durumu. ... *fizik doğa olayları toplumlara etkileri bakımından incelendi mi, toplum denen bütün ya da örgenliğin bir öğesi, bir örgeni gibi ele alındı mı sosyolojinin konusu olur.* –NŞK.

örgensel *s.* örgenle ilgili, yaşayan, canlı, örgenden oluşan. *Şiirin somutluğu da, önce bu örgensel bütünlüğe bağlılığıyla oranlıdır.* –EC. ... *örgensel bir yapısı olduğu görüşünü ileri sürebiliriz.* –MB.

örgensellik *a.* örgenle ilgililik, yaşarlık, canlılık, örgenden oluşmuşluk. *Burada temanın örgenselliğinin ... nasıl çözüldüğü konusuyla ilgilenmekteyiz.* –NÖ.

örgün *s.* düzenli görevler yapan parçalardan oluşan. **örgün eğitim** kişilere okullarda ya da benzeri yerlerde belli yasalara göre verilen eğitim. ... *Bakanlık ... Kuran kurslarını da "örgün eğitim kurumu" adı altında uygulamada ortaokul düzeyine getirecek bir düzenlemeyi gerçekleştirmiş bulunuyor.* –ASi.

örgüt *a.* geniş ya da genişçe bir işin birtakım yerlerde de yürütülmesini sağlamak için kurulan kollardan her biri, kuruluş. ... *adalet örgütü* *nasıl görev yapsın?* –HVV.

örgütçü *a.* örgüt kurmada başarılı olan kimse. ... *örgüt kurmakta yetenekli olanlara örgütçü denir.* –OH.

örgütçülük *a.* örgüt kurma işi ya da örgüt kurmada başarılı olma durumu. *Mustafa Kemal'in olağanüstü örgütçülüğünü ayrı bir değerlendirme, ayrı bir eylem kabul eder ve ayrı tutarsak* ... –YD.

örgütlemek *bkz.* **örgütlendirmek**

örgütlendirilme *a.* örgütlü duruma getirilme, örgütlenmesi sağlanma.

örgütlendirilmek örgütlü duruma getirilmek. *Yergisi belki bir çözümün muştucusu, örgütlendirilmiş bir düşünce akımı değildir* ... –DH.

örgütlendirme *a.* örgütlendirmek eylemi.

örgütlendirmek belli bir işin gereği gibi görülebilmesi, yürütülebilmesi için o işi örgütlü duruma getirmek.

örgütlenme *a.* örgütler oluşturma, örgütlü duruma gelme. ... *böyle bir örgütlenmenin engellenmesi için* ... –OB.

örgütlenmek örgütlü duruma gelmek. ... *kömürün üretilmesi, kullanılması işleri için örgütlenmiş insan zümreleri gerekir* ... –NŞK.

örgütlü *s.* örgütü olan, örgütlenmiş. *Batı'da daha örgütlü bir başkaldırışın olayladığı nedenleri biliyoruz* ... –ME.

örgütlülük *a.* örgütlü olma durumu, örgütlenmişlik. *Bu anlamda organizmanın, bir kristalin örgütlülüğü yapıl niteliktedir.* –AdO.

örgütsel *s.* örgütle ilgili, örgüt yönünden. *Bu görev bilincine gelen sanatçı, sanatının verimlerini topluma sunmayla ilgili bireysel ve örgütsel görevleri de yerine getirmeye çalışacak demektir.* – FB.

örgütsüz *s.* örgütlü olmayan, örgütlenmemiş. ... *toplum içi örgütlü veya örgütsüz kuvvet merkezleri* ... –BNE.

örgütsüzlük *a.* örgütü olmama durumu, örgütlenememişlik. *Örgütsüzlüğün ve dağınıklığın yarattığı boğuntu* ... –OB.

örneğin *be.* örnek olarak, sözgelişi. *Ben örneğin diyorum; ilkin ilk olarak demek olduğu gibi örneğin de örnek olarak demektir.* –NA.

örnek *a.* **1** bir bütünün niteliğini anlamak için ondan ayırıp verdikleri küçük parça. **2** anlatılmak istenen bir görünüşü açıklamak için ileri sürülen ve onu bir olay halinde ortaya koyan şey. *Ve benim devletçilik aleyhine örnek olarak gösterdiğim* ... –BF. **3** (oya, örgü vb. için) biçim. **4** durumu ve niteliği benimsenmeye değer kimse ya da şey. *Kolombiya deneyi, olumsuz bir örnek sayılamaz.* –TZT. **örnek olay** bir konuda örnek olarak ele alınan ve incelenen, üzerinde çalışılan ve bir sonuca ulaşmada yararlanılan olay. *Tek bir olumsuz örnek olay Boas sisteminde denencenin yadsınması için yeterli görüldüğü halde* ... –BG.

örnekçe *a.* örnek oluşturan şey ya da kimse, örnek, biçim. *Bir üstdil üzerinde düşünürken, göstergebilimcinin* ... *dilsel örnekçenin ayrıntısına girmesi gerekmez* ... –TY.

örneklem *a.* örnek olay olarak beliren şey. ... *kişilerin bireysel durum ve özellikleri tüm olarak saptanmış ise bu yaklaşım kusursuz bir örneklem verir* ... –BG.

örnekleme *a.* sayıbilimde bir ana öbeğe örnek olmak üzere belirli sayıda birey ya da olgu seçme işi ve yöntemi. *Örnekleme metodu ile yapılan bu araştırmanın ne ölçüde gerçekleri yansıttığı belli değildir.* –ZK.

örneklemek *bkz.* **örneklendirmek**. *Bundan sonra korkarız ki öpüşten de devlete vergi ödeyeceğiz, gibi bir örnekleme yaparsınız. Ve bu örneklemeyi daha da keskinleştirirsiniz.* –ÇA.

örneklendirme *a.* örneğini bulup gösterme, örnek diye gösterme, örnek verme. *Onları burada örneklendirmenin olanağı yok.* –AP.

örneklendirmek örnek vermek. *Bunu az mı örneklendirdik bu köşede?* –EmÖ. *Üvercinka'daki konuşma dili öğelerini şöylece örneklendirmek isterim.* –AP.

örneklik *s.* **1** örnek olarak ayrılmış bulunan. **2** örnek alınacak, örnek olacak nitelikte olan. *Herkesin örneklik bir ömrü yoktur.* –NU.

örneksem *a.* bir şey için açık ve tipik örnek.

örnekseme *a. dilb.* dilde yeni bir sözcük yapılırken, kendisine herhangi bir ilgi ile yakın sayılan başka bir sözcüğün biçimce ya da anlamca örnek tutulması, benzetme; örneğin "binit" sözcüğüne bakılarak yapılan "taşıt" örnekseme ile yapılmış bir sözcüktür. ... *analoji deyimi kimi yazarlarımızca örnekseme deyimiyle de dile getirilmektedir.* –OH.

örneksemek örnek diye almak.

örneksenme *a.* örnek diye alınma, örnek olarak görülme.

örneksenmek örnek diye alınmak, örnek olarak görülmek. *Örneğin Ulysses adlı romanında, Homeros'un ünlü destanı Odysseia'nın biçimi örneksenerek, onun düzeni içinde Leopold Bloom adlı kişinin ... zihinsel yolculuğu anlatılır.* –EmÖ.

örtenek *a. yaşb.* örgenleri örten kimi zarlara verilen ad.

örtmece *a. yaz.* kaba ya da çarpıcı sayılan sözcükleri kullanacak yerde, bunları kullanmayarak, isteneleni dolayısıyla anlatma yolu. ... *açıkça dile getirilmez; bu doğaya karşı durum için bir örtmece gerekir* ... –TY.

örtmeceli *s.* örtmeceye dayalı, içinde örtmece bulunan (söz). *Karşıt anlamda ... politika sözcüğü örtmeceli bir nitelik kazanır* ... –TY.

örtülü ödenek *bkz.* **ödenek**

örü *a. yaşb.* kimi sinir ya da damarların birbirine geçip dolaşmasıyla ortaya çıkan oluşum.

örüntü *a.* belli bir yapıyı, belli bir bütünü oluşturan dallardan, birimlerden her biri; örnek, biçim. *Biyolojik örgütlenme sorunu, kültür kuramındaki örüntü kavramını andırır.* –BG.

örüntücü *s.* örüntücülüğü benimseyen. *Örüntücülerin dilinde "her kültürün kendine özgü örüntüsü" Tylor'un karmaşık bütün kavramının bir çeşitlemesidir.* –BG.

örüntücülük *a.* insanbilimde, insanla ilgili bir olguyu örgütlenmiş bir bütüne göre tanımlamaya ve bütünü örüntülere (örneklere) göre açıklamaya çalışan görüş.

öteduyum *b. a. ruhb.* bir kimsenin usundan geçenleri ya da çok uzakta geçen bir olayı, arada hiçbir araç, duygusal hiçbir bağlantı olmaksızın algılama yeteneği.

ötüm *a. dilb.* titreşimli, yumuşak ses verme özelliği. *Türkçede ünsüz benzeşmesi, kök ya da gövdelerin sonsesindeki ünsüzün kendisinden sonra gelen ekin başındaki ünsüzle ötüm (so-*

nority) açısından benzeşmesidir. –İE.

ötümlü *s. dilb.* ses tellerinin titreşimiyle oluşan, titreşimli ses veren (ünlü ya da ünsüz).

ötümsüz *s. dilb.* ses telleri titreşmeden oluşan, titreşimsiz ses veren (ünsüz).

övgü *a. yaz.* birini ya da bir şeyi övmek için söylenen söz ya da yazılan yazı. *Hariciyemizin işleyişine övgü düzmek aklımdan geçmez.* –İS.

övgücü *a.* hak etmeyen kimseyi öven kişi, hak etmeyenlere övgü yazan kişi, övmeyi dalkavukluk kertesine vardıran kimse. *Millet liderleri, etrafın ve övgücülerin değil, bizzat kendi kişilik ve yeteneklerinin değerlendirilip hükme bağlanmasını ... istiyor.* –TB.

övgücülük *a.* övgücü olma duruku, övücülük. *Devrim dergisinin sanat sayfasında ... kaneviçeli sanat övgücülüğü yapan yazıların yer alışına tanık olup durmaktayız ...* –TS.

övme *a.* bir şeyin iyi yanlarını söyleyerek değerini belirtme. *Ben, Po tanrılarını övmeye gelmişim İtalya'ya.* –CAK.

övmek bir şeyin iyiliklerini söyleyerek değerini belirtmek. *Başbakanın övücü sözleri diğer bakanları çok kıskandırıyor.* –YD.

övülme *a.* (birisince) iyilikleri söylenerek değeri belirtilme. ... *"kaçakçılara karşı önlem aldığı" söylenerek övülmesi ...* –UM.

övülmek (birisince) iyilikleri söylenerek değeri belirtilmek, övgüye konu olmak. ... *yanıt vermekten kaçanlar tarafından beğenilmek, övülmek istemiyoruz.* –ASi.

övünce *bkz.* **övünç**

övünç *a.* övünmeye yol açan ya da hak kazandıran şey. ... *millî övünç ve hatıralarımızı ...* –NSB.

övüngen *s.* çok övünen.

övüngenlik *a.* övüngen olma durumu. ... *bedensel çaba burada ... bir övüngenlik töresi daha çok ...* –TY.

övünme *a.* öne çıkan herhangi bir niteliği nedeniyle kendi kendini övme.

övünmek öne çıkan herhangi bir niteliği nedeniyle kendi kendini övmek. ... *her yıl bilim, düşün ve sanat alanlarında yaratılan yapıtlarla övünmek gerekmez mi?* –HVV.

övünü *bkz.* **övünme**. *Üstelik Yılmaz'ın övünüsünün tersine ...* –CA.

öykü *a* . **1** anlatılan olay, anlatı. *Şu kısa öykü Duhamel'in kişiliğini yansıtır ...* –OA. **2** *yaz.* gerçek ya da tasarlanmış olayları kişinin ilgisini çekecek biçimde anlatan, romandan kısa düyazı türü, anlatı. *Korkunç öyküler okumayı sever misiniz?* –NA.

öykücü *a.* öykü yazan ya da anlatan kimse. *Şairdi, öykücüydü, romancıydı, denemeciydi, edebiyat tarihçisiydi ...* –RM.

öykücülük *a. yaz.* öykü yazma ya da anlatma sanatı. *Gittikçe gelişen öykücülüğümüzde ...* –AdB.

öyküleme *a.* öykü durumuna getirme ya da öykü olarak anlatma işi. *Böylece bu düşler, yazarı bir öykülemenin içine sokar.* –AdB.

öykülemek öykü durumuna getirmek ya da öykü olarak anlatmak. ... *Hanya'yı Konya'yı anadiliyle öğrenmiş, anadiliyle öykülemiş bir yazar.* –ADü.

öykülenme *a.* öykü olarak anlatılma, sözlü ya da yazılı olarak anlatılma.

öykülenmek öykü olarak anlatılmak, sözlü ya da yazılı olarak anlatılmak. *Bu okuma kipi, öykülenen olayın bir "alegori" gibi ya da "şiirsel" bir öykü gibi okunmasını dışta bırakır.* –HY.

öyküleştirme *a.* öykü durumuna getirme, öykü gibi anlatma. *Bu yaratma, aynı zamanda eskilerin tahkiye dediği öyküleştirme sürecini de içerdiğinden, sanırım romancının en zor işidir.* –Atİ.

öyküleştirmek öykü biçimine sokmak, öykü gibi anlatmak. *Muzaffer Buyrukçu anıları öyküleştirir.* –EmÖ.

öyküleyici *s.* öyküleştirerek anlatan. *Bu eylem, öyküleyici ve betimleyici bir söylem olarak kendini gösterir.* –EmÖ.

öyküncü *a.* ve *s.* bir şeye öykünen kimse.

öykünccülük *a.* öykünccünün niteliği, öykünmecilik.

öykünme *a.* öykünmek işi. *Bizde her yeni doğan edebiyatın öykünme olduğu ileri sürülmüş ...* –DÖ.

öykünmeci *a.* başkasına öykünen. *Türk şiiri hiçbir döneminde tam öykünmeci olmamıştır.* –CSS.

öykünmecilik *a.* başkasına öykünme durumu. *Bu yönden de öykünmecilikten yaratıcılığa doğru yol almaktayız.* –AlK.

öykünmek birinin yaptığı gibi yapmak. *Türkçeyi bırakıp yabancı dillerin yapılarına öykünmek gerektiğini sanıyorlar.* –NA.

öyküntü *bkz.* **benzek**. *Ancak, öyküntünün, böyle alay için yazılan yapıtların kısa olması gerektir.* –NA.

öykünülme *a.* öykünmek eylemine konu olma. ... *Paris tuvaletinin öykünülmesi olanaksız "şıklığı" tüm Fransa'nın defterine geçirilir ...* –TY.

öykünülmek öykünmek eylemine konu olmak.

öyküsel *s.* öykü özelliği taşıyan, öyküyle ilgili. *Ama gene de bu izlenimlerin öyküsel biçime girdiğinin kanıtıdır ...* –AdB.

öyküsellik *a.* öykü özelliği taşıma hali, öyküyle ilgililik.

öz *a. yaz.* içerik, içlem. ... *soyuta kaçan şiirin, toplumsal bir özü gereğince iletmeye elverişli olduğunu savunur musunuz?* –RM.

özbelirlenim *b. a.* kendi kendini yönetme, bağımsızlık, özerklik.

özbeslenen *b. s. bitb.* besinini kendi başına sağlayan, inorganik azot, azotlu madde ve karbondioksitten protein yapan ve karbonhidratların sentezini yapabilen (bitki).

özbeslenme *b. a.* besinini kendi başına sağlama, inorganik azot, azotlu madde ve karbonhidratların sentezini yapabilme işi.

özcü *a.* ve *s.* bir sanat yapıtında özün biçimden daha önemli olduğunu ileri süren (görüş, kimse), içerikçi. *Özcüler, "söylenmesi gerekli şey söylensin de nasıl söylenirse söylensin, önemli değil" mi diyorlar?* –MD.

özcülük *a.* sanatta ve yazıda özün, içeriğin önemli olduğunu ileri sürme, içerikçilik. *Özcülüğün yeni bir yıkımı söz konusu.* –TY.

özçıkar *bkz.* **çıkar**. *İlkel toplumlarda, demek klanda, bireyin özçıkarı söz konusu değildi...* –MCA.

özdek *a.* uzayda yer dolduran varlık; ağırlığı ile kütlesi olan her türlü şey. *Ne var ki işçinin yaptığı, yapılmasında işçinin de payı olan nesne, özdek olarak geliyor bizim elimize.* –NA.

özdekçi *a.* özdekçilikten yana olan kimse ya da görüş. *Bu görüş Descar-*

tes'in özdekçi yanından geçerek Fransız özdekçilerini etkilemiştir. –OH.

özdekçilik *a. fels.* her şeyi özdeğe bağlayan, dünyada her şey özdektedir diyen, özdeğin düşünüden önce geldiğini ileri süren felsefe. *... eytişimsel ve tarihsel özdekçiliğin saptadığı ...* –AO.

özdekleşme *a.* özdekleşmek eylemi.

özdekleşmek özdek durumuna gelmek. *Evrenin Tanrı'dan çıktığı ve yayılarak özdekleştiği inancı ...* –OH.

özdekleştirme *a.* özdekleştirmek eylemi.

özdekleştirmek ağırlığı, kütlesi olan ve uzayda yer dolduran bir varlık durumuna getirmek. *Kişide önceden var olan düşünceyi özdekleştirmek istediğimizde kendimizi emeğimizin ürününden ayırırız.* –VT.

özdeksel *s.* özdekle ilgili. *Özdeksel evrenin doğal ve toplumsal bütün olayları, özdeksel bir temelden yola çıkılarak açıklanabilir.* –OH.

özdeksellik *a.* özdekle ilgililik, özdeksel olma durumu. *Bu da dilin özdekselliğini sağlar.* –BV.

özdenetim *b. a.* kendi kendini denetleme işi. *Reklam ajanslarının ... örgütlenerek bir özdenetim sistemi kurmaları ...* –TÖz.

özdenlik *a. fels.* özden oluş, yani varlığı kendinden olma.

özdeş *s.* **1** her türlü nitelik yönünden eşit olan. *Stoa felsefesinde de mutluluk erdemle özdeştir.* –BA. **2** *mat.* ve *fels.* kendinde özdeşlik bulunan. *Özdeş denince genellikle birbirlerine eşit iki şey ... akla gelir.* –OH.

özdeşbaskı *bkz.* **eşbaskı**. *Bunun yerine ... özdeşbaskı karşılığını türettim.* –CM.

özdeşleme *a.* nitelikçe birbirine eş kılma.

özdeşlemek *mat.* özdeş kılmak. *... toplum aşkı evlenmeyle özdeşler.* –CÜ. *Irk birliği ile ulus birliğini özdeşlemek ... ulus birliğini ... gerici bir zırh içine sokmak demektir.* –MİE.

özdeşleşme *a.* her türlü nitelik yönünden eş olma, özdeş duruma gelme. *Çağdaş anlatıda özdeşleşme ancak düşünce düzeyinde olur, eylem düzeyinde değil.* –SBü.

özdeşleşmek özdeş duruma gelmek. *... bu dünya ile özdeşleşemediğimize göre ...* –EC.

özdeşleştirilme *a.* her türlü nitelik yönünden birbirine eş kılınma. *Ne ki bu çevreler, anlatılanlarla özdeşleştirilemez.* –EmÖ. *... asıl yardırganacak olan, okula dönüşün ölümle özdeşleştirilmesi.* –ASİ.

özdeşleştirilmek her türlü nitelik yönünden birbirleriyle eş kılınmak. *"Kültür" çok kez ... yazın ve öbür sanat dallarındaki etkinliklerle özdeşleştirilmektedir.* –ŞSa.

özdeşleştirme *a.* özdeş hale getirme. *Alıcı yerleştirilmesi tekniği, film sanatının kendine özgü etkisi olarak gördüğümüz özdeşleştirme eylemini sağlar.* –AG.

özdeşleştirmek özdeş duruma getirmek, özdeşlemek. *Bedreddin'in batını düşünceye kattığı en önemli nokta, evrenle Tanrı'yı özdeşleştirmektir.* –SKB.

özdeşleyim *a.* kendini başka bir şeyin yerine koyma, onunla özdeş olma. *Oyuncunun kendi yarattıkları karakterlere özdeşleyimini sağlamak için her şeyi yapmaya hazır olduklarından ...* – ACe.

özdeşlik *a.* **1** her türlü nitelikçe eşit

olma durumu. *Uzmanlıkla aydınlık arasında bir özdeşlik yoktur.* –İS. **2** *mat.* iki matematiksel ifade arasında her zaman ve her durumda bulunan eşitlik. **3** *fels.* bir şeyin aynı zamanda başka bir şey olmaması durumu, ki "bir şeyin kendine eşit olması" diye tanımlanır. *Gerçeğin derinine ve somut varlığına inildiği zaman özdeşlikten daha önemli bir ilkenin ... önem kazandığı görülür.* –SH.

özdeşlik ilkesi *mant.* "bir şey ne ise odur", "var olan şey, kendisinin özdeşidir" yani "A, A'dır" biçiminde dile getirilen mantık ilkesi. *Bununla birlikte, diyalektik mantık, özdeşlik ilkesinin ancak soyut ve kaba gerçek için geçerli olduğunu ileri sürer* ... –SH.

özdevim *b. a. fels.* devinme nedeni kendinde olan devinim, kendiliğinden devinim. *Çağdaş fizik, özdevimin gerçekliğini tanıtlamıştır.* –OH.

özdevimli *bkz.* **özdevimsel**. *Bunu özdevimli olarak gerçekleştiren makinelerin varlığıyla övünüyorlar.* –AyK.

özdevimsel *b. s.* devinimi kendinden olan. *Gölgeolaycılık da insanları fizyolojik anlamda özdevimsel sayan bir öğretidir.* –OH.

özdevimsellik *b. a.* devinimi kendiliğinden olma durumu, özelliği. ... *ancak bu özdevimsellik, öteki özdevimsellikten ayrı olarak bilinçli özdevimselliktir.* –OH.

özdeyiş *b. a.* belli ve ünlü bir kimsece söylenen, bir konu üzerine en çok bilinmesi gereken şeyi birkaç sözcükle anlatan söz, özlü söz, özsöz. *Bunu ünlü özdeyişiyle belirtmiş* ... –ÖAA.

özdışı *bkz.* **dışınlı**

özdirenç *b. a. fiz.* bir nesnenin elektrik akımına karşı gösterdiği direnç.

özek *a.* bir şeyin ortası.

özekdoku *b. a. yaşb.* bir örgenin asıl görevini sağlayan temel doku, özellikle bezlerin asal dokusu.

özekin *bkz.* **ekin**[2], **ekinç**. *Gürcü özekinini ... geliştirip bugünkü boyutlarına ulaştırmanın bilinci, Gürcü ruhuna iyiden iyiye sinmiş* ... –SKa.

özekinsel *bkz.* **ekinsel**. *Özekinsel yaşamlarında bir kesinti olmamış* ... –SKa.

özekleşme *bkz.* **odaklaşma**

özekleşmek *bkz.* **odaklaşmak**

özekleştirme *bkz.* **odaklaştırma**

özekleştirmek *bkz.* **odaklaştırmak**

özel *s.* **1** yalnız tek bir şeye, bir ereğe ya da bir kimseye değgin olan. *O zaman o görüşü özel sektöre de uygulamak lazım gelmez mi?* –BF. **2** kişisel, kişinin malı olan. *Özel işlerine kimsenin karışmasını istemezdi.* –AP. **özel ad** *bkz.* **ad**. **özel girişim** *bkz.* **girişim**. **özel girişimci** *bkz.* **girişimci**. **özel girişimcilik** *bkz.* **girişimcilik**. **özel kesim** *bkz.* **kesim**.

özelci *a.* ve *s.* özel girişim yanlısı. ... *ülkede sosyal adaleti gerçekleştirecek yerde, hep özelci, çıkarcı ve yabancılarla ortakçı bir uygulamaya kayıyor.* –HVV.

özelcilik *a.* ekonomik alanda özel ve bireysel girişimi yeğleme, özel girişimcilik. *Özelcilik, her derde deva Lokman Hekim reçetesi : "bırakınız yapsınlar, bırakınız geçsinler", her şey şıpın işi düzelir.* –İS.

özeleştirel *s.* özeleştiri ile ilgili, özeleştiri özelliği taşıyan. *Ama bu anılarda bir okur olarak beni çeken,* *bağlayan, kitaptaki özeleştirel tutumdur.* –DH.

özeleştiri *b. a.* kişinin, kendi düşünce, davranış ve eylemlerini eleştiriden geçirme işi. *Herhangi bir yerde doğruları gördüğümüz anda bir özeleştiriyle orada yer almak ödevimizdir.* –OB.

özelleşme *a.* kendine özgü bir durum alma. *Doğa bilgini, haklı olarak, organların farklılaşmasını ve özelleşmesini yetkinliğin ölçüsü sayar.* –ÖÜ.

özelleşmek özel duruma gelmek. *Böylece her kuttören hem özelleşmiş, hem ölümsüzleşmiş ... simge düzeyine yükselmiştir.* –TY.

özelleştirilme *a.* özel bir duruma getirilme, kişi malı kılınma. *Bu raporda, özelleştirilmesi düşünülen KİT'ler sınıflandırılmış.* –UM.

özelleştirilmek özel bir duruma getirilmek. *... sonra kitapta özelleştirilmek gereken yerler varsa özelleştiriyorum.* –Atİ.

özelleştirim *bkz.* **özelleştirme**. *Özelleştirim öylesine açıktır ki ...* –TY.

özelleştirme *a.* kamu malının özel bir duruma getirme, kişinin malı kılma. *Özelleştirme, bu sakıncayı ortadan kaldırmak için gereklidir.* –CKır.

özelleştirmek bir kamu malını özel duruma getirmek, kişesel mal yapmak. *Çünkü birincilerin daima olayları özelleştirerek incelemelerine karşılık ...* –NŞK.

özellik *a.* **1** bir şeyin taşıdığı niteliklerden her biri. *Ramazanın özelliklerinden her biri de ...* –BF **2** *fels.* bir şeyde bulunan şu ya da bu durumu gösterebilme doğal yeteneği. *Demirde, ısınınca oylumunu artırma özelliği vardır.* –AP.

özellikle *be.* hele, her şeyden önce, özel olarak. *... daha imtiyazlı bir duruma getirildiklerini özellikle belirtmek gereklidir.* –CKır.

özen *a.* özenmek işi. *Dünya görüşlerinde neyin bilim, neyin de bilim olmadığını ayırmak işine ne denli özenle sarılsa yeridir.* –NU.

özenci *a.* ve *s.* bir işi kazanç gözetmeksizin salt zevki için yapan kimse. *Özenci sinemasıyla uğraşan kimse ...* –NÖ.

özencilik *a.* bir işi kazanç gözetmeksizin salt zevk için yapma durumu. *Bunun nedenleri ya özencilik ... ya da demokrasi ile yüksek kültür arasındaki uzlaşmazlıktır ...* –TY.

özendiri *a.* isteklendirme, özendirme. *Bu durumla karşı karşıya kalan birçok iş adamı, özendiriden uzak, bozuk bir takım çalışmasına, arzu edilmeyen bir yetki temerküzüne yol açar.* –GK.

özendirici *s.* özenmesini sağlayan, bir iş yapma isteği veren, isteklendirici. *Kalkınma planlarının öngördüğü ... sağlıklı oturma semtleri ... yaratmak yolundaki başarımız, büyük ölçüde devletin konut üretiminde destekleyici, denetleyici, halk kesimini özendirici bir politika gütmesine bağlıdır.* –CG.

özendiricilik *a.* özenmeyi sağlama durumu, isteklendiricilik. *Radyo ve televizyonda yayımlanan etkinlikler, yayınevleri açısından da, okurlar açısından da özendiricilik kazanır.* –DH.

özendirilme *a.* istek uyandırılma, özenmesi sağlanma. *Bizde ise gençler tekkelerde hu çekmeye özendirilmeye çalışılıyor.* –VB.

özendirilmek istek uyandırılmak, özenmesi sağlanmak. *Bir yandan* *pasif içici olarak sigara dumanı soluyan çocuklar, diğer yandan aktif içici olmaya özendirilmektedir.* –ErA.

özendirme *a.* özenmesini sağlama. *Bu özendirmelere uyarak ... devlet fabrikalarını şıp diye satın alıverir.* –AN. **özendirme ödülü** bir yarışmada, seçici kurul değerlendirmesi sonucunda, konulan ödülü alabilecek düzeyde görülmemekle birlikte anılmaya, özendirilmeye değer bulunan yapıta ya da kimseye verilen derece.

özendirmek özenmesini sağlamak. *... ve onları özel mülkiyete özendirmek için ...* –ÇA.

özeni *a.* **1** bir işi en iyi biçimde yapmaya çalışma, özen. *Bedenimiz bunca özeniye değmez, giderek onu biraz hor kullanmak bile gerekir.* –MCA. **2** bir şeyle uğraşma isteği. *İstediği kadar Taine'in özenilerini alkışlayıp günün birinde gerçekleştirebilmelerini dilesin ...* –TY.

özenilme *a.* özenilmek eylemi.

özenilmek özenmek eylemine konu olmak. *... ve ona özenilmektedir.* –LD.

özenme *a.* özenmek eylemi, özen. *Ondaki bu özenme, başarısını sağlayan bir etkendir.* –AP.

özenmek 1 bir şeyi elden geldiğince iyi yapmaya çalışmak. *Çocuklar, sofraya her oturuşlarında ya bardak devirdikleri ya da yemek döktükleri için özenmek gelmiyordu Filiz'in içinden.* –OR. **2** yapmaya kalkışmak. *... suçlu diye yakalamaya özeniyorsunuz.* –ÇA. **3** birine öykünmek hevesine kapılmak. *Ona özenmekle bir yere varılmaz.* –AP.

özenle *be.* çok dikkatli bir biçimde, özen göstererek, özenerek. *Dünya görüşlerinde neyin bilim, neyin de bilim olmadığını ayırmak işine ne denli özenle sarılsa yeridir.* –NU.

özenli *s.* özenle yapılan (iş), özenle çalışan (kimse). *... düşünülüp tartımlanarak oluşturulmuş özenli bir dildir yazı dili .* –EmÖ.

özenlilik *a.* bir işte özen gösterme durumu.

özensiz *s.* özenilmeksizin yapılan, baştan savma (iş), özen göstermeksizin yapan (kimse). *Bu özensiz yayının etkisinde kalan kanserli hastaların bir kısmı ... yaşamını yitirmiştir.* –UM.

özensizlik *a.* bir işte özen göstermeme durumu ve tutumu, baştan savmalık, gelişigüzellik. *Özensizliğe değil de, istemeyerek olmuş bir yanlışlığa yorumladım.* –NP.

özenti *a.* bir şeyi yapmaya kalkışma ya da birine benzemeye heveslenme. *... bir hayli özenti ve hayal payı karışmaktadır.* –RE.

özentici *s.* bir şeyi yapmaya kalkışan ya da birine benzemeye hevesleneN.

özenticilik *a.* bir şeyi yapmaya kalkışma ya da birine benzemeye kalkışma durumu. *Türkiye ... tüm bir burjuva özenticiliği ortamı olmaya mahkûm edilmiştir.* –BS.

özentisiz *a.* kendisinde özenti bulunmayan. *... o sade, o özentisiz günce ... sizi öyle sorunlara götürür ki ...* –MCA.

özentisizlik *a.* özentiye kapılmama durumu. *... seçkin bir özentisizlikle dinleyiciler arasındaki düzen sürüyor.* –BO.

özerk *b. s.* bağımsız, kendi kendini yöneten. *... kararların özerk düşüncelere zararı olmayacağı için ...* –CB. *Radyo ve televizyon istasyonlarının idaresi, özerk kamu tüzelkişiliği halinde, kanunla düzenlenir.* –Anayasa.

özerkleşme *b. a.* özerk bir duruma gelme.

özerkleşmek özerk bir duruma gelmek.

özerkleştirilme *b. a.* özerk bir duruma getirilme, özerk olması sağlanma. *... önce TRT'nin onarılması, yansızlaştırılması, yani özerkleştirilmesi gerekir.* –MTÖ.

özerkleştirilmek özerk bir duruma getirilmek, özerk olması sağlanmak. *Niçin TRT özerkleştirilmiyor?* –MTÖ.

özerkleştirme *b. a.* özerk bir duruma getirme, özerkleşmesini sağlama.

özerkleştirmek özerk bir duruma getirmek, özerkleşmesini sağlamak. *Türkiye sosyal demokrat hareketinin ... özelleştirme yerine özerkleştirmekten söz ederek, durumu kurtarma olanağı kalmamıştır.* –ASA.

özerklik *b. a.* özerk olma durumu. *... özerklik konusu çok büyük önem kazanmaktadır.* –SLM.

özet *a.* bir şeyin, bir konunun ayrıntısız, kaba çizgili ve kısaca anlatılan ya da yazılan özü. *... açıklanan raporun özetinden ...* –Aİ.

özetlem *a.* **1** bir konuda, yetkili birine özet bilgi verme. **2** bir konuda, yetkili birine ya da yetkililere, özet bilgi verilen toplantı.

özetleme *a.* bir olayı, bir konuyu yazı ya da sözle, kısaca anlatma. *... tartışılan konuyu özetlemeye yönelik tümceler de yazar açısından özellik taşır.* –EmÖ.

özetlemek bir şeyi, bir konuyu yazıyla ya da sözle, ayrıntısız olarak, kısaca anlatmak. *Özetlemek gerekirse, Türkiye'de sosyalizmi kurmak için bize özgü bir yol izlememiz bilimsel bir zorunluluktur.* –MAA.

özetlenme *a.* (bir olay, bir konu) ayrıntıları atılarak kısaca anlatılma. *Durum böylece özetlenebilir.* –HCe.

özetlenmek (bir olay, bir konu) ayrıntıları atılarak kısaca anlatılmak. *... aydına bakışı şu soruda özetlenmektedir ...* –İS.

özezer *b. s.* kendi kendine eziyet eden (kimse).

özezerlik *a.* kendine eziyet etmekten hoşlanma durumu, özezim. *Türkiye, kendisiyle yaşadığı korkudan... özezerliğinden ve kendisini karalamaktan vazgeçmek zorundadır.* –HBK.

özezim *a.* kendisine fiziksel acı veren, kendisini aşağılayan davranışlardan hoşlanma biçiminde beliren sapkınlık. *"Özezim" güzel ama, "dışezim" yerine "elezim" denilse daha uygun olurdu.* –SAl.

özezimci *a.* ve *s.* özezim sapkınlığı gösteren kimse ya da özezimle ilgili olan. *Bundan böyle, kendisine eziyetten hoşlananlar için "özezimci"... diyeceğiz.* –SAl.

özezimcilik *bkz.* **özezim**

özge *s.* **1** bilinenden ayrı, başka. *Güzel sever diye isnad ederler/Benim Hak'tan özge sevdiğim mi var?* –Karacaoğlan. *... özge diğer nedenler ...* –EG. **2** (eski) yabancı, el.

özgecil *s. töreb.* hep başkaları için çalışan, başkalarının iyiliği için elinden geleni esirgemeyen (kimse), **bencil** karşıtı, elcil. *En bencil kişilerin özgecil görünmeye çabalamalarındaki gülünçlük ...* –MF.

özgecilik *a. fels.* ve *töreb.* hiçbir çıkar düşünmeden başkaları için çalışma, başkalarının iyiliği için elinden geleni yapma, özgecil olma durumu, özgecillik. *Özgecilik, bireylerin değil toplumun ürünüdür.* –OH.

özgecillik *a. töreb.* özgecil olma durumu

özgeçi *b. a.* esirgemezlik. *"Yüzbaşı Selahattin'in Romanı" kitabı ... genç Türk subaylarının .. özgeçilerini sergilemektedir.* –HVV.

özgeçili *b. s.* esirgemez. *Şiirinde bütün gençlik dileklerinin özgeçili bir arıtımla biçim ve ses değiştirmiş ... örneklerini gördüm.* –RM.

özgeçmiş *b. a.* bir kimsenin kişisel geçmişi, yaşamöyküsü. *İnönü'nün özgeçmişine kısaca göz atılsa, yukarıda değindiğim bu buluşmanın nedenselliği açık seçik olarak ortaya çıkar.* – MCA.

özgeçmişsel *b. s.* özgeçmişle ilgili.

özgörev *b. a.* bir kimseye verilen ya da bir kimsenin yüklendiği özel görev. *Bunun sonucu olarak, Türk ve Arap ulusçulukları, Irak'tan Doğu Akdeniz'e kadar olan bölgede, antiemperyalist bir yeni dengenin kurucusu, koruyucusu olmak gibi bir yeni tarihsel özgörev ile bütünleşmiş olurlar.* – BS.

özgü *a.* **1** bir şeye ayrılmış olan. **2** *fels.* yalnız bir şeyde bulunan; bir türde ya da bireyde bulunup aynı cinsten başka hiçbir türde ya da bireyde bulunmayan. *Her dilin kendine özgü bir felsefesi var ...* –NU.

özgüdüm *b. a.* devinebilen bir nesnenin, bir sürücünün işe karışması olmaksızın ve verilen göreve bağlı olarak kendi kendini yönetmesi, ki özellikle füzeler bu yöntemle yönetilir.

özgüdümlü *b. s.* taşıdığı araçlar yardımıyla kendi kendine devinebilen ve yönetilen (aygıt).

özgül *s.* türle ilgili, türe değgin, türsel. *Bu ölçüyse özgüldür (specifique), bağımsızdır.* –EC. **özgül ağırlık** *mat.* bir cismin bir santimetre küp oylumundaki parçasının ağırlığı.

özgüleme *a.* (bir şeyi) tek bir şeye ya da kimseye ayırma. *Bugünkü yazımı "kabotaj hakkı"na özgülememin nedeni budur.* –HVV.

özgülemek bir şeyi, salt bir kimseye ya da bir yere ayırmak. *... yayaya ayrılmış 2 metrelik kaldırım ... bir kulübün ya da otelin misafirleri için özgülenir ve otomobiller kaldırımlara yerleşip yayaları sokaklara dökerse ...* – DK.

özgülenme *a.* (bir şey) tek bir kimseye ya da şeye ayrılma. *O alanlara özgülenmiş birtakım anlamların göstergesi sayılan ses, sözcük, tümce gibi birimleri var.* –EmÖ.

özgülenmek salt bir şeye ya da bir kimseye, bir yere ayrılmak. *Atatürk'ün vasiyetnamesinde belirtilen mali menfaatlerin bu kurumlara özgüleneceğini ... öngörmektedir.* –HVV.

özgülleşme *a.* kendi türüne özgül olma durumu, türselleşme. *... metanın özgüllüğü, kullanım değerinin özgülleşmesine yol açmaz.* –AÇ.

özgülleşmek kendi türüyle ilgili olmak, türselleşmek. *Böylece giderek özgülleşen alt araştırma basamaklarından oluşmuş yumaklar ortaya çıkmaktadır.* –OGü.

özgülleştirme *a.* türselleştirme, özgül duruma getirme.

özgülleştirmek özgül duruma getirmek. *Burgess, sorunu özgülleştirerek tartışıyor.* –AO.

özgüllük *a. fels.* özgül olma durumu, türsellik. *Burda ikinci eğilimse, sanatın özgüllüğünü bilinç biçimi olarak* *ele alıp ortaya koymadır.* –AÇ.

özgülük *a.* özgü olma durumu. *Anlatımda bir kendine özgülük vardır.* –AdB.

özgün *s.* **1** ilk kez yapılmış olan; kopya olmayan; yeni; değişik olan; kaynaklık edecek nitelikte olan; örnek diye alınmaya değer olan (şey). *Ama bu simgelerin kullanılışı, Türk edebiyatı için özgün bir tekniktir.* –MB. **2** hiç kimseye benzemeyen ya da değişik olan (kimse). *... özgün olmaya çırpınan kişi, kimseye benzemediği gibi kendi kendisine de benzemez.* –NA.

özgünleşme *a.* nitelik yönünden benzerlerinden ayrı ve üstün bir duruma gelme. *Eh, kim beğenmez, hangi akıllı istemez böylesine çağdaş bir özgünleşmeyi?* –BG.

özgünleşmek nitelikleri yönünden benzerlerinden ayrı ve üstün olup örnek diye alınmaya değer olmak, özgün duruma gelmek. *Üslup yerine kullanılan o eski tasarruf-ı has, gittikçe özgünleşiyor şiirlerinde.* –RM.

özgünleştirme *a.* nitelik yönünden benzerlerinden ayrı ve üstün bir duruma getirme.

özgünleştirmek nitelik yönünden benzerlerinden üstün bir duruma getirmek. *... şiirini daha da özgünleştirmek çabasındadır.* –AP.

özgünlük *a.* özgün olma durumu. *Bugün gereken hepimizin bir başkalık, bir özgünlük göstermesi değildir...* –NA.

özgür *b. s.* herhangi bir biçimde herhangi bir koşula bağlı olmayan; başkasının kölesi olmayan. *... özgür kişi ...* –NA. **özgür girişimci** *bkz.* **girişimci**. **özgür girişimcilik** *bkz.* **girişimcilik**. **özgür istem** *bkz.* **istem**.

özgürleşme *b. a.* herhangi bir biçimde herhangi bir koşula bağlı olmama, özgür duruma gelme. *... feodalizm, emeğin özgürleşmesi ... sürecinde son aşama olan...* –MuS.

özgürleşmek herhangi bir biçimde herhangi bir koşula bağlı olmamak, özgür duruma gelmek. *İnsanoğlu, ancak insanlığının bilincine vardıkça ...* özgürleşebilir. –CAK.

özgürleştirici *s.* özgürleşmeyi sağlayan, özgürlük kazandıran. *Tersine Habernas, iletişim alanının ... ussallaştırılmasının, özgürleştirici olduğuna ... inanır.* –FAy.

özgürleştirilme *a.* özgürleşmesi sağlanma, özgür kılınma.

özgürleştirilmek özgür duruma getirilmek, özgürleşmesi sağlanmak, özgür kılınmak.

özgürleştirme *b. a.* özgürleşmesini sağlama, özgür duruma getirme. *Tam ve anlık bir özgürleştirme fikri ham hayaldir.* –BO.

özgürleştirmek özgürleşmesini sağlamak, özgür duruma getirmek.

özgürlük *b. a.* özgür olma durumu. *... fikirlerimizi aynı özgürlük içinde tartışmalıyız.* –ÇA.

özgürlükçü *b. s.* özgürlük yanlısı. *... demokratik müesseselerin sosyalist toplumlarda, özgürlükçü ve katılımcı yönlerden daha da genişletilerek, uygulanmasını zorunlu kılmaktadır.* –MAA.

özgürlükçülük *b. a.* özgürlük yanlısı olma durumu ve tutumu. *... büyük boyutlu özgürlükçülüğü, halka yaygın ekonomik büyümeciliği hazmetmeye elverişli olmayan felsefesini gözden geçirip ...* –BS.

özgürlüksüz *b. s.* özgürlüğü olmayan.

özgürlüksüzlük *b. s.* özgürlüğü olmama durumu. *Şiirin, boğucu baskı koşulları altında, özgürlüksüzlük otamı içinde yeşeremeyeceği düşünülürse, 1960 hareketi, şiir için de bir kurtuluş olmuştur, denilebilir.* –MD.

özgüven *b. a.* kişinin kendine güvenme duygusu. *Rahattı, özgüveni vardı ...* –MCA.

özgüvensiz *b. s.* kendine güvenme duygusundan yoksun olan (kimse).

özgüvensizlik *b. a.* kendine güvenme duygusundan yoksunluk. *Daha kötüsü, bu sözcükler dilimize girdikten sonra bir özgüvensizlik çıkmış ortaya.* –FH.

özkıyım *b. a.* kişinin, ruhsal ve toplumsal nedenlerle kendi yaşamına kıyması, kendini öldürmesi. *Sık sık ölümü ya da özkıyımı (intiharı) düşünmek.* –ErA.

özlem *a.* **1** bir daha görme ya da kavuşma isteği, duygusu. *... milletin, geçmişteki güçlü ve kutlu çağa duyduğu büyük özlemi ...* –NS. **2** *ruhb.* yüksek bir şeye karşı duyulan istek. *Halkımız ... gerçe demokrasiyi özlemle istemektedir.* –OA.

özlemci *s.* özlemle bekleyen, özleyen. *Önce bir "iktidar boşluğu" yaratılacak, bu boşlukta kargaşa ortamı oluşturulacak, bu koşullar sağlandıktan sonra otoriter devlet özlemcilerine "yeşil ışık" yakılacaktır.* –UM.

özleme *a.* özlemek eylemi. *Bütün vuslat şiirlerine karşılık/Ben bir özleme türküsü söylüyorum.* –CAK.

özlemek bir daha görmek ya da kavuşmak isteğini duymak, göreceği gelmek. *Kişisel dindarlık da, her şeyden önce, kişisel ölümsüzlüğü özlemek demektir.* –MG.

özlemli *s.* özleyen, özlemi olan. *Bilinmedi, ne çare sizdendik/Yalnız biraz daha iyi yaşamaya özlemli.* –BN.

özlenme *a.* kendisine özlem duyulma.

özlenmek kendisine özlem duyulmak.

özlenilme *bkz.* **özlenme**

özlenilmek *bkz.* **özlenmek**. *Meğerse bilmeden özlenilmiş bir koku varmış ...* –NTo.

özleşme *a.* öz bir duruma gelme, arılaşma, katışıksızlaşma. *Bu yüzden özleşme durmayacak ... özleştirme çabası sürdürülecektir.* –RM.

özleşmeci *bkz.* **özleştirmeci**. *Ama bütün bunlar bilinçli bir özleşmeci olarak gerçekleştirilir ..* –RM.

özleşmek arılaşmak, öz duruma gelmek.

özleştirici *bkz.* **özleştirmeci**. *Eski anlayış, ortadan kaldırılan Atatürk kurumunun devrimci, özleştirici anlayışıdır.* –ÖAA.

özleştiricilik *bkz.* **özleştirmecilik**. *Demek ki yeni kurumun "sürdürdüğü faaliyet", devrimciliğe ve özleştiriciliğe son vermedir.* –ÖAA.

özleştirilme *a.* öz duruma getirilme.

özleştirilmek öz bir duruma getirilmek, özleşmesi sağlanmak. *... 1945'te dili özleştirilen ve adı "Anayasa"ya çevrilen ...* –ÖAA.

özleştirme *a.* arılaştırma, arılaşmasını sağlama, öz duruma getirme. *Dili sadeleştirme ve özleştirme hareketi ...* –FKT.

özleştirmeci *a.* dilde özleşmeden ve dili özleştirmeden yana olan kimse. *Altı yedi yıl öncesine değin özleştirme ülküsüne gönül verdiğini, bir özleştirmeci olduğunu söyler dururdu.*

–EmÖ.

özleştirmecilik *a.* dilin özleşmesi gerektiğini savunan akım. *Öz Türkçecilik ya da özleştirmecilik uygulamadaki adıdır onun.* –EmÖ.

özleştirmek arılaştırmak, arılaşmasını sağlamak, katışıksız, öz duruma getirmek. ... *amacı yalnız dili özleştirmek olsaydı bile ...* –ÖAA.

özletmek özlemesine yol açmak.

özleyiş *a.* göreceği gelme, özleme, özlem. *Hiç dönmemek ölüm gecesinden bu sahile/Bitmez bir özleyiştir, ölümden beter bile.* –YKB.

özlük *a.* **1** öz olma durumu, niteliği. **2** kişilik, kişi ile ilgililik. *Öğretmen örgütleri yalnız üyelerinin özlük haklarını değil, asıl bu işi üstlenir.* –TAp.

özlük işleri *tüze.* devlet görevlileri yasası gerekleri içinde devlet görevlilerinin kişisel özelliklerini ve durumlarını, yine yasanın öngördüğü biçim ve koşullara uygun olarak belirleyen nitelik, yeterlilik, yükselme gibi işlemler ve bu işlemleri gören, yürüten bölüm. ... *subayların ve erlerin özlük işleriyle ilgili günlük anlaşmazlıklar ...* –OK.

özne *a.* **1** *dilb.* bir tümcede bildirilen eylemi yapan, yani yüklemin anlamına göre kılan ya da olan durumunda bulunan kimse ya da şey; örneğin "Güneş batıyor", "Çocuklar oynuyorlar", "Ali kapıyı açtı" tümcelerinde "Güneş", "çocuklar", "Ali" birer öznedir. *Aynı özneyi alamayan fiiller birbirine bağlanamaz.* –ÖAA. **2** *fels.* bilinen nesneye göre bilen us. *Özdekçiler, doğru olarak, nesne'nin özne'den bağımsız varlığını kabul ederler.* –OH.

öznel *s. fels.* özneye ilişkin olan; öznede oluşan; nesnelerin gerçeğine değil öznenin düşünü ve duygularına dayanan; kişisel; kişiye göre olan. ... *öznel ve izlenimci yargılarla iş bitecek sanıyor.* –AB.

öznelci *s.* öznelcilik yandaşı. *Eğer öznelciler haklıysa sanat eseri üzerindeki bütün tartışmalar saçmadır.* –BM.

öznelcilik *a. fels.* her bilginin özneye, yani bilen us'a göre olduğunu, nesnelere ilişkin bilgilerimizin nesnelerin bize yaptıkları etkilerden öteye geçmediğini ileri süren öğreti, **nesnelcilik** karşıtı. *Türk dilinde bulduğumuz gerçekçilik ile ülkücülük, nesnelcilik ile öznelcilik kaynaşmalarını onun bütün plastik sanatlarında da buluruz.* –IHB.

öznelleşme *a.* kişi, özne durumuna gelme; nesnenin gerçeğine değil öznenin gerçeğine dayanma, özneye göre olma. *Ama bilimsel dile çevrilemeyecek nitelikte bir öznelleşmedir bu.* –MCA.

öznelleşmek özneye göre olmak, öznenin gerçeğine dayanır duruma gelmek. ... *çünkü doğa ve insanlık bu deneyimden geçerek öznelleşecektir.* –MCA.

öznelleştirilme *a.* öznel kılınma, öznel bir duruma getirilme. *Hakikat kavramının çoğullaştırılması ve öznelleştirilmesi ... bir eğilim olarak görülür.* –AÇ.

öznelleştirilmek öznel kılınmak, öznel bir duruma getirilmek.

öznelleştirme *a.* öznel bir duruma getirme.

öznelleştirmek öznel kılmak, öznel bir duruma getirmek. *İnsan zamanı öznelleştirdiği zaman ona egemen olabiliyor belki.* –Öİ.

öznellik *a.* özneye ilişkinlik, kişisellik, kişiye görelik, nesnelerin gerçeğine değil öznenin düşünce ve duygularına dayanma durumu. *Nesnelliğin dışsal anlamına karşı öznellik içsel bir anlam taşır.* –OH.

öznitelik *bkz.* **özyapı**. *Kimi gün... geliverir gözlerimin önüne; özniteliğinin, ırasının gücündendir bu.* –MCA.

özöğrenim *b. a.* kendi kendini yetiştirme işi.

özöğrenimli *b. s.* öğrenim görmeden kendi kendine öğrenen, kendini yetiştiren (kimse). *Özöğrenimli (otodidakt) dediğimiz bu kişiler yetişimlerini okumaya borçludurlar.* –EmÖ.

özsel *s.* özle ilgili, içle ilgili. *Gerçekte her olup bitende nesnedeki özsel formların bir açılmasıdır, bir gelişmesidir.* –MG. *Cansever, şiirinin kurumasına yol açan özsel yanlarını yeniden yorumlamalı.* –Aİn.

özsever *b. s.* kendi tensel ve tinsel varlığını seven (kimse).

özseverlik *b. a. ruhb.* kişinin kendi tensel ve tinsel varlığına karşı duyduğu hayranlık ve bağlılık. *Fuzuli'nin lirizmi, Baki'nin renkliliği, Nefi'nin özseverliği ... gözünden kaçmaz.* –AP.

özsevi *b. a.* kendi kişiliğini alçaltmaktan insanı alıkoyan ve başkalarının kendini alçaltmalarını hoş görmeyen duygu, kişinin kendi özüne, kişiliğine olan saygısı. *Gücümüze gitse de, özsevimize ağır gelse de söylemeliyiz.* –NA.

özsu *b. a. bitb.* bitkilerin damarlarında dolaşan besleyici su, besisuyu. *İnceden inceye yürür şimdi özsu, köküne doğru bitkilerin.* –AP.

özümleme *a.* **1** *yaşb.* dışardan alınan besini sindirip kendi özünün malı kılma. ... *işine gelmeyeni atmadıkça özümlemeye ve bireşime varamaz.* –MS. ... *iyi bir özümlemenin ürünü sayılabilecek şiirler çoğunlukta.* –EC. **2** *bud.* aynı toprak üzerinde yaşayan ama etnik bakımdan ayrı olan iki insan topluluğundan, egemen kültürlüsünün ötekini kendi içinde eritmesi olayı ve süreci. **3** *yerb.* iç kayanın, içinden geçtiği kayaları kendine katması ve benzetmesi olayı. **4** *ruhb.* anıların kişilikte sindirilip bütünlenmesi işi. **özümleme dokusu** *bitb.* bitkilerde, havanın karbon dioksidini karbon hidrata çeviren doku, ki genellikle bitkilerin yapraklarında bulunur.

özümlemek *yaşb.* (canlı varlıklar) dışardan aldığı özdekleri sindirip kendi öğeleriyle özdeş kılarak kendine mal etmek. *Birey ... çağdaş kurumları alıp özümlemekte, sonra bütün bunları edim ve seçmelerinde dışarı vurmaktadır.* –BO.

özümlenme *a.* özümlemek eylemine konu olma. ... *özgün şiir ürünlerinin de ancak, geleneğin özümlenmesiyle gerçekleştirilebileceğini kanıtlayan ... şairlerin başında Necatigil gelir.* –DH.

özümlenmek özümleme işine konu olmak. *Klasik şiirimizin, şiir geleneğimizin ustaca, özgünce özümlenişidir Necatigil'in şiiri.* –DH.

özümseme *bkz.* **özümleme**

özümsemek *bkz.* **özümlemek**. ... *duyum algıladığını özümser, yani değiştirir.* –NU.

özümsenme *bkz.* **özümlenme**. ... *şiiri, halk şiir geleneğimizin özümsenmesi açısından sağlam bir yapıya sahiptir.* –DH.

özümsenmek *bkz.* **özümlenmek**. *Sanat yaşamın kendisidir, yorumudur,* *özümsenmesidir.* –OA.

özümsetme *a.* özümlemesini ya da özümlenmesini sağlama. *Bölgede kalıcı olduğunu dünya kamuoyuna özümsetmeye çalışan ...* –VÖz.

özümsetmek özümlemesini ya da özümlenmesini sağlamak. *... geçmiş şiirin ... gizini alır, kendi şiirine getirir, onu özümsetir.* –TDK.

özünlü *s. fels.* bir şeyin gerçeğinde olan, özde bulunan. *... özle ilgili olanı dile getiren özünlü deyimi, dışınlı deyiminin karşıtıdır.* – OH. **özünlü kanıtlar** *mant.* konunun kendi özünden çıkarılan kanıtlar.

özüt *a.* bir özdeğin kimyasal yollarla elde edilen özü.

özveri *bkz.* **esirgemezlik**. *Onun bu özverisine kapılıp elinden tutmuşlar.* –İB.

özverili *bkz.* **esirgemez**. *Anadolu'nun yerel önderleri ... özverili aydınları yok mu?* –İS.

özverililik *b. a.* özverili olma durumu, özveri, esirgemezlik. *... oluşturulmasında da onun en büyük özelliği olan özverililiğin katkısı büyüktür.* – EÖz.

özyapı *b. a.* bir şeyi benzerlerinden ayırt etmeye yarayan ana özellik. *... fakat Boğaziçi'nin bugünkü doğal özyapısı (karakteri) bundan da fazla bozulursa İstanbul halkının yaşantısına sayılarla ifade edilemeyecek zararlar verilmiş olur.* –DK.

özyapısal *b. s.* özyapıyla ilgili.

özyaşam *b. a.* bir kimsenin kendi yaşamı. *Ama değil mi ki, özyaşamımı anlatmaya giriştim ...* –AN.

özyaşamöyküsel *b. s.* özyaşamöyküsü niteliğinde, özyaşamöyküsüyle ilgili. *II. Dünya Savaşı ... üstüne özyaşamöyküsel, belgesel bir yığın roman yazıldıktan, pek çok film çekildikten sonra ...* –AAğ.

özyaşamöyküsü *b. a.* bir kimsenin kendi yaşamını anlattığı yapıt ya da yazı. *Roman mı desem, anı mı desem belgesel mi desem, özyaşamöyküsü mü desem ...* –İS.

özyaşamsal *b. s.* özyaşamla ilgili. *O zaman daha birçok özyaşamsal durumlar da tasarlanabilir ...* –TY.

özyönetim *b. a.* bir ülke içindeki azınlıkların ya da herhangi bir bölgenin, bir işletmenin kendi kendini yönetme biçimi, ki kamu kuruluşlarında, işletmelerde işçilerin, çalışanların söz ve karar sahibi olmaları ilkesine dayanan ekonomik ve siyasal bir dizgedir, özellikle eski Yugoslavya'da uygulanmıştır. *"İçte özerklik ve özyönetimi uyguladığımız gibi, dışta da ülkelerin içişlerine karışmamak ve hükümranlığa saygı ilkelerine inanıyoruz" diyordu Bay Humo.* –ErB.

özyönetimci *b. a.* özyönetim yandaşı. *Özyönetimci görüş kapitalizmin hem geçerliliğini eleştirir, hem de doğruluğunu.* –HC.

P

paradarlığı *b. a.* devletin piyasadan para çekmesi sonucu, dolaşımdaki paranın azalması ve dolayısıyla paranın değerlenmesi, satın alma gücünün artması.

paraşişkinliği *b. a.* piyasadaki para miktarının çok olması dolayısıyla para değerinin düşmesi, fiyatların toptan yükselmesi biçiminde kendini gösteren ekonomik süreç.

parçacık *a. fiz.* atomu oluşturan elektron, proton, nötron gibi parçaların her biri.

pay *a.* **1** bir şeyden şuna ya da buna düşen parça. ... *bir hayli özenti ve hayal payı karışmaktadır.* –RE. **2** *mat.* bayağı kesirlerde birimin eşit parçalarından kaç tane alındığını gösteren sayı, ki paydanın üstüne yazılarak yatay bir çizgi ile ondan ayrılır; örneğin, 2/4 kesrinin payı 2 sayısıdır. *Sağ yanın pay ve paydası ...* –AK.

payda *a. mat.* bayağı kesirlerde birimin kaç eşit parçaya bölünmüş olduğunu gösteren sayı, ki payın altına yazılır ve yatay bir çizgi ile ondan ayrılır; örneğin 2/4 kesrinin paydası 4 sayısıdır. *Sağ yanın pay ve paydası ...* –AK.

paydaş *s.* **1** bir şeyde payı olan. **2** *a. tec.* bir ortaklıkta pay sahibi olan kimse.

paydaşlık *a.* paydaş olma durumu.

paylaşılma *a.* bölüşülme. ... *emeğin sahipleri ulusal gelirin adalete uyumlu biçimde paylaşılmasına sendikal örgütleriyle katılırlar.* –İS.

paylaşılmak bölüşülmek. ... *bütün nimetler, parti ileri gelenleri arasında paylaşılır.* –AN. ... *eşit olarak paylaşılmıştı.* –AŞE

paylaşım *a.* bölüşme işi. *Dünyada hakçasına bir paylaşım gerçekleşmeden ... kimseye rahat, huzur, sükûn yoktur.* –İS.

paylaşma *a.* bölüşme, paylaşım.

paylaşmak bölüşmek.

paylaştırma *a.* (bir niceliği) birden çok kişi arasında bölüştürme, herkese kendi payına düşeni verme.

paylaştırmak herkese payına düşeni vermek, bölüştürmek.

pekdoku *a. bitb.* bitkilerde, dalların dik durmasını sağlayan doku.

pekin *s.* iyice bilinen, üzerinde kuşku olmayan. *"Pekin öyle bir bilgidir ki şüpheyle beraber olmaz" sözü de ünlüdür.* –OH.

pekinli *s.* pekin.

pekinlik *a. fels.* iyice bilinme, üzerinde kuşku bulunmama durumu. *Öyleyse, anlaşılınca bir doğa yasası pekin-*

liğiyle kullanılabilecek ... –MT.

deneysel pekinlik *fels.* deney yoluyla belirlenmiş kesinlik. *Deneysel pekinlik, bilginin, kendisinden çıkarıldığı olaya upuygun bulunduğuna inanmalıdır.* –OH.

pusat *a.* silah, zırh gibi savaş araçlarının genel adı.

pusatlandırma *a.* pusatla donatma.

pusatlandırmak pusatla donatmak.

pusatlanma *a.* pusat kuşanma, pusatla donanma.

pusatlanmak pusatlı duruma gelmek, pusat kuşanmak, pusatla donanmak. *Tepeden tırnağa pusatlanmış ...* –CSS.

pusatlı *s.* pusatı olan.

püskürteç *a.***1** sıvıları ve toz durumundaki özdekleri duman durumunda püskürtmeye yarayan tulumba ya da körük biçimindeki aygıt. **2** içinde bulunduğu kabın özel düzeneğine basılarak saça, havaya vb. püskürtülebilen koku, koku giderici kimyasal bileşim. *Sprey sözcüğü için püskürteç karşılığını ... türettim.* –CM.

R

rastlantı *a.* bilgiye, isteğe ya da herhangi bir kurala, yani belli bir nedene dayanmaksızın oluveren karşılaşma. *1967, garip bir rastlantıyla eşi bulunmaz bir kitap suskunluğu olarak anılacaktır.* –RM ... *aynı günlerde ortaya çıkışı bir rastlantı değildir.* –ÇÖ.

rastlantısal *s.* rastlantıyla olan, rastlantıyla ilgili. *Hem fazla dağılmış olmamak, hem de kişisel biçim ifadesinin rastlantısal olmayan araştırısı planında sürekli yoğun kalabilmek için seramiği işe karıştırmamak amacındayım.* –ST.

resimyazı *b. a.* eski çağlarda kimi uygar uluslarca kullanılmış olan, nesnelerin yalınlaştırılmış resimlerine dayanan yazı.

ruhbilim *b. a.* duyum, coşku, düşünme gibi olguları ve bunların yasalarını inceleyen bilim. *Ruhbilim, çağımızda, diyalektik maddeci dünya görüşünden sıyrılmak isteyenlerin sığınağı olmuştur.* –OH. **genel ruhbilim** insan için gerçek ve geçer olan genel sorunları inceleyen ruhbilim dalı. **görgül ruhbilim** anlığı etkinlik durumundayken inceleyen, anlığın ne olduğunu değil, neleri nasıl başardığını araştıran ruhbilim türü. **işlevsel ruhbilim** anlıksal görüntüleri etkinlik olarak gören, böylesi etkinliklerin yararlılığını düşünen ve buna önem veren ruhbilim. **nesnel ruhbilim** konusunu salt yeterli gözlemcilerin gözlemleyebilecekleri görüngü ve olaylarla sınırlandıran ruhbilim akımı.

ruhbilimci *b. a.* ruhbilimle uğraşan uzman. *Bu trajik serüvenin çekirdek noktası ruhbilimcilerin insana yaklaşımlarında düğümlenmektedir.* –STe.

ruhbilimsel *b. s.* ruhbilimle ilgili, ruhbilim yönünden; ruhsal. *Öteden beri bilinen ruhbilimsel atomculuktur bu.* –BO.

ruhçözümcü *b. a.* ruhçözümüyle uğraşan uzman. *Birçok ruhçözümcünün, hiç değilse ilk ruhçözümcülerin, yapıtında karşılaşırız bu temel ikilemle* ... –BO.

ruhçözümsel *b. s.* ruhçözümüyle ilgili. *Dolayısıyla, ruhçözümsel kuramı diyalektik değil, senkretik, yani en zıt şeyleri bir araya getirici olmakla suçlayacağım.* –BO.

ruhçözümü *b. a. ruhb.* "kişinin bilinçaltında karmaşa olarak bulunan ve kendini belli etmeksizin birtakım ruh sayrılıkları, yapı bozuklukları doğuran anı, istek ve imgeleri bilinç alanına çekerek bunları dokuncasız bir duruma getirme", diye tanımlanabilecek bir ruh hekimliği yöntemi, ki ünlü ruhçözümcü Freud'ca ilk kez uygulanmış ve adlandırılmıştır. *Buna karşılık, ruhçözümü biliminin önümüze getirdiği biçimiyle bilinçaltına inanmıyorum.* –BO.

ruhsal *s.* ruhla ilgili. *Bu hastalığın nedeni de, ruhsal körlükte olduğu gibi, ruhsal sarsıntılar ve bunalımlardır.* – OH.

S

sabuklama *a. ruhb.* saçmalama, abuk sabuk söyleme, anlamsız davranışlarda bulunma ve tutulması güç bir duruma gelme gibi birtakım durumlar gösteren bir us bozukluğu.

saçakbulut *b. a.* ince, tüy gibi, saçaklı görünüşlü buz parçalarından oluşmuş ak bulut.

sağaltım *a.* (sayrıyı) iyileştirme, sağlığına kavuşturma. ... *kırık bir bacağın sağaltım giderlerine hiç kimsenin gücü yetmezdi.* –SÖ. *Gerekli sağaltımı yapar ...* –AY.

sağaltımcı *s.* bakıp iyileştiren, sağaltman. *İyileştiren hekime de sağaltımcı denir.* –OH.

sağaltımevi *b. a.* vereme yakalanmış sayrıların sağaltımları için kurulmuş sağlık kuruluşu.

sağaltma *a.* iyi etme, iyileştirme, sağlığa kavuşturma, sağaltım.

sağaltmak sağlığa kavuşturmak, iyileştirmek. ... *bir havuzda yıkanmıştık yaralarımızı sağaltmak için.* –MBu.

sağaltman *a.* insanlardaki sayrılıkların ne olduğunu anlayan ve onları ilaçlarla ya da birtakım araçlarla iyileştiren kimse, hekim. *Körbağırsak işlemcesi yapan bir sağaltman da ... belirli bir yöntemi kullanacaktır.* –CM.

sağaltmanlık *a.* **1** sağaltmanın yaptığı iş. **2** sağaltman olma durumu.

sağbeğeni *b. a.* güzeli çirkinden ayırt edebilme yetisinin en yükseğine erişmiş beğeni. ... *sağbeğenisi olmayan ...* –AB.

sağbeğenili *b. s.* sağbenisi olan (kimse). *Bu eleştiri anlayışı belki Ataç'ın ... sağbeğenili kişiliği dolayısıyla fazla sakıncalı olmuyordu.* –AB.

sağcı *s. toplb.* eskiye bağlı olan, eski düzeni özleyen ve ona dönülmesini isteyen, gerici. *Dinci tepkinin yanında, diğer bazı sağcı tepkilerin varlığına da işaret etmek gerekir.* –ÇÖ.

sağcılık *a. toplb.* eskiye bağlılık, eski düzeni özleme ve ona dönülmesini isteme, gericilik. *Olaya, iddia edildiği gibi, belki sağcılık solculuk musibeti karışmış, belki asistan, bilim esnafının ayak oyununa getirilmiştir.* –EG.

sağduyu *b. a. fels.* doğruyu yanlıştan ayırabilen, yargılarında yanılmayan us. *Biz, ... sağduyu sahibi kişilerin bulunduğuna inanmaktayız.* –ÇA.

sağduyulu *b. s.* doğruyu yanlıştan ayırma yetisi olan. *Kendisini bu akıma kaptıran bazı sağduyulu şairlerin ... ağız değiştirdiklerini görüyoruz.* –AKö.

sağduyululuk *a.* sağduyusu olma durumu.

sağduyusal *b. a.* sağduyu özelliği taşıyan, sağduyu ile ilgili. *Niçin sanat yapıtları karşısında ... aynı sağduyusal davranış gösterilmez.* –MD.

sağduyusuz *b. s.* sağduyusu olmayan.

sağduyusuzluk *b. a.* sağduyusu olmama durumu.

sağdüşünce *b. a.* sağlıklı ve sağlam düşünce. *Putperestlerin dışındakiler, yani sağduyu ve sağdüşünce sahibi herkes iyi bilecektir ki ...* –TB.

sağgörü *b. a. fels.* gerçeği açıkça görüp sonuçlarını kestirebilme yetisi.

sağgörülü *b. s.* gerçeği açıkça görüp sonuçlarını kestirebilme yetisi olan.

sağgörüsüz *b. s.* gerçeği açıkça görüp sonuçlarını kestirebilme yetisi olmayan.

sağgörüsüzlük *b. a.* sağgörüsüz olma durumu.

sağın *s.* **1** *fels.* yanlışı, eksiği olmayan; doğru. *Renaissance başlarında tabiatı sağın (exakt) olarak araştırmak isteyenlerden biri İtalyan Bernardinus Telesius'tur.* –MG. **2** (eski sözcük "atasagun"dan) insanlardaki sayrılıkları tanılayan ve onları ilaçlarla ya da kimi araçlarla sağaltan kimse, hekim, doktor. ... *İsveç'te sayrıevinde sağın olarak çalışıyordu.* –MEk.

sağınlık *a.* **1** sağın² olma durumu. **2** sağın² olanın sanat ya da uğraşı, hekimlik. *Bu, sağınlık açısından çok önemli bir süreçti.* –MEk. **3** tıp bilgisi.

sağistem *b. a. fels.* herhangi bir kimse ya da iş konusunda hiçbir kötü düşünce beslemeyiş, temiz yüreklilik, yürek arılığı, arı dilek.

sağlama *a.* **1** sağlamak eylemi. ... *başarı sağlamaya başlamışlardı.* –SB. **2** *mat.* bir hesabın doğru olup olmadığını anlamak için başvurulan işlem. *Sağlama, (2).(25) + 1 = 51 biçiminde yapılarak, işlemin doğru olduğu görülür.* –ES. *Topla, çıkar, ne katar/Bir sağlama/Sonuca.* –BN.

sağlamak **1** önleyici şeyleri kaldırarak ya da gereken uygun durumu hazırlayarak, bir işin olmasına yol açmak. ... *huzuru sağlamak için ...* –Aİ. **2** elde etmek. ... *dışarıya yatırım yaparak yüksek kazanç sağlamak, Batı kapitalizminin eski usulüdür.* –İS. **3** *mat.* bir işlemin doğruluğunu sağlama² yoluyla ortaya koymak. *Bölme işlemini sağlamak için* ... –ES.

sağlanma *a.* **1** elde edilme. *Bu da kuşkusuz sanayi kesimine dönük olarak sağlanması öngörülen ek teşviklerle gerçekleştirilecek.* –HCe. **2** gerekli ortam yaratılarak olmasına yol açılma. *Bu oydaşma sağlanmadan yapılacak bir halkoylamasının ... bir anlam taşımayacağını bilirler.* –AA. **3** *mat.* sağlama² işlemi uygulanma. ... *çarpmanın sağlanması işlemi çıkarmaya da uygulanabilir.* –ES.

sağlanmak **1** elde edilmek. **2** gerekli ortam yaratılarak olmasına yol açılmak. ... *düşüncelerin serbestçe açıklanmasının ... ortamı sağlanmak isteniyorsa ...* –MİE.

sağlık *a.* vücudun ve ruhun esen olma durumu, vücut ve ruh esenliği. *Bilgiden doğan, bilgide sağlam temelini bulan "iyi" , insanı mutlu yapar, ruha sağlık, esenlik kazandırır.* –MG. **sağlık bilgisi** hekimliğin, sağlığı korumak için neler yapılması gerektiğini inceleyen dalı. *Bugün, sağlık bilgisine, korunma yollarına başvurarak, hastalıktan, salgından kaçınmak hiç de dinsizlik sayılmıyor.* –AG.

sağlık denetimi (ya da **sağlık yoklaması**) *tıp.* bir kimsenin, sağlık durumunun saptanması için, bir sağlık kuruluşunda yapılan genel sağlık taraması. *Ünlü iş adamlarımız ise, check-up dedikleri sağlık denetimi için yılda birkaç kez Amerika'ya gitmektedirler.* –İS.

sağlıkbilim *b. a.* canlı varlıkların sayrılıklarıyla, sayrılıkların tanı ve sağaltımıyla vb. uğraşan bilim. *Arapça kökenli tıp karşılığı olarak sağlıkbilim sözcüğünü ... türettim.* –CM.

sağlıkçı *s.* sağlık işleriyle görevli, sağlık işlerinden anlayan (kimse). *Aynı köyden çocuk, enstitülere alınıp yetiştirildikten sonra öğretmen ya da sağlıkçı, ebe olarak atandığında, hiç zorunlu hizmeti olmasın mı?* –MEk. *Sağlıkçı eri çağırdılar.* –YK.

sağlıkevi *b. a.* özellikle veremlilerin bakıldığı sağlık kuruluşu. ... *bu sessizlik yuvası dağlarla çevrili bir sağlıkevidir.* –SB.

sağlıklı *s.* **1** vücut ve ruhça esenlik içinde olan. *Onlarda da aksine sağlıklı görünüşün değerlenişi gibi bir önyargı var sanki.* –ST. **2** *mec.* sağlam, doğru, işe yarar. ... *tutumunun sağlıklı olmadığını anlamıştı.* –ErB.

sağlıklılık *a.* sağlıklı olma durumu. *Sağlıklılık ve hastalık, bunların psişik etkileri ...* –AÇ.

sağlıksal *s.* sağlıkla ilgili. *Çağdaş yaşayış isteklerimizi fazlasıyla uyandırmasına karşın ... sağlıksal yasaklamalarıyla isteklerimizin boşa çıkmasına yol açar.* –CÜ.

sağlıksallık *a.* sağlıkla ilgililik.

sağlıksız *s.* sağlığı bozuk. *Belki de sağlıksız görünüş içinde değerlendirmek gibi bir önyargıdan geliyor bu.* –ST.

sağlıksızlık *a.* sağlığı bozuk olma hali. *Yoksa gerçek bir sağlıksızlığın biçimlendirme yönünden inkâr eden, hırçın muhtevasını ortaya koymuş olması anlamında değil.* –ST.

sağtöre *bkz.* **aktöre**. ... *ama "iyi" ile "kötü" sağtörenin, sağtöre ise dinin bulgusu olduğuna göre, bundan tedirgin olmamak gerekir.* –MCA.

sağtöresel *bkz.* **aktörel**. *Sanatın sağtöresel, toplumsal amaçlara yöneldikçe yücelik kazanacağı ...* –MCA.

sakım *a. fiz.* doğada hiçbir özdeğin yok olmayacağını belirten "maddenin sakımı yasası" ile bir gücün yitmeyeceğini, ancak başka bir güce dönüşeceğini belirten "enerjinin sakımı yasası" nda "saklanma, korunma, yitmeme" anlamıyla geçen bir sözcük. *Buradaki E sabiti toplam enerjiyi gösterir ki bu da enerjinin sakımı kanunudur.* –AK.

sakınca *a.* sakınmayı gerektiren durum. ... *bir generalin evinde konuk olmakta sakınca görmezse ...* –BFA. ... *oruç tutmak ve tutmamak bahsindeki sakınca bundan ibarettir.* –BF.

sakıncalı *s.* sakınmayı gerektiren durumu olan. *Sakıncalı, dokuncalı olsa da zihnimin her gün biraz daha gelişmesini isterim.* –MCA.

sakıncalılaşma *a.* sakıncalı duruma gelme.

sakıncalılaşmak sakıncalı sayılmak, sakıncalı bir duruma gelmek. *Toplumsal ve siyasal çalkantılar yeni değişimler oluşturur, iktidar değişir ve önce sakıncalı, sonra sakıncasız olan birçok şey, bu kez yeni baştan sakıncalılaştırılır.* –TDK.

sakıncalılık *a.* sakıncalı olma durumu. *Sonra dünya döner, devran değişir ve sakıncalılık sakıncasızlığa dönüşür.* –TDK.

sakıncasız *s.* sakınmayı gerektiren durumu olmayan. *Sakıncalılar, sakıncasızlar, önümden geçerler.* –MKe. *Oysa ... TV haberlerine sakıncasız görülen kimi kültür ve sanat olaylarının haberleri alınıyordu.* –MTÖ.

sakıncasızlık *a.* sakıncalı olmama durumu. *Sonra dünya döner, devran değişir ve sakıncalılık sakıncasızlığa dönüşür.* –TDK

sakıngan *s.* sakınarak davranan, olabilecek şeylere karşı önlem alan. *Ve sakıngandırlar sokakta konuşurken sırtlarını duvara verecek kadar.* –CSS.

sakınganlık sakınarak davranma durumu. *O denli kaygı verici gelişmeler oluyor ki, sakınganlığıyla ünlü ... demekten kendini alamıyor.* –CA.

sakınılma *a.* sakınmak eylemine konu olma. *Deccal inancı ... sahte peygamberlerden sakınılması görüşünden doğmuştur.* –OH.

sakınılmak sakınmak eylemine konu olmak.

sakınım *a.* olabileceği düşünülen duruma karşı alınan önlem, sakıntı. *Burada sakınımla konuşmamızın nedeni ise ... iyimserliğe kapılmamızın yanlış olacağını düşünmemizdir.* –ASi.

sakınımlı *s.* olabilir diye düşünülen kötülüklere karşı önlemli olan. ... *bu yaşlı kızın tam bir saflıkla her yere taşıdığı uğursuz çağanoza karşı sakınımlı davranmanın iyi olacağını düşünmektedir.* –BO.

sakınımlılık *a.* olabilirliği düşünülen kötülüklere karşı önlemli olma durumu.

sakınımsız *s.* sakınımlı davranmayan.

sakınımsızlık *a.* sakınımlı davranmama durumu. ... *benim durumumda, sakınımsızlık etmeye hakkı yoktur insanın.* –BO.

sakınma *a.* sakınmak eylemi. *Kansu, bu kolaylıktan sakınmasını bilinçle sağlayan ustalardandır.* –DH.

sakınmak **1** bir şeyi yapmaktan herhangi bir korku ya da düşünüyle uzak durmak. *Kişinin, günahtan sakınmazsa yapmayacağı şey yoktur.* –AP. **2** olabilir diye düşünülen kötülüklere karşı önlemler almak. ... *enflasyondan sakınmak pekâlâ mümkündür.*–KB. **3** (bir şeyi) korumak. **4** (bir şeyden) korunmak, kaçınmak. *İlkeller bu güçle yüklü olduğunu sandıkları bütün nesnelerden sakınmak gerektiğine inanmışlar ...* –OH.

sakıntı *a.* olabileceği düşünülen duruma karşı alınan önlem. *Onun ne sakıntılı ve öngürülü bir genç olduğunu biliyordu.* –HB.

saklanca *a.* **1** mücevher, altın, gümüş gibi değerli eşya yığını. **2** bu tür varsıllığın saklandığı yer. *Özenle, sevgiyle, alçak gönüllü bir çabayla doldurur saklancasını.* –CAK.

saldırgan *s.* durup dururken başkasına saldıran, saldırıcı. *Ondan sonra da saldırgan Yunanlıları denize döktük.* –AŞE.

saldırganlaşma *a.* saldırgan hale gelme, saldırganlığı huy edinme.

saldırganlaşmak saldırganlığı huy edinmek, saldırgan bir hale gelmek. ... *artık petrolün denetimi hasım güçlerden birinin ... saldırganlaşmakta olan ... gücün elindedir.* –VÖz.

saldırganlık *a.* saldırgan olma durumu ve tutumu. ... *olay Türkiye'nin saldırganlıkla damgalanmasına kadar gidebilirdi.* –EG.

saldırı *a.* bir kimseye ya da bir şeye karşı elle ya da dille yapılan kötü eylem. *Nitekim seçim kampanyasında* *akla hayale gelmedik saldırılara uğradım.* –ÇA.

saldırmak bir kimseye ya da bir şeye karşı kötü bir dil kullanmak ya da bir kimsenin ya da bir şeyin üzerine kötü bir erekle atılmak.

saldırmazlık *a.* birbirine saldırmama (durumu). saldırmazlık antlaşması iki devletin, aralarındaki anlaşmazlıkları barışçı yollarla çözümleyeceklerini, birbirlerine silahlı saldırıda bulunmayacaklarını kabul ederek imzaladıkları antlaşma. *Aramızda saldırmazlık antlaşması vardı.* –HVV.

salgı *a. yaşb.* gözelerin ya da bezelerin kandan ayırıp oluşturdukları ve yeniden kana ya da başka örgenlere saldıkları sıvı özdek. ... *kan dolaşımı, iç bez salgıları vb. değişikliğe uğramaz mı?* –NŞK.

salgın *a.* **1** bir sayrılığın ya da başka bir durumun birçok kimselere birden bulaşma özelliğii. ... *gecekondu salgınını önleyebilmek için* ... –Aİ. **2** bir şeyin bir yere girip her yanı kaplaması. *Güney ilerimizde çekirge salgını başgösterdi.* –Gazeteler. **3** *s.* birden herkese bulaşan (sayrılık). *Berlin köpekleri arasında kuduz salgını çıksa* ... –İS.

salgınlaşma *a.* salgın durumunu alma.

salgınlaşmak salgın durumunu almak. *Hastalık, kim ne derse desin, salgınlaşıyor, yayılıyor, mikroplar her yana saçılıyor.* –İS.

salık *a.* "bir olgu üzerine edinilen ya da verilen bilgi" yani "haber" anlamına gelen bu sözcük, genellikle "almak" ve "vermek" eylemlikleriyle birlikte kullanılır. **salık almak** (bir kimseden ya da bir şeyden) haber almak. **salık vermek** **1** bildirmek; haber vermek. **2** (bir kimseyi ya da bir şeyi) işe yarar, elverişli diye bildirmek. ... *tüm susmayı salık veren* ... –NU. *Sağlıklı, aklın da payı olan bir aşkı salık verebilirdi.* –MB.

salınım *a.* **1** *fiz.* bir noktanın, ardışık ve eşit zaman aralıklarında hep aynı devinimi tekrarlaması; örneğin, bir büyük duvar saatinin sarkacının devinimi bir salınımdır. *Bu salınımın sayısal değeri* ... –AK. **2** *gökb.* Ay'ın yarım yüzeyinden biraz artığının yerden görülebilmesini sağlayan olay.

salt *be.* **1** yalnız, tek. *Şurası var ki, salt bunu yapmak bile övgüye değer.* –AP. **2** *s. fels.* içine başka şey karışmamış, bütünü kendi öğesinden olan. *Bu salt toplumcu görüşüm* ... –AB. *bkz.* **saltık**. **salt çoğunluk** yarıdan bir artıkla sağlanan çoğunluk, tek bir artığa dayanan çoğunluk. *Gensoru görüşmeleri sırasında verilecek güvensizlik önergesi, üye tam sayısının salt çoğunluğunca desteklenirse hükümet düşer.* –Aİ.

saltçı *a.* saltçılık yanlısı.

saltçılık *a.* tutum ve davranış olarak kesinlik yandaşlığı. *Bu anlamda, klasik "öğreti"nin eleştiride bir saltçılığa alan sağladığı düşünülebilir.* –TY.

saltık *s.* hiçbir koşula ve hiçbir sınırlamaya bağlı olmayan. ... *onu bağımlı kılmak da yanlış oluyor, saltık bağımsızlığını ileri sürmek de* ... –MB. *bkz.* **salt**[2].

saltıkçılık *a.* **1** *fels.* saltık değerlerin, saltık doğruların bulunduğunu öne süren öğreti. *Örneğin Hegelcilik örnek bir saltıkçılıktır.* –OH. **2** *fels.*

kavram, kural ve ilkelerin saltıklığını ileri süren görüş. **3** *toplb.* tek bir kişinin her şeye egemen olduğu, bütün yetkilerin sınırsız olarak tek bir kişide toplandığı devlet yönetim biçimi.

saltıklaştırma *a.* saltık bir duruma gelmesini sağlama, saltık duruma getirme. *İkinci yanılgıları bilgi sürecinde duyumların rolünü abartıp saltıklaştırmalarıdır.* –OH.

saltıklaştırmak saltık bir duruma getirmek, saltık olmasını sağlamak.

saltıklık *a.* saltık olanın niteliği. *Tamlık eksikliğin, saltıklık bağıntılığın içindedir.* –OH.

Samanyolu *ö. b. a. gökb.* sissiz, bulutsuz gecelerde gökyüzünde boydan boya görülen uzun yıldız kümesi.

sanal *s. mat.* gerçekten var olmayıp anlıkta tasarlanan, düşünülen. *... bir sanal terim ...* –AK. *Karmaşık sayılar, gerçek ve sanal olmak üzere iki kısımdan oluşur.* –UY.

sanı *a.* karşıtının da olabileceği düşünülmekle birlikte bir şeyin şöyle ya da böyle olduğunu düşünme işi ya da bunun sonucu. *Bu sanı yarı doğru yarı yanlıştır.* –ÖAA.

sanık *s.* tüze. suçlu olduğu sanılan ve bu nedenle kovuşturulan kimse. *... ve sanığın suçu ...* –İS.

sanıklık *a.* sanık olma durumu. *... artık sanıklığa alıştı, yaşamının bir yanını sanıklık oluşturuyor.* –İS.

sanılma *a.* karşıtının da doğru olabileceği kabul edilmekle birlikte şöyle ya da böyle olduğu düşünülme. *Yazımın sonuna gelirken, asıl konuyu bir yana bıraktığımın sanılmasını istemem.* –MCA.

sanılmak karşıtının da doğru olabileceği kabul edilmekle birlikte şöyle ya da böyle olduğu düşünülmek. *Dil öğretimini ... uygun iletişim becerilerine ayırarak öğretmenin daha kolay başarılabileceği sanılmaktadır.* –ÖD.

sanma *a.* sanmak eylemi. *... Ataç'ın şiiri bir numara, ama ustaca, hergelece bir numara sanmasını yeriyordur.* –MCA.

sanmak karşıtının da olasılığını düşünmekle birlikte bir şeyin şöyle ya da böyle olduğunu düşünmek. *Le Play, bu ailenin gelir ve giderini ortaya koyunca, onlar hakkında tam bir fikir edinebileceğini sanmıştır.* –NŞK.

sanrı *a. ruhb.* **1** sanrılama durumu. *Hafif bir sanrı havası içinde ...* –CSS. **2** sanrılanan şey. *... beni bir sanrı gibi gelip sarstığı süre ...* –DÖ.

sanrılama *a. ruhb.* gerçekten olmayan bir şeyi varmış gibi görme, işitme ya da duyma.

sanrılamak *ruhb.* gerçekten olmayan bir şeyi varmış gibi görmek, işitmek ya da duymak, varsanmak.

sanrılaşma *a.* sanrılaşmak eylemi.

sanrılaşmak sanrı özelliği edinmek, sanrı durumuna gelmek. *... beyaz cama bakıyorsun aptal aptal; imgeler belirip sanrılaşıyorlar; görünüp yitiyorlar...* –İS.

sapık *s.* **1** doğanın gösterdiği yoldan ayrılan, sapıklığı olan. **2** delice davranışları olan.

sapıklık *a. fels.* sapkıya düşme durumu. *Ne var ki cinsel sapıklık, eşcinsellikten daha geniş bir anlam taşır.* –OH.

sapınç *a. fels.* özel bir görevin doğal yasalara ya da kurala uygun sonucuna varmasına engel olan sapıklık. *Sapınç eğilim, eğinim ve eğsinim deyimleriyle karıştırılmamalıdır.* –OH.

sapkı *a. fels.* bir görevin, özellikle bir fizyoloji görevinin ters bir yön alması. *Sapkı deyimi yerinde de kullanılmıştır.* –OH.

sapkın *s.* **1** *fels.* doğru yoldan sapmış, sapınca düşmüş, özellikle dinsel inancını yitirmiş. *(Augustinus)... sapkın öğretilere karşı büyük bir tutku ile savaştı.* –MG. **2** sapkıya uğramış sapık[1]. *Ahlak ölçütlerine göre, sözgelimi, Bay Ölüm kötü, Korkut iyi, Bülbülün sapkın.* –Sİ.

sapkınlaşma *a.* sapkınlaşmak eylemi, sapkın bir duruma gelme.

sapkınlaşmak sapkın bir duruma gelmek. *Apaçık ki sapkınlaşmış bir toplum eleştirisinden yola çıkmaktadır.* –AO.

sapkınlık *a. fels.* doğru yoldan sapma, sapınca düşme, özellikle dinsel inancını yitirme durumu. *Hıristiyan öğretisinden bir sapma, bir sapkınlık (hairesis) diye şiddetle karşı çıkanlar ...* –MG.

saplantı *a. ruhb.* bir kimsenin takılıp kaldığı ve kendini kurtaramadığı düşünü. *Bir saplantıya mı uğradım?* –NU.

sapma *a.* **1** başka yola gitme. *Karatacalı Herillos'un, bilimi hayatın bir ereği olarak ve biricik mutlak iyi olarak açıklamaya kalkışması okulun öğretisinden açıkça bir sapma olarak gösterilir.* –BA. **2** *fiz.* serbest bir mıknatıslı iğnenin denge konumunda iken gösterdiği doğrultudan geçen düşey düzlemle, bulunulan noktanın meridyen düzlemi arasındaki açı. **3** *fiz.* bir ışının saydam bir biçmeden geçtikten sonraki doğrultusu ile ilk doğrultusu arasında ortaya çıkan açı.

saptama *a.* **1** bir şeyi bir yere saplanmış gibi, kımıldayamaz ya da değişmez bir duruma getirme, durağanlaştırma. **2** *mec.* bir şeyin durumu, niteliği üzerine kesin bilgi edinme. *Bu saptamalar katısız gerçek ya da değişmez doğrular mıdır?* –EmÖ.

saptamacılık *a.* saptama yapma işi, saptayıcılık. *Çünkü onun işi saptamacılık değildir yalnızca, yeni yorumlar getirmek zorundadır da sanatçı.* –AdB.

saptamak **1** bir şeyi bir yere saplamış gibi, kımıldayamaz ya da değişmez bir duruma getirmek, durağanlaştırmak. **2** *mec.* bir şeyin durumu, niteliği, niceliği üzerine kesin bilgi edinmek. *Önce şunu saptamakta yarar buluyorum ...* –MCA.

saptanım *a.* durağanlaşma.

saptanımcılık *a. fels.* türlerin değişmez olduğunu, öteden beri hep aynı durumda bulunduğunu ileri süren öğreti. *Tanrı, yaradılışın yedi gününde işini tamamlayıp bitirmiştir. Artık hiçbir şey değişmeyecek ve hep öyle kalacaktır. Saptanımcılık bu düşüncenin ürünüdür.* –OH. *... buna karşılık alıcı açısına matematik bir saptanımcılık veren yazarlar vardır ...* –NÖ.

saptanma *a.* durumu, niceliği, niteliği üzerine kesin bilgi edinilme. *En gerçekçi sayılan yazınsal metinlerin bile, gerçeğin kılı kılına bir saptanması olmadığını biliyoruz.* –EmÖ.

saptanmak durumu, niceliği, niteliği üzerine kesin bilgi edinilmek, saptama işine konu olmak. *Bu olgu yalnızca .... arkadaşlarınca saptanmış değildir.* –UM.

saptayıcı *a.* saptama işini yapan.

Kalem boyayla yapılmış bir resmi bez üzerinde saptayıcı bir sıvı vardı. –AN.

saptayım *a.* bir şeyin durumu, niteliğiyle ilgili kesin bilgi edinme, onu belirgin kılma, saptama. *Bu saptayımdan kalkarak yaşamını dilimizin gelişmesine ve üzleşmesine adamış Aksoy'un eylemi üzerinde durmak istiyorum.* –EmÖ.

saptırımcı *s.* Marksçılığı gözden geçirmek ve düzeltmek gerektiğini ileri süren (kimse, görüş).

saptırımcılık *a.* Marksçılığı gözden geçirmek ve günün koşullarına göre düzeltmek gerektiğini öne sürme.

sarılgan *s. bitb.* kendi kendine dikilip yükselemediği için başka bitkilere ya da başka şeylere sarılıp yükselen (sap, bitki).

sarım *a. fiz.* elektromıknatıslarda makara biçiminde sarılan iletken telin her bir halkası. *Bu sarımlardan geçen akım, sarımlara dik eksen boyunca her noktada manyetik alan oluşturur.* –EnÖ.

sarımlık *a.* yalıtkan bir makara üzerine bir miktar sarılmış, içinden elektrik akımı geçebilen yalıtkan telden oluşan aygıt.

sarkaç *a. fiz.* ağırlık merkezinin az çok üstündeki bir noktadan sarkıtılmış bulunan ve denge konumundan biraz ayırıp bırakılınca bir salınım devinimi yapmaya başlayan nesne. *Sarkaç yeniden yön mü değiştirecek?* –HCe.

sarkaçlanma *a.* sarkaç gibi gidip gelme. *İşte Türkiye'nin iç ve dış politikası Washington'un bu yakıcı gereksiniminin kıskaçları arasında sarkaçlanmaya başlamıştır.* –VÖz.

sarkaçlanmak sarkaç gibi gidip gelmek.

sarkıl *s. fiz.* sarkaç devinimine benzeyen (devinim).

sarkıt *a. yerb.* ve *coğr.* mağaralar içinde oluşan, tavandan aşağıya doğru uzayarak sarkan damlataşı, ki kireçtaşı tortusudur. *Uzun buzdan sarkıtlar biçiminde, dondu çığlık.* –GA. *Bu şekilde mağara tavanından aşağıya doğru uzayan sarkıtlar ve mağara zemininden yükselen dikitler meydana gelir.* –TAy.

sarmaç *a.* kadınların saçlarını kıvırmak için kullandıkları, üzeri çıkıntılı, silindir biçimli araç.

sarmal *s. fiz.* dolana dolana oluşmuş, dolantılı. ... *saat içindeki ince sarmal yay gibi.* –AK.

sarmallaşma *a.* sarmal özelliği kazanma.

sarmallaşmak dolantılı biçimde iç içe geçmek, sarmal özelliği kazanmak. ... *dört bir yanımız üst üste binerek sarmallaşan sorunlarla çevrilidir.* –İS.

sarmallık *a.* iç içe sarılmışlık, iç içe geçmişlik; sarmal olma durumu. *Edebiyat içi değerlendirmelerle, edebiyatı etkileyen edebiyat dışı yargıların sarmallığını hemen farkederiz.* –DH.

sarmaşan *bkz.* **sarılgan**

sarsaç *a.* titreşim oluşturan araç.

sarsı *a. yerb.* depremde sallanışların her biri.

sarsım *bkz.* **tedirginlik**

sası *s. ha.* kokuşmuş.

sasımak *ha.* kokuşmak. ... *doldurduğun sular sasıyacak bir gün.* –GT.

satımevi *b. a.* mal satılan işyeri. *Bu sözcük için satımevi karşılığını ... türetmiştim.* –CM.

satkın *s.* kutsal şeylere kötülük eden.

satkınlık *a.* kutsal olarak kabul edilen şeylere kötülük etme davranışı.

sav *a.* **1** (eskiden) söz (eskiden) haber. **2** (şimdi) ileri sürülerek savunulan düşünü. ... *kesin bir savla, yargıyla ortaya çıkmak* ... –SKA. **3** *mant.* tanıtlanması gereken önerme. *Örneğin Tanrı vardır savı Tanrı yoktur karşı savıyla bir çatışkı oluşturur.* –OH.

savak *a. coğr.* bir akarsuda, suyun akışını düzenlemek için, örneğin, gerektiğince su salmak, suyu geride alıkoymak gibi işler için yapılan düzen.

savaş *a.* **1** iki ya da daha çok devletin, birbiriyle siyasal ilişkilerini keserek, silahlı olarak çatışmaları, vuruşmaları. ... *ve devletler arasındaki uyuşmazlıklar ancak ve sadece savaşla çözümlenir.* –OH. **2** *mec.* bir şeye karşı yapılan ortadan kaldırma, yok etme uğraşı. **savaş bölgesi 1** *tüze.* savaşın yapılmakta olduğu bölge, ki bu bölgede savaşan yanlar her türlü savaş eyleminde bulunabilirler. **2** *mec.* bir şeyi yok etmeye uğraşılan bölge. **savaş durumu** *tüze.* savaşın ilanı ile başlayan ve barış anltlaşmasının imzası ile sona eren süre ve bu süre içindeki durum. ... *başlangıçta savaşla ilgili olarak tanımlanan "insanlığa karşı suçlar", giderek savaş durumuyla ilgili olmayanları da kapsayacak bir genişlik kazanmıştır.* –MuS. **savaş suçları** *tüze.* savaş geleneklerini bozucu davranışlar, ki sivil halkın kırımı, halka kötü davranış ve zorla çalıştırma ya da sürme, savaş tutsaklarına karşı yapılan kötü davranışlar ve onları öldürmeler, yağma, kentlerin yakılıp yıkılması gibi askeri zorunluk olmayan eylemler savaş suçları sayılmaktadır. *Savaş suçları, savaş yasa ve geleneklerinin çiğnenmesi anlamına gelen eylemlerdir.* –MuS. **savaş tutsağı** *tüze.* savaş sırasında tutsak edilen askerler ya da askerlikle ilgili işlerde görev almış kimse. ... *bu hukuk ... savaş hasta ve yaralılarıyla savaş tutsaklarına davranış biçimini ... düzenleyen kurallardan oluşmuştur.* –MuS.

savaşbilim *b. a.* savaşı toplumsal bir olgu olarak ele alıp inceleyen bilim dalı. *Bu arada siyaset sosyolojisine savaşbilimden geldiğimi söylemeliyim.* –SY.

savaşçı *s.* **1** savaşan, savaş durumunda bulunan. *Şiirde savaşçıların savaştığı ve öldüğü dekor, çağrışım uyandıran bazı kelimelerle anlatılmıştır.* –MKa. **2** iyi ya da çok savaşan. **3**. *mec.* bir şeyi yapmaya ya da ortadan kaldırmaya uğraşan. *Bir toplumun ... kültür savaşçısı olan sanatçı* ... –ÖN. **4** savaş yanlısı. *Barışçılarla savaşçıları karşı karşıya getiren ve bir türlü bağdaştırılamayan bu güç problemi daha ziyade bilimsel açıdan bir başarıya ulaştırmak mümkündür.* –FA.

savaşçılık *a.* **1** savaşçı olma özelliği ya da savaşseverlik. *Cezayirlilerin savaşçılığına, yiğitliğine bir kez vurulmuşsunuz.* –NP. **2** *mec.* uğraşmadan yılmama niteliği, uğraşçılık. *Muhsin Ertuğrul ... hayranlık uyandıran savaşçılığı ile yolundan sapmadan ... sanat hayatının altmışıncı yılına girdi.* –ÖN.

savaşılma *a.* savaşılmak eylemi. ... *bunlara karşı Rafızi olmaları yüzünden savaşılması ancak devletin lüzum gördüğü zamanlar ... olmuş.* –NB.

savaşılmak 1 savaşla karşı konulmak. **2** uğraşılmak, yok edilmeye çalışılmak.

savaşım *a.* **1** bir şeye karşı yapılan ortadan kaldırma, yok etme uğraşı. **2** iki yan arasında birbirlerine isteklerini kabul ettirmek için yapılan yeğin çatışma. *Sınıflar arasındaki çatışma, bir savaş değil, bir savaşımdır.* –OH. **3** herhangi bir ereğe varmak ya da bir güce karşı koymak ereğiyle bir kişinin ya da topluluğun sürekli çabası. *Bir bakıma batı uygarlığı, kilise ile savaşım sürecine indirgenebilir, ama bu savaşım, Curtius'un da anlattığı gibi, ulusallıkların doğuşunu de içermektedir.* –MCA.

savaşımcı *a.* herhangi bir konuda sonuca ulaşıncaya değin savaşan, çabalayan kimse. *Ataç'sa kişinin savaşımcı olmasını ... savunur.* –Sİ.

savaşımcılık *a.* savaşımcı olma durumu. *Bu sözcüklere bakınca ... Ataç ustanın yılmaz, ödünsüz savaşımcılığının değeri daha iyi anlaşılacaktır sanırım.* –MSA.

savaşma *a.* savaşmak eylemi.

savaşmak 1 (ordu ölçüsünde iki silahlı güç) karşı karşıya gelip vuruşmak, çarpışmak. *Şiirde savaşçıların savaştığı ve öldüğü dekor, çağrışım uyandıran bazı kelimelerle anlatılmıştır.* –MKa. **2** *mec.* bir şeyi yok etmeye uğraşmak: Bilisizlikle savaşmak, salgın sayrılıklarla savaşmak gibi. *Düşünce ile savaşmak, zararlı sanılan düşünce ve eylemleri önlemek, kurşunla veya hançerle olmaz.* –HVV. **3** *mec.* karşı olunan biriyle uğraşmak, onu bir işte engellemeye çalışmak.

savcı *a.* kamu adına ve yararına, kamu haklarını ve tüzeyi yerine getirmek ereğiyle, sanıkları yargıç önüne getiren, kovuşturan görevli, ki Adalet Bakanlığı'na bağlıdır. *Savcı kamunun temsilcisi ...* –İS.

savcılık *a.* savcının görevi ya da görevini yaptığı yer. *... sonradan, savcılık, filmde de, açık oturumda da herhangi bir suç unsuru görmediğinden, takipsizlik kararı verdi.* –NÖ.

savlama *a.* savlamak eylemi, sav. *Böyle bir savlama karşısında mahkeme, saldırıya uğrayan kadın için polis araştırmasına mı başvuracak?* –MCA.

savlamak kanıtlanması gereken bir düşünü ileri sürmek, bir savda bulunmak. *... ele aldığı öz Türkçe sözcüklerin yanlışlığını savlamak için zorlanıp bin dereden su getiriyor.* –EmÖ.

savlı *s.* savı olan. *... savlı roman yazmak zordur.* –FO.

savsa *be.* yavaş, ağır.

savsak *s.* işlerine önem vermeyip onları gelişigüzel yapıveren ya da hep ertesi güne bırakan, savsaklayan.

savsaklama *a.* bellibaşlı bir neden olmaksızın bir işi geri bırakma; umursamama; gelişigüzel yapma. *Bu da onların, nesnenin biçimini ve yersel rengini savsaklamalarına ... yol açar.* –SB.

savsaklamak bellibaşlı bir neden olmaksızın bir işi geri bırakmak. *Ayrıca ... maden işçilerinin isteklerinin görüşülmesini savsaklamak insansal ve ahlaksal bakımdan çok çirkin olur ...* –HVV.

savsaklanma *a.* (bir iş) bellibaşlı bir neden olmaksızın geri bırakılma, yapılmasına önem verilmeme. *Bu görevin savsaklanması, devlete dönük güveni iyice sarsar.* –HCe.

savsaklanmak (bir iş) bellibaşlı bir neden olmaksızın geri bırakılmak, zamanında yapılmasına özenilmemek. *Anadil eğitimi küçümsenerek savsaklanmakta, bilimsel anlatımda arka plana itilmektedir.* –ÖD.

savsaklık *a.* savsak olma özelliği.

savsal *s.* sav niteliği taşıyan, savla ilgili. *Hakikat ... yazarın belli kişilere söylettiği ... savsal bildirimler biçiminde de ortaya çıkabilir.* –AÇ.

savsama *bkz.* **savsaklama**

savsamak *bkz.* **savsaklamak**. *Bir cumhurbaşkanı ... halkın içinde yaşayamaz; çünkü onun işleri yoğundur ... bu yüzden özel yaşamını savsamak zorunda kalır ...* –MCA.

savsanma *bkz.* **savsaklanma**

savsanmak *bkz.* **savsaklanmak**. *Küçük sorunların savsandığı toplumlarda büyük sorunlar hastalığı baş gösterir.* –MCA.

savsöz *b. a.* bir düşünüyü yaymak, bir eylemi desteklemek için ortaya atılan kısa ve çarpıcı söz. *Breton'un bir önerisini savsöz olarak seçmiş: Yaratış, zihnin elektriğine yol göstermelidir.* –CSS.

savsözcü *b. s.* savsöz düşkünü. *Bir kez savsözcü sanat, yaşama içten değil, dıştan bakar.* –EmÖ.

savsözcülük *b. a.* savsöz düşkünlüğü. *Savsözcülükte sanatçı önceden saptanmış bir öğreti ya da düşüncenin yedeğine girmiştir.* –EmÖ.

savsözleşme *b. a.* savsözleşmek eylemi.

savsözleşmek savsöz durumuna gelmek. *Daha doğrusu sanatçı, savsözleşmiş, işlene işlene aşınmış birtakım söz kalıplarından yola çıkar.* –EmÖ.

savunak *a.* savaşta arkasında yer alarak düşmana kurşun atılan toprak yığını, korunmak için sığınılan yer. *Kımıldamaya başlayan Türk faşizmi, Atatürk'ün iradesi dışında barınaklar, savunaklar hazırlamaya çalışıyordu.* –HİD.

savunca *a.* ortaya atılıp savunulan görüş, sav. *Anadolu sevgisine, uygarlıklarına onu bağlayan Atatürk'ün tarih savuncası ve onu bu yolda cesaretlendiren de Halikarnas Balıkçısı olmuştur.* –SKa.

savunma *a.* savunmak işi. *... olaylar zincirinin doğurduğu savunma kaygılarına dayanır.* –NN.

savunmak herhangi bir saldırıyı geri çevirmeye çalışmak. *... karmaşık bir uygarlık yaratmanın bir üstünlük olduğunu savunmak ne kadar olanaklıysa bir sapıtma olduğunu savunmak da aynı derecede olanaklıdır.* –NŞK.

savunman *a.* hak ve yasa işlerinde isteyenlere yol göstermeyi, mahkemelerde başkalarının hakkını savunmayı meslek edinen ve bunun için yasanın gerektirdiği koşulları taşıyan kimse. *Konu, 102 davada sanıkları savunan bir savunmanın serüveni.* –MEk. *Avukat karşılığı olarak savunman sözcüğünü ... türetip ... kullanıştım.* –CM.

savunmanlık *a.* savunmanın işi ve görevi. *Baroların üyelerinin savunmanlık yapmalarını yasaklama yetkileri bunun bir örneğidir.* –CM.

savunmasız *s.* savunma gücü olmayan. *Fransız orduları Hitler karşısında çökünce Fransa Paris'i "açık kent" ilan etti: Savunmasız bir kente saldırılmayacağı için.* –VB.

savunsal *s.* savunma içerikli, savunmaya yönelik. *... bir yönüyle bilimsel, savunsal, bir yönüyle kavgacı bir yapı gösteren bu yazılar, öz Türkçeye, dolayısıyla Türk Dil Kurumu'na saldıran-*

lara bir yanıt anlamı taşıyor. –AdB.

savunu *bkz.* **savunma**. ... *şiir üstüne ozanlarca yazılan yazıları ... bir savunu olarak görmek gerekecektir.* – MCA.

savunucu *s.* **1** bir şeyi savunan (kimse). *Zola ... izlenimcilerin basındaki sözcüsü, savunucusuydu.* –SB. **2** *sp.* kimi takım oyunlarında savunma görevini üstlenen oyuncu.

savunuculuk *a.* savunu yapma işi, savunma işi. *Bu, bir yerde, uzun süreden beri savunuculuğu yapılan bir soyutçuluğun fiyaskosudur.* –AKö.

savunulma *a.* saldırıya karşı korunulma. *Daha deşersek, bunun altından ... görece özgürlüklerin savunulması çıkacaktır.* –MD.

savunulmak saldırıya karşı korunulmak. *Osmanlı Türkçesine geçmiş Arapça, Farsça sözcükler savunulmakta, ama öz be öz Türkçe olan devrik anlatım yazı diline sokulmamaktadır.* –ÖD.

savut *a.* pusat, silah. *Karşılarındakı ko,l küçük; küçücük ama düzenli, savutlu.* –BK.

savutlu *s.* savutu olan.

savutsuz *s.* savutu olmayan.

savyazı *b. a.* üzerine belli bir söz yazılmış, gösteri yaparken elde taşınan, propaganda ya da tanıtma ereğiyle bir yere asıyan bez ya da karton.

sayaç *a.* havagazı, doğalgaz, elektrik, su gibi şeylerin kullanılan niceliğini gösteren aygıt. *Beyaz eldivenleriyle uyuşturucu/Bülbülüyle sayaçlı.* –CSS.

saydam *s. fiz.* içinden ışığın geçmesine ve arkasındaki şeylerin görülmesine engel olmayan (nesne). *Dağlarca'nın şiiri ele geçmeyecek kadar kaygan, gözle görülemeyecek kadar da saydamdır kimi zaman.* –EC.

saydamlaşma *a.* saydam bir görünüm alma ya da saydamlık edinme. ... *kanarya sarısının saydamlaşmasıyla elde edilen ışığı harekete geçiriyor.* –OR.

saydamlaşmak saydam duruma gelmek. *Çevirinin yapısında derinleştikçe, genellikle dilin varlığı saydamlaşıyor gözümde.* –NU.

saydamlaştırma *a.* saydam bir duruma gelmesini sağlama. ... *eline aldığı her konuyu saydamlaştırmada büyük ustaydı.* –İS.

saydamlaştırmak saydam duruma getirmek. *Ne var ki ... konuyu saydamlaştırmak da gerekiyor.* –İS.

saydamlık *a.* ışığı geçirgenlik; saydam olma özelliği. ... *bir resmin üstüne konan renkli cam gibi onları kendi saydamlığında değiştirir.* –OR.

saygı *a.* **1** büyüklere, yaşlılara, değeri yüksek olanlara, kutsal bilinen şeylere karşı duyulan sevgi ile çekinme karışık bağlılık duygusu. *Biz, gösterici ışığın, görecek göz ve görülecek maddeye karşı saygı beslediği yerden başkasında olamazdık.* –NFK. **2** başkalarını rahatsız etmekten çekinme duygusu.

saygıdeğer *b. s.* saygı duyulan, saygı gösterilen, sayın. ... *seksen altı yaşında saygıdeğer bir insanın her söylediğinde keramet aranması ...* –İS.

saygıdeğerlik *b. a.* saygıdeğer olma durumu. *İnsan soyunun saygıdeğerliği, insan soydaşlarını öldürmedeki ustalığından gelmez.* –AG.

saygılı *s.* saygısı olan, başkalarına saygı gösteren. ... *kullandığı yöntem de bilimsel gerçeğe saygılı bir tinbilimcinin yöntemi değildir ...* –TY.

saygılılık *a.* saygı gösterme, başkasına karşı saygı gösterme durumu. *Pir Sultan, alçakgönüllülüğü, suskunluğu, saygılılığı, içliliği ile Doğu'nun tinsel gücünü temsil eder.* –SŞ.

saygın *s.* sayılan, saygı gören. *Esas, Türk ulusunun onurlu ve saygın bir ulus olarak yaşamasıdır.* –UM. *Gerçi sanat ve bilim, onların kitaplarında saygın bir karşılama görür ...* –MCA.

saygınlaşma *a.* saygın bir duruma gelme, saygınlık edinme. *Yaptığı işi insan sevmeli, hem de iyi para kazanmalı, toplumda saygınlaşmalı.* –İS.

saygınlaşmak saygı gören bir duruma gelmek, saygınlık kazanmak. *Banka cüzdanıyla saygınlaşmak yolunda yoğun bir propaganda toplumda ... geçerlidir.* –İS.

saygınlaştırma *a.* saygın bir duruma getirme.

saygınlaştırmak saygın bir duruma gelmesini sağlamak, saygınlık kazandırmak. *Kişiliğini saygınlaştırmak ... amacıyla vakıflara yardım kuyruğuna girdi.* –İS.

saygınlık *a.* saygın olma durumu, saygı görme durumu. *... onu saygınlıktan uzaklaştıracağı sanısına kapıldığımızı gösterir.* –EC.

saygısız *s.* saygısı olmayan, başkalarına saygı göstermeyen. *Saygısız tutumum bu nedenden ileri geliyordu.* –NN.

saygısızlık *a.* saygısı olmama, başkalarına saygı göstermeme durumu; saygısızca davranış. *Halk şundan anlar, bundan anlamaz diye düşünmek bir saygısızlıktı ona karşı.* –SE.

sayı *a.* **1** *mat.* sayma, ölçme, tartma gibi işlerin sonunda bulunan birimlerin kaç olduğunu anlatan söz. *... bu dünya yanında sonsuz sayıda başka dünyalar da vardır.* –BA. **2** süreli yayınların her çıkışlarında aldıkları sıra numarası. **asal sayı** *mat.* 3, 5, 7 gibi kesirsiz olarak bölünemeyen, ancak kendisiyle ve 1 sayısıyla kesirsiz olarak bölünebilen sayı.

sayıbilgisel *b. s. bkz.* **sayıbilimsel**.

sayıbilgisi *b. a. bkz.* **sayıbilim**. *"Aritmetik" için "sayıbilgisi" ...karşılıklarını benimsemişlerdi.* –CM.

sayıbilim *b. a.* matematiğin, sayılardan, bunların özelliklerinden, işlemlerinden söz eden dalı, sayıların kuramsal bilimi. *Sayıbilim de denir.* –OH.

sayıbilimci *b. a.* sayıbilim uzmanı.

sayıbilimsel *b. s.* sayıbilimle ilgili. *... dillere ilişkin büyük çapta veriler sayıbilimsel çözümlemeler için gözlemcilere açık.* –AyK.

sayılama *a.* **1** *toplb.* bir sonuç çıkarmak ereğiyle olguları yöntemli bir biçimde toplayıp sayı halinde gösterme işi ve bu işi kendine konu alan bilim. *Elimizde böylesi bir sayılama bilgisi olmadığından bu yardımların ne tuttuğunu bilemiyoruz.* –İKu. **2** *mat.* iki eldeki parmakların toplam sayısı olan "on"a dayanarak sayıları adlandırma ve yazma yöntemi, ki on kuralı da denen bu yöntemle 0, 1, 2, 3, 4, 5, ,6 7, 8, 9 olmak üzere yalnız on öğe ile insan kafasının düşünebileceği bütün sayılar yazılabilir ve gösterilebilir.

sayıltı *bkz.* **varsayım**. *... bazı sayıltıları ve bunların başlangıçta belirtilmesini gerektirmektedir.* –BG.

sayım *a.* saymak işi. *... çeşitli anketler ve sayımlarla halk eğilimlerini ölçmeye başlarlar.* –İS.

sayımbilim *b. a.* sayımlamayla elde

edilen bilgileri konu alan, bu tür bilgilerle çalışan matematik dalı.

sayımbilimci *b. a.* sayımbilim alanında çalışan uzman.

sayımbilimsel *s.* sayımbilimle ilgili.

sayımlama *a.* vergi, yargı, sanayi ve tarım üretimleri, nüfus, hastalık vb. gibi belli alanlardaki bilgileri, olguları, bir sonuç çıkarmak ereğiyle, yöntemli bir biçimde toplayıp sayılar halinde gösterme işi, sayılama.

sayın *s.* **1** kendisine saygı gösterilen, saygıdeğer. *Diyelim, sayınlardan biri, yahut birkaçı, kürsüye bir önerge vermiş.* –DN. **2** kendisine söz söylenen ya da kendisinden söz edilen kimsenin adından ya da soyadından önce, saygı göstermiş olmak için kullanılır; yazıda da aynı yol tutulur "Sayın Ahmet Bilir" "Sayın Ayşe Bilir" gibi .

sayıntı *bkz.* **yapıntı**. *Düzlem dalga kavramı... sayıntıdan başka bir şey değildir.* –ÖÜ.

sayısal *s.* sayı ile ilgili; sayılarla yapılan. *Harcadığı paraların sayısal sonucunu söylesem bugünkü para ile gülünç gelebilir.* –MKe.

sayısallaştırma *a.* (bilgisayar) ayrı değerler alabilen veriyi sayılarla deyimlendirme. *Bu küçük çevre birimlerinin sayısallaştırma niteliği ... ekranda kroki, logo, maket ... yapma olanakları verir.* –İKı.

sayısallaştırmak (bilgisayar) ayrı değerler alabilen veriyi sayılarla deyimlendirmek. *Örneğin Mac LC'de ses işlemcisi ve sesi sayısallaştıracak olanak var.* –İKı.

sayısallık *a.* sayısal olma durumu. *... ortaya çıkan sayısal gerçekler acı; sayısallık dışındaki gerçekler daha da beter ...* –İS.

Sayıştay *a.* devlet harcamalarının hesaplarını denetleyen yüksek kurul. *Sonra Sayıştay, Nazmiye Hanım'ın berberinin masraflarını onaylamadı.* –İS.

saymaca *s.* gerçekte öyle olmadığı halde öyleymiş gibi kabul edilen, öyle sayılan. *... saymaca bir ayrıcalığı olan kişinin ...* –NA. *Sinema tartışmaları alanında yıllardır enflasyon yaratmış olan kurgu, kaynağı çok belirsiz saymaca bir paradır.* –NÖ.

saymacalaşma *a.* saymacalaşmak eylemi.

saymacalaşmak saymaca özelliği taşımak, gerçekte öyle olmadığı halde öyleymiş gibi işlem görmek. *... gösterge de yeniden işlemeye başlar, yinelenir ve değeri saymacalaşır ...* –MY.

saymacalık *a.* saymaca olma durumu. *Gene de yanlılık, saymacalık demek değildir.* –TY.

sayman *a.* **1** bir yerde hesap işlerine bakan kimse. *Bir işyerinin saymanı ertesi gün işçilere dağıtmak üzere bankadan çektiği bir çanta dolusu parayı evinde oturmuş sayıyor.* –MH. **2** bir dernekte, o derneğin hesap işlerinden sorumlu yönetim kurulu üyesi.

saymanlık *a.* **1** (bir yerde) hesap işlerinin görüldüğü yer. *Saymanlıktan ... kaşları çatık adam çıkınca kestik sesi.* –MH. **2** saymanın görevi.

sayrı *s.* sağlık durumu bozuk olan, esenliği yerinde olmayan. *Türkçe sayrı deyimi hasta anlamındadır.* –OH.

sayrıevi *bkz.* **sayrılarevi**. *Çocuğunu sayrıevine kim götürdü?* –MEk.

sayrıl *s.* kendisinde sayrılık bulunan, sayrılıklı; sayrılıkla ilgili. *Doğuştan* *sapıklıklar karşılığında kullanılır, sayrıl terimiyle anlamdaştır.* –OH.

sayrılanma *a.* sağlığı bozulma, sayrı olma. *Ama ... sayrılanması bu işi geciktirdi.* –TS.

sayrılanmak sayrı olmak. *... üşütmüşüm, sayrılandım onun için.* –NA.

sayrılarevi *b. a.* sayrıların yatırılarak sağaltımlarının yapıldığı, bakıldığı yer. *Ezra Pound, 1 Kasım 1972 günü Venedik'te bir sayrılarevinde öldü.* –CSS.

sayrılaştırma *a.* sağlığını bozma, sayrı olmasına yol açma.

sayrılaştırmak sayrı duruma getirmek. *... sanıyorum ki, ruh, dayanıksız düşünce bedeni sayrılaştırıyor.* –MCA.

sayrılık *a.* örgenlikte birtakım değişikliklerin ortaya çıkmasıyla fizyoloji görevlerinin bozulması durumu sayrı olma durumu, esenlik karşıtı. *... ya gözlerinizde, ya beyninizde sizin bir sayrılığınız var demektir.* –NA.

sayrılıkbilim *b. a.* sayrılığın nedenlerini, gidişini, dokulardaki etkisini inceleyen bilim dalı. *Bu tür bir eğlencenin sayrılıkbilimi ağırdır ...* –TY.

sayrılıkbilimci *b. a.* sayrılıkbilim alanında uzmanlaşmış tıp adamı.

sayrılıkbilimsel *b. s.* sayrılıkbilimle ilgili.

sayrılıklı *bkz.* **sayrıl**. *Mesleğim nedeniyle sayrılıklı insan ruhunu tanımaya çalıştım.* –MŞO.

sayrımsama *a. ruhb.* kişinin gerçek olmadığı halde, kendisini sayrı ve güçsüz göstermeye çalışması.

seçenek *a.* seçme durumunda, birinin yerine seçilebilecek bir başka yol. *Ayrıntıya gitmeden değineceğim etkenler, öbür seçenekleri de kapsamaktadır.* –AdB.

seçenekli *s.* seçeneği bulunan. *Günlük yaşamda seçenekli mantık yöntemi çok kullanılır.* –İS.

seçeneklilik *a.* seçeneği olma durumu.

seçeneksiz *s.* başka hiçbir seçeneği bulunmayan. *Pek değerli zamanlar böylesine bağımlı ve seçeneksiz bir politikanın uyduluk felsefesinde yitirilmiştir.* –İS.

seçeneksizlik *a.* başka hiçbir seçeneğin bulunmama durumu. *Türkiye'de ise, tersine bir gelişmeyle ekonomi kendi içinde seçeneksizlik noktasına gelmiştir.* –YD.

seçi *a.* seçmek işi.

seçici *s.* seçme işini yapan. *Bir kavram ve kelime seçicisidir Ayhan.* –DH.

seçici kurul seçme işini yapan kurul. *1875 Devlet Resim Sergisi seçici kurulu üyeleri de tablo karşısında irkilmişler ve onu geri çevirmişlerdir.* –SB.

seçicilik *a.* seçici olma durumu. *Editör yalnızca seçicilik işlevini yapmakta .. önerileri uygulama alanına sokamamaktadır.* –DH.

seçik *s.* **1** *fels.* nitelik bakımından ayrı olan. **2** açık; kolay seçilen. *Descartes'a göre bilgi ... seçik olarak anlaşılır bulunmalıdır.* –OH.

seçikleşme *a.* bulanık bir yanı kalmama, açık ve seçik bir duruma girme.

seçikleşmek bulanıklığı gitmek, açık seçik bir duruma girmek, iyice belirginleşmek. *Denilebilir ki ... sosyalist yayınevleri ile burjuva yayınevleri seçikleşecektir.* –VÖ.

seçiklik *a.* **1** seçik olma durumu. **2** belirginlik, bellilik. **3** hiçbir bulanıklığa yer olmadan, bütün çizgileriyle açıkça görünür olma. *İşte görüntünün bulanıklaşmaya başladığını sezer sezmez, kameraman kamerasının üzerindeki seçiklik ayar düğmesini hafifçe çevirmeye başlayarak, görüntünün seçiklik kazanmasını sağlamalıdır.* –MTÖ.

seçim *a.* oy^2 ile yapılan seçmek işi. *1965 milletvekili seçimlerinden önce, bir seçim sloganı halinde....* –NN. **genel seçim** TBMM için yapılan seçim. *Böyle bir durumda genel seçimleri erkene alıp da kaybederse ne olur?* –NN. **seçim bölgesi** (ya da **çevresi**) seçimin yapıldığı her bir bölge, ki her il bir seçim bölgesidir. **seçim dönemi** iki genel seçim arasında geçen süre. *Dört seçim dönemini kapsayan 16 yıllık bir süre ...* –TZT. **seçim kurulu** seçimin yasaya uygun olarak yapılmasını denetleyen kurul. **seçim sandığı** seçimde oyların içine atıldığı sandık. **seçim suçları** *tüze.* seçimlerde ilgili yasalara ve tüzüklere aykırı davranışlardan doğan suçlar. **seçim tutanağı** bir seçim sonunda seçilenlerin, seçimlere ilişkin yasa ve tüzüklere uygun olarak seçildiklerini saptayan belge. **seçim yılı** genel seçimlerin yapılacağı yıl. *Biz köylüye, ürünleri için, tarihimizin en yüksek değer artışlarını sağladığımızda seçim yılı da değildi.* –BE. **yerel seçim** yerel yönetimler için yapılan seçim. *Önümüzde yerel seçimler var.* –NN.

seçimlik *s.* **1** isteğe bağlı olan; isteğe bırakılmışlık, seçmeye bırakılan, seçmece. *Profesör Başkan, yabancı dil öğretiminin seçimlik ders haline konulmasını salık veriyor.* –RN. **2** seçim dolayısıyla ortaya konan. *Fakat 1977 bütçesi, seçimlik ve göstermelik bir bütçe olmasına karşın, seçimlere kadar geçecek süreyi bile çıkarması çok zor bir bütçedir.* –BE.

seçki *a. yaz.* yazınsal ürünlerden seçilerek oluşturulan ve türlü yöntemlere göre düzenlenebilen kitap. *Bir seçki düzenlemeye kalksaydım, Orhan Veli'nin şu şiirlerini seçerdim ...* –HH. *Hazırlanacak "seçki"de yer genişse çok şiir seçerdim Orhan Veli'den.* –FB.

seçkici *a.* seçki hazırlayan kimse. *... bilgilendirmeye yönelik seçkilerde seçkicinin beğenisi ön plana çıkmaz.* –EmÖ.

seçkin *s.* benzerleri arasında niteliklerinin yüksekliğiyle beliren, göze çarpan. *... ordunun seçkin bir temsilcisini ...* –NN.

seçkinci *a.* seçkincilik yanlısı. *... böyle bir düşünüş geçmişte doğrulanmış olsa bile günümüzde artık bürokratik oligarşinin ayrıcaklarını sürdürmelerine gerekçe olabilen seçkinci bir anlayıştan başka bir şey değildir.* –HC.

seçkincilik *a.* halk yığınlarının her türlü yaratıcı etkinlikten ve kendini yönetecek güçten yoksun olduğunu, kendini yönetebilmek için seçkinlere gereksemesi bulunduğunu ileri süren görüş. *... bu terimler ya halkçı bir seçkincilik ya da seçkinci bir halkçılık rengine bürünmektedir ...* –HC.

seçkinleşme *a.* seçkin bir duruma gelme.

seçkinleşmek seçkin bir duruma gelmek. *... Seçkinleşmek tavrıyla bağdaştırılabilir.* –DH.

seçkinleştirme *a.* seçkin bir duruma gelmesini sağlama.

seçkinleştirmek seçkin bir duruma gelmesini sağlamak. *Japon bahçıvanların çiçek türlerini seçkinleştirmek istediklerinde ...* –SB.

seçkinlik *a.* benzerleri arasında niteliklerinin yüksekliğiyle belirme durumu. *Gene de, insan, beğenilerinin seçkinliğiyle hayvandan ayrılır.* –AfT.

seçmeci *s. fels.* türlü düşünceleri tek bir düşüncede kaynaştırmaya çalışan. *İranlı Mani'nin kurduğu Manişeizm dini seçmeci bir dindir ve Zerdüşt diniyle eski Babil inançlarının, Yeniplatonculuğun, Suriye Hıristiyanlığının kaynaştırılmasından meydana gelmiştir.* –OH.

seçmecilik *a. fels.* türlü düşünceleri tek bir düşüncede kaynaştırma yöntemi. *... bu eğilim sonunda ortalama bir çözüme, bir seçmeciliğe varılacaktır ...* –MG.

seçmeli *s.* isteğe, seçmeye bağlı, zorunlu olmayan. *Yabancı dil ... yalnızca istekli ve başarılı olanlara açık ve seçmeli yapılmalıdır.* –VD.

seçmen *a.* seçimde oy kullanma hakkı olan kimse. *Kaygıları gidermeye yarayacak biricik umut kapısı seçmen vatandaşın yarınki olumlu davranışı ile açıklanabilecektir.* –NN.

seçmenlik *a.* seçmen olma görevi. *Seçmenlik önemli bir görevdir.* –OA.

seki *a. coğr.* akarsu yamaçlarında, engebeli yerlerde rastlanan basamak biçimli düz ve yüksekçe yer. *Sekinin üstü düz, önündeki yamaçlar dikçedir.* –Rİ.

sekizgen *a. mat.* sekiz kenarlı çokgen. *Bütün rüzgârlar resmedilmiş bu sekizgen taş yapıya.* –SEr.

selen *a. dilb.* insanın kulağı ile duyduğu her şey. *... selenli ünsüzlerden sonra gelen ünsüzlerin ...* –TNG.

selenli *s. dilb.* "yurt", "ilk", "genç" "üst" sözcüklerinde görüldüğü gibi, ünlü değerinde olup kendinden sonra ünsüz alabilen *r, l, m, n, s* gibi ünsüzlerin bu bakımdan ortak adı. *... selenli ünsüzlerden sonra gelen ...* –TNG.

sepettopu *b. a. sp.* topu sepete sokarak elden geldiğince çok sayı yapmaya dayanan, beşer kişilik iki takımca oynanan bir top oyunu. *Princeton sepettopu maçlarından haberim olmadığı gibi ...* –SÖ.

sergen *a.* **1** üstüne öteberi koymak için duvara ya da dolabın içine tutturulmuş genişçe ve uzunca tahta. *Kitap sergenlerinin önünden bir suçlu gibi geçiyorum ...* –MAnd. **2** tahıl ve benzeri şeylerin kurutulmak üzere serildiği yer.

sergi *a.* **1** göstermek, tanıtmak, satmak gibi özel erekle yapılan sergileme işi ve sergilenen şeyler. *Çünkü sergi, sergicilik kavramına yabancı idi o zaman toplumumuz.* –MCA. **2** sergileme işinin yapıldığı yer. *... kentin eski mahallelerinde çoğu zaman ot, meyve sergileri kurulur.* –İB.

sergici *a.* sergide öteberi satan kimse. *Bugün ahbabım olan başka bir kadın sergiciye kitabını satanlar olup olmadığını sordum.* –SÖ.

sergicilik *a.* sergide öteberi satma işi. *Çünkü sergi, sergicilik kavramına yabancı idi o zaman toplumumuz.* –MCA.

sergievi *b. a.* genellikle sanatsal ürünlerin sergilendiği yer. *Tiyatro, bir sergievi, bir fuar değildir.* –MCA.

sergileme *a.* sergileme eylemi. *Açıklama, betimleyerek yapılır ... bir nesnenin özünü sergileme amacını güder.* –OH.

sergilemek 1 tanıtmak ereğiyle, bir şeyi ya da şeyleri herkesin görebileceği bir yerde, düzenli bir biçimde yerleştirmek. *Resimlerini toplamak, sergilemek kimsenin aklına gelmiyor.* –AO. **2** bir bir göstermek, ortaya koymak. *Sıralanan kavramları birbirlerinin karşıtı olarak kullanarak ... kullanışa göre ayrımlı anlatımları amaçladığını sergilemek olanaklı.* –ÖŞ. **3** *mec.* açılıp saçılmak.

sergilenme *a.* bir bir gösterilme, sergileme yoluyla ortaya konulma. *... diz boyu cehaletlerinin sergilenmesinden sonra ...* –UM.

sergilenmek bir bir gösterilmek, ortaya konulmak. *Her tabloda önce düzen bozukluğu sergilenmekte ... en sonda da Pir Sultan'ın kendisi çıkagelmektedir.* –SŞ.

sergilik *s.* **1** sergiye konacak nitelikte olan (şey). **2** *a.* dükkân ya da ona benzer yerlerde eşyaları alıcılara göstermek için yapılmış olan cam dolap ya da camlı bölme. **3** *a.* sergi açılan yer, sergievi.

serim *a. yaz.* yazınsal bir yapıtta, özellikle tiyatroda kişilerin, olayın anlaşılmasını sağlayan başlangıç bölümü. *Serimden sonra gelen olayın çatallaştığı yerdir.* –EmÖ.

sertdoku *b. a. bitb.* bitkilerde diken, kabuk gibi sert bölümleri oluşturan destedoku türü.

sesalıcı *b. a.* sonradan çalmak üzere, sesi manyetik bir bant üzerine kaydeden aygıt. *... teyp, teyp rekordır sözcükleri için sesalıcı karşılığını ... türettim.* –CM.

sesbilgisi *bkz.* **sesbilim**. *Kâşgarlı Mahmut sesbilgisinde olduğu gibi ...* –ZKo.

sesbilim *b. a.* bir dilin sözcüklerindeki ses değişimlerini ve bu değişimlerin tarihini inceleyen, bir dilin ses dizgesini oluşturan seslerin nereden ve nasıl çıkarıldıklarını, konuşma organlarının işleyişini ele alan, sesleri söyleyiş ve akustik özelliklerine göre sınıflandıran dilbilim dalı. *Jacobson, her şeyden önce, çağdaş sesbilimin kurucularından biridir.* –CSS.

sesbirim *b. a. dilb.* bir dilde, anlam ayrımlarını gösteren en küçük ses öğesi. *Yeryüzündeki dillerde 15 ile 60 arasında sesbirim kullanılmaktadır.* –AyK.

sesbüyütür *b. a.* elektrik dalgalarını ses dalgalarına çeviren ve gerektiğinde sesi yükselten aygıt.

sesçil *s. dilb.* sese dayanan, sesi temel alan, sesle ilgili olan. *Sesçil imla, kelimeleri, konuşulduğu gibi imlaya geçirmeye çalışan bir düzendir.* –VH.

sesçillik *a.* sesçil olma durumu. *Böylece, yazıda kavramsallıktan sesçilliğe geçişin ilk adımları atılmıştır.* –FEA.

seslem *a.* bir tek sesleme eylemiyle çıkarılan ses öbeği. *... sözcüklerin ses ve seslem değerini tartarak ...* –EmÖ.

seslemsel *s.* seslemle ilgili. *... sözcüklerin seslemsel değerini bir tartımdan geçiriyor.* –EmÖ.

sesleni *a.* sözün birine yöneltildiğini kendisine anlatmak için kullanılan sözcük ya da sözcük takımı, seslenme. *... yapıtların da sesleni öğesiyle yetindiğini ... söylüyor.* –CSS.

seslenim *a.* birine söz söyleme. *Demek ki, öznenin ve seslenimin yer değiştirmesi de belirsizlik etkisini artırır.* –TY.

sesletim *a. dilb.* bir sözcüğün içindeki seslerin uzunluğu, kısalığı, vurgusu vb. bakımından söylenme biçimi, söyleyiş. ... *yabancı kökenli sözcüklerin sesletiminde zorlukla karşılaşıldığı için* ... –İE.

sesteş *a.* ve *s. dilb.* söylenişleri aynı olup anlam ve kökleri ayrı olan (sözcükler). *Türkçe sesteşlerin çoğu yazılışları bakımından da birdir.* –TNG.

sesyayar *b. a.* elektrik dalgalarını ses dalgalarına çeviren ve gerektiğinde sesi yükselten aygı. *bkz.* **yükseltici**. ... *"hoparlör" için sesyayar ... karşılığının kullanılmış olduğunu gördüm.* –CM.

sesyazar *b. a.* sesleri manyetik bir bant üzerine saptayan ve bu seslerin istenince dinlenmesini sağlayan aygıt. *Türk abecesinde ... yer alan "ğ"nin ses olarak gerçekleşmediği, ancak dilde pek çok işlev üstlendiği yapılan sesyazar çalışmalarıyla ortaya konmuştur.* –İE.

ses yitimi *tıp.* ses tellerinin türlü nedenlerle işlememesinden dolayı sesin kısılıp yok olması.

sevecen *s.* acıma duygusuyla karışık koruyarak seven, sevgi ve yakınlık gösteren. *Ama iyi bir baş çekim ... sevecen bir insanca yönelişin ... ışınlarını saçar.* –AG.

sevecenleşme *a.* sevecenleşmek eylemi.

sevecenleşmek acıma duygusuyla karışık, koruyarak sever olmak, sevgi ve yakınlık gösterir bir kişiliğe geçmek. *Röportaj yapacağımı öğrenince daha bir sevecenleşti.* –ÜZ.

sevecenlik *a.* sevgi ve yakınlık göstterme, acıma duygusuyla karışık koruyarak sevme, sevecen olma durumu. *Çocuk ... oyun oynayarak ya da sevecenlik görerek bu kopan bağları yeniden kurmaya çalışır.* –CÜ.

sevgen *s.* bir kimseye ya da bir şeye karşı aşırı sevgi ve bağlılık duyan, vurgun (kimse). *Amacına ulaşamamış bir sevgenin yâr karşısından dönüşü gibi burulmuş, kırılmış bir gönülle döner.* –ETE.

sevgenlik *a.* sevgen olma durumu. *Bu Narkis'çe sevgenlik tutkusu gözünü öyle bulandırmıştı ki* ... –ETE.

sevgi *a.* sevme duygusu. ... *muhabbet karşılığı olarak kullanılan sevgi deyimi ... sevi deyiminden ayrılmıştır ve ayrı bir anlam taşır.* –OH.

sevi *a.* güçlü sevgi ve bağlılık duygusu. *Benim işim sevi için* ... –Yunus Emre. *Sevi sarhoşluğuna bade derler.* –Şeyh Elvanı Şirazi. *Biz hod kalenderiz ki bu sevi evine girdik* ... –Kadı Burhanettin. ... *belki de sevisini gerçekleştirmek istemişti.* –SKA.

sevici *a.* cinsellikte kadın kadına sevişmeyi yeğleyen kadın, eşcinsel kadın.

sevicilik *a.* kadın eşcinselliği.

sevinmelik *a.* bir kimseye, yaptığı bir hizmete teşekkür olarak verilen para.

sevisel *s.* sevi ile ilgili, seviye ilişkin. *Çocuklarla gençlerin sevisel yaşamını güvenlik altına alma girişimlerine açılan savaşta, genellikle birbirlerinin kanlı bıçaklı düşmanı insan kümeleri birleşiverdiler.* –BO.

sezdiri *a.* üstü örtülü olarak belirtme, anıştırma, sezdirme. *Yıkılışa ilişkin ilk sezdiri Ömer Bey'in konağının betimlenmesidir* ... –Sİ.

sezdirilme *a.* sezmesi ya da sezilmesi sağlanma, sezmesine ya da sezilmesine yol açılma. *"Öykü" olması isteniyordu elbet ve bir şeyin sezdirilmesi titizliği yine de ağır basıyordu.* –NTo.

sezdirilmek sezmesi sağlanmak, sezmesine yol açılmak. *Bir iki sözcükle sezdirilir.* –EmÖ.

sezdirim *bkz.* **sezdiri, sezdirme.** ... bununla birlikte, sezdirimlerin incelenmesi gerekir. *–HAs.*

sezdirimsel *s.* sezdiriye dayalı, sezdiri ile ilgili. *Çünkü imge, algıların ... sezdirimsel ve çağrışımsal zenginlikleri olan resimlerle eşleşmesidir.* –EmÖ.

sezdirme *a.* açıkça olmamakla birlikte belli etme, sezmesine yol açma, anıştırma. *O, hemen hemen bütün şiirlerinde, açık veya sezdirme yoluyla ölüm ve fanilik temlerini ele alır.* –MKa.

sezdirmek açıkça olmamakla birlikte belli etmek, sezmesine yol açmak. ... *Bay Hançerlioğlu'nun sezdirmek istediği ince ayrımı göremiyorum ...* –NA.

sezgi *a.* **1** sezme yetisi. *Sezgi ne denli kandırıcı olursa olsun ...* –SKA. **2** *fels.* deneye başvurmadan ya da usa vurmadan doğrudan doğruya bir şeyi biliverme. *Yalnızca duygulara, sezgilere başvurmak, yanıltıcı olabilir.* –NU. *Gelişmeler bu sezgiyi çabucak doğruladı.* –RE.

sezgici *s. fels.* sezgicilikten yana olan. *Ama Fransa'da felsefi düşünce ... sezgici bir idealizme doğru kayarken ...* –HY.

sezgicilik *a. fels.* sezgiye önem veren, bilgiye sezgi yoluyla ulaşılabileceğini ileri süren öğreti. *Fransız düşünürü Henri Bergson'un sezgicilik öğretisine göre bize doğayı doğrudan doğruya kavratacak sezgiden başka hiçbir yol yoktur.* –OH.

sezgili *bkz.* **sezgisel**

sezgisel *s. fels.* sezgiye dayanan, sezgi ile edinilen, sezgi ile ilgili. *Sezgisel bilgi, bilimsel bilgi gibi zekânın işi değil, içgüdünün işidir.* –OH.

sezinç *a.* yerinde davranma ya da konuşma. *Takt karşılığı olarak sezinç sözcüğünü ...* –CM.

sezinçli *s.* davranışında ve sözlerinde uygunluk bulunan, ağırbaşlı (kimse),sezinç sahibi, sezinci olan.

sezilme *a.* sezilmek eylemi.

sezilmek açık bir kanıt olmaksızın olduğu ya da olacağı kestirilmek. ... *ikinci sözcüklerde ayrıca öbek vurgusu da sezilmektedir.* –TNG.

sezinleme *a.* sezer gibi olma. *Bu çalışma 1970 öncesinde "Türk dilinde ezgilemeyi" incelerken "devrik" anlatıma ilişkin kimi sezinlemeler üzerine başladı.* –ÖD.

sezinlemek sezer gibi olmak. *Dostum, işlerin sarpa sarmak üzere olduğunu sezinler gibi olmuştu ...* –SB. *Terör ve anarşinin arkasında kimin ... yattığını ... sezinlemek de o kadar güç değil.* –İS.

sezinmek *bkz.* **sezinlemek**

seziş *a.* sezme durumu, sezme işi.

sezmek açık belirtli olmadığı halde, olmuş ya da olacak bir şeyi kestirmek. *Ama bir şeyi bir tanım aydınlığında sezmekle o şeyin tanımını yapmak bir değildir.* –SKA.

sıcakölçer *b. a. fiz.* sıcaklığı ölçmeye yarayan araç, ki cıva ya da alkol gibi özdeklerin ısı ile oylumlarının artmasına dayanılarak yapılmıştır. *Bölünüşe göre üç türlü sıcakölçer vardır...* –Rİ.

sığa *a.* **1** bir şeyin, içine başka şey alabilme gücü. ... *bilgisayarların işlem hızı, bellek sığası ... gibi özelliklerinde önemli değişmeler olmuştur.* –UY. **2** *fiz.* bir kondansatörün elektrik yığma yeteneği, ki bu yetenek levhalara, bunların arasındaki uzaklığa ve aradaki yalıtkan özdeklerin türüne göre azalıp çoğalabilir. ... *bunun işlevini yerine getirebilmesi için direnç, sığa gibi bir sürü başka birleşenlerden oluşan çevrim öğeleri tasarlamak ... gerekirdi.* –AyK.

sığamsal *s. yaşb.* bağırsakların ve gövdedeki başka kanalların, içindekini yürütmek için yaptıkları itiş devinimine verilen ad olan "sığamsal devinim"de "daralarak itmeli" anlamına gelir.

sığınak *a.* **1** (genel anlamda) sığınma işine yarayan yer; örneğin, bir evden kaçana göre öteki ev, bir ülkeden kaçana göre öteki ülke, yağmurda kalana göre bir saçak altı, dağda tipiye tutulana göre bir mağara. *Makine ... batılıyı ölüm karşısında sığınaksız bırakmıştır.* –NP. **2** (dar anlamda) savaşta, hava saldırılarından korunmaya yarayan özel olarak yapılmış yer, ki yer altındadır, yapıların da en alt katları bu iş için kullanılabilmektedir. *Eniştemin anlattığına göre, düdükler çalınmış ve gaz bombaları atılmadan önce herkes bodrum katlarına ... bazı sığınak denen yerlere girmişler.* –AAğ.

sığınca *a.* sığınılacak yer, sığınak. *Büyük şehirler toprakları ölmüş, parçalanmış köylülere şimdilik bir sığınca olabiliyor.* –YK.

sığınık *a.* bulunduğu yerden kaçıp başka bir ülkeye sığınmış olan kimse.

sığınma *a.* sığınmak eylemi. *"De", insandan kaçmanın, bir yerlere sığınmanın şiiri.* –DH.

sığınmacı *bkz.* **sığınık**. ... *Irak'lı sığınmacılarla görüştük.* –UM.

sığınmak **1** çekinceden kaçarak güvenilir bir yere sokulmak ya da bir koruyucunun kanadı altına girmek. **2** siyasal bir nedenle ülkesinden kaçıp başka bir ülkeye gitmek. **3** *mec.* yardım istemek ya da ummak, güvenmek.

sıkaç *a.* **1** yol yapımında, çakılları ve kumları bastırıp sıkıştırmada kullanılan, ağır silindirli araç. **2** *fiz.* bir akışkanı ya da gazı, istenilen basınca göre sıkıştırmaya yarayan aygıt.

sıkıdenetim *b. a.* sinema, tiyatro yapıtlarının ve her türlü yayının, hükümetçe önceden denetlenmesi işi. *Sıkıdenetim üstüne yapılan bir soruşturmaya Fransız aydınlarının verdikleri karşılıklardan birkaçını özetle aşağıya alıyoruz.* –CSS.

sıkıdüzen *b. a.* bir topluluğun, yasa, tüzük ve düzenlere bağlı olması ya da bir işte, o işin gereklerine uyması.

sıkıdüzenli *b. s.* sıkıdüzeni olan, sıkıdüzeni bulunan, sıkıdüzenle iş gören. *Herkesin kendine uygun yetiyle bezendiği sıkıdüzenli bir toplum bu.* –NU.

sıkıdüzensiz *b. s.* sıkıdüzeni olmayan, sıkıdüzeni bulunmayan, sıkıdüzenle iş görmeyen, başıboş.

sıkıyönetim *b. a. tüze.* savaş durumu, ayaklanma gibi olağanüstü zamanlarda, güvenliğin korunması için, ordunun yardımıyla sağlanan ve özgürlükleri geçici olarak kısıtlayan yönetim. *Sıkıyönetim tarafından durdurulan yazı serisinde ...* –EG.

sıkmaç *a.* **1** suyunu ya da yağını çıkarmak için kimi ürünleri sıkmakta kullanılan araç. **2** bir vida ya da kol yardımıyla istenildiği kadar yaklaştırılabilen iki çeneden oluşan, işlenecek nesneyi çeneleri arasında sıkıştırarak kımıldamaz duruma getiren araç. **3** *bkz.* **sıkaç**.

sınak *a.* deneme, deney, sınama.

sınama *a.* sınamak eylemi. *Dinlerin kuvvet sınama devirleri geçmiştir.* –İS.

sınamak 1 denemek. ... *bir sömürge ülkesi patronu gibi davranmakta ... her yolu sınamaktadır.* –İS. **2** bilgisini ya da niteliğini yoklamak. *Elbette yetiştirecekleri bir adayı iyice sınayacaklar.* –SKo.

sınav *a.* birinin bilgi derecesini anlama ereğiyle yapılan yoklama. *Bütün mayıs ayı sınavlarla geçecekmiş.* –RE.

sıradan *s.* her zaman rastlanan, sıra işi, herhangi bir, bayağı. *Sıradan bir çevirmen istemiyorum.* –FB.

sıradanlaşma *a.* sıradan bir duruma gelme.

sıradanlaşmak sıradan bir duruma gelmek.

sıradanlaştırıcı *s.* sıradan olmasına yol açan. *Çünkü evlilik kurumu, toplumsal yapının en normalleştirici, en sıradanlaştırıcı ideolojik kurumudur.* –STur.

sıradanlaştırılma *a.* sıradan bir duruma getirilme.

sıradanlaştırılmak sıradan bir duruma getirilmek.

sıradanlaştırma *a.* sıradan bir duruma getirme.

sıradanlaştırmak sıradan bir duruma getirmek. ... *bir çok aydın ... bifteğin yardımıyla beyinselliklerini sıradanlaştırır ...* –TY.

sıradanlık *a.* sıradan olma durumu. *Adamov'un ... yeniden kurduğu dilse, sıradanlığa karşın, ancak bir ilk sözün yerine geçebilir.* –TY.

sıradışı *b. s.* sıradan olmayan, olağanın üstünde olan. *Buna karşılık, masallarda yer alan olaylar çoğu kez sıradışı ve neredeyse olanaksız olsalar da, senin benim ya da komşunun ormanda gezintiye çıktığında başına gelebilecek türden, sıradan bir olay gibi sunulur her zaman.* –SKab.

sıradışılık *b. a.* sıradan olmama özelliği, olağanın üstünde olma.

sıradüzen *b. a.* aşama sırası. *Oradaki bilgilerin hâkimiyeti yerine burada memurların bir sıradüzeni, felsefe yerine de töreler ile kanunlar konur.* –MG.

sıralaç *a.* içinde, belli bir sıraya göre kâğıtlar konabilecek bölmeleri bulunan dosya ya da dolap.

sıralanım *a.* önem ya da değer bakımından sıra oluşturma, aşama sırası. *Sosyal yaşam sürdüren hayvan gruplarında en güçlüden en zayıfa doğru bir sosyal sıralanım (hiyerarşi) vardır.* –RŞ.

sıralanımsal *s.* sıralanımla ilgili.

sıralıoluş *yaşb.* embriyonun, yumurtadan art arda yeni bölümlerin oluşmasıyla geliştiğini öne süren yaşambilim kuramı.

sırlıtaş *b. a.* bir yüzü sırlı, renkli ve çoğunlukla desenli, yapı işlerinde duvarlara, yerlere döşenen, pişmiş balçık levha.

sıvı *s. yaşb. fiz.* ve *kim.* üst yüzü yatay bir düzlem olmak üzere içinde bulunduğu kabın biçimini alan (özdek). ... *derisi altında sert ve ekşi bir sıvı gibi dolaşan bu öfkeyi ...* –YKK. *İçinde kan ve lenf gibi sıvıların dolaştığı ...* –SK.

sıvıölçer *b. a.* sıvıların yoğunluğunu ölçmeye yarayan araç, yoğunlukölçer.

silecek *a.* taşıtlarda ön cama düşen yağmur damlalarını silmeye yarayan düzenek.

silgi *a.* silmek işine yarayan şey. *Kalem mi daha yararlıdır, silgi mi?* –RE.

simge *a.* **1** kararlaştırılmış, belirli bir anlamı olan im. ... *ozan başıboş bir kişi gibi, giderek başıboşluğun simgesi gibi görülmüştür.* –SKA. **2** bir şeyin imi olarak kullanılan şey. ... *maden simgeleri öğretilir ...* –TB.

simgeci *a.* simgecilik yolunu tutan kimse, sanat ya da görüş. *Böylece bir romantik eleştiri, bir simgeci eleştiri, bir doğacı eleştiri vb. vardır.* –TY.

simgecilik *a.* **1** düşünüleri anlatmada simgeler kullanma yolu ya da eğilimi. **2** *yaz.* öznellik, düşsellik, müziğin belirsizliğine özenme, sezişe bağlanış gibi özellikleri olan, açıklıktan kaçınıp simgesel anlatım yolunu seçen, görünmez sonsuz gerçeğin ancak simgelerle verilebileceğini ileri süren akım, ki özellikle şiirde geniş bir uygulama alanı bulmuştur. *Doğalcı ayrıntıdan vazgeçmeksizin simgeciliğini sürdürür Halit Ziya.* –MB. **3** *fels.* insan usunun simgelerden başka bir şey olmadığını ileri süren görüş. *Metafizik simgecilik, burjuva siyasasında bütünüyle yansır.* –OH.

simgeleme *a.* simgesi olma, simge durumunda verme. *İlk oyunlarının o yıllardaki düşünme biçimini çok iyi simgeledikleri kanısındayım.* –BO.

simgelemek simgesi olmak, simge durumunda vermek. *Roma, Kudüs, Mekke gibi kutsal yerler ya dünyanın merkezidir ya da dünyanın merkezini simgelemektedir.* –CÜ.

simgelenme *a.* simgelenmek eylemi.

simgelenmek simge durumuna gelmek, simge olarak belirmek. *Balçıktan insanı yaratan da odur, jüpiter gezegeniyle simgelenmektedir.* –OH.

simgeleşme *a.* simge özelliği edinme, simge durumuna gelme. ... *bazı nesneler insanların dikkatini ötekilerden daha çok çektikleri için simgeleşmeye daha bir yatkındırlar.* –ATO.

simgeleşmek simge özelliği kazanmak, simge durumuna gelmek. *Bu ölenler, İttihat Terakki'nin simgeleşmiş önderleriydi.* –FO.

simgeleştirilme *a.* simge durumuna getirilme. *Kimi kişilerin simgeleştirilmesi gerçeğe aykırı düşüyor.* –AP.

simgeleştirilmek simge durumuna getirilmek. *Açıkça simgeleştirilmiştir dünyasal değerler.* –AO.

simgeleştirme *a.* simge durumuna getirme. *Simgeleştirmeleri, anlam aktarımlarını açıklayarak ozanın dış dünyayı algılayışını bütün boyutlarıyla aydınlatıyor.* –EmÖ.

simgeleştirmek simge durumuna getirmek. *Ayzenştayn bir filminde bir ulusun doğuşunu simgeleştirmek için sonu gelmeyen bir askeri geçit töreni göstermiştir.* –SY.

simgelik *a.* simge olma durumu. *Örneğin gülü, yüzyıllar boyu kim bilir kaç ozana simgelik etmiş çiçeği düşünelim.* –ATO.

simgesel *s.* simge ile ilgili; simge değerinde. *Simgesel çağrışımlar ... gerektiğini söylüyor ...* –MCA.

simgesellik *a.* simge ile ilgililik, simgesel olma durumu. *Roman kahramanı bir estet, bir şair olduğuna göre, dünyayı algılayışında, renklerin önemini gösteren bu simgesellik çok yerindedir.* –MB.

sindirilme *a. yaşb.* sindirilmek eylemi.

sindirilmek *yaşb.* (besin) sindirim

aygıtında gereken değişime uğratılarak kana geçecek bir duruma getirilmek. *Yumurtadan çıkan yavrular ... ana-babasını izlemeye ve onların kustuğu sindirilmiş yiyeceklerle beslenmeye başlar.* –EKo.

sindirim *a. yaşb.* alınan besinlerin kana geçecek bir duruma gelmeleri için ağızdan başlayarak bağırsaklara değin uğradıkları fiziksel ve kimyasal değişimlerin topu. *Sindirim ve beslenme görevleri ile ilgili ...* –SK. **sindirim aygıtı** *yaşb.* ağızdan başlayarak anüse değin, içinde sindirim olayının geçtiği boru ve bu işe salgılarıyla yardım eden karaciğer, pankreas gibi bezlerin topu. *... kırkbayır, sindirim aygıtında bir örgendir.* –TNG.

sindirimbilim *b. a. tıp.* sindirim organlarının sayrılıklarını inceleyen tıp dalı. *... gastroenteroloji için sindirimbilim karşılığını ... türettim.* –CM.

sindirimbilimci *b. a.* sindirimbilim alanında uzman tıp adamı. *... "sindirimbilim, sindirimbilimci" ise Türkçe Sözlük'ün 1983 baskısında ... yer aldı.* –CM.

sindirimsel *s. yaşb.* sindirimle ilgili. *... cildin cılızlığıyla savaşmak söz konusu olunca ... sindirimsel olguları acımasızca göz önüne serilen ...* –TY.

sindirme *a. yaşb.* sindirmek eylemi. *... bir arı gibi yapışması, onların bal özlerini sindirmesi ... boşuna değildir.* –Öİ.

sindirmek **1** *yaşb.* besini sindirim aygıtında gereken değişime uğratarak kana geçecek bir duruma getirmek. *... çiğnenen, yutulan, sindirilen bir nesne ...* –NU. **2** *mec.* hoşlanmasa da katlanmak.

sinirbilim *b. a.* sinir dizgesini inceleyen ve sağaltımı ile uğraşan hekimlik dalı. *Deney yapması için yeni ilaçtan verilen başka bir bilim adamı da ... sinirbilim uzmanı Profesör Gianlulgi Gessa.* –VB.

sinirbilimci *b. a.* sinirbilim alanında uzman tıp adamı. *Sinirbilimciler ... hayvan sinir sistemlerinin ... işlevleri olduğu yolunda önemli kanıtlar toplamıştır.* –AKu.

sinirce *a.* kaynağı ruhsal olan sinir sayrılıklarının genel adı. *Histeri, nevrasteni, psikasteni gibi hastalıklar sinirce adı altında toplanırlar.* –OH.

sinirceli *s.* kaynağı ruhsal olan sinir sayrılığı bulunan (kimse). *... yazdığı eleştiride bu noktaya, yani Gülfidan'ın sinirceli durumuna değindi.* –AO.

sinirdoku *b. a. gövb.* beyin ve sinirleri oluşturan ve nöron denilen gözelerle örülmüş doku.

sinirsel *s.* sinirlerle ilgili, sinirlere deġgin. *Sinirsel örgülerin elektriksel etkinliğini, beyinsel işlevlerle bağdaştırmaya çalışır.* –AKu.

siyasa *a.* yurt işlerini yürütmek için tutulan ölçülü yol ya da herhangi bir işte tutulan yol ya da ilke. *Siyasayı yönlendirenler toplumu cenderelere sokup çıkarıyorlardı.* –SKB.

siyasacı *a.* siyasa ile uğaşan kimse, siyasa kişisi. *Tıpkı bir bilimeri, bir bulgucu, giderek bir kamu yöneticisi, bir siyasacı gibisine ...* –ME.

siyasacılık *a.* siyasa ile uğraşma durumu.

siyasal *s.* siyasa ile ilgili, siyasa özelliğinde olan. *Yer yer en güncel toplumsal ve siyasal sorunların sözcülüğünü de yaparak.* –RM.

siyasalbilim *b. a.* her türlü siyasal yetke biçimlerini, siyasal olgu ve düşünüleri tarihsel ve dizgesel olarak inceleyen bilimlerin genel adı. *Siyasetin artık bilimi ve üniversitede siyasalbilimin kürsüleri var.* –İS.

siyasalbilimci *b. a.* siyasalbilim alanında çalışan bilim adamı. *Amerikalı siyasalbilimci Fukuyama soruyu irdeliyor ...* –İS.

siyasallaşma *a.* siyasal bir nitelik edinme. *Sanat dallarının siyasallaşmasından hiçbir zaman korkmadım.* –MD.

siyasallaşmak siyasal bir nitelik edinmek. *Depolitizasyonun anlamı, insanı siyasallaşmaktan uzaklaştırmaktır.* –İS.

siyasallaştırılma *a.* siyasayla ilgili bir duruma getirilme, siyasal bir nitelik edindirilme, siyasal bir duruma getirilme. *... laiklik formülasyonu, "dinin siyasallaştırılmasını önlemek"tir.* –TAk.

siyasallaştırılmak siyasayla ilgili bir duruma getirilmek, siyasal bir nitelik edindirilmek, siyasal olması sağlanmak.

siyasallaştırma *a.* siyasallaşmasını sağlama, siyasal bir nitelik kazanmasını sağlama.

siyasallaştırmak siyasallaşmasını sağlamak, siyasal bir nitelik kazanmasını sağlamak, siyasayla ilgili bir duruma getirmek.

siyasallık *a.* siyasa ile ilgililik.

siyek *a. yaşb.* sidiği, sidik torbasından dışarıya taşıyan yol. *... siyeğin alt tarafını yarma işlemi.* –SVÖ.

soğrumsama *bkz.* **soğurma**

soğurma *a. gökb., coğr., fiz., kim., yaşb., bitb.* (bir özdek bır sıvıyı) içine çekme, emme; emerek içinde eritme. *Işığı geçirmesine ya da hepsini soğurmasına göre bir cismin saydam olduğu ya da olmadığı anlaşılır.* –Rİ **yüze soğurma** özdeklerin, bir gazı, buğuyu ya da eriyiki yüzeyi üzerinde toplaması; örneğin tuz eriyikine batırılan bir özdek, eriyikteki tuzun bir bölüğünü kendi yüzeyine çeker, bu olay yüze soğurmadır.

soğurmak 1 *yaşb.* ve *kim.* (bir özdek bir sıvıyı) içine çekmek, emmek. **2** *fiz.* (bir özdek) herhangi bir erkeyi içine almak. ... *ak ışıktaki renklerin bütününü soğuran cisimlere kara cisim denir.* –Rİ.

soğutucu *a.* soğutan aygıt; buzdolabı. *Elektriğin köye girmesi demek ... soğutucu tüketiminin artması demektir.* –VB.

solcu *a.* ve *s. toplb.* ilerici düşünceler taşıyan, ilerici, toplumcu. *Kemal Tahir'e solcudan çok sağcı demek gerekir.* –OA.

solculuk *a. toplb.* ilerici düşünceler taşıma ve ilerici düşünceleri benimseme durumu, ilericilik, toplumculuk. *Genel anlamda solculuk, doğasal ve toplumsal evrim yasasına dayanarak sürekli bir yenileşme isteğidir.* –OH.

soluk *a. yaşb.* ciğerlere alınıp verilen hava ya da ciğerlere hava alıp verme. *Serin havayı derin soluklarla ciğerlerine doldurdu.* –KT.

solumak soluk alıp vermek.

solungaç *a. hayb.* balıklarda solunuma yarayan örgen. ... *ve suda erimiş oksijeni solungaçları aracılığıyla solunurlar.* –SK.

solunmak *yaşb.* soluk alıp vermek. .. *solungaçları aracılığıyla solunurlar.* –SK. ... *doğrulup solunuyor derin derin ...* –BK.

solunum *a. yaşb.* soluk alıp verme

eylemi. *Yüreğin vuruşu, solunum bir rythme içinde oluşur.* –SKA. **solunum aygıtı** *yaşb.* solunmayı sağlayan aygıt. *Yıllardan beri solunum aygıtındaki bozukluk onu yıpratmıştı.* –TNG.

somut *s. fels.* varlığı duyularla anlaşılan ya da anlaşılabilen. doğada belirli olarak var olan; içinde düşün yeri bulunmayan, soyut karşıtı. *Robinson Crusoe ... her yönüyle Defoe'nun günündeki ... bireyci ekonominin somut bir simgesi olarak görülmüştür.* –AG. **somut ad** *dilb.* varlıkları duyu yoluyla anlaşılabilen şeylere yani özdeksel varlıklara konulan ad; örneğin ev, bitki, deniz birer somut addır.

somutçu *s.* somutu yeğleyen, tutum ve davranışında somuta ağırlık veren (kimse). *Önerilerinde, belirlemelerinde soyuta dayanır görünmekle birlikte, örnekler birikiminden yola çıktığı için somutçu.* –Sİ.

somutlama *a.* soyutluktan kurtarma, varlaştırma, varlığını duyulur hale getirme. *Çünkü bir somutlama işidir şiir ...* –EC.

somutlamak *bkz.* **somutlaştırmak**. *Bu olumsuz ... tutumu somutlamak için ...* –BGü.

somutlanmak *bkz.* **somutlaşmak**. *İser ... metnin her tekil somutlanışının bir diğeri kadar doyurucu ve geçerli ... olduğunu söylemiyor.* –SIr.

somutlaşma *a.* elle tutulur duruma gelme, somut duruma gelme. *... eskiden beri kabul ettirmek istediklerinin biraz daha somutlaşmış tekrarları olarak ...* –BS.

somutlaşmak elle tutulur duruma gelmek, somut duruma gelmek. ... *ve toplumdaki sınıflaşmadaki çelişmenin içinde somutlaşır.* –MK.

somutlaştırılma *a.* somutlaşması sağlanma, somut bir duruma getirilme. *Bu şiir her okunduğunda, içeriğinin okurun zihninde yeniden somutlaştırılması görevini gören bir sanatsal bilinç, bir imgedir söz konusu olan.* –MD.

somutlaştırılmak somut bir duruma getirilmek, somutlaşması sağlanmak. *Böylece o an soyutluktan çıkarılıp somutlaştırılmak isteniyor sanki.* –HVV.

somutlaştırma *a.* elle tutulur kılma, somut duruma getirme. *Başbakan'ın kendi kişiliğinde somutlaştırdığı politikanın ...* –BS.

somutlaştırmak elle tutulur kılmak, somut duruma getirmek. ... *olaylar arasındaki ilişkiyi devlet bakımından da, toplum bakımından da ayrıca somutlaştırmak gerekir.* –MK.

somutluk *a.* varlığı duyularla anlaşılabilme özelliği, durumu. *Modern bilim, genç ve çokyanlı bir dâhinin ... diyalektik bir somutluk içinde betimlediği insanın boşluklarını doldurmaktadır ancak.* –CÜ.

sondördün *b. a. gökb.* Ay'ın gökyüzünde, dolunay evresinden sonra yarımay biçiminde göründüğü evre. *Uydumuz Ay, 5 Aralıkta ilkdördün, 12 Aralıkta dolunay, 19 Aralıkta sondördün ve 28 Aralıkta yeniay evrelerinde olacak.* –BU.

sonek *b. a. dilb.* sözcüğün sonuna gelen ek; örneğin, "gözlük" sözcüğündeki "–lük" bir sonektir. *Türkçede eklerin hemen hepsi sonektir.* –TNG.

sonlu *s. mat.* sonu olan, bitimli sonsuz karşıtı. *Öyleyse yerdekiler gibi göktekilerin de sonlu olmaları gerekir.* –

OH.

sonluluk *a.* sonlu olanın niteliği. ... *sonluluk, zamansal ve uzaysal, niteliksel ve niceliksel sınırlılığı dilegetirir.* –OH.

sonralık *a.* bir şeyin ötekinden sonra gelmesi durumu, sonra gelme. *Onun için ... hazırlıklı olmak, dış politikada, ulusal güvenlikte öncelikleri, sonralıkları gözden geçirip tartmakta geç kalınmamalı!*. –HCe.

sonrasız *s.* süre yönünden sonu olmayan. *İçimde sonrasız bir yolculuğun iç bulantısı.* –Atİ.

sonrasızlık *a.* süre yönünden sonu olmama durumu. *Eşiğimizi aşaraşmaz sonrasızlığa atacaktı sanki adımını, sonrasızlığa ayak basmasından sonra da her şey bitecekti* ... –TY.

sonsal *s. fels.* deneme ile edinilen ve olaylardan çıkarılan; örneğin, bir motor sesi duyunca bir motorun çalıştığını kestirmek sonsal bir yargıdır. *Sonsal, deneyden önce gelen, hiçbir deneye başvurulmadan gerçek sayılan önselin karşıtıdır.* –OH.

sonsalcılık *a.* bilginin deneye dayandığını, ancak deneyden çıkarılabileceğini öne süren görüş.

sonsuz *s.* **1** *mat.* sonu olmayan, her niceliği aşabilen değişken (nicelik). ... *sonlu sayıda kuraldan oluşan dil ile ... sonsuz sayıda olan "sözler" arasında çok büyük bir oransızlık vardır.* –BV. **2** *fels.* bitimsiz. *İlk madde sadece sonsuz değildir, sonsuz olandır da, çünkü ona, daha yakın olan başka bir belirlenim yüklenemez.* –MG.

sonsuzlaşma *a.* sonsuz duruma gelme, sonsuz olma.

sonsuzlaşmak sonsuza değin sürecek bir niteliğe ulaşmak, sonsuz bir duruma gelmek, sonsuz olmak. *Yaşamın bu somut uçlarına bağlı ve onlar sevgiyle sonsuzlaşacaklardır.* –GA.

sonsuzlaştırılma *a.* sonu olmayan bir duruma getirilme, sonsuzlaşması sağlanma.

sonsuzlaştırılmak sonu olmayan bir duruma getirilmek, sonsuzlaşması sağlanmak.

sonsuzlaştırma *a.* sonsuz olmasını sağlama.

sonsuzlaştırmak sonsuz olmasını sağlamak, sonsuza değin sürecek bir nitelik vermek. *Köprülüzade Mehmet Fuat Bey, Türk ilim dünyasının ... açtığı çığırı ... sonsuzlaştıran mutlu bir bilgindir.* –FT.

sonsuzluk *a. mat.* **1** sonu ve sınırı olmayan uzay. **2** sonu ve sınırı olmayan zaman. *İnsan, bütün bu zamanları kapsayan sonsuzluktan sürülünce, ölçülebilen zamanın içine düştü ve saatlerin, takvimin kölesi oldu.* –CÜ.

sonuç *a.* **1** bir sorunun sona ulaştığında içinde bulunduğu hal, sonucu, yani bir olgudan çıkan, doğan başka bir olgu ya da durum; bir işin sonunda elde edilen şey. *Soruşturma sonuçları ne olursa olsun* ... –RE. **2** *mat.* bir problemin çözümünde en son durum, ki ona ulaşılmadan problem çözülmüş sayılmaz. **gerekli sonuç** *mat.* önceden kanıtlanmış bir önermeden doğrudan doğruya çıkarılan sonuç. **tüzel sonuç** *tüze.* bir eyleme ya da işleme tüze düzenince bağlanan sonuç.

sonuçlandırılma *a.* bir sonuca ulaştırılma. *Konunun elden geldiğince "öncelik ve ivedilikle" sonuçlandırılması gerekir.* –UM.

sonuçlandırılmak bir sonuca ulaşması sağlanmak, sonuca ulaştırılmak.

sonuçlandırma *a.* sonuca bağlama, bitirme. ... *filozofça bir açıklamayla romanı sonuçlandırmasına karşın ...* –FO.

sonuçlandırmak sonuca bağlamak, sonuca ulaştırmak, bitirmek. *Kitabımı sonuçlandırmak için sizi bin kez rahatsız ettim.* –SB.

sonuçlanma *a.* sonuca ulaşma. ... *siyasal sinemanın da... düzene iyice uymak, onun parçası olmakla sonuçlanması olasılığı vardır.* –AD.

sonuçlanmak sonuca ulaşmak. *Bu bilinçlenme ... halkların kendi düzenlerini kurmaları, kendi siyasi iktidarlarına sahip çıkmalarıyla sonuçlanacaktır.* –ÇÖ.

sonuçsal *bkz.* **sonul**. *Aristotelesçi bir dille söylersek, felsefe yaşamın hem etkin nedenidir, hem de sonuçsal nedeni.* –AfT.

sonuçsuz *s.* sonucu olmayan. *Kendisi birkaç kez ... şikâyet edilmiş, ama başvurular sonuçsuz kalmıştır.* –ASi.

sonuçsuzluk *a.* sonucu olmama durumu. *Hülyalarımızın boşluğunu, ümitlerimizin sonuçsuzluğunu görünceye kadar böyle şuursuz gülecekmişiz.* –Sİ.

sonul *s.* işi sona erdiren, sonuçsal. *Pişmanlığın, açıklığın, özgürlüğün ötesine geçemez mi, özgürlüğü ortadan kaldıran bu sonul, dönülmez davranışla?* –BK.

sonurgu *a. fels.* bir olgunun gerekli ve zorunlu sonucu. *Ama sonurgu yanlıştır, çünkü kötülükle canlılık arasında mantıksal ilişki yanlıştır.* –OH.

sonurtu *a. mant.* birbirine bağlı iki önermeden ikincisi; örneğin, "ağaçlar sallanıyorsa, dışarda rüzgâr vardır" sözünde "dışarıda rüzgâr vardır" önermesi bir sonurtudur. *Bundan ötürü sonurtu, tutarlı anlamına da gelir.* –OH.

sonuşmaz *a. mat.* sonu olmayan bir eğrinin yakınında çizilmiş bir doğru, ki uzatıldıkça eğriye yaklaşmakla birlikte hiçbir zaman ona kavuşamaz. *Miry de Bazin gibi sinemanın gerçeğin sonuşmazı olduğunu düşünüyor; gerçekle sonuşmazı arasındaki benzerlikleri değil ...* –SBü.

sonuyarı *b. a.* bir devletin başka bir devlete herhangi bir konuda verdiği ve hiçbir tartışmaya ya da karşı çıkmaya yer bırakmaksızın, tanıdığı süre içinde isteklerinin yerine getirilmesini bildirdiği, içinde savaş tehdidi bulunan nota. *Dilimizde ... kullanılmakta olan ültimatom için sonuyarı karşılığını ... türettim.* –CM.

sonyaz *b. a.* güz, sonbahar. *Boğaz'da ilkyaz, Boğaz'da sonyaz. Tarabya'nın insanları, hepsi o resimlerde ...* –OA.

sorgu *a.* suç niteliğinde görülen bir konu üzerinde ilgiliye, durumun aydınlanması ereğiyle, sorular sorma işi. ... *ulemâdan mürekkep bir heyet tarafından sorguya çekilip ...* –İHD.

sorgucu *s.* sorgulayan, sorguya çeken. *Tabii bunlar duyulan adlar, daha başka sorgucular da vardı elbette.* –UM.

sorguculuk *a.* sorgulama işini yapma durumu, sorgucunun görevi. ... *bu yüzden de sorguculuk uğraşından vazgeçtiğini anlatmaz mı?* –ASi.

sorgulama *a.* sorguya çekme. *12 Mart'ın dehşetsel anılarına konu olan sorgulama köşklerini anımsatan ...* –OAp.

sorgulamak sorguya çekmek. ...

Scott, romancının, öğrenmeyi gereksediği şeyleri, dostlarını ve tanıdıklarını doğrudan sorgulamakla bulunup çıkarılabileceğine inanıyordu. –SÖ.

sorgulanma *a.* sorguya çekilme. *Kendi "doğrularımız"ın başkalarınca sorgulanmalarına izin veriyor muyuz?* –HCe.

sorgulanmak sorguya çekilmek. ... *tanıklar, bu kez de direngenliklerini sürdürüp sorgulanmaktan kaçtılar.* –GD.

sormaca *a.* herhangi bir konuda, ilgili kişilere soru yönelterek bilgi toplama işi. *1950'de düzenlediği sormacaya gelen yanıtlardan oluşuyor bu listelerden biri.* –EmÖ.

soru *a.* sorulan şey; bir şey öğrenmek için sorulan, yanıt isteyen söz, ki kim, hangi, ne, niçin, nasıl, nerede, kaç gibi sözcüklerle ya da mi'li fiillerle kurulur. **soru eki** *dilb.* "mi", "mı", "mu", "mü" ekleri, ki soru kavramı verir. **sözlü soru** yasama meclisinde, yanıtının sözlü olarak verilmesi istenerek başbakana ya da bakanlardan birine sorulan soru.

sorum *bkz.* **sorumluluk**. *Türkiye'de din adamlığının bir sorumu olmak gerekir.* –İS.

sorumlu *s.* gerektiğinde kendisinden sorulan, sorumluluğu olan, hesap verecek olan. ... *ve gerçek sorumlusunu araştıracağımız yerde ...* –İS.

sorumluluk *a.* bir kimsenin üstüne aldığı ya da yapmak zorunda bulunduğu iş için gerektiğinde hesap verme durumu. *Her türlü sorumluluk duygusunu yitirmiş ...* –ÇA.

sorumsuz *s.* sorum duygusu olmayan, sorum taşımayan. *Bu yarışın yarattığı ortamın tehlikesi zamanla öylesine büyümüştür ki, sorum taşıyanları sorumsuzlara karşı tedbir almaya zorlamış, kıyamet de bundan kopmuştur.* –YNN.

sorumsuzlaşmak sorumluluk duymaz duruma gelmek, aldırmazlaşmak. ... *bu sorumsuzlaşmış sorumluları, tuttukları bu yolun akıbetinden açıkça haberdar etsinler.* –ŞSA.

sorumsuzluk *a.* sorum duygusu olmama, sorum taşımama durumu. *Dilediklerini yapmak sorumsuzluğunu akıl almaz bir umursamazlıkla kullanıyorlardı.* –KT.

sorun *a.* üzerinde düşünülmeye değen ve olumlu ya da olumsuz bir sonuca ulaştırılması gereken durum. *Türlü nedenler cumhurbaşkanlığı sorununun artık ele alınmasını ...* –Aİ.

sorunca *a. tüze.* tüzel bir sonuç elde etmek ereğiyle yargıya başvurma ve bunun sonucu olarak yargı organınca çözümü gereken konu, sorun.

sorunlaşma *a.* sorun olarak ortaya çıkma, sorun durumuna gelme. Ne olursa olsun bu bir sorundur. *Gitgide de sorunlaşma eğilimi taşımaktadır.* –CSS.

sorunlaşmak sorun özelliği kazanmak, sorun durumuna gelmek. ... *ama, ülke yaşamında "enflasyon" sorunlaşmamıştı.* –İS.

sorunlaştırma *a.* sorun durumuna getirme.

sorunlaştırmak sorun durumuna getirmek. *Bu durumu sorunlaştırmakta haklı buluyorum kendimi.* –MCA.

sorunlu *s.* sorunu olan. ... *toplum çok daha sancılı, çok daha sorunlu bu-*

nalımlara sürüklenecek. –UM.

sorunsal *s.* sorun özelliği taşıyan, sorunla ilgili, sorun ele alan. *Ancak kimileri sorunsal nitelikli ve içerikli olan bu yazılar çok boyutlu, incelemeye dayanan bir görünüm taşımaz.* –EmÖ.

sorunsallık *a.* sorun niteliğinde olma durumu, sorunla ilgililik, sorun özelliği taşıma durumui. ... *yalnızlık, sevgi gibi soyut kavramlardan yola çıkıp daha önceki filmlerinde başka biçimlerde ortaya koyduğu doğaötesel bir sorunsallığa yöneliyor.* –NG.

sorunsuz *s.* hiçbir sorunu olmayan. *Doğrusunu isterseniz, yer yuvarlağı üzerinde sorunsuz bir ülke yoktur.* –NN.

sorunsuzluk *a.* hiçbir sorunu olmama durumu. *Böylece bir günden yararlanarak, elbette sorunlarımızı sergileyeceğiz, kutlanası sorunsuzluğa ulaşmanın yollarını arayacağız.* –Tİ.

soruşturma *a.* **1** soruşturmak işi. **2** karanlık bir sorunu aydınlığa kavuşturmak ereğiyle ilgililerden ve tanıklardan bilgi toplama işi. *Soruşturma sonuçları ne olursa olsun ...* –RE.

soruşturmacı *a.* karanlık bir sorunu aydınlığa kavuşturmak için ilgililere sorular sorarak bilgi toplayan ve bunu ilgili oruna sunan kimse. ... *soruşturmacıları etki altında tutabilmek için ...* –UM.

soruşturmak öğrenmek istenilen şeyi bütün ayrıntılarıyla ve birçok kişiye sormak.

soruşturman *a.* herhangi bir konuda, ilgili kişilere soru yönelterek bilgi toplayan kimse. *Nurullah Ataç çeliştirmen/Tahir Alangu soruşturman.* –CSS.

soruşturulma *a.* (bir konu) aydınlığa kavuşturulmak ereğiyle üzerinde bilgi toplama işi yapılma. *Bu konunun Meclis'te araştırılması ve soruşturulmasının önleneceği anlaşılmıştır.* –UM.

soruşturulmak (bir konu) aydınlığa kavuşturulmak ereğiyle, ilgili kişilere sorular sorma yoluyla üzerinde bilgi toplama işi yapılmak. ... *bakan olmasaydı, konu nasıl soruşturulacaktı?* –UM.

soyaçekim *b. a. fels.* ana ve babada bulunan ruhsal ıraların kalıt yoluyla oğul döllere geçmesi. *bkz.* **kalıtım**. *Bu incelemenin ereği insandaki değişikliğin baştan aşağı soyaçekimden geldiğini göstermektedir.* –NŞK.

soyaçekimcilik *bkz.* **kalıtımcılık**

soyaçekimsel *bkz.* **kalıtımsal**. *Bu değişme bir değişinimdir ve soyaçekimsel niteliktedir.* –OH.

soyadı *b. a.* öz ad ile birlikte kullanılan ve öz addan sonra gelen ad. *Bizde soyadı yasasının çıkarılmasından önce insanlar ... adlarının yanına takılan tanıtıcı sıfatlarla anılırlardı.* –MCA.

soyağacı *b. a.* bir soyun, bilinen en uzak atasından başlayarak son üyelerine değin bütün bireylerini bir kökten çıkan ağaç görünümü içinde gösteren çizelge. *Kuşlar kendi soyağaçlarının dalları üstünde daha güzel şakırlar elbet.* –CSS.

soyaktaran *b. a. yaşb.* çokgözeli canlılarda gözenin belli evrelerden geçerek çoğalması sırasında göze çekirdeğinin içinde beliren, kimi yeteneklerin yeni bireylere geçmesini sağlayan, kıvrık çubuk biçimli cisim. *Kromozom için soyaktaran karşılığını 1977 yılının son ayları içinde* *türettim.* –CM.

soybilim *b. a.* soyların, büyük ailelerin kökenlerini ve yakınlık ilişkilerini inceleyen bilim.

soydaş *a.* ve *s.* aynı soydan olan. *Ey benim soyumdan sopumdan gelenler, ey benim soydaşlarım ... demiş.* –AN.

soydaşlık *a.* özdeş soydan olmaya dayanan yakınlık.

soykırım *b. a.* siyasal ya da dinsel ereklerle, ırk ya da dince ayrı bir insan topluluğunu ortadan kaldırmayı amaçlayan öldürüm. *Bize uyguladıkları soykırımı hiçbir zaman durdurmadılar.* –CK.

soykırımcı *b. a.* soykırımı yapan kimse. *... ve Türkleri soykırımcı, zalim, işkenceci, barbar göstermeye çalışan önyargılı batılılara bir ders verelim.* –İS.

soylu *s.* **1** soyca yüksek olan. *... soylu sınıfı maskara etmiştir.* –MS. **2** iyi nitelikler taşıyan. **3** davranışları bakımından iyi olan; iyi ahlaklı. *Batının kodamanı ... savaşmak zorunda kaldığı için timsah gözyaşları döker, sözde soylu gibi davranmak için rol yapar.* –İS.

soyluerki *b. a.* ekonomik, siyasal ve toplumsal gücün soyluların elinde bulunduğu tarihsel yönetim biçimi.

soylulaşma *a.* soylu bir niteliğe ulaşma, soyluluk edinme.

soylulaşmak soylu bir niteliğe ulaşmak, soyluluk edinmek. *Terim genellikle çoğuluyla soylulaşır: Müslüman halklar ...* –TY.

soylulaştırma *a.* soylu bir nitelik edinmesini sağlama. *Öte yandan, aynı burjuva toprak alımı, evlilikler ve soylulaştırma yoluyla .. uzun zamandan beri soyluluk saflarına büyük oranlarda katılmaktaydı.* –MAK.

soylulaştırmak soylu bir nitelik edinmesini sağlamak. *Soylular azınlığı ise ... yaşadıkları kendi çarpık zamanlarını süslüyor, soylulaştırıyor, hayatı kendileri için soylu bir oyun gibi görünebilir kılıyordu.* –ÜO.

soyluluk *a.* soylu olma niteliği, durumu. *Çünkü soylunun soyluluğu gibi, yaptığı da hep Allah'tandır.* –KT.

soyoluş *b. a. yaşb.* türlerin ortaya çıkıştan başlayarak geçirdikleri gelişim evrelerinin topu. *Birey oluş ve soyoluş böylece, birbirlerine sıkıca bağımlı olarak, karşılıklı etkilerle birbirlerini koşullandırırlar.* –OH.

soyserim *b. a.* bir canlının gözle görünen ya da herhangi bir yöntemle varlığı saptanabilen ayırıcı özelliklerinin tümü.

soysuzlaşma *a. yaşb.* soyunun ya da özlüğünün yüksek değer ve niteliğini yitirme, yozlaşma. *(Gobineau'ya) ... göre bir kavmin çözülmesi ya da soysuzlaşması, kavmin artık eski değerini yitirmesi demektir.* –NŞK.

soysuzlaşmak soyunun ya da özlüğünün yüksek değer ve niteliğini yitirmek, yozlaşmak. *Salt demokrasi soysuzlaşmasın diye devlet kesesinden partilere yardım yapılmıştır.* –MKe.

soysuzlaştırılma *a.* soysuzlaşması sağlanma.

soysuzlaştırılmak soysuzlaşması sağlanmak.

soysuzlaştırma *a.* soylu niteliklerini ortadan kaldırma, yozlaştırma. *Her şeyi yozlaştırmaya, soysuzlaştırmaya dönük bu kuraldışı zihniyet, varlığını devam ettirdiği sürece ...* –HCe.

soysuzlaştırmak soylu niteliklerini ortadan kaldırmak, yozlaştırmak.

soyut *s.* **1** *fels.* duyularla algılanamayan, soyutlama işlemiyle elde edilen, varlığı ancak özdekte gerçekleşen yani gerçekte ayrı ve başlıbaşına bir varlığı olmayan, **somut** karşıtı. ... *şiirle soyut resmi birbirine karıştıran* ... –AB. **2** anlaşılması zor olan. **soyut ad** *dilb.* özdek olmayan, ancak usta tasarlanan varlıkların adı; örneğin sevinç, uyku, yiğitlik, özgürlük sözcükleri birer soyut addır.

soyutçuluk *a.* soyutu yeğleyen, erek olarak soyutu alan tutum. *Bu bakımdan, soyutçuluğun Uzun Atlar Denizi'nden, Anadolu'nun somut gerçeklerine dönen şair Ali Püsküllüoğlu'nun bu önemli bildirisine, öbürlerinin de katılmasını bekliyoruz.* –AKö. *Bu soyutçuluk, soyutu amaçlayan ve her olguyu soyarak ele alan bir soyutçuluktur.* –OH.

soyutlama *a. fels.* gerçekte başlıbaşına varlığı olan bir şeyi, özdeğinden sıyırarak düşünme, usta onu özdeğinden soyarak tasarlama; örneğin "taş" somut bir nesnedir, onu kendisinden ayrı bir şey gibi düşünmek, soyutlama yapmaktır. *Şiir bir soyutlamadır, bütün sanatlar gibi* ... –SKA. *Hep dil, dil diyoruz ya, bu bir soyutlama aslında.* –NU.

soyutlamak 1 *fels.* usta bir şeye soyutlama işlemini uygulamak, soyutlama yapmak. *Gerçekten soyutlayarak yazmadı o, gerçeğin daha şiirsel ve daha gerçek olması için soyutladı.* –DH. **2** *mec.* (bir şeyi, bir kimseyi vb.) içinde bulunduğu durum, düşünce ya da topluluktan ayrı tutmak.

soyutlanma *a.* **1** soyutlama işlemi uygulanma. **2** *mec.* (bir şey, bir kimse vb.) içinde bulunduğu durum, düşünce ya da topluluktan ayrı tutulma. ... *ama bu uygarlığın tarihini yazarken insanın soyutlanmasını yeğleyenler de vardır.* –DH.

soyutlanmak 1 soyutlama işlemi uygulanmak. **2** *mec.* (bir şey, bir kimse) içinde bulunduğu durum, düşünce ya da topluluktan ayrı tutulmak. ... *alkolizmin çeşitli nedenleri var: Gerilim, stres; evinden, ailesinden soyutlanmak ... bunların başlıcaları.* –YB.

soyutlaşma *a.* soyut duruma gelme. *Özellikle Hint'ten gelen etki, inançlara özgü soyutlaşmalarda başlıca odaktır.* –İZE.

soyutlaşmak soyut duruma gelmek. *Sonunda, şiir hayattan ... kopmuş, soyutlaşarak bazı şairlerde* ... –AB.

soyutlaştırılma *a.* soyut duruma gelmesi sağlanma.

soyutlaştırılmak soyut duruma getirilmek, soyut duruma gelmesi sağlanmak.

soyutlaştırma *a.* soyutlaşmasını sağlama, soyut duruma getirme. *Yeni şiir somutlaşırken o kendi şiirini daha da soyutlaştırmaya gitmiş* ... –CSS.

soyutlaştırmak soyutlaşmasını sağlamak, soyut duruma getirmek. ... *o ise bu zevk u sefa'yı keser birdenbire, gökte dolaşan imgeleri soyutlaştırır.* –DH.

soyutluk *a.* soyut olma durumu. ... *yıprana yıprana asal soyutluğunu yitirip başının biçimini alan başlığının altında gözleri görünmez olmuş* ... –BK.

soyyapı *b. a.* bireyin taşıdığı genlerin tümü, bireyin soyaçekimsel yapısı. *Genotip sözcüğü için soyyapı karşılığını ... türettim.* –CM.

söbe *s. ha.* biçimi yumurtaya benzeyen. *Alan söbe bir kalem kutusunu andırıyor.* –NP.

sömürge *a. coğr.* bir devletin, kendi ülkesi dışında, üzerinde egemenlik kurduğu ve türlü yararlar elde ettiği ülke. *Ve dünyanın dörtte üçünü sömürge olarak ellerinde tutanların ...* –İS.

sömürgeci *s.* sömürgecilikten yana olan; sömürge tutan ya da tutma siyasası güden. *Bugün Atatürkçü görünüp uyducu olan, medeniyetçi görünüp sömürgeci olan olana ...* –İS.

sömürgecilik *a.* **1** bir yerin, bir ülkenin zenginlik kaynaklarından o ülke halkının dokuncasına olarak geniş ölçüde yararlanma durumu ve tutumu, sömürücülük. *Sömürgeciliğin tasfiyesinden sonra ...* –AŞE. **2** sömürge edinme siyasası. *Sömürgecilik edebiyatına iltifat edilmemektedir.* –NAk.

sömürgeleşme *a.* sömürge durumuna gelme. *Ve sömürgeleşme yolunda ilerledik.* –İS.

sömürgeleşmek *a.* sömürge durumuna gelmek. *Müslüman ulusları cihangirlik tahtından indirip Batı emperyalizminin pençesinde sömürgeleşerek kıvrım kıvrım kıvranmaya sürüklemiştir.* –YYN.

sömürgeleştirilme *a.* sömürgeleşmesi sağlanma, sömürge durumuna getirilme. *Gide gide varılacak nokta, ülkemizin kendi elimizle sömürgeleştirilmesidir.* –OA.

sömürgeleştirilmek sömürgeleşmesi sağlanmak, sömürge durumuna getirilmek. *Ben sömürgeleştirilmiş ülkelerin en ünlülerinden Pakistan'ı, Endonezya'yı gördüm.* –NB.

sömürgeleştirme sömürge durumuna getirme. *Sömürgeleştirme ... uydulaştırılma gibi durumlar bir devletin kendi çıkarları için savaş yapma hakkını kaldırır.* –SY.

sömürgeleştirmek sömürge durumuna getirmek. *Türkler hakkındaki görüşüyle Batı, Türkleri ve yurtlarını tam sömürgeleştirmek eğilimindedir.* –ÇÖ.

sömürgelik *a.* sömürge olma durumu. *Burada sömürü ile sömürgelik birbirine karıştırılıyor demektir.* –KT.

sömürgen *a.* ve *s.* sömürücü. *... solcularımıza göre İnönü ... bağımsız ve sömürgensiz Türkiye ülküsünden sapmıştır...* –SE. *Sömürgen düzenlerin bittiği yerde insan toplumları bilim ve tekniğe gerçek hakkını verecek yatırımlara yönelecektir.* –İS.

sömürgenlik *a.* sömürücülük. *Atatürk madalyasını her nutkun başında Cenab-ı Allah'tan söz açıp din sömürgenliği yapan ağır ve oturaklı kişilere hediye eder.* –İS.

sömürme *a.* **1** (su, vb. bir sıvıyı) dudaklarını birbirine yapıştırarak aradan soluğuyla çekip içme. **2** *mec.* (bir şeyden) başkasının dokuncasına olarak geniş ölçüde çıkarlanma. *Örneğin sömürme terimini ele alalım. Ne çeşit toplumsal ilişkilere sömürme diyeceğiz?* –NŞK.

sömürmek **1** (su, vb. bir sıvıyı) dudaklarını birbirine yapıştırarak aradan soluğuyla çekip içmek. **2** *mec.* (bir şeyden) başkasının dokuncasına olarak geniş ölçüde çıkarlanmak. *Devletin otoritesinden yararlanan bir azınlık ... halkı sömürmüşler-*

dir. –EG. ... *insanların acıma duygusunu sömürmek yakışık almaz.* –OR.

sömürtme *a. mec.* sömürmesine yol açma, sömürmesini sağlama.

sömürtmek *mec.* sömürmesine yol açmak, sömürmesini sağlamak. *Onların siyasal jargonunda kalkınmak, kurtulmak gibi kavramlar Türk'ü Türk'e sömürtmek anlamına geliyordu.* –ETE.

sömürü *a.* sömürmek² işi. *Kurtuluş Savaşı, emperyalist ve kapitalist sömürüden kurtulmanın ... aracı olunca, bu savaş bir ulusal bağımsızlık savaşıdır.* –ÇÖ.

sömürücü *s.* (bir şeyden) başkasının dokuncasına olarak geniş ölçüde çıkarlanan, sömüren. *Sömürücü egemen sınıfların değişik örgütleri eliyle yaptıkları yayınlarda da aynı görüşler işlenmektedir.* –ÇÖ.

sömürücülük *a.* (bir şeyden) başkasının dokuncasına olarak geniş ölçüde çıkarlanma durumu. ... *aracılık, tefecilik, medresecilik, tarikatçılık, sömürücülük gibi ne kadar geriye dönük kurum varsa* ... –İS.

sömürülme *a.* sömürme işine konu olma. *Anamalcı üretim düzeninin özü, emek gücünün sömürülmesidir.* –OH.

sömürülmek sömürme işine konu olmak. *Asya ve Afrika'nın esir memleket ve halkları sömürülmekten kurtulmuşlardır.* –NAk.

sönüm *a. fiz.* bir salınım deviniminin genişliği gittikçe azalarak sıfıra inmesi.

sönümlemek *fiz.* bir salınım deviniminin genişliğini sıfıra indirmek.

sönümlü *s. fiz.* az ya da çok bir süre sonunda sönüme ulaşan (salınım devinimi).

sönümsüz *s. fiz.* genişliği hiçbir zaman sıfıra yaklaşmayan, her dönüşte beslenen (salınım devinimi).

sövgü *a.* sövmek ereğiyle söylenen söz. *Ve ne övgüne inan, ne sövgüne* ... –ÇA.

söylem *a.* **1** *dilb.* bireyin dili sözlü ya da yazılı, tümce sınırlarını aşan kullanımı, dilin sözlü ya da yazılı olarak gerçekleşmesi, söz. *Eleştirel söylem iletişim kuramlarıyla ilişkiye geliyorsa boşuna değil.* –AO. **2** dile getirilen şey; anlatım, bildiri; söyleyiş. *Partinin yepyeni söyleminden umutlanıyorum.* –CÖ.

söylemsel *s.* söylemle ilgili. ... *yapıtın söylemsel ve anlatısal yapılarından da ... bağımsız değildir.* –TY.

söylen *bkz.* **söylence**². *Hele söylenlerin dünyasına yönelirsek, insanlık tarihinin delilikle başladığını kabul etmek zorunda kalırız.* –MCA.

söylenbilim *bkz.* **söylencebilim**. *Bir yandan o tür inanışları küçümserken, bir yandan da söylenbilim kitaplarını zevk alarak okuyoruz.* –MCA.

söylenbilimci *b. a.* söylenbilim konusunda uzman kimse. *Başka bir deyişle, bir söylenbilimci söyleni var mıdır?* –TY.

söylence *a.* **1** evrenin, tanrıların, insanın ortaya çıkışından, bir tarih olayına, bir kişiye değin türlü olay ve gerçeklikleri gerçeküstü bir biçimde anlatan öykü, ki başlıca özelliği inanış konusu olması ve kısa düz konuşma diliyle anlatılmasıdır. *Sözgelişi Afrika'da sadece bir mevsim olmasından ötürü, tanrının ölüp dirilme söylencesinin doğması olanaksızdı.* –MCA. **2** "besle kargayı, oysun gözünü", "geline oyna demişler, yerim dar demiş", "ne kızı verir, ne dünürü küstürür" örneklerinde olduğu gibi, atasözü değerinde nükteli halk sözü. *Kimi sözler ikisine de kayabilir, bir bakıma atalarsözü, bir bakıma söylence sayılabilir.* –TNG.

söylencebilim *b. a.* söylencelerin tümünü içine alan ve onları dizgesel bir biçimde inceleyen, yorumlayan bilim, söylencelerin tümü. *Türk Dil Kurumunca yayımlanan budunbilim terimleri sözlüğünde efsanebilim, felsefe sözlüğüyle tarih terimleri sözlüğünde söylencebilim deyimleriyle dile getirilmiştir.* –OH.

söylenceleşme *a.* söylenceleşmek eylemi.

söylenceleşmek söylence durumuna gelmek, ağızdan ağza söylenmek. *Ve yaşamı gittikçe söylenceleşiyor.* –İS.

söylenceleştirilme *a.* söylence² durumuna getirilme.

söylenceleştirilmek söylence² durumuna getirilmek.

söylenceleştirme *a.* söylence² özelliği kazanmasını sağlama.

söylenceleştirmek söylence² özelliği kazanmasını sağlamak.

söylencesel *s.* söylence özelliği taşıyan, söylenceyle ilgili.

söyleni a. bir kişinin kendi kendine yaptığı konuşma. *Üstelik, kimi durumlarda "iç" söyleni ile "dış" söyleni arasındaki sınır da alabildiğine bulanıklaşır.* –BK.

söylenim *bkz.* **söyleniş**. *Sözlükler, toplumu doğru düşünmeye, kavramsal duyumsamaya, söylenim (telaffuz) güzelliğine yöneltir.* –AdB.

söyleniş *a. dilb.* bir sözcüğün, içindeki seslerin çıkağı, hecelerin uzunluğu, kalınlığı ve vurgusu bakımından söylenme biçimi. *Yaşanılan bölge, kültür düzeyi, konuşulan yer ve durum, sözcüklerin söylenişinde de, tümcelerin kuruluşunda da ayrılıklar gösterir.* –TNG.

söylenleşme *bkz.* **söylenceleşme**

söylenleşmek *bkz.* **söylenceleşmek**

söylenleştirilme *bkz.* **söylenceleştirilme**

söylenleştirilmek *bkz.* **söylenceleştirilmek**

söylenleştirme *bkz.* **söylenceleştirme**

söylenleştirmek *bkz.* **söylenceleştirmek**. *Doğrusunu söylemek gerekirse, söylene karşı en iyi silah, belki bu söyleni de söylenleştirmek, bir yapay söylen üretmektir.* –TY.

söylensel *bkz.* **söylencesel**. *"Tatil" yeni bir toplumsal olgu, bu olgunun söylensel gelişimini izlemek ilginç olurdu.* –TY.

söylensellik *a.* söylenle, söylenceyle ilgili olma durumu. *...ama kilise sakalının kendince bir söylenselliği bulunduğunu saptamak da gerekir.* –TY.

söylenti *a.* ağızlarda dolaşan ve doğru olup olmadığı bilinmeyen haber. *... böylece hem süregelen söylentilerden kurtuluruz, hem de ...* –EG.

söyleşi *a.* **1** karşılıklı konuşarak hoş vakit geçirme. *Yazılarını okuyacaktık, söyleşilerinden yararlanacaktık ...* –OA. **2** iç dökercesine konuşma, içten konuşma. *... yaptığı bir söyleşide ifade etmiştir.* –CB. **3** *yaz.* belli bir konuyu ele alıp onu bir sonuca bağlayıncaya değin sürdürme yerine konudan konuya atlayarak konuşur gibi yazılan düzyazı türü. *Edebiyatımızda Ataç, söyleşileri ile de ün* *yapmıştır.* –AP.

söyleşici *a.* söyleşi yapan ya da yazan kimse. *Ekmekçi kimseye benzemez ... habercidir, yorumcudur, gözlemcidir, söyleşicidir, edebiyatçıdır, eğitimcidir.* –OA.

söyleşim *bkz.* **söyleşme**. *... tek amacı salt konuşmayı uzatmak olan söyleşimlere yol açabilmektir.* –MY.

söyleşme *a.* oturup karşılıklı olarak oradan buradan konuşma. *Bu kez ... öğle yemeğinde kendisiyle söyleşme olanağı doğdu.* –MCA. *Konuşkan kişilerle söyleşme aranır bir şeydir.* –AP. *Biçimsel mantığın ikilemlerinde önce söyleşmeye, sonra kavgalaşmaya başladık.* –İS.

söyleşmek oturup karşılıklı olarak oradan buradan konuşmak. *Onlar birbirleriyle konuşup gülüşüyor, söyleşiyorlardı.* –OKe.

söylev *a.* dinleyenlere belli bir düşünüyü anlatmak, bir duyguyu aşılamak için yapılan coşkulu konuşma. *... uluorta söylevler çekmiş.* –AÖ.

söylevci *s.* **1** söylev çekmeyi çok seven. **2** savsözcü, öğretici bir içeriği olan (yapıt). *Tevfik Fikret ... kuru bir söylevci olarak kalmıştır.* –CSS. **3** söylev veren kimse, söylev ustası. *Usta bir söylevci, düşünce ve edebiyat adamıydı.* –OH.

söylevcilik *a.* **1** söylev çekmeyi çok sevme durumu. **2** (yapıtta) savsözcü bir içerik taşıma durumu. *Yaşanan gerçeğin şiirini yazmış ... söylevciliğe, savsözcülüğe düşmeden.* –EmÖ.

sözbilim *b. a.* söz sanatlarını konu edinen bilgi dalı. *Demek ki "sözbilim" terimi geniş bir alanı kapsıyor.* –MY.

sözbilimsel *b. s.* sözbilimle ilgili. *... doğal anlamı "sözbilimsel" abartmadır.* –TY.

sözbirliği *b. a.* özdeş görüşte olanların tutumu, bir konuda anlaşarak özdeş doğrultuda davranma.

sözce *a. dilb.* bir konuşucunun ürettiği, iki susku arasında yer alan söz zinciri parçası. *Dilsel bir üründür metin; ... sözcelerin oluşturduğu somut bir varlıktır.* –EmÖ.

sözcü *a.* bir kurum, bir kurul, bir örgüt vb. ya da bir kişi adına söz söylemeye, açıklama yapmaya, onun düşünü ve davranışlarını savunmaya yetkisi olan kimse. *Muhalefet sözcüleri bu arada sık sık ...* –SD.

sözcük *a.* bir ya da birkaç seslemden oluşan, bir anlamı olan ve tümce kurmaya yarayan ses. *... tepki yaratan sözcükler arasında ...* –NSB. *... bu tek heceli sözcüğü sık sık tekrarlamak ...* –ÇA.

sözcükbilim *b. a.* bir dilin sözcüklerini yapısal ve toplumsal açıdan inceleyen dilbilim dalı. *... dilbilime dayanan dil ve anlatım incelemelerinin, koşuk sanatı ve sözcükbilim vb. incelemelerinin zorunluluğu bundan ileri gelir.* –TY.

sözcükbilimci *b. a.* sözcükbilimle uğraşan dilbilimci. *Dahası, Greimas, göstergebilimci olmasının öncesinden başlayarak, aynı zamanda bir sözcükbilimci ve bir kökenbilimcidir.* –MY.

sözcülük *a.* bir topluluk, kurul ya da kişi adına söz söylemeye yetkili olmadurumu ya da görevi. *... ailenin sözcülüğünü yapmak babaya düşüyor.* –MB.

sözdağarı *b. a. bkz.* **sözvarlığı**. *...Bu durum, şiirin sözdağarının gündelik dilin sözdağarından farklı olması gerektiğini gösteriyor.* –HY.

sözdizimi *b. a. dilb.* bir tümcede ya da bir takımda geçen türlü bölüklerden sözcüklerin her birinin ötekilere göre nerede yer aldığını ve birbirine ne biçimde bağlanacağını gösteren dilbilgisi kolu. ... *düzgün tümcenin sözdiziminde ...* –AB.

sözdizimsel *s.* sözdizimiyle ilgili. ... *sözlü dillerde kullanılan sözdizimsel işlemlerin sinemada kullanılması, sinema dilinin bir dil dizgesi olmasına yol açtı.* –SBÜ.

sözel *s. mant.* sözle ilgili, sözlü. *Hemen belirtelim ki olgusal tartışmaları sonuçlandırmak mümkün olduğu halde sözel tartışmalar bazen yıllarca sürebilir.* –SGü.

sözgelimi *be.* örneğin, sözgelişi. *Sözgelimi, bir yapıtta salt sanatsal nitelikler arayan bir eleştirmen ...* –EmÖ.

sözgelişi *be.* örneğin, sözgelimi. *Sözgelişi, Türkiye'ye teneke mi gerekli?* –İS.

söz konusu *s.* sözün konusu olan, kendisinden söz edilmekte olan. *Oysa söz konusu dengesizlikleri ... giderecek tedbirler ...* –Aİ.

sözlendirme *a. sine.* **1** yabancı bir filmin dilini, olabildiğince eşzamanlı olarak seslendirme yoluyla yerli dile çevirme. **2** görüntülerle birlikte saptanmamış konuşmaların, sonradan, filmin görüntüleriyle eşzamanlı olarak, seslendirme yoluyla filme katılması.

sözleşme *a. tüze.* **1** bir şey yapma konusunda iki ya da daha çok yanın aralarında yaptıkları anlaşma. **2** bu anlaşmanın yazılı bulunduğu kâğıt. ... *özellikle devrimlerin bazısı verilen sözleri bozmaya, antları çiğnemeye, sözleşmeleri yırtmaya dayanır.* –NU.

sözleşmek bir şey yapma konusunda karşılıklı söz vermek.

sözleşmeli *s.* sözleşmesi olan, sözleşme ile çalışan. ... *kuruluş yasasına göre de sözleşmeli personel çalıştırabiliyordu.* –UM.

sözleşmesiz *s.* sözleşmesi olmayan, sözleşme yapılmamış.

sözlü *s.* sözle yapılan, söz ile karşılık verilen. *Bununla beraber sözlü ve sözel deyimleri arasındaki anlam ayrılığı da gözetilmelidir.* –OH. **sözlü sınav** sorulan sorulara sözle karşılık verilen sınav. **sözlü soru** Meclis'te bakanlara sorulan ve sözlü olarak karşılık verilmesi istenen soru. *Hatta Meclis'e verdiği sözlü soruya ne cevap aldığını bugün dahi bilmiyoruz.* –EG.

sözlük *a.* bir dilin bütün sözcük ve deyimlerini, ya da belli bir bölük sözcük ve deyimlerini abece sırasıyla vererek anlamlarını açıklayan ya da başka bir dildeki karşılığını gösteren yapıt. *Sözlükleri elden geçirdim ...* –İS.

sözlükbilim *b. a.* sözlüklerin hazırlanmasında tutulacak yol ve yöntemleri saptayan dilbilim dalı. ... *terimbilim birçok yönüyle ... özellikle sözlükbilimin etkin katkılarından yararlanarak hızlı bir gelişme göstermektedir.* –BV.

sözlükbilimci *b. a.* sözlükbilim uzmanı, sözlükbilimle uğraşan kimse. *Fransız sözlükbilimcisi G. Motore ...* –BV.

sözlükçü *a.* ve *s.* sözlük hazırlayan kimse, sözlük yazarı. *Adamcıl sözcüğünü eski sözlükçülerimiz, yukarıdaki anlama aykırı; hatta karşıt olarak anlamıyorlar ...* –TNG.

sözlükçülük *a.* sözlük hazırlama işi. *... Derleme Sözlüğü'ndeki tutum ve sözlükçülük anlayışının Tarama Sözlüğü'nde de sürdüğü görülmüş...* –HZ.

sözlüksel *s.* sözlükle ilgili. *Sözlüksel bir birim olan sözcüğün tam tersine geçekliği gösterir.* –SBü.

sözügeçer *b. s.* istediğini yaptırır, şu ya da bu nedenle sözünü dinletir. ... *başkaldıran dini gericilik de onun şahsında en popüler, en sözügeçer bir Sofisti ortadan kaldırmayı tasarlamıştır.* –MG.

sözügeçerlik *b. a.* sözügeçer olma durumu.

sözvarlığı *b. a.* sayısal olarak sözcük varlığı. *Deyimler her dilin sözvarlığı içinde yer alan yapılardır.* –LSU.

sözveri *b. a.* yapılacağına söz verilen şey; bir işi yapmak için verilen söz. *Şu halde bir bölümünü bir gazeteden yukarıya aktardığım sözverilerin gerçekleşeceğinde hiç kuşkunuz olmasın.* –HVV.

söz yitimi *tıp.* ses çıkarma yeteneği bulunduğu halde istenilen sözü bulup söyleyememe biçiminde görülen hastalık.

subasar *b. a.* yapılarda, suya yapının üst katlarına çıkacak basıncı sağlayan düzenek, araç. *Fransızca kökenlı hidrofor karşılığı olarak subasar sözcüğünü 1976 yılında türettim.* –CM.

subay *a. ask.* orduda, asteğmenden orgenerale ve büyük amirale değin aşamalara yükselebilen asker. *Nitekim 27 Mayıs'ta yedi bine yakın subay üniformayı çıkarmak zorunda kaldı.* –İS. **yedek subay** *ask.* yükseköğrenimli olup askerlik görevini, yasa gereği, subay olarak yapan kimse. *Hasan'la askerlikte yedek subay okulunda birlikteydik.* –MKe. **yedek subaylık** yedek subay olma durumu. *O zamanlar yedek subaylık süresi altı aydı.* –RE.

subaylık *a.* subayın görevi ya da aşaması. ... *bedelli askerlik, yedek subaylık gibi konularda yenilikler getirilmek istendiğini gazetelerde okumaktayız.* –İA.

subilim *b. a.* suların mekanik, fizik, kimya, yaşambilim yönünden özelliklerini inceleyen bilim.

subilimci *b. a.* subilim uzmanı.

suçbilim *b. a.* deneysel yöntemle, suçlunun kişiliğini inceleme, yorumlama ile suç olayının doğal kaynağını, suçun toplumbilimsel ve yaşambilimsel etkenlerini araştıran bilim, kıyabilim. *İnsancıl suçbilimin dayanağı olan "toplumsal savunma" ... hiçbir zaman savunulamaz.* –DÖ. *Kriminoloji karşılığı olarak suçbilim sözcüğünü 1976 yılının ilk ayları içinde türettim.* –CM.

suçbilimci *b. a.* suçbilim alanında uzman kişi. *Polis ve suçbilimciler bunun iki temel nedeni olduğu kanaatindeler.* –OBa.

suçlama *a.* suç yükleme. *Bu ağır suçlamanın kanıtları var mı?* –İS.

suçlamak (birine) suç yüklemek. ... *sanıkları suçlayan savcı daha sonra hangi görevleri üstlendi?* –UM.

suçlanma *a.* bir suç işlediği ileri sürülme. ... *işbirliği yapmakla suçlanması* ... –UM.

suçlanmak bir suç işlediği ileri sürülmek. *Atatürk'ün içişleri ve dışişleri bakanları ... komünistlikle mi suçlanmışlardı?* –UM.

sunak *a.* tapınaklarda, üzerinde kurban kesilen, günlük vb. şeyler yakılan, başına geçilip dinsel tören yapılan masa biçimli taş. *İşte bu dindar ruh, tapınmada da, sunuda da esas olmalı, sunağın kana boyanması değil.* –MG.

sungu *bkz.* **sunu**. ... *bir iki sungu sözü, bir imza, mutlu ediyor kitapseverleri* ... –OA.

sunma *a.* sunmak eylemi. *Görevlerini, mevkilerini kartvizit gibi sunma çabasında değiller.* –TUy.

sunmak 1 (büyüklere, büyük orunlara) göstermek, yollamak, göndermek, vermek gibi anlamlarda kullanılır. *Millet Meclisi'ne bir önerge sunmuştur.* –Aİ. **2** (radyoda) bir izlenceyi kendi sesiyle dinletmek. **3** (bir eğlence yerinde) yapmak, söylemek, çalmak gibi anlamlarda kullanılır.

sunu *a.* **1** büyüğe sunulan armağan. *Bilge, Tanrı'ya kurbanlarla, sunularla değil, erdemle saygı gösterir.* –BA. **2** (birinin) adına sunma, bir şeyi biri için yaptığını belirtme. ... *o gün gelen son kitabı doğallıkla sunusuzdu.* –RM. *Son albümün sunu yazısında şöyle diyor..* –CSS. **3** kısa tanıtma yazısı *Cemal Süreya'nın da arka kapakta bir sunusu var* ... –MKe.

sunucu *a.* radyoda, televizyonda ya da herhangi bir toplantıda sunuculuk yapan kimse. *Tüm program sunucularının ... seyirciye ve dinleyiciye verdiği ortak bir izlenim var.* –MTÖ.

sunuculuk *a.* radyoda, televizyonda ya da herhangi bir toplantıda izlencede yer alan kişileri, izlencenin bölümlerini vb. sunma işi. ... *ama öte yanda, şöyle doğru dürüst sunuculuk ya da röportajcılık yapanlar son derece az.* –MTÖ.

sunulma *a.* sunma işine konu olma. ... *"akılcılık" olarak sunulmaya başlanmış.* –ASi.

sunulmak sunmak işine konu olmak. ... *haber ve yazı olarak gazetemizde kamuoyunun dikkatine sunulmakta ve yankı bulmaktadır.* –HCe.

sunum *a.* çıkarma, sunma. *Aynı dönemde para sunumu (arzı) 307 milyon liradan bir milyar 530 milyon liraya yükselmişti.* –YD.

sunuş *a.* **1** sunmak eylemi, **2** sunma biçimi. ... *konuyu, Türkiye'yi sert şekilde suçlayan bir sunuşla ele almaları güçlü bir olasılıktır.* –ASi. **3** önsöz.

susku *a.* susma, sessizlik. *Kimi incelemecilere göre, bu susku örgütlenmiş ve bilinçli bir suskudur.* –OH.

suskun *s.* pek az konuşan, sessiz. ... *kayalarda güneşlenen o suskun martılardan da* ... –AÖ.

suskunluk *a.* suskun olma durumu. *Suskunluğu ile dağ gibi delikanlı dikkatimi çekti.* –MKe.

suyolu *b. a.* künk ya da demir boruyla yapılmış oluk, ark.

suyuk *a.* canlı örgenlikte bulunan her türlü sıvının genel adı. *Dört suyuk kan, balgam, safra ve meni'dir.* –OH.

suyuvarı *b. a.* denizlerin yeryüzünde oluşturduğu yuvar.

süel *s.* askerlikle ilgili, askerliğe özgü. *Bu durumda askerlik için sürerlik, askeri için süel karşılıklarını kullanmamız gerekecektir.* –CM.

süer *b. a.* **1** orduda görevli bulunan, erden mareşale değin herkes. **2** orduda er. *Arapça kökenli asker sözcüğü için, Türkçe "sü" sözcüğüne ... "er" sözcüğünü katarak süer karşılığını türetip ... kullandım.* –CM.

süerlik *b. a.* ordu hizmeti, askerlik. *Bu durumda askerlik için sürerlik, askeri için süel karşılıklarını kullanmamız gerekecektir.* –CM.

sürdürme *a.* sürüp gitmesini sağlama. ... *böyle bir düşünüş ... bürokra-*

tik oligarşinin ayrıcalıklarını sürdürmelerine gerekçe olabilen seçkinci bir anlayıştan başka bir şey değildir. –HC.

sürdürmek sürüp gitmesini sağlamak. ... *kendinden öncekileri ayıplamak için söylediği "halk patronluğu"nu yeni çehreyle sürdürmek niyetindedir.* –AKa.

sürdürücü *a.* sürmesini sağlayan, sürdüren. ... *onur, cesaret ve özveri gibi kavramların umarsız sürdürücüleridir bunlar.* –AD.

sürdürücülük *a.* sürdürücü olma durumu, bir şeyin sürüp gitmesini sağlama işi. *İşin sürdürücülüğünü üstlenmek zorundaydık.* –AP.

sürdürülebilir *b. s.* sürdürülme olanağı bulunan.

sürdürülebilirlik *b. a.* sürdürülebilir olanın niteliği.

sürdürülme *a.* sürüp gitmesi sağlanma. *Önlemlerin sürdürülmesi ... "silah ambargosu" gibi bir sorun da yaratabilir.* –UM.

sürdürülmek sürüp gitmesi sağlanmak. ... *ve dördüncü sahnesinde günümüzden örneklerle Pir Sultan'ın kavgasının çağımızda da sürdürülmekte olduğu gösterilmekte ...* –SŞ.

sürdürüm *a.* önceden para vererek, belli bir süre için bir şeye alıcı olma durumu.

sürdürümcü *a.* önceden para vererek, belli bir süre için bir şeye alıcı olan. *Bir sürdürümcüye ... derginin bir sayısının ikinci kez gönderilmesi şaşılacak bir davranış değil mi?* –İU.

sürdürümcülük *a.* sürdürümcü olma durumu. ... *devlet kesimine yaptırdıkları zorunlu sürdürümcülükle oyalanıyorlar.* –MSA.

süre *a.* başı ve sonu belli bir zaman parçası, yani bir olgunun başı ile sonu arasındaki belirli zaman. *Önümüzdeki süre kısadır.* –İS.

süreaşımı *b. a. tüze.* olmuş bir şeyin üstünden geçen zaman, zamanaşımı. *Yasaların öngördüğü süreaşımı dolmadan önlem almak gerekecektir.* –AP.

süreç *a.* bir olayın belli bir sonuca doğru gidişi; düzenli olarak, birbirini izleyen değişmelerle gelişip oluşması. *Herakleitos'a göre evren, boyuna akan bir süreçtir, başı sonu olmayan bir değişmedir.* –BA.

süreçleşme *a.* süreçleşmek eylemi. *Greimas'ın ... birbiri ardına yayımlanan yapıtlarında da türevsel denilebilecek bir süreçleşme vardır ...* –MY.

süreçleşmek süreç özelliği kazanmak, süreç durumuna gelmek.

süreçsel *s.* süreç özelliğinde, süreçle ilgili. ... *temel kurumsal ve süreçsel değişkenlerin dökümü... yapılmıştır.* –BG.

süreduran *b. s. fiz.* süredurumda olan. *Programsız bir bilgisayar süreduran bir metal kütlesidir.* –AU.

süredurum *b. a.* **1** öteden beri süren gelen ya da var olan, şu andaki durum. **2** *toplb.* yürürlükte bulunan antlaşmalara göre olması gereken durum, varlığı belli kurallara bağlanmış olan durum. **3** *fiz.* bir nesnenin içinde bulunduğu düzgün devinim ya da devinimsizlik durumunun sürüp gitmesi durumu. *Bu konuda Parsons, fizikteki süredurum kavramını sosyal bilimlere şöyle uygular.* –EK. **2**

süredurumcu *b. s.* öteden beri süren gelen, var olan durumun değişmesini istemeyen kimse.

süredurumculuk *b. a.* süredurumu korumak isteyen tutum.

süredurumlu *bkz.* **süreduran**. ... *mekanik yasaların geçerli olduğu KS'lere süredurumlu sistemler diyoruz.* –ÖÜ.

süreğen *s.* ne zaman sona ereceği belli olmaksızın sürüp giden. *Süreğen bunalımlar alanında duruyoruz.* –SBu.

süreğenleşmek süreğen bir durum almak. ... *dava, süreğenleşen bir yara gibi işleyip durmuş* ... –HVV.

süreğenlik *a.* süreğen olma durumu, özelliği.

sürek *a.* sürüp gitme. *Yazarın bu yıl çıkardığı yapıt ... geçen yıl çıkardığını andırabilir, onun bir süreği olabilir.* –NA.

sürekli *s.* sürüp giden, süreği olan. *Ancak sürekli denemeler ve çalışmalar bu "mümkün değil" fikrini çürütücü olabilmektedir.* –EA.

süreklileşme *a.* süreklileşmek eylemi.

süreklileşmek sürekli bir duruma gelmek, kesintisiz olarak sürmek.

süreklileştirilme *a.* süreklileştirilmek eylemi.

süreklileştirilmek sürekli bir duruma gelmesi sağlanmak.

süreklileştirme *a.* süreklileştirmek eylemi.

süreklileştirmek sürekli bir duruma getirmek, kesintisiz olarak sürmesini sağlamak..

süreklilik *a.* sürüp gitme durumu, özelliği. *Propaganda deyiminin içinde süreklilik unsuru bulunduğuna ... dair, benim Cumhuriyet'te çıkan bir yazım* ... –NN.

süreksiz *s.* az süren, sürüp gitmeyen. ... *ama birinden ötekine geçişin süreksiz olduğu düşüncesindedir.* –TY.

süreksizlik *a.* süreği az olma durumu, az sürme durumu. ... *Herakleitos'u değişme ve süreksizlik filozofu olarak tanıtmıştık.* –AfT.

süreli *s.* belli zaman aralıklı, süresiz olmayan. ... *bunalımı kısa süreli gelişimleri açısından ele almak doğru olmasa gerektir.* –NN. *süreli yayın* gazete, dergi gibi belli zaman aralıklarıyla çıkan basılı kâğıt. ... *bugün uygulanan, yeni çözüm, gazete, süreli yayın, kitap, broşür, afiş gibi bütün yayınların, devletin yayın tekeli altında toplanmasıdır.* –SY.

sürem *a.* yılın kış, ilkyaz, yaz, güz adlarını alan üçer aylık dört bölümünden her biri. *Bakarsınız o gün aykırı görünen birtakım düşünceler, aradan bir sürem geçince, güç kazanmış, kamuoyunun onayını sağlamıştır.* –MCA.

süreölçer *b. a.* çok kısa süreleri ölçen saat. *Kronometre karşılığı olarak türettiğim süreölçer sözcüğü* ...-CM.

sürerdurum *b. a.* **1** öteden beri sürüp gelen, var olan, şu andaki durum. **2** yürürlükteki anlaşmalara göre olması gereken durum.

sürerdurumcu *b. a.* öteden beri sürüp gelen, var olan durumun değişmesini istemeyen kimse.

sürerdurumculuk *b. a.* sürerdurumcunun niteliği.

sürerli *s.* uzun süren. *Buna karşı benlik sürerlidir, çünkü herhangi iki an arasında varolmaktan geri durmamıştır.* –OH.

sürerlik *a.* uzun sürme durumu, özelliği. *Bu bileşmelerde kalmak, gelmek, durmak fiilleri ... bileştikleri gövdeye sürerlik anlamı katar.* –TNG.

süresiz *s.* süresi belirlenmemiş olan.

sürgendoku *b. a. bitb.* yüksek bitkilerde, kök ve sapların gelişebilecek durumda olan uç bölümlerindeki çok yüzlü ve kolay üreyebilen gözelere verilen ad.

sürmek 1 (zaman) geçmek. *Millet direnmektedir amma, bu her halde pek uzun süremez.* –NH. **2** oladurmak. *Yaşama savaşı hayat sürdükçe bütün ömürler için sürüp gidecek ...* –TB.

sürücü *a.* at arabası ya da motorlu taşıt süren kimse. *Otobüs tıklım tıklım dolu olduğu halde sürücü her durakta yolcu alıyor ...* –MCA. **sürücü belgesi** sürücülere, sınavdan geçirildikten sonra verilen, motorlu araç kullanabileceğini gösteren belge. *Otomobil sürücü belgesi sınavına girenler "yokuş hangi vitesle inilir" sorusuyla karşılaşabilir.* –ASi.

sürücülük *a.* sürücünün görevi, sürücü olma durumu. ... *"sürücülüğü sevdim, ama ..." dedi Ali Püsküllüoğlu.* –MBu.

sürücül *s.* sürü durumunda yaşayan, sürüye özgü, sürüyle ilgili. *Hepsinin toplamı, toplumda yaratılmış olan sürücül davranışların hepsi artık yok olmalı ...* –RM.

sürüm *a.* **1** bir malın satılır olma durumu, özelliği, niteliği. *Köylerde nüfusun azalması, fakirliğin baş göstermesi de kent endüstrisinin meydana getirdiği yapımın sürümünü azaltır.* –NŞK. **2** (bilgisayarcılıkta) bir yazılımın yeni bir numara verilen, geliştirilmiş, değişik biçimi.

sürümdeğer *bkz.* **geçerdeğer**

sürümlü *s.* sürümü olan, çok satılan (mal).

sürümlük *a.* cilde sürülen, cildi güzelleştirmeye ve diri tutmaya yarayan her türlü kokulu özdeklerin ortak adı.

sürümlülük *a.* sürümü olma durumu.

sürümsüz *s.* az satılan (mal).

sürümsüzlük *a.* az satılma durumu. ... *hemen hiç dış pazar aramak ihtiyacı duymaksızın serpilip gelişecek, mal sürümsüzlüğünden doğan bunalımları tanımayacaktı.* –ETE.

sürüngen *s. hayb.* **1** yerde sürünerek yürüyen (yılan, kertenkele, kaplumbağa vb. hayvanlar için sıfat). *... yerkurdu çeşidinden sürüngenleri ...* –NU. **2** *mec.* (kişiler için hakaret sözü olarak) bayağı, adi, alçak.

sürüngenleşme *a.* sürüngenleşmek eylemi.

sürüngenleşmek 1 sürüngen durumuna gelmek. ... *kanlarına karışan zehirin etkisiyle ... sürüngenleşmeye başlamışlar.* –AN. **2** *mec.* (kişiler için) adileşmek, bayağılaşmak, alçaklaşmak.

sürüngenlik *a.* sürüngen olma durumu. *Çalışıp çabaladık milyonlarca yıl/Sürüngenlikten bugünlere geldik.* –FB.

süslenti *a.* giysiye daha güzel bir görünüş vermek için kimi yerlerine eklenen süsleme parçalar.

Ş

şaşırtmaca *a.* **1** şaşırtmak için yapılan oyun. **2** şaşırtı. *Ama doğanın şaşırtmacaları çok.* –MHe.

şaşırtı *a.* beklenmedik şey; beklenmeyen ve kişiyi şaşırtarak sevindiren ya da kişinin üzüntüsüne yol açan şey, olay. *O ay ışıklı gecede genç kızın sevgilisine kaçması öykünün hiç de yadırganmayan şaşırtısı.* –MŞO.

şaşılasılık *a.* yadırganacak bir durumu, bir yönü olma özelliği, yadırgatıcılık.

şaşkı *a.* şaşma, şaşakalma. *... bir şaşkı imi koymuş ...* –NA.

şenlik *a.* **1** şen olma durumu. **2** topluca yapılan şen gösteriler. *Adına şenlikler yapılmış, şölenler düzenlenmiş ...* –İZE.

şiirbilim *b. a.* şiiri her yönden ele alan yazınbilim dalı. *Greimas yalnızca göstergebilimin değil, şiirbilimin de inandırıcı öncüsüdür.* –MY.

şölen *a.* **1** çağrılıları özenli yemek ve içkilerle ağırlama işi. *Evimdeki şölen çok iyi geçti.* –AN. **2** *toplb.* dinsel tören niteliğinde yemek toplantısı. **3** *mec.* gözü gönlü doyuran şey. *... gerçek bir sanat şöleni olmuştur.* –AP.

T

takı *a. dilb.* bir sözcüğün gövdesine takılan ve onun çekim bakımından durumunu göstermeye yarayan, tümcedeki görevini belirten öğe, ki buna **çekim eki** de denir. Örneğin "ağaçlar" sözcüğündeki "-lar", "ağaç" sözcüğüne takılan ve ona çoğulluk anlamı katan bir takıdır. *Ancak, şahıs takılarının ...* –HD.

takım *a.* **1** birbirine uygun şeylerin ya da kimselerin topu. *Tek sol örgütün yönetimine tebelleş olmuş oportünist takım hariç ...* –DğÖ. **2** görev bakımından birbirini tamamlayarak birlikte çalışan kimselerin topluluğu. **3** *sp.* bir oyunda karşı karşıya gelen belli kuruluşlara bağlı oyuncular topluluğundan her biri. *Ayaktopu karşılaşmalarında takımları desteklemek için asılan yazılar da böyle ...* –MTÖ. **4** birlikte oynayan, kazanmak için birlikte çaba harcayan sporcu topluluğu.

takımerki *b. a. toplb.* az sayıda kişinin ortak yönetimindeki devlet düzeni.

takınak *a. ruhb.* yanlışlığını ve yerinde olmadığını kendi de gördüğü halde, insanın boyun eğmekten ve gereğini yapmaktan kurtulamadığı geçici eğilim.

tamu *a.* din inanışına göre kötülük yapanların öldükten sonra ceza gördükleri yer. *... tamuya gönderiyor sizi.* –NA. *Yiyit veren güzel Tanrı ... tamu kılma sonumuzu ...* –CAK.

tamusal *s.* tamuyu andıran ya da tamuya değgin, tamu ile ilgili.

tanı *a. tıp.* sayrı bir kimseyi muayene edip belirtilerden sayrılığı tanıma işi. *Adı geç konmuş olmakla birlikte, güçlük ve tanı yeni değildir.* –BG.

tanık *a.* **1** herhangi bir olayı gören, bilen ya da o olaya ilişkin bilgisi bulunan kimse. *Tanıklar dinlenir ...* –İS. **2** *mec.* bir gerçeğin belgelenmesi yolunda öne sürülen örnek.

tanıklama *a.* tanık göstererek kanıtlama. *Şimdi bunları tanıklama ve gereğince açıklayabilme bakımından.* –ZKo.

tanıklamak (bir şeyi) tanık göstererek kanıtlamak, tanıkla desteklemek. *Sesbilgisi, biçimbilgisi ve söz dağarcığı özellikleri bu durumu tanıklamaktadır.* –ZKo.

tanıklanma *a.* tanık gösterilerek kanıtlanma, tanıkla desteklenme.

tanıklanmak tanık gösterilerek kanıtlanmak, tanıkla desteklenmek. *Kâşgarlı'nın önseste y'siz örneklerin bulunduğu beyanı, daha sonraki Oğuzca metinlerde de tanıklanmaktadır.* –ZKo.

tanıklık *a.* tanık olma durumu ve işi. ... *sözün yaşamayı zenginleştirdiğine tanıklık eder sanıyorum.* –NU.

tanılama *a.* tanılamak eylemi; belirtilerine bakıp sayrılığı tanıma. *Halk bir kez kendinden olmayanı tanıladı mı, şaşılacak bir kesinlikle tümden bırakır onu.* –MCA.

tanılamak *tıp.* sayrıdaki belirtilere bakarak sayrılığı tanımak. ... *"şeriat"ın özniteliğini işte burada tanılamak doğru olur.* –MCA.

tanılanma *a.* tanı yoluyla saptanma.

tanılanmak tanı yoluyla saptanmak, ne olduğu tanı yoluyla bulunmak.

tanım *a.* bir kavramın ne anlama geldiğini açıklayıp anlatmak işi ya da özel ve başlıca niteliklerini sayarak bir şeyi tanıtmak işi. ... *o geleneksel insan tanımlarının insana en yakışanlardan biridir bu tanım.* –NU.

tanımlama *a.* özel ve başlıca niteliklerini belirterek bir şeyi tanıtma ya da bir kavramın ne anlama geldiğini anlayıp anlatma. ... *tüccar Elbukâzım'ın tiyatroyu tanımlaması çok hoşuma gitti.* –İS.

tanımlamak bir kavramın ne anlama geldiğini açıklayıp anlatmak ya da özel ve başlıca niteliklerini sayarak bir şeyi tanıtmak. ... *her şeyden önce kavram karışıklığından arınmak ve aşırı akımları açıklıkla tanımlamak gerekir.* –Aİ.

tanımlanma *a.* özel ve başlıca nitelikleriyle anlatılma, tanımı yapılma. *Ama görevin açık seçik tanımlanması ... saydamlığını da sağlayacaktır.* –ASi.

tanımlanmak tanımı yapılmak. *Büyük adam tanımlanması zor kişidir.* –İS.

tanımlık *a. dilb.* kimi dillerde bulunan, başlıca bir anlamı olmamakla birlikte adların önüne gelerek onları belirli ya da belirsiz kılmaya yarayan, örneğin İngilizcedeki "a", "an", "the" gibi dil öğelerine verilen ad. ... *Fransızcada le ve la tanımlıklarının karşıtlığında l ortak bir öğedir...* –BV.

tanımsal *s.* tanım niteliğinde, tanımla ilgili. *İkinci bölümde ... bütünlük kavramının tanımsal, yöntemsel ve kuramsal sınırlılığına değinilecektir.* –BG.

tanımsallık *a.* tanımsal olma durumu. *Betimlenen varlığa yeni bir boyut getirmemiş; tanımsallığı aşıp görüntüye dönüşmemiş kısaca.* –EmÖ.

tanımsız *s.* tanıma gelmeyen, tanımlanamayan. *Adını bilmediğim ağaçların tanımsız çiçeklerine baktıkça felicitayı düşünüyordum.* –İS.

tanımsızlık *a.* tanıma gelmeme durumu, tanımlanamama. ... *bu tanımsızlık ve belirsizlik ortamında.* –MüS.

tanısızlık *a. ruhb.* nesneleri ve simgeleri tanıyamama sayrılığı.

tanıt *a.* tanıtlamaya yarayan şey, kanıt. ... *genişletmekte olduklarını gösteren değerli tanıtlardır.* –ÖAA.

tanıtı *bkz.* **tanıtım**. *Sinemada, televizyonda, tanıtıda anlamlar bir görüntüler ... toplaşmasından doğar.* –BV.

tanıtım *a.* **1** tanıtma. *Bunların dışında kalan okuyucular için özel tanıtım kartları düzenlenir.* –ErG. **2** bir şeyi geniş yığınlara tanıtmak, beğendirmek ve böylece o şeyin sürümünü sağlamak için söz, yazı ve benzeri araçlarla yapılan her türlü tanıtma çabası. *Memo, piyasaya sürecekleri yeni malın tanıtımını Ali'ye bırakıyormuş .* –Sİ.

tanıtımcı *a.* tanıtman². *Öyle dedim, hepimiz amatör tanıtımcılarız doğuştan.* –ASi.

tanıtımcılık *a.* **1** tanıtım² yapma işi **2** tanıtımcının, tanıtmanın uğraşı. *Duvardaki duyuruların, tanıtımcılığın önümüze getirdiği görüntü budur.* –BO.

tanıtlama *a.* tanıtlamak işi. *Sofistler düşünmenin işleyişini sadece tartışma, tanıtlama, çürütme tekniği bakımından ele almışlardır ...* –MG.

tanıtlamak ileri sürülen bir savın doğruluğunu ve gerçekliğini yadsınamayacak biçimde açık bir kesinlikle göstermek, kanıtlamak. *... ama, bu, bizim bilgi yolumuzun gerçekten de bilme yolu olmadığını tanıtlamaz hiçbir zaman.* –NU. *... birtakım savları varmış ve o, bunları tanıtlamak için oturup böyle bir roman yazmış ...* –FO.

tanıtma *a.* bir şeyin tanınmasını sağlama. *... serginin kataloğuna bir tanıtma yazısı yazan Paul Valéry ...* –SB. **tanıtma yazısı** bir şeyi, bir yapıtı tanıtan kısa yazı. *Bu tanıtma yazısının olanakları çerçevesinde ...* –FO.

tanıtmacılık *bkz.* **tanıtmanlık**. *Ve benim tanıtmacılık girişimim böylece fiyaskoyla sonuçlandı.* –ASi.

tanıtmak bir şeyin tanınmasını sağlamak.

tanıtmalık *a.* (bir şeyin) nasıl kullanılacağını, (bir şeyden) nasıl yararlanılacağını anlatan yazı. *İlaç kutularından çıkan tanıtmalıklar gibi değil mi?* –CKu.

tanıtman *a.* **1** tanıtıcı, kısa tanıtma yazıları yazan kimse. *Ayrıca kitap yapımcısı böyle örgütlenmekle kalmaz, armağanlar, ödüller, eleştirmen ve tanıtmanlarla kitaba bir tür dokunulmazlık da sağlar.* –FO. **2** bir şeyi geniş yığınlara tanıtmak, beğendirmek, böylece o şeyin sürümünü sağlamak için çabalamayı uğraş edinmiş kimse.

tanıtmanlık *bkz.* **tanıtımcılık**. *Türkiye'de eleştirmenlik kitap tanıtmanlığı gibi şeylerin birbirine karıştırıldığını sanıyorum.* –BAy.

tanmak (eski) şaşırmak, şaşmak. *Bunun Türkçesi olan "tansık" sözcüğü "tanmak"tan gelir.* –MCA.

tanrı *a.* çoktanrıcılıkta, var olduğuna inanılan insanüstü varlıklardan her biri. *Zira, paganizm adını verdiğimiz tabiat dininin tanrıları ve tanrıçaları çoktan ölmüştü ...* –YKK.

Tanrı *ö. a.* evrende var olan her şeyin yaratıcısı ve koruyucusu olduğuna inanılan yüce varlık. *Tanrıcılığa göre Tanrı, evrenin hem üstünde hem içindedir, hem yaratmıştır hem yönetir.* –OH.

Tanrıbilim *ö. b. a.* Tanrı'nın varlığı ya da insanın evrenle ilişkileri üzerinde çalışan bilim. *... ve dolayısıyla Tanrıbilime ait bilgiler ...* –CS.

Tanrıbilimci *ö. b. a.* Tanrıbilimle uğraşan kimse, Tanrıbilim uzmanı. *Tanrıbilimciler bile kutsal kitaplara yapısalcı bir açıdan eğilmeyi deniyorlar.* –AdO.

Tanrıbilimsel *ö. b. s.* Tanrıbilimle ilgili. *Feurbach ... Tanrıbilimsel görüşü tersine çevirdi ...* –CÜ.

Tanrıcı *a.* Tanrı'ya inanan kimse. *... birinciye Tanrıcı, ikinciye kamutanrıcı, üçüncüye açığa vurma adını verebiliriz.* –AG.

Tanrıcılık *a. fels.* evreni yaratan ve yöneten bir Tanrı'nın varlığını savunan ve buna inananların öğretisi. *Tanrıcılığa göre Tanrı, evrenin hem* *üstünde hem içindedir, hem yaratmıştır hem yönetir.* –OH.

tanrıça *a.* çoktanrıcılıkta kadın tanrı. ... *ayrılık vakti gelip çatınca güzel büyücü, bilge tanrıça Kirke, Odysseus'a Sirenler'den korunmasını söyledi.* –Sİ.

tanrıçalık *a.* tanrıça olma durumu. *Daksa'nın kızı Sati, ki Siva'nın karısı olacak ve kendini öldürüp Parvati adıyla tanrıçalık aşamasına yükselecektir* ... –OH.

Tanrılaşma *a.* Tanrılaşmak eylemi.

Tanrılaşmak Tanrı gibi olmak, Tanrı olmak. *Bu ezilmiş, yenilmiş kişiler hiç mi Tanrılaşmak istemezler?* –AB.

Tanrılaştırılma *a.* **1** Tanrı gibi görülme, Tanrı yerine konulma. **2** (küçük "t" ile) tanrı olma, tanrı durumuna getirilme. ... *Antoinizm, insanın tanrılaştırılmasını amaç edinmiştir.* –OH.

Tanrılaştırılmak **1** Tanrı olarak görülmek, Tanrı yerine konulmak. **2** (küçük "t" ile) tanrı durumuna getirilmek. *Âdeta tanrılaştırılmış, bir ilah haline getirilmiş.* –HCe. **3** *mec.* yüce bir varlık olarak görülmek, yüceltilmek.

Tanrılaştırma *a.* **1** herhangi bir şeyi Tanrı yerine koyma. **2** *mec.* yüceleştirme. *Comte ... sevdiği kadını ... Tanrılaştırmaya bile kalkıştı.* –NŞK.

Tanrılaştırmak **1** (bir şeyi) Tanrı diye tanımak, Tanrı yerine koymak *Evreni kişileştirip Tanrılaştırmak da Hind'lere özgü bir buluş.* –OH. **2** *mec.* yüceleştirmek. ... *halkı Tanrılaştırmak kişiyi yanılgıya sürükleyebilir.* –İS.

Tanrılık *a.* Tanrı olma durumu. *O çağlarda, krallar darda kaldılar mı, Tanrılıklarını ilan ederlerdi.* –VT.

Tanrısal *s.* Tanrı ile ilgili, Tanrı'ya ya da tanrılara yakışır. ... *değişmez bir güç, bir bakıma Tanrısal bir kaynak olarak* ... –NU.

Tanrısallık *a.* Tanrısal olma durumu, özelliği. *Platon'da da metafizikten fiziğe geçiş, iyi'nin idesi olan Tanrısallıktan doğalaşma, bir çıkış olgusudur.* –OH.

Tanrısız *s.* Tanrısı olmayan, Tanrıtanımaz. ... *ne Tanrısızdı ne de dinsizdi* ... –İS.

Tanrıtanımaz *s.* Tanrısı olmayan, Tanrı tanımayan. ... *buna karşı Tanrıtanımazların bulunduğu gösterilebilir.* –MG.

Tanrıtanımazlık *a. fels.* Tanrı tanımayanların yolu. ... *kendisini Tanrıtanımazlıkla suçladı* ... –AB.

tansık *a.* us yoluyla açıklanamayan ve bu yüzden de Tanrısal bir güç tarafından yaratıldığına inanılan doğaüstü olay. *Bunun Türkçesi olan "tansık" sözcüğü "tanmak"tan gelir.* –MCA.

tansıklaşma *a.* tansık özelliği kazanma.

tansıklaşmak tansık özelliği kazanmak. *O zaman söz, gerçekten tansıklaşır.* –VT.

tansıksı *s.* tansık niteliğinde, tansık gibi, tansıkla ilgili. *İnsanın kendi gövdesinde yarattığı bu gerçek yaratık, bu tansıksı varlık, et parçasıyken gülümseyecek.* –Sİ.

tapılma *a.* **1** Tanrı olarak görülüp tapınmak eylemi yapılma. **2** *mec.* yüce bir varlık olarak sevilme.

tapılmak **1** Tanrı olarak görülüp tapınmak eylemi yapılmak. *Ertesi sabah da ehram tepesinde Güneş doğarken İkhnaton'a tapılmış.* –NB. **2** *mec.* yüce bir varlık olarak sevilmek, çok sevilmek.

tapınak *a.* içinde Tanrı'ya tapınılan, tapınçta bulunulan yapı. *Vietnam'da tapınaklar direnme hareketinin yuvaları olmuşlardır.* –İS.

tapıncak *a. bud.* sahibine uğur getirdiğine ve doğaüstü özellikler taşıdığına inanılan ve korku ile karışık büyüsel, dinsel, saygı duyulan taş, boynuz, pençe, post, yontu gibi herhangi bir nesne. *Totem, tapıncak, koruyucu yaratık olarak ilkellerin dinsel yaşamında gizemsel ve büyüsel bir nitelik taşıyan ...* –SVÖ.

tapıncakçı *a.* **1** *bud.* tapıncak yapabilen, bunların etkili olmalarını sağlayan ve kendisinden yardım isteyenlere tapıncakları sağlayan büyücü. **2** s. *ruhb.* cinsel tapıncakçılığa düşkün.

tapıncakçılık *a.* **1** *bud.* ilkel sayılan budunlarda dinsel eylemlerin tümü. *Olgucu Auguste Comte ... tanrıbilimsel durumu üç devreye ayırır ve bunun birinci evresini tapıncakçılık olarak niteler.* –OH. **2** *ruhb.* herhangi bir nesneye ya da varlığa karşı duyulan aşırı ve tapınmaya yaklaşan bağlılık. *Bir aydın tapıncakçılığı, karnı tok, sırtı pek özgürlükçü şatafatı değildir bu.* –BO. **3** *ruhb.* yalnızca belli nesnelerin yanında cinsel coşku ve doygunluk duymak biçiminde ortaya çıkan cinsel sapınç.

tapınç *a.* Tanrı'ya gösterilen saygı davranışı, tapınma. *... kült karşılığı olarak tapınç deyimi önerilmiştir ...* –OH.

tapını *bkz.* **tapınç**. *Gel yeşil yaprak elim/Gökyüzünü işle tellim/Tapınısı yaşamanın/Güneşi içelim bir çeşmeden.*–CAK.

tapınılma *bkz.* **tapılma**. *Ama yeni Çin'de Mao'ya tapınılmasını olağan bulmadım.* –MCA.

tapınılmak *bkz.* **tapılmak**. *... tapınılmak istemekten kurtulur belki.* –MCA.

tapınım *bkz.* **tapınç, tapınma**. *Konunun ilginç yanı, Güneş'e tapan Azteklerin tapınım törenleri ile İslâm'ın tapınım biçimleri arasındaki çarpıcı benzerlik.* –MCA.

tapınma *a.* tapınmak eylemi, tapınç. *... tapınmaları ve kurbanların bağırmalarını gizleyen ...* –AÖ.

tapınmak **1** Tanrı'ya ya da tanrı olarak tanınan şeye karşı inanış ve bağlılık anlatmak ereğiyle birtakım davranışlarda bulunmak. *Tapınırken ört beni/Ağacın insan gölgesi ...* –CAK. **2** *mec.* deli gibi sevmek.

tapkı *bkz.* **tapınç, tapını, tapınım**. *Oysa ... "yabanıl" tapkılardan kalmış gibi görünüyor.* –TY.

tapma *a.* **1** Tanrı diye tanıyarak kulluk etme. **2** *mec.* Tanrıymışçasına bağlılık gösterme. *Demek ki kişiye tapma eğilimini ortaya koyuyor, öyle mi?* –MCA. **3** *mec.* pek çok sevme.

tapmak **1** Tanrı diye tanıyarak kulluk etmek. *Ayrıca "tapmak" ne demektir, nasıl olur, bunlar çok tartışma götürür sorular.* –MCA. **2** *mec.* Tanrı'ymışçasına bağlılık göstermek. **3** *mec.* pek çok sevmek.

tarım *a.* ürün elde etmek ereğiyle toprağı sürüp ekmek ve hayvan yetiştirmek işi. *... ve tarımı geniş bir bilgi durumuna yükseltmiş bulunan ...* –Rİ.

tarımbilim *b. a.* tarımsal bilgileri ve yöntemleri konu alan bilim dalı.

tarımcı *a.* tarımla uğraşan kimse. *Anadolu'nun tarımcı eski Hıristiyan halkı da aynı kurala bağlanmıştır.* –

MuS.

tarımcılık *a.* tarımla uğraşma. *Kentçilik tarımcılığa dayandığına, tarımcılık da barışı gereksediğine göre.* –MCA.

tarımsal *s.* tarımla ilgili. *Bunun sebebi tarımsal üretimdeki hızlı akış temposu ve ayrıca ...* –KB.

tartaç *a.* tartma işine yarayan araç, tartı. *Tartacını kurmuş Tanrı/Kim demiş dahaca ağır?* –FHD.

tartışı *a.* bir konu üzerinde, birbirine aykırı olan görüş ve kanıları dinleyiciler önünde karşılıklı olarak savunmak işi. *... öğrencileri arasında açık bir tartışı yapılacakmış.* –NA.

tartışılabilir *s.* tartışılması gereken.

tartışılabilirlik *a.* üzerinde tatışma yapılması gerekenin niteliği, tartışılmaya açık olma durumu. *Ama ... çok doğal sayılması gereken bu tartışılabilirlik niteliği değil ... bu gençlerin görüşleriyle ... görüşlerini savunmaktaki kararlılıklarıyla neyi kanıtladıklarıdır.* –ACe.

tartışılma *a.* tartışmak eylemi yapılma. *Bu noktada tartışılması gereken konu ...* –UM.

tartışılmak tartışmaya konu olmak, üzerinde tartışma açılmak. *Bu başarısının kişiliğinden mi, oyunculuk yeteneğinden mi, yoksa her ikisinden mi, geldiği hâlâ tartışılmaktadır.* –MTÖ.

tartışılmaz *s.* üzerinde tartışma gerektirmeyen, kesin.

tartışılmazlık *a.* tartışılmaz olma durumu, kesinlik. *Bu çözümleme ... küçük burjuva zevkini tartışılmazlık düzeyine yükselterek ... göreceliği yadsır.* –EBe.

tartışma *a.* **1** bir konu üzerinde, birbirine aykırı olan görüş ve kanıları karşılıklı olarak söyleyip savunmak işi. *... yayımlanan bildiri söz konusu tartışmalarla ilgili olmayıp ...* –Aİ. **2** söz ya da yazı ile yapılan kavga. *Tartışma o kadar ileri gitmişti ki ... sokaktan geçenler bile ... kahveye doluşmuşlardı.* –SB.

tartışmacı *a.* tartışan, tartışmada usta olan kimse. *Ta başında ... başkalarının ortaya koyduğu görüşleri yıkan kurnaz ve usta tartışmacı olarak düşünülmüştü.* –AfT.

tartışmacılık *a.* yol ve yöntemine uygun olarak tartışma yapma eğilimi. *Diyalektik, sofistlerde belagat ve tartışmacılık haline gelmişti ...* –AfT.

tartışmak **1** bir konu üzerinde, birbirine aykırı olan görüş ve kanılarını karşılıklı olarak savunmak. *... fikirlerimizi aynı özgürlük içinde tartışmalıyız.* –ÇA. **2** ağız kavgası etmek.

tasar *a.* **1** bir yapıtın, bir düşüncenin gerçekleştirilmesi için uyulması gereken düzen ya da bu düzeni gösteren çizim. **2** bir yapının, bir makinenin çeşitli bölümlerini gösteren çizim. **3** tasarı[1].

tasarçizim *bkz.* **tasarım**[2]. *İngilizce kökenli dizayn karşılığı olarak tasarçizim sözcüğünü ... türettim.* –CM.

tasarçizimci *bkz.* **tasarımcı**

tasarı *a.* **1** (geniş anlamda) düşünülen, tasarlanan biçim; bir şeyin uygulamadan öncekidurumu. **2.** (dar anlamda) bir kurulda görüşülmesi gereken karar, tüzük, yönetmelik gibi şeylerin öneri durumundaki biçimi. **3** *tüze.* hükümetçe hazırlanan öneri durumundaki yasa. *Mecli''e rejim tartışmaları doğuracak tasarılar gönderilmektedir.* –HVV.

tasarım *a.* **1** bir şeyin biçimini kafada kurma işi ya da bu yolla düşünülmüş biçim. ... *dinin dünya tasarımı olarak kullanıldığı* ... –NU. **2** bir sanat yapıtının, bir yapının ya da herhangi bir sanayi ürününün ilk taslağı, tasarçizim.

tasarımcı *a.* bir yapıtın, bir yapının, bir sanayi ürününün ilk taslağını çizen kimse, tasarım[2] uzmanı, tasarçizimci. *Ergonomlar ve tasarımcılar, kullanıcıya en uygun ... donanım birimlerini çiziyor ve yaratıyorlar.* –OBu.

tasarımlama *a.* bir şeyin biçimini anlıkta kurma.

tasarımlamak *ruhb.* bir şeyin biçimini anlıkta kurmak. *Ama bugün bunları düşünürken, bir zamanlar derinine inmek diye tasarımladığı çocukluklara kapılmadan* ... –BK.

tasarımsal *s.* tasarımla ilgili. ... *capcanlı bir tasarımsal imgenin oluşması gerekir gözümüzün önünde.* –AÇ.

tasarımsız *s. fels.* anlıkta hiçbir tasarım oluşturamayan. *Tasarımsız hiçbir şeyi tasarlayamaz.* –OH.

tasarımsızlık *a. fels.* anlıkta hiçbir şeyi tasarlayamama durumu. *Tasarım, bir bilgi olgusudur. Tasarımsızlık, bu olgudan yoksun bulunmaktır.* –OH.

tasarlama *a.* anlıkta oluşturma. *Kimi kez tasarlama, uygulamadan güçtür.* –AP.

tasarlamak *a.* anlıkta hazırlamak. *Örneğin bir bardağın içine konan şarap, su ya da şeker, aynı biçimi korur, ama üyeleri değişince biçimini koruyan bir toplumsal kurum tasarlamak olanaklı değildir* ... –NŞK.

tasarlanma *a.* tasarım yoluyla oluşturulma. *Verilerin ekranda görüntülenmesi, tasarlanmasının, resim sentezini gerektireceği* ... *belirtiliyor.* –OBu.

tasarlanmak tasarım yoluyla oluşturulmak, anlıkta düşünülüp biçimlendirilmek. *Bu yıl öğrencilerin gazetesi için Paris'in La Défence semti seçilmiş ve gazete tümüyle burada yaşayanlar için tasarlanmış.* –OGö. *Halk yararına, köylü yararına esaslı reformlar tasarlanmak şöyle dursun* ... –ETE.

tasım *a. mant.* doğru olarak kabul edilen iki yargıdan üçüncü bir yargı çıkarmaya dayanan bir uslamlama yolu; örneğin, "insanlar ölümlüdür, Sokrates bir insandır, o halde Sokrates ölümlüdür" uslamlaması bir tasımdır; bu tasımın ilk önermesi olan "insanlar ölümlüdür"e büyük önerme, "Sokrates bir insandır"a küçük önerme, her ikisine birden öncüller adı verilir, "o halde Sokrates ölümlüdür" önermesine de vargı denir. ... *tasımlar algının yerini tutamaz.* –BA. *Eristikçilerden Eubulides adlı birisinin şaşırtıcı tasımlarından bir örnek: Sen bir yalancıysan, yalan söylediğini de söylüyorsan, hem yalan söylüyorsun, hem de doğruyu söylüyorsun.* –MG.

taslak *a.* bir şeyin kesin biçim almadan önceki durumu. *Millet, taslak çizmeye bile yanaşmazdı.* –SB.

taşbilim *b. a.* taşları her yönden inceleyen yerbilim dalı.

taşıl *a.* bugünkü yerbilimsel çağdan önceki çağda toprak katmanlarına gömülerek kalmış hayvan ya da bitki kırıntısı ya da izi. ... *dağların yüksek kesimlerinde bulunan taşıl kalıntılara büyük önem yüklüyorlardı* ... –AG.

taşılbilim *b. a.* taşılları konu edinen bilim dalı.

taşılbilimci *b. a.* taşılbilimle uğraşan uzman.

taşıllaşma *a.* taşıl durumuna gelme. ... *bu taşıllaşmış, kapalı, kapalı olduğu için karanlık ... nesneye dikerim gözümü ...* –BK.

taşıllaşmak taşıl durumuna gelmek. *Duruk, dogmacı, taşıllaşmış düşünce kalıplarından ...* –EmÖ.

taşımacı *a.* taşıma işi yapan, yük taşıyan kimse.

taşımacılık *a.* taşıma yapma işi, yük taşıma işi. ... *kurdukları taşımacılık şirketinin adıdır.* –UM.

taşınır *s.* para, altın, pay belgiti gibi taşınabilen (mal).

taşınmaz *s.* ev, arsa gibi, bir yerden bir yere taşınamayan (mal) . ... *taşınabilir ve taşınmaz mal fiyatları artmakta ...* –YD.

taşıt *a.* yolcu ve yük taşıma aracı. ... *bir vatandaşa taşıt bileti satmamaya benzer.* –RE. **taşıt gemisi** karayolu taşıtlarını deniz ya da ırmakta bir kıyıdan ötekine geçirmekte kullanılan gemi.

taşıtlık *a.* motorlu taşıtların konulduğu, üstü kapalı yer. *Arabasını taşıtlığa bırakıp evine girmiş.*–AP.

taşlama *a. yaz.* (âşık edebiyatında) yergi.

taşlamacı *a.* taşlama yazarı, yergici. *Taşlamacı Martialis, bir başka Romalı için, "Öyle başardı hasta görünme sanatını ki, gerçekten nekrise tutuldu." diye yazar.* –MCA.

taşlamacılık *a.* taşlama yazarlığı.

taşyuvarı *b. a. yerb.* Yer'in kabuğunu oluşturan ve yeryuvarlağının merkez çekirdeği çevresinde bulunan katı yuvar.

tecim *a.* kazanç ereğiyle yapılan alışveriş. *Türkçemizde tecim, alım satım ve alışveriş deyimleriyle dile getirilir.* –OH.

tecimci *bkz.* **tecimen**. *Örnekse, Millet'li Tales'in de Mısır'a tuz, zeytinyağı götürüp satan bir tecimci olduğu da bilinir.* –SKo.

tecimen *a.* tecimle uğraşan kimse. ... *yoluna devam eden kayıkta, kendisini tanıyabilecek tek bir kişi vardı. Bir kumaş tecimeni.* –BK.

tecimevi *b. a.* kapısı çarşıya açılan ve içinde perakende satış yapılan yer, tecimle uğraşılan yer. ... *neon ışıklı tecimevlerinin ...* –AÖ.

tecimsel *s.* tecimle ilgili. *Ne var ki tecimsel yarışma ... tekeller arasında da devam eder.* –OH.

tecimselleşme *a.* tecim ereği taşıma, tecim durumuna gelme.

tecimselleşmek tecim ereği taşımak, tecim durumuna gelmek. *Küçük kenter ölçüleri kenter ekinin kalıntılarıdır, yoksullaşmış, tecimselleşmiş... kenter gerçekleridir bunlar.* –TY.

tecimsellik *a.* tecime uygunluk, tecimsel olma durumu. *Buna karşılık ucuzluk ve beş on alıcıya hitap edebilen tecimsellik hızla yükselmektedir.* –Sİ.

tedirgin *s. gökb.* düzeni bozulmuş olan. *Bir gök cisminin yörüngesinde bir bozulma varsa muhakkak onu tedirgin eden başka bir cisim vardır ...* –AK.

tedirginleşme *a.* herhangi bir nedenle erinci kaçma.

tedirginleşmek herhangi bir nedenle erinci kaçmak. *Belki birkaç gün ortamdaki gerilimden tedirginleşir ama sonra her şey düzelir ...* –MBu.

tedirginleştirme *a.* (birinin) erincini bozma, kaçırma.

tedirginleştirmek (birinin) erincini bozmak, erincini kaçırmak.

tedirginlik *a. gökb.* gök nesnelerinin, genel çekim yasasına uygun olarak birbirlerini çekmesi nedeniyle herhangi bir gezegenin deviniminde görülen karışıklık. *Tedirginlik yeter derecede büyük ise ...* –AK.

teğet *a. mat.* bir eğrinin yanından geçen ve ona ancak bir noktada değen doğru. *Kesen düzleme ve koniğe teğet olan küre ...* –AK.

teğetsel *s.* teğetle ilgili. *Gezegenlerin Güneş'in çekiminden kurtulmalarını sağlayan teğetsel hızlarını açıklarken ...* –AG.

teğmen *a. ask.* aşaması asteğmenden yüksek üsteğmenden küçük subay. *Gene de teğmen olarak terhis olundum.* –MCA.

teğmenlik *a.* teğmen aşaması ya da teğmenin görevi. *... daha otuz yaşına varmadan, teğmenliğinde kanserden öldü.* –AN.

tekanlamlı *b. s. dilb.* tek bir anlamı olan (sözcük). *Terimler ... genellikle tekanlamlı sözcükler olmakla birlikte ...* –BV.

tekanlamlılık *b. a. dilb.* tek bir anlamı olma durumu, tekanlamlı sözcüklerin niteliği. *... anlamsal yenilenme bilimsel terimlerin tekanlamlılığına ters düşebileceğinden ...* –BV.

tekbenci *b. a.* tekbencilik yandaşı.

tekbencilik *b. a. fels.* yalnızca bireysel ben'in varlığını tanıyan, kişinin kendi dışında her şeyin düşte görülenler gibi gerçekdışı varlıklar olduğunu ileri süren öğreti. *... Varlığı düşünceye indirgeyen idealizm, zorunlu olarak tekbenciliğe varır.* –OH.

tekçi *a.* ve *s.* tek bir ilkeyi temel alan bir dünya görüşünden yana olan (kimse). *... bu nedenle kendisi de tek olan tekçi bir otoritedir.* –BS.

tekçilik *a.* gerçeklikte tek bir ilkeyi temel alan dünya görüşü. *O kadar ki, 1876'daki bu siyasal yapı Orta Asya'daki ve İslam'daki bu siyasal "tekçilik"ten ... sıyrılıp, meşruti bir biçim aldığı halde, kadına "mebus" olma hakkını tanımamıştır.* –BS.

tekdizer *b. a.* harfleri ayrı ayrı döken dizgi makinesi.

tekdüşüncelik *b. a. ruhb.* ve *fels.* anlığın tek bir düşünceye saplanıp kalması ve boyuna onu işlemesi hali. *... tekdüşüncelik, ruhsal bir durumdur.* –OH.

tekdüze *b. s.* hep aynı biçimde sürüp giden. *Tekdüze saat zamanının kısırlığından.* –AÖ.

tekdüzeleşme *b. a.* hep aynı biçimde sürüp gitme. *Kalın çizgilerle anlatılınca her şey birbirine benzer, tekdüzeleşir, anlamsızlaşır.* –OA.

tekdüzeleşmek hep aynı biçimde sürüp gitmek. *Yaşlanmaktan değil tekdüzeleşmekten korkalım.* –ErA.

tekdüzelik *b. a.* hep aynı biçimde, bir örnek sürüp gitme hali. *... bütün endüstri toplumları, nitel, yani insansal farklılıkları nicel bir tekdüzeliğe dönüştürmeye çalışır.* –CÜ.

tekdüzen *bkz.* **tekdüze**

tekel *b. a.* **1** bir malın tek elden dağıtılıp satılması ya da tek elce yapılıp satılması işi. **2** *mec.* bir halin bir kişiye ya da bir topluluğa özgü olması hali. *Türkiye'nin kaderinde söz sahibi olma tekelinin ...* –COT.

tekelci *b. s.* bir şeyi tekel altına alan ya da alma isteğinde bulunan. *Anamalcılığın bu tekelci aşamasında mal ihracından çok sermaye ihracı önem kazanmıştır.* –OH.

tekelcilik *b. a.* bir şeyi tekel altına alma ya da böyle bir eğilim taşıma hali. *İşte bu tekelciliği, onu Roma devleti ile çatışmaya sürüklemiştir.* –MG.

Şimdi artık partinin her türlü demokratik uygulamayı engelleyen bir tekelciliği sürdürmekten başka ereği yok gibi. –BO.

tekelleşme *b. a.* tekel durumuna gelme, tekele dönüşme. ... *üretimin her aşamasında tekelleşme eğilimi ... iş hayatının gelişmesini engellemektedir.* –MuS.

tekelleşmek tekel durumuna gelmek, tekele dönüşmek.

tekelleştirme *b. a.* tekel durumuna getirme.

tekelleştirmek tekel durumuna getirmek, tekel altına almak.

tekerklik *b. a.* siyasal erkin bir tek kişide toplandığı yönetim biçimi.

tekeşli *b. s.* bir tek eşi, bir tek karısı ya da kocası olan. *Cinsel yanları bozuk bu bireyler ömür boyu tekeşli yaşamaya daha yatkındırlar.* –BO.

tekeşlilik *b. a.* bir tek eşi, bir tek karısı ya da kocası olma durumu; tek eş ile cinsel ilişkide bulunma alışkanlığı. ... *ömür boyu tekeşlilikten başka bir cinsel yaşamı göz önüne getirememek* ... –BO.

tekgövde *b. s.* tek bir parçadan oluşan (nesne).

tekgözeli *b. s. yaşb.* yapısı bir tek gözeden oluşan (hayvan ya da bitki).

tekgözlük *b. a.* kaş kemerinin altına sıkıştırılarak kullanılan, gözlük işlevi gören tek cam. *Genç ağaçlar gibi yakışıklı/tekgözlükleri elde/omuzlarında pelerin.* –Atİ.

tekil *s. dilb.* sözcüklerin bir'den çok şey anlatmayan (biçimi): Örneğin, "ağaç" sözcüğü "bir"den çok ağacı göstermediği için dilbilgisi yönünden tekil bir addır. ... *isimlerin ne zaman tekil, ne zaman çoğul olacağı* ... –SB.

tekilleşme *a.* tekil bir durum alma, tekleşme.

tekilleşmek tekil bir durum almak, tekleşmek. *Duyuyorum, iyi duyuyorum/Yüzyıllar öncesinden bir uğultunun/Gittikçe tekilleşerek/Hostesi çağıran ve çağırmayan/... sesini*. –EC.

tekilleştirilme *a.* tekil bir duruma gelmesi sağlanma. *Henry James ... bir tek kişinin bilincine yansıyış biçimiyle verilerek tekilleştirilmesi tekniğini kullanarak, dünya görüşünü bu teknikle bütünleştirir.* –HY.

tekilleştirilmek tekil bir duruma gelmesi sağlanmak, tekil yapılmak.

tekilleştirme *a.* tekil bir duruma getirme. *Dondurma, tekilleştirme, yaşamın kan dolaşımıyla bağını koparmaysa gerçek sanatla bağdaşmaz.* –EmÖ.

tekilleştirmek tekil duruma getirmek. *Buna göre yüklemi bu cümlede tekilleştirmek gerekir.* –EmÖ.

tekillik *a. dilb.* tekil olma durumu. *Çoğulluk, tekillik yönünden, kişi yönünden de anlam kaymaları olur.* –TNG.

tekleşme *a.* tekleşmek eylemi. *Bu bölünme, parçalanma, tekleşme, bir toplumsallıktan geçerek oluşmadığı sürece ... bu yoldan kırkıncı odaya ulaşma umudu vermiyor.* –GA.

tekleşmek tek duruma gelmek.

teksesli *b. s.* **1** *müz.* müziğe uygun olarak benzer seslerden oluşmuş olan. *Teksesliden çoksesliye geçmek uygarlığa uygun düşermiş.* –CA. **2** *mec.* değişik düşüncelerin dile getirilemediği, tek bir düşüncenin egemen olduğu (ortam, toplum).

tekseslilik *b. a.***1** *müz.* ezgide benzer sesleri kullanma durumu. **2** *mec.* değişik düşüncelerin dile getirilememesi durumu, tek bir düşüncenin egemenliği. *İktidarın denetiminde bir tekseslilik organı olan TRT'nin yanına toplumun bütün kesimlerinin seslerini yansıtacak yeni yayın organları eklenecek mi?* –OGö.

tektanrıcı *b. s. fels.* bir tek Tanrı tanıyan, tek Tanrı'ya inanan. *Bu din tektanrıcı idi.* –MG.

tektanrıcılık *b. a. fels.* tek Tanrı'ya inanma yolu. *Xenophanes'in bu Tanrı tasavvuru, tektanrıcılığa doğru atılmış bir adımdır.* –MG.

tektanrılı *b. s.* bir tek Tanrı'sı olan (din, kişi). *Tektanrılı dinlerin "ahret"i ile bir ilişki kurulamamıştır şimdiye değin.* –MCA.

tektanrılılık *b. a.* tek bir Tanrı'sı olma durumu.

tektür *b. s.* özdeş biçimde sürüp giden, tekörnek, bir örnek. ... *kesintisiz bir uyumun tektür dağılımı egemen burada.* –BC.

tekyazı *b. a.* tek konuyu ele alan bilimsel inceleme. *Aslında her ek, ayrı bir inceleme, bir tekyazı, bir kitap konusudur.* –VH.

telcik *a.* **1** *bitb.* kimi çok ince organlara, özellikle köklerin ince bölümlerindeki çok ince iplikçiklere verilen ad. **2** *bitb.* erkekorganda başçığı taşıyan ince bölüm. **3** *hayb.* sinir ya da kas gözelerinin ince iplikçikleri. **4** küçük ve çok ince tel.

tellim *a.* sürekli olarak, her zaman. *Gel yeşil yaprak elim/Güneşi işle tellim* –CAK.

tensel *s.* özdekle ilgili, özdeksel. ... *insanın tensel bir varlık olduğu görüşünü savundu* ... –CÜ.

tepi *a. ruhb.* istençli bir uyaranın işe karışması söz konusu olmaksızın oluşan karşı eylem. *Örneğin, içtepi, tepi, açlık, cinsellik gibi çeşitli içgüdüler... birer psikolojik olaydır.* –NŞK.

tepke *a. yaşb.* canlı bir örgenliğin herhangi bir uyartı karşısında istençsiz ve bilinçsiz olarak birdenbire aldığı durum. *Tepke sinirsel bir etkinliktir* ... –OH.

tepken *s. kim.* tepkimeyi sağlayan (özdek). ... *K. Fukui, tepkimeye giren maddelerin etkileşmesinde en önemli terimin, tepkenlerden birinin ... elektron aktarımı olduğunu öne sürmesidir.* –OGü.

tepki *a.* **1** bir eylemin uyandırdığı karşı eylem. ... *tepki yaratan sözcükler arasında* ... –NSB. ... *de Gaulle'ün gösterdiği tepki* ... –AŞE. **2** *fiz.* geri tepen güç.

tepkici *s.* tepki gösterme huyunda olan.

tepkileşim *a.* karşılıklı olarak etki tepki sarmalına girme, karşılıklı olarak etkiye tepki gösterme, tepkileşme. ... *bir yandan da anlatımsal göstergelerle anlama arasında tam bir tepkileşim vardır.* –MY.

tepkileşme *a.* tepkileşmek eylemi, tepkileşim.

tepkileşmek karşılıklı olarak etki tepki sarmalına girmek, karşılıklı olarak etkiye tepki göstermek.

tepkili *s. fiz.* tepki² ile çalışan. *İlk uçuşlarına katıldığım Caravell'lerden günümüze, motorlu uçaktan tepkili uçağa* ... –BAr.

tepkime *a. kim.* bir özdeğin etkisiyle başka bir özdekte ortaya çıkan değişiklik. *Yanan bir cisimden çıkan artık enerjinin ... kimyasal tepkimeler sonucu, tepkimeden çıkan moleküllerin hareket enerjileri haline gelerek çevrelerine gidip çarpmalarıyla* ... –ÖA.

tepkimek *kim.* (bir özdek) etkisini

aldığı şeye karşılık vermek.

tepkin *s. kim.* tepkimeye yol açan, tepki oluşturan (özdek).

tepkisel *s.* tepki özelliğinde, tepkiyle ilgili. ... *temel kişilik yapısı tepkisel ... ise, dışavurgan bir anlam taşır.* –BG.

tepkisellik *a.* tepkisel olma durumu, tepki gösterme özelliği. *Avusturyalı yazar Stefan Zweik anılarında iki sanatçının tepkiselliğinden söz eder...* -NGür.

tepkisiz *s.* tepki göstermeyen. *Bu durum Türkiy'nin tepkisiz bir toplum olduğunu, toplumumuzun bir ölü organizma görüntüsüne doğru kaydığını mı kanıtlar?* –ASi.

tepkisizleşme *a.* hiçbir tepki göstermez bir duruma gelme. ... *bir halkın tepkisizleşmesi için toplumun Latin Amerika bataklığına dönüşmesi gerekir.* –İS.

tepkisizleşmek etkilere hiçbir tepki göstermez bir duruma gelmek.

tepkisizlik *a.* hiçbir tepki göstermeme durumu. ... *hiçbir şey olmuyormuşcasına yerlerinde oturmaları ... tepkisizliğin belirtileri olarak yorumlanabilir.* –ASi.

terim *a.* bilim ve sanat kavramlarından birini anlatan sözcük. *Böylelikle, sinema alanındaki her yeni adımda, durmadan yeni yeni kavramlar, terimler ortaya çıkmaktadır.* –NÖ.

terimbilim *b. a.* terim yapımıyla ilgili sorunları ele alan, bu alanda uyulması gereken ilkeleri saptayan, yöntem oluşturan, terimleri her yönden inceleyen dilbilim dalı. ... *terimbilimin kapsadığı etkinlikler birtakım temel işlemlere indirgenebilir.* –BV.

terimbilimci *b. a.* terimbilimle uğraşan kimse, terimbilim uzmanı. *Belli bir uzmanlık dalına ilişkin ... somut bir bildirişim durumunu ele alan terimbilimci, üstüne eğildiği alana özgü öğeleri saptamakla işe başlar.* –BV.

terimbilimsel *b. s.* terimbilimle ilgili, terimbilime değgin. ... *terimbilimsel işlemler ... bir bilim dalının temelini oluşturmaktadır.* –BV.

terimsel *s.* terim yönünden, terimle ilgili, terime bağlı. *Bilim dili terimsel bir dildir.* –EmÖ.

tıkanca *a. tıp. bkz.* **tıkışça**. ... *enfarktüs için tıkanca karşılığını ... türettim.* –CM.

tıkışça *a. tıp.* herhangi bir örgende, bir atardamarın, dokusal bozukluk nedeniyle kan pıhtısıyla tıkanması. *2 Şubat Cuma günü "tıkışça" dan öldü.* –MEk.

tını *a. fiz.* bir cismin titreşiminden çıkan sesi, değişik bir başka cisimden çıkan özdeş yükseklikteki sesten ayırt ettiren özellik. ... *armoniye çok sayıda tını girer ...* –AfT.

tıpkıbasım *b. a.* bir yazının, bir kitabın sayfa sayfa, olduğu gibi fotoğrafı alınıp klişesinin çıkarılması yoluyla yapılan basımı. *Âdeta tıpkıbasım, eşsiz albümün kapağında dağınık çiçeklerden "natürmort" gönlümü okşardı.* –Sİ.

tıpkıçekim *bkz.* **eşçekim**. ... *birer tane tıpkıçekim yaptırdım ...* –Mİ.

tike *a.* bir tümü oluşturan parçalardan her biri, parça. ... *bütünden ayrılmayacak, bütüne bağlı birer tikedir.* –NA.

tikel *s. fels.* bir tümün bir tek parçasına değgin olan. *Yüklem bir şeyin bir kısmıyla tasdik veya red edildiği zaman olumlu tikel veya olumsuz tikel olur.* –

HZÜ.

tikellik *a.* tikelin hali, tikel olma durumu. *Yüklem konu tarafından tasdik veya red edildiği zaman tümellik veya tikellik olmazsa bu belirsiz önermedir.* –HZÜ.

tiksinç *s.* tiksinti verici, tiksindirici. *Ensedeki, kulak memesi ile boyundaki bu anlam ... öyle tiksinçtir ki ...* –AG.

tiksinçlik *a.* tiksinti vericilik, tiksindiricilik. *... birden, oymalı şömine alındığında kötülük saçan bir başın sırıtışını, ya da karanlığa açılan bir kapının gözdağı veren tiksinçliğini görürsünüz.* –AG.

tilcik *bkz.* **sözcük**. *Şiirin, tilciğe dayanması demek, tilcikle (sözcük) kurulur demek gibi yalınç bir anlama geliyorsa amenna ...* –EAy.

tin *a.* **1** dinlerin ve tinselci felsefenin insanda özdekten ayrı bir varlık olarak kabul ettiği canlandırıcı ve etkin ilke. *... kişioğlunu yin ile tin diye ikiye ayırmaya kalkanların ...* –NA. *Ya tinin bengiliğine, bir gün Tanrı'da varolacağına yüzde yüz inanan Mevlâna'nın ...* –CK. **2** *fels.* kimi doğaötesi kuramcılarının gerçeği ve evreni açıklamak için her şeyin özü, anası ya da yapıcısı olarak kabul ettikleri özdek dışı bir varlık. *Tinden ayrı bir töz, bir özdek olamaz, özdeği özdek eden tinin algılarıdır.* –OH.

tinbilim *bkz.* **ruhbilim**. *... hiç de ağırbaşlı bir tinbilim çabasının sonucu olmayan ...* –TY.

tinbilimci *bkz.* **ruhbilimci**. *... kullandığı yöntem de bilimsel gerçeğe saygılı bir tinbilimcinin yöntemi değildir ...* –TY.

tinbilimsel *bkz.* **ruhbilimsel**. *Shakespeare'yi okurken şu tinbilimsel denen öykülerin ... yetersizliği aydınlanıveriyor gözümüzün önünde.* –NA.

tinsel *s. ruhb.* tinle ilgili, kişinin içi ile ilgili; duyumlarla algılanmayan, biçim, oylum, konum gibi özdekle ilgili nitelikleri olmayan. *... öbür insanlarla olan tensel ve tinsel ilişkilerinin ...*–*AB. Tinsel değerlerin egemen olduğu yerde ...* –BA.

tinselci *a. fels.* tinselcilikten yana olan kimse ya da görüş. *Feuerbach'ın materyalist görüşü, tinselci Hıristiyan görüş ile tam bir çelişme içindeydi ...* –CÜ.

tinselcilik *a. fels.* tin ve Tanrı gibi özdek dışı varlıkları kabul eden öğreti. *Bilim, tinselcilik anlayışının karşısındadır ve onun alanını her gün biraz daha daraltmaktadır.* –OH.

tinselleşme *a.* tinsel bir nitelik edinme,özdekdışı olma. *Bu tinselleşme cam yüzeylere verilen önemde, özende, özdekte de okunuyor.* –TY.

tinselleşmek tinsel bir nitelik edinmek, özdekdışı olmak. *Nihayet gece yarısı, yeryüzü âdeta tinselleştikçe, ışık saçan parlak bir nilüfer açar ...* –Sİ.

tinselleştirilme *a.* tinsel bir duruma gelmesi sağlanma, özdek dışı kılınma.

tinselleştirilmek tinsel bir duruma gelmesi sağlanmak, özdek dışı kılınmak.

tinselleştirme *a.* özdeğinden soyma, tinsel bir duruma getirme.

tinselleştirmek özdeğinden soymak, tinsel bir duruma getirmek. *Ama aşk kulübeyi tinselleştirir, kulübe de izbeyi gizler ... "sefalet" kovulmuş olur.* –TY.

tinsellik *a.* tinsel olma durumu, tinsel olanın özelliği. *Bir yanda durumluk, öbür yanda tinsellik Tanrı'nın en yüksek değer nitelikleridir.* –MG.

titrem *a. dilb.* konuşmada sesin duyguları belirtecek biçimde çıkması.
titremleme *a. dilb* tiremlemek eylemi.
titremlemek *dilb.* dilde, sesleri kuralına uygun bir biçimde çıkarmak.
titremlenme *a. dilb.* titremlenmek eylemi.
titremlenmek *dilb.* (dilde sesler) kuralına uygun bir biçimde çıkarılmak.
titreşim *a. fiz.* bir noktanın gözün göremeyeceği bir hızla kımıldanışı. *Havada bir titreşim ...* –NU.
toplaç *a. fiz.* elektrik dinamolarında, devingen yerin üzerindeki iletken devrelerde oluşan akımı toplayıp tek bir devreye veren araç.
toplam *a. mat.* toplama işleminin sonunda elde edilen, bulunan sayı; öneğin, 5 + 13 + 2 = 20 işleminde 20 sayısı toplamdır. *Sayısız rakamların toplamı ...* –NFK.
toplama *a. mat.* birtakım sayıların toplamını bulma işlemi. *Toplama işleminde sayıların birbirine katılmalarını anlatmaya yarar.* –TNG. **toplama imi** *mat.* toplama işleminde kullanılan im, ki **+** biçiminde gösterilir ve artı diye adlandırılır. *bkz.* **artı**.
toplantı *a.* birden çok kişinin belli bir erekle bir araya gelmesi, toplanması. *İki parti sorumluları ... uzun toplantılar yaparak bir koalisyon hükümetinin koşullarını, saptamaya çalışmaktadırlar.* –NN.
toplardamar *b. a. gövb.* kanın, vücudun her yanından yüreğe gitmesini sağlayan damar. *Bilim adamı için kalp ... atar ve toplardamarlarıyla yumruk kadar bir organdır.* –İS.
topluçalışım *b. a.* bir konuda, araştırmaya dayalı bilgiler vermek ve bu bilgiler üzerinde tartışmak ereğiyle düzenlenen bilimsel toplantı.
topludurum *b. a.* **1** bir ülkenin ekonomik, toplumsal durumunu belirleyen öğelerin tümü. **2** toplumsal, siyasal ve ekonomik alanlarda olgulardan, sayılamalardan, nesnel durumlardan yararlanarak olayların gelecekteki gelişimiyle ilgili kestirim. *... ve elbette onları bu tür demeçlere dünyanın siyasal topludurumu iteler ...* –MCA.
toplukıyım *b. a.* kendini savunacak gücü ve olanağı bulunmayan insanların yığın halinde öldürülmesi, kırım. *Neve Şalom Sinagoğu'nda gerçekleştirilen toplukıyımın insanlık adına utanç verici olduğunu vurgulayacağız.* –HCe.
topluluk *a.* **1** bir dinden olanların oluşturduğu toplum. *Her topluluk benimsediği göksel varlığı kendinden sayma eğilimi içindedir.* –ZE. **2** insan kalabalığı. *... son derecede güçlü olan topluluk içgüdüsü insanı barışçıl kılmıştır.* –NŞK. **3** işbirliği içindekilerin oluşturduğu takım. *Topluluğun dağılması, izlenimcileri sanat sorunlarıyla bir başlarına bırakmıştır.* – SB.
toplum *a.* bir arada yaşayan bireylerin oluşturduğu canlılar topluluğu. *Toplum demek insanların bir araya gelmesi demektir.* –BF. *Disiplin kurulu olmayan bir müessese, bir toplum düşünebiliyor musunuz?* –TB.
toplumbilim *b. a.* insan toplumlarının yaşamını ve onu yöneten yasaları kendine inceleme alanı seçen bilim. *Toplum hayatını düzenleyen ilme sosyoloji denir. Şimdi toplumbilim adı veriliyor.* –BF.

toplumbilimci *b. a.* toplumbilim alanında çalışan bilgin. *Amerikalı toplumbilimci Susanne Keller'in deyişiyle* ... –AD.

toplumbilimcilik *b. a.* **1** toplumbilimci olma durumu. **2** insan yaşamındaki bütün olayları salt toplumsal yapı ve örgüt biçimleriyle açıklama eğilimi. ... *bu da eleştiriyi bir yandan toplumbilimciliğin, öte yandan estetik bir tutuculuğun içinde kıpırdayamaz hale getirir.* –EBe.

toplumbilimsel *b. s.* toplumbilimle ilgili, toplumbilime değgin, toplumbilim bakımından. ... *bunun toplumbilimsel ve siyasal bir önemi olabilir.* –AB.

toplumcu *a.* toplumculuktan yana olan kimse ya da görüş. *Toplumcu görüşlere inanmak* ... –Aİ. **toplumcu gerçekçilik** *bkz.* **gerçekçilik**.

toplumculuk *a. toplb.* ve *fels.* üretim araçlarının devlet yararına kullanılmasını, bireyin değil toplumun gönence ermesini savunan siyasal ve ekonomik öğreti. *Çağımızın hümanist akımı toplumculuk yolundan geçer.* –İS. **devrimci toplumculuk** *toplb.* kentsoylu düşünürlere göre Marksçı toplumculuk anlayışı.

toplumdışı *b. s.* toplumun dışında kalan. ... *örneğin fizik olaylar toplumdışı olaylar, bitkisel konular toplumdışı konulardır.* –OH.

toplumdışılık *b. a.* toplumun dışında kalma durumu. *Bu zaman ve toplumdışılık, şiirin ritmini, geniş ölçüde tabanını kuran biçim'i etkiliyor.* –Aİn.

toplumlararası *b. s.* birden çok toplumu ilgilendiren, birden çok toplum arasında olan. *O, toplumlararası görüşmelerin uzlaşmazlığı sonuçlandırmakta en etkili yol olduğunu görebilmekte* ... –ASi.

toplumlaşma *a.* toplum durumuna gelme. *Toplumlaşma, insanın yine akıllı tabiatında barınan bir ihtiyaçtır.* –MG.

toplumlaşmak toplum özelliği kazanmak, toplum durumuna gelmek.

toplumsal *s.* toplumla ilgili, topluma değgin, topluma ilişkin. *Üreticiler, kendi toplumsal karşılıklı ilişkileri üzerindeki denetimlerini yitirmişlerdir.* –ÖÜ.

toplumsallaşma *a.* toplumsallık edinme, içinde yaşadığı topluma uyma. ... *toplumsal olma sürecini dile getiren toplumsallaşma anlamında da kullanılır.* –OH.

toplumsallaşmak içinde yaşadığı topluma uymak, toplumsallık edinmek. *Şarap toplumsallaşmıştır.* –TY.

toplumsallaştırılma *a.* toplumsallaştırılmak eylemi. *Dilin biçimselliştirilmesi ve sözün toplumsallaştırılmasıyla ... tüm ayrımsallık dile aktarılmış olur.* –BV.

toplumsallaştırılmak toplumun yararlanabileceği bir duruma konulmak, toplumun malı kılınmak. ... *kültüre daha geniş bir çerçeve çizilmekte ve adeta kültür toplumsallaştırılmaktadır.* –HBK.

toplumsallaştırma *a.* toplumun yararlanabileceği bir duruma koyma. *Bu deyim, toplumsallaştırma deyiminin çeşitli anlamlarına göre anlam verir.* –OH.

toplumsallaştırmak toplumsal kılmak, toplumun malı yapmak. *Toplumun insanı toplumsallaştırıcı olan etkileri* ... –IHB.

toplumsallık *a.* topluma ilişkinlik,

topluma değginlik, toplumla ilgililik. *Başka bir deyimle toplumsallık ile ideolojik zihniyet birbirlerinden bağımsızdır.* –NŞK.

toplusözleşme *b. a.* işçilerin, yasalar uyarınca ve topluca, işverenle yaptıkları sözleşme. *Toplusözleşme pazarlığı yapılır, olmazsa hakeme başvurulur, o da olmazsa nihayet greve gidilir.* –NN.

toplutartışma *b. a.* **1** ilgili çok kişinin katıldığı ve kimi sorunların görüşülüp karara bağlandığı toplantı. **2** bir konuda düzenlenmiş olan, konuşmacıların yanı sıra dinleyicilerin de söz alıp tartışmaya katılabildiği toplantı.

toplutaşım *bkz.* **toplutaşıma**

toplutaşıma *b. a.* bir kent halkının kent içi ulaşım gereksiniminin çok sayıda insan taşımaya uygun büyük taşıtlarla karşılanmasını sağlayan ulaşım sistemi.

tortul *s. coğr.* ve *yerb.* tortuların birikmesiyle oluşan. *Türlü tortulların içinde, altında kalarak havasız bir yerde yavaş yavaş taşlaşmış bulunan ...* –Rİ.

tortulbilim *b. a.* tortulların oluşumunu inceleyen yerbilim dalı.

tortullaşma *a. kim.* çözünmeyen bir özdeğin sıvı içinde yavaş yavaş dağılıp dipte birikmesi olayı.

töre *a. toplb.* ve *fels.* bir toplumda, gelenek, görenek, aktöre ve alışkılarca belirlenmiş ve öteden beri uyulagelen toplumsal kuralların, şu ya da bu konuda tutulagelen yolların ve alınagelen durumların topu. *Çeşitli devletlerin, çeşitli kavimlerin politika hayatında olduğu gibi törelerinde de çeşitlilikler olduğunun farkına varıldı.* –BA. ... *törelerimize uymayı bir çeşit angarya sayıyor.* –RE.

törebilim *b. a.* aktöre ve onun ilkeleriyle uğraşan felsefe kolu. ... *ahlak öylesine sağlam ki törebilim onun yanında ...* –PS.

törebilimci *b. a.* törebilimle uğraşan kimse. *Ama. ... törebilimcilere konu olan ve Antigone törebilimi adıyla anılan bir niteliği de var.* –OH.

törebilimsel *b. s.* törebilimle ilgili. *Ona göre buyruk, yani bir törebilimsel kural, ya kesin olur ya da koşullu.* –OH.

töreci *s.* töreyi erek olarak alan, töreyi tek değer sayan, töreyi ilke edinen. ... *yeni töreler getirmek isteyen töreci öğretilere törelsizci adı verilmiştir.* –OH.

törecilik *a. fels.* aktöreyi, töreyi saltık değer olarak tanıyan, aktöreyi erek olarak alan öğreti. ... *törecilik, temelde tutuculuk, değişmezlik karakteri taşıdığından ...* –OH.

töredışı *b. a.* törenin dışında kalan, töreye aykırı olan. ... *tam kalıplaşmamış bileşiklerde her sözcük kendi vurgusunu taşır: Karaciğer, töredışı ...* –TNG.

töredışıcı *b. a. fels.* töredışıcılığı benimseyen kimse, görüş. *Töredışıcı öğretilere göre insan doğal bir varlıktır ...* –OH.

töredışıcılık *b. a. fels.* töreyi yadsıyan ve hiçbir töresel ilkeyi kabul etmeyen öğreti. *Bu bakımdan töresizcilik töredışıcılıkla karıştırılmıştır.* –OH.

törel *bkz.* **töresel**. *Burada törel enflasyon ne nesnelerdedir, ne edimlerde ...* –TY.

törelcilik *bkz.* **törecilik**

töreleşmek töre durumuna gelmek. ... *belli bir ahlakdışılığı işlediniz,* *şimdiyse düşünceleriniz töreleştiği sırada, kalkıp tufan diyorsunuz.* –BO.

törelleşme *a.* töreye uygun bir duruma gelme. *Böylece dilin törelleşmesi barış sorununu söz dağarcığının saymaca bir değişimine atmayı sağlar.* –TY.

törelleşmek töreye uygun bir duruma gelmek.

törelleştirilme *a.* töreye uygun bir duruma gelmesi sağlanma.

törelleştirilmek töreye uygun bir duruma gelmesi sağlanmak. *... X. Charles'ın valilerine göre de grev önce törelleştirilmiş mantığın buyruklarına bir meydan okuma gibi görünür ...* –TY.

törelleştirme *a.* töreye uygun bir duruma getirme.

törelleştirmek töreye uygun bir duruma getirmek. *... keyifle törelleştirdikleri şu basit serüven sözcüğünde bile ... nasıl bir alışkı yatar!* –TY.

tören *a.* anma, kutlama, ölüm, evlenme gibi nedenlerle yapılan toplantı. *Mevlâna törenine bizzat başvekilin de gideceği ilan edildi ...* –NSB.

törensel *s.* törenle ilgili, tören özelliğinde. *... eğer "bir daha geç kalma" demek istedi ise törensel görevi olan "günaydın" kelimesini yaptırma görevinde kullanmış olur.* –SGü.

törensellik *a.* törensel olma durumu. *Şarap toplumsallaşmıştır.. Fransızların gündelik yaşantısında ... her ortamda, her türlü yemek törenselliğini süslemektedir.* –TY.

töresel *s.* töreye ilişkin, töreyle ilgili, töreye uygun. *Yaşama eylemlerini de, töresel ya da politik işlemleri de, dünya üzerindeki yalınlaştırıcı görüşleri de bir yana bırakarak ...* –NU.

töresellik *a.* töresel olma durumu. *Bu saymanlık işlemi için gerekli daraları da kullanılan terimlerin töreselliği oluşturur.* –TY.

töresiz *s.* töreye saygısı olmayan, töreyi çiğneyen. *Töresizlikle savaşmanın en iyi yolu... töresiz olduklarını bildiğimiz kimselerden tanışıklığı, selamı kesmektir.* –NA.

töresizlik *a.* töresiz olma durumu, töresizce davranış. *Töresizlikle savaşmanın en iyi yolu da, tanıdıklarımız arasında töresiz olduklarını bildiğimiz kimselerden tanışıklığı, selamı kesmektir.* –NA.

töretanımaz *s. fels.* daha üstün saydığı bir töre adına var olan töreyi tanımayan, töre kurallarına aykırılık gösteren (görüş, kimse).

töretanımazlık *b. a. fels.* bir toplumca benimsenmiş törel değerleri tanımayan, onları değiştirmek isteyen öğretilerin ortak adı.

töz *a. fels.* evrenin varoluşunu açıklamaya çalışan felsefelerin ilk öğe olarak düşündükleri varlık, ilk öğe, öz. *Çünkü tözcülüğe göre olayların ardında daima onlara desteklik eden bir töz vardır.* –OH. *... tözde olduğu söylenilen güzellikten ...* –NA. *Şiir, olgunlaşmış bir tözle beslenir.* –EC.

tözcü *a. fels.* tözcülüğü benimsemiş olan kimse ya da görüş. *Örneğin Fransız düşünürü Descartes'ın öğretisi bu bakımdan tözcü bir öğretidir.* –OH.

tözcülük *a. fels.* her şeyin gerçeğini töze dayayan, tözü temel alan öğreti. *Çünkü tözcülüğe göre olayların ardında daima onlara desteklik eden bir töz vardır.* –OH.

tözel *s. fels.* töz niteliğinde olan, tözle ilgili. *... ama onların tümünün tözel biçimi insanlık'tır ...* –OH.

tözellik *a.* tözel olanın niteliği. *Tözellik ve tözsellik de denir.* –OH.

tugay *a. ask.* alayla tümen arasında asker birliği.

tutanak *a.* **1** bir durumu saptayan ve saptamada bulunanlarca imzalanan yazı, belge. *TBMM üyelerinin seçim tutanaklarını kabul etme görevi* ... –Anayasa. **2** bir toplantıda söylenenlerin, konuşulanların, ağzından olduğu gibi yazı ile saptanması. ... *senato tutanaklarında yapılacak bir inceleme* ... –ÇA.

tutanakçı *a.* tutanak tutan kimse. *Bir tutanakçı gibi saptadım bunları.* –Sİ.

tutanakçılık *a.* tutanak tutma işi. *Yazarlık yerini tutanakçılığa bırakacak.* –AtÖ.

tutarak *a.* türlü nedenleri ve görünümleri olan, sayrıda bilinç yitimi, sarsıntı ve çırpınmalarla ortaya çıkan bir sinir sayrılığı, tutarık, tutarga. *Tutarak da denir.* –OH.

tutaraklı *s.* tutarağı olan, kendisinde zaman zaman tutarak sayrılığı ortaya çıkan. *Jean Frete ... Dostoyevski, Van Gogh ve Flaubert'in yaratıcılıklarını bunların tutaraklı oluşlarına bağlar.* –SB.

tutarlı *s.* her yanı birbirini tutan, çelişmesiz. ... *öyle bir niyeti süreli ve tutarlı davranışlarla ispatlayabilen kimse çıkmıyor ortaya.* –RE. ... *birbiriyle tutarlı ya da tutarsız yargılara varıldığını görüyoruz.* –NN.

tutarlık *a.* birbirine uyar olma durumu, birbirini çelmemedurumu. *Çünkü doğalcı gerçekten doğalcıysa, tüm davranışları arasında tam bir tutarlık vardır.* –NU.

tutarlılık *a.* tutarlı olma durumu, tutarlık. *Öte yandan bu fikirlerin altında yatan başka çeşitten bir tutarlılık da var.* –MB.

tutarsız *s.* birbirini çelen, çelişik, birbirine uymayan. ... *bu sorular üzerinde olumlu olumsuz denemeler yapıldığını, birbiriyle tutarlı ya da tutarsız yargılara varıldığını görüyoruz.* –NN.

tutarsızlaşma *a.* tutarlılığını yitirme, tutarsız bir duruma gelme.

tutarsızlaşmak tutarlılığını yitirmek, tutarsız bir duruma gelmek. *Olayın derinliklerine indikçe, Fenerbahçe'yi ... mahvettiği görüşü tutarsızlaşıyor.* –ASi.

tutarsızlık *a.* birbirini çelme durumu, çelişiklik, birbirine uymama durumu. *Öte yandan sözcüklerin seçimi bakımından da tutarsızlık var cümlede.* –EmÖ.

tutku *a. ruhb.* ölçüyü aşan güçlü duygu. *İnsanın içinde birtakım tutkular vardır, ama bu tutkularla savaşma, insan için önemlidir.* –BA.

tutkulaşma *a.* tutku durumunu alma, tutku özelliği kazanma.

tutkulaşmak tutku özelliği kazanmak, tutku gibi olmak. *Yüreğinde İstanbul özleminin tutkulaştığı bu insan için uygarlık kent ışıklarında çakıp sönerdi.* –İS.

tutkulu *s.* tutkuların itimine kapılan (kimse). *Tutsak pazarında satılacak kadar siyaset tutkulusu ve siyaset hayalcisi olan Platon* ... –AfT.

tutkun *s.* bir şeye gönül vermiş olan (kimse). ... *üstelik de birbirlerine çok tutkundular.* –AN.

tutkunluk *a.* **1** tutkun olma durumu. ... *halkın hesapsız kitapsız bir tutkunlukla kır ata bağlı bulunuşu* ... –RE. **2** tutarlık.

tutkusal *s.* tutku özelliğinde, tutku

ile ilgili. *Dülger Balığının Ölümü adlı öyküde bu tutkusal sevgiyi buluyoruz.* –AdB.

tutkusuz *s.* hiçbir tutkusu olmayan.

tutkusuzluk *a.* hiçbir tutkusu olmama durumu. *Bu denli tutkusuzluğa şaşıp kalmıştım.* –AN.

tutsak *a.* **1** savaşta, ele geçirene göre ele geçen kimse. *Kıbrıs'ta Türklerin tutsak ettiği Rumlardan üçü ...* –Gazeteler. **2** birinin egemenliği altındaki kimse, köle, kul. *Hadi hoşça kal gönüllü tutsak.* –GA. **3** *mec.* düşkün, vurgun, bağlı. ... *alışkanlıkların tutsağı ...* –NA.

tutsaklaşma *a.* tutsaklaşmak eylemi.

tutsaklaşmak *mec.* tutsak duruma gelmek, düşkünleşmek.

tutsaklaştırma *a.* tutsaklaştırmak eylemi.

tutsaklaştırmak *mec.* bağlı, düşkün, vurgun duruma gelmesini sağlamak. *Çünkü bütün bu kurumlar ... iletişim yolundan gittikçe uzaklaşarak information'a tutsak oluyorlar ve kitleleri tutsaklaştırmak için onun etkilerini kullanıyorlar.* –Öİ.

tutsaklık *a.* tutsak olma durumu ya da süresi. ... *geçici süreler için de olsa tutsaklık tutsaklıktır eninde sonunda* . –AÖ.

tutu *a.* bir borcun ödeneceğine güvence olarak, borç ödenince geri alınmak üzere, borçluca alacaklıya verilen değerli nesne. *Türk tarihi ne İslamlığın ne de Osmanlılığın tutusu altında değildir.* –CAK.

tutucu *s.* var olanı korumak isteyen, eskiye bağlı olan, devrimci olmayan. ... *tutucuların da, çoğunluğa dayandıkları zamanlarda bile ...* –BE.

tutuculaşma *a.* tutucu özelliği kazanma, tutucuya benzeme, var olanı korumaktan yana olma. *Kimi sosyalist yazarın tutuculaşması ... doğal sayılmalıdır.* –İS.

tutuculaşmak var olanı koruyup yenileşmeye gerek olmadığını savunur duruma gelmek, tutucu özelliği kazanmak.

tutuculuk *a.* var olanın olduğu gibi sürüp gitmesini isteme, eskiye bağlılık. ... *gericilik terimi, uzun süreler, tutuculuk olarak yorumlanmıştır.* –ÇÖ.

tutukevi *b. a.* tutuklanmış ya da yargı giymiş kimselerin konulduğu yer. *Oysa tutukevlerinin kalın duvarları arasında ... kurtuluş günlerini bekleyen yazgı kurbanlarının çilesini kime anlatmalı?* –NN.

tutuklama *a. tüze.* tutuklamak eylemi. *Yakalanan ya da tutuklanan kimselere yakalama veya tutuklama sebeplerinin ... bildirilmesi gerekir.* –Anayasa. *Ama elimde tutuklama buyruğu var.* –AN.

tutuklamak *tüze.* bir kimseyi, işlediği ya da işlemiş sanıldığı bir suç dolayısıyla, yargılama sonucuna değin, yasa yoluyla özgürlükten yoksun bırakarak bir yere kapatmak. ... *edebiyat tarihçisi önüne çıkanı tutuklamak isteyen bir polisin kimliğinde görünmüştür.* –CSS.

tutuklanma *a. tüze.* tutuklama eylemine konu olma. ... *bir hesaplaşmanın başlangıcı mıydı bu, yoksa bir suçlunun tutuklanması mı, belli olmuyordu.* –OR.

tutuklanmak *tüze.* tutuklama eylemine konu olmak. *1961 Anayasası, siyasal görüşleri nedeniyle tutuklanmak istenen milletvekiline Anayasa Mahkemesi'ne başvurma yolu tanı-*

mıştı. –UM.

tutuklatma *a.* tutuklanmasını sağlama.

tutuklatmak tutuklanmasını sağlamak. ... *ama artık zaman değişmişti, dergi kapatmak, yazar tutuklatmak şimdi yakışık almazdı.* –ETE.

tutuklu *s. tüze.* tutuklanmış kimse. *Tutuklu gazeteci ...* –ÖAA.

tutukluluk *a. tüze.* tutuklu olma durumu. *Leylak dalını kendi tutukluluğuma ayırmış buraya değin taşımışım.* –AAğ.

tutum *a.* **1** davranış biçimi; durum alış; tutulan yol. *Böyle bir tutum her Türk vatandaşı için suçtur. ...* –KK. ... *bazı ilerici ve devrimci kimseler de, Atatürk'ün bu ... görüşlerine aykırı bir tutum gösteriyorlar.* –FKT. **2** harcamayıp artırma. ... *kişi küçük yaştan tutuma alıştırılırsa, ileride yaşama koşullarını daha bir düzene koyabilir.* –AP. **3** toplumun alışveriş, kazanç işlerinin tümü.

tutumbilim *b. a.* **1** bir ülkede özdeksel gönencin durumunu, insanlar arasındaki tutumbilimsel ilişkilerin gelişimini konu alan bilim. *Bana kalırsa, bugünkü şiire toplumsal açıdan bakarak "faydasız şiir" diyenler, tutumbilimi yalnız okullardan ibaret sanıp ... bu okullardan ... birinin savunulması gerektiğine inanan "yoğun cahil" kişilerder.* –EAy. **2** bir ülkenin üretme ve bunları bölüşme biçimlerinin ve bunlarla ilişkili eylemlerin tümü.

tutumbilimci *b. s.* tutumbilim uzmanı.

tutumbilimsel *b. s.* tutumbilimle ilgili.

tutumlu *s.* harcamayıp artıran. *Bu nedenle planlı ve tutumlu çalışma her dönemde ve her alanda aranması gereken başlıca koşullar arasında bulunmalıdır.* –MTÖ.

tutumluluk *a.* tutumlu olma huyu, durumu, özelliği, tutumlu davranış. *Kelimelerde tutumluluk, az sayıda kelimelerle yazarak anlamı vermek, oyunda esastır.* –AN.

tutumsal *s.* kazanç ve alışveriş düzeniyle ilgili olan, tutum[3] ile ilgili. *Brecht tiyatrosu fazişme geçmek üzere olan bir dönemin tutumsal ve toplumsal bunalımlarını tutucu, ilerici akım çatışmalarını ele alarak, yola çıkmıştır.* –Rİ.

tutumsuz *s.* artırmayı düşünmeden harcayan, tutumlu olmayan. *İngilizlerin yüksek sınıfları son derecede tutumsuzdurlar ama bu tutumsuzluk onları çözülmeye sürüklemedi.* –NŞK.

tutumsuzluk *a.* tutumsuz olma durumu. *(Gebineau'ya) ... göre toplumların çözülmesine ne din bağnazlığı, ne ahlak bozukluğu, ne de tutumsuzluk neden olabilir.* –NŞK.

tutundurma *a.* bir malı, bir ürünü olumlu nitelikleriyle tanıtarak, alıcılarca yeğlenmesini sağlama işi.

tutundurmak bir malı, bir ürünü olumlu nitelikleriyle tanıtarak, alıcılarca beğenilmesini ve benzerleri arasında yeğlenmesini sağlamak. *Piyasanın tutmadığı bir malı mutlaka tutundurmak istiyorsanız ya reklama devam edersiniz, ya da başka bir yönteme başvurursunuz.* –VB.

tuzluçubuk *b. a.* tuzlu hamurdan yapılan ince ve uzun gevrek.

tüketici *a.* yiyip içerek, kullanarak tüketen, yoğaltan. *Kurumlar, vergi artışını aynen fiyatlara aksettirdikleri takdirde bu vergi, tüketicileri ve dar gelirlileri etkileyen bir vergi olacaktır.*

–AKı.

tüketicilik *a.* tüketici olma durumu. ... *tüketiciliklerini yeterince etkilemez* ... –TY.

tüketim *a.* **1** tüketmek işi. *Demek ki, tüketim, gelirle birlikte artar.* –OH. **2** üretimin kullanılıp harcanması. *Benzin tüketimi azaldığı gibi* ... –Aİ.

tüm *s.* 1 yarım olmayan, eksiksiz. **2** (bir şeyin) hepsi. *Bütçenin tümü üzerinde yapılan tenkitler* ... –Aİ. **3** parçalanmamış. **4** bütün. ... *tüm üst yöneticiler en ağır dille eleştirilip sorguya çekilirken* ... –RT.

tümce *a. dilb.* bir duyguyu, bir düşünceyi bir isteği, bir olayı anlatmak için kurulan sözcük dizisi, yani bir yargıyı bildiren söz; örneğin, "Eve gittim." sözü bir tümcedir. *Bütün bu tümceler günlük konuşmalarımızın dokusunda yer alır.* –NU. **bileşik tümce** *dilb.* bir den çok yargı bildiren tümce; örneğin, "Bugün bir sinemaya gider, çıkınca da bir lokantada yemek yeriz." tümcesi bir bileşik tümcedir. *Bir bileşik tümcede* ... –TNG. **yalın tümce** (ya da **yalınç tümce**) *dilb.* tek bir yargı bildiren tümce; örneğin, "Kuş uçar.", "Ahmet geldi." birer yalınç tümcedir. ... *bir tek yargıyı anlatan söz dizisine yalınç tümce denir.* –TNG.

tümcebilim *bkz.* **sözdizim**. *Hjelmslev bu incelemeye biçimbilimsel tümcebilim adını verir.* –BV.

tümceleştirme *a.* tümce durumununa getirme.

tümceleştirmek tümce durumuna getirmek. *Sunucu (yazar), sözcükleri seçerken, bunları tümceleştirip bağıntılaştırırken* ... –EmÖ.

tümcül *s.* tümü göz önüne alan, tüme dayalı. *Sartre'ın Saint-Genet'sindeki ... ermişlik betimlemesinden daha iyi bir tümcül eleştiri örneği gösterilebilir mi?* –TY.

tümden *be.* tüm olarak, bütünüyle, tümüyle. ... *evini satmış, ilçeyle bağını tümden koparmıştı.* –AAğ.

tümdengelim *b. a. fels.* uslamlamada tümelden tikele, yasadan olaya, etkenden etkiye, genelden özele geçme yolu. ... *tümdengelimle tümevarımın çakıştığı nokta* ... –EC. *Tümdengelim tümelden kalkıp tanıtlayarak, açıklayarak özele doğru ilerler* ... –MG.

tümdengelimsel *b. s.* tümdengelimle ilgili. *Bu denge, tümevarımsal ve tümdengelimsel yöntemlerin ölçülü bir karışımıyla kurulabilir.* –NÖ.

tümdizer *b. a.* harfleri tek parça, bitişik satır durumunda dizen ve döken dizgi makinesi.

tümdurum *b. a.* **1** bütün koşullar ve durumlar, toplu durum. **2** *sp.* bir sporcunun fiziksel ve ruhsal yönden durumu.

tümel *s. fels.* var olan her şeyi kaplayan, bütün varlıkları ve düşünülen şeyleri içine alan. .... *bilimlerin buldukları hakikatler, nesneldir, tümeldir* ... –CS. ... *bir sanatçı gerçeğe tümel bir kavrayışla bakmak zorundadır.* –AB.

tümelleşme *a.* tümelleşmek eylemi.

tümelleşmek bütün varlıkları ve düşünülen şeyleri içine alacak bir özelliğe erişmek. *Kentin merkezine doğru yürüdükçe yapılar büyüyor* ... *beton yığınlarının çirkinliği tümelleşiyor* ... –İS.

tümellik *a.* tümel olma hali. *Kaldı ki büyünün tümelliği çekişmeli bir konudur.* –NŞK.

tümen *a. ask.* alayla kolordu arasında yer alan birlik. *Tümen komutanımız* ... *Osman Tufan Paşa idi.* –HVV.

tümevarım *b. a. fels.* uslamlamada, tikelden tümele, olaydan yasaya, özelden genele ulaşma yolu. *Epikuros Okulunda tümevarıma büyük değer verilir.* –BA.

tümevarımcı *b. s.* tümevarım yöntemiyle düşünen ya da tümevarım yöntemini uygulayan. *Alan çalışması antropolojinin deney süreci olarak görülebilirse, bu sıra tümevarımcı bir yaklaşımı belirler.* –BG.

tümevarımcılık *b. a.* uslamlamada tümevarım yöntemini uygulama işi.

tümevarımsal *b. s.* tümevarımla ilgili. *Bu denge, tümevarımsal ve tümden gelimsel yöntemlerin ölçülü bir karışımıyla kurulabilir...* –NÖ.

tümgün *b. a.* yasal olarak belirlenmiş işgünü.

tümleç *a.* **1** bir şeyi bütünleyen şey. **2** *dilb.* tümcede yüklemi tümleyen ya da pekiştiren söz. ... *sıfat ve tümleçlerle* ... –ÖAA. *Tümleçler -den, -e, -de durum takılarıyla çekimlenmiş adlardır* ... –TNG. **düz tümleç** *dilb. bkz.* **nesne**.

tümleme *a.* tüm durumuna getirme, tüm olmasını sağlama. *Çoğul takısı, tümleme takılarından önce gelir.* –TNG.

tümlemek eksiklerini tamamlamak, tüm durumuna getirmek. *Düşen öğenin, kalanlara sinen anlamını anlak tümler.* –TNG.

tümlenme *a.* tüm duruma gelme. *Kurtuluş Savaşı'nın, bağımsızlığın tümlenmesine yönelmiş ... bir ulusal bağımsızlık savaşı olduğunun kabulü* ... –ÇÖ.

tümlenmek tüm duruma gelmek. *Böylece, insan, bir başka bileşimle tümlenmiş oluyordu.* –SKA.

tümleşik *s.* birbirine bağlanma yoluyla tüm durumuna gelen. ... *transistörlerin yerini alan tümleşik (entegre) devreler boyutta önemli ölçüde küçülme sağlamış* ... –UY. *Bundan 13 yıl önce programa alınan tümleşik "Harşit Projesi"ne de kesin öncelik verilmelidir.* –BE.

tümleşke *a.* yan yana gelerek birbirini tamamlayan ve bir bütün oluşturan kuruluşların tümüne verilen ad. ... *Rusça kombina sözcüğü için türettiğim tümleşke karşılığın* ... *önerdim.* –CM.

tümleyici *s.* tüm durumuna getiren, tümleyen. *Dikkat ederseniz, sıralanan nedenler birbirini tümleyici niteliktedir.* –MCA.

tümleyicilik *a.* tümleyici olma durumu.

tümlük *a.* eksiksiz olma durumu, bütünlük. ... *gününü doldurmuş bir tümlük kaygısının anlatı kişilerinin özgürlüğünü sıfıra indiren başlıca etkenler olduğu söylenebilir.* –TY.

tümsayı *b. a.* bir kuruluşu oluşturan üyelerin hepsini içeren sayı.

tümtanı *bkz.* **sağlık yoklaması, sağlık denetimi**.

tümyapısalcı *b. s.* tümyapısalcılık yandaşı (görüş, kimse). ... *burada artık yapısalcı yöntemden çok, tümyapısalcı ideolojiden söz etmek daha yerinde olur.* –AdO.

tümyapısalcılık *b. a.* bir yöntem olan yapısalcılığın bir dünya görüşüne dönmüş biçimi. *İdeoloji düzeyindeki yapısalcılık için tümyapısalcılık adı öneriliyor.* –AdO.

tünaydın *ünl.* öğleden sonra ve genellikle akşamları söylenen bir esenleme sözü.

tür *a.* **1** çeşit. ... *bu tür temasların*

yeniden başlaması ... –Aİ. **2** doğa bilgisinde cinsi oluşturan ve çeşitleri içine alan bölüm.

türcülük *a. fels.* her türlü varlığı düşüncenin kendisi sayan ya da türleri birer düşünce ürünü sayan öğretilerin genel adı. *Platon'un türcülüğü bu açıdan Aristoteles'in biçimciliğine benzemektedir* ... – OH.

türdeş *s.* türleri bir olan. ... *sonra* ... *toplayıp türdeş bölümlere ayırmak* ... –IHB.

türdeşleşme *a.* türdeş bir duruma gelme, türce benzer, eş duruma gelme.

türdeşleşmek türdeş bir duruma gelmek, türce eş, benzer bir duruma gelmek.

türdeşleştirilme *a.* türce benzer duruma getirilme, türce eş kılınma. *Din, yurttaşların ideolojik olarak türdeşleştirilmesinde* ... *Kemalizme yardım edecektir.* –TP.

türdeşleştirilmek türce benzer duruma getirilmek, türce eş kılınmak.

türdeşleştirme *a.* türce benzer duruma getirme, türce eş kılma.

türdeşleştirmek türce benzer duruma getirmek, türce eş kılmak.

türdeşlik *a.* türdeş olma durumu. *Bazin'e göre sinema gerçek dünyanın süreklilik ve türdeşliğini yansıtmalıdır.* –SBü.

türe *a.* tüze ile ilgili işlem ve eylemlerin topu, ki kişinin yasalarca tanınmış haklarını vermek, hakka uygun işlem yapmak vb. bunlar arasındadır. *İdealistlere göre mahkeme mahkemedir ve bir mahkemeden çıkan karar mutlaka tüzeye ve türeye uygundur.* –OH.

türel *s.* türeye uyan, türe ile ilgili, türeye değgin.

türem *a.* bir kökten çıkma, türeme. *İşte bütün bu dile bağlı tepkilere, ideolojilere Pareto türemler adını veriyor.* –NŞK. *bkz.* **türüm**.

türeme *a.* oluşma yoluyla ortaya çıkma. *Eskiden beri söz bölükleri, türeme ve bileşmeler* ... *ele alınırdı.* –TNG.

türemek oluşma yoluyla ortaya çıkmak. *İki yıl sonra dağlarda yeniden eşkiyalar türeyince onlara karışmıştı.* –YK.

türeti *a.* kişisel düşünüşle yaratılan ya da başka şeylerden yararlanılarak yapılan araç, aygıt gibi şey. *Bunlar birer türeti değil, birer bulgudur.* –NA.

türetim *bkz.* **türetme**[2]. *İnsanoğlu yaptığı her işin gerekçesini kafasında yaratabilir; beyinsel türetimin sonu yoktur.* –İS.

türetme *a.* **1** var olan şeylerden yararlanarak yeni şeyler yapma. ... *sözcük türetmenin belli yolları vardır.* –AB. **2** oluşturma, yaratma. ... *salt türetmeyle yetinilmemiş, halk ağzının bereketli kaynağına gidilmiştir.* –EmÖ.

türetmek **1** var olan şeylerden yararlanarak yeni şeyler yapmak. **2** yaratmak.

türetmen *a.* o zamana değin yapılmamış bir araç, bir aygıt yapan kimse. *Türetmenleri, örneğin bir Edison'u* ... –NA.

türev *a.* türemiş ya da türetilmiş olan şey. ... *dilimiz pek çok türevi bağrına basmak suretiyle* ... –ÖAA. *Eleştiri sözcüğüyse, eleştirme fiilinin türevlerindendir.* –EmÖ.

türevsel *s.* türev özelliği taşıyan, türevle ilgili. *Greimas'ın* ... *birbiri ardına yayımlanan yapıtlarında da türevsel denilebilecek bir süreçleşme* *vardır ...* –MY.

Türkbilim *ö. b. a.* Türk dili, tarihi ve yazınıyla uğraşan bilim dalı. *Türk Dil Kurumu, Türkbilim dünyasının önde gelen kişilerini bir araya getirmekle, uluslararası gücünü bir kez daha ortaya koymuştur.* –AP.

Türkbilimci *ö. b. a.* Türkbilim alanında çalışan bilgin, Türkbilim uzmanı. *Yerli ve yabancı Türkbilimciler Türk dilinin çeşitli sorunlarını ele alan bildiriler sundular.* –AP.

türsel *s.* türle ilgili, türe değgin, özgül. *Metinlerin türsel ve yapısal özelliklerine göre nasıl bir değişiklik gösterir?* –EmÖ.

türsellik *a.* türsel olma durumu türle ilgililik, özgüllük. *Olayın türselliği göz önüne alınır.* –AP.

türüm *a.* **1** *fels.* kamutanrıcılığa göre, bütün varlıkların tek ve tümel töz olan Tanrı varlığından, yalımdan ışığın çıkması gibi türemesi. *Platinos'a göre, türüm (emonotio) bilinçli, istemli bir yaratma değil, sadece bir ışığın yayılıp saçılması, ışımasıdır.* –MG. **2** *coğr.* varlıkların oluşumu.

türümcülük *a. fels.* her şeyin bir başlangıçtan çıkıp yayıldığını ve gene o başlangıca döneceğini ileri süren öğreti. *Aynı anlamda türümcülük terimi olarak dönüş terimi kullanılır.* –OH.

türümsel *s.* türümle, türemeyle ilgili. *Can alıcı nokta örselenmedir, halkın türümsel örselenmesidir.* –BO.

tüze *a.* haklar, yasa, yasalar bilimi ile ilgili her şeyi içeren kavram. *Oysa bir mahkeme tüzeye ve türeye uygun karar veremiyorsa hiç de mahkeme değildir ...* –OH. *... tüzeye gerçekten inanmış yazarlarımızın ...* –FE.

tüzeci *a.* tüzeyi meslek edinmiş kimse. *Bu nedenle, bu sözcüğü tüzeciler kapıp ... kullanmaya başladılar.* –SKa.

tüzecilik *a.* tüzeyi meslek edinme hali. *Gerçi emekli olunca artık tüzeciliği tamamen bıraktım sanıyordum.* –HVV.

tüzel *s.* **1** tüze ile ilgili, tüzeye ilişkin, tüzeye değgin. **2** tüzeye uygun. *... yarının özgür, tüzel düzenidir.* –FE.

tüzel sonuç *bkz.* **sonuç**.

tüzelkişi *b. a. tüze.* bir kurum, bir dernek, bir ortaklık gibi, birçok kişiler ya da mallar topluluğundan doğmakla birlikte, tüze bakımından tek bir kişi işlemi gören varlık. *... Türk ya da yabancı uyruklu gerçe ya da tüzelkişilerin ...* –YD.

tüzelkişilik *b. a. tüze.* tüzelkişi olma durumu. *Ama tüzelkişiliğiyle Hükümet, "Mersin'e gidenlerin tersine" bir yolculuğa çıkmıştır.* –ÖAA.

tüzemen *bkz.* **tüzeci**. *Tüzemenlerimiz onlara alışık da onun için.* –NA.

tüzük *a.* **1** herhangi bir kurumun, bir derneğin, bir örgütün çalışmalarını, yönetim ve yürütüm işlerini düzenleyen ve hükümleri ancak o kuruluşun genel kurulunca değiştirilebilen ya da kaldırılabilen maddelerin topu, ki kuruluşların anayasası niteliğindedir. *... en doğru bilgiyi tüzüğünde bulacağımıza şüphe yoktur.* –ÖAA. **2** bir işin nasıl yürütüleceğini gösteren bakanlar kurulu kararı. *Bakanlar Kurulu, kanunun uygulanmasını göstermek veya kanunun emrettiği işleri belirtmek üzere ... tüzükler çıkarabilir.* –Anayasa.

tüzüksel *s.* tüzükle ilgili. *... kanunların kısa sürelerde çıkarılmasını kolaylaştırıcı anayasal ve tüzüksel gerekli değişikliklerin yapılması ...* –NE.

U

uçak *a. fiz.* uçucu taşıt, ki havada tutunuşu, kanatlarının altına havanın yaptığı basınçla sağlanır; bu basınç ya pervanenin dönmesiyle ya da özel aygıtların çıkardığı gazlarla olur. ... *ve maksatlı bir zevk duyan Türk uçaklarının hamamböcekli hali* ... –CB.

uçaksavar *b. a. ask.* saldırgan düşman uçaklarını düşürmek ya da kaçırmak için kullanılan, top cinsinden silah. *O arada uçaksavar topçuluğu beni sardıkça sarıyordu.* –RE.

uçantop *b. a. sp.* bir ağ ile ortasından ikiye bölünmüş bir alanda, altı kişilik iki takım arasında belli kurallara göre oynanan top oyunu.

uçantopçu *b. a. sp.* uçantop oyuncusu.

uçmak *a.* (eski) dinsel inanışlara göre, günahsız olanların öldükten sonra gidecekleri, her türlü güzelliği olan yer.

uçman *a.* bir hava taşıtını kullanmak ve yönetmekle görevli, bu iş için özel olarak yetişmiş kimse.

uçmanlık *a.* uçman olma durumu, uçmanın işi, görevi.

uçunma *a. kim.* katı durumdan sıvı duruma geçmeksizin doğrudan doğruya gaz durumuna geçme.

uğraş *a.* uğraşılan şey, iş, iş güç. ... *eleştirmecilik de çekici bir uğraş değil.* –NA.

uğraşı *bkz.* **uğraş**.

uğraşsal *s.* uğraşla ilgili, uğraşa değgin. *Bu evrim, uğraşsal yaşamınızda bir dönemeç mi acaba?* –BO.

uğraştaş *a.* özdeş işle uğraşan kimselerden her biri. ... *gazetecinin bütün öbür uğraştaşlarınca tartışmasız kabul edilecek bir yanlış yapmış olması...* –ASi.

uğru *a.* başkasının malını çalan ya da yol kesen kimse. *Yazar, öldürücüleri birer yiğit diye övebilir, uğruları da övebilir.* –NA.

uğrulamak uğruluk yoluyla ele geçirmek.

uğruluk *a.* uğrunun yaptığı iş. *Böylelerinin yalnız birtakım tatlı sevgi öykülerini ya da uğruluk öykülerini okuduklarını söyleyecek değilim* ... –NA.

ulaç *a. dilb.* kurduğu önermeyi arkadan gelen başka bir önermeye bağlayan eylemsi, ki buna **bağeylem** de denir: Gelip, gelerek, gelince, gelirken gibi eylem biçimi ulaçtır; örneğin, "İstanbul'dan gelip Adana'ya gidecek" tümcesindeki "gelip" ulaçtır. *Süzülüp ulacıyla geçti fiilinin özneleri* ... –TNG.

ulaçlık *a. dilb.* ulaç olma durumu. *Oldukça sözcüğü türeyiş anlamından, yani ulaçlık görevinden sıyrılarak ... zarf olmuştur.* –TNG.

ulam *a.* **1** eş türden nesneler, insanlar bölümü. **2** *fels.* Aristoteles'e göre, düşünce konularının yer aldığı en genel kavramlardan, türlerden her biri; Kant'a göre, insan anlığının önsel kavramlarından her biri. **3** (toplumsal ruhbilimde) içlem çözümlemesinde, anlam birimlerinin içinde yer aldığı bölüm; topluluk, küme davranışının çözümlenmesinde, gözlenen davranışın içine yerleştirilebileceği olaylar bölümü. *Ulamlar, gelişmekte olan nesnel gerçekliğe uygun olarak, sınırsızca gelişir, değişir ve çoğalırlar.* –OH.

ulama *a.* **1** ulamak eylemi. **2** ek. **3** *dilb.* tümcede, bir sözcüğün sonundaki ünsüzün kendisinden sonra gelen sözcüğün başındaki ünlüye bağlanarak okunması, söylenmesi; örneğin "Dün akşam geldim" tümcesi "Dü-nak-şam geldim" biçiminde okunur ya da söylenir. *Güzel okumak, güzel konuşmak için ulamaya önem vermek gerektir.* –TNG.

ulamak büyütmek, uzatmak ya da genişletmek ereğiyle bir şeye parça eklemek.

ulaşım *a. coğr.* (köyler, kentler, ülkeler arasında) bir yerden bir yere gidiş geliş ilişkileri. *... birçok ulaşım araçları, başka başka dilleri konuşan insan öbekleri arasındaki alışverişin durmadan artmasına yol açıyor.* –NU.

ulaştırma *a.* **1** ulaştırmak işi. **2** ulaşımı ve haberleşmeyi sağlayan işlerin ve araçların topu. **ulaştırma bakanlığı** ülkenin ulaştırma işlerini yürüten bakanlık.

ulus *a. toplb.* belli bir yurdu, siyasal örgütlenmesi ve dili, töresi, tarihi, kültür ve ülküsü bir olan insanların oluşturduğu topluluk. *Türk ulusu barış yolundaki bu katkısıyla ...* –İS.

ulusal *s.* ulusa özgü, ulusla ilgili, ulusa değgin. *Ulusal bağımsızlık savaşları ...* –AP. **ulusal istenç** *bkz.* **istenç**.

ulusalcı *bkz.* **ulusçu**. *Tek bir tavrın iki yüzüdür bu, ulusalcı (milliyetçi) güdülere dayanır.* –DÖ.

ulusalcılık *bkz.* **ulusçuluk**. *Ulusalcılık başka ne ki?* –MEk.

ulusallaşma *a.* ulusun malı olma. *Ulusallaşma sürecine girmiş bir toplumun dili, ona yabancı kalamazdı.* –MCA.

ulusallaşmak ulusun malı durumuna gelmek. *Lotaryanın ulusallaştırılması sonucunda da, bir anlamda Sinyor Bianco da ulusallaşmış ve Milli Piyango olmuştur.* –ASi.

ulusallaştırılma *a.* ulusun malı kılınma, ulusal olması sağlanma. *İslamlık ... büyük malikânelerin ulusallaştırılmasını emrederdi.* –NB.

ulusallaştırılmak ulusun malı kılınmak, ulusal olması sağlanmak. *... özel vakıf topraklar ulusallaştırıldı.* –NB.

ulusallaştırma *a.* ulusallaştırmak eylemi.

ulusallaştırmak yabancılar elinde bulunan herhangi bir şeyi, el koyma ya da karşılığını ödeme yoluyla, ulusa mal etmek. *Bize bu konuda dilbilimin saptadıkları ile yetinemezdik, dilimizi ulusallaştırmak amacındaydık çünkü.* –MCA.

ulusallık *a.* ulusa özgülük, ulusla ilgililik, ulusa değginlik. *Ulusallık ilkesine göre her ulus, kendi iradesine* *sahip bir kişi gibi yaşamak ve gelişmek hakkına sahip olmalıdır.* –OH.

ulusçu *s. toplb.* ulusunu seven ve onun geleceği ve yükselmesi yolunda çalışan (kimse) ya da ulusçuluktan yana olan (kimse ya da görüş). *Şu halde ümmetçilik ulusçu değil, tıpkı gerçek komünistlik gibi, uluslararasıcıdır.* –HVV.

ulusçuluk *a. toplb.* ulusunu sevmek, onun geçmişine bağlılıkla geleceği ve yükselmesi yolunda çalışmak temeline dayanan ve bir ulusun ancak kendi değerlerine dayanarak yaşayabileceğine inanan görüş. ... *ulusçuluk, ulusumuzun öteki uluslar arasındaki yerini düşünüp ... ilerlemesi koşullarını araştırmaktır.* –NA.

uluslararası *b. s.* iki ya da daha çok ulus arasında olan. ... *uluslararası örgütlerde ...* – İS. *Atom enerjisinin uluslararası bir denet altına alınması yolunda bir istek duyulmuştu.* –AG.

uluslararasıcı *b. s.* ulusların toplumsal sınıfları arasında erek birliği olduğunu, dolayısıyla birleşmeleri gerektiğini ileri süren (kimse, görüş). *Şu halde ümmetçilik ulusçu değil, tıpkı gerçek komünistlik gibi, uluslararasıcıdır.* –HVV.

uluslararasıcılık *b. a.* ulusçuluğu yadsıyan, ulusları, ulusların toplumsal sınıflarını kaynaştırmayı amaçlayan siyasal akım. *Ne yazık ki kendilerini "milliyetçi" olarak niteleyenler, "ümmetçi"lerle el ele vermişlerdir bugün. Ulusçulukla uluslararasıcılığın yapay birleşmesidir bu.* –HVV.

uluslararasılaşma *b. a.* çokuluslu bir duruma gelme, birden çok ulusu ilgilendirme. ... *şimdi Babıâli sermayesinin "uluslararasılaşma" süreci başlıyor.* –İS.

uluslararasılaşmak birden çok ulusu ilgilendirir olmak, çokuluslu bir duruma gelmek.

uluslaşma *a.* ulus durumuna gelme. *Mustafa Kemal Atatürk'ün devrimi geniş anlamda, bir uluslaşma devrimi sayılabilir.* –CAK.

uluslaşmak ulus niteliği kazanmak, ulus olmak.

uluslaştırma *a.* ulus durumuna getirme. *Mustafa Kemal Atatürk... hem devleti Türkleştiren, hem de ... uluslaştırmaya çalışan ... bir büyük ulus ustasıdır.* –CAK.

uluslaştırmak ulus durumuna getirmek, ulus niteliği kazandırmak, ulus olmasını sağlamak.

ulusluk *a.* **1** ulus niteliğindeki halkın durumu. *Ulusluk anlayışı burjuvazinin bir ürünüdür.* –FO. **2** bir kimseyi, bir tüzelkişiyi ya da bir şeyi ulusa bağlayan bağ.

ulussever *b. a.* ulusunu seven kimse. *Ama bu adam ... toplumsal adaleti bozuyorsa, ulusçu ve ulussever değildir.* –AN.

ulusseverlik *b. a.* ulusunu sevme durumu. ... *gerçek ulusseverliğe karşıyız deseniz daha doğru söylemiş olursunuz ...* –AO.

umar *a.* bir sonuca varmak üzere, ortadaki engelleri kaldırmak için tutulması gereken yol, çıkar yol. *Tarih ... sosyal dengesizlik için, bugünün insanlarını umar arama yükümlülüğü ile zorlamaktadır.* –EA.

umarsız *s.* **1** umarı bulunmayan, onulmaz. ... *bu umarsız durumu dile getirir ...* –AB. **2** umar bulamayan, başka yol bulamayan. *İnsan umarsız kalınca her yola başvurur.* –AP.

umarsızca *be.* umarsız bir biçimde.

umarsızlık *a.* **1** umarsız olma durumu. *Ama Cem umarsızlığıyla, her an'ı bilinçle yaşama tutkusuyla bu ihtiyacı tüketirdi.* –Sİ. **2** çıkmazlık, çıkmaz, el ermezliği. *Umarsızlık içinde kendini yiyen aydının feryadıdır bu.* –AN.

umdurma *a.* ummasına yol açma, ummasını sağlama.

umdurmak ummasına yol açmak, ummasını sağlamak. *Umdurmak para işi: Lotaryacılık buraya giriyor ...* –VB.

umma *a.* ummak eylemi.

ummak 1 olması istenilen bir şeyin olacağını beklemek. *Ummak yarınlardan bir şey, evcek, yok mu,/Şaşıyorum.* –BN. **2** herhangi bir şeyin olabileceğini sanmak. *Bu arada bütçenin hazırlanması ile ilgili tekniğin yenilenmesinin ... olumlu sonuçlar doğuracağını ummak yersiz olmaz.* –AKı.

umut *a.* **1** olması beklenilen ya da sanılan şey. **2** ummaktan doğan iç erinci. *Umutları kırılan yalnız onlar değildi.* –İS.

umutlanma *a.* bir beklentinin gerçekleşeceğini inançla bekleme, umma.

umutlanmak bir beklentinin gerçekleşeceğini inançla beklemek, ummak.

umutlu *s.* umudu olan, uman. *Yeter ki yaşasın insan, bakar bütün gözler her yerde umutlu.* –CK.

umutluluk *a.* umudu olma durumu. *Dönelim gene umutluluk, umutsuzluk konusuna ... Günlük yaşamımıza şöyle bir baksak, her edimimizin altında umutluluk bulunmadığını görürüz.* –MCA.

umutsuz *s.* umudu olmayan, ummayan.

umutsuzlanma *a.* umudunu yitirme.

umutsuzlanmak umudunu yitirmek, umutsuzluğa kapılmak. *... olanları gördükçe, ne şaşırmak gerekir, ne de umutsuzlanmak.* –İS.

umutsuzluk *a.* umudu olmama durumu. *... hepimizin kafasında, ... yaşantılarımızı umutsuzluğa ... iten korkulu sorular yaratmakta ...* –İA. *Dönelim gene umutluluk, umutsuzluk konusuna ...* –MCA.

unmak *bkz.* **onmak**

uruk *bkz.* **boy**

us *a.* düşünme yetisi. *... bir kimsenin öyle düşünebileceğini usum almıyor.* –NA. *Victor Hugo'nun Les Miserables'i geliyor usuma ...* –NA. **usa aykırı** usa uymayan, usun kabul etmediği, ussal olmayan. **usa aykırılık** usa uymama durumu.

usavurma *b. a. fels.* usavurmak işi, uslamlama. *Ben de burda mantıktan söz ederken ne biçimsel usavurma kurallarından ne de mantık biliminden söz ediyorum.* –NU.

usavurmak *fels.* bir yargıya varmak için düşünüleri inceleme, karşılaştırma ve aralarındaki ilgilerden yararlanma gibi us eylemlerinden geçirmek, usbilim (mantık) kuralları uyarınca önermeden önermeye geçerek düşünmek.

usavurum *bkz.* **usavurma, uslamlama**. *Kavramları kuşkusuz yaşayarak öğrendik, deneylerimizden geçti onlar, usavurumlarımızla biçimlendi.* –SKA.

usbilgisi *b. a.* doğru ve akla uygun düşünme yetisi ve yolu, usbilim. *... bu bilime Türkçe karşılık olarak usbilgisi bileşik sözcüğünü türettik.* –CM.

usbilim *b. a.***1** doğru düşünme yöntemi, sanatı ve bilimi. **2** *fels.* düşüncenin ve düşüncenin varlık biçimlerinin, öğelerinin, türlerinin, olanaklarının, yasalarının ve bağlamlarının bilimi, usbilgisi. *"Usbilim" sözcüğü kimilerince belki daha uygun görülebilirdi.* –CM.

usçu *s. fels.* **1** usçulukla ilgili. **2** usçuluk yanlısı (kimse ya da görüş). *... ve bütün insanlarda doğuştan, değişmez bir us bulunduğunu; bu usun da önsel, tümel, zorunlu, deneydışı gerçekler taşıdığını ileri süren öğretilere usçu adı verilmiştir.* –OH.

usçuluk *a. fels.* her şeyin usa dayandığını, bilginin kaynağının salt us ve usun ilkeleri olduğunu ileri süren öğreti. *Usçuluk, gerçek anlamıyla, usa dayanan ... öğretilerin genel adıdır.* –OH.

usdışı *b. s.* usa sığmayan, usun almadığı,usun dışında kalan. *Bu sınırların dışında kalan her şey usdışıdır.* –OH.

usdışıcılık *b. a. fels.* usun ve mantığın algılamaya yetmeyeceğini ileri süren ve algılamada usdışını, duyguyu üstün sayan felsefe yolu. *Benda'ya göre usdışıcılık ...* –AB.

uslamlama *bkz.* **usavurma**. *İşte gerçek felsefe o zaman başlayacaktır, çünkü böyle bir dünyada deneysel bilimin üstesinden gelemeyeceği bir uslamlama alanı ortaya çıkacaktır.* –CÜ.

uslamlamak *bkz.* **usavurmak**

ussal *s.* usa uygun; salt usa dayanan; usça kavranabilen. *... insanı, ussal bir eyleme değil, içgüdüsel bir yaşayışa çağırır.* –AB.

ussallaşma *a.* usa uygun duruma gelme.

ussallaşmak usa uygun duruma gelmek.

ussallaştırılma *a.* ussal duruma getirilmek, ussallaşması sağlanma. *Birçok çözümlemeci, aşkın ussallaştırılmasını böyle değerlendirmeyi reddedecektir.* –FAy.

ussallaştırılmak ussal duruma getirilmek, ussallaşması sağlanmak, usa uygunlaştırılmak.

ussallaştırma *a.* usa uygun duruma getirme, usun alacağı bir nitelik verme, usa uygunlaştırma. *Ruhbilim alanında ussallaştırma, tüm davranışları usa uygun bir duruma getirme çabalarını dile getirir.* –OH.

ussallaştırmak usa uygun duruma getirmek, usun alacağı bir nitelik vermek, usa uygunlaştırmak.

ussallık *a.* usa uygunluk. *İrrasyonalizm, nitelik olarak ussallığa karşıt bulunmak durumunu belirtir ...* –OH.

utanca *a.* utanılacak iş. *Olay büyük bir utancaya (skandala) dönüştü.* –İS.

utku *a.* yengiden doğan mutlu sonuç. *Şimdi de bu dilin bilimsel hukuk eserlerinde kazandığı utkudan söz açacağım.* –ÖAA. *... bence o yengi daha çok yeniliğin, yeniye inanmanın utkusu.* –NA.

utkulu *s.* utku kazanmış, yenmiş, yengi kazanmış. *Ulusuna en çok yakışan biçimde barışçı, insancıl ve utkulu savaş.* –MRİ.

uyak *a. yaz.* şiirde, dize sonralarındaki ses benzeşimi, ki şiirin usta kalmasına yardım eden bir öğedir; anlamca ayrı sesçe benzeyen sözcükler uyak sayılır. *Uyak yeni türemiştir şiirde ...* –NA.

uyaklama *a.* (söz) uyak yapma, uyak düşürme. *Rusçanın ince kelime oyunları ve zekâ ürünü uyaklamaları ... itici dizelere dönüşebiliyor.* –AMİ.

uyaklamak (söz) uyak yapmak, uyak düşürmek.

uyaklandırılma *a.* (söz) uyaklanması sağlanma, uyaklı duruma getirilme.

uyaklandırılmak (söz) uyaklanması sağlanmak, uyaklı duruma getirilmek. *O, göktaşının yeryüzüne değiş anını söylemek için uyaklandırılmıştır.* –FHD.

uyaklandırma *a.* (söz) uyaklı olmasını sağlama, uyaklı duruma getirme.

uyaklandırmak (söz) uyaklı olmasını sağlamak, uyaklı duruma getirmek.

uyaklanma *a.* birbiriyle uyak oluşturma.

uyaklanmak (söz, dize) birbiriyle uyak oluşturmak. *Öte yandan uyaklanış düzeni, uyaklardaki sözcükler ... de ele alınır.* –EmÖ.

uyaklı *s. yaz.* uyağı olan (şiir, söz). *Başlangıç olarak aldığı sözcüklere uyaklı yeni sözcükler bulur ...* –SB.

uyaklılık *a.* uyaklı olma durumu.

uyaksız *s. yaz.* uyağı olmayan (şiir, söz). *Ölçüsüz, uyaksız ... yalın anlatımlı bir şiirdir bu.* –EmÖ.

uyaksızlık *a.* uyaksız olma durumu.

uyaran *s.* uyarma özelliği olan. *Kalp, bütün fiziksel ve çoğu heyecansal uyaranlara karşı aşırı reaksiyon veren son derece duyarlı bir organdır.* –İÇ.

uyarı *a.* uyarmak için söylenen söz. *Ayrıca bu girişin, şairin hakkını yememek için yapılmış onurlu bir uyarı görevi taşıdığına inanıyorum.* –DH.

uyarılgan *s.* uyarılabilir, uyarılır. *Uyarılgan deyimi... şöyle tanımlanmıştır: Duygu ve coşkuları kolayca ve güçlü olarak uyandırılabilen.* –OH.

uyarılganlık *a. yaşb.* ve *ruhb.* uyarılabilme özelliği. *Duyumlar, uyarılganlıktan çok daha gelişmiş yansıma ve ortama uydurma araçlarıdır.* –OH.

uyarım *a. yaşb.* vücudun herhangi bir örgenini dıştan bir etki ile devinime geçmek zorunda bırakma ya da o örgenin devinmek zorunda kalması. *Bu terim dar anlamıyla ele alınırsa, o zaman bu alana insan psikolojisini ... sadece uyarım ve cevap bakımından ele alan incelemeler girebilir.* –NŞK.

uyarınca *be.* gereğince. ... *bu işgallerin Muhasebei Ummiye Kanunu'nun 23. maddesi uyarınca yapıldığını ...* –EG.

uyarlaç *a.* bir aygıtın çapları ayrı olan parçalarından birini ötekine uydurabilmek için yararlanılan bağlayıcı ya da elektrik akımını aygıta uyduran araç. ... *Fransızca kökenli adaptör sözcüğü için uyarlaç karşılığını ... türettim.* –CM.

uyarlama *a.* **1** *yaz.* başka dille yazılmış bir yapıtı, yerli yaşama uydurarak, yerlileştirerek kendi diline çevirme işi. *Bir de uyarlama denilen bir şey var.* –DH. **2** *s.* bu yolla hazırlanmış (yapıt). **3** *a.* sinema ya da tiyatro için hazırlanmamış bir metni, örneğin, bir romanı, sinemaya ya da tiyatroya uygun bir biçime sokma işi. *Vefik Paşa'ların, Ali Bey'lerin uyarlamalarının Türk tiyatrosuna ne kadar yararlı oldukları unutulmuş gibi.* –DH. **4** birbirine herhangi bir bakımdan uyar duruma getirme. ... *sunulan izleklerin yeniliğini kitle çok güzel sezinlemiş ... hemen bir uyarlama ve araçsallık çabasına girişiyor ...* –TY.

uyarlamak **1** herhangi bir bakımdan birbirine uyar duruma getirmek. **2** *yaz.* başka dille yazılmış bir yapıtı, yerli yaşama uydurarak, yerlileştirerek kendi diline çevirmek. **3** sinema ya da tiyatro için hazırlanmamış bir metni, örneğin bir romanı, sinemaya ya da tiyatroya uygun bir biçime sokmak. **4** birbirine herhangi bir bakımdan uyar duruma getirmek. ... *onun düşünsel özünü günümüze uyarlamak istemişler.* –CSS.

uyarlanma *a.* uyarlanmak eylemi. *Neruda ... insanın dünyaya, insana uyarlanması sorununu didikleyenlerin de öncülerinden biri oluyor.* –CSS.

uyarlanmak birbirine uyar duruma getirilmek. *Marksizm-Leninizmin politikaya uyarlanmış dar ve sığ şablonları ... toplumlara cennetin kapılarını açamamıştı ...* –İS.

uyarlık *a.* uyma durumu, uyar olma durumu. "... *çünkü aşk sözcüğünün onda ve bende uyandırdığı duygu ve düşünceler arasında tam bir uyarlık bulunduğunu söyleyemem" demişti.* –MCA.

uyarma *a.* uyarmak eylemi. ... *halkı uyarmaya devam edeceklerdir.* –ÇA.

uyarmak 1 uyanmasına yol açmak, uyandırmak. *Bu sözlerim, Mescit Dağı'nı uyardı.* –VT. **2** (bir şeye) birinin dikkatini çekmek. *Ama bir süre sonra, Courbet ... genç ressamları uyarmaktan, öğrenciler de hep aynı şeyleri çizmekten usandılar.* –SB. **3** *yaşb.* dıştan bir etki ile, gövdenin herhangi bir üyesini işleve zorlamak.

uyartı *a. yaşb.* ve *hayb.* dıştan bir etki ile gövdenin herhangi bir üyesinin işleve zorlanması. *Bu ses bir eyleme karşı bir uyartıda bulunuyorsa o eylem iyi olamaz.* –BA.

uydu *a.* **1** *gökb.* bir gök nesnesinin çekiminde kalarak onun çevresinde dolanan ve onunla birlikte Güneş çevresinde dönen daha küçük gök nesnesi. *Uyduların parlaklığı Güneş'ten aldıkları ışınlarla olur.* –Rİ. **2** *gökb.* herhangi bir gezegenin çevresindeki bir yörüngeye yeryüzünden fırlatılarak yerleştirilmiş insan yapısı nesne. *Amerika, Ay'a bir uydu daha fırlattı.* –Gazeteler. **3** *mec.* başka bir ülkenin denetimi altında bulunan ülke. *Çünkü ... Amerikan uyduluğunda bir dış politikada ısrar etmektedir.* –İS.

uyducu *a.* ülke olarak bir başka ülkenin denetimine girme yanlısı kimse. *Bugün Atatürkçü görünüp uyducu olan, medeniyetçi görünüp sömürgeci olan, milliyetçi görünüp ümmetçi olan olana ...* –İS.

uyduculuk *a.* ülke olarak bir başka ülkenin denetimine girmeyi isteyen akım. *Onların bir tek yazısında bile bölücülük; Türk bağımsızlığına gölge düşürücü uyduculuk izine rastlamadım.* –HVV.

uydulaşma *a.* başka bir ülkenin denetimi altına girmek. *Bu ikisi arasındaki ayrımın bilincine varamayan toplum, uydulaşmayı çağdaşlıkla birbirine karıştırır.* –İS.

uydulaşmak başka bir ülkenin denetimi altına girmek. ... *o memleket ... çöker, uydulaşır, yozlaşır...* –İS.

uydulaştırılma *a.* uydu durumuna getirilme. *Sömürgeleştirilme ... uydulaştırılma gibi durumlar bir devletin kendi çıkarları için savaş yapma hakkını kaldırır.* –SY.

uydulaştırılmak uydulaşması sağlanmak, uydu durumuna getirilmek.

uyduluk *a.* uydu[3] olma durumu. ... *ve Türkiye'yi ... uyduluğa ya da karan-*

lığa doğru iten hareketler ... –İS.

uydumcu *s.* hiçbir direnme göstermeden kolayca uyan, boyun eğen, buyruğa, kurala uyan (kimse). *Fransızca kökenli konformizm için uydumculuk, konformist için uydumcu karşılıklarını ... 1976 yılımda türettim.* –CM.

uydumculuk *a.* uydumcu olma durumu. *Ama bu evrensellik bile bir uydumculuk içerir* ... –TY.

uyduru *a. yaz.* düşsel kişileri ve olayları öyküleyen eğlendirici öykülere ve romanlara verilen genel ad. ... *kendi uydurularını* ... –MS.

uydurum *a.* düş gücüyle oluşturulan, yaratılan öykü vb. *Bu uydurumlar söylenbilimcinin uydurumlarıdır.* –TY.

uydusavar *b. a.* uzaya gönderilen ve nükleer silah taşıyan uydulara karşı geliştirilen silah. *Pentagon'dan yapılan açıklamada, uydusavar "ASAT" füzesinin önceki gün ... fırlatıldığı kaydedildi.* –Cumhuriyet gazetesi.

uygar *s.* **1** bilim, kültür ve dolayısıyla yaşama biçiminde gerekli bir düzeye erişmiş (kimse, toplum). *Dedelerimiz uygar kişilermiş* ... –NA. **2** kendisinde uygarlık bulunan. ... *ben bunu uygar bir görüş saysam bile* ... –AP. **3** davranışları uygarlığın gerektirdiği nitelikleri taşıyan (kimse).

uygarlaşma *a.* uygar duruma gelme. *Uygarlık, uygarlaşma bu olmalıydı.* –İZE.

uygarlaşmak uygar duruma gelmek. ... *ve kapalı köy ekonomisi sisteminden çıkılmadan ne laikleşmek ve ne de uygarlaşmak mümkün olurdu.* –ÇÖ.

uygarlaştırıcı *s.* uygarlaşmayı sağlayıcı. *Fransa'nın uygarlaştırıcı görevi* ... –TY.

uygarlaştırma *a.* uygarlaşmasını sağlama, uygar duruma getirme. ... *sömürgecilik çıkarları uğruna (kolonizasyon, uygarlaştırma maskesi altında) her çeşit hümanist kaygıları ... bir yana attılar.* –ETE.

uygarlaştırmak uygarlaşmasını sağlamak, uygar hale getirmek. *Sömürgen ülkeler, kimi yoksul ülkelerin uygarsızlıklarından pek rahatsız olarak onları uygarlaştırmak için sömürgeleştirmişlerdir.* –OH.

uygarlık *a. toplb.* ve *fels.* insanların doğayı yenme, toplum olarak daha iyi bir yaşama ulaşma çabalarından çıkan sonuçların tümü, ki bu da kendini bilim ve kültür olarak gösterir. *Uygarlık meraklılarını bir zamandır sarmış olan bu tasayı* ... –BF.

uygarlıkçı *s.* uygarlık yanlısı. ...*oysa Atatürkçülük, uygarlıkçı, ilerlemeci nitelikleri, bilime ve akla öncelik tanımasıyla* ... –Atİ.

uygarlıkçılık *a.* uygarlığı, genellikle batıyı, batı uygarlığını benimseme ve ona ulaşmaya çabalama durumu. *Kısaca ... ulusçuluk ve uygarlıkçılık doğrultusunda kalkınma, gelişme savaşı sürdürülür.* –EmÖ.

uygu *a. fels.* iki şey arasındaki uygunluk ilgisi. *Sanat alanında bir şeye ilişkin her yeni optik kullanmanın karşısında, yine bu şeye ilişkin ve birincisiyle arasında uygu bulunan bir genel toplumsal kullanmanın yer aldığını varsayabiliriz.* –ACe.

uygulama *a.* **1** uygulamak eylemi. **2** bir düşünüyü, bir tasarıyı ya da bir kuramı gerçekleştirme işi. ... *amaçla uygulama arasındaki ayrım* ... –EG. **3** *mat.* üst üste getirme, üstüne koyma.

uygulamak **1** belli bir erekle hazırlanmış bir şeyi yürürlüğe koyarak yürütmek, gereğini yapmak; yerine getirmek. *26 yıl uygulandıktan sonra...* –TZT. **2** bir durumu olduğu gibi bir şeyde yürür kılmak. *O zaman bu görüşü özel sektöre uygulamak lazım gelmez mi?*–BF. **3** *mat.* üst üste getirmek, üstüne koymak; örneğin, "iki üçgeni birbirine uygulamak" denince, iki üçgeni üst üste getirerek birbirleriyle olan ilişkilerini saptamak usa gelir.

uygulamalı *s.* uygulama yoluyla yapılan, uygulanarak yapılan. ... *öbür bilimlerde olduğu gibi sinemayı da bir kuramsal bir de uygulamalı kola ayırmak yararlı olabilir.* –NÖ.

uygulanma *a.* yerine getirilme, yürür kılınma. ... *kendi döviziyle ithalat yapanlara da yine aynı teminat oranları uygulanması öngörülüyor.* –YD.

uygulanmak yerine getirilmek, yürür kılınmak. ... *ve halkın örgütlü gücünü kırmaya dönük yöntemler uygulanmaktadır şu sırada.* –İC.

uygulatma *a.* uygulanmasını sağlama.

uygulatmak uygulanmasını sağlamak. *Önemli olan karar vermek ve kararları uygulatmak.* –UM.

uygulayıcı *s.* gereğini yerine getiren, uygulama işini yapan. ... *aynı politikanın öbür uygulayıcıları da ... toplumları aynı sonuca sürüklemektedir.* –ASi.

uygulayım *a.* **1** bir bilim, sanat ya da meslek dalında kullanılan yöntemlerin tümü. *Bilim ve uygulayımın baş döndürücü bir gelişme gösterdiği bir çağda yaşamaktayız.* –BV. **2** yol, yöntem, araç.

uygulayımbilim *b. a.* işleyimin türlü dallarında kullanılan aygıtların, yapım yöntemlerinin tümünü içeren bilgi kolu. *Sayılamlama, bildirişim uygulayımbilimin gelişmesi ... eklenebilir.* –ÖŞ.

uygulayımcı *a.* bir işin bilim yönünden çok uygulama ve kılgı yönüyle uğraşan kimse. ... *tekniklerinin kesinliğine gururla sığınmış, becerikli uygulayımcılar buz gibi ilgisizliğini verir kendilerine ...* –TY.

uygulayımsal *s.* bir sanat, bir bilim, bir uğraş dalında kullanılan yöntemlerle ilgili. *Elbette, sorunun parasal ve uygulayımsal yanları da vardır.* –ÖŞ.

uyruk *a.* bir devlete yurttaşlık bağı ile bağlı kimse. *Uyruk, yurttaştır.* –ÖAA.

uyruklu *s.* (bir devletin) uyruklugunda bulunan. ... *yabancı uyruklu yeni sözcüklerin hangileri tutar ...* –NU.

uyrukluk *a.* uyruk olma hali, uyruğun niteliği. *Bir kimse Türkiye cumhuriyeti uyruğunda olmaz; uyrukluğunda olur.* –ÖAA.

uyum *a.* bir bütünün parçaları arasındaki uygunluk. ... *ve örgütlerin uyumlu çalışması ile ...* –BE.

uyumlu *s.* parçaları arasında uygunluk bulunan, uyumu olan. *(vücudun) Uyumsuzluk durumu acı duygusunu, uyumlu durumu ise haz duygusunu yaratır.* –MG.

uyumluluk *a.* kendisinde uyum bulunma durumu. *Bu konuda yanındaki bayan bir doçentle tam uyumluluk içerisindeydi.* –SAk.

uyumölçüm *b. a.* **1** kişinin, topluma uyumunu ölçme işi. **2** *toplb.* aralarında duygudaşlık ilişkileri bulunan, üyeleri birbiriyle uyumlu ilişkiler sürdüren topluluğun durumunu ölçme işi

uyumsuz *s.* parçaları arasında uyum bulunmayan, uyumu olmayan.

uyumsuzluk *a.* parçaları arasında uyum bulunmama, uyumu olmama durumu. *Bilinen düzeni kurma her türlü biçim araştırısında bir amaç haline geldi mi uyumsuzluk heykelin içine işleyiveriyor.* –ST.

uyurgezen *bkz.* **uyurgezer**

uyurgezer *b. a.* uykusunda kalkıp dolaşan ve dolaştığından haberi olmayan kimse, ki böyle kimseler bir çeşit ruh sayrısı sayılmaktadır. ... *uyurgezer gibiydim. O büyük hana ne zaman, nasıl girdiğimi bilmiyorum.* –AN.

uyurgezerlik *b. a.* uyurgezer olma durumu. *İkili kişiliğin aşırı olduğu durumlar, düzenli bir artış sırasıyla unutkanlık, yapay uyuma uyurgezerliktir.* –AG.

uyuşturucu *s.* duyumu ve devinimi geçici olarak ortadan kaldırma özelliği olan (özdek). ... *örgütün iki militanı da Paris'te uyuşturucu madde ile yakalanmıştı.* –UM.

uyuşum *a.* her bakımdan birbirine uyma işi. ... *sarılarla mavilerin uyuşumundan* ... –SB.

uyutmaca *bkz.* **uyutum**

uyutum *a.* **1** sözle, bakışla etkileme yoluyla sağlanan bir tür uyku. ... *hastayı uyutum durumuna soktuktan sonra* ... –OH. **2** sözle, bakışla etkileme yoluyla sağlanan bir tür uyku durumu; yapay olarak uyutma işi. *Grand Robert'in ... uyutumun seçilmişlerini belirleyip sahne çevresinde topladığı* ... –TY.

uyutumsal *s.* uyutumla ilgili. ... *bu kitlenin mantıkdışı ve uyutumsal düşünce biçimlerine yakınlığı* ... –TY.

uzadevim *b. a. ruhb.* nesnelerin herhangi bir fiziksel gücün etkisi olmaksızın, dokunulmaksızın devinime geçmesi olayı.

uzaduyum *b. a. ruhb.* uzaklardaki bir olayı, doğaüstü olarak duyma durumu, özelliği.

uzakçeker *b. a.* fotoğraf makinelerine takılan ve uzaktaki nesnelerin çok yakın görüntülerinin çekilmesini sağlayan, çok uzun odaklı mercek.

Uzakdoğu *ö. b. a.* Asya'nın doğusundaki ülkeler. *Amerika'nın Uzakdoğu politikasında temelden bir değişiklik yapması...* –YNN.

Uzakdoğulu *ö. b. a.* Uzakdoğu'da doğup büyümüş ve orada yaşamakta olan, Uzakdoğu ülkelerinden birinin halkından olan (kimse).

uzaksıl *bkz.* **ıraksıl**. *Öyle ele geçmez, kayıcı, uzaksıl.* –CK.

uzakgörür *b. a.* uzağı yakın göstermeye yarayan optik aygıt, dürbün. *Bir vadiyi gözetliyorum uzakgörürle: gök kuşa kesmiş.* –NP.

uzam *a. mat.* bir nesnenin uzayda doldurduğu yer. *Örneğin, fiziğin konusu olan maddenin niteliği boşlukta yer tutmak anlamına gelen uzamdır.* –NŞK. *Bu bakımdan, ölçülebilen uzay anlamındaki uzam nesnelerin yer üstündeki yayılmalarını belirtmektedir.* –OH.

uzambilgisi *b. a.* uzayı ve uzayda tasarlanabilen biçimleri (nokta, çizgi, açı, yüzey vb.) ve bunların birbirleriyle ilişkilerini, ölçümlerini, özelliklerini inceleyen matematik dalı, uzambilim. *Bu arada* *"uzambilim"in "uzambilgisi"ne dönüştürülmüş olduğunu gördüm.* –CM.

uzambilgisel *b. s.* uzambilgisiyle ilgili.

uzambilim *b. a bkz.* **uzambilgisi**.. *"Geometri" için " uzambilim"i uygun buldu.* –CM.

uzambilimci *b. a.* uzambilimle uğraşan bilim adamı.

uzamsal *s.* uzamla ilgili. *... ama uzamsal ayrılım bulanık kalır.* –TY.

uzanım *a.* **1** *gökb.* Güneş'e uzaklığı Yer'in Güneş'e uzaklığından daha az olan bir gezegenin, Güneş'ten açı uzaklığı Yer'den en çok göründüğü zamanda bu açının değeri. *Burada bahis konusu olan Güneş-Yer-Venüs açısına uzanım denir ...* –AK. **2** *fiz.* titreşim durumundaki bir noktanın, herhangi bir anda titreşim odağından uzaklığı.

uzay *a. mat., fiz.* ve *gökb.* bütün varlıkları her yanda kaplayan sonsuz boşluk. *... bu atom ve uzay asrında ...* –ZVT.

uzayadamı *b. a.* uzaygemisiyle uzaya giden, uzaygemisini yöneten kimse.

uzaybilim *b. a.* uzayı inceleyen bilim.

uzaybilimci *b. a.* uzaybilim uzmanı. *Bunun bir kısmını ... Sovyet delegesi uzaybilimci Dr. Valery Barsukov'un açıklamasından öğrendik.* –VB.

uzaycı *a.* uzayla ilgili çalışmalar yapan kimse.

uzaycılık *a.* uzayla ilgili araştırmalar yapma işi.

uzaygemisi *b. a.* uzaya gitmek için yapılmış taşıt. *Amerikalılar Apollo 15 uzaygemisi ile Ay'a böyle bir araba göndermişler ...* –VB.

uzaylı *s.* ve *a.* uzaydaki bir galakside yaşadığı varsayılan kimse. *Bu kez uzaylılar da bekliyor belki baharı.* – ODu.

uzaysal *s.* uzayla ilgili. *Bütün bu uzaysal ve dünyasal oluşumların iç içe girdiği günümüzde, bilinmeyenler ölçüsüz biçimde artıyor.* –MBa.

uzduyum *bkz.* **uzaduyum**. *... hatta yazımla aramızdaki ilişkide saydamlıktan çok uzduyum vardır.* –BO.

uzgöreç *b. a.* **1** nesnelerin kalıcı olmayan görüntülerinin, gerçeğe uygun bir biçimde renkli ya da siyah beyaz ve sesli olarak, elektrik yoluyla uzağa iletimi. *Bir "Kanal D" ile bazı özel uzgöreçler, yansız havasındalar.* –MEk. **2** elektrik yoluyla uzağa iletilen görüntü ve sesi alarak görünmesini ve duyulmasını sağlayan aygıt, televizyon alıcısı.

uzgörür *bkz.* **öngörülü**

uzgörürlük *bkz.* **öngörü**. *Fakat bu uzgörürlüğü gösterebilecekler azdır içlerinde ...* –BE.

uziletişim *b. a.* simgelerin, yazıların, haberlerin, her türlü bilginin radyo, televizyon, optik ya da başka türlü elektromanyetik dizgelerle iletilmesi, yayımlanması ya da alınması.

uzlaşı *bkz.* **uzlaşım, uzlaşma.** *Bu uzlaşı formülü üzerinde çalışmalar yapıldı.* –HCe.

uzlaşıcı *bkz.* **uzlaşmacı**. *Bizans düşünce geleneği her türlü yeni çıkışa karşı, uzlaşıcı, donmuş bir düzeydeydi.* –CSS.

uzlaşıcılık *bkz.* **uzlaşmacılık**.. *Uzlaşıcılığa karşı bir yazar ve aynı zamanda da bir eylem adamıdır Böll ...* –CSS.

uzlaşım *a. fels.* uyuşma, uzlaşma. *Öyleyse bütün ahlak yargıları da bir uzla-*

şımdır (convention). –BA.

uzlaşımsal *s.* uzlaşımla ilgili. ... *yapıtta yer alan bildirimler ... uzlaşımsal olarak daha önceden verilen dilin çerçevesi içinde kalmak zorundadır.* –AÇ.

uzlaşma *a.* uzlaşmak eylemi. ... *uzlaşma yollarının aranması ...* –Aİ.

uzlaşmacı *s.* görüş ya da çıkar ayrılığını kaldırıp uyuşma yanlısı, orta yolcu. *Ainesidemos .. Akademia'nın uzlaşmacı tutumundan memnun değil.* –MG.

uzlaşmacılık *a.* görüş ve çıkar ayrılığını kaldırıp uyuşmayı yeğleyen tutum, orta yolculuk. *Şüpheci Akademia, olasılık öğretisiyle ... uzlaşmacılık yoluna girmişti.* –MG.

uzlaşmak aralarında ortaya çıkan görüş ya da çıkar ayrılığını kaldırarak uyuşmak. *Fransa ile uzlaşmayı imkânsız bırakacak ...* –AŞE.

uzlaşmaz *s.* anlaşmaya, uzlaşmaya yanaşmayan. ... *bu sınıfla uzlaşmaz bir çelişki içinde bulunmakla birlikte ...* –AÇ.

uzlaşmazlık *a.* uzlaşmaya, anlaşmaya yanaşmama durumu. *Ancak, bu eskilik, üretim ilişkileri ile güçleri arasında kesin bir uzlaşmazlık yaratıyorsa ...* –MK.

uzlaştırıcı *s.* uzlaşmayı sağlayıcı.

uzlaştırıcılık *a.* uzlaşmayı sağlama işi. *O, ... tatlı bir uzlaştırıcılık tutumundan ayrılmıyordu hiç.* –NB.

uzlaştırılma *a.* uzlaşmaları sağlanma.

uzlaştırılmak uzlaşmaları sağlanmak. *Acaba batı fikirleri ile İslamlık uzlaştırılabilir miydi?* –NB.

uzlaştırma *a.* uzlaşmalarını sağlama. *Nitekim Platon felsefesini Yahudi dini ile uzlaştırma denemesi yapmış olan Philon da İskenderiyeli idi ...* –MG.

uzlaştırmak uzlaşmalarını sağlamak. ... *Sadrazam olunca, padişahlık makamı ile âyanlığı uzlaştırmak ... istiyordu.* –NB.

uzluk *a.* ustalık, işinin ustası olma durumu. ... *ama bütün bunları bir uzluk, el uzluğu ile yürütüyor.* –SB.

uzman *a.* bir bilimde ya da bir bilimin bir kolunda derin ve geniş bilgisi olan kimse; bir işte ustalaşmış kimse. ... *bir trafik uzmanı ...* –DN.

uzmanlaşma *a.* uzman durumuna gelme, ustalaşma. *Böylece toplumsal işbölümü aynı topluma bağlı öğeleri türlü türlü yönlerde uzmanlaşmaya sürükler.* –NŞK.

uzmanlaşmak uzman durumuna gelmek, ustalaşmak. ... *devlet yönetimi denilen iş, artık tümden uzmanlaşmış kadroları gerektiren bir nitelik mi kazanmıştır?* –MCA.

uzmanlaştırma *a.* uzmanlaştırmak eylemi.

uzmanlaştırmak uzman olmasını sağlamak, uzmanlık kazandırmak. *Kitap imza günlerinde yüzlerce okurla karşılaşmak insanı uzmanlaştırıyor ...* –İS.

uzmanlık *a.* **1** bir bilimde ya da bir bilimin bir kolunda derin ve geniş bilgi. *Bu sanıların doğru olup olmadığı ancak psikoloji, fizyoloji, fizik, tarih gibi birçok tek tek bilimlerin uzmanlık alanında karara bağlanabilir.* –NU. **2** uzman olma durumu. **3** uzmanın işi ya da yeri.

uzunçalar *b. a.* uzun devirli büyük plak. *Şimdi en son uzunçaları "Ekin İdim Oldum Harman" önümde duruyor... bu uzunçaların birinci yüzündeki dördüncü türküyü öğrenmiştim.* –

MKe.

uzunkafalı *b. s. gövb.* kafasının ön–art ekseni yan eksenine göre daha uzun (kimse).

uzyazar *b. a.* bir metnin uzak bir yere doğrudan doğruya gönderilmesini ya da uzak yerden gönderilen metnin alıcı olarak basımevi harfleriyle yazılmasını sağlayan telgraf aygıtı.

uzyazım *b. a.* telsiz aracılığıyla uzyazara uzaktan yazı yazdırma düzeni.

Ü

üçdüzlemli *b. s. mat.* iki düzlem kesiştikten sonra üçüncü bir düzlemi eğik olarak kesince ortaya çıkan (açı).

üçgen *b. a. mat.* uç uca gelmiş üç doğru parçasının oluşturduğu kapalı biçim. *İç içe yuvarlaklar, üçgenler, dörtgenler yaptı.* –AN.

üçleme *a.* **1** Baba Tanrı, oğul İsa ve Ruhülkudüsten oluşan üçlü birlik. *Hıristiyanlık'ta üçleme diye bir kavram var.* –İS. **2** *fels.* inanışta, her şeyi üçe indirgeme eğilimi. *Bununla beraber üçlemenin gerçek babası Alman düşünürü Hegel'dir.* –OH.

üçlü *s.* **1** üç öğeden oluşmuş. *Avrupa kültürünün tarihsel temelinde Grek-Roma-Hıristiyanlık üçlüsü bulunsa bile ...* –İS. **2** *a. müz.* üç ses ya da üç çalgı için düzenlenmiş müzik yapıtı. **3** *a. müz.* üç çalgıdan oluşmuş ve üç çalgı için yazılmış müzik yapıtını çalan topululuk. **4** *a. yaz.* bir yazarın, birbirini izleyen, konu ve düşünsel yapı yönünden birbirine bağlı üç yapıtının oluşturduğu bütün. *Üçlünün ipucu arayışları, Eco'ya özgü bilgiler evreni ortasında ... gidip gelir ... roman boyunca* . –YB.

üçteker *b. a.* taşımacılıkta kullanılan, üç tekerlekli, motorlu küçük taşıt.

üfleç *a.* kirlenmiş havayı dışarı atan ya da temiz hava veren, serinletici hava için de kullanılan aygıt.

üğrüm *a. gökb.* Ay'ın çekim etkisiyle Yer ekseninin doğrultusunu sürekli bir biçimde değiştirmesi olayı.

üleşim *a.* bölüşme işi. *Üleşim ya da bölüşümün en karmışık biçimi, anamalcı üretim düzeninde gerçekleşmiştir.* –OH.

üleştirim *a.* bölüştürme işi. *Üleştirim ya da dağıtım, tecimsel bir faaliyettir.* –OH.

ülke *a. coğr.* bir devletin egemenliği altındaki kara, deniz ve havanın oluşturduğu bütün ve genellikte halk ve devleti de içine alan kavram. *Üçüncü Dünya adı ile anılan bütün tarafsız ülkeler bize karşı oy kullanmışlardır.* –HVV.

ülkelerarası *b. s.* birden çok ülke arasında olan. *Ülkelerarası ilişkiler ve dostluklar ... ortak çıkarları soğukkanlılıkla saptama ilkesi üzerine oturur.* –ASi.

ülkesever *b. s.* ülkesini seven kimse. *Ardından gizli bir buluşma evinde, lüks fahişelerle sevişen başka ülkeseverleri tanırız.* –Sİ.

ülkeseverlik *b. a.* ülkesini sevme durumu. *Ülkeseverlik, hizmet gibi savlar meğer palavra.* –CA.

ülkü *a.* **1** ulaşılmak istenen yüce dilek. *... bıkmadan, usanmadan bu ülküyü halka aşılamakta ...* –NN. **2** *fels.* ancak düşünüde var olan şey.

ülkücü *s.* bir ülküye bağlı olan (kimse) ya da ülkücülük öğretisinden yana olan (kimse, görüş). *Atatürk ülkücüsü olmanız size yeter ...* –FRA.

ülkücülük *a.* **1** ülkü[1] uğruna rahatını ve çıkarını teperek, güçlüklere atılmaktan çekinmeme, ülkücüye yaraşan davranışlarda bulunma. *... birbirinden güzel ülkücülük örnekleri vermektedirler ...* –RE. **2** *fels.* ülküyü[2] temel olarak alan ve bilgiyi, yani asıl gerçeği insan düşüncesinin yarattığını söyleyen öğreti. **3** sanatta, gerçeği ülküde arayan, gerçekten daha güzeli yaratmaya uğraşan çığır.

ülküdeş *a.* aynı ülküye bağlı olanlardan her biri.

ülküdeşlik *a.* aynı ülküyü benimseme durumu.

ülküleştirilme *a.* ülküleştirilmek eylemi.

ülküleştirilmek ülkü durumuna getirilmek. *Halide Edip'in kişileri, gene Handan örneğini analım, ülküleştirilmiştir.* –Sİ.

ülküleştirim *bkz.* **ülküleştirme**. *Öyleyse Mars her türlü ülküleştirim düşünde olduğu gibi ... bir düşlenmiş dünyadan başka bir şey değildir.* –TY.

ülküleştirme *a.* ülkü durumuna getirme. *Yakup Kadri'nin romanında "ülküleştirme"ye yer yoktur.* –Sİ.

ülküleştirmek ülkü durumuna sokmak. *Bu kuramlar inceledikleri olguları oldukları gibi tanıtmazlar, belki tortuların etkisiyle sürüklendiğimiz hareketler kategorisini güzelleştirmek, ülküleştirmek, ahlaklaştırmak yolunu tutarlar.* –NŞK.

ülküsel *s.* **1** ülkü ile ilgili. *Cinsel içtepi, hayatın estetik, ahlaksal ve ülküsel yönünün gelişmesinin başlıca kaynaklarından biridir.* –NŞK. **2** *fels.* ancak düşünüde var olan. *Halit Ziya ise elinden geldiğince nesnel kalmaya çalışarak onun, maviye yani olumlu, güzel ülküsele erişme çabasını karamsarca destekleyecek ...* –MB. *Ülküsel bir toplumda, boşanmanın tek nedeni ... yeni bir aşkın ortaya çıkması olabilirdi.* –CÜ.

ülküsellik *a.* ülküsel olma niteliği. *Platon her şeyi bu dünyayı aşan bir ülküsellik çerçevesinde ele alıyordu ...* –AfT.

ünlem *a. dilb.* herhangi bir duygulanımla içten kopup gelen duyguları anlatmaya yarayan sözcük, ki ünlem, dilbilgisinde söz bölümlerinden biridir. *Ünlemler başlıca ikiye ayrılabilir ...* –TNG.

ünlü *s. dilb.* *a, o, ü, ı* gibi söylenirken hiçbir engele çarpmadan çıkan ve bunun için daha iyi işitilebilen ses. *Bunlar ünlülerle birleşmedikçe okunamazlar, hece kuramazlar.* –TNG. **ünlü uyumu** *dilb.* Türkçe sözcüklerdeki ünlülerin incelik, kalınlık ya da düzlük, yuvarlaklık yönlerinden birbirine benzemesi.

ünsüz *s. dilb.* ses yolunda az çok boğumlanarak çıkan, yani söylenirken ses aygıtının herhangi bir yerinde engele çarpan ve bu yüzden ünlülere göre az ses veren fonem. *Türkçede her ünlü, kendinden önceki ünsüzü hecesine alır.* –TNG. **ünsüz uyumu** *dilb.* Türkçede sert ünsüzle biten bir sözcüğe *-c, -d, -g* ünsüzlerinden biriyle başlayan bir ek getirilince ekin başındaki ünsüzün sertleşmesi olayı.

ürem *a.* ödünç verilen paraya karşılık alınan kira bedeli. *Eski dönemlerde, ürem sınırının, bir başka deyişle faiz haddinin yükseldiği durumlarda, genellikle paranın tasarrufa yöneleceği sanılırdı.* –ÇAÖ.

üreme *a.* **1** üremek eylemi. **2** *yaşb., bitb.* ve *hayb.* canlıların ve bitkilerin cinsel gözelerinin birleşmesinden ortaya çıkan tohumla ya da doğrudan doğruya oluşturdukları sporlarla çoğalmaları. *Biyolojinin konusu olan hayat olaylarının nitelikleri besin ve üreme ... dir.* –NŞK.

üremek (yaşayanlar) birbirinden çıkıp çoğalmak. *Kolera mikrobu, insan vücudunun dışkılarında, artıklarında üremektedir.* –Aİ.

üreteç *a. fiz.* herhangi bir gücü elektrik akımına çeviren aygıt. *Yeryüzünde artan üreteçler nedeniyle ... artık bir "mikrodalga kirliliği" de akla gelmektedir.* –ŞH.

üreti *a.* üretilen nesne, üretilen her türlü nesne. *Gerçekten, bir yandan her üretinin ilkesi sanatçıda bulunur ...* –AfT.

üretici *a.* üretimle uğraşan kimse, yetiştirici. *Ayrıca tüccar ve diğer üreticiler de ...* –KB.

üreticilik *a.* **1** üretici olma durumu. **2** üretimi etkileme durumu, üretkenlik. *Üreticilikten yoksun bir sermaye ile ...* –ASi.

üretilme *a.* **1** (canlılar) birbirinden çoğaltılma, yetiştirilme. **2** (özdek) çıkarılma, elde edilme, yapılma. *Son yıllarda grafik temelli bilgisayarların üretilmesiyle ortaya çıkan olanaklar ...* –SAy. **3** *mec.* oluşturulma, ortaya konulma. *Oysa biz, bu sorunlara çözüm üretilmesi ve uygulamaya geçilmesi noktasından yazık ki hâlâ uzağız.* –HCe.

üretilmek **1** (canlılar) birbirinden çoğaltılmak, yetiştirilmek. **2** (özdek) elde edilmek, çıkarılmak, yapılmak. *Kent biçimsiz bir doğa düşüncesini yadsır, uzamı sağlam, parlak, üretilmiş nesnelerin sürekliliğine indirger ...* –TY. **3** *mec.* ortaya konulmak, oluşturulmak. *Acaba ... somut politikalar üretilmiş olsaydı... sonu daha çabuk gelmez miydi?* –ASi.

üretim *a.* bitkilerden, hayvanlardan, topraktan ürün sağlama işi. *... tarımsal üretimdeki hızlı akış ....* – KB. **üretim araçları** toprak, yapılar, yollar, kanallar, makineler gibi, üretimde yararlanılan araçlar. *Üretim araçları insan emeğiyle sıkıca ilgilidir.* –OH. **üretim biçimi** üretim işinde tutulan yol. *Üretim biçimi, üretim güçleriyle üretim ilişkilerinin birbirlerine olan etkisiyle belirlenir.* –OH. **üretim güçleri** toprak, yapılar, üretimde kullanılan araçlar, makineler, üretim bilgisi ve üretim deneyleri hammadde ve insanı içine alan ve üretimi sağlayan her türlü güç. *Üretim ilişkileri üretim güçlerinin geliştiricisidir.* –OH. **üretim ilişkileri** üretim sürecinde insanlar arasında yer alan ilişkiler. *Üretim ilişkileri zamanla, üretim güçlerine köstek olmaya başlarsa yeni bir üretim biçimine değişme zorunludur.* –OH.

üretimsel *s.* üretime değgin, üretimle ilgili. *Charles Fourier, önerdiği bu örnek üretimsel örgütlenme birimlerine falanj ... adını veriyordu.* –OH.

üretimsiz *s.* üretimi olmayan.

üretimsizlik *a.* üretimi olmama durumu. *Ve bu çarpılma, üretimsizliği; üretimsizlik, kazanç darlığını; kazanç darlığı da rüşvetle kaçakçılığı alevlendirdi.* –ÇA.

üretken *s.* üretimi etkileyen, üreten. *Altyapı yatırımları, üzerine yapılan üretken yatırımların verimini artıran ... yatırımlardır.* –AKı.

üretkenlik *a.* üretimi etkileme özelliği, üretken olma durumu. *Bu sıralarda, marjinal üretkenlik teorisi de ... fiyat oluşumunun pazarda gerçekleşebileceğini kabul etmiştir.* –BiA.

üretme *a.* **1** (yaşayanları) birbirinden çoğaltma, yetiştirme. **2** (topraktan) ürün çıkarma, elde etme. **3** *mec.* elde etme, oluşturma, yaratma, çoğaltma. *Gerçekten, Yaşar Kemal'deki vurucu özellik ... Akçasaz bataklığından gölgeli bir roman ağaçlığı üretmesidir.* –CAK. *Yazarın metni üretmesi gibi okur da metni üretmelidir.* –SBü.

üretmek **1** (yaşayanları) birbirinden çıkarıp çoğaltmak, yetiştirmek. *Bir de "kıyakçı" diye; katır üretmek için, eşekle atın çiftleşmesine yardım edene deniyor.* –MEk. **2** (topraktan maden, petrol gibi şeyleri) elde etmek, çıkarmak. ... *başkasının 1 dolara ürettiği malı, Türkiye 3,5 hatta 4 dolara üretmekten kurtulamayacaktır.* –EG. **3** *mec.* ortaya koymak, oluşturmak, yaratmak, yapmak. *Çare, sivil çözümleri bir an önce üretmektir.* –ASi.

üretmen *bkz.* **üretici**. *Tefecilik küçük üretmeni öldürüyordu.* –ETE.

ürkü *a.* kişiye kendini yitirtecek denli büyük korku. *XVI. yüzyılın başkalarında Farsçadan dilimize çevrilmiş bir sözlükte ürkü sözcüğü vardır.* –TNG.

ürkünç *s.* korku verici, ürkütücü (şey). *Ürkünç bir yeşilde yürüyordu, cam kırığı gibi.* –Sİ.

ürkünçlük *a.* korku vericilik, ürkütücülük. *Ürkünçlükle insan yüzleri arasındaki, ilinti, birden mi, yoksa zamanla mı oluşuyor?* –NP.

ürün *a.* **1** bitkilerden, hayvanlardan, denizlerden, topraktan elde edilen yararlı şey. ... *bu yıl pirinç ürünü az olmuştur.* –AŞE. **2** *mec.* yapıt. *Çünkü iki resimyazı birleştiklerinde, ortaya, iki öğenin basit bir toplamı değil, yeni bir ürün çıkıyor.* –SBü. **3** *mec.* bir tutum ya da davranışın ortaya çıkardığı şey. ... *ve öncelikle protestan toplumların bir ürünüdür.* –İS.

üs– "üst" sıfatının kısalmışı olan bu önek, eklendiği sözcüğün daha yukarı aşamalısını anlatan yeni sözcükler oluşturmaya yarar.

üstbitken *b. s. bitb.* başka bir bitkinin üzerinde yetişen (bitki).

üsteğmen *b. a. ask.* orduda teğmenle yüzbaşı arasındaki aşamada bulunan subay. *O zaman elli lira aşağı yukarı bir üsteğmen aylığıydı.* –AN.

üsteğmenlik *b. a.* üsteğmen aşaması ya da üsteğmenin görevi. *Oysa üsteğmenliğim gelmişti.* –MCA.

üstenci *a.* başkası için yapı ve tecimle ilgili bir işi yapmayı üstüne alan kimse, üstlenici.

üstlenim *a.* bir şeyi yapmayı, bir işi yerine getirmeyi üstüne alma, yüklenme, üstlenme. *Bağımsız istençleri olan iki ya da daha çok yanın, bir nokta üzerinde anlaşarak borç ve üstlenim altına girmeleri* ... –AP.

üsterme *a.* bir işi ya da bir malı, birçok istekli arasında en uygun koşullarla yapmayı ya da almayı kabul edene verme.

üstsubay *b. a. ask.* binbaşı, yarbay

ve albay aşamalarındaki subayları içine alan genel ad.

üstünyapım *b. a.* çok büyük giderlerle ve ünlü oyuncularla çevrilen, gürültülü tanıtımlarla ortaya sürülen, ama çok kez sanat değeri taşımayan film. *Üstünyapım türünün ilginç örneklerinden bir film, sonuç olarak ...* –AD.

üstyapı *b. a. toplb.* altyapı üzerinde oluşan kültür, din, sanat, felsefe, bilim, ülkü, siyasal kurumlar vb. toplumsal değerleri içeren genel kavram. *Böylece üstyapı müesseselerini belirlerken ...* –MAA. *İyi ama, üstyapı kurumlarındaki bu hareketi yaratan altyapı düzeyinde neler oldu?* –BO.

üstyapısal *b. s.* üstyapıyla ilgili. *Olgu, düşünsel, kültürel, siyasal düzeyde, yani bütün diyalektik merdivenlerin en üst basamaklarını oluşturan üstyapısal düzeyde akıp gitmekte.* –BO.

üye *a.* kurum, dernek ya da herhangi bir toplulukta, topluluğu oluşturan bireylerden her biri. *... bağlı olduğu toplumun üyesi olarak ...* –NU.

üyelik *a.* üye olma durumu. *Bu tanışıklıklar mimar amcaya yeni yeni üyelikler, yeni yeni bilirkişilikler ... sağlamaktadır.* –AAğ.

üzgü *a.* birine gereksiz olarak çektirilen sıkıntı. *Çıkar yol, kurtuluş yani tutkun olarak özgürlük bu üzgü evreninin bulutlarını asla yırtamaz.* –AB.

üzünç *a.* istenilen bir şeyin olmaması dolayısıyla duyulan üzüntü verici duygu, can sıkıntısı, usanç. *Hep üzünç içinde miydi Ahmet Haşim?* –NA.

üzünçlü *s.* kendisinde üzünç bulunan. *Oynak, ama üzünçlü bir ezgiydi.* –Sİ.

V

varak *a.* ulaşılacak yer, amaç, erek. *Bugün başlatılan reformların varağı nedir?* –MCA.

vargı *a. mant.* bir tasımda varılan sonuç; örneğin, "Bütün insanlar ölümlüdür; Sokrates bir insandır, şu halde Sokrates ölümlüdür" uslamlamasında "şu halde Sokrates ölümlüdür" bir vargıdır. *Böyle bir işlemin vargılarından biri de şu ...* –NU.

varlık *a.* **1** evrende ya da düşüncede yer alma durumu. *Uzay, özdeğin genel varlık biçimidir.* –OH. **2** var olan şey. *Doğasal ya da toplumsal bir varlık doğar, yaşar ve ölür.* –OH. **varlık birliği** *fels.* evrendeki bütün varlıkların Tanrı'yla özdeş olduğu, Tanrı'nın evrende belirdiği, dolayısıyla bütün varlıkların bir ve tek olduğu yolundaki gizemsel inanış. *Bu anlayış, varlık birliği inancının ürünüdür.* –OH.

varlıkbilim *b. a.* varlığın var oluş ilkelerini, gerçekliğini, kendisini inceleyen bilim. *Metafizik deyimi, genellikle varlıkbilim anlamında kullanılır...* –OH.

varlıkbilimci *b. a.* varlıkbilimle uğraşan.

varlıkbilimcilik *b. a.* olay ve olguları varlıkbilim açısından ele alma, düşünme eğilimi.

varlıkbilimsel *b. s.* varlıkbilimle ilgili. ... *onların varlıkbilimsel statüsüdür bu; Onları Bir'den ayıran yücelme, yükselme ve yeniden Bir'e dönüş özlemi.* –MD.

varlıksal *s.* varlıkla ilgili. *Varlıksal bunalım, yaratıcı kötümserlik.* –Atİ.

varoluş *b. a.* varlaşma, yaşama, var olma, varlık. *Verdiğimiz sözler varoluşumuzu biçimler.* –NU.

varoluşçu *b. a.* varoluşçuluk öğretisinden yana olan kimse ya da görüş. ... *varoluşçu kuşağı, daha doğrusu, bunaltı edebiyatını eleştirenlere ...* –AB.

varoluşçuluk *b. a. fels.* varlığın özden önce geldiğini, yani insanın önce var olduğunu, daha sonra tutum ve davranışlarıyla, eylemleriyle kendini yarattığını, biçimlendirdiğini ileri süren öğreti. *Bu değişik karşılıklar varoluşçuluğu gereğince tanıtıyor mu bize?* –AB.

varoluşsal *b. s.* varoluşla ilgili, varoluşa değgin. *İkinci olarak, varoluşsal sıralanma konusunda karşılıklılık kabul etmeyen şey önceseldir.* –AfT.

varoluşsallık *b. a.* varoluşçu görüşe göre kişinin ana yapısı. *Varoluşsallık deyimi özellikle Martin Heidegger* *tarafından kullanılmıştır.* –OH.

varsam *bkz.* **sanrı**

varsayılma *b. a.* varsayılmak eylemi.

varsayılmak öyle olduğu düşünülmek, var olduğu kabul edilmek. *Osmanlıcılık, İslamcılık, Meşihat ve onun güdümündeki fesat kumkumalarının artık çok gerilerde kaldığı varsayılmaktadır.* –ADü.

varsayım *b. a.* **1** deneyle kanıtlanmamış olmakla birlikte kanıtlanabileceği umulan kuramsal düşünü. ... *bu ikinci varsayımda büyük bir hata yoktur.* –AK. **2** varmış ve gerçekmiş gibi kabul edilerek bir şeye dayanak olarak kullanılan ya da bir olayı açıklamada yararlanılan ilke. ... *özellikle yatırım hesapları fiyat istikrarı varsayımı üzerine oturtulabilirdi.* –KB.

varsayımsal *b. s.* bir varsayıma dayanan, kesinliği olmayan. *Nedenine gelince, sonuncu öğe varsayımsaldı.* –SAk. **varsayımsal tasım** *mant.* bir ya da iki varsayımsal öncülle kurulmuş tasım. **varsayımsal yargı** *mant.* "Bir üçgen dik üçgense bir yarım daire içine çizilebilir." gibi, birincisi ikinciyi içeren iki önermeden oluşmuş yargı.

varsaymak varmış, olmuş, gerçekmiş gibi kabul etmek. *Doğruluğun olması için, ilgili olduğu objenin de olduğunu varsaymak gerektir.* –MG.

varsıl *s.* varlıklı, malı ya da parası çok olan. *Doğu'da dervişlik fikrinin yaygın olduğu dönemler, dünyada Doğu'nun varsıl, Batı'nın yoksul olduğu dönemler.* –Atİ.

varsılerki *b. a. toplb.* varsıl sınıfın gücü elinde bulundurduğu hükümet biçimi. *Bunlar için varsılerki ya da yayılmacılık karşılıklarını öneriyor ya da benimsiyorum.* –EmÖ.

varsıllaşma *a.* varlıklı bir duruma gelme. ... *ve onun gibi daha nice Türk yazarı onları kullandıkça, dilimizin varsıllaşması, gelişmesi engellenemeyecektir.* –AP.

varsıllaşmak varsıl duruma gelmek. *Gemisini kurtaran kaptandır, varsıllaşan, toprağını taşını satıp satıp eline para geçiren ... İngiltere'yi yeğlemiştir.* –ADü.

varsıllaştırma *a.* varsıl duruma gelmesini sağlama. ... *kendini ve ailesini devlet olanaklarından yararlanarak varsıllaştırması bence ... ruhbilimsel etmenlere yaslanıyor.* –FB.

varsıllaştırmak varsıllaşmasını sağlamak. *Bu, Türk yazarının Türkçeyi varsıllaştırmak çabasından başka nedir?* –AP.

varsıllık *a.* varlıklılık, çok malı ve parası olma durumu. ... *iyi ama, insan düşüncesinin bu aşamaya varmasında yoksulluk ya da varsıllığın hiç mi etkisi yok?* –Atİ.

vergi *a.* **1** *tüze.* kamu giderlerini karşılamak üzere, devletin yurttaşlardan topladığı para. *Herkes vergi verecek, vermeli de ...* –OA. **2** birinin, doğuştan sahip olduğu iyi bir nitelik. *Bu kime vergidir diyeceksiniz.* –NU. **vergi bağışıklığı** *tüze.* vergiden bağışık tutulma durumu, belli kişi ya da kurumlardan vergi alınmaması. **vergi oranı** *tüze.* alınacak verginin yüzde olarak niceliğini saptayan sayı.

vergici *a.* vergi işleriyle uğraşan kimse. ... *sevimli vergicilerimiz bizim gibi orta hallilerin vergi nispetlerini sessiz sedasız arttırmışlar ...* –BF.

vergicilik *a.* vergi siyasası, vergi işleri. ... *her yıl değişen vasıtalı vergiler,* *vergicilik alanında istikrarsızlık kaynağıdır.* –AKı.

vergileme *a.* vergiye bağlama. ... *toprak ağalarının ... radikal vergileme tedbirlerine karşı çıkması imkânsızdır.* –DğÖ.

vergilemek vergiye bağlamak.

vergilendirilme *a.* vergiye bağlanma. *Bu husus ... yurtdışı işlerden elde edilen kazançların vergilendirilmesi için elzemdir.* –ECa.

vergilendirilmek vergiye bağlanmak. ... *ziraatın ve bazı hizmetler kolunun vergilendirilmesi meselesi ...* –AKı.

vergilendirmek *bkz.* **vergilemek**

vergili *s.* vergisinin verilmesi gereken, vergisi bulunan, vergiye bağlı. *Tasarruf bonosunu vergili değiştirmek daha kolay oluyormuş.* –AKı.

vergisel *s.* vergi ile ilgili. *Bu savaşımın o vakit içinde bulunanlar ... devşirme memurların yürüttüğü vergisel üretim tarzlarının niteliğini gereğince ölçebilmişler miydi?* –MCA.

vergisiz *s.* vergisi olmayan, vergi alınmayacak olan.

veri *a.* bir sonuca ulaşabilmek için gereken ilk bilgi. ... *matematikte veriler belli olduğu için ...* –CB.

verici *a.* elektrik akımını başka bir güce çeviren aygıt. *Radyo yayınlarını almak üzere yaptığımız seçim de almacımızın dalga sıklığını dinlemek istediğimiz vericinin dalga sıklığına uyarlamaktan başka bir şey değildir.* –AyK.

verim *a.* **1** çalışan, işleyen ya da bakılan bir şeyin verdiği ürün, sonuç. *Tarım kesimi ... bir verim artışına bir türlü girememiştir.* –KB. **2** bir işten elde edilen sonuç. *Bütün dava vermek kökünden verim sözünü yapmakta idi.* –FRA.

verimli *s.* **1** verimi olan, kendisinden umulan sonucu veren. ... *azgelişmiş toplumlarda verimli olamamıştır.* –TZT. **2** verimi çok olan. ... *en verimli çağında ...* –CB.

verimlileşme *a.* verimlileşmek eylemi.

verimlileşmek çok verim veren bir duruma gelmek. *Toynbee'nin gözünde toplumlar, fiziksel organizmalar gibi büyürler, güçlenirler, verimlileşirler...* –CSS.

verimlilik *a.* çok ürün verme durumu. ... *ordumuzun, devletin öteki bütün kamu kuruluşlarına her daim örnek olacak titizlik ve hassasiyet ve verimlilik ve nihayet tasaruf anlayışı içerisinde örgütlenmesi ... hayatî bir önem taşır.* –IA.

verimsiz *s.* verimi olmayan, az olan ya da istenilen verimi vermeyen. ... *son üç asırlık devrimlerimizin verimsizliği ...* –NT.

verimsizleşme *a.* verimi kalmama, ürünce verimden düşme. *Bu durum ... dış ticaretin verimsizleşmesine neden olmuştur.* –ASi.

verimsizleşmek ürünce verimden düşmek, verimi kalmamak. ... *kendi mızmızlığına kapalı kalıp gittikçe verimsizleşen nice yazar tanıyoruz.* –TUy.

verimsizlik *a.* verimi olmama, az olma ya da istenildiğince, umulduğunca olmamadurumu. ... *üretim biçiminin verimsizliğini gittikçe belirten ...* –BS. *Balıkçı Kralın ülkesine ve uyruklarına verimsizlik getiren günah...* –CÜ.

vuraç *a. sp.* alantopu, masatopu gibi oyunlarda topa vurmak için kullanılan, oval biçimli tahta bir kasnağa geçirilmiş bir ağı bulunan, uzunca saplı araç.

vurgu *a. dilb.* söyleyişte bir heceyi ya da bir sözcüğü ötekilerin üstüne çıkaran ses değişikliği, ki söze duygu değeri katar, dinleyicinin dikkatini uyandırarak anlamın kavranmasını kolaylaştırır ve sesi, söyleyişi, sözdeki müziği canlandırır. *Dilimizi öğrenen yabancıların en güç başardıkları incelik vurgudur.* –TNG.

vurgulama *a.* **1** *sesb.* sözcüğün bir hecesine ya da cümlenin bir sözcüğüne vurgu yapma işi. **2** *sesb.* bir dilde ya da belli bir söylevde vurgu yapma biçimi. **3** *mec.* bir şeyi üstüne basarak ortaya koyma, anlatma. *Bu malzemeyi kendi toplumcu görüşlerine ve tiyatro sanatının gereğine göre biçimlemiş, seçim, yorum, vurgulamalarında özgür davranmıştır.* –SŞ.

vurgulamak **1** *sesb.* bir sözcükteki heceyi vurgulu olarak söylemek. **2** *mec.* birşeyi üstüne basa basa ortaya koymak, belirtmek, göstermek. *Amacım, sadece ideolojinin bir toplumdaki ... kavramlardan oluşan bir tasavvurlar sistemi olduğunu vurgulamaktı.* –HY.

vurgulanma *a.* üzerine basa basa söylenme. *Burada, üzerinde önemle durularak vurgulanması gereken şu ...* –HY.

vurgulanmak üzerine basa basa söylenmek, iyice belirtilmek. *Bu sözle vurgulanmak, belirtilmek istenen gerçek ortadadır.* –EmÖ.

vurgulu *s. dilb.* vurguyla söylenen. *... örneğin yazma sözcüğü birinci hecesi vurgulu söylendiğinde buyrum kipidir.* –SBü.

vurgusuz *s. dilb.* vurgusu olmayan vurgu yapılmayan. *Vurgusuz okumalarda, konuşmalarda bu değerler yoktur.* –TNG.

vuru *a.* yüreğin, gevşeyip kasılmasıyla olan kımıldanışı.

Y

yabancılaşma *a. toplb.* bireyin, ürettiği nesnelerin boyunduruğu altına girerek bulunduğu ortama, kendi sorunlarına ve toplum sorunlarına yabancı bir duruma düşmesi, kendini nesne gibi duyumsaması, kendini nesne durumunda görmesi. *Marx'a göre yabancılaşma, insanın kontrolu altına alamadığı çalışma yani emek ürünlerinin, bağımsız ve ezici bir ekonomik güç haline gelmesidir.* –SH.

yabanıl *s.* **1** *bitb.* kırlarda yetişen (bitki). **2** *hayb.* evcil olmayan (hayvan). *Çünkü ... yırtıcı yabanıl hayvanların, zehirli sürüngenlerin ...* –AN. **3** ilkel kalmış ya da pek ilkel bir uygarlığa erişmiş (insan, toplum). *Onda bir çeşit yabanıllık vardır.* –NA. **4** *mec.* görgüsü olmayan; kaba ve hoyrat (kimse). **5** *mec.* ürkek, sıkılgan (kimse).

yabanıllık *a.* yabanıl olma durumu. *Onda bir çeşit yabanıllık vardır.* –NA.

yabansı *s.* alışılmamış, görülmemiş, duyulmamış. *... yabansı bir hava taşıyor.* –AB. *... yabansı çığlıklar atarak ...* –AO.

yabansılık *a.* alışılana, görülegelene, sağduyuya aykırılık. *Deyişlerinde bir kekemelik, bir yabansılık vardır.* –EmÖ.

yabansıma *a.* yabansımak eylemi.

yabansımak (bir şeyi) yabansı bulmak. *Kişi yabansıyor böyle davranışları.* –AP.

yad *s.* (eskimiştir) yabancı; başka. yad el kişinin doğduğu yerden uzak yer.

ya da *bağ.* **1** ayrı olmakla birlikte aynı değerde tutulan iki şeyi anlatan sözcüklerden ikincisinin önüne getirilir: "Ahmet ya da Mehmet, hangisi gelirse gelsin" **2** aynı yargıya bağlı iki karşıt düşünüyü anlatan sözcüklerden ikincisinden önce getirilir. *İnsanlar, refah katlarındaki yerlerine göre yoksul ya da zengin sayılırlar.* –RE.

yaderk *b. s. töreb.* yasasını, kurallarını kendi içinden çıkaracak yerde dışarıdan alan. *Böyle olana da yaderk denir.* –OH.

yaderklik *b. a.* **1** *toplb.* bir topluluğun kendi dışından kimselerce yönetilmesi ya da böyle bir yönetim biçimi. **2** *töreb.* kendi yasasını kendi varlığından çıkaracak yerde dışarıdan alma durumu.

yadgerekirci *b. s. fels.* yadgerekircilik yanlısı. *Metafizikçi yadgerekirciler, konuyu bu yanlış yanından alarak ... bilimin idealizmle uzlaşmış olduğunu düşlemektedirler.* –OH.

yadgerekircilik *b. a. fels.* gerekirciliği yadsıyan ve insan isteminin özgür olduğunu, iyi ya da kötüyü seçmenin insanın elinde bulunduğunu savlayan öğreti. *Tanrı karşısında insanın sorumluluğu sorununu çözebilmek için yadgerekirciliğe başvurmak zorunda kalmışlardır.* –OH.

yadımlama *a. yaşb.* örgenliğin, özümlemiş olduğu özdekleri, gerekleri kalmayınca, dışarıya atılacak duruma sokması.

yadımlamak *yaşb.* yadımlama işini yapmak.

yadırgama *a.* yabancı bulma, garip bulma, ısınamama. ... *bu haberin uyandırdığı bir yadırgama duygusundan kurtulamıyorum.* –NC.

yadırgamak yabancı bulmak. ... *bize karşı olan tutumlarını yadırgamamak lazımdır...* –HVV.

yadırganma *a.* alışılmışın dışında ve garip bulunma, aykırı karşılanma. ... *bir açıdan yadırganmalarda hafiflemeler gözetilebilir, diyenlere rastlanıyor.* –CA.

yadırganmak alışılmışın dışında ve garip bulunmak, aykırı karşılanmak.

yadırgatma *a.* yardırgatmak eylemi. *Bu yadırgatma, belli bir amaca yönelmiş midir?* –DH.

yadırgatmak (birinin) yadırgayacağı bir davranışta bulunmak. *Her zaman savunduğu bir yaşam görüşü başkalarında yadırgatmaktadır onu.* –SŞ.

yadırgı *s.* o yerden olmayan (kimse, hayvan) ya da yadırgatıcı (şey). *Yadırgı durmuşumdur kalabalığın içinde ...* –HA.

yadsıcılık *a. ruhb.* yadsıma sayrılığı. ... *ve yediği yemeklerin boşluğa düştüğünü sanacak kadar yadsıcılığı delilik biçimine dönüşenler de vardır.* –OH.

yadsılı *s. fels.* olumsuz. *Yadsılı bir tikeli, yadsımayı yükleme vermek yoluyla, olumlu bir tikel yaptıktan sonra ...* –OH.

yadsıma *a.* **1** var olan bir şeyi yok sayma, yokumsama, tanımama. *Bütün bu kuram ve varsayımların ortak bir yadsıma gerekçesi var ...* –BG. **2** *mant.* olumsuz olma durumu; bir yargıdan onun karşıtı yargıya geçiş. *Bu anlamda yadsıma ve olumsuzlama deyimleri yerine hayırlama ve yoksama deyimlerini kullananlar da vardır.* –OH.

yadsımacılık *a.* **1** *fels.* her tür gerçeği ve özellikle inancı yadsıyan görüş. **2** *ruhb.* her tür uyarmaya karşın sayrıda eylemli ya da eylemsiz etkinliğin azalması biçiminde ortaya çıkan bir durum.

yadsımak **1** yapmış olduğu ya da tanığı bulunduğu bir şeyi yapmadığını ya da bilmediğini söylemek. **2** var olan bir şeyi yok saymak, yokumsamak, tanımamak. *Dünya görüşlerinde sonuçlara götüren bir yolun var olduğunu kim yadsır; kimse yadsımaz.* –NU. ... *onu yadsımakla değil, onu yansılamakla başarılı olabiliriz.* –ÖN.

yadsınma *a.* yok sayılma, varlığı kabul edilmeme. ... *içtenliğinin yadsınmasını gerektirecek neden bulunmasa bile ...* –ASi.

yadsınmak yok sayılmak, varlığı kabul edilmemek. *Bu konuda bizim öncülüğümüz bugün de yadsınmakta.* –CSS.

yağı *a.* **1** kendisiyle savaşılan devlet ve onun asker, sivil bütün uyrukları. **2** kendisine kötü duygular beslenen kimse ya da şey. ... *kişioğlunun en büyük yağısı bağnazlıktır.* –NA.

yağılık *a.* yağı olma durumu; yağıya yaraşır duygu ya da davranış. *Öz Türkçecilere çok kişiler yağılık gösteriyor.* –NA.

yağışölçer *b. a.* belirli bir zamanda belirli bir yere düşen yağış miktarını ölçmeye yarayan aygıt.

yağyakıt *b. a.* petrolün damıtılmasıyla elde edilen, yakıt olarak kullanılan akışkan özdek. ... *"yağyakıt" sözcüğüne ... bu yazımızdan sonra ... Türkçe Sözlük'ün 1983 baskısında yer verildi.* -CM.

yakaç *a.* sıvı yakıtı kolayca yanabilecek taneciklere ayırarak püskürten ve çıkış bölümünde yanmasını sağlayan aygıt, yakmaç.

yakarı *bkz.* **yakarış**. *Cécile çocuğu olsun istiyor, bunun için dokuz gün yakarılarına başlamış, kocasına da kendisiyle birlikte kiliseye gitmesi için yalvarıyor.* –NA.

yakarış *a.* Tanrı'ya yalvarma. ... *kimi Tanrı'ya yakarışla* ... –NU.

yakarma *a.* acındıracak ya da karşısındakinin gönlünü okşayacak sözlerle dilekte bulunma. *Dileklerini, yakarmalarını Tanrı da dinler.* –AN.

yakarmak acındıracak ya da karşısındakinin gönlünü okşayacak sözlerle dilekte bulunmak, yalvarmak.

yakımevi *b. a.* ölülerin yakıldığı yer.

yakınçağ *b. a.* 1789 Fransız Büyük Devrimi'nden günümüze değin olan süre.

Yakındoğu *ö. b. a.* Avrupa'ya göre Akdeniz'in doğu kıyısında yer alan Ortadoğu ülkelerinden Suriye, Ürdün, Lübnan, İsrail, Filistin ve Mısır'ın içinde bulunduğu coğrafya bölümü. *İsrail'in önce Mısır, sonra da Filistin'le başlattığı barış süreci yeni bir profil çizmekte Yakındoğu'da...* –ÇA.

yakını *a.* herhangi bir durumu karşısındakine (yazılı ya da sözlü) sızlanarak anlatma, yakınma. *Benim için önemli olan Bilge Kağan'ın ... sınırlı bir yaşamın yakınısını dile getirmeyi gerekli bulmasıdır.* –RM.

yakınıcı *a.* ve *s.* hoşnutsuzluk gösteren, yakınan, sızlanan. *Batının ... askeri rejimi alkışlanmasından yakınıcı olduğunu ... her söyleşide yineleyen insan* ... –CA.

yakınıcılık *a.* yakınıcı olma durumu.

yakınma *a.* yakınmak eylemi. *Bütün bu olan bitenleri, herkes olağan bir şey sanır, hiçbiri bir yakınmada bulunmazmış.* –AN.

yakınmak kendisine yapılan bir haksızlığı ya da kendisini tedirgin eden bir durumu, umar bulması ya da yalnızca ortak olması için karşısındakine anlatmak. ... *ve yaptığı işten durmadan yakınmak* ... –İS.

yakınsak *s.* **1** *mat.* birbirine gittikçe yaklaşarak uzanan, tek bir noktaya doğru yönelen (çizgiler). **2** *fiz.* ışıkları aynı noktaya yöneltme özelliği taşıyan. *Bir yakınsak seri olan* ... –AK. **yakınsak ışınlar** *fiz.* aynı noktaya doğru yönelen ışınlar.

yakınsaklık *a.* yakınsak olma durumu.

yakınsama *a.* **1** yakınsamak eylemi. **2** *mat.* aradaki açıklık sonsuz küçülerek ama kesişmeden bir noktaya doğru yaklaşma. *"Yakınsama" yönteminin tek tekniği de değildir bu* ... –TY.

yakınsamak **1** bir şeyin olmasını yakın görmek, yakın zamanda olacağını düşünmek. **2** *mat.* (değişken bir büyüklük) belli bir büyüklüğe, hiçbir zaman erişmemek koşuluyla, gittikçe yaklaşmak.

yakınsanma *a.* yakınsanmak eylemi.

yakınsanmak olması, gerçekleşmesi yakın görülmek, olması yakın sayılmak. *Gerçi bilim dünyasında bulgulara, kanaatlere hemen neredeyse "ittifakla" yakınsanmaktadır.* –TYa.

yakıt *a.* odun, kömür, mazot gibi, ısı sağlamak için yakılan her özdek, yakacak. *... mesela yakıt ... tasaruf edilmiş olacak.* –EG.

yakıtçı *a.* yakıt satan kimse. *Örnek olarak -çı eki getirmek suretiyle yakıtçı biçimi yaratılabilir.* –HE.

yakıtçılık *a.* yakıt satmayı meslek edinme işi, yakıtçı olma durumu. *Bu türeve -lık eki getirilerek yakıtçılık biçimi oluşturulabilir.* –HE.

yakıtlık *a.* yakacak nesnelerin konulduğu, korunduğu yer. *... yakıt sözüne -lık eki getirilerek yakıt saklanan yere yakıtlık adı verilebilir.* –HE.

yaklaşık *s.* gerçektekinden az artık ya da eksik bir nicelik gösteren, gerçektekine yaklaşan, aşağı yukarı gerçektekini tutan. *İbni Rüşd, yaşadığımız dönemden yaklaşık iki bin yıl önce... iki sözcük üzerinde düşünüyormuş.* –İS. **yaklaşık bilgi** *mant.* bilimsellik yönünden geçerli sayılabilecek denli açık ve nesnel olan, ama bilim geliştikçe yeniden gözden geçirilmesi ve geliştirilmesi olanağı bulunan bilgi.

yaklaşım *a.* **1** yaklaşmak eylemi, yaklaşma. *Bu yazılar ... edebiyat sorunlarına ... ilk yaklaşım denemeleridir.* –MS. *... ve çocukça bir yaklaşımla ...* –KB. **2** bir konuya bakış, onu bütünselliği içinde ele alış ve inceleyiş biçimi. *Alan çalışması antropolojinin deney süreci olarak görülebilirse, bu sıra tümevarımcı bir yaklaşımı belirler.* –BG.

yaklaştırım *a.* **1** bir şeyi kendine yakın duruma getirme. **2** iki şeyi birbirine yakın duruma getirme. **3** *mat.* aranılan ve gerçek değeri elde edilemeyen rakamı bulmak için yapılan yaklaşık değerlendirme. *... eski kuramlar üstünkörü yaklaştırımlar konusunda yine işe yaramışlardır ...* –AG.

yakmaç *bkz.* **yakaç**

yalanlama *a.* yalanlamak işi. *Her olayın bir ... yalanlama ile atlatılmasının sonucunda artık hiçbir söylediklerine inanılmaz olmuştu.* –ASi.

yalanlamak doğru olmadığını bildirmek. *Gerçekleri yalanlamak için neler yapılmadı ki?* –İS.

yalım *a.* yanan ve ışık veren şeylerin türlü biçimlerde uzanan dili. *Kitapları yalım yalım tutuşan biri.* – NU. *Elinin her değdiği şey, canlı cansız bir sevgi yalımında ürperiyordu.* –YK.

yalımlanma *a.* yalımlanmak eylemi.

yalımlanmak yalım durumuna gelmek, tutuşup yalım saçmak.

yalın *s.* **1** karışık olmayan, içine başka şeyler katılmamış bulunan. *Dile getirilmiş her dünya görüşünde genellikle, yalın olmayan, karmaşık ama birlikli bir yapı iş başındadır.* –NU. **2** çıplak (ayak). **yalın ad** *dilb.* yapım eki almamış olan ve bileşik sözcük biçiminde bulunmayan ad, "taş", "kömür" gibi. **yalın durum** *dilb.* adların ve ad soylu sözcüklerin herhangi bir durum eki almamış olan, taşıdığı kavramı yalın olarak bildirme biçimi. **yalın sözcük** *dilb.* kökü parçalanamayan sözcük. **yalın tümce** *dilb.* bir çekimli eylemle kurulan tümce. **yalın önerme** *bkz.* **önerme**.

yalıncı *s.* yalın olandan hoşlanan (kimse).

yalıncılık *a.* yalın şeylerden hoşlanma, her şeyde yalınlık arama. ... *insanın ... kendisini yalıncılğa bırakıvermesi zararlı bir şeydir ...* –NU.

yalınç *s.* bileşik ya da karmaşık olmayan, tek bir özdekten oluşmuş bulunan; yapılması ya da anlaşılması kolay olan; karışık olmayan. *Birer yalınç tümceye benzeyen ...* –TNG. *Şiirin, tilciğe dayanması demek, tilcikle (sözcük) kurulur demek gibi yalınç bir anlama geliyorsa amenna ...* –EAy.

yalınçlaşma *a.* karışık durumunu yitirme, anlaşılması, yapılması kolaylaşma.

yalınçlaşmak karmaşıklığını, karışıklığını yitirmek, anlaşılması, yapılması kolaylaşmak.

yalınçlaştırılma *a.* yalınç bir duruma getirilme.

yalınçlaştırılmak yalınç bir duruma getirilmek. *İşçi sınıfının ya da ufak köylünün öncülüğü gibi yalınçlaştırılmış sloganlarla bu korkunç karışıklığın içinden nasıl çıkılır?* –ETE.

yalınçlaştırma *a.* yalınç duruma gelmesini sağlama, yalınç bir duruma getirme.

yalınçlaştırmak yalınç duruma gelmesini sağlamak, yalınç bir duruma getirmek. *Dergi, komşumun ... yalınçlaştırarak dediği gibi ...* –ETE.

yalınçlık *a.* yalınç olma durumu. *Eskilerde bir türlü yalınçlık görüp yenileri onlara yeğleyenlere de yanılıyorlar diyemem.* –NA.

yalınlaşma *a.* yalın bir duruma gelme, süsten arınma. *Hece ölçüsüne sarılma bir yerde Türkçenin yalınlaşmasına yararken, bir yerde de ulusal beğeninin kökenine dönüş hareketidir.* –RM.

yalınlaşmak yalın bir duruma gelmek, süsten arınmak. *Hayat, onun yanında yalınlaşıyor, korkular azalıyordu.* –SI.

yalınlaştırma *a.* yalın duruma getirme. *Yalınlaştırma alışkanlığının kurbanıdırlar bence.* –NU.

yalınlaştırmak süslerden, katkılardan arındırmak, yalın bir duruma gelmesini sağlamak. *Oysa insanı böylesine yalınlaştırmak ... inandırıcı olmaz kısaca.* –EmÖ.

yalınlık *a.* bileşik ya da karmaşık olmama durumu, tek bir özdekten oluşmuşluk. *Böyle bir "neden" salt birlik ve yalınlıkta olmalıdır.* –MG.

yalıtılma *a.* yalıtma işlemi uygulanma.

yalıtılmak yalıtma işlemine uğratılmak. *"Tersine" dünyada araç yalıtılır ve kendisi için olur.* –HY. *Böylece, birey ... ilerici bir içerikten de yalıtılmaktadır.* –HBK.

yalıtım *a. fiz.* **1** elektrik akımının olumsuz etkisini önlemek için, iletkeni lastik, kauçuk, porselen gibi elektrik geçirmeyen bir özdekle kaplama, yalıtma. **2** elektrik ya da ısı akımını engelleme olayı.

yalıtımcı *a.* yalıtım işleri yapan kimse. *Yahu, böyle böyle, şurada bir yalıtımcı var, Ankara'dan geldi.* –FB.

yalıtkan *s. fiz.* elektrik akımını geçirmeyen (özdek).

yalıtkanlık *a.* elektrik akımını geçirmeme özelliği.

yalıtma *a.* yalıtmak işi. *Günümüzde ... sindirme, boyun eğdirme, yalıtma başka yollardan sağlanıyor.* –AO.

yalıtmak 1 *fiz.* bir iletkenin yüzeyini yalıtkan bir özdek ile kaplamak. *Diğer cisimlerden yalıtılmış ya da onların etkisinden uzak bulunan iki cisim ...* –AK. **2** öteki şeylerden ayırıp bir başına bırakmak. *... edebiyat her şeyden yalıtıldı.* –MB.

yalıyar *b. a. coğr.* yüksek kıyılarda, dalgaların aşındırması nedeniyle oluşan, aşındırma sürdükçe karanın içine doğru gerileyen yer.

yalvaç *a.* insanları yola getirmek için Tanrıca görevlendirilmiş kimse. *Yalvaç, kendi dehasını öne sürmediği için ne idiyse öyle kalır.* –MCA.

yalvaçlık *a.* yalvaçın görevi, yalvaç olma durumu. *Deha ile yalvaçlık arasındaki ayrım işte buradadır.* –MCA.

yalvarı *a.* yalvarmak eylemi, yakarı; kendine acındırarak bir dilekte bulunma. *Olur da bir etkisi görülür bu yalvarımızın belki.* –AG.

yamuk *s. mat.* yalnız iki kenarı koşut olan dörtgen. *... bu yamuk yumuk mezar taşlarına vuran ıslık sesi ...* –EÖ.

yamukluk *a.* yamuk olma durumu ya da özelliği.

yanal *s. mat.* yana düşen. **yanal çizgi** *yaşb.* balığın gövdesinin yanında, sırtla karın arasında bulunan, solungaç yarığından kuyruğa değin uzanan ve çizgi biçiminde görünen noktacık dizisi ki, balığın denge örgenidir. **yanal yüzey** *mat.* bir nesnede, tabanların yüzeyleri dışında, yan kenarların yüzeyi.

yananlam *b. a. dilb.* bir sözcüğün düzanlamına, kullanım sırasında katılan ve herkesçe algılanamayan, ikincil anlam. *Sözcük, düzanlamı aracılığıyla yasaya karşı ... bir kişiyi gösterir, bu da onun yananlamıdır.* –SBü.

yananlamsal *b. s.* yananlamla ilgili. *Sevi ile korku bir arada kullanılarak yananlamsal düzeyde insanın doğasında acı ile esrimenin bir arada olduğu gösterilir.* –SBü.

yanarca *a.* ucunda yalım çıkararak yanan bir özdek bulunan değnek. *Özgürlüğün yanarcasını yakacağız.* –VT.

yanardağ *b. a. yerb.* magmanın yer içinden yüzeye doğru fışkırdığı bir püskürme ağzı bulunan dağ. *Susmuş eteklerinde yanardağın/Yeniden sürülürken topraklar.* –CAK.

yanay *a.* **1** *mat.* bir nesnenin düşey kesiti. **2** *yerb.* katmanları gösteren kesit. **3** yandan görünüş. *Evet ... fazla düzen içi bir yanay (profil) verdiği için toplumsal meşruiyetini kazandı.* –GG.

yandaş *s.* birinden ya da bir şeyden yana olan; bir düşünüye, bir isteğe, bir oya katılan. *Anlamsız şiir yandaşlarının kendilerine tanık olarak gösterdikleri ...* –MCA.

yandaşlık *a.* birinden ya da bir şeyden yana olma durumu. *Woods'un verdiği yargı bize biraz yandaşlıkla verilmiş gibi geliyor.* –NŞK.

yangı *a.* kanın, mikroplara karşı koymak üzere, gövdenin sayrı olan yerine akın etmesi yüzünden orada şişkinlik, kırmızılık, ısı ve ağrı olması. *Yazar, insan bedeninde çoğu kez görülen yangı olaylarının belirtilerini ... bir özdeyişle yasalaştırmıştı.* –SAk.

yangılanma *a.* yangı toplama, yangı oluşturma. *Şifalı Nebatlar yazarı, onun ilerlemiş eklem yerleri yangılanmalarında uygulandığını yazar.* –İB.

yangılamak (bir doku ya da örgen) yangı yapmak.

yangılı *s.* yangı yapmış olan ya da yangı yapan. *Çünkü safrakesesinin yangılı hastalığı olan "kolesistit" ... daha çok kadınlarda görülür.* –ErA.

yanılgı *a.* yanılma işi ya da sonucu pek önemli olmayan yanlışlık. ... *bir yanılgıyı yaymaktan çekinmiş.* –NA.

yanılım *a. mant.* ve *fels.* geçersiz, mantığa aykırı olmakla birlikte geçerliymiş, mantığa uygunmuş gibi görünen çıkarım.

yanılsama *a. ruhb.* görünüşü gerçek sandıran bir duyum yanılması. *İnsanın gelişmesi, endüstri toplumunun sorunlarının çözümlenmesiyle belirlenmiş gibi görünür, ama gerçekte bir yanılsamadır bu.* –CÜ.

yanıltı *a.* küçük yanlışlık. *Yazar, insanoğlunun ... birbirini tanıyarak yanıltılardan arınabileceklerini ileri sürmüştür.* –SŞ.

yanıt *a.* sorulan bir şeye verilen karşılık. *Aslında bu, benim şimdiye dek birikmiş yapımla yanıtı zaten verilmiş bir sorudur.* –GA.

yanıtlama *a.* sorulan bir soruya karşılık verme; bir eyleme, bir şeye karşılık verme. *Bu soruları yanıtlama, ilk elde, Anadolu halk tarihi içinde Yunus Emre'nin yerini saptamayı zorunlu kılar.* –EmÖ.

yanıtlamak yanıt vermek. *Bizim klasiğimiz yok, diye yanıtladım* ... –MCA. *Yanıtlamak gerekir mi bilmem?* –OA.

yanıtlanma *a.* yanıtla karşılanma, yanıt verilme. *İlk elde ... yanıtlanması gereken bu sorular üzerinde handiyse hiç durmamış.* –Sİ.

yanıtlanmak yanıtla karşılanmak, yanıt verilmek. ... *çünkü dünya hep yanıtlanmak zorundadır.* –CÜ.

yanıtlı *s.* yanıt verilmesi gereken, yanıtı olan.

yanıtsal *s.* yanıt (olarak).

yanıtsız *s.* yanıt verilmesi gerekmeyen; yanıt verilmeyen, yanıtı olmayan. *Ama ... karşımızdakini yanıtsız bırakabiliriz ya* ... –MCA.

yanıtsızlık *a.* yanıtsız olma durumu. *Sorular soruları izleyebilir; çoğu boşlukta kalacak, yanıtsızlık ağır basacaktır.* –İS.

yankı *a.* **1** *fiz.* sesin bir yere çarpıp geri dönmesiyle duyulan ikinci ses. *Kimi anlatımlarda Hera tarafından yankı haline getirildiği ... bildiriliyor.* –OH. **2** bir olgunun ortalıkta uyandırdığı tepki. ... *hiç yankı yapmadan geçip gitmiştir.* –İS.

yankıbilim *b. a.* seslerin dağılımını ve etkilerini konu alan fizik dalı.

yankıca *a. ruhb. bkz.* **yansıca**

yankılandırma *a.* yankılandırmak eylemi.

yankılandırmak yankı yapmasını sağlamak. *Vurulan bağırarak, kayaları yankılandırarak kayalardan aşağı atıyordu kendini.* –YK.

yankılanma *a.* yankı olarak geri dönme, yankı yapma. ... *yankılanmalarla uzanır batıdan doğuya minareler.* –Atİ.

yankılanmak yankı yapmak. *Ses, Boğaz'ın üstünden, akıntıya ters gerisin geri yankılanarak geçiyordu.* –OR.

yanlı *bkz.* **yandaş**. ... *her düşünür, yanlısı olacağı sistemin dışında başka sistemlerin de yaratılabileceğini kabul etmelidir.* –TZT.

yanlışlama *a.* yanlış olduğunu kanıtlama.

yanlışlamak bir şeyin yanlış olduğunu, doğru olmadığını kanıtlamak. *Aziz Nesin'in bir zamanlar memleketteki aptal oranı üzerine yapmış olduğu istatiksel gözlemi yanlışlamak, bu oranı mutlaka artırmak için bilinçli bir şekilde çalıştıklarını düşünüyorum.* –STur.

yansı *a. yaşb.* bir uyartıya verilen karşılık. ... *fiziksel yansı'ya yaşambilimsel anlamda tepke denir.* –OH.

yansıca *a. ruhb.* başkasının söylediği sözleri ya da tümceleri anlamsızca, yankı gibi yineleme sayrılığı.

yansılama *a.* yansılamak eylemi. *Bir gün kümes hayvanlarını yansılama oynuyorduk.* –NU.

yansılamak birinin yaptığı gibi yapmak, öykünmek. ... *ulusal bir tiyatronun kurulmasında ... onu yansılamakla başarılı olabiliriz.* –ÖN.

yansıma *a.* **1** *fiz.* ışığın bir yere çarpıp yön değiştirmesi. *Burada ise, uzak bir teknik yansımayla, giriş formülü, uyarıcı, düşündürücü bir yönde kullanılıyor.* –TA. **2** *mec.* (olay, durum vb.) etkileme; ilgilendirme; anlaşılma; belli olma. *Kâğıt fiyatlarının kitaplara yansıması kaçınılmaz mıdır?* –AP.

yansımak **1** (ışık) bir yere çarparak yön değiştirmek. **2** *mec.* (olay, durum vb.) etkilemek, ilgilendirmek, anlaşılmak; belli olmak. ... *bu Söylev'in her sayfasından yansımaktadır.* –HVV.

yansıtaç *a.* kendine gelen ışığı geri yansıtan aygıt. *Ayna, ona insanlığını hatırlatan bir yansıtaçtır, içiyle dışını bir devle bir cüce gibi gösterir.* –AdB.

yansıtılma *a.* yansıması sağlanma. *Kararın gerekçe bölümünde yer alan bu görkemli dersin tümüyle kamuoyuna yansıtılmasının ... yararlı olacağı kanısındayım.* –AA.

yansıtılmak yansıması sağlanmak, yansımak eylemine konu olmak. ... *içeriği, tam olmasa da, değişik tarzda kuramsal olarak yansıtılmaktadır.* –AÇ.

yansıtımca *a. ruhb.* düzenli ve sürekli sabuklamaların, kuşku ve bilinçsiz suçluluk duygularının yoğun olduğu bir ruh sayrılığı.

yansıtma *a.* kendine çarpan ışık, ses gibi bir şeyi geri verme. ... *sözcüklerin, bir yerden sonra, gittikçe karmaşıklaşan durumları ve olayları anlatmada ve yansıtmada yetersiz kalmaları* ... –ÖB.

yansıtmak kendine çarpan bir şeyi geri atmak. *Şu kısa öykü Duhamel'in kişiliğini yansıtır* ... –OA. *Gerçekleri apaçık yansıtmakta çarpıcı bir belge olduğu için hatırlatmakta yarar bulduk.* –İS.

yansız *s.* hiçbir yanı tutmayan, hiçbirinden yana olmayan. *Yansız bir başkanın başkanlığında* ... –NN.

yansızlaşma *a.* yansız bir duruma gelme.

yansızlaşmak hiçbir yanı tutmaz bir duruma gelmek, yan tutmaz olmak. *Yeni cumhurbaşkanı ... kendisini partisinin başı sanıyor, gönlündeki aslandan kurtulup yansızlaşamıyor.* –İS.

yansızlaştırılma *a.* hiçbir yanı tutmayan bir konuma getirilme, yansız olması sağlanma. ... *önce TRT'nin onarılması, yansızlaştırılması, özerkleştirilmesi gerekir.* –MTÖ.

yansızlaştırılmak hiçbir yanı tutmayan bir konuma getirilmek, yansız olması sağlanmak.

yansızlaştırma *a.* yansız bir duruma gelmesini sağlama.

yansızlaştırmak yansız bir duruma gelmesini sağlamak. ... *ve devleti anayasal düzene göre yansızlaştırmak zorundadır.* –İS.

yansızlık *a.* hiçbir yanı tutmama durumu. *Yansızlık, ancak başka devletlerin de bu yansızlığı tanımalarıyla olanaklıdır.* –OH.

yantutmaz *bkz.* **yansız**. *Yantutmaz ülkeler ... her şeyden önce kendilerini korumak için atom savaşını önlemeye çalışmakta haklıdırlar.* –AG.

yantutmazlık *bkz.* **yansızlık**. *Bizler ... başka bir dünyadan gelecek bir yabancının bakışındaki yantutmazlığa, genişliğe kolay kolay ulaşamayız.* –AG.

yapay *s.* doğadaki şeylere benzetilerek insan eliyle yapılmış. *Sayıların sözde zamanı kapsayan o yapay düzenine ...* –AÖ.

yapaylaşma *a.* doğallıktan uzaklaşma, yapay bir duruma gelme.

yapaylaşmak yapay duruma gelmek, doğallıktan uzaklaşmak. *Bütün yapaylıkları alt ettiğimi sandığım bir zaman en yapaylaştığım zamanmış işte.* –AAğ.

yapaylaştırma *a.* doğallıktan uzaklaştırma, yapay duruma getirme. *Türkçeyi bozma, yapaylaştırma ... gibi suçlamaları günümüzün incelemecileri de doğru buluyorlar.* –MF.

yapaylaştırmak doğallıktan uzaklaştırmak, yapay bir duruma getirmek, yapaylaşmasını sağlamak.

yapaylık *a.* doğal olmama durumu, insan eliyle ortaya konmuşluk. *Romanın kişileri ... etkilenmelerini, tepkilerini, ilenmelerini ... yapaylıktan uzak bir tutumla dile getiriyorlar.* –HD.

yapı *a.* **1** yapılmış ya da yapılmakta olan ev, apartman gibi şeyler. *Oradaki bütün yapıları yıkıp yerle bir etmişler.* –AN. **2** bir şeyin şu ya da bu biçimde yapılmış olmasından doğan özellik. *Sosyoekonomik yapıya ilişmeden devrim yapma hevesinin doğurduğu sonuçlar nelerdir ...* –ÇÖ. **3** yapım işi. *Herkeste bir yapı hevesi başladı, birkaç ayda yerden biter gibi apartmanla doldu mahalle.* –HİD

yapıbilim *b. a. dilb.* sözcüklerin kök, gövde ve eklerinin yapısının, işleyişini inceleyen dilbilim dalı.

yapıbirim *b. a. dilb.* bir dilde, sözlerin anlamlı en küçük parçası, biçimbirim. *Bu sözcük gelirlerimiz yapıbiriminden oluşmuştur.* –AyK.

yapıl *s.* yapı özelliğinde, yapı gerçekliğine bağlı. *Bu anlamda bir organizmanın, bir kristalin örgütlülüğü yapıl niteliktedir.* –AdO.

yapılabilir *s.* yapılabilme olanağı bulunan,yapılması uygun, yararlı (olan).

yapılabilirlik *a.* herhangi bir girişimin işletme ve ekonomi yönlerinden uygun olup olmadığını, yapılabilir olma durumunu, yararlılığını vb. önceden araştırıp saptama işi. *Fizibilite sözcüğü ... beni tedirgin ediyordu. Sözcüğe karşılık olarak ... yapılabilirlik önerisini ... götürdüm.* –CM.

yapılanma *a.* yapı özelliği kazanma, yapı olarak ortaya çıkma, oluşma. *... yeni bir yapılanmaya gidilmeksizin, kuru sıkı tepkilerle bir yere varılabileceğini sanmıyoruz.* –HCe.

yapılanmak yapı özelliği kazanmak, yapı olarak ortaya çıkmak, oluşmak.

yapılaşma *a.* üzerinde ev, apartman, köprü ve benzeri yapılar kurulma. *Haliç'i kurtarırken Boğaziçi'ni yoğun yapılaşmaya açmak için her gün artan baskılar ... kentin geleceği açısından umut veriyor mu?* –AD.

yapılaşmak üzerine ev, apartman, köprü gibi yapılar kurulmak.

yapım *a.* **1** el ya da makine ile yapma işi. ... *onların yapımı ve dağıtımıyla uğraşanları* ... –RE. **2** *sine.* bir filmin ortaya konması için gerekli çalışmaların tümü. *Film yapımı işiyle uğraşmak üzere kurulmuş ortaklık.* –NÖ. **3** (radyoda) bir izlencenin oluşmasıyla ilgili bütün işler ve ortaya konan iş. **yapım eki** *dilb.* sözcük kök ya da gövdesine gelerek sözcüğün yeni bir kavram edinmesini sağlayan ek. *Türkçede iki türlü ek vardır. Biri yapım eki, diğeri de çekim ekidir.* –NH.

yapımcı *a.* **1** yapım işiyle uğraşan kimse. *Ayrıca kitap yapımcısı böyle örgütlenmekle kalmaz... kitaba bir tür dokunulmazlık da sağlar.* –FO. **2** *sine.* anamal koyarak bir filmin çevrilmesini sağlayan kimse. *Yapım yönetmeni: Bir filmin yapımını, yapımcı adına doğrudan doğruya yöneten kimse.* –NÖ. **3** (radyoda ve TV'de) bir izlencenin oluşmasını sağlayan kimse. *Yapımcı değilken, kendi görüşlerimi dinletememek canımı sıkıyordu.* –BO.

yapımcılık *a.* yapım işiyle uğraşma. *Yapımcılığından yönetmenliğine, hep gözüpek ve çarpıcı konuları ele alıp işleyen Stanley Kramer, ilk kez komediyi denemiş.* –AD.

yapımevi *b. a.* yapım işinin yapıldığı yer. *İlyuşin uçak yapımevine gitmek üzere ... uzunca bir otomobil yolculuğuna hazırlanıyordum.* –NN.

yapıntı *a. fels.* gerçekte olmadığı ya da olduğu ya da olmadığı bilinmediği halde varmış gibi düşünülen şey. *Yazar, oranı değişmekle birlikte, imgesel evreni seçmiş adamdır: Belli oranda yapıntıya (fiction) ihtiyacı vardır.* –BO.

yapıntısal *s.* düşsel. *Bazin'e göre yapıntısal filmler stüdyoda çekildiklerinden olguları doğal akışları içinde vermezler.* –SBü.

yapısal *s.* yapı ile ilgili. *Yapısal bozukluğu bulunan ülkede ... ekonomik durum düzelemez.* –İS. **yapısal dilbilim** *dilb.* dolaylı ya da dolaysız olarak Ferdinand de Saussure'ün derslerine dayanan ve dillerin yapısını incelemeyi erek edinen dilbilim akımı. *Yapısal dilbilim, filolojinin tersine ... konuşulan dile ağırlık verecek ve dilin ... toplumsal dizgesini göz önünde tutacaktı.* –AdO.

yapısalcı *s.* ve *a.* yapısalcılık görüş ve yöntemini benimseyen. *Yapısalcı yöntem buradan bütün insan bilimlerine aktarılmış ve bu dallarda gerçek bir devrim ortaya çıkmıştır.* –MCA.

yapısalcılık *a.* bilimin her dalında, "yapı"dan yola çıkarak sonuçlara ulaşma yöntemi. İsviçreli bilgin Ferdinand de Saussure'ün ilk kez dilbilim alanında kullandığı bu yöntem, Fransız bilgini Claude Lévi-Strauss'ca toplumsal insanbilimde kullanılmış ve daha sonra bütün bilimlerde yaygınlaşmıştır. *Yapısalcılık, gerçekten de bugün toplumsal bilimler alanında şaşırtıcı bir sarsıntı yapmıştır.* –MCA.

yapısallaşma *a.* yapı² ile ilgili olma, yapı² özelliği kazanma.

yapısallaşmak yapı² ile ilgili olmak, yapı² özelliği kazanmak. *Terör,* *kökleşmek ve yapısallaşmak için demokrasinin yokluğundan yararlanmıştır.* –İS.

yapısallık *a.* yapı ile ilgililik. *Yapısallık bu dizgelerde anlam iletimini sağlayan düzenliliktir.* –AdO.

yapıt *a.* sanatçının ortaya koyduğu ürün. *... başarılı sanat yapıtı doğada olanı aktarıp işler.* –NU. *Öz Türkçe bir deyim ile o bir "yapıt"tır.* –MKa.

yapsatçı *b. s.* ve *a.* apartman yaparak satan kimse. *Yapsatçı gelirse, ki mutlaka gelecek, en azından üç daire isterim.* –Mİ.

yapsatçılık *b. a.* apartman yaparak satma işi.

yaptakçı *b. a.* bir bütün oluşturmak için parçaları birleştiren kimse, kurtakçı.

yaptakçılık *b. a.* bir bütünü oluşturmak için parçaları birleştirme işi, kurtakçılık. *... yalnızca yaptakçılık dehasına dayalı ...* –TY.

yaptırım *a. toplb.* yasa, aktöre gibi kurumların buyruklarının yerine getirilmesini sağlayan güç. *Din ile büyü arasındaki farklar da özellikle törenlerin uygulanmasında ve yasaklarla yaptırımlarda aranmalıdır.* –NŞK.

yaptırımcı *a.* ve *s.* kendisinde yaptırım bulunan. *Eski Türk Dil Kurumu'nun yaptırımcı bir gücü yoktu.* –MŞO.

yaptırımlı *s.* yaptırımı olan, yaptırımı bulunan. *Ceza yasamızda ölüm cezası yaptırımlı 27 madde var.* –UM.

Yaradancı *a. fels.* Yaradancılık yandaşı. *Ama Yaradancılara göre her şey doğal yasalarla yönetiliyordu.* –AG.

Yaradancılık *a. fels.* Tanrılık gücün yalnızca yaratmayla sınırlandığını, Tanrı'nın, yarattıktan sonra dünyanın hiçbir işine karışmadığını öne süren görüş. *Yaradancılık deyimi ...* –OH.

yaradılış *a.* **1** yaratılma sırasında kazanılmış olan özellikler. *Bu güven, Nuh Bey gibilerin yaradılışlarından geliyor.* –KT. **2** vücut ve ruh yapısından doğan doğal yeteneklerin topu.

yarar *a.* **1** ası. **2** bir şeyin bir işte kullanıldığı zaman verdiği iyi sonuç. *Gerçekleri apaçık yansıtmakta çarpıcı bir belge olduğu için hatırlatmakta yarar bulduk.* –İS.

yararcı *s. fels.* yararcılık yanlısı. *Yararcı ahlakın kurucusu John Stuart Mill ...* –NŞK.

yararcılık *a. fels.* yararlı olanı iyi ve doğru sayan öğreti. *İşte yararcılık ilkesinin zorunluğu burada kendini gösterir: Hangisi topluma daha yararlıysa o seçilecektir.* –OH.

yararlandırılma *a.* (bir şeyden) yararlanması sağlanma, yararlanmasına olanak verilme. *Devlet memuru olan hanımlar aynı haktan kendilerinin de yararlandırılmalarını isterlerse ...* –OE.

yararlandırılmak (bir şeyden) yararlanmasını sağlamak, yararlanmasına olanak verilmek.

yararlandırma *a.* (bir şeyden) yararlanmasına olanak verme. *Nüfusumuzun % 80'ini insanın bu en büyük buluşundan yararlandırmanın yollarını bir an önce bulmalıyız.* –VB.

yararlandırmak (bir şeyden) yararlanmasına olanak vermek. *Onun Sinan üzerinde odaklaştırdığı birikiminden yararlanmak ve halkı da yararlandırmak için gerekli girişimlerde bulunmuşlar.* –AhÖ.

yararlanılma *a.* (bir şeyden) yarar

sağlanma, (kendisinden) yarar elde edilme. ... *ama TV' den yararlanılması fikrine hemen sarılıyor.* –CA.

yararlanılmak (bir şeyden) yarar sağlanmak. *Askeri ve mülki görevler karşılığında geçici olarak yararlanılmak üzere "tevcih buyrulan" dirlik toprakları durmadan büyüyordu.* –ETE.

yararlanma *a.* (bir şeyden kendine) yarar sağlama. *Erzurum Üniversitesi ... ondan yararlanma yoluna gitmemiştir.* –OB.

yararlanmak (bir şeyden kendine) yarar sağlamak. *Bu örgütlenmenin temeli ... sultanın, göçebe kabile reislerine bir yeri mülk olarak değil, gelirinden yararlanmak üzere ıkta etmesinden doğmuştur.* –MuS.

yararlı *s.* işe yarayan, yarar sağlayan. *Kalem mi daha yararlıdır, silgi mi?* –RE.

yararlık *a.* yararlı iş görme. *Goethe, Almancanın özleşmesine ... yararlığı ... dokunmuş adamdı.* –PS.

yararlılık *a.* işe yarama durumu, özelliği. *Çiçekleri açtıran, verimli yağmurları yağdıran ... ışıklara yararlılık gücünü veren ... Kübele'dir.* –İZE.

yararsal *s.* yarar yönünden, yararla ilgili, yararlı. *Bir yazı, bir kitap ... nereye değin yararsal bir yapı taşır?* –EmÖ.

yararsız *s.* yarar sağlamayan, işe yaramayan. *İnsan sanır ki eskiden okuduğu bu yazıları bir daha okumak gereksizdir, yararsızdır.* –OA.

yararsızlık *a.* işe yaramama durumu. *Gregory Nazianzen, ilaçların yararsızlığını ileri sürerek, kutsal ellerin dokunuşunda çoğu zaman büyük bir etki bulunduğunu söylüyordu.* –AG.

yaratı *a.* yoktan var edilmiş şey, yapıt. ... *birçok edebiyat yaratılarını okuyup* ... –NU. *Ama ben şiirin, seçkin bir azınlığın okuduğu, zevklendiği bir yaratı olduğunu öne sürmüyorum.* –EC.

yaratık *a.* yaratılmış canlı varlık. ... *belki de yerde yaşayan yaratıkların hiç bilmediği* ... –YKK. *İnsan bu kadar dar görmeye layık bir yaratık değildir.* –BF.

yaratım *a.* yaratılan şey. *Ama, gün gelir, bu yeni yaratımlar, kişisel dilin sınırlarını aşar* ... –EmÖ.

yaratımcı *a.* yaratımcılık görüşünü savunan kimse.

yaratımcılık *a. fels.* türlerin, bir evrim sonucu bugünkü biçimlerini almış olmayıp Tanrıca ayrı ayrı ve bugünkü biçimleriyle yaratılmış olduğunu savlayan öğreti. *Yaratımcılık, durallık, değişmezlik, evrimsizlik gibi metafizik düşüncenin bütün özelliklerini taşımaktadır.* –OH.

yaratısal *s.* yaratı özelliğinde, yaratıyla ilgili. *Yaratısal yapıtların hiçbirinin işi değildir çünkü doğrular.* –İB.

yaratman *a.* yaratıcı. *O zaman Ata ona tarih yapan bir kahraman, hatta bir yaratman olarak gözükmüş* ... –ETE.

yarbay *a. ask.* orduda, binbaşı ile albay arasındaki aşamada bulunan üstsubay. *Herhalde yarbay beni birine benzetmiş olacaktı.* –AN.

yarbaylık *a. ask.* yarbay aşaması ya da yarbayın görevi. *Tabur komutanımızın küskünlüğü yarbaylığa yükseltilmemesinden.* –HVV.

yargı *a.* **1** *tüze.* yargıcın bir davayı sonuca bağlayan kararı. *Nitekim Shakespeare II. Richard'a Lord Mowbray'in sürgün yargısını söyletir söyletmez...* –NU. **2** *tüze.* yargılamak işi. *Yargı yetkisi, Türk milleti adına* *bağımsız mahkemelerce kullanılır.* –Anayasa. **3** *fels.* sav ile karşısavdan bir sonuca varma işi, usavurmadan sonra varılan sonuç. *Bütün duyumlar bir yargı eksikliğinden, iyi ve kötü üzerindeki yanlış sanıdan doğar...* –BA. **4** kişinin, bir şey konusunda olumlu ya da olumsuz düşünüsünü söylemesi. **deneysel yargı** *fels.* deneye dayanan nesnel yargı. ... *"madensel cisimler ısıyla genişler" yargısı deneysel yargıdır.* –OH. **kesin yargı 1** kuşkuya ve duraksamaya yer bırakmayan yargı. **2** *mant.* ayrık ve koşullu olmayan yargı. *Kesin yargı, Kant'ın on iki yargı biçiminden biridir ...* –OH.

yargıcı *a.* aralarındaki anlaşmazlığı çözmesi için iki yanın başvurduğu kimse. *Yargıcının yaptığı göreve de yargıcılık denir.* –OH.

yargıcılık *a.* yargıcının yaptığı iş. *Yargıcının yaptığı göreve de yargıcılık denir.* –OH.

yargıç *a. tüze.* tüze öğrenimi görmüş ve yargıçlar yasasının aradığı nitelikleri taşıyan kişiler arasından seçilerek, yasalara aykırı davranışları ve anlaşmazlıkları türeye ve yasalara uygun olarak çözmek üzere devletçe görevlendirilmiş kimse, yargılayan kimse. ... *bir çocuğu yargıç, bir çocuğu doktor ...* –İS.

yargıçlık *a.* yargıcın görevi.

yargılama *a.* **1** *tüze.* yargılamak eylemi. ... *yargıçlarımızdan bir bölümü yargılama düzeni iyi hazırlanmadığı kanısıyla ... görevden kaçınmışlardı.* –NN. **2** *fels.* usavurma, uslamlama. ... *kendi kendine yargılama yapabilecek duruma getirmek.* –BA.

yargılamak 1 *tüze.* bir yargıya varmak üzere davaya bakmak. **2** bir şey için "şöyledir" ya da "böyledir" ya da "değildir" demek, yargı vermek. *Yazar faşizmi yargılamakta, direnişçilerin yanında yer almaktadır.* –AÇ.

yargılanma *a.* yargıya konu olma, yargısı yapılma. *Memurların soruşturma ve yargılanmalarıyla ilgili yasanın işletilmesini dokunduran bir anımsatma yapıyor.* –CA.

yargılanmak yargıya konu olmak, yargısı yapılmak. ... *niçin yargılanmak üzere İsviçre'ye verilmemişti?* –UM.

yargılatma *a.* yargılanmasını sağlama.

yargılatmak yargılanmasını sağlamak. *İsmet İnönü, belki de hükümette Aydemir ve arkadaşlarını yargılatacak gücü görmemişti.* –UM.

yargılı *s.* yargılanmış ve yargı almış (kimse) *Benliğime yargılıyım sonuna kadar.* –MCA.

yargısal *s.* yargı niteliği taşıyan, yargı ile ilgili, yargıya değgin. *Suçlama karşısında bulunan kişinin ifadesini almak biçimindeki işlemler, yargısal niteliğinden ötürü, sadece yargıçlara aittir.* –OAp.

Yargıtay *a.* **1** *tüze.* yargılamaların yolunca yapılıp yapılmadığını inceleyen yüksek kurul. ... *Yargıtay kararına rağmen ...* –EG. **2** bu kurulun içinde çalıştığı yapı.

yarıçap *b. a. mat.* çapın yarısı.

yarımay *b. a. bkz.* **ayça, ilkay, yeniay**

yarımgün *b. a.* belirli ya da alışılmış olan çalışma saatlerinin yarısı olan çalışma saati.

yarısaydam *b. s. fiz.* ışığı geçirmekle birlikte öte yanında bulunan herhangi bir nesnenin sınırlarını ve biçimini göstermeyen (nesne).

yarısaydamlık *b. a.* ışığı geçirmekle birlikte arkasındaki nesneyi belirgin olarak göstermeyen nesnelerin özelliği, niteliği.

yarıson *b. a. sp.* sona kalacak iki takımı belli edecek karşılaşmalar.

yarışım *a.* **1** bir konuda üstünlüğü ele geçirmeye çalışma, yarışma[2]. *ABD bu savaşın açtığı yaraları sardıktan sonra kıran kırana bir yarışım (rekabet) ekonomisiyle bütün dünyada sözünü geçiren dev bir ülke oldu.* –HVV. **2** *sp.* koşu, atlama, ağırlık kaldırma vb. gibi tek başına yapılan, bireysel güce dayanan sporların genel adı.

yarışımcı *s.* **1** herhangi bir konuda, bir işte, bir yarışta başkalarını geçmeye uğraşan (kimse). **2** *sp.* koşu, atlama, ağırlık kaldırma vb. gibi bireysel sporları yapan ve bu alanda yarışan sporcu.

yarışma *a.* **1** bir konuda belli koşullarla açılan ve kazananlara ödül verilen bilgi ya da yetenek yoklaması; bilgi ya da yetenek üstünlüğünü göstermek için yarışmak işi. *Yapılan yarışmaya katılan yüze yakın liseli ...* –NSB. **2** bir alanda üstünlüğü ele geçirmeye çalışma. *Yarışma çok faydalı.* –BF.

yarışmacı *a.* **1** yarışmaya katılan kimse. *Yarışmacıların "medeni" durumlarını saptamak amacıyla ... araştırma yapılmıştı.* –YP. **2** yarışımcı. *Onlar ... yarışmacı bir sistemi öngördüğünü bile anlayamıyorlar.* –ASi.

yarışyolu *b. a. sp.* atletizm, binicilik, bisiklet gibi spor dallarındaki yarışma ve koşularda, bunların yapıldığı yol. *Parkur için yarışyolu karşılığını 1975 yılında türettim.* –CM.

yarıyıl *b. a.* öğretim yılının ayrıldığı iki dönemden her biri. *Küçük Turgut yarıyıl tatilinden sonra okula başladı.* –TUy.

yarkurul *b. a.* mecliste, herhangi bir kuruluş kurultayında, kimi konuları inceleyip vardığı sonuçları tartışılmak üzere genel kurula getirmesi ereğiyle kendi üyeleri arasından seçilen altkurul. *Courbet Paris'te kalmış, sanat yapıtlarını koruma yarkuruluna başkan seçilmişti.* –SB. *Bu öneriyi inceleyen yarkurul bu isteği yerinde bulmuş, benden, örnek olarak üç kökten üretme denemesi yapmamı istemişti.* –IHB.

yarlıgamak (Tanrı) birinin günahlarını bağışlamak.

yarlıgayıcı *a. s.* yarlıgama gücü bulunan.

yarlıgayıcılık *a.* yarlıgama gücü. *Bir kediyi zevişimizde, kedinin "bencilliği" karşısına kendi üstünlüğümüzün tanrılara yakışır hoşgörüsü, bağışlayıcılığı, yarlıgayıcılığı ile çıkarız.* –BK.

yarlığ *a.* hükümdar buyrultusu. *Andronikos, birden, bu sözleri yarlığın dediklerine bağlıyor. Yarlığ, bütün resimlere değil, kutsal resme karşıydı.* –BK.

yarman *a.* işlemceyle sağaltım yapan hekim.

yas *a.* sevilen birinin ölümünden ya da yurdun, ulusun uğradığı bir yıkımdan duyulan derin acı. *Yas da, sevinç de, birlikte sınırsız, iç içe sürdürüldü.* –AÖ.

yasa *a.* **1** tüze. yasama meclisince belli biçimlere uyularak düzenlenen ve yürürlüğe girdikten sonra herkesin uyması zorunlu olan her türlü kural. ... *ve yasalar bu kararın* *mimarıdırlar.* –İS. **2** *tüze.* bu kuralları içine alan kitap. *İşçiyi tanımlayan 931 sayılı yasanın birinci maddesi de ...* –SEd. **3** doğa olaylarının bağlı göründükleri ve dışına çıkamadıkları düzen; örneğin, havaya atılan bir nesnenin yere düşmesi "düşme yasası" ile açıklanabilir. *İnsanı canlı bir varlık olarak yöneten yasalar doğayı yönetenlerden ayrı değildir.* –NU. **4** kural. ... *bu yasalar (toplumu belirleyen yasalardan) farklıdır ...* –ET.

yasadışı *b. a.* yasanın dışında kalan, yasaya aykırı. *Bu sınıfa ... yasal yetkenin dışında bulunan bazı yasadışı toplulukları sokabiliriz.* –SY.

yasadışılık *b. a.* yasadışı olma durumu, yasaya aykırı olma niteliği. *Bu yasadışılıklardan kısa bir süre önce ...* –YP.

yasal *s.* yasaya uygun. ... *ve yasal ihtilalci partilerle ...* –MCA.

yasalaşma 1 *tüze.* yasama meclislerinde görüşülerek yasa durumuna gelmek. *İçeriği bir türlü saptanamayan tasarının bayrama kadar yasalaşması nasıl olacak?*–CA. **2** kural, ilke durumuna gelme.

yasalaşmak 1 *tüze.* yasama meclisinde görüşülüp yasa olarak kabul edilmek. *İşte bu madde yasalaşırsa ... demokrasi tarihine kara ve silinmeyecek harflerle yazılacaktır.* –OGö. **2** kural, ilke durumuna gelmek.

yasalaştırılma *a.* yasa, kural durumuna getirilme. *Âdetler bu yüzden bütün dinlerce benimsenmiş ve yasalaştırılmıştı.* –OH.

yasalaştırılmak yasa, kural durumuna gelmesi sağlanmak, yasa durumuna getirilmek. ... *çoğunluğun her arzusu yasalaştırılmaktadır.* –HVV.

yasalaştırma *a.* herkesin uyması gereken kural, yasa durumuna getirme. ... *Osmanlı Devleti'nde çağdaş anlamda ... bir yasalaştırma durumundan söz etme olanağı yoktur.* –HVV.

yasalaştırmak herkesin uyması gereken bir kural, yasa durumuna getirmek. ... *"suçlamayla birlikte savunmanın da başlaması" ilkesini iki satırlık bir kuralla yasalaştırmak akıllarından geçmiyor.* –AA.

yasalılık *a.* yasası, kuralı olma durumu, kurallılık. *Bu bağıntıların gösterdiği kurallılık, yasalılıkla da dil tam bir düzen, bir dizge oluşturuyor.* –AdO.

yasallaşma *a.* yasaya uygun bir duruma gelme. *Türban sorununu diledikleri gibi çözenler ... dinci hareketlerin yasallaşmasına çalışacaklardı.* –CA.

yasallaşmak *a.* yasaya uygun bir duruma gelmek. *Ülkede özel TV'ler yasallaşmak için gün sayarken özel radyolardan kimse söz etmiyor.* –CC.

yasallaştırma *a.* yasal bir duruma getirme. *Bu nedenledir ki, çeşitli yıllarda çıkarılan yasaların her biri ... gecekonduları bir olupbitti olarak yasallaştırma yoluna gitmiştir.* –CG.

yasallaştırmak yasal bir duruma gelmesini sağlamak. *Yapılmış olanları yasallaştırmak, yeni yapılacakları yasaklamak.* –CG.

yasallık *a.* yasaya uygunluk. *Yalnızca şeyler kullanılmazdan önce yasallıklarının saptanması ...* –ACe.

yasama *a. tüze.* yasa yapma işi. ... *çok çalışılması gerekli bir yasama devresini ...* –SD. **yasama dokunulmazlığı** *bkz.* **dokunulmazlık**. ... *milletvekilleri "yasama dokunulmazlığı-*

mız var" diyorlardı. –UM. **yasama gücü** bir ülkede yasa yapma yetkisi olan kurum, meclis, parlamento. *Yasama gücü ile yürütme gücü ... arası ilişkileri düzenleme sorunu en büyük sorun olmuştur.* –NB. **yasama yılı** meclisin her bir çalışma yılı. *... geçen yasama yılı sonundaki ...* –ASG.

yaşam *a.* bir yaratığın yaratıldığı andan öldüğü ana değin geçen yaşama süresi, dirim. *... gençlerimizi yaşam savaşına daha iyi hazırlamış oluruz.* –NA. **yaşam görüşü** yaşamı algılayış, anlayış biçimi; toplumsal, ekinsel ve dinsel olarak, yaşama bakış; siyasal, toplumsal, ekinsel ve dinsel tutum. *Her zaman savunduğu bir yaşam görüşü başkasında yadırgatmaktadır onu.* –SŞ.

yaşambilim *b. a.* hayvanbilim ve bitkibilimi de içine alan ve canlı varlıkları inceleyen, canlı varlığın oluşumunu, türlerin evrimini, yaşamın doğuşunu, özellikle canlı varlıkların üreme ve gelişme sorunlarını ele alan bilim. *Pavlov'un ünlü bilimsel deneylerinden ... yararlanmaya çalışan davranışçılık, yaşambilim ve dilbilim alanlarına da el atmıştır.* –OH.

yaşambilimci *b. a.* yaşambilimle uğraşan kimse, yaşambilim uzmanı. *Ruhçözümcü ve yaşambilimci olarak, Alman yıkımını, buyurma gücüne susamış bir avuç haydutun boyunduruğuna girmiş insan kitlelerinin yaşambilimsel sıkıntısının sonucu olarak görüyordum.* –BO.

yaşambilimsel *b. s.* yaşambilimle ilgili. *Bu düzenlemeyi belirleyen etkenler toplumsal, ruhsal ve yaşambilimseldir.* –BO.

yaşamortam *b. a.* hayvanların ya da bitkilerin doğal olarak yaşadıkları yer. *Ormanlar kaplanların doğal yaşamortamıdır.* –CM.

yaşamöyküsel *b. s.* yaşamöyküsü niteliğini taşıyan. *Yazar bu arada Molière üstüne iki yapıt hazırlamış; biri yaşamöyküsel bir roman ...* –CSS.

yaşamöyküsü *b. a.* bir kimsenin soyu, doğum tarihi ve yeri, yetişimi, öğrenimi, gördüğü işler ve başından geçenleri anlatan yazı. *Yaşamöykümle, ilk çalışmalarımın bazı yönlerini açıklamak isterdim ...* –BO. *Talip Apaydın'ın yaşamöyküsü yok.* –MS.

yaşamsal *s.* **1** yaşamla ilgili, yaşamda bulunan. *Bu düşünceyi oluşturan nedenler, kuramsal değil, yaşamsaldır.* –EmÖ. **2** yaşam değerinde, pek çok önemli.

yaşamsallık *a.* yaşamla ilgililik, yaşam değerindelik, yaşamsal olma durumu.

yaşantı *a.* **1** yaşanılanlardan, görülenlerden, duyulanlardan, edinilenlerden sonra kişide kalan şey; yaşam deneyimi. *Dünya üzerindeki izlenimler, olayların bıraktığı izler, karşılaşmalar, baştan geçenler, kısaca yaşantılardır bunlar.* –NU. **2** yaşanılan bir an parçası, yaşamın bölümleri. *... günlük duygusal yaşantıların karşılığını bulmak için ...* –SKA.

yaşantısal *s.* yaşantı özelliği taşıyan, yaşantıyla ilgili. *Bu yönelim de metnin örgüsünü ... yaşantısal öğeler açısından değerlendirmeyi içerir.* –EmÖ.

yaşarlık *a.* yaşıyor olma durumu. *Eleştiri sözcüğü, dilin her kesimine yerleşmiş yaşarlık kazanmış yeni sözcükle-*

rimizden biridir. –EmÖ.

yaşdönümü *b. a.* kadında, genellikle çocuk yapma özelliğinin ortadan kalktığı yaşambilimsel dönem. *Doktoruyla konuştum, "Önemli değil, kendisi büyütüyor, her kadın böyle anlar yaşar, yaşdönümüdür bu" demişti.* –OA.

yaşlılaryurdu *b. a.* yaşlanmış olmakla birlikte kendi işini görebilecek durumdaki kimselerin az bir para karşılığında barındığı toplumsal kurum.

yaşlılıkbilim *b. a. tıp.* yaşlanmayla ilgili sağlık konularını ve sorunlarını çalışma konusu yapan hekimlik dalı.

yatay *s. mat.* çevren düzlemine koşut olan, yerçekimi doğrultusuna dikey olan. *Bu saat, gökkutbu doğrultusunda bir çubuk ve yatay bir düzlemden ibarettir.* –AK.

yataylık *a.* yatay olma durumu. *Bilim eğitimi, bu düşeylik ve yataylık arasında kalmış, bocalıyor.* –BG.

yatılı *s.* **1** geceleri de kalınıp yatılan (okul vb). **2** geceleri de kalıp yatan (öğrenci). *... içinde ... yatılı okul giysilerimin listesini bulduğum bavulun tozunu aldık.* –BO.

yatırı *a.* belli bir süre sonunda ya da istenildiğinde geri alınmak üzere, bankaya ürem karşılığı yatırılan para.

yatırım *a.* üretimi geliştirmek ya da işler durumda tutmak için yapılan harcama. *Altyapı yatırımları, üzerine yapılan üretken yatırımların verimini artıran veya onların yapılmasını sağlayan cinsten yatırımlardır.* –AKı.

yatırımcı *a.* **1** üretime yönelik bir iş için para yatıran kimse. *Bu işçi dövizi de olur, yatırımcı dövizi de.* –MBa. **2** *s.* yatırıma yönelen ya da yatırım yapmayı isteklendiren. *Bu bütçenin yatırımcı bir bütçe olduğu söylenemez.* –BE.

yatırımcılık *a.* yatırım yapma işi. *Acaba ne yapmış yatırımcılıkta?* –BE.

yatırman *a.* bankaya ürem için para yatıran kimse.

yay *a. mat.* bir eğriden alınan parça.

yayçizer *b. a.* yay ya da çember çizmekte ve ölçmekte kullanılan araç.

yayılım *a.* bir ülkenin, başka ülkelere yayılma tutumu.

yayılımcı *a.* ve *s.* **1** yayılımcılık yandaşı. **2** başka ülkeleri ele geçirme amacı taşıyan

yayılımcılık *a.* **1** XIX. yüzyılın sonlarında, XX. yüzyılın başlarında ortaya çıkan, anamalcılığın en son aşaması olarak nitelendirilen ekonomik ve siyasal eylem. *Böylece küçük kentsoylu kalabalık ailenin iktisadi yayılımcılığı aynı zamanda buyurucu öğretiyi üretmektedir ...* –BO. **2** bir ulusun başka bir ulusu siyasal ve ekonomik egemenliği altına alarak yayılması ya da yayılmayı istemesi, dünyaya yayılma eylemi.

yayılmacı *s.* **1** kültürün bir kaynaktan çıkıp yayıldığını savlayan (kimse, görüş). *Yayılmacılara göre, bir merkezden çıkan ve yayılan kültürün ...* –SVÖ. **2** yayılımcı. *İkinci Dünya Savaşı Hitler faşizminin yayılmacı ve saldırgan siyaseti nedeniyle çıktı.* –UM.

yayılmacılık *a.* **1** kültürün tek kaynaktan, Mısır'dan çıkıp yayıldığını ileri süren görüş. *Yayılmacılık, türlü kültür özellikleri ve toplum kurumlarının, topluluklararası ilişkiler sonunda yayıldığını savunuyor.* –AdO. **2** yayılımcılık. *Sürekli "istila"lar: Önce Persler, sonra onların süreği olan*

İranlılar, Bizanslar, Araplar, Osmanlı ve Rus yayılmacılığı altında geçirilen uzun yıllar ... –SKa.

yayım *a.* **1** gazete, dergi, kitap gibi okumaya yarayan nesnelerin basılıp dağıtılması ya da dinlenilecek şeylerin radyo ile yayılması, yayımlamak işi. *Kitap ve broşür yayımı izne bağlı tutulamaz.* –Anayasa. *... yalnızca yayım olanaksızlığıdır belki de.* –RM. **2** *fiz.* özdeğin, ışıyan erke vermesi.

yayımcı *a.* bir yapıtı yayın olarak ortaya koyan ya da süreli yayın çıkaran kimse. *Yazarlar ve yayımcılar okurun dilek ve isteklerine aldırış etmeden işlevlerini sürdürürler.* –FO.

yayımcılık *a.* yayımcının işi. *(Bu yıl) ... yayımcılığın, sürümün, ilginin kör ve yoz yılı ...* –RM.

yayımlama *a.* yayın olarak ortaya koyma, yayma.

yayımlamak 1 yayın olarak ortaya koymak. *Türkiye'de yayımlanan gazete ve dergilerin toplatılması ... ancak hâkim kararı ile olabilir.* –Anayasa. **2** dinlenilecek şeyleri radyo ile yaymak. *Sayın dinleyiciler, şimdiye değin Arı Dile Doğru adıyla yayımlanan programımız ...* –AP. **3** (bir şeyi) gazete, dergi, radyo gibi yayım araçları ile duyurmak. *Üstelik düşüncesini Kurumun organları içinde tartışmayarak Kurum dışındaki bir gazetede yayımlamaktadır.* –ÖAA.

yayımlanma *a.* yayın olarak ortaya konulma. *Yayımlanmasını, yayılmasını kendimiz istediğimiz bir yazı için bir de üste para almamız, gözbağcının havadan para toplamasına benzemiyor mu?* –AN.

yayımlanmak yayın olarak ortaya konulmak. *Öyle ya, televizyonumuza her gün yayımlanmak için bir sürü kısa film... getirtilmektedir.* –MTÖ.

yayın *a.* gazete, dergi, kitap gibi yayımlanmış şeyler. *Sadece dil ve edebiyat, eğitim, kültür ve yayınlar bakımından dikkati çeken, ehemmiyetli bir kaç husus üzerinde duracağım.* –FKT.

yayıncı *bkz.* **yayımcı**. *Kitapçı veya yayıncının amacı bir yönüyle ekinsel (kültürel), öbür yönüyle ekonomiktir.* –HVV.

yayıncılık *bkz.* **yayımcılık**. *Bu durumda, oturmuş kuruluşlardan başkası yayıncılık yapmayı göze alamıyor.* –HVV.

yayındırma *a. fiz.* ışığı, pürüzlü bir yüzde yansıtma.

yayındüzen *b. a.* bir yayının yazı işlerini yönetme, yazılarını kotarma. *bkz.* **yazıdüzen**.

yayındüzenci *b. a.* bir yayının yazı işlerini yöneten, yayını düzenleyen kimse. *bkz.* **yazıdüzenci**.

yayındüzencilik *b. a.* yayındüzencinin işi. *bkz.* **yazıdüzencilik**.

yayınevi *b. a.* dergi, kitap gibi okunacak şeyler basıp dağıtan ya da satan yer. *Kitabın yayımlandığı yayınevi ... fikir ürününü değerlendirmekte ... geçerli bir kriter haline gelmiştir.* –OB.

yayınık *s. fiz.* yayınmış, yayınmaya uğramış (ışık). *Yayınık bir ışıkta belirgin bir ışık doğrultusu görülmez.* –Rİ.

yayınma *a. fiz.* **1** ışığın, pürüzlü bir yüzeyin her noktasında yansıyarak pek çok doğrultularda yayılması olayı. *Göğün mavi renge bürünmesi de yayınmadan ileri gelir.* –Rİ. **2** özdeğin, erkesinden bir bölümünü vererek bir elektromanyetik ışıma oluşturması olayı.

yayman *bkz.* **yayımcı**. *... sağbeğenili*

yaymanlarımız olsaydı ... –AB.

yazanak *a.* herhangi bir konuda yapılan inceleme, araştırma sonucunu bildiren yazı. ... *ve ne yapmak gerektiği konusunda bir fikir vermek için yetkili ve uzman kişilerin hazırladığı ayrıntılı yazanağın (raporun) bir bölümünü özet olarak alıyorum ...* –BAr.

yazar *a.* öykü, roman, deneme, oyun gibi düzyazı türlerinde yapıtlar veren, gazete ve dergilere yazılar yazan kimse; uğraşı yazı yazmak olan kimse. ... *yazarın okura açık olması ...* –NU.

yazarlık *a.* yazarın işi, uğraşı. *Yazarlık mesleğinin gereği olarak politika sorunlarına daldım.* –İS.

yazgı *a. fels.* bütün olan bitenleri ve gelecekte olacakları hazırladığına ve yönettiğine inanılan doğaüstü güç. *Roma çağının önemli bir dönemi, dolayısıyla daha başka ulusların yazgısı kim bilir ne çok değişecekti.* –NU.

yazgıcı *s.* **1** yazgıya inanan, yazgıya boyun eğen (kimse). *Bu yüzdendir ki hastalanan gerekirci hekime gider, çünkü sonucu değiştirebilir; hastalanan yazgıcıysa yatağa girip sonucu bekler, çünkü ne etse bu sonucu değiştiremez.* –OH. **2** *a. fels.* yazgıcılık öğretisini benimsemiş kimse. *Bilimsel bilgilerden yoksun bulunan ilk insanlar, bütün olup bitenleri üstün bir gücün yönetimine bağlayarak yazgıcı bir anlayışa varmışlardır.* –OH.

yazgıcılık *a. fels.* bütün olan bitenlerin Tanrı'ca önceden ve değişmez bir biçimde kararlaştırıldığına inanan öğreti. *Antikçağ Yunan felsefesi de yazgıcılık anlayışını güden bir felsefedir.* –OH.

yazgıdaş *a.* yazgıları bir olan, özdeş yazgıyı paylaşanlardan her biri. *Dilerim adaşınla yazgıdaş olmazsın.* –ATO.

yazgıdaşlık *a.* yazgıları özdeş olma durumu.

yazgısal *s.* yazgı niteliğinde, yazgı ile ilgili. *Bununla birlikte Berk'in buraya yani Hüseyin Çapkan İçin Ağıt'a gelmesi yazgısal bir sonuçtur.* –BB.

yazı *a. yaz.* bir yazarca herhangi bir konuda fıkra, makale, eleştiri, deneme, inceleme gibi düzyazı olarak yazılmış şeylerin genel adı. *Bu yazı kaleme alınırken ...* –AKa. **yazı işleri** bir yayın organının yazılarını (haber ve yazıyla ilgili işlerini) yöneten bölümü. **yazı işleri yönetmeni** bir yayın organının yazı işlerini yöneten ve yasa karşısında yazı işleriyle ilgili sorumluluğu olan kimse. **yazı kurulu** bir yayın organının yazılarını seçen kurul. *Observer gazetesinin yazı kurulundan birinin ...* –AG.

yazıbilim *b. a.* bir kimsenin el yazısından o kimsenin özyapısını ve duygularını anlama çalışması yapan bilim. *Yazıbilim bir kimsenin karakterinin ... el yazısından çıkarılabileceğini ileri sürmektedir.* –AG.

yazıbilimci *b. a.* yazıbilimle uğraşan uzman.

yazıbilimcilik *b. a.* yazıbilim uzmanlığı.

yazıbirim *b. a. dilb.* harf. ... *en işlevsel yazı, sözlü dilin seslerini en dolaysız biçimde yansıtabilen, ilkece her sese bir yazıbirim (graphem) ayırabilen yazıdır.* –İE.

yazıcı *bkz.* **bilgiyazar**. *Matrisli yazıcı gürültülü çalışır.* –IKı.

yazıdüzen *b. a.* yazılmış bir metni

dil, anlatım, içerik vb. yönlerinden gözden geçirip düzelterek yayımlanacak duruma getirme. *bkz.* **yayındüzen**.

yazıdüzenci *b. a.* yazıdüzenle uğraşan kimse. *bkz.* **yayındüzenci**.

yazıdüzencilik *b. a.* yazıdüzenci olma durumu, yazıdüzencinin işi. *bkz.* **yayındüzencilik**.

yazıklanma *a.* yaptığı bir iş ya da davranışın iyi olmadığını, olumsuz sonuç verdiğini görerek üzüntü duyma. *Yani çokları ... "Vay bana vaylar bana/Yıl oldu aylar bana" diye yazıklanmayı da bir politika haline getirmişlerdir.* –SB.

yazıklanmak yaptığı iş ya da davranışın iyi olmadığını, olumsuz sonuç verdiğini görerek üzüntü duymak. *"Aşklar da bakım istiyor, öğrenemedin gitti" diye yazıklansa da.* –FAI.

yazılı *s.* ve *a.* karşılığı yazı ile verilen (sınav). *Tarih dersinden yazılı vardı pazartesiye.* –MH. **yazılı bildirim** *tüze.* herhangi bir resmi işlemin, ilgili kişi ya da kişilere yazılı olarak bildirilmesi.

yazılım *a.* bir bilgisayar dizgesinin işleyişiyle ilgili izlenceleri, yordamları ya da kuralları kapsayan, program da denilen, bilgisayarı belirli işlevleri yerine getirmek üzere yöneten, bilgisayara ne yapacağını söyleyen düzgülenmiş komutlar dizisi. *Uygulama yazılımları ise ... kullanıcının kendisinin hazırladığı yazılımlardır.* –UY.

yazılımcı *a.* bilgisayar için özgün yazılımlar üreten kimse. *Kimi yazılımcılar ucuz deneme disketi veriyorlar.* –İKı.

yazılımcılık *a.* yazılım üretme işi.

yazılımevi *b. a.* yazılım üreten yer.

yazım *a.* sözcüklerin yazılışında kullanılması kabul edilmiş olan harf düzeni, sözcüklerin yazılış biçimi. *Kurallar ne kadar sade olursa yazım birliği o kadar kolay sağlanır.* –ÖAA.

yazımdaş *s.* anlamları ayrı olmakla birlikte yazımları özdeş olan (sözcük). *Yazımdaş, yazımları birbirine çok yakın sözcükler ...* –NÖ.

yazımsal *s.* yazım ile ilgili, yazıma değgin. *... yeni öğe yatırımı ilkece sesçil ya da yazımsal nitelikli olabilir ...* –BV.

yazın *a.* **1** şiir, öykü, roman, oyun, deneme, eleştiri gibi yazı türlerini içine alan kavram. **2** bir ulusun yaşamı boyunca ortaya konmuş yazı yapıtlarının topu: Türk yazını, İngiliz yazını gibi. *Böylesi şairlerin bir daha yazınımıza gelmemesini ...* –AB. **3** bir dilde, herhangi bir çağda, dönemde ya da yolda ortaya konmuş yazınsal tutum: Divan Yazını, halk yazını, Servetifünun Yazını gibi.

yazınbilim *b. a.* yazı türlerinin kurallarıyla ve bunların öğretimiyle uğraşan bilim dalı. *Hiç kuşkusuz, yazar amacında inakçıdır: Başka şeyler arasında bir sözbilimin, bir yazınbilimin ana çizgilerini belirlemek ... ister ...* –TY.

yazınbilimci *b. a.* yazınbilim uzmanı. *Yazınbilimcilerin adına güzel duyusal tat dedikleri bir duyguyla ısıtır içimizi.* –EmÖ.

yazıncı *a.* yazınla uğaşan kimse. *Kendimden biliyorum da anlıyorum bugünkü yazıncılarımızın kaygısını.* –NA.

yazıncılık *a.* yazınla uğraşma işi. *Bu yazıda yazıncılığı dışındaki yönlerini*

... *tanıtmak istiyorum.* –MŞO.

yazındışı *b. s.* yazınla ilgisi olmayan, yazın düzeyine çıkamayan. *Yayımlamayı düşünmediğimiz bir "sarı defter" her türlü yanılgıyı, saçmalığı, yazındışı olmayı içerebilir.* –Sİ.

yazındışılık *b. a.* yazınla ilgisi olmama durumu, yazın düzeyine çıkamama durumu.

yazınsal *s.* yazınla ilgili, yazına değgin, yazın ürünü olan. ... *basına sıçrayan yazınsal kaynaşma* ... –FO.

yazınsallaştırma *a.* yazınsal bir nitelik edinmesini sağlama. *Cinselliği yazınsallaştırmada Amasyalı Mihri Hanım mı ... ötekini yaya bırakır?* –HY.

yazınsallaştırmak yazınsal bir nitelik kazanmasını sağlamak. *Amaç, "iç" geziyi yazınsallaştırmak olunca dili de ona göre biçmek zorunda kalınıyor.* –Sİ.

yazınsallık *a.* yazınla ilgililik, yazına değginlik, yazın ürünü olma durumu, niteliği. ... *kimi okurlar, yazınsallık tutkunudurlar, her okudukları yazınsal olmalıdır.* –AP.

yazınsever *b. s.* yazına çok düşkün (kimse). ... *bir yazınsever olarak hazsever bir kitap düşkünü olarak çıkar karşımıza* ... –TY.

yazınseverlik *b. a.* yazına çok düşkün olma durumu, yazınsal yapıtları okuma tutkunluğu. *Tıpkı öyle yazınseverlik de kitapları döne döne okuma anlamına gelmektedir.* –SKA.

yazışma *a.* ayrı ayrı yerlerde bulunanlar arasında, herhangi bir konuda, karşılıklı olarak yazı ile haberleşme işi. ... *yazışmalarla Anadolu'daki kolordu ve tümen komutanları uyarılmıştı.* –FO.

yazışmak karşılıklı olarak yazı ile haberleşmek.

yazıt *a.* gömüt taşı, anıt gibi şeyler üzerine kazılmış yazı. *Ta Orhun Yazıtları'ndan başlayarak* ... –AB.

yazıtbilim *b. a.* yazıtları araştıran, inceleyen ve bu yolla tarihe yardımcı olan bilim.

yazıtbilimci *b. a.* yazıtbilim uzmanı.

yazıtbilimsel *b. s.* yazıtbilimle ilgili.

yazma yitimi *tıp.* ellerinde, parmaklarında herhangi bir sakatlık, sayrılık bulunmadığı halde, ruhsal nedenlerle yazma yetisini yitirme.

yazman *a.* herhangi bir kuruluşta yazışmaları yöneten ya da yazı işleriyle görevli bulunan kimse. *Yeats'in yazmanı olan Ezra Pound* ... –CSS. **genel yazman** bir kuruluşun, bir kurumun, bir derneğin yazışma ve genel yönetim işlerini yürüten sorumlu ve yetkili kimse. *Genel yazmanın basın toplantısı, Kurultay'dan birkaç gün öncedir.* –ÖAA.

yazmanlık *a.* **1** yazmanın görevi. **2** yazmanın orunu. **genel yazmanlık 1** genel yazmanın görevi. *Genel yazmanlıkta 14 yıl kalmıştı.* –HE. **2** genel yazmanın görev adı. *1963'te kol başkanlığına ek olarak genel yazmanlığa seçilmişti.* –HE.

yederçeker *b. a.* yedeğinde başka araç, taşıt çeken taşıt. ...*Semih Tezcan'ın önerdiği yederçeker sözcüğüne* ... –CM.

yeğ *s.* ötekine üstün tutulan, daha iyi diye düşünülen, daha iyi sayılan. *Usludan yeğdir delimiz* –Muhyi. *Bir sağlık yeğ imiş dünya malından.* –Pir Sultan Abdal. **yeğ tutmak** üstün tutmak, yeğlemek. *Bunlar, iç dünyalarını dış dünyadan yeğ tutmaya pek* *gönüllüdürler.* –SB.

yeğin *s.* azışık, baskın. ... *çok geçmedi yeğin bir yağmur başladı.* –AP.

yeğinlemek *bkz.* **yeğinleşmek**

yeğinleşmek yeğin bir duruma gelmek, yeğin bir hal almak, azışmak. *Rüzgâr birden yeğinleşince ortalık toz duman oldu ve çok geçmedi, yeğin bir yağmur başladı.* –AP.

yeğinlik *a. fiz.* bir etkinliğin ya da bir gücün gittikçe yükselme ya da alçalma durumlarından her biri. *Varlığımız bir yandan kadınla birleşmeyi dilerken, öte yandan aynı yeğinlikle kadını yadsır ...* –CÜ.

yeğleme *a.* bir şeyi yeğ görüp ona yönelme; üstün tutma. *Günlük yaşam yeğlemeleri içinde bilemiyorum.* –MCA.

yeğlemek üstün tutmak, yeğ tutmak, bir şeyi yeğ görüp ona yönelmek. *Türkçeyi yeğlemek düşüncesini bir yana bırakarak ...* –ÖAA.

yeğlenme *a.* ötekilerden daha üstün görülme, üstün tutulma, yeğ tutulma. *Önüne kim gelirse ... Magic Box'ın TRT'ye yeğlenmesini sağlayacak öğeleri şırınga ediyor.* –CA.

yeğlenmek ötekilerden daha üstün görülmek, üstün tutulmak, yeğ tutulmak. *Eskiden ... kullanılması yeğlenen yabancı sözcükler yerine artık ... Türkçelerinin kullanılması yeğlenmektedir.* –ÖAA.

yeğleyim *bkz.* **yeğleme**. ... *iki yıl içinde halkın siyasal yeğleyiminde görülen değişimin hızı bu dağılmayı çabuklaştıracaktır.* –ÖŞ.

yeğni *s.* tartıda ağırlığı az gelen, **ağır** karşıtı. *Bu en büyük aldatma ve en yeğni sözle aldanma ...* –YK.

yeğnilik *a.* yeğni olmadurumu, özelliği. *Ağır bir yargı, bir yeğnilik damgası, onu bir yediniz mi, bittiniz artık* ... –NA.

yelveren *bkz.* **üfleç**

yengi *a.* oyun, güreş, savaş gibi karşılıklı uğraşlarda karşısındakine üstün gelmek eylemi. *Düşünüler alanında yengi, yenilgi olmadığını anlamıyorlar mı?* –NA.

yeniay *b. a. gökb.* Ay'ın gökyüzünde, ilk günlerde göründüğü evre, ayça, ilkay. *Uydumuz Ay, 5 Aralıkta ilkdördün ... ve 28 Aralıkta yeniay evrelerinde...* –BU.

yeniçağ *a.* İstanbul'un ele geçirilişinden (1453) Fransız Devrimi'ne (1789) değin süren tarih bölümü. *Demokritos'un tabiat felsefesi ancak yeniçağın başlarında ele alınıp geliştirilecektir.* –MG.

yenidendoğuş *b. a.* kendine gelme ve eski iyi biçimini, halini yeniden kazanma, yeniden doğma işi. ... *çöküş, bir yenidendoğuşun kaçınılmaz şartıdır ...* –AD. *Fransızca bir sözcük olan renaissance deyimi yenidendoğuş demektir.* –MG.

Yenidendoğuş *ö. b. a.* Avrupa'da, ortaçağdan sonra ortaya çıkan ve eski, klasik bilim ve sanata dayanan çığır.

yeni gerçekçi *bkz.* **gerçekçi**

yeni gerçekçilik *bkz.* **gerçekçilik**

yenik *s.* yenilmiş, yengiye uğramış. *Birinci Dünya Savaşı'ndan yenik çıkan ... Türkiye... liberal bir düzenle yönetilmeye elverişli değildi.* –EG.

yeniklik *a.* yenilme durumu, yenilgi. *Oyundaki yenilgi ... bir itibar yitirimi, yeniklik, teslim olma ya da küçük düşme sayılıyordu.* –ÜO.

yenilgi *a.* oyun, güreş, savaş gibi karşılıklı uğraşlarda karşısındakine alt olma, yenilme. ... *büyük bir siyasi yenilgi ...* –Aİ.

yenilme *a.* yenilgiye uğrama. *Osmanlı ordusunun yenilmesinin başlıca nedeninin ...* –NB.

yenilmek yenilgiye uğramak.

yenitüreti *b. a. dilb.* bir dilde, var olan sözcüklere benzetilerek, örnekseme yoluyla yapılmış olan sözcük, yeni sözcük.

yenitüretim *bkz.* **yenitüreti**

yenme *a.* yengiye uğratma, alt etme, üstün gelme. *Ve Fransa'yı yenmesini bilenler, şimdi şeriatçılar karşısında yenik düşüyorlar.* –İS.

yenmek yengiye uğratmak, alt etmek, üstün gelmek. ... *Padişah bunları yenmek için kuvvet kullanmak zorunda kalmıştır.* –NB.

yeradı *b. a.* yerleşim yeri, dağ, deniz vb. ile ilgili ad.

yeradıbilim *b. a.* yeryüzündeki yerlerin adlarını konu alan dilbilim dalı.

yeradıbilimci *b. a.* yeradıbilimle uğraşan dilbilimci.

yerayırtım *b. a.* taşıtlarda, otel, lokanta, gazino, tiyatro gibi yerlerde önceden yer ayırtma işi. ... *ev sahiplerimiz ... yerayırtım işlerine zaman ve olanak bulamadılar.* –MCA. *Havayollarının yerayırtım sistemi ... gibi işlerin yanı sıra ...* –FÇ.

yerberi *b. a. gökb.* ve *coğr.* Ay'ın ya da yapay bir gezegenin yörüngesinde yeryuvarlağına en yakın nokta. *Ay'ın dolaşmasında ise, Yer'e yakın oluşuna göre, yerberi, uzak oluşuna göre yeröte denir.* – Rİ.

yerbetim *b. a.* bir kara parçasını, doğal engebelerini belirtecek bir biçimde, kâğıt üzerinde çizgilerle gösterme işi. *Topoğrafya karşılığı olarak yerbetim sözcüğünü ... türettim.* –CM.

yerbetimci *b. a.* yerbetim uzmanı.

yerbetimsel *b. s.* yerbetimle ilgili.

yerbilim *b. a.* Yer'in geçmiş çağlardaki oluşunu, yerkabuğunun yapısını ve ondaki değişimleri inceleyen bilim. Yerbilim, maden arama işiyle, taşıllar ve kayaların durumları gibi şeylerle de uğraşır. *Ama bunlar da yerbilimin alanına giriyordu ...* –AG.

yerbilimci *b. a.* yerbilimle uğraşan kimse, yerbilim uzmanı. *Aralarında yerbilimcilerin de bulunacağı kenar saptama takımları kurulup göreve çıkarılmıştır.* –CG.

yerbilimsel *b. s.* yerbilimle ilgili ya da yerkürenin fizik yapısıyla ilgili. ... *dünyanın yerbilimsel çağları, güneş, yıldızlar ... benim durmadan işleyen düşgücümden çıktı demektir bu.* –AG.

yerçekimi *b. a. fiz.* Yer'in yakınındaki nesneleri kendine, üstündeki nesneleri merkezine doğru çekmesi olayı. *Ali, yerçekiminin kahrına uğramış bastıbacağın biridir.* –TÖ.

yerçekimi ivmesi *gökb.* serbest düşen bir nesnenin kazandığı ivme.

yerdeşlik *a. dilb.* bir söylemde iletinin bir anlam bütünü olarak kavranmasını sağlayan, çok anlamlılığı engelleyen uyum durumu, dil öğelerinin yinelenmesiyle oluşan uyumluluk. *Ayrıca ... şiirde önemli bir yeri olan yerdeşlik de burada anılabilir.* –EmÖ. *Ecevit'in şiirlerinin tek bir düzlem, tekbir yerdeşlik üzerinde gelişmedikleri görülür.* –TY.

yerdüzler *b. a.* altında bulunan ve değişik açılardan çalışabilen bıçağıyla toprağı kesen ve yayan, engebeli yerleri düzleştirmekte kullanılan makine.

yerel *s.* yeri sınırlı, dar sınırlı, yayılmamış, bir yere bağlı. *Yerel rüzgârlar iki bölümde toplanır ...* –Rİ. **yerel yönetim** il, ilçe, bucak gibi yerleşim yerlerinde kamu hizmetlerini gören örgüt.

yerellik *a.* bir yere ilişkinlik, yerel olma durumu.

yereyönelim *b. a. bitb.* bitkilerde köklerin ve sapların, yerçekiminin etkisiyle belli bir doğrultu almaları özelliği.

yergi *a. yaz.* yermek için yazılan yazı ya da söylenen söz. *Bugün elimizde bir destan parçası ile birkaç yergisi vardır.* –MG.

yergici *a. yaz.* yergi yazan ya da söyleyen kimse, yeren kimse. *Eşref bir yergici değil, bir sövgücüdür.* –NA.

yergicilik *a:* yergici olma durumu, yergicinin niteliği.

yergisel *s.* yergi niteliği taşıyan, yergiyle ilgili. *Geriye "ciddi olduğu kadar, acılı ve neşeli de" olması gereken yergisel şiir kalmaktadır.* –AÇ.

yerısıl *b. s.* yeraltında kaldığı ya da yeraltından geçtiği için ısısı yüksek olan. *... jeotermal sözcüğü için türetmiş bulunduğum yerısıl karşılığını ... andım.* –CM.

yerinden yönetim *toplb.* bir devletin, ülkenin kimi yerlerine kendi kendini yönetme hakkı vermesi.

yerine *a. yaz.* bir düşünceyi, bir davranışı daha kolay kavratabilmek için, onun yerini tutucak simgelerle, simgesel sözlerle, benzetmelerle göz önünde canlandırma.

yerinel *s. yaz.* yerine özelliği taşıyan, yerineye dayanan, yerineyle ilgili.

yerini *a.* acınma, üzülme, pişmanlık, yerinme. *Cevdet Kudret Hoca'nın yerinisine katılıyorum.* –RM.

yerinme *a.* yerinmek eylemi. *Acınmalardan, yerinmelerden yana pek zengindir ömrümüz.* –NU.

yerinmek yaptığı bir işin yanlış ya da uygunsuz sonuç verdiğini görerek yapmış olduğuna acınmak.

yerkürer *b. a.* önündeki geniş bıçakla toprağı sıyırıp engebeleri kaldıran, tırtıl tekerlekli, çok güçlü bir yol makinası, yoldüzer. *... dans edercesine ya da yerkürer gibi yürümeyi öğrenecek kadar vaktim oldu ...* –BO.

yerleşim *a.* insanların bir yeri yurt tutmaları, oraya yerleşmeleri işi. *Kent yaşamı, yeni yerleşimler, yeni kent konumları ilgisini çekmiştir hep.* –İB.

yerleşke *a.* bir üniversitenin, genellikle kent dışında, öğrenci yurdu, derslik, işlik gibi her türlü yapı ve etkinlik alanlarıyla birlikte toplu olarak yerleşmiş bulunduğu alan. *... yemyeşil, uçsuz bucaksız bir yerleşkesi ... her şeyi var.* –MüS. *Hemen "yerleşmek" eyleminden yerleşke sözcüğü ağzımdan çıktı.* –CM.

yerme *a.* yermek eylemi. *Yukarıya aldığımız sözlerinden anlaşılıyor ki konuya değer verdiği zaman kendisini kollar, yerme yoluna sapmazmış.* – ÖAA.

yermek **1** beğenmemek ve bunu dile getirmek. *... politikacıyı yermek de doğru olmaz.* –MCA. **2** (birinin ya da bir şeyin) kötülüklerini söylemek. **3** (birinin ya da bir şeyin) alaylı bir dille kusurlarını söylemek.

yermeli *s. yaz.* yerici bir özelliği bulunan, yeren, kötüleyen (sözcük); örneğin "şıllık", "bücür", "bastıbacak" gibi.

yerölçüm *b. a.* Yer'in boyutlarını ve biçimini konu alan bilim.

yeröte *b. a. gökb.* ve *coğr.* Ay'ın ya da yapay bir gezegenin yörüngesinde yeryuvarlağına en uzak nokta. *Ay'ın dolaşmasında ise, Yer'e yakın oluşuna göre yerberi, uzak oluşuna göre yeröte denir.* –Rİ.

yerözekçil *b. s.* **1** *gökb.* başlangıç noktası olarak Yer'in özeğini alan (devinim). **2** *fels.* yeryuvarlağını acunun en önemli varlığı ve özeği sayan (öğreti).

yerözekçilik *b. a. fels.* Yer'i evrenin en önemli varlığı ve merkezi sayanların görüşü.

yersel *bkz.* **yerel, yöresel**. *İzlenimciler zamanla yersel renk diye bir şey olmadığını ... anlarlar.* –SB.

yersellik *bkz.* **yerellik, yöresellik**. *Ulusallıktan, yersellikten ... sektiğimiz ölçüde evrensele bitiştiğimizi sanıyoruz...* –ME.

yersizme *a. yerb.* bir katmanın bitişik bulunduğu yerden ayrılarak yerini değiştirmesi.

yersular *b. a.* kamyona su doldurma boşaltma düzeneği bulunan bir depo yapılmasıyla oluşturulan ve sokakları, caddeleri sulamakta kullanılan araç, yer sulama arabası.

yerucu *b. a. gökb.* yeryuvarlağının, kuzey ve güney olmak üzere, eşlekten en uzak olan Yer ekseninin geçtiği varsayılan iki noktasından her biri. **yerucu ışığı** *gökb.* yerucu yöresinde görülen, yaygın ve donuk havayuvarı ışığı.

yeryazım *b. a.* düzenli ve sağlam bir tapu sicili oluşturmak için, bir ülkedeki bütün arazi, arsa ve mülklerin yerlerinin, alanlarının, sınırlarının, değerlerinin ve tüzel durumlarının devlet eliyle saptanıp plana bağlanması işi. *Kadastro karşılığı olarak yeryazım sözcüğünü ... türettim.* –CM.

yeryuvarlağı *b. a.* üstünde yaşadığımız gökcismi. *Kutsal Kitap yeryuvarlağı dönmez diyorsa ... bu söze inanmamız gerekir.* –AG.

yeryüzü *b. a.* yeryuvarlağının üstü. *... yeryüzünde ilk meydana gelen canlılar.* –MG.

yeşilci *bkz.* **çevreci**. *İnsan haklarını savunanlarla yeşilcilerin, gezegenimize dönük bakışları bütünleşip evrenselleşiyor ...* –İS.

yeşilcilik *a.* doğal güzellikleri ve özellikle yeşillikleri korumak için uğraş verme, çevrecilik. *... çevremizin kirlenmesine karşı savaşım yeşilciliktir.* –İS.

yetenek *a. ruhb.* bir şeyi yapabilme, bir etkiyi alabilme gücü. *... okuduğunu anlama yeteneği geliştirilmeyen gençler ...* –AKa.

yetenekli *s.* yeteneği olan. *Bir kimse yalan söylemek istiyorsa, yetenekli bir yalancıysa sözle eksiksiz başarır bu işi.* –AG.

yeteneklilik *a.* yeteneği olma durumu.

yeteneksiz *a.* yeteneği olmayan. *Onu yeteneksiz muhterisler arasında sayıyorsanız büyük bir yanılgıya düşmüş olursunuz.* –ASi.

yeteneksizlik *a.* yeteneği olmama durumu. *Ama yazarın yeteneksizliğini söylediğiniz zaman iş değişir.* –CSS.

yeter *s.* gereksemeye yetecek nicelikte olan. *... huzuru sağlamak için yeter bir sebep ...* –Aİ.

yeterli *s.* **1** gereksemeye yetecek ölçüde. *Şöyle, yeterli bir gözden geçirme ile anlaşılacaktır bu.* –AP. **2** görevini yerine getirebilme gücü olan. *Onu bu işte yeterli bulmak, doğrusu ya, hiç akla gelecek şey değildi.* –AP.

yeterlik *a.* **1** bir iş için gerekli bilgiye sahip olma durumu. *Bugün artık milli savunmadaki usul ve araçların etkililiği ve gücü kişilerin kişisel karakterlerinin, niteliklerinin ... teknik yeterliklerinin ortaya vurulmasına bağlıdır.* –İA. **2** yetme, yeter olma durumu. **yeterlik önergesi** bir toplantıda, görüşülen bir konu üzerindeki konuşmaların yeterli olduğunu ileri süren önerge.

yeterlilik *a.* gereksemeye yetecek ölçüde olma durumu, noksansızlık. *İnsan hayatında, yeterlilik duygusu varlığı tehlikelerden uzak bir şekilde devam ettirebilme imkânı, yetersizlik duygusu ise, yokluğun yakınlığı anlamını taşır.* –HÖ.

yetersayı *b. a.* bir kurulda, toplantının açılabilmesi için gerekli üye sayısı. *...toplantı yetersayısı, ... üye tamsayısı toplamının salt çoğunluğudur.* –Anayasa.

yetersiz *s.* **1** gereksemeye yetecek ölçüde olmayan. *Bakan ... bu yetersiz ve dayanaksız konuşmasıyla siyasette, sanırım, ilk yarasını almıştır.* –UM. **2** görevini yerine getirebilme gücünde noksanlık olan. *... ortaya koymada yetersiz kaldıklarını öne sürmek olanağı yoktur.* –HY.

yetersizlik *a.* **1** gereksemeye yetecek ölçüde olmama durumu. *... proje kredilerinin ise yetersizlik gerekçesi, verilecek krediyi azaltıyor.* –EG. **2** görevini yerine getirebilme gücü olmama durumu. *... ve yetersizlik içerisinde halkı idare etmeye heveslendiği ...* –İA.

yeti *a. ruhb.* insandaki düşünme, anlama, kavrama gibi doğal güçlerden her biri, doğal yatkınlık. *Herkesin kendine uygun yetiyle bezendiği sıkıdüzenli bir toplum bu.* –NU.

yetingen *a.* elindekiyle yetinen, gözü çokta olmayan. *Yiyecek konusunda yetingendir.* –NŞK.

yetingenlik *a.* elindekiyle yetinme, gözü çokta olmama durumu.

yetinilme *a.* yetinmek işine konu olma, yeterli görülerek daha çoğuna gereklik duyulmama.

yetinilmek yetinmek işine konu olmak, yeterli görülerek daha çoğuna gereklik duyulmamak. *Eğitim araştırmaları engellenmekte, yalnızca aktarımla yetinilmektedir.* –ÖD.

yetinme *a.* bir şeyi yeter bulup daha çoğuna gereklik görmeme, olanı yeterli görme. *Sadece bakanlığındaki belgeleri incelemeyle yetinmemeli.* –CA.

yetinmek bir şeyi yeter bulup dahasına gereklik görmemek, onunla kalmak. *Şimdi yaşlılara bu soruyu sorduğumda ... buna büyükler sözü dendiğini söylemekle yetinmektedirler.* –HZ.

yetişek *a.* biçimlenme, eğitim, yetişme. *Bu görünüşüyle yönetimimiz; bir kanadı yerli, öbür kanadı dış yetişekli bir kuşu andırmaktadır.* –CK.

yetişici *a.* üniversitede hekimlik öğrenimi gören ve son sınıfta bulunan öğrenci.

yetişicilik *a.* yetişici olma durumu, yetişicinin görevi.

yetişim *a.* yetişme biçimi, yetişme, biçimlenme, yetişek. *Yetişiminden, yaşam serüveninden gelen bir gerekliktir bu.* –EmÖ.

yetişmen *a.* meslek edinebilmek için o meslekle ilgili bilgi ve becerilerini uygulamalı olarak öğrenmeye ve böylece o meslekte yetişmeye çalışan kimse.

yetişmenlik *a.* yetişmen olma durumu. ... *CNRS'de sözcükbilim araştırma yetişmenliği yapmış* ... –BV.

yetiştirici *bkz.* **üretici**

yetiştirim *a. eğitb.* bir insanı ya da hayvanı şu ya da bu ereğe göre birtakım yeteneklere eriştirme işi. *Demek ki teknikler insan yetiştiriminin "norm"larıdır.* –NŞK.

yetke *a.* **1** *ruhb.* bir kimsenin, yeterliğiyle kendine sağladığı güven. *Kendi alanında bir yetkedir.* –AP. **2** buyurma, yaptırma gücü. *Sözümüzü dinletmek için gereken yetke de, yetki de yoktur bizde.* –NA.

yetki *a.* bir işi yapmaya yeterli olma durumu ya da bir işi yapmada göreve dayanan hak. *Kurum'un gelir giderini denetlemek yetkisi* ... –PS. ... *yetkilerini kötüye kullanmakta idi.* –FRA.

yetkilendirilme *a.* yetkili kılınma.

yetkilendirilmek yetkili kılınmak, herhangi bir konuda yetki ile donatılmak. ... *anayasal düzenin, bu düzenin korunması ve geliştirilmesi için yetkilendirilmiş cumhurbaşkanınca* ... *zaafa uğratılması olgusu yaşanmaktadır.* –ASG.

yetkilendirim *bkz.* **yetkilendirme**. *Yetkilendirim biçimleri çok çeşitli değildir.* –TY.

yetkilendirme *a.* (birini) herhangi bir konuda yetki ile donatma, yetkili kılma.

yetkilendirmek (birini) herhangi bir konuda yetki ile donatmak, yetkili kılmak. ... *seçmen* ... *vereceği vekilliğe gerçek bir bedensel geçişim katmaya çağrılmıştır: "Irk"ını yetkilendirir.* –TY.

yetkili *s.* yetkisi olan (kimse). *Başarılı her görevli kendini en yüksek yetkili kadar güvenli ve kişilikli görsün* ... –MRİ.

yetkililik *a.* yetkili olma durumu. *Bu işte yetkililik ya da yetkisizlik söz konusu değil, yeter ki iş yapılsın.* –AP.

yetkin *s.* **1** olgunlaşmış (meyve). **2** kendisine gereken olgunluğa, bütünlüğe erişmiş. *En yetkin çeviri diye bir şey bilmiyorum ben.* –NU.

yetkinleşme *a.* yetkin bir duruma gelme. *Ona göre bazı insanlar ahlak alanında yetkinleşmeye çalışacaklar* ... *bazıları da hayvan düzeyinde kalacaktır.* –AfT.

yetkinleşmek olgunlaşmak, yetkin bir duruma gelmek. *Nasıl matematik bilimler yetkinleştikçe teknik bilimlere olan hizmeti artarsa* ... –NŞK.

yetkinleştirilme *a.* yetkin bir duruma gelmesi sağlanma.

yetkinleştirilmek yetkin bir duruma gelmesi sağlanmak. ... *ve yüz binlerce emek yılıyla pek çok yetkinleştirilmiş insan eli arasındaki uçurum* ... –ÖÜ.

yetkinleştirme *a.* yetkinleşmesini sağlama. *1932'de Herbert T. Kalmus'ın technicolor'ı yetkinleştirmesiyle yönetmenler biraz rahatlarlar.* –SBü.

yekinleştirmek yetkinleşmesini sağlamak, yetkin bir duruma getirmek. ... *İngilizcesini yetkinleştirmek isteyince* ... –MB.

yetkinlik *a.* yetkin olma durumu. *Hiçbir anadil yetkinlikte daha iyisini aratmazlık etmez.* –NU.

yetkisiz *s.* bir işi yapmada yeterli olmayan ya da bir işi yapmada göreve dayanan hakkı olmayan. *Birtakım bilgisiz ve yetkisiz kimselerin uydurduğu kelimeler Türk dilini bozmak-*

ta ... –FKT.

yetkisizlik *a.* bir işi yapmada yeterliği ya da göreve dayanan hakkı olmamadurumu. *Bu işte yetkililik ya da yetkisizlik söz konusu değil, yeter ki iş yapılsın.* –AP.

yetmezlik *a.* (bir şeyin) görevini yerine getirememe durumu. *Transplantasyondan sonra kalb ritmine, yetmezlik belirtilerine ve çevresel dolaşım basıncına ait değişiklikler ve bunların açıklamaları en iyi onun tarafından yapıldı.* –HDa.

yığılışma *a.* bir yerin alacağından daha çok sayıda kimsenin ya da şeyin o yerde toplanmasından doğan sıkıntı.

yığımlık *a.* genellikle tecimsel malların konuldukları, korundukları yer.

yığınsal *s.* yığınla ilgili, yığın durumunda olan. *Batı'nın gözü kanlı öncüleri ... Aztek ve İnkaları uysal ve barışçıl uygarlıklarının kanında boğdular: Yığınsal öldürümler, zincirleme yakıp yıkmalar, devlemesine soygunlar!* –Atİ.

yığınsallaşma *a.* yığınsal duruma gelme. *Toplumsal gösteriler zamanla yığınsallaşmaya dönüşse...* –MuB.

yığınsallaşmak yığınsal duruma gelmek.

yığınsallık *a.* yığınsal olma durumu.

yığışım *a. yerb.* kırıntı ve döküntülerin sonradan birleşip sertleşmesiyle oluşan kaba kütle. *Hani coğrafyada konglomera dediğimiz, taş, kum, çakıl ve toprak gibi şeylerin karışımından oluşmuş yığışımlar vardır.* –EmÖ.

yığışımsal *s.* yığışım özelliği taşıyan, üst üste yığılmış. *Yığışımsal bir yazıda sözcükler arasında ne anlamsal, ne de biçimsel yönden bir etkileşim düşünülebilir.* –EmÖ.

yığışımsallık *a.* üst üste yığılmışlık, kaba bir kütle oluşturma durumu. *Bunların tümüne yığışımsallık diyebiliriz.* –EmÖ.

yıkı *a.* yıkılan bir kentten ya da yapıdan artakalan şey. *Tiyatroları ve stadyumları ile, surları ve sütunları ile bir site yıkılarına rastlıyorsunuz.* – FRA.

yıkım *a.* **1** büyük acıya ya da derde yol açan şey; yıkacak denli büyük dokunca. *Tüm susmak yıkımdır insan için.* –NU. **2** yok olma. *Münih'ten sonra Hitler de böyle düşünüyordu, bu sanıları kendi yıkımıyla sonuçlandı.* –AG. **3** yerle bir olma. *... bu ilke, edebi anlatımını Sodom ile Gomorra'nın yıkımı öyküsünde bulmuştur.* –AG.

yıkınç *bkz.* **yıkım**. *Yaşamının donuk tekdüzeliğini bozan tek şey büyük yıkınçlar.* –TS.

yıkıntı *a.* yıkılmış bir nesnenin parçaları. *... uzaktaki yıkıntılara, eski bir kaleye yer yer ayışığı vurmuş.* –GA.

yıl *a.* ocak ayının birinde başlayıp aralık ayının otuz birinde sona eren on iki aylık zaman dönemi. *35 yıl önce ... ikinci kez dekanlık görevini yapıyordum.* –HVV.

yılbaşı *b. a.* her yılın başladığı ilk gün, ocak ayının ilk günü. ... *renklerini yılbaşı armağanlarının sarıldığı renkli kâğıtlara benzetir.* –SBü.

yıldırı *a.* korkuya, yılgıya salma eylemi. *Kendilerine komando adını verenler, ortalığa yılgı saçıp ülkede bir yıldırı havası yaratmak istiyorlar.* –AP.

yıldırıcı *s.* yıldırı yaratan, yılgı salan, yılgıcı.

yıldırıcılık *a.* **1** yıldırıcı olma durumu. ... *her isteyen kurtulamaz yıldırıcılıktan* ... –TY. **2** genellikle siyasal bir erek uğruna kullanılan yıldırma, yılgı salma eylemi, yılgıcılık.

yıldırımsavar *b. a.* yapıları yıldırımdan korumak için kullanılan ve bir ucunda bakır ya da platinden sivri bir tepelik bulunan 5-10 metre uzunlukta demir çubuk ve bakır kablolardan oluşan elektrik iletеci, ki bir ucu toprağa bağlıdır. *Bu çalışmalar sonunda yıldırımsavarı yaratan Franklin anılarının son parçalarında ... Londra'da geçen günlerini anlatır.* –SB.

yıldızbilim *b. a.* yıldızların yer olayları üzerindeki etkisini belirtmeye ve bu etkileri göz önünde tutarak geleceği önceden bildirmeye dayanan müneccimlik sanatı, ki özellikle kişilerin geleceğini, doğdukları sırada yıldızların bulunduğu duruma bakarak çıkarmaya çalışır. *Doğa, yıldızbilime de gökbilime bir yardımcı, bir yoldaş olma görevini yüklemiştir.* – AG.

yıldızbilimci *b. a.* yıldızların durum ve devinimlerinden anlam çıkararak falcılık yapan kimse, yıldız falcısı. *Bereket, yalnız gökbilimci değil iyi bir yıldızbilimciydi de* ... –AG.

yıldızbilimcilik *b. a.* yıldızbilimle uğraşma durumu, yıldızbilimcinin yaptığı iş.

yıldönümü *b. a.* bir olayın üzerinden bir yıl geçtikten sonra yeni bir yıla başladığı gün. *Her yıldönümünün ayrı bir anı yükü vardır.* –RM.

yılgı *a.* **1** içi birdenbire saran yeğin korku. *Yılanı görünce yılgıyla irkildi.* –AP. **2** yeğin korku salma eylemi. *Sahip çıkma, arkalama şöyle dursun, bir yılgı havasına itelemiştir dergileri.* –EmÖ.

yılgıcı *s.* ve *a.* siyasal ereklerini gerçekleştirmek ya da kabul ettirmek için karşı yana korku verecek davranışlarda, eylemlerde bulunan kimse. ... *bir yandan siyasal hatta yılgıcı bir eyleme girişirken* ... –Atİ.

yılgıcılık *a.* **1** devrimci toplulukların giriştiği yılgı eylemlerinin tümü. **2** bir hükümetçe uygulanan yılgı düzeni.

yılkı *a.* at, eşek, katır gibi tek tırnaklı hayvan sürüsü. ... *kendimizi aşan kaygımız olmayınca bizi yılkılardan ayıracak ne kalır?* –NA.

yıllık *a.* yılda bir çıkan ve belli bir konuda ya da her konuda o yılın olgularını veren kitap. *Yıl sonunda yayımlanan çeşitli anlayıştaki yıllıklar kendi yönlerinde bunu yapmaya çalışmıyorlar mı?* –MD.

yinelem *a. yaz.* sözün etkisini güçlendirmek için, kimi sözcük ya da sözcükleri, aynı tümce içinde ya da arka arkaya gelen tümcelerde, isteyerek yineleme. ... *"ve"nin başta üç kez kullanımıyla yapılan yinelem sanatı, şiiri müzikal yönden güçlendirmektedir.* –SKB.

yineleme yeni baştan söyleme ya da yapma. ... *bu yetkileri ... üç kez daha yinelemesi nasıl ve neyle anlatılabilir?* –FO.

yinelemek yeni baştan söylemek ya da yapmak. *Ayrıca ünlü kişilerin özdeyişlerini yinelemek bir çeşit bilgiçlik gösterisi sayılır.* –İS.

yinelenebilir *s.* yinelenmesi olanaklı, her zaman yinelenme olanağı bulunan. ... *teknoloji sarhoşu hekimimiz de buna aldanıp yinelenebilir doğru sanıyor.* –HYa.

yinelenebilirlik *a.* yinelenmesi olanak içinde olma durumu. *Yinelenebilirlik ise tümüyle ayrı bir boyut.* –HYa.

yinelenme *a.* yeni baştan söylenme ya da yapılma. *Ve'lerin art arda yinelenmesi de bundan.* –EmÖ.

yinelenmek yeni baştan söylenmek ya da yapılmak. *Yinelene yinelene anlamını yitirdiği sanılan birtakım sözlerin ...* –BK.

yineleyim *a.* yeni baştan söyleme ya da yapma, yineleme. *Yineleyim her zaman saldırgandır.* –TY.

yineleyimci *s.* yineleyen. *Büyük tehlike: Yineleyimci, çevresinde yeşeren ... her şeyi budar.* –TY.

yineleyimsel *s.* yineleyimle ilgili, yineleyim özelliği taşıyan. *Minou Drouet olayı konusunda sürdürülen uslamlamalar yineleyimsel türden ...* –TY.

yitik *s.* yitmiş olan. *Yitik bir ömürde sessizce silinip gitmiştir anne.* –Sİ. *Artık yitik dostum, sürekli "ölümü" dizelerine düşmüş ...* –ASi.

yitiklik *a.* yitip gitme durumu. *... bu tür köylerin çokluğunu, önemsizliğini, yitikliğini esinleyerek anlatıya bir başka betim öğesi katar.* –TY.

yitim *a.* yitmek olgusu. *... yol açtığı doğal hayvan yitimlerinin yanı sıra ...* –MuS.

yitirilme *a.* yitmesine yol açılma, yitip gitmesi, elden çıkması, yok olması elde olmaksızın sağlanma. *Tehlikenin artması; o olanlarla büyük düzelmeler olmadan içteki inanırlığın yitirilmesindendir.* –MüS.

yitirilmek yitip gitmesine, elden çıkmasına, yok olmasına elde olmaksızın yol açılmak, yitime konu olmak. *Şimdi de asıl şiirlerin güzelliği ... kolayca yitirilmektedir.* –RM.

yitirim *a.* yitirme işi. *Sık sık toplanma zorunda olan kalabalık kurulların iş çıkartmayı zorlaştırması gereksiz zaman yitirimine yol açması.* –SLM.

yitirme *a.* yitime uğratma. *Bu değişikliği bir kopma ve yitirme ... olarak sezinleriz.* –CÜ.

yitirmek yitime uğratmak. *Bir şeyler yitirmek ağırına gidiyor ...* –GA.

yitme *a.* yitmek eylemi. *Bu da, bir yerde, edebiyat sevgimizin yitmesine kadar uzanan sonuçlar doğuruyor.* –CSS. *Yıldızın gözükmesiyle yitmesi bir oldu.* –YK.

yitmek **1** yok olmak. *Bir etki altında eriyiverecek, yitip izi kalmayacak benlik de benlik midir?* –NA. **2** ortadan silinip gitmek. *... öyle ki yerli yazılar yitivermiş onların arasında.* –NA. **3** ortadan kalkıp ne olduğu, nerede olduğu bilinmemek. **4** elden boşu boşuna çıkıp gitmek.

yoğaltım *a.* üretilen nesnelerin kullanılıp harcanması, tüketim. *Buna karşılık basın hacim ve dağıtımında, enerji yoğaltımında bizden ileri.* –NB.

yoğaltmak üretilen nesneleri kullanarak yok etmek, tüketmek.

yoğrum *a. ruhb.* yoğurulup biçim alma, yetişme yolu.

yoğruk *bkz.* **yoğrumsal**

yoğrumsal *s.* **1** elle yoğrulabilen, istenilen biçim verilebilen (özdek). **2** böyle bir özdekten yapılmış olan.

yoğun *s.* **1** (sıvı) ağır, koyu. **2** sık, birbirine yakın, iç içe girmiş üst üste binmiş. *Bir unutulmuşluğu öyküleyen o yoğun ormanda.* –AP. *Türkiye'de ... yoğun bir faaliyet vardır.* –İS. **3** *fiz.* yoğunluğu çok olan. **yoğun bakım** sayrıevinde, ameliyat sonrası ya da çok ağır durumdaki sayrılara yapılan özel bakım. *Sonra bu sessizlik ... bu sessizlik yoğun bakım sessizliği.* –NTo.

yoğunlaç *a. fiz.* içinde akımsız elektrik yükü biriktiren aygıt.

yoğunlaşma *a.* **1** *fiz.* ve *kim.* bir buğunun sıvılaşması; bir sıvının koyulaşması. **2** yoğun duruma gelme. *... bilincin eksiksiz bütünlüğünde yoğunlaşmasıdır.* –NU.

yoğunlaşmak 1 *fiz.* ve *kim.* (buğu) sıvılaşmak; (sıvı) koyulaşmak. **2** yoğun duruma gelmek. *Hele son hikâyelerinde düşlerin baskısı daha da yoğunlaşmıştır.* –SB.

yoğunlaştırılma *a.* yoğun bir duruma getirilme, yoğunlaşması sağlanma. *... halka karşı insanlık dışı eylemlerine tümüyle son vermesi için Bağdat üzerinde uluslararası baskının yoğunlaştırılması gerekir.* –HCe.

yoğunlaştırılmak yoğun bir duruma getirilmek, yoğunlaşması sağlanmak. *Öyle görünüyor ki ... Körfez'de tansiyon düşürme çabaları yoğunlaştırılacaktır.* –ASi.

yoğunlaştırma *a.* yoğun bir duruma getirme. *Ancak düşünsel çabamızı yoğunlaştırma ... açısından bunları dört kümede toplayabiliriz.* –EmÖ.

yoğunlaştırmak yoğun bir duruma getirmek. *Göstergebilimci ise çabasını ... kuralları ortaya çıkarmakta yoğunlaştırdı.* –SBü. *Model, ayrıcalıklı şirketleri korumak, ekonomik kararlarda merkeziyetçiliği yoğunlaştırmak ... gibi yöntemlerle ayakta tutuluyor.* –UM.

yoğunluk *a.* **1** *fiz.* bir özdeğin bir birim oylumundaki kütlesi, yani bir özdeğin oylumuna göre ağırlığı. *... yeryüzüne yaklaştıkça havanın yoğunluğu artmaktadır.* –AK. **2** sıklık, iç içe geçmişlik, üst üste binmişlik. *... belli yoğunluktaki bir bilinç düzenini ...* –NU. **3** *sine.* bir filmin saydamlık derecesi.

yoğunlukölçer *b. a.* sıvıların yoğunluğunu ölçmede kullanılan aygıt.

yoğuşmak *bkz.* **yoğunlaşmak**. *... sen kendini bir lağımın ağdalı, yoğuşmuş, som batağında, kurtulmak için çırpınan, debelenen beyaz bir güvercin olarak düşünmüştün nedense.* –EÖ.

yoksama *bkz.* **yadsıma**

yoksamak *bkz.* **yadsımak**. *Konumuz aktüaliteyi yoksamak değil ...* –MCA.

yoksanma *bkz.* **yadsınma**. *... M. Poujade'ın dili, bütün küçük kenter söylenselinin ... farklının yoksanmasını ... ve benzerin yüceltilmesini içerdiğini gösteriyor.* –TY.

yoksanmak *bkz.* **yadsınmak**

yoksayıcı *s.* **1** yoksayıcılıkla ilgili, yoksayıcılıktan yana olan. **2** *a.* yoksayıcılık yandaşı kimse.

yoksayıcılık *a. fels.* aşırı bireycilik ve devrimci eylemle kendini gösteren, bir tür başsızlığı öneren, özellikle de toplumsal gelenek ve göreneklere karşı gelen, umutsuzluğa değin uzanan bir akım. *Roger Arnould Riviére'in şiirlerinde zekâ, çok köklü bir ekin ve tıka basa yoksayıcılık görülür.* –CSS.

yoksul *s.* kendisini geçindirecek malı, parası, geliri az olan ya da hiç olmayan ve geçinmekte pek çok güçlük çeken. *...refah katlarındaki yerlerine göre yoksul ya da zengin sayılır.* –RE.

yoksullaşma *a.* yoksul bir duruma gelme. *Bu yoksullaşmanın köylüde "altın çağa dönüş özlemi" yaratması doğaldır.* –SKB.

yoksullaşmak yoksul duruma gelmek. *Bu toz duman içinde Anadolu köylüsü daha da yoksullaşmıştır.* –SKB.

yoksullaştırılma *a.* yoksul bir duruma getirilme. ... *o etkinin azaltılmasından, yoksullaştırılmasından başka bir sonuç vermeyecektir.* –MD.

yoksullaştırılmak varsılken yoksul bir duruma getirilmek. *Bunlara ... yoksullaştırılmış ve kalitesi iyiden iyiye düşmüş bir milli eğitim eklerseniz ...* –ASi.

yoksullaştırma *a.* yoksullaşmasını sağlama, yoksul bir duruma getirme. ... *amacı ... mutlak yoksullaştırmadan göreli yoksullaştırmaya geçişten itibaren salt tüketici olarak yaşatmaktır.* –ÜO.

yoksullaştırmak yoksul duruma getirmek. *Bunu, dili kısırlaştırmak, yoksullaştırmak gibi görenler ...* –EmÖ.

yoksulluk *a.* yoksul olma durumu. *Çünkü yoksulluk nisbî bir kavramdır.* –RE.

yoksun *s.* belli bir şeyin yokluğunu çeken. ... *çabucak beğenmek hakkından yoksun tutuyorum sizi.* –GE.

yoksunlaşma *a.* belli bir şeyin yokluğunu çeker duruma gelme.

yoksunlaşmak belli bir şeyin yokluğunu çeker duruma gelmek. *Devlet gittikçe ulusal bir temelde yoksunlaşıyor ...* –NB.

yoksunlaştırılma *a.* belli bir şeyin yokluğunu çeker duruma getirilme.

yoksunlaştırılmak belli bir şeyin yokluğunu çeker duruma getirilmek.

yoksunlaştırma *a.* belli bir şeyin yokluğunu çeker duruma getirme.

yoksunlaştırmak belli bir şeyin yokluğunu çeker duruma getirmek. *Elini kesmek, gözünü oymak gibidir dilinden yoksunlaştırmak.* –MİE.

yoksunluk *a.* belli bir şeyin yokluğunu çekme durumu. *Ben çoktan büktüm boynumu, o yoksunluğa katlandım.* –NA.

yokumsama *bkz.* **yadsıma**. *Kutsallık düşkünleri ne derse desin bu yokumsamaların zaman zaman yersiz kaçmadığı da söylenebilir.* –NU.

yokumsamak *bkz.* **yadsımak**. *Tabiattan Tanrı'ya değin birçok gücü yokumsadığımız olmuştur.* –NU.

yoldüzer *b. a.* önündeki geniş bıçakla toprağı sıyırıp engebeleri kaldıran, paletli, çok güçlü bir yol yapım makinesi, yerkürer. *Yoldüzerlerin bıraktığı kaba topraklar çamur oldukça arabamız kayıyor.* –MEL.

yoldüzler *bkz.* **yoldüzer**

yolluk *a.* görev gereği bulunduğu yerden başka bir yere gönderilen görevliye yol harcamalarını karşılamak üzere verilen para. *TBMM üyelerinin ödenek ve yollukları kanunla düzenlenir.* –Anayasa.

yolsular *b. a.* genellikle toz kalkmasın diye cadde ve sokakları sulama işinde kullanılan motorlu araç. *Bunun için yolsular ile iki çöp kamyonu almak istiyoruz.* –FB.

yolsuz *s.* uygunsuz; olması gerekene, doğru yola, kurallara aykırı.

yolsuzluk *a.* yolsuzca davranış, kötüye kullanma. ... *milyonluk kredi yolsuzluklarından ...* –ÇA. *Hele bunca yolsuzluk hikâyesinden ... sonra koltuğunu koruyabilirse ...* –İS.

yonga *a.* bilgisayarlarda çok sayıda küçük anahtarlardan oluşan elektronik devre.

yontar *a.* **1** marangozların, tahta yüzeylerini pürüzsüz, düzgün bir duruma getirmek için kullandıkları yontma aracı. **2** üzerinde kesici çıkıntılar ve küçük delikler bulunan, soğan, havuç, peynir gibi şeyleri ufak parçalar durumuna getirmekte kullanılan, metalden yapılmış mutfak aracı.

yontarlama *a.* yontarlamak eylemi.

yontarlamak yontarla işlemek.

yontu *a.* taş, tunç, mermer, pişmiş toprak gibi dayanıklı özdeklerden yapılmış insan ya da hayvan görüntüsü, simgesi. *Kesinlikle denilebilir ki, bir resim, bir yontu, müzik, tiyatro, roman gibi sanatların ...* –SKA.

yontucu *a.* yontu yapan kimse, yontu sanatçısı. *Selam sana devrimci Türk öğretmeni! Selam sana yarınki ileri kuşakların kuşkusuz yontucusu!* –NN.

yontuculuk *a.* **1** yontu yapma sanatı. *Zenci yontuculuğunun görüldüğü yerlerde ...* –SVÖ. **2** yontucunun uğraşı.

yontuç *bkz.* **yontucu**. *Eski Roma'da bu aracı yontuçlar kullanırlardı.* –MCA.

yontuk *s. coğr.* yontulmuş, aşınmış, kabartı yerleri silinmiş (biçim). *İşte buna yontuk denilmektedir ki, Almanca Rumpf kelimesinin karşılığıdır.* –Rİ.

yontukdüz *b. a. coğr.* aşınma nedeniyle oluşmuş, yumuşak engebeli yeryüzü parçası.

yontuklaşma *a. coğr.* türlü yapıdaki yeryüzü biçimlerinin dış etkilerle aşınarak düzce, dalgalıca bir biçime girmesi olayı.

yontulaşma *a.* yontu görünümü edinme.

yontulaşmak yontu gibi olmak, yontu görünümü edinmek. *Sömürü edebiyatı ... yontulaşmış, somutlaşmış, bir Adana sabahı olmuş.* –İS.

yontulaştırmak yontu durumuna getirmek.

yonut *bkz.* **yontu**. *Şiir gibi, müziğin de, resmin de, yonutun da kendilerine özgü birer dilleri vardır.* –MCA.

yordam *a.* **1** bir şeye alışmış olmaktan doğan yeti. ... *ve sonra toplum el yordamı ile kendine elbet yeni bir düzen kurmaya çalışacaktır.* –NN. **2** yöntem. *Her yapıt ayrı bir okuma yordamı gerektirir bence ...* –TY.

yoru *a.* düş yorumu.

yorum *a.* yorumlamak işi. *Yanlış yorum bunların hepsi, dedi.* –ÇA.

yorumbilim *b. a.* anlama, yorumlama koşullarını ve yöntemini araştıran bilim dalı. *Göstergeleri konuşturmayı ve anlamlarını bulmayı sağlayan bilgiler ve uygulayımlar bütününe yorumbilim adını verelim.* –MY.

yorumbilimci *b. a.* yorumbilimle uğraşan bilimci. *Öte yandan bazı yorumbilimciler de, kurmaca anlatıların yanı sıra tarihsel anlatıların da anlatıbilimin inceleme alanı içine alınması gerektiğini belirtirler.* –MR.

yorumcu *a.* **1** açıkça anlaşılmayan bir söz ya da davranışa açık anlam yükleyen, açıklayıp anlatan, anlaşılır kılan kimse. *Sinemanın bu çöküşüne dostları ve yorumcuları yardımcı olmuştur.* –NÖ. **2** *müz.* bir müzik yapıtını yeni bir duyarlıkla çalan kimse. *Bir yorumcu çok küçük yaşlarında harika çocuk olarak tanınır, 49 yılı aşan süre konser sahnelerinde kalırsa dinleyici o yorumcunun yaşlanmasını bir türlü kabul etmeyip her an taze enerji ve yenilik bekliyor.* –FY.

yorumculuk yorumcunun yaptığı iş. *Kuran, yolu gösterdiği halde bağnaz yorumculuk yolu kapamıştır.* –HVV.

yorumlama *a.* açıkça anlaşılamayan bir söz ya da davranışa açık bir anlam yükleme; açıklayıp anlatma, anlaşılır kılma.

yorumlamak 1 açıkça anlaşılmayan bir söz ya da davranışa açık bir anlam yüklemek. **2** açıklayıp anlatmak, anlaşılır kılmak. **3** *müz.* bir parçayı özüne giden bir biçimde çalmak. *Bir bestenin kötü yorumlanmasından kaçınılmalıdır.* –MRG.

yorumlanma *a.* yorum olarak ortaya konulmak. anlaşılır kılınma. *Bu durumda da yazınsal ... metnin değişik biçimlerde anlaşılmasına, yorumlanmasına yol açar.* –EmÖ.

yorumlanmak yorum olarak ortaya konulma, anlaşılır kılınmak. *Psikolojide de bu anlamda bir çıkar kavramı kullanıldığı gibi, maddecilik içinde de yorumlanmaktadır.* –AÇ.

yorumlatma *a.* yorumunu yaptırma.

yorumlatmak yorumunu yaptırmak, yorumlanmasını sağlamak. *Gördüğü, üstelik çok korktuğu düşü yorumlatmak istemiş.* –SAk.

yorumlayıcı *s.* yorumlama işini yapan, yorumlayan. *Çünkü bir edebiyat yapıtında dilin betimleyici işlevi değil, fakat yorumlayıcı işlevi söz konusudur.* –Öİ.

yorumsal *s.* yorum özelliği taşıyan, yorumla ilgili. *Veysel'i de günübirlik uyarlamalardan çok, bu yorumsal şiirleriyle değerlendirmek gerekir.* –AdB.

yoz *s.* işlenmemiş, el değmemiş (tarla, toprak); doğaya başıboş bırakılmış ve bu yüzden evcillikte edindiği şeyleri yitirmiş (hayvan); doğada olduğu gibi kalmış (bitki). *"Serbest piyasa ekonomisi" etiketi ile sunulan "devlet müdahalecilliği"nin en geri ve yoz örneklerini yaşıyoruz.* –UM.

yozlaşma *a.* yozlaşmak eylemi. *Hamamizade İhsan, Halil Nihat, Muhiddin Raif gibi ozanlar için, dilimizin yüzyıllardır geçirdiği değişmeler bir yozlaşmadır.* –NA.

yozlaşmak sonradan edindiği iyi niteliklerini yitirmek, soysuzlaşmak. *... o memleket ... çöker, uydulaşır, yozlaşır ...* –İS.

yozlaştırılma *a.* yoz bir duruma gelmesi sağlanma, yoz bir duruma getirilme. *... değerlerin yozlaştırılmaya çalışıldığı dönemde bilimin onurunu koruyan ... aydınlarla karşılaşmak mutluluk doğrusu.* –MBaş.

yozlaştırılmak yoz bir duruma gelmesi sağlanmak, yoz bir duruma getirilmek. *Cumhuriyet rejiminin bütün temel öğeleri birer birer yozlaşıyor, daha doğrusu yozlaştırılıyor.* –CA.

yozlaştırma *a.* yozlaşması sağlanma, yoz bir duruma getirme. *... ve demokrasiyi yozlaştırmaya kimsenin gücünün yetmeyeceğine ... inananlar bir savaşım veriyor.* –CA.

yozlaştırmak yozlaşması sağlanmak, yoz bir duruma getirmek. *... Laik Türkiye Cumhuriyeti'nin varoluş nedenlerini çürütüp yozlaştırmakla eşanlamlı olduğunu görmek, ulusumuz için zorunludur.* –HVV.

yön *a.* bir kimsenin yüzünün dönük bulunduğu yan ya da bir şeyin yüzlerinden herhangi birinin baktığı yan. *... gerekli havanın her yönde yaratıldığını ...* –İS. *Tartışmalarımıza, ilgilerimize, hedef seçişlerimize ... bu gerçeğe göre yön verelim.* –TB.

yöndeş *s. mat.* aynı yöne dönük olan. ... *Hisar dergisinde okuduğum şiirler ve yazılar beni eski şiir yöndeşleri üstüne bir çift laf etmeye götürüyor.* –CSS. **yöndeş açılar** *mat.* iki koşut çizginin bir kesenle kesilmesinden oluşan ve biri içte, biri dışta olmak üzere kesenin aynı yanında kalan açılar, ki yöndeş açılar eşittir.

yöndeşlik *a.* yöndeş olma durumu.

yönelim *a.* **1** *yaşb.* bitki, hayvan gibi dirimli varlıkların, ışık, ısı, besin gibi türlü uyarıcı nedenlerin etkisi altında bu uyarıcıların doğrusuna ya da tersine yer değiştirmeleri olayı. **2** *ruhb.* eğilim. *Bu yüzden de insanî içerik bakımından yeni bir yönelim, ayırt edici bir nitelik koyamıyorlar yapıtlarına.* –EC.

yöneliş *a.* yönelme işi; yönelme biçimi. *Onun mizah hikâyeciliği ile halka yönelişindeki amaç ...* –TA.

yönelme *a.* yönelmek eylemi. ... *halka yönelmenin zorunluğuna inanıp ...* –BFA. **yönelme durumu** *dilb.* Türk dilinde *-e (-a, -y-e, -y-a)* ekiyle kurulan, ad soylu sözcüklere yönelme kavramı katan ad durumu; örneğin "çarşıya gidelim", "eve bak", "köye gitti " gibi.

yönelmek yüzünü belli bir yöne doğru çevirmek, belli bir yön tutmak, bir şeye doğru gitmek ya da dönmek. ... *lehinde karara yönelmek zorundadır.* –İS. *Atatürkçülük kendi öz kaynaklarına dönmek ve Batıya yönelmek demektir.* –FKT.

yönelteç *a.* motorlu taşıtlarda, aracı istenilen yöne çevirmeye, belirli doğrultuda sürmeye yarayan düzenek.

yönelti *a.* doğrultu. *Esasen, buraya kadar teorik sapmaların kaba çizgilerini verirken de, bu yöneltide bulunuyorduk.* –MK. *Başka bir deyişle, genel isteğe rağmen değil, genel istek yöneltisinde ve onun önünde giden bir davranış söz konusu.* –MüS.

yöneltilme *a.* yönelmesi sağlanma, yön verilme. ... *halkın artırımlarının gerekli kanallara yöneltilmesi ancak planlı ekonominin yapacağı bir şeydir.* –NB.

yöneltilmek yönelmesi sağlanmak, yön verilmek.

yöneltme *a.* bir şeyi bir şeye doğru çevirme. *Bilinçlenme ve ekonomik sıkıntının, halkı gerçek halk hareketine yöneltmesi her zaman beklenebilirdi.* –ÇÖ.

yöneltmek bir şeyi bir şeye doğru çevirmek. *Çünkü egemenler, halkın öfkesini mebusların aylıklarına yöneltmekte kendilerince yarar görüyorlar.* –İS.

yönerge *a.* herhangi bir konuda tutulacak yol üzerinde üst orunlardan alt orunlara ve örgütlere ya da üst aşamadakilerden astlara verilen buyruk. *Ölümsüz Atatürk'ün dil devrimi ile ilgili baş yönergesi, dilimizi yabancı dillerin boyunduruğundan kurtarmaktır.* –AP. ... *yukardan aşağıya doğru yayılan yönerge ve bilgiler ...* –BO.

yöneten *s.* bir işi çekip çeviren, yönetim işini yapan. *Daha sonra, yöneten ile yönetilen arasında ... bir şeriat-hilafet devleti kurulması alternatifinin tekrar doğduğunu göreceğiz.* –NB.

yönetici *a.* **1** bir ülkenin yönetimi ile ilgili görevli. ... *bizim yöneticilerimiz arasında ...* –NN. **2** bir kuruluşta yönetimle uğraşan kimse. *TRT üst yöneticilerinin kendilerini* *gösterme telaşının arkasında hangi nedenler yatıyor?* –MTÖ.

yöneticilik *a.* yöneticinin görevi. *Bilgisini, görüş ve tutumunu buna göre hazırlamayan kişilerin alanı mıdır yöneticilik?* –MCA.

yönetilen *s.* yönetme işine konu olan, çekip çevrilen. *Daha sonra, yöneten ile yönetilen arasında ...* –NB.

yönetilme *a.* yönetme işine konu olma, çekip çevrilme. *Görünüşte bunlar bütün İslam ülkelerinin ... İslamsal kurallarla yönetilmesini istemektedirler.* –İS.

yönetilmek yönetmek işine konu olmak, çekip çevrilmek. *Cezayir, 28 yıldır "tek parti"yle ... yönetilmektedir.* –HCe.

yönetim *a.* **1** bir işi yürütmek, çekip çevirmek, yönetmek işi. *Türkiye'nin yönetimini elinde bulundurmakta ...* –COT. **2** bir ülkeyi, bir kuruluşu yöneten organ. *Kıtlık ve yoklukları ortadan kaldırabilmek için yönetim, ülkede karaborsaya göz yummaya başlamıştır.* –HCe. **yönetim kurulu** bir kuruluşu yöneten kurul. *Bunu göze alırken yönetim kurulunda birkaç arkadaşının sağlam yüreğine dayanıyordu.* –MKe. **yönetim yeri** *bkz.* **yönetimevi**. *La Vie Modern gazetesinin yönetim yerinde Monet için bir sergi düzenlendi.* –SB.

yönetimevi *b. a.* bir işin yönetildiği yer. *Cumartesi öğle sonlarında Yeni Adam dergisinin yönetimevinde toplantılar olurdu.* –AN.

yönetimsel *s.* yönetimle ilgili. *Yönetim bakımından da, bağımsız olarak, yani bir başka organın yönetimsel siyasal hiyerarşik direktifi ... altında olmayarak yönetilmesidir.* –BS.

yönetme *a.* bir işi çekip çevirme, yürütme. ... *ülkeyi 1992'ye dek seçimsiz yönetmesine olanak tanıyacak.* –ATa.

yönetmek bir işi çekip çevirmek, yürütmek. *Bu mektubu okuyunca ... bizi yönetmekte olan bu sorumsuz kadroların ... kulaklarını bir kez daha ... çınlatmak zorunda kaldım!* –EÇö.

yönetmelik *a.* bir işin yönetiminde tutulacak yolu madde madde gösteren kâğıt ya da kitap. *Resmî yazışmalarda, kanun ve yönetmelik dilinde...* –ÖAA.

yönetmen *a.* **1** bir işi yöneten kimse. *Ne var ki yönetmen yoktur denemez.* –İB. **2** *tiy.* bir oyunu sahneye koyan kimse. Yönetmen ve oyuncu olarak ... –AP. **3** *sine.* bir çevirim senaryosunun oynayabilecek bir film haline gelebilmesi için gerekli çalışmaları yöneten kimse. *Yönetmen bu şekilde oynanan sahneyi bir bütün olarak alıyor.* –NÖ.

yönetmenlik *a.* **1** yönetmen olma durumu. *Yönetmenliğin önemi tragedya ortadan kalktıktan sonra kendini göstermiştir.* –MCA. **2** yönetmenin işi ya da görev yaptığı yer.

yönetsel *bkz.* **yönetimsel**. *Bu sorunların düğümlendiği nokta, akademik ve yönetsel (idari) özerkliktir ...* –HCe.

yöneylem *b. a.* "bir işe yön verme, bir işte tutulacak yol" gibi anlamlarla **yöneylem araştırması** sözünde geçer. **yöneylem araştırması** endüstriyel, tecimsel, siyasal, askerî vb. gibi örgütlerde, yönetim ve yönelişle ilgili sorunlarda, örgütün amaçlarına en uygun kararların alınması için, bilimsel yöntemlerle araştırmalar yaparak gerekli bilgileri sağlayan, yönetimin tutacağı yolu bilimsel olarak saptamasına yardımcı olan bilim dalı. *Bir bilgisayarın yönetim aracı olarak etkenlikle kullanılabilmesi için, örgütte bir yöneylem araştırması grubunun bulunması gerektiğine değinen ...* –AyK.

yönlem *a.* **1** yönlendirme işi. **2** bir işte, istenilen sonucu elde etmek ereğiyle, tutulan yolların ve kullanılan yöntemlerin tümü. *Taktik sözcüğü için yönlem karşılığını ... türettim.* –CM.

yönlemci *a.* **1** yöneten, yönlendiren kimse. **2** yönlem uygulamasında usta olan kimse.

yönlendirici *s.* yön verici. *Oysa, bu evrede inanç düşünmede yönlendirici öğe olmaktan çıktı.* –İZE.

yönlendiricilik *a.* yönlendirici olma durumu. *İletişim özgürlüklerinin yönlendiriciliği açısından birinci oyuncu... onları kullananlardır.* –OGö.

yönlendirilme *a.* kendisine yön verilme, belli bir yöne doğru yönlenmesi sağlanma. *... dünyaya dönük kararların öncelikle egemen sınıfsal çıkarlarca yönlendirildiği düşünülürse, çok ilginç ve önemli bir durumdur yaşanmakta olan.* –İC.

yönlendirilmek belli bir yöne doğru yönlenmesi sağlanmak, kendisine yön verilmek. *Alex, yukarda andığım gibi ... iyiliğe yönlendirilmiştir.* –AO.

yönlendirme *a.* belli bir yöne doğru yönelmesini sağlama. *Bu kadrolaşmanın ve yönlendirmenin en çarpıcı örneklerinden biri ...* –UM.

yönlendirmek belli bir yöne doğru gitmesini sağlamak, yön vermek. *Örnek yerinde olmasa bile, boğalığı yazıya yönlendirmek de bir yöntemdir.* –AAğ.

yönseme *a. ruhb.* belli bir sonuca doğru yönelir gibi olmakla birlikte etkinliğe geçmemiş bulunan istek. *Onda, kargaşacılığa doğru yönsemeler sezilmekle birlikte ...* –AP.

yöntem *a.* **1** bir şey yaparken tutulan düzenli ve dizgesel yol. *Gelen yeni bir yöntem, yeni bir yapı, yeni bir öz değil çünkü.* –AP. **2** *fels.* bir gerçeğe ulaşmak için tutulan ve konuları, düşünüleri düzenli olarak sıralama biçiminde kendini gösteren usa uygun düşünme yolu. *Gerçekten, toplumsal gerçeği bilim yöntemiyle inceleyen sosyoloji, yüz, yüz yirmi yıllık hayatının büyük bir kısmını konu ve yöntemini araştırmakla geçirmiştir.* –NŞK.

yöntembilim *b. a. mant.* yöntemleri ve özellikle bunların bilimlerle ilgili olanlarını deneysel olarak inceleyen mantık dalı. *Bütün bu bilimler, kendi yöntembilimlerinin sınırlarını aşmaksızın, insanın kökenini ... araştırırlar.* –CÜ.

yöntembilimsel *b. s.* yöntembilim yönünden, yöntembilimle ilgili. *... yöntembilimsel gerekçelerle ... bunların başlangıçta belirtilmesini gerektirmektedir.* –BG.

yöntemleştirme *a.* yöntem durumuna getirme.

yöntemleştirmek yöntem durumuna getirmek. *Tarihsel gelişmeyi durdurmayan güçler, sıcak kanları pıhtılaştırmayı yöntemleştirirler.* –VT.

yöntemli *s.* bir yönteme dayanılarak yapılan. *Aslında, yöntemli ya da yöntemsiz, genellikle bu yapılmış ...* –Öİ.

yöntemlilik *a.* bir yönteme dayanı-

larak yapılma durumu.
yöntemsel *s.* yöntemle ilgili. ... *bu tutumun kuramsal ve kavramsal olmaktan çok, yöntemsel gerçeklere dayandığı söylenebilir.* –BG.
yöntemsiz *s.* yöntemi olmayan; bir yönteme dayanmadan yapılan, bir kural gözetmeden ortaya konan. *Aslında, yöntemli ya da yöntemsiz, genellikle bu yapılmış ...* –Öİ.
yöntemsizlik *a.* bir yönteme dayanmama hali ya da yöntemsiz olarak iş görme. *Zannımca kültür tarihimizin bu dönemi, ilerde kültür alanındaki yöntemsizliğimizin ... örneği diye gösterilecektir.* –Atİ.
yöre *a.* **1** çevre. *Yörenize bir bakın, çabucak seçeceksiniz böylesi kişileri.* – AB. **2** çevreden uzaklara yayılan yerler. ... *hangi yöreden geldiğini söylemeye bile heves etmiştim ...* – NU. **3** dolay. *Püsküllüoğlu'nun şiirimizde beliren ortaklaşa sözdiziminin yörelerinden kaçması gerek.* –CSS. **4** *coğr.* türlü derecelerden birtakım özellikleri bulunan, kendine özgü görünüşü olan bölgecik. ... *ve gelişmiş yörelerle, değişmekte olan yörelere kadar her çeşit yöreler vardır.* –Rİ.
yörekent *b. a.* bir kentin yöresindeki yerleşim yeri ya da yerleri. ... *kâğıtlarımın yavaş yavaş pişmekte olduğu yörekente, onları ölümden kurtaran avukata doğru koşuyorum.* –BO.
yöresel *s.* bir yöreye özgü olan, bir yörede bulunan, yapılan ya da olan; yerli. *Oysa gündeş ozanlarımızın çoğu, yöresel, yersel somut bir okur yığını seçememişlerdir.* –ME.
yörésellik *a.* yöresel olma durumu. ... *bir yapıtta yöresellik ...* –NA.
yörünge *a.* **1** *gökb.* ve *coğr.* bir gökнesnesinin izlediği yol. ... *gökte Güneş'in görünen yörüngesi olan ...* – Rİ. **2** *mat.* yürüyüş durumundaki bir noktanın çizdiği yol.
yumrukoyuncusu *b. a. sp.* yumrukoyunu sporu yapan kimse.
yumrukoyunu *b. a. sp.* özel eldiven takmış iki kişinin, belirli kurallara uyarak, yumruklarıyla yaptıkları vuruşma biçimindeki spor.
yumuşatmalık *a.* motorlu araçlarda, sarsıntıyı en aza indirmeye yarayan düzen ve bu düzen için kullanılan araç.
yurt *a.* **1** kişinin doğup büyüdüğü yer, baba ocağı. **2** kişiye göre, kendi ulusunun üzerinde yaşadığı ülke. ... *sayısız yurt sorunları bir yanda durup dururken ...* –NN. **3** içinde barınılan ya da başka işler görülen yapı; öğrenci yurdu, dikiş yurdu, sağlık yurdu gibi. *150 bin kadar öğrenci yurtlarda yer bulamamıştır.* – HCe.
yurtdışı *b. s.* yurt sınırları dışında olan. *Resimleri yurtiçinde sergilendiği gibi, yurtdışında da... gösteriliyor.* – MKe.
yurtiçi *b. s.* yurt sınırları içinde olan. *Resimleri yurtiçinde sergilendiği gibi, yurtdışında da ... gösteriliyor.* –MKe.
yurtluk *a.* **1** yurt edinilen yer. ... *sınırlı bir küreciğin, gelenekçi Tanrıbilime göre evrensel bir anlam taşıyan insana yurtluk edebilecek ölçüde önemi olduğuna inanmak, gitgide daha güçleşti.* –AG. **2** büyük ve varsıl köşk. *Onların saraylarını ve yurtluklarını da ilgi çekici değerli müzelere dönüştürmüşler.* –SKa.
yurtsal *s.* yurt ile ilgili, yurdu ilgilendiren.
yurtsama *a.* **1** yurt özlemi. **2** geçmişe duyulan özlem. *Az çok yurtsa-*

ma duygularıyla dolu bir roman anlayışından ... –CSS.

yurtsamak yurdunu özlemek.

yurtsever *b. s.* yurdunu ve ulusunu büyük bir coşkuyla seven (kimse). *... kendi topraklarını beyaz emperyalistlerin saldırısından kurtarmak için seve seve canlarını veren yurtseverlerin ölüm kalım savaşı ...* –YNN.

yutseverlik *b. a.* yurtseverce davranış, yurdunu sevme durumu. *... o derece büyük yurtseverlik anlayışının kıstasını teşkil eder.* –İA.

yurttaş *a.* yurtları bir olanlardan her biri. *... ve hatta Atina'nın o zamanlar en büyük düşmanı sayılan Isparta'yı kendi yurttaşları aleyhinde savaşa teşvik ederken ...* –İA.

yurttaşlık *a.* aynı yurdun kişisi olma durumu. *Doğru, insan ve devlet ayrımı değil de, yurttaşlık kavramı yoktu Fransız Devrimi'nden önce.* –TS. **yurttaşlık bilgisi** yurttaşın yurttaşlık ödevlerini ve devlet örgütünün görevlerini öğreten bilgi dalı. *Eski okullarda "yurttaşlık bilgisi" dersi okunurdu.* –İS.

yutak *a. yaşb.* ağız boşluğu ile yemek borusu arasında uzanan kısa ve kaslı yol.

yutargöze *b. a. yaşb.* dokuncalı özdekleri yutarak yok eden kan gözesi. *Yutargöze tarafından küçük ve yabancı parçaların yutulup parçalanması ...* –SK.

yuvar *a. yaşb.* kandaki küçük yuvarlak gözelerin adı.

yuvarsal *s.* yuvar gibi olan.

yücelim *a. gökb.* bir yıldızın, bir noktanın meridyen düzleminden en büyük yükselti ile geçişi.

yüceltim *a.* yücelik verme, ululama, övme. *Neler demezler ki ... "Osmanlı yüce bir medeniyettir. Osmanlı dünyanın en yüksek devlet ve adalet cihazını kurmuştu." gibisinden yüceltimlere girişirler.* –EmÖ.

yüklem *a. mant.* ve *dilb.* tümcede iş, oluş, kılış, yargı anlatan, yani kısaca söylenirse, eylem bildiren sözcük; ki bunlar eylem, eylemsi ya da eylem görevli sözcük olabilir. Örneğin "Ahmet çalışkandır" tümcesinde "çalışkan" yüklemdir. *Birkaç yüklemi bulunan bir cümlenin ...* –ÖAA. *Her şeyden önce bu kuramlar, bir önermede konu ile yüklem arasındaki zorunlu uygunluğa dayanan ana mantık kanununu altüst eder.* –NŞK.

yüklemlik *bkz.* **yüklenimlik**

yükleni *a.* bir şeyi yapmayı üstüne alma, yüklenim.

yüklenici *a.* yapım ya da tecimle ilgili bir işi başkası adına yapmayı üstüne alan kimse. *Tüm işçi çalıştıran yüklenicilerin ortak görüşü bu.* –MEk.

yüklenicilik *a.* yüklenici olma durumu, yüklenicinin yaptığı iş. *... ve belli kuruluşlarla yüklenicilik firmaları dışında kimseyi ingilendirmez sandığım bu inşaat makineleri fuarına dünyanın dört bucağından insan yağmış.* –SKa.

yüklenim *bkz.* **yükleni**. *... ve bunun Bulgaristan'ın ikili ve çok taraflı yüklenimlerine aykırı düştüğünü ispatlamaya çalışırdık.* –HFA.

yüklenimci *bkz.* **yüklenici**. *... ve gider gerektirmeyen küçük bir park için yüklenimciye bir milyar ödeyenlere sormak gerekir ...* –BAr.

yüklenimcilik *bkz.* **yüklenicilik**

yüklenimlik *a.* bir yüklenimi, bir yükümlülüğü gösteren belge.

yükler *a.* kum, toprak, çakıl gibi

şeyleri bir kepçeyle yerden alıp başka bir araca ya da kendi kasasına yükleyen araç. *İngilizceden dilimize giren loder sözcüğü için yükler karşılığını 1977 yılında türetip ...* –CM.

yüksekbaskı *b. a.* kabartma harfler ya da klişelerle yapılan baskı tekniği. *... tipo için "yüksekbaskı" karşılığını kullanmanın daha doğru olacağını söyledi.* –CM.

yükseklik korkusu *ruhb.* yüksek yerlere çıkmayı önleyen, yüksek yerlerde duyumsanan aşırı korku.

yükseklikölçer *b. a.* deniz düzeyinden yukarı doğru hava basıncının azalmasından yararlanarak bulunulan yerin yüksekliğini ölçen, gösteren aygıt.

yüksekokul *b. a.* ortaöğrenim sonrası gidilen, üst düzeyde uygulayıcı meslek kişisi yetiştiren yükseköğretim kurumu. *Benim de ders görevi yaptığım bir yüksekokulda da böyle bir girişim olmuştu.* –AA.

yükseköğrenim *b. a.* ortaöğrenim düzeyinin üstündeki öğrenim. *Yükseköğrenimde ise 100 gençten ancak 5'i yüksekokul ya da üniversiteye gidebiliyor.* –MKe.

yükseköğrenimli *b. s.* yükseköğrenim düzeyinde bir öğrenim görmüş (kimse). *Politikaya soyunan yükseköğrenimli kişi, halkının, ülkesinin sorunlarının çözümlenmesinde en doğru ... yolları arar bulur.* –OA.

yükseköğretim *b. a.* ortaöğretimden sonra, bilim dallarından birinde yüksek düzeyde bilgi kazandıran öğretim. *... bir iki yıl içinde, üniversite niteliği taşıyan yükseköğretim kurumuna kavuşamayız.* –MT.

yükselim *a. gökb.* bir yıldızın saat dairesi ile gece gündüz eşitliği noktasının saat dairesi arasında bulunan ve doğru yönde olarak 0 ile 360 derece arasında değerler alan açının ölçümü.

yükselteç *a. fiz.* alçak ya da yüksek frekanslı akımların işe yarar etkilerini artırmaya yarayan araç. *Eski elektronik aygıtlarda yükselteç görevi için radyo lambası birleşen olarak kullanılır ...* –AyK.

yükselti *a.* **1** *coğr.* bir yerin deniz düzeyinden yüksekliği. *Şiir akımları ... içinde çok değişik renkte ve yükseltide şiir coğrafyalarının yer aldığı çok geniş bir çerçevedir.* –MD. **2** *gökb.* bir yıldızdan görenin gözüne gelen ışın ile çevren düzleminin oluşturduğu açının ölçümü.

yükseltici *a.* elektrik dalgalarını ses dalgalarına çeviren ve gerektikçe sesi yükselten aygıt. *Bugünkü Türkiye'de yükselticilerle yansıtılan ezan güzel okunuyor mu?* –İS.

yüküm *bkz.* **yükümlülük**. *Kişiye yarayan öylesidir okumanın. Bir yüküm oldu mu, bunaltır, giderek tiksindirir kişiyi.* –NA.

yükümlenme *a.* **1** yükümlenmek eylemi. **2** *tüze.* birinin, borcunu ödememesi ya da sözünü tutmaması durumunda, bunun sorumluluğunu üstlenme işi.

yükümlenmek (bir şeyi yapmayı) üstüne almak.

yükümlü *s.* yükümlülük altında bulunan, yükümlenen. *... kahvecileri, sıcak günlerde soğuk su bulundurmaya yükümlü tutmalı.* –NA. *... birtakım görevlerle yükümlü kılar ...* –NU.

yükümlülük *a.* yapmaktan kaçınılamayan iş ya da bir işi yapmaktan kaçınılamama durumu, bir işi yapma zorunda olma durumu. *Bu kurallara göre, vergi zamanı gelmeden halka hiçbir yükümlülük yüklenmemeli ve bir memurun köylüden yükümlü olduğundan fazla para alması halinde bu para köylüye geri verilmelidir.* –MuS.

yüreklendirilme *a.* yüreklenmesi sağlanma. *... bu tutumlarında çeşitli çevrelerce yüreklendirilmeleri ...* –ASi.

yüreklendirilmek yüreklenmesi sağlanmak. *Ankara tarafından yüreklendirildiklerinden ... kuşkulanmaktadırlar.* –ErB.

yüreklendirici *a.* ve *s.* yüreklilik verici. *... bu alanda atılan adımlar yeterince yüreklendirici, umut verici ...* –OGö.

yüreklendirme *a.* birine yüreklilik verme, (birinin) yüreklenmesini sağlama. *Dıştan yüreklendirme ile ayaklananlar ise sonradan ... yazgıları ile baş başa bırakıldı.* –ASi.

yüreklendirmek birine yüreklilik vermek. *Meydanı bütün bütün dil devrini benimsemeyenlere bırakmak, onların söylediklerini umursamamak, daha da yüreklendirmez mi onları?* –EmÖ.

yüreklenme *s.* yüreklilik kazanma, kendisine yüreklilik gelme.

yüreklenmek kendisine yüreklilik gelmek. *Kişi ne yapar da ona yüreklenir, bilinir mi?* –AP.

yürekli *s.* çekinceyi korkusuzca karşılayan, hiçbir şeyden çekinmeyen. *Her türlü baskıya başkaldıracak kadar yürekli Atatürk gençliği ...* –İS.

yüreklilik *a.* hiçbir şeyden korkmama, çekinmeme durumu, yürekliye yaraşır bir biçimde davranış. *Aralarından bir ikisi Shakespeare adını ağızlarına alma yürekliliğini gösterirler.* –TS.

yüreksiz *s.* korkak; yüreklilik göstermeyen. *... o, beş para etmez yüreksizin biriydi.* –YK.

yüreksizlik *a.* korkaklık; yüreksizce davranış; yürekli olmama durumu. *... ve yüreksizlik içinde bir hadım, nasıl bir liva komutanı olabilir?* –NB.

yürürlük *a.* gereği yapılır olma durumu. *Senato seçimlerinin de yürürlükteki kanun çerçevesinde yapılmasını ...* –SD. *Özendiğimiz batı demokrasilerinde fikir suçu diye yürürlükte bir hukuk kavramı bulunmadığını bir yana bırakalım ...* –NN.

yürütme *a.* gereğini yapma, yerine getirme, uygulama. *... yürütmenin durdurulması kararı ...* –MA. *Hükümet, devletin yürütme organıdır.* –NN. **yürütme erki** yasaları uygulamayı ve uygulatmayı üstlenen güç, hükümet. **yürütme gücü** *bkz.* **yürütme erki**. *Yasama gücü ile yürütme gücü ... arası ilişkileri düzenleme sorunu ... en büyük sorun olmuştur.* –NB. **yürütme kurulu** bir kuruluşun işlerini yürüten kurul. *... yürütme kurulu üyesi olarak katıldığı toplantıda ...* –OGö.

yürütmek yürümesini sağlamak, gereğini yapmak, yerine getirmek, uygulamak. *Washington, Amerika'nın denizaşırı petrol çıkarlarını devletler hukuku adına yürütmek olanağını yakaladı ...* –İS.

yürütülme *a.* gereği yerine getirilme. *Dış siyasetin ... Dışişleri Bakanlığı'nca yürütülmesi gerekir.* –UM.

yürütülmek gereği yerine getirilmek, yürümesi sağlanmak. *... bu görev Meclis Başkanı'nın vekaletiyle yürütülmüş ...* –HVV.

yürütüm *a. tüze.* (bir yargıyı, bir

kararı) yerine getirme, uygulama, yürütme. ... *yeni sistemin yürütümüne ilişkin siyasa... saptanarak çalışanlara iletilmelidir.* –FÇ.

yüzbaşı *b. a. ask.* orduda, üsteğmen ile binbaşı arasındaki aşamada bulunan subay. *Bütün batarya komutanı üsteğmen ve yüzbaşılarla olduğu gibi, Mustafa Bey'le de çok iyi anlaşıyorduk.* –HVV.

yüzbaşılık *b. a. ask.* orduda yüzbaşı aşaması, yüzbaşının görevi. *Zıpır Nazmi Bey, biz lisedeyken yüzbaşılıktan emekliye ayrılmıştı.* –AN.

yüzergezer *b. a.* hem suda hem karada kullanılabilen (tank, uçak, araba gibi) araç. *Fransızca kökenli amfibi sözcüğü için yüzergezer karşılığını ... türettim.* –CM.

yüzey *a. mant.* bir nesneyi uzaydan ayıran dış ve yaygın bölümü, bir nesnenin dış yüzü. *Natürmortları, yüzeyci bir çalışmayla boyamışsa da ... cana yakındır.* –SB.

yüzeyleşme *a.* yüzey durumunu alma.

yüzeyleşmek yüzey gibi olmak, yüzey durumunu almak.

yüzeyleştirici *a.* ve *s.* yüzeyleşmeyi sağlayıcı, yüzey durumuna getiren. *Bu yüzeyleştirici renkli parçacıklar ise figürün bölümlenmiş olduğu izlenimini ... ortaya koyuyordu.* –MCA.

yüzeyleştirme *a.* yüzey durumuna gelmesini sağlama.

yüzeyleştirmek yüzey durumuna gelmesini sağlamak. *Elbet bu yaklaşım nesneyi derinliğinden soyutluyor, yüzeyleştiriyor.* –MCA.

yüzeysel *s.* yüzeye değgin olan, derinlere, ayrıntılara değin gitmeyen, yüzde kalan. ... *sorunlar, eskisi gibi yüzeysel olarak değil daha derinlemesine ele alınıyordu.* –MD.

yüzeyselleşme *a.* yüzeysel bir duruma gelme. *Genel olarak televizyonun yüzeyselliğinden etkilenen yazılı basının ekranla rekabete girmesinin, yani "yüzeyselleşmesinin" son derece kötü bir eğilim olduğu artık tartışılmıyor.* –OGö.

yüzeyselleşmek yüzeysel bir duruma gelmek. ... *alanının sınırlarını zorlayarak yüzeyselleşmek yerine, bu alanda daha derine inmeyi yeğlemişti her zaman.* –TY.

yüzeyselleştirilme *a.* yüzeysel duruma getirilme. *İnsan, istenciyle ve kişiliğiyle yüzeyselleştirilmeye karşı koyabilir.* –AP.

yüzeyselliştirilmek yüzeysel duruma gelmesi sağlanmak, derinliği yok edilmek. *Sözcükler ... Yüzeyselleştiriliyor, basitleştiriliyor, yan anlama yönelik atıfları yok ediliyor.* –GA.

yüzeyselleştirme *a.* yüzeyselleşmesini sağlama, yüzeysel bir duruma getirme.

yüzeyselleştirmek yüzeyselleşmesini sağlamak, yüzeysel bir duruma getirmek. *Alkolizm şairi yüzeyselleştiriyor, kurutuyor ...* –Atİ.

yüzeysellik *a.* derinlere, ayrıntılara değin gitmeme, yüzeyde kalma hali, yüzeysel olma hali. ... *fazla başarılı olmamalarının nedenlerini dünyaya bakış tarzlarındaki yüzeysellikte ... aramalı.* –MD.

yüzgeç *a. yaşb.* balıkların yüzmek için kürek gibi kullandıkları kanat.

yüzölçümü *b. a. mat.* ve *coğr.* bir yüzeyin ölçümü ve bu ölçme sonunda ortaya çıkan nicelik. *Bu yüzden duygu dökümünün de, düşünce yükünün de yüzölçümü hiç değişmiyor.* –EC.

yüzyıl *b. a.* yüz yıl süren bir zaman bölümü, çağ. ... *ve bu görüş yüzyılımızın koşullarına uygundur.* –NN. ... *yüzyıllar boyunca sadeleşme için çalışılmıştır.* –FKT.

yüzyıllık *b. s.* yüz yıl sürmüş olan. *Çeyrek yüzyıllık uydurma demokrasi rejiminde ...* –İS.

Z

zamanaşımı *b. a. tüze.* bir işin oluşundan sonra belirli bir zaman geçerek o işin geçersiz kalması, süreaşımı. *Alacakları, zamanaşımına uğramış gibiydi.* –AN.

zamanbilim *b. a.* tarihsel olayların tarihini ve zamanını inceleyen bilim. *Zamanbilime dayalı tarih öğretiminde ...* –VT.

zamanbilimsel *b. s.* zamanbilimle ilgili.

zamandaş *s.* oluşumları aynı zamanda yer alan iki şeyin birbirine göre niteliği. *... zamandaş, oluşumları aynı zamanda olan, içlerinden biri öbürüne göre öncesel ya da sonrasal olmayan şeylere denir.* –AfT.

zamandaşlık *a.* zamandaş olanların niteliği. *Görece şeyler arasında doğal bir zamandaşlık var gibidir.* –AfT.

zamandizin *b. a.* belli olayların, özellikle tarihsel olayların oluş sıralarını tarih yönünden gösteren dizin. *Kurtuluş Savaşımızın zamandizini bile, halkımızın neler çektiğini görmeye yeter.* –AP.

zamandizinsel *b. s.* olayları tarihlerine göre sıralamayla ilgili. *Estetiğin çok karmaşık ve çok geniş bir konu olduğunu söyleyen bazı dostlar, kuramların ve savların zamandizinsel bir sıralamasını vermekle yetinmemi salık verdiler.* –MD.

zamanlama *a.* herhangi bir işi, olumlu ya da olumsuz olmak üzere istenildiği biçimde sonuçlandırmak için, zamanın gelmesini bekleme, o iş için en uygun zamanı seçme. *Zamanlama, dilimizde yeni yaygınlaşan bir kavramdır; ama biliriz onu.* –İS.

zamansal *s.* zamanla ilgili. *"Zamansal uzaklık" diye bir kavram var.* –İS.

zamansallık *a.* zamansal olma özelliği. *Okuma sürecinin zamansallığını örtbas etti...*-SIr.

zamansırasal *bkz.* **zamandizinsel**. *Zamansırasal bir bakışla dil, düşünce ve duygu örüntüsü yönünden bir değeri olup olmadığı düşünülmeden, gelişigüzel seçilmiş parçalardır bunlar.* –EmÖ.

zoralım *b. a. tüze.* herhangi bir nedenle, kişinin mallarına, yasal olarak devletçe el konması. *... zoralım yoluyla ... mallarına el koymaları ...* –ASi.

zorunlu *s.* olması gereken, olması kaçınılmaz olan. *Bu soruları yanıtlama, ilk elde, Anadolu halk tarihi içinde Yunus Emre'nin yerini saptamayı zorunlu kılar.* –EmÖ.

zorunluk *bkz.* **zorunluluk**. *Bu değişmeler kendi kurallarına uygun* *tarihi zorunluklardı.* –ÇA.

zorunluluk *a.* olması gerekme durumu, olması kaçınılmaz olma durumu, zorunlu olma durumu. *Türk şiirinde bu tutum, nasıl bir zorunluluğun ortada olduğunu ...* –AP.

zorunsuz *s.* zorunlu olmayan. *Biz bunlara zarurînin zıddı olmak üzerine zorunsuz diyoruz.* –HZÜ.

zorunsuzluk *a.* zorunlu olmama durumu, olmasında zorunluluk bulunmayan. *Ama özgürlüğe giden yolları bulmak için bu zorunsuzluğu görmek, bu saptamadan doğan bulantıyı aşmak yeter.* –AB.

ÜÇÜNCÜ BÖLÜM

KARŞILIKLAR KILAVUZU

A

abad etmek bayındırlaştırmak
abad olmak bayındırlaşmak
aberasyon sapınç
abes anlamsız, saçma, boş
abıhayat bengisu, ölmezlik suyu
abıru yüzsuyu
abide anıt
abidevi anıtsal
ablatif *dilb.* çıkma durumu
abluka kuşatım, kuşatma, çevirge
abluka etmek kuşatmak
ablukaya alınmak kuşatılmak
ablukaya almak kuşatmak
abone 1 sürdürümcü **2** sürdürüm
abone etmek sürdürümcü yapmak
abone olmak sürdürümcü olmak
abonman sürdürüm
abse *bkz.* **apse**
absorve etmek 1 emmek **2** *yaşb.* soğurmak
abstraksiyonizm soyutçuluk
abstre soyut
absürd saçma, usdışı
abus 1 somurtkan **2** asık (yüz)
acayip 1 şaşırtıcı, yadırgatıcı, şaşılan **2** şaşılacak şey **3** olağanüstü
acayip karşılamak yadırgamak
acele 1 tez, ivedi **2** tezelden, ivedilikle **3** ivedilik
aceleci ivecen
acele etmek ivmek
acemi toy, ustalaşmamış, beceriksiz
aceze düşkünler
acil ivedi, gecikmeye gelmez, geciktirilemez
acilen ivedilikle, tezelden, geciktirilmeden
aciz 1 güçsüzlük **2** becerisizlik, yeteneksizlik
âciz 1 güçsüz **2** beceriksiz
âcizane beceriksizce
acul tez canlı, ivecen
acuze kocakarı
adabımuaşeret görgü[1]
adabüerkân yol yordam
adele kas
adalet türe
adap yol yordam
adaptasyon uyarlama
adapte uyarlanmış
adapte etmek uyarlamak
adapte olmak uymak, alışmak
adaptör uyarlaç
adavet düşmanlık, yağılık
addetmek saymak
addolunmak sayılmak
adenit akkan yangısı
adet sayı
âdet 1 görenek, töre **2** alışkı, alışkanlık **3** aybaşı
âdeta neredeyse, bayağı, sanki
adi 1 düşük nitelikli **2** aşağılık, bayağı **3** olağan, sıradan
adil doğru, haktanır

adilane 1 doğrulukla **2** türeye uygun olarak
adilik bayağılık, düşkünlük, aşağılık
adli türel
adli kuvvet yargı gücü
adres bulunak
aerometre havaölçer
aerosol böceksavar
af 1 bağışlama **2** görevden alma
afaki 1 gelişigüzel, amaçsız, dereden tepeden **2** *fels.* nesnel
afazi *tıp.* söz yitimi
afoni *tıp.* ses yitimi
afirmasyon *fels.* kesinleme
aferist vurguncu, çıkarcı
afet 1 kıran, yıkım **2** *mec.* çok güzel (kız, kadın)
affetmek 1 bağışlamak **2** görevden almak
affıumumi genel bağışlama
afiş ası
afişe etmek açıklamak, açığa vurmak
afişe fiyat açıklanmış eder
afiyet sağlık, esenlik
aforizma özlüsöz, özsöz
aforoz toplumdışılama
aforoz edilmek toplumdışılanmak
aforoz etmek toplumdışılamak
agâh bilgili, uyanık, öngörülü
aglütinasyon kümeleşim
agnosi *ruhb.* tanısızlık
agnostik bilinemezci
agnostisizm bilinemezcilik
agorafobi alan korkusu
agrafi yazma yitimi
agrandize etmek büyültmek
agrandizman büyültme
agrandizman yaptırmak büyülttürmek
agrandizör büyülteç
agrikültür tarım
aguş kucak
ağyar yabancılar, eller
ahbap arkadaş, tanış, biliş, gönüldeş
ahdetmek ant içmek
ahdi karip yakınçağ
ahenk 1 uyum **2** antlaşma
ahenkli uyumlu
ahenksiz uyumsuz
aheste yavaş, ağır
ahfat torunlar, soy
ahir son
ahiren daha sonra, sonraki
ahit 1 anlaşma, sözleşme **2** ant **3** çağ
ahitleşmek anlaşmak
ahitname antlaşmalık; yazılı antlaşma
ahize almaç
ahkâm yargılar
ahlak 1 töre, aktöre **2** alışkanlık
ahlaki törel
ahmak beyinsiz, bön
ahmaklık beyinsizlik, bönlük
ahşap ağaç, tahta; ağaçtan yapılmış
ahval durum, durumlar
aidat 1 ödenti **2** kesenek
aidiyet ilişkinlik, değginlik
air condition (eir kondişın) hava düzenleyici
ait -e değgin, -in ile, ... için, -e düşen, ilgili, ilişkin
ajan 1 görevli, aracı **2** gizli görevli, gizmen
ajanda andaç
ajan provokatör kışkırtman
ajur delikli işleme, gözenek
akabinde hemen sonra, ardından, ardı sıra, ... - den sonra
akdetmek 1 (sözleşme, antlaşma) yapmak **2** (nikâh) kıymak
akıbet son
akıl 1 us **2** bellek **3** öğüt
akılcı usçu
akılcılık usçuluk
akıldışı usdışı

akim kısır, verimsiz, sonuçsuz
akis 1 yankı, tepki **2** yansı
akit sözleşme, bağıt
aklıselim sağduyu
akli ussal
akliye us sayrılıkları
akont *tec.* öndelik
akort (çalgı için) düzen, düzen verme
akort etmek (çalgı için) düzenlemek, düzen vermek
akran yaşıt
akrofobi *ruhb.* yükseklik korkusu
akromatopsi renkkörlüğü
akrostiş *yaz.* adlama
aks 1 dingil **2** eksen
aksam bölümler
aksan *dilb.* vurgu, söyleyiş
akselograf ivmeyazar
akselometre ivmeölçer
aksesuar 1 eklenti **2** donatımlık
aksetmek 1 yansımak, yankılanmak **2** yayılmak
aksettirmek 1 yansıtmak **2** duyurmak
aksi ters, geçimsiz
aksilik terslik
aksine tersine
aksi seda yankı
aksiyom belit
aksiyon eylem
aksiyoner *tec.* paydaş
aksülamel tepki
aktif 1 etkin, canlı **2** *s.* etkili, etken **3** *dilb.* etken
aktifleştirici etkinleştirici
aktifleştirmek etkinleştirmek
aktivite etkinlik, canlılık; işlerlik
aktivizm etkincilik
aktör (erkek) oyuncu
aktüalite 1 güncellik **2** güncel olaylar
aktüalizm *ruhb.* etkincilik
aktüel güncel
akupunktur iğne ile sağaltım
akustik 1 yankıbilim **2** yankı düzeni **3** yankılanım, sesdağılım
akut ilerlemiş (sayrılık), iveğen
akuzatif *dilb.* belirtme durumu
akü (**akümülatör**) akımtoplar
âlâ 1 iyi, çok iyi **2** üstün
alafranga batılıca
alafrangalık batılıcalık
alaimisema gökkuşağı, ebemkuşağı
alaka ilgi, ilişki
alakadar etmek ilgilendirmek
alakalı ilgili, ilişkili
alamet belirti, iz
alameti farika ayırtaç
alaminüt çarçabuk, ayaküstü
alarm tetikdur, hazır ol
alaturka doğuluca
alaturkalık doğulucalık
alayiş gösteriş
alegori yerine
alegorik yerinel
aleksi okuma yitimi
alelacele ivedilikle, çabucak, çarçabuk
alelade sıradan, olağan
alelusul 1 üstünkörü, gelişigüzel **2** yöntemine göre
âlem 1 evren **2** eğlenti **3** el gün
âlemşümul evrensel
alenen açıkça, açıktan açığa
aleni açık, ortada
aleyhinde bulunmak kötülemek
aleyhinde konuşmak kötülemek
aleyhinde olmak karşı olmak, karşısında olmak
aleyhtar karşıtçı, karşı görüşlü, karşı duran, karşıt
aleyhte rey olumsuz oy, karşı oy
alfabe abece
alfabetik abecesel

âli yüce, yüksek, ulu
alivre dalında satış
almanak yıllık
alpinizm *sp.* dağcılık
alpinist *sp.* dağcı
alternatif **1** seçenek **2** *fiz.* dalgalı akım
alternatör dalgalı akım üreteci
altimetre yükseklikölçer
alturist özgeci, özgecil, elcil
alturizm özgecilik, elcillik
âmâ görmez
âmâlık görmezlik
amatör özengen, özenci
ambalaj yapmak sarmak
ambale olmak **1** şaşkına dönmek **2** başı şişmek
ambargo engelleyim
amblem belirtke
amboli damar tıkanıklığı
ambulans cankurtaran (taşıt)
ameli **1** uygulamalı **2** kılgısal
ameliyat *tıp.* işlemce
ameliye işlem
amenejman düzenleyim
amfibi yüzergezer
amil etken
amir buyurucu, baş, buyurgan
amiyane sıradan, bayağıca
amme kamu
amme davası kamu davası
amme hukuku kamu tüzesi
amme idaresi kamu yönetimi
amnezi bellek yitimi
amoral aktöredışı, töredışı
amoralizm aktöredışıcılık, töredışıcılık
amortisman sönüm
amortisör yumuşatmalık
amplifikatör yükselteç
amudufıkari omurga, belkemiği
ampirizm deneycilik
anahtar açkı
anakronik çağaşımsal
anakronizm çağaşım
analitik **1** çözümleyici **2** çözümsel
analiz çözümleme
analiz etmek çözümlemek
analjezi acı yitimi
analjezik ağrıkesici
analoji **1** örnekseme **2** andırışma
anane gelenek
ananevi geleneksel
anarşi **1** başsızlık **2** kargaşa
anarşik kargaşalı, karışık
anarşist **1** baştanımaz **2** kargaşacı
anarşizm **1** baştanımazlık **2** kargaşacılık
anatomi **1** gövde yapısı **2** gövdebilim **3** *mec.* içyapı
ançüez balık ezmesi
anekdot fıkra
anemi kansızlık
anemik kansız
anestezi uyuşturma
anestezik uyuşturucu, duyumsuzlaştırıcı, bayıltıcı
anestezi yapmak uyuşturmak, duyumsuzlaştırmak, bayıltmak
angaje bağımlı, bağlanmış
angaje etmek bağlamak, tutmak
angaje olmak bağlanmak
angajman bağlantı
angarya yüklenti
ani **1** birden, ansızın **2** beklenmedik
aniden apansız
animizm canlıcılık
anjin boğaz yangısı
anket soruşturma, sormaca
anketçi soruşturman
anketör soruşturman
anomali sapıklık
anonim adsız
anonimleştirilmek adsızlaştırılmak
anonimleştirmek adsızlaştırmak

anonimlik adsızlık
anons duyuru
anons etmek duyurmak
anormal 1 olağandışı; dengesiz **2** sapık
anormallik 1 olağandışılık; dengesizlik **2** sapıklık
anot artıuç
ansiklopedi bilgilik
ansiklopedik bilgiliksel
ansiklopedist bilgilikçi
antant antlaşma
antant kalmak uyuşmak, anlaşmak
anten *yaşb.* duyarga
anterit incebağırsak yangısı
antet başlık
antet koymak başlık koymak
antetli başlıklı
anti-entelektüalizm aydın karşıtlığı
antifriz donmaönler
antik ilkçağ işi
antikor karşınözdek
antipati sevimsizlik, soğukluk, karşıtduygu
antipatik sevimsiz, soğuk
antitez karşısav
antoloji seçki
antre giriş
antrenman 1 *sp.* çalışım **2** alıştırma
antrenman yapmak çalışmak, alıştırma yapmak
antrenör çalıştırıcı
antrenörlük çalıştırıcılık
antrparantez ayraç içinde; ayrıca, sırası gelmişken
anyon *kim.* eksin
apandisit körbağırsak yangısı
apel *tec.* çağrım
aperitif açar
apolet omuzluk
aposteriori sonsal
apraksi işlev yitimi
apriori önsel
apse irinlenme; yangı, irinşiş
apse yapmak irinlenmek, yangılanmak
apteshane ayakyolu
arabesk girişik bezeme
aranje etmek düzenlemek, uyarlamak
aranjman düzenleme
araz 1 belirti **2** *tıp.* bulgu
arazi toprak
arbede çatışma
ardiye yığımlık
areometre yoğunlukölçer
areometri sıvıölçer
arıza aksaklık, bozukluk
arife öngün
aristokrasi soyluerki
aristokrat beysoylu, soylu
aritmetik 1 sayıbilim, sayıbilgisi **2** sayıbilimsel, sayıbilgisel
arkaik eskil
arkaizm 1 aşnılık, eskillik **2** *yaz.* çağaşım
arkeolog kazıbilimci
arkeoloji kazıbilim
armatür donatı
armoni uyum
arozöz sulama arabası, yersular
arşiv belgelik
arter 1 atardamar **2** *mec.* anayol
arterit atardamar bozukluğu
artifisyel yapma, yapay
artist 1 sanatçı **2** oyuncu
artistik sanatla ilgili, sanatlı, sanatlıca
arz (I) sunma, (bir oruna) anlatma, bildirme
arz (II) 1 yeryüzü **2** enlem
arz etmek bildirmek, sunmak
arzu istek, dilek
arzu etmek istemek, dilemek
arzuhal dilekçe

arz ve talep sunu ve istem
asabi sinirli, öfkeli
asabilik sinirlilik
asabiyet sinirlilik
asalet soyluluk
asaleten asıl olarak
asansör inerçıkar
asap sinir, sinirler
asarıatika eski yapıtlar
asayiş güvenlik
asgari en düşük, en az
asıl **1** kök, kaynak **2** gerçeklik **3** *s.* gerçek
asıllı uyruklu
asılsız **1** temelsiz, dayanaksız (söz) **2** gerçek olmayan
asır yüzyıl
asi başkaldıran, dikbaşlı
asil soylu
asilzade soylu
asimetri bakışımsızlık
asimetrik bakışımsız
asimilasyon **1** özümleme **2** benzeşme
asimile etmek **1** özümlemek **2** benzeştirmek
asismik depremsiz
asistan yardımcı
asker süer
askeri süel
asli birincil, köklü , baş
aspiratör emmeç
asri çağdaş, çağcıl
asrileşmek çağdaşlaşmak, çağcıllaşmak
asterisk yıldız
astrometri gökölçümü
astronom gökbilimci
astronomi gökbilim
astronot uzayadamı
asude dingin, sessiz
asuman gökyüzü
âşık **1** tutkun, vurgun **2** ozan (halk ozanı) **3** sevgen
aşikâr açık, besbelli, ortada
aşina **1** tanış, biliş **2** bilen, anlayan
aşiret oymak
aşk sevgi, sevi
aşki sevisel
atak **1** atılım, akın **2** saldırı
atalet **1** tembellik, gevşeklik, uyuşukluk **2** *fiz.* dinginlik, durağanlık, süredurum
atavizm atacılık
ateh bunama, bunaklık
ateh getirmek bunamak
ateist Tanrıtanımaz
ateizm Tanrıtanımazlık
atfen dayanarak, göre
atfetmek **1** yüklemek **2** yöneltmek, çevirmek
atıf yapmak göndermek
atıl **1** işe yaramaz, iş göremez **2** *fiz.* süreduran
ati gelecek
atlet yarışımcı
atletik yarışımcı yapılı
atletizm yarışımcılık
atmosfer hava
atölye işlik
avane yardakçılar, kafadarlar
avangart öncü
avanproje öntasarı
avans öndelik
avanta çıkar
avantaj **1** çıkar, yarar **2** üstünlük
avare işsiz, aylak
avdet dönüş
averaj ortalama
avukat savunman
ayan belli, açık
ayan beyan apaçık, açık seçik, besbelli
ayin dinsel tören, kuttören
aynen olduğu gibi, tıpkı
aynı **1** tıpkı, tıpkısı, özdeş **2** başkası

değil, yine o
ayni nesnesel, nesne olarak
ayniyet tıpkılık, özdeşlik
aysberk buzdağı
ayyaş içkici
ayyuka çıkmak **1** göklere çıkmak, yükselmek **2** *mec.* yayılmak.
aza üye
azamet **1** ululuk **2** *mec.* çalım, kurum
azami en çok, en yüksek (olarak)
azap ezinç
azar paylama
azarlamak paylamak
azarlanmak paylanmak
azat özgür bırakma
azat etmek özgür bırakmak
azil görevden alma
azimet gidiş
azletmek görevden almak

B

badire dar geçit, dar boğaz; sıkıntı
bagaj 1 yük, denk **2** yük yeri
baget çubuk
bahane sözde neden, nedensi
bahar ilkyaz
bahir deniz
bahis 1 konu **2** söz
bahis mevzuu söz konusu
bahsetmek söz etmek
bahşetmek eriştirmek, vermek
bahşiş sevinmelik
baht yazgı, yazı
bahtiyar mutlu
bahtsız karayazılı, karagünlü
bahusus özellikle, hele, üstelik
bakaya kalıntı
baki 1 artan, kalan **2** kalımlı, ölümsüz
bakir el değmemiş, işlenmemiş, bozulmamış, dokunulmamış
bakire kız, kız oğlan kız, erden
bakiye kalan, artan
bakliye baklagiller
balans denge
balast kırmataş
baliğ 1 erin **2** varan, bulan
balistik *ask.* atışbilim
bandaj 1 sargı **2** kayış
bani kurucu, kuran
bank sıra
banliyo dolaylık, çevre, yörekent
banyo 1 yunak **2** yıkanma **3** yıkama
banyo yapmak 1 yıkanmak **2** yıkamak
bap kapı; bölüm; konu
baraj 1 su bendi **2** büğet, bağlağı **3** *mec.* engel
barisfer *yerb.* ağırküre
bariyer önleç
bariz açık, belirgin
barometre basınçölçer
basiret sağgörü
basiretli sağgörülü
basiretsiz sağgörüsüz
basit 1 yalın, yalınç **2** kolay **3** sıradan
basketbol *sp.* sepettopu
başkâtip başyazman
başkumandan başkomutan
başmakale başyazı
başmuharrir başyazar
başşehir başkent
başvekâlet başbakanlık
başvekil başbakan
batıl boş, temelsiz, dayanaksız
batıni içrek
batonsale tuzluçubuk
bayi 1 satıcı **2** satış yeri
bazen kimi kez, arada, arada bir, ara sıra
bazı 1 kimi **2** birtakım
bazı bazı kimi kez, ara sıra, arada bir
becayiş etmek karşılıklı yer değiş-

tirmek
bedava parasız, karşılıksız, emeksiz
bedbaht mutsuz
bedbin kötümser, karamsar
bedbinlik kötümserlik, karamsarlık
beddua ilenç, ilenme, kargış
beddua etmek ilenmek
bedel **1** karşılık **2** tutar
bedelini tediye etmek karşılığını ödemek
beden gövde
bedeni gövdesel
bedir dolunay
behemehal kesinlikle, ne yapıp yapıp, her durumda
beheri her biri
beis sakınca
bej sazrengi
bek *sp.* savunucu
beka kalım
bekâret erdenlik
bekgraund artyetişim
belahat alıklık
belde kent
belediye yerel yönetim
bende kul, köle
beraat aklanma
beraat etmek aklanmak
beraber birlikte
berabere kalmak yenişememek, başa baş kalmak, başa baş gelmek
beraberlik birliktelik
berbat kötü, çok kötü
berdevam sürüp giden
berduş başıboş
bereket **1** bolluk, verim **2** artağanlık
bereketli **1** verimli **2** artağan
bermutat alışılageldiği gibi, alışıldığı gibi
berrak duru
bertaraf etmek gidermek, ortadan kaldırmak
bestekâr besteci
beşaret muştu
beşaşet güleçlik
beşuş güleç
bet kötü, çirkin
beter daha kötü
betonyer karmaç
beyan söyleme, bildirme
beyanat demeç
beyan etmek **1** açıklamak, bildirmek, söylemek **2** bildirimde bulunmak
beyanname **1** bildirge **2** bildiri
beyaz ak
beyhude boşuna, boş yere, yararsızca
beynelmilel uluslararası
beyzi söbe, yumurta biçimli, yumurtamsı
bibliyografya kaynakça
biblo süslük
biçare umarsız
bidayet başlama, başlangıç
bigami *topb.* ikieşlilik
bigâne **1** ilgisiz **2** yabancı
bigudi sarmaç, kıvırtmaç
bihaber **1** salıksız **2** bilgisiz
bihakkın adamakıllı, iyice
bilahara sonunda, sonradan, bundan sonra
bilaistisna ayrıksız
bilakis tersine
bilanço dengelem
bilavasıta dolaysız, doğrudan doğruya
bilcümle bütün, -in tümü
bilfarz tutalım ki, sayalım ki, diyelim ki, sözgelişi
bilfiil edimli olarak, gerçekten, doğrudan doğruya
bilhassa özellikle
bililtizam bile bile, bilerek ve isteyerek, bile isteye

bilistifade yararlanarak
bilmukabele 1 karşılık olarak **2** ben de, size de...
bilumum bütün
bina yapı
binaen 1 -den dolayı, -den ötürü **2** dayanarak
binaenaleyh dolayısıyla, bundan dolayı
bina etmek kurmak
biperva 1 çekinmez, sakınmak **2** korkusuz **3** *be.* çekinmeden, korkmadan
birader 1 erkek kardeş **2** arkadaş
bisiklet çifteker
bitap bitkin, yorgun argın
bitaraf yansız, yan tutmayan
bitaraflık yansızlık
bittabi doğal olarak
biyografi yaşamöyküsü
biyolog yaşambilimci, dirimbilimci
biyoloji yaşambilim, dirimbilim
biyolojik 1 dirimbilimsel, yaşambilimsel **2** yaşamsal, dirimsel
biyonik 1 dirimkurgu **2** dirimkurgusal
biyosfer dirimyuvar
bizar bezmiş, bıkmış, tedirgin
bizar olmak bezmek, bıkmak
bizatihi kendisi, kendiliğinden
bizzat kendisi
blokaj 1 bekletim **2** yığım
bloke edilmek bekletime alınmak
bloke etmek bekletime almak
blöf kandırmaca, kurusıkı
blöf yapmak kandırmaca yapmak, kurusıkı atmak
bobin sarımlık
boks yumrukoyunu
boksör yumrukoyuncusu
bombardıman topa tutma
bombe şişkinlik, kabarıklık
bombeli şişkin, kabarık
bonbon şekerleme
bone başlık
bonkör eliaçık, iyiliksever
bonservis iyi iş belgesi, iş başarı belgesi
botanik bitkibilim
boykot direniş
brakisefal kısakafalı
branş dal, kol
bravo yaşa!
brifing özetleyim, özetlem
brove uzluk belgesi
brülör yakaç
brüt kesintisiz
bu cihetle bu nedenle
bu cümleden (olarak) bunların arasında, bu arada
buhar buğu
buhran 1 bunalım **2** (sayrılıkta) bunluk
buhur tütsü
bukle (saç için) büklüm, kıvrım
buldozer yoldüzler, yoldüzer
buluğ ergenlik
bulvar genyol
burç dönence
burjuva kentsoylu, kenter
burjuvalaşmak kenterleşmek
burjuvalık kenterlik
burjuvazi kentsoylular, kentsoylular sınıfı
burs öğrenimlik
buse öpücük, öpüş
bu suretle böylelikle, böylece
butlan geçersizlik, çürüklük
buut boyut
bühtan kara çalma
bünye yapı

C

cahil 1 bilgisiz, görgüsüz **2** okumamış **3** toy
cahillik 1 bilgisizlik, görgüsüzlük **2** toyluk
cahillik etmek düşüncesizlik etmek
caiz doğru, uygun
camia topluluk
canhıraş yürek parçalayıcı
cani kıyacı
canip yan
cari yürürlükte olan
casus gizci, çaşıt, gizmen
cazibe 1 çekicilik, alımlılık, albeni **2** *fiz.* çekim.
cazip çekici
cebir güç
cebren güç kullanarak
cefa üzgü, sıkıntı
cehalet bilmezlik, bilgisizlik, karabili
cehennem tamu
celallenmek öfkelenmek
celp 1 getirme **2** çağrı belgesi, çağrılık
celp etmek kendine çekmek; çağırmak, getirmek
celpname çağrı belgesi, çağrı yazısı, çağrılık
celse oturum
cemaat topluluk
ceman toplamı, toplam olarak
cem etmek toplamak, yığmak
cemi 1 toplamı **2** *dilb.* çoğul **3** bütün, hepsi.
cemiyet 1 toplum, topluluk **2** dernek
cenah yan, kanat
cengâver savaşçı
cenin dölüt
cenini sakıt düşüt
cenk savaş
cennet uçmak
centilmen çelebi, ince, görgülü
cenup güney
cephe 1 önyüz, alnaç **2** yan **3** savaş bölgesi
cerahat irin
cerbeze 1 girginlik **2** dillilik
cerbezeli 1 girgin **2** dilli
cereyan 1 akım **2** akıntı
cereyan etmek yapılmak, sürmek, olagelmek
cereyanlı 1 akımlı **2** akıntılı
cerh 1 yaralama **2** *tüze.* çürütme
cerh etmek 1 yaralanmak **2** *tüze.* çürütmek
cerrah yarman
cesamet büyüklük, irilik
cesametli kocaman; iri
cesaret yüreklilik
cesaret etmek göze almak, gözüne yedirmek
cesaretlendirmek yüreklendir-

mek
cesaretlenmek yüreklenmek
cesaretli yürekli
cesaretsiz yüreksiz
cesaret vermek yüreklendirmek
ceste ceste azar azar
cesur yürekli
cet dede
cetvel 1 çizelge **2** düzçizer
cevaben yanıt olarak
cevabi yanıtsal
cevap yanıt, karşılık
cevaplandırmak yanıtlandırmak karşılık vermek
cevap vermek yanıtlamak, karşılık vermek
cevelan dolaşma
cevher 1 *fels.* töz **2** yetenek
cevir üzgü
cevval 1 devingen, canlı **2** işlek, cıvıl cıvıl
cezbe coşku
cidar çeper
cidden gerçekten
ciddi 1 ağırbaşlı **2** gerçek **3** sıkı, sağlam **4** önemli
cihanşümul evrensel
cihaz aygıt
cihet yan, yön
cilve kırıtma
cimri elisıkı
cinayet öldürüm, kıya
cinnet delilik
cinsi cinsel
cinsiyet cinsellik
civan genç
civar yöre, dolay
cömert eliaçık
cühela bilgisizler
cümle 1 *dilb.* tümce **2** bütün, hep
cümleten hep birlikte
cümudiye *coğr.* buzul
cüret 1 ataklık **2** yüreklilik
cüretkâr 1 atak **2** yürekli
cürmü meşhut suçüstü
cüruf dışık
cürüm suç
cüsse yapı, gövde
cüsseli gövdeli, iriyarı, iri yapılı
cüz böle, tike
cüzi 1 az, azıcık **2** *fels.* tikel
cüziyet tikellik

Ç

çare 1 umar **2** çıkar yol
çaresiz 1 umarsız **2** ister istemez **3** onulmaz
çaresiz kalmak 1 umarsız kalmak **2** çıkar yol bulamamak
çarnaçar ister istemez
çehre 1 yüz **2** görünüş
çek ödene
çekap (check up) sağlık yoklaması, sağlık denetimi, tümtanı
çember döngü
çenebaz geveze, çalçene
çeşni 1 tadım, tadımlık **2** tat
çifte ikili
çiklet sakız
çile sıkıntı
çini sırlıtaş
çip yonga

D

dâhi öke
dahil içinde, ... ile birlikte
dahili iç, içsel
dâhilik ökelik
dahiliye 1 içişleri **2** iç sayrılıkları
dahil olmak katılmak, girmek, içinde olmak
dahli olmak (bir işe) karışmış olmak, karışmak
daim sürekli
daima her zaman, sürgit
daim etmek sürekli kılmak
daimi sürekli
daimi olmak sürekli olmak
dair ... üzerine, ...-e değgin, ilişkin
daire *mat.* değirmi
dairei fasit kısırdöngü
dalalet sapınç
dalalete düşmek sapınca düşmek
damat güvey
damper döker
damping düşürüm
darbe 1 vuruş **2** düşürüm
darbımesel atasözü
darphane para basımevi
darülaceze düşkünler yurdu, bakımyurdu
datif *dilb.* yönelme durumu
daüssıla yurtsama, yurt özlemi
dava 1 sorunca **2** sorun
davet çağrı
davet etmek çağırmak
davetiye çağrılık, çağrı belgesi
davetli çağrılı
debriyaj kavrama
dedektif izlemci
dedektiflik izlemcilik
dedüksiyon tümdengelim
defa kez, yol
defans savunma
defansif savunmalı
defekt 1 eksiklik **2** bozukluk
defetmek savmak, kovmak
defile giysi gösterisi
defin (ölüyü) gömme
define gömü
deflasyon inginlik, paradarlığı
defnetmek gömmek, toprağa vermek
deformasyon biçimsizleşme, biçimsizlenme, biçimsizleştirme, biçimbozum
deforme biçimsizleşmiş, bozulmuş
deforme olmak biçimsizleşmek, bozulmak
defroster buzçözer
deha öke, ökelik
dehşet korku, ürkü
dehşetengiz ürkünç, korkunç
dehşetli korkunç
dejenerasyon soysuzlaşma, yozlaşma
dejenere soysuz, yoz, bozulmuş, bozuk

dejenereleşmek soysuzlaşmak, yozlaşmak
dejenere olmak soysuzlaşmak, yozlaşmak, bozulmak
deklarasyon 1 bildiri, açıklama **2** mal bildirimi
deklare etmek bildirmek, açıklamak, bildirimde bulunmak
dekolte açık saçık
dekor bezem
dekorasyon bezemleme
dekoratif bezemesel
dekoratör bezemci
dekore etmek bezemlemek
delalet 1 kılavuzluk **2** aracılık
delil 1 kanıt, tanıt **2** ipucu
delta *coğr.* çatalağız
demagog halkavcısı
demagoji halkavcılığı
demografi nüfusbilim
demonstrasyon gösteri
demoralizasyon içgücü bozumu, içgücü yitimi
demoralize etmek içgücünü bozmak, içgücünü yitirmek
demoralize olmak içgücü bozulmak, içgücünü yitirmek
deni alçak
deodoran kokusavar
deontoloji ödevbilim, ödevbilgisi
departman bölüm
deplasman değiştirmece
depo koruncak
depo etmek yığmak, toplamak, biriktirmek
depozit, depozito önödence
depresyon çöküntü
derbeder başıboş, dağınık
dercetmek yazmak, yazıya geçirmek
derdest etmek yakalamak, tutmak
derece 1 aşama **2** basamak, kerte
derhal çabucak, birden
derman 1 güç, dinçlik **2** em **3** umar
dermeyan etmek ortaya koymak
derpiş etmek 1 öngörmek **2** göz önünde tutmak, göz önünde bulundurmak
dessas düzenci, oyuncu
dershane 1 derslik **2** öğretimevi
dert ortağı acıdaş
deruhte etmek 1 üzerine almak, üstlenmek **2** yüklenmek
derun iç
deruni içsel
derya deniz, engin deniz
desantralizasyon yerinden yönetim
desise düzen, oyun
despot buyurgan
deşarj 1 boşalma, içini dökme **2** (akü) boşalma
deşarj olmak 1 boşalmak, içini dökmek **2** (akü) boşalmak
deşifre etmek çözmek, sökmek
deşifre olmak kimliği anlaşılmak, kimliği açığa çıkmak, kimliği belli olmak
detant yumuşama
detay ayrıntı
detektör bulucu
deterjan arıtıcı, kirsöken
determinist gerekirci, belirlenimci
determinizm gerekircilik, belirlenimcilik
deva 1 em **2** umar
devalüasyon değerdüşürümü
devalüe etmek değerini düşürmek
devalüe olmak (para) değeri düşmek
devam sürek, sürüp gitme, sürme
devamlı sürekli
developman 1 gelişme **2** geliştirme
deveran dolaşım
devir 1 dönüş, dönme **2** aktarılma **3** çağ, evre

devre 1 dönem **2** (elektrik, telsiz için) çevrim
devretmek 1 aktarmak **2** dönmek
devriye 1 kol **2** karakol **3** dönüm
dezavantaj yitirim, çıkar yitirimi, yarar yitirimi
didaktik öğretici
difteri kuşpalazı
difüzör yayıcı
difüzyon yayım, yayınma
diğer öbür, başka, öteki
diğer taraftan öte yandan
dikkate almak göz önünde tutmak, göz önünde bulundurmak
dikkate şayan ilgi çekici, ilgiye değer, ilginç
dikkatini çekmek 1 ilgisini çekmek **2** uyarmak
diksiyon söyleme
diksiyoner sözlük
dikta buyurma
diktatör buyurgan
diktatörlük buyurganlık
dikte 1 yazdırma, yazdırım **2** yazım
dikte etmek 1 söyleyip yazdırmak **2** zorla benimsetmek
dilatometere genleşmeölçer
dilbaz konuşkan
dilber güzel
dilemma ikilem
dimağ beyin
dinamik 1 devingen **2** canlı **3** *fiz.* devimbilim **4** *fiz. s.* devimsel, devimbilimsel
dinamizm 1 devingenlik **2** canlılık
dini dinsel
dipfriz donduraç, derindondurucu
diploma yetki belgesi
dirayet 1 yetenek **2** beceriklilik **3** seziş
direksiyon yönelteç
direkt 1 dolaysız **2** doğru, doğruca, doğrudan doğruya
direktif 1 yönerge **2** yönerme
direktör yönetmen
direktörlük yönetmenlik
disimilasyon *dilb.* benzeşmezlik
disiplin sıkıdüzen, düzenbağı, düzence
diskalifiye etmek yarış dışı bırakmak
diskur söylev, söylem
dispanser bakımevi
distrübütör dağıtıcı, dağıtımcı, toptancı
divaniâli yüce yargılık
diyagram çizge, çizenek
diyalektik 1 eytişim **2** eytişimsel
diyet besidüzen
diyetetik 1 besibilim **2** besibilimsel
diyetisyen besibilimci
dizanteri kanlı sürgün
dizayn (design) tasarçizim
dizayncı tasarçizimci, tasarım[2]
dizel içten yanmalı
doktor sağın[2]
doktrin öğreti
doküman belge
dokümantasyon belgeleme
dokümanter belgesel
dolikosefal uzunkafalı
dominant başat
done veri
doping güç katımı
doz düze, düzem
dozaj düzeleme, düzem
dömifinal yarıson
döviz 1 yabancı para **2** savyazı
dram üzgü, üzünç
dramatik üzgüsel, üzünçlü
dren akaç
drenaj akaçlama
dua 1 yakarı **2** yakarış
dublaj sözlendirme
dubleks ikikatlı
dublör *tiy.* ve *sine.* yedek oyuncu

duçar olmak uğramak, tutulmak
duhuliye girmelik, girimlik
dumura uğramak körelmek
düalizm ikicilik
dükkân satımevi
dümdar artçı
dünya 1 yeryuvarlağı **2** el gün **3** çevre, ortam
dürbün ırakgörür
dürüst doğru, güvenilir
düstur 1 genel kural, başyasa **2** yasalar dergisi **3** *fels.* düzgü
düyun borçlar

E

ebat boyutlar
ebedi sonsuz, ölümsüz, bengi
ebedilik sonsuzluk, ölümsüzlük
ebediyen sonsuza değin
ebediyet sonsuzluk
ebeveyn ana baba
ebleh alık
ecdat dedeler, atalar
ecnebi yabancı
eçhel pek bilgisiz
eda 1 alım **2** davranış **3** anlatış yolu **4** ödeme, yerine getirme
eda etmek ödemek, yerine getirmek
edalı ince, çalımlı
edat *dilb.* ilgeç
edebi yazınsal
edebiyat yazın; yazınbilim
edebiyatçı yazıncı
edebiyatçılık yazıncılık
edep saygıbilirlik
edepli saygıbilir, saygılı
edepsiz saygıbilmez, saygısız
edepsizlik saygıbilmezlik, saygısızlık
edip yazar
edisyon basım
edisyon kritik eleştirel basım
editör yayımcı
editörlük yayımcılık
edvar çağlar
efemine kadınsı
efkâr 1 düşünceler **2** tasa, kaygı
efkârıumumiye kamuoyu
efkârlanmak sıkıntılanmak
efkârlı tasalı, düşünceli
efor güç, çaba
efor sarfetmek çaba harcamak, güç harcamak
efrat bireyler
efsane söylence
efsanevi söylencesel
efsun büyü
egoist bencil
egoistlik bencillik
egoizm bencillik
egosantrik benözekçil, beniçinci
egosantrizm benözekçilik, beniçincilik
egzersiz alıştırma
egzistansiyalist varoluşçu
egzistansiyalizm varoluşçuluk
egzogami dışevlilik
egzotik yabansıl, ıraksıl
egzotizm yabansılılık ıraksılcılık, ıraksıllık
ehemmiyet önem
ehemmiyetli önemli
ehemmiyetsiz önemsiz
ehemmiyet vermek önemsemek, önem vermek
ehli evcil
ehlihibre bilirkişi
ehlileşmek evcilleşmek

ehlivukuf bilirkişi
ehliyet 1 yeterlik **2** yeterlik belgesi **3** sürücü belgesi
ehliyetname 1 yeterlik belgesi **2** sürücü belgesi
ehven ucuz, yeğ
ekâbir kodaman
ekalliyet azınlık
ekarte etmek uzaklaştırmak, yok etmek
ekber en büyük
ekip takım
eklektizm *fels.* seçmecilik
eko yankı
ekol okul
ekoloji çevrebilim
ekolojik çevrebilimsel
ekolu yankılı
ekonomi 1 tutum **2** tutumbilim
ekonomik tutumbilimsel; tutumlu
ekonomist tutumbilimci
ekosuz yankısız
ekran görüntülük
eksantrik 1 *fiz.* dışmerkezli **2** *mec.* ayrıksı
ekseri çoğu, çokluk
ekseriya çoğunlukla
ekseriyet çoğunluk
ekskavatör kazaratar, kazıcı[2]
ekspansiyon yayılım
ekspansiyonist yayılımcı
ekspansiyonizm yayılımcılık
eksper uzman, bilirkişi
eksport dışsatım
ekspres 1 özelulak (mektup) **2** beklemesiz (tren)
ekspresyon deyim
ekspresyonist dışavurumcu
ekspresyonizm dışavurumculuk
ekstra 1 eşsiz, üstün, eşi benzeri yok **2** birinci **3** üste olarak
ekstre özüt
ekstrem uç, uzak
ekvator eşlek
elan şimdiki durumda, daha
elastiki esnek
elastikiyet esneklik
elbet, elbette kuşkusuz, hiç kuşku yok
elbise giysi
elem acı, üzüntü
eleman 1 öğe **2** görevli, çalışman
elhamdülillah Tanrı'ya şükür
elim acınacak, acıklı, acı
elimine etmek elemek
elimine olmak elenmek
elit seçkin
elyaf telcikler
elzem pek gerekli, geçilmez
emare belirti, iz, ipucu
emaye sırlı
emektar emek vermiş, emeği geçmiş
emel umunç, erek
emin inanılır, güvenilir
emin olmak iyice bilmek, inanmak
emir buyruk, komut
emisyon 1 kâğıt para çıkarma **2** (radyo, televizyonda) yayım.
emniyet 1 güvenlik **2** güven
emniyet amiri güvenlik yöneticisi
emniyetli güvenilir
empermeabl geçirimsiz
emperyalist 1 elkoyucu **2** yayılımcı
empresyonist izlenimci
empresyonizm izlenimcilik
emretmek buyurmak
emrivaki oldubitti, olupbitti
emsal benzer
emtia mallar
emülsiyon sütsü
encam son, işin sonu
endam boy bos
endaze ölçü
ender pek az, pek seyrek
endikasyon belirti

endikatör gösterge
endirekt dolaylı
endişe tasa, kaygı, kuşku
endişe etmek kaygılanmak
endogami içevlilik
endokrinoloji içsalgıbilim
endüljans hoşgörürlük
endüstri işleyim
endüstriyel işleyimsel
enerji güç, çaba, erk
enerjik gürel, güreli; canlı
enfarktüs tıkışça, tıkanca
enfeksiyon (sayrılık) bulaşma, bulaşım
enfes çok güzel, en güzel
enflasyon şişkinlik, paraşişkinliği
enflüanza göğüs ingini, paçavra sayrılığı
enformasyon danışma
enformatik bilgisayım, bilişim
enfraruj kızılötesi, alaltı
enfrastrüktür altyapı
enfüsi öznel
enjeksiyon iğne yapma, iğne vurma
enjekte etmek iğne ile vermek, iğne vurmak
enjektör iğne
enkaz yıkıntı
enstantane çabucak
enstrüman çalgı
enstrümantalizm araççılık
entari giysi
entegre bütünleşik, tümleşik
entelektüalizm aydıncılık
entelektüel aydın
enteresan ilginç, ilgi çekici
enterese etmek ilgilendirmek
enterkonnekte bağlantılı
enterkonnekte sistem bağlantılı dizge
entern yetişici
enternasyonel uluslararası
enternasyonalizm uluslararasıcılık
enterne etmek gözaltına almak
led enternlik yetişicilik
entrika düzen, oyun, dolap
entrikacı düzenci
entrika çevirmek dolap çevirmek
envai türlü çeşit çeşit, türlü türlü
envanter döküm
envestisman yatırım
epidemi salgın, salgın sayrılık
epigrafi yazıtbilim
epik koçaklamalı
epilog sondeyiş
epistemoloji bilgi kuramı, bilgikuram
ergonomi işbilim
erkân büyükler, ileri gelenler
erkânıharbiyeiumumiye genelkurmay
erotik kösnül
erotizm kösnüllük
erozyon aşınma
erzak yiyecek
esaret tutsaklık
esas **1** ana, temel **2** asal
esasen **1** başından, kökünden **2** doğrusu, doğrusunu isterseniz **3** nasıl olsa, gene
esasi asal
esaslı **1** köklü, geniş ölçüde **2** *mec.* etkili, güzel
esassız **1** köksüz **2** doğru olmayan
esatir söylenceler
esbabı mucibe gerekçe
esef acınma, yerinme
esef verici üzücü
eser yapıt
esir tutsak
eskiz taslak
eskrim kılıçoyunu
esmer buğdayrengi, yağız
esna an, sıra
esnasında sırasında
espas aralık

espase aralıklı
esrar giz, gizem
esrarengiz gizemli
esrarlı gizemli
estetik **1** güzelduyu **2** güzelduyusal **3** güzelduyubilim
estetikçi güzelduyucu
estetisyen güzelduyucu
estetizm güzelduyuculuk
esvap giysi
eşantiyon örneklik
eşarp başörtü
eşel mobil oynak ölçü
eşkâl biçimler, taslaklar, kılık
eşraf ileri gelenler
eşya nesne
etap aşama
etik **1** törel **2** törebilim
etimoloji kökenbilim
etimolojik kökenbilimsel
etnik budunsal
etnograf budunbetimci
etnografya betimsel budunbilim
etnolog budunbilimci
etnoloji budunbilim
etol omuz atkısı
etraf çevre
etraflı ayrıntılı, eksiksiz
etüt **1** inceleme, araştırma **2** ön çalışma
evham kuşku(lar), kuruntu(lar)
evhamlı kuşkulu, kuruntulu
evla yeğ, daha iyi
evlat çocuk(lar)
evleviyetle öncelikle
evliya **1** ermiş, eren **2** yatır
evsaf nitelik(ler)
evvela önce, ilkin, ilk önce
evveliyat öncesi, önceleri, geçmiş
eyyam günler
eza üzgü, sıkıntı
ezberlemek bellemek
ezcümle **1** başlıca **2** örnek olarak
ezel öncesizlik
ezeli **1** öncesiz **2** eski
eziyet üzgü, sıkıntı, çektiri
eziyetli üzgülü
eziyetsiz üzgüsüz
ezkaza yanlışlıkla

F

faal 1 çalışkan **2** etkin
faaliyet 1 çalışma, çalışkanlık **2** etkinlik
faaliyet göstermek 1 çalışmak **2** etkinlik göstermek
fabrika yapımevi
fabrikasyon yapım
facia 1 acıklı olay **2** ağlatı
fahiş aşırı,ölçüdışı
fahişe orospu, yolsuz kadın
fahri onursal
faide yarar
faikiyet üstünlük
fail 1 yapan, eden **2** *dilb.* özne
faiz getiri, ürem
fakat yalnız, ancak
fakir yoksul
fakirhane bakımyurdu
faksimile tıpkıbasım
faktif *dilb.* ettirgen
faktör etken
fal bakı
falcı bakıcı
falso yanlış, yanlışlık, yanlış davranış
fanatik bağnaz
fanatizm bağnazlık
fani ölümlü
fantezi 1 düşlem **2** süslü
faraza diyelim ki, tutalım ki, sözgelimi, sözgelişi, örneğin
faraziye varsayım
farbala fırfır
faranjit yutak yangısı
fark ayrım
fark edilmek ayrımsanmak
fark etmek 1 ayrımlanmak **2** ayrımsamak
fark etmez önemli değil, önemi yok, değişmez, aynı şey
farklı ayrımlı
farklılaşmak ayrımlılaşmak
farmakoloji embilim
farz 1 boyun borcu **2** başkoşul **3** zorunlu, çok gerekli **4** varsayma
farz etmek varsaymak
farzumuhal tutalım ki, varsayalım ki
fasıl bölüm
fasıla aralık, ara
fasılalı aralıklı, aralı
fasılasız aralıksız, ara vermeden
fasih açık, düzgün, anlaşır
fasikül böle
fasit daire kısırdöngü
fason biçim, kesim
faş etmek açıklamak, açığa vurmak
fauna direy
fay *yerb.* kırık
fayans sırlıtaş
fayda yarar
faydalanmak yararlanmak
faydalı yararlı
faydasız yararsız
faz evre
fazilet erdem

faziletli erdemli
fazla **1** gereğinden çok, aşırı **2** daha çok, aşkın **3** artmış **4** gereksiz, yersiz
fecaat çok acıklı
feci çok acıklı, yürekler acısı, acıklı
fecir gün ağarması
feda etmek gözden çıkarmak, kıymak
fedakâr özverili
fedakârlık özveri
federal birleşik
federasyon birlik
federe birlikteş
felaket **1** karayıkım **2** *s.* çok kötü **3** yıkınç, yıkım
felç inme
felçli inmeli
fena **1** kötü **2** üzücü **3** çok
fenalaşmak kötüleşmek
fenalık kötülük
fenomen **1** olay **2** görüngü
fenotip soyserim
feodal derebeyi
feodalite derebeylik
feodalizm derebeylik
fer parlaklık, aydınlık
feragat el çekme
feragat etmek el çekmek
ferah **1** iç açıcı **2** geniş
feraset anlayış, seziş
ferasetli anlayışlı, ince görüşlü
ferdi bireysel, kişisel
ferdiyetçi bireyci
ferdiyetçilik bireycilik
feribot taşıt gemisi
ferman buyruk
fermantasyon mayalanma
fermejup çıtçıt
fermuar kapayıcı
fersah fersah pek çok, bol
fert birey
feryat haykırış, çığlık
fesat **1** karışıklık, kargaşalık **2** bozukluk **3** *s.* karıştırıcı, arabozucu
fesatçı arabozucu
fesatçılık arabozuculuk
feshetmek **1** kaldırmak, bozmak **2** dağıtmak
festival şenlik
fetiş tapıncak
fetişist tapıncakçı
fetişizm tapıncakçılık
feveran köpürme, taşma, öfkelenme
feveran etmek öfkelenmek, sinirlenmek
fevk üst, yukarı
fevkalade olağanüstü
fevri taşkınca
feyizli bol, verimli
feyz verimlilik, gürlük
feza uzay
fezleke özet
fıtrat yaradılış
fıtri yaradılıştan, doğuştan
fidye kurtarmalık, kurtulmalık
figür beti, betimge
figüratif betili
fihrist dizin
fiil eylem, edim
fiilen eylemli olarak
fiili eylemsel, edimsel
fikir düşünce, düşün
fikir hürriyeti düşünce özgürlüğü, düşün özgürlüğü
fikri düşünsel
fikrisabit saplantı
fiksiyon imge, yapıntı
fiktif imgesel, kurmaca, yapıntısal
filhakika gerçekten, doğrusu
filiz sürgün
filtre **1** süzgeç **2** süzek
filtreli süzekli
filvaki gerçekte, gerçekten
final sonlama

finanse edilme akçalanma
finanse edilmek akçalanmak
finanse etme akçalama
finanse etmek akçalamak
finiş **1** bitme **2** bitiş
firak ayrılık
firar kaçış, kaçma, kurtulma
firar etmek kaçmak
firari kaçak
firkat ayrılış, ayrılık
fistül *tıp.* akarca
fitne geçimsizlik; karışıklık
fiyaka gösteriş, çalım
fiyat eder
fizibil yapılabilir, uygulanabilir
fizibilite yapılabilirlik, uygulanabilirlik
fobi korku, korkuntu
folklor **1** halkbilgisi **2** halk oyunu
fon **1** dipyüzey **2** altezgi
fonem *dilb.* sesbirim
fonetik *dilb.* sesbilim, sesbilgisi
fonksiyon **1** işlev **2** görev
fonograf sesyazar
fonoloji sesbilim
forklift kaldırmaç
form biçim
formalist biçimci
formalite gerekli işlem
formalizm biçimcilik
formasyon **1** yetişim, yetişek **2** oluşum
formül çözüm yolu
formüle etmek biçimlendirmek
fors güç
forslu sözü geçen, güçlü, sayılır
forum toplutartışma, açık oturum
forvet *sp.* akıncı
fos boş
fosil taşıl
fosseptik çürütme çukuru, pissu çukuru
fotokopi eşçekim, tıpkıçekim
fotometre ışıkölçer
fotosel ışıkgözü
fotoster ışıkyuvarı
fraksiyon bölüngü
frapan gözalıcı
frapanlık gözalıcılık
fren durduraç
frenlemek engellemek, durdurmak
frigorifik soğutmalı
frijider soğutucu
friksiyon ovma, ovuşturma
fuaye gezinek, aragezinek
fuel-oil yağyakıt
fuhuş orospuluk
fuhuş yapmak orospuluk yapmak
fukara yoksul
fukaralık yoksulluk
fultaym (full time) tümgün
fundamentalist köktendinci
fundamentalizm köktendincilik
futbol ayaktopu
futbolcu ayaktopu oyuncusu
fuzuli yersiz, gereksiz
fuzuli işgal **1** zorla oturma **2** koltuk kapmaca
fücceten ansızın, birdenbire
füru **1** dallar, kollar; ayıntılar **2** çocuklar, torunlar
füsun büyü
füsunkâr büyüleyici
fütursuz korkusuz, umursamaz
fütürist gelecekçi
fütürizm gelecekçilik

G

gabi anlayışsız
gaddar acımasız, kıyıcı, kıyıncı
gadir kıygı, kıyın
gafil aymaz
gaflet aymazlık, dalgı
gaile sıkıntı, dert
gaip 1 görünmeyen **2** görünmezlik **3** *tüze.* bulunmayan
gaita dışkı
galaksi *gökb.* gökada
galat bozuk, yanlış (söz)
galatıhis yanılsama, yanıltı
galatımeşhur yaygın yanlış
galebe 1 yengi **2** üstünlük
galeri sergiyeri, sergilik, sergievi
galeyan kaynama, kaynaşma, coşma
galeyana gelmek coşmak
galeyana getirmek coşturmak
galiba anlaşılan, görünüşe göre, görünüşe bakılırsa; sanırım
galibiyet yenginlik, yengi
galip yengin
galiz kaba, çirkin, iğrenç
galsame solungaç
gam 1 tasa, kaygı, üzüntü **2** *müz.* dizi
gamlanmak tasalanmak, kaygılanmak
gamlı kaygılı, tasalı
gammaz kovcu, çekiştirici, dedikoducu
gammazlamak kovlamak, çekiştirmek
gamsız tasasız, kaygısız, üzüntüsüz
gamsızlık tasasızlık, kaygısızlık
ganimet savaş vurgunu, savaş kazancı
garabet şaşılasılık
garaj arabalık, taşıtlık
garanti güvence
garantör güvenceci
garaz 1 erek, amaç **2** hınç
gardırop giysi dolabı, giysilik
garip 1 kimsesiz, yalnız **2** yersiz yurtsuz **3** acınası (kişi) **4** şaşılası, şaşırtıcı
gark etmek (bir şeye) boğmak
gark olmak (bir şeye) boğulmak, gömülmek
garnitür süslenti
garp batı
garplı batılı
gasbetmek zorla almak; kapmak
gaseyan iç bulantısı, kusma
gasp zorla alma
gastroentrolog sindirimbilimci, sindirim sayrılıkları uzmanı
gastroentroloji sindirimbilim; sindirim sayrılıkları dalı
gaybubet 1 bulunmayış **2** yokluk
gaye erek, amaç, varak
gayet son derece, pek, çok, pek çok
gayr başkası, özge
gayret çaba
gayretli çaba gösteren

gayri ahlaki aktöredışı
gayri hukuki tüzedışı
gayri ihtiyari istemeksizin, düşünmeden, elinde olmayarak, istem dışı
gayri ilmi bilimdışı
gayri iradi istençdışı, istençsiz
gayri kanuni yasadışı, yasaya aykırı, yasal olmayan
gayri menkul taşınmaz (mal)
gayri meşru **1** töreye, yasaya aykırı **2** yolsuz **3** evlilik dışı
gayri muntazam düzensiz, gelişigüzel
gayri safi katışık, kesintisiz
gayri tabii olağandışı; doğadışı
gayzer *yerb.* kaynaç
gayzerit *yerb.* kaynaçtaşı
gazal ceren
gazap öfke, kızgınlık
genealoji **1** soyağacı **2** soybilim
genosit soykırım, soykırımı
geneotip (**jenotip**) soyyapı
gerçi her ne denli, ... ise de
geriatri *tıp.* yaşlılıkbilim
getr tozluk
gıda besin, yiyecek
gına bıkma, usanma
gıpta imrenme
gıpta etmek imrenmek
gıyaben **1** yokluğunda **2** uzaktan
gıyabında yokken, arkasından
gıyabi yokken, görüşmeden
gıyap yokluk, bulunmama, yitiklik
girdap burgaç
girift girişik, çapraşık, karışık, dolaşık
giriftar olmak tutulmak, uğramak, yakalanmak, düşmek
girizgâh girişlik, giriş
grafik çizge, çizenek
grafoloji yazıbilim, yazıbilgisi
gramatikal *dilb.* dilbilgisel
gramer dilbilgisi
grev işbırakımı
grevci işbırakımcı
greve gitmek işbırakımına başvurmak
greyder yerdüzler
gri külrengi, boz
grup küme, öbek, takım, topluluk, yığın
guatr boğazlak
gudde beze, bez
gufran yarlıgama
gurbet yadel
gurbetçi yadelci
gurup gün batımı
gurur **1** övünç **2** benlik **3** büyüklenme, şişinme, burun büyüklüğü, kasıntı, kurum
gururlu **1** övünçlü **2** benliğine düşkün, benlikçi **3** burnu büyük, kasıntılı, kurumlu **4** konur
gusto beğeni
gümrah bol, sık, gür, çok
günah suç, yazık
günahkâr suçlu, yazıklı
güruh toplaşım, kalabalık
güya sanki, sözde, denildiğine göre, miş gibi
güzergâh yol boyu, yol üstü
güzide seçkin, seçilmiş, seçme

H

habaset kötülük
haber salık, duyuk, duyum
haberleşme 1 bildirişme **2** yazışma
habitat yaşamortamı
habis kötü, kötücül
hacet gerek, gereklik
hacim oylum
hacimli oylumlu
hacir kısıt
hacir altına almak kısıtlamak
haciz el koyma
had aşama
hâd 1 aşırı **2** eveğen, çabuk ilerleyen (sayrılık)
haddinden fazla gereğinden çok
haddini aşmak aşırı gitmek
hademe odacı
hademelik odacılık
hadise olay
had safha gergin evre, ileri evre, gergin dönem
hadsiz hesapsız sınırsız, ölçüsüz, sayısız
hafakanlar basmak bunalmak
hafıza bellek
hafi gizli, saklı
hafif 1 yeğni, **2** kolay **3** hoppa
hafifletici 1 dindirici **2** kolaylaştırıcı **3** yeğnileştirici
hafiflik 1 yeğnilik **2** hoppalık
hafifmeşrep hoppa
hafiye gizli görevli
hafriyat 1 kazı, kazılar **2** kazım
haftaym *sp.* ara
hail engel
hain 1 satkın **2** kötü
haiz ... olan
Hak Tanrı
hak 1 tüze **2** kazanım **3** pay, sağpay
hâk toprak
hakaret aşağılama, aşağısama
hakaret etmek aşağılamak, aşağısamak
hakem yargıcı
hakem heyeti yargıcılar kurulu
hakemlik yargıcılık
hak etmek 1 kazanımlamak **2** ...-e değer olmak
hakeza öyle, onun gibi
hakikat gerçek, gerçeklik
hakikaten gerçekten
hakiki gerçek
hâkim 1 egemen **2** yargıç
hakim bilge
hâkimiyet 1 egemenlik **2** başatlık
hâkimlik yargıçlık
hakir aşağı görülen, değersiz
hakir görmek aşağı görmek
hakketmek kazımak, oymak
hakkında 1 üzerine **2** için
haklı doğru, yerinde
hak sahibi kazanımlı, sağpaylı
hal durum
hal (-lli) 1 çözme, eritme **2** çözüm

hâlâ şimdi, bile
halas kurtuluş
halaskâr kurtarıcı
halavet tatlılık, sevimlilik
halbuki oysa
hal çaresi çözüm yolu
hale ağıl, ayla
halef ardıl
halel vermek sarsmak, bozmak
halen şimdi, bugün, şu sırada
haleti ruhiye ruhsal durum
halihazırda şimdiki durumda, bugünkü durumda
halim selim yumuşak, uysal
halis katkısız, katışıksız
halisane özdenlikle, açık yürekle
halis muhlis 1 öz, katışıksız **2** eksiksiz
halita alaşım
halletmek 1 çözmek **2** çözümlemek
haltercümesi özgeçmiş, yaşamöyküsü
ham 1 çiğ. olgunlaşmamış **2** işlenmemiş
hamak ağyatak
hamakat beyinsizlik, bönlük
hamal taşıyıcı, yükçü
hamam ısıdam, yunak, sıcak
hamasi koçaklamalı
hami koruyucu
hamile gebe, yüklü
hamle 1 atılım **2** saldırış
hammadde işlenmemiş özdek, ham özdek
hançere gırtlak
handikap engel
hane ev
hanende okuyucu, şarkıcı
hapishane suçlularevi
harabe ören, örenlik
harap 1 yıkık **2** yıkkın
hararet 1 ısı **2** susama
hararetli coşkun, ateşli
harcırah yolluk
harekât eylemce
hareket davranış, devinim, devinme, deviniş
hareketli devinimli, canlı
hareketsiz devinimsiz, durgun, dingin
harfiyen değiştirmeksizin
haricen dışardan, dıştan
harici dış, dıştan olan, dışıl
hariciye 1 dışişleri **2** dış sayrılıkları
hariciyeci 1 dışişleri görevlisi **2** dış sayrılıkları uzmanı
hariç 1 dış, dışarı **2** ...-ın dışında, ...-den başka
harika çok güzel, olağanüstü
harikulade eşsiz, benzersiz, olağanüstü
haris açgözlü, gözü doymaz
harmoni *bkz.* **armoni**
harp savaş
hars ekinç, ekin
has 1 özgü **2** katışıksız, arı, som
hasar bozulgu, yıkılgı
hasbıhal söyleşi, görüşme, konuşma
hasabiyle dolayısıyla, ...-den ötürü
haset kıskançlık, çekemezlik
haset etmek kıskanmak, çekememek
hasıl ürün, verim
hasılat 1 gelir, kazanç **2** ürün
hasılı kısacası
hasis elisıkı
hasret özlem
hassas 1 duygululuk, duygun **2** duyarlık
hassasiyet 1 duygululuk, duygunluk **2** duyarlık
hassaten özellikle
hasta sayrı
hastalık sayrılık
hastahane sayrılarevi
haşarı yaramaz

haşerat böcekler
haşere böcek
haşin sert, kırıcı
haşmetli görkemli
hat **1** çizgi **2** yazı **3** yol, geçek
hata **1** yanılgı, yanılma **2** yanlış, yanlışlık **3** yanlış davranış
hatır gönül
hatıra anı
hatıra defteri anılık
hatırat anılar
hatırlamak anımsamak
hatmetmek bitirmek, sona erdirmek
hatta **1** bile **2** üstelik
havai **1** hoppa **2** değersiz, boş, tutarsız
havale gönderim
havali yöre, dolay, çevre
havi olmak kapsamak, içermek
havza bölge, yöre
hayâ utanç, utanma
hayal **1** düş **2** imge
hayalet **1** düşgörüntü **2** hortlak
hayal etmek düşlemek, kurmak
hayalperest düşkurucu, düşçü, düşsever
hayâsız utanmaz, sıkılmaz
hayat yaşam, dirim
hayati yaşamsal, dirimsel, çok önemli
hayatiyet yaşam gücü, yaşama gücü, canlılık, dirimsellik
hayat memat meselesi ölüm kalım sorunu
hayat standartı yaşam düzeyi
hayat tecrübesi yaşantı, yaşam deneyi
hayıflanmak acımak, üzülmek, yerinmek
hayır iyilik, yardım
hayırdua iyi dilek
hayırdua etmek iyi dilekte bulunmak
hayırsever yardımsever
hayli oldukça çok
hayret etmek şaşırmak, şaşakalmak, şaşmak
haysiyet **1** onur **2** saygınlık
haysiyet divanı onur kurulu
haysiyetli onurlu, saygın
haysiyetsiz onursuz
hayvani hayvansal, hayvanca
hazan güz
hazar barış
hazım **1** sindirim **2** sindirme
hazım cihazı sindirim aygıtı
hazin acıklı, dokunaklı
hazmetmek sindirmek
hazne birikimlik
hazzetmek hoşlanmak
heba etmek boş yere tüketmek, yele vermek
heba olmak boşa gitmek
hece seslem
hedef erek, amaç, varak
heder olmak boşa gitmek
hediye armağan
hekim sağın[2]
hela ayakyolu
helak olmak bitkin düşmek
helecan çarpıntı, yürek çarpıntısı
helezon sarmal yay
helezoni sarmal
helmintoloji kurtbilim
hemcins türdeş
hemdert acıdaş
hemen gecikmeden, çabucak
hemfikir düşündeş, oydaş
hemşeri yerdeş, ildeş
hemşire **1** kızkardeş, bacı **2** sayrıbakıcı
hentbol *sp.* eltopu
henüz **1** daha **2** şimdi
hercai **1** yeltek, elgeç **2** yanardöner
hercümerç altüst, karmakarışık, darmadağınık, allak bullak

herze saçma, saçma söz
hesabi elisıkı
hesaplı ölçülü
hesapsız ölçüsüz; çok
heterogen *bkz.* **heterojen**
heterojen ayrı cinsten, ayrışık
heves istek
heveslenmek istek duymak; özenmek
hevesli istekli, özenci
heyecan 1 yürek oynaması **2** coşku, coşuntu
heyelan toprak kayması
heyet kurul
heyhat yazık, ne yazık!
heykel 1 yontu **2** anıt
heykeltıraş yontucu
hezeyan 1 sayıklama **2** saçmalama
hezimet bozgun, bozgunluk
hıfz etmek saklamak, korumak
hınzır domuz
hırs 1 açgözlülük, doymazlık **2** öfke, kızgınlık
hırslanmak öfkelenmek, kızmak
hışım öfke
hıyanet satkınlık
hibe bağış
hibe etmek bağışta bulunmak, bağışlamak
hicap utanma, utanç
hiciv 1 taşlama **2** yergi
hicran ayrılık acısı
hicret göç, göçme
hicviye 1 yergi **2** taşlama
hiddet öfke, kızgınlık
hiddetlenmek öfkelenmek, kızmak
hiddetli öfkeli, kızgın
hidrofil sucul
hidrofor subasar
hidrografi subilgisi; su varlığı
hidroloji subilim
hidrosfer suküre
hidrometre nemölçer
hikâye öykü
hikâyeci öykücü
hikâye etmek anlatmak, öykülemek
hilaf 1 ters, karşıt, aykırı **2** *ha.* yalan
hilafı hakikat gerçeğe aykırı
hilafsız doğru,doğru olarak
hilal ayça, ilkay, yarımay
hile düzen, dolap, aldatma
hilebaz, hilekâr düzenci, dolapçı
hilkat yaradılış
himaye 1 koruma, esirgeme **2** kayırma
himmet yardım
hinterlant içbölge, arkabölge
hipertansiyon kan basıncı yüksekliği
hipoderm altderi
hipodrom koşu alanı
hipopotam suaygırı
hipotez varsayım
his 1 duygu **2** sezgi
hislenmek duygulanmak
hisli duygulu, içli
hisse pay
hissedar paydaş
hissetmek duymak, duyumsamak; sezmek, sezinlemek
hissettirmek 1 duyumsatmak **2** sezinletmek
hissi duygusal
hissikablelvuku önsezi
hissiselim sağduyu
hissiyat duygular, sezişler
hissiz duygusuz
histoloji dokubilim
hitabe söylev
hitaben (birine) söyleyerek
hitam son, bitim
hitap sesleni
hitap etmek seslenmek, söz yöneltmek
hiyerarşi aşama sırası, aşama, aşama düzeni, sıralanım, sıradüzen

hiyerarşik sıralanımsal
hiyeroglif resimyazı
hizaya gelmek yola gelmek
hizaya getirmek yola getirmek
hizip bölüntü, bölek
hizmet görev, iş
hobi düşkü
hodbin bencil
hodkâm bencil
hodpesent benbenci
homogen *bkz.* **homojen**
homojen benzeşik, türdeş
homoseksüel eşcinsel
homoseksüellik eşcinsellik
hoparlör sesyayar, yükseltici
hor bakmak değersiz saymak, küçük görmek
hostes konukçu
hoşnut etmek sevindirmek
hudut sınır
hukuk tüze
hukukçu tüzeci, tüzemen
hukuki tüzel
hulasa 1 özet **2** öz **3** kısacası
hulul geçme, girme
hunhar kana susamış, kandökücü
hurafe boşinanç, körinanç
husumet yağılık, düşmanlık
husus 1 konu, iş **2** özellik, yön
hususi özel
hususiyet 1 özellik **2** yakınlık
huşunet sertlik, kabalık, kırıcılık
huzur 1 erinç, gönül esenliği; dirlik düzenlik **2** kat, yan, ön
huzurevi yaşlılaryurdu
huzursuzluk erinçsizlik, tedirginlik
hüccet 1 belgit **2** tanıt
hücre 1 göze **2** odacık
hücum 1 akın **2** saldırı **3** üşüşme
hücumbot saldırıteknesi
hükmen yargıcı kararıyla
hükmi tüzel
hükmi şahıs tüzelkişi
hükmi şahsiyet tüzelkişilik
hüküm yargı
hükümet bakanlar kurulu
hükümsüz geçersiz
hülya tatlı düş
hümanist insancı, insancıl
hümanizm insancılık
hüner beceri
hünsa erselik, erdişi
hür özgür
hürmet saygı
hürmet etmek saymak
hürriyet özgürlük
hüsnühal kâğıdı iyi durum belgesi, durum belgesi
hüsnüniyet sağistem, iyi dilek
hüsran düşyıkımı, yoksunluk
hüviyet kimlik
hüzün üzgünlük, üzüntü, üzünç

I

ırgat işçi, tarım işçisi
ırk anasoy
ırkçı anasoycu
ırkçılık anasoyculuk
ırki anasoycul
ıskat düşürme
ıskonto indirim, kırma
ıslah 1 düzeltme **2** yola getirme
ıslahat düzeltmeler, iyileştirmeler
ıslah etmek 1 düzeltmek **2** yola getirmek
ıslahevi eğilmeyurdu
ıslah olmak 1 düzelmek **2** yola girmek
ıspazmoz çırpınma, titreme
ısrar direnme, üstünde durma, üsteleme, bekinme, ayak direme, dayatma
ıstılah bilimsözü, terim
ıstampa 1 damga **2** damga kutusu
ıstırap acı, sıkıntı, üzüntü
ıtır güzel koktu
ıttıla bilgi, öğrenme, bilme

İ

iade geri verme, geri çevirme
iade etmek geri vermek, geri çevirmek, geri göndermek
iadeli geri gönderimli
iadeli taahhütlü geri gönderimli
iane 1 yardım; yardımlık **2** para yardımı
iaşe yedirip içirme
ibadet tapınım, tapınma, tapınış
ibadet etmek Tanrıya tapmak, tapınmak, kulluk etmek
ibadullah pek bol, bol
ibare deyiş
ibaret 1 ...-dan oluşan **2** ancak, yalnız
ibate barındırma
iblağ etmek 1 ulaştırmak **2** ... -e çıkarmak
ibra 1 aklama, temize çıkarma **2** aklanma
ibra edilmek aklanmak
ibra etmek aklamak
ibraz etmek göstermek, ortaya koymak
ibret öğrenek
ibret almak ders almak
ibret olmak ders olmak
icabet etmek (çağrıya) uymak
icabına bakmak gereğini yerine getirmek
icabında gerekirse, gerekince, gereğinde
icabını ifa etmek gereğini yerine getirmek, gereğine bakmak
icap ister
icap etmek gerekmek
icat 1 yaratma, bulma **2** türetme **3** uydurma
icat etmek 1 yaratmak, bulmak **2** türetmek **3** uydurmak
icbar gücem
icbar etmek gücemlemek
icra yürütme
icra heyeti yürütme kurulu
icraat iş yapımı, yapılan işler
icra etmek 1 yapmak, yerine getirmek **2** yürütmek
içtihat görüş, özel görüş, anlayış, kavrayış
içtima toplanma, toplantı
içtimai toplumsal
içtimaiyat toplumbilim
idame sürdürme
idare 1 yönetme, yönetim, çekip çevirme **2** tutum
idareci yönetici
idare etmek yönetmek
idarehane yönetim yeri, yönetimevi
idare heyeti yönetim kurulu
idareimaslahat 1 iş geçiştirme; geçiştirme **2** geçiştirmecilik
idari yönetimsel
iddia sav, önesürüm
iddia etmek savlamak, ileri sürmek,

öne sürmek
iddiasız 1 kendi çapında **2** önemsiz
idiopati kapanduygu
ide düşünce
ideal 1 ülkü **2** ülküsel
idealist ülkücü
idealizm ülkücülük
idefiks saplantı
identik özdeş
ideolog düşüngücü, düşüncü
ideoloji düşüngü
ideolojik düşüngüsel
idman alıştırma
idrak algı, anlayış
idrak etmek 1 anlamak, kavramak **2** erişmek
idraksiz algısız, anlayışsız
idrar sidik
ifa yerine getirme
ifade 1 anlatım, olayanlatım **2** söz, söyleyiş, deyiş
ifade etmek 1 söylemek, belirtmek **2** anlatmak, anlatımlamak, göstermek
ifade vermek sorguyu yanıtlamak, bildiğini söylemek
ifadesi alınmak sorgulanmak, sorguya çekilmek, sorgusu yapılmak
ifa etmek yerine getirmek, yapmak
iflas 1 batkı, batkınlık **2** *mec.* değerden düşme
ifrat aşırılık; taşkınlık
ifrata kaçmak aşırı gitmek
ifrazat salgılar
ifşa açığa vurma
ifşaat açığa vurma, dile verme, ortaya dökme
ifşa etmek açığa vurmak, ortaya dökmek, dile vermek
iftihar kıvanç, övünç; kıvanma, övünme
iftihar etmek kıvanç duymak, övünmek, övünç duymak, kıvanmak
iftira kara çalma, suç yükleme
iftira etmek kara çalmak, suç yüklemek
iğfal 1 aldatma, ayartma **2** baştan çıkarma
ihale üsterme
ihanet 1 aldatma, kötülük **2** adam satma, yurt satma
ihbar 1 bildirme, bildirilme **2** ele verme
ihbarcı bildiren, eleveren
ihbar etmek 1 ... -e bildirmek **2** ele vermek
ihbarname bildiri, bildirim, bildirimlik
ihdas etmek ortaya çıkarmak, kurmak
ihlal 1 bozma **2** uymama
ihlal etmek 1 bozmak **2** uymamak
ihmal savsama, boşlama
ihmalkâr savsak
ihracat dışsatım
ihracatçı dışsatımcı
ihraç 1 çıkarma **2** dışarıya mal satma, dışsatımlama
ihraç etmek 1 çıkarmak **2** dışarı satmak, dışsatımlamak
ihsan bağış
ihsas sezdirme
ihtar uyarma, uyarı
ihtar etmek uyarmak, uyarıda bulunmak
ihtifal anma töreni
ihtikâr vurgun; vurgunculuk
ihtilaç çırpınma
ihtilaf anlaşmazlık, uyuşmazlık, aykırılık, ayrılık
ihtilal 1 devrim **2** (sanatta) tüm değişim **3** kargaşalık, ayaklanma
ihtilat (sayrılık için) karışma
ihtimal 1 olasılık **2** belki, ola ki, olabilirlik
ihtimam özen, bakım

ihtimam göstermek özen göstermek, özenmek, özenle bakmak
ihtiram saygı
ihtiras doymazlık, aşırı istek, tutku
ihtisas 1 uzmanlık, uzmanlaşma **2** duygu, duyma
ihtişam görkem
ihtiva etmek içine almak, kapsamak, içermek
ihtiyaç 1 gereksinme, gereksinim, gerekseme **2** yoksulluk
ihtiyaç duymak gereksinmek
ihtiyar 1 yaşlı **2** seçme
ihtiyar etmek seçmek, yeğtutmak
ihtiyar heyeti köy kurulu
ihtiyari isteğe bağlı, seçmeli, seçimlik
ihtiyat 1 sakınma, sakıntı **2** yedek
ihtiyatlı ölçülü, sakıngan, sakıntılı
ihtiyatlı davranmak 1 ölçülü davranmak **2** uyanık olmak
ihtiyatsız sakıntısız
ihtizaz titreşim, titreşme
ihya etmek 1 diriltmek, canlandırmak **2** mutluluk vermek
ikame yerine koyma, yerine geçme
ikamet etmek (bir yerde) oturmak, eğleşmek, kalmak, yerleşmek
ikametgâh konut, barınak
ikametgâh ilmühaberi konut belgesi
ikaz uyarı, uyarma
ikaz etmek uyarmak
ikbalperest gündüşkünü
ikbalperestlik gündüşkünlüğü
ikmal 1 bütünleme **2** tamamlama, bitirme
ikmale kalmak bütünlemeye kalmak
ikmal etmek bitirmek, bütünlemek, tamamlamak
ikmal imtihanı bütünleme sınavı
ikna inandırma, kandırma
ikna etmek inandırmak, kandırmak
ikon put
ikrah etmek iğrenmek, tiksinmek
ikram 1 tutma, sunma, çıkarma **2** (ederde) indirme **3** ağırlama
ikram etmek 1 tutmak, sunmak, çıkarmak **2** (ederde) indirmek **3** ağırlamak
ikrar etmek açıkça söylemek
ikraz ödünç (verme)
iktibas alıntı, aktarma
iktibas etmek almak, alıntılamak aktarmak
iktidar 1 güç **2** yetenek **3** erk
iktidarsızlık 1 güçsüzlük **2** yeteneksizlik
iktifa etmek yetinmek
iktisadi tutumsal; tutumbilimsel
iktisap etmek kazanmak, edinmek, elde etmek
iktisat 1 tutum **2** tutumbilim
iktisatçı tutumbilimci
iktisat etmek artırmak
iktiza etmek gerekmek
ila değin, dek, ... arasında
ilaç em
ilah tanrı
ilahe tanrıça
ilahi tanrısal
ilahiyat Tanrıbilim
ilam yargı bildirisi, yargı belgesi
ilan duyuru
ilanen duyuru yoluyla
ilan etmek duyurmak
ilanı harp savaş açma
ilanihayet sonuna dek, sonsuza dek
ilave ek, ulama
ilaveten ek olarak
ilave etmek eklemek, ulamak
ilelebet sonsuzluğa değin, sonsuzca, sonsuzlayın
ilga ortadan (yürürlükten) kaldırma, bozma

ilhak katma, bağlama
ilhak etmek katmak, bağlamak
ilham esin, içe doğma
ilham almak esinlenmek
ilim bilim
ilkah **1** dölleme **2** aşılama, aşı
ilkbahar ilkyaz
illegal yasadışı
illet **1** sayrılık **2** bozukluk
illüzyon görüntü
illüzyonist gözbağcı
ilmi bilimsel
ilmiye sarıklılar
ilmühaber **1** alındı **2** durum belgesi
iltibas karıştırılma, benzeşim, andırışma, karışıklık
iltica sığınma
iltica etmek sığınmak
iltifat gönül okşama
iltihak katılma
iltihak etmek katılmak
iltihap yangı
iltihaplanmak yangılanmak
iltihaplı yangılı
iltihapsız yangısız
iltimas **1** kayırma, arka çıkma **2** dilek
iltisak yapışma, bitişme
iltisaki bitişken
iltizami bile bile, bile bile yapılan, bile isteye
ima anıştırma, dokundurma, dolaylı anlatma, dolaylı anlatım
ima etmek **1** anıştırmak, dokundurmak, sezdirmek, dolaylı anlatmak **2** belirtmek
imaj **1** imge **2** görüntü **3** benzetme
imajinasyon imgelem
imal yapım, yapma, işleme
imalat yapım
imalatçı yapımcı
imalatçılık yapımcılık
imalathane yapımlık, yapımevi
imal etmek yapmak
imalı anıştırmalı, örtülü, üstü kapalı, dokunduruču
iman inanç, inan, kutsal inanç
imar bayındırlaştırma
imar etmek bayındırlaştırmak
imbik damıtıcı, damıtma aracı
imdat **1** yardıma yetişme, yardımına yetişme **2** yetişin! yeter!
imha yok etme, ortadan kaldırma
imha etmek yok etmek
imkân olanak
imkânsız olanaksız
imla yazım
immoral töretanımaz
immoralist töretanımaz
immoralizm töretanımazlık
immünoloji bağışıklıkbilim
import dışalım
imsak oruçlanmak
imsakiye oruç çizelgesi
imtihan sınav; sınama
imtihan etmek sınamak, sınavdan geçirmek
imtina etmek kaçınmak, sakınmak, çekinmek
imtiyaz ayrıcalık
imtizaç etmek bağdaşmak, uyuşmak
inat direnme, ayak direme
inat etmek direnmek, ayak diremek
inayet kayra
indeks dizin
indi kendince
indinde **1** (bir kimseye) göre **2** yanında, katında
individüalist bireyci
individüalizm bireycilik
individüel bireysel
infaz (bir yargıyı) yürütme, yerine getirme, uygulama

infial kızgınlık, içerleme, tepki
infial göstermek tepki göstermek
infilak patlama
infilak etmek patlamak
inhiraf sapma, yoldan çıkma
inhisar tekel
inhisar etmek 1 sınırlamak **2** yalnız ...için olmak, dışarı çıkmamak
inhitat gerileme, çökme
inikâs etmek yansımak
inisiyatif 1 girişim **2** ilkgirişim **3** girişimgücü
inkâr yadsıma, yoksama
inkâr etmek yadsımak, yoksamak
inkılap 1 devrim **2** dönüşme, dönüşüm
inkılapçı devrimci
inkıraz çöküş, dağılma, batma
inkıta kesilme, kesinti
inkıtaa uğramak (arkası) kesilmek
inkisar 1 kırılma **2** ilenme, ilenç
inkişaf gelişme, gelişim; açılma
input girdi
insaf 1 acıma **2** acı!
insaflı acımalı
insafsız acımasız
insan kişi
insicam tutarlık, bağdaşım
insirafi bükülgen
insiyattif *bkz.* **inisiyatif**
insiyaki içgüdüsel, içgüdülü
inşa yapma, kurma
inşaat 1 yapı, yapı işleri, yapı kurma **2** yapım
inşaatçı yapı kurucu, yapıcı
inşa etmek yapmak, kurmak
integral tümlev
interferometre girirşimölçer
interferometri girirşimölçme, girirşimölçüm
intiba izlenim
intibah uyanma, uyanış, kendine geliş
intibak 1 (bir duruma ya da çevreye) uyma, uyum **2** uyarlama, uyarlanma
intibak etmek 1 uymak, kendini alıştırmak **2** uygun gelmek
intifa yararlanma
intihap seçim, seçme
intihar kendini öldürme, kendine kıyma, özkıyım
intikal 1 geçiş, geçme **2** göçüş, göçme
intikal etmek 1 geçmek **2** anlamak, kavramak **3** yer değiştirmek **4** el değiştirmek
intikam öç
intikam almak öç almak
intisap etmek 1 (bir işe) girmek, bağlanmak **2** birinin adamı olmak, kapılanmak
intişar etmek 1 yayılmak **2** çıkmak **3** yayımlanmak
intizam düzgünlük, düzen, çekidüzen
intizamlı düzenli
intizamsız düzensiz
intizamsızlık düzensizlik
inzibat sıkıdüzen, düzenbağı
inziva çekilgi, çekilgin yaşama
ipnotize etmek uyutmak
ipnotizma uyutmaca, uyutum
ipnoz uyutum
ipotek tutu
iptal bozma, geçersiz sayma
iptal etmek bozmak, geçersiz saymak
iptida 1 başlangıç **2** önce, önceleri
iptidai ilkel
iptila düşkünlük, tutkunluk
irade istenç, istem, buyrum
iradi istençsel, istemli, buyrumlu
irat gelir
irca 1 döndürme, çevirme **2** indirgeme

irrasyonel usdışı
irs kalıtım
irsal gönderme
irsi kalıtımsal
irsiyet soyaçekim, kalıtım
irtibat bağlantı
irtica gericilik
irticalen doğaçtan
irtifa 1 yükseklik **2** *coğr.* yükselti
irtihal ölüm
irtihal etmek ölmek
irtikâp yiyicilik, para yeme, (suç) işleme
irtişa yemece
isabet 1 yerindelik, yanılmazlık **2** vurma, çarpma, dokunma **3** düşme **4** gelme
isabet almak vurulmak, yaralanmak
isabet etmek 1 çarpmak, değmek **2** düşmek **3** (para) çıkmak
isabetli yerinde, uygun
isabetsiz yersiz, uygunsuz
ishal sürgün, ötürük
isim ad
iskân 1 yerleşme, yurtlanma **2** yerleştirme, yurtlandırma
isnat 1 üstüne atma, yükleme **2** suç yükleme, suçlama
isnat etmek üstüne atmak, yüklemek
ispat tanıt, kanıt
ispat etmek tanıtlamak, kanıtlamak
israf savurganlık, tutumsuzluk, gereksiz tüketim
israf etmek gereksiz tüketim yapmak, savurganlık etmek
istalagmit *coğr.* dikit
istalaktit *coğr.* sarkıt
istatistik 1 sayılama **2** sayıbilim **3** *s.* sayısal **4** sayımsal
istatistikçi sayılama uzmanı, sayılamacı, sayımbilimci
isteri sinir tutsaklığı
isterik sinir tutsağı
istiane yardım dileme
istiane etmek yardım dilemek
istiap (içine) alma, (içine) sığdırma
istiare eğretileme
istibdat baskı yönetimi
isticvap sorguya çekme, sorgu
istida, istidaname dilekçe
istidat 1 yetenek, yatkınlık **2** eğilim
istidlal *mant.* çıkarım, çıkarsama
istif dizme, yığın, yığma
istifa (işinden) çekilme
istifade yarar
istifade etmek yararlanmak
istifa etmek (işinden) çekilmek
istif etmek yığmak
istifham soru
istifrağ etmek kusmak
istihale 1 biçim değiştirme **2** başkalaşma, başkalaşım
istihbarat 1 salık alma **2** gizli araştırma, giz toplama **3** danışma
istihdam 1 çalıştırma **2** işlendirme
istihdam etmek 1 çalıştırmak, (görevde) kullanmak **2** işlendirmek
istihfaf küçümseme
istihkak hak ediş, kazanım sağlama
istihlak tüketim
istihlak etmek tüketmek
istihsal 1 üretim **2** üretme, çıkarma
istihsal etmek elde etmek, üretmek, çıkarmak
istihza gizli alay
istikamet 1 yön **2** doğrultu
istikbal 1 gelecek (zaman) **2** karşılama
istiklal bağımsızlık
istikra tümevarım
istikrar durulma, kararlılık
istikrar bulmak durulmak
istikraz borçlanma

istila 1 basma, kaplama, bürüme, yayılma **2** salgın, akın
istilacı saldırıcı, saldırgan
istila etmek basmak, kaplamak, bürümek, yayılmak
istimal etmek kullanmak
istimlak kamulaştırma
istimlak etmek kamulaştırmak
istinaden dayanarak, dayanılarak, güvenerek, güvenilerek
istinat dayanma, yaslanma
istinat etmek dayanmak, yaslanmak
istinatgâh dayanak
istinkâf etmek çekinmek, geri durmak, çekimsenmek, çekimsemek
istintak sorgu
istintak edilmek sorguya çekilmek, sorgulanmak
istintak etmek sorguya çekmek, sorgulamak
istirahat dinlenme
istirahat etmek dinlenmek
istirham yalvarma, dileme
istirham etmek yalvarmak, dilemek
istiskal soğuk davranma, kovar gibi olma, kovumsama
istiskal etmek (konuğa) soğuk davranmak, yüz vermemek, kovumsamak
istismar 1 sömürme **2** çıkar sağlama
istirmarcı 1 sömürücü **2** çıkarcı
istismar etmek 1 sömürmek **2** çıkar sağlamak
istisna 1 kuraldışı(lık) **2** ayrallık, ayrılık, ayrıksılık
istisnai 1 kuraldışı (durum) **2** ayral, ayrı, ayrıksı
istisnasız ayralsız, ayrıksız
istişare danışma
istişare etmek danışmak
istişare heyeti danışma kurulu
istizah 1 gensoru **2** açıklama isteme
isyan 1 ayaklanma, başkaldırma **2** karşı gelme
isyancı başkaldırıcı, başkaldıran
isyankâr başkaldırıcı
işaret 1 im **2** belirti
işaret etmek belirtmek, göstermek
işgal ele geçirme, tutma, kaplama
işgal etmek 1 ele geçirmek **2** (birini) işten alıkoymak **3** uğraştırmak
işkence kıyınç
işporta sergi
işportacı sergici
işret içki
iştigal uğraşma, çalışma, uğraş
iştigal etmek uğraşmak, çalışmak
iştikak türeyiş, türeme
iştikak etmek türemek
iştirak 1 ortaklık, birlik **2** katılma
iştirak etmek 1 katılmak **2** ortak olmak **3** paylaşmak
iştiyak özlem, göreceği gelme
işvebaz kırıtkan
ita verme
itaat uyma, söz dinleme, boyun eğme
itaat etmek uymak, söz dinlemek, boyun eğmek
itaatkâr uydumcu
itaatkârlık uydumculuk
itaatli söz dinler, boyun eğer
itaatsiz söz dinlemez, boyun eğmez
ita emri verile; verilesi
itfa 1 söndürme **2** borç kapama
itfaiye yangın söndürme örgütü
itfaiyeci yangın söndürümcü
ithaf (adına) sunma, sunu
ithaf etmek adına sunmak
ithal 1 sokma **2** dışalım
ithalat dışalım
ithalatçılık dışalımcılık
ithal etmek dışalımlamak, dışardan getirmek, getirmek
itham suçlama, suçlandırma, suçlu

görme
itibar saygınlık, sayma; beğenme
itibaren -den başlayarak, -den sonra, -den beri
itibar etmek saymak, değer vermek, saygı göstermek; beğenmek
itibar görmek sayılmak, saygı görmek, ağırlanmak; beğenilmek
itibari saymaca, görece
itibariyle bakımından
itibar sahibi 1 saygın **2** sözü geçen kimse
itidal ılımlılık
itidalli ılımlı
itikat inanç
itilaf anlaşma, uyuşma, uygunlık
itimat güven, güvenç, güvenirlik
itimat etmek 1 güvenmek **2** inanmak
itimatlı güvenilir
itimatname güven mektubu, güvenmelik, güvencelik
itimatsızlık güvensizlik
itina özen
itina etmek özenmek
itinalı özenli
itinasızlık özensizlik
itiraf 1 açınma, gizaçım, gizdöküm **2** evetlemek
itiraz karşı çıkış; takışma; diyecek
itiraz etmek karşı çıkmak; takışmak
ittifak 1 bağlaşma, sözleşme, bağlaşıklık **2** oybirliği
ittifak etmek bağlaşmak, birleşmek, bağlaşıklık kurmak
ittifakla oybirliğiyle
ittihat birleşme, birlik
ittihat etmek birleşmek, birlik kurmak
ittihaz edinme, kullanma
ittihaz etmek 1 saymak, tutmak **2** almak
izafe (bir şeye, duruma) bağlama
izafe etmek bağlamak
izafet ilgi, bağıntı, görece
izafeten ... -e bağlayarak
izafi 1 görece, göreceli, göreli **2** bağıntılı
izafiyet bağıntılılık, bağıllık, bağıntı, görelik
izah, izahat açıklama, açıklamalar
izahat vermek açıklama yapmak
izah etmek açıklamak
izale giderme, yok etme
izaleyişüyu ortaklığı bozma, ortaklığı giderme
izam büyükseme, büyütme
izam etmek büyütmek, büyük göstermek
izan anlayış, kavrayış
izdiham yığışma, yığılışma
izdivaç evlenme
izhar belirtme, gösterme
izhar etmek belirtmek, göstermek
izmihlal yıkılma, çökme, dağılma
izobar 1 eşbasınç **2** eşbasınçeğrisi
izohips 1 eşyükselti **2** eşyükseltieğrisi
izolasyon yalıtım
izolatör yalıtkan
izole 1 yalnız **2** yalıtılmış
izole bant yalıtım sargısı
izole etmek 1 (başkalarından) ayırmak **2** *fiz.* yalıtmak
izometri eşölçer
izometrik eşölçülü
izomorf eşbiçim
izomorfik eşbiçimli
izomorfizm 1 eşbiçimlilik **2** eşbiçimcilik
izoterm 1 eşsıcaklık **2** eşsıcaklıkeğrisi
izzetinefis onur, özsaygı
izzetü ikram ağırlama

J

janr tür
jartiyer çorapbağı
jenerasyon 1 soy **2** kuşak
jeneratör üreteç
jenotip *bkz.* **genotip**
jeodezi yerölçüm
jeotermal yerısıl
jeotermik yerısıl
jeolog yerbilimci
jeoloji yerbilim
jeolojik yerbilimsel
jeosantrizm yerözekçilik
jeotopizma yereyönelim
jest davranış
jile yelek
jimnastik beden eğitimi
jips alçıtaşı
jupon içetek
jurnal giziletim
jurnalcı giziletimci
jurnalcılık giziletimcilik
jurnal etmek giziletimlemek, ele vermek
jübile kutlama töreni
jüri seçiciler kurulu; yargıcılar kurulu, seçici kurul

K

kabahat suç
kabahatli suçlu
kabız peklik
kabil olanaklı, olabilir
kabil (bu) gibi, (bu) türlü
kabile boy, oymak
kabili kıyas karşılaştırılabilir
kabiliyet yetenek
kabiliyetli yetenekli
kabiliyetsiz yeteneksiz
kabine 1 bakanlar kurulu **2** odacık
kabir gömüt
kabotaj (bir ülkenin kendi sularında) gemi işletimi
kabristan gömütlük
kabul 1 onama **2** varsayma
kabul etmek 1 onamak **2** varsaymak
kabullenmek 1 benimsemek **2** üstüne almak
kâbus karabasan
kabza sap, tutak
kabzımal aracı manav
kadar dek, değin, denli
kadastro yeryazım
kadavra ölük, ölügövde
kadem ayak
kademe basamak
kademhane ayakyolu
kademli uğurlu
kademsiz uğursuz
kader alınyazısı, yazgı
kadercilik yazgıcılık
kadim eski
kadir değer
kadirşinas değerbilir
kadirşinaslık değerbilirlik
kadro 1 takım **2** yer
kadük olmak geçerliği kalmamak, düşmek
kafa 1 baş **2** düşünüş
kafalı 1 bilgili **2** kavrayışlı, anlayışlı
kafasız 1 bilgisiz **2** kavrayışsız, anlayışsız
kâfi yeter, yeterli
kâfi gelmek yetmek
kafile yolcu topluluğu, alay, takım
kafiye uyak
kafiyeli uyaklı
kafiyesiz uyaksız
kahır 1 güç **2** üzüntü, büyük acı
kâhil erişkin
kâhin önbilici, bilici
kahpe 1 orospu, yolsuz kadın **2** *mec.* dönek
kahraman 1 yiğit **2** (romanda, tiyatroda vb.) başkişi
kahretmek 1 ezmek **2** çok üzmek **3** içlenmek **4** ilenmek
kahrolmak çok üzülmek
kaide 1 kural **2** taban, altlık
kaim (başka bir şeyin yerine) geçen
kâinat evren
kalben içten, gönülden, yürekten

kalbi yürekten, içten (gelen)
kale almamak önem vermemek
kalemtıraş açacak
kalifiye nitelikli, yetişmiş, usta (işçi)
kalite nitelik
kaliteli nitelikli
kalitesiz niteliksiz
kallavi kocaman
kalori ısın
kalorifer ısıtaç
kaloriferci ısıtaççı
kalorimetre ısınölçer
kalp (I) 1 yürek **2** duygu
kalp (II) düzmece
kalpsiz duygusuz
kamer ay
kamera alıcı
kameraman alıcı yönetmeni, çekimci
kamet boy
kâmil yetkin, erişkin
kâmilen büsbütün, toptan
kamp 1 dinlenek, dinlenme yeri **2** toplanak **3** yan, yaka
kampanya 1 çalışım **2** alımsatım dönemi
kampus yerleşke
kamuflaj örtme, gizleme, alalama
kamufle etmek gizlemek, alalamak
kamus sözlük
kanaat kanı
kanaatkâr tokgözlü, yetingen, kanık
kanal 1 ark, suyolu **2** yol
kanalizasyon pislik arkı, pissu yolu
kanalize etmek yönlendirmek
kangren çürükçe
kangrenleşmek çürükçeleşmek
kangren olmak çürükçeleşmek
kani inanmış, kanmış
kanun yasa
kanuni yasal, yasaya uygun
kanunlaşmak yasalaşmak
kanunsuz yasadışı, yasaya aykırı
kânunuevvel aralık (ayı)
kânunusani ocak (ayı)
kaos kargaşa
kaparo pey akçesi, güvenmelik
kapasite 1 alabilirlik **2** *fiz.* sığa
kapital anamal, anapara
kapitalist anamalcı
kapitalizm anamalcılık
kapitülasyon yabancı ayrıcalığı
kapris kapılgı
kaprisli kapılgan
kâr kazanç
karabet yakınlık
karakter özyapı, ıra
karakteristik 1 ayırtkan **2** *s.* özyapısal, ırasal
karakterize etmek 1 belirlemek, ıralamak **2** özgünleştirmek **3** ayırtkanlık vermek, ayırtkanlaştırmak
karaktersiz 1 kişiliksiz **2** dönek, törebilmez
karar 1 yargı sonucu **2** düzenlilik **3** durma **4** ölçü **5** oranlama
kare *mat.* dördül
kargo yük
kari okuyucu, okur
karikatür çizgi
karikatürist çizer
karikatürize etmek gülünçleştirmek
karine ipucu, belirti
karine ile anlamak sözün gelişinden anlamak
kârlı kazançlı
karo dördültaş
kasaba ilçe
kaset kutucuk
kasıt 1 amaç **2** istek
kasıtlı isteyerek, bile bile
kasis çukurluk, çukur
kasten bile bile, isteyerek
kastetmek demek istemek
kasti bile bile, isteyerek

kasvet sıkıntı, iç sıkıntısı
kasvetli sıkıntılı, iç sıkıcı
kâşif bulan, bulgucu, bulman, bulucu
kaşkol atkı, boyun atkısı
katarakt aksu, akbasma
kategori ulam
kategorik ulamsal
katetmek 1 yol almak **2** kesmek
kati kesin, açık
katil (I) öldüren, öldürücü
katil (II) öldürüm
katileşmek kesinleşmek
kâtip yazman
kâtiplik yazmanlık
katiyen 1 kesinlikle **2** hiçbir zaman
katiyet kesinlik
katletmek öldürmek
katliam kırım, toptan öldürme, toplukıyım
katot eksiuç
kavi dayanıklı, güçlü
kavim budun
kavis 1 yay **2** eğmeç
kavmi budunsal
kaybetmek yitirmek
kaybolmak yitmek
kaydetmek 1 yazmak **2** ses almak
kaydıhayat yaşamca, yaşam boyu
kaydıhayat şartıyla yaşadığı sürece
kaydolmak yazılmak
kayınpeder kaynata, kayınbaba
kayınvalide kaynana
kayıp yitik
kayıt 1 yazma, (bir yere) geçirme **2** ses alma
kaza 1 ilçe **2** yargı, yargılama
kazaen yanlışlıkla, istemeyerek, bilmeyerek
kazai yargısal
kazara yanlışlıkla, bilmeyerek, istemeyerek
kaziye önerme
kazurat dışkı
keder acı, üzüntü
kederlenmek üzülmek
kederli acılı, üzüntülü
kefalet yükümlenme
kafaletname yükümlenme belgesi
kefil yükümcü
kefil olmak yükümlenmek
kehanet önbili
Kehkeşan Samanuğrusu, Samanyolu
kelam söz
kelime sözcük
kem kötü
Kemalist Atatürkçü
Kemalizm Atatürkçülük
kemiyet nicelik
kenar kıyı
kepaze 1 gülünç ve değersiz **2** utanmaz
kepazelik utanmazlık
kerahat iğrençlik
kere kez, yol
kerhane genelev
kerim eliaçık; büyük
kerrat cetveli çarpım çizelgesi
kesafet yoğunluk
kesif yoğun
keşfetmek bulmak
keşide çekiliş
keşif buluş, bulgu
ketum ağzısıkı, giztutar
keyfi isteğince, yasasız, yasadışı
keyfiyet nitelik
keza yine
kınnap sicim
kıraat okuma
kırmızı al
kısım bölüm
kısmi 1 bölümsel **2** *fels.* tikel
kısmi seçim ara seçimi, yenileme seçimi

kıstas ölçüt
kıvam yoğunluk, koyuluk
kıyafet giysi, giyim
kıyas 1 karşılaştırma, oranlama **2** *dilb.* örnekseme
kıymet değer
kıymetlendirmek değerlendirmek
kıymetli değerli
kıymettar değerli
kibar ince, incelikli
kibarca incelikle
kibir büyüklenme
kibirlenmek büyüklenmek
kibirli büyüklenmiş, büyüklenen
kifayet yeterlik
kifayet etmek yetmek
kifayetli yeterli
kifayetsiz yetersiz
kinayeli üstü örtülü, iğneli (söz)
kinematik devimbilim
kinetik devimsel
kisve kılık
kitabe yazıt
kitle yığın, öbek
klan *toplb.* sop
klasifikasyon sınıflama, sınıflandırma
klasik 1 kökleşik **2** basmakalıp **3** kuralcı
klik bölek
klikçi bölekçi
klikçilik bölekçilik
klikleşmek bölekleşmek
klima cihazı hava düzenleyici
klinik bakımevi
klişe *mec.* basmakalıp, kalıplaşmış
koalisyon ortakyönetim, karma
kod düzgü^2
kodlamak düzgülemek
kodlanmak düzgülenmek
kodlaşmak düzgüleşmek
koleksiyon biriktiri, derme
koleksiyoncu biriktirmen
koleksiyonculuk biriktirmenlik
koleksiyoner biriktirmen
kolektif ortaklaşa
kolektivizm ortaklaşacılık
kolektör toplaç
kolokyum konuşu
kolon dikeç
koloni 1 sömürge **2** (yabancı ülkeden) topluluk
koloniyalist sömürgeci
kolye boyuncak
komando (askerlikte) akıncı
kombinezon 1 bileşim **2** düzen **3** (kadın için) iç gömleği
komedi güldürü
komedyen güldürücü, güldürmen
komik 1 gülünç **2** güldürücü
komisyon 1 yarkurul **2** yüzde, yüzdelik, aracılık akçası
komisyoncu yüzdeci, aracı
kompartıman bölme
kompetan uzman
komple tükel, eksiksiz, dolu, takım
kompleks 1 karmaşık **2** *ruhb.* karmaşa **3** toplanca
komplikasyon yan etki
komplike karışık, dolaşık
komplo gizdüzen
komplocu gizdüzenci
kompoze etmek 1 düzenlemek **2** bestelemek
kompozitör besteci
komprador işbirlikçi, sömürü işbirlikçisi
kompresör sıkmaç, sıkaç
kompütür bilgisayar
kompütürize etmek bilgisayarlaştırmak
komünikasyon iletişim
komütatör çevirici
kondansatör yoğunlaç, yoğunlaştırıcı
kondansör yoğuşturucu

kondisyon tümdurum
konfeksiyon hazır giyim
konfeksiyoncu hazır giyimci
konferans 1 konuşma **2** toplantı
konferansçı konuşmacı
konfeti saçı
konfor gönence
konformist uydumcu
konformizm uydumculuk
kongre kurultay
konjonktür topludurum
konkasör taşkıran
konkav içbükey
konkre somut, açık
konkurhipik at yarışı
konsantrasyon 1 yoğunlaşma **2** kendini iyice verme **3** derişme
konsantre 1 yoğunlaştırılmış **2** yogunlaşmış; yoğun **3** derişik
konsantre olmak 1 kendini iyice vermek **2** (bir şey üzerinde) yoğunlaşmak
konsensüs anlaşım, uzlaşım, oydaşma
konser dinleti
konservatör tutucu
konson, konsonant *dilb.* ünsüz
konsorsiyum yardım yürütüm birliği
konstrüksiyon yapı, kurgu
konsültasyon danışım
kontak değme, dokuntu, sürtünüm
kontak kurmak ilişki kurmak, bağlantı kurmak
kontekst bağlam
konteynir kap
kontras 1 karşıt (renk); çatışkı **2** karşıtlık
kontraslı çatışkılı
kontrat sözleşme
kontrol denetleme, denetim
kontrol etmek denetlemek
kontrolör denetçi
konveks dışbükey
konveksiyon ısıyayım
konvertıbıl değiştirilebilir
konvertıbılite değiştirilebilirlik
konvoy katar
kooperatif birleşke
koordinasyon eşgüdüm
koordinatör eşgüdümcü
koordine eşgüdümsel, bağlantılı
koordine etmek eşgüdümlemek
kopya eşlem
korelasyon bağlılaşma
koridor geçenek
korrekt doğru
kortej tören alayı
kostüm giysi
koton pamuklu
kotra yelkenli
kozmetik sürümlük
kozmik evrensel
kozmogoni *fels.* evrendoğum
kozmogonik *fels.* evrendoğumsal
kozmoloji evrenbilim
kozmonot uzayadamı
kozmopolit evrendeş
kozmopolitizm evrendeşçilik
kozmos evren
kör görmez
klik bölüngü
klikçi bölüngücü
klikçilik bölüngücülük
kramp kasınç
krater *yerb.* yanardağ ağzı
kravat boyunbağı
kreasyon yaratım, yaratma, yaratı
kreatör yaratıcı
krematoryum yakımevi
kreş çocukevi, çocuk yuvası, yuva
kriko kaldırıcı
kriminoloji suçbilim
kriter ölçüt
kritik 1 eleştiri **2** *s.* eleştirel **3** eleştirmen **4** çekinceli **5** korkulu **6** so-

nul, dönüşül
kritisizm eleştirimcilik
kriz bunalım
kroki taslak
kromozom soyaktaran
kronik süreğen
kronikleşmek süreğenleşmek
kronoloji zamandizin
kronolojik zamandizinsel
kronometre süreölçer
kros kır koşusu
kruvaze çapraz
kuartet dörtlü
kudret güç, erk
kudretli güçlü, gücü yüksek
kumanda komut, komuta
kumanda etmek yönetmek; komuta etmek
kumandan komutan
kumanya azık
kumpanya 1 ortaklık **2** *tiy.* topluluk
kup (terzilikte) kesim
kupür kesik
kur 1 alışım, öğrence **2** (para için) geçerdeğer
kura adçekme
kura çekmek adçekmek
kurs alışım, öğrence
kursiyer alışman
kur yapmak 1 gönlünü çelmeye çalışmak **2** severlenmek
kurye özel ulak
kutsi kutsal
kutsiyet kutsallık
kutup 1 uç **2** *coğr.* yerucu
kutur 1 çap **2** köşegen
kuvvet güç
küfretmek sövmek
küfür sövgü
küfürbaz ağzı bozuk, sövgücü
kül tüm, bütün
külfet 1 sıkıntı **2** yük, ağırlık
külfetli yorucu, sıkıcı
külfetsiz kolay, sıkıntısız
külli tümel
külliyet tümlük, bütünlük
külliyetli çokça, pek çok, pek çok sayıda
külot don
kült tapınç
kültür ekin, ekinç
kültürel ekinsel, ekinçsel
kümülüs kümebulut
küre yuvarlak, yuvar
kürevi yuvarsal, toparlak
küsuf Güneş tutulması
küşat açılış
kütle küme, yığın
kütüphane kitaplık

L

labirent dolangaç
laboratuvar deneylik
ladini dindışı
laedriye *fels.* bilinemezcilik
laf söz
lafazan geveze
lagün *coğr.* denizkulağı
lağvetmek kaldırmak
lağvolmak kaldırılmak
lahika ek
lahza kıpma
lahzada çabucak
lakap takma ad
lakaydi aldırmazlık, aldırışsızlık, ilgisizlik
lakayt aldırmak, aldırışsız, ilgisiz
lalettayin gelişigüzel, herhangi bir
lamba ışıtaç
lanet 1 kargış, ilenç, ilenme **2** çok kötü
lanet etmek kargımak, kargışlamak
lanetleme kargıma, kargışlama
lanetlemek kargımak, kargışlamak
lanetli kargışlı
lanse etmek çıkarmak, ortaya atmak
larenjit gırtlak yangısı
larva *hayb.* kurtçuk
latife şaka
laubali 1 saygıbilmez **2** senlibenli
lavabo el yunağı
layık yaraşır, değer
layiha tasarı
lazım gerek, gerekli
lebalep ağzına değin, silme
legal yasal
leh yarar, -den yana
lehine olmak yanında olmak
lehte oy vermek -den yana oy vermek
leksikolog sözlükbilimci
leksikoloji sözlükbilim
lektör okutman
lenf akkan
lengüist dilbilimci
lengüistik 1 dilbilim **2** *s.* dilbilimsel
levazım 1 gereçler **2** *ask.* giyim kuşam
levye kanırtmaç
leyli yatılı
leyli meccani parasız yatılı
lezbiyen sevici
lezzet tat
libas giysi
liberal 1 erkin, özgür **2** özel girişimci
liberalizm 1 erkincilik, özgürlükçülük **2** özel girişimcilik
lider önder
liderleşmek önderleşmek
liderlik önderlik
lif telcik
lig *sp.* küme
likit sıvı

limit sınır, uç
lisan dil
liste dizelge
listelemek dizelgelemek
literatür yazın
litografi, litografya taşbaskı
litoloji taşbilim
litosfer taşküre, taşyuvarı
liva 1 sancak **2** tugay
liyakat yaraşık, değimli; yaraşırlık, yararlık
liyakatsiz yaraşıksız, değimsiz
loder yükler
logos *fels.* deyi
lojman konut, kurum konutu
lokal 1 yer, ev, dernekevi **2** yerel
lokalize etmek yerelleştirmek, yerselleştirmek
lokavt işkapatımı, işbıraktırımı
lügat 1 söz, sözcük **2** sözlük
lüks 1 gösteriş **2** gösterişli
lütfetmek 1 vermek **2** söylemek, bildirmek **3** alçakgönüllülük göstermek
lütuf iyilik
lüzum gerek, gereklik, gereklilik
lüzumlu gerekli
lüzumsuz gereksiz
lüzumu halinde gerekirse, gerektiğinde

M

maada -den başka
maaile ailecek, ailece
maalesef ne yazık ki
maalmemnuniye seve seve
maarif (ulusal) eğitim
maarif vekâleti eğitim bakanlığı
maaş aylık
maatteessüf ne yazık ki
maazallah Tanrı esirgesin, Tanrı korusun
mabat arka, geri
mabet tapınak
maç *sp.* karşılaşma
madde 1 özdek **2** öğe
maddeci özdekçi
maddecilik özdekçilik
maddeten özdekçe
maddi özdeksel
madeni madensel
madun ast
mafsal eklem
mağaza satımevi
mağdur kıygın
mağduriyet kıygınlık
mağfiret yarlıgama
mağfiret etmek yarlıgamak
mağlubiyet yenilgi
mağlup yenik
mağlup etmek yenmek
mağlup olmak yenilmek
mağrur 1 övünçlü **2** benliğine düşkün, benlikçi **3** burnu büyük, kasıntılı, kurumlu **4** konur
mahalli yöresel, yerel
maharetli becerikli, usta
mahdum oğul
mahdut sayılı, (sayıca) sınırlı
mahfaza koruncak, kap
mahfazalı koruncaklı
mahfuz 1 saklı **2** korunaklı
mahir becerikli, usta
mahiyet nitelik, içyüz
mahkeme yargılık; yargıevi
mahkum yargılı
mahlas seçme ad
mahluk yaratık
mahpus tutuklu
mahpushane tutukevi
mahreç 1 çıkak **2** kaynak
mahrek yörünge
mahrem 1 gizli, içrek **2** sırdaş
mahremiyet gizlilik
mahrum yoksun
mahrumiyet yoksunluk
mahsuben -e sayarak
mahsul ürün
mahsulat ürünler
mahsur kuşatılmış, sarılmış
mahsus 1 özgü **2** özellikle, bile bile
mahv yıkım, yok olma
mahvetmek 1 yok etmek **2** bozmak, yıkmak
mahzun üzgün, üzüntülü
mahzur sakınca, engel

mahzurlu sakıncalı, engelli
maimukattar damıtık su
maişet geçim, dirlik
maiyetinde yanında
majüskül büyük (harf)
makabline şamil öncesini kapsayan
makale yazı
makam orun
makara sarımlık
makat kıç
makber gömüt, sin
makbul 1 beğenilen **2** geçer, geçerli **3** uygun
makbuz alındı
maket taslak, yapı
maksat 1 erek **2** istek
maksatlı amaçlı, bir amaca yönelik
maksi uzun
maksimum en yüksek, en yukarı, en çok
makta kesit
maktu kesin eder
maktu fiyat kesin eder
maktul öldürülen
makul usa uygun
makyaj 1 *tiy.* ve *sine.* yüzboyama **2** süslem, yüzbakımı
malarya sıtma
malihulya karakaygı
malik iye
malikane yurtluk, büyük ev
maliyet elde ediliş değeri
maliyet fiyatı elde ediliş ederi, maloluş ederi
malul eksin
malulen eksinlik nedeniyle, işgörmezlik nedeniyle
maluliyet eksinlik
malum bilinen
malumat bilgi
malzeme gereç
mamafih bununla birlikte
mamul yapılmış
mamulat yapım
mamur bayındır
mana anlam
manalı anlamlı
manasız anlamsız
manen 1 içsel olarak **2** tinsel bakımdan, tinsel yönden
manevi tinsel
manevi evlat (erkek için) oğulluk, (kız için) büyütmelik
maneviyat 1 yürek gücü **2** doğaüstü güç
mani 1 engel **2** önleyici
manialı engelli
manifesto 1 bildiri **2** gemi bildirgesi, yük bildirgesi
mani olmak engellemek
manivela kaldıraç
manometre basıölçer
mansiyon özendirme ödülü
manşet üst başlık, başlık
manşon 1 ellik **2** bağlantı
mantık usbilim, usbilgisi
manzara görünüş, görünüm, görünü
maraz sayrılık
marazi sayrıl
marifet bilgi
marka bellik
marketing pazarlama
marşandiz yük katarı
maruf 1 bilinen **2** tanınmış, ünlü
maruzat söylenecek, diyecek
maruz kalmak uğramak, karşılaşmak
masaj ovma, ovuşturma
maslahat iş
maslahatgüzar işgüder
masör ovucu
masraf gider
mastar *dilb.* eylemlik
masum suçsuz
masumiyet suçsuzluk

masuniyet dokunulmazlık
maşuk (erkek) sevgili
maşuka (kadın) sevgili
mat donuk
matador boğa güreşçisi
matbaa basımevi
matbaacı basımcı
matbaacılık basımcılık, basım işletmeciliği
matbu basma, basılmış, basılı
matbuat basın
matem yas
matemli yaslı
materyal gereç
materyalist özdekçi
materyalizm özdekçilik
matine gündüz gösterisi
matkap delgi
matriarkal anaerkil
matuf yönelik, yöneltilmiş
mayi sıvı
mazeret **1** engel, engellik **2** bağışlatıcı neden
mazhariyet ergi
mazhar olmak erişmek
mazmun anlam, kavram, içerik
maznun sanık
meal anlam, kavram
mealen anlam olarak, anlamca
meblağ tutar
mecal güç
mecalsiz argın
mecaz değişmece
mecaz-ı mürsel düzdeğişmece
mecazi değişmeceli, değişmecesel
mecbur **1** zorunlu, yükümlü **2** zorunlu olan
mecburen zorunlu olarak
mecburiyet zorunluluk, yükümlülük
meccanen parasız olarak
meccani parasız
mecmu toplam
mecmua dergi
mecra akak, akarsu yatağı
meçhul bilinmeyen
medar *gökb.* dönence
medari iftihar övünce
meddücezir *coğr.* gelgit, kabarma alçalma
medeni uygar
medeni kanun yurttaşlar yasası
medenileşmek uygarlaşmak
medenilik uygarlık
medeniyet uygarlık
medeniyetsiz uygarlaşmamış, ilkel
medet yardım
medyun borçlu, verecekli
mefhum kavram
mefkûre ülkü
mefluç inmeli
mefruşat döşemelik, döşeme
meftun tutkun, gönül vermiş, vurulmuş
meftuniyet tutkunluk
megaloman büyüklük delisi
megalomani büyüklük deliliği
mehaz kaynak
mekân **1** yer **2** uzay
mekanizma düzenek
mektep okul
melal üzgü, bezginlik, usanç
melankoli karakaygı
meleke **1** yeti **2** yatkınlık, alışıklık
melodi ezgi
melodik ezgili, ezgisel, ezgil
melun kargışlanmış
melül **1** üzgün, bezgin **2** boynu bükük
memat ölüm
memba kaynak, pınar
memleket **1** ülke, **2** yer yurt
memnu yasak
memnun kıvançlı, sevinçli
memnuniyet kıvanç, sevinç
memnunluk kıvanma, kıvanç

memorandum andıç
memur görevli
memuriyet görev
menajer yönlemci
mendebur sümsük, sünepe
mendirek dalgakıran
menetmek engel olmak, yasak etmek
menfaat yarar, çıkar
menfaatperest çıkarcı
menfi olumsuz
menfur iğrenç
mengene sıkmaç
menkul taşınır, taşınabilir
mensubiyet ilişkinlik, ... -den oluş
mensup bağlı, ilişkili, ... -den
menşe köken, kök, kaynak
menşeli kaynaklı
mera otlak
merak kaygı; öğrenme isteği, istek; bilseme; düşkünlük
merak etmek kaygılanmak
meraklandırmak kaygılandırmak, tasalandırmak
meraklanmak kaygılanmak, tasalanmak
meraklı (bir şeye) düşkün; (bir şeye) istekli
meraksız aldırışsız
meram 1 erek, amaç **2** diyesi
meram etmek üstüne düşmek
meramını anlatmak diyesini anlatmak, ereğini anlatmak
merasim tören
merbutiyet bağlılık, ilişkinlik
merdiven ayakçak
merhale 1 aşama **2** evre
merhamet acıma
merhamet etmek acımak
merhametli acımalı, yufka yürekli
merhametsiz acımasız
merkep eşek
merkez özek; orta
mersi sağ ol
mersiye ağıt
mert 1 yiğit **2** sözünün eri
mertçe yiğitçe, erkekçe
mertebe 1 aşama, basamak **2** evre
mertlik yiğitlik, erkeklik
mesabesinde yerinde, değerinde
mesafe ara, uzaklık
mesaha yüzölçümü
mesaj bildiri, ileti
mesamat gözenekler
mesame gözenek
mesane sidiktorbası
mesela sözgelişi, örneğin
mesele sorun
mesire gezinti yeri, gezi yeri, gezi
mesken konut
meskun oturulan (yer)
meslek iş, uğraş, uğraşı
meslektaş uğraştaş
mesnet dayanak
mesul sorumlu
mesuliyet sorumluluk, sorum
mesuliyetli sorumlu
mesut mutlu
meşakkat sıkıntı, güçlük
meşale yanarca
meşgale uğraş, iş güç
meşgul etmek 1 oyalamak **2** uğraştırmak
meşguliyet iş güç, uğraş, uğraşı
meşhur ünlü, tanınmış
meşime etene, son, döleşi
meşkuk su götürür, kuşkulu
meşru 1 yasal **2** yasalı, yasaya uygun **3** törel
meşum uğursuz
met *coğr.* kabarma
metafizik doğaötesi
metafor eğretileme
metanet dayanca
metanetli dayancalı
metatez *dilb.* göçüşme

meteorit göktaşı
meteorolog gökolaybilimci
meteoroloji gökolaybilim
meteorolojik gökolaybilimsel
metfun gömülü
methal giriş
methaldar (bir işe) karışmış, girmiş, ilgisi olmuş
methetmek övmek
methiye övgü
metin dayancalı
metodik yöntemli, yöntemlice
metodoloji yöntembilim
metot yöntem
metotlu yöntemli
metotsuz yöntemsiz
metotsuzluk yöntemsizlik
metres kapatma, oynaş
metro 1 altulaşım **2** altulaşım taşıtı
metruk 1 kullanılmayan **2** bırakılmış
mevcudiyet varlık, var oluş, var olma
mevcudu kalmamak tükenmek
mevcut bulunan, var olan
mevduat yatırga, yatırı
mevki 1 yer, orun **2** durum **3** (taşıtlarda) yerlik
mevkuf tutuklu
mevkufhane tutukevi
mevkufiyet tutukluluk
mevzi yer, konalga
mevzii 1 yer yer **2** yerel, bölgesel
mevzilenmek konalgalanmak, konalgaya girmek
mevzu konu
mevzubahis söz konusu
meyan ara
meydan alan
meydana gelmek 1 oluşmak **2** ortaya çıkmak
meyil 1 eğim **2** eğilim
meyilli 1 eğimli **2** eğilimli, eğinik
meyletmek 1 eğilmek **2** eğilim göstermek **3** yatmak
meymenet uğur
meymenetsiz uğursuz
meyyal eğilimli
mezar gömüt
mezarcı gömütçü
mezarlık gömütlük
mezat artırma, artırmalı satış
mezbaha kesimevi
meziyet 1 üstünlük **2** özellik, nitelik
meziyetli üstün nitelikli
mezkur adı geçen, anılan
mezosfer *gökb.* ortayuvar
mezun 1 bitirmiş **2** yetkili
mezuniyet 1 (okulu) bitirme **2** yetki
mezun olmak (okulu) bitirmek
mıknatıs demirkapan
mıntıka bölge
mısdak ölçüt
mısra dize
mızrak kargı
mızrap tezene
miğfer çelik başlık, tolga
mihenk denektaşı
mihmandar kılavuz, gezdirici, konukçu
mihnet sıkıntı
mihver eksen
mikroçip yonga
mikrofon sesbüyütür
mikser karmaç, çırpıcı
miktar 1 nicelik, sayı **2** ölçü **3** tutam
mikyas ölçek, ölçü
mil dingil
milenyum binyıl
militan vuruşkan
militarist orducu
militarizm orduculuk
millet ulus

milletlerarası uluslararası
milli ulusal
milli irade ulusal istenç
millileştirmek ulusallaştırmak
milliyet ulusallık
milliyetçi ulusçu
milliyetçilik ulusçuluk
milliyetperver ulussever
mini küçük
minimum en az, en küçük, en düşük
miniskül küçük (harf)
minkale iletki
minnet gönül borcu
minnettar gönül borçlusu
minval yol, biçim
miras kalıt
misafir konuk
misafirhane konukevi
misafirlik konukluk
misafirperver konuksever
misafirperverlik konukseverlik
misal örnek
miskin uyuşuk, mıymıntı
mistik gizemci
mistisizm gizemcilik
misyon görev, özgörev
misyoner dinyayar, dinyayıcı
mit *bkz.* **mitos**
miting açık hava toplantısı
mitoloji söylencebilim
mitolojik söylencebilimsel, söylencesel
mitos söylence
mizaç yaradılış
mizah gülmece
mizanpaj sayfa düzeni
model 1 örnek, benzer **2** biçim
modern 1 çağdaş, çağcıl **2** yeni
modernleşme 1 çağdaşlaşma, çağcıllaşma **2** yenileşme
modernleşmek 1 çağdaşlaşmak, çağcıllaşmak **2** yenileşmek
modifikasyon *yerb.* değişke
modülasyon 1 *fiz.* değişme, değişinim **2** *müz.* (makamdan makama) geçiş
mola dinlenme, ara
monist tekçi, birci
monizm tekçilik, bircilik
monoblok tekgövde
monogam tekevli, tekeşli
monogami tekevlilik, tekeşlilik
monografi tekyazı
monokl tekgözlük
monopol tekel
monoteist tektanrıcı
monoteizm tektanrıcılık
momtip tekdizer
monoton tekdüze
monotonluk tekdüzelik
montaj kurmak; kurma, kurgu
montajcı kurtakçı; kurgucu
monte etmek kurmak, kurup takmak
moral 1 içgüç, içgücü **2** gönülgücü
moralizm aktörecilik, törecilik
moralman içgücü yönünden, içgücü bakımından
morfem *dilb.* biçimbirim
morfoloji 1 yapıbilim **2** biçimbilim
motif örge
mozaik silmetaş
mozaikçi silmetaşçı
mozole anıtgömüt
muadele denklem
muadil eşit, denk; eşdeğer
muaf bağışık
muafiyet bağışıklık
muaflık bağışıklık
muahede antlaşma
muaheze kınama, çıkışma paylama
muahhar sonraki, daha sonraki
muallak asılı, askıda, askıda kalmış
muallim (erkek) öğretmen
mualime (kadın) öğretmen
muamelat işlemler

muamele 1 işlem **2** davranış, davranma **3** tutum
muamma 1 bilmece, yanıltmaca **2** anlaşılmaz (iş)
muasır çağdaş
muaşeret adabı görgü
muavin yardımcı
muayene yoklama
muayyen belirli
muazzam kocaman, büyük
mucibince gereğince
mucip gerekçe
mucip olmak 1 gerektirmek **2** neden olmak, yol açmak
mucit yaratıcı, türetmen, buluşcu
mucize tansık
mucizevi tansıksı
mudi para yatıran, yatırımcı, yatırman
muafassal ayrıntılı
mugaddi besleyici
mugalata yanıltmaca
mugayeret aykırılık, uymazlık
mugayir aykırı, uymaz
muğber gücenlik, küskün
muğlak anlaşılmaz, çapraşık
muhabbet 1 sevgi **2** dostça konuşma
muhabere yazışma, bildirişme
muhabere etmek yazışmak, haberleşmek
muhabir bildirmen
muhaceret göç, göçme
muhacim saldırı
muhacir göçmen
muhafaza koruma, saklama
muhafaza etmek korumak, saklamak
muhafazakâr tutucu
muhafız kolcu, koruyucu
muhakeme 1 usavurma **2** yargılama
muhakeme etmek 1 usavurmak **2** yargılamak
muhakkak kesin olarak, kesinlikle
muhalefet 1 karşıtçılık **2** aykırılık
muhalif 1 karşı, karşıt **2** karşıtçı **3** aykırı
muharebe savaşma, vuruşma
muharip savaşçı
muharrir yazar
muharrirlik yazarlık
muhasara kuşatma, sarma
muhasebat saymanlık işleri
muhasebe saymanlık
muhasebeci sayman
muhasebecilik saymanlık (işi)
muhasip sayman
muhbir eleverici, eleveren, giziletimci
muhit çevre
muhtaç olmak gereksemek, gereksinmek
muhtar özerk
muhtariyet özerklik
muhtasar kısa, kısaltma
muhtasaran kısaca, kısaltarak
muhtekir vurguncu
muhtelif çeşitli
muhtelit karma
muhtemel olası
muhterem sayın, saygıdeğer
muhteris tutkulu
muhteşem görkemli
muhteva içerik, kapsam; öz
muhteviyat 1 içerik **2** içindekiler
muhtıra son uyarı
muin yardımcı
mukabele karşılık verme, karşılama
mukabele etmek karşılık vermek
mukabil karşı, karşılık
mukaddeme önsöz
mukadderat yazgı, alınyazısı
mukaddes kutsal
mukaddesat kutsal kavramlar, kutsallıklar
mukaddesatçı kutsalcı

mukallit benzetçi, yansılayıcı, öyküncü
mukarrer saptanmış, kesinleştirilmiş
mukattar damıtılmış, damıtık
mukavele sözleşme
mukavelename sözleşme belgiti
mukavemet 1 dayanma, direnme, direniş **2** direnç
mukavemet etmek dayanmak, direnmek
mukavemetli dayanıklı, dirençli
mukavim dayanıklı, dirençli, sağlam
mukayese karşılaştırma
mukayeseli karşılaştırmalı
mukayyet 1 bağlı **2** yazılı
mukim oturan
muktebes alıntılanmış
muktedir erkli, gücü yeter
mukni inandırıcı
mukriz ödünç veren
muktedir olmak gücü yetmek
muktesit tutumlu
muktezi gerekli
munafık arabozan
munafıklık arabozanlık, arabozuculuk
munis cana yakın
muntazam düzgün, düzenli, derli toplu
muntazaman düzenli olarak, düzenli bir biçimde
muntazır bekleyen, gözleyen
munzam ekleme, katma, eklenmiş, ek, katılmış
murabba dördül
muradına ermek dileği gerçekleşmek, ereğine varmak
murafaa duruşma
murakabe denetleme, denetim, denet
murakabe etmek denetlemek
murakıp denetleyici, denetçi
murakıplık denetçilik
murat dilek, istek
murdar kirli, pis
murdarilik omurilik
muris kalıt bırakan, kalıtçı
musahabe konuşma, söyleşi
musahhih düzeltmen, düzeltici
musahhihlik düzeltmenlik, düzelticilik
mustarip acı çeken
mustatil *mat.* dikdörtgen
muta veri
mutaassıp bağnaz
mutabakat uyuşma, uyum, uygu
mutabık uyuşmuş olan, uygun
mutantan görkemli
mutasavver düşünülmüş
mutasavvıf gizemci
mutasyon değişinim
mutasyonizm değişinimcilik
mutat alışılmış, alışılan
mutavassıt 1 aracı **2** *s.* orta, ortalama
muteber 1 saygın **2** güvenilir **3** geçerli
mutedil ılımlı, ölçülü
mutena özenli; seçkin
muti uysal, yumuşak başlı
mutlak salt
mutlaka kesinlikle, yüzde yüz
mutlak ekseriyet salt çoğunluk
mutlakiyet saltçılık
mutmain gönlü kanmış, inanmış
muttali öğrenmiş
muttarit düzenli, tekdüze
muttasıl biteviye, ara vermeden
muvacehesinde karşısında
muvafakat uygun görme, onama
muvafakat etmek uygun görmek, onamak
muvaffak başarılı
muvaffakiyet başarı, başarılılık
muvaffakiyetli başarılı

muvaffakiyetsiz başarısız
muvaffak olmak başarılı olmak, başarmak
muvafık uygun
muvakkat geçici
muvakkaten geçici olarak
muvasala ulaşım
muvazaa danışık, danışıklık, danışıklı iş
muvazaalı danışıklı
muvazene denge
muvazeneli dengeli
muvazenesiz dengesiz, ölçüsüz
muvazi koşut
muvazzaf görevli, ödevli
muvazzaf hizmet askerlik görevi
muvazzaf subay sürekli subay
muzaffer yengi kazanmış
muzafferiyet yengi, utku
muzip takılgan
mübadele değiş tokuş
mübalağa abartma, abartı
mübalağacı abartmacı
mübalağa etmek abartmak
mübalağalı abartmalı, abartılı
mübarek **1** kutlu, uğurlu **2** kutsal
mübayenet **1** ayrılık, başkalık **2** karşıtlık
mübrem kaçınılmaz, gerekli
mücadele savaşım
mücadeleci **1** savaşımcı **2** uğraşmacı **3** didişken
mücadele etmek uğraşmak, savaşmak
mücavir komşu, yakın
mücbir zorunlu
mücehhez donanmış, donatılmış
mücehhez olmak donanmış olmak, donatılmış olmak; taşımak
mücella parlatılmış
mücerret soyut
mücmel kısa, özetli
mücrim suçlu
müdafaa savunma, savunu
müdafaa etmek savunmak
müdafi savunucu
müdahale karışma, el atma, el koyma
müdahale etmek karışmak, et atmak, el koymak
müdavi sağaltan, (sayrıya) bakan
müdavim (bir yere) sürekli gelen
müddeiumumi savcı
müddeiumumilik savcılık
müddet süre
müdire (kadın) yönetmen
müdür (erkek) yönetmen
müdüriyet yönetmenlik
müebbet sonsuza dek, yaşam boyu
müeccel ertelenmiş
müellif yazar
müemmen sağlanmış
müennes *dilb.* dişil
müessese kuruluş, kurum
müessif üzücü
müessir etkili
müessir olmak etkili olmak; etkilemek
müessis kurucu
müeyyide yaptırım, yaptırma gücü
müfettiş denetçi, denetmen
müfettişlik denetçilik, denetmenlik
müflis batkın
müfredat **1** öğretmelik **2** ayrıntılar
müfredat programı öğretim izlencesi
müfret *dilb.* tekil
müfrit aşırı
müfteri karaçalan, karaçalıcı
mühim önemli
mühimmat savaş gereçleri
mühimsemek önemsemek
müjde muştu
müjdelemek muştulamak

mükâfat ödül
mükâfatlandırmak ödüllendirmek
mükâleme konuşma
mükellef **1** gösterişli, özenli **2** yükümlü
mükellefiyet yükümlülük
mükemmel yetkin, eksiksiz, tükel
mükemmelen eksiksiz olarak, yetkin olarak
mükerrer yinelemeli, yinelenmiş
mükerreren yinelemeli olarak, yinelemeyle
mükrim ağırlayıcı, konuksever
müktesep kazanılmış
mülakat görüşme
mülayim yumuşak yaradılışlı
mülazım teğmen
mülevves kirli, kötü, iğrenç
mülga (varlığı) kaldırılan, kapatılan
mülhak bağlı, ekli, katılmış
mülhem esinlenmiş
mülkiyet iyelik
mülteci sığınık, sığınan, sığınmacı
mültefit güleryüz gösteren
mümarese alışma, yatkınlık, el yatkınlığı
mümasil benzeş, andıran
mümbit verimli, bitek
mümeyyiz ayırtman
mümin inançlı
mümkün olabilir, olanaklı
mümkün mertebe elden geldiğince, olabildiğince
mümtaz seçkin
münakalat ulaştırma
münakale **1** ulaşım **2** aktarma
münakaşa tartışma
münakaşa etmek tartışmak
münasebet ilişki
münasebetli ilişkili
münasebetsiz uyumsuz, ters
münasip uygun
münavebe sıra
münazaa kavga, çekişme
münazara tartışı
müncer olmak sonuçlanmak
münderecat içindekiler
münebbih uyandırıcı, uyarıcı
müneccim yıldızbilimci; önbilici
müneccimlik yıldızbilimcilik
münekkit eleştirmen, eleştirici
münevver **1** aydın **2** aydınlatılmış
münezzeh arı, uz
münfail gücenmiş, alınmış, kırgın
münferiden tek başına olarak
münferit tek tek, ayrı ayrı
münfesih bozulmuş, dağılmış
münhal açık, boş
münharif sapmış, çarpık
münhasır sınırlanmış, yalnız ...-e ayrılmış
münhasıran yalnız; özellikle
münkir **1** yadsıyan **2** Tanrı'yı yadsıyan
münteşir yayımlanan
münzevi çekilgin
müphem belirsiz, üstü kapalı
müptedi yeni başlayan
müptela **1** düşkün **2** tutkun
müptela olmak tutkun olmak, tutulmak
müptezel bayağı, orta malı
müracaat **1** başvuru **2** danışma
müracaatçı başvurucu
müracaat etmek başvurmak
müradif *dilb.* eşanlamlı, anlamdaş
mürai iki yüzlü
mürailik iki yüzlülük
mürebbi eğitici, yetiştirici, eğitmen
müreccah yeğ (tutulan)
müreffeh gönençli
mürekkep bileşik; -den oluşan
mürettip dizgici, dizmen
mürettiphane dizgiodası, dizgiyeri
mürettip hatası dizgi yanlışı

mürettiplik dizgicilik, dizmenlik
mürit izdeş, izdaş
mürteci gerici
mürtekip yiyici
müruruzaman süreaşımı
mürüvvet **1** yiğitlik, kişilik **2** iyilikseverlik
müsaade elverişlilik, izin
müsabaka yarışma
müsabık yarışmacı
müsademe çarpışma
müsadere zoralım
müsait uygun, elverişli
müsamaha **1** hoşgörü **2** göz yumma
müsamahakâr hoşgörülü, hoşgörür
müsamahakârlık hoşgörürlük
müsavat eşitlik, denklik
müsavi eşit, denk
müsebbip yol açan, neden olan
müseccel kütüğe geçirilmiş
müseddes *mat.* altıgen
müsekkin yatıştırıcı
müselles *mat.* üçgen
müselsel ardı ardına (gelen)
müsemma ad verilmiş
müshil içsürdürücü
müskirat içkiler
müsmir yararlı, verimli sonuçlu
müspet olumlu
müsrif tutumsuz, savurgan
müstacel ivedi
müstaceliyet ivedilik
müstafi (işten) çekilmiş
müstahak kazanımlı, kazanmış; yaraşık
müstahsil üretici
müstakbel gelecek, gelecekteki
müstakil bağımsız
müstakim doğru
müstamel kullanılmış
müstantik sorgu yargıcı
müstear takma (ad)
müstefit olmak yararlanmak
müstehcen açık saçık
müstehlik tüketici
müstehzi alaycı
müstekreh iğrenç
müstemleke sömürge
müstemlekeci sömürgeci
müsteniden dayanarak
müstensih yazmacı
müsterih kaygısız, içi esen
müstesna ayrıcalıklı; dışında
müsteşrik doğubilimci
müstevi düzlem, düz
müsvedde karalama, yazı taslağı
müşabehet benzerlik, benzeşlik
müşabih benzer, benzeş
müşahede **1** gözlem **2** görme
müşahhas somut
müşahit gözlemci
müşareket ortaklık, ortaklaşma
müşarünileyh (orunu yüksek kimse için) adı geçen, adı anılan
müşavere danışım
müşavir danışman
müşavirlik danışmanlık
müşekkel iri, gösterişli
müşerref olmak onurlanmak, onur duymak
müşfik sevecen
müşkül güç, güçlük
müşkülat güçlük(ler)
müşkülpesent titiz, güç beğenen
müştak (I) türev
müştak (II) göresi gelen, özlemiş
müşteki yakınıcı
müştemilat eklentiler
müşterek ortak, ortaklaşa
müştereken ortaklaşa, elbirliğiyle
müşteri alıcı
mütalaa **1** okuma **2** düşünce **3** irdeleme
mütalaa etmek **1** okumak **2** (üze-

rinde) düşünmek
mütareke ateşkes, (silah) bırakışma
müteaddit çok, birçok
müteaffin kokuşuk, pis kokulu
müteahhit yüklenici
müteakiben sonra, arkadan, ardı sıra
müteakip 1 arkadan gelen, ardı sıra gelen, ardıl **2** -den sonra
müteallik ilişkin, ilgili
müteammim yaygın, genelleşmiş
mütearife belit
mütebaki geri kalan, kalan
mütebasbıs yaltaklanan, yaltakçı
mütebeddil değişen, dengesiz
mütebessim güleç, gülümseyen
mütecanis türdeş
mütecaviz 1 aşkın, ... -den çok **2** saldırgan
mütecavizleşmek saldırganlaşmak
mütecessis bilsemci
mütedavil 1 geçen, geçer **2** döner
mütedeyyin dindar
müteessir 1 üzgün, üzülmüş **2** etkilenmiş
müteesir olmak 1 etkilenmek **2** üzülmek
mütefekkir düşünür
müteferrik ayrı ayrı, dağınık
mütehammil dayanıklı
müteharrik devingen
mütehassıs uzman
mütehassıslık uzmanlık
mütehassis olmak duygulanmak
mütehavvil değişken, değişik
mütehayyir şaşmış, şaşakalmış
müteheyyiç coşkulu, coşkuya kapılmış
mütekabil karşılıklı
mütekait emekli
mütekâmil olgunlaşmış, gelişmiş
mütekâsif yoğunlaşmış, sıklaşmış; koyulaşmış; derişik
mütemadi sürekli, kesiksiz
mütemadiyen sürekli olarak, ara vermeksizin
mütemayil eğilimli
mütemayiz kendini gösteren, sivrilen
mütemerkiz derişik, toplanmış
mütenakıs çatışık, çelişik
mütenasip orantılı, uygun
mütenavip almaşık
mütenazır bakışımlı
mütenebbih uslanmış
mütenevvi türlü, çeşitli
müteradif eşanlamlı, anlamdaş
müterakim birikmiş
mütercim çevirici, çevirmen
mütereddi soysuzlaşmış
mütereddit duraksamalı, ikircimli
mütesanit dayanışık, dayanışmalı
müteselli avunmuş
müteselli olmak avunmak
müteselsil birbiri ardından; dayanışmalı
müteşair ozanımsı
müteşebbis girişimci
müteşekkil oluşmuş, oluşan
mütevali art arda gelen
mütevazı alçakgönüllü
müteveccih ... -e yönelmiş, dönük, yönelerek
müteveffa sonsuzluğa göçen (kişi)
mütevekkil uydumcu
mütevellit -den doğmuş, ileri gelmiş
müteyakkız uyanık
mütihiş 1 korkunç **2** şaşılacak (şey)
müttefik bağlaşık
müttefikan elbirliğiyle, oybirliğiyle
müttehit birleşik
müvesvis kuruntulu, işkilli
müvezzi dağıtıcı
müzakere 1 görüşme, danışma **2** sözlü sınav

müzakere etmek görüşmek
müzayaka sıkıntı, darlık
müzayede artırma
müzekker *dilb.* eril
müzevir arabozan
müzeyyen süslenmiş, bezenmiş
müziç sıkıcı, tedirgin edici
müzikolog müzikbilimci
müzmin süreğen
müzminleşmek süreğenleşmek

N

nabız vuru
naçar umarsız
naçiz değersiz
naçizane önemsiz, değersiz (olarak)
nadide 1 görülmemiş, az görülen **2** çok değerli
nadir az, az bulunur
nadiren seyrek, seyrek olarak
nafaka geçimlik, geçinmelik
nafıa bayındırlık
nafi yararlı
nafile boşuna
nağme ezgi
nahiv sözdizimi
nahiye 1 bölge **2** bucak
nahoş tatsız, kötü, yakışıksız
nail olmak erişmek, kavuşmak
nakavt etmek oyundışı etmek
nakden para olarak
nakdi parasal, paraca
nakıs 1 eksik **2** *mat.* eksi
nakış bezek, işlenge
nakil iletim, aktarım
nakit para, akça
naklen ileterek, aktararak
nakletmek iletmek, aktarmak, taşımak
nakliyat taşımacılık
nakliyeci taşımacı
nakliyecilik taşımacılık
nakzetmek bozmak
nam 1 ad **2** ün
namağlup yenilmemiş, yenilmez, yenilmeyen
namahdut sınırsız
namüsait elverişsiz
namütenahi sonsuz
namzet aday
nankör iyilikbilmez
naratif anlatımsal
narenciye turunçgiller
narıbeyza akkor
narkotik uyuşturucu
narsisit özsever
narsisizm özseverlik
nasihat öğüt
naşi ötürü, dolayı
naşir 1 yayan, saçan **2** yayımcı, yayımlayan
nativizm doğuştancılık
natuk dilli, iyi konuşan
natür doğa
natüralist doğalcı
natüralizm dooğalcılık
natürel 1 doğal **2** doğuştan
natürist doğacı
natürizm doğacılık
natürmort ölüdoğa
nazar bakış
nazaran göre
nazar değmek göz değmek, göze gelmek
nazari kuramsal

nazariyat kuramlar
nazır 1 ...-e bakan **2** bakan
nazire benzeş
nebat bitki
nebatat bitkibilim
nebati bitkisel
nebülöz bulutsu
necat kurtuluş
nedamet yerinme
nefes soluk
nefis 1 özvarlık **2** çok güzel
nefret iğrenme, tiksinme
nefret etmek iğrenmek, tiksinmek
negatif 1 *mat.* eksi (eksi değer) **2** olumsuz **3** eksi yük, eksi yüklü **4** (gebelik testi) yok **5** (resimde) kara
nehari yatısız, gündüzcü
nehir ırmak
nekahet sayrılık ertesi dönemi
nekrofil ölüsevici
nekrofili ölüsevicilik
nema 1 büyüme, gelişme **2** ürem, getiri
neolojizm yenitüretim, yenitüreti
nesep soy
nesiç *tıp.* doku
nesil 1 (insan için) kuşak **2** (hayvan için) döl
nesir düzyazı
neşe sevinç
neşeli sevinçli, şen
neşir yayım
neşredilmek yayımlanmak
neşren yayın yoluyla
neşretmek 1 yaymak **2** yayımlamak
neşriyat yayım; yayınlar
neşvünema gelişme, yetişme
net 1 açık, belirgin **2** kesintili
netameli tekinsiz
netice sonuç
neticede sonunda, sonuç olarak
neticelenmek sonuçlanmak
nevale yiyecek
nevi tür, çeşit
nevi şahsına münhasır kendine özgü
nevroloji sinirbilim
nevroz sinirce
nezafet temizlik
nezaket incelik
nezaketen incelikle
nezaketsiz kaba
nezaketsizlik kabalık
nezaret gözaltı
nezarete almak gözaltına almak
nezd yan, kat
nezle ingin, dumağı
nida ünlem
nifak arabozukluğu, karıştırıcılık
nihai son, sona eriştiren, kesin
nihayet 1 son **2** sonunda
nihayetsiz sonsuz, uçsuz bucaksız
nihilist hiççi
nihilizm hiççilik
nikbin iyimser
nikbinlik iyimserlik
nimbus katmanbulut
nimet kutsal verim, iyilik, ergi
nisaiye kadın sayrılıkları
nisaiyeci kadın sayrılıkları uzmanı
nisap yetersayı
nispet 1 oran, ölçü **2** bağıntı
nispeten 1 göre **2** bir ölçüde, oldukça
nispi 1 göreli, görece **2** bağıl, bağıntılı **3** oransal
nişan 1 im, iz, belirti **2** bellik
niyaz etmek yakarmak, dilemek
niza çekişme, kavga, bozuşma
nizam düzen, yol
nizami yasaca, yasal, kurala uygun
nizamname tüzük
noksan 1 eksik **2** eksiklik
noktai nazar bakış açısı
nomad göçebe
nominatif *dilb.* yalın durum

nominal saymaca
nominalist adcı
nominalizm adcılık
nominatif yalın
nomonklatür adlık, adlık dizgesi
nonfigüratif betisiz
norm **1** ölçek **2** ölçü **3** düzgü **4** kural
normal **1** olağan **2** düzgülü
normatif kuralcı
nostalji yurt özlemi, yurtsama
nosyon kavram
nöbet **1** sıra **2** keşik
nörolog sinirbilimci
nöroloji sinirbilim
nörotik sinirceli
nötr yansız
nötralizasyon **1** yansızlaştırma **2** etkisizleştirme
nötralize etmek yansızlaştırmak
numaratör sayıcı
numune örnek
numunelik örneklik, göstermelik
nur ışık, aydınlık
nurani ışıklı, aydınlık
nutuk söylev
nüans ayırtı
nüfuz **1** sözügeçerlik **2** içine geçme, sinme
nüfuz etmek **1** içine geçmek, içine işlemek **2** etkili olmak
nüfuzlu sözügeçer
nükleer çekirdeksel
nüksetmek depreşmek
nümayiş gösteri
nüsha **1** sayı **2** tane **3** yazma, el yazması
nüve çekirdek
nüzul inme

O

obelisk dikilitaş
obje nesne
objektif **1** nesnel **2** (fotoğrafçılık) çeker **3** mercek
objektivist nesnelci
objektivizm nesnelcilik
obligasyon yükümlülük
observasyon gözlem
observatuvar gözlemevi
obskürantist karanlıkçı
obskürantizm karanlıkçılık
obstrüksiyon engelleme
odiyoloji işitimbilim
odyovizüel görsel işitsel
odyovizüel metot görsel işitsel yöntemi
ofis işyeri
ofset düzbaskı
oftalmoloji *tıp.* gözbilim
oligarşi takımerki
ommatidyum *hayb.* görmegözesi
ondüle kıvrık, kıvrılmış, kıvırcık, dalgalı
onomatope yansıma
ontoloji varlıkbilim
operasyon **1** işlem **2** *tıp.* işlemce (ameliyat) **3** *ask.* eylemce (harekât)
operatör **1** *tıp.* yarman **2** (uygulayım) işletmen
oportünist günoğlu
oportünizm günoğluculuk
opsiyon seçenek
optimist iyimser
optimizm iyimserlik
opus yapıt
oral ağızsal, ağızsıl
organizasyon **1** düzen, düzenleme **2** örgüt, örgütleme
organizatör **1** düzenleyici, düzenleyen **2** örgütleyici, örgütçü
organize etmek **1** örgütlemek, kurmak **2** düzenlemek
orijin **1** köken **2** kaynak
orijinal **1** özgün **2** değişik, kendine özgü
orijinalite **1** özgünlük **2** değişiklik, yenilik
ornitolog kuşbilimci
ornitoloji kuşbilim
oryan doğu
oryantal doğulu, doğusal
oryantalist doğubilimci
oryantalistik *bkz.* **oryantalizm**
oryantalizm doğubilim
oryantasyon **1** yön **2** yönlenme, yönlendirme, yöneltme
osmoz geçişme
oşinograf denizbilimci
oşinografi denizbilim
otantik **1** gerçek, sağlam **2** doğal, yerli
otoban hızyolu
otobiyografi özgeçmiş, özyaşamöy-

küsü

otodidakt özöğrenimli

otojestiyon özyönetim

otokrasi saltıkçı yönetim, saltıkçılık

otokrat saltıkçı

otokritik özeleştiri

otokton yerli

otomasyon özdevinim

otomatik özdevimli

otomatizm özdevim

otomotiv özgidimli

otonom özerk

otonomi özerklik

otopsi gözlegörü

otorite **1** yetke **2** sözdinletirlik, sözügeçerlik **3** (yönetim ve siyasal yaşamda) yüksekgörevli, yetkili, yetkili kişi **4** (bilimde) yüksek yetkili (kişi)

otoriter **1** sözügeçer, sözdinletir **2** baskın, baskılı (yönetim) **3** yetkili

ototraf *yaşb.* özbeslenen

ototrafi *yaşb.* özbeslenme

output çıktı

oval söbe, yumurtamsı

ozmos geçişme

Ö

ödem şişlik, yangısız şiş
ömür yaşam
örf gelenek, töre
örfi geleneksel
örfi idare sıkıyönetim
özür 1 engel **2** eksiklik

P

paha değer, eder
pak arı, temiz
pakt antlaşma
paleografi eskiyazı bilgisi
paleontoloji taşılbilim
palyatif etkisiz, geçici
pandantif bingi
pandül sarkaç
panel toplugörüşme, açık oturum
panik ürkü
pankart duyurumluk
panorama toplu görünüm
pansiyon barınak
pansiyoncu barınakçı
pansiyonculuk barınakçılık
pansiyoner barınıcı
panteist kamutanrıcı
panteizm kamutanrıcılık
panteon anıtgömüt
panter pars
papyekuşe kaymakkâğıt
paradigma örneksem
paradoks **1** yanıltmaç **2** aykırı kanı, karşıtlam
paragraf bölümce
paralel **1** koşut **2** *coğr.* enlem
paralellik **1** koşutluk **2** benzerlik
paralitik inmeli
paralizi inme
paralojizm *mant.* ve *fels.* yanılım
parametre **1** değiştirgen **2** değişken **3** evrendeğer
parankima özekdoku
paranoya *ruhb.* yansıtımca
parantez ayraç
paratoner yıldırımsavar, yıldırımlık
parazit asalak, ekti
parazitoloji asalakbilim
pardesü yağmurluk
pardon bağışlayın, bağışlayınız
park **1** durguluk **2** gezilik
parkur yarışyolu
parodi gülünçleme
parola imsöz
parsel yerbölüm
parsellemek yerbölümlemek
parti **1** vurgun, kazanç, **2** bölüm **3** eğlence, eğlenti
partikül *fiz.* parçacık
partisip *dilb.* ortaç
parttaym (part time) yarımgün (çalışma)
pasaj **1** geçit **2** (yazıda) parça, bölüm
pasaport geçiş belgesi, geçişlik
pasif **1** eylemsiz, etkisiz **2** *dilb.* edilgen
paso yol kimliği
pastoral *yaz.* çobanlama, çobanıl
paten kayakkabı, kayakça
patent **1** buluşbelgesi **2** tekel
patetik dokunaklı
patika keçiyolu, çığır
patinaj **1** kayma **2** kayakça ile kayma

patolog sayrılıkbilimci
patoloji sayrılıkbilim
patolojik sayrılıkbilimsel
patriarkal ataerkil
patron 1 işveren **2** biçintilik
pattern biçit, örüntü
payan son, sınır
paybent köstek, ayakbağı
paye aşama, derece
paye vermek değer vermek
payidar sürekli, durucu, kalımlı
payimal ayak altında kalmış, çiğnenmiş
payitaht başkent
payplayn (pipe line) boruyolu
pedagog eğitimci, eğitimbilimci
pedagoji eğitim, eğitimbilim
pedal ayaklık
peder baba
pederşahi ataerkil
pedolog çocukbilimci
pedoloji çocukbilim
pedometre adımsayar
pehlivan güreşçi
pejmürde eski püskü, yırtık pırtık, dağınık
pejoratif yermeli
pena çalgıç
peneplen *coğr.* yontukdüz
pense kıskaç
perakende 1 tekten **2** azar azar (yapılan, satılan)
perakendeci tektenci
perestiş etmek tapınmak, tapmak
perestişkâr tutkun, vurgun
perfeksiyonist yetkinci
perfeksiyonizm yetkincilik
performans başarım
pergel yayçizer
peripatetizm gezimcilik
perişan 1 dağınık, darmadağın **2** ezgin, acınası
periton karınzarı
peritonit karınzarı yangısı
pernisiyöz kötül
personel görevliler
perspektif görünge
pertavsız büyüteç
peruk, peruka takma saç
perva çekinme, korku, sakınma
pervasız çekinmesiz, korkusuz, sakınmasız
peryodik 1 süreli, aralıklı, dönemsel **2** süreli yayın
peryot süre aralığı
pesimist karamsar, kötümser
pesimizim karamsarlık, kötümserlik
pespaye alçak, soysuz
peş arka
peşin önceden, önden, ön
peşinat 1 öndelik **2** önödeme
peşin hüküm önyargı
peşpeşe birbiri ardından
petrol yeryağı, akaryakıt
peyda etmek edinmek, ortaya çıkarmak
peyda olmak ortaya çıkmak
peyderpey azar azar, bölüm bölüm
peygamber yalvaç
peyk uydu
peyman ant
peymane içki bardağı
peyzaj kır resmi
piknik (yemekli) kır gezisi
pilot uçman
pilotluk uçmanlık
pingpong masatopu
pinti kısmık, elisıkı
piraye süs, bezek
pirüpak tertemiz, lekesiz, arı
pist 1 (buz vb.) yarış yeri **2** (uçaklar için) iniş yeri **3** (dans için) oyun yeri
pişdar öncü
pişman olmak yazıklanmak
pişva önder
pitoresk 1 çekici, gözalıcı, ilginç **2**

güzel görünümlü **3** *yaz.* renklemeli, özgün, canlı **4** gözalıcılık, özgünlük
piyes oyun
plan tasar
planet gezegen
planetaryum gökevi
plantasyon ekimlik
plasenta döleşi
plasman yatırım
plaster yara bandı
plastik 1 yoğrumsal **2** yoğruk
platform 1 seki **2** *coğr.* düzlük, taban **3** *mec.* tasarılar, temel düşünceler
plüralist çoğulcu
plüralizm çoğulculuk
plütokrasi varsılerki
plütokrat varsılerkçi
plüviyometri yağışölçer
pnömoni satlıcan
podyum seki
polarizasyon uçlaşma
polemik yazılı tartışma, kalem tartışması, tartışı
poliandri çokkocalılık
polifoni çokseslilik
polifonik çoksesli
poligam çokevli, çokeşli
poligami çokevlilik, çokeşlilik
poligon 1 atış yeri **2** çokgen
polijini çokkarılılık
polisaj parlatma
politeist çoktanrılı, çoktanrıcı
politeizm çoktanrıcılık
politik siyasal
politika siyasa
politize edilmek siyasallaştırılmak
politize etmek siyasallaştırmak
politize olmak siyasallaşmak
politolog siyasalbilimci
popüler sevilgen, yayılgan, tutulan
pornografi 1 açık saçık yayın **2** açık saçıklık
portatif 1 taşınabilir, taşınır **2** sökülüp takılır
portmanto askılık; askı
postulat koyut
postrestant beklerulak
potansiyel gizilgüç, durulgüç
poz duruş
pozisyon 1 konum **2** durum
pozitif 1 olumlu **2** olgul, tanıtlı **3** *tüze.* geçerli (tüze), yazılı (tüze), doğal (tüze) **4** *fels.* olgucu **5** *mat.* artı **6** *fiz.* artı **7** *fiz.* artı yük, artı yüklü **8** (gebelik testi) var **9** (fotoğrafçılıkta) ak
pozitivizm olguculuk
pragmatik yararsal
pragmatist yararcı
pragmatizm yararcılık
pratik 1 kılgı **2** uygulama **3** uygulamalı, kılgılı, kılgısal **4** uygun, evirgen
prefabrikasyon önüretim
prefabrike kurma, takma, önüretimli
prehistorik tarihöncesi
prensip ilke
pres sıkıştırıcı, sıkacak
prese sıkıştırılmış
prestij 1 saygınlık **2** etki
prevantoryum önlemevi
prezante etmek 1 tanıtmak, tanıştırmak **2** sunmak
prezervatif koruyucu
primitif ilkel
primitivizm ilkelcilik
prizma biçme
probabilizm *fels.* olasıcılık
problem 1 sorun **2** *mat.* çözgü
prodüksiyon yapım, üretim
prodüktif verimli; üretken
prodüktivite verimlilik; üretkenlik
prodüktör yapımcı

profil 1 yanay **2** yandan görünüş
program izlence
proje tasarı
projeksiyon 1 izdüşüm **2** *sine.* gösterim
projektör 1 ışıldak **2** gösterici
proleter emekçi
proleterya emekçi sınıf
prolog öndeyiş
propagandist yayman, tanıtman
prosedür yöntem, yol
proses süreç
prospektüs tanıtmalık
protokol 1 sözleşme tutanağı **2** tören düzen
prototip ilkörnek, temel örnek
prova deneme, sınama, denenme
providasialist *fels.* kayracı
providasializm *fels.* kayracılık
provokasyon kışkırtı, kışkırtma
provokatör kışkırtıcı, kışkırtman
provoke etmek kışkırtmak
prozodi ölçübilim
prömiyer ilk oyun, açılış
psikanalist ruhçözümcü
psikanalitik ruhçözümsel
psikanaliz ruhçözümü
psikolog ruhbilimci
psikoloji ruhbilim
psikolojik ruhbilimsel; ruhsal
puan 1 sayı **2** benek
puanlı benekli
pülverizatör püskürteç, püskürtücü
pür azamet olanca kurumuyla
pür dikkat çok dikkatli bir biçimde, dikkatle
püre ezme
pür hiddet öfkeyle, çok öfkeli
pürtelaş yel yepelek

R

Rab Tanrı
rabıt bağ, bağlantı
rabıtalı 1 düzgün **2** tutarlı
rabıtasız 1 düzensiz **2** birbirini tutmaz, tutarsız
raci olmak dokunmak, dayanmak; dönmek
radde kerte
raddelerinde sularında, sıralarında
radikal köklü
radikalist köktenci
radikalizm köktencilik
radyasyon ışıma, ışınım
radyatör ısıyayar, (otoda) ısısavar
radyoaktif ışınetkin
radyoaktivite ışınetki, ışınetkinlik
radyoloji ışınbilim
radyometre ışınölçer
raf terek
rafine arıtılmış yağ, inceyağ
rafineri arıtımyeri, arıtımevi
rağbet istek
rağbet etmek istek göstermek, tutmak
rağmen karşın
rahim dölyatağı
raket vuraç
rakım yükseklik, yükselti
rakip yarışmacı
raksetmek oynamak
rampa yokuş
randevu buluşma, buluşum
randevu almak gün almak
randevucu buluşturucu
randevuculuk buluşturuculuk
randevuevi buluşmaevi, buluşumevi
randıman verim
randımanlı verimli
rantabilite verimlilik, gelir sağlarlık
rantabl verimli, gelirli
rapor 1 yazanak **2** sağlık yazanağı
raportör yazanakçı; sözcü
raptetmek iliştirmek, tutturmak
rasat gözlem
rasathane gözlemevi
rasgele gelişigüzel
rasyonalist usçu
rasyonalizm usçuluk
rasyonel ussal; ölçülü
rayiç sürümdeğer, geçerdeğer
rayiç fiyat sürümdeğer ederi
reaksiyon 1 geritepi, tepki **2** tepkime
reaksiyoner tepkici; gerici
reaktif ayıraç, tepkin
realist gerçekçi
realite gerçek, gerçeklik
realizm gerçekçilik
reanimasyon canlandırma
redaksiyon 1 yazıdüzen **2** yayındüzen
redaktör 1 yazıdüzenci **2** yayındüzenci

redaktörlük **1** yazıdüzencilik **2** yayındüzencilik
reddetmek geri çevirmek; tepmek
redif *yaz.* döner uyak
redüksiyon indirgeme
redüktör indirgeç
reel gerçek, doğru
refah bolluk, gönenç, geçim genişliği
refakat **1** arkadaşlık **2** eşlik
referandum halkoylaması
referans **1** yeterlik belgesi, iyi çalıştı belgesi **2** (yapıt, kitap vb. için) başvuru
refleks *yaşb.* tepke, yansı
reflektör yansıtıcı
reform düzeltim
reformist düzeltimci
refüze etmek istememek, geri çevirmek
regülatör düzenleyici, düzenleç, düzengeç
regüle etmek düzenlemek
rehabilitasyon **1** esenleştirme **2** (yeniden) saygınlaştırma
rehber kılavuz
rehberlik kılavuzluk
rehin tutu
rehine (insan için) tutu
reis başkan
reisicumhur cumhurbaşkanı
rejim **1** yönetim biçimi **2** (akarsu için) düzen **3** düzen
rejisör yönetmen
rekabet yarışma, yarışım
reklam tanıtım, tanıtı
reklamcı tanıtıcı
reklamcılık tanıtıcılık
rekolte toplam ürün
relatif bağıntılı, görece
remiz simge
rencide incinmiş
rencide etmek incitmek, kırmak
rençper işçi, tarım işçisi
rende yontar
rendelemek yontarlamak
repertuar dağarcık, dağar
reprint eşbaskı
reprodüksiyon *bkz.* **röprodüksiyon**
resen kendi başına
resepsiyon **1** karşılama **2** törençağrı
reseptör *fiz.* almaç
resif *yaşb.* çekinik
restorasyon onarım, eşonarım
restore etmek onarmak
resul yalvaç
reşit ergin
retorik **1** sözbilim **2** sözbilimsel
retuş *bkz.* **rötüş**
reva yakışır, uygun
revaç sürüm, geçerlik
revalüasyon değer yükseltimi
revalüe etmek değerini yükseltmek
revir bakım odası
revizyon **1** gözden geçirme, bakım **2** saptırım
revizyonist saptırımcı
revizyonizm saptırımcılık
revnak gözalıcılık, parlaklık
rey oy
reyon bölüm
rezalet utanca
rezerv yatak, biriki
rezervasyon yer ayırtımı, ayırtım
rezerve ayırtım
rezervuar biriktirici
rezil alçak, aşağılık
rezistans direnç
rezonans seselim
rızası olmak gönlü olmak, olur bildirmek
riayet etmek uymak
rical büyükler

risk çekince
ritim tartım, dizem
ritmik tartımlı, dizemli, tartımsal, dizemsel
rivayet söylenti
riya ikiyüzlülük
riyakâr ikiyüzlü
riyaset başkanlık
riziko *bkz.* **risk**
romantik duygusal
romantiklik duygusallık
rotasyon döngü
rotatif dönerbasar
rölativite *fels.* bağıntı
rölativizm *fels.* bağıntıcılık
rölyef kabartma
römorkör yederçeker
rönesans yenidendoğuş
Rönesans Yenidendoğuş
röportaj görüşüm
röprezantan tanıtmacı
röprodüksiyon özdeşbaskı
rötar gecikme
rötarlı gecikmeli
rötuş düzeltme
rötuş yapmak düzeltmek
ruh tin
ruhi ruhsal, tinsel
ruj dudak boyası
rutubet yaşlık, ıslaklık
rüzgâr yel
rüsum vergiler
rüşt erginlik
rüya düş

S

saadet mutluluk
sabık önceki, eski
sabır dayanç
sabırlı dayançlı
sabırsız dayançsız
sabırsızlık dayançsızlık
sabit 1 durağan **2** tanıtlanmış **3** kesin
sabitleşmek 1 durağanlaşmak **2** kesinleşmek
sabotaj 1 baltalama **2** kundaklama
sabotajcı 1 baltalayıcı **2** kundakçı
sabote etmek 1 baltalamak **2** kundaklamak
sabretmek katlanmak, dayanmak
sada *bkz.* **seda**
sadaka acımalık
sadakat bağlılık
sadakatli bağlı
sadalı *bkz.* **sedalı**
sadasız *bkz.* **sedasız**
sade 1 yalın, arı **2** gösterişsiz
sadece yalnız, ancak
sadede gelmek konuya dönmek
sadeleşme yalınlaşma, özleşme
sadeleşmek yalınlaşmak, özleşmek
sadeleştirmek yalınlaştırmak, özleştirmek
sadık bağlı
sadır olmak çıkmak
sadist elezimci
sadizm elezim, elezimcilik
safist sevici
safizm sevicilik
safha evre, aşama
safi katkısız
saha alan
sahi *be.* gerçekten
sahici gerçek
sahiden gerçekten
sahip iye, ıs
sahra çöl
sahte düzmece
sahtekâr düzmeci
saika 1 neden **2** güdü
sair başka, öteki
sairfilmenam uyurgezer
sakıt olmak düşmek
sakil 1 ağır **2** çirkin
sakin 1 durgun, dingin, sessiz **2** oturan
sakinleşmek yatışmak
salahiyet yetki
salahiyetli yetkili
salahiyettar yetkili
salamanje yemek odası
salim esen, sağlam
salimen sağ ve esen olarak
samimi 1 içten **2** senlibenli
samimiyet 1 içtenlik **2** senlibenlilik
sanatoryum sağaltımevi
sansasyon çarpınç, yürek oynatma
sansasyonel çarpınçlı, yürek oy-

natıcı
sansür sıkıdenetim
sansürcü sıkıdenetimci
sansür etmek **1** sıkıdenetimden geçirmek **2** kırpmak
santral **1** özek **2** özeklik **3** özeksel
santrfor *sp.* orta akıncı
santrfüj merkezkaç
saprefit çürükçül
sarahat açıklık
sarahaten açıkça, açıklıkla
sarf dilbilgisi
sarf etmek **1** tüketmek **2** kullanmak **3** vermek **4** ödemek
sarfınazar etmek **1** bir yana bırakmak **2** bırakmak, -den geçmek
sarfiyat gider
sarhoş esrik
sarhoş olmak esrimek
sâri bulaşıcı
sarih açık
sathımail eğik düzey
sathi yüzeysel; üstünkörü
satıh yüzey
satir *yaz.* yergi
satirik *yaz.* yergisel
say çalışma, emek
sayesinde yardımıyla, yardım ve yol göstericiliği ile
sayfiye yazlık
saynsfikşın (science-fiction) bilimkurgu
saz çalgı
seans **1** oturum **2** kez; süre **3** (sinemada) oynatım
sebat direşme, direşim
sebat etmek direşmek, direşkenlik göstermek
sebatkâr direşken
sebatlı direşken
sebebiyet vermek neden olmak, yol açmak
sebep neden
seciye özyapı
seda ses
sedalı **1** sesli **2** *dilb.* ünlü
sedasız **1** sessiz **2** *dilb.* ünsüz
sedatif yatıştırıcı
sedimantasyon çökelme
sefahat eğlence düşkünlüğü
sefalet yoksulluk
sefaret büyükelçilik, elçilik
sefarethane büyükelçilik, elçilik
sefer **1** yolculuk **2** savaşa gidiş, savaş **3** kez
sefil **1** yoksul **2** alçak
sefine gemi
sefir büyükelçi, elçi
sefire **1** büyükelçi eşi, elçi eşi **2** (kadın) büyükelçi, (kadın) elçi
sehven yanlışlıkla
sekreter yazman
sekreterlik yazmanlık
seks cinsellik
seksapel cinsel çekicilik
seksiyon bölüm
seksoloji cinslikbilim
sekte durma, durgu
sektör **1** kesim **2** bölüm
selam esenleme
selamet esenlik
selametlemek uğurlamak
selamlaşmak esenleşmek
selaset akıcılık
selef öncel
selektör seçici
selfdeterminasyon özbelirlenim
sema gök, gökyüzü
semantik **1** anlambilim **2** *s.* anlambilimsel **3** *s.* anlamsal
semavi göksel
sembol simge
sembolik simgesel
sembolist simgeci
sembolizm simgecilik
seminer topluçalışım

sempati **1** yakınlık, sevgi, sevimlilik **2** *ruhb.* duygudaşlık
sempatik **1** sevimli, canayakın **2** duygudaş
sempatizan duygudaş, seven
semptom belirti
semptomatik belirtisel
sendrom belirgi, belirti
sene yıl
senei devriye yıldönümü
senei kebise artıkyıl
senet belgit
senkron eşzaman, eşsürem
senkroni eşzamanlılık, eşsüremlilik
senkronik eşzamanlı, eşsüremli, eşsüremsel
senkronizasyon eşleme
senkronizm eşzamanlık
sentaks *dilb.* sözdizim, sözdizimi
sentetik bireşimli, yapay
sentez bireşim
septik *fels.* kuşkucu
septisizm *fels.* kuşkuculuk
ser baş
serap ılgım, yalgın
serapa baştan başa, büsbütün
serbest **1** özgür **2** bağımsız
serbesti özgürlük
serbest nazım *yaz.* özgür koşuk
serdetmek ileri sürmek, öne sürmek
serhat sınır (boyu)
seri **1** dizi, sıra **2** hızlı
serkeş kafatutan, başkaldıran
serlevha (yazıda) başlık
sermaye anamal, anapara
sermayedar anamalcı
sermest esrik
sermuharrir başyazar
sermürettip başdizici, başdizgici
serpuş başlık
sertifika **1** belge **2** bitirme belgesi, bitirmelik, öğrenim belgesi
servet varlık
serzeniş başa kakma
seviye düzey
seviyeli saygıdeğer, saygın
seviyesiz bayağı, düzeysiz
sevk gönderme
sevketmek göndermek, yollamak
sevkıtabii içgüdü
sevkiyat gönderme, yollama işi
seyahat gezi, yolculuk
seyelan akma, akıntı
seyirci izleyici
seylap su baskını, taşma
seyran gezme, gezinme
seyretmek izlemek
seyrüsefer gidişgeliş
seyyah gezgin
seyyal akışkan
seyyanen eşit olarak
seyyar **1** gezici, gezginci **2** taşınabilir
seyyare gezegen
sezon sürem
sıfat *dilb.* önad, nitem
sıhhat sağlık
sıhhatli sağlıklı
sıhhi sağlığa uygun, sağlıksal
sıhhiye sağlık işleri
sıhhiyeci sağlık görevlisi
sıklet **1** ağırlık **2** sıkıntı
sıla ulaşma, kavuşma; yurt
sınıf derslik
sır giz
sırf **1** salt, yalnız **2** büsbütün, tümüyle
sıyanet koruma
sıyga *dilb.* kip
sibernetik güdümbilim, çözümbilim
sicil kütük
sigorta korunç
sihir büyü
sihirbaz büyücü
sihirbazlık büyücülük

sihirli büyülü
silahşor savaşçı
siluet karaltı
sim gümüş
simetri bakışım
simetrik bakışımlı
simsar aracı
simülasyon öykünüm
sine göğüs
sinerji görevdeşlik
sinerjik görevdeş
sinonim eşanlamlı, anlamdaş
sipariş ısmarlama
siper **1** dulda **2** koruyucu engel **3** kuytu
siperisaika yıldırımsavar, yıldırımlık
sirayet bulaşma, geçme
sirayet etmek bulaşmak, geçmek
sirkat çalma, hırsızlık
sirkülasyon dolaşım
sirküler genelge
sirrus saçakbulut
sismik sarsıntısal, depremsel
sismograf depremyazar
sismolog deprembilimci
sismoloji deprembilim
sistem **1** dizge **2** yol, yöntem
sistematik dizgeli, dizgesel
sistemli **1** dizgeli **2** düzenli
sistemsiz **1** dizgesiz **2** düzensiz
sitayiş övme, övüş
siyah kara
siyasi siyasal
skandal utanca
ski kayak
skrayper kazıcı, kazartaşır
slogan **1** savsöz **2** çarpıcı söz
smaç çivileme
smaçör çivilemeci
sofist bilgici
sofizm *fels.* bilgicilik
sohbet söyleşi
solidarite dayanışma
solidarizm *toplb.* dayanışçılık
solipsizm *ruhb.* tekbencilik
solüsyon **1** eriyik; çözelti **2** *mec.* çözüm
sosyal toplumsal
sosyalist toplumcu
sosyalizasyon toplumsallaştırma
sosyalizm toplumculuk
sosyolog toplumbilimci
sosyoloji toplumbilim
sosyometri uyumölçüm
sömestr yarıyıl
spektroskop yayılgıölçer
spekülasyon **1** vurgun **2** *fels.* kurgu
spekülatif **1** vurgunsal, vurguncul **2** *fels.* kurgusal
spekülatör vurguncu
sperma atmık, belsuyu
spesifik özgül
spesiyalist uzman
spesiyalite **1** özellik **2** uzmanlık
spiker konuşucu, konuşman
spiritualist tinselci
spiritualizm *ruhb.* tinselcilik
spot benek, benekçik
sprey püskürteç
stabilizasyon dengeleme
stabilize etmek dengelemek
stabilize yol sıkıştırma yol
stagflasyon duruk şişkinlik
staj yetişim
stajyer yetişmen
stajyerlik yetişmenlik
standardize etmek ölçünlemek, birörnekleştirmek, ölçünlüleştirmek
standart **1** ölçün **2** *s.* ölçünlü, tektür, birörnek
star yıldız
start *sp.* çıkış
statik duruk

statü tüzük
statüko sürerdurum
statükocu sürerdurumcu
stenograf imyazar, imyazımcı
stenografi imyazım
step bozkır
stepne yedek teker
stil biçem
sitilistik 1 biçembilim **2** toplubiçem
stilizasyon biçemleme
stilize etmek biçemlemek
stok yığım
stokaj yığımlama
stokçu yığımcı
stokçuluk yığımcılık
stok etmek yığımlamak
stop dur
stop etmek durmak
stratosfer katyuvarı
stratus katmanbulut
striptiz soyunma gösterisi
strüktür yapı
strüktüralist yapısalcı
strüktüralizm yapısalcılık
strüktürel yapısal
sual soru
suare gece gösterisi
suflör fısıldayıcı
suhunet sıcaklık, ısı
suistimal 1 kötüye kullanma **2** yolsuzluk
suikast öldürüm girişimi
suikastçı öldürüm girişimcisi
sukut düşme
sukutu hayal düş kırıklığı
sulh barış
sulh olmak uzlaşmak
sulhperver barışçı, barışsever
sulta yetke
sumen el altlığı
suni yapay, yapma, yapmacık
supap kapaç
supleman ek
suples esneklik
surat yüz
suret 1 görünüş, biçim **2** yol **3** eşbiçim
sureta 1 görünüşte **2** yalandan
sutyen göğüsbağı
suvanyör bakımcı
sübjektif öznel
sübjektivite öznellik
sübjektivizm öznelcilik
süblimleşme uçunma
sübut gerçekleşme, tanıtlanma
sübvansiyon para yardımı, destek akça
sübvansiyonel yardımsal
süfli alçak, aşağılık
sühulet kolaylık
sühunet sıcaklık
sükse gösteriş
sükse yapmak ilgi çekmek
sükunet 1 dinginlik **2** durgunluk, dinme **3** susuntu, suskunluk
sükut susma, sessizlik
sülale soy sop
süper 1 üstün, en üstün **2** en güçlü, en büyük **3** en iyi
sürat hız
sürmenaj beyin bitkinliği
süpriz şaşırtı
sürrealist gerçeküstücü
sürrealizm gerçeküstücülük
süspansiyon kim. asıltı
sütun dikeç
süvari atlı

Ş

şadan sevinçli
şafak 1 alacakaranlık **2** tan ağırtısı
şaft dingil
şahadet tanıklık
şahadetname 1 yetki belgesi **2** belge
şahadetparmağı göstermeparmağı
şahane çok güzel
şahap akanyıldız, ağma
şaheser başyapıt
şahıs kişi, kimse
şahika doruk
şahit tanık
şahitlik tanıklık
şahsen kendi
şahsi kişisel, özel
şahsiyat kişilik
şahsiyet 1 kişilik **2** kişi, kimse
şaibe 1 karadamga **2** kir, leke
şaibeli karadamgalı, lekeli
şair ozan
şairane ozansı
şairanelik ozansılık
şairlik ozanlık
şaki yolkesen, soyguncu
şakirt öğrenci, çırak
şakul çekül
şakuli düşey
şalter akım çevirgeci, çevirgeç
şamandıra yüzertop
şamil 1 kapsayan, içine alan **2** geniş alanlı, yaygın
şamil olmak kapsamak, içine almak
şan ün
şanjan yanardöner
şanjman hız kutusu
şanlı ünlü
şantaj gözkorkutum, karabaskı
şantajcı gözkorkutumcu, karabaskıcı
şantajcılık gözkorkutumculuk, karabaskıcılık
şantiye yapı alanı
şarampol yan çukur, kıyı çukuru
şarbon karakabarcık
şarj doldurma, yükleme
şarj etmek doldurmak, yüklemek
şark doğu
şarkiyat doğubilim
şarklı doğulu
şarlatan çığırtkan, ağzı kalabalık
şart koşul
şartname koşul bildirimliği
şasi çatkı
şaşaa parlaklık, parıltı, görkem
şaşaalı parıltılı, görkemli
şatafat gösteriş, süs
şatır şen, cıvıl cıvıl
şavk ışık
şavkımak ışık saçmak, parlamak
şayan 1 -ecek **2** -e değer
şayeste yaraşır, yakışır, değer
şayet ola ki, olur ki, ise, eğer

şayi olmak yayılmak, dillere düşmek
şayia söylenti
şeamet uğursuzluk
şebeke **1** ağ **2** gizli toplaşım **3** öğrenci kimliği
şebnem çiy
şecaat yiğitlik, yüreklilik, koçaklık
şecere soyağacı
şedit sert, çetin, sıkı
şef baş, başkan, önder, başbuğ
şeffaf saydam
şeffaflaşmak saydamlaşmak
şefkat sevecenlik
şefkatli sevecen
şefkatsiz katı yürekli
şehevi kösnül
şehir kent
şehsuvar binici
şehvani kösnül
şehvet kösnü
şehvetli kösnülü, kösnük
şek kuşku
şekavet soygunculuk, yol kesme, uğruluk
şekil biçim
şekilci biçimci
şekilcilik biçimcilik
şeklen biçimce, biçime uyarak
şekva yakınma, sızlanma
şelale çavlan, çağlayan
şema çizem
şematik çizemsel
şenaat tiksinçlik, alçaklık, kötülük
şeni alçakça, utanç verici
şer kötülük
şerait koşullar
şerare kıvılcım
şeref onur, ululuk, övünme, üstünlük
şeref azası onur üyesi
şerefbahş onurlandırıcı
şereflendirmek onurlandırmak
şereflenmek onurlanmak
şerefli onurlu
şeref misafiri onur konuğu
şerefsiz onursuz, alçak
şerh açımlama, yorumlama
şerh etmek açımlamak, yorumlamak
şerik ortak
şerir kötülükçü
şerm utanma, utanç
şetaret sevinç
şevk istek
şevket ululuk
şey nesne
şeyda çılgın, düşkün, şaşkın, deli
şiar belgi
şiddet **1** yeğinlik **2** yüksek güç
şiddetli yeğin
şifa iyileşme, onma
şifa bulmak iyileşmek, onulmak
şifahen sözlü olarak, ağızdan, sözle
şifahi sözlü
şifre gizyazı
şifrelemek gizyazılamak
şifreli gizyazılı
şiir koşuk
şikâyet sızlanma, yakınma
şikâyet etmek sızlanmak, yakınmak
şike danışıklı dövüş
şilep yük gemisi
şimal kuzey
şimendifer demiryolu
şirket ortaklık
şirret **1** geçimsiz, kavgacı **2** kötülük
şiryan atardamar
şive *dilb.* ağız
şizofreni erken bunama
şofben ısıtıcı, ısıtmaç
şoför sürücü
şoke etmek şaşkınlığa uğratmak, çok şaşırtmak
şoke olmak şaşkına dönmek, şa-

şırmak
şov gösteri
şöhret ün
şöhretli ünlü, tanınmış
şömine ocak
şua ışın
şua huzmesi ışın demeti
şube 1 kol **2** bölüm **3** dal
şule alev, yalım
şura danışma kurulu
Şurayıdevlet Danıştay
şuur bilinç
şuurlu bilinçli
şuursuz bilinçsiz
şümul 1 alan **2** değinti **3** *fels.* kapsam
şümullü geniş kapsamlı
şüphe kuşku, işkil
şüpheci kuşkucu
şüphecilik kuşkuculuk
şüphelenmek kuşkulanmak
şüpheli kuşkulu
şüphesiz kuşkusuz
şürekâ ortaklar, işbirlikçiler
şüyu yayılma
şüyu bulmak yayılmak, duyulmak

T

taaccüp şaşma
taaccüp etmek şaşmak, şaşakalmak, donakalmak
taaffün kokuşma
taaffün etmek kokuşmak
taahhüt üstlenim, yükleni, yüklenim
taahhüt etmek yükümlenmek, üstlenmek
taahhütlü alındılı
taahhütname yükümlülük belgesi, yüklemlik
taalluk ilgili
taallukat ilgililer, yakınlar
taalluk etmek ilişiği olmak, ilişiği bulunmak, ilgilendirmek, ilgili olmak
taam yemek
taammüden bile bile, tasarlayıp kurarak
taammüm yayılma, genelleşme
taannüt direnme, ayak direme
taarruz saldırı, saldırma, sataşma
taarruz etmek saldırmak, sataşmak
taassup bağnazlık
taba tütünrengi
tabak sepici
tabaka kat, katman
tabakhane sepi yeri
tabasbus yaltaklanma
tabetmek basmak
tabı bası, baskı
tabi (I) basıcı, basan, basımcı
tabi (II) 1 bağlı **2** bağımlı **3** uyruk
tabiat doğa
tabiatüstü doğaüstü
tabii doğal
tabii afet doğal kıran, doğal yıkım
tabiilik doğallık
tabi olmak uymak, bağımlı olmak
tabir 1 deyim **2** (düş) yorma
tabir etmek 1 demek, ... adı vermek **2** (düş) yormak
tabiyet 1 uyruk **2** bağım, bağımlılık
tacil etmek ivedileştirmek, çabuklaştırmak
tacir tecimci, tecimen
taciz tedirgin etme
taciz etmek tedirgin etmek
tadat sayma, sayım
tadil, tadilat değiştirme, değişiklik
tadil etmek değişiklik yapmak, değiştirmek
tafsilat ayrıntılar
tafsilat vermek ayrıntılı anlatmak, ayrıntılarıyla anlatmak
tağyir değiştirme
tağyir etmek değiştirmek
tağyir ve tebdil değiştirme
tahaffuz barınma, korunma
tahaffuz yeri barınak, korunak, sığınak
tahakkuk gerçekleşme
tahakkuk etmek 1 gerçekleşmek

2 doğru çıkmak **3** anlaşılmak, ortaya çıkmak
tahakküm baskı
tahakküm etmek baskıya almak, baskı altına almak
tahammül dayanma, katlanma, dayanca
tahammül etmek 1 dayanmak **2** katlanmak **3** çekmek **4** kaldırmak, götürmek
tahammül fersa dayanılmaz, çekilmez
tahammür mayalanma, ekşime
taharri arama, araştırma
tahassür özlem, özleyiş
tahassüs duygulanım, duygulanma
tahattur anımsama
tahattur etmek anımsamak
tahavvül değişme, değişim, dönüşme, dönüşüm
tahayyül imgeleme; düşleme
tahdit sınırlama, çevreleme, daraltma
tahfif azaltma
tahkik, tahkikat soruşturma(lar)
tahkik etmek soruşturmak, doğruyu araştırmak
tahkim berkitme, sağlamlaştırma, pekiştirme
tahkir aşağılama, onur kırma
tahkir etmek aşağılamak, onur kırmak
tahkiye anlatış düzeni, öyküleme
tahlil 1 çözümleme, çözüm **2** yorum
tahlil etmek 1 çözümlemek **2** yorumlamak
tahlis kurtarma
tahlisiye can kurtarma, cankurtaran (sandalı, simidi vb.)
tahliye 1 boşaltma **2** salıverme
tahliye etmek 1 boşaltmak **2** salıvermek
tahmil yükleme, yükletme, ödeme
tahmin 1 oranlama **2** kestirme **3** sanı, sanma
tahminen aşağı yukarı, oranla
tahmin etmek 1 oranlamak **2** kestirmek **3** sanmak
tahmini kestirmece, oranlamaya dayanan
tahribat yıkım, yıkıntı(lar)
tahrif, tahrifat değiştirme, bozma; kalem oynatma
tahrif etmek değiştirmek, kalem oynatmak
tahrik 1 kımıldatma **2** kışkırtma **3** uyandırma
tahrikamiz kışkırtıcı, körükleyici, kızıştırıcı
tahrik etmek 1 kışkırtmak **2** uyandırmak **3** devindirmek
tahril çizgi
tahrip yıkma, kırıp dökme
tahrip etmek yıkmak, kırıp dökmek
tahripkâr yıkıcı
tahrir yazma
tahrirat yazı, yazı işleri
tahriren yazılı olarak, yazı ile
tahriri yazılı
tahriş yakıp kaşındırma, kurcalama, azdırma
tahriş etmek (teni) kaşındırmak
tahsil 1 (para) alma, toplama **2** öğrenim
tahsilat para alımı
tahsil etmek 1 öğrenmek **2** (para, vergi) toplamak
tahsin beğenme, övme
tahsis 1 ayırma **2** (aylık) bağlama
tahtelarz yeraltı
tahtelbahir denizaltı
tahteşşuur bilinçaltı
tahvil değiştirme, çevirme, dönüştürme
tahvil etmek değiştirmek, çevir-

mek, dönüştürmek
takaddüm 1 önce gelme, öncelik **2** önce davranma
takaddüm etmek önce olmak, önce gelmek, önce davranmak
takallüs kasılma
takarrüp yaklaşma, yanaşma
takarrür kararlaşma
takarrür etmek kararlaştırmak, karar kılmak
takas ödeş, değiş tokuş
takat güç
takaza başa kakma
takbih kınama
takdim 1 sunma **2** tanıtma
takdimci 1 sunucu **2** tanıtmacı
takdimcilik sunuculuk
takdim etmek 1 sunmak **2** tanıtmak
takdim tehir ön son değişimi
takdir 1 beğenme, alkış **2** değerlendirme, değer biçme, alkış **3** anlama, önemini anlama **4** alınyazısı, yazgı
takdir etmek 1 beğenmek, alkışlamak **2** değer biçmek, değerlendirmek **3** anlamak, önemini anlamak
takdirname başarı belgesi
takdis kutsama, ululama
takdis etmek kutsamak, ululamak
takibat kovuşturma
takip 1 izlem, izleme, kovalama **2** kovuşturma **3** gütme
takipçi izlemci, izleyici
takipçilik izlemcilik, izleyicilik
takip etmek 1 izlemek **2** ...-den sonra gelmek
taklidi benzetmeli, öykünmeli
taklit 1 öykünme **2** yansılama **3** benzet
taklitçi öyküncü, yansılayıcı, benzetçi
taklit etmek 1 öykünmek **2** yansılamak **3** benzetmek
takriben aşağı yukarı, yaklaşık olarak
takribi yaklaşık
takrir 1 önerge **2** anlatma, anlatış
takriz beğence
taksim 1 bölme, bölüştürme **2** bölü **3** *müz.* gezinme, gezinti
taksimat bölüntüler
taksim etmek bölmek, bölüştürmek
taksirat suçlar
taksit bölünç, bölüt
takt sezinç, den, denlik
taktik yönlem
taktir damıtma, (imbikten) çekme
taktir etmek damıtmak
takt sahibi sezinçli, denli
takvim günbilgisi
takviye berkitme, pekiştirme
takviye etmek berkitmek, pekiştirmek
talak boşama, boşanma
talebe öğrenci
talebelik öğrencilik
talep istem, istek
talep etmek istemek, istemde bulunmak
talepname istek kâğıdı, istem belgesi, istemelik
tali ikincil
talik erteleme
talik etmek 1 (sonraya) bırakmak, ertelemek **2** bağlamak
talil tümdengelim
talim 1 öğretim **2** alıştırma, alıştırı **3** yetiştirme **4** askerlik öğrenimi
talimat yönerge
talimatname yönetmelik
talip isteyen, istekli
talip olmak istemek
taltif 1 ödüllendirme **2** gönül ok-

şama
taltif etmek 1 ödüllendirmek **2** gönlünü okşamak
tam eksiksiz, tüm, bütün
tamah açgözlülük
tamah etmek 1 açgözlülük etmek **2** çok istemek
tamahkâr açgözlü
tamam 1 tüm, bütün **2** eksiksiz **3** peki, olur
tamamen tümü ile, büsbütün, tümüyle, bütünüyle
tamik derinleştirme
tamik etmek derinleştirmek, derinine gitmek
tamim 1 genelge **2** genelleme, genelleştirme
tamir, tamirat onarma, onarım
tamirci onarıcı
tamir etmek onarmak
tamirhane onarım işliği, onarımevi
tampon bölge ara bölge
tampon devlet ara devlet
tandans eğilim
tank birikimlik
tannan tınlayan, çınlayan
tansiyometre gerilimölçüm
tansiyometri gerilimölçer
tansiyon 1 kan basıncı **2** gerginlik, gerilim
tantana görkem
tanzifat temizlik işleri, temizleme
tanzim düzenleme, düzene koyma
tanzim etmek düzenlemek
tapon kötü nitelikli, kalık
taraf 1 yön **2** yan **3** bölge, bölüm
tarafgir yantutar, yantutucu
taraflı yanlı, yandaş
tarafsız yansız
taraftar yandaş
tarassut gözetleme
tarassut etmek gözetlemek
taravet körpelik
tarh çıkarma (vergi) koyma
tarh etmek 1 çıkarmak, indirmek **2** (vergi) salmak
tarif tanım, tanımlama
tarife 1 ederlik, eder çizelgesi **2** kalkış-varış (çizelgesi)
tarif etmek tanımlamak
tarih gün
tarihi tarihsel
tarik yol
tarikiyle yoluyla
tariz taşlama, dokundurma
tart kovma, atma
tart etmek kovmak, atmak
tarumar dağınık, darmadağın
tarumar etmek darmadağın etmek
tarz biçim, yol
tasallut 1 sarkıntılık **2** sataşma
tasallüp katılaşma
tasannu yapmacık
tasarruf 1 kullanım **2** biriktirme, biriktiri, artırım
tasarruf etmek biriktirmek, artırmak
tasavvuf İslam gizemciliği; gizemcilik
tasavvur 1 tasarım **2** göz önüne getirme, düşünme, aklından geçirme **3** tasarlama
tasavvur etmek 1 tasarımlamak **2** göz önüne getirmek, düşünmek, usundan geçirmek **3** tasarlamak
tasdik doğrulama, onay, onaylama
tasdik etmek doğrulamak, onaylamak, onamak
tasdikli doğrulanmış, onaylı
tasdikname onamalık, onaylamalık, doğrulama belgesi
tasfiye ayıklama, arılaştırma, özleştirme
tasfiyehane arıtımevi
tasgir küçültme
tashih düzeltme, doğrultma, düzelti

tashih etmek düzeltmek
tasmim tasarlama, tasımlama
tasmim etmek tasarlamak, tasımlamak
tasnif bölümleme, sınıflama
tasnif etmek bölümlemek, sınıflandırmak
tasrif etmek *dilb.* çekmek, çekimlemek
tasrih belirtme, açık söyleme
tasrih etmek belirtmek, açık söylemek
tasvip onama, onay, uygun bulma
tasvip etmek onamak, uygun görmek, uygun bulmak
tasvir 1 betim, betimleme, betimlenme **2** *ha.* resim
tasvir etmek anlatmak, betimlemek
tasviri betimsel
tatbik 1 uygulama **2** *fels.* kılgı
tatbikat uygulama
tatbikatçı uygulayıcı
tatbik etmek uygulamak
tatbiki 1 uygulamalı **2** *fels.* kılgısal
tatil 1 dinlence **2** ara verme
tatmin 1 doyurma **2** doyum
tatmin etmek 1 doyurmak **2** doyumsatmak
tatmin olmak doymak, doyumsamak
tatminkâr gönül kandırıcı, doyurucu
tavassut aracılık, araya girme
tavassut etmek aracılık etmek, araya girmek
tavır 1 durum **2** tutum, davranış
taviz ödün, ödünleme
taviz vermek ödün vermek, ödünlemek
tavsif nitelendirme
tavsif etmek nitelendirmek
tavsiye 1 öğütleme **2** salık verme
tavsiye etmek salık vermek
tavzih açıklama, aydınlatma
tayf 1 görüntü **2** yayılgı
tayın er azığı
tayin 1 belirleme **2** atama
tayin etmek 1 belirlemek **2** atamak
tayin olmak (**olunmak**) **1** atanmak **2** belirlenmek
tayip kınama
tayyare uçak
tayyare meydanı havaalanı
tazammun kapsama
tazarru yakarış
tazim ululama, saygı gösterme
tazim etmek ululamak, saygı göstermek
taziye başsağlığı dileme, başsağı
tazmin zararı ödeme
tazminat ödence
tazmin edilmek ödencelenmek
tazmin etmek ödemek, karşılamak, zararı ödemek, ödencelemek
tazyik 1 basınç **2** baskı
teamül 1 yapılageliş **2** *kim.* tepkime
tearuz çatışma
teati verişme, alıp verme
tebaa uyruk
tebahhur etmek 1 buğulaşmak 2 (su) uçmak
tebarüz etmek belirmek
tebarüz ettirmek belirtmek
tebdil değiştirme
tebdil etmek değiştirmek
tebdilihava hava değişimi
tebellüğ bildiriyi alma
tebellüğ etmek bidiriyi almak
teberru bağış
teberru etmek bağışta bulunmak
tebessüm gülümseme
tebessüm etmek gülümsemek
tebligat bildiri; bildirimlik
tebliğ 1 bildiri **2** bildirme, duyurma
tebliğ etmek bildirmek

tebrik kutlama
tebrik etmek kutlamak
tebriye aklama, temize çıkarma
tecahül bilmezlenme
tecanüs türdeşlik, birörneklik
tecavüz saldırı
tecavüz etmek 1 saldırmak, sataşmak **2** geçmek, aşmak
tecavüzkâr saldırgan, saldırıcı, sataşkan
tecdit yenileme
tecdit etmek yenilemek
teceddüt yenilik
teceddütperver yenilikçi
tecelli 1 belirme, görünme **2** alınyazısı
tecerrüt sıyrılma, soyutlama
tecessüm 1 canlanma **2** belirme
tecessüm etmek 1 canlanmak **2** belirmek
tecessüs bilseme
tecil erteleme
tecil etmek ertelemek, sonraya bırakmak, geri bırakmak
tecrit 1 ayırma **2** soyutlama **3** *fiz.* yalıtma
tecrit etmek 1 ayırmak **2** soyutlamak **3** *fiz.* yalıtmak
tecrübe 1 görgü **2** deneme, deney, sınama, deneyim, sınak
tecrübeli görgülü, deneyimli, görmüş geçirmiş, sınaklı
tecrübesiz deneyimsiz, sınaksız, toy
tecrübi deneysel
techizat donatı, donanım
teçhiz etmek donatmak
tedai *ruhb.* çağrışım
tedarik araştırıp bulma, sağlama
tedarik etmek sağlamak, araştırıp bulmak
tedavi iyileştirme, sağaltma, sağaltım
tedavül sürüm, geçerlik
tedbir önlem
tedbir almak önlem almak
tedbirli önlemli
tedbirsiz önlemsiz
tedfin gömme
tedhiş yıldırma, korku salma, ürkütme, yıldırı, yıldırıcılık
tedhişçi yıldırmacı, korku salıcı, yıldırıcı
tedhişçilik yıldırıcılık
tediye ödeme
tediye etmek ödemek
tedricen azar azar, giderek, yavaş yavaş
tedrici aşamalı, aşama aşama basamaklı, basamak basamak kerteli, kerte kerte
tedris öğretme, öğretim
tedrisat öğretim
teemmül etmek düşünmek
teessüf üzüntü, yazıklanma
teessüf etmek acımak, üzülmek
teessür üzüntü, üzülme
teessüs 1 kurulma **2** yerleşme, kökleşme
teessüs etmek 1 kurulmak **2** yerleşmek, kökleşmek
tefekkür düşünüş, düşünme
tefekküre dalmak düşünceye dalmak
teferruat ayrıntı, ayrıntılar
teferruatlı ayrıntılı
teferrüç gezinti
tefessüh etmek kokuşmak, bozulmak
tefrik ayırma
tefrik etmek ayırmak, ayırt etmek
tefriş etmek döşemek
tefsir yorum, yorumlama
tefsir etmek yorumlamak
teftiş denetleme
teftiş etmek denetlemek
tegafül etmek anlamazlıktan gel-

mek, anlamaz görünmek
tehdit göz korkutma, gözdağı
tehdit etmek gözünü korkutmak, gözdağı vermek
tehevvür öfke, kızma
teheyyüç coşma
tehir 1 gecikme **2** geciktirme **3** erteleme
tehir etmek 1 ertelemek **2** geciktirmek
tehlike çekince
tehlikeli çekinceli
tehyiç etmek coşturmak
teizm Tanrıcılık
tekabül karşılama
tekabül etmek karşılık olmak, karşılamak
tekâmül evrim, gelişim, gelişme, olgunlaşma
tekâmül etmek 1 gelişmek **2** olgunlaşmak
tekâmül nazariyesi evrim kuramı
tekâpu dalkavukluk, kavuk sallama, etek öpme
tekâsüf derişme, yoğunlaşma
tekaüdiye emekli aylığı
tekaüt 1 emeklilik **2** emekli
tekaüt olmak emekliye ayrılmak
tekdir azarlama, paylama; azar
tekdir etmek azarlamak, paylamak
tekeffül etmek yükümlenmek, üzerine almak
tekellüf gösteriş, özeniş
tekellüm söyleme, konuşma
tekemmül etmek olgunlaşmak, yetkinleşmek
tekerrür yinelenme
tekerrür etmek yinelenmek, yine olmak
tekevvün oluş, oluşma, var olma, doğuş
tekiden üsteleyerek
tekit pekitme, pekiştirme, üsteleme
tekit etmek pekitmek, pekiştirmek, üstelemek
teklif öneri, önerme
teklif etmek önermek, öne sürmek
tekmil bütün, tüm
tekmil etmek tümlemek, bitirmek
teknik 1 uygulayım **2** uygulayımsal **3** yol, yöntem
teknokrat uygulayımcı
teknolojik uygulayımbilimsel
teknoloji uygulayımbilim
tekrar 1 yine, gene **2** yineleme
tekrar etmek yinelemek
tekrarlamak yinelemek
tekrarlanmak yinelenmek
teksif yoğunlaştırma, sıklaştırma
teksif etmek yoğunlaştırmak, sıklaştırmak
teksir çoğaltma, çoğaltı
teksir etmek çoğaltmak
tekstil 1 dokuma **2** dokumacılık
tektonik 1 kaymaoluşum **2** *s.* kaymaoluşumsal
tekzip yalanlama
tekzip etmek yalanlamak
telaffuz söyleyiş, söyleniş
telaffuz etmek söylemek, ağzından çıkarmak
telafi 1 karşılama, yerini doldurma **2** *ruhb.* ödünleme
telakki anlayış, görüş, kavrayış
telakki etmek 1 anlamak; saymak **2** ... olarak düşünmek
telefat can ve mal yitiği, yitik
telef etmek 1 öldürmek, kırmak, yok etmek **2** eskitmek, yıpratmak
telef olmak yok olmak
telekinezi ötedevim, uzadevim
telekomünikasyon uziletişim, iletişim
teleks uzyazım
telemekanik uzaktarım
telem uzyazar

telemetre uzaklıkölçer
teleobjektif uzakçeker
teleoloji erekbilim
telepati öteduyum
teleskop ırakgörür
telif (kitap) yazma
telif etmek **1** uzlaştırmak, bağdaştırmak **2** (kitap) yazmak
telin etmek kargımak
telkin **1** esinleme **2** aşılama
telkin etmek **1** esinlemek **2** aşılamak
telmih anıştırma
tema izlek, anakonu
tematik izleksel, anakonusal
temas **1** değme, dokunma **2** görüşme **3** ilişki **4** değini
temasa geçmek ilişki kurmak, görüşmek
temas etmek **1** dokunmak, değmek **2** görüşmek **3** değinmek
temayül **1** eğilim **2** yönseme
temayül etmek **1** eğilmek, eğinmek **2** yönsemek
temayüz etmek sivrilmek, seçkinleşmek, kendini göstermek
tembel üşengeç, üşengen, eringen
tembih uyanma, uyandırma
tembih etmek uyandırmak, uyarmak
temdit uzatma
temdit etmek uzatmak, sürdürmek
temeddün uygarlaşma
temenni dileme, dilek
temenni etmek dilemek
temerküz toplama, yığışma
temettü kazanç
temin sağlama
teminat güvence
teminat vermek güvence vermek
temin etmek **1** güvence vermek **2** sağlamak **3** elde etmek
temizlemek arıtmak
temizlenmek arınmak
temkin ağırbaşlılık, sakınım
temkinli ağırbaşlı, ölçülü, sakınımlı
tempo **1** uyumvuruş **2** dizem
temrin alıştırma
temsil **1** oyun, gösteri **2** *yaşb.* özümleme
temyiz ayırt etme
temyiz etmek **1** ayırt etmek **2** Yargıtay'a iletmek
tenakuz çelişki, çelişme, tutmazlık
tenasül üreme
tenasüp oran, orantı
tenazur bakışım
teneffüs solunum
teneffüs etmek **1** soluk almak, solumak **2** hava almak
tenevvü çeşitlenme, çeşitlilik
tenezzül alçalma, alçakgönüllülük gösterme
tenezzül etmek alçalmak; alçakgönüllülük göstermek
tenha boş, ıssız
tenis alantopu
tenkit eleştiri, eleştirme
tenkitçi eleştirmeci, eleştirici, eleştirmen
tenkit etmek eleştirmek
tensip etmek uygun görmek, yerinde görmek
tente gölgelik
tenvir, tenvirat aydınlatma
tenzih arılama
tenzih etmek ...-den uzak tutmak, ...-den uzak görmek
tenzilat indirim
tenzilatlı indirimli
teoloji Tanrıbilim
teolojik Tanrıbilimsel
teorem önerme
teori kuram
teorik kuramsal
teorikman kuramca

teorisyen kuramcı
terakki ilerleme, yükselme, gelişme
terakkiperver ilerici
teraküm birikme
terazi tartaç, tartı
terbi 1 *gökb.* dördün **2** *yaz.* dörtleme
terbiye 1 eğitim **2** görgü
terbiyeci eğitimci
terbiyevi eğitici, eğitimsel, eğitsel
tercih üstün tutma, seçme, yeğleme
tercih etmek üstün tutmak, seçmek, yeğlemek
tercüman çevirici, çevirmen, dilmaç
tercüme çeviri; çevirme
tercüme etmek çevirmek
tercümeihal özgeçmiş, yaşamöyküsü
tereddi soysuzlaşma, yozlaşma
tereddüt duraksama, duraklama, ikircik, kararsızlık
tereddüt etmek duraksamak, duraklamak, ikirciklenmek
tereddütlü duraksamalı, ikircikli
tereke bırakıt
terennüm etmek (şarkı, türkü) okumak, şakımak
terfi yükselme
terfi etmek (yeri ya da aylığı) yükselmek
terhis görevbitimi
terhis etmek *ask.* bırakmak
terk bırakma, ayrılma
terk etmek bırakmak, ayrılmak
terkip 1 bileşim **2** *dilb.* takım, tamlama
terkip etmek 1 bileştirmek **2** oluşturmak
termik ısıl
terminoloji terimler dizgesi
termofor ısıtır
termometre sıcakölçer
termostat ısıdenetir
terör 1 yıldırı, yıldırma, korkutma **2** yılgı
terörist yıldırıcı, yılgıcı
terörizm yıldırıcılık, yılgıcılık
tertibat 1 düzenleniş **2** düzen
tertip 1 düzen **2** düzenleme, düzenleniş, kuruluş **3** dizgi **4** yol
tertip etmek 1 düzenlemek, düzen vermek **2** kurmak **3** düzmek **4** tasımlamak **5** dizmek
tertipli düzenli
tertipsiz düzensiz
terzi dikici
tesadüf rastlantı
tesadüfen rastlantıyla
tesadüf etmek rastlamak, rast gelmek, karşılaşmak
tesadüfi rastlantısal
tesanüt dayanışma
tescil etmek kütüğe geçirmek
teselli avunma, avuntu, avunç
teselli etmek avutmak
teselsül etmek arka arkaya gelmek
teshin ısıtma
teshin etmek ısıtmak
teshir etmek 1 kendine bağlamak, ele geçirmek **2** büyülemek
tesir etki
tesir etmek 1 etkilemek, etkilendirmek **2** dokunmak, işlemek
tesirli etkili
tesirsiz etkisiz
tesis 1 kurum **2** düzen
tesisat 1 kurumlar **2** döşem
tesisatçı döşemci
tesis etmek kurmak
teskin yatıştırma
teskin etmek yatıştırmak, yumuşatmak, dindirmek
teslim etmek 1 eline vermek **2** (yerine) vermek, yatırmak **3** doğru bulmak
teslimiyet boyun eğme
teslim olmak baş eğmek

tesmiye etmek adlandırmak, ad vermek, ad koymak
tespit **1** saptama **2** tutturma
tespit etmek **1** saptamak **2** oturtmak, tutturmak
test yoklama, deneme, sınav
tesviye düzleme, düzeçleme
tesviye aleti düzeç
tesviyeci düzlemeci
tesviye etmek **1** düzlemek **2** ödemek
teşbih benzetme, benzeti
teşebbüs girişim, girişme
teşebbüse geçmek girişmek
teşebbüs etmek **1** girişmek, el atmak **2** kalkışmak, yeltenmek
teşebbüsü şahsi özel girişim
teşekkül **1** oluşum, oluşma **2** kuruluş, kurulma **3** örgüt
teşekkül etmek **1** oluşmak, olmak **2** kurulmak
teşerrüf etmek onurlanmak, onur duymak
teşhir sergileme, sergi, gösterme
teşhirci göstermeci
teşhircilik göstermecilik
teşhir etmek **1** göstermek **2** sergilemek **3** dile düşürmek
teşhir hastalığı, teşhircilik göstermecilik
teşhis tanılama, tanı
teşhis etmek **1** tanımak, seçmek **2** (sayrılığı) tanılamak
teşkilat **1** örgüt **2** kuruluş
teşkilatçı örgütçü
teşkilatçılık örgütçülük
teşkilatlandırmak örgütlemek
teşkilatlanmak örgütlenmek
teşkilatlı örgütlü
teşkil etmek **1** oluşturmak, kurmak **2** sayılmak, demek olmak
teşmil yayma, yayılma
teşmil etmek yaymak, içine aldırmak, kapsamak
teşne istekli
teşne olmak çok istemek, özlemek
teşrif onurlandırma, buyurma
teşrifat **1** törendüzen **2** törensellik, törencilik
teşrif etmek **1** onurlandırmak **2** buyurmak
teşrii yasal, yasama
teşrii masuniyet yasama dokunulmazlığı
teşrik etmek **1** ortak etmek **2** yanına katmak
teşriki mesai işbirliği
teşrinievvel ekim (ayı)
teşrinisani kasım (ayı)
teşvik **1** isteklendirim **2** özendirim, özendirme **3** kışkırtma
teşvik etmek **1** isteklendirmek **2** özendirmek **3** kışkırtmak
teşyi uğurlama, (yolcuyu) geçirme, yolcu etme
teşyi etmek uğurlamak, geçirmek
tetanos kazıklıhumma
tetebbu araştırma, irdeleme
tetebbu etmek araştırmak, irdelemek
tetkik inceleme, araştırma
tetkik etmek incelemek, araştırmak
tetkik ve tetebbu inceleme, irdeleme
tetkik ve tetebbu etmek araştırmak, incelemek, irdelemek
tevakkuf duraklama, durma, eğleşme
tevarrüs etmek **1** (kendisine) kalmak **2** kalıt almak
tevatür söylenti, yaygın söylenti
tevazu **1** alçakgönüllülük **2** gösterişsizlik
tevcih etmek **1** yöneltmek, çevirmek **2** (nişan, unvan vb.) vermek

tevdiat yatırım
tevdi etmek 1 vermek, eline bırakmak **2** yatırmak
teveccüh etmek yönelmek
teveccüh göstermek güleryüz göstermek, gönlünü okşamak
tevekkül uydumculuk
tevellüt 1 doğum, doğma, doğum tarihi **2** ileri gelme
tevellütlü doğumlu
tevessül etmek girişmek, başvurmak
tevhit 1 birleştirme **2** *fels.* tektanrıcılık
tevil (sözü) çevirme, değiştirme, döndürme, çevirti
tevil etmek (sözü) çevirmek
tevkif tutuklama
tevkif etmek 1 tutuklamak **2** durdurmak, alıkoymak
tevkifhane tutukevi
tevsi genişletme
tevsi etmek genişletmek
tevsik belgeleme
tevsik etmek belgelemek, belgeye bağlamak
tevzi, tevziat dağıtım, dağıtma
tevzi etmek dağıtmak, üleştirmek
teyakkuz uyanıklık
teyit 1 doğrulama **2** sağlamlaştırma
teyit etmek 1 doğrulamak **2** sağlamlaştırmak
teyp sesalıcı
tez 1 çabuk **2** sav, savunca **3** (üniversitede) bitirme araştırması
tezahür belirme, belirti, görünüm
tezahürat 1 belirme, belirti **2** gösteri
tezahür etmek belirmek, görünmek, gözükmek
tezat çelişki, karşıtlık
tezhip yaldızlama, yaldız işi süsleme
tezvir yalan dolan
tezyin, tezyinat bezek, bezeme, süsleme
tezyini süslemelik, bezemelik, bezeksel
tıbbi sağlıkbilimsel; sağlıksal
tımarhane delilerevi
tıp sağlıkbilim
tıynet yaradılış
ticaret satımcılık, alım satım, tecim
ticarethane tecimevi
ticari tecimsel
timsal simge
tiner inceltici
tipo, tipografi, tipografya yüksekbaskı
tiraj baskı sayısı
tizreftar çabuk gider
tolerans 1 hoşgörü **2** oynama payı
ton *dilb.* (ses) titrem
topografik yerbetimsel
topografya yerbetim
topografyacı yerbetimci
toponomi *bkz.* **toponomastik**
toponomastik yeradıbilim
topyekun toptan, toplu, bütün
toreador boğa güreşçisi
torpil *mec.* arka, kayırıcı
total tüm
totaliter 1 baskıcı **2** bütüncül
totem ongun
totemizm ongunculuk
töhmet suçlama
trafik gidişgeliş
trajedi ağlatı
tirajik ağlatısal, ağlatıcı
traktör çeker
trampa değiş tokuş
trampa etmek değiş tokuş etmek
tramplen sıçrama tahtası
trankilizan yatıştırıcı
taransandan aşkın
transandans aşkınlık
transandantal deneyüstü

transandantalizm deneyüstücülük
transfer aktarım, aktarma
transfer etmek aktarmak
transformasyon dönüşüm, değişim
transformatör dünüştürücü
transformizm dönüşümcülük
transfüzyon *tıp.* kanaktarım
transit düzgeçiş, geçiş
transkripsiyon çeviriyazı
transplantasyon aktarım, organaktarımı
transport taşımacılık
transportasyon 1 taşınım **2** ulaştırma
travers tabanlık
trençkot yağmurluk
tribün sekilik
triko örme, örgü
trikotaj örme, örmecilik
trikotajcı örgücü
triportör üçteker
triptik gir-çık belgesi
triyo üçlü, üçleme
tropizm *yaşb.* doğrulum
trotuar kaldırım, yaya kaldırımı
trup takım, kol
tufeyli asalak, ekti
tufeylilik asalaklık
tuhaf yabansı
tuhaf bulmak yardırgamak
tul 1 uzunluk, boy **2** *gökb.* boylam
tul dairesi boylam
tulu (gökcisimleri için) doğuş
tulu etmek (gökcisimleri için) doğmak
tur 1 dönü **2** dolaşı
tur atmak dolaşmak
turist gezgin, gezmen
turistik gezimsel
turizm gezim, gezicilik
turne dolaşı
turnike çevirgeç, döner geçit
tuvalet 1 süs, süslenme **2** giysi **3** ayakyolu
tüccar satımcı, tecimci, tecimen
tünel içgeçit, yeraltı yolu
Türkiyat Türkbilim
Türkolog Türbilimci
Türkoloji Türkbilim,Türkbilimcilik

U

ufki yatay
ufuk çevren, gözerimi
ufunet 1 kokuşma, pis koku **2** yangı
ufunetlenmek (yara için) irinlenmek
uhdesinden gelmek becermek, başarmak, üstesinden gelmek
ukala bilgiç
ukde düğüm
ulema bilginler
ulum bilimler
ulvi yüce
umde ilke
umran bayındırlık
umum tüm, bütün, kamu, genel
umumhane genelev
umumi genel
umumi kâtip genel yazman
umumileştirmek genelleştirmek
umumiyet genellik
umumiyetle genellikle
umum müdür genel yönetmen
umur işler, görevler
unsur öğe
unvan san
usare özsu
usul yöntem, yol, yordam
usulsüz yaşadışı, yolsuz
uvertür 1 başlantı **2** giriş
uzuv 1 örgen **2** üye

Ü

ülfet 1 alışma **2** tanışma, görüşme, dostluk
ülfet etmek 1 alışmak **2** tanışmak, görüşmek, dostluk etmek
ülser oyulgan
ültimatom sonuyarı
ültramodern çağüstü
ültraviyole morötesi
ümit umut
ümit etmek ummak
ümitlendirmek umutlandırmak
ümitlenmek umutlanmak
ümitli umutlu
ümitsiz umutsuz
ümitvar umutlu
ümmi okumamış, okuryazar olmayan
ünite 1 birim **2** birlik
üniversel evrensel
ünsiyet 1 alışkanlık **2** tanışıklık, arkadaşlık
ünsiyet peyda etmek tanışmak
üryan çıplak, yalın
üs konumluk
üslup 1 anlatı **2** biçem
üslupçu biçemci
üslupçuluk biçemcilik
üstat usta
ütopik düşülküsel
ütopya 1 düşülke **2** düşülkü

V

vacip gerekli
vade erim, süre
vadeli erimli, süreli
vadesiz süresiz
vadi koyak
vahdet birlik
vahdeti vücut varlık birliği
vahim ağır, korkulu
vahşi yabanıl
vaka 1 olgu **2** olay
vakar ağırbaşlılık
vaki olmuş
vakur ağırbaşlı
vantilatör yelveren, üfleç
varidat gelir(ler)
varis kalıtçı
varoş dolaylık
varyasyon çeşitleme
vasat 1 orta, ortalama **2** ortam
vasati ortalama
vasıf nitelik
vasıflandırmak nitelendirmek
vasıflanmak nitelenmek
vasıflı nitelikli
vasıfsız niteliksiz
vasıl olmak varmak, ulaşmak
vasıta 1 araç **2** aracı
vasiyetname kalıtyazı
vatan yurt
vatandaş yurttaş
vatani yurtsal
vatanperver yurtsever
vavelya çığlık
vazıh açık, belli
vazıkanun yasa koyucu
vazife 1 ödev **2** görev
vazifelendirmek görevlendirmek
vazifeli görevli
vaziyet 1 durum **2** konum
vazo çiçeklik
vebal yazık
vecibe 1 ödev, boyun borcu **2** *tüze.* zorunlu görev
vecize özdeyiş
veçhile ... nedenle
vefa (sevgide) bağlılık
vefat etmek ölmek
vefat ölüm
vehim kuruntu
vehmetmek kuruntulanmak
vejetaryen etyemez
vejetaryenizm etyemezlik
vekâlet 1 yetkideşlik **2** yerine bakarlık
vekâlet vermek yetkideşlik vermek
vekâleten yetkideş olarak
vekâletname yetkideşlik belgesi
vekil 1 yardımcı **2** yetkideş, yerine bakan
velev ister, isterse, olsa da
velhasıl sözün kısası, kısacası
veli eren, ermiş
velut 1 doğurgan **2** *mec.* verimli
velvele gürültü, bağrışma
veraset kalıtım, soyaçekim

verit toplardamar
versiyon sürüm
vesaire ve başkaları, ve benzerleri
vesait araçlar
vesayet korumanlık
vesika belge
vesile olmak yol açmak, sağlamak
vestiyer askıyeri, askılık
vesvese işkil
vesveseli işkilli
vetire süreç
veto etmek olmazlamak
veto olmaz
veya ya da
vezin ölçü
vezinli ölçülü
vibrasyon titreşim
vibratör sarsaç
vicahen yüzlemece, yüzüne karşı
vicdan 1 duyunç **2** *fels.* törel bilinç
vicdanlı duyunçlu
vidanjör boşaltıcı
vikaye koruma, esirgeme
vilayet il
viraj dönemeç
viran olmak yıkılmak
viran yıkık
virane yıkıntı
visal kavuşma
vites hız
vites kutusu hız kutusu
vitrin sergen, görümlük, sergilik, sergi yeri
viyabilite 1 yaşayabilirlik **2** öndöşem (kent düzenlenmesi alanında) **3** geçilirlik
viyadük aşıt, kuruköprü
vize görüldü
vizite 1 görüm **2** görümlük
vizör *sine.* bakaç
vokabüler sözdağarı, sözvarlığı
vokal *dilb.* ünlü
volan düzenteker
voleybol uçantop
volkan yanardağ
volkmen gezerçalar
volontarist *fels.* istenççi
volontarizm *fels.* istençcilik
voltaj gerilim
vuku bulmak, vukua gelmek olmak, oluşmak
vukuat olay
vukuf 1 bilgi **2** *fels.* bili
vuslat kavuşma
vuzuh açıklık, aydınlık
vüsat genişlik

Y

yabani yabanıl
yâd etmek anmak
yadigâr andaç
yahut ya da
yani demek, şu demek ki, demem şu, diyesim
yâr sevgili
yâran, yaren arkadaş, yakın
yârenlik arkadaşlık
yediemin güvenilir kişi
yegâne tek, biricik, eşsiz
yeis umutsuzluk, karamsarlık üzüntü
yek bir
yekdiğeri birbiri
yeknesak tekdüze
yeknesaklık tekdüzelik
yekpare tek parça
yekta tek, eşsiz
yekten 1 birden, birdenbire **2** durup dururken
yekûn toplam
yemekhane yemekyeri
yemin ant
yemin etmek ant içmek
yetim babasız
yevmiye 1 gündelik **2** her gün
yevmiyeci gündelikçi
yevmiye defteri gündelik defteri
yübuset peklik

Z

zaaf 1 güçsüzlük **2** düşkünlük
zabıt tutanak
zabıt kâtibi tutanakçı
zabıtname tutanak
_zade oğul
zafer utku, yengi
zafiyet arıklık, güçsüzlük
zahir 1 açık, belli **2** görünüşte, görünüşe göre
zahirde görünüşte
zahiren görünüşte
zahiri 1 görünürdeki, görünen **2** sözde **3** yapmacık
zahmet sıkıntı, güçlük, yorgunluk
zahmetli yorucu, sıkıntılı
zahmetsiz sıkıntısız, emeksiz
zail olmak yok olmak, ortadan kalkmak
zait 1 gereksiz **2** *mat.* artı
zalim acımasız, kıyıcı
zalimlik acımasızlık, kıyıcılık
zam 1 bindirim **2** artırım
zamanaşımı süreaşımı
zamir *dilb.* adıl
zamlı bindirimli
zampara çapkın
zamparalık çapkınlık
zam yapmak (ederini) artırmak
zan sanı
zanlı sanık
zannetmek sanmak
zapt etmek 1 zorla almak **2** tutmak **3** yazıya geçirmek
zapturapt düzence, sıkıdüzen
zarafet incelik
zarar dokunca
zararlı dokuncalı
zararsız dokuncasız
zarf *dilb.* belirteç
zarfında içinde
zarif ince
zariflik incelik
zaruret 1 zorunluk **2** yoksulluk, sıkıntı
zaruri zorunlu, kaçınılmaz
zat 1 öz **2** kişi
zati özel
zat işleri özlük işleri
zatülcenp satlıcan
zatürree batar
zaviye açı, köşe
zayıf 1 arık **2** güçsüz **3** çelimsiz **4** yetersiz, kötü **5** enez
zayıflama enezleşme
zayıflamak enezleşmek
zayi yitik
zayiat yitik, yitikler
zayi etmek yitirmek
zebun düşkün
zedelemek berelemek
zehap sanı
zehir ağı
zehirlemek ağılamak
zekâ *ruhb.* anlak

zeki anlaklı
zelzele deprem, yersarsıntısı
zem yerme, kötüleme
zemheri karakış
zemin 1 taban **2** *mec.* temel, dayanak
zemmetmek yermek, kötülemek
zengin varsıl, varlıklı
zenginlik varsıllık, varlıklılık
zerre tozan
zevahir dışyüz, görünüş, görünür
zeval yok olma, yok edilme
zevalsiz kalımlı
zevat kişiler
zevce karı, eş
zevç koca, eş
zevk 1 beğeni **2** tat **3** eğlenme, eğlence
zeyil ek
zıddiyet karşıtlık
zımnen üstü örtülü olarak, dolaylıca, örtülü
zırnık sıçanotu
zıt karşıt, karşı
zihin 1 anlayış, kavrayış **2** us gücü
zihniyet düşünce, anlayış, düşünüş
zikretmek söylemek, belirtmek, adını anmak
zillet alçalma
zinde dinç, diri, canlı
zinhar sakın, olmaya ki
zira ..._diği için, çünkü
ziraat tarım
zirai tarımsal
ziraks (xerokopie) kuruçekim
zirve doruk
ziya ışık, aydınlık
ziyade daha çok
ziyadesiyle pek çok
ziyafet şölen, toy
ziyan dokunca
ziyaret görüşme
ziyaretçi görüşmeci, görüşçü
ziyaret etmek (gidip) görüşmek
ziynet süs, bezek, süs takısı
zoolog hayvanbilimci
zooloji hayvanbilim
zor 1 sıkıntı, güçlük **2** baskı, güç **3** çetin
zuhur baş gösterme, ortaya çıkma
zuhur etmek baş göstermek, ortaya çıkmak
zulmet karanlık
zulmetmek kıyıcılık etmek
zulüm kıyıcılık, ezinç
zül alçalma
zümre takım, bölük
zürriyet döl

SÖZLÜK İÇİN YAZILANLAR

DEVRİM DİLİNİN SÖZLÜĞÜ

Sözlükte iki bölüm var. İlkinde öz Türkçe sözcüklerden karşılıkları verilmekte, sonra seksen yazarın birinden örnek (tanık) gösterilmektedir. İkinci bölümde ise, dilimizdeki yabancı sözcüklerin öz Türkçe karşılıkları sıralanmaktadır. (...) Sözlüğün özelliklerinden biri de, pek çok sözcüklerin sadece bunda yer almış olmasıdır. Okuyucunun vazgeçemeyeceği bir kılavuz oluyor böylece.

SAMİ N. ÖZERDİM
(*Ulus*, 19. 12. 1966)

BİR DE SÖZLÜK...

Sözcükler özenle, anlaşılır bir biçimde açıklanıp tanımlanıyor. Türk yazarlarından çeşitli örneklerle nasıl kullanıldıkları da gösteriliyor. Bu kitapta dilimizle ilgili birtakım gerçekleri de öğreneceksiniz. Buna göre, 1932'den önceki sözlüğümüzde bulunan otuz bin sözcüğün yalnızca on iki bin yedi yüzü Türkçe imiş. O zamanki yazı dilimizde yüzde otuz beş oranında Türkçe sözcük kullanılıyormuş. Bugünkü sözlüğümüzde bulunan yirmi yedi bin sözcüğün ancak on beş bin yedi yüzü Türkçe. Bu oran yüzde elli sekizdir. Günümüzdeki Türkçemiz de, yüzde yetmiş iki oranında Türkçe sözcük kazanmıştır; yani, dilimiz bu sürede Türkçe olarak yüzde on bir oranında zenginleşmiştir.

TARIK DURSUN K.
(*Milliyet*, 27. 12. 1966)

TÜRKÇEYİ ONLAR DA SEVECEK

Türk Dil Kurumu üyelerinden Ali Püsküllüoğlu'nun geçenlerde yayımladığı bir sözlük bu konuda iyimser olanları haklı çıkaracak bir niteliktedir. Sayın Püsküllüoğlu, dilimize yeni giren öz Türkçe sözcükleri tanımlarken bunlara örnekler göstermiş, örnekleri de yazarların kullandığı cümlelerden seçmiştir. Yazarlar arasında öz Türkçeye yürekten bağlı olanlar bulunmasına bir şey denemez. Elbette olacak. Ne var ki, Sayın Püsküllüoğlu merak etmiş. Dil Devrimine karşı cephe aldığını bildiğimiz yazarların da yazılarını incelemiş ve bunlardan birçoğunun bir zamanlar beğenmedikleri öz Türkçe sözcüklere zamanla alıştıklarını, farkında olmadan o sözcükleri benimseyerek yazılarında kullandıklarını görmüş.

Bu bakımdan Sayın Püsküllüoğlu'nun Sözlüğü ayrıca ilginç. Bu kitap Dil Devrimine bağlı olanları sevindirecek, karşı olanlara da belki dil sevgisinin kapılarını açacaktır.

"Masuniyet"çilere salık veririm.

NADİR NADİ
(*Cumhuriyet*, 9. 7. 1967)

"ÖZ TÜRKÇE SÖZLÜK"

Dil Devriminden bu yana bugün de dil konusunda anlaşmazlık sürdürülüp durur. Alaya almalar, kızmalar, çatışmalar baş gösterir zaman zaman. Ali Püsküllüoğlu'nun gerçekten özenle düzenlediği Öz Türkçe Sözlük, devrim açıklaması, sözlük ve karşılıklar kılavuzuyla birlikte dipdiri bir karşılık niteliğini de taşıyor. Başarılı ve yararlı bir sözlük.

TARIK DURSUN K.
(*Milliyet*, 6. 10. 1971)

DEVRİM IŞIĞINDA PÜSKÜLLÜOĞLU'NUN SÖZLÜĞÜ

Bu çalışmasıyla "Türkçe Sözlük" kavramına da bir aydınlık getiriyor yazar. Çünkü gerçekte "Türkçe Sözlük", Türkçede kullanılan sözcükler sözlüğüdür. Daha da ileri giderek yapıtına, "öz" niteliğini de uygun bulmuştur Püsküllüoğlu. Böylece birçok dillerden alınan yabancı sözcüklerin arasından sıyrılmış, özgürlüğünü yaşamış oluyor öz Türkçe. Bu da sevinilecek bir sonuçtur. İncelendiği zaman, sözcüklerin çoğunun halkın benimsediği sözcükler olduğu görülecektir. Bence bir dilin gelişmesinde ölçü de bu olmalıdır. (...) Dilin bilinçle kavranması için belirttiğimiz yapıtın öğrencilere ulaştırılması gerekmektedir. Ancak bu yolla kapalı yabancı sözcüklerin küflü "mahzen"inden kurtarabiliriz yetişen genç kuşakları. Dil Devrimine karşı olanların da atılan adımların "dev"liğini, alay ettikleri bu sözcüklerde bulacaklarını sanıyorum.

ADNAN BİNYAZAR
(*Türk Dili*, Ekim 1967)

POLİTİKACI VE TÜRKÇE

Püsküllüoğlu iyi çalışmış. Sözlüğe baktıkça üzüldüm durdum. Bilmediğim Türkçe sözcük sayısı hayli. Olacak iş mi bu? Yıllardır gazetecilik yap. Üstelik yazı da yaz; bu yetmezmiş gibi "dedektör", "doküman", "kriz", "kronik" denilince anla; ya da "ihtilas", "mahrek", "müstağni"nin ne anlama geldiğini bil; sonra da, bilmediğin Türkçe sözcükler olsun.

Öz Türkçe Sözlük, gün boyu masamın çekmecesinde durmalı. Evde de, bir tane. Boş kaldıkça bakıp öğrenmeliyim sözcükleri.

Seçkin politikacılarımız da öyle yaparlar belki. Böylece, yalnız Türkçeyi egemen kılmakla kalmaz; toplumu da, dar kavramlar döngüsünden kurtarmış olurlar herhalde.

ERDOĞAN TAMER
(*Barış*, 2. 10. 1971)

ÖZ TÜRKÇE SÖZLÜK

Dil Devrimi dilimize ne kazandırmıştır? Bu soru, her zaman tartışılır. Dilde de, düşüncede de yobazlık çizgisini, bağnazlık çizgisini aşamayanlar için Dil Devrimi, dilimizi enezleştirmiştir. Hiçbir katkısı olmamıştır. Uydurma sözcüklerle dilimiz bozulmuştur. Sözcük haznesi daralmıştır. Kuşaklar arasında bağıntı, ilinti yitirilmiştir. Buna benzer, bir yığın geçersiz, tutarsız karşı çıkmalar yapılmıştır, yapılagelmektedir de.

Püsküllüoğlu'nun bu alandaki çalışması her şeyden önce bu karşı çıkmaların ne ölçüde gerçekdışı olduğunu ortaya koyuyor. Çağdaş Türk yazarlarının, dilimize ne ölçüde katkıda bulunduklarını belgeliyor. (...) Ali Püsküllüoğlu'nun bu çalışmasını her türlü övgüye değer buluyoruz. Bir sözlüğü tek başına hazırlamanın güçlüğünü bilenler için elimizdeki eserin önemini anlamak daha da kolaylaşacaktır.

M. SUNULLAH ARISOY
(*Panorama*, 2. 11. 1971)

ÖZ TÜRKÇE SÖZLÜK

Bir sözcük zenginliğiyle karşımıza çıkan Öz Türkçe Sözlük, Dil Devriminin sözlüğü adını alacak ölçüde, büyük bir değer taşımaktadır. Gittikçe üreyen, gelişen bu sözlük; çığ gibi büyüyen, bütün kültürel alanları kapsayan Dil Devriminin bir düşünce ışığıdır. Atatürk devrimlerine inanmanın, ona bir şey katmanın en somut kanıtıdır.

ADNAN BİNYAZAR
(*Türk Dili*, Kasım 1971)

DİL DEVRİMİNİN SÖZLÜĞÜ

Püsküllüoğlu, Dil Devriminin getirdiği yeni sözcükleri saptamak için kılı kırk yaran titizlikle çalışmış. Özenli bir taramadan geçirmiş dilin her bölgesini. Dar ve sınırlı alanla yetinmemiş. Kuşak ayrımı gözetmeden yaşlı, genç birçok yazarın yapıtlarına, yazılarına el atmış. Bilimsel bir dikkatle gözden geçirmiş bunları. Kullanılmakta olan ya da kullanılış alanına yeni yeni çıkan söz değerlerini belge ve tanıklarıyla derlemiş buralardan. Derlediği sözcükleri özgün bir yöntemle işlemiş; açıklayıp tanımlamış. Böylece Dil Devriminin çekirdek sözlüğünü ortaya koymuş. (...) Öz Türkçe Sözlük, yalnızca Dil Devrimine, arı ve aydınlık Türkçe ülküsüne gönül vermiş kişilerin yararlanacağı bir kaynak değil. Dil Devrimine bilinçsizce karşı duranlara da ışık tutacaktır bu yapıt. Önemi ve saygınlığı da buradan geliyor...

EMİN ÖZDEMİR
(*Türk Dili*, Aralık 1971)

SÖZLÜK SEVGİSİ

Öz Türkçe Sözlük, günlük hayatımızda bol bol, ama yerli yersiz kullandığımız nice yeni sözcüğü, yazınımızdaki örnekleriyle, kullanım biçimleriyle, türlü anlamlarıyla okura aktarıyor. (...) Dildeki kavram kargaşasına yön verebilecek nitelikte. (...) Öz Türkçe Sözlük, dil sevgisinin aşılanmasında değeri tartışma götürmez bir yapıt.

SELİM İLERİ
(*Yeni Ortam*, 11. 6. 1975)

ÖZ TÜRKÇE SÖZLÜK

Ali Püsküllüoğlu'nun Öz Türkçe Sözlük'ünün genişletilmiş dördüncü baskısını merakla okudum. Sözlük de okunur mu, hele merakla okunan sözlük olur mu, diyeceksiniz. Bizler yeni bir dilin oluşumu, daha doğrusu dildeki yeni bir oluşum içinde doğduk, yaşadık; çok şeyi dil sorunuyla birlikte, hatta dil sorunu olarak algıladık. Bir sözlük, hele bir öz Türkçe sözlük, hep ayrı bir anlam taşımıştır bizler için. Bu yüzden, kimi zaman, bir sözlükte yalnızca gezinti yapmıyor, bir roman gibi, bir araştırma kitabı gibi, basbayağı okuyoruz da onu. Son yarım yüzyıl içinde hangi sorun dil sorunuyla birlikte gelmemiştir ki!

Ali Püsküllüoğlu'nun Öz Türkçe Sözlük'ünü de, Türkçenin son yüzyıldaki değişimini ortaya koyan bir araştırma kitabı olarak gösterebiliriz.

CEMAL SÜREYA
(*Politika*, 25. 12. 1975)

DİLİMİZ ÜZERİNE

Ali Püsküllüoğlu'nun büyük özenle hazırladığı Öz Türkçe Sözlük, genişletilmiş olarak, dördüncü kez basıldı. Türkçenin genişlemesine, sözlük sayısının çoğalmasına olanak tanıyan bir çalışma bu. Püsküllüoğlu, yeni sözcüklerin cümle içindeki kullanımlarını da bol bol örneklemiş. Yeni sözcükleri doğru kullanıp kullanmadığımızı bu sözlük aracılığıyla saptayabiliriz. (...) Püsküllüoğlu'nun çalışmasına gösterilen ilgi, okurun dil konusunda titiz davrandığının, iyiye ve yeniye, doğruya ve güzele açık olduğunun bir kanıtı.

SELİM İLERİ
(*Politika*, 31. 1. 1976)

ÖZ TÜRKÇE SÖZLÜK

Arı, öz Türkçe yazmanın yalnızca bir kelime işi olmadığını, bir cümle yapısı olduğunu gramerciler söyleyip dururlar. Gerçekten de dilimiz arılaşırken kelimeye ağırlık verildiğinde bu kelimeleri cümle içinde kullanmaya dikkat edilmedi. İşte Püsküllüoğlu'nun yedinci baskıya ulaşan bu sözlüğü Türkçeyi doğru ve güzel kullanmada bize yararlı olacak bir sözlük. Püsküllüoğlu'nun bu sözlüğünde bir kelime açıklanmakta, ondan sonra da cümle içinde kullanılmış hali sergilenmekte. Öğrencilerden öğretmenlere kadar herkese yararlı. Mutlaka kitaplıkta bulunması gerekli bir sözlük.

DOĞAN HIZLAN
(*Cumhuriyet*, 15. 7. 1982)

ÖZ TÜRKÇE SÖZLÜK

Ali Püsküllüoğlu'nun Öz Türkçe Sözlük'ü genişletilmiş yedinci baskısını yaptı. (...) Birinci baskıda Öz Türkçe Sözlük'te 2400 madde başı sözcükle 156 yazardan örnekler varmış. Yedinci baskıda madde başı sözcükler 7000'e ulaşmış, örnek alınan yazar sayısı 293'e ulaşmıştır. Ali Püsküllüoğlu'nun sözlüğü yedinci baskısıyla her aydının kitaplığında, her evde bulunması gereken bir başvuru kitabı düzeyine yükselmiştir.

İLHAN SELÇUK
(*Cumhuriyet*, 6. 8. 1982)

ÖZ TÜRKÇE SÖZLÜK

Öz Türkçe Sözlük, sonuçta 7000'e ulaşan öz Türkçe sözcüğü ve bunları kullanım örnekleriyle vermesiyle geniş, yararlı, dil devriminin (Tanzimat ile başlayan arılaşma, 1911'de Genç Kalemler dergisi ile başlayan önemli yeni girişimler, Atatürk'ün Arap ve Fars dillerinin Türkçe üzerindeki baskısını kaldırmada çok önemli olan Arap harflerini atması, arkasından gene Atatürk'ün önderliği ile yeni Türk abecesini düzenleyen Dil Encümeni'ni toplaması ve dil işleriyle uğraşan bir örgüte duyulan gerekseme dolayısıyla Türk Dil Kurumu'nu kurması, Türkçe sözcüklerin sayısının artması gibi evrelerden sonra) yeni bir başarısını kanıtlayan bir çalışma. Özellikle yazarlarca el altında tutulmalı. 1932'den önce sözlüğümüzün yaklaşık %38'i, 1970'lerde %63'ü Türkçe olan sözcük da-

ğarımız, bu çalışmanın da yardımıyla daha da artırılmalı, daha da gözden geçirilerek pekiştirilmeli, işlerliği sağlanmalıdır.

TUNCER UÇAROL
(*Yeditepe*, 7. 11. 1982)

ÖZ TÜRKÇE SÖZLÜK

Ali Püsküllüoğlu'nun, Dil Devriminin dilimize kazandırdığı sözcükleri, terimleri tanıtmak amacıyla hazırladığı bu başarılı çalışma genişletilmiş yedinci baskısına ulaştı. Sözcükte yer alan pek çok sözcük ilk kez "sözlüğe girmiş" oluyor. Öz Türkçe sözcüklerin nasıl kullanıldığı da yazarlardan alınan örneklerle gösteriliyor. Kitabın sonuna, sözlüğün daha önceki baskıları üzerine yazılmış yazılardan da eklenmiş. Bu uzun soluklu çalışma ürünü, el altından hiç eksik edilmemesi gereken bir kaynak kitap.

(Cumhuriyet, 13. 1. 1983)

"ÖZ TÜRKÇE SÖZLÜK" YİRMİ YAŞINDA

Ali Püsküllüoğlu'nun birinci baskısı 1966'da yapılan Öz Türkçe Sözlük'ü tam tamına yirmi yaşında. (...) Dil Devriminin dile sağladığı devingenlik ve Türkçedeki sürekli gelişme göz önünde tutulursa yapıt, belli bir dönemin sözvarlığını kapsamakla birlikte durağan bir yapı özelliği taşımaz. Nitekim sözlüğün bir yandan sözcük sayısı açısından genişlemesi sürdürülürken, bir yandan da sözcüklerin tanımları örneklerle pekiştirilerek temel anlamların yansıtılmasına özen gösterilmiştir. Bu yönden ele alındığında da öz Türkçe sözcüklerin yazım, söyleyiş, anlam özelliklerini gösteren, bunların tek başına ya da başka sözcüklerle ilgilerini, birlikte kullanımlarını saptayan bir yapıttır. (...) Sözlüğün önündeki bilgiler, yakından bildiğimiz kadarıyla, özellikle öğretmen ve öğrenciler için çok yararlı olmaktadır. (...) Kısacası, günümüz Türkçesinin metinlerini tarayarak eşzamanlı yöntemle hazırlanan bu derli toplu yapıt, Türkçenin belli bir döneminin sözcüklerini bir arada görmek, öğrenmek isteyenlere bulunmaz bir kaynaktır.

SEVGİ ÖZEL
(*Yayın Dünyasında Çerçeve*, Ocak 1987)

ÖZLEŞME AKIMININ 7.000 SÖZCÜĞÜ

Ali Püsküllüoğlu, ilk baskısı 1966'da yapılan, bugün 8. baskıya ulaşan Öz Türkçe Sözlük'ünü "Dil Devrimiyle dilimize kazandırılmış sözcükler öğretmek amacıyla hazırladığını" belirtmektedir. (...) Sözcüğün yaklaşık 7000 sözcükten oluşan ana bölümünde öz Türkçe sözcüklerin tanımları yapılmakta, ayrıca çeşitli yazarlardan seçilmiş örnekler sunulmaktadır. "Karşılıklar Kılavuzu" ise yabancı sözcükleri kullanmaktan kaçınmak isteyenlere yardımcı olmak amacıyla hazırlanmıştır.

YUSUF ÇOTUKSÖKEN
(*Güneş*, 9. 3. 1987)

"TÜRKÇENİNDİR BU ÜLKE"

Ali Püsküllüoğlu'nun Öz Türkçe Sözlük'ü sekizinci baskısını yaptı. (...) Şimdi, Püsküllüoğlu'nun sözlüğünde de elli yıllık Dil Devrimi Türkçesinin getirdiği sözcükler ışıldıyor. Bu sözlüğün son baskısında (1986) 300 yazardan alınmış tanık tümceler, onların anlamlarını Osmanlıcaya bulaşmadan daha iyi kavramamıza yarıyor. Osmanlıcaya çeviri sözlüğü değil Püsküllüoğlu'nun çalışması. Türkçe düşünüp Türkçe yazıyor. (...) Böylece, Türkçe düşünüp Türkçe konuşma, yazma bilinci getiriyor, o yüzden de ilgiyle okunuyor.

TUNCER UÇAROL
(*Çağdaş Türk Dili*, Mart 1988)

ÖZ TÜRKÇE SÖZLÜK'ÜN GÖZDEN GEÇİRİLMİŞ
9. BASIMI YAYIMLANDI

ABC Kitabevi, Ali Püsküllüoğlu'nun Öz Türkçe Sözlük'ünün gözden geçirilmiş, geliştirilmiş dokuzuncu basımını yayımladı. Kitabevi, sözlüğü iyi kâğıda basmış. Baskı özenli, orta boy, ciltli... Ele alındığında göz dolduruyor, okuma isteği veriyor. Emin Özdemir, sözlük için, "Roman gibi... Oturup roman gibi okuyorum" dedi, şaşırmadım. Sözlük, güzel Türkçemizin, gün gün yaygınlaşan açık, anlamlı yeni sözcükleriyle dolu. (...) Öz Türkçe Sözlük gibi yapıtların, kısa aralıklarla gözden geçirilmesi, zorunludur. Türkçenin özleşmesi, özleşen Türkçenin daha yaygın kullanılması nedeniyle sözlüğün önceki basımlarını eskimiş, eksik kalmış saymak gerekir. (...) Sözcükler o dili konuşanların kimliğinden bir yansıma olduğu için, sözlük yazarları, hem insanı hem de toplumu iyi, çok iyi tanımalıdırlar. Ozan Ali Püsküllüoğlu, şiirleri yanında sözlükleriyle de bunu kanıtlıyor.

ŞEMSETTİN ÜNLÜ
(*Cumhuriyet Kitap*, 17. 8. 1990)

ÖZ TÜRKÇE SÖZLÜK

Türünde klasikleşmiş, benzeri bulunmayan, Türk dili, özleşmecilik ve sözlükçülük alanlarında yazarların, okurların, araştırmacıların gerçek bir gereksinimine yanıt veren Öz Türkçe Sözlük, içeriği ile de eşsiz; başka Türkçe sözlüklerde bulunmayan en yeni sözcükleri kapsıyor. Çağdaş Türk dili tarihi açısından öz Türkçecilik anlayışına uyan her dilsel birimi bilimsel bir titizlikle inceliyor. Sözcüklerin yazılışı, tanımı, dizgisi, tanıklarıyla yaygın bir elemeden geçirilerek sunuluyor. Her satırında incelik, kapsamlılık, güvenilirlik duyumsanan betiğin, derin bir nesnellik kaygısı ile, ter dökülerek, geniş taramalar yapılarak düzenlendiği apaçık görülüyor.

A. CENGİZ BÜKER
(*Karşı* dergisi, Haziran 1992)

ÖZ TÜRKÇE SÖZLÜK

Şemsettin Sami'nin Kamûs–ı Türkî'si başta olmak üzere, –Türk Dil Kurumu'nunki de içinde–, hiçbiri Türkçe sözlük değildir; "Türkçede kullanılan sözcükler sözlüğü"dür. Tam anlamıyla ilk Türkçe sözlük, Ali Püsküllüoğlu'nun, bugün on bir baskıya ulaşan Öz Türkçe Sözlük'üdür. Nadir Nadi'nin, "Bu kitap Dil Devrimi'ne bağlı olanları sevindirecek, karşı olanlara da belki dil sevgisinin kapılarını açacaktır" dediği Öz Türkçe Sözlük'ü, Ali Püsküllüoğlu, Türkçenin anlam gömüsünün, yeteneğinin kendi öz sözcüklerinde saklı olduğunu kavramanın bilinciyle hazırlamıştır. Türkçeye giren yabancı sözcüklerin onun ayağına takılan ağırlıklar olduğunu belirten Püsküllüoğlu, dilin o ağırlıkları atacağını, ancak bu yolla bağımsızlığına kavuşacağını vurgulayarak, devrim ışığıyla aydınlanan Türkçenin sözlüğünü yazmıştır.

Bugün, Türkçe, söz değerleriyle, yüzyıllarca etkisi altında kaldığımız yalnız Arapçaya/ Farsçaya başkaldırmıyor; Batı dilleri karşısında da kültürel bir savaş veriyor. Türkçe, Atatürkçü düşüncenin bir dil eri gibi, kendi varlığıyla kendi onurunu besliyor. Püsküllüoğlu'nun Öz Türkçe Sözlük'ü bunun çağdaş kanıtıdır.

ADNAN BİNYAZAR
(*Cumhuriyet*, 22 Ocak 1995, s. 2)

ÖZ TÜRKÇE SÖZLÜK

Ali Püsküllüoğlu'nun Öz Türkçe Sözlük'ü ilkin 1966'da basıldı. Şimdi genişletilmiş 12. baskısı var elimizde. Böyle benzeri görülmedik sürekli bir ilgi görmüş olması Öz Türkçe Sözlük'ün belirli bir dilsel gereksemeyi başarıyla karşıladığına en sağlam kanıttır. (.....) Öz Türkçe Sözlük Türkçenin yirminci yüzyıldaki gelişiminin bir çeşit tutanağıdır, bir belgedir, bu gelişimi çeşitli yanlarıyla incelemek isteyenler için sağlam bir veri kaynağıdır.

RAGIP GELENCİK
(*Cumhuriyet Kitap*, 14 Aralık 2000)